ISBN 978-0-266-64684-6
PIBN 10996549

1 MONTH OF
FREE
READING

at

www.ForgottenBooks.com

By purchasing this book you are eligible for one month membership to ForgottenBooks.com, giving you unlimited access to our entire collection of over 1,000,000 titles via our web site and mobile apps.

To claim your free month visit:

www.forgottenbooks.com/free996549

English
Français
Deutsche
Italiano
Español
Português

www.forgottenbooks.com

Mythology Photography **Fiction**
Fishing Christianity **Art** Cooking
Essays Buddhism Freemasonry
Medicine **Biology** Music **Ancient
Egypt** Evolution Carpentry Physics
Dance Geology **Mathematics** Fitness
Shakespeare **Folklore** Yoga Marketing
Confidence Immortality Biographies
Poetry **Psychology** Witchcraft
Electronics Chemistry History **Law**
Accounting **Philosophy** Anthropology
Alchemy Drama Quantum Mechanics
Atheism Sexual Health **Ancient History**
Entrepreneurship Languages Sport
Paleontology Needlework Islam
Metaphysics Investment Archaeology
Parenting Statistics Criminology
Motivational

Sammlung gemeinverständlicher wissenschaftlicher Vorträge,

herausgegeben von

Rud. Virchow und Fr. v. Holtzendorff.

IX. Serie.

Heft 193—216.

Berlin S.W., 1874.

C. G. Lüderitz'sche Verlagsbuchhandlung

Carl Habel.

33. Wilhelm-Straße 33.

Inhalts-Verzeichniß der IX. Serie.

~~~~~~~~~~

Wir bitten zu beachten, daß die Seiten der Hefte eine doppelte Pagi-
nirung haben: oben die Seitenzahl des einzelnen Heftes, unten — und
zwar eingeklammert — die fortlaufende Seitenzahl der Serie (des Jahrganges).

Die

Urbevölkerung Europa's.

Von

Rudolf Virchow.

Berlin, 1874.

C. G. Lüderitz'sche Verlagsbuchhandlung.

Carl Habel.

Die Herkunft der gegenwärtigen Bevölkerung seines Landes und die eigene Abstammung kennen zu lernen, ist von jeher ein Bestreben des denkenden Menschen gewesen. Nur diejenigen Stämme, welche auf den niedrigsten Stufen der geistigen Entwickelung stehen geblieben sind, entbehren auch dieses Streben. Alle diejenigen, welche, wenn auch vielleicht nur sehr unvollkommen, an der Fortbildung des menschlichen Geistes Theil genommen haben, besitzen wenigstens Sagen und sagenhafte Ueberlieferungen über die Herkunft ihrer Ahnen. Wer sollte nicht auch lebhaft bewegt werden durch eine Betrachtung, welche, neben der Befriedigung des Stammesgefühls, zugleich den Verstand und die Phantasie beschäftigt, indem sie ein Bild von der Geschichte des Menschen selbst, von dem Gange der Cultur und dem Fortschreiten des Menschengeistes überhaupt herzustellen beabsichtigt!

Aber die Erfahrung hat nur zu sehr gelehrt, wie trügerisch dieses Stammesbild gewöhnlich ausfällt. Die Eitelkeit und Beschränktheit des Stammesbewußtseins, welche noch jetzt, wie in der fernsten Vorzeit, zum Hochmuth und zur Selbstüberschätzung führt, treibt die Menschen dazu, ihren Stammbaum wo möglich bis zu dem ersten Ahnherrn, ja bis zur Entstehung des Menschen

überhaupt zurückzuverfolgen. Den übrigen Stämmen wird eine gleiche
Sorgfalt nicht zu Theil. Höchstens wird, wie in der mosaischen
Ueberlieferung, die Geschichte der andern Stämme als ein Anhang
an irgend einer Stelle der Stammesgeschichte angefügt. Der
Fremde, der Barbar erscheint von dem Standpunkte des Stammes
aus als ein seiner Anlage nach niederes, seiner Entwickelung nach
rohes Wesen, dem die Ehre einer gemeinsamen Abstammung leicht
versagt wird, dem die gastliche Thür des Hauses verschlossen bleibt,
ja den zu bekämpfen, zu berauben, zu tödten als ein Verdienst
angesehen werden mag. So war es vor Jahrtausenden, so ist es
noch jetzt, und nicht bloß bei wilden Völkerschaften.

Trotzdem ist die Stammesüberlieferung eine wichtige Quelle
der Forschung über die Herkunft des Volkes, und wir würden
übel daran sein, wenn nicht frühzeitig Dichter und Sänger,
später Geschichtsschreiber sich dieser Ueberlieferung bemächtigt
und sie einer späteren Nachwelt aufbewahrt hätten. Was in diesen
Ueberlieferungen von der Entstehung des Menschen überhaupt erzählt wird, das berührt uns hier nicht. Wie viel weiter würden
wir sein, wenn es möglich gewesen wäre, auch die Sage auf ihr
eigentliches Gebiet, den Stamm oder das Volk zu beschränken.
Aber die Menschen waren damals, wie sie noch jetzt sind. Fühlt
doch mancher der heutigen Gelehrten sich auch nicht eher beruhigt,
als bis er von der Geschichte des einzelnen Stammes aus bei der
Abstammung des Menschen überhaupt angelangt ist und bis er
für die lange und dunkle Zeit der Vorgeschichte (Prähistorie)
wenigstens einen möglichen Entwickelungsgang ausgedacht hat.
Diese „gelehrte Dichtung", wie wir sie nennen wollen, giebt der
Sagendichtung (Mythologie) nichts nach, und es ist oft schwer
genug, sich dem Zauber ihrer Aufschlüsse zu entwinden. Glücklicherweise stehen uns gegenüber der gelehrten Dichtung die Mittel
der Kritik in reicher Fülle zu Gebote und die Wissenschaft mit

ihren stets neuen Waffen erkämpft der Wahrheit eine immer breitere Bahn. Aber wo soll die Kritik gegenüber der Sage ansetzen?

So schwierig ein solcher Versuch auch ist, so ist er doch mit Erfolg gemacht worden. Noch über die Sage hinaus führen betretene Wege in das Dunkel der Vorzeit. Auf ihnen gewinnen wir Erfahrungen von längst vergangenen Dingen und unser Auge gewöhnt sich allmählich, auch in diesem Dunkel zu sehen; wir erlangen Macht über die Geister der Sage und zwingen sie zum Bekenntniß. Endlich scheidet sich auch in der Sagengeschichte Dichtung und Wahrheit.

Der erste dieser Wege ist der des Sprachforschers (Philologen, Linguisten.) Von Allem, was der Mensch besitzt, ist die Sprache das am wenigsten „Gegebene“. Vieles Andere wird ihm geschenkt, aber gleichwie jeder Einzelne sprechen lernen muß, so müssen sich auch die Völker ihre Sprache machen. Sie ist ein Erzeugniß der Menschen und nicht eine Gabe der Götter. So lange das Volk lebt, so lange „lebt“ auch seine Sprache: sie ändert sich nach dem Bedürfnisse der Zeit und der Cultur. Manches darin veraltet und wird vergessen, Anderes wird neu aufgenommen oder geschaffen. Aber alle diese Veränderungen betreffen mehr die Form. Was nicht neu geschaffen, sondern immerfort überliefert und immer nur durch weitere Entwickelung für die Zwecke der Gegenwart in neuer Form brauchbar gemacht wird, das sind die Wurzeln der Worte. Man kann sie die Anlagen der Sprache nennen. Indem wir ihnen nachgehen, indem wir ihre ursprüngliche Bedeutung durch Vergleichung der verschiedenen Sprachen unter einander ermitteln, finden wir nicht bloß die Verwandtschaft der Sprachen, sondern auch die der verschiedenen Völker und Stämme, ja wir sind im Stande, ihre Abstammung von früheren Stämmen und aus fernen Ländern darzuthun. Für die Sprachforschung verschwinden schließlich die Begriffe der Zeit und des Raumes: wie die Mathematik mit Zahlen, so rechnet sie mit Worten, unbekümmert, wann und wo sie gesprochen wurden.

Von einer beschränkten Zahl von Urworten aus, welche durch die Beschaffenheit der menschlichen Sprachorgane und durch die Nachahmung der Naturlaute gegeben wurden, hat sich die Sprache, als das beweglichste Hülfsmittel des menschlichen Geistes, nicht allein unendlich vervollkommnet, sondern auch in eine große Zahl verschiedener Zweige mit besonderen Eigenthümlichkeiten zerlegt. Aber, so verschieden diese einzelnen Sprachen unter sich sind, so ist doch jede von ihnen ein Maaßstab für die Cultur des Volkes, welches sie benutzt, und bewußt oder unbewußt ist der Sprachforscher auch zugleich immer ein Culturforscher im eigentlichsten Sinne des Wortes. Aus dem gemeinsamen Wurzelschatze der Ursprache nimmt jeder der Stämme, welche einer „Rasse" angehören, einen gewissen Bestand an Wurzeln mit sich; und indem er diese nach seinen Bedürfnissen und Erfahrungen benutzt, formt, verbindet, so gestaltet er sich allmählich seine besondere Sprache. Mit jeder neuen Besonderheit der Sprache entfernt er sich aber von seinen Bruderstämmen; mehr und mehr entfremdet er sich ihnen; endlich verstehen sich die verschiedenen Abkömmlinge desselben Urstammes nicht mehr. Die Sagengeschichte weniger Völker reicht bis zu dieser Zeit der Sprachverwirrung oder gar über dieselbe hinaus. Die vergleichende Sprachforschung dagegen kennt keine andere Grenze, als die der Sprache überhaupt. Sie ist nur da ohnmächtig, wo sie von der Sprache eines Volkes überhaupt nichts weiß, wo die Sprache des betreffenden Stammes unbekannt oder verloren ist. Die „stummen" Völker — stumm, njemeczky nannten die Slaven die deutschen Stämme, weil sie ihre Sprache nicht verstanden, — fallen anderen Richtungen der Forschung anheim, als der des Linguisten.

Hier bietet sich zunächst ein verwandter Weg der Untersuchung dar, ein sehr fruchtbarer und breiter Weg, der nicht bloß für die stummen Völker, sondern für alle insgesammt von höchster Bedeutung ist. Es ist der Weg des Archäologen (Alterthumsforschers). Hier handelt es sich darum, das Werk der Hände, die Arbeitsleistungen der Stämme der Vorzeit festzustellen, und zwar an wirklichen Gegenständen körperlicher Art, an den Erzeugnissen der Arbeitsthätigkeit, welche die früheren Geschlechter hinterlassen haben. Da werden die Gräber der Vorzeit eröffnet, die Ruinen zerstörter Städte und Burgen umgegraben, uralte Wohnplätze durchsucht, um aus ihnen Alles zu sammeln von den rohesten Werken der noch ganz unerfahrenen Hand bis zu den höchsten Leistungen des Handwerkers und des Künstlers. Auch an diesen Ueberbleibseln muß das Auge des Forschers den Gang der Cultur rückwärts bis zu den Uranfängen, bis zu den archaischen Zeiten verfolgen; aus der Aehnlichkeit der Formen, aus der Uebereinstimmung in der Behandlungsweise der Rohstoffe, aus der fortschreitenden Kenntniß und Benutzung der Rohstoffe selbst, aus der Vervollkommnung der Arbeitswerkzeuge erschließen wir nicht bloß den Culturfortschritt des einzelnen Volkes, sondern auch seinen Zusammenhang mit anderen Völkern, seine Handelsbeziehungen, seine Wanderungen.

Lange Zeit hindurch hat sich die gelehrte Archäologie nur auf dem Gebiete der bekannten, historischen Völker bewegt, wo die geschriebene und lesbare Sage und Geschichte zugleich andere Anhaltspunkte für das Urtheil gewährte. Aber auch hier hat sich mehr und mehr ihre Methode geändert. Man mußte schließlich den Spaten in die Hand nehmen, um dem Schooße der Erde die ihm so lange anvertraut gewesenen Schätze zu entreißen. Man mußte Reisen unternehmen, um an Ort und Stelle die nöthigen Untersuchungen vorzunehmen. Man mußte bis dahin unbekannte Sprachen und unbekannte Inschriften „entziffern“, welche Inschriften selbst erst wieder an abgelegenen Felsen aufgesucht oder aus der Erde ausgegraben worden waren. Man mußte die Arbeitsstoffe

einer naturwissenschaftlichen Erforschung unterwerfen, um die Zusammensetzung und Abstammung, die Art der Verarbeitung und
Herstellung derselben kennen zu lernen. Ja, man stieß endlich auf
gewisse Ueberreste der Vorzeit, welche sich überhaupt nicht mehr
der eigentlichen Archäologie einfügen ließen, auf Abfälle der Küche
und der Mahlzeiten, auf Rückstände der Jagd, der Viehzucht, des
Ackerbaues, ja auf Ueberbleibsel der alten Menschen selbst.

Und so ist endlich der eigentliche Naturforscher zur Mitwirkung aufgerufen worden, um die physischen Merkmale des
Menschen und der Thiere, die Beschaffenheit der Pflanzen und des
Erdbodens in den verschiedenen Zeitaltern und Gegenden zu ermitteln und aus dieser Kenntniß neue Zeichen für die Beziehungen
der vergangenen Geschlechter unter einander zu gewinnen. Dieser
Weg ist nicht bloß der breiteste, denn auf ihm begegnen uns die
verschiedenartigsten Naturgegenstände, sondern auch der längste,
denn er reicht von der Gegenwart bis zu einer Urzeit, für welche
jedes Zeitmaaß, ja jede Vermuthung eines solchen aufhört. Er
ist noch gangbar, wo die Sage, die Sprachforschung längst aufgehört haben, wo auch die Archäologie kaum noch den kümmerlichsten
Stoff für ihre Betrachtungen findet, wo des Menschen Gebein
nur noch als eines der Materialien für den Aufbau der Erdrinde erscheint. Dieser entfernteste Theil der Geschichte des Menschen gehört der Paläontologie an, d. h. der Wissenschaft von
den organischen Einschlüssen des Erdbodens. Soweit dagegen die
Naturforschung sich mit dem Studium der geschichtlichen Stämme
beschäftigt, stellt sie die Anthropologie im engeren Sinne des
Wortes dar d. h. die Wissenschaft vom Menschen.

Aus so mannichfaltigen Elementen baut sich die Wissenschaft
der Ethnologie, die Völkerkunde, auf. Das Zusammenwirken so
vieler Einzelfächer sichert dieser jungen Wissenschaft für Gegenwart und Vergangenheit ein Maaß von Zuverlässigkeit und Glaub-

würdigkeit, wie es eine einseitige Forschung nie zu erreichen vermag. Jede Specialrichtung hat ihre besonderen Gefahren: Ein
Stamm kann seine Sprache aufgeben und eine andere annehmen;
er muß dann vom Standpunkte der Sprachforschung einer ganz
anderen Sprachfamilie zugerechnet werden, als der er seiner
Abstammung nach angehörte. Ein anderer tritt in ein ganz
fremdes Culturleben ein, durch Einwirkungen von außen her, ohne
daß zwischen den Produkten seiner früheren Kunst- und Gewerbsthätigkeit und denen der späteren irgend ein Zusammenhang
besteht, und ohne daß aus seinen späteren Culturzuständen irgend
etwas in Bezug auf die früheren zu schließen wäre; der Archäologe
wird nichts desto weniger geneigt sein, einen organischen Zusammenhang zu suchen. Einzelne Individuen eines Stammes können
in Folge von Einwirkungen, welche nur sie trafen, selbst physisch
ganz andere Eigenschaften erlangen, als ihrem Stamme sonst zukommen, und niemand ist berechtigt, aus ihren Eigenschaften auf
die Stammesmerkmale Rückschlüsse zu machen. Und doch wird
der Anthropolog, wo ihm nur Einzelheiten z. B. einzelne Schädel
vorliegen, nur zu leicht verführt, individuelle Eigenthümlichkeiten
für Stammes- oder Rassen-Merkmale zu nehmen.

Die Kenntniß so zahlreicher Fehlerquellen, wie sie eine einseitige, wenngleich übrigens ganz vortreffliche Forschung mit sich
bringt, ist erst nach langen und sehr störenden Erfahrungen gewonnen worden. Noch gegenwärtig ist keineswegs ein so harmo-
nisches Zusammenwirken aller Einzelrichtungen in der Ethnologie
erreicht, daß eine allgemeine Uebereinstimmung in den Ergebnissen
zu Stande gekommen wäre. Selbst für den verhältnißmäßig so
kleinen Erdtheil, der unsere Heimath ist, sind die Ansichten noch
so wenig geklärt, daß es fast verwegen erscheinen könnte, die Frage
nach der Abstammung der europäischen Völker in einem gemein-
verständlichen Vortrage zu behandeln.

Europa ist sehr spät in die bewußte Culturentwickelung, welche durch geschriebene Ueberlieferung übermittelt wird, eingetreten. Zu einer Zeit, wo in Indien und China, in Assyrien und Aegypten schon längst geordnete Culturstaaten bestanden, treffen wir in Europa noch ein wüstes Durcheinander von Stämmen, die kaum ihren Namen nach bekannt sind. Von Osten her kommen ihnen die ersten Lehren einer höheren Bildung, und sinnreich leitet die altgriechische Sage selbst den Namen Europa von einer phönicischen Königstochter her, die ein göttlicher Stier von ihrem heimischen Gestade über die See nach Kreta führt. Griechenland und nächstdem Italien werden die Urstätten der europäischen Cultur. Als noch der ganze Norden Europas in „kimmerischer Nacht" lag, als noch die Donau und die Alpen fast die äußersten Grenzen der bekannten Welt darstellten, da blühte schon in Hellas Kunst und Wissenschaft, und es entstanden jene Wunderwerke der Poesie, der Architektur, der Bildhauerkunst, der Philosophie, der Geschichtsschreibung, der Naturforschung, welche immer und immer wieder durch Jahrtausende hindurch die edelsten Geister aller Nationen zu frischer Begeisterung aufgerufen haben, und an welche fast jede neue Culturbewegung anknüpft.

Deutschland (Germanien) wurde erst um die Zeit von Christi Geburt, und zwar auch nur in seinen westlichen und südlichen Theilen bekannt. Frankreich (Gallien) ist mehr als ein halbes Jahrtausend früher wenigstens in seinen Küstengegenden erschlossen worden. Die griechische Geschichte aber läßt sich bis gegen das 15. Jahrhundert, die italische bis etwa ein Jahrtausend vor Christi Geburt zurückverfolgen. Als unser ferner Nordosten der eigentlichen Geschichte zugänglich wurde, da war nicht nur der Stern Griechenlands längst erloschen, sondern auch das römische Reich lag schon in Trümmern. Die Grenzen der prähistorischen Forschung sind daher für die verschiedenen Länder und Völker ganz verschiedene. Für gewisse Theile von Inner-Afrika und Central-Australien, für Neu-Guinea und Nord-Grönland ist noch bis heute die Vorgeschichte nicht abgeschlossen. So war es einst auch in Europa.

Und doch, so weit aus einander die Epochen für den Eintritt der einzelnen europäischen Völker in die geschichtliche Entwickelung liegen, so verschieden von einander diese Völker sind, überall knüpfen die ältesten Erzählungen nicht an seßhafte Stämme an, sondern an Wandervölker. Freilich werden dabei gelegentlich auch Ureingeborne erwähnt. So sprechen die Griechen von Autochthonen, die Italiker von Aboriginern, aber es ist mehr als zweifelhaft, ob nicht auch diese Ureingebornen frühere Einwanderer waren. Das ist ganz sicher, daß die eigentlichen Cultur-stämme eingewandert sind. Und zwar weisen alle einheimischen Sagen auf eine Einwanderung von Osten her. Die griechischen Sagen weisen nach Kleinasien, die italischen nach der Küste des abriatischen Meeres. Die Kelten im heutigen Frankreich kommen das Donauthal herauf vom schwarzen Meere, die Germanen des heutigen Deutschlands erscheinen zu einer gewissen Zeit im Herzen von Rußland, und selbst im fernen Schweden meldet die Sage den Zuzug der Asen aus dem fernen östlichen Continent.

Keines dieser Völker hatte zu der Zeit, da es anfing, seine geschichtlichen Ueberlieferungen zu sammeln und festzustellen, eine Ahnung davon, daß eines dem anderen oder gar alle die anderen ihm verwandt seien. Im Gegentheil, jedes hielt sich für ein besonderes, von den andern gänzlich verschiedenes.

Wie der Grieche in dem Römer den Fremden niederer Rasse verachtete, so galt dem Römer noch bis kurz vor der christlichen Zeitrechnung der Grieche eben so gut für einen Barbaren, als der Kelte oder der Germane; die moderne Vorstellung von einem ursprünglich einheitlichen italo-gräkischen Volksstamme würde sowohl in Rom, als in Athen nur ungläubige Geister getroffen haben. Das klassische Alterthum ist nie über den Gedanken von der ursprüng- lichen Verschiedenheit der Völker hinausgekommen, und gerade das giebt seinen ethnologischen und culturhistorischen Vorstellungen ein von dem gegenwärtigen durchaus verschiedenes Gepräge.

Nur die Ethnologie der Juden ruhte auf einer mehr univer- sellen Anschauung, und so sehr dieselbe auch abgeschwächt wurde durch den hochmüthigen und später so verderblichen Gedanken, daß die „Kinder Israel" das auserwählte Volk Gottes seien, so fand doch das Christenthum in der nie ganz erloschenen Vorstellung von der ursprünglichen Brüderschaft aller Völker eine mäch- tige Grundlage, namentlich der paulinischen Richtung. Wissen- schaftlich ward diese Vorstellung durch die kirchlichen Lehrer freilich nie begründet; für die römischen Bischöfe ward sie trotz- dem eine der Voraussetzungen für die Weltherrschaft ihrer Kirche, welche davon den Namen der katholischen trägt. Jahrhundert nach Jahrhundert verging, ohne daß die Forschung nach dem ver- wandtschaftlichen Zusammenhange der Völker anders, als im An- schlusse an die jüdischen, griechischen oder römischen Sagen be- handelt wurde. Erst der neuesten Zeit und vor Allem der deut- schen Wissenschaft blieb es vorbehalten, wenigstens für die Wander- völker Europa's das Dunkel ihrer Herkunft zu lichten.

Unsere Anthropologen, vornehmlich der würdige Blumen- bach, waren es, welche die weiße Bevölkerung Europa's nach physischen Merkmalen zu einer einzigen Rasse vereinigten, der sie eine gemeinsame Urheimath und zwar am Kaukasus zuwiesen, weßhalb sie ihr den Namen der kaukasischen beilegten. Dann kamen die deutschen Sprachforscher, Adelung, Wilhelm von Humboldt, Bopp, Schleicher, welche auch vom sprachlichen Standpunkt aus die gemeinschaftliche Abstammung darthaten. Aber sie gingen einen Schritt weiter. Sie zeigten, daß auch noch

viel weiter öftlich wohnende Völker, die Perfer, die Inder, derfelben Urfamilie zugehörten, wie wir felbft; fie nannten diefelbe
daher die indogermanifche und verlegten die Urheimath in das
innerafiatifche Hochland gegen das Gebirge des Hindukufch. Indeß
der Name der Indogermanen war gleichfalls zu eng gegriffen;
da unzweifelhaft auch die Kelten, die Italo=Gräfer, die Slaven
und die Letten demfelben Urftamme zugehören, fo erwachte nicht ohne
Grund die nationale Eiferfucht. So ift es denn mehr und mehr
Sitte geworden, von dem Namen des Berglandes Iran oder Eran
die ganze Raffe als die iranifche oder arifche zu bezeichnen.

Seitdem find die uralten Religionsbücher der Perfer und
Inder, welche in der Zend= und Sanskritfprache gefchrieben find,
die wichtigften Quellen unferer Linguiftif geworden. Aber auch
fie belehren uns nicht darüber, wie und wann die Auswanderung
der fpäter europäifchen Völker gefchah. Selbft die Sage läßt uns
hier im Stich: Auch die Archäologie hat eben erft angefangen,
vergleichende Studien über die fpärliche Hinterlaffenfchaft der alt=
arifchen Kunft anzuftellen. Mit den größten Schwierigkeiten und
nur in den gröbften Zügen läßt fich nachweifen, wie ein Stamm
nach dem andern das iranifche Bergland verlaffen .hat, wenige,
wie das altindifche Volk, nach Süden und Often ziehend, die
meiften gen Weften hin. Aber während einzelne, wie der italo=
gräfifche Stamm, offenbar ihren Weg füdlich vom Caspi=See
und dem fchwarzen Meere über Klein=Afien und den Hellespont
nahmen, fcheinen andere, wie die Kelten, die Germanen und die
Slaven die Straße nördlich von diefen großen Wafferbecken ge=
wählt zu haben, die einen füdlich von den Karpathen, die andern
nördlich.

Bei folchen Wanderungen liegt es nahe zu fchließen, daß
eine gewiffe Folge in denfelben ftattfand. In der That fpricht
Manches dafür, daß die Italo=Gräfer früher, die Kelten fpäter,

dann die Germanen, zuletzt die Slaven aufgebrochen sind, und es
ist möglich, daß zwischen dem Aufbruche der ersten und der letzten
ein Zeitraum von zwei Jahrtausenden oder mehr liegt. Scheinen
doch die Slaven erst um das 6. Jahrhundert nach Christo in
ihre heutigen Wohnplätze eingerückt zu sein, — Zeit genug, um
den einstmaligen Zusammenhang zu vergessen.

Folgte ein Stamm dem anderen, so wird man ihre späteren
Sitze auch in einer entsprechenden räumlichen Folge hinter einander, höchstens neben einander suchen dürfen, und man könnte meinen,
in dieser räumlichen Aufeinanderfolge von Osten nach Westen
ein entscheidendes Merkmal für die Zeitfolge der Wanderungen
gewonnen zu haben. Allein die Geschichte lehrt, daß auch dieses
Merkmal ein sehr trügerisches ist. Der Brief des Apostels Paulus
an die Galater in Klein-Asien erinnert uns daran, daß zur Zeit
dieses Apostels ein keltischer Stamm (Kelten, Gallier, Galater)
südlich vom schwarzen Meere und östlich vom Hellespont um den
Fluß Halys saß, und noch viel spätere Aufzeichnungen lehren, daß
dieser Stamm dieselbe Sprache redete, wie die Kelten an der Donau
und jenseits des Rheines. Der heilige Hieronymus (im 5.
Jahrh. nach Chr.) versichert auf Grund eigener Erfahrung, daß
die Galater fast dieselbe Sprache hatten, wie die Trevirer (bei
Trier), und als Kaiser Friedrich der Rothbart auf seinem Kreuzzuge im Jahre 1190 mit bairischem Kriegesvolk nach Klein-Asien
kam, da fanden sie „nahe bei Armenien" Völker, welche die
boische Sprache gebrauchten. Wenn wir nun einfach nach räumlichen Merkmalen urtheilen wollten, so würden wir nichts natürlicher finden, als daß der Wanderungszug der Urkelten südlich vom
schwarzen Meere ging, daß einzelne ihrer Stämme schon in
Klein-Asien sitzen blieben, andere an der Donau, und daß andere endlich nach Gallien, Oberitalien, Spanien und Britannien
gelangten.

Aber die Geschichte belehrt uns eines anderen. Sie zeigt uns boische Kelten sowohl an der oberen Donau, als auch in Süd- frankreich, aber sie belehrt uns auch, daß die Boer oder Bojer (Bojuarier, Bayern) südwärts nach Italien, und endlich ostwärts nach Thracien und über den Hellespont nach Phrygien zogen. Die galatische Colonie kam also von Westen her in völlig rückläufiger Richtung; ihre Anwesenheit besagt gar nichts über die ursprüng- liche Straße, auf welcher sich die Ureinwanderung vollzog. Die östliche Besiedelung, obwohl der Urheimath sehr viel näher, als die westlichste in dem spanischen Gallicien, ist doch sehr viel jünger, denn sie erfolgte erst in den Jahren 281—278 vor Christi Geburt.

Dieses Beispiel beweist, wie unsicher die ethnologische Forschung ist, wo sie ohne bestimmte geschichtliche Anhaltspunkte arbeiten muß. Noch heute sitzen im fernen Siebenbürgen deutsche Sachsen mit deutscher Sprache und deutschen Rechtseinrichtungen, ganz abge- trennt von dem großen Kern der deutschen Nation durch magya- rische und slavische Ungarn; ihre weit nach Osten vorgeschobene Lage könnte leicht die Meinung erwecken, die Sachsen seien über Siebenbürgen in Deutschland eingewandert, während doch un- zweifelhaft das Umgekehrte richtig ist.

Noch schwieriger gestaltet sich die Sache, wo wir weder ge- schichtliche Anknüpfungen haben, noch irgend ein anderer näherer Völkerkern vorhanden ist, an welchen wir anknüpfen könnten. So verhält es sich mit den lettischen Stämmen, zu denen die noch heutigen Tags im russischen und preußischen Litthauen ansässigen Letten und die alten Preußen gerechnet werden. Letztere nahmen einstmals den größeren Theil des jetzigen Ostpreußen ein, bis sie von den Deutschordens-Rittern unterworfen, zum Theil vernichtet und durch deutsche Einwanderer überfluthet wurden. Noch jetzt wird die lettische Sprache, freilich nur noch in einem ganz be-

schränkten Gebiete, gesprochen, und namhafte Sprachforscher, beson=
ders der verdiente Schleicher, haben den Nachweis geliefert, daß
sie unter allen in Europa gesprochenen indogermanischen Sprachen
diejenige ist, welche dem Sanskrit der Inder am ähnlichsten ist. Man
darf daraus schließen, daß sie älter ist, als das Griechische, das Latei=
nische, das Keltische, das Germanische und das Slavische, welches letz=
tere dem Lettischen freilich am nächsten steht. Wie soll man sich das
Vorkommen einer solchen, ringsum von slavischen Stämmen umwohn=
ten Völkerinsel erklären? Da die Slaven hinter ihnen oder östlich von
ihnen einen großen Theil von Rußland einnehmen, so ist es kaum
denkbar, daß die Letten später, als die Slaven aus der Urheimath aus=
gewandert sind, und obwohl sie wiederum östlich, also hinter den Ger=
manen wohnen, so müssen wir doch wohl zulassen, daß sie auch schon
vor den Germanen an ihrer jetzigen Stelle angelangt waren, und daß
nur ihre von der Hauptrichtung der Wanderungen abgelegene An=
siedelung sie vor der Gefahr geschützt hat, zwischen Germanen und
Slaven schon vor Jahrtausenden zerdrückt zu werden.

Ein einigermaaßen ähnliches Beispiel treffen wir auch im
Süden wieder. In dem schwer zugänglichen Berglande, welches
sich nördlich von Griechenland an der Ostküste des adriatischen
Meeres hinzieht, findet sich seit den ältesten Zeiten der geschicht=
lichen Ueberlieferung gleichfalls eine abgeschlossene Völkerinsel, die
illyrische. In sehr früher Zeit scheinen sich die Wohnsitze der
Illyrer um den Nordrand der Adria herum bis nach Italien er=
streckt zu haben, und es ist nicht unwahrscheinlich, daß der uralte
Stamm der Heneter oder Veneter ihnen zugehörte. Später sind
sie von Griechen und Römern, von Kelten, Germanen und Slaven
vielfach verschoben und unterworfen worden. Nur in den Bergen
Albaniens hat sich bis auf unsere Tage der durch seine Unab=
hängigkeitsliebe, Wildheit und fast ursprüngliche Einfachheit aus=
gezeichnete Volksstamm der Skipetaren, welche von den Abend=

ländern Albanesen, von den Türken Arnauten genannt werden, erhalten. Noch jetzt sprechen sie eine eigenartige Sprache von indogermanischer Abkunft.

Für unsere gegenwärtige Darstellung ist es glücklicherweise nicht entscheidend, zu wissen, wann und in welcher Reihenfolge jeder einzelne der arischen Stämme in Europa eingewandert ist, und wann er seine definitiven Sitze eingenommen hat. Eine solche Bestimmung wäre überaus schwierig, da die Mehrzahl dieser Stämme sich auch in historischer Zeit immer noch verschoben hat, bis endlich durch die große Völkerwanderung im 5. Jahrhundert nach Christo diese uralte Schiebung der arischen Stämme von Ost nach West zu einem gewissen Abschlusse gebracht wurde. Die Hauptsache für uns ist der, theils durch geschichtliche und sagenhafte Ueberlieferung, theils durch sprachliche, kunstgeschichtliche und naturwissenschaftliche Forschung, theils endlich durch bloße Analogie gestützte Satz, daß alle aus arischer Wurzel hervorgegangenen europäischen Stämme von Osten her eingewandert sind.

Dieser Satz schließt die Möglichkeit nicht aus, daß dieselben Stämme oder wenigstens einzelne von ihnen die Urbevölkerung derjenigen Gebiete bildeten, in welchen wir sie zuerst antreffen. So steht es ja durch bestimmte Nachrichten fest, daß eine arische Bevölkerung aus Skandinavien, sogenannte Normannen (Nord=männer), seit 873 nach Christo in Island einwanderten, welches sie gänzlich leer von Menschen fanden. Keine historische Thatsache steht der Annahme entgegen, daß die Illyrer die ersten Menschen waren, welche am dalmatischen Gestade anlangten. Aber die illyrische Geschichte ist überaus dürftig; was wir von ihr wissen, stammt nicht aus einheimischen Ueberlieferungen, sondern aus griechischen und römischen Schriftstellern. Je älter die beglaubigte Geschichte in einem der arischen Völker Europa's ist, in je früherer Zeit es einen höheren Grad von Bildung erreicht hat, um so mehr Erinnerungen haben sich davon erhalten, daß zur Zeit seiner Einwanderung schon andere Völker in dem Lande gewohnt haben. Sowohl die alten Griechen, welche sich bekanntlich Hellenen nannten, als auch die Römer legten großen Werth darauf, sich als Urvolk (Autochthonen, Aboriginer) zu betrachten, und doch erzählen sie von älteren Völkern, die vor ihnen den Boden Griechenlands und Italiens bewohnt haben.

So erscheint nach allgemeinem Zugeständniß in Griechenland weitverbreitet und vielleicht schon früh nach Süditalien hinüber= greifend der Stamm der Pelasger. Aber, obwohl unzweifelhaft vorhellenisch, ist doch auch er aller Wahrscheinlichkeit nach arisch. Hr. Curtius hat mit guten Gründen die Ansicht vertreten, daß Pelasger und Hellenen nur verschiedene Zweige desselben Grund= stammes waren, und neueste Gräberfunde scheinen diese Auffassung zu bestätigen. Ob aber vor den Pelasgern, die wir von diesem Standpunkt aus, trotz des Mangels jeder entsprechenden Sage, als eingewandert ansehen müssen, noch eine ältere Urbevölkerung vorhanden war, das ist eine Frage, welche nicht mehr der Geschichte angehört; sie fiel bis in die neueste Zeit ganz und gar dem Ge= biete der Mythologie anheim. Von Pelasgos selbst, dem angeblichen Stammvater des pelasgischen Volkes, berichtet die Sage, daß er in dem schwer zugänglichen Berglande Arkadien, welches die Mitte des Peloponnes einnimmt, aus dem Schooße der Erde geboren sei, und die Arkadier verlegten diese Zeit so weit zurück, daß sie ihr Geschlecht für älter als den Mond hielten. Trotzdem wußten alle hellenischen Stämme viel zu erzählen von Begebenheiten, welche schon vor Pelasgos und vor der Menschheit überhaupt sich zugetragen hatten; die Geschichte nicht nur der Götter, sondern auch der ihnen nahe stehenden Titanen und Giganten wird mit Ausführlichkeit berichtet, und es darf wohl die Frage aufgeworfen werden, ob nicht in diesen Erzählungen, welche vielfach bis tief in die Geschichte der sogenannten Heroen oder Halbgötter hineinreichen, namentlich

in den Kämpfen der Götter mit den Titanen und Giganten (zu
deutsch Riesen), in ähnlicher Weise, wie es die nordische Mythologie thut, dunkle Erinnerungen an uralte Menschengeschlechter verborgen sind. Wenn der Name des einen Titanen, Japetos, wie
gewiß mit Recht hervorgehoben ist, eine auffällige Aehnlichkeit mit
dem mosaischen Japhet, dem sogenannten Stammvater der nördlichen Völkerstämme, darbietet, und wenn als sein Sohn Prometheus, der Feuerbringer und in dieser Eigenschaft der Urheber
aller menschlichen Cultur, genannt wird, so mag darin ein Hinweis auf fremde, namentlich phönicische Einwanderung gesehen
werden. Aber der weitere Ausbau aller dieser Sagen ist doch unzweifelhaft griechisch, und wenn bisher von einem an sich berechtigten, aber sicherlich übertriebenen Standpunkt aus die ganze
hellenische Mythologie auf eine bloße Personifikation von Zuständen
und Begebenheiten der Natur und des menschlichen Geistes zurückgeführt worden ist, so dürfen wir aus Gründen, die gleich nachher
berührt werden sollen, wohl verlangen, daß die Untersuchung neu
aufgenommen werde, ob nicht auch ein bestimmter Kern wirklicher,
von Menschen ältester Art bewirkter Ereignisse in diesen Mythen
verborgen liegt.

Die italischen Erinnerungen haben uns bestimmtere Anhaltspunkte hinterlassen. Sie knüpfen sich an zwei bestimmte Volks-
namen. Im Süden an die Sikaner. Von ihnen wird erzählt,
daß sie in ältester Zeit die ganze Insel Sicilien bewohnt hätten,
welche von ihnen den Namen Sikania trug. Ob sie die aller-
älteste Bevölkerung waren, bleibt dahingestellt, denn die Sage
nennt vor ihnen noch Lästrygonen und sonderbarer Weise auch
hier wieder Kyklopen. Ueber die Sikaner wird gleichmäßig von
den besten Schriftstellern (Thucydides, Strabo, Dionysios
von Halikarnassos) berichtet, daß sie Iberer seien. Sie selbst freilich
hielten sich für Autochthonen. Noch zur Zeit des Thucydides

(im 5. Jahrhundert v. Chr.) behaupteten sie sich in den westlichen
Theilen der Insel. Woher sie gekommen, ist zweifelhaft; eine Erzählung ging dahin, daß sie früher am Fluß Sicanus in Iberien
gewohnt hätten und von da durch Ligurer vertrieben seien. Jedenfalls ließen die alten Schriftsteller auch Corsica und Sardinien
zum Theil durch iberische Stämme bewohnt werden.

Die Sikaner wurden, nach einigen schon drei Menschenalter vor dem
Falle Troja's, nach andern 300 Jahre vor der Gründung griechischer
Colonien auf Sicilien im 8. Jahrhundert, aus den östlichen und
nördlichen Theilen der Insel mit Gewalt vertrieben durch die Si-
culer, von denen die Insel den Namen Sicilien annahm. Dieses
Volk hatte vorher einen großen Theil der italischen Halbinsel be-
wohnt, denn es wird von Plinius an der Ostküste des nörd-
lichen Italiens zusammen mit den Liburnern, einem illyrischen
Stamme, und von Dionysios u. A. an der Westküste des mittleren
Italiens genannt. Im Osten wurde es durch die Umbrer, im
Westen durch die Aboriginer, im Süden durch die Oenotrier vertrieben, bis es endlich die Meerenge überschritt. Mit den
Umbrern und Aboriginern treten uns die eigentlich lateinischen
Stämme entgegen, aus denen die römische Herrschaft sich auf-
baute. Trotz ihres Anspruches auf Aboriginalität werden wir
kein Bedenken tragen können, die Vorfahren der Lateiner für Einwanderer von Nordosten her zu halten, denn sie sind unzweifelhaft
arischen Stammes, nächste Verwandte der Hellenen, wie vielleicht
die Siculer nächste Verwandte der Illyrer. Die successive Verdrängung der Sikaner durch die Siculer, dieser durch die Umbrer
und Aboriginer zeigt deutlich den Gang der von Nord nach Süd
gerichteten Einwanderung, nahezu in derselben Linie, welche in
späterer Zeit die Einbrüche der Kelten und Germanen nahmen.

Gewissermaßen neben dieser Linie, welche ihre natürliche
Erklärung in der Gebirgsbildung Italiens findet, wohnte ein

anderes Urvolk. Ich meine nicht die Etrusker oder Tusker, von denen das heutige Toscana den Namen trägt, sondern die Ligurer (griechisch Ligyer). In späterer Zeit bewohnten ihre Stämme die nordwestlichen Ausläufer des Apennin und das heutige Piemont, ja das ganze Küstenland bis zur Rhone. Vordem reichte ihr Gebiet nach Osten und Süden sehr viel weiter. Hr. Nicolucci hat eine Reihe von Thatsachen zusammengestellt, aus welchen hervorzugehen scheint, daß in ältester Zeit die Ligurer an der Westküste bis zur Tiber = Mündung herab wohnten, und daß im Gebiete des Po ihre Stämme bis Verona, Brescia und zu den Euganeischen Gebirgen reichten. In beiden Richtungen wurden sie von den Etruskern zurückgedrängt, bis sie in dem Berglande um die Quellflüsse des Po eine Stütze fanden. Erst die erstarkende Macht der Römer brach auch hier ihren Widerstand. Nichtsdestoweniger blieben sie die eigentliche Bevölkerung der Nordwestecke von Oberitalien, und derjenige Kleinstaat, welcher in neuester Zeit ganz Italien die Einheit gebracht hat, Sardinien, hat den Namen eines dieser altligustischen Stämme, der Sarden, bis auf uns gebracht.

Wer waren nun diese Ligurer? und von wo kamen sie? Mehr und mehr ist im Laufe der letzten Jahrzehnte die Meinung verbreitet worden, daß die Ligurer nahe verwandt mit den Iberern gewesen seien. Von diesen ersehen wir aus den ältesten Reiseberichten phönicischer und karthagischer (punischer) Seefahrer, daß sie einstmals die ganze „iberische" Halbinsel, das heutige Spanien und Portugal, bewohnten und daß sie auch am Ostrande der Pyrenäen noch ein großes Stück der in cäsarischer Zeit als Aquitanien bezeichneten Provinz Galliens besaßen. Hr. Müllenhoff hat in einer neueren Arbeit dargethan, daß die Ueberreste der ältesten, uns erhaltenen Urkunde über diesen Theil Europa's, einer Reisebeschreibung, herübergenommen aus einer altphönicischen

Schrift, die Grundlage der „Ora maritima" (Seeküste) des
Avienus bildete, und daß jene älteste Reisebeschreibung im
6. Jahrhundert vor Christo abgefaßt sein müsse. Gegen das Ende
dieses oder den Anfang des 5. Jahrhunderts faßten die Karthager Fuß
auf der iberischen Halbinsel, wo vor ihnen ihre Stammesgenossen,
die Phönicier von Tyrus, eine ausgedehnte Herrschaft besessen hatten.
Letztere aber hatten sich schon in Iberien angesiedelt, ehe noch der
Einbruch der Kelten in das Land erfolgt war, und es ist für das
Alter jener alten Beschreibung der Seeküste bezeichnend, daß auch
sie noch keine Kelten, weder in Iberien, noch in Gallien kennt
Die Einwanderung der Kelten geschah demnach frühestens in der
zweiten Hälfte des 6. Jahrhunderts. Seitdem bildete sich in einem
großen Theile der iberischen Halbinsel jenes Mischvolk der Keltiberer,
welches die Schriftsteller des Alterthums wegen seiner kriegerischen
Leistungen, namentlich wegen seines Widerstandes gegen Karthager
und Römer viel gepriesen haben. Ein einziger iberischer Stamm
scheint sich von der Vermischung freigehalten zu haben: der schon
von Strabo unter dem Namen der Vasconen aufgeführte Stamm
der Basken, der noch jetzt die baskischen Provinzen im äußersten
Nordosten der Halbinsel bewohnt und auch über die Pyrenäen hin-
über bis tief nach Frankreich (Béarn) reicht. Noch heutigen Tages be=
wahrt dieser Stamm seine uralte Sprache, deren Studium seit
Wilhelm von Humboldt zahlreiche Sprachforscher beschäftigt
hat, ohne daß es bis jetzt gelungen wäre, ihre Verwandtschaft
genau nachzuweisen. Möge es vorläufig genügen zu wissen, daß
nach allgemeiner Uebereinstimmung die baskische oder iberische
Sprache keine arische (indogermanische) ist. Alles vereinigt sich
hier, den Anspruch dieses Volkes als urältester Aboriginer zu
unterstützen.

Wie weit die Iberer ihre Wohnsitze ausgedehnt haben, ist
schwer zu bestimmen. Wir haben sie schon auf Sicilien, Sar=

dinien und Corsica kennen gelernt. Manche sind geneigt, sie auch
auf der Westküste der italischen Halbinsel zuzulassen. Endlich
findet sich eine zweideutige Stelle bei Tacitus, wonach es
scheinen könnte, daß sie auch in Britannien waren. Denn
dieser zuverlässige Geschichtschreiber sagt von dem Stamme der
Siluren im Süden des gegenwärtigen Wales, daß ihr dunkles
Gesicht und meist krauses Haar es glaublich machten, daß alte
Iberer von Hispanien dorthin übergesetzt und angesiedelt seien.

An der Südküste Galliens grenzten die Iberer schon zur Zeit,
als kleinasiatische Griechen von Phokis Massilia, das spätere Mar=
seille, gründeten (600 vor Chr.), an die Ligurer, und ein gewisser
Theil dieser Küste, westlich von der Rhone=Mündung, wird als
gemeinschaftlicher Besitz einer gemischten, iberisch=ligustischen Be=
völkerung bezeichnet. Andererseits erscheinen in der Ora maritima
Ligurer im nordwestlichen Gallien, in der Nähe der Loire (im
Alterthum Liger genannt), sonderbarer Weise in einer Gegend, wo
einige Jahrhunderte nachher Veneter (in der Gegend des jetzigen
Vannes) genannt werden, so daß man sich versucht fühlen könnte,
die beiden Veneter=Stämme, den im Osten und den im Westen,
mit den Ligurern in ein näheres Verhältniß zu bringen. · Einige
neuere Untersucher, wie Baron Roget de Belloguet tragen kein
Bedenken, den Namen der Lhoegrwys, die altwallisische Bezeichnung
des englischen Volkes, gleichfalls auf Ligurer zu beziehen, und
diesen somit sehr ausgedehnte Wohnsitze zuzuschreiben.

Wie diese Streitfrage auch entschieden werden mag, so liegt
doch meiner Meinung nach bis jetzt kein Grund vor, Ligurer und
Iberer zu identificiren. Von der Sprache der ersteren wissen wir
bis jetzt eigentlich gar nichts; von ihren sonstigen Eigenschaften
sehr wenig. Nur in dieser Unbekanntschaft und in dem Alter des
Volkes wurzelt die Neigung, sie einer plausiblen Erklärung zu
unterwerfen und zwar der, daß sie mit ihren nächsten, mindestens

eben so alten Nachbarn, den Iberern, blutsverwandt gewesen seien.
Aber es scheint mir, daß gewichtige Gründe gegen eine solche Ver=
einigung sprechen. Auch die ältesten Schriftsteller, welche persönliche
Kenntniß von beiden Völkern hatten, trennen sie von einander, ja sie
bringen sie eher in einen feindlichen Gegensatz. Wurden doch die
iberischen Sikaner von Ligurern aus ihren früheren Sitzen (wo?)
vertrieben. Keiner der Alten schreibt beiden Völkern gemeinsame
Abstammung zu. Dazu kommt, daß die gegenwärtigen Nach=
kommen beider Völker, die Sarden und die Basken, sich physisch
wesentlich unterscheiden: jene sind kurzköpfig, diese langköpfig. Was
sollte uns zwingen, über solche Thatsachen hinwegzusehen?

Wir sind so zu einer Aussonderung zweier Urvölker ge=
kommen, die schon feste Wohnsitze hatten, als das Licht der Ge=
schichte vor nunmehr fast drittehalbtausend Jahren zuerst die
Küstenstriche des Abendlandes beleuchtete. Das eine dieser Völker,
das iberische, hat noch bis auf den heutigen Tag in einem kleinen
Winkel des alten Heimathlandes seine Sprache gerettet, und wir
können es bestimmt als ein vorarisches bezeichnen. Das andere, das
ligustische, obwohl gleichfalls noch jetzt in seinen späten Nachkömm=
lingen, · ebenso beschränkt auf einen Grenzwinkel, erkennbar, hat
längst seine Sprache eingebüßt; wir wissen auch sonst nichts von
derselben und wir können daher auch nicht aburtheilen über die
Beziehungen dieses Volkes zu den Indogermanen. Möglicherweise
war es die Vorhut der arischen Einwanderung; möglicherweise
war es unarisch.

Ich unterlasse es, von einer dritten, sehr alten und von
einigen als vorarisch betrachteten Bevölkerung zu sprechen, von
den Rhätiern, welche das Hochland der Alpen, einen Theil der
östlichen Schweiz und Stücke des südlichen Deutschland bewohnten.
Vielerlei spricht dafür, daß sie mit den Etruskern zusammenhängen,
deren alter Name Rasener an Rhätier anklingt, und obwohl auch für

die Etrusker die Forderung erhoben ist, daß sie ein nichtarisches Volk mit fremder Sprache gewesen seien, so ist doch diese Untersuchung keineswegs abgeschlossen. Ueberdieß scheint es kaum zweifelhaft, daß die Etrusker spätere Einwanderer waren, und daß ihr nachmaliges Stammland (Toskana) ursprünglich ligustisches Gebiet darstellte.

Dagegen ist es nothwendig zu sprechen von einem anderen, nichtarischen Volke Europa's, mit welchem man in hartnäckigster Weise sowohl die Iberer und Ligurer, als aus die Etrusker hat in Beziehung setzen wollen, nämlich dem finnischen. Seine Geschichte beginnt freilich sehr spät. Wohnte dieses Volk doch im fernsten Norden, wo wenigstens für die alten Gelehrten die kimmerische Nacht herrschte. Der Name der Fenni oder Finni erscheint zuerst in den römischen Schriftstellern kurz nach Christi Geburt, angewendet auf ein Volk im äußersten Nordosten Europas. Neben ihm werden früh Aesther genannt, ein Name, von dem es zweifelhaft ist, ob er Ostländer überhaupt oder bloß Esten bezeichnen sollte.

Die neuere Sprachforschung hat gelehrt, daß der finnische oder, wie man ihn auch nennt, der ugrische oder tschudische Stamm zahlreiche Völkerschaften umfaßt und ein großes Gebiet des nordöstlichen Europa und des nördlichen Asien einnimmt. Zu ihm gehören nicht bloß die eigentlichen Finnen, sondern auch die Lappen, die Esten und Liven, die Tschuden und Wotiaken, die Mordwinen und Tscheremissen, die Wogulen und Ostjaken, die Samojeden, — kurz, eine Reihe in sich sehr verschiedener Völkerschaften, welche die nördlichsten Theile der skandinavischen Halbinsel, die Küstenländer des bottnischen und finnischen Meerbusens, sowie des weißen Meeres, endlich das obere Wolga-Gebiet bis zum Ural und darüber hinaus bewohnen. Es ist historisch beglaubigt, daß ein großer Theil, ja das eigentliche Herz Rußlands noch ziemlich spät tschudisch waren. Ob und wie weit die Völkerschaften der Skythen, welche schon die Hellenen am Nordufer des schwarzen Meeres kannten, gleichfalls hierher gehören, ist unsicher. Wären auch sie, wie der Anlaut der Namen anzudeuten scheint, wirklich Tschuden gewesen, so würde freilich die historische Kenntniß des Stammes sehr viel älter sein, als die Erwähnung des Namens der Finnen vermuthen läßt.

Zu den finnischen Völkern gehört sonderbarerweise auch ein ganz abgesprengter Stamm, eine von allen Verwandten ab- getrennte Völkerinsel, nämlich die Ungarn oder Magyaren. Sie sind so vollständig durch Slaven von den übrigen Finnen getrennt, so nahe an die Germanen herangeschoben, daß man leicht auf den Gedanken kommen könnte, sie seien gleichfalls ein sitzengebliebener Urstamm, wie die Iberer oder die Ligurer. Aber wir wissen, daß sie erst spät, zu Ende des 9. Jahrhunderts nach Christo, in ihr jetziges Land einwanderten, und wenngleich in neuester Zeit gegen die bisher festgehaltene Meinung, daß sie früher in Ugrien (Groß- Ungarn) am Ural und an der Wolga gesessen hätten, Einspruch er- hoben ist, so weist doch sowohl ihre Sprache, als ihr Schädelbau bestimmt auf finnischen Ursprung hin. Damit soll jedoch keines- wegs ausgesagt sein, daß die Magyaren, als sie vom Pruth und der untern Donau her in das heutige Ungarn eindrangen, ein unvermischtes Volk waren; vielmehr mag es sein, daß, wie Hr. Obermüller will, ihnen und namentlich ihrem Adel alanische (arische) Elemente aus dem Kaukasus, und, wie die früheren Berichterstatter vielfach annahmen, türkische Elemente aus dem Steppengebiete nördlich vom Caspi-See beigemischt waren.

Für die Untersuchung über die Zusammengehörigkeit der finni- schen Völker und ihre gemeinsame Abstammung ist uns zunächst die Sprachforschung ebenso Leiterin, wie sie es bei den indo- germanischen Völkern war. Sie führt uns immer weiter östlich nach Asien zu den Völkerschaften, welche das westliche Sibirien bis zum Jenissei und bis zum Altai-Gebirge bewohnen. In diesem, über unsere gegenwärtige Aufgabe hinausliegenden Gebiete grenzen sie östlich mit den eigentlichen Mongolen, deren höchste Entwickelung das chinesische Volk darstellt, und südlich mit den türkischen (turkomannischen) und tatarischen Stämmen, deren eigentliche Heimath das nördlich von Iran gelegene Steppenland Turan's ist. Die Verwandtschaft aller dieser Völker untereinander ist trotz mancher Bedenken gegenwärtig so sehr anerkannt, daß ein großer Theil der Gelehrten die finnischen Völker einfach als eine Unterabtheilung der Mongolen betrachtet, und daß die Mehrzahl die finnischen und die türkisch-tatarischen Völker in einem bestimmten Gegensatze zu den Ariern oder Iraniern unter dem gemeinsamen Namen der turanischen zusammenfaßt. Ohne einen näheren Zusammenhang mit den sogenannten flektirenden Sprachen der Arier herrschen hier agglutinative Sprachen vor, und obwohl manches ähnliche Wurzelwort in beiden aufgefunden werden kann, so sind sie doch in der Regel und in Hauptsachen völlig verschieden.

Für den Nachweis ausgiebiger Wanderungen turanischer Völker aus den Steppen und Gebirgsländern Hochasiens liegen sichere historische Thatsachen vor. Die Chinesen stiegen in ihr heutiges Fachland vor mehr als 4000 Jahren von den nordwestlich davon gelegenen Gebirgen herab. Türkische und tatarische Züge sind wiederholt bis tief in den Westen geführt worden. Die große Völkerwanderung hatte am Altai ihren Ausgang. Die Einfälle der Tataren, die einmal bis nach Schlesien führten, und die der Türken, die vor Wien endigten, gehören der Geschichte des späteren Mittelalters an, und noch jetzt sitzen im südlichen Rußland zahlreiche turanische Stämme, deren asiatische Abkunft niemand bezweifelt. Nur von den eigentlich finnischen Stämmen,

die uns am meisten interessiren, wissen wir nichts Aehnliches, es
sei denn die Wanderung der Magyaren. Der Hauptstock im
nördlichen Rußland, in Finnland und Skandinavien erscheint im
gewöhnlichen Sinne als „eingeboren“. Trotzdem wird die Frage
nicht ernsthaft besprochen zu werden brauchen, ob die Finnen hier
entstanden sind. Am wenigsten unter allen Ländern sind gerade
diese nördlichen Gebiete einer solchen Ansicht günstig. Ganz selbstverständlich erscheint daher die Vorstellung, daß auch die Nord-
finnen Europa's aus Asien eingewandert sind. Da aber sowohl
die Germanen, als sie in Skandinavien einwanderten, als auch
die Slaven, als sie sich mehr und mehr in Rußland ausbreiteten,
überall die Finnen zurückdrängten und unterwarfen, so steht nichts
der Annahme entgegen, daß die letzteren schon vor der arischen
Einwanderung Skandinavien und Rußland besetzt hatten.

Wir wären also dahin gelangt, an den zwei äußersten Grenz-
punkten Europa's vorarische Urbevölkerungen kennen gelernt zu
haben: einerseits im äußersten Südwesten und Westen die Iberer und
vielleicht die Ligurer, andererseits im äußersten Nordosten und Osten
die Finnen. Nun trifft es sich sonderbar genug, daß beide Urbevölkerungen gewisse Uebereinstimmungen darbieten. Die Ligurer,
deren Sprache uns unbekannt ist, waren, soweit bis jetzt ermittelt
ist, kurzköpfig (brachycephal), wie es die Finnen und die Lappen
sind. Die Sprache der Basken aber, welche noch lebt, hat einen
ähnlich agglutinativen Bau, wie die Sprache aller jetzt noch
existirenden finnischen Stämme. So ist denn die Meinung entstanden, daß diese drei Völker zusammengehören, daß also auch die
Basken und die Ligurer finnisch oder, anders ausgedrückt, mongo-
loid oder turanisch seien. Daraus ist wiederum der Schluß abgeleitet worden, daß auch der große Zwischenraum, welcher selbst die
westlichsten finnischen Stämme, die Esten und Liven der russischen
Ostseeprovinzen, von Südfrankreich und Spanien trennt, einstmals

mit finnischen oder turanischen Nationen erfüllt gewesen sei, daß mit einem Worte ganz Europa in vorarischer Zeit eine turanische Bevölkerung gehabt habe.

Die geschichtliche Ueberlieferung, ja die Sage läßt uns hier gänzlich im Stich. Ein einziger Volksstamm kann angeführt werden, dessen Name wenigstens an den der Ligurer oder Ligyer anklingt. In den ersten beiden Jahrhunderten unserer Zeitrechnung wird mehrfach ein großes Volk der Ligier (auch Lygier, Lugier oder Logionen genannt) in dem heutigen Schlesien und den anstoßenden Theilen von Polen aufgeführt, welches später südwärts wanderte und zuletzt an der untern Donau erscheint. Aber immer wird es als ein germanisches Volk bezeichnet und die bloße Namensähnlichkeit, welche mit eben so viel Recht auf die polnischen Lechen bezogen worden ist, kann uns nicht genügen. Um so weniger, als gerade bei den Urbevölkerungen gegründete Zweifel bestehen, ob sie selbst sich ebenso genannt haben, wie uns ihr Name durch ihre arischen Nachbarn überliefert worden. Die Basken nennen sich selbst Euskaldun und ihre Sprache (unsere iberische) Euskara; die Finnen nennen sich Suome, die Lappen Sami oder Sabme, die Esten Rahwas. Wie die Ligurer oder Ligyer sich selbst nannten, wer weiß es? Der bloße Name der Ligier beweist daher ebensowenig für ihre Verwandtschaft mit den Ligurern, wie etwa der Name der slavischen Wenden, den dieses Volk niemals für sich gebraucht hat, für seine Verwandtschaft mit den norditalischen oder gar mit den westgallischen Venetern. Und doch haben sich namhafte Gelehrte durch solche Namensähnlichkeiten täuschen lassen.

Bei dem Mangel geschichtlicher Anknüpfungen hat man sich an physische (anatomische und physiologische) Merkmale gehalten. Die weiße Farbe der Haut, die helle Farbe der Haare und Augen, namentlich blonde oder röthliche (und zugleich mehr glatte oder lockige) Haare und blaue Augen, lange und schmale (dolichocephale) Schädel mit zurücktretendem Kieferbau, hohe und kräftige Körper sind als die gemeinsamen Merkmale der Arier, eine dunklere, mehr bräunliche oder gelbliche Hautfarbe, braune oder schwarze (krause) Haare und dunkle Augen, kurze und breite (brachycephale) Schädel mit vorspringendem Kiefer, zarterer, niedrigerer und schwächerer Körperbau als Merkmale der Turanier bezeichnet worden. Die Schilderungen der Kelten, der Germanen und zum Theil der Slaven, welche uns aus dem Alterthum überliefert sind, passen für den ersten, die Schilderungen der Iberer, der Lappen und Esten für den zweiten Fall.

Mit diesen Voraussetzungen wandte man sich an eine Prüfung der physischen Eigenschaften der lebenden mitteleuropäischen Bevölkerungen. Da ergab sich denn, daß in Deutschland und Frankreich, den für diese Untersuchung am meisten geeigneten Ländern, die Zahl von Menschen, auf welche die altarischen Merkmale zutreffen, in verschiedenen Landestheilen eine sehr verschiedene, aber doch im Ganzen eine verhältnißmäßig beschränkte ist. In großen Gebieten überwiegen sogar die „turanischen" Charaktere. In Beziehung auf die Farbe der Haut, der Haare und Augen, sowie die Körperbeschaffenheit genügt es hier, auf die Allen zugängliche, tägliche Erfahrung zu verweisen. Messungen der Schädel aber haben gezeigt, daß nicht nur, was man schon länger weiß, unter den Slaven kurze und breite Schädel sehr häufig sind, sondern daß auch in Nord- und Süddeutschland, in Dänemark, in der Schweiz, in Belgien, Holland und Frankreich, ja, auch in England und bis tief in Mittelitalien hinein die brachycephale Schädelform sehr häufig, an vielen Orten sogar die überwiegende ist.

Es hat sich ferner durch prähistorische Forschungen ergeben, daß in vielen der genannten Länder in uralten Gräbern, in Höhlen,

welche vor unvordenklicher Zeit bewohnt oder zu Grabstätten be=
nutzt sind, tief versenkt in Torfmooren und alten Flußbetten,
brachycephale Schädel, zuweilen mit stark vorspringenden Kiefern,
gefunden werden, welche in keiner Weise der vorausgesetzten Doli=
chocephalie der Arier entsprechen. Und da ganz unzweifelhaft nicht
wenige dieser Schädel einer vorarischen Zeit angehören, wie wir
noch sehen werden, so schien der Schluß sehr gerechtfertigt, daß
vor der Einwanderung der Arier, weithin durch ganz Europa ver=
breitet, eine kurzköpfige Bevölkerung gelebt habe, welche den bis
in die historische Zeit, ja zum Theil bis in die Gegenwart fort=
bestehenden Urvölkern angeschlossen werden müsse. Viele betrachten
es als unzweifelhaft, daß der kurzköpfige und dunklere (bräunliche,
brünette) Bruchtheil der gegenwärtigen Bevölkerung Europa's die
Nachkommenschaft dieser Urbevölkerung sei, welche letztere durch
die langköpfigen und hellen arischen Einwanderer wohl unter=
worfen und zerdrückt, aber nicht ausgerottet worden. Die Macht
der Erblichkeit erhalte nicht nur den altturanischen Typus trotz
aller Vermischung der arischen und der turanischen Familien, son=
dern — so muß man wenigstens schließen — das turanische Blut
trage sogar mehr und mehr den Sieg über das arische Blut
davon.

Dänische und schwedische Gelehrte sind es gewesen, welche
diesen Gedankengang zuerst eröffnet haben. Lag ihnen doch das
Beispiel ihres Landes am nächsten. Wie hier die finnischen Stämme
von Jahr zu Jahr mehr verschwinden, so dachten sie sich auch
bald Lappen, bald Finnen als die später verschwundene Urbevöl=
kerung Deutschlands und Mitteleuropa's überhaupt. Diese Vor=
stellung ist dann namentlich in Frankreich und Belgien weiter
ausgebildet worden; ihren schärfsten und zugleich politisch wich=
tigsten Ausdruck hat sie in dem bekannten Buche des Hrn.
de Quatrefages über die preußische Rasse gefunden, worin

geradezu der Nachweis versucht worden ist, daß das preußische
Volk in seiner Mehrzahl finnischen Ursprungs sei und daß es
daher ganz mit Unrecht die Führerschaft der Deutschen usurpire.
Andere Forscher in Frankreich und Belgien, in Süddeutschland
und Italien haben zunächst an die Ligurer, die ihnen am nächsten
lagen, angeknüpft; andere wieder an die Iberer, — nicht wenige
mit einer gewissen Hinneigung zu der Meinung, daß Ligurer
und Iberer zusammengehörig und gleichfalls finnischer Abstammung seien.

So sehr in sich abgeschlossen und so verführerisch diese Darstellung erscheinen mag, so muß ich doch, wie schon bei verschiedenen früheren Gelegenheiten, davor warnen, sie ohne weitere und
erst zu liefernde Proben anzunehmen. Ihre Voraussetzungen sind
durchaus unsicher, ja zum Theil geradezu willkürlich.

Was zunächst die scheinbar zuverlässigste Probe, die der
Schädel, anlangt, so habe ich durch ausgedehnte Vergleichung
der vorhistorischen Schädel Dänemarks, Norddeutschlands und
Belgiens dargethan, daß nur ganz vereinzelte Beispiele existiren,
in denen eine gewisse Aehnlichkeit mit den Schädeln der heutigen
Lappen oder Finnen zugestanden werden kann. Von den bis
jetzt bekannten vorhistorischen Kurzschädeln dieser Länder zeigt die
Mehrzahl andere Eigenschaften. Aber nicht genug damit. Gerade
die alterältesten und zugleich am besten charakterisirten Schädel,
vor allen die ältesten belgischen und französischen Höhlenschädel
(von Engis, Cro-Magnon u. s. f.) sind ausgezeichnete Langschädel.
Wüßten wir nicht, daß die Arier in der Zeit, wo noch das Renthier, ja, wo selbst der Höhlenbär und das Mammuth (der Ur-
elephant) in Mitteleuropa lebten, noch gar nicht in diese Gegen-
gen eingewandert waren, daß vielmehr eine dolichocephale Höhlen-
Bevölkerung an der Maas und an der Dordogne Jahrtausende
vor dem bis jetzt zulässigen frühesten Anfangstermin dieser Ein-

wanderung vorhanden war, so könnten wir nicht ohne einen gleichen Schein von Recht die Vermuthung aufstellen, schon die ältesten Troglobyten Europa's seien vom arischen Stamme gewesen.

Aber wer kann überhaupt den Beweis liefern, daß alle Arier hellfarbig, blond, blauäugig und langköpfig waren? Warum waren denn schon die alten Römer so sehr erstaunt über die körperliche Erscheinung der keltischen und germanischen Stämme, mit denen sie zuerst in Berührung kamen? Waren denn nicht die Bewohner von Latium und Umbrien gleichfalls Arier? Und wer sagt uns, daß die Hellenen ein blauäugiges und blondhaariges Volk waren? Mochten sie immerhin dolichocephal sein, wie auch meine Messungen wahrscheinlich machen, so wird doch niemand, der die hellenische Literatur kennt, daran zweifeln, daß rein weiße Hautfarbe, daß blondes Haar und blaue Augen schon in ältester geschichtlicher Zeit ungewöhnliche und daher besonders bemerkte Erscheinungen waren. Auch die Mehrzahl der Neger ist dolichocephal, und ein einfacher Rückschluß von einem langen Schädel auf Hellfarbigkeit ist gerade so unzulässig, wie der Rückschluß von einem kurzen Schädel auf braune oder bräunliche Hautfärbung.

Am schlimmsten steht es in dieser Beziehung mit den noch fortlebenden Urvölkern. Die spanischen Basken der Gegenwart, obwohl nach Aller Beschreibung brünett, sind doch langschädlig. Die Finnen im Herzen von Finland, wohin niemals arische Einwanderung vorgedrungen ist, sind große und kräftige Leute mit hellblondem Haar und lichten Augen, obwohl sie ausgemachte Kurzschädel besitzen. Wie kann man nun zwei so verschiedenartige Stämme zusammenwerfen, wenn man auf der andern Seite eine solche Unveränderlichkeit der Typen behauptet, daß durch viele Jahrtausende hindurch diese Typen in leicht erkennbarer Weise fortbestehen sollen? Lappen und Finnen sind so verschieden von einander, daß man sie auf den ersten Blick unterscheidet, heute so gut, wie zu Linné's Zeiten, und wenn man gar die anderen finnischen Stämme zur Vergleichung heranzieht, so zeigt sich eine so große Kluft zwischen einzelnen derselben, daß man sie leichter trennen als vereinigen kann. Schon Lappen und Esten sind so sehr verschieden von einander, daß ihre Schädel nicht mehr auf ein einziges Maaß zurückgeführt werden können; die ersteren sind dunkelfarbig und gelegentlich fast schwärzlich, die letzteren hell= farbig und nicht selten ganz blond und blauäugig.

Wir stoßen hier auf eine principielle Schwierigkeit, welche bis jetzt nicht gelöst werden kann. Wie groß ist die mögliche Breite der Schwankungen der physischen Merkmale innerhalb derselben Rasse? Ich meine damit nicht die individuellen Schwankungen. Von diesen wissen wir, daß sie bis zum geraden Gegentheil des Stammestypus gehen können. Es giebt einzelne weiße Neger und gelegentlich wird ein Weißer schwarz oder doch braunschwarz, bronze= oder mulattenfarbig, nicht in Folge einer gemischten Ab= stammung, sondern aus inneren Gründen der Organisation. Diese Fälle gehören in das Gebiet der Pathologie und sie sind mehr oder weniger krankhaft. Ebenso verhält es sich mit den Schädeln. In einer Rasse können durch individuelle Bedingungen so große Abweichungen in der Entwickelung der einzelnen Schädelknochen auftreten, daß, wie ich dargethan habe, jeder Rassenform eine pathologische Form an die Seite gestellt werden kann. Eine langköpfige Rasse kann auf diese Weise einzelne ihrer Mitglieder kurzköpfig, eine hochköpfige einzelne Stammesgenossen flachköpfig werden sehen. Aber auch pathologische Störungen können sich erblich fortpflanzen, zumal dann, wenn die Bedingungen der Störung, die Ursachen der Abweichung fortbestehen und auf eine Generation nach der andern einwirken. So ist in der That die Frage zulässig, ob die Lappen ihre Stammesmerkmale nicht zum Theil der Ungunst der

Verhältnisse verdanken, unter denen sie nun seit Jahrtausenden leben, ob nicht Kälte, einseitige und mangelhafte Nahrung, unzweckmäßige Kleidung, Unreinlichkeit, Familienheirathen es erklären, daß ihr Körper eine wirklich pathologische Erscheinung angenommen hat? Mit anderen Worten, es fragt sich, ob durch bestimmte Einflüsse innerhalb einer einzelnen Völkerschaft, wie innerhalb einer einzelnen Familie, in einem einzelnen Stamme, wie in einem einzelnen Individuum, der physische Stammescharakter dauernde und erbliche Abweichungen von solcher Stärke erfahren kann, daß dadurch die Erkenntniß der Gemeinsamkeit in hohem Maaße erschwert oder gänzlich unmöglich gemacht wird?

Theoretisch läßt sich einer solchen Auffassung nichts entgegensetzen. Praktisch erzeugt sie die allergrößten Schwierigkeiten. Denn es liegt auf der Hand, daß bei dem Mangel einer erkennbaren Uebereinstimmung in den physischen Merkmalen die Entscheidung über die ethnologische Stellung eines Volkes widerstandslos den Sprachforschern in die Hand gegeben wird, zumal wenn es sich um ein sehr altes Volk handelt. Auf rein linguistischem Wege ist die Eintheilung der europäischen Völker in arische und turanische zu Stande gekommen, und erst die physische Anthropologie hat die Frage nach der Reinheit der eingebornen arischen und turanischen Nationen aufgeworfen. Vom linguistischen Standpunkte aus, der in diesem Falle zugleich ein politischer ist, kann man eine lateinische „Rasse" oder Völkerfamilie innerhalb der Arier unterscheiden, aber diese sogenannte Rasse ist nicht eine einzige vom Standpunkte der Geschichte und der Anthropologie; sie ist es höchstens, politisch ausgedrückt, vom Standpunkte der Nationalität. Die „Muttersprache" entscheidet nichts in Bezug auf die „Blutsverwandtschaft". Der ligurische Sarde, der iberische Spanier gehört sprachlich derselben lateinischen „Rasse" an, wie der arische Kelte und

der arische Italiker. Die Sprache nationalisirt und be=
nationalisirt.

Man braucht deßhalb nicht so weit zu gehen, wie Hr.
d'Omalius d'Halloy, der sogar die gemeinsame Abstammung
der Arier und ihre Einwanderung aus Asien bestreitet, aber man
muß zugestehen, daß das Vorkommen der brünetten Varietät
innerhalb der heutigen europäischen Bevölkerung sich verschie=
den erklären läßt. Es ist möglich, daß wir hier die Nach=
kommenschaft einer vorarischen Urbevölkerung vor uns haben; es
ist möglich, daß allmähliche Veränderungen der physischen Consti=
tution der arischen Einwanderer stattgehabt haben; es ist möglich,
daß Beides vorliegt. Ich meinerseits bin der letzteren Auffassung
zugeneigt. Aber ich bin bis jetzt außer Stande, beide Möglich=
keiten in der Praxis zu scheiden und z. B. zu zeigen, wie viel
von der Kurzköpfigkeit der modernen Völker dem vorarischen
„Blut", wie viel der späteren Abänderung des Rassencharakters
durch Cultur und Lebensweise zuzuschreiben ist.

Vom sprachlichen Standpunkte aus erhebt sich eine weitere
Schwierigkeit in Bezug auf die Verwandtschaft der nicht arischen
Sprachen. Sehr viele derselben, vielleicht die Mehrzahl, haben
den agglutinativen oder polysynthetischen Charakter. Sie beugen
z. B. das Zeitwort nicht, sondern bezeichnen die verschiedenen Zeiten
und Beziehungen durch zusätzliche Worte oder angehängte Sylben.
In dieser Einrichtung läßt sich eine gewisse Uebereinstimmung zwischen
den verschiedensten unarischen Sprachen auffinden. Die nordameri=
kanischen Ursprachen, das Finnische, das Baskische, viele Neger=
sprachen gehören in diesem Sinne einer einzigen größeren Sprachen=
gruppe an. Folgt daraus die Gemeinsamkeit ihres Ursprunges?
Ja und Nein. Nichts steht der Möglichkeit entgegen, am Ende
aller Forschung über den Menschen auf seine einheitliche Abstam=
mung zurückzukommen, und somit auch alle Sprachen auf einen

gemeinsamen Anfang zurückzuführen. Aber damit überspringen wir unendlich viele Mittelstufen der Entwickelung und zwar gerade diejenigen, welche uns am meisten interessiren. Ob die Neger Afrikas und die Indianer Nordamerikas schließlich auf eine gemeinsame Familienabkunft zu bringen sind, das steht auf einer Linie mit der Frage, ob auch die Weißen Europas eine mit den Negern und Rothhäuten gemeinsame Quelle haben. Es ist eben die Frage der gemeinsamen Abstammung aller Menschen. Aber ob aus sprachlichen Gründen etwa gewisse Negerstämme mit gewissen amerikanischen Stämmen zu einer gemeinsamen Nationalität vereinigt werden dürfen, das wäre eine besondere Frage, welche für sich und ganz unabhängig von der allgemeinen Frage zu beantworten wäre.

Genau so steht es aber mit der Angelegenheit der Basken oder, sagen wir lieber, der Euskaldun. Ist ihre Sprache, die Euskara, diese alte iberische Sprache, finnisch oder amerikanisch oder afrikanisch? Diese drei Möglichkeiten sind ganz ernsthaft verhandelt worden und eine jede hat ihre Vertheidiger gefunden. Unglücklicherweise hat bis jetzt Keiner das Räthsel überzeugend gelöst. Am nächsten liegt der Gedanke, daß die Iberer von Nordafrika her, vielleicht über die schmale Meerenge von Gibraltar, in das Land eingewandert seien. Dann müßten ihre nächsten Verwandten irgendwo in Nordafrika zu suchen sein. Hier stoßen wir auf das scheinbar gleichfalls uralte Volk der Berbern, dessen Stämme sich noch ziemlich rein in dem Gebirgslande des Atlas erhalten haben. Obwohl zum Theil sehr dunkel gefärbt, sind sie doch gänzlich verschieden von den Negervölkern in Centralafrika, dagegen geben sich mancherlei Merkmale ihrer Verwandtschaft mit anderen Küstenstämmen von Nordwest-, Nord- und Nordost-Afrika zu erkennen. Namentlich scheint zu ihnen die erst zu Anfang des 16. Jahrhunderts ausgerottete Urbevölkerung der canarischen In-

feln, das Volk der Guanches, gehört zu haben. Man hat diese Raſſe
im Ganzen mit einem klaſſiſchen Namen die atlantiſche genannt.
Gehören nun die Iberer zu derſelben? Linguiſtiſch, ſo weit ich er=
ſehen kann, nicht. Kühne Denker haben deshalb für ſie eine andere
Heimath, und zwar im anderen Sinne gleichfalls eine atlantiſche geſucht.

Schon in ſehr alten griechiſchen Sagen wird die Gegend, welche
uns hier beſchäftigt, viel beſprochen. Man verlegte hierher die Inſeln
der Glückſeligen und das Elyſium. Aber auch noch in ſpäter Zeit war
viel davon die Rede, und Platon erzählt von einer Inſel, welche
vor den Säulen des Herkules, draußen im großen (atlantiſchen)
Ocean gelegen und Atlantis geheißen habe. Sie ſei größer als
Aſien und Afrika geweſen und endlich im Meere verſunken. An
ſie knüpft eine moderne Hypotheſe an. Hier dachte man, könne
einſtmals eine Verbindung mit Amerika beſtanden haben, vermöge
welcher eine wirkliche Bluts= und Sprachverwandtſchaft der ameri=
kaniſchen Rothhäute mit den Iberern Europas erklärlich werden
möchte.

Freilich ließe ſich eine ſolche Verwandtſchaft auch noch auf
einem anderen Wege erklären, der zwar weiter iſt, aber keiner gleich
gewagten Vorausſetzungen über den Zuſammenhang der Continente
bedarf. Wären nämlich die Iberer urſprünglich mit den Finnen
zuſammengehörig, ſo gewännen wir eine ungleich ſicherere Kette
von Völkerſtämmen, wenn wir über Oſteuropa und Nordaſien
den Weg nach Nordamerika ſuchen. Hier iſt es nicht nöthig, geo=
logiſche Revolutionen vorauszuſetzen, um Wanderungen finniſcher
Stämme ſowohl nach Oſten, wie nach Weſten zu erkennen; die
Reihe der Völker mit agglutinativen Sprachen iſt noch heutigen
Tages eine faſt ununterbrochene und nicht wenige Ethnologen ſind,
auch aus anderen Gründen, geneigt, die Einwanderung der ameri=
kaniſchen Stämme von Aſien her zuzulaſſen.

Es mag genügen, dieſe weit umfaſſenden Betrachtungen in

ihren Umrissen vorgeführt zu haben. Meiner Meinung nach ist eine Entscheidung zwischen diesen verschiedenen Möglichkeiten bis jetzt nicht thunlich. Ist doch gerade in den letzten Jahren eine weitere Möglichkeit vertheidigt worden, die nämlich, daß auch die Iberer vom Kaukasus stammen, wo noch in historischer Zeit ein Volk gleiches Namens gewohnt hat. Es mag jedoch bemerkt werden, daß die physiologische Betrachtung mit der linguistischen am wenigsten stimmt. Die Basken sind ein langköpfiges Volk und ihr Schädelbau zeigt viel mehr Uebereinstimmung mit dem der atlantischen Völker Afrika's, als mit dem irgend eines finnischen oder ugrischen Stammes. Ich besitze moderne Baskenschädel, welche mit den Schädeln von Guanches = Mumien eine unverkennbare Aehnlichkeit besitzen, und ich würde keinen Anstand nehmen, aus dieser Thatsache sehr entschiedene Folgerungen zu ziehen, wenn nicht der Einwand gestattet wäre, daß Spanien im Mittelalter bekannt= lich längere Zeit hindurch unter arabische Herrschaft gerathen war, und daß eine Beimischung maurischer Elemente zu der Bevölke= rung damals entschieden stattgehabt haben muß. So wenig Grund zu der Annahme vorliegt, daß dieses auch in Biskaya stattgefun= den hat, und namentlich in so starker Weise, daß die Beimischung noch jetzt einen bestimmenden Einfluß auf die Schädelbildung ausübe, so möchte ich doch noch nicht weiter gehen, als daß ich die gedachte Thatsache hervorhebe.

An sie reiht sich eine andere, von Oscar Heer aufgefundene Thatsache, nehmlich die Uebereinstimmung der in den schweizer Pfahl= bauten gefundenen Ueberreste der damaligen Culturpflanzen mit südlichen und namentlich mit afrikanischen Pflanzen, welche Ueber= einstimmung so groß ist, daß dieser treffliche und vorsichtige Forscher geradezu sagt, „das Volk der Pfahlbauten scheint in keiner näheren Beziehung zu den Völkern Osteuropa's gestanden zu haben." Diese Uebereinstimmung gilt von der Gerste, dem Weizen, der Hirse, dem

Flachs, dem Oelmohn, und sogar von den mit diesen Fruchtarten
sich verbreitenden Unkräutern. So überraschend diese Erfahrung
war, als sie zuerst bekannt wurde, so läßt sie doch auch die Er=
klärung zu, daß nicht das Volk der Pfahlbauten selbst, sondern
nur die ihm zugeführte Cultur vom Mittelmeer und über
dasselbe hinaus von Aegypten stamme.

Trotz solcher Andeutungen nach dem Süden hin, die übrigens
auf ganz verschiedene Zeiträume sich beziehen mögen, bleiben wir
nicht bloß über die Abstammung der Iberer und Ligurer im Dun=
keln, sondern es füllt sich auch noch keineswegs die Lücke zwischen
ihnen und den finnischen Stämmen. Und doch muß überall in
Frankreich und in Deutschland vor der Einwanderung der Kelten
und Germanen eine ältere Urbevölkerung vorhanden gewesen sein.
Es ist dieß die eigentlich prähistorische Bevölkerung, von der
wir nicht bloß Gräber und Denkmäler, sondern auch Gebeine,
Geräthe, Waffen, Schmuck, Reste der Nahrung und Bekleidung
kennen, und von der wir doch noch nicht anzugeben vermögen,
wohin sie gehört und von wannen sie kam. Nur das können wir
bestimmt sagen, daß sie keine einheitliche, einem einzigen Volke
angehörige war, daß vielmehr in fast jedem größeren Lande meh=
rere prähistorische Stämme nachweisbar sind, von denen freilich
nicht überall bestimmt gesagt werden kann, ob sie sich gegenseitig
verdrängt haben oder ob sie neben einander gleichzeitig vorhanden
waren. So zerlegt ein verdienter französischer Archäolog, Hr.
Bertrand, die prähistorische Bevölkerung Frankreichs in drei,
zeitlich auf einander folgende Gruppen: 1) die Höhlenbewohner
(Troglodyten), 2) das Volk der großen Steindenkmäler (die me=
galithische Gruppe), 3) das Volk der Grabhügel (tumuli).

Es wird jetzt ziemlich allgemein angenommen, daß die ari=
schen Einwanderer schon im Besitze einer höheren Cultur waren,
als sie in ihre europäischen Sitze einrückten. Merkmale der

Sprache deuten darauf hin, daß sie Hausthiere hatten, daß sie Getreide bauten, daß sie Metalle, vielleicht sogar das Eisen kannten. Gemeinsame Wurzelworte für die Hausthiere, die Erzeugnisse des Ackerbaues, die Metalle lassen sich durch alle indogermanischen Sprachen verfolgen. Freilich darf daraus nicht gefolgt werden, daß alle diese Stämme sich zur Zeit ihrer Einwanderung auf einer gleichen Culturstufe befanden; im Gegentheil ist es sehr wahrscheinlich, daß auf den langen Wanderungen von der asiatischen Heimath her und in der Berührung mit andern Völkern der Kreis der Kenntnisse jedes einzelnen Stammes sich sehr verschieden gestaltet habe. Immerhin können wir nirgend nachweisen, daß eines der arischen Völker zur Zeit seiner Einwanderung aus wilden Nomaden bestanden hat, denen alle Vorkenntnisse des seßhaften Lebens fehlten. Kein arischer Stamm war im modernen Sinne des Wortes barbarisch.

Nun ist aber durch ganz Europa verbreitet eine Fülle von Ueberresten der sogenannten Steinzeit. Freilich ist nicht jedes Steingeräth, es sind nicht einmal alle die viel besprochenen „Spähne" aus Feuerstein und verwandten Gesteinsarten prähistorisch. Noch in Frankengräbern des 5.—7. Jahrhunderts nach Christo finden sich neben Eisenwaffen und prächtigem Metallschmuck Feuersteinspähne und zwar der allerrohesten Art, ebenso wie sie in ägyptischen Gräbern des 3. Jahrhunderts vor Christo vorkommen, also aus einer Zeit, wo Eisen dort längst in vollem Gebrauche war. Es sind das symbolische Beigaben, religiöse Traditionen. Manches andere Steingeräth, das jetzt beim Pflügen oder Torfstechen zu Tage kommt, mag noch in späterer Zeit wirklich benutzt worden sein, wie selbst bei uns hier und da noch jetzt mancherlei Stein gebraucht wird. Aber wir kennen vielerlei Fundstätten der Vorzeit, in denen unzweifelhaft nichts von Metall, weder Bronce, noch Eisen vorkommt, sondern wo außer Steingeräth nur hölzerne oder knöcherne Werkzeuge angetroffen werden. Das sind die Gräber, die Wohn= und Lagerplätze der Steinvölker.

Ich habe in einem vor 9 Jahren gehaltenen Vortrage über Hünengräber und Pfahlbauten (diese Sammlung Serie I. Heft 1) diese Angelegenheit behandelt und kann darauf verweisen. Aber seit jener Zeit hat unsere Kenntniß der Vorgeschichte Europa's wichtige Fortschritte gemacht. Während man bis kurz vor jenem Zeitpunkte die Steinzeit und selbst die Broncezeit überwiegend aus skandinavischen und norddeutschen Funden kannte und sehr geneigt gewesen war, sie als eine wesentlich nordische Angelegen= heit zu behandeln, so weiß man jetzt, daß, gleichwie Indien und Japan, Brasilien und Syrien, so auch jedes Land Europa's sein Steinalter hatte. Auch in den alten Kulturländern Italiens und Griechenlands, und nicht minder in Finland und auf der iberischen Halbinsel finden sich Steingeräthe, und es hat sich die sonderbare Thatsache herausgestellt, daß der gemeine Mann für gewisse Steinhämmer überall denselben Namen, den der Donnerkeile oder Blitzsteine (Astropeleken) anwendet, zum besten Beweise, daß nirgends mehr in dem Gedächtnisse eines lebenden europäischen Volkes die Herstellung solcher Geräthe als eine menschliche Ar= beitsleistung überliefert ist. In der nordischen Mythologie führte der Gott Thor den Steinhammer, und im Süden findet sich wenigstens die verwandte Sage, daß Zeus Steine vom Himmel regnen ließ, um seinen Sohn Herakles im Kampfe mit den Li= gurern zu schützen, als er mit den geraubten Stieren des Gery= oneus aus Hesperien (Iberien) zurückkehrte. Dieses „Stein= feld" wurde in der Nähe der Rhone=Mündung gezeigt.

Nichts berechtigt uns bis jetzt zu der Annahme, daß die finnischen Stämme in Europa eine Steinzeit gehabt haben. So= weit mir bekannt ist, hat man weder in Finland, noch in Est=

land ein eigentliches Steingrab d. h. ein Grab mit Beigabe von reinem Steingeräth aufgedeckt; noch weniger sind daselbst Steingräber mit charakteristischen Schädeln angetroffen. Was man von prähistorischen Schädeln finnischer Rasse in Belgien und Frankreich erzählt hat, gehört durchaus in das Gebiet willkürlicher Annahmen. Ungleich näher liegt eine solche Annahme bei den Steingräbern der dänischen Inseln, in denen eine Rasse mit kürzerem und breiterem Schädelbau bestattet ist, und die nordischen Alterthumsforscher, welche diese Rasse mit der finnischen identificirten, konnten einen nicht geringen Anschein von Recht für ihre Meinung in Anspruch nehmen. Trotzdem haben meine Messungen ergeben, daß auch diese Annahme insofern nicht zutrifft, als die Gräberschädel der dänischen Steinzeit den Schädeln der heutigen Bevölkerung Dänemarks, welche man für eine germanische hält, näher stehen, als denen der heutigen Finnen und Esten. Nichts Thatsächliches spricht also dafür, daß jemals früher finnische Stämme weiter nach Westen in Mitteleuropa gewohnt haben, als wo wir noch heutigen Tages ihre Grenzen finden. Selbst wenn es richtig wäre, daß gewisse Kurzschädel der Renthierzeit in Belgien und Frankreich der finnischen Rasse' zuzuschreiben sind, so würde die Frage berechtigt sein, ob in einer Zeit von so verschiedenen klimatischen Verhältnissen Finland und Lappland bewohnbar gewesen sind. Auch die früheste geschichtliche Erinnerung von der Existenz der Finnen, welche uns bei Tacitus erhalten ist, und in welcher es heißt, daß sie aus Mangel (oder aus Seltenheit?) des Eisens ihre Pfeile mit Knochenspitzen versehen hätten, spricht gegen die Einordnung der Finnen unter die Steinvölker, insofern diese sich mit Vorliebe steinerner Pfeilspitzen bedienten.

Einigermaßen ähnlich steht es mit den Iberern. Steingeräth ist allerdings auf der iberischen Halbinsel sehr verbreitet; namentlich die geschliffenen Steingeräthe zeigen viel mehr Aehnlichkeit mit denen Griechenlands, als mit denen des Nordens. Es begreift sich dieß, wenn man erwägt, daß die südliche Steinzeit aller Wahrscheinlichkeit nach viel älter ist, als die nordische. Der große Metallreichthum der iberischen Halbinsel mußte sogar zu einer weit früheren Benutzung des Kupfers und anderer Metalle führen, als die Gelegenheit in Griechenland geboten war; als die erste phönicische Colonisation von Sidon aus, etwa im 12. Jahrhundert vor Christo, daselbst Platz griff, war die Gewinnung und Bearbeitung der Metalle allem Anschein nach in Iberien schon bekannt. Aber nur ein Umstand könnte als Unterstützung dafür angeführt werden, daß die Iberer schon in der ältesten Steinzeit ihre Wohnsitze in diesem Lande aufgeschlagen hatten: die Thatsache nämlich, daß ein großer Theil der ältesten Schädel Portugals, Spaniens und Aquitaniens einer langköpfigen Rasse angehört. Namentlich aus dem Gebiete der Garonne kennt man eine Höhlenbevölkerung der Renthierzeit, ausgezeichnet durch einen ungewöhnlich hohen Grad künstlerischer Cultur, wie ihre Rückstände in den Uferhöhlen der Dordogne darthun, welche wohl in Vergleichung gezogen werden darf. Trotz ihrer Größe und ihrer langen Schädel ist sie freilich auch nicht dem Geschick entgangen, von Hrn. Pruner zu der mongoloiden Rasse gezählt zu werden.

Wie man die Troglobyten der Dordogne, namentlich die von Cro-Magnon mit den Iberern wegen ihrer Langköpfigkeit und Größe vergleichen kann, so kann man die gleichfalls der Renthierzeit zugerechneten Troglobyten aus der belgischen Höhle von Furfooz im Thale der Lesse, einem Nebenflusse der Maas, ihrer (relativen) Kurzköpfigkeit und Zartheit wegen mit den Ligurern zusammenstellen. Aber bei der geringen Zahl der bis jetzt bekannten Höhlenschädel möchte ich nicht bis zu der Behauptung gehen, daß wirklich schon zur Renthierzeit iberische und ligurische Stämme in Spanien, Frankreich und Belgien gehaust haben. Und

zwar um so weniger, als andere langköpfige und andere kurzköpfige
Schädel uralter Zeit bekannt sind, welche sich sowohl dem geographi=
schen Raume, als auch ihrer sonstigen Besonderheit nach schwer in
Beziehung zu Iberern oder Ligurern setzen lassen. Bei einer
Untersuchung der belgischen Höhlenschädel, welche freilich nur zum
Theil der Renthierzeit angehören, konnte ich nachweisen, daß sie
sich mindestens in vier verschiedene Gruppen zerlegen lassen.

Eine Zeit lang hielt man, entsprechend der Vorstellung von der
turanischen Abstammung der Urbevölkerung, an der Meinung fest,
daß die Urrasse eine kurzköpfige gewesen sei und daß die Kurz=
köpfigkeit (Brachycephalie) ein Zeichen geringerer Hirnentwickelung
darstelle. Die neueren Forschungen haben beide Seiten dieser
Betrachtung zurückgewiesen. Man weiß jetzt, daß in Deutschland,
in Frankreich und in Italien die Kurzköpfigkeit nicht nur überaus
weit verbreitet ist, sondern daß auch das brachycephale Gehirn
vielfach größer und besser entwickelt ist, als das dolichocephale. Man
weiß ferner, daß eine Mehrzahl der allerältesten Schädel gerade
dolichocephal ist. Dahin gehören namentlich die berühmten Schädel
aus der belgischen Höhle von Engis, wo mit den Ueberresten des
Menschen die Ueberreste des längst verschwundenen Urelephanten,
des Mammuth untermischt lagen. Hier war es, wo durch die
unermüdliche Arbeit des verstorbenen Schmerling zuerst die bis
dahin von den größten Meistern aufrecht erhaltene Meinung, daß
der Mensch erst nach der Diluvialzeit auf der Erde erschienen sei,
widerlegt und die „Fossilität" desselben nachgewiesen wurde.

Die von mir ausgesprochene Meinung, daß die langköpfige
Rasse von Engis verschieden sei von der langköpfigen Rasse von
Cro=Magnon, ist in der jüngsten Zeit auch von den Herren
de Quatrefages und Hamy angenommen worden. Leider
haben sie sofort neue Irrthümer hinzugefügt, indem sie die Engis=
Schädel mit denen von Canstatt und vom Neanderthal, sowie

mit zahlreichen anderen zu einer gemeinsamen Gruppe vereinigt und diese ganze Gruppe mit den heutigen Australiern zusammengestellt haben. Da der am längsten bekannte Schädel dieser Gruppe der in dem Mammuthfelde bei Canstatt gefundene ist, so nennen sie das europäische Urvolk die Canstatt-Rasse. Leider hat eine eben veröffentlichte Mittheilung des Hrn. Hölder über den Canstatter Schädel große Zweifel über das Alter desselben erregt. Eine Vereinigung der Engis-Schädel mit dem Neanderthal-Schädel ist aus anatomischen Gründen unzulässig. Endlich giebt es nicht mehr Beweise für die australische Natur der Engis-Leute, als sich auch für die eskimotische Natur derselben beibringen lassen. Und doch sind die Australier und die Eskimos untereinander gänzlich verschieden: die ersteren gehören der schwarzen, die letzteren der gelben Rasse an.

Auch diese Richtung der vergleichenden Anthropologie ist nicht mehr neu. Sie hängt zusammen mit der Tendenz, die prähistorischen Völker zu dem Aufbau einer Entwickelungstheorie der Menschheit auf Grund aprioristischer Voraussetzungen zu verwenden. Australier und Eskimos sind niedere Rassen. Also müssen die prähistorischen Rassen ihnen verwandt sein. So ist die Deduction. Aber gerade die ältesten Schädel, die von Engis, vom Olmo, wie die von Cro-Magnon, tragen keineswegs die Merkmale niederer Rassen an sich. Nicht einmal der Charakter der Wildheit ist allen diesen Schädeln in bestimmter Weise aufgedrückt. Nur der Neanderthal-Schädel macht diesen Eindruck, und er hat sich als ein pathologischer erwiesen.

Noch ist die Zeit nicht gekommen, die Stellung der prähistorischen Völker der Steinzeit, der wirklichen Urbevölkerung Europas auch nur mit annähernder Sicherheit zu bestimmen. Noch ist diejenige Urrasse nicht entdeckt, welche als die niederste Erscheinungsform des Menschen und, wie man voraussetzt, als die einheitliche

Wurzel aller späteren Völkerfamilien betrachtet werden kann. Noch fehlen uns die „Adamiten". Wissen wir doch noch nicht einmal, wann der Mensch zuerst den Boden Europas betreten hat. Alle bisher mitgetheilten Betrachtungen beziehen sich auf Zeiten, wo die Erdoberfläche im Wesentlichen die heutige Gestalt hatte, wenngleich seitdem die Ströme vielfach ihr Bett verändert haben und Vulkane, die noch thätig waren, erloschen sind. Die Gebeine und die Erzeugnisse des Menschen sind daher häufig von späteren Anschwemmungen, von anwachsendem Torf- und Moor, von Lavaströmen überdeckt. Aber auch die ältesten dieser Reste gehören doch durchweg dem Diluvium, der sogenannten Quaternär-Periode an. Hie und da werden freilich Funde gemeldet, sei es von „geschlagenen" Feuersteinen, sei es von einzelnen Menschenknochen, welche in noch älteren Schichten der Erdrinde gemacht sein sollen. Noch ist jedoch der „tertiäre" Mensch nicht sicher nachgewiesen, wenngleich er eben so wenig aus der Reihe der Möglichkeiten entfernt ist. Dafür ist der „quaternäre" Mensch eine sichere Errungenschaft der neueren Wissenschaft. Er war noch ein Zeitgenosse des Mammuth und er hat vielleicht diesen mächtigen Dickhäuter vernichten helfen. (Vergl. Fraas, diese Sammlung Ser. VII. Heft 168.) Er bewohnte das Land gemeinsam mit jener längst verschwundenen Schaar riesiger Säugethiere, dem Höhlenbären, dem Höhlenlöwen, der Höhlenhyäne, den Nashörnern und Flußpferden der Vorzeit. Der Unterkiefer des Höhlenbären mit seinen mächtigen Eckzähnen diente dem Höhlenmenschen des Harzes und der rauhen Alp, der Maas und der Dordogne als Waffe und Handwerkzeug. Und auch in der viel späteren Zeit, wo die Kälte der Eisperiode sich zu mildern begann, wo aber noch das Renthier, welches jetzt auf den äußersten Norden Skandinaviens und Finlands beschränkt ist, seine Wanderungen über Deutschland, die Schweiz und Frankreich bis zu den Alpen und den Pyrenäen ausdehnte, finden wir überall den Menschen in seiner Nähe; gewisse Merkmale sprechen sogar dafür, daß er schon damals das Ren wie ein Haus=thier behandelte. In den Kalkhöhlen Westfalens und Schwabens, des Lahn= und Maasthales, wie in denen von Südfrankreich birgt der Schutt, welcher den Boden derselben bedeckt, zahlreiche Zeugnisse menschlicher Thätigkeit; bearbeitete Geweihstücke und Knochen des Ren selbst sind aus allen diesen Gegenden bekannt.

Wie lange diese Zeit hinter der unserigen zurückliegt, wer kann es sagen? In seinem Vortrage über die Eiszeit (diese Sammlung Serie IV. Heft 94) hat Hr. Braun diese Frage besprochen. Setzt man nach ihm das Ende der Eiszeit auch nur um 9 oder 10 Jahrtausende vor unserer Zeitrechnung, so ergiebt dieß doch schon einen so großen Spielraum für die Phantasie, daß wir auch einen mehrmaligen Wechsel der europäischen Urbevölkerung ohne Schwierigkeit zulassen können. Denn um mehr als 2000 Jahre reicht auch die freigebigste Rechnung des Historikers in Europa nirgend zurück. Geben wir diese Zeit der arischen Ein=wanderung von Asien her, so steht nichts der Möglichkeit entgegen, in einer früheren Periode der Einwanderung von Afrika her eine gleiche Breite zuzugestehen. Niemals scheint das Ren die Pyre=näen überschritten zu haben, und hier sowohl, wie in Italien, dem die Spuren der Eiszeit fehlen, mochte sich schon eine reiche süd=liche Bevölkerung heimisch gemacht haben, als jenseits der Eis=gebirge noch nirgend ein Anreiz für die Einwanderung anspruchs=vollerer Stämme gegeben war. Und als endlich die Züge der Arier sich in den Küstenländern des Mittelmeeres ausbreiteten und ein neues Culturleben begannen, als in Europa die ersten Klein=staaten begründet wurden, da mochte immerhin noch ein Jahr=tausend oder mehr dahingehen, ehe auch an den Gestaden des baltischen Meeres die „Steinvölker" von den ersten Aposteln der Metallcultur erreicht wurden.

(48) Druck von Gebr. Unger (Th. Grimm) in Berlin, Schönebergerstr. 17a.

Ueber

Art und Kunst,

Kunstwerke zu sehen.

Von

Herman Riegel.

Berlin, 1874.

C. G. Lüderitz'sche Verlagsbuchhandlung.

Carl Habel.

Im Alterthum ging eine Rede, daß Wer den olympischen Zeus des Phidias gesehen, niemals wieder ganz unglücklich werden könne: Eine sinnreiche und bedeutungsvolle Rede! Wie tief auch das Gemüth des Menschen quälenden Sorgen und Schmerzen dahin gegeben war, so scheuchte doch der Anblick dieser göttlichen Bildsäule alles Schwere und Furchtbare hinweg, heitre Ruhe durch die Seele ergießend. Und wer Ein Mal die herrlichen Glieder, die goldenen Locken und die hohe Stirn des Vaters der Menschen und Ewigen geschaut, wie er voll Friede und Milde schützend die Sieg-gekrönte Hand über seinem geliebten Hellas hielt, der trug von Olympia in der Seele ein Bild hinweg, das ihm, selbst in den Nöthen des menschlichen Lebens, Licht und Trost spendete. Diese heilbringende und gleichsam Wunder-wirkende Kraft des gefeierten Bildes beruhte nicht auf übernatürlichen, geheimen Eigenschaften religiöser Art, wie solches bei den wunderthätigen, oft so widerwärtigen Bildern der Fall ist, an die ein so weit verbreiteter Aberglauben noch jetzt in allen Völkern sich klammert, sondern einzig und allein auf der ihm inne wohnenden Macht der Schönheit, auf der Fülle des Lichtes und der Anmuth, die, wie ein alter Schriftsteller, Dio Chrysostomus, sagt, in dieser Kunst sind.

Glücklich und beglückt ist fürwahr jenes Volk zu preisen, in deſſen
Gemüth von dem Antlitz dieſer, in Schönheit ſtrahlenden Geſtalt
Frieden und Seligkeit ſich ergoß! Ein in Wahrheit auserwähltes
Volk, in deſſen ſteinernen Urkunden noch wir Spätgeborene die
Offenbarung göttlicher Schönheit leſen! Doch ſelbſt ein Weiſer
dieſes Volkes, der unſterbliche Sokrates, ermahnte die Seinigen,
die doch in einer durchaus künſtleriſchen Umgebung ſich bewegten,
im vollſten Strome der Schönheit lebten und athmeten, indem er
ihnen ſagte: „Das Schöne iſt ſchwer“. Nicht dem flüchtigen
Gaffer kann alſo das Zeusbild jene unſchätzbare Wohlthat erwieſen
haben, ſondern nur Dem, der mit weihevollem Sinne und mit
dem reinen Willen zu einer völlig rückhaltloſen Hingabe in den
Tempel von Olympia trat, deſſen Auge die Schwierigkeit dieſer
ernſten und hohen Schönheit durchdringen, deſſen Seele im An=
ſchauen dieſes Werkes ſich in die heitere Ruhe göttergleichen Da=
ſeins erheben konnte.

Dies iſt der Sinn der ſchönen Ueberlieferung. Sie will nicht
ſagen, daß das Werk des Phidias die Leiden all' und jeden Men=
ſchenkindes, das ſich ihm nahte, vermöge geheimer Wunderkraft
ohne Weiteres heilte, — ſie will vielmehr ſagen, daß nur Derjenige,
der mit eigener Kraft die Hülle der ſinnlichen Erſcheinung durch=
drang und das Geiſtige, welches dieſe beſeelte, ſah, eben
in der Schönheit dieſes Bildes das Schaffen und Weben des
ewigen Geiſtes erkannte, und aus dieſer Erkenntniß den heilenden
Troſt, daß etwas Ethiſches und Göttliches ihm nahe ſei, mit durchs
Leben nahm. Er alſo mußte ſelbſt Etwas, und vielleicht das
Meiſte, hinzuthun, damit er die Wirkung des Bildes ſpürte und
erlangte. Nicht der Barbar, der aus dem fernen Aſien oder
vom Rande der libyſchen Wüſte herankam, und etwa den Fuß
in den heiligen Tempelbezirk von Olympia ſetzen durfte, hätte
ſich irgend eines erhebenden und dauernden Einfluſſes daſelbſt

(32)

rühmen können; wohl aber durfte der Hellene, dessen Geist gebildet, dessen Auge geübt genug war, die einfältige Größe und
ruhige Schönheit des Zeusbildes zu verstehen, frohen Herzens
sagen, daß er unter der Hülle der Schönheit den Gott ahnend
erkannt habe, und daß fortan der Erde Leid seine Seele nicht
mehr treffen könne. Diesem Hellenen also diente wirklich das
Werk des Phidias, um mit Schiller's Worten zu reden, „zu einem
sinnlichen Pfande der unsichtbaren Sittlichkeit". Aber diesen Dienst
erwies es ihm nur, insofern er fähig war, das Werk geistig zu
durchdringen. —

Wir sehen uns mit diesen Betrachtungen einer der schwierigsten
aesthetischen Fragen gegenüber, nemlich der, ob die Schönheit eine
objective, ihnen unveräußerlich anhaftende Eigenschaft der Dinge,
oder ob sie vielmehr das Erzeugniß subjectiver Thätigkeit des auf-
nehmenden Individuums, und damit zusammenhängend, was denn
überhaupt die Schönheit sei? Auf diese Frage vom Wesen des
Schönen giebt uns die Wissenschaft keine völlig erschöpfende Antwort. Zwar fehlt es in den verschiedenen aesthetischen Systemen
nicht an Begriffserklärungen des Schönen, und es würde ein
Leichtes sein, ein Blumenlese derselben hier vorzuführen, — aber
diese Erklärungen, so geistreich und bedeutend sie auch sind, widersprechen theils sich gegenseitig, theils unsren Meinungen, so daß
wir keine derselben als unanfechtbare Wahrheit, wie etwa einen
mathematischen Satz, hinstellen könnten. Höchst Ausgezeichnetes,
Unvergängliches und Vortreffliches ist ja in vielen der, mit jener
Frage in Zusammenhang stehenden Schriften niedergelegt. — ich
darf nur an Kant's Kritik der Urtheilskraft und an Schiller's
aesthetische Arbeiten erinnern, — aber trotzdem empfangen wir
nirgends eine uns durchaus befriedigende Antwort auf die Frage
nach dem Wesen der Schönheit. Es muß dies in der unergründlichen Natur dieses Wesens beruhen, wo Geistiges und Ewiges

fich mit Körperlichem und Endlichem geheimnißvoll berührt, und wo Beide in einander fließen, um ein Drittes, ein neues Wesen, eben das der Schönheit zu erzeugen.

Der forschende Geist steht hier vor einer der Gränzen, über die sein Vermögen noch nicht hinaus reicht, und er thut wohl, indem er diese Gränze erkennt und anerkennt, nicht mit unzureichenden Mitteln nutzlos über dieselbe hinauszuschweifen. Vielmehr darf er ernstlich berücksichtigen, daß mit der völligen theoretischen Erkenntniß der Schönheit ihre Kraft vielleicht aufhören, daß wir, das Wesen der Schönheit vor unserm Verstande enthüllend, sie und ihre Gaben selbst verlieren könnten. Mit Recht werden wir deshalb in diesem Zustande nicht einen Mangel, sondern ein Glück erkennen, und uns des Schiller'schen Ausspruches getrösten dürfen: „Die ganze Magie der Schönheit beruht auf ihrem Geheimniß."

So unergründlich uns nun aber immerhin das innerste geheime Wesen der Schönheit ist, so wenig wir sagen können, was das Schöne an sich sei, — so sicher sind wir doch in unsern Urtheilen, ob irgend ein Ding schön sei oder nicht, ja wir können selbst bis zu einem gewissen Grade die Gründe klar und deutlich angeben, weshalb es schön sei oder nicht. Zwar haben wir häufig Gelegenheit, über schöne Gegenstände der Natur und der Kunst manch' reckes Urtheil von Menschen zu hören, die niemals auch nur mit der leisesten Ahnung daran gedacht haben, sich zu fragen, warum sie so urtheilen, — die aber dennoch mit einer staunenswerthen Sicherheit schnell erklären: Das Ding ist schön, und jenes ist häßlich. Solche Urtheile haben wir hier nicht im Sinne, obwohl wir ihnen ihre individuelle Berechtigung zugestehen wollen, — sondern wir meinen Urtheile, welche aus einem eingehenderen Verkehre des Urtheilenden mit der Schönheit und der Kunst eine gewisse sachliche Berechtigung empfangen. Denn bei einem solchen eingehenderen und vertrauteren Verkehre ist man im Stande sich gewisse Grundsätze und Urtheilsregeln zu bilden, ja auch gewisse höhere und allgemeinere Gesetze zu erkennen, die dann im einzelnen praktischen Falle bei der Beurtheilung eines Gegenstandes von entschiedenstem Werthe sich erweisen, und Gründe an die Hand geben, welche das Urtheil erfolgreich stützen. Daß auch dieses Verfahren ein schweres ist, daß bei seiner Anwendung viel leichter ins Blaue geschossen als ins Schwarze getroffen wird, ist nur zu wahr, denn das Verhältniß des Einzelnen zu dem schönen Gegenstande kann nie ganz frei von einem subjectiven Beisatze sein, und dieser eben erschwert so sehr die Erringung eines objectiven Standpunktes. Wir finden deshalb eine Gruppe von Freunden des Schönen, oder sagen wir es gleich enger begrenzt, von Freunden der Kunst, die, von leicht anzuregender Einbildungskraft und Empfindung, sich schnell entzünden, und nun vom Boden dieses günstigen Vorurtheiles aus mit liebenswürdiger Wärme ihr Urtheil entwickeln, oder umgekehrt ebenso schnell ihr Verdammungsurtheil aussprechen. Andere, die Kühleren, die gemerkt haben, daß jene Wärmeren sich als Lohn ihrer Urtheile dann und wann ein spöttisches Lächeln einholten, gehen deshalb sehr vorsichtig zu Werke. Sie haben sich ihre Grundsätze und Regeln sehr ordentlich und handlich zurecht gelegt und mit diesem Richtscheite treten sie an die Werke der Kunst; schade nur, daß bisweilen ein Kunstwerk blos deswegen keine Gnade vor ihren Augen findet, weil es sich nicht in eines ihrer aesthetischen Fächer einordnen läßt! Noch Andere bilden sich aus dem Begriffe des Absoluten heraus einen untrüglichen Maßstab, und messen an diesem mit philosophischer Würde selbst das anspruchloseste Erzeugniß des Tages. Und wieder Andere machen es wieder anders. Doch wir wollen unsren Betrachtungen nicht vorgreifen und Dinge, welche später ihre Stelle finden werden, hier nicht vorweg nehmen. Darüber wird aber kein Zweifel bestehen können, daß die Kunstfreunde sich den Schöpfungen der Kunst gegenüber außerordentlich verschieden verhalten, sowohl dem Prinzipe wie dem Inhalte ihrer Urtheile nach. Ja, es wird kein einziges Kunstwerk sich finden lassen, über dessen künstlerischen Werth allgemeine Einstimmigkeit herrschte, und es muß zugestanden werden, daß selbst die edelsten und schönsten Denkmäler schon die, auf voller Ueberzeugung beruhenden, abgeschmacktesten Urtheile über sich haben ergehen lassen müssen. Die Sachen liegen hier also völlig anders als auf den Gebieten der exacten Wissenschaften, wo nur dem Wahnwitze einfallen könnte, darüber etwa zu streiten, daß die drei Winkel eines Dreieckes zwei Rechte betragen, oder daß der Himmel d. h. die atmosphärische Luft im gewöhnlichen Zustande blau erscheint. Kein künstlerisches Urtheil ist in diesem Sinne unbestreitbar und unbestritten. Rein persönliche, völlig subjective Umstände und Verhältnisse machen sich in den Beziehungen zur Kunst geltend, und wir müssen dieselben nicht nur als Thatsache achten, sondern ihnen sogar in Ansehung des geheimnißvollen Doppelwesens der Schönheit eine höhere Berechtigung zusprechen. Danach also wie der einzelne Kunstfreund sich zum einzelnen Kunstwerke zu stellen weiß, wie weit er im Stande ist, sich an dasselbe hinzugeben und es in sich aufzunehmen, wird sich sein Urtheil über dies Werk gestalten. Ist er völlig unfruchtbar und gänzlich außer Stande, etwas Eigenes der künstlerischen Schöpfung entgegen zu bringen, so werden ihm gerade die gefeiertesten Denkmäler nichts sagen, die Schönheit der vollkommensten Werke wird ihm verhüllt bleiben. Er steht der Kunst gegenüber auf einem völlig fremden Standpunkte. Zwischen ihm und ihr spannt sich zu freundlichem Wechselverkehre keine Brücke.

> „Der allein besitzt die Musen,
> Der sie trägt im warmen Busen;
> Dem Vandalen sind sie Stein."

Und unter diesen Vandalen will Schiller nicht etwa bunthäutige Menschenfresser verstanden wissen, sondern er meint damit die Pariser des ersten Napoleonreiches. Wie oft kann man derartige Vandalen im Frack und seidenen Kleidern sich vor den höchsten Werken des griechischen Meißels, vor den mächtigsten Schöpfungen der Malerei langweilen sehen!

Betrachten wir nun die Verhältnisse, in denen die einzelnen Kunstfreunde zu den Werken der Kunst stehen, etwas genauer, so zeigen sich gewisse Kreise, die allerdings an ihren Umrissen so in einander übergehen, daß man ihre Abgrenzung kaum noch wahrnehmen kann, die aber in ihren Mittelpunkten sich ganz deutlich kennzeichnen. Im Mittelpunkte des ersten Kreises steht der vollkommene Liebhaber der Kunst. Er zeichnet sich aus durch die schon vorhin gerühmte Wärme der Empfindung, durch eine gewisse Begeisterung, die in den meisten Fällen etwas sehr Anziehendes und Einnehmendes besitzt, durch den Eifer seines Strebens, das, was er für vortrefflich hält, aufzusuchen und sich geistig anzueignen. Ein derartiger Kunstliebhaber kann nicht leicht hoch genug geschätzt werden, denn er ist nicht allein das dankbarste und angenehmste Publikum der Künstler, sondern er ist gleichsam auch eine Kraft, von der aus durch ein ganzes Haus, ja durch einen ganzen Ort die willkommensten Anregungen zur Belebung und Förderung eines allgemeineren Kunstsinnes ausgehen können. Es giebt Städte, die vornehmlich dem liebenswürdigsten Bemühen solcher Kunstliebhaber die Entstehung ihrer, nicht selten bereits bedeutenden, Kunst-Sammlungen oder Anstalten verdanken, — ich darf nur an Frankfurt oder Leipzig erinnern, — und Der hätte gewiß keine sonderliche Einsicht in Kunstdinge, der diesem Bemühen nicht die aufrichtigste Anerkennung entgegenbringen wollte. Aber so schätzbar auch die Stellung des Kunstliebhabers zur Kunst ist, so verhältnißmäßig Bedeutendes auch aus derselben hie

und da erwachsen ist, so ist dies Verhältniß doch nicht ohne
Schattenseiten, — Schattenseiten die aus der Natur desselben
hervorgehen, und die der Name des Liebhabers schon treffend an-
deutet. Wir können sie in ein einziges Wort zusammen fassen,
indem wir das Verhältniß des Kunstliebhabers mit fremdem Ausdrucke bezeichnen und es Dilettantismus nennen. Es ist dies eine
wörtliche Uebersetzung — denn dilettare heißt vergnügen, belustigen,
auch lieben in der Bedeutung von gern haben, und es decken sich
somit die Ausdrücke vollständig. Aber was beim deutschen zurück-
trat, drängt sich bei dem ausländischen vor, und zeigt den völlig
unsicheren Boden, die schwankende, von unberechenbaren Neigungen
abhängige Natur dieses Verhältnisses: nemlich das rein subjective
Vergnügen. Es war die Glanzzeit des Dilettantismus, als man,
den halbwahren Lehren französischer Aesthetik nachfolgend, den
Zweck der Kunst ins Vergnügen setzte, und wir wollen dem
Dilettantismus nicht vergessen, was er — im Bewußtsein der
hieraus sich ergebenden hohen Meinung von sich — Großes und
Fruchtbringeudes für die Kunst und deren Erkenntniß gethan hat.
Aber hierneben thut sich ein Abgrund auf, in den man nur mit
Grausen schauen kann, und wo man alle Thorheiten der Welt und
alle Abgeschmacktheiten eines wankelmüthigen Geschmackes erblickt.
War doch ein großer Kunstliebhaber, dem wir manches Gute in
Bezug auf unsere neue deutsche Kunst verdanken, so beschränkt,
daß er Rafael mit tödtlichem Hasse verabscheute, und dessen Werke,
um seine Verachtung auszusprechen, in einem gewissen, nicht näher
zu bezeichnenden Raume seiner Wohnung aufhing! Solche Ausschreitungen werden allerdings immer als Ausnahme gelten können,
aber dennoch wird man von Liebhabern etwa der Rafaelischen
Kunst z. B. über Rubens oder Rembrandt häufig genug verständniß-
lose Beurtheilungen hören können, und zwar mit dem vollkommenen
Bewußtsein der Kennerschaft. Um ein derartiges Beispiel zu geben,

füge ich hier einige Aeußerungen ein, die der vielfach so wohlverdiente Kunstfreund Johann Gottlob von Quandt in dem, von ihm als „Leit= faden zur Geschichte der Kupferstecherkunst und Malerei" (Leipzig 1853) veröffentlichten, Verzeichnisse seiner Kupferstichsammlung nie= dergelegt hat. In dem Abschnitte über Rembrandt liest man zu= nächst, kritiklos abgeschrieben, die alten Märchen von dessen uner= sättlicher Geldbegierde und nacktem Geize, und dazu den Zusatz, daß er „kein anderes Vergnügen kannte, als den Erwerb." Welche Verkennung eines Mannes, dessen geringstem Pinselstriche man Geist und Freude, Lust und Liebe zur Sache ansieht! Quandt sagt dann weiter: „Nur zu oft wird der Genuß an der zarten Verschmelzung von Licht und Schatten durch die Häßlichkeit und Niedrigkeit der Gegenstände gestört, welche mit so viel Kunst gemalt sind." Nach diesem Grundsatze wird dann die berühmte „Nachtwache" in Amsterdam bespöttelt, weil „der dicke Bauch des Schützenhauptmanns, dieser hervortretende Globus, am hellsten beleuchtet" sei; es wird die „Bathseba", „in demselben Museum, höchst meisterhaft und ebenso ekelhaft," die „Anatomie" im Haag „ein sehr schätzbares Kunstwerk oder Kunststück" genannt, und es wird Allem die Krone aufgesetzt, indem endlich nach einigen aesthe= tischen Saalbadereien gesagt wird: „durch das sinnlich Ekelhafte und das moralisch Empörende gelingt es ihm, die stärksten Wir= kungen hervorzubringen." (Vergl. d. Anmrkg a. Schluß.) Ich glaube, alberner, als hier mit soviel Sicherheit und Selbstbewußtsein ge= schehen, kann man überhaupt sich über Rembrandt nicht äußern.

Doch ich gestatte mir noch ein anderes, die vorliegende Frage erläuterndes Beispiel anzuführen, welches ich dem „Kataloge der Raczynski'schen Bildersammlung" zu Berlin entnehme. Dem Grafen Raczynski gebührt unter den Kunstfreunden unseres Jahrhunderts seiner bedeutenden Verdienste wegen ein ganz hervorragender Platz, und ich will durch das Folgende ihm diesen wohl erworbenen

Platz nicht entfernt antaften. Aber eigenthümlich charakteriftifch für die Art und Weife des Kunftliebhabers wird fein Katalog ftets bleiben, und ganz befonders die Stelle, welche ich im Sinne habe, nemlich die Erläuterung zu einer in der gräflichen Sammlung befindlichen Farbenfkizze des neuerdings vielbefprochenen Hans Makart. „Makart felber — erläutert nun der Graf Raczynski — bezeichnet das Bild als eine Farbenfkizze. Als folche darf es verworren und unverftändlich fein. Das ift es auch für mich; aber der Farbenglanz und die Gefammtwirkung entzücken mich." Weiter: „Auch ift es übermäßig toll, nichts deftoweniger das Werk eines Genie's, wie es deren wenige gegeben hat." Zum Schluß feiner Bemerkungen erklärt dann der Graf Raczynski: „Ich verftehe das Bild nicht, bin aber nichts deftoweniger davon entzückt." Alfo ein verworrenes, unverftändliches und übermäßig tolles Gemälde, das er felber nicht verfteht, entzückt ihn fo, daß er darin das Werk eines Genius erkennt! Mir fcheint, weiter kann der Dilettantismus in der Auffaffung, Schilderung und Kritik von Kunftwerken nicht getrieben werden. Trotzdem erfcheint er hier immer noch feiner Offenheit wegen in gewiffer Liebenswürdigkeit. Erfcheinungen aber, wie die welche das Quandt'fche Beifpiel anfchaulich machen follte, find weniger leicht zu nehmen, da fie mit großen Anfprüchen, mit Selbftbewußtfein und Sicherheit auftreten. Sucht man ihren Gründen nach, fo zeigen fich diefe darin, daß der Liebhaber nur infoweit der Kunft Theilnahme fchenkt, als fie ihn perfönlich und unmittelbar erfreut; darüber hinaus macht fie ihm kein Vergnügen mehr und erfcheint ihm, da er den Mangel und die Grenze feiner Neigung und feiner Fähigkeit nicht erkennt, als Etwas, daß beffer gethan hätte, gar nicht zu fein. Wir erinnern uns, wie fchon Quintilian äußerte, daß die Kundigen Einficht vom Wefen der Kunft haben, die Unkundigen aber auf das Vergnügen fehen, und wir überzeugen uns, daß dieser Standpunkt des bloßen Liebhabers nicht ausreicht, da Alles abhängig ist von Neigung und Zufall, und man nicht sicher ist, ob Einem nicht sehr wichtige Dinge ewig verborgen bleiben.

Der äußerste Gegensatz gegen diesen Standpunkt, wo Alles im letzten Grunde auf unberechenbarer Empfindung beruht, ist der, wo die Empfindung gar nicht mitspricht, und wo Alles mit nüchternem Verstande abgemacht werden soll, — er ist der Mittelpunkt des nächsten Kreises. Niemand wird sich freilich klar und glatt zu diesem Standpunkte bekennen wollen, ebenso wenig wie auch der Liebhaber sich nicht gerne Liebhaber nennen hört, — denn er, jener nämlich, würde damit ja eingestehen, daß er keinen innern Beruf zur Kunst hat und dies zuzugeben, wird nie seine Absicht sein. Vielmehr beansprucht gerade er, nicht nur als ein Berufener, sondern als ein Auserwählter zu gelten, und er tritt ja wirklich in einem erheblichen Theile der Tagespresse sogar als Belehrer des Publikums auf. Dennoch dürfen wir nicht Anstand nehmen, es zu sagen, daß man mit dem bloßen Verstande, mit dem Richtscheite, von welchem vorhin die Rede war, niemals in der Lage sein wird, auch nur das geringste echte Kunstwerk wahrhaft zu erfassen. „Wer bei einem Werke der bildenden Kunst, — sagt Schinkel — erst nach und nach durch Begriffe in dessen Sinn hinein kommen will, der kann nur ganz sicher annehmen, daß es ihm an dem eigentlichen Kunstsinn mangelt; er kann sich nur mit dem Zufälligen und mit den Nebendingen der Kunst beschäftigen". In ähnlicher, höchst geistreicher Weise äußert sich Heine gegen einen französischen Kritikaster, der auf seinen Verstand gepocht hatte: „Der arme Schelm, mit seinem armen Verstande! er weiß nicht, wie richtig er sich selbst gerichtet! dem armen Verstande gebührt wirklich niemals die erste Stimme, wenn über Kunstwerke geurtheilt wird, ebenso wenig als er bei der Schöpfung

derselben jemals die erste Rolle gespielt hat. Die Idee des Kunst=
werkes steigt aus dem Gemüthe, und dieses verlangt bei der
Phantasie die verwirklichende Hülfe. Die Phantasie wirft ihm
dann alle ihre Blumen entgegen, verschüttet fast die Idee, und
würde sie eher tödten als beleben, wenn nicht der Verstand heran=
hinkte, und die überflüssigen Blumen bei Seite schöbe, oder mit
seiner blanken Gartenscheere abmähete. Der Verstand übt nur
Ordnung, so zu sagen: die Polizei im Reiche der Kunst." Diese
Verstandes=klugen Kunstfreunde verfahren denn auch wirklich in ihren
Urtheilen über Kunstwerke ganz polizeimäßig, fragen nach Heimaths=
schein, Ausweis, Zweck oder dergl., nemlich nach der Schule, der
das Ding angehört, nach der Art, ob es Historie oder Genre,
Stimmungsbild oder heroische Landschaft, nach Dem, was der
Künstler denn nun eigentlich mit seinem Werke wollte: und wehe,
wenn nicht Alles sich hübsch ordentlich einschachteln und in Fächer
schieben läßt; man erlebt es, daß in die Acten der genialsten
Schöpfung belastende Vermerke kommen! Nur wo Empfindung
und Verstand gemeinsam, — wie Kant sich so schön ausdrückt, —
in harmonischem Spiele thätig sind, wird die Voraussetzung zur
völligen Vertiefung in ein Kunstwerk gegeben sein. Jenen Gegen=
satz aber zwischen den beiden ausschließenden Standpunkten, dem
des Liebhabers und des Krittlers, hat Goethe äußerst anmuthig
zum Gegenstande seines reizenden Gedichtes: „Kenner und Enthu=
siast" gemacht:

„Da führt ich ihn in die Gallerie
„Voll Menschengluth und Geistes;
„Mir wird's da gleich, ich weiß nicht wie,
„Mein ganzes Herz zerreißt es.
„O, Maler! Maler! rief ich laut,
„Belohn' dir Gott dein Malen!
„Und nur die allerschönste Braut
„Kann Dich für uns bezahlen."

„Und sieh, da ging mein Herr herum
„Und stochert sich die Zähne,
„Registrirt in Catalogum
„Mir meine Göttersöhne.
„Mein Busen war so voll und bang,
„Von hundert Welten trächtig;
„Ihm war bald was zu kurz zu lang,
„Wägt' alles gar bedächtig.“

„Da warf ich in ein Eckchen mich,
„Die Eingeweide brannten.
„Um ihn versammelten Männer sich,
„Die ihn einen Kenner nannten.“

Als eine Abart dieser, von Göthe hier Kenner genannten, zur
Kunst nur äußerlich in Beziehung stehenden Leute zeigt sich ein
Standpunkt, den man etwa den naturgeschichtlichen nennen könnte.
Man findet nämlich häufig, daß Naturforscher, die an das exac=
teste Arbeiten und die sicherste Methode gewöhnt sind, die das ge=
schärfteste Auge für alle Zustände und Verhältnisse der Natur be=
sitzen, oder auch Künstler wie Kunstfreunde, welche meinen sich
als besonders weise und gelehrt zeigen zu müssen, zunächst ein
Kunstwerk nur darauf hin ansehen, ob auch alle Theile richtig
sind, ob in der Perspective, der Anatomie, der Bewegung, der Be=
leuchtung und ähnlichem mehr nicht irgendwo ein Fehler stecke.
Haben sie so einen erwischt — und häufig genug finden sie der=
gleichen — dann ist, wie oft, gleich das ganze Werk nichts werth,
und der betreffende Verfertiger wird wohl auch aus dem Verzeich=
nisse der Künstler gestrichen. Als ob in der natürlichen Richtig=
keit das Wesen des Kunstwerkes beruhte! Sehen wir doch, in all
den langen Epochen kindlicher Anschauungsweise, die künstlerische
Thätigkeit hiernach nie fragen. Gewiß hat aber Jeder das Recht,
die Kunstwerke auch auf diese hin anzusehen, und die künstlerischen
Leistungen vorgeschrittener Epochen in Rücksicht auf diese streng
zu beurtheilen. Einer der größesten Meister, Leonardo da Vinci

sagt sogar ausdrücklich mit einem weit gehenden Entgegenkommen:
„Und wenn wir wissen, daß die Menschen die Werke der Natur
beurtheilen können, um wie viel mehr werden sie im Stande sein,
unsere Fehler zu beurtheilen.“ Wenn aber ein Mann wie Leonardo, so schöpferisch und zugleich so kenntnißreich wie selten Einer,
von Fehlern redet, so muß das doch hier wohl eine eigene Be-
wandtniß haben. In Wahrheit giebt es kaum ein einziges Kunstwerk, an dem nicht dieser oder jener Mäkler irgend ein Fehlerchen
aufspüren könnte. Hat doch die Sixtinische Madonna von Rafael
zu große und zu weit von einander stehende Augen, und sagte
doch ein Baccio Bandinelli zum Herzog Cosimo, wie uns Benve-
nuto Cellini berichtet, ohne Bedenken: „Wisset, daß diese Alten
nichts von der Anatomie verstanden haben, und daß deshalb ihre
Werke alle voll von Fehlern sind.“ Also die Denkmäler des griechischen Meißels voll von Fehlern und — sonst nichts! Was bliebe
uns bei einer solchen Betrachtung der Kunstwerke übrig? Nichts
anders als ein dummes und zweckloses Nachmachen der natürlichen
Erscheinung, das nicht mehr des Menschen würdig, sondern der
Art des Affen entsprechend wäre, als das Höchste zu bewundern.
Der wahrhaft schöpferische Künstler, der weiß wie sehr und wie
unendlich weit alle und jede Kunst in gewisser Beziehung hinter
der Natur zurückbleiben muß, der seine eigenen Fehler wohl erkennt,
und seine Mängel gern zugestehen würde, wird und muß aber Urtheile verachten, die, wegen falscher Einzelheiten und blind gegen
das Wesentliche, sein Werk verwerfen, ihn in seiner geschichtlichen
und individuellen Gesammtheit nur nach Maßgabe seiner Fehler
und Mängel verdammen. Sind darum Schiller und Göthe nicht
dieselben großen Dichter, auch wenn ihre Distichen metrisch häufig
schlecht genug sind? Ist Carstens darum nicht mehr der große
Künstler, weil bei ihm Fehler in der Anatomie, oder Cornelius,
weil Härten in den Bewegungen und Verhältnissen seiner Ge-

ftalten vorkommen?" „Suche nicht — lehrt Winckelmann — die
Mängel und Unvollkommenheiten in den Werken der Kunst zu
entdecken, bevor du das Schöne erkennen und finden gelernt;" und
er vergleicht die vorschnellen Tadeler mit den „Schulknaben, die
alle Witz genug haben, die Schwächen ihres Lehrmeisters zu ent=
decken." Schinkel, der doch sonst so nachsichtig war, ist in diesem
Punkte schonungslos; er sagt: „Etwas Fehlerhaftes herauszufinden,
kann der gemeinste Sinn, ja der Barbar am leichtesten, und es ist
eigentlich dessen wahres Geschäft. Den wahren Werth in einem Werke
zu sehen, dazu gehört ein höherer Sinn, den nicht Jeder besitzt oder ge=
übt hat, weil er auf ein höheres sittliches Gefühl und höhere Bildung
zugleich gegründet ist." Ich denke, daß über die völlige Unzulänglich=
keit dieser Art der Kunstbetrachtung hiernach kein Zweifel wird bestehen
können, und es scheint kaum angemessen, daran zu erinnern, daß kein
ernster Mensch das Vorkommen von Fehlern loben oder Machwerke, die
außer den Fehlern nichts bieten, bewundern werde. Wir wenden uns nun
zu dem nächsten Kreise der Kunstfreunde, dem der eigentlichen Kenner.

Der Kenner geht theils aus dem Kreise der Liebhaber, theils
aus dem der äußerlichen Beurtheiler hervor, oft aber auch aus
einer eigenthümlichen Mischung beider Elemente, oft aus den
Reihen der Künstler, oft endlich auch aus einer zu praktischen
Zielen abzweckenden Beschäftigung mit Kunstgegenständen, wie
etwa dem Handel. Doch welcher Art der Ursprung auch dieser
Kennerschaften sei, so besitzt der eigentliche Kenner stets in Bezug
auf die Gebiete, die er sich angeeignet hat, eine große, bisweilen
eine bewunderungswürdige Sicherheit, und er ist nicht leicht zu
entbehren, wenn es sich um feine oder entlegene Einzelfragen aus
seinem Gebiete handelt. Denn er hat viel gesehen, er lebt oft im
ununterbrochenen täglichen Verkehre mit seinen Gegenständen, und
er hat so sein Auge außerordentlich geschärft, eine Menge ein=
zelner Beobachtungen und Erfahrungen gemacht, und eine große

Sicherheit des Urtheils erworben. Das Prinzip seiner Beurtheilung beruht aber doch, mit seltenen Ausnahmen, mehr auf der Gewohnheit des äußeren Umganges und auf der Kenntniß einer unendlichen Menge einzelner Merkmale als auf der Kraft eigener Productivität und wissenschaftlicher Methode. Dies ist die Achillesferse der Kennerschaft, und da der Kenner sich niemals zu derselben zu bekennen geneigt ist, so erklärt sich leicht, warum er troß der Miene der Unfehlbarkeit oft genug sich zu irren gezwungen ist. Beweisende Beispiele könnte man in sehr großer Zahl hier heranziehen, die Thatsache ist aber zu weltkundig, als daß sie noch besonderer Begründung bedürfte. Ich erinnere nur an die lehrreichen Erfahrungen, die man bei Gelegenheit des bekannten Holbeinstreites während der letzten Jahre machen mußte. Sehr oft sind die eigentlichen Kenner zugleich auch Sammler, und sie haben in dieser Eigenschaft, wie Niemand bestreiten kann, zu Zeiten ganz Bedeutendes und Hervorragendes geleistet. Aber derartige ganz ausgezeichnete Männer sind Ausnahmen, während der bei Weitem größeste Theil dieser Kenner, die zugleich Sammler sind, oder eigentlich dieser Sammler, die zugleich für Kenner gelten, streng genommen fast mehr in den Kreis der Liebhaber gehört. Es liegt mir das, von einem solchen Kenner, dem jeßt verstorbenen Julius Baumgärtner zu Leipzig selbst verfaßte, „beschreibende Verzeichniß" seiner Bilder=Sammlung vor, und ich hebe eine Stelle aus dem Vorworte heraus, um diesen Standpunkt zu kennzeichnen. Er sagt: „Unter den Gemälden meines Vaters bildete sich mein Auge bei Zeiten, und ich ward bald ein trefflicher Kenner...... Wo es in Deutschland etwas einer Sammlung Aehnliches zu sehen gab das durchzog ich Nummer für Nummer, Alles oft mit wahrer Aufopferung musternd und qualificirend. Es konnte so nicht fehlen, daß ich bald eine große Kunstkennerschaft — an einer anderen Stelle nennt er es Kennerweihe — errang, die sich in schneller und sicherer Erkenntniß der höheren Qualitäten, der Abstufungen, der dermaligen Beschaffenheit und dem Werthe der Bilder äußerte." Man darf sich überzeugt halten, daß der Betreffende wirklich eine Menge richtiger Einzel-kenntnisse im Gemäldefache besaß, aber man wird sich nicht bereden können, daß er eine tiefere und lebendige Einsicht in das Wesen der Kunst und die geschichtliche Entwickelung derselben auch nur geahnt hat; denn eine Selbstgefälligkeit, wie wir sie hier sehen, ist Ver-blendung, und diese verhindert jede wahre und innige Hingabe an die Sache. Die ganze Erscheinung sieht aus, als hätte dieser Kenner seine Weihe aus Detmold's „Anleitung in drei Stunden ein Kunstkenner zu werden" geschöpft, indem er dessen Hauptmittel „nur nicht blöde" ausgiebig anwendete.

Uebrigens ist es durchweg und im Allgemeinen bei den eigentlichen Kennern von Fach auf anderen Gebieten, als dem gerade begünstigten, naturgemäß meist schwach bestellt, und es ist ohne Ausnahme, daß der Kenner seine wirkliche Kennerschaft stets nur auf ganz bestimmte Gebiete zu erstrecken im Stande ist. Die hauptsächlichsten dieser Gebiete sind die Kupferstiche, Handzeich-nungen und die kleineren, also meist die holländischen Gemälde, welche Dinge insgesammt zugleich den Gegenstand des besseren Kunsthandels ausmachen. Von älterer und besonders von monu-mentaler Malerei, von der Bildnerei, von der Baukunst, der allge-meinen Kunstgeschichte und Kunsttheorie wissen die eigentlichen Kenner in der Regel nur wenig; ja, häufig genug kann man beobachten, wie sie über das Einzelne der äußeren Erscheinung nicht hinwegkommen, wie sie den in einem Werke ruhenden schöpfe-rischen Geist nicht erkennen, und gleichsam den Wald vor lauter Bäumen nicht sehen. So blieb z. B. einem der größten Kenner des vorigen Jahrhunderts, Carl Heinrich von Heinecken, Rafael's Sixtinische Madonna vollkommen verschlossen. Ohne den Gehalt des

Ganzen zu ahnen, erkannte er nicht einmal das Wesen der einzelnen Gestalten, und konnte so den Knaben, der doch wahrlich über
der gewöhnlichen Natur erhaben ist, „ein gemeines Kind, nach der
Natur gezeichnet, — nennen, — welches noch dazu, als Rafael
den Entwurf davon gemacht, verdrießlich gewesen. Die beiden
Engel hingegen — setzt Heinecken hinzu — sind so beschaffen, daß
sie unmöglich von Rafael sein können, sondern von einem seiner
Schüler hinein gemalt worden. Dies benimmt übrigens — fährt
er beschönigend fort — dem Bilde nichts von seinem Werthe, es
ist allemal ein Rafael, und macht seinem Pinsel keine Schande.“
Wieviel ähnliche Urtheile von Kennern über andere bedeutende
Werke ließen sich hier noch anreihen, und ganz besonders über
Werke, welche durch die Macht und Tiefe ihrer künstlerischen Erfindung hervorragen. Daß der Tod auf dem Bilde der apokalyp-
tischen Reiter von Cornelius die Sense anders hält als der Mäher auf der Wiese, hat schon mancher Kenner mit Selbstgefühl an-
gemerkt, ohne doch daß er dieses Werk verstanden, oder auch nur
daran gedacht hätte, daß der Mäher nicht auf rasendem Rosse
über seinem Erntefelde dahin schwebt, daß hier die furchtbare und
grausige Ernte der Jahrtausende gehalten wird, bei welcher der Tod
rechts und links mäht. Wenn so schon der entwickelte Kenner,
der sein Auge für gewisse Eigenschaften der malerischen oder zeichne-
rischen Darstellungsarten ungemein geschärft hat, für das tiefere
Wesen der Kunst meist nicht sonderlich empfänglich ist, so wird
er in dem Falle sogar oft sehr einseitig und ungerecht werden, wo
es sich um die Beurtheilung der, von ihm mit Kennerschaft gesammelten Gegenstände handelt. Er, der vielleicht völlig taub ist
für die Sprache der Werke eines Phidias, eines Michelangelo, eines Schinkel, wird doch denjenigen sofort für einen ganz unwissen-
den Menschen, der gar nichts von der Kunst versteht, halten, der
nicht im Augenblicke in Bewunderung überströmt, wenn jener ihm

seinen seltenen Marcanton mit Rand oder seinen unvergleichlichen Abdruck eines Mandel vor aller Schrift auf chinesischem Papiere zeigt. Als ob der Rand und das chinesische Papier, die ja in ihrer Art werthvoll genug sind, die Kunst ausmachten! —

Fragen wir uns nun, was bei allen diesen Standpunkten, — den des eigentlichen Liebhabers ausgenommen, der ja, sobald dieser nicht mehr zu sein beansprucht, so trefflich und liebenswürdig ist, — was bei allen diesen Standpunkten der Grund entweder ihrer Schiefheit oder ihrer Unzulänglichkeit ist, so müssen wir sagen, daß er in einem gewissen Mangel natürlicher Begabung oder in einer ungeeigneten Bildung beruht, beides natürlich nur in künst- lerischer Hinsicht. Bei einer ernstlichen Beherzigung richtiger Vor- stellungen vom Wesen der Kunst, und bei fleißiger Uebung der Phantasie und des Auges an den besten Werken ist es oft selbst einer mäßigen künstlerischen Anlage möglich, zu sehr glücklicher Ausbildung zu gelangen. Man darf deshalb die Bedeutung der natürlichen Begabung auch nicht zu hoch anschlagen, aber dennoch giebt es Menschen, denen sie so gut wie ganz fehlt, und die trotz- dem mit Gewalt sich der Kunst nähern wollen Diese werden allerdings niemals weiter als kaum in den Vorhof des Heilig- thums bringen. Weit wichtiger und häufiger als dieser Umstand ist aber der andere, wo die, von der Natur dem Menschen mitge- gebene Anlage, durch falsche oder ungenügende Vorstellungen vom Wesen der Kunst überhaupt, oder durch einseitige Uebung des Au- ges, mit einem Worte durch eine falsche Methode — im Gegen- satz zu einer, auf richtigen Grundsätzen beruhenden und sorgsam geleiteten Entwickelung — nicht angemessen ausgebildet ist. Wir dürfen aber nicht verschweigen, daß die Art der Ausbildung oft in gewissem Sinne dem Charakter der natürlichen Anlage ent- spricht, und daß also die Einseitigkeit oder Unzulänglichkeit dieser wiederum im Grunde eigentlich doch den ganzen Zustand bedingt.

Wie Viele, die für die Antike und die klassischen Italiener Sinn und Verständniß sich errungen haben, stehen vollkommen fremd der deutsch-mittelalterlichen und der niederländischen Malerei gegenüber! Wie Viele, die ihr Auge mit Behagen an den Cabinets-Stücken eines Adrian van der Werff weiden, blicken nur mit ästhetischen Schaudern zu einem jener gewaltigen Bilder aegyptischer Könige auf. Und wie Manche, denen ein Watteau der Prophet der Kunst ist, lächeln mit Pharisäerstolz über das einfältige, rührende Lächeln der Gestalten aus den Giebelfeldern des Tempels von Aegina! Man muß die Einseitigkeit solcher Kunstfreunde beklagen; und man darf sich trotz aller Wohlmeinenheit der Wahrnehmung nicht verschließen, daß bisweilen eine nicht zu entschuldigende Selbstüberschätzung hier eine große Rolle spielt. Es ist nicht gleich jener höchste Grad von Selbstüberschätzung nöthig, wo man sich für ein unfehlbares Kunstorakel zu halten beliebt, sondern es bedarf nur des winzigen Vorurtheiles in irgend einer Hinsicht sich fertig zu dünken, um das Uebel bald zur Blüthe zu treiben. Und schon bei der bloßen Neigung zu einem solchen Glauben hört das frische und nutzbringende Streben auf, und hiermit entfernt sich auch das Bewußtsein des, mit diesem Streben unzertrennlich verbundenen Irrthums. Solch' ein Kunstfreund mag Vieles, sehr Vieles wissen, aber das Wesentliche und die Hauptsache weiß er nicht, weil ihm die erste und uralte Voraussetzung aller wahren Bildung, der Anfang des Wissens und der Weisheit abgeht: zu wissen, daß wir nichts wissen. —

Die ganze Kunst, in wahrhaft angemessener Weise Kunstwerke zu betrachten, beruht also in einer völlig freien, rückhaltlosen und selbstthätigen Hingabe an den Gegenstand. Wo einseitige Neigung oder nüchterne Verstandesmäßigkeit, wo ein unberechtigtes Fehlersuchen oder vorgefaßte Meinungen, wo praktische Absichten oder persönliche Eitelkeit dieser Hingabe hemmend oder ver-

nichtend in den Weg traten, sahen wir eben unzulängliche Urtheile. Derartige Betrachtungsarten, welche mit Nothwendigkeit dahin führen, daß der Kunstfreund im Grunde nur die Kunstwerke würdigt und schätzt, in denen er, so zu sagen, sich selbst wieder findet, können demnach nicht die wünschenswerthen und
allgemein gültigen sein; vielmehr werden sie ein Verhältniß des
Kunstfreundes zur Kunst offenbaren, welches mehr oder weniger
äußerlich, unfrei und geschraubt ist. Jene angedeutete Methode
aber scheint in der That eine durchaus sachgemäße zu sein, denn,
wenn es überhaupt ungerecht ist, menschliche Werke ohne Kenntniß und ohne Eingehen auf die Absichten ihrer Urheber zu beurtheilen, so muß es ein sehr hoher Grad von Ungerechtigkeit sein,
Kunstwerke zu beurtheilen, ohne in den Charakter und die Absichten des Meisters, in die geschichtlichen Zustände und die künstlerischen Vorstellungen ihrer Entstehungszeit, mit einem Worte in
die ganze Genesis derselben einzugehen. Denn das Kunstwerk ist
nicht etwas Zufälliges und Einzelnes, sondern ein Zeichen und
Denkmal menschlicher Gesittung und Bildung, menschlichen Schaffens und Irrens in allen geschichtlichen Strömungen und Wandlungen. Man muß deßhalb, um dasselbe zu verstehen, die Bedingungen seines Werdens und Daseins aufsuchen, und diese, als die
Voraussetzung zum Verständniß jenes, erst zu erkennen suchen.
Ist diese Voraussetzung erfüllt, so muß der Kunstfreund mit Eifer
streben, durch eigene innere Arbeit sich ganz an den Gegenstand
hinzugeben oder, wie man auch sagen darf, sich ihn ganz anzueignen, d. h. sich bei Betrachtung des Kunstwerkes zu objectiviren
oder, was das nämliche ist, dasselbe durch eigene freie ästhetische
That in sich aufzunehmen. So allein löst sich praktisch das, theoretisch nicht zu enthüllende, Räthsel vom Wesen des Schönen: Der
Gegenstand wird gleichsam erst Kunstwerk, indem er vom betrachtenden Subjecte erkannt und aufgenommen wird, und dieses wie-

derum thut doch nichts anderes, als daß es sich rückhaltlos an den
Gegenstand hingiebt. In dieser geheimnißvollen Wechselwirkung
beruht der unendliche Zauber des Umganges mit den Schöpfungen
des Kunstgenius; aber um eine solche Wechselwirkung vollkommen
und mangellos herbeizuführen, dazu gehörte ein Ideal=Mensch:
ein Gemüth voll reinster Einfalt und lauterster Wahrheit, die na=
türlichste Unbefangenheit und die feinste Empfindung, kindliche
Unschuld und tiefe Bildung. Nie wohl mag es so hoch beglückte
Menschen gegeben haben, die mit einem so überaus reichen inne=
rem Besitze ausgestattet waren, aber man darf, um einen Mann
zu nennen, der sich diesem höchsten Zustande näherte, vielleicht an
Schinkel erinnern; wir Andern werden uns genügen lassen müssen,
das höchste Ziel zu erkennen und mit Redlichkeit nach Kräften
demselben zuzustreben, denn des Menschen Aufgabe ist nicht das
Erreichen, sondern das Streben. Vieles, das wir Anfangs nicht
würdigten, wird sich uns dann in seiner eigenthümlichen Schönheit
enthüllen, — schwierige Werke von künstlerischer Tiefe werden wir
so lange betrachten, bis wir das Wesentliche erkennen oder ahnen,
und bis sie uns endlich aus ihrem unerschöpflichen Schatze immer
mehr und mehr geben, und wir sie tiefer und tiefer ergründen.
So bildet sich der künstlerische Sinn und das ästhetische Vermö=
gen nach und nach aus, und wir lernen unsere subjectiven Erre=
gungen bei Betrachtung von Kunstwerken, bewußt und freiwillig,
in die Ordnung allgemeiner Gesetze zu bringen. Das subjective
Element, als der Boden lebendigen Erfassens der Kunsteindrücke,
wird und soll bleiben, aber es soll nicht ausschließlich herrschen,
indem es aber bleibt, färbt es doch unsre Urtheile persönlich, und
mahnt uns gegen andre, vielleicht anders gefärbte Urtheile, welche
wohl erwogen wurden und berechtigt sind, schonend und achtungs=
voll zu sein. Wir sehen uns so, selbst bei dem besten Willen,
von Stimmungen und Umständen mannigfach bedingt, aber wir

dürfen nie außer Acht lassen, daß über diesen zufälligen Theilen unsres ästhetischen Lebens die unbedingte Liebe zur Sache und die feste Form allgemeiner Wahrheiten und Grundsätze stehen. Wie viel Irrthum, Mängel und Schwäche wir deshalb auch auf diesem unsern Wege zu bestehen haben, wie auch die Alltäglichkeit und der Stoff sich bleiern an unsern Fuß hängen, — und wir können diese Hindernisse nicht leicht überschätzen — so ist es doch ein Streben, das uns die höhere sittliche Kraft und den göttlichen Ursprung der Kunst zur moralischen Gewißheit macht. Und allein dies schon zu erreichen, lohnt sich doch wohl der Mühe!

Aber wir müssen wiederholt mit Nachdruck betonen, daß selbst das bloße Wandeln auf diesem Wege nicht leicht ist, — denn das Schöne ist schwer, — daß es unumgänglich nothwendig ist, sich gewissermaßen seiner selbst zu entäußern, und in eigener Thätigkeit sich den schönen Dingen hinzugeben. Und nicht mit leeren Händen darf man kommen, wir müssen ihnen etwas entgegen bringen, unser Bestes. „Unser eigenes Gemüth — sagt Schelling — unsern eigenen Geist müssen wir daran setzen, daß sie uns antworten." Treten wir so vor hohe Werke der Kunst, die ein Abglanz höchster ethischer Freiheit und unsterblichen Daseins sind, — die, in ihrer schönen Erscheinung die höchsten Ideale der Menschheit gleichsam zu einer Einheit zusammen fassend, so zum Gleichniß einer unsichtbaren Welt werden: so werden wir immer noch ihre beseligende und beglückende Macht empfinden. Und wenn uns auch nicht mehr vergönnt ist, das Auge zur göttlichen Gestalt des olympischen Zeus zu erheben, und dort innere Sühne für vergangene Leiden, heilende Hoffnung für alle Zukunft zu finden, so rauscht doch auch uns der Flügelschlag ewiger Schönheit in den Schöpfungen hoher Meister, so fühlen doch auch wir noch die Wunderkraft der Kunst in den vielen, nicht genug zu preisenden Denkmälern, welche die fernere oder nähere Vergangenheit uns zurückgelassen hat.

Doch es ist nicht gemeint, nur allein diese hohen Werke der
Kunst zu beachten, — wir würden ja sonst in den Fehler gröbster
Einseitigkeit und grade Dem verfallen, wogegen unsre Ausführungen
sich wenden, — nein! auch das kleinste und bescheidenste Leben,
wenn man ihm nur die volle Kraft und Liebe des Künstlers an=
sieht, wollen wir mit liebevoller und hingebender Betrachtung uns
anzueignen suchen. Und wenn wir in jenen höchsten Schöpfungen
einen Hauch göttlichen Geistes empfinden, so blickt uns aus diesen
begrenzteren Werken das menschliche Gemüth in seiner unend=
lichen Mannigfaltigkeit, seiner Tiefe und seinem Reichthum, das
menschliche Leben in seiner Freude und seinem Schmerz ent=
gegen. —

Wenn wir für die wahrhafte Erfassung und innere Aneignung der Schöpfungen der Kunst die eigene geistige That des
Kunstfreundes so entschieden betonen, so wollen wir doch nicht über=
sehen, daß, wie das Kunstwerk ein Wesen ist, welches die beiden
Welten des Geistes und des Stoffes im Kleinen unter dem Scheine
des Schönen zu einer Einheit verbindet, auch der Kunstfreund dem
Stofflichen des Kunstwerkes seine Aufmerksamkeit zuwenden muß,
d. h. mit anderen Worten der Darstellung und ihrer Technik.
Wie wichtig diese Seite der Sache ist, beweisen die Ansprüche,
welche man oft aus gewissen Kreisen der Künstler erheben hört,
daß doch eigentlich nur „Wir Künstler, Wir Maler," die wir
wissen, wie es gemacht wird, Kunstwerke verstehen und beurtheilen
können. Gottfried Schadow ging hierin sehr weit und erklärte
gradezu, daß er „das Entzücken eines deutschen Gelehrten bei Er=
blickung des Torso — des berühmten Hercules=Torso im Vatikan —
für Ziererei halte", eben weil derselbe von der Darstellung des Nackten
nichts verstände. Höchst irrig erscheinen allerdings solche Ansichten und
solche Ansprüche, denn die Kunst und ihre Schöpfungen sind nicht bloß
für Diejenigen da, welche den Modellirstecken oder den Pinsel zu

führen gelernt haben, sondern sie sind offenbar da für Alle die
Augen haben, zu sehen. „Ins Kloster mit Dem, der von uns
Malern lernen will was schön ist!" läßt deshalb Lessing mit Recht
seinen Maler Conti dem Prinzen in der „Emilie Galotti" ant=
worten, der der Meinung war, daß „eigentlich doch nur ein Ma=
ler weiß von der Schönheit zu urtheilen." Es ist hier nicht da=
von die Rede, ob ein Künstler oder ein Nichtkünstler die Technik
eines Kunstwerkes richtiger zu beurtheilen wisse, — und selbst diese
Frage wäre in Rücksicht aller älteren Denkmäler durchaus nicht
so einfach mit ja oder nein zu beantworten, — sondern es ist da=
von die Rede, daß es zur vollen, inneren Aufnahme eines Kunst=
werkes keineswegs einer erschöpfenden Kenntniß seiner technischen
Herstellungsmittel bedarf: ebensowenig wie man zur vollen Auf=
nahme eines Dichterwerkes oder einer Symphonie einer erschöpfen=
den Kenntniß der Metrik oder des Generalbasses und dergleichen
mehr von Nöthen zu haben braucht. Ein anderes ist aber offen=
bar diese Aufnahme eines Kunstwerkes durch den Kunstfreund,
als eine Würdigung der Technik desselben durch den Meister der
nämlichen Technik; und es kann sich sehr wohl ereignen, daß jener
Kunstfreund, der von der Technik nichts versteht, dennoch das
Kunstwerk tiefer und besser erfaßt, als dieser Künstler, wenn dessen
Phantasie nicht ausreicht, sich in die Sphären, denen das Kunst=
werk angehört, zu erheben. Welcker hat schon vor beinahe 50 Jah=
ren in dieser Frage, wie mir scheint, das Richtige ausgesprochen,
indem er zwar die Bedeutung technischer Kenntnisse und womög=
lich eigner Ausübung zur Erzielung gründlicher Urtheile anerkannte,
dennoch aber es für „eine einseitige und übel erwogene Behaup=
tung ansah, daß ohne technische Kenntnisse Niemand über Kunst=
werke urtheilen könne," — indem er dann ferner hervorhob, wie
sehr vieles außerdem noch dazu gehöre, um in das innerste Wesen
der Kunst einzudringen, und indem er dann endlich erklärte: „So

beweisen die, welche glauben, daß im Kunsturtheil allein von der geübten Hand alles abhänge, daß sie noch nicht einmal begriffen haben, was für dieses Urtheil das Höchste und Letzte ist."

Zur Würdigung eines Kunstwerkes ist die Kenntniß oder Uebung der Technik nicht der Schlüssel, ebensowenig wie eine erklärende Darlegung seines Inhaltes diesen Schlüssel darbietet. Das Thema eines Kunstwerkes und dessen verständige Erläuterung kann jeder begreifen, wie denn jeder die Geschichte vom Abendmahle Jesu kennt und begreift; und die Technik kann Jeder unter Leitung eines tüchtigen Meisters mit Fleiß mehr oder weniger geschickt lernen, denn sie ist doch hauptsächlich die, durch Uebung und Lehre erlangte, Fertigkeit der Hand. Aber nicht Jeder versteht deswegen nun auch Leonardo's berühmtes Abendmahl, das so viele der feinsten Geister betrachtet und geschildert haben, an dem man aber doch stets Neues und Neues findet, und zu dessen innerer Aufnahme es etwas ganz Anderen bedarf, als der Kenntniß von Leonardo's Technik und der Abendmahlsgeschichte. Nicht auf das Verständniß des Stofflichen an sich und des Inhaltlichen an sich kommt es bei der Aufnahme eines Kunstwerkes an, sondern es kommt darauf an, das Geheimniß, unter welchem beide, Inhalt und Form, zu einer einheitlichen freien Schöpfung der Schönheit verbunden sind, durch eigene Selbstthätigkeit der Phantasie, auf dem Grunde hingebender Empfindung und klaren Verstandes, zu lösen, und in sich selbst zu innerem harmonischen Einklange aufleben zu lassen. Dies ist die That, die sich nicht vollziehen läßt, ohne daß man etwas Eigenes zu dem Kunstwerke mitbringt, die That, deren Theorie sich Einem nicht vorsagen und anschwatzen läßt, deren Voraussetzung vielmehr Begeisterung und Liebe ist. „Die Kunst — sagt Göthe — läßt sich ohne Enthusiasmus weder fassen noch begreifen. Wer nicht mit Erstaunen und Bewunderung anfangen will, der findet nicht den Zugang in das innere

Heiligthum." Der Inhalt und die Grade dieser Begeisterung können mannigfach verschieden sein, und ebenso verschieden können die Wege und Mittel sein, welche allmählich eine feinere Bildung der Phantasie, eine reifere Läuterung des Schönheitssinnes, eine sicherere Schärfung des Auges herbeiführen. Aber endlich muß sich doch Alles wieder zu gleicher, gemeinsamer That vereinigen, wenn ein großes Werk der Kunst alle Kräfte des Kunstfreundes aufruft zur lebendigsten Bethätigung, wenn es dessen Gemüth entflammt und jenen gesteigerten Seelenzustand weckt, den wir Begeisterung nennen. Nur dem begeisterten Gemüthe offenbaren sich die Schöpfungen hoher und wahrer Kunst.

Diese Hingabe an die Kunst kann aber unmöglich einem unterschiedlosen Bewundern und Erstaunen Vorschub leisten wollen, denn da würde man ja wieder nur in den äußersten Vorhöfen des Heiligthums zurückbleiben, — und ebensowenig kann sie einer vernünftigen Kritik die Wege versperren. Sie kann und wird niemals dahin führen, Alles, was die Kunst im Laufe der Jahrtausende erzeugt hat, gleichmäßig schön zu finden, denn Niemandem kann es entgehen, daß viele Werke, die in ihrem Entstehungskreise als schön galten, vielfach eingeschränkt und bedingt erscheinen, daß zu Zeiten andere auch aus unlauteren Beweggründen hervorgingen. Aber man muß wünschen, daß die kritischen Urtheile, welche diese Unterschiede darlegen, nicht ausgesprochen werden, ohne daß ein redliches Bemühen stattgefunden hat, sich mit Einsicht auf den geistigen und künstlerischen Standpunkt der Urheber der verschiedenen Werke zu versetzen, und ohne daß Gründe vorgebracht werden, welche aus einem geläuterten Kunstbegriffe, aus den Gesetzen der einzelnen Künste, aus den Gegenständen und aus der Natur wie den geschichtlichen Voraussetzungen des künstlerischen Genius entnommen sind. Gegen Urtheile, welche diese Bedingungen nicht erfüllen, welche vielmehr vom fremden oder einseitigen

Standpunkte aus, oft genug unter Nichtbeachtung der wesentlich=
ften Umstände und mit Oberflächlichkeit gefällt werden, wird man sich
zu wenden haben, denn sie beeinträchtigen die Würde der Kunst.
Was wir wollen ist das Einfachste und Natürlichste, dasjenige,
was sich eigentlich von selbst verstehen sollte. Kann aber Jemand
bessere Grundsätze aufstellen, als diejenigen sind, welche aus dem
Wesen der Sache selbst genommen und durch die erleuchtetsten
Geister der deutschen Nation anerkannt worden sind, so würde Der
an uns die bereitwilligsten Schüler finden.

Ich muß schließen; — und kann es nicht, ohne noch besonders auf den unermeßlichen Umfang des Stoffes, den wir eben
nur durch ein paar vereinzelte und leider schwache Schlaglichter
andeuten konnten, hinzuweisen. Dieser unermeßliche Stoff ist zudem auch einer der feinsten und schwersten zugleich, welche sich der
menschlichen Beobachtung und dem menschlichen Denken darbieten.
Es ist deshalb gewiß nicht unbillig, wenn ich bitte, das Viele,
was man in diesen Ausführungen nothwendiger Weise vermissen
wird, den dargelegten Grundsätzen gemäß selbst sich ergänzen zu
wollen, das Gegebene aber mit Nachsicht aufzunehmen.

Anmerkung zu S. 11: Hinsichtlich der von Quandt angeführten und
hier genannten Bilder, erscheint die Bemerkung nothwendig, daß „die Nachtwache" ja allerdings, wie bekannt, in dem großen Museum (amtlich's "Rijk's
Museum", gewöhnlich aber „Trippenhuis" genannt) zu Amsterdam, und ebenso
„die Anatomie" im Museum des Haag sich befindet, daß aber eine „Bathseba
in demselben Museum" und überhaupt zu Amsterdam nicht vorhanden ist, und
daß ich nicht anzugeben vermag, welches Bild Quandt eigentlich im Sinne
hatte.   Der Verfasser.

Druck von Gebr. Unger (Th. Grimm) in Berlin, Schönebergerstr. 17a.

Ueber

die Grenzen der sichtbaren Schöpfung,

nach

den jetzigen Leistungen der Mikroskope und
Fernröhre.

Vortrag gehalten im Saale des großen Rathes zu Bern
den 11. März 1873

von

Maximilian Perty,

Professor in Bern.

Berlin, 1874.

C. G. Lüderitz'sche Verlagsbuchhandlung.
Carl Habel.

Von Anbeginn war der Mensch bestrebt die Sphäre seines Wollens und seines Thuns zu erweitern und schon im Urzustande sann er auf Werkzeuge zu diesem Zweck, — die Außenwelt zu bewältigen und für seine Bedürfnisse zu nützen, war Gebot der Selbsterhaltung, die Keule, der geschärfte Knochen und Stein waren die ersten Waffen und Geräthe. Von den rohesten Anfängen aus hat sich die Industrie entwickelt und als die sinnlichen Bedürfnisse auch nur nothdürftig befriedigt waren, regte sich bereits schon der Kunst- und Erkenntnißtrieb. Das Mikroskop und das Fernrohr sind wesentlich für die Erkenntniß bestimmt und dieser Vortrag soll in Kürze zur Anschauung bringen, wie weit bis jetzt diese bewundernswerthen Werkzeuge unsere Einsicht in die Welt des Kleinsten und des Größten zu fördern im Stande waren.

Das Mikroskop ist älter als das Fernrohr, schwache Vergrößerungsgläser gebrauchten schon die alten Steinschneider, vielleicht auch die Verfertiger der Keilschriften, man hat in Ninive eine vergrößernde Glaslinse gefunden. Auf diese Wirkung von Glaslinsen mit convexen Flächen ist man durch sehr gewölbte Brillen aufmerksam geworden und sie dienten anfänglich nur zur Befriedigung der Neugierde, indem man kleine Insekten und dergleichen durch sie betrachtete. Man verfertigte immer kleinere

Linſen bis zu mehrhundertmaliger Vergrößerung, brachte dieſelben auf Stative mit Erleuchtungsſpiegeln und hatte nun das
einfache Mikroſkop, welches ſehr verbeſſert auch jetzt noch in
Gebrauch iſt. Ernſtere Geiſter wie Grew, Malpighi, Leeu-
wenhoek, Swammerdam wandten das einfache Mikroſkop
alsobald zur wiſſenſchaftlichen Forſchung an und machten ſtau-
nenswerthe Entdeckungen damit, welche zur Grundlage unſerer
heutigen Erkenntniß des feineren Baues der Thier- und Pflan-
zenkörper wurden. Der Gebrauch des einfachen Mikroſkops iſt
übrigens unbequem durch ſein kleines Sehfeld, die kurze Brennweite ſchon bei mäßigen Vergrößerungen, die unbequeme Stellung
des Beobachters. Man ſuchte daher das zuſammengeſetzte Mikroſkop, welches wahrſcheinlich gleichzeitig mit dem Fernrohre
gegen Beginn des 17. Jahrhunderts von Zacharias Janſen erfunden worden war, aber wegen ſeiner Unvollkommenheit wenig
Beifall gefunden hatte, zu verbeſſern, es blieb jedoch bis in das
zweite Dezennium des 19. Jahrhunderts ziemlich mangelhaft, wo
man endlich anfing an die Achromatiſirung der Objektive zu gehen, was beim Fernrohr ſchon im 18. Jahrhundert geſchehen
war. Die Achromatiſirung der Mikroſkoplinſen war, ſo einfach
das Princip iſt, wegen ihrer Kleinheit noch ſchwieriger und es
iſt trotz unſäglicher Anſtrengung bis jetzt ſo wenig als beim
Fernrohrobjektiv gelungen, das ſekundäre Spektrum ganz zu be-
ſeitigen, ſo daß noch immer farbige Ränder um die Bilder der
Gegenſtände bleiben. Ein weiterer Fortſchritt beſtand darin,
mehrere, gewöhnlich drei Linſenpaare zu einem Syſtem zu verbinden, wodurch die ſphäriſche Abweichung faſt vollſtändig gehoben wird, indem die vergrößernde Wirkung vertheilt iſt, und zugleich die Helligkeit geſteigert wird, indem dieſe Linſen eine
weitere Oeffnung haben, als eine einzige äquivalente Linſe haben würde, ſomit größere Lichtbündel durchlaſſen. Bringt

man auf das Deckgläschen des Gegenstandes ein das Licht stärker
als die Luft brechendes Medium, z. B. Wasser, und läßt die
unterste Linse in dasselbe tauchen, so erlangt man bedeutende
Vortheile. Es wird nämlich durch diese Wasserschicht die Re-
flexion des Lichtes von der Oberseite des Deckgläschens und der
unteren des Objektives verhindert, die chromatische und sphärische
Aberration noch mehr vermindert, der Oeffnungswinkel erweitert,
die Vergrößerung vermehrt. Man gibt daher jetzt den stärksten
Objektiven fast immer die Einrichtung, daß sie mit jener Wasserschicht, die in der That ein viertes optisches Element darstellt,
ein Ganzes ihrer Wirkung nach bilden und nennt solche Objektive Immersionssysteme, Tauchsysteme, Wasserlinsen. Ich trete
nicht ein auf die verschiedenen Vorrichtungen für Beleuchtung,
Lichtverstärkung, Messung und Zeichnung der Gegenstände, Beobachtung im farbigen und polarisirten Licht; in neuester Zeit
haben Merz in München und Seibert und Krafft, Gundlachs
Nachfolger in Wetzlar auch Spektralapparate für das Mikroskop
construirt.[1])

Ein mittleres menschliches Auge unterscheidet nach Pohl in
250 Millimeter, etwas über 9 Zoll Entfernung noch Zwischenräume von $\frac{1}{10}'''$, besonders scharfe Augen sogar nach solche von
$\frac{1}{16}—\frac{1}{30}'''$, also Zwischenräume von der Breite eines feinen Men-
schenhaares. Die Mikroskope standen früher relativ dem menschlichen Auge sehr nach, d. h. sie zeigten bei gegebenen Vergrößerungen lange nicht das, was sie zeigen sollten, wenn sie die
Güte des normalen menschlichen Auges hätten. Bis gegen die
dreißiger Jahre ließen sie bei Vergrößerungen von 100—300-
mal im Durchmesser wegen geringer Schärfe und Bestimmtheit
der Bilder etwa nur Zwischenräume von $\frac{1}{1000}'''$ Breite erkennen.
In den letzten Dezennien hat sich die Präcision durch die Anstrengungen der Optiker ungemein gesteigert; ein Objektiv von

⅛ Zoll Brennweite der äquivalenten Linse, welches mir Gund-
lach vor ein paar Jahren geliefert, zeigt Zwischenräume von
nur $\frac{1}{5000}$‴ der Robert'schen Platte ganz scharf, wozu früher
viel stärkere Objektive nöthig waren. Noch vor wenig Jahren
war es nicht möglich, Striche zu trennen, die näher als $\frac{1}{8000}$
bis $\frac{1}{8500}$‴ von einander abstanden, die Objektive der letzten
2 — 3 Jahre lassen Zwischenräume von $\frac{1}{10000}$‴ und darunter
erkennen; bei der Diatomacee Amphipleura pellucida rechnet
Sollitt 11200 Striche auf eine englische Linie. Und zwar
leisten dieses sowohl die stärksten Objektive, welche in England
verfertigt werden, namentlich die von Powel und Lealand, als
jene des Continents. Ich meine sogar, die optische Kraft dieser
Objektive sei noch etwas größer, als gewöhnlich angenommen
wird, indem wir ja die Striche sehen, die meist noch schmäler
sind als die Zwischenräume. Kann ein mittleres Auge noch
Gegenstände von $\frac{1}{10}$‴ in 250 Millimeter Entfernung deutlich
unterscheiden, und vermögen die gegenwärtigen Mikroskope
$\frac{1}{10000}$‴ sichtbar zu machen, so würde ihre optische Kraft die
des unbewaffneten Auges 500 mal übertreffen, so wie dieselben,
welche an Kraft sonst sehr hinter den Fernröhren zurück standen,
relativ den Standpunkt dieser letzteren ziemlich erreicht haben.

Zur Prüfung der Mikroskope hat man künstliche und
natürliche Mittel. Die ältern Robert'schen Platten hatten 15
Gruppen und die Zwischenräume der Striche in der 15ten Gruppe
sind $\frac{1}{5000}$‴ breit; dann verfertigte Robert solche, wo die
Zwischenräume der letzten Gruppe (der dreißigsten oder neunzehnten) nur $\frac{1}{5000}$ und $\frac{1}{10000}$‴ maßen. Ungemein feine Glas-
mikrometer und Schriften macht der Engländer Peters, welche
also treffliche Probegegenstände, test objects sind; sehr exakt, obschon etwas schwer sichtbar sind die Mikrometer Hartnack's, wo
⅛ Millimeter in 100 Theile getheilt ist. Natürliche Prüfungs-

gegenstände sind z. B. die Schuppen mancher Schmetterlinge, namentlich für schwächere Systeme, und besonders die Kiesel-schaalen der Diatomaceen mit ihren feinen Linien und Feldchen. Es gehen Striche auf eine Linie

bei Hipparchia Janira 2500
„ Pleurosigma angulatum 4500 (kleinere Ex.)
„ Nitzschia sigmoidea 6500
„ Amphipleura pellucida 11200 (ebenso bei Eunotia Arcus).

Möller in Wedel hat auf seiner Probeplatte 20 Diatomaceen mit immer feinerer Skulptur in eine Reihe gestellt; ein mir vor drei Jahren geliefertes Immersionssystem VIII von Gund-lach zeigt noch die Streifen von Nr. 17, Cymatopleura elliptica deutlich, Spuren derselben bei 18 und 19, aber nichts mehr bei 20, Amphipleura pellucida. Diese natürlichen Mikrometer sind schöner und reiner als die menschlichen Produktionen, welche durch die feinsten Theilmaschinen mit der größten Mühe doch nur unvollkommen herauskommen. — Die Carmintheilchen, aus wässriger Lösung auf dem Objektivmikrometer angetrocknet, haben eine mittlere Größe von kaum $\frac{1}{1000}$ Millimeter, die kleinsten Theilchen des gewöhnlichen Detritus der Wohnungen, des Zimmer-staubes sind nicht mehr deutlich sichtbar, denn neben solchen von $\frac{1}{3000}$ Millimeter Größe und darunter erhält man noch Eindrücke von viel kleineren, nur momentan zur Wahrnehmung kommenden. Unter 500 — 800 maliger Linearvergrößerung erkennt man die feinen Elemente des Nervensystems nicht deutlich, die allerfein-sten liegen vielleicht schon über den Grenzen der Sichtbarkeit. Die Nervenfibrillen der Spiralzüge im Corti'schen Organ ge-hören nach Waldeyer zu den zartesten histologischen Gebilden, die Außenglieder der Stäbchen in der Sehhaut des Auges zei-gen bei 1000 m. Vergr. und sehr schiefer Beleuchtung Streifen so fein wie Nitzschia sigmoidea, dadurch entstehend, daß sie

(as)

aus kleinen auf einander liegenden Plättchen gebildet sind, deren Dicke Max Schultze auf $\frac{1}{3333}$ bis $\frac{1}{2500}$ mm. schätzt. [2]) u. [3])

Die kleinsten lebenden Wesen sind die Vibrioniden mit den Bakterien und Mikrokokken.. Die Vibrioniden sind kuglig oder eiförmig, stäbchen- oder schraubenförmig, wurden früher als Thiere betrachtet, jetzt von Vielen zum Pflanzenreiche gestellt, — aber auf diesen tiefsten Lebensstufen sind die populären Begriffe von Thier und Pflanze nicht mehr passend. Diese kleinsten, fast allgegenwärtigen Wesen sind in unsagbar großer Zahl vorhanden, am häufigsten bei der Fäulniß. Manche erzeugen Farbstoffe, andere Krankheiten: Diphteritis, Pocken, Scharlach, Hospitalbrand, Rinderpest, Milzbrand, Pustula maligna, vielleicht auch Cholera. Die in der freien Natur vorkommenden habe ich früher eifrig untersucht und in meinem Werke: „Zur Kenntniß kleinster Lebensformen" Bern 1852 beschrieben und T. 15 abgebildet. Der eigenthümliche chemische Proceß der Fäulniß wird durch die Bakterien erzeugt, tödtet man sie, so treten Fäulniß und Verwesung nicht ein; indem die Bakterien durch die Fäulniß todte Körper zerstören, führen sie deren Substanz in den großen Lebensstrom zu neuen Umwandlungen zurück. Sie entstehen aus unsichtbaren Keimen und erzeugen auch wieder solche, vermehren sich durch Quertheilung so rasch, daß in 24 Stunden aus einem einzigen B. Millionen werden können. B. Termo ist $\frac{1}{500}$ mm. lang, $\frac{1}{1000}$ mm. dick, nach Cohn haben in einem Kubikmillimeter 633 Millionen Platz und etwa 636 Milliarden wiegen ein Gramm. Viel kleiner ist noch Mikrokokkus, vielleicht nur Anfangsstufe von B.; die farblosen Kugelbakterien der gewöhnlichen Infusionen nennt Cohn Micrococus Crepusculam. Um Fäulniß erzeugende B. zu erhalten, braucht man nur eine organische Substanz, einen Eidotter, ein kleines Stückchen Fleisch oder Frucht mit Wasser zu übergießen und das Gläschen vor das Fenster an einen nicht von der Sonne getroffenen Ort zu stellen. Nach ein paar Tagen trübt sich die Flüssigkeit, es erscheinen in ihr zuerst wenige, dann immer mehr B., zuletzt Milliarden; viele, die ihre Bewegung verloren haben, bilden gallertige Massen, schleimige Membranen an der Oberfläche; ein Tröpfchen mit einer Nadelspitze auf den Objektträger gebracht, enthält viele Tausende. [*])

Das Fernrohr und zusammengesetzte Mikroskop wurden in Holland erfunden, aber Italiener und Deutsche haben das erstere zuerst wissenschaftlich gebraucht. Die astronomischen Fernröhre sind entweder Refraktoren, welche das Bild der Gegenstände durch Brechung der von ihnen kommenden Lichtstrahlen in Glaslinsen erzeugen, oder Reflektoren, welche es durch von Spiegeln zurückgeworfene Strahlen hervorbringen; in beiden wird das Bild wie beim Mikroskop durch ein Okular betrachtet. Schon wenige Jahre nach Erfindung des Fernrohrs kam 1616 der Italiener Zucchi auf den Gedanken, das Glasobjektiv durch einen Metallspiegel zu ersetzen und er ist also der Erfinder des Reflektors oder Spiegelteleskopes, welches verschiedene Modificationen erfuhr. Gregory durchbohrte den größern Spiegel in der Mitte für das Okular und ein kleinerer wirft das von dem großen erzeugte Bild gegen das Okular zurück, Newton ließ den großen Spiegel intakt, der das von ihm erzeugte Bild auf einen kleinen schief gestellten ebenen Spiegel projicirt, welcher es dem seitlich angebrachten Okular zuschickt; den kleinen Spiegel ersetzte Newton später durch ein Prisma. Hooke machte den kleinen Spiegel concav und brachte am Gregory'schen Fernrohr eine Schraube zur Verstellung an, Cassegrain ersetzte den

Hohlspiegel durch einen kleinen Converspiegel. Erst in der ersten Hälfte des 18. Jahrhunderts lernte man correkte parabolische Spiegel gießen und poliren und von 1730 an lieferte der Engländer Short bereits sehr gute Reflektoren bis 12 Fuß Brennweite und 1200 mal Vergrößerung. Wilhelm Herschel brauchte zuerst Newton'sche Teleskope, sie an Größe immer steigernd bis 20 Fuß Brennweite und 2 Fuß Spiegeldurchmesser, und mit einem solchen sind die meisten seiner großen Entdeckungen gemacht. 1785 führte er mit König Georg's III. Unterstützung sein größtes Instrument aus von 40 Fuß Brennweite und 4 Fuß Spiegeldurchmesser und ließ dabei den kleinen Spiegel der Vereinfachung des Strahlenganges wegen ganz weg, dem großen eine solche Neigung gebend, daß das Bild an den Rand des Rohres fiel, wo es durch ein Okular betrachtet wurde. Bei diesen Teleskopen steht der Beobachter haushoch oben neben dem offenen Ende des Rohres und kehrt den Gegenständen den Rücken zu. Die Lichtstärke dieser großen Reflektoren war außerordentlich, Sirius erschien darin mit ganz blendendem Glanze und zahlreiche Sternhaufen lösten sich in ihre einzelnen Sterne auf. Aber bald nach der Aufstellung des größten Instrumentes, dessen Vergrößerungen bis 6400 mal gingen, litt der Spiegel in einer einzigen feuchten Nacht so sehr, daß er unbrauchbar wurde, und da Herschel ihn nicht wieder aufpolirte, so blieb die Zahl der Beobachtungen mit diesem Instrument nur gering. Das größte aller Spiegelteleskope ist das von Lord Rosse zu Parsonstown in den vierziger Jahren unseres Jahrhunderts aufgestellte von 53 engl. Fuß Brennweite und 6 Fuß Spiegeldurchmesser. Dieses 600 Centner schwere Instrument, welches etwa 10,000 Pfund Sterling kostete, mehr als doppelt so viel als die größten Refraktoren, wurde zwischen mächtigen Mauern an starken Ketten aufgehangen, erlaubte aber nur eine Bewegung im

Meridian, keine seitliche. Die mit ihm gemachten Beobachtungen der Nebelflecke sind von hoher Bedeutung, viele für homogen gehaltene Nebel lösten sich in Parthieen von verschiedener Beschaffenheit auf, ihre lichtschwachen Umrisse erweiterten sich, da man nun auch die früher nicht wahrgenommenen schwächer leuchtenden Theile sah, und damit änderten sich auch ihre Formen. Die merkwürdige Spiralstruktur vieler Nebel wurde fast einzig nur durch dieses Instrument erkannt und läßt auf die heftigsten Wirbelbewegungen in denselben schließen. Man gab ihm Okulare bis zu 6000 maliger Vergrößerung, es würde aber wohl eine 9000 malige ertragen. In den letzten Jahren sind die Nachrichten über dieses Riesenfernrohr verstummt, so daß entweder sein Spiegel Schaden genommen hat oder Beobachter fehlen, die es anzuwenden verstehen. Die parabolischen versilberten Glasspiegel Steinheil's und Foucault's erregten in den sechsziger Jahren große Erwartungen, aber Foucault, der 1868 starb, war nebst seinem Mitarbeiter Eichens doch wieder auf die Refraktoren als das praktischere zurückgekommen. Vorzüglich die Engländer halten an den Reflektoren fest, deren optische Kraft allerdings von den Refraktoren nicht erreicht wird, indem es viel leichter ist, große Metallspiegel, als große achromatische Objektive zu machen. Dieses war auch der Grund, warum das vor einigen Jahren nach Melbourne gesandte Instrument wieder ein Spiegelteleskop war.

Die großen Entdeckungen am südlichen Himmel durch den jüngern Herschel 1836 auf dem Vorgebirg der guten Hoffnung mittelst eines Reflektors von 20 Fuß Brennweite, hatten nämlich den Gedanken erweckt, in der Südhalbkugel ein mächtiges Instrument dauernd aufzustellen, um die Beobachtungen am südlichen Himmel fortzusetzen und zu vervollständigen. Die k. Gesellschaft zu London setzte eine Commission aus den berühmtesten Astronomen Englands nieder, welche der Kolonie Victoria einen Reflector nach Cassegrain's Einrichtung von 4 Fuß Spiegelburchmesser und Anfertigung desselben durch Mr. Grubb in Dublin empfahl. Die beiden Spiegel wurden aus 4 Theilen Kupfer und 1 Theil Zinn gegossen; man hatte gefunden, daß die Spiegel des ältern Herschel zu viel Kupfer enthielten und zu viel rothe Strahlen zurück warfen, daher W. Herschel eine Menge rother Doppelsterne auführt, die man jetzt nicht mehr roth sieht. Das Rohr ist 28 Fuß lang, die neun Okulare vergrößern von 220- bis 1000mal, das Ganze wiegt fast 165 Centner und folgt durch ein Uhrwerk der Bewegung der Sterne. Aber auch auf diesem Instrument, mit dem 1870 Beobachtungen begonnen wurden, scheint ein Unstern zu ruhen, indem der große Spiegel bei der Verpackung und dem Transport litt und alsobald aufpolirt werden mußte und der erste Beobachter mit seiner Stellung unzufrieden sie bald verließ. Man erfuhr übrigens unter Anwendung des Spektroskopes, daß um und im Trapez des Orionnebelflecks merklicher Nebel vorhanden sei, wo die stärksten Fernröhre ohne Spektroskop keinen zeigen, daß das Spektrum von η Argus nahe bei C, D, F von hellen Linien durchzogen und daß die rothe Linie von η Argus besonders auffallend sei; der schwache Siriusbegleiter wurde deutlich gesehen. [5])

Die Refraktoren konnten den Spiegelteleskopen gegenüber erst rechte Anerkennung finden, als man im 18. Jahrhundert gelernt hatte, die Farbenzerstreuung durch achromatische Objektive zu heben. Newton hatte erwiesen, daß die Unvollkommenheit der dioptrischen Fernröhre vornehmlich durch die Farbenzerstreuung entstehe, schloß aber aus ein paar ungenügenden Versuchen irrig, daß alle Medien die gleiche Farbenzerstreuung hätten und es deßhalb vergeblich wäre, diese durch Verbindung zweier verschiedener Medien heben zu wollen. Der englische Edelmann

Chester More Hall aber, sich stützend auf den Achromatismus des menschlichen Auges, gelangte 1733 dazu, achromatische Objektive aus einer Crown- und Flintglaslinse zu verfertigen, welche letztere die Farbenzerstreuung der ersteren corrigirt, was erst geraume Zeit nachher den Brüdern Dollond bekannt wurde, deren achromatische Fernröhre wie die von manchen ihrer Nachfolger bis 1812 die gesuchtesten waren. Da trat in München ein junger Mann auf, Fraunhofer mit Namen, der bald die Augen der wissenschaftlichen Welt durch eine Reihe mechanischer Erfindungen nicht nur, sondern physikalischer Entdeckungen von hoher Bedeutung auf sich zog. Ich lernte ihn 1822 kennen, wo der geniale und nun hochgestellte Mann jedesmal, wenn ich ihn besuchte, mir, damals einem jungen Studenten, Merkwürdiges zeigte, unter Anderem wiederholt die von ihm schon 1816 entdeckten schwarzen Linien im Sonnenspektrum, welche für die Lehre vom Lichte so wichtig geworden sind. Nachdem aus dem Atelier von Reichenbach, Utzschneider und Fraunhofer eine Menge kleinerer Instrumente ausgegangen waren, gelang die Herstellung jenes berühmten größeren Refraktors, mit welchem Wilhelm Struve in Dorpat seine klassischen Beobachtungen und Messungen der Doppelsterne ausführte. Das Heliometer hatte Fraunhofer 1816 erfunden und Bessel in Königsberg bestimmte mittelst eines solchen die Parallaxe des Sternes 61 im Schwan. Dem Dorpater Refraktor folgte eine Reihe anderer, zum Theil viel größerer, welche letzteren aber sämmtlich erst nach Fraunhofer's Tode 1826 aus den Händen seiner Nachfolger Merz und Söhne hervorgingen. Pisko in seinem Buche über Licht und Farbe, München 1869, Seite 232 sagt irrig, Fraunhofer habe seinen größten Refraktor nach Pulkowa geliefert; das hat eben Merz gethan, da Fraunhofer viele Jahre zuvor schon gestorben war. Eine Menge der ersten Sternwarten wurden aus diesem

Atelier mit großen Refraktoren und Heliometern mit gespaltenem Objektiv ausgerüstet, unter welchen die von Pulkowa und Boston wohl den ersten Rang einnehmen. Man kennt zwar noch größere dioptrische Fernröhre als die Münchener, wie z. B. Craig's Refraktor, 1851 zu Wandsworth aufgestellt, mit Objektiv von Slatter von 2 engl. Fuß Durchmesser und 72 Fuß Brennweite, dann Porro's etwas kleineren von 1856, aber sie scheinen untauglich gewesen zu sein und über ihre Leistungen ist nichts bekannt geworden. Die Idee der dialytischen Fernröhre wurde gleichzeitig von Rogers in England und Plößl in Wien erfaßt, aber nur von letzterem ausgeführt. Eine einfache Crownglas-Objektivlinse am Ende des Rohres macht die Strahlen convergiren und sie werden etwa auf halbem Wege zum Brennpunkt durch ein übercompensirtes kleineres Objektiv aus Crown- und Flintglas aufgefaßt und in einen nähern Brennpunkt gesammelt, weßhalb das Fernrohr bei gleicher Oeffnung kürzer werden kann. Weil das achromatische Objektiv schon bedeutend convergirende Strahlen empfängt, kann es kleiner sein als die Crownglaslinse am Ende des Rohres, braucht bei einer Oeffnung des letzteren von 37 Linien z. B. nur etwa 20 Linien zu haben. Diese Construktion liefert sehr scharfe Bilder, aber das Sehfeld wird bedeutend kleiner als bei der Fraunhofer's, beträgt kaum ¼ letzterer. Es sind, wie ich glaube, keine hervorragenden Beobachtungen mit dialytischen Fernröhren gemacht worden, da sie nur in kleinerem Maßstab ausgeführt wurden; das hiefür geeignetste Instrument von 10 Zoll Oeffnung, welches Plößl nach Konstantinopel geliefert hat, verkümmert dort unbenützt. — Allen großen Fernröhren sind jetzt Mikrometer, Spektroskope, manchmal auch Polarisations-Helioskope und Photometer beigegeben, sie sind parallaktisch aufgestellt und werden durch ein Uhrwerk bewegt. [6])

Man kann fragen, wie sich das Verhältniß der Refraktoren zu den Spiegelteleskopen stellt. Nach Robinson müßte, wenn das Glas völlig durchsichtig wäre, die Oeffnung eines Refraktors zu einem gleich lichtstarken Reflektor sich verhalten wie 100 zu 142, weil aber im Glase Lichtstrahlen absorbirt werden, so ist das Verhältniß für den Refraktor noch etwas ungünstiger Nach neueren Bestimmungen der Absorbtionsconstante ergibt sich, daß einem Reflektor von 4 Fuß Spiegeldurchmesser ein Refraktor entspricht, dessen Objectiv 35,4 Zoll Oeffnung hat. Dieses Verhältniß gilt jedoch nur, wenn das Spiegelmetall wirklich fast ⅔ der auffallenden Strahlen reflektirt. Gewöhnlich ist dieses nur kurze Zeit der Fall, dann muß der Spiegel wieder aufpolirt werden. Nach Winnecke steht, was die Sichtbarkeit kleiner Sterne anbelangt, der Dorpater Refraktor dem Herschel'schen Reflektor von 18 Zoll Oeffnung gleich und das Pulkowaer Fernrohr dem Lassel'chen Spiegelteleskop von 4 Fuß Oeffnung kaum nach. In Betreff der Nebelflecken zeigen die Beobachtungen von b'Arrest in Kopenhagen ähnliche Verhältnisse; sein Refraktor von 11 Zoll Oeffnung übertrifft die Herschel'schen Reflektoren von 18" Oeffnung und rivalisirt nicht ganz ohne Erfolg mit Lord Rosse's Reflektor von 6 Fuß Oeffnung. Nach Lamont würde ein Refraktor von 21 Zoll Oeffnung dem letztgenannten Spiegelteleskop entsprechen. Anders und nach meiner Meinung zuverlässiger lauten die Angaben von Sigmund Merz und O. Struve. Nach Letzterem ist der Refraktor von Pulkowa dem Reflektor von Parsonstown in optischer Kraft sehr untergeordnet und Merz schrieb mir, daß um diesem zu entsprechen, ein Refraktor mindestens 36 Zoll Oeffnung haben müsse. — Rücksichtlich der Durchsichtigkeit der Glassorten hat man Fortschritte gemacht; setzt man die Intensität des durchfahrenden Lichtes in einem von Dollond vor 1790 gemachten Instrument gleich 55,

so ist die eines Fraunhofers im Besitz von Cap. Sabine fast
74, die zweier Objektive von Grubb aus Glas von Chance 84
und 87, über welche Verhältnisse man Robinson's und Winnecke's
Angaben in der Vierteljahrschrift der astronomischen Gesellschaft
zu Leipzig Januar 1872 vergleichen kann. Herr Sigmund Merz
schrieb mir den 5. Januar 1873: „Ich zweifle nicht, daß meine
besseren Gläser noch über die bemerkte Intensität hinausgehen,
aber die Constatirung solcher Resultate scheint im Allgemeinen
wenig zu nützen. Es gelingt vielleicht heute, fast absolut farbloses Glas darzustellen und morgen erhält man wieder gefärbte
Gläser. Schon Murano verstand herrliches Krystallglas zu fa-
briziren, — will man aber optisch taugliches haben, so muß
man sich manchmal mit gefärbten Gläsern behelfen. Welche
Schwierigkeiten diese Fabrikation hat, weiß nur der, welcher darin arbeitet. Ich habe voriges Jahr nicht weniger als 17
Schmelzen, je zu 4 Centner Masse gemacht und in Allem
vielleicht 4 Centner taugliches Glas erzeugt. Das ist fast ent-
muthigend!"

· Der Würdigung der Leistungen der Fernröhre müssen
einige Betrachtungen über den Sternhimmel vorausgehen. Weder
die Zahl der mit freiem Auge noch jene der im Fernrohr sichtbaren Sterne ist genau anzugeben, indem Kurzsichtige kaum
noch die Sterne der 4ten u. 5ten Größe, Weitsichtige die der 6ten
und noch einige der 7ten sehen. Die meisten Menschen erkennen
nur 6 Plejadensterne, Weitsichtige 7 und mehr, der Astronom
Heis in Münster 12; man kann nach ihm die Zahl der am
ganzen Himmel für ein mittleres gutes Auge sichtbaren Sterne
auf etwa 5800 setzen. Die ersten Ortsbestimmungen der mit freiem
Auge sichtbaren Sterne haben Timocharis und Aristillus,
dann Hipparch und Ptolemäus gemacht. Nach fast anderthalb Jahrtausenden folgte das Sternverzeichniß von der durch

Ulug Beigh errichteten Sternwarte und jenes des Tycho de Brahe und von jetzt an erschienen vielerlei Sterncataloge mit mehr oder weniger sicheren Positionen, welche mit der Erfindung der Fernröhren immer reichhaltiger wurden. Der größte bis jetzt vorhandene Himmelsatlas ist der von Argelander in Bonn, ganz allein von ihm 1852—59 ausgeführt und alle Sterne der nördlichen Halbkugel bis 2 Grad der südlichen enthaltend, die mit einem Kometensucher von 34''' Oeffnung sichtbar sind, der bei 10 maliger Vergrößerung die Gegenstände etwa 25 mal heller zeigt, als das freie Auge, genau nach ihren Positionen bestimmt, im Ganzen 324198 Sterne auf einem Areal von 21346 Quadratgraden. Der südliche Himmel ist nach den Zusammenstellungen von Wolf in Zürich reicher als der nördliche, so daß die Zahl der am ganzen Himmel mit einem solchen Kometensucher sichtbaren Sterne nicht viel unter einer Million betragen dürfte. Dabei zeigt sich eine erstaunlich rasche Zunahme der kleineren Sterne, denn während auf die erste bis zweite Klasse des Argelander'schen Atlases nur 10 Sterne kommen, auf die zweite bis dritte 37, die dritte bis vierte 137, gehören zur achten Klasse 58000, zur neunten 237000.

Wird der Sternhimmel statt mit Kometensuchern mit mächtigen Teleskopen durchforscht, so entwickelt sich eine überraschende Großartigkeit. Der Grieche Demokritos und der Römer Manilius hatten schon die Meinung geäußert, daß das Licht der Milchstraße durch unzählige Sterne entstehe, welche das Auge nicht mehr einzeln unterscheiden kann, und der unsterbliche Kepler erklärte sie für einen Sternenring, in dessen Centrum fast unsere Sonne sich befände, Huyghens und Newton hielten die Milchstraße für ganz auflösbar in Sterne und wo dieses nicht gelinge, nur die Kraft der Teleskope für unzureichend. W. Herschel hat seine Meinung über den Bau der Milchstraße oft geändert und seine bewundernswerthen Untersuchungen haben zu keiner befriedigenden Vorstellung geführt, aber den Blick eröffnet in ihre unermeßliche Größe und die ungeheure Zahl von Sonnen, aus welchen sie besteht. W. Herschel hatte angenommen, daß die Milchstraße nur gegen die Aequatorebene zu unergründlich sei, Struve kam zum Schluß, daß auch in allen anderen Richtungen des Himmels, also auch gegen die Pole der Milchstraße dieselbe Unergründlichkeit bestehe, d. h. daß auch die größten Fernröhren nach keiner Richtung hin die äußersten Sterne zu zeigen vermögen. Auch Secchi hält die Milchstraße nach Seite 807 seines von Schellen übersetzten herrlichen Werkes über die Sonne für unergründlich. Die Gesammtzahl der durch das 20 füßige Teleskop, mit welchem der ältere Herschel seine meisten Beobachtungen gemacht hat, in der nördlichen Halbkugel sichtbaren Sterne berechnet Struve auf etwas über 10 Millionen.

Neuere Untersuchungen haben ergeben, daß der Bau der Milchstraße, welche man sich früher in Linsenform vorstellte und unsere Sonne mit den hellsten Firsternen nicht weit vom Centrum der Linse, viel weniger einfach und regelmäßig ist, als angenommen wurde. Man neigt sich jetzt mehr zu der Ansicht, daß unsere Sonne mit den nächsten Firsternen einen besondern fast kugelförmigen Complex bilde, dessen Aequatorekene zwar mit der Ebene der Milchstraße zusammenfällt, ohne daß jedoch dieselbe mit unserem Complex in einer näheren Verbindung steht. „Unser Firsterncomplex“, sagt Klein, Handbuch der allgemeinen Himmelsbeschreibung II, 320, „ist ein ausgedehnter Sternhaufen, der, so viel es scheint, an Größe die meisten übrigen übertrifft. Von diesen aus gesehen, erscheint er als zum System der Milchstraße gehörig, genau so wie jene von unserem Standpunkt aus betrachtet.“ Die Milchstraße hat eine sehr unregelmäßige Configuration, ihre Breite wechselt sehr rasch, man unterscheidet in

ihr Verzweigungen, weite helle Regionen, von dichten Stern-
schwärmen, kugligen Nebelmassen und weißen Lichtwolken erfüllt,
durchsetzt von dunkeln Flecken und dunkeln gewundenen Bahnen;
die lichten Stellen zeigen wieder außerordentliche Abstufung des
Helligkeitsgrades. Besonders häufig in der Milchstraße sind die
dichtgedrängten Sternhaufen, während die Mehrzahl der Nebel
außer ihr liegt. Würde die Milchstraße als ein geschlossener
Sternenring den Firsterncomplex, zu welchem unsere Sonne gehört, umschließen, so könnte ihre Gestalt nicht so unregelmäßig
und zerrissen sein, könnte nicht Spaltung und Ausläufer zeigen.
Viel wahrscheinlicher ist deshalb die Annahme, daß die scheinbare Ringform der Milchstraße nicht physisch, sondern nur optisch ist und dadurch entsteht, daß zahlreiche kleinere und größere,
dichtere und zerstreutere Firsterncomplexe in unerreichbare Fernen
hinaus perspektivisch hintereinander in einer Ebene gelagert sind,
die wir als Ebene der Milchstraße nehmen, welche letztere eben
darum unregelmäßig sich zeigt, weil jene Complexe nicht ganz
genau in der gleichen Ebene liegen. Auf jedem dieser Complexe
wird sich ein ähnlicher Anblick ergeben, wie ihn die Milchstraße
uns gewährt. Die weit seitlich von ihr entfernten Sternhaufen
sind wohl peripherische Begleiter einzelner Complexe und die
Nebelflecke, gestaltloser Weltenstoff nach der Spektralanalyse,
stehen ihrer größeren Zahl nach innerhalb unseres Firsterncom-
plexes, eine Minderzahl außer demselben.[7])

Die Nebelflecke wurden nach den beiden Herschel namentlich durch Rosse, Bond, Otto Struve, Lamont, Lassell, Secchi,
d'Arrest, Rümker, Schönfeld untersucht. Die Ansicht Lamonts,
daß alle in Einzelsterne auflösbar seien, ist durch die Spektralanalyse widerlegt. J. Herschel zählte in seinem Catalog von
1864 in Phil. Transact. Vol. 154 p. 1—137 über 5000 Nebelflecke auf. Die sternartigen Lichtpunkte in manchen sind Gas-

verdichtungen, können nach dem Spektroskop keine festen oder tropfbarflüssigen Massen sein, indem sie Lichtstrahlen von bestimmter Brechbarkeit aussenden, was nur glühende Gase thun. Das Spektrum unserer Sonne und der Fixsterne zeigt dunkle Linien auf hellem Grunde, jene glühenden Gase ohne Kerne, hauptsächlich aus Stickstoff und Wasserstoff bestehend, zeigen hingegen helle Linien auf dunklem Grunde. Außer den genannten Stoffen bestehen die amorphen Nebel noch aus einem dritten unbekannten, vielleicht auch noch aus andern glühenden Gasen, deren Licht für die Apparate zu schwach ist. Schreitet die Verdichtung der Lichtpunkte bis zum Flüssigen und Festen fort, so erscheint ein continuirliches Spektrum, wie ein solches die in Sterne auflösbaren Nebel zeigen. Nach Schiaparelli wären die Nebelflecke Sternschnuppenschwärme wie die Kometen; geht ein solcher Schwarm von unserem Sonnensystem wieder in den Weltraum zurück, so soll er abermals als Nebelfleck erscheinen, aber von größerem Umfang als früher. Dabei ist doch schwer denkbar, daß die Sternschnuppenschwärme auch der größten Kometen in Fixsternweiten mit ihrem schwachen Lichte noch sichtbar sein sollten, und wäre die Entfernung der Nebelflecke viel geringer als bis jetzt angenommen wurde, so könnten sie, wenn sie sämmtlich Sternschnuppenschwärme wären, unmöglich ihre Formen lange Zeit so unverändert erhalten und müßten bedeutende Eigenbewegungen zeigen. [8])

Durch eine Menge Schätzungen, Rechnungen und Combinationen, gestützt auf die Parallaxenbestimmungen kam Struve zum Ergebniß, daß die Fixsterne erster Größe im Mittel nicht ganz eine Million mal so weit von uns entfernt sind, als die Sonne von der Erde, (deren Abstand in runder Zahl 20 Millionen Meilen beträgt,) nämlich 986000 Erdbahnradien, während die Entfernung bei den Sternen zweiter Größe schon fast das

Doppelte der Sterne erster Größe beträgt, bei denen der sechsten beinahe das achtfache, bei den entferntesten Sternen, welche das 20füßige Teleskop noch zeigte, das 230fache. Die Sterne der ersten Größe wären also im Mittel nicht ganz 20 Billionen Meilen entfernt statt der vier, die man früher annahm, die der zweiten im Mittel 35 Billionen Meilen, die der sechsten 150, die der fernsten 4500 Billionen Meilen. Das Licht, welches bekanntlich etwa 40000 Meilen in der Sekunde zurückgelegt und in 8 Minuten von der Sonne zu uns gelangt, würde von den Fixsternen erster Größe im Mittel 15,5 Jahre, zweiter 28, vierter 60,7, sechster 120,1, achter 386,3, von den fernsten Sternen 3541 Jahre bedürfen, um uns zu erreichen. Es gibt übrigens einige Sterne, bei denen man eine deutliche Parallaxe erkennen konnte, welche uns näher stehen, am nächsten α Centauri und 61 Cygni in 4½ und 12 Billionen Meilen Entfernung. [9]

W. Herschel kam durch seine Forschungen zu der Annahme, daß das unbewaffnete Auge 12mal so tief in den Raum eindringt, als die Entfernung der Sterne erster Größe von uns beträgt und daß die Kraft seiner Teleskope um so vielmal größer sei als der Durchmesser ihrer Spiegel den Durchmesser der Pupille des menschlichen Auges übertrifft. Demgemäß würde das 20füßige Teleskop mit seinem Spiegel von 22 Zoll Durchmesser 75mal weiter reichen als das Auge, das 40füßige 191mal. Diese Angaben sind aber zu groß, weil das Licht im Weltraum außer der Schwächung im Quadrat der Entfernung noch eine andere durch ein unbekanntes Medium, vielleicht nur sehr verdünnte Luft erleidet, welche für die Sterne erster Größe $\frac{1}{161}$ ihres Lichtes, für die der sechsten schon 8 Prozent beträgt, für die der neunten Größe 38 Prozent, für die fernsten Herschel'schen 88 Prozent. Weil Herschel diesen Umstand noch nicht kannte, so sind auch seine Angaben über die Entfernung namentlich der

feineren Sternklassen zu groß. Sein siebenfüßiges Teleskop
reicht nur in 182 Sternweiten zu 4 Billionen Meilen statt 243, sein
20=füßiges nur in 228 statt 743, sein 40=füßiges Teleskop, welches
nach seiner Meinung 2300 Sternweiten in den Raum eindringen
sollte, reicht in Wahrheit nur in 369, eine Entfernung, welche nach
früherer Rechnung 15500 Billionen Meilen oder 12200
Jahren Lichtzeit gleich ist. Man begreift leicht, daß durch die
Absorbtion des Lichtes der Wirkung des Fernrohrs und der mit
ihm verbundenen Spectroskope ꝛc. für immer unübersteigliche
Schranken gezogen sind, da aus Fernen, welche noch etwas größer
sind als die der fernsten Herschel'schen Sterne, kein Licht mehr
zu uns gelangt. [10]) — Man wollte aus den Veränderungen
im Spektrum der Fixsterne, namentlich auch aus der Verschie=
bung der Fraunhofer'schen Linien auf eine Eigenbewegung, be=
ziehungsweise Annäherung zur Erde oder Entfernung von ihr
schließen, aber diese Untersuchungen sind für die Eigenbewegung,
die sonst für viele sogenannte Fixsterne schon erwiesen ist, bis
jetzt nicht entscheidend.

Unsere Begriffe von der Beschaffenheit der Sonnen
sind sicher sehr unvollkommen, indem auf der Erde Verhältnisse
fehlen, welche eine Vorstellung von dem Verhalten der Stoffe
bei Temperatur und Druck von solch' unermeßlicher Intensität
geben könnten, wie sie auf den Sonnen vorkommen. Was wir
auf der Oberfläche unserer Sonne wahrnehmen, deutet auf
eben so stürmische als complicirte Vorgänge, man betrachte nur,
wenn kein starkes Fernrohr zu Gebot steht, die schönen Photo=
graphieen von Secchi, Rutherford u. A. Sonnenflecken, Fackeln,
Protuberanzen zeigen schon schwächere Fernröhren, in starken sieht
man auf der Sonne unzählige Runzeln und Windungen, un=
zählige kleine Körner von verschiedener, meist aber ovaler Form;
die engen Räume zwischen denselben bilden ein dunkles Netz.

Die Körner sind ⅓ bis ¼ Raumsekunde groß und vereinigen sich zuweilen zu weidenblätterförmigen Massen. Secchi hält diese Körner für Spitzen von Lichtkegeln, Lichtwolken, deren Durchmesser an der Basis 240—260 Kilometer betragen. Das oft in wenigen Tagen sehr wechselnde Ansehen der Sonnenoberfläche zeigt deutlich, daß unaufhörliche, allverbreitete, stürmische Bewegungen auf derselben stattfinden, auch in den einzelnen Flecken ist die Bewegung oft so schnell und gewaltig, daß schon während des Zeichnens derselben deren Ansehen sich verändert. Manchmal sieht man in ihrem Innern ein Drehen und Wirbeln und es fahren zahllose spiralgewundene Flammen durcheinander. Bekanntlich weichen die Ansichten über die sogenannten Sonnenflecke sehr ab, Kirchhoff erklärt sie für wolkenartige Gebilde, Secchi hält sie für Vertiefungen der Photosphäre, ausgefüllt mit verhältnißmäßig dunklern Gasen oder lichtabsorbirenden Metalldämpfen, namentlich von Eisen und Calcium, Zöllner bezeichnet sie als Schlacken, die unter der Chromosphäre in einer glühend flüssigen Schicht von wohl 800 geographischen Meilen Höhe schwimmen, welche den weißen Licht aussendenden Sonnenkörper umgibt. Diese Ansicht erklärt zwar viele optische Erscheinungen gut, aber bei der ungeheuern, 50000 und mehr Grade des hunderttheiligen Thermometers betragenden Temperatur ist auch nur vorübergehende Schlackenbildung doch schwer denkbar. Die sogenannte Corona, welche wie das elektrische Licht keine Fraunhofer'schen Linien enthält, erklärt Marco für eine constante aurora borealis, fortwährende elektrische Entladung, ebenso Faye der geneigt ist, auch die Schwere durch elektrische Entladung zu erklären. Secchi und Respighi leiten die Protuberanzen, jene unermeßlichen sich tausende von Meilen über die Sonne erhebenden Feuerwolken von Elektrizität ab. Auch nach den neuesten Beobachtungen muß die mittlere Dichtigkeit der Sonne die des Wassers übertreffen. Ist der Sonnenkörper nach Faye, Janssen, Frankland u. A. doch gasig, so müssen seine Gase ungeheuer comprimirt sein. Regnault hat indeß durch Versuche bewiesen, daß gesättigte Dämpfe bei hohem Druck fast so dicht sein können, als die entsprechende Flüssigkeit und doch noch bei der diesem Zustand zukommenden unermeßlichen Hitze gasförmige Körper bleiben können. [11])

Bei astronomischen Beobachtungen hängt ungemein viel von äußern Umständen, hauptsächlich von der Durchsichtigkeit und Ruhe der Luft ab und wenn diese sehr befriedigend sind, kann man manchmal mit ganz mäßigen Instrumenten Gegenstände erblicken, die unter ungünstigen Umständen selbst in größeren Fernröhren unkenntlich bleiben, wie ich z. B. mehrmal mit einem vorzüglichen Plößl'schen Dialyten von nur 37 Linien Oeffnung die kleinen Kraterreihen zwischen Eratosthenes und Kopernikus des Mondes sehr deutlich, einmal die parallelen Hügelketten beim Ringgebirg Aristoteles in der nördlichen Halbkugel viel schöner gesehen habe, als sie auf Mädler's und Beer's großer Mondkarte dargestellt sind. [12]) Zur richtigen Erkenntniß kosmischer Phänomene ist ferner die beständige Vereinigung der sinnlichen Beobachtung mit richtiger Beurtheilung und Vergleichung der früheren Erfahrungen unerläßlich. Man hat schon im vorigen Jahrhundert und in der ersten Hälfte des gegenwärtigen die Planeten mit den mächtigsten Instrumenten betrachtet und doch in den letzten Jahren manche bessere Einsicht in ihre Beschaffenheit durch scharfsinnige Combination aller, auch der alten Beobachtungen in Verbindung mit der Rechnung und mit Berücksichtigung der Fortschritte in Physik und Chemie gewonnen. Manchmal birgt ein kleiner für unbedeutend gehaltener Umstand eine Erkenntniß von unbekannter Tragweite in sich, die durch Combination mit anderen eine vollkommenere Einsicht möglich macht. Daß z. B. die Merkurssichel an der Grenzlinie der Erleuchtung ein etwas matteres Licht zeigt, als in den übrigen Theilen, daß ferner ihre Breite geringer ist, als die Rechnung ausweist, läßt mit größter Sicherheit auf eine Atmosphäre des Merkur schließen. Wenn die Südhalbkugel des Mars Sommer hat, so verkleinert sich die Eiscalotte, welche im zweijährigen Winter zu enormer Ausdehnung angewachsen war, ungemein schnell und die Südhalbkugel wird bis auf 3 Grade vom Pol eisfrei. Aus den optischen Erscheinungen, aus der Schwerkraft auf dem Mars, aus seinen Beleuchtungs- und Erwärmungsverhältnissen geht hervor, daß nebst der Erde auf ihm allein unter allen Planeten Wasser und Wolken von der Beschaffenheit der unserigen vorhanden sind. Weil die Eiscalotte seiner Südhalbkugel bedeutend ausgedehnter ist, weiter gegen den Aequator heraufreicht, als die der Nordhalbkugel und bei ihrer Schmelzung eine sehr große Wärmemenge bindet, so muß die Südhalbkugel des Mars ein feuchteres und kühleres Klima haben, als die Nordhalbkugel. Manchmal sieht man Theile von seiner Oberfläche, welche gelbrothe Färbung haben und die auffallend undeutlich und verwaschen werden, wenn sie durch die Axendrehung gegen den Rand rücken, was auf eine bedeutend dichte Atmosphäre schließen läßt, durch welche die rothe Oberfläche des Planeten durchscheint. Nach der Spektralanalyse scheint diese Atmosphäre der unsrigen sehr ähnlich zu sein.

Die großen sonnenfernen Planeten hat man bis in die letzten Dezennien für feste Körper mit gewaltigen Atmosphären angesehen, jetzt hält man sie eher für flüssige und dunstförmige Körper und wenigstens Jupiter und Saturn für noch nicht ganz erkaltet. Bei seiner geringen Dichtigkeit kann Jupiter kaum etwas von festen erdigen und metallischen Substanzen enthalten, sondern muß aus einer flüssigen Masse bestehen, worauf auch seine

Parallelstreifen deuten, die auf einer flüssigen rotirenden Kugel
entstehen müssen und sich wegen der schnellen Axendrehung Jupiters parallel zu seinem Aequator stellen. Die Helligkeit der
Aequatorialzone rührt von der dort reichlicher stattfindenden Bildung von Wolken her, welche das Licht stärker reflektiren, die
Dunkelheit der Streifen von der relativ geringeren Menge der
Wolken. Noch dunklere Stellen hält man für Theile der Oberfläche Jupiters, die man durch Risse in der meist heftig bewegten Atmosphäre erblickt. Die bedeutendere Weiße der vier oberen sonnenfernsten Planeten, eine Folge starker Lichtreflexion wollte
man schon früher und jetzt wieder (Zöllner, Browning) aus
einem schwachen Selbstleuchten dieser noch nicht ganz erkalteten
Himmelskörper erklären, weßhalb auch Neptun als ein Stern
achter Größe erscheint, während er als ein solcher von 11ter bis 12ter
sich zeigen müßte, wenn seine lichtreflectirende Kraft nicht größer
als die der Erde wäre.

Zu den Fragen, die nach höchster Wahrscheinlichkeit mit Ja
beantwortet werden dürfen, obschon für dieses Ja nicht der geringste objektive Beweis geliefert werden kann, gehört jene nach
der Bewohntheit der Himmelskörper durch lebende und vornehmlich durch vernünftige Wesen. Bei aller Verschiedenheit
haben die Weltkörper doch gewisse Fundamentalbestimmungen mit-
einander gemein, stehen unter denselben mechanischen, physikalischen und chemischen Gesetzen, bestehen annäherungsweise aus
denselben chemischen Elementen, wenn auch in anderen Proportionen und Verbindungen, wie die Spektralanalyse und die chemische Untersuchung der Meteoriten lehrt. Zweckbegriffe dürfen
allerdings nicht als ausschließlich maßgebend angesehen werden;
die Weltkörper können auch ohne organische und vernünftige Wesen, aber diese nicht ohne sie bestehen. Auf den Feuerwelten, den
Sonnen ist an solche wohl keinesfalls zu denken, auf den Planeten

unseres Systems außer der Erde, der Venus, dem Merkur nur noch an Mars, deſſen Verhältniſſe noch am eheſten eine Vergleichung mit den unſerigen zulaſſen, während Venus und Merkur ſchon viel mehr abweichen. Die zahlreichen kleinen Planetoiden zwiſchen Mars und Jupiter ſind eben wegen ihrer Kleinheit ſchon früh erkaltet und die vier großen, ſonnenfernen ſind wahrſcheinlich noch nicht ſo weit erkaltet, um eine Organiſation entwickelt zu haben.[13] Der Erdenmond iſt jetzt eine Schlackenkugel ohne merkliche Atmoſphäre, deren Meer verdunſtet iſt, und der einzige Körper im unermeßlichen Weltganzen, der unzweifelhaft Niveau- und Geſtaltungsverhältniſſe ſeiner Oberfläche erkennen läßt. Auf ihn waren daher ſchon öfter die Gedanken der Menſchen gerichtet, um wenn möglich einen Aufſchluß über jene Frage zu erlangen. Da kam in den zwanziger Jahren dieſes Jahrhunderts eine Kunde zunächſt in die wiſſenſchaftlichen Kreiſe, daß es Prof. Gruithuiſen in München gelungen ſei, Spuren von Bewohnern des Mondes zu entdecken. Faſt in der Mitte der uns zugekehrten Seite, nahe am Aequator, doch bereits in der ſüdlichen Halbkugel befindet ſich eine Gegend, nach dem Selenographen Schröter benannt, in welcher Gruithuiſen ein Gebilde beobachtete, welches er für eine große Stadt mit nahe parallelen Straßen und einer Citadelle an einem Ende erklärte und damit einige Jahre hindurch Glauben an die Möglichkeit dieſer angeblichen Entdeckung fand, bis Mädler mit viel ſtärkeren Inſtrumenten erkannte, daß ſechs Hügelketten mit kleinen Thälern dazwiſchen und einem Krater an einem Ende Gruithuiſen zu dieſer irrigen Deutung veranlaßt hatten. Ich ſehe ihn noch vor mir den ſonderbaren, rieſig langen Mann, wenn er mit ſeiner ganz kleinen Frau oft unter den Fenſtern meiner Wohnung in München vorüber ſpazierte, bewaffnet mit grünen Brillen, welche vorne gewaltige runde Gläſer, an den Seiten, etwas an die Scheuleder der Pferde erinnernd, viereckige hatten. —

Die Bildung der großen Ringgebirge des Mondes ist seit langem abgeschlossen, Veränderungen sind höchstens noch denkbar bei den neueren kleineren. Aber selbst die in neuester Zeit für den Krater Linné behaupteten scheinen nicht zu existiren, indem Mädler 1867 denselben ganz so sah, wie 37 Jahre früher, so daß in der That der Mond keine Veränderungen bedeutender Art zu erfahren scheint.

Im Mikroskop liefert die Technik ein Werkzeug, das den Augen der Milben und anderer kleiner Thiere vergleichbar ist, in den Fernröhren erzeugt sie gleichsam Riesenaugen; bei der gegenwärtigen Einrichtung beider ist nur noch ein beschränkter Fortschritt möglich. Die stärksten Objective der Mikroskope haben eine so kurze Focaldistanz, daß sie auf dem Gegenstand fast aufstehen und noch größere brauchbare Fernröhren zu machen, übersteigt fast die menschliche Kraft. Bei den Mikroskopen wachsen die Schwierigkeiten mit der Kleinheit, bei den Refraktoren mit der Größe der Objektive. Die so kleinen Objective lassen nur dünne Strahlenbündel durchgehen und lichtverstärkende Apparate, Condensoren helfen dem Lichtmangel nur ungenügend ab. Ein sehr bedeutender Fortschritt wäre nur möglich durch Entdeckung stärker brechender Medien, oder durch eine neue ungeahnte Construktion. Bei dem jetzigen Stand der Dinge ist einige Verbesserung noch zu erwarten durch größere Zweckmäßigkeit des Materials, also der Mischung des Glases und Spiegelmetalles, dann durch richtigere Gestalt der Linsen und Spiegel und vollkommenere Politur derselben. „Das ganze Geheimniß guter Optik ist ganz richtige Gestalt," schrieb mir einst Hr. v. Steinheil. Sehr schwierig ist auch ganz vollkommene Politur, durch welche zugleich immer die Gestalt verändert wird. Die mikroskopische und teleskopische Photographie lassen noch viel zu wünschen übrig; sollte es aber gelingen, Substanzen von noch größerer Lichtempfindlichkeit als

die bisherigen zu entdecken, die übrigens schon sehr kurze Zeit
der Expofition noch mehr abzukürzen und doch vollkommene Bilder zu erhalten, so würden diese wohl eine Vergrößerung gestatten, die manches Detail enthüllte. Wenn uns die Mikroskope
und Fernröhren äquivalent ihrer Vervollkommnung immer kleinere und fernere Gegenstände gezeigt haben, wenn ferner die
feinsten Objekte am Himmel und auf Erden nur unter den günstigsten Umständen, oder nur mühsam sichtbar sind, so folgt höchst
wahrscheinlich daraus, daß die Instrumente auf einer nächst
höheren Stufe der Verbesserung wieder kleinere und fernere
Gegenstände würden erkennen lassen. Jene kleinsten Mikrokoken,
jene verschwindend feinen Nervenfasern, jene nur momentan auf-
blitzenden Sternchen würden bei einer bedeutenden Verbesserung
der optischen Werkzeuge mühelos und deutlich sichtbar sein, aber
neben ihnen würden wohl andere auftauchen, die wieder nur
schwierig wahrnehmbar wären. Dabei spreche ich noch gar nicht
von einer Erkenntniß der Molekularstruktur der Körper oder von
dem Sehen der muthmaßlichen Planeten und Nebenplaneten der
fernsten Sonnen, da wir wohl nie im Stande sein werden, dieselben auch nur bei den allernächsten Fixsternen sehen zu können.
Der Mangel an Einsicht in die mechanische Construction der
Materie hat zur Folge, daß es namentlich der Chemie an einer
sichern Grundlage fehlt.

Es sind überhaupt sowohl der sinnlichen Anschauung, als
der Intelligenz des Menschen Schranken gesetzt. Wir wissen
nicht, aus welcher Gegend des Weltraums die rotirende Nebelmasse gekommen ist, aus der das System unserer Sonne sich
gebildet hat, wir wissen auch nicht zuverläßig, wohin dieses
System sich bewegt, und welches die Gestalt seiner Bahn ist,
wir wissen nicht, woher wir kommen und wohin wir gehen.
Geheftet wie Stäubchen an unsere kleine Erde, dieses atome de

boue, wie sie Voltaire gar zu despektirlich nannte, werden wir
mit kosmischer Schnelligkeit in unbekannte Regionen fortgeführt
und man fragt uns, die sich gleichsam in einem Gefängniß ohne
Mauern befinden, nicht um unsere Einwilligung. Es ist nur
vergönnt, auf unserem Wohnplatz, so gut es geht, uns einzu-
richten und weil uns ein göttlicher Geistesfunken verliehen ist,
einiges Wenige von der Welt zu erkennen. Offenbar hat jedoch
die richtigere kosmische Anschauung der Neuzeit unser Geistes-
leben erweitert und an der Größe des Universums, die sich über
alle Vorstellung erhaben erwiesen hat, wie es noch vor einem
Jahrhundert der kühnste Menschengeist nicht ahnen konnte, ist
unser Geist emporgewachsen. Unsere Sonne ist nur eine der
vielen Millionen Sonnen des Weltalls und wie mächtig stellt
sie sich der Erde gegenüber dar! Klein, ein verdienter astronomi-
scher Schriftsteller der Gegenwart hat gesagt, unsere Erde in
eine dieser riesigen Flammensäulen der Sonne geworfen, die man
Protuberanzen nennt, welche unaufhörlich mit unbeschreiblicher
Gewalt 10000, 20000, 35.000 Meilen hoch aus dem weißglühenden Sonnenkörper emporgeschleudert werden, würde sich zu
ihr verhalten, wie ein kleines Stückchen Kohle zu einem Schmiede-
feuer. Und dieses ist buchstäblich wahr. Die Erde mit ihrem
Massiv, ihren meilenhohen Gebirgen und meilentiefen Oceanen
würde in einer dieser Flammensäulen, die nach den Rechnungen
eine Temperatur von 40000—80000 Grad C. haben, in kürzester Zeit in glühenden Dampf verwandelt, vielleicht noch einmal
wie der Ball des Knaben emporgeschleudert werden, um nach
einem kurzen Aufflammen spurlos im Feuerocean der Sonne zu
verschwinden. Die Protuberanzen ändern schon während der kurzen Zeit einer Beobachtung ihre Gestalt, was bei einer Schnelligkeit des Aufsteigens von 50—60 Kilometer in der Sekunde begreiflich wird, ebenso die Farbe ihres Lichtes, die vom weißen

zum gelben, rosenrothen, feuerrothen, purpurnen wechselt. Eine weit ausgedehnte Atmosphäre von glühendem Wasserstoffgas umhüllt nach Janssen, Lockyer, Respighi noch die Photosphäre der Sonne. Stürmische Strömungen vom Aequator gegen die Pole sich richtend, krümmen die Spitzen der Protuberanzen nord- oder südwärts. Die Sonnenflecken, nach Secchi Massen durch Contrastwirkung dunkel erscheinender Dämpfe, nach Zöllner Schlacken, die auf der weißglühenden Sonnenoberfläche schwimmen, an Größe oft den Continent von Neuholland, von Asien, ja den Flächeninhalt der ganzen Erde übertreffend, werden trotzdem immer wieder im Feuermeer aufgelöst; Spörer sieht auch, im Wesen mit Zöllner übereinstimmend, in diesen Flecken feste Verbrennungsprodukte. Nach Pouillet empfängt die Erde nur $\frac{1}{2300000000}$ der Wärme, welche die Sonne unaufhörlich aussendet und dieser Minimaltheil reicht schon hin, den Ocean flüssig zu erhalten, die Verdunstung und den Kreislauf des Wassers, sowie alles Leben auf der Erde möglich zu machen. So mächtig ist die Sonne! Unter den unzählbaren Sonnen des Weltraums mögen viele sein, welche die unserige an Größe weit übertreffen, während andere ihr darin nachstehen. Tritt uns im Sphärenuniversum eine extensive Unendlichkeit entgegen, so finden wir eine andere auch im kleinsten Raume. Könnten wir ein Blutkörperchen, eine Wimperzelle, Nervenzelle, ein menschliches Eichen in lichtstarker millionenfacher Durchmesser-Vergrößerung sehen, so würden uns diese Körper als Complexe einer Anzahl von Molekulgruppen der verschiedensten Anordnung erscheinen mit Hohlräumen, die von Gasen und tropfbaren Flüssigkeiten erfüllt sind, und sie würden sich darstellen als Triebwerke physikalischer, chemischer, organischer Kräfte, durch welche ihre kleinsten Theilchen fortwährend bewegt, umgestaltet, vernichtet, neugebildet werden, als Laboratorien der Einsaugung und Ausscheidung, des Wachsthumes und der Zer-

störung, jeder als eine kleine, in steter Umwandlung begriffene
Welt.

Entgegen der Ansicht von Thomson u. A., welche eine
endliche definitive Erkaltung und Erstarrung des Universums
behaupten, wendet man sich neuestens lieber der Annahme einer
fortwährenden Metamorphose zu, wonach in den erstarrten,
aller lebendigen Kraft beraubten Himmelskörpern, wenn sie bei
ihrer unaufheblichen Bewegung durch den Raum mit glühenden
Nebelmassen in Berührung kommen, ein Anstoß zu neuem Leben,
zu neuen Bildungen gegeben ist, etwa so, wie auf unserer Erde
die Organisation sich immer umgewandelt hat, alte Formen ausgestorben und neue entstanden sind. Denn die vorhandene Materie
ist unzerstörbar und die lebendige Kraft hat sich in Wärme des
Weltraumes umgesetzt. [14]) Wer denkt hiebei nicht an die Lehre
des griechischen Philosophen Heraklit vor 2400 Jahren, welcher
das Feuer zum Grundwesen, zum Princip aller Thätigkeit und alles
Lebens machte, der zugleich der Schule der Eleaten gegenüber, die
ein ewiges unveränderliches Sein behaupteten und das Werden
und die Entwicklung nur für einen Schein hielten, ein unwandel-
bares Sein leugnete und eine unaufhörliche Bewegung aller
Dinge der Welt lehrte? Bewegung des Weltenstoffes ist der erste
Vorgang, sie erzeugt Reibung, Verdichtung und Temperaturer-
höhung. Die Nebelmassen, aus welchen die Sonnensysteme entstehen, haben nur geringe Temperatur und Dichtigkeit, aber mit
der wachsenden Verdichtung steigert sich die Hitze und wird zuletzt zur flammenden Gluth. Der begonnene Kampf zwischen der
ersten Grundkraft, der Gravitation, welche die Massen zu immer
concentrirterer Dichtigkeit zwingt, und der als Reaktion sich entwickelnden zweiten Grundkraft, der Wärme, welche sie auseinander treibt, erreicht im Innern der Sonnenkörper eine unbeschreib-
lich furchtbare Energie. Die Nebelmasse gliedert sich in concen-

trische Ringe, die sich zu Kugeln ballen und wenn diese allmälig erkalten, beginnt eine neue Reihe von Entwicklungsprocessen, die zur Darstellung einer Welt von organischen, beziehungsweise vernünftigen Wesen führen kann und ohne Zweifel auch zu solchen des verschiedensten Ranges geführt hat. Bei unserer Erde, einem durch mehrere Umstände begünstigten Glied des Planetensystems ist es zur Darstellung einer reichen organischen Schöpfung gekommen und wir, an der Spitze derselben stehend, haben bis zu einem gewissen Grade ein Verständniß der Welteinrichtung erlangt, welches die Zukunft noch erweitern und erhöhen wird, immer jedoch nur innerhalb der Schranken der menschlichen Geisteskraft. Ueberblickt man unsere Errungenschaften in dieser Beziehung, so wird man wohl das Bekenntniß nicht vermeiden können, daß wir von der Welt des Kleinen nicht eben übermäßig viel, von der makrokosmischen Welt nur äußerst wenig wissen.

Anmerkungen und Zusätze.

1) Aus dem Verhalten der Körper im polarisirten Licht schließt man auf ihre molekulare Beschaffenheit. Daß gewiße Körper, wie die Zellmembran, Stärkemehl-Körner, Inulin, Kryhstalle ꝛc. zwei optische Axen haben und daher doppelt brechen, beruht auf den eigenen Spannungen jedes ihrer Molekule. Um die verschiedenen Elastizitätsaxen des sie umgebenden Aethers, deren Winkel und positiven oder negativen Character zu bestimmen, betrachtet man die Farbenerscheinungen und erschließt von diesen aus die Lage der Elastizitätsaxen.

2) Pohl wollte die Gruppen der Robert'schen Platten, wo die Zwischenräume der Striche nur $\frac{1}{7000}$ Linie groß sind, mit nur 215mal. Vergrößerung eines Plößl'schen Objektivs aufgelöst haben, — sicher eine Täuschung, indem er mehrere Striche und Zwischenräume für einen einzigen nahm. Hartnack schrieb mir einmal, er lege wegen der nicht zu vermeidenden Verschiedenheit der Theilung keinen so großen Werth auf jene Platten; bei feinen Diatomaceen: Grammatophora subtilissima, Surirella Gemma etc. sehe man entweder die Streifung oder man sehe sie nicht; bei den Robert'schen P. sehe man mit guten Objectiven jederzeit Streifung, aber könne sich schwer darüber Rechenschaft ablegen, ob man einzelne Striche oder Paare derselben sehe.

3) In einem Briefe von 1867 behauptet Hartnack, er sehe mit einem System neuer Construktion, welches die doppelte Stärke von System 10 hat, unter Anwendung eines starken Okulars bei 4000 m. V. die Feldchen von Pleurosigma angulatum immer 6eckig, während die Engländer wegen der mangelhaften Schärfe ihrer Objective sie für rund ausgeben.

4) Die Bakterien sollen Pflanzen sein, sollen sich an die Phytochromaceen anschließen, obschon sie kein Phytochrom haben und keine Kohlensäure assimiliren. Wie Spirillum volutans, so haben wahrscheinlich auch die kleineren Spirillen Geißelfäden, welche keine Oscillarie hat, so daß Cohn selbst bemerkt, dieses mache die Stellung der Bakterien wieder zweifelhaft. Euglena soll zu den Pflanzen gehören, weil sie keinen Mund hat, die meisten anderen Flagellaten, z. Th. Euglena ganz nah verwandt, zum Thierreich, weil sie einen Mund haben. Da muß man dann wohl die mundlosen Opalinen und Acineten zu den Pflanzen stellen. Betrachtet man, wie ich eben jetzt, die Massen wimmelnder Bakterien und die Tausende unter ihnen herumschwimmender Euglenen, so sträubt sich das

natürliche Gefühl, in ihnen Pflanzen sehen zu wollen. Wann wird endlich die Ansicht durchdringen, daß die vulgäre Unterscheidung von Pflanzen und Thieren auf den untersten Lebensstufen nicht festzuhalten ist! Will man aber die Vibrioniden überhaupt doch für Pflanzen erklären, so würden sie immer noch eher den niedersten Pilzen als den Phykochromaceen anzureihen sein. — Die neuesten Untersuchungen über die Krankheiten erzeugenden Bakterien sind von Eberth (Zur Kenntniß der bakteritischen Mykosen, Leipzig 1872) und Klebs (Archiv f. experiment. Pathologie und Pharmakologie, Bd. 1. H. 1. Leipzig 1873).

5) Der Stern η im Schiff Argo des Südhimmels ist von einem dichten Nebel umgeben und seit dem 17. Jahrhundert als veränderlicher bekannt, dessen Wechsel aber nicht regelmäßig periodisch, sondern ganz unbestimmt erfolgen. Er zeigte sich im 17. und 18. Jahrhundert von 2. bis 4. Größe, in der ersten Hälfte des 19. von 2. bis 1. Größe, manchmal a Centauri und dem Sirius gleich, von 1858 an wurde er immer kleiner und sank 1865, bis zur 6. Größe herunter, sein Licht wurde dunkel röthlichgelb und er ist wahrscheinlich eine im Erlöschen begriffene Sonne, wie der bekannte Stern in der Cassiopeja und der in der Krone.

6) Im Jahre 1863 meldete mir S. Merz, daß er jetzt beim Uhrwerk großer Refraktoren ein conisches, statt des centrifugalen Pendels anwende und daß er versuche auch größere Objektive zu schleifen, deren Brennweite nur 12mal so groß sein soll, als ihre Oeffnung, während bei Fraunhofer das Verhältniß immer wie 18 zu 1 war. Es sei dieses viel schwieriger, schon im Calcul und noch mehr in der Praxis, wegen der Elimination aller Gestaltfehler. — Das 18zöllige Objektiv, welches ich schon 1867 bei Herrn Merz in München sah, ist noch immer nicht vollendet, sollte aber 1873 wieder in Arbeit genommen werden. — K. A. Steinheil schrieb mir einst: „Das Schleifen genauer sphärischer Gestalten hat im Allgemeinen keine Schwierigkeit, weil man mit sehr geringem Drucke schleifen kann. Um so größer ist die Schwierigkeit des Polirens, weil man dabei ziemlich starken Druck anwenden muß und weil bei allen Arten von Bewegungen die Ränder mehr verlieren als die Mitte. Nur wegen des Polirens kann in Frankreich kein gutes Glas, respektive keine richtige Fläche hergestellt werden. Man hilft sich daselbst damit, daß so wenig als möglich polirt wird, um die Gestalt vom Schleifen her zu erhalten. Fraunhofer war der erste, der durch das Poliren erst ganz genaue Formen herstellte. Man lachte mir in Paris in's Gesicht, als ich sagte, daß meine Gläser erst durch das Poliren genau werden, denn man hielt das für rein unmöglich. Es wird auch nur möglich durch ein leicht anzuwendendes Prüfungsmittel, was uns während der Arbeit sagt, wo noch zu viel steht. Hier kömmt es aber auf Hunderttausendel von einer Linie an, die kein Fühlhebel u. s. w. mehr gibt. Fraunhofer prüfte höchst sinnreich durch die Newton'schen Farbenringe, die entstehen, wenn zwei Gläser sehr nahe gleichen Halbmesser haben und in der

Mitte aufliegen. Durch Anwendung dieses Probeglases erreichte er aber zugleich auch, daß alle Objektive aus denselben Glasschmelzen vollkommen gleich werden." — v. Steinheil meinte immer, es werde doch noch gelingen, das sekundäre Spektrum ganz zu beseitigen, „was uns allein zwingt, den Objektiven so beschränkte Oeffnung zu geben. Sekundäres Spektrum nennt man den nicht proportionalen Theil der Zerstreuung der verwendeten Crown- und Flintglasarten. Ich habe jetzt alle käuflichen Sorten von optischem Glase mir verschafft und sie alle auf's strengste optisch analysirt. Bei allen ist im Flintglas das Blau vorherrschend, im Crownglas das Roth. Liebig analysirt mir nun chemisch zwölf der wichtigsten Sorten die mehr oder weniger vorherrschen und ich werde dann die Glassätze durch Rechnung finden können, die proportionale Spektra geben."

7) Professor Heis (Wochenschrift f. Astron. 1872 Nr. 28) fand die Milchstraße nirgends scharf begrenzt, sondern sie verliert sich überall unmerklich in den Himmelsraum. Sie hat nach ihm eine größere als die bis jetzt angenommene Erstreckung, ist auch viel breiter. John Herschel gibt ihre breiteste Stelle zwischen Sagittarius und Antinous zu 22 Grad an, Heis findet den bei uns sichtbaren Theil im Mittel 35°, an einigen Stellen sogar 40° breit. Die Mittellinie der Milchstraße gehört nach H. einem größtem Kreise der Himmelskugel an, nicht wie man seit Kepler glaubte, einem kleineren, wodurch erwiesen wird, daß sie unbegrenzt ist. Ihre nördliche Hälfte liegt zwischen 280° und 100° gerader Aufsteigung, ihr nördlicher Pol für 1855 in 190° gerader Aufsteigung und + 27° Deklination. — Diese werthvollen Erkentnisse verdankt Heis z. Th. auch seinen ungemein scharfen Augen, und sie sind in seinem vor Kurzem erschienenen schönen Himmelsatlas dargestellt.

8) Die prächtige Zeichnung des Nebels im Orion von J. Herschel findet sich in f. Results of astronomical observat. made at the Cap of good Hope. London 1847. Die von Bond in Cambridge in Mem. Americ. of the arts and sciences. Zeichnungen von Lord Rosse's Assistenten in Phil. Transact. of the Royal Soc. Vol. 158 P. 1, 1868. Auch Otto Struve und Secchi lieferten solche. Etwaige Veränderungen seit W. Herschel sind nicht sicher, auch spricht er nichts von einer Auflösung in einzelne Sterne, trotz der Ueberlegenheit seiner Spiegelteleskope. Die Auflösung erfolgte auch nicht durch Rosse's Reflektor, es wird nur behauptet, daß manchmal in der regio Haygheniana schwach leuchtende Einzelpunkte erscheinen. Dann vernahm man wieder, daß durch dieses Instrument, sowie durch die Refraktoren in Bogenhausen bei München und in Cambridge der Orionsnebel in unzählige Lichtpunkte zerfalle, nicht Sterne, sondern Zusammenhäufungen in der glühenden Gasmasse, aus welcher nach der Spektralanalyse dieser Nebel besteht. Um einige Sterne im Orionsnebel scheint die Nebelmaterie absorbirt, um andere verdichtet, — aber man weiß überhaupt nicht sicher, ob diese Sterne wirklich physisch, oder nur optisch mit dem Nebel verbunden

find. (Auch zwischen den Sternen des bekannten Trapezes, soll sich Nebel befinden; die vier älteren Sterne desselben sah ich schon oft deutlich mit einem Merz von nur 2 Zoll Oeffnung, die feinen drei neuern erfordern bedeutende Instrumente.) — Auf dem Observatorium in Washington schätzte man die Dicke des November-Sternschnuppenschwarmes auf 12,000 geogr. Meilen, die Breite auf 120,000, die Gesammtzahl der Sternschnuppen auf 100 Milliarden, deren Masse nach Newcomb doch nur so viel betrage, als eine eiserne Kugel von 400 Fuß Durchmesser. Die Ströme können sich durchschneiden ohne sich zu stören, werden aber von den Planeten vielfach gestört.

9) Bei a Contauri, dem nächsten Fixstern, zugleich dem schönsten der südlichen Halbkugel ist die Parallaxe am größten, nämlich $\frac{9}{10}$ Sekunde, beim „fliegenden Stern im Schwan" 61 Cygni $\frac{5}{10}$", bei andern $\frac{4}{10}$. $\frac{3}{10}$. $\frac{2}{10}$" bei den allermeisten gar nicht wahrnehmbar, so daß die 40 Millionen Meilen Distanz, in welchen die Sterne in einem Punkt der Erdbahn und 6 Monate später in dem gerade entgegengesetzten beobachtet werden, gar keine Verschiedenheit in ihrer Stellung erkennen lassen, der parallaktische Winkel unmerklich klein ist, indem die 40 Millionen Meilen gegen die außerordentliche Entfernung der Sterne eine verschwindende Größe sind.

10) In letzter Zeit wollen Manche keinen Aether mehr annehmen, sondern lassen den Weltraum mit Gasen erfüllt sein, die sich an den Weltkörpern, also auch an der Erde zu Atmosphären verdichten und zwar in Folge der Schwerkraft. Die Gase dieser Atmosphären gehen unmerklich in die des Weltraumes über und sie, nicht der Aether seien es, welche z. B. dem Enke'schen Kometen und andern Widerstand leisten.

11) Wegen der außerordentlich großen Wärmeentwicklung der Sonnen läßt sich dieselbe ungeachtet der enormen Entfernungen durch feine Instrumente auf der Erde messen. Huggins ließ das durch einen achtzölligen Refraktor concentrirte Licht eines Fixsternes auf eine thermoelektrische Säule wirken und sah, daß der Strom, welcher durch Licht und Wärme in der Säule entstand, die Nadel des mit dieser verbundenen Galvanometers ablenkte, bei Arktur um $3\frac{1}{2}°$, Regulus $3°$, Sirius $2°$, Pollux $1\frac{1}{4}°$. Nach Stone ist die Wärmestrahlung von Arktur der gleich, welche ein mit siedendem Wasser gefüllter Würfel von 3 Zoll Seite in 400 Yards Entfernung hervorbringt, von Wega in 600 Y. Entfernung, also nur $\frac{4}{9}$ von der des Arktur. Die Wärme steht in keinem directen Verhältniß zu der Helligkeit der Sterne. Der so viele millionenmal nähere Mond äußert nur zuweilen Wärmewirkung.

12) Die Undeutlichkeit der Ränder der Gegenstände bei Luftwellen nimmt nicht nur der Vergrößerung proportional zu, sondern auch noch im Verhältniß der Area des Objektivs. Darum prüfte v. Steinheil seine Fernröhren am liebsten in der ruhigen Luft eines geschlossenen Corridors auf eine durch eine Pumplampe beleuchtete feine Druckschrift oder auch

auf die Staubtheilchen und kleinen beleuchteten Bläschen im Lampenglas, die sich auf den Docht projiziren, „wo man die feinsten Pünktchen, Doppel- sterne nachahmend 2c. hat." Plößl prüfte auf Doppelsterne, namentlich auf ε Bootis, und bei Tage auf eine Skala von zahlreichen, stufenweise immer enger werdenden schwarzen Strichen auf weißem Grunde. Als ich ihn in Wien besuchte, hatte er diese Skala auf einem etwa 2 Stunden von Wien entfernten Gebäude aufgestellt; je größer die Leistung des Instrumentes, desto zahlreichere und enger stehende Striche ließ es unterscheiden.

13) Die kleinsten Asteroiden oder Planetoiden, von welchen man jedes Jahr neue entdeckt, bis Ende 1872 im Ganzen 125, haben nur einen Durchmesser von einigen Meilen (Atalanta 4—6), zu wenig, um ihn genau messen zu können und es gibt wohl von ihnen abwärts noch kleinere kos- mische Körper, so daß von den Planetoiden ein Uebergang zu den Meteor- kugeln und Sternschnuppen stattfindet.

14) J. R. Mayer (Vortrag bei der naturf. Versammlung in Innsbruck 1869) glaubt nicht an eine „Entropie", einen Stillstand der makrokosmischen Maschine, wie einen solchen Clausius annimmt. Die Regel vom relativen Werth der verschiedenen Kraftformen gilt nach M. nur für die irdischen Verhältnisse, nicht für den Makrokosmus. Eine Entropie würde eintreten, wenn alle ponderable Substanz der Welt in eine Masse vereinigt wäre und die ganze Summe der existirenden lebenden Kraft in Form von Wärme in dieser gleichförmig vertheilt. Eine solche Massenvereinigung hält M. in Ewigkeit für unmöglich. Wenn Firsterne zusammenstürzen, so entsteht ein solcher Effekt, daß aller Massenzusammenhang aufgehoben wird und die Molekule in den unendlichen Raum hinausfliegen; von solchen Zusammen- stürzen stammen vielleicht die Meteore mit hyperbolischer Bahn und dadurch wird wieder Ernährungsmaterial für die brennenden Weltkörper geliefert.

Die

Sage vom „Ewigen Juden",

ihre poetische Wandlung und Fortbildnng.

~~~~~~

Von

Friedrich Helbig

in Arnstadt.

Berlin, 1874.
F. G. Lüderitz'sche Verlagsbuchhandlung.
Carl Habel.

Unter den Sagen ist neben der Faustsage es vornehmlich die Sage vom Ewigen Juden, welche einen reichen Schatz entwickelungsfähiger Gedanken und Gestalten in sich trägt. Beide, die Faustsage und die Sage vom ewig wandernden Ahasver, haben deßhalb mehrfach poetische Bearbeitungen, Wiedergeburten und Wandlungen erfahren. Die Faustsage hat ihren Meister gefunden, die Ahasversage harrt eines solchen noch. Indeß zählt sie Dichter genug und zwar noch weit mehr als die Faustsage, welche eine poetische Wiedergeburt derselben unternommen und wenn auch nicht in der hervorragenden, wie in Göthe's Faust, doch immerhin in beachtenswerther Weise gelöst haben. Göthe selbst hat derselben seine Aufmerksamkeit in hohem Grade zugewendet.

Während durch die Faustdichtungen ein Zug, ein Gedanke, eben der Faustgedanke geht, so treffen wir bei den verschiedenen theils episodischen, theils selbstständigen dichterischen Bearbeitungen der Sage vom Ahasver den ursprünglichen Gedanken mannichfach gedeutet, nach allerhand, oft großartigen Gesichtspunkten erweitert, mit anderen Ideen und Personen verknüpft.

Während die Sage von Faust und ihre Fortbildung eine wesentlich deutsche von Haus aus war, blieb und bleiben wird, weil sie mit dem deutschen Geiste wesentlich zusammenfällt, so ist die Sage vom Ewigen Juden eine kosmopolitische, wie denn auch die Figur des Ahasver selbst sich zum Vertreter der ewig ringenben, ewig sich neu gebärenden Menschheit erweiterte. Dabei ist es aber doch wieder der deutsche Geist, welcher im vorzüglichern Grade diese Sage cultivirt und mit höhern Gesichtspunkten versehen hat und Das bis in die neueste Zeit herein, welche gerade einige hervorragende Bearbeitungen aufweist.

Bevor wir die bedeutenden dichterischen Wandlungen der Sage einer näheren Betrachtung unterziehen, wird es nöthig sein, vorerst auf die ursprüngliche alte Sage zurückzugehen.

Das Material, das sich uns dabei bietet, ist nur ein sehr dürftiges. Es begrüßt uns hier nicht ein bereits ausgearbeitetes Sagenbuch, wie dasjenige über Faust's Leben, Thaten und Höllenfahrt. Die Sage von dem Ewigen Juden nimmt vielmehr in den deutschen Volksbüchern nur wenige Seiten ein. In der Bibel, wo man zunächst veranlaßt sein möchte, die Geschichte vom Ewigen Juden zu suchen, in der Bibel kommt von derselben nichts vor. Die einzige Stelle, von welcher man behauptet, daß sie jene Sage veranlaßt habe, findet sich im Ev. Joh. Cap. 21. Dort wird erzählt, wie Jesus nach seiner Auferstehung sich den am See Tiberias fischenden Jüngern, und zwar zum zweiten Male, gezeigt habe. Nachdem sie das Mahl zusammen gehalten, fordert Jesus den Jünger Petrus auf, ihm zu folgen. „Petrus aber", heißt es dann wörtlich in der Schrift, „wandte sich um und sah den Jünger folgen, welchen Jesus lieb hatte, der auch an seiner Brust am Abendessen gelegen und gesagt hatte: „Herr, wer ist es, der dich verräth?" Da Petrus Diesen sahe, spricht er zu Jesu: „Herr, was soll aber Dieser?" „Jesus," fährt die Schrift fort, spricht zu ihm: „So ich will, daß er bleibe, bis ich komme, was geht es dich an? Folge Du mir nach? Da ging eine Rede aus unter den Brüdern: Dieser Jünger stirbt nicht."

Hier handelt es sich also um eine dem Jünger Johannes gegenüber ausgesprochene Weissagung, während der Begegnung

des Herrn mit dem Juden Ahasverus auf seinem Gange gen
Golgatha in keinem der vier Evangelien Erwähnung geschieht.
Ja der Name Ahasver kommt im neuen Testamente überhaupt
gar nicht vor. Im alten Testamente findet sich derselbe als Bezeichnung des Cambyses und Xerxes. Es will demnach nicht
scheinen, daß die Sage sich aus der Bibel herausgebildet hat,
sondern daß man in der Bemühung, die Sage auf die Bibel
zurückzuführen, auf die erwähnte Stelle gekommen ist, welche
den Grundgedanken der Ahasversage an sich enthält.

Die erste Spur der sonach späteren Sage taucht im 13.
Jahrhundert in der von dem englischen Chronisten Matthäus
Parisiensis (einem Mönche Namens Paris) herausgegebenen
Historia major auf. Darnach soll ein armenischer Bischof die
Erzählung nach England gebracht haben, daß in Armenien ein
Mann noch lebe, der Jesus gesehen habe und also ein lebendi-
ger Zeuge gegenüber dem aufgetauchten Unglauben an der wahren
Existenz Jesu sei. Dieser Mann Namens Cartaphilus sei
Pförtner des Pallastes von Pontius Pilatus gewesen, habe Jesus,
als er durch das Thor des Pallastes ging, mit der Faust in den
Nacken geschlagen und zu ihm spottend gesagt: „Geh' hin,
Jesus, immer geh' schneller, was zögerst Du?" Darauf habe Jesus geantwortet: „Ich gehe und Du sollst warten, bis ich wie-
derkomme." Dieser Mann werde alle hundert Jahre von einer
unheilbaren Schwäche ergriffen und falle in eine Art Ohnmacht.
Dann aber werde er wieder gesund, lebe wieder auf und komme
in das Alter, in welchem der Herr zu seiner Leidenszeit gestanden habe. Dieser Cartaphilus sei später Christ geworden, habe
sich durch Ananias taufen lassen und den Namen Joseph erhalten. Er wohne in Armenien, sei sehr schweigsam, wandele in
der Furcht des Herrn und warte auf die Wiederkunft Jesu, der
die Welt im Feuer richten werde. Er hoffe, daß er den gekränkten Erlöser beim jüngsten Gerichte nicht mehr zürnend finden

werde. Er hoffe auf Gnade, weil er unwissentlich fehlte, wie
Paulus oder wie Petrus, der aus Furcht und menschlicher
Schwäche, nicht aber wie Judas, der aus Habgier gesündigt
habe.

Nachdem so die Sage von Armenien herüber nach Europa
verpflanzt war, tauchte der Held derselben auch mehrfach in Person dort auf. Schon war er in Böhmen von einem Schuster
gesehen worden, als er im Winter 1542 in Hamburg erschien.
Der ihn dort sah, war der Doctor der heiligen Schrift und
Bischof zu Schleswig, Paulus von Eitzen. Als dieser von
Wittenberg, wo er studirte, nach Hamburg gereist war, hat er
den ersten Sonntag nach seine Ankunft in der Kirche während
der Predigt einen Mann von auf fallendem Aeußeren erblickt,
welcher trotz des hohen Winters barfuß der Kanzel gegenüber
stand. Derselbe, so berichtet Eitzen, war hochgewachsen, trug
langes Haar, zersetzte Hose, einen Rock und darüber einen langen Mantel. Er hörte der Predigt mit Andacht zu und so oft
der Name Christi genannt wurde, schlug er sich verneigend an
seine Brust und seufzte tief auf. Eitzen will dann weiter nachgeforscht und theilweis aus dem eigenen Munde des Mannes
erfahren haben, daß er ein in Jerusalem geborener Jude, Namens Ahasverus, seines Handwerkes ein Schuhmacher sei. Er
habe zur Zeit Christi in Jerusalem gewohnt und sei als treuer
Anhänger der Hohenpriester und Schriftgelehrten dem auftretenden Heilande, als einem Ketzer und Versucher, feindlich gesinnt
gewesen. Er habe deshalb mit dazu geholfen, ihn gefangen zu
nehmen, ihn vor die Hohenpriester und Pilatus zu führen und
habe sein „Kreuzige" mit über ihn gerufen. Als Christus nun
auf seinem Todesgange vor seinem Hause vorbeigekommen, habe
er alles Hausgesinde herzugerufen und selbst sein eigenes kleines
Kind auf den Arm genommen, damit Alle sich an diesem An-
blicke weideten. Als nun Jesus vor seinem Hause habe aus-

ruhen wollen, habe er im Eifer und Zorn und um des „Ruhmes bei Anderen willen" ihn mit den Worten von der Schwelle getrieben, er solle sich wegverfügen, dahin, wohin er gehöre. Darauf habe Jesus ihn stracks angesehn und zu ihm also geredet: „Ich will allhier stehen und ruhen, Du aber sollst gehen bis an den jüngsten Tag." Allsogleich habe er sein Kind niedergesetzt und sei von innerer Unruhe getrieben, dem Zuge gefolgt, habe die Kreuzigung mit angesehen und da er nicht vermocht, wieder nach Jerusalem zu kehren, sei er, ohne Weib und Kind wieder zu sehen, fortan ruhelos gewandert. Er habe gemeint, Gott wolle ihn wohl bis zum jüngsten Tage aufsparen als einen lebendigen Zeugen der Leiden Christi, zur Ueberführung der Ungläubigen und Gottlosen.

Dieser Bericht des Paulus Eitzen, den dieser mündlich seinen Schülern erstattet, und den Einer von diesen, der Westphale Chrisostomus Dädalus, im Jahre 1564 hat zu Druck befördern lassen, bildet den Inhalt des Volksbuchs vom Ewigen Juden, das als solches in erster Ausgabe „gedruckt in diesem Jahre" (1602) zu Leyden und gleichzeitig in Bautzen erschien.

Der Bericht erzählt dann weiter, daß dieser Ahasver sich längere Zeit in Hamburg aufgehalten und viele Neugierige aus weiter Ferne herbeigezogen habe.

Von jetzt ab taucht die Figur des Ahasver allerorten auf und mehrt sich die Anzahl derer, die ihn gesehen haben wollen, beständig. Da ist er erschienen in Madrid, Wien, Lübeck, Breslau, Moskau, Paris, in Naumburg, Stade, Brüssel — dort wie überhaupt in den Niederlanden führt er den Namen Isaac Laquedam —, Leipzig (1642), München. In Spanien trägt er eine schwarze Binde auf der Stirn, mit welcher er ein flammendes Kreuz bedeckt, das sein Gehirn eben so schnell als es wächst wieder verzehrt.

Aeltere Quellen als die angeführten liegen nach den treuen

Forschungen Gräser's nicht vor. Es ist dabei bemerkenswerth, daß mit der Sage auch gleichzeitig die Person derselben auftritt, ja, daß was das Auftreten der Sage in Deutschland anlangt, die Person selbst erst die Sage nach Deutschland bringt; wenigstens scheint die letztere dem Berichterstatter vorher nicht bekannt gewesen zu sein, vielmehr er sie erst aus dem Munde des geheimnißvollen Fremden erfahren zu haben. Als ihre ursprüngliche Heimath werden wir demnach Armenien betrachten müssen; dort hat das Urbild aller späteren wandernden Ahasvere gehaust. Vielleicht daß dieser dort lebende schweigsame Heilige die Sage selbst erfunden und sich angedichtet hat! Doch fehlt der eigentliche Nachweis des Zusammenhanges beider Figuren, obwohl die Geschichte Beider, des Armeniers wie des Hamburger in den wesentlichen Punkten zusammenfällt und in unwesentlichen wie z. B. in Betreff der äußern Stellung des Ahasver aus einander geht. Bei dem deutschen Ahasver ist namentlich das Verhältniß desselben zu Christus schärfer und characteristischer gefaßt und in dieser Beziehung eine offenbare Fortbildung der Sage zu bemerken. Uebereinstimmend ist die Schilderung der Lebensweise Beider. Beide sind genügsam, dürftig in Kleidung, ernst, schweigsam, neugierigen Fragern unzugängig, milbthätig gegen Arme.

Es ist nicht unsere Sache zu prüfen, inwieweit diese aufgetretenen Ahasvere etwa unter die Kategorie der Schwärmer oder Betrüger gehören, für unser Interesse genügt es vielmehr festzustellen, daß die Sagenperson des ewigen Juden von jetzt ab existent geworden ist und ihre Wanderung durch das Reich der Poesie antritt, auf der wir sie nun verfolgen wollen.

Der erste größere Dichter, der sich der Sage gestaltend bemächtigt, ist Chr. Fr. Daniel Schubart. (Gedichte, Frankfurt

1787. N. Aufl. 1829.) Er entwirft in seiner Rapsodie „Der ewige Jude" ein ebenso gräßliches als erhabenes Bild. Sein Ahasver hat sich in die wüsten Einöden des Gebirges Carmel zurückgezogen, er füllt die gräßliche Oede seines Lebens damit aus, daß er aufgethürmte Todesschädel in wahnsinniger Freude fortwirft, daß sie hüpfen und splittern. „Das ist mein Vater, das sind meine Weiber — meine Kinder", ruft er ihnen nach. „Sie konnten sterben, aber ich Verworfener, ich kann nicht sterben. Jerusalem sank, ich zerknirschte den Säugling, ich rannte in die Flammen, fluchte den Römern — Rom sank, Nationen stürzten und — ich blieb." Alle Todesarten hat er selbstmordend an sich vergebens versucht.

Das Grauenvolle, Entsetzliche in dieser Ahasver-Figur ist, daß sie nicht empfindungslos ist gegen die äußern Leidens-Eindrücke, die sie todessehnend heraufbeschwört, sondern alle Schmerzen bis zum Moment des Todes fühlt, ohne daß dieser Moment eintritt. Die Schlange sticht ihn, der Drache quält ihn, der brennende Wald versengt ihn.

> Unter mir borst, (sagt er) die pulverschwangre Mine,
> Schleudert mich hoch in die Luft,
> Betäubt stürze ich herab und finde mich — geröstet
> Unter Blut und Hirn und Mark —

„Den Staubleib tragen müssen mit seiner Todtenfarbe und seinem Siechthum, seinem Grubengeruche! Sehen müssen durch Jahrtausende das gähnende Ungeheuer: Einerlei.

Und die geile hungerige Zeit.

Immer Kinder gebärend und verschlingend!" Das ist sein fürchterlicher Fluch, geschildert mit der Phantasie eines Dante.

Nach dieser qualvollen Steigerung fällt die Rapsodie ab zu einem ruhigen Schlusse. Ahasver stürzt sich vom Gipfel des Karmel in die Tiefe. „Er sank, ihm klang's im Ohr, Nacht deckte seine borst'gen Augenlider. Ein Engel trug ihn wieder in's

Geklüft. Da schlaf nun", sprach der Engel, „schlaf nun Ahasver, schlaf süßen Schlaf! Gott zürnt nicht ewig."

Weit harmloser ist die Ballade, „Der Ewige Jude," von
Aloys Schreiber.*) Dessen Qual besteht darin, daß der Genuß
des Lebens, der Natur, der andern Menschen vergönnt ist und
den auch er sucht, ihm verschlossen ist, weil ihm hierzu die Ruhe
fehlt, die jeder Genuß verlangt. Er kann weder an der Quelle
trinken noch unterm Schatten liegen, er kann keine Blume
pflücken, sich an ihrem Duft zu laben — er muß fort, er muß
wandern. So stellt er sich im Gegensatz zum Schubart'schen
Ahasver, der des Genusses, des Lebens längst überdrüssig ist,
der nicht leben, der sterben will. Dieses ewige Entsagenmüssen
hat ihn zuletzt scheu gemacht, er flieht die Menschen und jagt
achtlos an Allem vorbei. Endlich bemerkt er am Wege ein Crucifix, will auch vorüberstürmen, sinkt aber von einem höhern
Impuls getrieben, vor demselben nieder und fleht den Erlöser
um Versöhnung an. Da redet Christus aus dem Kreuze zu ihm:
„Wer gefehlt hat, darf bereuen und mein Antlitz keiner scheuen,
der mich liebt und an mich glaubt." „Und der Wanderer",
schließt dann die Ballade „sieht die Wunden

> Und das Blut, das ewig wallt.
> Plötzlich ist sein Geist entschwunden.
> Und vom Leben losgebunden
> Knieet am Kreuze die Gestalt."

Es hat also diesem Ahasver blos am Glauben gefehlt um
sich von dem Fluch des genußlosen Dahinstürmens zu lösen.

W. Müller hat in seinen reizenden sangbaren Wanderlie-
dern*) den ewigen Wanderer auch mit herzugenommen, um ein
tief elegisches Bild der Oede und des Verlassenseins, der Qual

---

*) Zuerst erschienen 1807 im Stuttgardter Morgenblatt, dann 1807 in
S.'s poetischen Werken.
**) Werke, herausg. v. G. Schwab 1830. Band 1.

des übersättigten und nur noch im Tode Ruhe suchenden Lebens zu gewinnen. Es geht durch dies kleine Gedicht „Der Ewige Jude" der Zug einer die Seele durchschauernden Melancholie.

> Ich habe Alles schon gesehn
> Und darf doch nicht zur Ruhe gehn,

ruft der gequälte Wanderer. Alles um ihn her hat ein Ende, einen Ruhepunkt im Tode, der Fluß im Ocean, der Adler auf der Alpe, die Wolke als Regen, und auch:

> Der müde Wand'rer dieser Welt,
> Ein sicher Ziel ist ihm gestellt.
> Was klagt er ob des Tages Noth?
> Vor Nacht noch holt ihn heim der Tod.

In tiefer Mitleidsregung klingt das Gedicht dann am Schlusse in eine Bitte aus:

> O Mensch, der Du den Lauf vollbracht
> Und gehest ein zur kühlen Nacht,
> Bet', eh' Du thust die Augen zu,
> Für mich um eine Stunde Ruh'.

In gleicher Weise war für die elegische Muse Lenau's der ruhelose Geächtete eine naheliegende Figur. Wie dort in den Wanderbildern, findet sich das betreffende Gedicht „Ahasver der ewige Jude" bei Lenau in den Haidebildern. Wir sehen auf einem entlegenen Haiderain Hirten um die Leiche eines früh verblichenen, von Allen geliebten Jünglings weinend stehn. Da kommt die Haide daher ein Wanderer, greise Locken, tiefgefurchtes, fahles und kaltes Antlitz, langer Silberbart, in dunkler Höhle der glühende Augenstern. Er tritt an die Bahre und ruft in einer Mischung von Hohn und Wehmuth:

> Hemmt Eurer Thränen undankbare Fluth.
> Sein Schlaf ist gut, oh! dieser Schlaf ist gut,
> Wenn er auch Thoren Eures Gleichen weckt — — —
> Sein Herz ist still, das meine ohne Rast
> Pocht Tag und Nacht in ungeduldiger Hast,

Auf daß es endlich einmal fertig werde
Und seinen Sabbath find' in kühler Erde.

Es ist die düst're Philosophie des Weltschmerzes im Stile
Schopenhauer's, welche der finstere Wanderer nun weiter entwickelt, wenn er darlegt, die Erde sei nur die Lüge des Para-
dieses, es sei noch immer die alte Täuschung wie beim Karten-
schlagen, noch immer der uralte Tand von Blüthentreiben und
Zerstören — eine Philosophie, die denn auch in der Ver-
mählung mit dem Tode — „Laß Dich umarmen Tod in dieser
Leiche" — (im Wahnsinn oder Selbstmord) ihren Abschluß findet und in Lenau selbst sich gleichsam verkörperte.

Inzwischen, geht das Gedicht weiter, haben die Hirten den
Sarg zugedeckt. Da schaut der Fremdling auf dem Deckel das
Crucifix. Er erschrickt und weint. Aus Lenau-Schopenhauer
entpuppt sich nun erst Ahasver. Derselbe erzählt uns sein
Schicksal, die Verstoßung Christi und dessen ihn treffenden Fluch
in der gang und gäben Weise der Sage. Er führt uns die verschiedenen Todesarten auf, die er vergebens an sich versucht.
Dann geht er fort — weiter — weiter — ob seinem Haupt die
Haidevögel schwirren — ein langer Schatten geht hinter ihm
her — die Hirten schauern und bekreuzigen sich. Das Gedicht
endet als Fragment wie Lenaus eignes Leben.

In derselben subjectiven, aber weit untergeordneter Weise
behandelt den geplagten Juden Chamisso. *) Sein „neuer Ahasver" ist nichts weiter als ein unverstandner und unerhörter Liebhaber, dessen Geliebte sich an einen Anderen verheirathete. Dieser verschmähte Liebhaber vergleicht sich nun mit Ahasver, der
auch nicht sterben und ruhen könne bis zum jüngsten Tage,
während die Ungetreue in dem gefallenen Jerusalem sich dargestellt findet. Es drängen sich in das Gedicht hohe Gedanken.

---

*) Werke 1836—38. Band 3.

So wenn es von Ahasver heißt: es ständen vor ihm still die
Zeiten, Menschenalter deuchten ihm Minuten und Minuten Menschenalter, er komme alle hundert Jahre wieder gen Jerusalem
und sinne düster über öden Trümmern, wie er sie wieder ordne,
wie Keiner aber sich um ihn kümmere und er so immer wieder
auf dem Grabe stehe, der „versteinte Sohn der Schmerzen" —
aber sie lassen das Mißverhältniß zwischen Zweck und Mittel
nur um so greller zu Tage treten.

Das Gedicht Schlegel's „Der ewige Jude" lehnt sich ganz
an die alte Sage an bietet und nichts Besonderes. Ahasver erliegt
dem Fluche des Unglaubens und durchzieht die Welt als Warner
für alle Unglücklichen, bis das Wiedererscheinen Jesu ihn ablöst.

Auch Göthe, hat die poetische Gestaltung der Sage
schon früh und wiederholt im Geiste erwogen. Die Sage, so
erzählt er uns in „Wahrheit und Dichtung", hatte sich schon
aus den Volksbüchern in der Phantasie des Knaben eingebürgert.
Sie sollte sich ihm zu einem Epos formen, in welchem „die
hervorragendsten Punkte der Religions- und Kirchengeschichte
zur Darstellung" kämen. Die Figur eines Dresdner Schusters,
den er während seiner Leipziger Studienzeit hatte kennen lernen,
sollte ihm dabei als Modell sitzen. Namentlich malt er sich im
Geiste den Besuch Ahasver's bei Spinoza aus, der ihm Gelegenheit geben würde, seiner hohen Verehrung der spinozistischen
Lehre Ausdruck zu geben. Allein es kam, was er noch später
bedauerte, nicht zum Niederschreiben. Und statt des erhofften
großen Epos müssen wir uns begnügen mit dem uns überlieferten Fragmente einer — Burleske, die sich nicht über die gleichzeitigen Producte des Jahrmarktfestes zu Plundersweilen und des
Pater Brey erhebt. Noch einmal, auf seiner italienischen Reise,
kam Göthe auf den Stoff zurück. „Dem Mittelpunkte des Katholicismus mich nähernd", schreibt er in einem italienischen
Briefe vom 27. Oktober 1786, „von Katholiken umgeben —,

trat mir so leibhaft vor die Seele, daß vom ursprünglichen
Christenthume alle Spur verloschen ist; ja wenn ich es mir in
seiner Reinheit vergegenwärtige, so wie wir es in der Apostel=
geschichte sehen, so mußte mir schaudern, was nun auf jenen
gemüthlichen Anfängen für ein unförmliches, ja barockes Heiden=
thum lastet. Da fiel mir der ewige Jude wieder ein, der Zeuge
aller dieser wundersamen Ent= und Aufwicklungen gewesen und
so einen wunderlichen Zustand erlebte, daß Christus selbst, als
er zurückkommt, um sich nach den Früchten seiner Lehre umzu=
sehen, in Gefahr geräth zum zweiten Male gekreuzigt zu wer=
den." Selbst noch weit später, im Jahre 1808, kommt er in
einer Aeußerung gegen Riemer wieder auf den Stoff zurück.
In Wahrheit und Dichtung *) deutet er den Inhalt des be=
absichtigten Epos bis zu dem Momente des Fluches an. Es ist
interessant, seine Auffassung hier kurz wiederzugeben und zwar
schon um deswillen, weil auf derselben verschiedene spätere Be=
arbeiter fußen. Es ist folgende: Ahasver, ein mit Hans
Sachsens Geist und Fülle ausgestatteter Schuster in Jerusalem,
dessen Sinn bloß auf die Welt gerichtet war und der von seiner
offenen Werkstatt aus auch beständige Fühlung mit derselben
hielt, faßte zu Jesus, der öfter auch dort verweilte, eine beson=
dere Neigung, die sich hauptsächlich dadurch äußerte, daß er den
hohen Mann, dessen Sinn er nicht faßte, zu seiner eigenen —
weltlichen — Denk= und Handelsweise bekehren wollte, daß er
ihn zu bestimmen suchte, aus der Beschaulichkeit hervor zu treten,
nicht mit solchen Müssiggängern im Lande herum zu ziehen, nicht
das Volk von der Arbeit hinweg an sich in die Einöde zu
locken. Dieser Anschauung gegenüber versucht Christus vergeblich
den „derben Mann" über seine höhern Absichten und Zwecke
sinnbildlich zu belehren. Je mehr nun Christus heranwächst, desto

---

*) Göthes Werke, 22. Band, S. 232.

heftiger regt sich der Zorn Ahasvers, der bereits Unruhen ent=
stehen und Christus wider seinen Willen zum Parteihaupte wer=
den sieht.

Dabei tritt gleichzeitig die Figur des Judas Ischarioth in
origineller und bedeutender Auffassung mit in die Scene. Der=
selbe ist nämlich der festen Ueberzeugung gewesen, daß Christus
sich als Regent und Volkshaupt erklären werde und hat gegen=
über seinem seither unüberwindlichen Zaudern ihn mit Gewalt
zur Entscheidung zu bewegen versucht. Er hat deshalb die Prie=
sterschaft zu Thätlichkeiten aufgereizt, die sie für sich allein nicht
zu thun gewagt hätte. Und nun habe, erzählt er voller Ver=
zweiflung in die Werkstätte eintretend dem befreundeten Ahasver,
obwohl man auf Seiten der Jüngerschaft wohl bewaffnet gewe=
sen, Jesus ohne Weiteres sich ergeben und sie in den traurigsten
Verhältnissen zurückgelassen. Ahasver verbittert in seinem eigenen
Zorne den Zustand des Verzweifelten nur noch mehr, so daß
dieser hingeht und sich entleibt.

Als nun Jesus, der sonach durch eigene Schuld unglücklich
geworden war, an der Werkstatt vorbei zum Tode geführt wird,
tritt Ahasver heraus und überhäuft ihn mit Vorwürfen, daß er
seine Warnungen nicht befolgt habe. Jesus schweigt, aber die
liebende Veronica bedeckt sein Gesicht mit ihrem Tuche und da
sie es wieder hinwegnimmt, erblickt Ahasver darauf das Antlitz
des Herrn, nicht in Leid verzerrt, sondern in herrlicher Verklä=
rung. Geblendet von dieser Erscheinung wendet Ahasver sich
ab und vernimmt die Worte: „Du wandelst auf Erden bis
Du mich in dieser Gestalt wieder siehst.‟

In dem erwähnten, uns überlieferten Gedichte „Der Ewige
Jude‟, von welchem Göthe, wie er zu sagen beliebt, „nur den
ersten Fetzen‟ und auch diesen nur in einzelnen Fragmenten giebt,
wird der „Schuster in Judäa‟ wohl bekannt als Vorsteher einer
Art Methodistengemeinde eingeführt und auf diese sowie die

Priester überhaupt Spott gehäuft. Bedeutender und theilweis voll Ernst und Schwung ist die Partie des Gedichts, worin die Wiederentsendung Christi nach der Erde erzählt wird. Christus findet, daß die Welt ihn und seine Lehre vergessen hat. Dies wird, freilich zum Theil wieder in derb realistischer Weise, ausgeführt, wie wenn es heißt: Christus ging durchs Stadtthor und sagte: Kinder, ich bin des Menschen Sohn, die Wache ihn aber wunderlich anguckt und nicht weiß, was er damit sagen will, bis ein „branntweiniger" Corporal meint: „Was mögt Ihr Euch den Kopf zerreißen, sein Vater hat wohl Mensch geheißen", und wenn er später beim Besuch des Herrn Oberpfarrers von der Köchin barsch abgewiesen wird, weil der Herr im Convent und darum nicht zu sprechen sei.

Wir müssen es immer wieder bedauern, daß Göthe nicht über diese Bearbeitung des großen Sagenhelden, der neben Prometheus und Faust ein ebenbürtiger Dritter für ihn gewesen wäre, hinaus gekommen ist. Ein Interesse Schillers für den Stoff ist nicht nachgewiesen, möglich indeß, daß bei der Figur des geheimnißvollen Armeniers in dem Geisterseher jener armenische Cartaphilus-Ahasver ihm vorgeschwebt hat.

Die erste größere selbstständige, nicht bloß episodische Bearbeitung des Ahasver hat Julius Mosen unternommen in seinem 1838 *) erschienenen epischen Gedichte „Ahasver". Nach den das Stück begleitenden Anmerkungen ist die Sage mit des Dichters frühsten Jugenderinnerungen verwebt, da dem Gerüchte nach der ewige Jude durch seinen Geburtsort gegangen ist und ein Schäfer mit ihm gesprochen hat. Diese Jugenderinnerung hat Mosen verfolgt bis zu ihrer poetischen Verwirklichung. Als Idee der Sage bezeichnet Mosen die im irdischen Dasein befangene Menschennatur, gleichsam den in einem Einzelwesen verleiblichten

---

*) Dresden und Leipzig bei Gerhard Fleischer.

17

Geist der Weltgeschichte, der erst im unbewußten Trotze, dann endlich mit deutlichem Bewußtsein dem Gotte des Christenthums sich entgegenstellt. Es wird hier also mit einem Male in der Fortentwicklung der Sage ein ganz bedeutender Schritt vorwärts gethan.

Mosen verleiht trotz dieser abstracten Auffassung seinem Ahasver von vornherein einen rein menschlichen Zug. Ahasver hat von seiner inzwischen verstorbenen Frau zwei schöne Kinder, Eva und Ruben. Einem in Jerusalem anwesenden jungen Römerfürsten gefallen diese Kinder, er möchte sie mit nach Rom nehmen, wendet sich deshalb an Pilatus und Pilatus besiehlt Ahasver, die Kinder herzugeben. Der verzweifelte Vater sucht Hülfe bei Jesus, dem neuen Propheten. Er will an ihn und sein Messiasthum glauben, wenn er ihm die Kinder rette. Jesus aber hat kein Ohr für solche Privatwünsche, ja er verkündet sogar, nach den Gesetzen des Weltgerichts, den Untergang von ganz Jerusalem. Da zerreißt in Schmerz und Zorn Ahasver sein Gewand und zeiht Jesus der Lüge und des Betruges.

„Du unser Gott? — Und retten kannst Du nicht?
Ob Mensch ob Gott — Du hast das Volk betrogen."

Als der Römerfürst die Kinder holen will, hat Ahasver sie ermordet. Stumpf und brütend wie „steingewordener Mord" vergräbt er sich in den Unglauben. „Das ganze Elend, das über Israel gekommen, womit hat es dasselbe verschuldet?" fragt er sich. „Mit Gottesfurcht. — Was also drängt der Mensch, den ja die Erde nährt, dem stolzen Gotte nach! So von mir werfen will ich sein Gedächtniß: Tod diesem Nazarener, Gott und Allem." Also ward er zum Gottesleugner.

In dieser Erregung weist er den um Rast flehenden Heiland mit schnödem Spott von seiner Thüre und empfängt dafür dessen Richterspruch in dem Worte: „So lebe denn das ewige Leben ruhelos hienieden." Somit hätte der Dichter den ausgesproche

nen Gegensatz schon festgestellt und wäre sonach sein Programm
erfüllt. Allein er hebt, um nicht schon am Ende zu stehen,
das eigene Programm wieder auf, indem er Ahasver durch den
Erzengel Michael die Hoffnung auf Gnade in drei Prüfungs-
fristen in Aussicht stellt.

Durch diese drei Gnadenfristen hindurch bewegt sich das
Gedicht weier. Ahasver hatte wieder gefreit und wieder zwei
Kinder, Eva und Ruben. Rom kündet Juda den Kampf an
und dringt siegend vor. Titus belagert Jerusalem. Ahasver
grollt mit Gott, der nicht ·helfen will, und zündet dessen Tempel
an. In der Feuersbrunst steht er hochragend und trotzig mit
seinen Kindern und „wie erschrocken alle Flammen weichen".
Der Geliebte Lea's, Mathias, ist Christ geworden und deshalb
von Ahasver als Freier abgewiesen. Er steht im Römerheere
und dringt verzweifelt durch die Flammen hin zur Geliebten.
Ahasver heißt ihn höhnend willkommen als „den zärtlichsten der
Freier" und wirft ihn jäh von sich zurück hinunter in das wüste
Feuer.

> „Aufschreien seine Kinder vor Entsetzen
> Und Leide schleudert Ahasver ihm nach
> Und rief: Hier schnöder Gott kannst Du Dich letzen.

So ist die erste Frist für den in Unglauben Zurückgefallenen
ohne Erlösung verstrichen.

Es beginnt die zweite.

Ahasver hat bereits alle Todesarten an sich vergebens versucht, er zählt sie auf. Er wendet sich direct an den Tod mit
der Bitte, sich seiner anzunehmen. Der Tod entgegnet, er habe
die Weisung ihn so lange zu verschonen, bis er an Gott glaube.
Ahasver aber ruft im alten Trotze:

> Ich heb empor die ganze Ewigkeit,
> Ein ew'ger Mensch in Menschenlust und Leid.

Er tritt von Neuem als Vater von zwei blühenden Kindern,

lea und Ruben, in die Scene. Schon breitet sich um ihn her das reinste, stillste Vaterglück. Da kommt im Gewitter der Gott Juda's zu ihm und will im Grimme gegen Christus den alten Bund mit ihm erneuern. Verblendet folgt ihm Ahasver. Jener sendet ihn zu Julian, dem Apostaten und gewaltigen Gegner des Christenthums. Ahasver kommt dort in dem Moment an, als der verwundete Julian durch die nächtige Erscheinung des Heilandes an seinem Heidenthume irre zu werden beginnt. Ahasver gewinnt ihn wieder für die Gegnerschaft und erlangt von ihm den Wiederaufbau des Tempels Juda. Dort aber erhebt sich unter den Bauleuten Streit und Hader. Die Ordnung kommt in Verwirrung, der Bau stockt, Einer starrt den Andern an. Da verkünden Seher, daß zwei Götter beim Bau sich stritten, der Gott Juda's und der Gott der Christen, der letztere könne nur zum Weichen gebracht werden durch Menschenblut, durch das Blut zweier unschuldigen Kinder, gleich wie die Erde ihr eigenes Blut getrunken habe. Da bietet Ahasver die eigenen Kinder zum Opfer dar. Eh' das Opfer sich vollendet nimmt Christus unsichtbar die Kinder zu sich. Nun — berstet die Erde, Flammen steigen auf und verzehren den neuen Tempelbau, das Werk von Menschenhand. Gnadlos verstrich so dem zweimaligen Mörder seiner eignen Kinder die zweite Frist.

In der dritten Frist führt einleitend in einer Dante nachgeformten Stelle der Tod die Seelen an Ahasver vorüber. Auch dieser ringt und zwingt sich zum Tode. Schon ist seine Seele zu einem Nebelhauche zerronnen, noch aber bleibt ein Punkt zurück, den der Wille nicht mehr zu zersplittern vermag.

Dieser Punkt fängt wieder an sich zu gestalten, Dasein und Körper zu gewinnen. Es ist derselbe Lebenspunkt, der durch die ganze organische Natur geht und nirgends Vernichtung, aber auch nirgends Ruhe zuläßt. So packt auch unseren Wanderer von Neuem die Nothwendigkeit des Lebens. Und wieder kommt

der Gott Juda's und stachelt ihn auf zum Kampf wider Christi
Lehre. Und wieder folgt er ihm. Er weist ihn nach Arabien,
wo Muhamed mit gefeitem Schwerte die Völker führe zur Vertilgung der Herrschaft des Kreuzes. Ahasver verbündet sich mit
ihm Jerusalem zu erobern, er ruft sein Volk auf, aber es hört
nicht, verstockt sind seine Herzen, taub die Ohren, es verfolgt
ihn mit Steinwürfen, ihn der so viel um es geduldet: da sagt
er sich weinend von ihm los und wendet fortan seine Liebe der
Menschheit zu.

So ist im Sprunge Ahasver zu einem gewaltigen Heros
der Menschheit emporgewachsen und die Ziele, die er sich steckt,
steigen noch weit über das ursprüngliche Programm hinaus.
Wir finden ihn dann wieder, wie er an der Spitze der Reiter
Muhameds die Wächter vom heiligen Grabe jagt, und Jedem
den Tod androht, der sich dem Grabe nähert. Alles ergreift die
Flucht, nur zwei Kinder bleiben, es sind die Kinder Ahasvers.
Er umarmt sie und jubelt, daß er sie wiedergefunden. Da erinnert ihn der Feldherr des Muhamed an den eigenen Befehl,
wonach er Jedem, der sich dem Grabe nahe, den Tod geschworen.
Jammernd schreit er auf. Er ist zum dritten Male durch eig'ne
Verstrickung dem Fluche des Unglaubens verfallen. Die dritte
Frist verrann. „Heran! Mordet mich! Wer löst mein Wort,"
ruft er verzweifelt. Da schwirren Pfeile. Die Kinder fallen,
auch er sinkt dahin — um von Neuem zu erwachen, und nun seine
eigentliche Mission zu vollenden.

> „Das Eine war vollendet", ruft er aus,
> „Das Andere beginnt, das keine Zeit
> Und nicht die dunkle Ewigkeit beendet.
> Von ihm und seiner Gnade losgekettet
> Beginn ich jetzt mit ihm den langen Kampf,
> Bis ich von ihm die Menschheit hab errettet."

Er sagt also Christus den Krieg an immerdar „im Namen

aller Kräfte und Gewalten, aller Seufzer, aller Schmerzen, vergossener Thränen und vergossenen Bluts, gebrochener Seelen und zertretener Herzen". Christus aber nimmt den Kampf auf.

> „Mir gegenüber hast Du Dich gestellt
> Wie ein Gedanke wider den Gedanken.
> So ringe weiter! weiter! Zwischen beiden
> Wird einst, wo sich vollendet hat der Kreis,
> Das allerletzte Weltgericht entscheiden.

Damit schließt das Gedicht, oder es schließt eigentlich nicht, es vertagt seinen Schluß bis zum letzten Weltgericht. Ja der Kampf beginnt nun eigentlich erst, er dauert noch fort und fort der Kampf zwischen Ahasver und Christus, zwischen Menschheit und Christenthum, zwischen Erde und Himmel.

Einige Jahre nach dem Erscheinen dieses Mosen'schen Ahasver spukt die Figur des ewigen Juden von Neuem gar gewaltig in den Köpfen der französischen, deutschen, ja der ganzen civilisirten Lesewelt — in dem Helden des Eugen Sue'schen Romanes: Der ewige Jude.*) In Jenes Begleitung erschien darin zugleich ein weiblicher Ahasver, eine ewige Jüdin. Es ist Herodias, die das Haupt Johannes des Täufers einst um einen Tanz begehrte. Die Figur verdankt indeß nicht blos der französischen Galanterie, sondern einer alten Legende ihr Dasein.**) Beide theilen ein gemeinsames Verhängniß. Auch Herodias ist durch ihre glaubensbare Unthat dem Fluche der Ruhelosigkeit des ewigen Wanderns anheimgefallen. Wenn der Schmerz ihres männlichen Gegenparts zu groß ist, ruft er nach ihr und sie hört seine Stimme am andern Ende der Welt. Sie sehnen sich zu einander, er, der Handwerker, sie die Königstochter und doch ist's

---

*) Erschienen 1844.
**) Dieser Legende oder Sage nach soll Herodias Johannes geliebt und das Haupt ihm nur deshalb haben abschlagen lassen, weil er ihre Liebe verschmähte. Grimm hält sie für identisch mit Frau Holle.

ihnen nur vergönnt, einmal in hundert Jahren sich zu begegnen
in der Leidenswoche des Herrn. So treffen sie sich im Eingang
des Romans am Nordpol, da wo zwei Welten hart an einander
stoßen. Flehend strecken sie ihre Arme gen Himmel. Wieder
Eins! rufen sie dem entflohenen Jahrhundert nach und von
Neuem beginnt ihr ruheloses Wandern. Sie sind Beide noch
jung und altern nicht — im Gegensatz zur alten Sage. Ahasver ist von hohem Wuchse, edeln aber traurigen Gesichte, das
Haupt beständig zur Brust gesenkt. Die Augenbrauen hängen
mit einander zusammen und bilden eine Linie von einer Schläfe
zur anderen. Unter seinen Fußsohlen befindet sich ein Kreuz aus
sieben Nägeln, dessen Spur sich im Boden abdrückt. An seine
Füße heftet sich gleichzeitig, wenn auch nur in zeitlichen Zwischenräumen wider seinen Willen ein furchtbares zerstörendes
Gespenst: die Cholera. Obwohl er selbst vor ihr gefeit ist, ist
er verflucht sie überall hinzutragen. Trotz seines ruhelosen Ja-
gens von Pol zu Pol besteht noch ein rein persönliches, ein Fa-
milieninteresse, das diesen Sue'schen Ahasver mit der Menschheit
eng verknüpft, es ist das Geschick seines eigenen Geschlechts, das
noch auf Erden lebt. Dadurch schafft der Dichter sich namentlich die Möglichkeit, ihn bestimmend mit den Geschicken seiner
Romanfiguren zu verbinden. Gleichzeitig stempelt er ihn aber
auch zum Träger eines socialen Problems, es ist der Fluch, das
sociale Elend der Arbeit, das er verkörpert. Als Arbeiter der
Entbehrung, dem Elende preis gegeben, habe ihn, so erzählt er,
einst das Unglück boshaft gemacht. Als Christus nun sagte:
„Ich leide", habe er trotzig entgegnet: „Ich leide auch, aber
Niemand kommt mir zur Hülfe. Die Unbarmherzigen machen
wieder Unbarmherzige. Geh!" Da habe ihn der Fluch des
Wanderns getroffen und er zu spät jene göttlichen Worte verstanden: „Liebet Euch unter einander". Und wie der erste
Mensch durch seinen Fall seine Nachwelt dem Unglück geweiht

hat, so scheine es, habe er, der Handwerker, alle Handwerker zu ewigen Schmerzen und zur Büßung seines Verbrechens verurtheilt, denn noch nach 18 Jahrhunderten sagten die Reichen und Mächtigen zu den Arbeitern: „Geht!" Und sie gehen und — leiden.

Dieser Sue'sche Ahasver tritt nicht in Gegensatz zum Christenthume, wie jener Mosen's, er macht vielmehr den höchsten Lehrsatz desselben, das „Liebet Euch einander" zu seinen und seines Geschlechtes Wahrspruch und tritt damit — das ist neben jener socialen bekanntlich die am schärfsten ausgeprägte Tendenz des Romans — in Opposition zu dem falschen Christenthume, zum Priesterthume des Hasses, zum Orden der Jesuiten. Diese erscheinen als die Nachkommen jener alten Pharisäer, jener Erzfeinde Jesu, „als die falschen herzlosen Priester, welche die Menschheit nur zum Leiden bestimmen".

Eugen Sue gewinnt sich einen Schluß der Sage, indem er Ahasver und seine Leidensgefährtin zur Ruhe kommen läßt. Herodias betritt die Trümmer der Abtei St. Johannes des Enthaupteten und sinkt erschöpft an der Statue des Pfadfinders von Jesu nieder. Sie fühlt sich müde, ihre Füße sind wund, während sie seither schmerzlos über glühende Lava und durch den Sand der Wüste, über die Eisfelder des Nordpols schritt. Sie empfindet Durst, sie empfindet Schmerz. In der Quelle sieht sie, daß ihr Antlitz altert. Die Ewigkeit ihrer Jugend ist vorbei — sie darf auf den Tod hoffen. Hier an der Statue des durch ihre Schuld Enthaupteten hebt ihre Entsühnung an; sie wird wieder ein menschliches Wesen und fleht Gott um gleiches Loos für Ahasver. Dieser steigt den Calvarienberg empor und setzt sich zu den Füßen des Erlösers. Da sieht er, daß seine Haare ergraut sind. Mild und vergebend schaut der Heiland zu ihm hernieder. Er betet. Ihm ward vergeben. Hoch betagt erwarten Beide in friedlicher Hütte den Tod. In Ahasver wird zugleich der vom Himmel verstoßene Arbeiter erlöst, der Arbeiter, der von denen, die ihn in ihr eisernes Joch warfen, verflucht und gefürchtet wird; in Herodias wird das Weib von seinem modernen Sclaventhume erlöst. Das sagt uns wenigstens Eugen Sue und wir müssen wohl daran glauben, obwohl diese Tendenz mit dem Inhalte des Romans ziemlich unvermittelt dasteht.

Auch Ludwig Köhler macht in seinem Gedichte: „Der neue Ahasver"*) unsern vielgeprüften Wanderer zu einer Tendenzfigur, zu einem Propheten der Freiheit. "Ewig," ruft der von ihm verspottete hohe Dulder ihm zu, „ewig sollst Du wandern sonder Frieden

> Und sollst nicht sterben können bis die Wahrheit
> Auf Erden herrscht in ihrer vollsten Klarheit,
> Bis einst der Freiheit gold'ner Frühlingsmorgen
> Das Licht erweckt, das noch in Nacht verborgen."

Oft meint er, es sei dieser Morgen gekommen und frohlockt, daß er nun Ruhe bekomme, aber seine Freude, seine Hoffnung erweist sich als eitel. Die Revolution zertritt Napoleon, die Burschenschaft führt zur Sand'schen Verirrung, die aufständischen Griechen werden betrogen und so fort. Ueberall Tyrannei des Gewissens, des Willens. Ahasver ist in Verzweiflung und beklagt, daß er nicht sterben könne. Da tritt Jesus zu ihm und hält ihm strafend vor, wie er der Freiheit, nach der er ringe, gar nicht würdig sei, so lange er nicht sein eigen Selbst bezwungen, seinen Egoismus geopfert habe. „Dein Grab und nicht die Menschheit war dein Ziel, drum hast vergebens Du gerungen. Die Freiheit soll Dir Zweck nicht Mittel sein. Indeß Du das Schicksal beklagtest, ging's seinen Weg, begann die Freiheit ihren Himmelsflug. Sie ist kein Traum und Wahn.

---

*) Jena, 1845.

Ehe Du es wähnst, wird sie die Hölle spalten und sich entfalten. Die Welt wird frei. — Schon fängt es an im Thale sich zu regen. Ihr Reich ist nah!" — Mit diesem Hoffnungsblick in die Zukunft entläßt uns der Dichter.

In ziemlicher Uebereinstimmung mit der Göthe'schen Auffassung des Ahasver, so weit es sich nämlich um sein Verhältniß zu Christus handelt, befindet sich diejenige von Franz Horn in dessen Novelle „Der ewige Jude". *) Darnach ist Ahasver ein wohlbegüterter Jude in Jerusalem, der nur an Christi äußere Mission, der daran glaubt, daß Christus, wenn er auch jetzt noch voll Demuth scheine, einst im Purpurmantel und mit gebietendem Scepter einhergehen werde, der wie er schon jetzt die Kranken heile, auch den irdischen Tod ganz vernichten werde. Denn dahin muß es überhaupt kommen, da ja der Gedanke an den Tod die besten Freuden stört. Da auf einmal beweist Jesus seine Ohnmacht, er wird verlacht, verspottet, mißhandelt und läßt — Alles ruhig geschehen. So in seinen Hoffnungen getäuscht, faßt Ahasver einen tiefen Haß gegen Jesus. Als dieser dann unter der Kreuzeslast Ruhe sucht, verjagt er ihn schimpfend. Da erhebt sich Christus und ruft: „Wohlan! So habe, was Du verlangst, so lebe, lebe wie noch keiner lebte, und stirb nicht bis Du gereift zu sterben werth." Und nun geschah's, daß Alles um ihn her starb, Alles ihm fremd ward, nur der Himmel über ihm blieb noch derselbe. Da geht die Erkenntniß in ihm auf, daß Christus durch seinen Tod den Tod besiegelt habe und er sollte durch sein Leben die Unzulänglichkeit und den Jammer des bloßen Lebens darstellen. Und so geht er dahin in großen tappenden Schritten, eine Gestalt, wie in Eisen gegossen oder wie von Moos verwittertes Gestein, in den Zügen tiefes namenloses

---

*) Bereits in Fouqué's Frauentaschenbuch für das Jahr 1818 erschienen, dann in H.'s Novellen, ersch. 1819, aufgenommen.

Leid. Durch die Erzählung seines Geschicks bekehrt er in der
Novelle, die zu Ende des 30jährigen Kriegs spielt, einen jungen
Grafen, den er erst aus der Schlacht gerettet, von der bis zur
Gotteslästerung ansteigenden Verzweiflung über den rasch nach
einander erfolgten Tod seiner Angehörigen, der mit dem tod-
bringenden Erscheinen Ahasvers zusammenhängt. Aus dieser
Novelle heraus hat August Klingemann sein Trauerspiel
Ahasver*) gedichtet, dessen Titelrolle der große Ludwig De-
vrient mit Vorliebe gespielt hat. Nach Klingemann bedeutet
die Sage die Läuterung zur unvergänglichen Freiheit durch das
Leid. Sie wäre dann das höchste religiöse und zugleich poetisch-
tragische Mysterium, so wie Christus selbst als der ächte Vermittler des Irdischen zum Ueberirdischen erscheine und den ewigen Wanderer auf sein kommendes Reich verwies. Der Held
des Klingemann'schen Dramas ist der Mörder Gustav Adolf's,
ein Graf von Werth, der aus Glaubenshaß, als fanatischer Ka-
tholik, den Verfechter des Protestantismus unter angenommener
Maske eines Protestanten hinterlistig gemordet hat Die That
liegt schwer auf seiner Seele und treibt ihn in Schwermuth und
Verzweiflung. Er wird, um sein Gewissen zu betäuben, zum
Atheisten, der das Walten der Vorsehung hinweglengnet. Gegenüber dem Sohne Gustav Adolf's, der gastlich in seiner Familie Einkehr hält, gegenüber dieser Familie selbst stellt er hartnäckig die That in Abrede; sein einziger Mitwisser ist ein ge-
heimnißvoller Mensch, der ihn aus der Schlacht gerettet. Um
sich seiner zu entledigen fordert er ihn zum Zweikampf, aber seine
Klinge zersplittert an der Brust des Fremden, denn — es ist
Ahasver, „der Frevler ist es, der nicht sterben kann, weil er den
Herrn gelästert" gerade, wie der Graf von Werth. Der Fluch,

---

*) Ahasver, Trauerspiel in fünf Akten v. Aug. Klingemann. Braun-
schweig 1827.

der ihn getroffen, ist der Fluch des Gottesleugners, wie beim
Ahasver der Mosen'schen Dichtung. Er schildert in bereits bekannter Weise sein vergebliches Mühen zu sterben. Und so, erzählt er:

> So wand'l ich denn nun seit Jahrhunderten
> Und werde wandeln bis zum letzten Tage
> Leblos und lebend, das Gespenst der Zeit,
> Die ohne bösen Willen Böses thut
> Und Alles ruhig um sich her vernichtet.
> Ich hasse Niemand, kann auch Niemand lieben,
> Weil Alle, Alle ich betrauern müßte,
> Auf diesem ungeheuern Gottesacker,
> Worüber ich, ein furchtbar Denkmal trotze.
> Die Zeit rollt ein Jahrtausend nach dem andern
> Im dunkeln Buch der Weltgeschichte ab,
> Mein Lauf zieht hin an jedem ihrer Blätter
> Und wenn auch Wen'gen ich mich kund nur gebe,
> Erbebt doch oft in stillen Mitternächten
> Der Frevler vor dem bleichen Schreckensbilde
> Des ewig Wandernden, das ihn bedroht,
> Den Namen seines Gottes nicht zu lästern!

Nach dieser Enthüllung Ahasvers bekennt der gottesleug-
nende Graf das Dasein Gottes und den Mord Gustav Adolf's;
zugleich giebt er sich den Tod. Er hat so seine Ruhe gefunden,
Ahasver aber wandelt weiter und weiter.

Weiter hat Theodor Oelkers in einem durch träge Handlung und
matte Characterzeichnung wenig fesselnden Romane: Prinzessin Marie von Oldenhoff oder der ewige Jude (Leipzig, 1848) den letztern
noch mit dem Fluche ausgestattet, daß er, um Christus zu versöhnen,
Alles opfern muß, was ihm das Liebste ist ohne daß dies Opfern
bis jetzt ihm frommte, sein Geschick versöhnte. Er nimmt von
Zeit zu Zeit ein Weib und erzieht Kinder, aber er überlebt das
Weib und vernichtet die Kinder, um sein Opfer zu vervollständigen. Er sträubt sich ewig dagegen, weil er weiß, daß er es frucht-

los bringt, aber er muß es bringen, die Nothwendigkeit treibt
ihn dazu. — Um solches Verhängniß ihn noch qualvoller zu
machen, ist ihm der Blick in die Zukunft gegeben, der ihn die
Ereignisse voraussehen läßt, die ihm und den Seinigen bevor-
stehn. Dieser fürchterliche Fluch hat ihn mit einer natürlichen
Bitterkeit erfüllt. Die Menschen, meint er, möchten doch an
ihm ersehen, wie Liebe und Versöhnung, an die sie glaubten,
nur eine leere Fabel sei. Dennoch belebt auch ihn die Hoffnung
auf dereinstige Erlösung, freilich vertagt er dieselbe selbst weit,
weit hinaus. „Ich bin nur in der Zeit verurtheilt," sagt er,
„aber die Ewigkeit gehört mein, wie sie Allen gehört, und wenn
das Ende der Zeit gekommen ist, so werde ich mich frei in
dem unendlichen Gebiete ergehen dürfen und Himmelsluft athmen, dann wird die parteiische Tyrannei „Gnade" von ihrem
Throne gestürzt werden und die Gerechtigkeit ihn einnehmen,
halb ihn theilend mit ihrer Schwester, der Liebe. Oelkers meint
ferner, daß bis zum Anbruch dieser Zeit auch noch ein ewiger Mu-
hamedaner und ein ewiger Christ wandern würden. Auch regt
er den originellen Gedanken an, wie sämmtliche Universitäten
nach dem ewigen Juden fahnden müßten, um ihn der Reihe
nach als Professor der Geschichte anzustellen.

Auch Levin Schücking führt in einer poetisch reich erfundenen Episode seines Romans: Der Bauernfürst (1851), welche
die Ueberschrift führt: „Die drei Freier" den Helden unserer
Skizze vor. In dem Gasthofe zu den drei Mohren in Augs-
burg, erzählt er uns, trafen sich in den Zwölfnächten des Jahres
1700 drei Fremde: ein müder halbvermoderter Jude im langen
schmutzigen Talare, der sich andern Morgens als ein schöner
junger und armenischer Prinz, Isaak Laquedam, entpuppt, ferner
der holländische Admiral van der Decken, der in vierspänniger
Calesche anfährt, und Se. Excellenz der Oberjägermeister von
Rodenstein mit großem Gefolge. Sie haben sich im Gasthofe

ein Stelldichein gegeben und kommen dort, wie wir von ihnen erfahren, alle hundert Jahre zusammen und verleben ein Jahr in Saus und Braus, dann verschwinden sie wieder um des kurzen Menschenthums entkleidet gespensterhaft ruhelos dahin zu wandeln, der Eine über die Erde, der Andere über das Wasser, der Dritte durch die Luft: als ewiger Jude, — fliegender Holländer — wilder Jäger, alle Drei im Bann und Dienste eines Vierten, des Gebieters des Feuers, des Satans, der während dieses einen Jahres ihnen nichts anhaben darf. Wenn ein Jahrhundert herum ist, ergreift Ahasver=Laquedam ein heißes Fieber, während dessen sein Leib genau jene Kraft und jenes Aussehen erhält, das er damals hatte, als er die Hand erhob wider Ihn."

Die Drei treiben in dem Jahre arge Wirthschaft in der stillen Stadt und besonders auch in den Herzen der Mädchen und Frauen. Unter letzteren ragt besonders Eine hervor durch Schönheit so gut, wie durch Stolz und Verachtung des stark sich rühmenden Geschlechts der Männer. Alle Drei freien gleichzeitig um dies stolze kalte Herz, welches das Schicksal an einen häßlichen gichtbrüchigen Mann gekettet hat. Da sagt sie einmal zu ihnen: es wäre nicht die Schönheit ihr Stolz, ihr Stolz würde sein, eine Gefahr zu bestehn, eine Lage zu überwinden, von der nach Jahrhunderten die Welt gestehen müßte, daß ein Mann völlig unfähig wäre, sie zu überwinden. Der schöne Armenier hält sie beim Wort und verlangt, sie solle ein Jahr lang ihm folgen; sie verspricht es und giebt zur Bestärkung ihres Versprechens ihm einen Ring. Auch die anderen Beiden verlangen und erhalten das Gleiche zugesagt. Als das Jahr um ist, begleitet sie den Armenier. Da merkt sie wie dessen Jugend schwindet, Modergeruch von ihm ausgeht und ein dritter Schatten sie begleitet. Wer bist Du? ruft sie entsetzt. „Ich bin Ahasver!" Sie will fort. Ahasver hält sie eisern fest. In der Verzweiflung verschreibt sie ihre Seele dem dritten Schatten, dem Satan, der ihr Rettung verheißt. Aber noch nimmt sie erst der Rodensteiner, der wilde Jäger in Empfang, sie reitet mit ihm durch die Lüfte — und an ihr zieht unten vorüber die ganze Verworfenheit des menschlichen Lebens. Von den angeschauten Bildern, von dem ruhelosen Ritte sind ihr Leib und Seele zermartert — sie kann nicht weiter und fleht noch einmal zum Satan um Errettung. Schon kommt der fliegende Holländer um sie sein versprochenes Jahr zu holen. Da verlangt Satan außer der ihren noch die Seele ihres Kindes. „Nein, mein Kind bekommst Du nicht", ruft die arme Geprüfte und entschließt sich zum dritten Jahresgange über's Meer. „Nimm sie hin", ruft höhnend der Satan dem Holländer zu, „sie will noch eine Prüfung." Dieser aber entgegnet: „Die Prüfung ist genug, sie hat überstanden. Sie hat größere Kraft als die eines Mannes gezeigt. Ein Mann hätte auch seines Kindes Seele nicht geschont, wie er die seine übergab." So wird sie frei, erwacht und findet ihr Kind ruhig schlafend in der Wiege, auch die drei Ringe sind wieder da, aber in der Nacht sind unter der Folter dieses fürchterlichen Traumes ihre Haare ergraut.

Die Verbindung dieser drei vom Fluche dahin gejagten dämonischen Wanderer unter dem Gesichtspunkte der Elemente, als eine Art Naturgeister, ist gewiß ebenso kühn erdacht als geistreich ausgeführt.

Ueber Ziel und Ende der Wanderung der drei Geächteten erfahren wir nichts. Es lag dies außerhalb der Intentionen des Dichters bei einer Episode, durch welche nur der Gedanke der Hinfälligkeit des Menschen im Gegensatz zu seinem Stolze ausgedrückt werden sollte.

Ganz unabhängig von den seitherigen Bearbeitungen stellt Zedlitz in seinem Gedichte: „Ahasvers Wanderungen" *)

---

*) Gedichte, 3. Aufl. 1844.

das Ziel des ewigen Wallens auf; indem er es dahin verlegt, wo das goldene Zeitalter, der ewige Frieden hereingebrochen ist. Er solle, verkündet ihm der Engel, der den bereits Begrabenen auf Golgatha wieder zum Leben weckt, wandern „bis die weiße Friedenstaube der Arche wiederkehre, bis ihn milde Lüfte fächeln, bis ihn wie Kindeslächeln der frühern Welt beglückte Tage grüßen, von Land und Meer der Freude Jauchzen tönt, die Wuth gebunden und der Haß versöhnt, in neuer Liebe sich die Völker küssen." Nun liegt Ahasver wach träumend in seinem Grabe, sieht die Weltgeschichte an sich vorüberziehn und harrt bis jene Zeit sich erfülle. Wenn er meint, sie sei gekommen, erhebt er sich aus seinem Grabe, um zu wandern und die Welt zu schauen. Dieser Zeitpunkt schien ihm gekommen, als das Römerreich unter- und der Stern des Christenthums aufging, als Cherubine sangen: Ehre sei Gott in der Höh' und Frieden auf Erden. Da erhebt er sich und trifft wandernd statt des gehofften Friedens auf rauchende Trümmer, Brand, Mord, auf die Schaaren Attilas, Attilas, der noch nicht der Letzte sein wird Derer, die den Frieden der Welt zerstören, denn nach 1300 Jahren wird er von Neuem erstehen. Dieser neue Attila wird, eine Geißel Gottes, in Herrschertrunkenheit eine ganze Welt auf seiner Bahn dahin schleifen. „Wer bürgt uns, — daß er zum dritten Mal wiederkehrt?" meint erschüttert Ahasver und steigt wieder in die Gruft. „Jehova sprich, wie lange soll ich schlafen?" Mit diesem Fragezeichen entläßt uns der Dichter, indem er auf die Vorführung weiterer Stationen der Weltgeschichte, welche ein Erwachen Ahasvers bedingen könnten, verzichtet.

Die nächsten Dichter, die uns nun zu beschäftigen haben, sind nicht so rasch ermüdet, sie schleppen vielmehr unseren Helden ein großes Stück weiter durch die Weltgeschichte. Es ist dies zunächst Andersen.

Der Inhalt des an erhabenen Gedanken und kühnen, freilich oft auch etwas dunkelen Bildern reichen Gedichts „Ahasverus" von H. C. Andersen, *) dessen Genuß dadurch etwas beeinträchtigt wird, daß es in einzelnen oft ganz unermittelten
Abtheilungen, in der wechselnden Form des Dialogs und Mo-
nologs, auch unterbrochen durch verknüpfende Erzählung in Prosa,
fast in der Form eines Oratoriums verläuft, ist kurz folgender:

Ahasver, der Engel des Zweifels steigt zur Erde nieder
zum Geschlechte, „dem er gleich ist im Verwerfen und im Zweifeln." Er wird zur selben Zeit und Stunde mit Christus geboren und trägt als Mensch den Namen Ahasver. Als ein
Glied des Menschengeschlechts wächst er gleichzeitig mit dessen
Entwickelung, die nach Jahrtausenden es in Kraft und Wahrheit dem Himmel zuführt. Dann kehrt auch Ahasver dahin
zurück.

Nach diesem dem Prolog im Himmel in Göthes Faust verwandten „Vordergrunde" führt uns nun das Gedicht Ahasver
als einen jüdischen Schuster vor, einen beliebten Erzähler bibli-
scher Geschichten, der in seiner Werkstatt zu Jerusalem so gut
fröhliche Kinderschaaren, wie ernste Pharisäer um sich sammelt.
Es quält ihn dabei die Eitelkeit, daß er nur ein Schuster ist
und nicht mit unter den Schriftgelehrten sitzen darf. Unter seinen Zuhörern ist auch die junge Veronica, welche von dem neuen
Propheten aus Nazareth ganz entzückt ist, der im Lande auftrat.
Ahasver zählt ihn dagegen unter die falschen Propheten und
rechnet es ihm als schwere Schuld an, daß um seinetwillen einst
seine Mutter und seine kleinen Geschwister von den Knechten
Herodis zerschmettert worden sind. Als er aber Christus in der
Wüste hat predigen hören, so ändert sich sein Sinn und er theilt
das Entzücken der Veronica. Nun glaubt er, es nahe der Glanz,

---

*Leipzig, 1847.

wie ihn die Propheten lehrten und Davids Reich erstehe in seiner Pracht. Judas, der Freund Ahasvers und begeisterter Jünger Jesu wird zuerst an diesem irre. „Er zog in Jerusalem ein", räsonnirt er, „und was thut er? Er vertreibt die Krämer, reizt die Priester und geht wieder still nach Bethanien. Er handelt nicht, ein Zauberer ist er. Nicht fliegt der Pfeil vom Bogen gegen's Ziel, wie er wohl soll. Ich selber muß wohl Bogenschütze werden. Ist er Messias, werden Tausend Engel sich nahn auf sein Gebot und ist er's nicht, so — mag er stürzen." Und er geht hin und verräth den Herrn, um dadurch seine Macht gewaltsam herauszulocken. Diese Auffassung Ischarioths stimmt mit der bereits erwähnten Göthe'schen überein. Die Hoffnung des Judas geht nicht in Erfüllung. Jesus läßt sich gefangen nehmen. „Mensch war er und nicht Messias." Jetzt fällt Ahasver von ihm ab und verflucht seinen Glauben an ihn als eine Thorheit. „Wie konnte ich glauben, der Zimmermannssohn sei ein Prophet. Er friert, hungert, dürstet und hat Schlafbedürfniß."

Nach der Scene auf dem Wege gen Golgatha rufen Geister von oben dem ungläubigen Ahasver zu:

> Ahasverus, Ahasverus!
> Als der Menschheit Bild erscheinst Du,
> Du bestreitest und verneinest — Gott selbst. —
> Einer gleichet Ihr dem Andern —
> Wandern sollst Du, wieder wandern
> Bis wir einst uns wiedersehn.

Es ist aber nicht der Unglauben an sich, der Atheismus, es ist vielmehr der starre Judenglaube, der sich hier zunächst in Gegensatz stellt zu dem Christenthume, der Glaube an die Zukunft des Reichs Davids, an die Erscheinung des Messias im Sinne der alten Propheten.

So trifft Ahasver zunächst auf Barrabas, der als Einsiedler im Libanon lebt und seine Sünden büßt. Er war bereits früher im Gedichte eingeführt als donjuanistischer Wüstling, der keinen Gott kannte als den der Sinne. Er ist durch das Entsetzen, das er bei der Kreuzigung des Herrn empfand und durch dessen von ihm wahrgenommene Auferstehung bekehrt und empfängt den Freund und Stammsgenossen mit dem Gruße: „Gelobt sei Jesus Christ!" Ahasver stößt mit einem Fluche das Haupt wider die Felsen. Grollend und ohne an die Auferstehung zu glauben, scheidet er von dem Christgewordenen im Vertrauen auf Israels Stärke, muß aber bald darnach erfahren, daß Jerusalem nicht mehr ist. Er geht nach Rom. Es ist die Zeit der Christenverfolgungen unter Domitian. Ahasver freut sich, als er die in Theer getauchten christlichen Märtyrer brennend am Wege stehen sieht und mischt sich unter die Henkersknechte, welche die Christinnen peinigen. Unter diesen ist Veronica. Da er sie nicht zu bekehren vermag, versucht er sie zu tödten. Er kann es nicht. Dies macht ihn den Knechten verdächtig, sie tödten ihn selbst und er liegt schlummernd neben Veronica unter den todten Christenleibern. Da erwacht er und flieht schaudernd die Reiche des Gekreuzigten, die „nur Gräber sind mit Pesthauch geschwängert."

Er durchstreift entlegene Gegenden der Erde und kommt nach dreihundert Jahren wieder nach Rom. Da findet er, daß die Lehre Christi den Sieg über das Heidenthum davon getragen hat. Roma's Kaiser und das Volk knieen mit Seinem Namen auf der Lippe: „Jehovas Geist wich von der Erde fort, sein Volk ist in das Weltenchaos weggeweht. Tod ist alles Alte, das Neue Schaum. Jehova! ruft der Verzweifelte! Meine Brust sie ist Dein Tempel, der letzte jetzt auf der gefallnen Erde." —

Ahasver geht über die Alpen. Die Hunnen jagen an ihm

vorüber. Er heßt Attila auf gen Rom zu ziehn, das Christenthum zu unterdrücken. Er aber wandert weiter gen Norden bis
zur Heimath des Nordlichts, und als er wieder zurückkommt,
findet er in den Wäldern das Wahrzeichen Christi, findet er im
Frankenreiche dessen Cultus und in Rom den ersten Papst. Er
muß jeßt an die Macht der Christenlehre glauben, aber, grollt
er weiter, ihre Größe besteht doch nur in ihrem unerhörten
Glücke, noch wird ein Größerer geboren werden, er wird, er soll
und muß kommen wie die Propheten es verkündeten, wie Israel ihn erwartet.

Der Dichter schildert uns dann die kleinen Judengemein-
den mit ihrem stillen verborgenen Gottesdienste, die noch des
Messias harren und ihn in Mohamed zu finden wähnen. Zu
ihm geht Ahasver, wie im Mosen'schen Epos, er dringt mit ihm
nach Jerusalem. Als er dort den christlichen Tempel anzünden
will, erscheint ihm der Geist Veronicas und hält ihn davon ab.

Er wandert wieder. In Rom wird Karl der Große als
römischer Kaiser gekrönt. Die Juden sind die Diener der
Christen geworden. Dies erregt den Haß des unbeugsamen Je-
hovagläubigen nur noch mehr. Ihr Weg ist nicht mehr der seine.

Dann führt ihn der Dichter im Sprunge nach Canossa,
wo er verwundert auf den Kaiser hinblickt, der barfuß und in
Thränen steht vor dem Stellvertreter Christi. Vor solcher Macht
des Christenthums steht auch er gebeugt, steht gebeugt, wenn
auch nicht in dem Schloßhofe von Canossa, doch im verschlossenen Hofe der Welt; er kann nicht weg, muß er wie der Kaiser
doch auch erst aus dem Banne erlöst sein. „Er stand Nächte,
doch meine Nächte sind Jahrtausende."

Und da flammt in ihm zuerst der Gedanke auf, daß er
nicht bloß der opponirende Jude, daß er die ganze große Summe
sei vom Streit des Irdischen mit dem Göttlichen.

Es kommen die Kreuzzüge. Aus allen Theilen der Erde strömen die Nationen gen Jerusalem, der alten Davidstadt, wo einst Jehovas Altar stand. So wird der dürr gewordene Stengel des alten Judenglaubens doch noch zum Aronsstab, um den Europas Grün sich schlingt. Aber es sind die verschiedenartigsten egoistischen Beweggründe, welche die einzelnen Nationen dahin treiben, kein einender Gedanke und so verschwindets wie Bergflüsse in dem heißen Sande.

Ahasver wird zum Zweifler am Fortschritte der Menschheit. Vergeblich belehrt ihn der Baumeister einer Baugilde, daß im Weltenbau Gott der Baumeister sei

> und der stirbt nicht;
> Jeglich Jahrhundert ist ein Quaderstein
> Den er zum schon gelegten frühern, legt,
> Indeß Geschlechter steigen stufenweis.
> Ahasverus entgegnet:
> Doch Stillstand herrschet oft.
> Der Baumeister:
> O ja; er herrscht.
> Doch ist die Rast ein Sammeln nur der Kraft.
> Vollendet wird der Bau der Menschheit einst,
> Was Spiel und Kinderwerk hier scheint zu sein,
> Ist doch ein nützlich Zeichen, das wir haun
> In des Jahrhunderts stolzen Quaderstein.

Ahasver, der Zweifler, hält ihm entgegen, daß durch all' das in den Kreuzzügen vergossene Blut Europa nichts gewonnen habe.

Der Baumeister erwidert ihm:

> Nein! Vorwärts, herrlich vorwärts ging es grade!
> Es haben sich genähert die Nationen
> Und der Gedanke: „Freiheit" ward geboren.
> Gar viele Herrn verkauften ihre Güter,
> Sie kamen in die Hand des Bürgerstandes
> Es ward geschwächt des Adels Uebermacht,
> In Wissenschaft und Kunst kam neues Leben. —

Da ertönt Fehdegeschrei. Raubritter bedrohen die friedlichen Bürger. Die Sturmglocke schallt. Die Bauleute eilen zum Kampfe. Der Bau ruht. Höhnend und spottend über diesen neuen Rückschritt der menschlichen Entwickelung schreitet Ahasver weiter.

Verschiedene uns vorgeführte Verirrungen der Menschheit, das Treiben in den Klöstern, die Ausartungen der Hussiten, die Tollheiten des Königs Wenzel steigern nur den Spott und den Unglauben Ahasver's an dem Fortschritte der Menschheit. Da führen ihn Engel nach Mainz zu Gutenberg, der „mit seinem Blitze des Staubs Gedanken schreibt." Ahasver glaubt nicht an die hohe Bedeutung dieser und der weitern Entdeckung, er hält ebenso Columbus, den er kennen lernt, für einen Narren, folgt ihm aber nach den tiefen Wirbeln, die ihn, so meint er, verschlingen werden.

Die Wellen verschlingen aber Columbus nicht, er findet Land, die neue Welt. Der Geist des Urwalds lebt und zürnt wie Ahasver, weil er aus seiner Stille aufgeschreckt und in die Bahn der Geschichte hineingezogen ist. Der Weltgeist aber wendet sich zu Ahasver:

> Komm, laß des neuen Welttheils Erschließung
> Sich Dir erschließen, damit du lesest
> Weisheit und Tröstung und göttlichen Willen
> Und dieser lautet: künftig der Menschheit
> Ein Volk, ein Denken, Eintracht, Verständniß.

Er führt Ahasver zur Erkenntniß. Das Verhängniß Israels, das einst so reich wie America war, sei gewesen, daß es das Neue, das von Gott gekommen, von sich gewiesen habe. Die Menschheitsentwickelung zeige, wie das Alte immer verleugne das Neue. „Gott wird geboren, gekreuzigt und — lebt." Jede Welle eines Jahrhunderts trage den errungenen Schatz näher dem Gestade der Vollendung. — Aber freilich sie, die Juden

der Menschheit, die Verneiner und Feinde des Fortschrittes, wenn
selbst Tode erständen und zu ihnen sprächen, sie verständen es
nicht, sie würden es verwerfen, schlagen an's Kreuz das Neue
vom Herrn." Da streckt Ahasver die Hände aus gegen das unendliche Meer und aus dem Chaos seiner Gedanken taucht die
Erkenntniß auf von Dem, was er einst war und jetzt geworden
ist. An sich selbst erkennt er das Wachsen der Menschheit. Es
sind ihm also die Schwingen schon gewachsen, die ihn als Ahas
wieder zum Himmel bringen. Aber noch ist das Ziel lange nicht
gekommen, noch verrann nur eine Spanne der Ewigkeit. Und so
ist, wie uns die Muse des Gesangs, das Gedicht schließend, belehrt:

> Was in der Ahasverusmythe klang
> Ein Echo von dem Meer der Zeiten.
> Ein besserer Skalde wird in besserm Sang
> Uns jene Wand'rung, welche folget deuten.

So bricht der Dichter ab mit einer Perspective in die Zukunft. Er überläßt es der dichtenden Nachwelt, den Weg Ahasvers weiter zu verfolgen.

In der That ist die Reihe der Ahasverdichter nach ihm
noch nicht geschlossen. Wir haben noch Zwei zu verzeichnen:
Heller und Hamerling. Der Erstere tritt in seinem Gedichte:
„Die Wanderungen des Ahasver" ganz die Erbschaft Andersen's
an. Es solle, sagte er in den einleitenden Worten, sein Ahasver uns durch alle Völker bis zur Gegenwart führen, von Gott,
der zum Menschen ward bis zur Menschheit, die zum Gotte ward.

In der ersten Ausgabe des Gedichts (1865) hatte der Dichter
lang vor seinem Ziele abgebrochen. Erst in einer späteren Ausgabe (1868) hat er den Faden wieder aufgenommen und ihn
weiter geführt durch die Geschichte der Menschheit bis herauf in
die Tage Göthe's. In der Idee und deren Durchführung befindet sich, wie erwähnt, das Heller'sche Gedicht fast ganz in
Uebereinstimmung mit dem Andersen'schen. Heller giebt uns

aber ein sehr großes geschichtliches Detail, freilich zur wesentlichen Beeinträchtigung des poetischen Genusses. Doch ist das Facit an Gedanken, das Heller aus dem Materiale hie und da gewinnt oder gewinnen läßt, durchgängig groß und interessant.

Es ist zunächst auch die Verkennung der hohen Mission Jesu, das mangelnde Verständniß seiner Lehre und seiner Zwecke, welche aus Ahasver einen Gegner Jesu machen. Der Haß tritt um so greller hervor, als Ahasver, der wohlhabende Schuster, der die Werkstatt voll Gesellen und Lehrlinge hat und, selbst häßlich und mißgestaltet, ein schönes Weib besitzt, ein alter Schulkamerad des neuen Propheten ist, der oft bei ihm Schutz fand, wenn man ihn spöttisch nach seinem Vater frug und auf dessen Namen sein eigener Sohn getauft ist. Aber freilich, erläutert Ahasver, er sei immer schon abentheuerlich und in Folge seiner schönen Gestalt ein Günstling der Frauen gewesen. Er habe in Aegypten die geheime Kunst erlernt, nun betäube er die Menge durch seine Wunder, wisse um die Gunst der Weiber zu buhlen und verführe arme Fischer, daß sie thöricht Haus und Hof verließen. Er vergifte die lautere Quelle der Bibel, indem er daraus herleite, daß er der Menschensohn sei. Er, Ahasver, wolle den gefährlichen Betrüger entlarven. Als Jesus darauf an seiner Thür rastet, und die Kinder melden, es sei draußen ein schöner Mann umgefallen, der gerade wie ihr kleiner Jesus aussähe, geht Ahasver hinaus und heißt Jesus die Schwelle verlassen, damit er, der Unheilige, sein Haus nicht mit Fluch belaste. Auf die Intervention Petri antwortet er mit frechem Schimpf. Da erhebt sich Jesus voll Hoheit und spricht: Unglücklicher! Was in dir braust und gährt, entsprang verirrtem gläubigen Gemüthe. So von Herzen ging das Wüthen wider mich Keinem und dennoch ist dein Herz voll Seelengüte. Erkenntest du mich, so gäbe es Keinen, der sein Blut so treu wie Du für mich verspritzt. Du wirst mich noch erkennen. Bis dahin,

wo die ganze Menschheit das Christenthum annimmt, sollst Du
wandern mit Deinem Volke durch die Erde, von Todesqual nicht
heimgesucht. Nationen gehn und kommen, Ihr bleibt bis die
Posaune wiederschallt. Ahasver schwankt der Sprache nicht mäch=
tig in's Haus. Zum Osternschmaus besucht ihn Saulus. Ihm
verkündet er seine Begegnung mit Christus. Saulus meint,
dergleichen Schwärmer stünden jetzt Viele auf, vergingen aber
wie Meteore. In Rom seien sie auf allen Straßen. Die
Sündenlast drücke die Menschen, da sehne sie sich nach Erkennt=
niß. Die alten Satzungen brächten sie nicht. Die Liebe müsse
frei gemacht werden von den Fesseln des alten Gesetzes. Sie
bringe Erlösung. Saulus steht so unbewußt mitten im Christen=
thum. Er wird auch formell bekehrt. Petrus und Jacobus
versuchen das Gleiche mit Ahasver. Sie bewirken wenigstens,
daß er sich aufmacht, den zum Paulus gewordenen Saulus zu
hören.

Er predigt in Athen von der Auferstehung des Herrn.
Ahasver findet, daß diese Lehre nicht' in den alten Schriften
stehe; Paulus sei getäuscht und verwirre durch Fabelwert den
Sinn. Er steigt zu Schiff und fährt unbekehrt nach Jerusalem
zurück. Dies wird erobert und zerstört. Ahasver kämpft mit,
begräbt all die Seinen und zieht verlassen aus den Thoren.
Seine Wanderung beginnt.

Er taucht wieder auf unter einem Häuflein vertriebener
Juden, die sich in einer Höhle um einen alten Rabbi geschaart
haben. Sie klagen um Jerusalem, aber der Meister richtet sie
auf, das Gesetz sei ja noch da, an ihm wollten sie festhalten in
Noth und Tod, es sei stärker, als das der Apostel Christi, das
nur ein Mensch, kein Gott besiegelt. Sie gehen als die Apostel
des Judenthums in die Welt. Es beginnt nun ein hin= und
herwogender Kampf zwischen Heidenthum, Christenthum und
Judenthum, ein toller Glaubenshaß. Ahasver sucht die Heiden

zu gewinnen, die Abtrünnigen zurück zu führen, mit abwech=
selndem Erfolge. Die Welt bewegt sich in den wildesten Gegen=
sätzen, vom krassesten Cynismus bis zur weltverachtenden Ca=
steiung. Ahasver sehnt sich jetzt nach Jesus und flieht aus dem
Treiben an den See Tiberias. Dort erscheint ihm der Herr.
Er bittet ihn gegenüber seiner früheren Schroffheit in sehr un=
ermittelter Weise um seiner Schuld Vergebung. Die Idee
eines von Ewigkeiten her begründeten Gottesreiches in schon
nicht mehr rein jüdischem Style bildet sich jetzt dämmernd in
ihm aus.

Als Constantin Christ geworden und das alte Rom unter=
gegangen, da meint er die Idee verwirkliche sich, aber nein —
jetzt beginnt der Streit der christlichen Secten, der Kampf um
die Dogmen, den uns der Dichter in höchst eingehender, aber
auch wenig erquickender Weise vorführt. Vor diesen Zänkereien
der Gnostiker, Simonianer, Nicolaiten, Arianer u. s. f. flieht
Ahasver von Neuem und zwar nach der Wüste. Dort müssen,
meint er, die Gedanken sich zu Gottesgestalten erheben. Daselbst
trifft er Antonius, den Anachoreten. Dieser hat sich, ein zweiter
Faust, aus dem Sinnenkampfe, aus dem Gelehrtenstreite an
den Busen der Natur gerettet. Beide tauschen Schicksal und
Meinungen aus. Ahasver bekennt, wie die Lehre Jesu als ein
unnennbar wundervolles Lieben überall sich hin verbreitet habe,
allein das göttlich große Erlösungswunder sei fabelhaft entstellt
worden. Ich habe, ruft er aus, nicht das Gottesreich gefunden,
doch Männer, hier ruh' ich, bis dem Geist es wird gefallen,
mich aufzuwecken aus dem Wüstentraume um zu erneuen mein
langes Erdenwallen. Antonius, der stille Weise, schwört zu dem=
selben Glauben.

> Es fasse Jeder fromm sich in Geduld
> Stets unter Menschen ring' er nach der Gnade
> Wie schwer ihn auch vergang'ne Schuld belade.
> Zu große Buße hemmt der Buße Frucht.

Er strebe aufwärts.
Und Du den mich beglückend es zu mir getrieben
Bald treibt auch Dich von hier der Dinge Wucht.
Doch wie sich auch die Dinge drängen, schieben,
Dein Weltgeheimniß nennt Antonius:
Es ist ein ewig Wirken, Leiden, Lieben.

Küssend schließen sie den Bruderbund, graben gemeinsam ihren Acker und pflanzen ihren Kohl.

Damit schloß das Gedicht Hellers in seiner ersten Ausgabe. In einer zweiten Auflage erfuhr dasselbe eine dem Raum nach mehr als doppelte Erweiterung und gleichzeitig innere Umgestaltung. Heller zerlegte es nunmehr in drei Wanderungen. Die Erste, die bereits geschilderte, bezeichnete er als Ahasvers Glaubenskampf, als seine Schuld und Sühne, die Zweite, „Weltgemälde" als Ahasvers Irren und Wirren, endlich die Dritte, das Menschenthum, als Ziel und Vollendung. Während in der ersten Wanderung Ahasver noch in dem beschränkten Gesichtskreise des Pharisäerthums sich bewegt, legt er dasselbe bereits in dem geistig beschaulichen Verkehre mit Antonius ab, hält aber während der zweiten Wanderung, in welcher sich bereits der ganze Schauplatz der Geschichte vor ihm öffnet, noch an dem Glauben eines kommenden messianischen Gottesreichs fest, bis er die Verwirklichung dieses Gedankens aufgebend, aus der engeren religiösen Schranke heraustritt und unter der Leitung seines „Sagenbruders" Faust und innerhalb der mit der Entdeckung der neuen Welt, der Erfindung der Buchdruckerkunst und der Reformation beginnenden freien Entwicklung der Menschheit dem Cultus des freien Menschenthums als letzter und echter Religion, als Ziel der Menschheit in deren vornehmsten Vertretern sich hingiebt.

Auf solche Weise wickelt sich vor uns die ganze Geschichte in ihren Culminationspunkten unter dem Auftreten der das Gepräge der einzelnen Geschichtsepochen bildenden Personen ab.

Ahasver nimmt zunächst beobachtend und prüfend von Allem
Notiz, er schreitet gleichsam hinter der Geschichte her. Sein Zusammenhang mit den Ereignissen ist dabei oft längere Zeit unterbrochen. Da wälzt sich die Völkerwanderung über die alte
Welt, neue Götter tauchen auf an Stelle der alten; Gegensätze
aller Art berühren sich — für den Frieden des Gottesreichs ist
nirgends Raum. Auch Muhamed erweist sich nicht als der
rechte Prophet. Da ersteht unter Carl dem Großen und Papst
Leo das Kaiserreich der Gottesmajestät, aber das wahre Gottesreich, das Ahasver erhofft, ist es nicht. Es erweist sich auch
nicht von Dauer. Das Priesterthum, dem sich die Völker blind
unterworfen, entartet, dagegen wächst in Deutschland unter den
Sachsenkaisern eine sittlich kräftige, weltliche Macht empor. Da
steht ein neuer Messias des Gottesreichs auf in Hildebrand,
dem Mönche mit dem Weltverstande, aber sein Reich wird nur
von des Gehorsams strengem Zügel zusammengehalten und nicht
von Liebe. Auch die Kreuzzüge in ihrer großen Idee und klein-
lichen Verwirklichung befriedigen Ahasver nicht. Neue Personen
werden contrastirend vorgeführt, Jehuda Levita, der die Erbhoheit
Adams preist, gegenüber der Erbsünde desselben im Christenthum,
dann der fromme Hanswurst Franz von Assisi — im Gegensatz
zu Tannhäuser, den Ahasver in Rom trifft und seine Sehnsucht
nach der heidnischen frischen Sinnenwelt gegenüber der hülflosen
Verknöcherung des christlichen Priesterthums wohl begreift;
Dante, der die Gegensätze wenigstens im Gedichte zu verbinden
sucht; Rienzi, der, ein politischer Narr, zurück ins alte Römer-
thum greift; Huß, der ein zweiter Heiland, ein Märtyrer der
alten reinen Christuslehre von den hierarchischen Despoten auf
den Scheiterhaufen gebracht wird. Da wird Ahasver irr an
der Haltbarkeit des Gottesreichs. Er fällt, wie er so sieht, daß
Christus statt zu siegen, zum wievielten Male an's Kreuz geschlagen wird, in tiefe Melancholie, er sehnt sich nach seinem

Untergange, er kann diese Welt nicht mehr ersehn. — Da erscheint ihm Fauſt, ſein Bruder im Geiſte, Fauſt, der Realiſt, mitten im Leben ſtehend und es froh genießend, der, ein treuer Anhänger des Chriſtenthums, doch um die pfäffiſchen Dispute ſich nicht kümmert und nicht die lange Qual der dumpfen Kirchen aufſucht, ſondern mit friſchen frohen Sinnen am Herzen des Volkes hängt. Nun tritt eine Sinnesänderung in Ahasver ein, die Peripetie des Gedichts bildend. Beide haben noch einen dritten Sagenbruder, Don Juan, den Spanier. Ahasver, der Erſtgeborene, ſieht ewig nur die Geiſterſonne brennen, hat keinen Sinn für das Leben und harrt des Tags, da Jeſu Glauben mit dem ſeinen ſich verband, während im ſchroffen Gegenſatze dazu der Spanier der Luſt der Sinne nachjagt und nicht gern vom Rocken der Gedanken ſpinnt. Zwiſchen beiden vermittelnd ſteht Fauſt, ebenſo empfänglich für das Hohe und Edle als für die Freuden der Welt. Er regt in ihm die Liebe an für die Menſchheit, er öffnet ſein blödes Auge zum Anſchauen der Welt, er zeigt ihm, was die Menſchheit ſchon errang. Er zeigt ihm die Leiſtungen der Buchdruckerkunſt in ſeinem eigenen Hauſe, er führt ihn nach dem lebensvollen Florenz der Medicäer und nachdem ſie vor den Schranken der Inquiſition in Spanien geflohen, auf Columbus Schiff nach Amerika. Und Ahasver, der ſeither „nur die Erde ſo ärmlich und ſo klein aus Paradieſes Ferne ſah," wünſcht jetzt darauf zurück zu bleiben. So treten wir in die dritte Abtheilung des Gedichts.

Ahasver verläßt die neue der Menſchheit aufgeſchloſſene Welt und kehrt zur alten zurück, die Entwickelung des Menſchengedanken dort zu verfolgen. Er geht nach Rom und erfreut ſich an dem Aufblühen der Kunſt, der Bildhauerei, der Malerei, in deren größten Meiſter, in Rafael, der das Chriſtenthum zum Menſchenthum verklärt. Er trifft dort Luther, der in dem Anſchauen der geiſtlichen Corruption den Gedanken der Reformation faßt.

Nach diesem Ruhepunkte führt dann das Epos diejenigen Personen uns nacheinander vor, in welchen sich das freie Menschenthum besonders ausprägt. Shakespeare, den Dichter der Menschheit; Kepler, den Entdecker der Harmonie des Weltalls; Cartesius, der aller neuen Forschung die Methode gab; Wallenstein, der Deutschland religiös und politisch einig machen wollte; Spinoza, den Märtyrer des ächten Menschenthums; Oranien, den Volksbefreier; Milton, den Kämpfer gegen den Puritanismus, den Sänger der Menschenheit; Newton, der das Unendliche gemessen. Auch bei den Freimaurern hält er Einkehr, dem großen Bunde der Menschheit, dem Urbilde des Menschenthums. Aber der Friede der Menschheit ist noch nicht eingekehrt auf Erden, denn schon hebt die französische Revolution ihre blutigen Häupter. Deutschland ist vor Allen erkoren das Ziel zu erreichen. Sein Schiller und sein Göthe stehen auf dem Gipfel der Menschheit. Bei Göthe, der am Hellenenthum in Rom zur Klarheit, zum reinen Menschenthum sich geläutert hat, findet Ahasver das Ziel seines Wanderns, Erfüllung seines Traums, der langen Geisterkette letztes Glied. Die drei Sagenbrüder kommen dann noch einmal zusammen und in ihnen entfaltet sich das Menschenthum in seiner Zauberblüthe, denn sie vertreten dasselbe in der Richtung des Glaubens (Ahasver), des Denkens (Faust) und der Kunst (Don Juan): eine etwas gezwungene und zum Theil außerhalb der Idee des Gedichts stehende Constellation. Damit nimmt, wie der Dichter uns belehrt, die Sage sich gleichsam in sich selbst zurück und hebt sich auf, eine Auflösung die etwas nach Schelling schmeckt, dessen Philosophie überhaupt in dem Gedichte spukt. Das Reich, in dem sie, die Drei, künftig fortleben werden, ist das hehre Reich der Phantasie. Der Dichter läßt dann am Schlusse seines Gedichtes noch einmal die letzte Idee desselben in den Worten ausklingen:

Und welches Loos sich auf die Erde kor:
Will sie im Sternenreiche sich erhalten,
Will sie verflackern wie ein Meteor —
Im Zeitenschoos, im Wogen der Gestalten
Vermag sie doch Erhabeneres nicht
Als nur der Menschheit Blume zu entfalten
Und ob sie reicher noch die Kränze flicht,
Ist's doch die Blume nur, die Duft versendet,
Die sah' ich noch, die zeigt jetzt mein Gedicht,
Die athmet drin, mit ihr ist es vollendet.

Die letzte und neueste Bearbeitung der Sage bietet uns Robert Hamerling, bekanntlich einer der bedeutendsten Dichter der Gegenwart. In seinem „Ahasver zu Rom" (A. in Rom, eine Dichtung in sechs Gesängen; mit einem Epilog an die Kritiker zur 2. Aufl. 1867. 8. Aufl. 1873) ist allerdings nicht Ahasver, sondern Nero die Hauptperson. Ahasver erscheint dabei nur wie bei Klingemann und Horn als die Nemesis des Stücks, als eine in die menschliche Handlungssphäre übergreifende Macht. Er tritt in einen scharfen Contrast zu der Faustnatur des Nero. Dort unermessene Todessehnsucht, hier unermessener Lebensdrang. Jener kam nach Rom, weil er dort ein großes Sterben ahnte, „ein Sterben zehrend an dem tiefsten Marke des Seins, wenn auch von Glanz noch übertüncht. Vielleicht gelingt's ihm dort mitzusterben." Er will Nero sein Geschick vollenden helfen, denn trotz des Gegensatzes ihrer Naturen haben doch Beide zusammen eine Sendung zu erfüllen. Denn Beide arbeiten an der rascheren Entwickelung der Menschheit. Solche Titanen der Zerstörung wie Nero braucht die Geschichte, namentlich da, wo das todreife Alte und Verlebte mit neuen Formen kämpft," um den Entscheidungsaugenblick zu beflügeln, daß nicht zu lang die Wirrsaal hin sich schleppe, damit im neuen Sein zur Ruh die Menscheit komme." Deshalb macht Ahasver Nero, in dem sich die Todeswürdigkeit gipfelt, zum unbewußten Werkzeug, er treibt und drängt ihn immer mehr ins Ungeheuere. Er

(164)

tritt ihm, der nur durch die Negative, durch Zerstörung wirken kann, gleichzeitig als das Unzerstörbare entgegen und bereitet in dieser Erkenntniß seiner menschlichen Ohnmacht den Sturz des vermeintlichen Gottes vor. Während er ihn zur Verbrennng Roms antreibt und selbst die erste Brandfackel schwingt, tritt er dann unversehrt aus den Flammen zu ihm hin, um ihm zu zeigen, daß es doch noch ein Etwas giebt, das zu zerstören sein Arm nicht stark genug ist, das sich wie ein Phönix aus ewigen Verwandlungen erhebt, die „aus erloschenen Daseins Aschenresten den Funken neuer Lebensblüthe lockt:" — die ewige Menschheit.

Im Augenblick zwar fühlt sich die wilde Kraft dem großen Gegner ebenbürtig und nimmt den Kampf mit ihm auf.

Auch ich, ruft Nero:

> Ich bin nicht zu vernichten. In mir hat
> Das Leben einen festen Ankergrund!
> Nichts kann mich je verwandeln, ich bin ich! — —
> Ich nehm es mit dir auf. Es gilt den Wettkampf,
> Ob meine geistige Unzerstörbarkeit
> Nicht deiner leiblichen die Wage hält.

Ahasver nimmt den Kampf an mit ruhiger Gewißheit, daß die Stunde der Vernichtung für Nero komme. Sie kommt denn auch in dem Fluche der Uebersättigung, der über ihn hereinbricht. Er hat die Erde und den Olymp durchgekostet, sie haben keine Genüsse mehr für ihn — nur Eins bleibt ihm noch, der Hades. Er ruft an der Hand der Magie die Todten auf, es sind seine eigenen Todten und bricht zusammen unter dem Eindrucke des Entsetzens.

Von all seinen Günstlingen und Getreuen verlassen, flieht er an der Hand eines allein treu gebliebenen Germanen unter heimlicher Führung des Ahasver in die verborgenen Gänge der Erde und trifft auf eine Versammlung der Christen, seine Tod= feinde. Er bietet sein Haupt ihrer Rache dar und muß erfahren, daß sie ein solches Gefühl nicht kennen, daß ihre Herzen dem edlen Gesetze der Liebe gehorchen, ein Gesetz, das für ihn, den großen Egoisten nicht bestand, deshalb, wie der christliche Priester sagt, nicht bestand, weil er nichts mehr über sich hatte, dahin er sehnend konnte blicken. Zum ersten Male findet er einen Gott, der nicht wie die alten Götter geehrt und gefürchtet, der geliebt wird. Er erkennt auch, daß nicht die Lust, sondern der Schmerz es ist, der die Welt erlöste. Und wenn er, Nero, dann erklärt:

> Ich seh's, der wunderbare Mutterschoos
> Des menschlichen Gemüths ist nicht erschöpft.
> Zerfällt in Staub die abgelebte Welt,
> Das Menschenherz gebiert sie ewig neu.

so hat er damit bereits selbst das innere Geheimniß der Ahasverusmythe ausgesprochen. Und von der Erkenntniß getragen, aber doch unfähig der neuen Lehre sich zu beugen, weiht er sich den Göttern der Unterwelt und der Vernichtung, so Todessehnsucht mit Lebenssehnsucht vertauschend, wie Ahasver es ihm verhießen. Dieser selbst aber erscheint in der Todesstunde seines Gegenparts in der Versammlung der Christen und der Dichter läßt noch am Schlusse seines Gedichtes die Gestalt in origineller Auffassung hoch empor wachsen.

Darnach war der Ahasver, der einst dem Heilande trotzte, schon längst auf Erden, schon uralt, so alt als die Welt. Denn er ist der Erstgeborene der Ungebornen, der Erschaffenen, das erste Menschenkind, der erste Rebell, Kain, der Möder seines Bruders. Er war es, der den Tod in die Welt gebracht und zum Danke dafür verschont er ihn, zum Danke, aber auch zur Strafe.

Dem Geschöpfe, dem Individuum, ist eine ewige Sehnsucht nach Ruhe eingeboren. Es findet sie zuletzt im Tode, die Menschheit aber muß leben, streben, ringen qualvoll immerdar. Das Spiegelbild der Menschheit ist aber Ahasver, seine Todessehnsucht ift nur die Ruhesehnsucht der ewig ringenden Menschheit. Dieser Hamerling'sche Ahasver ift also nicht der ewige Jude, es ift der ewige Mensch. Die Consequenz diefer Auffaffung führte aber den Dichter dahin, den Ahasver felbft fo alt fein zu laffen, wie die Menschheit. Also ftellt er ihn dar in dem erften Menschenkinde, in Kain, der den Tod in die Welt brachte.

In den Zeitaltern, wo das Dafein nach neuer Geftaltung ringt, fteigert fich die ruhesehnende Raftlofigkeit in Ahasver zur wilden Qual, da beflügelt er den Entscheidungsaugenblick und wenn nun diefer gekommen und die Menschheit im neuen Sein zur Ruhe kam, dann winkt auch ihm eine kurze Raft, dann schlummert er in verborgener Höhle Jahrhunderte lang, bis er wieder erwacht, um zu sehen, zu fragen, ob das irdische Leben noch ftets nicht müde ward des ewigen Wandels und ftets die Weiber noch Kinder gebären. Eine solche Ruhepause ift jetzt eingetreten, wo er den Titanen Nero zerschmetterte.

Wir können die nunmehr vorgeführten Bearbeitungen unferer Sage füglich in drei Gruppen zerlegen. Die eine Derer, welche die Figur des Ahasver überhaupt nur zu einem episodischen Auftreten im Dienfte anderer poetischer Zwecke benutzen, es find dies Eugen Sue, Horn, Klingemann, Defkers, Schücking und gewiffermaßen auch Hamerling; die andern, welche eine aus der Figur felbft nicht entwickelte, sondern ihr äußerlich aufgetragene Idee anhängen, fie zur Tendenzfigur machen, wie Müller, Lenau, Chamiffo, Köhler, Zedlitz und endlich die aus den übrigen beftehende dritte Gruppe Derer, die die Sage um ihrer felbftwillen bearbeitet, fortentwickelt und erweitert haben. Man kann unter diefen Bearbeitungen von Schubert bis zu Hamerling eine faft ftetige Steigerung in der Auffaffung der Sage beobachten.

Während die alte Sage verschmäht in die objective Schil-

derung der Thatsachen ein subjectives Empfinden hinein zu tragen, nimmt Schubart für seinen Ahasver bereits ein pathologi-
sches Interesse in Anspruch, indem er die Qual eines beständig
Sterbenden schildert, das Müller schon in das Gebiet der Psy-
chologie hinüberspielt, indem hier die Qual des Ahasver aus
einem Gefühle der Uebersättigug entspringt, also eine innere,
seelische ist, Lenau aber dies Gefühl, indem er ihm eine mehr
reflectirende, philosophische Grundlage giebt, bis zur schwarzgal-
ligen Melancholie, zum grübelnden Weltschmerz ansteigert. Bei
Horn ist der Grübler schon über den bloß passiven Zustand des
selbstquälerischen Leidens hinaus. Er tritt in einen wirklichen
und berechtigten Gegensatz zum bloßen Lebensgefühle. Er will
in seinem Erscheinen uns nachweisen, daß auch der Tod eine
Berechtigung habe, daß das Leben zuletzt selbst nichts weiter sei
als ein immerwährendes Sterben. So wächst er sogar triumphirend
mit seinem Todesgefühl über das Lebensgefühl hinaus. Dann
ist er im weiteren Verfolg bei Klingemann „die Zeit, die ruhig
Alles um sich her vernichtet, um Raum zu schaffen für neues Leben.“
Es ist in menschlicher Form gedacht die Läuterung des Leides,
welche zur unvergänglichen Freiheit hinanführt. So kommen
wir schon zur Idee des Andersen'schen Ahasver, welche den Gegensatz als den Streit des Irdischen mit dem Himmlischen faßt,
einen Kampf, in welchem der Sieg dem Himmel einst zufallen
wird, dem die nach Jahrtausenden zählende menschliche Entwickelung stetig zuschreitet, einen Kampf, den Mosen noch unter
den beschränkteren Gesichtspunkt des Religiösen bringt, indem
er ihn als einen Kampf der erst vom Wahne, dann vom Trotze
geleiteten Menschheit gegen das Christenthum characterisirt.
Heller dagegen durchbricht im Verfolg der Laufbahn seines Helden ganz die religiösen Schranken. Die Religion oder doch
wenigstens die positive Religion im Gegensatz zur unsichtbaren
Kirche ist bei ihm der Gegner der freien menschlichen Ent-

wickelung, der überwunden werden muß, um zum freien Menschenthum, zur ewigen Menschheit zu gelangen. So hat im
Laufe seiner poetischen Wandlungen der Schuster von Jerusalem
sein Pharisäerthum, Judenthum und Christenthum abgeworfen
und ist, wie Hamerling ihn benennt, zum ewigen Menschen geworden. Bei Hamerling liegt die Steigerung nur noch darin,
daß er von vornherein ganz abstrahirt von dem ursprünglich
jüdischen oder doch religiösen Charakter des Ahasver, daß er ihn
nicht wie alle Anderen sich erst zu dem Vertreter der Menschheit sich entwickeln läßt, sondern ihn von vornherein in dieser
Fassung giebt.

Diese Abstraction der Sage ist namentlich dadurch gewonnen worden, daß die dichterische Bearbeitung von den beiden
Schwerpunkten der Sage, welche wir einmal in dem gegnerischen
Auftreten der Ahasver gegen Christus, und dann in dem Fluche
der ruhelosen Wanderung finden müssen, wesentlich, namentlich
später, den letzteren cultivirt hat. Der Gedanke des ewigen
Wanderns, des Nichtsterbenkönnens war es hauptsächlich, der
der schlichten Sage die ungemeine Anziehungskraft verlieh. Dennoch ist auch in Betreff des Schuldmoments die dichterische Ge-
staltungskraft in erfinderischer Weise, wie wir sehen, thätig gewesen, namentlich in der Auffassung Ahasvers im Gegensatz zu
Christus. Da ist es bald der Anhänger der Hohenpriester und
Pharisäer, der Christus, den Ketzer, mit verfolgt, bald der Re-
alist, der den Idealisten nicht will, bald der hartgesottene Ungläubige, der den Glauben verhöhnt, bald ist es wieder der Gläubige, der aus Mißverständniß den neuen Messias für einen Betrüger hält, bald der Jude alten Styls, der auf das Reich Davids, auf die äußere Auferstehung Judas hofft und erst gegen
Jesus Front macht, als er sieht, daß es nicht der von ihm Ge-
hoffte ist, bald soll es gar der verlassene darbende Arbeiter mit
seinem allgemeinen Classenhaß gewesen sein.

Auch die Frage, wann kommt Ahasver zur Ruhe, wann winkt ihm das Ziel seiner Wanderung, erfährt eine gleiche auseinandergehende Verschiedenheit der Beantwortung. Dieselbe ist eine unbedingt verneinende bei Hamerling, denn die Menschheit kommt nie zur Ruhe, während Heller den Höhepunkt der menschlichen Entwicklung, da wo sie zum ächten Menschenthum emporgestiegen, gleichzeitig als das Ziel der Wanderung Ahasvers hinstellt, Zedlitz dagegen das dem verwandte goldene Zeitalter des ewigen Friedens, der allgemeinen Völkerverbrüderung. Bei Mosen und in der ersten Heller'schen Bearbeitung ist es der Zeitpunkt der Versöhnung der Menschheit mit dem Christenthume, bei Sue in ähnlicher Weise die allgemeine Verbreitung des christlichen Liebesgedankens, bei Köhler die allgemeine Herrschaft der Wahrheit und Freiheit, in der alten Sage wie bei Schubart und Göthe ist es die Wiederkehr Christi auf Erden, bei Andersen die Himmlischwerdung der Menschheit, bei Oelkers das Ende der Zeit, die Ewigkeit.

Wir dürfen indeß nicht annehmen, daß es bloß die Kunstdichtung gewesen ist, welche die Sage allein erhalten, erweitert und fortgebildet hat. Liegen doch zwischen dem ersten Auftreten Ahasvers und seiner ersten dichterischen Bearbeitung durch Schubart fast hundert Jahre dazwischen. Innerhalb dieser Zeit hat die Sage im Volksbewußtsein sich erhalten und mehrere Züge der späteren Dichtungen verdanken nicht ihre Entstehung der eignen Erfindung des Dichters, sondern lassen sich zurückführen auf die stillschaffende Phantasie des Volks. Für sie wurde namentlich Ahasver der Vertreter des zählebigen Volks Israel, das aller Wandlung der Zeit zum Trotze, aller Noth und Verfolgung zum Spotte seine Eigenart sich bewahrt und auf der ganzen Erde Posten ausgestellt hat. Dann findet namentlich auch der Glaube Erklärung, daß sich an die Füße des verfluchten Wallers Tod und Verderben hefte, wir wir ihn bei Horn,

Klingemann und Sue ausgesprochen fanden. Es ist eben derselbe Wahn, der Veranlassung gab zu der entsetzlichen Verfolgung
der Juden. Die Kunstdichtuug hat jedoch diese etwas einseitige
Auffassung des Ahasver unter rein judischem Gesichtspunkte gleich
von vornherein aufgegeben. Jedenfalls um deßwillen, weil das jüdische Volk wenigstens nach Aufhebung seiner nationalen Selbstständigkeit in der Entwicklung der Weltgeschichte keinen mit-
redenden Faktor mehr abgiebt, vielmehr nicht aus der Dulder-
rolle heraustritt, so lange Jenes aber nicht eintritt, die auf eine
Verherrlichung des Judenthums hinauslaufende Identificirung
unseres Helden mit dem Judenthume keinen Anspruch auf allgemeines Interesse würde machen können.

Unbeachtet dürfen wir dabei auch nicht lassen den mythologischen Kern der Sage, der sich in der Idee des ewigen irdischen
Fortlebens ausspricht. Schon Gräser macht darauf aufmerksam
und stellt den ewigen Juden in Parallele zu Tannhäuser. Eine
weitere Parallele bietet die Kyffhäusersage, deren Ursprung neuere
Forscher bis in das altgermauische Götterthum, ja bis in die
indogermanische Vorzeit zurückgeführt haben. So leben nicht
nur Odin und Holda noch fort im wilden Jäger und Frau
Holle, sondern fast die ganzen Figuren der altheidnischen Mythologie führen unter christlicher Maske ein geduldetes Leben, nur
wußte die christliche Kirche ihrem Dasein ein zweckdienliches
Motiv unterzuschieben. So will es fast scheinen, als ob unsere
Sage selbst eine Erfindung der christlichen Priester ist, wie
deren erste Wiedergabe auch einem Mönche entstammt, vielleicht
in der Absicht geschaffen, den auftauchenden Zweifel an der wirklichen Existenz der Person Christi durch die Vorführung eines
noch lebenden Zeugen zu beseitigen. Jenem ersten Ahasver — in
Armenien — hängt auch, wie wir sahen, noch nicht der Fluch
des ewigen Verdammnisses an, er lebt still und ruhig, in der
Hoffnung seiner Erlösung. Erst die christlich germanische Idee,

daß für gewisse, namentlich wider das Christenthum und seine
Hauptlehren begangene Verbrechen keine Sühne besteht, vielmehr
der Unthäter unter ewiger Gewissensfolter nie wieder zur Ruhe
kommt, mußte sich auf ihn übertragen, um den stillen seßhaften
Mann in ruheloser angstbeflügelter Wanderung durch die Welt
zu treiben. Für den Glauben an die Möglichkeit einer solchen
Wanderung boten sich aber nun dem Volke die bereits vorhandenen erwähnten mythischen Persönlichkeiten dar. So ungefähr
denken wir uns die Genesis der Sage bis dahin, wo die Poesie
in ihren einzelnen Vertretern sich ihrer bemächtigte.

Bewundernd aber stehen wir vor der Fülle erhabener und
tiefer Gedanken, zu denen die Sage allen Denen Anregung gegeben hat, die sich dichterisch in dieselbe versenkten; Gedanken,
welche befruchtend hinübergreifen in die Gebiete der Religion,
der Philosophie, der Geschichte, der Natur, und welche in ihrer
Zusammenfassung fast ein eigenes philosophisches System, eine
Art Ahasver=Philosophie bilden, die sich namentlich in dem er=
habenen Schlußsatze gipfelt, daß Tod und Leben eigentlich Eins
sind. Ist doch das Leben lehrt uns die Philosophie unserer Sage
selbst nichts weiter, als ein immerwährendes Sterben und alles neue
Leben erst bedingt durch ein vorhergegangenes Sterben. Und so ist
zuletzt der Tod Nothwendigkeit, Wohlthat, Versöhnung und hat
nichts von dem Schrecklichen, das der Mensch ihm anhängt. Kein
größerer Fluch, als ein ewiges Leben, weil dasselbe von einem ewi=
gen Sterben begleitet oder doch dessen Zeuge ist. In der Welt stirbt
nichts. Wenn auch die Vernichtung in noch größeren Massen um sich
greift, ein Lebenspunkt bleibt immer noch, von dem aus das Leben
wieder weiter greift. Und Das nicht bloß innerhalb der Natur,
auch innerhalb der menschlichen Entwickelung. Ganze große
Nationen, nachdem sie Jahrhunderte lang der Menschheit ihr
specielles Gepräge verliehen, entarten, verschwinden, gehen
unter, was aber nicht untergeht, das sind die ewigen Ideen, die

fie erzeugten und vertraten, diese leben weiter und werden von Denen übernommen und neu befruchtet, welche die neuen Träger der Mission der Geschichte geworden sind, bis auch diese wieder dahin gekommen sind, wo sie nicht mehr im Stande sind, die Welt mit neuen belebenden Gedanken zu durchdringen. Dann sind auch sie wieder zum Sterben reif. Es ist nicht immer ein wirklicher und sichtbarer Untergang. Oft treten sie, die bestim=menden Nationen nur vom Schauplatz ab und verharren eine Zeitlang in Stillstand. In diesem Stillstande, in dieser Ruhe aber sammeln sie neue Kraft, die ihren Schooß wieder fruchtbar macht und von Neuem übernehmen sie die Führerschaft der Welt. In diesem stetigen Absterben alles zum Tode Reifen gewinnen wir eben das Gesetz des Fortschritts der menschlichen Entwicklung. Dieser Fortschritt bedingt aber den Kampf, bedingt den Zweifel, bedingt den Irrthum. „Gott wird geboren, gekreuzigt, und — lebt." Es ist aber nur scheinbar oder doch nur auf der unter=sten Stufe ein Kampf um das bloße elende Dasein, es ist viel=mehr ein Kampf, um die — unsterblichen Ideen. Und wenn einst nach Jahrtausenden die Zeit wird gekommen sein, da sie siegend sich verbreiteten über die ganze Erde, wenn die Menschheit „ein Volk, ein Denken ward in Eintracht und Ver=ständniß, wenn Erd und Himmel Eins geworden," dann — dann hat der Menschheit Ahasverthum geendet, dann — stirbt nicht Ahasver, aber seine Qual hat ein Ende, denn nun braucht die Menschheit nicht mehr das Sterben, um zu — leben So spiegelt sich in der Fortentwickelung unserer Sage gleichsam die Fortentwickelung des menschlichen Gei=stes ab, welche ebenfalls die Stationen des Mythus, des Glau=bens, des freien Denkens durchzuleben hat.

Ist nun die poetische oder geistige Wiedergeburt des Ewigen Juden erschöpft? Aus dem soeben entwickelten Begriffe der fort=schrittlichen geistigen Entwicklung der Menschheit heraus müssen wir die Frage verneinen. Immer noch wird die alte wunderliche Figur die Folie abgeben für neue Gedanken, neue Axiome. Noch ist man ihr eigentlich mehr philosophisch als poetisch gerecht geworden. Die ursprüngliche reale Figur ist mehr und mehr in eine Abstraction aufgegangen. Ob sie sich freilich nicht, wie Klingemann und Hamerling meinen, überhaupt einer derartigen poetischen Lösung, welche sie zum eigentlichen Helden eines Gedichts stempelt, wie Faust und Don Juan, entzieht, darüber ließe sich wohl streiten. Jedenfalls müssen wir dies vorerst noch der Zukunft überlassen. Die von Heller und Schücking geschaffene Verbindung der Figur mit anderen realistischen Sagenfiguren hat ihr auch einen erhöhteren Realismus verliehen, freilich nur auf Kosten ihrer Bedeutung. Jedenfalls wird sie in dieser Verbindung oder in Form der Episode noch lange in der Literatur, namentlich der deutschen, der sie fast ausschließlich gehört, phantastisch spuken. Immer von Neuem werden wir ihm dort begegnen, dem müden Wanderer in seinem fahlen wetterharten Gesichte, mit den unheimlich glühenden Augen, dem zusammengewachsenen buschigen Brauen, dem verwitterten silberweißen Barte, das Haupt müde und schmerzlich zur Brust gesenkt, ruhig und schweigsam dahinschreitend in großen tappenden Schritten, nicht rastend noch ruhend, nur wandernd — weiter — weiter — weiter — —

Druck von Gebr. Unger (Th. Grimm) in Berlin, Schönebergerstr. 17a.

Die

Pflanzengruppe der Farne.

Von

Dr. Chr. Luerssen.

Mit Holzschnitten.

Berlin, 1874.

C. G. Lüderitz'sche Verlagsbuchhandlung.

Carl Habel.

Unter den Vegetationsformen, wie sie Humboldt, und nach ihm Andere, zur Charakterisirung der einzelnen Florengebiete unserer Erde aufstellten, spielt die Form der Farne gewiß keine der unwesentlichsten Rollen. Schon die jährlichen Besucher unserer sächsischen Schweiz können, wenn sie nicht nur für die bizarresten Felsgestalten oder die besten Wirthshäuser, sondern auch für die Pflanzenwelt ein Interesse an den Tag legen, in den meisten Thälern mit Leichtigkeit beobachten, welch' eigenthümliches Gepräge der Vegetation derselben durch die massenhaft auftretenden Farne ertheilt wird, die im Uttewalder Grunde überall in zierlichen Formen die feuchten Felswände bekleiden und im Bielagrunde und ähnlichen Thälern in großer Menge dem Wasserlaufe folgen.

Mehr aber als in unseren Breiten und in nördlicheren Zonen, wo sie selbst noch, wenn auch nur in wenigen Formen, die Küsten Grönlands bewohnen, sind die Farne in den meisten Tropenländern, zumal im feuchtwarmen Urwalde tropischer Inseln, ein charakteristischer Bestandtheil der Pflanzenwelt. Hier ist ihre eigentliche Heimath, hier finden sie die für sie wichtigsten Lebensbedingungen — Feuchtigkeit, Wärme, Schatten — und daher entfalten sie auch hier die unendliche Mannigfaltigkeit der Gestalten, von denen man im Ganzen bereits weit über 3000 Arten unterschieden hat. Wie muß das Auge des Kenners aufleuchten, wenn es ihm vergönnt ist, zum ersten Male ein solches Heiligthum zu betreten, wo ihm Tausende seiner Lieblinge in allen Größen und Formen entgegentreten, hier vom Boden, dort an Stämmen emporkletternd, dort mit Knabenkräutern, Arongewächsen und anderen baumbewohnenden Pflanzen zusammen von hohen Baumästen herab die freudig grünen Blätter ihm entgegenleuchten.

Und wahrlich, erstaunlich wechselnd ist das Heer, das ihn hier umgiebt! Da stecken oft ganz verborgen zwischen Moosen des Bodens und der Baumstämme zahlreiche Hymenophyllen, die niedrigst organisirten Glieder der Gruppe, welche in Größe, Textur der Blätter und anderen Eigenschaften zunächst den Moosen sich anschließen. Auf dünnen, fadenartigen, kriechenden Stämmchen sitzen Blätter von oft kaum einem Centimeter Länge, zart und durchscheinend wie Seidenpapier, manchmal nur von schwacher Mittelrippe durchzogen. Und selbst die größten Mitgli.der der Familie bewahren ihren eigenthümlichen Charakter in dem sonderbaren Baue des Blattes, das mit Ausnahme nur weniger Fälle, sowie mit Ausnahme der die Nerven enthaltenden Stellen, nur aus einer einzigen Zellenlage gebildet wird, trotzdem es manchmal schon bedeutende Dimensionen erreicht und von fußlangen und fingerdicken Stämmchen entspringt.

Da ist ferner die sonderbare Gestalt der Gleichenien, deren oft viele Fuß lange Blätter wiederholt handförmig getheilt sind und ein jahrelanges Wachsthum mit zwischenliegenden Ruheperioden zeigen, eine Erscheinung, die auch bei manchen Hymenophyllen und einigen Polypodieen auftritt.

Den Gleichenien reihen sich die Schizäen an. Einige ihrer Formen besitzen noch die hand= oder fächerartige Theilung des

Blattes, die bei den Farnen früherer Entwickelungsperioden unserer Erde, nach den Versteinerungen zu schließen, viel häufiger gewesen zu sein scheint, als in der Jetztwelt. Andere, die Lygodien, ahmen in ihren fast unbegrenzt fortwachsenden Blättern schlingende Stengel nach, welche wie unsere Winden oder der Hopfen sich von Zweig zu Zweig, von Ast zu Ast winden und oft in Gemeinschaft mit anderen Schlinggewächsen ein kaum durchbringbares Gewirre bilden.

Und welche Formenfülle zeigt uns die größte, etwa 2800 Arten zählende Gruppe der Farne, die der Polypodiaceen, zu denen auch die meisten unserer einheimischen Mitglieder gehören. Von winzigen, kaum zollhohen Gestalten 'mit einfachen Blättern, bis zu solchen, die sich wie Bäumchen erheben und deren mehrere Fuß lange Blätter auf's Zierlichste zerschnitten erscheinen, welch' lange Reihe oft so allmählich in einander übergehender Formen, daß es für den Forscher unendlich schwer ist, dieselben in's System einzuzwängen.

Doch die Krone Aller sind die Cyatheaceen, jene Farne, welche mit den Palmen an Wuchs und Zierlichkeit wetteifern und ihnen den Rang im Tropenwalde streitig zu machen suchen. Hier erhebt sich — bei der vorigen Familie noch eine vereinzelte Erscheinung — fast durchgängig der Stamm baumartig, unverzweigt, als schlanke Säule oft bis zur Höhe von 50 Fuß (bei der neuholländischen Dicksonia antarctica), an der Spitze ein Büschel im weiten Bogen nach unten hängender, zierlich gefiederter Blätter von bis 12 Fuß Länge tragend. Bald glatt und nur die Narben der abgefallenen Blätter zeigend, bald mit den stehengebliebenen schuppigen Blattstielbasen bedeckt, bald noch von einem dichten Geflechte tausender von Luftwurzeln umsponnen, zeigt der Stamm hier zugleich eine Festigkeit, welche derjenigen zahlreicher Laubbäume nicht nachsteht. Auf den Fidschi-Inseln, wo die Stämme von Farnbäumen (Alsophila lunulata) beim Häuserbau verwendet werden, bleiben diese nach den Aussagen des Reisenden Seemann beim Niederbrennen eines Gebäudes allein vom Feuer verschont.

Dehnen wir unsere Betrachtungen über die engere Grenze der eigentlichen Farne auch auf die übrigen Gefäßkryptogamen, die oft als Farne im weitesten Sinne des Wortes bezeichnet werden, aus, so wird dadurch unser Formenkreis noch mehr erweitert.

Wir begegnen den oft riesigen Marattien mit ihren knolligen kaum bis zwei Fuß hohen, mit dicken, fleischigen Schuppen (den Nebenblättern) besetzten Stämmen aber um so mächtigeren Blättern; den zierlichen, über die ganze Erde mit Ausnahme Neuhollands verbreiteten Schachtelhalmen (Equiseten) und den sonderbaren Natterzungen (Ophioglosseen), deren Blätter gabelig in einen vorderen fruchttragenden und einen hinteren unfruchtbaren Abschnitt getheilt sind.

Da treffen wir auf die sogenannten Schlangenmoose oder Bärlappgewächse (Lycopodium), deren zartes Sporenpulver als Hexenmehl, Streupulver, Blitzpulver und noch unter manchen anderen Namen für die Apotheken gesammelt wird — auf die untergetaucht im Wasser oder auf sumpfigem Boden wachsenden, binsenartigen Isoëten und die kleeblätterigen Marsilien. Da sehen wir die nach Art unserer Entenlinsen (Lemna) auf der Oberfläche der Gewässer schwimmenden Salvinien und Azollen und kommen endlich zu den zierlichen, äußerlich wieder manchen Moosen ähnlichen, aber in anderer Beziehung höchstentwickelten, sich den Blüthenpflanzen anschließenden Selaginellen, die, in Deutschland nur mit zwei Arten vertreten, ihren größten Formenreichthum in den Tropen entfalten.

Ihrer Stellung nach die höchstorganisirten unter den kryptogamen Pflanzen, unterscheiden sich die Farne mit den Moosen und Armleuchtergewächsen (Charen) gemeinsam von den übrigen Gliedern dieser großen Gruppe, den Algen, Flechten und Pilzen, durch die deutliche Gliederung in Achse oder Stamm und daran entspringende Blätter, eine Gliederung, welche den drei letzterwähnten Klassen abgeht.

Während aber bei den Moosen und Armleuchterpflanzen die echten Wurzeln fehlen und Haare die Stelle derselben vertreten, erscheinen solche bei den Farnen zum ersten Male unter den Pflanzen überhaupt. Dazu kommt noch außer einer Reihe anderer Eigenthümlichkeiten, von denen wir einige noch kennen lernen werden, daß bei den Farnen, ebenfalls zum ersten Male, eine höhere Entwickelung in den die Pflanzen zusammensetzenden Geweben eintritt.

Halten wir ein Farnblatt gegen das Licht, so erblicken wir, wie bei allen höheren Pflanzen, in demselben dunklere, stärkere und schwächere Streifen, die dasselbe in der verschiedenartigsten Anordnung durchziehen und die wir im täglichen Leben als Adern, in der Botanik als Nerven, jedoch nicht in dem bei Thieren gebrauchten Sinne, bezeichnen. Diese Nerven sind sogenannte Gefäßbündel, aus eigenthümlichen Strängen von langen, röhrenartigen Zellen gebildet, die zum Theil die verschiedenartigsten, vielfach leiterförmigen Verdickungen ihrer Wände zeigen, und welche den Pflanzen, die sie besitzen, einerseits für den Transport des Wassers, andererseits für die Weiterbeförderung der von der Pflanze durch die Assimilation gewonnenen Ernährungsprodukte dienen.

Dieselben Gefäßbündel, welche wir in den Blättern als Nerven sehen, treffen wir auch in den Blattstielen, mit denen der Blattfläche in Verbindung stehend, in größerer oder geringerer Zahl an, meistens nur als wenige, oft von derben, scheidenartigen Gewebemassen geschützte Stränge, die sich schließlich durch den Stamm und bis in die Wurzeln hinein verfolgen lassen und im Stamme, vorzüglich der baumartigen Farne, zu mächtigen Bändern anwachsen. Bei den auf der tiefsten Entwickelungsstufe stehenden Farnkräutern haben wir im Stamme nur ein einziges, sehr zartes Gefäßbündel; ihre Zahl und Mächtigkeit steigert sich mit der Entwickelung und Masse der Stämme.

Da die Gefäßbündel auch bei den Blüthenpflanzen sich finden, bei den Moosen und tiefer stehenden Kryptogamen dagegen fehlen, so bezeichnet man Farne und Phanerogamen gemeinsam auch wohl als Gefäßpflanzen, während man die Moose und Armleuchtergewächse mit den Pilzen, Flechten und Algen als Zellenpflanzen zusammenfaßt.

Werfen wir nun zuerst einen kurzen Blick auf die verschiedenen Wachsthumsverhältnisse der Farne, so finden wir, daß das Stämmchen bald auf oder in der Erde fortkriecht, oder ebenso an Baumstämmen sich emporarbeitet, mit seinen aus allen Stellen sich entwickelnden Wurzeln sich in den Rindenrissen festhaltend, während sich die Blätter meistens in zwei Reihen auf der dem Lichte zugekehrten Seite entwickeln. In andern Fällen strebt es schief oder senkrecht aus dem Boden empor; es erreicht dann meistens bedeutendere Stärke, die zum Stehen ohne Stütze befähigt, und die Blätter stehen in der Regel spiralig oder in Quirlen, einen mehr oder minder dichten Schopf an der Spitze bildend. Auch hier entwickeln sich die Wurzeln meist mächtig bis faſt zur Spiße des Stammes, ſelbſt oft aus dem unteren Theile des Blattſtieles.

. Daß endlich der Stamm baumartig werden kann, haben wir bereits vorhin gehört. Unter unſeren einheimiſchen Arten beſißen wir keinen Baumfarn. Dagegen fanden ſich in früheren Perioden der Erdgeſchichte ſolche auch bei uns und viel weiter nördlich, beſonders zur Zeit der Steinkohle. Damals ſpielten die Farne und überhaupt die Gefäßkryptogamen die bedeutendſte Rolle, da ſie den bei Weitem größten Theil der zu jener Zeit exiſtirenden Landpflanzen bildeten. Und viele derſelben, deren heutige Vertreter nur ſchwächliche, krautartige Pflanzen ſind, wie die Bärlappe und Schachtelhalme, ſtrebten in den Steinkohlenwäldern als gewaltige Baumrieſen empor.

Ein faſt allgemein verbreitetes Merkmal der Farnſtämme iſt das, daß ſie, beſonders an den jüngeren Theilen, meiſt dicht mit zarten, durchſichtigen, ſehr verſchiedenartig gefärbten, meiſt zierlich neßig geſtreiften Schüppchen bedeckt ſind, die man als Spreuſchuppen bezeichnet und die hier wie an den Blättern, wo ſie ebenfalls namentlich auf den Blattſtielen und Nerven vorkommen, allmählich in Haare übergehen können. Solche Haare waren von dem oſtaſiatiſchen Cibotium Barometz, bei dem ſie eine prächtig goldbraune Farbe beſißen, und von manchen anderen ähnlichen Arten in der Medicin früher eine Zeit lang als blutſtillendes Mittel im Gebrauch, und noch jeßt werden die betreffenden Stammſtücke oder deren Haare vielerorts unter ihrem einheimiſchen Namen „Pengawar Djambi" in den Handel gebracht.

Unter unſeren deutſchen Farnen iſt der Stamm von dem auch durch das übrige Europa, in Nordaſien und Nordamerika verbreiteten Wurmfarn, Aspidium Filix mas, gebräuchlich. Derſelbe bereitet in seinem Gewebe in eigenen Drüsen einen als Aspidin oder Filixsäure bekannten Stoff, der als den Bandwurm abtreibendes Mittel eine wichtige Rolle spielt. Bereits die alten Griechen und Römer kannten außer manchen anderen Arten von Farnen auch den Wurmfarn und seine Eigenschaften, wie aus den Schriften von Dioskorides, Plinius nnd Anderen hervorgeht. So giebt Plinius von ihm an, daß er mit Honig gemischt den Bandwurm, mit süßem Wein drei Tage lang genossen alle anderen Eingeweidewürmer vertreibe, und daß man ihn an verdächtigen Orten als Streu benutze, weil er Schlangen und Wanzen verscheuche.

Endlich werden auch die kriechenden, stärkemehlreichen Stämme einiger Farne, wie die unseres fast über die ganze Erde verbreiteten Adlerfarns (Pteris aquilina), in manchen Gegenden, so auf den Südsee-Inseln, geröstet und zu Brod verbacken gegessen, sowie auf den Fidschi-Inseln das Wildpret mit eßbaren Farnkräutern umwickelt zwischen Steinen geröstet wird.

Und nun die Blätter! Sie sind es, welche der Hauptsache nach mit die große Mannigfaltigkeit der Gestalten bedingen und mit ihrem oft wahrhaft ungeheuerlichen Formenwechsel den Forscher zur Verzweiflung bringen können, wenn er ein System aufbauen will. Vom einfachsten kaum zolllangen bis zum mächtigen zwölffüßigen Blatte finden wir eine Reihe von zierlichen, fächer- und federförmigen Gestalten, wie sie kaum wieder in einer Pflanzengruppe auftreten und die auch der Grund sind, weshalb wir Farne als Decorationspflanzen kaum entbehren können, besonders dann, wenn sie auf ihrer Unterseite noch mit goldgelben, röthlichen oder silberweißen wachsartigen Ueberzügen dicht bedeckt sind, wie die sogenannten Gold- und Silberfarne (Gymnogramme chrysophylla u. a. A.) unserer Gärten. Dazu kommt, daß nicht nur

Standortsverhältnisse einen nicht geringen Einfluß auf die Variation der Blattform auszuüben scheinen, sondern daß auch mit zunehmendem Alter der Pflanze diese dieselbe ändert, so daß Jugendexemplare total verschieden von erwachsenen aussehen und daher, namentlich wenn sie frühzeitig fructificiren, vielfach als eigene Arten beschrieben wurden.

Auch manche Monstrositäten der Farnblätter, namentlich solche, bei denen sich Spitze und Lappen vielfach gabeln und kräuseln, kommen vor und werden von vielen Gärtnern mit Vorliebe cultivirt. Am bekanntesten unter ihnen sind wohl die krausen Varietäten des Wurmfarn und der Hirschzunge (Scolopendrium officinarum). Ebenso sind in neuester Zeit von einer dem Adlerfarn verwandten Art die Varietäten mit silberweiß und dunkelroth gestreiften Blättern beliebt (Pteris quadriaurita, var. argyrea und tricolor).

In ihrer Jugend sind die Blätter mit der Spitze stets nach vorn spiralig wie ein Bischofsstab eingerollt. Erst nach und nach wird während des Wachsthums die Einrollung aufgehoben und das Blatt von unten nach oben gestreckt. Dies Wachsthum findet bei den allermeisten Farnen einen mehr oder weniger raschen Abschluß; bei manchen kann es aber auch, wie schon erwähnt wurde, jahrelang unter fortwährenden Ruheperioden fortgesetzt werden.

Wenn einerseits die äußeren Umrisse des Blattes die vielen aufgestellten Farnarten bedingen, legt man andererseits, obwohl hie und da mit großer Vorsicht, auch ein nicht unbedeutendes Gewicht auf die Nervatur desselben. Von der einfachsten Aderung, wo nur ein einziger Nerv das ganze Blatt durchzieht, bis zum complicirtesten Maschennetze, treffen wir auch hier eine so große Mannigfaltigkeit, daß gewisse Grundtypen für die Art der Nerven-

vertheilung festgesetzt worden sind, Typen, die besonders der Pa-
läontologe im Auge behält, da dieser ja nur selten Früchte an
seinen Versteinerungen findet und daher meistens nur nach dem
allgemeinen Umriß und der Nervatur solche Blätter bestimmen kann.

Indessen ist noch nach einer anderen Seite hin der Nerven-
verlauf in der Blattfläche wichtig, insofern nämlich, als mit ihm
die Bildung und Vertheilung der Fruchthäufchen im Zusammenhange stehen.

Bekanntlich besitzen die Farne, wie die Kryptogamen überhaupt, keine Blüthen, wie die Blüthenpflanzen oder Phanerogamen, sondern wir finden bei ihnen auf der Unterseite der Blätter
eigenthümliche Fructificationsorgane, die dem unbewaffneten Auge
als staub- oder körnchenartige Massen von meist brauner, gelb-
brauner oder bräunlichschwarzer Färbung erscheinen. Bei manchen
Farnen, wie bei den Schizäen oder unserem einheimischen Königs-
farn (Osmunda regalis), treten sie nur an bestimmten Stellen,
meistens der Spitze des Blattes oder an besonderen Lappen desselben,
auf. Bei anderen, wie den meist tropischen Acrostichen, bedecken
sie fast die ganze Unterseite der Blätter ohne Rücksicht auf den
Verlauf der Nerven. In den meisten Fällen jedoch erscheinen die
Fortpflanzungsorgane in Gestalt charakteristisch geformter Häufchen nur an solchen Stellen der Blattunterfläche, wo im Innern
ein Nerv das Blatt durchzieht.

Diese Fruchthäufchen (Sori) sind bald kreisrund und treten
dann wie halbkugelige Polsterchen hervor (Fig. 1.); bald sind sie
oval, oder sie ziehen sich als lange Streifen über einen großen
Theil der Blattbreite.

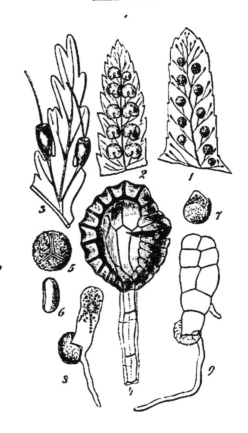

Fig. 1. Lappen des Blattes vom gemeinen Tüpfelfarn (Polypodium vulgare) mit Fruchthäufchen auf der Unterseite (etwa doppelte Größe). — Fig 2 Blattläppchen des Wurmfarn (Aspidium Filix mas) mit Frucht-häufchen, die mit einem nierenförmigen Schleier bedeckt sind (etwa doppelte Größe). — Fig. 3. Blattstück eines Hautfarn (Trichomanes Kunzeanum) mit randständigen, becherförmigen Schleiern (mehrfach vergrößert). — Fig. 4. Reifes und entleertes Sporangium (von Lindsaya repens) in 150facher Ver-größerung. — Fig. 5 und 6. Farnsporen stark vergrößert. — Fig. 7. Kei-mende Farnspore, 120mal vergrößert. — Fig. 8. Junger Vorkeim, 120mal vergrößert. — Fig. 9. Etwas älterer Vorkeim in gleicher Vergrößerung. (Fig. 7—9 von Dicksonia antarctica).

In einigen Fällen sitzen sie dem Ende des dann meist kopfig oder keulenförmig angeschwollenen Nerven auf (Fig. 1), in anderen entspringen sie auf dessen Mitte (Fig. 2), in noch andern begleiten sie als linienförmige Häufchen den Nerven auf eine lange Strecke, nur auf einer Seite oder auf dem Rücken desselben verlaufend. Hier erscheinen sie nur am Rande des Blattes, wie beim schon erwähnten Adlerfarn, dort in der Nähe desselben oder in der Mitte der fruchttragenden Blattabschnitte, wie beim gemeinen Tüpfelfarn (Polypodium vulgare, Fig. 1) unserer Bergwälder. Der Botaniker unterscheidet schon nach dieser Vertheilung und Form eine große Anzahl von Arten und Gattungen.

Mehr noch wird aber die Mannigfaltigkeit der Fruchtorgane durch ein zweites Merkmal bestimmt. Bei unserem Tüpfelfarn (Fig. 1) und vielen anderen Arten erscheinen dieselben ganz nackt auf der Blattfläche, bei anderen dagegen, wie z. B. dem Wurmfarn (Fig. 2) sind sie von charakteristisch geformten, meist zarten, fast durchsichtigen Häutchen bedeckt, die man als Schleier (Indusien) bezeichnet.

In ihrer äußeren Form noch mannigfaltiger, wie die Fruchthäufchen, die sie bald von oben, bald von unten her einhüllen, zeigen die Schleierchen die Gestalt nierenförmiger (Fig. 2), kreisrunder oder langgezogener Schildchen, die nur an einer kleinen Stelle der Blattfläche angewachsen sind. Oder sie laufen als lange Hautfalten an den Nerven entlang (Asplenium z. B.), bilden taschenförmige Organe, besonders wenn sie an den Nervenendigungen sitzen (z. B. bei Davallia), oder treten endlich selbst als kelch- oder becherartige Gebilde, den Sorus von allen Seiten einschließend, über den Rand des Blattes hinaus, wie bei den Hymenophyllen (Fig. 3). Als glashelle Häutchen sich entwickelnd, bräunen sich die Schleierchen fast immer mit zunehmendem Alter und schließlich werden sie oft abgeworfen oder sie zerreißen oder verschrumpfen manchmal bis zur Unkenntlichkeit, wenn die von ihnen bedeckten Organe mehr und mehr der Reife sich nähern.

So lange man nicht mit' genügenden Vergrößerungsgläsern versehen war, kannte man die Fruchthaufen der Farne nur nach ihren gröbsten äußeren Verhältnissen. Die Alten sprachen den Farnen überhaupt Blüthen und Samen ab und nur manchmal (wie bei Dioskorides) werden wurmförmige Streifen der Blatt-Unterseite (der Hirschzunge) erwähnt. Auch die Verfasser der Kräuterbücher des Mittelalters, selbst noch des 17. Jahrhunderts, läugnen zum Theil die Fortpflanzungsorgane bei den Farnkräutern, obgleich hie und da bereits von Einzelnen dieselben angenommen werden. So schreibt Hieronymus Bock im Jahre 1539: „Alle Lehrer schreiben, Farnkraut trage weder Blumen noch Saamen, jedoch so hab ich zum viertenmal auf St. Johannis Nacht dem Saamen nachgegangen und Morgens früh, ehe der Tag anbrach, schwarzen kleinen Saamen, wie Magsaamen (Mohnsamen) auf Tüchern und breiten Wullkrautblättern aufgehaben unter einem Stock mehr dann unterm andern, etwann unter hunderten nicht ein Körnlein funden. Dagegen hab ich unter einem Stock mehr dann hundert Körnlein funden, zu solchem Handel hab ich kein Segen, keine Beschwerung noch Charakter (wie etliche darmit handeln) gebraucht, sondern ohn alle Superstition dem Saamen nachgangen und funden, doch ein Jahr mehr dann das andre, bin etwann auch vergebens hinausgangen." Erst später kam man der eigentlichen Bedeutung der Fruchthaufen und in den letzten Jahrzehnten ihrer Entwickelungsgeschichte auf die Spur. Man sah, daß es keine structurlosen Staubmassen waren, sondern daß man es mit äußerst zierlich gebildeten Organen zu thun hatte,

die man als Sporenkapseln oder Sporangien bezeichnete. Schon
bei schwächerer Vergrößerung, bei manchen Arten bereits mit Hülfe
einer guten Lupe, erkennt man sie als zarte Kapseln von meist
eiförmiger Gestalt (Fig. 4). Sie stehen auf längeren oder kür-
zeren Stielen, die aus zwei oder drei Reihen zarter Zellen gebildet werden, und oft entspringen zwischen ihnen auf der fruchttragenden Blattstelle, dem sogenannten Receptaculum, längere oder
kürzere, fadenförmige oder keulige Haare (Paraphysen), die man
früher einmal als männliche Organe betrachtete, ehe man die
wahren Geschlechtsorgane an ganz anderem Orte auffand.

Die eigentliche Sporenkapsel ist in der Regel eiförmig bis
kugelig. Ihre Wandung besteht im Reifezustande aus nur einer
Schicht zarter, ziemlich großer Zellen von blaß gelblicher oder
bräunlicher Färbung. Eine einzige Reihe von kleineren Zellen, die
an verschiedenen Stellen des Sporangiums verläuft, zeichnet sich
dagegen durch meistens dicke, dunkel gefärbte Wände aus. Diese
Zellenreihe, bei unseren Polypodieen (Fig. 4) auf dem Rücken der
Kapsel am Stiele beginnend, aber auf der entgegengesetzten Seite
diesen nicht erreichend, ist der sogenannte Ring, welcher in Folge
seiner Contraction beim Austrocknen der reifen Kapsel diese mit
einem Riß öffnet (Fig. 4).

Nicht immer zeigt der Ring die Lage, wie in unserer Zeich-
nung. Er verläuft oft auch schief oder fast horizontal um die
Mitte der Kapsel oder bedeckt die Spitze derselben wie eine Art
Turban. Immer aber ist sein Bau annähernd derselbe, seine
Function die gleiche.

Im Innern der reifen, noch nicht geöffneten Kapsel liegen
nun als die eigentlichen für die Keimung bestimmten Organe
zahlreiche, mikroskopisch kleine Zellchen, die Sporen. Bald fast

kugelig (Fig. 5), bald von nieren= oder bohnenförmiger Gestalt, sind sie auf ihrer Oberfläche entweder glatt oder mit den mannig= fachsten stachel=, warzen=, kamm= oder netzartigen Verdickungen besetzt, die ihnen ein ungemein zierliches Ansehen geben. Außerdem finden sich auf ihrer Oberfläche in manchen Fällen drei sternartig zu= sammenstoßende Leisten (Fig. 5), in anderen und zwar bei den bohnenförmigen Sporen ist nur eine solche auf der flachen Seite vorhanden. Ihre Bedeutung werden wir bald kennen lernen.

Fragen wir uns nach der Art der Entstehung der Sporan= gien, so wissen wir, daß dieselben sich wie die einfacheren Haare der Pflanzen aus Zellen der Blattoberhaut bilden, je ein Sporan= gium aus einer Oberhautzelle. Nur ihr Inhalt und ihre Be= stimmung unterscheiden im Wesentlichen die Sporangien der Farne von den Paraphysen z. B., die sich, wie wir bereits hörten, aus anderen Oberhautzellen zwischen ihnen bilden können. Die Sporen= kapseln sind daher nicht etwa wie eine Pflaume oder ein Apfel das Produkt eines geschlechtlichen Vorganges an der Pflanze; sie werden auf ungeschlechtlichem Wege gebildet, aber die specielle Verfolgung ihrer Entwickelung würde uns hier auf ein zu ent= fernt liegendes Gebiet und zu vielen anatomischen Erörterungen führen, so daß wir davon absehen müssen.

Auch noch auf eine zweite Art können sich viele Farne, ja unter günstigen Verhältnissen vielleicht alle, ungeschlechtlich ver= mehren. Wir finden oft den Blattstielen oder Blattrippen mehr oder minder zahlreich kleine, oft bereits mit einigen kleinen Blät= tern und Wurzeln versehene Pflänzchen aufsitzen. Dem bloßen ·Auge zuerst als winzig kleine Knospen erscheinend, entstehen die= selben aus einem Theile des Blattgewebes durch Vermehrung der Zellen desselben. Diese Brutknospen, wenn sie größer und nament=

lich bewurzelt sind, vorsichtig abgelöst und eingepflanzt, geben uns
jede ein neues Farnkraut. An ihren natürlichen Standorten lösen
sie sich von selber los und wurzeln dann im Boden fest. Oder
sie ziehen durch ihr Gewicht beim weiteren Wachsthum das Blatt
zur Erde nieder, senden ihre Wurzeln in dieselbe und werden endlich durch Verwesung des Mutterblattes selbstständig.

Kommen wir nun wieder auf unsere Farnsporen zurück, so
sind diese zum Keimen bestimmte Fortpflanzungszellen.

Von den Samen höherer Pflanzen sind sie indessen wesentlich verschieden. Abgesehen davon, daß sie nur eine einzige Zelle
sind, während die Samen der Blüthenpflanzen aus zahlreichen solcher Zellen zusammengesetzt werden, fehlt ihnen jeglicher
Keimling. Ihr Inhalt ist einzig eine schleimig-körnige, eiweißhaltige, farblose oder auch manchmal grün gefärbte Substanz
(Protoplasma). Aus diesem Grunde kann daher auch die Keimung einer Farnspore nicht so vor sich gehen, wie etwa die einer
Bohne. Wir sehen aus letzterer sofort eine Pflanze mit allen
Eigenschaften der Bohne sich entwickeln; aber aus der Spore eines
Farnkrautes entsteht ein Gebilde, so abweichend von der die Sporen
liefernden Mutterpflanze, daß man es in keiner Beziehung mit
letzterer vergleichen kann und daher auch mit besonderem Namen
belegt, es als Vorkeim oder Prothallium bezeichnet. Auf den
Farntöpfen unserer Glashäuser sehen wir solche Vorkeime oft in
großer Menge als zarte, durchscheinende, freudig grüne Läppchen
von meist herzförmiger Gestalt, durch einen dichten Haarfilz an
der Erdoberfläche festgehalten, bis zur Größe eines Silbergroschens
oder darüber heranwachsen. Wenn wir ihrer Entwickelung aus
der Spore, die sich nur mit Hülfe des Mikroskopes beobachten
läßt, nachspüren, so finden wir Folgendes:

Auf feuchte Erde, am besten auf Haideerde oder auf Moos-
torf gestreut und unter einer Glasglocke stets mäßig feucht und
warm gehalten, platzen oft schon nach einigen Tagen, manchmal
aber auch erst nach Monaten, die Sporen und zwar in Mitten
der vorhin erwähnten Leisten.

Wir sehen dann, daß die Sporenhaut zwei Schichten besitzt, die ineinander stecken, aber fest mit einander verbunden
sind: eine derbe, mit den mannigfaltigen Fortsätzen bedeckte, gefärbte äußere — und eine sehr zarte, glatte, farblose innere Schicht.
Wir sehen ferner, daß nur die äußere dieser beiden Schichten bei
der Keimung aufreißt, daß die innere unverletzt bleibt und zu
einer zarten Papille auswachsend durch den Spalt der Außenhaut
sich hervordrängt (Fig. 7). Sie allein bildet sich zum Vorkeim
weiter; die äußere Haut wird später in der Regel durch den rasch
sich vergrößernden Vorkeim noch weiter gesprengt, gelockert und
endlich als nutzlos abgeworfen.

Während die Innenhaut sich ziemlich rasch zu einem kurzen
Schlauche verlängert (Fig. 8), bildet sich ein grün gefärbter Theil
des Sporeninhalts zu kleinen grünen Körnchen (Chlorophyllkörnern)
um, welche durch Aufnahme und Zerlegung der Kohlensäure der
Luft dem jungen Vorkeime Nahrung bereiten.

Durch Bildung von parallel hintereinander im Innern auftretenden Querwänden gliedert sich der Vorkeim bald in eine Anzahl von Zellen, die demselben zuerst noch fadenförmige Gestalt
geben. Später aber treten zu diesen noch Wände senkrecht zu den
ersten (Fig. 9); und während nun beide Arten der Theilungen
in den Zellen mit einander abwechseln, entsteht ein Anfangs noch
mikroskopisch kleines, blättchenartiges Gebilde, das in Länge und
Breite wachsend indessen bald auch als grünes Schüppchen auf

der Erdoberfläche für das unbewaffnete Auge sichtbar wird. Auf
der dem Boden zugewendeten Seite desselben bilden sich schon
früh als Ausstülpungen einzelner Zellen lange, schlauchartige
Wurzelhaare (Fig. 8 und 9), die in den Boden eindringend einmal den Vorkeim hier festhalten, andererseits auch durch Aufnahme
von Wasser und anderen Nährstoffen des Bodens ihn in gleicher
Weise kräftigen, wie die Chlorophyllkörner seiner Zellen.

Lange Zeit bleibt das Pflänzchen aus einer einzigen Lage
zarter Zellen gebildet und auch später behält der Rand desselben
die gleiche Beschaffenheit. Dagegen tritt dann in der Mittellinie
der Unterseite von hinten bis zu einer vorne sich bildenden herz-
förmigen Einbuchtung ein Gewebepolster (oft als eine Art Mittelrippe
oder Kiel) auf, dem nun vorzugsweise die Wurzelhaare entspringen.
Dabei findet niemals eine Gliederung des Vorkeimes in Stämmchen und Blätter statt; er verhält sich in dieser Hinsicht wie der
ungegliederte Gewebekörper (Thallus) der niederen Kryptogamen.

Wenn aber auch ein Farnvorkeim stetig in der angedeuteten
Weise weiter wüchse, er würde doch nur in äußerst seltenen erst
kürzlich entdeckten Ausnahmefällen unmittelbar ein junges Farnkraut hervorbringen. Sein gewöhnliches Schicksal wäre Tod
ohne Erzeugung einer neuen Generation. Daß eine solche am
Vorkeime auftritt, hat seinen Grund in der Entwickelung von Geschlechtsorganen: männlicher oder Antheridien und weiblicher oder
Archegonien. Beide entstehen meistens an demselben Vorkeime,
die männlichen stets am Rande oder auf der Unterseite, soweit der
Vorkeim nur aus einer Zellenlage besteht, die weiblichen nur auf dem
Gewebepolster der Unterseite, beide meist in großer Anzahl, indessen
die männlichen in der Regel überwiegend. Manchmal aber bringt ein
Prothallium nur männliche, ein anderes nur weibliche Organe hervor.

Das männliche Organ (Antheridium), gewöhnlich früher als das weibliche zur Entwickelung kommend, ist wiederum insofern den einfachen Haaren in seiner Entstehung gleich, als eine einzige Zelle der Ursprung desselben ist. Diese wölbt sich wie eine Glasglocke empor, gliedert sich durch eine Scheidewand in eine untere Zelle und eine obere, das eigentliche Antheridium, und dieses zerfällt durch eine Reihe von Theilungen in eine geringe Zahl peripherischer Zellen und eine davon umschlossene Centralzelle. Der Inhalt dieser letzteren theilt sich dann in eine Anzahl kleiner kugeliger Zellen mit trübem, farblosen Inhalt (Fig. 11). Dieser letztere formt sich in jeder Zelle zu einem spiralig gewundenen faden- oder bandförmigen Körper, dem Samenfaden oder Spiralfaden (Spermatozoïd), so daß jedes Antheridium so viele Samenfäden erzeugt, als Zellchen in seiner centralen Zelle entstanden waren.

Sind die Samenfäden reif, so öffnet sich das männliche Organ an seinem Scheitel und entleert die kugeligen Zellen sammt den eingeschlossenen Spermatozoiden, welche sich nun aus den erweichenden Zellen frei machen (Fig. 12) und auch jetzt erst ihre korkzieherartige Gestalt deutlich erkennen lassen (Fig. 12 ein Samenfaden von der Seite, Fig. 13 ein solcher von oben gesehen). An ihrem feineren Vorderende besitzen sie eine Anzahl sehr zarter, langer Wimpern, die in fortwährender flimmernder Bewegung begriffen sind und die Fortbewegung des ganzen Samenkörpers vermitteln. Dieser schießt langsamer oder schneller, meist mit blitzartiger Geschwindigkeit und unter stetiger schraubenförmiger Drehung um seine Achse in den Wassertröpfchen umher, die ja immer an der Unterseite solcher Vorkeime in unseren Warmhäusern und an den feuchten Standorten im Freien hängen. Wenn zahlreiche solcher Spiral-

fäden, wie das oft der Fall ist, gleichzeitig frei werden, gewähren
fie unter dem Mikroskope, denn nur so find sie wahrzunehmen,
das Bild eines in' rascher, wimmelnder Bewegung begriffenen
Ameisenhaufens und der Unkundige, der ihren Ursprung nicht
sah, könnte sie leicht mit Thierchen verwechseln. Wir stehen hier
vor einer der bei den niederen Pflanzen so häufig vorkommenden
Erscheinungen, wo wir die Grenze zwischen gewissen Entwickelungs-
formen des Pflanzenreiches und dem Thierreiche völlig verwischt sehen.

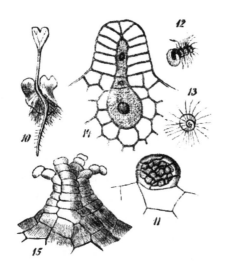

Fig. 10. Vorkeim mit Pflänzchen (von der Unterseite) von Todea bar-
braa, natürliche Größe. — Fig. 11. Antheridium von Osmunda regalis,
etwa 120fach vergrößert. — Fig. 12 und 13. Spermatozoiden von Farnen,
etwa 300fach vergrößert. — Fig. 14. Weibliches Organ (Archegonium) von
Osmunda regalis, noch geschlossen im Längsschnitt (240mal vergrößert). —
Fig. 15. Ein solches geöffnet und von außen gesehen, etwa 200fach vergrößert.

Schauen wir uns aber, ehe wir das endliche Schicksal der
Samenkörper erfahren, nach den weiblichen Organen um.

Diese sitzen, wenn sie völlig entwickelt sind, wie eine Anzahl kurzer Schornsteine oder Flaschenhälse auf der Unterseite des Vorkeimes dem Gewebepolster auf und mit ihrem unteren Theile eingebettet. Ebenfalls aus einer einzigen, oberflächlich gelegenen Zelle hervorgegangen, unterscheiden wir an ihnen zunächst einen in das Gewebe eingesenkten Bauchtheil und einen frei hervorragenden Hals, den letzteren aus vier Reihen kleiner Zellen gebildet (Fig. 15, geöffnet), zwischen die sich eine lange, schlauchförmige Zelle, die Canalzelle, von unten bis fast zur Spitze des Halses emporschiebt (Fig. 14, im Längsschnitt, geschlossen). Unter dieser Canalzelle liegt oft noch eine kleinere Zelle und dann in allen Fällen eine große, fast kugelige, von den Zellen des Vorkeims allseitig umgeben (Fig. 14). Diese letzte Zelle, die Centralzelle, hat wie die beiden über ihr liegenden einen trüben Inhalt von Eiweißkörpern, von denen ein Theil zu einem sogenannten Zellkern zusammengeballt in der Mitte liegt (Fig. 14).

Ist das Archegonium vollständig entwickelt, so verschleimen Inhalt und Wände der Canalzelle sowie der darunter liegenden kleineren Zelle und öffnen durch Wasseraufnahme und den dadurch bewirkten Druck den Hals des Archegoniums, dessen Zellenreihen an der Spitze auseinanderweichen (Fig. 15). Der Inhalt der Centralzelle aber hat sich gleichzeitig zu einem eiförmigen oder kugeligen Ballen, dem zu befruchtenden Ei, abgerundet.

Nun treten die Samenkörper in den offenen Archegoniumhals ein, manchmal in so großer Menge, daß sie denselben verstopfen. Einzelne gelangen dabei, wie eine Schraube sich vorwärts bohrend, zur Eizelle hinunter, dringen in diese ein und verschwinden in ihr. Die Befruchtung ist damit vollzogen und jetzt erst entwickelt sich, eben aus dem befruchteten Ei, das junge Farnkraut.

Nachdem die vorher nackte Eizelle sich in Folge der Befruchtung mit einer Haut umkleidet hat, theilt sich dieselbe zuerst in
zwei, dann in vier und so weiter nach und nach in eine große
Anzahl von Zellen, die einen kleinen rundlichen Gewebekörper bilden, der zunächst von dem ihn umgebenden, sich mit vergrößernden
Vorkeimgewebe umschlossen bleibt, während der Hals des Archegoniums abstirbt. Aus diesem Gewebekörper entwickeln sich bald
die ersten Organe des kleinen Farnkrautes. Ein Theil desselben wird
zu einem eigenthümlichen Organe (dem sogenannten Fuß), das den
jungen Farn am Vorkeim festhält, diesem die Nahrung entziehend
und dem ersteren zuführend. Ein anderer Theil wird zur Wurzel,
ein dritter zur Spitze des jungen, noch sehr kurzen Stämmchens
und ein vierter endlich zum ersten Blatte. Während das Würzel-
chen senkrecht in den Boden hinabwächst und hier bald seine Oberfläche mit zahlreichen Haaren bedeckt, steigt das erste Blatt nach
vorne und oben im Bogen zwischen den Lappen des Vorkeimes
empor (Fig. 10 Vorkeim mit Pflänzchen von unten), zeigt aber
viel einfachere Form, wie die Blätter einer erwachsenen Pflanze
gleicher Art. Erst die jetzt in normaler Reihenfolge am erstarkenden Stämmchen entspringenden Blätter nehmen allmählich andere
Gestalt an und leiten durch eine oft große Reihe von Formen
nach und nach in die normale Blattform über.

Der Vorkeim aber geht, sobald einmal die ersten Blättchen
der jungen Pflanze sich entfaltet haben, die Wurzel mächtiger geworden ist, langsam zu Grunde, da er jetzt überflüssig ist, der
junge Farn seine Nahrung selber finden kann. Dieser wächst dann
mehr und mehr heran, erzeugt endlich wieder Sporangien und
damit Sporen, die zum zweiten Male Vorkeime liefern.

Wir sehen also den ganzen Entwickelungsgang der Farne in

zwei Perioden oder Generationen gegliedert: eine ungeschlechtliche und eine geschlechtliche, die in steter Folge mit einander wechseln. Der Spore des entwickelten Farnkrautes entsproßt die Geschlechts- Generation, der Vorkeim, welcher männliche und weibliche Organe erzeugt, deren Produkt nach Befruchtung der Eizelle durch Ent- wickelung dieser die ungeschlechtliche Generation, der Farn, ist.

Auch die nächstverwandten Moose zeigen diesen Generations- wechsel, nur in anderer Folge. Bei ihnen erscheinen einmal die Geschlechtsorgane an der völlig entwickelten Pflanze, nicht am Vorkeim, auch in der doppelten Gestalt von Antheridien und Archegonien. Das Resultat der Befruchtung ist hier die soge- nannte Mooskapsel mit den sich darin bildenden Sporen. Aus den letzteren entwickeln sich ebenfalls Vorkeime, die indessen nicht Geschlechtsgeneration sind, sondern an denen das Moospflänzchen auf ungeschlechtlichem Wege durch Knospung entsteht.

Doch werfen wir noch einen kurzen Blick auf die anderen Gruppen der Gefäßkryptogamen, ehe wir den Gegenstand unserer Betrach- tung verlassen!

Die kleine Familie der Marattien schließt sich auch im Aeußeren noch am nächsten den echten Farnen an. Durchweg Tropen- bewohner, besitzen die meisten Mitglieder derselben indessen viel- fächerige, schon dem unbewaffneten Auge erkennbare, ziemlich große Sporenkapseln, deren einzelne Abtheilungen sich mit Spalten oder Poren öffnen, um die Sporen zu entlassen. Diese liefern bei der Keimung einen ähnlichen, grünen, oberirdischen Vorkeim, wie die Farne, mit denen sie früher auch als Unterabtheilung vereinigt waren, bis man sie auf Grund der abweichenden Entwickelung ihrer Sporangien abtrennte.

Die Schachtelhalme (Equisetum) sind durch ihre äußere,

allgemein bekannte Gestalt mit keiner anderen Gruppe zu ver=
wechseln. Bei ihnen stehen die Sporangien als zarte Säckchen
auf der Unterseite gestielter, polygonaler Schildchen am Ende des
Stengels oder seiner Aeste in besonderen, kätzchenartigen Frucht=
ständen beisammen. Ihre Sporen besitzen je zwei sehr hygro=
stopische, bruchbandartige Schleuderfäden, die einer Stelle derselben
übers Kreuz angeheftet sind und die bei der geringsten Aenderung
der Luftfeuchtigkeit, so z. B. beim leisen Anhauchen unterm Mi=
kroskop, sich stetig auf= und abrollen und dadurch die Sporen in
lebhaft hüpfende Bewegung bringen. Der aus den Sporen ent=
stehende Vorkeim ist grün, oberirdisch, meistens viellappig und
zeigt auch insofern eine Eigenthümlichkeit, als kleinere Vorkeime
männliche, größere Vorkeime weibliche Organe tragen.

Anders verhalten sich bereits die moosähnlichen Bärlapp=
gewächse (Lycopodiaceen). Bei ihnen vegetirt der Vorkeim als
ein unterirdisches, knolliges, farbloses Gebilde, wie es scheint, viele
Jahre lang, ehe er das junge Pflänzchen entwickelt. Hierin stim=
men sie mit den sonderbaren Natterzungen (Ophioglosseen) über=
ein, deren merkwürdige Blatttheilung schon vorhin erwähnt wurde
und bei denen sich die Sporen im Innern eigens dazu umgestal=
teter Blattzipfel entwickeln, während bei den Lycopodien noch ein=
fächerige bis dreifächerige Kapseln, am Grunde der sehr einfach
gebauten Blätter sitzend, vorhanden sind.

Die bis jetzt genannten Gruppen der Gefäßkryptogamen, die
echten Farne eingeschlossen, haben nun das Gemeinsame, daß sie
nur eine Art von Sporen entwickeln, die befähigt sind, Vorkeime
mit beiderlei Geschlechtsorganen zu liefern.

Bei den höher differenzirten, sich mehr den Blüthenpflanzen
nähernden Familien ist dies nicht mehr der Fall. Bei diesen tritt

bereits eine Scheidung in Form, Größe und Function der Sporen
ein. Gewisse Sporangien (Microsporangien) bilden im Innern
zahlreiche kleine Sporen (Microsporen) aus, welche nur rudimen-
täre männliche Vorkeime liefern, die entweder noch nach außen
treten (Salvinia), oder gar im Innern der männlichen Spore
eingeschlossen bleiben und nur die Spermatozoiden entlassen.
Andere Sporangien (Macrosporangien) entwickeln wenige (Selaginella vier) Sporen, oder gar nur eine einzige Spore, die ihrer
Größe wegen als Macrosporen bezeichnet, bei der Keimung einen
Vorkeim mit nur weiblichen Organen hervorbringen. Beiderlei
Sporangien, männliche und weibliche, stehen entweder frei und
nackt (z. B. Selaginella), oder sie entstehen in besonderen ein= oder
mehrfächerigen Früchten, bald gemischt (Marsiliaceen), bald in
einer Frucht nur weibliche, in einer anderen nur männliche (Sal-
viniaceen) Sporangien.

Der Vorkeim, den die Macrosporen erzeugen, streift niemals
die Spore vollständig ab, sondern bleibt mit ihr in Verbindung,
entweder den ganzen Innenraum oder nur einen Theil desselben
ausfüllend und oft nur mit seiner die weiblichen Organe tragenden Spitze hervorsehend. Dabei wird er um so weniger ausgebildet, um so kleiner, je mehr in allen anderen Beziehungen ein
näherer Anschluß der entsprechenden Gruppe an die Phanerogamen
stattfindet. Dies ist am meisten bei den Selaginellen der Fall.
Bei ihnen ist der weibliche Vorkeim nur noch ein kleines, in seiner Form einem dicken Uhrglase vergleichbares Zellgewebe in der
Spitze der Macrospore, das einem sich im übrigen Sporenraume
bildenden Eiweißgewebe aufsitzt, welches hier dieselbe Rolle, den
wachsenden Embryo in sich aufnehmend, spielt, wie bei den Blüthenpflanzen: die Ernährung des größer werdenden Embryos besorgt.

Die Archegonien erinnern ferner schon bei den nächstverwandten vorangehenden Familien, am meisten aber bei den Selaginellen, an die gleichen Gebilde der auf der tiefsten Entwickelungsstufe stehenden Blüthenpflanzen, den Nadelhölzern und Cycadeen. Am höchsten differenzirt ist jedoch bei der genannten Familie der Embryo. Dieser hängt an einem besonderen Embryoträger, der allen anderen Cryptogamen fehlt, den Blüthenpflanzen dagegen zukommt; und zwei sich entwickelnde Keimblätter, denen erst später die weiteren Laubblätter der erstarkenden Pflanze folgen, schließen zwischen sich die Stammspitze ein.

So sehen wir auch in der großen Abtheilung der zierlichen Gefäßkryptogamen wie überall, wo wir den Entwickelungsgang vollständig erschließen, einen allmählichen Uebergang vom Einfachsten zum Vollkommensten, ein Aneinanderreihen der großen Hauptglieder des Pflanzenreiches ohne wesentliche Lücken, den Hinweis auf die einheitliche Abstammung aller Formen und gedenken dabei des oft citirten Dichterwortes:

„Alle Gestalten sind ähnlich, doch keine gleichet der andern
Und so deutet der Chor auf ein geheimes Gesetz."

(Goethe.)

Druck von Gebr. Unger (Th. Grimm) in Berlin, Schönebergerstr. 17a.

Die

Ansiedelung des Christenthums

in Rom.

Von

Dr. H. Holtzmann,
Professor in Heidelberg.

Berlin, 1874.
C. G. Lüderitz'sche Verlagsbuchhandlung.
Carl Habel.

Die Welthauptstadt Rom und die christliche Kirche — diese beiden Großmächte der Geschichte sind bekanntlich in ein Verhältniß von eigenthümlicher Intimität zu einander getreten, welches immer noch den Einen als die segensvollste, den Anderen als eine der verhängnißvollsten Schickungen der Weltgeschichte erscheint. Wir lassen die Streitfrage selbst unberührt. Wahr ist jedenfalls, daß kein Schritt, den das junge Christenthum that, folgenreicher, entscheidender für seine ganze Fortbildung war, als derjenige, damit es seinen Fuß auf den Boden Roms setzte. Wie es dazu kam, soll in Folgendem gezeigt werden.

Ein doppelter Weg steht uns offen, um zum Ziele zu gelangen. Der erste ist derjenige der streng geschichtlichen Methode. An der Hand von Schriftstücken und Urkunden könnten wir barthun, wie eine Spur an die andere sich reiht, bis sich endlich ein sicherer Weg nachweisen läßt, auf welchem das Christenthum, nachdem es einmal Boden gefaßt, sich fortbewegt.[1] Der andere, anmuthigere führt durch Reiseerinnerungen und selbstgewonnene Eindrücke, wie sie mir aus dem Herbste 1868 und aus dem Früh-

---

[1] Vergl. meine Geschichte der römischen Christengemeinde im ersten Jahrhundert ihres Bestehens in Gelzer's „Protestantischen Monatsblättern", XXV, 1865, S. 131 ff. ausführlicher im Schlußabschnitte meines Werkes „Judenthum und Christenthum", 1867, S. 772 ff.

jahre 1873 zu Gebote stehen. Mich an das damals Wahrgenommene erinnernd möchte ich hier eine Art Wanderung durch die ewige Stadt anstellen, lediglich in der Absicht, solche Beobachtungen zu machen, die uns über das erste Auftreten des Christenthums daselbst einigen Aufschluß bieten könnten.[1])

Bekanntlich hat Rom in Bezug auf religiöse Stimmungen immer zweierlei Wirkungen von diametral entgegengesetzter Art ausgeübt. Mancher Zweifler ist dort schon plötzlich zu einem rechtgläubigen Katholiken geworden, mancher Christ umgekehrt zu einem Heiden. Beides ist leicht erklärlich. Das Erste um der durch alle Verhüllungen des so reichlich vertretenen Zopfstyls und der abergläubischen Praxis mächtig hindurchwirkenden, imponirenden Größe willen, die das Kirchenthum in diesem seinem Mittelpunkte entfaltet. Man sagt, der Barockstyl beherrsche Rom, und es ist in der Hauptsache wahr. Aber ebenso unleugbar ist, daß dieser weiträumige, prachtvolle Kirchentypus, in welchem sich der Geist der Gegenreformation verkörpert hat, die großartigsten Seiten des tridentinischen Katholicismus zum sprechenden und glücklichen Ausdruck bringt. Ihm gehören die bedeutendsten Kirchen Roms an, und selbst die Peterskirche, in der ursprünglichen Anlage ein Werk der Renaissance, mußte vielfach in ihn hineinwachsen. Die letztgenannte Kirche ist durch ihre Größe sprichwörtlich und zum Typus der kirchlichen Bedeutung Roms geworden. Jeder bewahrt eine unvergeßliche Erinnerung an den Moment, da er sie zuerst betreten, zauberhaft angezogen von dem aus dem Innern hervorströmenden Glanze; staunend tritt man herein und geht sich bald müde in den endlosen Räumen; man sieht die kleinen Menschen umherwandeln unter diesen, wie Riesenbäume der Vorzeit emporragenden, kolossalen Marmorpfeilern. Eines Tages

---

[1]) Vergl. die weniger ausgeführte Skizze in den erwähnten „Monatsblättern", XXXIII, 1869, S. 285 ff.

erblickte ich zwei arme Nonnen, die eben zum Portal eintraten; als sie die Augen erhoben, flog ein Lachen über ihr Gesicht, wie man zuweilen Selige gemalt sieht, die in's Paradies aufschweben, oder wie der alttestamentliche Sänger sagt: „Wie den Träumenden wird dann uns sein." Auch an unseren Schiller mußte ich denken, wie (in seinem Liede) „ein zweiter Himmel in den Himmel steigt Sanct Peters wunderbarer Dom".

Andererseits hat über diesem zweiten Himmel thatsächlich schon Mancher auch den Geschmack am ersten verloren und entschieden heidnische Anwandlungen verspürt. Es ist nicht eben schwierig zu erklären, daß Menschen, welche an sich nicht ohne Sinn für das Christliche im Christenthum waren, gerade auf dem classischen Boden Roms in eine steigende Verbitterung gegen die Kirche gerathen; daß es ihnen scheinen konnte, wie wenn dieselbe zwar überall mit ihrem siegreichen Kreuze renommire, aber doch, soweit sie überhaupt noch lebt, ganz nur von dem Genius des Heidenthums lebe. Vieles, was der Deutsche jeder Confession hier zu sehen bekommt, macht allerdings nicht selten den Eindruck, als ob an die Stelle der verfallenden heidnischen Reichsreligion eine andere getreten wäre, die alte erhabene Formen zu verkümmerten Gebilden umarbeitete, während die eigene produktive Kraft sich kaum messen darf mit dem Geiste der Vorzeit. Die ganze auf das Heidenthum gepfropfte Kirchlichkeit erscheint dann fast wie eine weltgeschichtliche Ironie, die zuletzt unseren Ueberdruß und Unmuth erregt. Ist doch nirgends ein Denkmal aus dem Alterthum ersichtlich, dem nicht die neue Priesterschaft auf irgend eine ebenso geschmacklose als aufdringliche Weise ihren Stempel aufgeprägt hätte. Die großen Säulen des Trajan und Antonin tragen jetzt Apostelgestalten und sind ihren Inschriften zufolge von aller Gottlosigkeit (ab omni impietate) gereinigt worden. Auch läßt sich nicht leugnen, daß nicht Weniges, was die sieg-

reiche Kirche von architectonischen und monumentalen Werken pro=
ducirt hat, entweder, mit Resten des Alterthums verglichen, den
Eindruck eines kläglichen Rückfalls und Verkommens macht, oder
aber, wie zahllose Säulenreihen und ganze Kirchen, das Pantheon
voran, aus dem Alterthum einfach annectirt, zum mindesten dem=
selben abgeborgt ist, wie selbst das ungeheure Wölbungssystem der
Peterskirche sein erstes Urbild im sogenannten Friedenstempel,
d. h. der Basilika des Maxentius (gewöhnlich nach Constantin
genannt) finden dürfte.

Aber nicht bloß im altheidnischen Rom darf man die Stein=
brüche aufsuchen, aus welchen das Christenthum reichliches Material
bezogen. Seine eigentliche Heimath ist noch ganz anderswo zu
finden. Wenn man jetzt die große Treppe des Capitols herab=
steigend links abbiegt, um den nächsten Weg nach dem Tiber=
ufer zu suchen, so gelangt man endlich in einen zwischen dem
Marcellustheater und dem Palaste der Cenci ausgedehnten Stadt=
theil, der aus mehreren durch enge Gassen verbundenen Straßen
besteht, — eine Masse bizarrer, thurmartig in die Höhe steigender
Häuser. Sofort erkennt man das Judenviertel. Man findet die
Synagoge und in der nächsten Nachbarschaft einige, mit hebräischen
Inschriften gegen sie protestirende und das Judenvolk zur Bekeh=
rung einladende, christliche Kirchen. Wem etwa an einem Sonn=
tage des priesterlichen Gepränges in der heiligen Stadt zu viel
geworden, wer sich an den officiellen Kundgebungen der herrschen=
den Religion einen Ueberdruß geholt hat, der kann hier eine Art
von Genugthuung finden. In langen Reihen sieht man Juden
und Jüdinnen vor ihren Häusern sitzen und durch ungemein
emsig betriebene Flickarbeit demonstriren gegen die Feier, in der
sich die übrige Stadt gefällt. Die päpstliche Gesetzgebung hat etwa
5000 Menschen auf diesen unverhältnißmäßig engen Raum zu=
sammengedrängt. Elend und Verkommenheit sieht den Meisten

aus den Gesichtern, zuweilen auch ein nur zu wohl begründeter
Haß. Einige Buben laufen vielleicht dem Fremden, wenn er zu
neugierig scheint, nach und verhöhnen ihn, was ihm nicht wehe
thun wird. Wenn man in der christlichen Hauptstadt, wo wenigstens
unter päpstlicher Herrschaft unter zwanzig Menschen, die uns
begegneten, einer Priester oder Mönch war, des Abstoßenden genug
erlebt hat, läßt man sich in diesen schmutzigen Gassen schon ein
bischen Muthwillen von anderer Seite gefallen. Nicht immer
haben die Söhne und Töchter Israels diesen elenden Stadttheil
inne gehabt, wo jedes Frühjahr der Tiber am frühesten austritt
und am spätesten weicht, ja förmliche Ueberschwemmungen und grausame Bedrängniß anrichtet. Wie die Juden überhaupt im christlichen Rom ganz unglaubliche Entbehrungen und Bedrückungen
lange Zeit über zu erdulden hatten, so wird auch ihr Wohnsitz
zu einer Anklage gegen die päpstliche Härte. Es war Paul IV.
(Caraffa) — auch sonst schlimmen Andenkens —, welcher sie in
der Mitte des sechzehnten Jahrhunderts hierher verwies. Um dagegen die alten Sitze des Judenthums aufzufinden, muß man noch
einige Schritte weiter über den Ponte dei quattro capi nach der
Tiberinsel und über den Ponte San Bartolommeo nach Trastevere
gehen. Dorthin waren alle schmutzigen Gewerbe verbannt; dort
war auch die Heimath der Juden im Mittelalter und Alterthum.
Hier, wo die Schiffe ausgeladen wurden, trieben sich die
jüdischen Kleinhändler umher, deren emsige Thätigkeit die Satiriker
der römischen Kaiserzeit verspotten. Ueberhaupt dürfen wir, um
einen annähernd richtigen Begriff von dem Einflusse der damaligen
römischen Judenschaft zu erhalten, den dumpfen und übervölkerten
Quartieren des heutigen Ghetto keine zu ausschließliche Aufmerksamkeit schenken. In der Zeit, die uns beschäftigt, finden wir
Juden keineswegs blos im Judenviertel; bald errichten sie an
öffentlichen Plätzen und Thoren ihre Verkaufsbuden. Selbst

emancipirte Juden gab es, wie überall, so auch in Rom, die alle
Berufsarten und Sitten des gesellschaftlichen Lebens daselbst theilten.
Die Grabschriften in den jüdischen Kirchhöfen bezeugen, daß
jüdischer Einfluß bis in die vornehmen Kreise reichte. Auch unter
ihnen selbst kehrten trotz vorherrschender Bettelhaftigkeit theilweise
Reichthum und Wohlhabenheit ein, und die ersten römischen
Kaiser fanden bald Ursache, ihnen eine eingehendere Aufmerksamkeit zu schenken. Mit der einheimischen Aristokratie mochte und
konnte das Kaiserhaus intimere Verhältnisse nicht eingehen; an
ihre Stelle traten orientalische Vasallenhäuser. Namentlich standen
Caligula und Claudius in vertrauten Beziehungen zu den Gliedern
der herodäischen Familie. Aber die ganze Ueberlegenheit des jübi-
schen Genius über den römischen offenbarte sich erst auf dem Gebiete der Religion. Auch in der Welthauptstadt bewährte der
jüdische Monotheismus jene Anziehungskraft, die ihm gerade in
damaliger Zeit eine Menge Proselyten zuführte. Ihm wandten
sich zu die von der herrschenden Religionsmengerei übersättigten
aber auch die enttäuschten, die der Verzweiflung an der Religion
nahen Gemüther, die doch dem allmächtigen Drang nach neuem
religiösen Gehalt nicht zu widerstehen vermochten. Zuerst drängten
sich römische Frauen, dann auch heidnische Männer zu den ganz seltsamen bildlosen Gottesdiensten des einen Gottes in den sieben Syna-
gogen Roms, und jene lachlustigen Dichter, welche die Juden erst nur
verspotteten, fangen bald an, sich ernstlich zu ärgern und grausam
bitter zu werden über die mächtige Propaganda, welche diese Leute
zu machen wissen. Hat man doch selbst die Kaiserin Poppäa, Nero's
Gemahlin, zu den Proselytinnen des Judenthums gezählt; jedenfalls wollte sie sich nicht verbrennen, sondern begraben lassen, und dies
ist, wie wir gleich sehen werden, ein verdächtiges Symptom. Ohne
Zweifel aber waren dieselben römischen Frauen, die dem Judenthum
beigetreten waren, auch die ersten Pflegerinnen der Christusreligion.

Hier, in diesen Regionen des römischen Judenthums, konnte man nämlich am wenigsten taub bleiben, als fern in Paläſtina der Ruf erſcholl: Der Chriſt, d. h. der Meſſias, iſt da. Ja, in ganz Rom fand dieſes Echo zunächſt nur unter den Juden überhaupt Verſtändniß. Nur Juden waren im Beſitze der dazu erforderlichen Vorausſetzungen. Nur Juden konnten den verhängnißvollen Moment, da der Name Chriſtus zuerſt in Rom ausgeſprochen wurde, überhaupt mit Bewußtſein erleben. Als eine rein jüdiſche Sache erſcheint darum auch das Chriſtenthum in der früheſten Notiz, welche heidniſche Schriftſteller von ihm nehmen. Claudius habe die Juden aus Rom verbannt, — erzählt Suetonius — weil ſie aus Anlaß eines gewiſſen Chreſtus in beſtändiger Unruhe lebten. Chreſtus iſt Chriſtus, die griechiſche Form für Meſſias. Alſo ſchon um das Jahr 50 iſt die meſſianiſche Frage im römiſchen Judenviertel erörtert worden, und zwar mit aller der Lebhaftigkeit, die man zu Rom an den Juden, wo es religiöſe Controverſen galt, gewohnt war. Hat doch ſofort die römiſche Polizei politiſche Umtriebe darin gewittert und ſich, da ſie des angeblichen Anſtifters natürlich nicht habhaft werden konnte, an die Tumultuanten in corpore gehalten. Auch die Apoſtelgeſchichte thut 18, 2 dieſer Judenvertreibung Erwähnung, weil bei dieſer Gelegenheit ein chriſtliches Ehepaar, Aquila und Priscilla, Rom verließ und zu Korinth mit dem Apoſtel Paulus zuſammenkam.

Auf dieſen Namen führt ſich bekanntlich ein neuer Impuls des Chriſtenthums zurück — derjenige, durch welchen die urſprünglich jüdiſche Beſchränkung durchbrochen und dem großen Gehalte der religiöſen und ſittlichen Ideen, die mit Jeſus in die Welt getreten waren, die entſprechende weite Form gegeben wurde. Zuerſt war Paulus, wie wir eben an einem Beiſpiele ſahen, in griechiſchen Hafenſtädten mit römiſchen Judenchriſten bekannt geworden. Zwar

waren es nur einzelne; aber der kühn vorstrebende Apostel findet
in ihnen Anhaltspunkte genug, um — noch ehe er selbst nach Rom
kommt — bei einem späteren Aufenthalt in Korinth an die nach
dem Tode des Claudius einstweilen wieder zurückgekehrten Freunde,
ja an alle römischen Christen ein Sendschreiben zu richten, welches
seine eigene Ankunft in Rom vorbereiten und die Gemeinde für
seine Form des Evangeliums gewinnen soll. Es geschah dies zu
einer Zeit, da seine Wirksamkeit im Morgenlande abgeschlossen
war. Mit sicherem Vorgefühl erkannte er in Rom die Stätte,
wo die Geschicke des Christenthums sich entscheiden werden. Der
Apostel, der im Unterschiede zu den Zwölfen die Fahne der Heiden-
mission erhoben und das Christenthum als Weltreligion verkündigt hatte, konnte nirgend anderswo als in Rom den Mittelpunkt
der christlichen Geographie finden.

Im Frühjahr 62 betritt er endlich selbst den Boden der
Weltstadt, — freilich nicht als freier Prediger, sondern als Gefangener. Das Schiff, welches ihn, seine Wächter und seine Mit-
gefangenen nach Italien gebracht hatte, landete in Puteoli, damals
der verkehrsreichsten Handelsstadt am Neapolitanischen Meerbusen.
Wo man jetzt vor den schmutzigen Straßen eines heruntergekom-
menen Städtchens am Ufer des vereinsamten Meerbusens steht
und nach den gleichfalls veröbeten Gestaden von Bajä hinübersieht,
drängte sich damals innerhalb mächtiger, weit in die See hinein-
ragender Molen Mast an Mast, und in der Stadt selbst bewegte
sich eine bunte, vornehmlich mit orientalischen Elementen stark
versetzte Bevölkerung. Da fehlte es nicht an Juden, Syrern,
Aegyptern, und heute noch erinnern die Ruinen eines alten
Serapistempels an die Mischung der Culte, der man hier begegnete. Heute noch sieht man hinter dem Städtchen aber auch die
Ausgänge einer alten Römerstraße; dieselbe stand in Verbindung
mit der Via Appia, deren Anfänge am Grab der Cäcilia Me-

tella bei Rom zu Tage liegen. Auf diesem Wege wurde der Gefangene transportirt. Der Zug näherte sich Rom von der Süd-
oftseite, wo die appische Straße einmündet bei der Porta Capena.
Von da wurden Paulus und die Gefangenen in nördlicher Richtung weiter gebracht. Nicht weit vom heutigen Bahnhof und
der Porta Pia — am Nordoftende der Stadt, wo jetzt wieder
Kasernen errichtet sind — befand sich seit Tiberius das Lager der
Prätorianer, und wohl in der Nähe desselben lag die Mieths-
wohnung, in welcher der dem Prätorianerhauptmann übergebene
Gefangene während seiner zwei letzten Lebensjahre den Mittelpunkt
seiner Wirksamkeit fand (vergl. Phil. 1, 13 mit Apoftelg. 28,
16. 30).

In den letzten, unter dem Namen des Paulus überlieferten
Briefen ift von Verantwortung und gerichtlichem Verfahren die
Rede (Phil. 1, 7. 16; 2. Tim. 4, 16.) Der Prozeß scheint
somit begonnen zu haben, und dies setzt voraus, daß Paulus zuletzt seine Miethwohnung mit dem Gefängnisse im kaiserlichen
Palaft vertauscht hat. Die Erinnerung hieran versetzt uns in
eine ganz andere Region, ziemlich an das Südende der heutigen,
aber gerade in den Mittelpunkt der alten Stadt. Denn nicht in der
prächtigen, modernen Vorstadt, die sich seit den Zeiten des Pompejus und Cäsar auf der Stätte des jetzigen Rom erhoben hatte,
sondern auf dem Palatinischen Hügel, an den sich die älteften
Erinnerungen Roms knüpften, wo einst des Romulus strohgedecktes
Haus gestanden hatte, wollte der erste Kaiser seinen Wohnsitz
nehmen. Freilich war lange Zeit über davon nichts mehr zu sehen
gewesen. Als schon vor bald vierhundert Jahren das goldene
Haus des Nero unter den Titusthermen wieder aufgefunden ward,
war das Palatium noch ein wüfter Trümmerhaufen. Ueber den
Schutt der alten Häuser der republikanischen Stadt hatte sich derjenige der kaiserlichen Hofburg gehäuft, und wieder über ihre

Ruinen waren die Castelltrümmer der mittelalterlichen Barone
gestürzt. Göthe spricht — bezeichnend für die Zustände der Oert-
lichkeit vor 100 Jahren — im Februarberichte von 1788 von einem
„Labyrinthe der palatinischen Trümmer und ihrer durch Garten-
cultur und wilde Vegetation geschmückten Einöde." Erst seitdem
ein großer Theil des Hügels im Jahre 1861 in den Besitz des
Kaisers Napoleon III. übergegangen war, fing man an, in plan-
mäßiger Weise aufzuräumen, und auch als zehn Jahre später
diese Besitzungen von der italienischen Regierung angekauft wurden, dauerten die Ausgrabungen noch fort. Wer, der je hier gewesen, erinnert sich nicht mit Entzücken an den Glanz und Duft
der Flora in den, den Berg bedeckenden farnesinischen Gärten, an
die entzückenden Blicke, die sich nach allen Seiten auf das alte
und neue Rom eröffnen? Und dazu nun die einzige Anziehungskraft dieser in weitestem Umfange heute fast so gut wie vollständig blosgelegten Kaiserpaläste! Nur einige Privatbesitzungen stehen
der Vollendung des Werkes entgegen. Ist aber auch die eigentliche Wohnung des Augustus vielleicht noch immer unter den
beiden Klöstern, an welche Napoleon's ehemalige Besitzungen grenzen, begraben, so sind dafür die Umrisse eines großen Staats-
hauses, wahrscheinlich von Domitian erbaut, zu Tage getreten,
an welches weitere großartige Anlagen, namentlich dem Tiberius
zugeschrieben, sich anschließen. Endlich ist, dem Capitol gerade gegenüber, noch der Eingang des Hauses Caligula's erhalten. Unter
hohen Backsteinbögen steigt man die alte Pflasterstraße hinauf,
wo einst in der Königszeit das sogenannte Römerthor in die
Palatinische Burg führte. Eine dieser Ruinen ist ohne Zweifel
gemeint, wenn in einem unserer neutestamentlichen Schriftstücke
(Phil. 4, 22) vom „Hause des Kaisers" die Rede ist. Der
Apostel grüßt daselbst von Solchen, die aus diesem Hause sind,

also wahrscheinlich von niederen kaiserlichen Bedienten, die der neuen Lehre zugethan waren.[1]

Das Ende des Paulus hängt mit der größten Veränderung zusammen, welche die Physiognomie Roms in der alten Zeit erleiden sollte. Unter dem damaligen Rom haben wir uns eine Stadt vorzustellen, welche von Allem, was symmetrische und übersichtliche Anlage heißt, das Gegentheil darbot. Das im Vergleich mit Rom modern zu nennende Pompeji weist ein geradliniges Straßennetz auf, wie bei uns die aus den letzten Jahrhunderten stammenden Theile der Städte. Einst hatten auch die alten Griechen wenigstens Uebersichtlichkeit und Gliederung ihrer Stadtanlagen geliebt. War eine Stadt voll, so bauten sie lieber eine neue daneben, als daß sie die erste überfüllten; daher neben Paläopolis Neapolis, die Neustadt neben der Altstadt. Das war gut, wo Ausbreitung griechischer Cultur, nicht gut, wo Entwickelung staatlicher Macht bezweckt war. Letzteres war in Rom der Fall; in Rom begegnet wieder die erste Weltstadt seit den Zeiten von Babylon und Ninive; an aufsaugender Macht hat es mehr geleistet als je eine Weltstadt. Aber wer in der Zeit, mit der wir es zu thun haben, Alexandria oder Antiochia besucht hatte, der hatte unleugbar Schöneres und Großartigeres gesehen. Rom verleugnete noch immer nicht die tumultuarische, planlose Weise des Neubaues nach dem gallischen Brande. Noch

---

[1] Am südwestlichen Abhange desselben Palatinus wurde 1856 das bekannte, jetzt im Museum Kircher's befindliche Spottcrucifix gefunden, welches einen Soldaten oder Sclaven vor einem gekreuzigten Esel betend darstellt mit der Unterschrift: „Alexamenos verehrt Gott". Später hat man in unmittelbarer Nähe noch eine Inschrift gefunden, lautend: Alexamenos fidelis, so daß über den Sinn des, wahrscheinlich übrigens erst aus dem Anfange des dritten Jahrhunderts stammenden, crocifisso graffito kein Zweifel obwalten kann. In dem Vorwurf der Eselsanbetung hat übrigens das Christenthum gleichfalls eine Erbschaft des Judenthums angetreten.

die Kaiserstadt sah trotz aller Unermeßlichkeit so winkelig und verwirrt aus, wie eine unserer alten Reichsstädte oder vielmehr wie
ihrer ein Dutzend, ineinander und durcheinander geschoben. Wird
doch beständig über allzu hohe Häuser geklagt. Bei dem
enormen Werth der Bauplätze ist dies erklärlich. Freilich galten
vier- oder fünfstöckige Häuser dem damaligen Geschlechte schon als
koloſſal. Straßen wie heute etwa in Genua gab es nicht — es sei denn,
daß man statt der Höhe der Häuser die Enge der Paſſage als Vergleichungspunkt ins Auge faßt. In der That hatte sich ein unabsehbares
Labyrinth von Ziegelbauten zwischen den sieben Hügeln gelagert; eine
Unmaſſe von Straßen, Gaſſen und Gäßlein schlängelte sich nach
allen Richtungen hindurch. Erst Pompejus und Cäsar fingen an
mehr auf Schönheit als auf Brauchbarkeit zu sehen; bequemere
Verkehrswege wurden angelegt. Hatte schon Cäsar das Forum
Romanum, wo sich damals alle Beamten, alle Geschäftsleute und
alle Müßiggänger in gleicher Weise zusammendrängten, nach Norden zu erweitern gesucht, indem er auf der östlichen Seite des
Capitols das Forum Julium anlegte, so vollendete 'Augustus diesen Plan durch ein neues Forum, von dessen Tempel noch etliche
hohe korinthische Säulen stehen geblieben sind. Aber was man
sonst noch von Augustus sagt, er habe eine Stadt von Ziegeln
vorgefunden, eine Marmorstadt hinterlaſſen, das gilt doch in Wahrheit
erst von den späteren Kaisern seit Nero, welcher für eine Marmorstadt und für die eine Million bereits übersteigende Zahl ihrer
Bewohner den nothwendigen Raum schuf. Ein Radicalmittel war
allerdings nothwendig. Der Tyrann war um ein solches nicht
verlegen. Er sang, so erzählte man sich, das Lied von Trojas Fall,
während er seine Residenz niederbrannte. Am südlichen Fuße des
Palatinus, wo die kleinen Häuser und Buden des Circus ihm
hinderlich waren, brach das Feuer aus und wälzte sich zur Linken
desjenigen, der von der Kaiserburg herab zuschaute, nach den öst

lichen und nördlichen Theilen. Aus diesem Brande, welcher in sechs- und wieder dreitägigem Wüthen von den 14 Regionen der Stadt 3 ganz in Asche legte und von 7 nur wenige Ruinen übrig ließ, erstand Rom ganz neu. Die Häuser wurden niedriger und feuerfest, die Straßen breit und gerade, die Quartiere planmäßig angelegt. Vor Allem aber gewann Nero Raum, um zunächst sein goldenes Haus zu bauen, welches sich vom Palatinus über das Thal, wo später die Flavier das Colosseum aufbauten, nach den Abhängen des Esquilinus hinzog. Daburch, daß die Flavier, um das Gedächtniß des verhaßten Tyrannen zu vertilgen, seit 80 ihre Thermen darüber errichten ließen, sind eine Reihe von Gemächern des Neropalastes erhalten worden — elegante Gänge, geräumige und hohe Speise- und Schlafzimmer, welche zur nöthigen Ergänzung des Eindruckes dienen, den man von Pompeji mitbringt, als sei es in den alten Wohnungen immer so gar eng bestellt gewesen. Auch die Zimmerdecoration ist dieselbe; besonders in einem, schon im Garten gelegenen, gewölbten Gange, der sein Licht von oben erhielt, begegnen uns die berühmten Fresken, welche einst zu Rafael's Zeiten, da Pompeji noch begraben lag, allein einen Begriff von dem zu geben vermochten, was im Alterthum die Malerei geleistet hat.

Freilich die unmittelbar vom Brande betroffene und obdachlos gewordene Bevölkerung Roms in den Julitagen des Jahres 64 betrachtete den Hergang nicht, wie wir, mit archäologischem, topographischem, ästhetischem Interesse. Die Wuth war entsetzlich, wie das Unglück. Jemand mußte es gethan haben. So ließ denn endlich der Tyrann in seinen Gärten am Fuße des Vaticans die Christen martern. Das Nähere über die Neronische Verfolgung, der auch Paulus zum Opfer fiel, darf als bekannt vorausgesetzt werden. Dagegen fragen wir billig, wo uns denn nun in dem neuen Rom, wie es in den drei bis vier letzten Jahrzehnten des ersten Jahrhunderts erstand, die nächsten Spuren davon be gegnen, daß die Wuth der Tyrannen den christlichen Namen nicht auszurotten vermochte. Man denkt, wenn von Verfolgungen die Rede ist, leicht an den bergenden Schutz der Katakomben. Jedenfalls dürfen wir sie hier nicht übergehen. Freilich ist der Name, mit welchem das Mittelalter diese ganze unterirdische Todtenstadt bezeichnet hat, dem christlichen Alterthum selbst fremd. Man spricht vielmehr von „Cömeterien", d. h. Schlafstätten. Ueber Entstehung und Zweck derselben bestanden lange und bestehen noch heute die verworrensten und unrichtigsten Vorstellungen. Es war, nachdem die Katakomben vom neunten bis zum sechszehnten Jahrhundert so gut wie unbekannt und verschüttet gewesen waren, einem verdienstvollen Forscher der Gegenwart, dem Cavaliere Giovanni Battista de Rossi, dem Entdecker der ältesten und bedeutendsten Cömeterien, vorbehalten, Licht über diese Sache zu verbreiten.[1]) Vollständig antiquirt sind sonach die früheren Vorstellungen, als hätten sich die ersten Christen der Steinbrüche (Latomien) und Sandgruben (Arenarien), woraus die Römer ihren Mörtel, d. h. den Tuffsteinsand, die sogenannte Puzzolanerde holten, worein sie zuweilen aber auch die Leichen ihrer Sclaven warfen, bedient, um durch Erweiterung derselben ein ganzes Netz von unter sich zusammenhängenden Gängen zu graben, in welchen sie ihre angeblich ängstlich verborgenen Versammlungen abhalten und ihre Begräbnißstätten vor den entweihenden Händen des heidnischen Pöbels sicherstellen konnten. Von einem solchen Zweck kann wenigstens innerhalb der beiden ersten Jahrhunderte nicht die Rede sein. Erst im dritten Jahrhundert kommen auf Grund des Gesetzes über die Associationen Angriffe auf die christlichen Kirchhöfe vor, und man denkt demgemäß in christlichen Kreisen auf möglichste Verheimlichung der Bestattung. So wurden zuerst

---

[1]) Roma sotterranea, I, 1864, II, 1867, womit sein seit 1860 erscheinender Bullettino di archeologia christiana zu vergleichen.

unter Valerian die Cömeterien confiscirt, nur um die Versammlungen der Christen daselbst zur Unmöglichkeit zu machen. Diocletian
endlich verbot sogar das Begräbniß in den Katakomben selbst.
Dagegen verhält es sich mit der, sicherlich noch in die letzten Zeiten
des ersten Jahrhunderts fallenden, Entstehung der Katakomben
folgendermaßen.

Alle Katakomben liegen zwischen dem ersten und dem dritten
Meilensteine vor der Mauer des Servius. Schon ein Zwölftafel-
gesetz, das aber in der Kaiserzeit mehrfach erneut wurde, verbietet
die Bestattung eines Leichnams in verbranntem oder unverbrann-
tem Zustande innerhalb der Ringmauern der Stadt. Bei der
Leichenverbrennung, wie sie bei den Römern bis zur Zeit der
Antonine Sitte war, war es nun leicht und mit mäßigen Mitteln
möglich, außerhalb der Stadt ganze Familiengräber mit Nischen
für die Aschenkrüge anzulegen. Die sogenannte Gräberstraße vor
Pompeji zeigt uns eine Reihe solcher Grabmonumente von
mannichfachster Gestalt und Einrichtung. So pflegte man überhaupt die Grabdenkmäler rechts und links von den Landstraßen
anzubringen; die Wanderer, welche sich den Städten nahten, sahen
sich zuerst von den Büsten und Statuen früherer Geschlechter umgeben, ehe die lebendige Gegenwart sie aufnahm. In Rom dient die
schon genannte Via Appia zugleich als Gräberstraße. Man glaube
aber nicht, es sei darum traurig hergegangen auf dieser belebtesten
aller Straßen, die schnurgerade nach den Albanerbergen zuführte
und Rom mit den beiden Haupthäfen Italiens, Puteoli und
Brundisium, verband. Hier wogte es beständig von Soldaten,
Kaufleuten, Reisenden aller Art; hier veranstaltete die vornehme
und eitle Welt der Hauptstadt ihre Lustfahrten, um Wagen, Pferde,
Sklaven, Reichthümer aller Art und sich selbst sehen zu lassen.
Jetzt freilich ist die „Königin der Straßen" verlassen und verödet.
Man fährt durch die Porta Capena, den Drususbogen und das

mittelalterliche Sebastiansthor hinaus in die unbebauten, sonnen-
verbrannten Triften der Campagna, wo man oft auf Stunden
Wegs höchstens hie und da einem berittenen, speerbewaffneten
Hirten jener silbergrauen langhörnigen Rinderheerden begegnet,
die das schuhhohe Gras abweiden. Aus dem endlosen Meer
hügeliger Erhebungen ragen die halbzerstörten Bogen der alten
Wasserleitungen; hier und da steht ein graues Haus am Wege.
Doch wir dürfen uns nicht zu weit verirren in dieser melancholischen
Einsamkeit. Unser Ziel liegt nahe bei der Stadt. Schon vor
dem Sebastiansthor ist man an dem Grab der Scipionen und
an mehreren wohlerhaltenen Columbarien vorbeigekommen. Letztere,
die Ruhestätten der kleinen Leute, der Armen und der Sklaven,
führen ihren Namen („Taubenschläge") von den zahlreichen Nischen
und Oeffnungen für Aschenurnen, die sich in diesen, von Mehreren
gemeinsam oder auf Speculation erbauten, Gewölben befinden.
Das zu Tag liegende alte Pflaster der Römerstraße beginnt aber
erst in der Nähe des Grabmales der Cäcilia Metella. Dieses,
eine Engelsburg im Kleinen, ist nur eins der zahllosen Grabmonumente, von welchen die merkwürdige, 2000 Jahre alte
Straße zu beiden Seiten stundenweit eingefaßt erscheint. Aber
noch ehe man jenen Rundbau der Cäcilia zur Linken erreicht hat,
bezeichnen einige Cypressen zur Rechten die Stelle, da man aus
dem Wagen steigt, um die Katakomben des Calixt zu besuchen.
Einige Treppen führen in raschem Falle hinab. Diesem größten
der alten Cömeterien begegnen wir also inmitten der übrigen
Denkmäler und Columbarien aus der frühern Kaiserzeit, die
ebenfalls diese Regionen zur Rechten der Appia ausfüllen. Der
Eingang der übrigen Katakomben verbirgt sich jetzt meist in den
Weingärten, wie das anschaulichst schon zu Anfang des fünften
Jahrhunderts der Dichter Prudentius beschreibt:

Nahe dem äußersten Wall, wo in Gärten gedeihet der Oelbaum,
Thut sich in Spalten versenkt auf eine bergende Gruft.
Jäh ist der Weg, der auf Stufen hinein in ihr tiefes Geheimniß
Dich durch Windungen hin führt bei verschwindendem Licht.

Wie die Katakomben somit örtlich mit den alten Römer-
gräbern zusammenhängen, so auch sachlich. Es ist interessant, die
scharffinnigen Kombinationen zu verfolgen, welche allmählich, seit
Rossi im Jahre 1852 durch eine zufällig gefundene Inschrift aufmerksam gemacht worden war, auf diese Entdeckung geführt haben.
Das mehrerwähnte „trutzige Todtenmal" jener Cäcilia Metella
erinnert uns an Notizen classischer Schriftsteller, welche die Grabstätten der vielverzweigten Familie der Cäcilier hierher verlegen.
In der That begegnet man diesem Namen auch auf den noch
vorhandenen heidnischen Monumenten, und die gefeiertste Heilige, die in dem christlichen Cömeterium begraben liegt, heißt ja
wieder Cäcilia. An der Hand solcher und ähnlicher Beobachtungen ist man zu dem Resultat gekommen, daß das Grundstück,
welches heutzutage die Katakomben des Calixt umfaßt, ursprünglich Eigenthum eines Zweiges der Cäcilierfamilie gewesen ist.
Die Katakomben sind somit aus den Grabanlagen einzelner römischer Großen hervorgegangen, die sich auf ihrem eigenen Grund
und Boden Grüfte bauten und dann auch den Mitchristen die
Beisetzung auf demselben Acker gestatteten. Das war für diese
bei den unter ihnen herrschenden Aussichten in die Zukunft eine
der größten Wohlthaten, die ihnen erwiesen werden konnten. Das
Familiengrab dehnte sich zum Gemeindegrab aus, weil, wenn der
Tag des Herrn anbrechen wird, seine Gläubigen aus der Erde
aufzustehen hofften. So ist diese ganze Todtenstadt nichts als
eine Illustration zu dem altchristlichen Glauben an die „Auferstehung des Fleisches." Daß man die Todten nicht mehr verbrennen sondern um des christlichen Auferstehungsglaubens willen
auf jüdische Weise beerdigen wollte, mithin zur Bestattung grö-

ßerer Räume bedurfte, als z. B. die Columbarien darboten, war das erste aller treibenden Motive beim Zustandekommen dieser langen dunkeln Gänge. Dieselben hielten sich aber durchaus innerhalb des festgesetzten Gebietes auf der Oberfläche, der sogenannten Area. Nur so weit diese Area reichte, so weit reichte das gesetzmäßige Eigenthumsrecht der vornehmen Familie, so weit also auch der religiöse und gesetzliche Schutz. Der Besitztitel der Privaten garantirte den Bestand der Begräbnißplätze für die Gemeinden. Hier besaßen somit die Christen ein unverletzliches Asyl für ihre Todten; hier konnten die letzteren während des ganzen zweiten Jahrhunderts ohne Scheu bestattet werden, sogar mitten unter Verfolgungen. Man durfte nur von dem gesetzlichen Recht, sich die Leichen der Hingerichteten ausliefern zu lassen, Gebrauch machen. Daher waren auch die Zugänge zu diesen Begräbnißstätten nichts weniger als versteckt, vielmehr weit und öffentlich. So wurde um 180 die heilige Cäcilia, so andere Märtyrer, die in der Verfolgung des Marc Aurel gefallen waren, in diesen Katakomben beigesetzt; die Stellen, wo ihre Gebeine ruhten, waren durch Inschriften kenntlich gemacht und sind heute noch zu sehen.

Von einem anderen Ausgangspunkte kommen wir auf dasselbe Resultat, indem wir zugleich weiteres Material für die älteste Gemeindegeschichte Roms gewinnen. Neben dem Namen Cäcilius kommt in jenen heidnischen Monumenten an der Appia auch der Name Pomponius Bassus vor. Es scheint, daß eine Verbindung beider Familien bestanden hat, die sich auch auf die Grabstätten erstreckte. Möglich, daß auch das Christenthum sich von der einen Familie der andern mittheilte. In der That hat sich wenigstens ein Grabstein eines christlichen Pomponius Bassus in der Nähe seiner heidnischen Genossen gefunden. Ein anderer der hier bestatteten heidnischen Pomponier heißt Pomponius Gräcinus. Man

frägt nach chriftlichen Gräcinern, und fofort bietet fich eine Erinnerung aus Tacitus dar, welche fchon frühere Forfcher, die von den
Katakomben kaum wußten, auf die Vermuthung geführt hat, daß
wir es hier mit einer der erften Spuren des Chriftenthums in
vornehmen Römerfamilien zu thun haben. Jener Schriftfteller
berichtet nämlich von einer römifchen Dame mit Namen Pomponia
Gräcina, welche im Jahre 58 unter Nero des fremden Aberglaubens (superstitio externa) angeklagt, jedoch freigefprochen wurde,
und zwar von ihrem Gemahl, dem Conful Plautius, nach wie
vor aber ihr Leben, etwa vierzig Jahre (von 44—84), einer
ernften und traurigen Andacht gewidmet habe (lugubrem cultum
et maestum animum). Als ein folcher Cultus erfchien bekanntlich dem heidnifchen Urtheil vor Allem der chriftliche. Möglich
alfo, daß wir uns fchon in diefer Pomponia Gräcina eine der
erften Perfonen denken dürfen, die in jenem Grundftücke beigefetzt worden find. Möglich fogar, daß fie eine und diefelbe Per-
fon ift mit einer gewiffen Lucina, welche in kirchlichen Urkunden
als Stifterin eines diefer Cömeterien gilt, deffen Exiftenz, wenn
nicht auf das erfte, fo mindeftens auf die früheren Jahrzehnte
des zweiten Säculums zurückreicht. Von diefer Matrone, welche
urfprünglich den Grund und Boden befeffen haben foll, haben
nämlich die Krypten, welche Roffi im erften Bande feines Werkes
befchreibt, die aber urfprünglich mit dem ganz nahen Calixt-Cö-
meterium nicht verbunden waren, ihren Namen; erft der zweite
Band führt uns dann durch die übrigen Theile der Calixt-Katakomben. Hier wurden demnach vielleicht fchon im erften Jahrhundert die chriftlichen Mitglieder der Familien der Cäcilier und
Aemilier, in denen das Chriftenthum erblich wurde, dann auch
andere Angehörige und Clienten derfelben beigefetzt. Für ein ziemlich frühes Datum der älteften Katakomben fprechen nämlich theils
einzelne Infchriften, mit Buchftaben gefchrieben, die in die Zeiten

der Flavier weisen, theils als Data angebrachte Münzen, die nicht selten z. B. Domitian's Kopf aufweisen, theils ausdrückliche An- gaben, deren älteste, soweit sie bisher bekannt sind, das erste De- cennium des zweiten Jahrhunderts nennen (107 und 110), theils Gemächer, die noch gar keine Loculi bieten, sondern für Aufnahme von Sarkophagen bestimmt waren, theils endlich auch bildliche Darstellungen, die noch keinen selbständigen christlichen Styl verrathen, sondern fast lediglich Reminiscenzen aus dem Heiden- thum bieten. Und wie die künstlerische Decoration, so gehört nach dem Urtheile Friebländer's auch die architectonische Anordnung „unzweifelhaft noch dem ersten Jahrhundert an"[1]). Stuckatur, Fresken, Deckenmalerei — Alles weist in diese Anfangszeit der Gemeinde. In demselben Maaße, als dann während des zweiten Jahrhunderts die römische Gemeinde an Bedeutung und Zahl heranwuchs, mußte sich auch ihr unterirdischer Kirchhof erweitern. Hatte man zuerst nur einzelne Grabkammern mit besonderen Treppen ausgehöhlt, so liefen bei der steigenden Anzahl der Todten jetzt allmählich einzelne Gänge nach verschiedenen Richtungen aus, aber immer genau innerhalb der Grenzen des geometrisch bestimm- ten Terrains. Bald führte auch das Interesse an Raumersparniß auf die bekannte, später festgehaltene Manier, die Grabstätten (loculi) ähnlich wie die Cajüten in einem großen Auswanderer- schiffe dicht neben- und übereinander anzubringen; an den Kreu- zungen der Gänge finden sich Kindergräber, die weniger Tiefe verlangen.

So lag die Sache bis etwa zum Jahre 200. Damals (198) bestieg als Nachfolger Victor's I. Zephyrinus den römischen Bischofsstuhl. Ihm übergaben nun wahrscheinlich die Cäcilier ihr Grundstück, welches auf diese Weise nicht mehr unter dem Schutz

---

[1]) Sittengeschichte Roms, III, 2. Aufl. 1871, S. 529.

des Privatrechtes stand, sondern in den Gemeindebesitz überging
und das bedeutendste unter allen officiellen Cömeterien wurde,
daher es von nun ab im Namen der Gemeinde von einem Diakon verwaltet wurde. Der erste Diakon, den Zephyrin mit diesem
Amte betraute, war Calixt oder Kallistus, der spätere Bischof.[1]

<hr />

[1] Ueber die persönlichen Verhältnisse dieses Calixtus oder Kallistus
sind wir erst unterrichtet in Folge der seit zwanzig Jahren gemachten Entdeckung einer zwischen 220 und 230 unter dem Titel „Widerlegung aller
Ketzereien" geschriebenen Schrift, deren Verfasser ein dogmatischer Gegner
des Calixt war - und über seinen Lebensgang folgende überraschende Aufschlüsse gibt. Ursprünglich Sklave eines christlichen, im kaiserlichen Hause
wohnhaften Herrn begründete er mit einer, von diesem ihm anvertrauten
Geldsumme ein bedeutendes Bankgeschäft, darin zu Zeiten des Bischofs
Victor viele Wittwen und christliche Brüder ihr Geld anlegten. An den
Rand des Bankerotts gerathen suchte er sich der Rechnungsablegung durch
Flucht zu entziehen, wurde aber eingeholt und von seinem Herrn zur Stampf-
mühle verurtheilt. Sofort aber intervenirten zu seinen Gunsten mit vielen
Thränen die bei der Bank betheiligten Brüder; er wurde begnadigt und
suchte jetzt seinen Namen bei den Frommen dadurch in neuen Credit zu
bringen, daß er eine brutale Rohheit gegen die Juden verübte. Dafür
gerieth er dem heidnischen Richter in die Hände, der ihn zur Arbeit in den
Bergwerken Sardiniens verurtheilte. Aber die Geliebte des Kaisers Com-
modus, Marcia, war den Christen günstig und erwirkte, um auch einmal ein
gutes Werk zu thun, die Befreiung der Deportirten. So kehrte unter Andern
auch Kallistus wieder zurück und wußte sich bei dem neuen Bischof Zephyrinus
in solche Gunst zu setzen, daß dieser ihn über den ersten Gemeindefriedhof
setzte. Dieses Amt muß er Jahre, vielleicht Jahrzehnte lang, zu allgemeiner
Befriedigung verwaltet haben. Zugleich wußte er, wie der Verfasser der genannten Schrift behauptet, den verschiedenen in der Gemeinde hadernden
Parteien die Meinung beizubringen, daß er auf ihrer Seite stehe. Die
Folge war, daß er nach Zephyrin's Tode den bischöflichen Stuhl von Rom
bestieg. Er figurirt im Verzeichniß der römischen Päpste als Calixt I.
von 218—223 regierend. Freilich eine Verlegenheit ist er geblieben auch für
alle seine Nachfolger, nicht sowohl um seiner wenig anständigen Vergangenheit als um einer das Verhältniß von Vater und Sohn in der Gottheit
betreffenden Lehre willen, die er vortrug, die aber hundert Jahre später für
eine Irrlehre erklärt wurde und noch heute bei allen rechtgläubigen Katholiken und Protestanten für eine solche gilt. So bildet er recht eigentlich die
Einleitung zu der päpstlichen chronique scandaleuse.

Auch die gleichzeitige Gesetzgebung des Kaisers Septimius Severus ermöglichte und provocirte sogar den Erwerb von Begräbnißplätzen im Namen der Kirche als einer Corporation. Dies hängt nun freilich mit einem merkwürdigen Charakterzug in der Physiognomie des religiösen Bewußtseins des Alterthums zusammen. Die Frage, ob überhaupt und wie man bestattet werde, war von der größten Wichtigkeit. Es gab im kaiserlichen Rom Genossenschaften, welche ihren Mitgliedern ein ehrliches Begräbniß garantirten (collegia funeraticia), und namentlich für die Armen waren diese Associationen von größter Bedeutung. Wie man bei uns in Lebensversicherungen tritt, so trat man dort in Grabversicherungen, deren es eine große Menge gab. Man kaufte sich mit etwa 5 Thalern ein und zahlte monatlich etwa 2 Silbergroschen Beitrag. Die Gesellschaft kaufte sich etwa ein Columbarium und nahm darin die Asche ihrer Mitglieder auf. Diese Einrichtung benützten die Christen, um, da sie als ein Verein Lebender nicht geduldet werden konnten, als ein Verein Sterbender Existenz zu gewinnen; sie waren namentlich seit etwa 260 angesehen wie einer jener zahlreichen Begräbnißvereine, die in Rom zum Behuf der Gründung gemeinsamer Grabstätten zusammenzutreten pflegten. So erklärt sich nunmehr auch die auffallende Ueberlieferung, daß, während alle Vorgänger Zephyrin's am Vatican beigesetzt wurden, wohin man des Petrus Grab verlegt hatte, er († 218) den Anfang einer zweiten Reihe von Bischöfen macht, die in der sogenannten Papstgruft der Katakomben ihre Ruhestätte fanden. Zu diesen gehörte auch jener Sixtus II., über dessen, von der Sage vielfach entstelltes Ende die Forschungen Rossi's vollständiges Licht verbreitet haben. Valerian hatte den Christen den Besuch ihrer Cömeterien eben verboten, da trafen, am 6. August 258 die Soldaten, welche in die Katakomben des Prätextatus eingedrungen waren, den Bischof auf der Kathedra sitzend, rings um-

geben von der andächtigen Gemeinde. Sie reißen ihn herab; die
Gläubigen drängen sich zu seinem Schutze heran; der Greis aber
gibt sich in die Hände der Feinde und wird an Ort und Stelle
sogleich enthauptet. Der Leichnam mit der blutgerötheten Kathedra
aber wurde später nach der Papstgruft in die Katakomben des
Calixt übertragen. Wenn wir heute von Rom Klagen herüber
schallen hören über die Unsicherheit des heiligen Vaters, der in
seinem eigenen Hause ein Gefangener sei, so mag uns die Vergleichung zwischen jetzt und damals trösten, falls wir überhaupt
Trostes bedürfen. Die herrlichen Räume des Vatican sind freilich nicht so bombenfest wie die Grabkammern, darin die Päpste
des dritten Jahrhunderts zuweilen den Sitz ihrer Verwaltung
aufschlagen mußten; dafür liegen sie aber auch nicht Stockwerke tief
unter der Erde. Daran mögen uns beiläufig die vielen, dem
dritten Jahrhundert angehörigen Papstgräber der Calixt-Katakomben
mahnen. Letztere wurden übrigens während desselben Zeitraumes
noch beträchtlich vergrößert, indem sich zwischen ihre Langseite und
die Via Appia noch zwei kürzere Grundstücke einschoben. Bischof
Melchiades, welcher den Sieg der Kirche unter Constantin erlebte,
ist der letzte Papst, der in den Katakomben ruht. Seine Nachfolger sind bereits in den Basiliken beigesetzt, und die anderen
Gläubigen folgten allmählich seinem Beispiele wenigstens insofern,
als sie ihre Todten nach und nach unter freiem Himmel zu
beerdigen anfingen. Schon Papst Damasus (366—384) behandelte die Katakomben mit antiquarischem Interesse und that viel
für ihre Erhaltung und Ausschmückung. Noch eine Menge Ge-
denktafeln werden daher von ihm, der sich den Schmuck der
Märtyrergrüfte zur Lebensaufgabe gemacht hatte, gefunden.

    Sonach haben wir die vier ersten Jahrhunderte als die
Blüthezeit der Katakomben zu betrachten. Während dieses Zeit-
raums haben die Christen, später auch theilweise die Juden, die

Felder in der ganzen südlichen und östlichen Umgebung Roms
unterwühlt. Denn die Katakomben des Calixt, der Lucina und
der Domitilla sind noch lange nicht die einzigen; man zählt gegen
60, und die Länge aller, freilich oft übereinander angebrachter
Gänge macht im Ganzen ein Maaß von 120 Meilen — ein
ungeheures System von Gallerien, Corridoren, Kammern und
Krypten! Gegen zehn Generationen liegen hier bestattet in drei
bis vier Millionen von Gräbern. Was zu einem solchen Riesen-
unternehmen einlud, ist der Umstand, daß der Boden dieser Gegend aus jenem körnigen, das Wasser verschluckenden, Tufgestein
(tufa granolare) besteht, das um seiner Weichheit willen eine
solche Bearbeitung leicht zuläßt, während es andererseits als Bau-
material, wozu der feste Tufstein (tufa litoide) dient, fast unbrauchbar ist. Die Empfindungen, mit denen der Wanderer heutzutage hier unten stundenlang umherwandert und sich unterhält,
sind schwer zu beschreiben. Was er sieht, sind enge, höchstens
meterbreite Gänge, 3—8 Meter unter der Oberfläche beginnend,
aber, wo verschiedene Stockwerke übereinander angelegt sind, bis
zu 20 und mehr Meter Tiefe in den Boden hinabreichend; sie
alle ganz angefüllt mit Grabkammern, deren oft bis zu acht
Reihen übereinander geschichtet sind. Auch Kapellen und Ver-
sammlungsräume sind später hier angebracht worden. Die einzelnen Grabstätten waren mit beschriebenen Steinplatten verschlossen, die, in ihrem Inhalte merkwürdig gegen die, bald frivolen, bald verzweiflungsvollen heidnischen Grabschriften contrastirend, jetzt in Massen im Vatican und Lateran aufgestellt sind.
Dennoch finden sich auch an Ort und Stelle noch genug Grabschriften; die ältesten nennen bloß den Namen mit einer einfachen,
den Christenstand kennzeichnenden Beifügung, gewöhnlich „im
Frieden" oder „in Gott". Erst die späteren Inschriften sind
weniger lakonisch, auch fängt allmählich die lateinische Sprache

an, die griechische, welche in den ersten Jahrhunderten offizielle Kirchensprache Roms war, zu verdrängen. Am längsten reden die Papstgräber griechisch. Die Gebeine der Märtyrer sind alle schon seit einem Jahrtausend verschleppt, beziehungsweise verhandelt. Aus den anderen Leichen, soweit sie noch an Ort und Stelle, ist gewöhnlich ein langgestreckter Haufe Erde geworden; hier und da sieht man auch noch Skelette, friedlich ruhend. Die Luft ist dazu angethan, Fieber zu erregen, und man löscht gern die Fackel aus, um wieder an das Tageslicht zu treten aus diesen dunkeln Labyrinthen, auf welche Hieronymus, der sie in seiner Jugend besuchte, die Psalmstelle anwandte, die vom lebendig zur Hölle Fahren spricht (55, 16) und den virgilischen Vers: „Grauen umströmt ringsher und die Stille ist selber entsetzlich" (Aen. II, 755).

Mußten wir aber so der Vorstellung, als hätten sich die römischen Christen zu gottesdienstlichen Zwecken in den Katakomben versammelt, wenigstens in Bezug auf den uns hier interessirenden Zeitraum entschieden entgegentreten, so bleibt immer noch die Frage offen: wo versammelten sie sich denn? Die Antwort darauf lautet: in der Stadt, in Privathäusern.

Schon das letzte Kapitel des Römerbriefes, wenn es wirklich ursprünglich zu diesem Schriftstücke gehört, weist uns dahin. Es ist ja die Rede von der Gemeinde im Hause Aquila's (Röm. 16, 5), welches die spätere Localtradition auf den Aventin verlegte, wo es die überscharfsinnigen Combinationen Rossi's wieder entdeckt haben wollen[1]). Es wird in demselben Kapitel weiter gesprochen von den Brüdern bei Hermas (Röm. 16, 14), von den Heiligen, die sich bei Nereus und seiner Schwester versammeln (Röm. 16, 15). So wird dies gehalten worden sein, wie

---

[1]) Vergl. Bullettino, 1867, S. 44 ff.

überall, wo christliche Gemeinden entstanden waren, so auch in
Rom, bis allmählich das eine oder andere dieser Privatlocale in
den Besitz der Gemeinde überging, — ganz entsprechend demselben Verlaufe, den wir schon in Bezug auf die unterirdischen
Grabstätten verfolgt haben. Wie aber schon diese Katakomben
auf der dem ursprünglichen Ausgangspunkte, d. h. dem Ghetto,
direct gegenüberliegenden Stadtseite sich befinden, so weist uns
auch die Sage von Petrus, den die spätere römische Kirche als
ihren Stifter und Repräsentanten vorstellt, auf zwei auseinander-
liegende Mittelpunkte des römischen Christenthums. Die Ueberlieferung verlegt nämlich in sehr bezeichnender Weise den ersten
Wohnort des Petrus nach Trastevere, an dieselbe Stelle, wo der
Palast der heiligen Cäcilia gestanden haben soll und jetzt noch
ihre Kirche sich befindet. In dieser Ortsangabe hat sich eine
richtige Erinnerung an die ursprünglichen Wohnsitze des römischen
Judenchristenthums erhalten. Dann aber soll Petrus vom Fuße
des Janiculus übergesiedelt sein nach dem Vicus Patricius zwischen
Viminalis und Esquilinus (jetzt Via urbana und Via Pudenziana),
wo er beim Senator Pudens gewohnt habe.

Schon diese Wohnungsveränderung läßt nun aber einen Blick
thun in den eigentlichen Sinn des ganzen Sagenknäuels, der sich
um die Losung, „Petrus in Rom", angesetzt hat[1]). So weit
wir auch dieser Losung nachgehen, nie stoßen wir auf wirkliche
Geschichte, immer nur auf den Antagonismus altrömischer Partei-
verhältnisse, der sich in den Personen der Legende und ihren sagen-
haften Kämpfen abspiegelt. Ein Gegenstoß auf die römische
Wirksamkeit des Paulus erfolgte zunächst, als sich seit der Zerstörung Jerusalems das fanatische, paulusfeindliche Judenchristen-
thum in Rom immer breiter machte. Seit Anfang des zweiten

---

[1]) Vergl. die weitere Ausführung in meinem Aufsatz „Römische Petrus-
sagen" im „Jahrbuch des deutschen Protestantenvereins", 1872, S. 79 ff.

Jahrhunderts begegnen wir daselbst den Spuren jener tendenz-
mäßigen Umsetzung der altrömischen Gemeindegeschichte ins Roman-
hafte, welche darin gipfelt, die ganze Romfahrt des Paulus, seine
Thätigkeit in der römischen Gemeinde und sein römisches
Märtyrerthum auf den Judenapostel, den Petrus, zu übertragen
und den Namen Paulus in Stillschweigen zu begraben. In den
sogenannten Clementinen ist uns eine ganze Literatur erhalten, die
einzig diesem Zwecke gewidmet ist. Seit Mitte des zweiten Jahrhunderts endlich finden wir jenen Ausgleichungsprozeß beider
Parteien, aus welchem die altkatholische Kirche hervorgegangen ist,
dahin vorgeschritten, daß man einerseits den Namen Paulus in
seiner Bedeutung für die Heidenwelt überhaupt, für die römische
Gemeindegründung insbesondere rehabilitirt, ihm aber den Petrus,
welcher dieser Gemeindeüberlieferung von judenchristlicher Seite
her in den Garten gewachsen war, als ebenbürtig zur Seite
stellt, ja sachlich geradezu überordnet. Fast nur dieser Name hat
schließlich siegreich den Platz behauptet; die Peterskirche bildet den
Glanzpunkt Roms, die Paulskirche steht typischer Weise schon
längst „draußen" (San Paolo fuori le mura). Noch Gregor
der Große suchte zu beweisen, daß nicht blos Petrus, sondern auch
Paulus zu seinen bischöflichen Vorgängern gehört habe. Die
späteren Päpste nannten sich blos Nachfolger Petri. Fast ausschließlich hat Petrus die Phantasie der ältesten römischen Local-
sage beherrscht, wie beiläufig noch aus folgenden Notizen erhellen
mag. Der alte Mamertinische Kerker, worin Jugurtha und Ca-
tilina's Genossen ihr Ende gefunden, ist für Petrus in Beschlag
genommen und in Folge dessen das wüste unterirdische Loch, ein
feuchtes Tuffsteingewölbe, mit Capellen und Heiligthümern ausge-
schmückt worden (San Pietro in carcere). In einem Anfall
von Kleinmuth soll der darin verwahrte Petrus dem Tode haben
entgehen wollen und darauf an der Stelle der Via Appia, wo

jetzt das Kirchlein Domine quo vadis steht, diese Frage an den ihm begegnenden Christus gerichtet haben. Gerade diese Legende, wie Petrus dann auf das Wort seines Meisters beschämt wird, trägt noch ganz den Typus, welchen der Charakter des Petrus in dem ältern Bewußtsein der Christenheit aufweist. Anstatt seines Meisters, der bereit ist, abermals sich kreuzigen zu lassen (venio iterum crucifigi), kehrt dann der wieder zum Glauben gelangte Petrus um und wird auf der Stätte des jetzigen Klosters Pietro in montorio auf dem Janiculus hingerichtet und am Vatican begraben (unter dem jetzigen Hochaltar der Peterskirche), während dem Esquilinus später seine Ketten zufielen (San Pietro in vincoli). So vertheilen sich selbst seine Reliquien auf die beiden Regionen, in denen das Christenthum zu Rom festen Fuß gefaßt hat und die — genau besehen — nicht sowohl zwei Perioden im römischen Leben des Petrus als vielmehr den judenchristlichen Anfang und die an die Namen Linus, Pudens u. s. f. anknüpfende Paulinische Fortbildung, also die Fortbewegung des Christenthums von seinen judenchristlichen Ausgangspunkten zu der ihm von Paulus erschlossenen Heidenwelt bedeuten. Man muß sich nämlich erinnern, daß in der kanonischen Literatur des Christenthums der römische Name Pudens neben dem gleichfalls heidnischen Namen Linus auf Paulinischer Seite genannt wird (2. Tim. 4, 21). Aber auch eine rein locale Betrachtung führt auf ein solches Resultat, insofern der Vicus Patricius zunächst liegt, wenn man vom Prätorianerlager, von wo die Paulinische Mission ihren Ausgang genommen hat, nach der Stadt herabsteigen will. Dies also der Sinn des petrinischen Wohnungswechsels!

Denselben Eindruck zu verstärken, sind auch noch andere Beobachtungen geeignet, die sich Jedem, der das heutige Rom durchwandert, von selbst aufdrängen. Schon die beiden Hauptkirchen des päpstlichen Rom bezeichnen im Allgemeinen die beiden Ausgangspunkte des römischen Christenthums: St. Peter jenseits des Tiber am nordwestlichen, der Lateran diesseits am südöstlichen Ende der Stadt. Seit Constantin bis zur Periode von Avignon war bekanntlich der Lateran Residenz der Päpste, ein Hauptcentrum des Lebens der Stadt, omnium urbis et orbis ecclesiarum mater genannt. Von der heutigen Stadt dagegen führen dorthin nur wenige, immer dünner werdende Häuserreihen oder Alleen. Aber auf diesen öden Wegen begegnet man den ältesten Kirchen Roms. Da liegen in nördlicher Richtung, eben noch mit der Stadt zusammenhängend, die Kirchen der Heiligen Pudenziana und Praxedis, etwas südlicher San Pietro in vincoli und von da östlich die Kirche San Clemente. Die der Pudenziana, welche die Stelle des Hauses jenes Senators Pudens, angeblich ihres Vaters, vertritt, ist nach den Acta S. Praxedis in der Mitte des zweiten Jahrhunderts von Pius I. gegründet. Allerdings ist diese Kirche durch die unhistorische Baulust des Cardinals Gaetani gänzlich verändert worden. Aber man kommt noch manchem alten Gedanken auf die Spur, und die Stätte selbst ist unverändert. Aehnlich dem römischen Forum liegt die Kirche viel tiefer als die Straße, so daß man schon in den Vorhof mehrere Stufen hinabsteigen muß. Gerade jetzt wird an diesen verschütteten alten Gewölben wieder gearbeitet. Mosaik und Grundmauern gehören dem vierten Jahrhundert an. Viel jünger ist die Kirche, welche der heiligen Praxedis, einer zweiten Tochter des Pudens, gewidmet ist. Die Bilder beider Jungfrauen schauen uns aus dem Mosaikschmuck ihrer Kirchen an. Älter wieder ist San Pietro in vincoli im Jahre 440 erbaut, als eben die Kaiserin Eudoxia die Ketten, mit welchen Petrus in Jerusalem gefesselt gewesen sein soll, auf einer Wallfahrt dahin entdeckt und nach Rom gebracht hatte. Sofort ließ Papst Sixtus III. auch die mamertinischen Ketten herbeitragen, und siehe da — beide

Ketten vereinigten sich durch ein Wunder und werden in diesem Zustande heute noch in jener Kirche aufbewahrt. Die jährliche Feier dieses Ereignisses setzte Sixtus auf den ersten August fest, welchen Tag die Römer ohnedies schon längst als Gedächtnißtag der Eroberung Alexandrias durch Augustus festlich begingen. Er hieß daher Feriae Augusti, und noch heute nennt das römische Volk den 1. August Feragosto, während er im Kalender bekannt= lich „Petri Kettenfeier" heißt. Weitaus am interessantesten ist San Clemente lunga la via Lateranense. Hier verstatten uns nament= lich die von Mönchen unternommenen und noch immer im Gang be= findlichen Ausgrabungen so gut wie die Katakomben unmittelbar einen Einblick in das Gemeindeleben der ersten Zeiten. Da die ge= brauchtesten Topographien Roms hierüber noch schweigen, so sei hier eine ausführlichere Mittheilung verstattet. Wie auch sonst Rom auf Rom gebaut ist, beispielsweise die Thermen des Titus über das Haus Nero's und dieses wieder über noch ersichtliche Trümmer einer Wohnung des Mäcenas, so besteht auch jene Kirche eigentlich aus drei Stockwerken, welche sich aber nicht gen Himmel erheben, sondern umgekehrt in die Erde hinab= reichen. Das zu Tage liegende ist das oberste: eine trotz viel= facher, bis in's vorige Jahrhundert fortgesetzter Restaurationen wohlerhaltene Basilika aus dem zwölften Jahrhundert, von classi= schem Werthe durch die vollständige Erhaltung der Vorhalle und der inneren Anordnung, durch die Mosaiken und Cosmatenarbeit, nicht zum wenigsten endlich durch die kunstgeschichtlich berühmten Fresken Masaccio's. Sie war gebaut worden vierundzwanzig Jahre, nachdem eine ältere Kirche bei dem Einfalle der Nor= mannen, welche 1084 unter Robert Guiscard hier ihr Lager aufschlugen, zerstört worden war. Diese ältere Kirche, also das zweite Stockwerk, wird schon im Jahre 392 von Hieronymus erwähnt; in ihr hat (417) Zosimus über des Cölestius Lehre

zu Gericht gesessen; hier hat Gregor der Große (590 bis 604)
gepredigt; hier hat Hadrian I. (772 bis 795) seine Maler be=
schäftigt; die später unversehrt in die Oberkirche verbrachte Chor=
einrichtung hat Johann VIII. (872 bis 881) restaurirt. Um
dieser und anderer Theile willen, die auf solche Weise erhalten
wurden, will eine Autorität auf dem Gebiete der Kunstgeschichte
in dieser Kirche „das verhältnißmäßig treueste Bild der baulichen
Beschaffenheit und inneren Einrichtung einer altchristlichen Basilika"
erkennen, was vor Allem auch in Bezug auf den sonst nur noch
ganz selten in so bestimmten Umrissen erhaltenen Vorhof der
dreischiffigen Kirche richtig ist. Derselbe Springer legt übrigens
Protest ein gegen die herkömmliche Ansicht, als hätten die zu
Gerichtssitzungen und allerhand Vermittelungen des Verkehrs die=
nenden römischen Basiliken, davon wir besonders großartige Reste
auf dem Palatium und dem Forum Romanum vor uns haben,
das unmittelbare Vorbild für den christlichen Kirchenbau abgegeben.
„Die Kirche ging vielmehr aus dem römischen Privathause hervor,
wo die ersten Versammlungen der Gemeinden stattfanden und
dessen Bestandtheile, nur vergrößert, auch bei neuen kirchlichen
Anlagen wiederholt wurden." [1]

Es liegt uns ferne, auf die Streitfrage selbst einzugehen,
der man neuerdings gern durch vorsichtige Vermittelungen die
Spitze abbricht.[2] Wenigstens was den localen Zusammenhang
überhaupt betrifft, könnte sich Springer auf die Schicksale und
Metamorphosen der Clemenskirche berufen. Nach der oben
erwähnten Katastrophe, die gegen das Ende des eilften Jahrhun=
derts fällt, wurden nur einzelne Theile des Unterbaues für die
neu zu erbauende Oberkirche verwendet, das Meiste dagegen mit

---

[1] Vergl. Bädeker's Mittelitalien, S. XLIX.
[2] Vergl. Gsell=Fels: Rom und Mittelitalien, II, 1871, S. 266.

Erde zugeschüttet. Erst seit 1858, als man bei einer Reparatur im Vorhofe auf unten liegendes Mauerwerk gestoßen war, hat man begonnen, den Schutt wieder heraufzuholen, und jetzt gehört es zu den ersten Pflichten eines, den ältesten Wegen des Christenthums nachgehenden, Romfahrers, das Clemenskloster der irischen Dominikaner zu besuchen und unter ihrer Führung mit Fackeln hinabzusteigen und die wahrscheinlich vom Palatium hierher gekommenen Säulen und Marmorstücke, insonderheit die alten, dem dritten bis neunten Jahrhundert angehörigen Gemälde zu betrachten, die auf diese Weise an den Tag treten. Dieselben stellen theils die ältesten römischen Bischöfe, theils die Thaten und Wunder des Clemens und anderer Heiligen dar und sind jetzt genau photographirt; eine Beschreibung davon ist von dem eigentlichen Entdecker, dem Priester Mullooly, geliefert[1]). Die ältesten derselben zeigen sogar noch Gestalten in der Toga und das bartlose Christusgesicht der Katakomben. Diese Unterkirche war nun ohne Zweifel sofort nach dem Siege des Christenthums erbaut worden, aber nicht an einem beliebigen Platze, sondern da, wo eine schon damals unterirdisch werdende Capelle stand, in welcher die römische Gemeinde einen ihrer frühesten Versammlungsorte verehrte. Die Richtigkeit der dies aussagenden Tradition ist schwerlich anzufechten. Wo man von Alters her zusammenzukommen pflegte, das konnten die römischen Christen zu Anfang des vierten Jahrhunderts noch wissen. So steigt man denn auch jetzt aus dem zweiten Stockwerk noch tiefer in ein erstes hinab, längs einer aus massiven ungleichartigen Tuffblöcken bestehenden Mauer, in welcher man die Reste der Stadtmauer des Servius Tullius hat erkennen wollen. An dieselbe lehnen sich einige Gemächer, deren elegante Stuckverzierung, ganz den Styl der älteren Kaiserzeit dar-

---

[1]) A brief notice of the ancient paintings in S. Clement, Roma, 1868.

bietet. In ihnen hat schon die Tradition das Haus des Clemens
gefunden, und man könnte dieselbe gelten lassen, wofern nicht ein,
mit diesen Räumen unmittelbar zusammenhängendes, erst seit
1870 ausgegrabenes Mithrasheiligthum unsere Vermuthungen von
dieser Spur abzulenken geeignet wäre. Vielleicht daß die rüstig
betriebenen Ausgrabungen hier noch manches Unvermuthete zu
Tage fördern! Aber bereits bringt Wasser von unten auf, und
schon das sogenannte Haus des Clemens sammt dem Mithras-
tempel betritt man ziemlich sorgenvoll, auf floßartig verbundenem
Gebälk, das auf dem Wasser schwimmt, wandelnd und die nothdürftig brennende Wachskerze vor unzeitigem Erlöschen bewahrend.

Der Name Clemens bezeichnet übrigens das erste, wenigstens
halbgeschichtliche Licht, welches nach den Zeiten der neronischen
Verfolgung, etwa ein Menschenalter später, wieder auf die Wege
der römischen Gemeindeentwickelung fällt. In der christlichen
Ueberlieferung gilt er als Verfasser eines noch vorhandenen Send-
schreibens, welches in der Zeit des Kaisers Domitian die römische
Gemeinde an die korinthische erlassen hat. Aber auch die heidnischen Schriftsteller Suetonius und Dio Cassius erwähnen eines
Vaterbrudersohnes des Kaisers Domitianus, des Consuls Flavius
Clemens, welcher des Kaisers Nichte, die Flavia Domitilla, zur
Frau hatte. Diesen ließ Domitianus, dem auch jüdische Quellen
die verderblichsten Anschläge gegen das auserwählte Volk beilegen,
auf eine Anklage auf Gottlosigkeit und jüdische Neigungen hin
tödten, die Gattin verbannen etwa im Jahre 96. Das Letztere,
die Domitilla Betreffende erzählt auch der Kirchenschriftsteller
Eusebius, indem er ausdrücklich den christlichen Glauben als Ursache des Urtheils angiebt. Freilich will schon derselbe Eusebius
den Vorsteher der römischen Gemeinde mit Namen Clemens,
welchen er im dritten Jahre des Trajan sterben läßt, von dem
vier Jahre vorher verstorbenen Flavius Clemens unterschieden wissen.

Aber eine solche Zerlegung einer und derselben Persönlichkeit in zwei Figuren, die dann gleichsam die beiden Faktoren vertreten, aus welchen jene erwachsen ist, ist auch sonst nichts Seltenes, und so mag die kirchliche Ueberlieferung immerhin die Scheidung weiterführen und behaupten, der Bischof Clemens sei in San Clemente, dagegen der Consul Flavius Clemens in dem ältesten aller Cömeterien an der Via Ardeatina, südlich von der Via Appia, beerdigt worden, in welchem schon die Gebeine des Achilleus und Nereus ihre Ruhe gefunden hatten und dessen Anlage auf jene Domitilla zurückgeführt wird. In der That und Wahrheit aber hängt die Doppelpersönlichkeit des Clemens nicht blos damit zusammen, daß derselbe Mann für die Heiden einen Consul, für die Christen einen Bischof bedeutete, sondern noch weit mehr mit den verschiedenen Richtungen, welche sich innerhalb des Christenthums selbst um seinen Besitz stritten. Wenigstens als höchst wahrscheinlich darf heutzutage eine Annahme hingestellt werden, wonach der geschichtliche Clemens ursprünglich auf die heiden-christliche und paulinische Seite des Urchristenthums zu versetzen wäre, während erst die sogenannten Clementinen, das bedeutendste Product des römischen Judenchristenthums im zweiten Jahrhun-dert, den Versuch machten, auch in dieser Beziehung die Tradition zu fälschen und den Clemens zu einem Jünger des Petrus zu machen. Damit stimmt die Thatsache, daß dieselben Cle-mentinen, die anstatt des Pauliners Linus den angeblichen Petriner Clemens zum ersten Bischof von Rom machen, uns auch den Weg zeigen, auf welchem der Apostel Petrus selbst nach Rom kam. Während nämlich der Clemens des eben erwähnten juden-christlichen Romans fast nur darin an den geschichtlichen Clemens erinnert, daß wenigstens noch seine Mutter aus kaiserlichem Ge-schlechte ist, liegt die Tendenz der Erzählung vor Allem darin, daß Clemens nicht von Paulus, sondern von Petrus belehrt wird, und zwar während dieser von Ort zu Ort seinem dämonischen Gegner, dem Zauberer Simon, folgt, unter dessen Maske Niemand anders verborgen ist als der Apostel Paulus selbst. Es ist heutzutage ausgemacht und anerkannt, daß in jenem judenchristlichen Romane Charakteristik, Lebensgang und Schlagworte des Paulus auf den berüchtigten Zauberer übertragen sind. Die Petrussage hängt somit an der Simonssage, die Simonssage aber an der Paulusgeschichte, deren Travestie sie ist. Nun war aber Paulus am Ende seiner Laufbahn zweifelsohne nach Rom gekommen. Also muß auch Simon und muß um des Simon willen auch Petrus nach Rom kommen. In der That erzählen, indem sie sich an die alte judenchristliche Romanliteratur anlehnen, noch im dritten Jahrhundert die sogenannten Philosophumenen von Kämpfen zwischen Simon und Petrus in Rom, und die sogenannten apostolischen Constitutionen berichten, wie Simon daselbst eben daran war, durch einen Flug in den Himmel göttliche Ehre zu erlangen, als Petrus mit seinem Gebete ihn herabfallen machte. Dieser Sturz des Zauberers vom Himmel ist ein Hauptstück der katholischen Legende geworden, wie die lebensgroßen Bilder in der St. Peterskirche und in Maria degli angeli zeigen. Und so knüpft sich denn auch an San Clemente eine Reihe von Erwägungen, welche die Richtigkeit des Satzes beweisen, daß das Gemeindeleben in Rom eine lange Zeit hindurch zwei Pole seiner Thätigkeit aufweist.[1])

Die populärste Bezeichnung dieser beiden Pole lautet bekanntlich: Petrus und Paulus. Mit dieser Losung siegte die römische Kirche, und zwar schon während des zweiten Jahrhun-

---

[1]) „Judenthum und Christenthum", S. 804. Vergl. daselbst über die Clemensfrage S. 795 ff. Die eingehendste Zusammenstellung und vorsichtigste Beurtheilung des gesammten den Clemens betreffenden Materials bei Lipsius: Chronologie der römischen Bischöfe, 1869, S. 147 ff.

berts. Bereits damals war ja die Zeit gekommen, da nicht we=
nige Gemeinden den Anspruch erhoben, apostolische Stiftungen zu
sein, und da auf der Geltendmachung dieses Anspruchs das Maaß
des Ansehens beruhte, welches einer einzelnen Gemeinde in der
Bildungsgeschichte der katholischen Kirche zukommen konnte. Die
Gemeinden apostolischer Stiftung galten nämlich als diejenigen,
welche die Lehre der Apostel reiner und zuverlässiger als andere
bewahrt haben. Keine Gemeinde ist mit diesem Anspruche voll=
ständiger durchgedrungen als die der Welthauptstadt, von der die
Völker ohnedies schon gewohnt waren, Gesetze zu empfangen.
Im Bewußtsein des großen Vorsprunges, welchen ihr diese ihre
politische Bedeutung verlieh, konnte die römische Gemeinde es
unternehmen, und ist es ihr gelungen, die inneren Gegensätze,
welche das Christenthum des ersten Jahrhunderts beinahe in zwei
Sonderbekenntnisse auseinandergerissen hätten, als untergeordnete
Gesichtspunkte unter einander auszugleichen, indem sie ihre Stif=
tung auf Petrus und Paulus zugleich zurückführte. So konnte
der Schwerpunkt der religiösen Entwickelung der Menschheit
von Jerusalem auf Rom übergehen; so konnte die Cäsaren=
stadt die Rolle der in Trümmer gefallenen Davidsstadt übernehmen.
Der Titusbogen, welcher in Rom zum Zeugnisse der eben erwähn=
ten Thatsache errichtet ward, mahnt mit seinen bedeutungsvollen
Reliefs daran, daß jetzt die Zeit gekommen ist, da der Tempelschmuck
Jerusalems nach Rom übertragen werden und die Söhne Aaron's
eine neue Priesterstadt finden sollen, in der sie die Erfüllung lange
genährter, freilich christlich umgewandelter und verklärter, Hoffnun=
gen auf Weltherrschaft erleben werden. Und in diesem Wech=
sel liegt sicherlich einer der hochwichtigsten unter jenen „Rath=
schlüssen des Geschickes", deren „Mitgenosse" man nach Göthe's
treffendem Ausdruck (vom 7. November 1786) wird, wenn man

auf den Trümmern, die wir durchwandert haben, nachforscht, „wie Rom auf Rom folgt“.

In der That gibt es ein doppeltes Rom, eine doppelte römische Geschichte, eine doppelte Weltgeschichte. Aus der unermeßlichen Zahl von Ringen, welche der ehrwürdige Baum des menschheitlichen Wachsthums in seinem Stammholze trägt, ist es im Grunde nur ein einziger, den wir meinen, wenn wir das stolze Wort „Weltgeschichte“ aussprechen. Wie unsere Kenntniß des Raumes sich auf einen verschwindend kleinen Theil des Weltalls beschränkt, so umfaßt eben auch unser Blick nur eine winzige Spanne Zeit. Zwar der Rückblick auf Tage, die jetzt schon seit achtzehnhundert Jahren verflossen sind, versetzt uns, wie wir gesehen haben, immer noch in eine Zeit, die im hellsten Tageslichte der Geschichte liegt. Versetzen wir uns aber einmal im Geiste in eben diese Zeit, da Nero's Brandfackeln sich entzündeten, Paulus sein Haupt zum Tode neigte, Clemens die Gemeinde sammelte, Domitilla und Lucina die christlichen Friedhöfe unter der Erde eröffneten — denken wir diese Zeit als unsere Gegenwart und blicken von da abermals achtzehnhundert Jahre rückwärts, so sind wir mit dem Gedächtnisse des Menschengeschlechts schon fast zu Ende und verlieren uns in graues Dunkel. Wir haben damit die alte und die neue Geschichte unterschieden, gleichsam die beiden Halbkreise jenes Ringes. Wenn sich aber ein gemeinsamer Mittelpunkt für beide überhaupt fixiren läßt, so wäre er kaum anders zu benennen, als mit dem Namen Rom. Alle Wege der alten Welt führen bekanntlich nach Rom; alle münden aus in der Weltstadt, wo die stolzen Beherrscher des Erdkreises schließlich einen kaiserlichen Thron erbaut hatten. Der Wendepunkt der Zeiten liegt dort, wo aus dem weltlichen Rom allmälig ein geistliches Rom zu werden beginnt, das aber ganz denselben Trieb der Weltherrschaft offenbaren und in nicht minder großartiger Weise befriedigen sollte. So wird die römische Geschichte auf's Neue zur Weltgeschichte, und steht wieder in einer langen Reihe von Jahrhunderten dieses Rom, die ewige Stadt, obenan unter allen Brennpunkten und Feuerheerden der menschlichen Cultur.

Diese neue und jene alte Welt liegen, in einem und demselben Gesichtskreise vereint, vor uns, wenn wir von der Höhe des Palatin, unter den Ruinen der Kaiserpaläste wandelnd, herübersehen nach St. Peter und dem Vatican, vom ehemaligen „Haus des Kaisers" nach dem heutigen Haus des Papstes. „Es grüßen euch die Heiligen in des Kaisers Haus" — diese Worte des gefangenen Paulus enthalten den unscheinbaren Impuls zu dieser ungeheuersten Umwandlung. Sie erinnern uns daran, daß in denselben großartigen Räumen, welche auf dem Palatin das reichste Leben der alten Welt in sich aufgenommen hatten, auch eine unscheinbare Pflanze Wurzel geschlagen hat, die allmählich, nach allen Seiten überwuchernd, um sich greifen und das Meiste dazu beitragen sollte, jene wie für die Ewigkeit gebauten Hallen auseinanderzusprengen, die prächtigen Säulen zu stürzen und das ganze alte Rom in Trümmer zu legen. Die erste Ansiedelung dieses Gewächses haben wir hier beschrieben.

Druck von Gebr. Unger (Th. Grimm) in Berlin, Schönebergerstraße 17 a.

Die Feuerzeuge.

Ein Vortrag, gehalten im Physicalischen Verein zu Frankfurt a. M.

von

Dr. med. Wilhelm Stricker.

Berlin, 1874.

C. G. Lüderitz'sche Verlagsbuchhandlung.

Carl Habel.

Die Erlangung des Feuers hat die Menschen den ersten Schritt zur Civilisation thun lassen; unsern materiellen Wohlstand wie unsere wissenschaftlichen Kenntnisse konnten wir nur mit dessen Hülfe erreichen. Das Feuer ist ein gelehriger und starker Gehülfe des Menschen. Es ist ein unersetzliches Mittel, um solche Stoffveränderungen herbeizuführen, ohne welche die wichtigsten unserer Nahrungsmittel ungenießbar wären. Mit dem Beistande des Feuers gelang es zuerst und gelingt es noch jetzt, Baumstämme in Fahrzeuge auszuhöhlen. Das Feuer allein verscheucht die grimmigen Raubthiere des Waldes und der Wüste: den afrikanischen Löwen, den asiatischen Tiger, den amerikanischen Jaguar. Am Feuer härteten die Menschen der Urzeit ihre rohen Waffen, die Spitzen ihrer hölzernen Speere. Das Feuer als Steppenbrand muß den Jägerstämmen in Australien, Südafrika, sowie in der neuen Welt, in Ermangelung abgerichteter Hunde, das Wild in Schußbereich treiben. [1] Reste von verkohltem Holz und Asche sind aber sowohl in den Höhlen des Périgord, als auch, was noch schwerer ins Gewicht fällt, bei der Schussen-Quelle unter den Geräthen aus Rennthierhorn angetroffen worden, die noch in die nordeuropäische Eiszeit gehören. [2]

Jetzt, wo die Gewinnung des Feuers in hohem Grade erleichtert ist, geben wir uns kaum mehr Rechenschaft von den
Schwierigkeiten, mit welchen man früher in dieser Beziehung zu
kämpfen hatte. Es scheint daher nicht unangemessen, der Art und
Weise, wie man sich zu verschiedenen Zeiten das Feuer zu verschaffen gesucht hat, einen allgemeinen Ueberblick zu widmen.
Dieß ist der Zweck nachfolgender Skizze, die natürlich ein tieferes
Eingehen in die technische Seite des Gegenstandes schon aus
räumlichen Gründen ablehnen muß.

Beobachtet man die Feuergewinnung vom wissenschaftlichen
Standpunkt aus, so läßt sich folgendes System aufstellen:

I. Physikalische Methoden: 1) durch Friction. a. von
Holz mit Holz; b. von Stahl und Stein (Kiesel). 2) durch
Compression der Luft. 3) durch Hohlspiegel.

II. Chemische Methoden: 1) durch Entzündung von
Wasserstoff. a. durch den elektrischen Funken; b. durch Platina-
schwamm. 2) durch die Verbindung von chlorsaurem Kali mit
Schwefelsäure. 3) durch Phosphor.

Wenn man indeß die Methode der Erlangung von Feuer
in Folge der Reibung von weichem und hartem Holze als einer
vor jeder Cultur liegenden Zeit angehörig außer Betrachtung läßt,
und von der Compression der Luft, welche eine für allgemeine
Verbreitung zu kostspielige und mühsame Metbode ist, absieht,
so bleiben bis zur Erfindung der Phosphorzündhölzchen vier
Methoden, welche nach und nach, theilweise neben einander
blühend, zu großer Verbreitung und einem gewaltigen Einfluß
auf die Industrie gelangt sind, und wieder den mächtigen Einfluß
der Mode erfuhren.

Ehe wir diese vier Verfahrungsweisen zur Feuergewinnung

durch: 1) Stahl und Stein; 2) Brennspiegel; 3) Wasserstoffgas; 4) chlorsaures Kali und Schwefelsäure — näher betrachten,
wollen wir einige historische Mittheilungen über jene beiden
obsoleten Verfahrungsweisen vorausschicken.

Es ist noch keine Nation auf Erden entdeckt worden, welche
den Gebrauch des Feuers nicht gekannt hätte. Zwar hat ein in
England gefeierter Anthropolog, Sir John Lubbock, in seinem
Buche über die vorgeschichtlichen Zeiten etlichen Bewohnern der
Inseln des stillen Meeres jeden Umgang mit dem Feuer abgesprochen, aber mit Unrecht. In seiner Aufzählung bemerken
wir auch die Eingeborenen von Van Diemens-Land, während
doch schon der erste Entdecker dieses Landes, Abel Tasman berichtet,[3]) daß er Rauchsäulen aus dem Innern habe aufsteigen
sehen. Ganz ebenso verhält es sich, wenn Lubbock den Bewohnern von Fakaafo die Bekanntschaft mit dem Feuer ab-
spricht. Diese Südseeinsel gehört zur Unionsgruppe und liegt im
Norden des Samoa-Archipels, dessen Bewohner wegen ihrer
nautischen Geschicklichkeit und ihrer weiten Seefahrten die Navi-
gatoren genannt worden sind, und welche daher längst ihren
Nachbarn auf Fakaafo das Feuer und die Feuerentzündung überbracht haben würden, wenn es nöthig gewesen wäre. Auch
kommt in der Mundart der Fakaafo-Leute dasselbe Wort für
Feuer vor, welches je nach den verschiedenen Mundarten der
Malaien-Sprache api, afi, ahi lautet.[4]) Sir John Lubbock's
Angabe beruht auf der Erzählung des amerikanischen Seefahrers
Wilkes, der auf Fakaafo Feuerplätze allenthalben vermißte
und deßhalb vermuthete, die Eingebornen möchten ihre Nahrung
roh verzehren. Aber schon ein Jahr nach Veröffentlichung von
Wilkes' Entdeckerberichte erschien das große Werk seines Beglei-

ters, Horatio Hale, über die Südseesprachen, worin bezeugt ist,
nicht nur, daß ein Wort für Feuer auf jener Insel vorhanden
gewesen sei, sondern auch, daß Hale und seine Begleiter am
Abend vor der Landung eine Rauchsäule von Fakaafo haben
aufsteigen sehen. 5) Getrost vertreten wir daher den Satz, daß
auf der ganzen Erde der Menschenstamm noch gefunden werden
soll, der keinen Verkehr mit dem Feuer unterhielte.

Wir finden bei allen Völkern der niederen Culturstufen, daß
sie das Feuer durch Reiben verschiedener Hölzer, nicht aber durch
Anschlagen von Stahl und Stein hervorbringen, und müssen
also die erstere Art schon um deßwillen als die ältere annehmen,
weil die zweite die Kenntniß der Metalle voraussetzt.

Deßhalb ist auch die altgriechische Sage von Prometheus,
der das Feuer in einer markhaltigen Pflanzenröhre vom Himmel
entführte, wohl jünger, als das germanische Nothfeuer und das
Feuer der phönicischen Mythe, welches durch Reiben von Hölzern
hervorgebracht wird.

Ueberlegen wir nun, auf welche Art der Mensch sich ursprünglich in den Besitz des Feuers gesetzt haben möge, so wird
der erste Gedanke wohl sein, daß er es als ein Geschenk aus der
Höhe empfangen habe durch einen Blitzstrahl, der einen abgestorbenen Baum in Flammen setzte. 6)

Die Benutzung des so entstandenen Feuers würde aber bereits eine Kenntniß seines mannigfaltigen Nutzens voraussetzen,
während es nach Beobachtungen an Völkern, welche dem Natur-
zustande nahe stehen, wahrscheinlich ist, daß der Mensch der
unbekannten Vorzeit sich mit Schrecken von der Wirkung der
furchtbaren Naturerscheinung abwandte. Das höchste Maß
innerer Wahrscheinlichkeit besitzt daher die Vermuthung, daß in

der Nachbarschaft von Lavaergüssen aus Vulcanen die Menschen zuerst und dauernd mit der Wohlthat des Feuers bekannt wurden. [7])

Noch zwanzig Jahre nach dem Ausbruche des Jorullo vermochte man in den Spalten seiner kleinen Krater (Hornitos d. h. Oefen) Späne zu entzünden, wie A. von Humboldt uns berichtet. [8])

Auf dem Boden mancher Krater, wie bei den Havai-Vulcanen oder wie bei der sogenannten „Hölle von Massaya" hat aber die glühende Lava durch säculare Zeiten ohne Unterlaß gebrodelt. Ferner fehlt es einzelnen Gegenden nicht an sogenannten Feuerquellen, d. h. an Brunnen, die entzündliche Luftarten, nämlich Kohlenwasserstoff, ausathmen. Wir wollen an solche Erscheinungen in den Vereinigten Staaten, auf Java, in China, in Italien, vor Allem aber an die ewigen Feuer bei Baku am caspischen Meere erinnern. Zwei und eine halbe Meile nördlich von Baku liegt Atesch-Dja oder Ateschgah (=Feuertempel), eine heilige Stätte der Feueranbeter, an welcher brennbares Gas aus der Erde dringt und, entzündet, emporflammt. Es ist ein dreieckiges, einen Hof umschließendes Gebäude, jede Seite etwa 190 Schritte lang; im Innern sind längs der Umfassungsmauer Zellen ohne Fenster mit der Thür nach dem Hofe; in der Mitte des Raumes befindet sich eine Erhöhung auf drei Stufen, auf welcher vier quadratische, 2 Fuß im Durchmesser haltende, 8—9 Fuß hohe Säulen eine Kuppel von gleicher Höhe tragen; an der südöstlichen Ecke dieses Dreiecks steht auch noch eine Säule. Diese Säulen sind hohl, und aus ihnen, sowie aus einer Oeffnung unter der Kuppel, strömt die gelbe Flamme des entzündeten Gases, 1 Fuß im

Durchmesser, 4 Fuß hoch, hervor. Was allen diesen Flammen
etwas wunderlich Gespenstiges gibt, ist: daß man nicht das
mindeste Geräusch, kein Knistern, kein Flackern hört, man sieht
nur die Flamme in der Luft spielen, aufsteigen und sich senken,
— alles in Grabesruhe. Durch Zudecken mit einer Lehmscheibe
kann man die Flamme leicht löschen, ebenso leicht sie wieder mit
einem Licht entzünden, aber nicht mit einer glühenden Kohle.
Die Zellen sind für Pilger von der Secte der Feueranbeter be=
stimmt, welche hier nach ihrem größten Heiligthum wallfahrten,
denn es gibt für sie kein heiligeres Feuer auf Erden, als das
aus derselben ohne weitere irdische Nahrung von selbst in hellen
Flammen hervorbrechende Erdfeuer bei Atesch=Dja. Hierher wall=
fahrten die weisesten und frömmsten Gebern und bleiben meist
hier, um in religiöse Betrachtungen versenkt und in vollständiger
Abgeschiedenheit Angesichts des heiligen Elements ihre Tage zu
beschließen. — Das ganze Gebäude ist auf Kosten der russischen
Regierung und eines reichen Hindu um 1834 aufgeführt wor=
den. — Wo man im Umkreis einer halben Meile in den Erd=
boden ein Loch stößt, quillt brennbares Gas hervor, welches die
Umwohner zu wirthschaftlichem Gebrauch verwenden. ⁹)

Wo aber dem Menschen die Natur solche Hülfsmittel nicht
bot, da mußte er auf eine künstliche Feuerbereitung bedacht sein.

Das Gelingen dieser Aufgabe, ein großer Wendepunkt in
unsrer Sittengeschichte, wurde später erklärt durch den Mythus
von Prometheus, der dem höchsten der Götter das Feuer ent=
wendete. Da diese Sage als ein Nationalgut bei den Osseten
oder Iron im Kaukasus fortlebt, und die Sprache dieses Berg=
volkes zur indogermanischen Familie zählt, so muß sie schon vor
den späteren Trennungen der arischen Menschenstämme vor=

handen gewesen sein; da aber bereits in der Eiszeit an der Schussenquelle, fern von allen vulcanischen Erscheinungen, Feuer künstlich erzeugt wurde, so dürfen wir in jenem Mythus nicht die Rettung einer geschichtlichen Begebenheit suchen. Wir können uns dafür sogar auf Aeschylus berufen, der im verlorenen Schlußstücke seiner Trilogie dem Prometheus die Worte in den Mund legt: Dreißig Jahrtausende habe er in Fesseln geschmachtet,[10] so daß also auch von ihm der Feuerraub weit über die Grenzen menschlicher Zeiterinnerung zurückverlegt wird.

Die Gewinnung des Feuers bei Indern, Griechen, Römern und Deutschen, namentlich des zu heiligen Zwecken zu verwendenden, stimmt für die älteste Zeit darin überein, daß es bei ihnen allen durch Drehung gewonnen wird, indem ein Stab entweder in einen andern gebohrt und so hin und hergedreht wird, oder ein solcher durch eine Scheibe oder Tafel oder endlich durch die Nabe eines Rades gebohrt wird. Die uns von den Griechen und Römern überlieferten Nachrichten sind zwar wenig zahlreich, indeß genügen sie doch, um uns das Wesen der Einrichtung zu zeigen. Die älteste Erwähnung dieses Urfeuerzeugs findet sich bei Homer:[11]

> (Hermes) „Er doch sammelte Holz, und sann, wie er Feuer bereite.
> Nehmend den stattlichen Ast von der Lorbeer, rieb er mit Eisen
> Ihn in der Hand recht haltend, und glühender Hauch entdampfte.
> Drauf doch nahm er und legte getrockneten Holzes die Fülle
> Auf in ein Loch, in den Boden gemacht, und es loderte Flamme.
> Weithin sendend das Blasen des hochaufflammenden Feuers."

Die Stelle ist zwar für die Einrichtung des Ganzen von geringer Bedeutung, da sie mehr ahnen läßt, als Gewißheit gibt, indeß ist doch die Erwähnung des „Lorbeers" von Wichtigkeit, wie wir sogleich sehen werden.

Bloße Erwähnung des „Feuerzeugs“ (πυρεία) findet sich bei Sophocles (Philoctet 36), während eine andere Stelle des-selben Dichters bei Hesychius etwas mehr gibt; sie lautet: „Bohrer ohne Erz sind das Feuerzeug der Phrygier“ (Soph. im Phineus). Ausführlichere Nachricht dagegen gewährt Theophrast (hist. plant. V. 9. ed. Wimmer. De igne ed. Schneid. 64).

Aus diesen Nachrichten ergibt sich, daß das Feuerzeug aus zwei Holzstücken besteht, deren eines die eschara heißt, und am liebsten von der athragene, einer Schling- oder Schmarotzer-Pflanze genommen wird, während das andere Bohrer (τρύπανον) genannt, am besten von dem Lorbeer (δάφνη) genommen wird. Außer diesen beiden Pflanzen werden noch Dorn (ῥάμνος), Epheu (κιτιός), eine Eichenart (πρῖνος), Linde (φιλίρα) genannt, und die Wahl von ihrer Eigenschaft der Weichheit oder Härte abhängig gemacht. Die Art der Erzeugung des Feuers ist durch die Bezeichnung des einen Holzes als Bohrer (τρύπανον) klar; zu diesem Werkzeug wird das harte Holz vorzüglich des Lorbeers oder der Dornen verwandt.

An diese Nachrichten reiht sich demnächst eine Stelle des Scholiasten zu Apollon. Rhod. Argonaut. (I, 1184) an, worin das Holz, in welches gebohrt wird, storeus genannt und als ein liegendes, flaches bezeichnet wird; der Drehstock dagegen wird einem Bohrer verglichen. Aus der Odyssee (9, 382) wissen wir, daß das trypanon vermittels eines Riemens, den auf beiden Seiten zwei Männer anfaßten, gedreht wurde. Es ergibt sich also eine fast vollständig übereinstimmende Herrichtung dieses Feuerzeuges wie bei den Indern, wo der Stab (Pramantha) eingeklemmt zwischen zwei andern Hölzern, die Arani genannt werden, ebenfalls durch einen Strick bewegt wird, der bald nach rechts, bald nach links im Halbkreise geschnellt wird. [12])

Weniger ausführlich sind die Nachrichten der Römischen Schriftsteller. Eine wichtige Stelle findet sich bei Plinius (hist. nat. XVI. 40) und lautet: „Holz wird mit Holz gerieben und durch das Reiben entsteht Feuer, welches in trockenen Zunder aufgenommen wird. Nichts eignet sich dazu besser als Epheu und Lorbeer, der erste um gerieben zu werden, der zweite um zu reiben. Bewährt ist auch der wilde Weinstock und andere Schlinggewächse."

Eine andere Stelle steht bei Paulus Diaconus (Festus ed. Lindemann p. 78): „Wenn das Feuer der Vesta einmal erloschen war, wurden die Jungfrauen von den Priestern geschlagen, welchen oblag, in das Brett von heiligem Holze (tabulam felicis materiae) so lange zu bohren, bis die Vestalen das entstandene Feuer, in einem ehernen Siebe aufbewahrt, in den Tempel tragen konnten." (Sieb, weil der Luftzug durch die Löcher die Gluth erhielt.) Bemerkenswerth ist, daß Theophrast und Plinius die tabula aus einem Schmarotzergewächs gemacht angeben, auch in Indien war vorgeschrieben, die tabula aus einer, auf einer Acacia suma gewachsenen Ficus religiosa zu nehmen. Das Wort Athragene des Theophrast erklärt Kuhn als: „feuererzeugend", athra = zend. âtar, das Feuer. Ein etwas verschiedenes Verfahren der Feueranzündung hat sich bei den Polynesiern erhalten. Ein Stab wird schräg in der Rinne eines ruhenden Holzstückes so lange hin und her gerieben, bis dieses zu glühen beginnt. [13])

Eine eigenthümliche Art von Feuerbohrer wird uns auf den Antillen und an den Küsten des südamerikanischen Festlandes von den Spaniern beschrieben. Zwei Hölzer wurden zusammengeschnürt, zwischen sie ein zugespitzter Stab geklemmt' und durch quirlartige Bewegung Feuer entzündet.[14])

Wird diese Unterlage zu einem Stück vereinfacht, so haben wir die indische Weise der Feuerbereitung, welche in allen Weltheilen wiederkehrt. Wir erkennen es auf bekannten Bildwerken der Altmexikaner, es befindet sich noch jetzt in den Händen der Indianer Guyana's, sowie der Botocuden Brasiliens, in Südafrika bedienen sich seiner die Buschmänner, die Kafirn und die Hottentotten, auf Ceylon die Vedda und in Australien die dortigen Eingebornen.[15])

Das Gelingen der Feuerentzündung darf man sich nicht so leicht vorstellen, als es unsren Robinsonen zu fallen pflegt. Die Arbeit ermüdet so stark, daß sich bei den Botocuden am Belmonte immer mehrere beim Quirlen abzulösen pflegten.

Das nämliche berichtet Theophilus Hahn von den Kafirn, die doch sehr trockene Erdstriche bewohnen. Bei seinen Streifzügen im Himalaya bemerkte Hermann von Schlagintweit zuerst bei den Leptscha ein solches Feuerzeug, welches nur darin etwas besonderes zeigte, daß die Unterlage aus hartem, der Quirl aus weichem Holze bestand. Auch er fügt hinzu, daß die Arbeit stark ermüde und der Erfolg bei größerer Sättigung der Luft mit Wasserdampf unsicher sei.[16])

Nach Jagor (Singapore, Malacca, Java. Berlin 1866. S. 178) ist in den von ihm durchreisten Ländern der Bambus auch als Feuerzeug im Gebrauch und wohl allen andern bei den Wilden üblichen Feuerzeugen vorzuziehen. Man spaltet einen recht trockenen Halm von 2—3 Fuß der Länge nach in der Mitte, schabt aus den inneren Wandungen die silberglänzende weiche Haut und das weiche Holz so fein als möglich heraus und rollt das Geschabsel zu einer losen Kugel zusammen, die auf den Boden gelegt und mit der einen Hälfte des Halms bedeckt wird, so daß sie oben gegen die Wölbung drückt. Von der andern Hälfte spaltet man dann noch einen Streifen ab, so daß ein fast flaches lattenförmiges Stück zurückbleibt, dessen eine Seite zugeschärft wird. Mit dieser Seite geigt man auf dem Bambus, der von einem Begleiter oder durch Pflöcke festgehalten wird, gerade über der Stelle, wo das feine Geschabsel liegt, hin und her, indem man allmählich den Druck und die Geschwindigkeit steigert. So entsteht ein Einschnitt quer durch die Längsfasern, die Wärme wächst bei der starken Reibung sehr schnell, und in dem Augenblick, wo das Gewölbe durchschnitten ist, entzündet sich das verkohlte Holzpulver zu Funken, die in den darunterliegenden Feuerballen fallen und durch vorsichtiges Blasen allmählich zu einem Flämmchen genährt werden. Der Versuch ist leicht anzustellen und gelingt jedesmal, wenn alle Vorbereitungen richtig getroffen sind.

Vergegenwärtigen wir uns, daß die Schwierigkeit, durch Reibung Feuer zu entzünden so groß ist, daß selbst im trockenen Südafrika in die rasch ermüdende Arbeit sich mehrere theilen, so setzt die künstliche Feuerbereitung eine Verständigung zwischen den Theilnehmern voraus, d. h. die Sprache muß vorhanden gewesen sein, bevor ein Feuer künstlich bereitet werden konnte. Eine zweite in die älteste Vorzeit zurückreichende völkerpsychologische Frage ist die: wie die Menschen zuerst darauf kamen, durch Reibung Feuer zu bereiten, da doch die von der Natur vorgezeichneten Verfahrungsweisen (S. 6. 7.) nichts mit der Reibung zu thun haben. Hier müssen wir annehmen, daß die bei

der Bohrung der Werkzeuge — und durchbohrten Knochen begegnen wir schon in der Eiszeit — eintretende Erhitzung den
Menschen auf diese Fährte geleitet habe.

Das alte Feuerreibzeug, welches seine Dienste bisweilen versagte und zu seiner Handhabung immer wenigstens zwei Gehülfen erforderte, wurde in Sicherheit und Handlichkeit vervollkommnet durch die Verbesserung, daß der Bohrstift durch eine
sich auf- und abwickelnde Schnur in Drehung versetzt werden
konnte.

Dieser Erfindung begegnen wir in Nordamerika bei den
Sioux, Dacota, Irokesen.¹⁷) Bei den letzteren besteht das Bohr-
werkzeug nach der Beschreibung von Morgan (1851) aus einem
rund gearbeiteten, etwa 4 Fuß langen Stocke, der oben einen
Zoll Durchmesser hat, sich jedoch nach unten langsam verjüngt,
und hier mit einer aus schwerem Holz verfertigten massiven
Scheibe versehen ist, wodurch ihm die erforderliche Schwungkraft
mitgetheilt wird. Ein Bogen oder gekrümmter Stab von etwa
3 Fuß Länge, an dessen Enden eine starke Schnur befestigt ist,
bildet den zweiten Theil des Werkzeuges. Beim Gebrauch
paßt man die Schnur des Bogens in einen quer durch die
Mitte des oberen flachen Endes angebrachten Einschnitt und
wickelt sie spiralig um den Stab. Alsdann faßt man den Bogen
mit beiden Händen und drückt ihn mit einem heftigen Ruck abwärts. Hierdurch wird die Schnur abgewickelt und der Stock
nach links gedreht, aber durch die dem Stock mitgetheilte
Schwungkraft wird die Schnur wieder in entgegengesetzter Richtung um denselben gewickelt und der Bogen in die Höhe gezogen. Ein zweiter Ruck am Bogen bewirkt, daß sich der Stock
nach rechts dreht, und so fort. Setzt man nun die Spitze des

Stockes auf ein weiches Holz und umgibt sie mit Zunder, so wird Feuer erzeugt.

Ebenso sinnreich pflegten die Aleuten, wie Chamisso sah, den Drehstift mit der Spitze in das Feuerholz einzusenken, sein oberes Ende aber in einem beinernen Mundstück mit den Zähnen festzuhalten. Bei raschem Anziehen der Schnur sah er das Tannenholz schon nach wenigen Secunden Feuer geben.

Wie wir sehen, ist die Gewinnung des Feuers, wie alle Fortschritte der Cultur, mit religiösem Nimbus umgeben worden. Die Sage von Prometheus ist schon erwähnt worden. A. Kuhn überläßt uns die Entscheidung, ob wir diesen Namen von Pramâtha = Raub, oder von dem Drehstift = Pramantha, ableiten wollen, und erinnert uns zugleich, daß die Thurier vormals einen Zeus Promantheus verehrten.

Auf Lemnos wurde neun Tage alles Feuer gelöscht, bis aus Delos ein Schiff neues Feuer vom heiligen Herde Apollo's brachte. Die Vestalen durften das erloschene Feuer nicht durch Anzünden von einer andern Flamme her gewinnen, sondern sie mußten es frisch bereiten durch Brennspiegel oder Reiben von Hölzern.

Ueber das (S. 6) bereits erwähnte „Nothfeuer" des germanischen Alterthums sagt Jacob Grimm:[18]) Für undiensam zu heiligem Geschäft galt Feuer, welches eine Zeitlang unter Menschen gebraucht worden war, sich von Brand zu Brand fortgepflanzt hatte. Wie Heilwasser frisch von der Quelle geschöpft werden mußte, so kam es darauf an, statt der profanen, gleichsam abgenutzten Flamme eine neue zu verwenden. Diese hieß das „wilde Feuer", gegenüber dem zahmen, wie ein Hausthier eingewohnten. Zwar das aus dem Stein geschlagene Feuer hätte allen Anspruch darauf, ein neues und frisches zu heißen,

doch diese Weise erschien entweder zu gewöhnlich, oder die Erzeugung aus Holz wurde als althergebrachter und geheiligter
angesehen. Sie führt den Namen Rothfeuer; ihre Gebräuche
lassen sich auf heidnische Opfer zurückführen. Entweder jedes
Jahr bei der Sommersonnenwende, oder gegen die Krankheiten des Viehes wird ein Strick um einen Zaunpfahl so lange
herumgezogen, bis Feuer entsteht, welches in trockenen Binsen
aufgefangen wird, oder es wird ein Eichenpfahl in die Erde
geschlagen, ein Loch hinein gebohrt und eine hölzerne Winde,
welche mit Pech und Theer beschmiert und mit fetten Lumpen
umwunden ist, hineingesteckt und darin umgedreht, bis sich Feuer
entzündet, welches in der früheren Weise angefacht, und durch
welches das Vieh hindurchgejagt wird. An andern Orten[19]) werden
zwei durchbohrte Stöcke neben einander angebracht und mit
Stricken festverbunden; ein Querstock wird durch die mit Linnen
gefüllten Oeffnungen gesteckt und mit einem Seil von mehreren
Leuten hin und hergezogen, bis das Linnen sich entzündet. Ehe
das Rothfeuer bereitet wird, muß alles Feuer im Dorfe gelöscht
sein; ist dieß nicht geschehen, so wird seinem Vorhandensein das
Mißlingen der Gewinnung des Rothfeuers zugeschrieben.

Mit Reiske stimmt der Bericht über ein Rothfeuer[20]),
welches 1828 im hannoverschen Dorfe Eddesse, Amts Meinersen,
angezündet wurde, als unter den Schweinen die Bräune und
unter den Kühen der Milzbrand wüthete.

Die Walze wurde an einem neuen Hanfseil durch die
kräftigsten Junggesellen umgedreht, und als das Feuer lohte,
wurden zuerst die Schweine, dann die Kühe und zum Schluß
die Pferde durchgetrieben. Die gläubigeren Hauswirthe nahmen
einen abgelöschten Brand mit in ihr Haus; die Asche ward

weitum ausgestreut. In Norddeutschland ist der Gebrauch des Nothfeuers häufiger als im Süden, doch findet er sich auch in Appenzell,[2]) wo ebenfalls mit der Asche des so erzeugten Feuers die Felder bestreut werden, um sie vor Ungeziefer zu schützen. In Schweden und auf den britischen Inseln ist das Nothfeuer bekannt und dient [gegen Zauber, besonders gegen Viehkrankheiten, die der Bezauberung zugeschrieben werden.

Nach einer auf England bezüglichen Mittheilung aus dem Jahre 1268 und aus der Chronik von Lanercost (bei A. Kuhn, H. d. F. S. 45) wurde Nothfeuer gegen Lungensucht des Viehes angewendet, und 1826 geschah dieß ebenso wegen einer Vieh- krankheit. Das Vieh wurde durch das vermittels Reibung be- reitete Feuer, welches Willfire (wildfire oder wheelfire?) genannt wurde, durchgetrieben. Außer den germanischen und keltischen Völkern kennen es auch die Creek's in Nordamerika, welche ein jährliches Erntefest begehen, das mit dreitägigem strengen Fasten anhebt, während dessen in allen Häusern die Feuer gelöscht wer- den. Am vierten Morgen zündet der Oberpriester durch Zusam- menreiben zweier trockenen Holzstücke neues reines Feuer an, das in alle Wohnungen vertheilt wird, und nun erst tragen die Weiber das frische Getreide vom Erntefelde heim. Das Feuer am Beginn eines kleinen Jahrhunderts wurde von den Altmexikanern wieder frisch gerieben und im ähnlichen Sinne löschten die Suaheli am Tage des Neujahrs ihr Feuer aus und entzündeten ein neues durch Feuerbohren.

———

Wir wenden uns nun zu dem pneumatischen Feuerzeug, welches von Dumontier in den 70er Jahren des achtzehnten Jahrhunderts angegeben worden und auf das Princip gegründet

ist, daß, wenn man in einem unten verschlossenen Rohre von
Metall oder dickem Glase einen genau passenden Kolben schnell
gegen den Boden fortstößt, durch die plötzliche Compression der
eingeschlossenen Luft soviel Wärme entwickelt wird, daß ein in
dem Raume unter dem Kolben befindliches Stück Feuerschwamm
sich entzündet.

Das Gelingen dieses Versuches hängt aber von einem nicht
zu kleinen Volumen des Rohres, von der Plötzlichkeit und Kraft
des Stoßes, dem genauen Schluß des Bodens und der Güte
des Schwammes ab, der Apparat ist überdieß theuer, und so ist
er immer mehr ein physikalischer Apparat geblieben, als daß er
sich populär als Werkzeug gemacht hätte. Aber dennoch scheint
das Princip dieses Apparates schon weit früher in andrer Weise
angewandt worden zu sein. Wenigstens fand Boyle sogar
pneumatische Feuerzeuge aus Bambus bei den Dayaks auf
Borneo im Gebrauch; Bastian traf solche in Birma. Auch
sah Boyle einen Dayak etwas Zunder auf eine Porcellan-
scherbe legen und ihn mit dem Daumen fest halten, und einen
scharfen Schlag damit gegen ein Bambus-Rohr führen. Der
Zunder fing Feuer. Dieselbe Art, Feuer zu schlagen, beobachtete
Wallace in Ternate. [22])

Die Gewinnung des Feuers mittels Stahl und Stein
beruht darauf, daß beim Feuerschlagen von beiden Körpern
Theilchen losgerissen und durch die bei der Reibung entwickelte
Hitze glühend gemacht werden. Man läßt die so entstandenen
Funken auf einen leicht entzündlichen Körper fallen, welcher dadurch in Brand gesetzt wird und einen mit Schwefel impräg-
nirten Faden oder ein Hölzchen in helle Flammen setzt.

Plinius sagt: „die schwersten Feuersteine sind die, welche,

wenn sie an einen Nagel oder einen andern Stein geschlagen werden, einen Funken erzeugen, der, in Schwefel oder trockenen Schwämmen (fungis) oder Blättern aufgefangen, schnell Feuer erzeugt."[23]) Als Erfinder der Kunst, Feuer aus einem Kiesel zu gewinnen (ignem ex silice) nennt er den Pyrodes, Sohn des Cilix.

Der Stoff, welcher zum Auffangen des Funkens verwendet wird, unterliegt großen klimatischen Verschiedenheiten: dem Prometheus wird das Mark der Fecula zugeschrieben, welches (nach Plinius) auch in Aegypten benutzt wurde. In Ostsibirien wird jetzt ein Pulver aus den getrockneten Blättern von Cisicum discolor, in Andalusien ein solches aus den Blättern von Cirsium eriophorum gebraucht.

Die älteste Form, in welcher in Deutschland die Requisiten zu dieser Art von Feuergewinnung aufbewahrt wurden, war, vom 14. oder 15. Jahrhundert bis zum Anfang des neunzehnten, ein schuhlanger, 8 Zoll hoher und breiter Holzkasten mit Deckel, in welchem sich zwei Abtheilungen befanden: die eine, um Stahl und Stein, die andere, um Hobelspäne aufzunehmen, welche nicht nur leicht den Funken fangen, sondern auch durch Anblasen schnell helles Feuer geben, ein Vortheil, welchen Schwamm und Zunder nicht haben. Die Stähle waren plump, mit Haken versehen, an denen man sie mit der ganzen Hand faßte, und an das Kästchen mit Ketten befestigt. Bei der Feuersgefahr durch fortglimmenden Zunder oder Schwamm lag es nahe, statt aus Holz, die Kasten aus Metall, und, dem neuen Material entsprechend, zugleich zierlicher anzufertigen.

Das zu Ende des 17. Jahrhunderts aufkommende thüringische Feuerzeug war ein Blechkasten, 6 Zoll lang, 4 Zoll

2*

breit. Eine kleine viereckige Abtheilung in der rechten vorderen Ecke mit besonderem Deckel enthielt den Zunder, der übrige Raum diente zur Aufnahme von Stahl, Stein und Schwefelfaden. Auf dem gewölbten Deckel war ein kleiner Leuchter für ein Talglicht angelöthet.

Das schlesische Feuerzeug bestand aus zwei runden, etwa 3—3½ Zoll im Durchmesser haltenden kupfernen Tellern mit aufgebogenem Rand und einer Handhabe. Im untern lag der Leinwandzunder, im oberen Stahl, Stein und Schwefelfaden.

Eine dritte Form jener Metallgefäße waren die im Erzgebirge üblichen Feuerbüchsen in Form von Zuckerdosen: Messinggefäße, 6—7 Zoll lang, zwei Zoll breit und 2¼ Zoll hoch, in welche statt der Hobelspäne trockener Holzmoder gethan wurde. Stein und Stahl legte man inwendig oben auf.

Dieß waren, so zu sagen, die immobilen Formen, die Positionsgeschütze; für die mobilen Formen, das Feldgeschütz, als eine Sache des Luxus und der Mode, geschah noch weit mehr. In der Mitte des achtzehnten Jahrhunderts kam ein Feuerzeug auf, das die Form eines französischen Flintenschlosses hatte mit einem metallenen Griff, in welchem Behälter für Schwefelfaden und Zunder angebracht waren, welcher letztere in die etwas vertiefte Pfanne gelegt wurde und durch das Abdrücken des Hahns entzündet werden sollte. Diese Form war nicht von langer Dauer. Zunächst fand eine Mobilisirung statt durch Verkleinerung der oben beschriebenen Feuerbüchse, welche mit verschiebbarem Deckel versehen wurde, der, nach oben gedrückt, den Zunder immer gleich hoch mit dem Deckel erscheinen läßt. — Eleganter noch waren die mit dem Anfang des neunzehnten Jahrhunderts aufkommenden Feuertäschchen: kleine, zum

Zuknöpfen eingerichtete Taschen aus Leder, Tuch, Stramin oder andern, von zarten Händen zu verarbeitenden und zu stickenden Stoffen, welche Stein und Schwamm enthielten. Unten war der geätzte, ciselirte, mit Gold eingelegte oder fein polirte, jedenfalls sehr zierlich gearbeitete Stahl eingenäht, oder der ganze Behälter war aus Stahl und sein Rand diente zum Feuerschlagen. Auf diese Neuerung, welche mehr die Form als das Wesen betraf, folgte in den zwanziger Jahren eine weitere, hervorgerufen durch die Unbequemlichkeit, welche mit dem Halten und Verlöschen des brennenden Schwammes verbunden war. Man ersetzte den Schwamm durch eine baumwollene, mit Seidenstoff überzogene Lunte, welche in einer drei Zoll langen Messingröhre läuft und am oberen Ende durch ein Kettchen mit einem Deckel verbunden ist, welcher beim Rückziehen der Lunte nach gemachtem Gebrauch die Röhre schließt, und durch Abschluß der Luft die Lunte auslöscht. Anfangs bestand diese Luntenröhre neben der Feuertasche, dann wurde der Stein, welche der Eleganz wegen aus Achat gefertigt wurde, und der Stahl durch Ketten, Klammern, Federn oder Ringe mit der Röhre verbunden. In England befestigte man scheibenförmige Stähle auf einer Achse und drehte sie mit der einen Hand mittels eines Bogens rasch um, während man mit der andern Hand Feuerstein und Schwamm an den Rand der Scheibe hielt, also das oben (S. 14) erwähnte Verfahren der Irokesen.

Wir kommen nun, nach der obigen (S. 4) Eintheilung, zu den Brenngläsern, welche in Deutschland seit dem 13. Jahrhundert gebraucht, doch erst im letzten Viertel des achtzehnten durch billigere und häufigere Produktion populär wurden, soweit die Abhängigkeit ihrer Wirkung vom Sonnenschein in unserem

Klima dies gestattete. Sie hatten gewöhnlich 3 Zoll im Durchmesser und waren mit plattirtem Draht gefaßt, der zusammen-
gedreht als Henkel diente. Da die Brenngläser durch die chemischen Feuerzeuge verdrängt wurden, so war ihre Dauer zu kurz,
als daß Luxus und Mode sie so reich hätten entwickeln können,
als Stahl und Stein.

Im Jahre 1780 erfand der Baseler Fürstenberger das
elektrische Feuerzeug, welches F. L. Ehrmann aus Straßburg
(1741—1800) bekannt machte.[24]

Das Wesentliche dieses sehr bequemen Apparates besteht:
1) aus einem Gefäße, in welchem durch Zink und verdünnte
Schwefelsäure Wasserstoffgas entwickelt wird; und 2) aus einem
Elektrophor, durch welchen ein Funke erzeugt wird, in demselben
Augenblicke, wo man durch Umdrehen eines Hahnes das Wasser-
stoffgas aus einer feinen Oeffnung hervorströmen läßt.

Der elektrische Funke entzündet den Gasstrom augenblick-
lich, und die so gebildete Flamme setzt den Docht eines kleinen
Wachsstockes, welcher an der Maschine angebracht ist, in
Brand.

Die elektrischen Zündmaschinen waren ein theures und platz-
raubendes, aber bequemes und zuverlässiges Feuerzeug, wenn
nur die Säure und das Zink gehörig erneuert, und der Elektrophor, so oft es nöthig, gepeitscht wurde. Die von Döbereiner
1823 gemachte Entdeckung, daß der Platinaschwamm die Fähigkeit hat, brennbare Gasarten, welche mit atmosphärischer Luft
oder Sauerstoffgas gemengt sind, zu entzünden, indem er dabei
selbst stets ins Glühen geräth, führte zu einer Modification der
elektrischen Zündmaschinen, indem man den Elektrophor weg-
nahm und vor der Oeffnung des Rohres eine kleine Menge

Platinaschwamm so anbrachte, daß derselbe von dem aus-
strömenden Wasserstoffgase getroffen wurde. Das Gas entzündete
sich dann innerhalb weniger Sekunden. Sowohl das ursprüngliche elektrische Feuerzeug, als die Döbereinersche Modifikation
boten der Industrie ein weites Feld dar in Anwendung edler
Hölzer, glänzender Messing- oder Argentan-Montirungen, ge-
schliffener Glasgefäße u. s. w. Wir erinnern an die blauen
oder geblümten oder geschliffenen Gläser und die mannigfachen Porcellangefäße, welche in ihrem Innern den Apparat
und an der oberen Oeffnung nur die Feder enthielten,
welche das Gas ausströmen ließ, wobei das oben angebrachte
Licht sich entzündete. Indessen behielten diese Maschinen immer
etwas Aristokratisches; verdrängt wurde Stahl und Stein
erst durch das Kali-Schwefelsäure-Feuerzeug, wenigstens im
Hause, denn mobil war dies letztere seiner Natur nach nicht zu
machen. Auf der Jagd und Reise that das Frictionsfeuerzeug in
seinen mannigfachen Modifikationen seine Dienste fort.

Berthollet (1748—1822) hatte 1806 die Entdeckung gemacht, daß das chlorsaure Kali durch concentrirte Schwefelsäure
zersetzt wird, und daß, wenn hierbei brennbare Körper anwesend sind, dieselben sich entzünden. Dies gab Veranlassung
zu einer Art von Feuerzeugen, welche in der Ausdehnung ihrer
Verbreitung sich direct an Stahl und Stein anschloß und bis
zum Sieg der Phosphorfeuerzeuge herrschte. Dünne, 2¼ Zoll
lange Stäbchen von trockenem Fichten-, Tannen-, Espen- oder
Fichtenholz wurden an der Spitze mit einer geringen Menge eines
Gemisches aus chlorsaurem Kali und Schwefel oder anderen
brennbaren Stoffen überzogen. Taucht man ein solches Hölzchen
in concentrirte Schwefelsäure, so entflammt es sich beim raschen

Herausziehen sogleich mit einer kleinen Explosion. Der Zündmasse fügte man zuweilen etwas Harz oder Lycopodium, des
Wohlgeruches wegen auch Benzoö hinzu; zur Befestigung der
Masse an dem Holze auch Gummi, Leim, Stärke, Traganth
oder Zucker und zur Färbung Kienruß, Zinnober oder Indigo. —
Ein halbes Pfund chlorsaures Kali reichte für 100,000 Stück
Zündhölzer aus. — Die hauptsächlichste Gefahr dieser Feuerzeuge lag in der Schwefelsäure, welche bei unvorsichtigem Ein-
tauchen im Augenblicke, wo das Hölzchen herausgezogen wurde,
herabfiel und alles verbrannte. Man brachte zur Abwendung
dieser Unannehmlichkeit Bleisiebe in den Fläschchen an, über
welche die Säure nur wenig hervorragte und füllte die Gläschen
mit Asbest, so daß nur eine schwache Befeuchtung des Hölzchens
stattfand. Andrerseits wurde bei langem Gebrauch und mangel-
haftem Verschluß des Fläschchens die Schwefelsäure durch Feuchtigkeit der Luft soweit verdünnt, daß das Feuerzeug versagte.
Seine Form war entweder ein drei bis vier Zoll langer blecher-
ner Teller mit zwei aufgelötheten hohen Ringen, — einem für
das Gläschen und einem für die Hölzer, — und einer Handhabe, alles roth lackirt; oder ein blechernes Schiebekästchen für
die Hölzer, mit einem Ring für die Flasche und einem kleinen Leuchter auf dem Deckel. Außerdem bemächtigte sich die
Industrie in zahlreichen „Attrappen" des beliebten und nothwendigen Geräthes. Der porcellanene Winzer mit der Bütte auf
dem Rücken barg im eigenen Leibe das Fläschchen, welches sichtbar wurde, wenn man den Oberkörper abhob, und in der
Bütte die Hölzer, oder es war ein Küfer der ein Faß bereift,
oder ein Ofen, in dessen Feuerraum die Hölzchen, in dessen

Bauch die Flasche aufbewahrt war, während im Rohr ein Wachslicht steckte, oder eine Locomotive und dergleichen.

Nur Rumpelkammern bewahren noch die Reste jener Industrie, denn die Kali-Schwefelsäure-Feuerzeuge sind durch die Phosphor-Feuerzeuge vollständig verdrängt worden. Es hängt dieß nicht nur mit der verbesserten Bereitungsweise der letzteren zusammen, welche die Gefahr des Gebrauchs von Phosphor verminderte, sondern auch mit dem Aufkommen der Eisenbahnen und der dadurch gesetzten Beweglichkeit der Menschen, welchen nun ein unbewegliches Feuerzeug nicht mehr genügte.

Die im Jahr 1832 erfundenen Congreve'schen Streich-Zündhölzer, mit einer aus chlorsaurem Kali und Schwefelantimon bestehenden Zündmasse, hatten ihrer geringen Zündbarkeit und anderer Mängel wegen nur wenige Verbreitung gefunden und so kamen denn 1833 zuerst in Wien die Phosphorzündhölzer auf, ohne daß der Name des Erfinders je bekannt geworden wäre. So viel aber steht fest, daß 1833 von Stephan Romer und von Preshel, beide in Wien, Phosphor-Zündhölzer, -Zündschwamm, -Cigarrenzünder u. s. w. angefertigt wurden. Diese Zündmassen, welche im Wesentlichen aus chlorsaurem Kali und Phosphor bestanden, waren bei der Bereitung und dem Transport so gefährlich, daß sie in mehreren deutschen Ländern verboten wurden. Schon 1835 machte Trevany und 1837 Preshel Verbesserungen der Zündmasse, wodurch der Gebrauch des explosibeln chlorsauren Kali entbehrlich wurde; jetzt wurden die erwähnten Verbote aufgehoben und rasch verbreitete sich die Industrie der Phosphorhölzchen, zumal, seit die Professoren Rudolf Böttger in Frankfurt am Main (1841,

44, 48 u. s. w.) und Schrötter in Wien (1847) wesentliche Verbesserungen eingeführt hatten.

Da die Anwendung des Phosphors für Zündhölzer, von großen Uebelständen begleitet, die Fabrikation derselben sehr feuergefährlich und schädlich für die Gesundheit der Arbeiter ist, — abgesehen von zufälligen oder absichtlichen Vergiftungsfällen durch Phosphor —, so hat man seit längerer Zeit sich Mühe gegeben, den Phosphor entbehrlich zu machen. Die zu diesem Zwecke angegebenen, vielfach abgeänderten Mischungen, welche theilweise Fabrikationsgeheimnisse sind, bestehen im Wesentlichen aus Bleizucker, chlorsaurem und doppelchlorsaurem Kali und Schwefelantimon, welche auf das in Paraffin getränkte Hölzchen aufgetragen werden. Zum Entzünden der phosphorfreien Hölzer genügt eine gewöhnliche Reibfläche selten; dieselbe muß meist durch harte Körper noch besonders rauh gemacht werden, z. B. durch gestoßenes Glas, geschlemmten Sand oder Eisenoxyd, welche Masse auf die Reibfläche mit einem Klebestoff aufgetragen und nach dem Trockenen mit Wasserglas überzogen wird. Zuweilen befinden sich auch auf der Reibfläche Körper, welche die Zündung zu erleichtern geeignet sind, wie Bleisuperoxyd, Schwefelantimonium und Schwefeleisen. Jedoch entzündet sich die phosphorfreie Masse besser, wenn man ihr etwa ein Procent amorphen Phosphor zusetzt.[25]

In Brittisch-Sikkim fand Hermann von Schlagintweit[25] vier Arten von Feuerzeug zugleich im Gebrauch. Bei den Leptscha's im Ringpo-Thal östlich von Tista-Fluß ist das Holz-Reibzeug üblich. Es besteht aus zwei Stücken von verschiedener Holzart. Das größere ist ein Cylinder aus hartem Holz (quercus) mit einer tiefen und engen Aushöhlung;

der zweite Theil ist ein Zweig eines weicheren harzigen Holzes, das leicht entzündlich ist (Abies Webbiana). Dieß letztere Stück wird in der Aushöhlung des erstgenannten so lange gedreht, bis es zu rauchen und zu glimmen anfängt; zur Flammenentwickelung kommt es erst, wenn das glimmende Holz rasch im Kreise geschwungen wird. Da diese primitive Feuergewinnung bei feuchtem Wetter versagt, so wird sie immer mehr durch Stahl, Feuerstein und Zunder verdrängt, ja bei den Führern seiner Leptscha=Begleitung fand Schlagintweit europäische Zündhölzer im Gebrauch, mit weißblauer Etikette von „J. N. E." — ʼJohann Nepomuk Engert in Nürnberg, wie ihm später erläutert wurde. Endlich fand Schlagintweit die Anwendung von Brenngläsern sehr allgemein, so oft die Tageszeit und die unbewölkte Stellung der Sonne es gestattete. Die Gläser sind in Form und Substanz sehr primitiver Art, aber doch groß genug, guten Zunder und eine Lunte in Form des indischen Feuerstrickes (Agrassi) zu entzünden. —

Ueber die Brände, welche durch Spielen der Kinder und geistesschwachen Personen, sowie durch fahrlässiges Umgehen Erwachsener mit Streichzündhölzchen entstehen, liegen folgende Angaben vor.[27])

Die unvollständigen Mittheilungen von 33 Feuerversicherungsgesellschaften ergeben für die zehn Jahre 1862—71: 1843 Brände, welche entschieden oder wahrscheinlich auf diese Ursache zurückzuführen sind. Bei den 22 Anstalten, welche über die 10 Jahre Nachweisungen gebracht haben, ergaben sich 1862: 81; 1867: 107; 1871: 137 Brände. Auf die vier Wintermonate kamen 8,3% aller Brände, auf die drei Erntemonate 51,8%, welche dieser Ursache zuzuschreiben sind. Außer dem sehr bedeutenden Menschenverlust ist die Eigenthumsbeschädigung aus dieser Ursache auf jährlich eine Million Gulden zu veranschlagen, bloß für den Wirkungskreis der angegebenen Gesellschaften.

Nachtrag zu S. 8.

Nach Bendigung des Druckes dieses Heftes erschien Ergänzungsheft Nr. 36 zu Petermann's Mittheilungen, enthaltend vier Vorträge über den Kaukasus v. G. Radde. Diesen zufolge (S. 45) sind die ewigen Feuer von Apscheron größtentheils der Industrie dienstbar gemacht; im Kloster der Indischen Feueranbeter ist nur eine Zelle bewohnt von einem Gebern, dessen Aechtheil Radde bezweifelt und der von den Gaben der Fremden lebt. Am 1. Juli 1870 war zu Ehren des Großadmirals Großfürsten Constantin Baku und die umliegenden Berge mit Naphtha beleuchtet.

Anmerkungen.

[1]) O. Peschel, Völkerkunde. Leipzig 1873. S. 139.

[2]) O. Fraas, Archiv f. Anthropologie II. 38.

[3]) Burney, Discoveries III. 70. Uebrigens besaßen die Tasmanier auch eine Sage über die Herkunft des Feuers. s. Tylor Urgeschichte. S. 301.

[4]) Nach dem Wörterbuche zu Mariner's Tonga-Islands bedeutet Tolo-afi Feuerreiben, und Tolonga das Rinnenholz, in dem es gerieben wird.

[5]) United States Exploring expedition. Ethnography. Philad. 1846. S. 149.

[6]) F. Cohn (Denkschrift z. Feier des 50j. Jubil. der schlesischen Ges. f. vaterl. Cultur 1853. S. 277. — Heft 164 der „Sammlung wissensch. Vorträge." S. 15) hat zuerst mit Bestimmtheit behauptet, daß ein gesunder grünender Baum nie durch einen Blitz in Brand gesteckt werden könne; er hat davon kein wissenschaftlich beglaubigtes Beispiel auffinden können, ja es ist überhaupt nicht sicher, ob an einem solchen je Anzeichen von Verbrennung und Verkohlung bemerkt worden sind.

[7]) Ch. Darwin, Die Abstammung des Menschen. I. 44.

[8]) Kosmos. IV. 334. 341.

[9]) Naumann, Geognosie II. Aufl. I. 282. A. v. Haxthausen, Transkaukasien. Leipzig 1857. S. 83. Stein-Hörschelmann-Wappäus, Handbuch der Geographie. Leipzig. 1864. II. Bd. III. Abth. S. 989. Frz. Junghuhn, Java, ed. Haßkarl. Leipzig 1854. II. 273. Zweite und dritte Gesandtschaft der niederl. Ostind. Gesellsch. nach China. Amsterdam 1676. fol. II. 151.

[10]) R. Westphal, Prolegomena zu Aeschylus' Tragödien. Leipzig 1869. S. 216.

[11]) Die Homerischen Hymnen, übersetzt von R. Schwenck. Frankfurt 1825. S. 38. Hymnos auf Hermes. Vers 108 ff.

¹²) Abalb. Kuhn, die Herabkunft des Feuers. Berlin 1859. S. 13. 36.

¹³) O. v. Kotzebue's Entdeckungsreisen. Weimar 1821. III. 154. Tylor, Urgeschichte S. 303. Ausland 1866. S. 448.

¹⁴) Oviedo historia general de las Indias lib. VI. cap. 5.

¹⁵) O. Caspari, die Urgeschichte der Menschheit. Leipzig 1873. II. 55. Th. Arnim, das alte Mexico. Leipzig 1865. S. 50. (nach A. von Humboldt, Vues des Cordillères.) Ausland 1872. S. 968. Prinz z. Neuwied, Reise nach Brasilien II. 18.

J. J. von Tschudi, Reisen durch Südamerika. Leipzig 1860. II. 278 (mit Abbildg). Globus XX. 148.

G. Fritsch, Eingeborne von Südafrika. S. 440.

Kolbe, Vorgebirg der Guten Hoffnung. Frankfurt und Leipzig 1745. S. 449.

Emerson Tennent, Ceylon II. 451.

Ausland 1866. S. 700. Stevenson, translation of the Sama Veda. Preface p. VII. A. Kuhn a. a. O. S. 13.

¹⁶) H. v. Schlagintweit, Reisen in Indien und Hochasien. Jena 1871. II. 201.

¹⁷) Tylor, Urgeschichte S. 312. O. v. Kotzebue, a. a. O. Archiv für Anthropologie III. 188.

¹⁸) Deutsche Mythologie. I. 571.

¹⁹) A. Kuhn, märkische Sagen. S. 369.

Joh. Reiske, Untersuchung des Nothfeuers. 1696.

²⁰) Colshorn, Deutsche Mythologie. S. 350.

A. Kuhn, die Herabkunft des Feuers. S. 45.

²¹) Zellweger, Geschichte von Appenzell. Trogen 1830. I. 63.

²²) Boyle, Adventures among the Dayaks. S. 67. Jagor, Philippinen. S. 35.

²³) Plinius, hist. nat. ed. Sillig. 36, 138. 7, 198. 13, 126.

²⁴) Description de quelques lampes à l'air inflammable. Strasbg. 1780. Mit Kupfern.

²⁵) Das Nähere in Muspratt's Chemie, übersetzt von B. Kerl. Braunschweig 1870. VI. 291.

²⁶) s. Note 16.

²⁷) Preußischer Staatsanzeiger und Deutscher Reichsanzeiger 1. Mai 1873.

ÖSTLICHER THEIL DER GEGEND ZWISCHEN DEN FLÜSSEN EMS UND LIPPE.

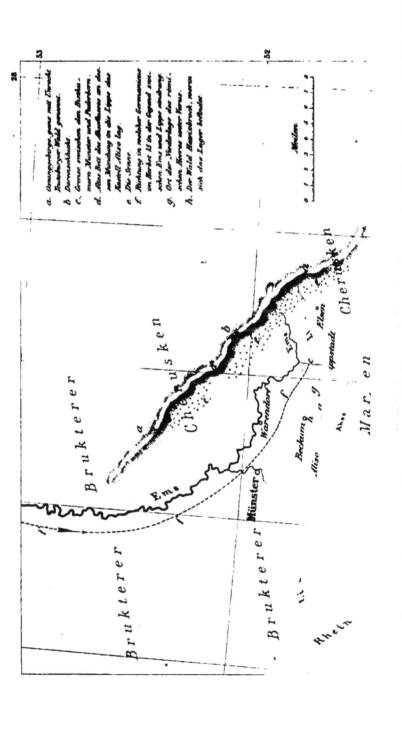

a. Osnergebürge, jetzt mit Urwälde
   Teutoburger Wald genannt.
b. Dorenwäldche.
c. Grenze zwischen den Bruktes
   rern Münster und Paderborn.
d. Altes Bett der Aschbora so dem
   am Würzburg an die Lippe das
   Kastell Aliso lag.
e. Die Seuer.
f. Richtung in welcher Germanicus
   im Herbst 16 in der Gegend zwischen Ems und Lippe vordrang.
g. Ort der Niederlage des römischen Heeres unter Varus.
h. Das Feld Henebruch worn
   sich das Lager befinder.

Meilen.

0 1 2 3 4 5 6

Das

arianische Schlachtfeld

im Kreise Beckum.

Von

Hofrath Essellen
in Hamm.

Mit einer lithographirten Karte.

Berlin, 1874.

C. G. Lüderitz'sche Verlagsbuchhandlung.

Carl Habel.

Von den vielen Schlachten im Laufe der letzten zwei Jahrtausende ist für uns Deutsche eine besonders wichtig, die Schlacht
nämlich, in welcher Hermann der Cherusker mit dem Heerbann
verschiedener nord- und mitteldeutscher Stämme das Römerheer
unter Varus besiegte und dadurch unserem Vaterlande die Selbst=
ständigkeit erhielt. Der Wunsch, den Ort kennen zu lernen, an
welchem die Schlacht stattfand, ist gewiß ein berechtigter. Bekanntlich wurden aber über die Lage desselben so verschiedenartige
Ansichten ausgesprochen, daß das Publikum kaum noch wußte,
welcher es Glauben beimessen sollte, Manche schon in Zweifel
zogen, ob die Ermittelung je möglich sein werde. Und doch
läßt sich der Ort sicher genug nachweisen. Um dies darthun zu
können, müssen wir eine kurze Uebersicht der Ereignisse, welche
zu dem Kampfe Veranlassung gaben, vorausschicken.

Julius Cäsar, der erste römische Feldherr, der die Deutschen
in ihrem Vaterlande bekämpfte, unterwarf etwa 50 Jahre vor
dem Beginne unserer Zeitrechnung die Völker deutschen Stammes
am linken Rheinufer. Er wendete sich dann auch gegen die
Sigambern, ein Volk am rechten Ufer des Stromes, das seine
Wohnsitze zwischen der Lippe und dem Rothhaargebirge hatte,
aber ohne Erfolg. Die Sigambern, verbunden mit den Usipeten
und Tenkteren, denen sie im westlichen Theile ihres Landes
Wohnsitze eingeräumt hatten, richteten vielmehr bald Angriffe

gegen ihn. Gegen 30 Jahre später, als der Kaiser Augustus in Rom herrschte, fielen die Sigambern in das römische Land am linken Rheinufer ein, schlugen ein Römerheer unter dem Legaten Lollius und eroberten einen Legionsadler. Das stolze Rom, dem fast alle damals bekannten Völker unterwürfig geworden waren, betrachtete von der Zeit an die Sigambern als gefährliche Gegner. Drusus, ein Adoptivsohn des Kaisers Augustus, unternahm in den Jahren 12 bis 9 vor Chr. Feldzüge gegen sie. Er führte im Jahre 11 ein mächtiges Heer von Xanten aus dem rechten Ufer der Lippe entlang, schlug über den Fluß eine Brücke, versah solche, um sie bei der Rückkehr wieder benutzen zu können, mit Befestigungen an beiden Ufern[1]), — die eine zur Vertheidigung hinreichende Besatzung erhielten, und drang dann durch die Gegend von Soest, Paderborn u. s. w. bis an die Weser vor. Die Sigambern, Chatten, anscheinend auch Sueven, hatten inzwischen ihre Streitkräfte zusammen gezogen und in seinem Rücken aufgestellt. Er sah sich deshalb, auch weil Mangel an Lebensmitteln eintrat und der Winter nahe war, genöthigt, — den Rückmarsch nach dem Rheine anzutreten. Unterwegs hatte er mit den Deutschen einen schweren Kampf zu bestehen, der nur deshalb, weil diese sich zu sehr der Beutegier hingaben, für ihn glücklich endete. Er konnte nun den Rückmarsch fortsetzen. An der Lippe wieder angelangt, gründete er ein Kastell, das berühmt gewordene Aliso. Es lag an einer Stelle, wo ein Nebenfluß in die Lippe mündete, den ein griechischer Schriftsteller Elison nennt, ohne Zweifel aber von den Römern Aliso genannt wurde. Wahrscheinlich entstand das Kastell aus den Befestigungen an beiden Seiten der Brücke, welche Drusus auf dem Hinmarsche hatte schlagen lassen. Sonst hätte er ja die Feste nicht gleichsam im Vorbeizehen

errichten können. Daß die Ahse als der Nebenfluß anzusehen
ist und das Kastell an der alten Mündung derselben in die
Lippe, etwa ¼ Stunde westlich von Hamm, angelegt war, wird
jetzt fast allgemein zugestanden.[2] Das Kastell hatte hier, ungefähr in der Mitte der jetzigen Provinz Westfalen, eine für die
Römer überaus günstige Lage. Von demselben aus konnten die
umher wohnenden deutschen Völker, namentlich die Sigambern
und Brukterer, (im jetzigen Regierungsbezirk Münster) in Bothmäßigkeit erhalten und unterjocht werden; es beherrschte den
Lippefluß und gewährte den römischen Heeren beim Vordringen
ins nordwestliche Deutschland einen Stützpunkt. Um sich den
Weg dahin zu sichern, errichteten die Römer zwischen demselben
und dem Rheine Grenzwälle und andere Befestigungen, wovon
noch Ueberreste vorhanden sind.

Drusus starb im Jahre 9 vor Chr. Sein Bruder Tiberius,
der nun den Oberbefehl über die römischen Legionen am Rheine
erhielt, war vor Allem darauf bedacht, die Kraft des Sigambern-
Volkes zu brechen. Er brachte es auch durch Unterhandlungen
dahin, daß in den Jahren 7 oder 6 vor Chr. ein Theil des
Volkes, und zwar derjenige, welcher in der Gegend zwischen den
Flüssen Lippe und Ruhr seßhaft war,[3] seine Stammsitze räumte
und nach einer Gegend am Unterrhein, bisher von dem deutschen
Volke der Marsen bewohnt, auswanderte. Die Marsen mußten
den Sigambern ihr Land abtreten, erhielten dagegen das von
diesen verlassene Land. Beide Völker tauschten also gleichsam
ihre Wohnsitze. Doch blieben auch Theile derselben in den alten
Stammländern: Sigambern im südlichen Theile ihres Gebietes,
dem s. g. Sauerlande, Marsen unter dem Namen Marsatii in
den Niederlanden.[4] Die Versetzung der Sigambern galt in Rom
als eine große That; Tiberius wurde dafür mit der Ehre des

Triumphzuges belohnt. Derselbe fand sich inzwischen veranlaßt, seine Stellung aufzugeben. Nach ihm führte Domitius Ahenobarbus, Großvater des Kaisers Nero, den Oberbefehl. Dieser unternahm Züge durch Deutschland bis über die Elbe hinaus. Er hatte zum Nachfolger Marcus Vinitius, der einen schweren Krieg geführt haben soll, — mit welchem Volke wird nicht gemeldet. Gegen das Jahr 4 n. Chr. wurde Tiberius wieder mit der Verwaltung Germaniens betraut. Sein Bestreben ging nunmehr dahin, die Deutschen im Wege der Güte, und zwar durch Unterhandlungen und Abschließung von Verträgen, zu gewinnen. Es gelang ihm die Caninefaten, im jetzigen Holland, die Chattuarier in einer Gegend südwestlich der Lippe nahe dem Rheine, und die Brukterer im jetzigen Münsterlande, zu unterwerfen. Die Cherusken, im jetzigen Fürstenthum Lippe, im Reg.-Bezirk Minden und wohl noch etwas weiter östlich wurden als Verbündete angenommen. Die unterworfenen sowohl als die verbündeten Völker mußten den Römern Truppen stellen, welche diese als Hülfs-Cohorten ihren Legionen zutheilten. Unter den Cherusken, welche in römische Dienste traten, waren zwei Söhne des Segimer, eines der angesehensten Männer des Stammes, welche von den Römern Arminius und Flavus genannt wurden, auch ein Oheim derselben, Namens Inguiomer. Der Name Arminius ist undeutsch; unzweifelhaft war der deutsche Name Hermann oder Harmen; die Römer, welche die ihnen fremden Eigennamen stets umwandelten, hatten Arminius oder Armenius, — so wird er in einer Schrift angeführt, — daraus gemacht. Unter oder neben Tiberius befehligte ein römischer Statthalter Sentius Saturninus. Ersterer hielt es für nöthig, gegen Marbod, den König der Markomannen, im jetzigen Böhmen, Krieg zu führen. Er selbst wollte vom südlichen Deutschland aus in Böhmen einrücken;

Saturninus sollte ihm die bis dahin im nördlichen Deutschland verwendeten Truppen zuführen und seinen Weg durch das Chatten-(Hessen-)land nehmen. Den Plan mußte Tiberius aufgeben, da die Bewohner von Pannonien (Ungarn) und Dalmatien sich gegen Rom erhoben und seine nächste Aufgabe nun war, den Aufstand zu unterdrücken. Vollständig gelang ihm dies erst im Sommer des Jahres 9.

Als Saturninus gegen Marbod zog, übertrug der Kaiser Augustus dem Quinctilius Varus, bis dahin Statthalter in Syrien, die Verwaltung der dem römischen Reiche unterworfenen oder damit verbündeten deutschen Provinzen. Varus stand nicht bloß bis zum Tode des Königs Herodes I. von Judäa (Jahr 1 nach Chr.), sondern auch noch einige Jahre nachher in Syrien; er kann schwerlich vor dem Jahre 7 am Rheine eingetroffen sein. Die Wahl dieses Mannes war keine glückliche. Tiberius hatte die dem Niederrhein nahe wohnenden Stämme überredet, sich unter Roms Bothmäßigkeit zu begeben, oder mit Rom zu verbünden, ihnen aber eine gewisse Selbstständigkeit zugestanden, deren sie allmählig, ohne es zu merken, beraubt werden sollten. Saturninus scheint in demselben Sinne gehandelt, die Deutschen wohl noch mehr, als es im Plane lag, sich selbst überlassen zu haben. Varus folgte seinem Beispiele nicht. In Syrien hatten die von jeher despotisch regierten Völker ihm sklavische Unterwürfigkeit bezeigt; wenn eins derselben sich auflehnte, war es bald durch die Waffen bezwungen. Daß in Deutschland ein ganz anderer Geist herrschte, wurde von ihm nicht erkannt, oder unbeachtet gelassen. Er trat auch hier, selbst den Cherusken gegenüber, die doch erst wenige Jahre vorher als Verbündete angenommen waren, gebieterisch auf, maßte sich das Richteramt an, forderte Abgaben und berief Volksversammlungen, in denen ohne Zweifel

beschlossen werden mußte, was ihm beliebte. Das an Abhängigkeit nicht gewöhnte Volk fügte sich, um schwereren Uebeln zu
entgehen, den unberechtigten Anmaßungen, aber mit Widerwillen.
Die Muthigeren im Volke beließen es nicht dabei; sie sannen
auf Mittel, dem Zustande ein Ende zu machen. Umsichtig
trafen sie Vorbereitungen zum Befreiungskampfe, auf dessen Geschichte wir nun näher eingehen.

Unter den Männern, welche sich in dem Kampfe hervor-
thaten, war Hermann, der Sohn Segimers, bei weitem der
hervorragendste. Wie schon bemerkt trat er im Jahre 4 n. Chr.
in das römische Heer ein. Als Führer einer cheruskischen Hülfs-
kohorte nahm er in den folgenden Jahren an den Feldzügen der
Römer Theil, zeichnete sich dabei aus und erhielt neben dem
römischen Bürgerrecht die Würde als Ritter. Im Jahre 9 finden wir ihn, der damals das 27. Lebensjahr erreicht hatte, wieder in seinem Vaterlande; er war also damals aus dem römischen
Dienste geschieden. Manche Gründe mochten ihn bewogen haben,
daß er nicht wie sein Bruder Flavus und der Oheim Inguiomer
bei den Römern ausharrte; — vornehmlich wohl der, daß er die
Herrschsucht der Fremden kennen gelernt, ihre Absicht, Deutschland
zu unterjochen, durchschaut hatte. Er faßte den Vorsatz, sein
Vaterland vor solcher Erniedrigung zu bewahren.

Ein römischer Schriftsteller, Vellejus, sagt über ihn und
sein Beginnen B. II. K. 118:

„Arminius (Hermann), ein Jüngling von edler Abkunft,
großer Tapferkeit, raschem Entschluß, einer bei Barbaren ungewöhnlichen Gewandtheit des Geistes, aus dessen Antlitz und
Augen geistiges Feuer leuchtete, benutzte die Unbedachtsamkeit
des Feldherrn (Varus) zu einer Frevelthat; er ging von der
richtigen Ansicht aus, Niemand sei leichter zu überwältigen, als

der, welcher nichts fürchte.... Zuerst weiht er Einige, bald Mehrere in seine Pläne ein; er behauptet mit Zuversicht, daß es möglich sei, die Römer zu überwinden und überzeugt davon auch seine Vertrauten."

Dio Cassius, der im dritten Jahrhundert lebte, erzählt auf Grund älterer Werke, die leider zum Theil verloren gegangen sind, B. 58, K. 18 f. ausführlicher:

„So lange sie (die Deutschen) der Anhänglichkeit an das Hergebrachte nur allmählig und mit großer Behutsamkeit entwöhnt wurden, fanden sie sich in die neue Lebensweise und fühlten die mit ihnen vorgehende Veränderung selbst nicht. Als aber Quintilius Varus, der bis dahin Syrien verwaltet, Germanien zur Provinz erhielt, hier Alles rasch umwandeln wollte, die Deutschen herrisch behandelte und von denselben, wie von Unterworfenen Tribut erpreßte, fanden sie das unerträglich. Die Fürsten (Häuptlinge) strebten nach Wiedererlangung der früheren Macht; das Volk erkannte, daß die althergebrachte Regierungsweise vor der fremden Zwingherrschaft den Vorzug verdiene. Weil sie aber die Streitkräfte der Römer am Rheine und in ihrem eigenen Lande zu stark fanden, wagten sie keinen offenen Aufstand, nahmen vielmehr Varus so auf, als ob sie seine Forderungen sämmtlich erfüllen wollten und lockten ihn weit ab vom Rheine in das Land der Cherusken nach der Weser hin. Hier lebten sie mit ihm auf völlig friedlichem freundschaftlichem Fuße und machten ihn glauben, daß sie, auch ohne durch Waffen dazu gezwungen, ihm gehorchen würden. So hielt denn Varus nicht, was er in Feindesland hätte thun sollen, seine Leute zusammen, sondern überließ viele derselben den Deutschen, die ihn darum baten, bald zum Schutze gewisser Plätze, bald um Räuber einzufangen, bald um die Zufuhr an Lebensmitteln zu decken. Vor-

nehmlich waren es Hermann und sein Vater Segimer, welche
bei dem Anschlage, wie nachher im Kriege, das Volk leiteten.
Beide waren stets um Varus und oft an seiner Tafel. Während
er nun ganz zuversichtlich wurde und nichts Böses ahnte, vielmehr denen, welche Mißtrauen hegten und zur Vorsicht riethen,
nicht allein keinen Glauben schenkte, sondern auch unbegründete
Aengstlichkeit vorwarf, empörten sich zuerst einige von denen,
welche weiter ab wohnten, der Verabredung gemäß, damit Varus, wenn er gegen diese zöge, auf dem Marsche, zumal er in
Freundesland zu sein glaube, leichter zu überfallen sei und er
nicht, wenn Alle zugleich gegen ihn aufständen, Maßregeln zu
seiner Sicherheit träfe."

Varus war also veranlaßt worden, anscheinend im Frühjahr
oder etwa anfangs Juni des Jahres 9, sein Standlager am
linken Ufer des Niederrheins, Castra Vetera, zu verlassen und
sich nach dem Cheruskenlande, in eine Gegend nach der Weser
hin, zu begeben. Aus anderen Nachrichten geht hervor, daß er
drei Legionen, ebenso viele Abtheilungen Reiterei und sechs Kohorten Hülfstruppen nach dem Cheruskenlande führte, den Verheiratheten in diesem Heere erlaubte, ihre Frauen, Kinder und
Diener mitzunehmen und daß ihn auch Rechtsgelehrte (Advo-
katen) begleiteten. Die Zahl der Krieger ist auf etwa 24,000
Mann zu veranschlagen. Zwei Legionen ließ er unter dem Befehle eines Verwandten am Rheine zurück. Auf dem Marsche
nach dem Cheruskenlande wird Varus den von den Römern gewöhnlich benutzten Heerweg eingehalten haben, der sich zum Theil
noch nachweisen läßt und vom Rheine bis Alt-Lünen am rechten
Ufer der Lippe, von dort am linken Ufer bis Aliso bei Hamm,
weiter durch das Land der eingewanderten Marsen (Gegend von
Werl oder Soest bis zum Fürstenthum Paderborn), jedoch nicht

durch das sehr schwierige Terrain der Lippe-Niederung, sondern
über das Plateau des Haarstrangs führte. Bekanntlich legten die
Römer überall wo sie hinkamen, wenn sie Höhen antrafen, auf
diesen ihre Wege an. Als Varus mit dem Heere im Cheruskenlande angelangt war, ließ er, wie dies stets geschah, zunächst ein
Lager errichten. Die bei dem Heere befindlichen Ingenieure
mußten, um einen passenden Platz dafür zu finden, sich im Lande
umsehen; sie lernten solches also gleich anfangs einigermaßen
kennen. Dann stand das Heer wenigstens einige Monate im
Lager; gewiß blieb ihm also die Gegend umher nicht unbekannt.
Während der Zeit, welche Varus im Lager zubrachte, durften
Hermann und seine Vertrauten nichts unternehmen, wodurch Varus hätte mißtrauisch gemacht werden können. Die ferner an-
zuführenden Nachrichten ergeben, daß Hermann die Marsen mit
den im Stammlande zurückgebliebenen Sigambern, die Chatten
in den Kreisen Wittgenstein, Siegen, in Nassau und Hessen, sowie die Brukterer, welche sich den Römern bis dahin unver-
brüchlich treu bewiesen, als Verbündete gewonnen hatte. Es ist
nicht denkbar, daß es den Römern hätte unbekannt bleiben
können, wären die Streiterschaaren dieser Völker zur Zeit, als
Varus noch im Lager stand, in den Landstrich zwischen der
Senne und Weser eingerückt. Das Zusammenziehen derselben
in diesem Landstrich mußte also vor allen Dingen vermieden
werden. Es unterblieb auch, um so mehr, als es genügte und
dem Zweck vollkommen entsprach, wenn die Verbündeten ihre
Schaaren an passenden Punkten in ihren Stammgebieten aufstellten. Von den Deutschen muß überhaupt mit der äußersten
Vorsicht verfahren sein, da Varus im Zutrauen zu denselben so
sehr bestärkt wurde, daß er, als Segestes, der Oheim Hermanns,
ihm das Vorhaben seiner Verwandten verrieth, demselben keinen

Glauben beimeffen wollte. Daß ihn der dem entworfenen Plane gemäß erfolgte Aufstand eines Volkes zum Aufbruch aus dem Lager bewog, ist bereits angeführt. Was dann weiter vorging, erzählt Dio Caffius dahin:

„Als er (Varus) aufbrach, ließen sie (Hermann und seine Vertrauten) ihn vorausziehen und begleiteten ihn eine Strecke. Dann blieben sie zurück, angeblich um Truppen zusammen zu ziehen und ihm solche bald zuzuführen. Nachdem sie ihre Streitkräfte, welche schon an einem bestimmten Orte bereit standen, herangezogen und die bei ihnen befindlichen (römischen) Soldaten, die sie sich früher erbeten, getödtet hatten, rückten sie auf Varus an, als er bereits in unwegsame Wälder gerathen war. Die vermeintlich Unterwürfigen (oder Verbündeten) traten plötzlich als Feinde auf und versetzten das Heer in die mißlichste Lage. — Die Berge — Anhöhen — (welche Varus mit dem Heere auf dem Marsche antraf) waren voller Schluchten und Klüfte und die Bäume dicht und hoch gewachsen, so daß die Römer schon vor dem Angriff der Feinde mit dem Fällen der Bäume, dem Wegebahnen und, wo es nöthig war, mit dem Schlagen von Brücken, volle Arbeit hatten. Sie führten auch viele Wagen und Lastthiere mit sich, wie im Frieden, — ebenso Kinder, Weiber und Dienerschaft in Menge, so daß sie schon deshalb ohne Ordnung und zerstreut daher zogen. Zudem erhob sich heftiger Regen und Sturm, wodurch sie noch weiter auseinander gebracht wurden. Der Boden und die Wurzeln der Bäume wurden schlüpfrig, dadurch ihre Tritte unsicher; Aeste, welche von den Bäumen brachen und herabstürzten, vermehrten noch die Verwirrung. Als die Römer sich schon in Noth befanden, fielen die Feinde, der Fußpfade kundig, aus den dichten Waldungen von allen Seiten über sie her. Anfangs warfen die Feinde

Geschosse (Wurfspieße) aus der Ferne, dann aber, als Niemand sich zur Wehre setzte und Viele verwundet wurden, rückten sie dichter heran. Da die Römer nicht in geordnetem Zuge, sondern gemischt mit dem Fuhrwerk und den Unbewaffneten marschirten, konnten sie nicht leicht ihre Glieder schließen; immer schwächer an Zahl wie die Angreifenden erlitten sie große Verluste, ohne es vergelten zu können.

Als sie einen, soweit es auf einem dichtbewaldeten Berge möglich war, geeigneten Platz gefunden hatten, schlugen sie ein Lager auf. Die Mehrzahl der Wagen und was sonst entbehrlich war, verbrannten sie, oder ließen es im Stich. Am folgenden Tage zogen sie in größerer Ordnung weiter; so gelangten sie glücklich an eine lichte Stelle, doch wieder nicht ohne Verluste. Da sie, von dort aufgebrochen, wiederum in Waldungen geriethen, wehrten sie sich zwar gegen die Andringenden, erlitten aber neue Verluste. Denn indem sie sich auf einen engen Platz zusammendrängten, um in geschlossenen Gliedern, Reiterei und Fußvolk zugleich, einen Angriff zu machen, wurden sie durch sich selbst und die Bäume gehindert. So verstrich ihnen der Tag (der zweite des Kampfes), oder — (die betreffende Stelle wird verschiedenartig gedeutet) brach wieder der Tag an. Von neuem erhob sich heftiger Sturm und Regen, so daß sie weder vorzurücken, noch festen Fuß zu fassen vermochten, sogar nicht einmal von ihren Waffen Gebrauch machen konnten; denn weder Bogen und Pfeile, noch Wurfspeere, noch die vom Regen durchnäßten Schilde waren gehörig brauchbar. Die Feinde, meist leicht bewaffnet, hatten, da sie ungehindert vordringen und zurückgehen konnten, weniger zu leiden. Ueberdies waren sie weit stärker an Zahl, da sich ihnen (während des Kampfes) viele, anfangs Unschlüssige, schon um der Beute willen zugesellt hatten. Sie umringten die Römer und hieben viele derselben nieder, so daß Varus und die angesehensten Führer, aus Furcht gefangen zu werden und in die Gewalt erbitterter Feinde zu fallen, — verwundet waren sie schon, — eine furchtbare aber durch die Nothwendigkeit gebotene That verübten und sich mit eigener Hand tödteten.

Sobald dieses bekannt wurde, setzte sich Keiner, wenn er auch noch Kräfte hatte, weiter zur Wehr. Einige folgten dem Beispiele ihrer Anführer, Andere warfen die Waffen weg und ließen sich von dem ersten besten tödten, denn an Fliehen war, wenn man es auch gern gewollt hätte, nicht zu denken. So ward denn ohne Scheu Alles niedergehauen, Männer und Rosse."

Vellejus, ein Zeitgenosse des Tiberius und Varus, schildert B. II. K. 119 nur den Hergang am Schlusse des Kampfes mit folgenden Worten:

„Das tapferste aller Heere, welches sich durch Mannzucht, Muth und Kriegsgeübtheit vor allen andern römischen auszeichnete, wurde durch die Lässigkeit des Feldherrn, die Treulosigkeit des Feindes und die Ungunst des Geschickes ins Verderben geführt. Ihm blieb nicht einmal Zeit zum Kampf oder Angriff.... Von Wäldern, Sümpfen, Hinterhalten umgeben, wurden sie (die Römer) von einem Feinde niedergemacht, ... dessen Leben und Tod bisher von ihnen abhängig gewesen war. Der Feldherr dachte mehr an Sterben als an Kämpfen; er erstach sich selbst.... Vala Numonias, Legat des Varus, sonst ein ruhiger und braver Mann, gab ein abscheuliches Beispiel; er beraubte das Fußvolk des Beistandes der Reiterei und eilte mit den Reitergeschwadern fliehend dem Rheine zu. Das Geschick strafte seine That; er überlebte die Gefallenen nicht, kam vielmehr auf der Flucht um."

Florus sagt in seinem Geschichtswerke B. IV. K. 12 über den Kampf:

„Varus setzte so großes Vertrauen auf den Frieden, daß ihn nicht einmal die ihm von Segestes gemachte Mittheilung über die Verschwörung aus der Ruhe zu bringen vermochte. So fallen sie unerwartet den Unvorsichtigen an, der nichts der Art befürchtete.... Von allen Seiten dringen sie ein, nehmen das Lager, — drei Legionen werden vernichtet.... Nichts blutigeres je als das Gemetzel dort in den Sümpfen und Wäldern u. s. w."

Um aus diesen Nachrichten über die Lage des Schlachtfeldes, oder was dasselbe ist, des Teutoburger Waldes, Folgerungen ziehen zu können, haben wir zunächst zu untersuchen, welches Volk es war, das durch seine Empörung den Aufbruch des Varianischen Heeres veranlaßte.

Die Römer unternahmen in den Jahren 14 bis 16 Kriegszüge gegen die Völker, welche an dem Kampf gegen Varus Theil genommen hatten, um sie dafür zu züchtigen.[5] Auffallend ist gewiß, daß der erste Zug zu dem Zweck — im Jahre 14 — nicht gegen das Volk der Brukterer, das doch auch zu denjenigen gehörte, von welchen Varus besiegt war; und dem Rheine am nächsten wohnte, sondern gegen die entfernteren Marsen gerichtet und mit unerhörter Grausamkeit ausgeführt wurde, — dann, daß auch in den folgenden Jahren Angriffe gegen dieses Volk erfolgten, und die Römer nicht eher ruhten, bis es gleichsam aufgerieben war. Weshalb wurde es zuerst und so unablässig verfolgt? Gewiß nicht bloß seiner Betheiligung am Kampfe wegen; es muß ein besonderer Beweggrund vorgelegen haben und das kann nur der sein, daß die Marsen dasjenige Volk waren, dessen Aufstand Varus zu dem für ihn so unglücklichen Zuge nach dem Teutoburger Walde veranlaßte. Passender wie diesem konnte keinem Volke die Rolle als Empörer zugetheilt werden, da der römische Heerweg nach dem Rheine durch sein Land führte, also Varus, wenn auch sonst schwerfällig, nothwendig schleunige Maßregeln zur Unterdrückung des Aufstandes ergreifen mußte. Daß die Marsen in der oben bezeichneten Gegend — zwischen Werl oder Soest und dem Fürstenthum Paderborn, — wohnten, ist von verschiedenen Schriftstellern, neuerdings von Seibertz, [6] anerkannt, und schon deshalb unbestreitbar, weil die Römer, als sie in den Jahren 15—16 mit den Chatten in den jetzigen Kreisen Wittgenstein, Siegen, in Hessen u. s. w. Krieg führten, stets auch die Marsen angriffen, um diese abzuhalten, jenen Hülfe zu leisten. Daraus folgt, daß beide Völker wo nicht Nachbaren waren, doch nahe zusammen wohnten. Bekanntlich ist die eben bezeichnete Gegend nicht weit vom ehemaligen Chattenlande entfernt.

Zur Ermittelung der Lage des Schlachtfeldes ist ferner nothwendig, daß wir die Vorgänge in den ersten Tagen nach dem Abmarsche der Römer aus dem Lager richtig auffassen.

Im Vorhergehenden ist bereits ausgeführt, daß Hermann und seine Anhänger ihre Streitkräfte nicht in der Nähe des römischen Lagers, nur in erheblicher Entfernung davon aufstellen durften, weil sonst Varus davon Kenntniß erhalten, Mißtrauen geschöpft und Maßregeln zu seiner Sicherheit getroffen haben würde. Als die Römer den Marsch aus dem Lager antraten, war also nicht gleich ein Heer zur Stelle, das mit ihnen den Kampf hätte eröffnen können. — Die Nachrichten ergaben auch, daß sie nicht sobald angegriffen wurden, Hermann und andere Cherusken vielmehr Varus eine Strecke Wegs begleiteten und sich dann mit dem Versprechen verabschiedeten, Hülfstruppen sammeln und ihm zuführen zu wollen. Das Versprechen konnten sie nur in Be-

ziehung auf ihre Landsleute, die Cherusken, abgeben, denn nur
über diese hatten sie zu gebieten. Gewiß ist sonach, daß die
Römer auf dem Marsche anfangs in keiner Weise beunruhigt
wurden und daß sie auch nicht, wie Einige annehmen, gleich in
das von Dio geschilderte, ihnen unbekannte unwegsame Terrain
geriethen; die Gegend rings um das Lager mußten sie ja während eines mehrmonatlichen Aufenthalts nothwendig kennen gelernt haben und diese bietet nach keiner Seite hin ungewöhnliche
Schwierigkeiten dar. Es kann als zweifellos angesehen werden,
daß die Römer auf der von ihnen angelegten Heerstraße und zwar
in westlicher Richtung abzogen. Denn nicht bloß würde Varus
schwerlich zu bewegen gewesen sein, gegen den Winter noch einen
Zug in anderer Richtung, der ihn weiter vom Rheine entfernt
haben würde, zu unternehmen, — es wird auch gemeldet, der Reiter-
führer Vala Numonias sei vom Schlachtfelde fliehend dem Rheine
zugeeilt, was offenbar auf eine Bewegung des ganzen Heeres
nach dem Rheine hin und auf eine nicht sehr bedeutende Entfernung des Schlachtfeldes von diesem Flusse schließen läßt. Dazu kommt der Umstand, daß, wie Dio ausdrücklich sagt, Sturm
und Regen den Römern während der Schlacht das Vordringen
erschwert habe. Bekanntlich haben wir in Westfalen die andauernden heftigen Regengüsse, namentlich im Herbst, immer nur
aus Westen. Der Westwind treibt dann den Regen mit solcher
Gewalt, daß man in der Richtung, wo er herkommt, sich nur
mit Mühe vorwärts bewegen kann; hat man den Regen im
Rücken oder zur Seite so hindert er weniger im Gehen. Der
Regen, welcher den Römern so beschwerlich fiel, kam ohne
Zweifel auch von Westen; er muß ihnen — weil er sonst weniger
hinderlich gewesen sein würde, ins Gesicht getrieben sein; — sie
hatten also das Gesicht gegen Westen gewendet, marschirten offen-

bar in der Richtung von Osten nach Westen. — Der Weg des Römerheeres führte wahrscheinlich durch den Hauptpaß im Os=ning=Gebirge, die Dörenschlucht. Die Entfernung vom westlichen Ausgange desselben bis zur Weser beträgt 7 bis 8 Meilen. Wo das Lager der Römer stand, ergeben die vorliegenden Nachrichten nicht; nach Dio's Worten ist es in einer Gegend nicht an der Weser, sondern nach der Weser hin, also zwischen dem Osning und dem Flusse anzunehmen. War es 5—6 oder auch 7 Meilen von der Dörenschlucht entfernt, so konnte das römische Heer doch bequem in zwei Tagen den westlichen Ausgang der Schlucht erreichen. Wie weit Hermann und Andere das Heer begleiteten, wissen wir ebenfalls nicht; es läßt sich aber voraussetzen, daß sie wenn auch nicht selbst mit bis zur Dörenschlucht zogen, dem Varus gut unterrichtete Leute mitgaben, die ihm den einzuhalten=den Weg anzeigten, wenn die Heerstraße verlassen werden mußte.

Hermann und seine Landsleute fanden während der beiden ersten Tage nach dem Abzuge der Römer, nachdem erst einige Zeit über den Rückweg verflossen war, in dem Sammlen und Ordnen ihrer Streitkräfte, Hinmetzeln der bei ihnen zurück=gebliebenen römischen Detachements und anderen Vorkehrungen, die ein Krieg erfordert, vollauf Beschäftigung. Ehe sie sich in Bewegung setzen konnten, um den Römern zu folgen, hatten diese einen bedeutenden Vorsprung gewonnen; das Einholen war also, wenn auch Doppelmärsche gemacht wurden, nur in etwa 3—4 Tagen möglich. Ein früheres Eintreffen durfte weder von Varus, der dem Zuzug cheruskischer Hülfstruppen entgegen sah, erwartet werden, noch lag es in dem Plane Hermanns. Dieser hatte die Kriegführung der Römer kennen gelernt; er täuschte sich nicht darüber, daß es schwer halten, ja unmöglich sein werde, sie im freien Felde zu besiegen. Er war daher darauf bedacht,

sie in eine Gegend zu locken, deren Beschaffenheit ihnen die
Aufstellung in der gewohnten Schlachtordnung nicht gestattete.
Eine solche fand er im südlichen Theile des Kreises Beckum.
Ueberall zeigen sich Hügel und wellenförmige Erhöhungen, die
durch viele kleine Schluchten und Thäler von einander getrennt
werden und zum größeren Theil bewaldet sind. Der Boden be=
steht aus Kreidemergel, Klei der zähesten Art, in der bei Regen=
wetter ein sonst unbehinderter Fußgänger sich nur mit Mühe
fortbewegen kann. Der Klei ist klebend; hat man nur einige
Schritte darin zurückgelegt, so hangen schon schwere Klumpen
am Schuhwerk, die sich nicht leicht abstreifen lassen und wenn
sie entfernt sind, gleich wieder durch andere ersetzt werden.
Uebrigens ist der Boden fruchtbar; Eichen und andere Wald=
bäume gedeihen vortrefflich; sie wachsen schlank auf, erreichen
eine ungemeine Höhe und Stärke. Selten findet man einen so
dichten Niederwald, wie hier; Schlingpflanzen und Dornen
wuchern zwischen dem Gebüsch und machen dasselbe fast un=
durchdringlich. Die kleinen Thäler zwischen den Höhen werden
meist von Bächen durchflossen, die bei trockenem Wetter wenig
Wasser enthalten, nach Regengüssen aber anschwellen und weil
sie sumpfige Ufer haben, nicht leicht überschritten werden können.
— Herr Oberamtmann Gropp, wohnhaft zu Boyenstein, etwa
²/₃ Meile östlich der Stadt Beckum, überschickte zu dieser noch
eine Schilderung der Gegend, der wir Folgendes entnehmen:

„Auf dem nach Osten gelegenen Balkon meines Wohnhauses
übersieht man die Umgegend bis über Lippstadt hinaus, nach Süd=
osten und Süden bis zu dem 4 Meilen entfernten Haarstrang. Die
Gegend bis zur Lippe erscheint dem Auge wie eine große Fläche.
Dies ist aber nur Schein. In der Wirklichkeit reihet sich's, ins=
besondere nach Süden und Südosten, eine Bodenerhöhung an

die andere. Dazwischen trifft man sehr oft auf enge Schluchten mit Bächen und morastigem Boden; auch auf den Höhen ist der Boden sehr wasserhaltig und sind auch dort sehr viele kleine und größere Sümpfe und Moräste, die den Sommer über reichlich mit Wasser gefüllt bleiben, so daß sie auf diesen höher belegenen Viehweiden dem Vieh zu Tränken dienen. Ueberhaupt ist das ganze Gebiet zwischen Stromberg und Havixbrock und um Boyenstein herum reich an Quellen, die in ihrer Vereinigung viele kleine Bäche bilden. Diese erscheinen auf der Karte des Kreises Beckum sehr unschuldig, in der Wirklichkeit aber sperren sie dem Wanderer den Weg, wenn er nicht in der Gegend bekannt, eine Stelle findet, wo er durch Hineinlegen von Steinen oder Ueberlegen von Bohlen das Ueberschreiten möglich macht. Zum großen Theil sind die Ufer sehr steil und die Betten tief, so daß sie selbst bei Frostwetter schlecht zu passiren sind. Wo die Ufer flach sind, da ist der fette Kleiboden weithin aufgeweicht, was den Uebergang erschwert. Wagen verlangen feste Dämme und Brücken über diese Bächlein mit ihren trügerischen Ufern. — In einem Forstorte Kalthofsberg befindet sich eine, etwa ¼ Stunde lange Schlucht, die mit 30 bis 40 Fuß hohen Seitenwänden an einigen Stellen so eng wird, daß man mit ausgestreckten Armen die Wände berühren kann. Eine zweite nicht so tiefe Schlucht liegt am westlichen Rande des Forstortes. Den südlich daran stoßenden von Norden nach Süden sich hinziehenden, etwa ½ Meile langen Dieftedder Berg durchschneiden fünf solcher Schluchten."

Außer der von Herrn ꝛc. Gropp angezeigten, sind noch mehrere Schluchten vorhanden, u. a. eine im Walde Havixbrock, dicht bei einem Lager mit Doppelwällen.

Die Gegend ist also ganz so beschaffen, wie die, worin nach Dio Cassius das Varianische Heer die Niederlage erlitt.

Wie gelang es aber, wird man fragen, Varus mit seinem Heere in diese Gegend zu führen? Darauf zu antworten hält nicht schwer.

Im Vorhergehenden ist ausgeführt, daß Varus nach dem Aufbruche aus dem Lager wahrscheinlich durch die Dörenschlucht gezogen sei. Welchen Weg er aber auch einschlug, jedenfalls kam er in die Senne, der sich weithin ausdehnenden öden Haide an der Westseite des Osninggebirges. Von dort führte der Heerweg weiter durch das Land der Marsen am linken Ufer der Lippe. Den Weg konnte er, weil die Bewohner des Landes sich gegen ihn empört hatten, mit dem Heere dem eine Menge Weiber, Kinder, Diener, Gepäckwagen u. s. w. folgten, nicht einschlagen. Seine Aufgabe war zunächst die Unbewaffneten und den Troß vom Heere zu entfernen; erst wenn dies geschehen, sah er sich im Stande, gegen die Aufständischen vorzugehen. Zur Unter-bringung der Unbewaffneten bot sich ihm nur das Kastell Aliso bei Hamm dar. Er mußte dahin zu gelangen suchen und da ihm der Weg am linken Ufer der Lippe verlegt war, sich zur Wahl eines andern Weges entschließen. Ein solcher stand ihm am rechten Ufer des Flusses offen. Derselbe führte anfangs noch durch das Cheruskenland, dann durch das Land der, wie Varus nicht anders wußte, mit Rom befreundeten Brukterer und ist auf der nächsten Strecke bis Stromberg, gegen 6 Meilen weit, eben. Die noch in Varus Gefolge befindlichen Deutschen mochten ihn darauf aufmerksam machen, — aber auch ohnedies konnte die Benutzung keinem irgend erheblichen Bedenken unterliegen. Selbst wenn Bedenken entstanden, mußte Varus sich darüber hinweg setzen, da ihm, der doch Aliso erreichen wollte, keine andere Wahl blieb.

Varus zog also von der Senne durch die ebene sandige hie und da bruchige Gegend an der Nordseite der Lippe, wo wir jetzt die Orte Delbrück, Mettinghausen, Dedinghausen u. s. w. finden, bis in die Gegend an der Südseite des von der Senne etwa 7 bis 8, von der Lippe reichlich 2 Meilen entfernten Städtchens Stromberg. Die Strecke konnte in zwei Tagen zurückgelegt werden. Bei Stromberg beginnt die oben beschriebene so viele Hindernisse darbietende Kleigegend mit vielen Höhen, Wäldern, Schluchten, Bächen ꝛc. Varus und seine Leute wurden gewiß sehr betroffen, als sie in das unwegsame Terrain geriethen, aber sie mußten sich darin zu finden suchen; der Gedanke, daß sie nur noch 4 bis 5 Meilen von Aliso entfernt seien, mochte auch ihren Muth aufrecht erhalten. Sie suchten also den Marsch, so gut es ging, fortzusetzen. Die Soldaten waren abgehärtet und gewohnt, Schwierigkeiten zu überwinden. Sie bahnten Wege durch die Wälder, schlugen Nothbrücken über die Bäche und warfen, wo es nothwendig war, Dämme auf. Das Heer kam so, wenngleich sehr langsam und ohne Ordnung einzuhalten, doch von der Stelle. Es hatte dabei schon Mühseligkeiten mancher Art zu ertragen; diese vergrößerten sich aber ungemein, als noch dazu starker Regen, wie gewöhnlich im Herbst von sturmähnlichem Wind begleitet, eintrat. Bald war der Kleiboden durchfeuchtet; das Gehen wurde von Minute zu Minute beschwerlicher; der scharfe Wind riß die dürren Zweige von den Bäumen und schleuderte solche unter die nur noch mit Mühe sich fortbewegende Schaar von Kriegern und Unbewaffneten. Sie zog, soweit aus den Nachrichten im Dio hervorgeht, in einer einzigen Kolonne, [7]) konnte auch vernünftiger Weise nicht in mehrere getheilt werden, da dann das Wegebahnen u. s. w. noch viel mehr Anstrengungen erfordert haben würde. Wenn Truppen in Friedenszeiten auf brauchbaren Wegen marschiren, dehnen 12,000 Mann von verschiedenen Waffengattungen mit dem dazu gehörigen Train sich über eine Meile weit aus. Die Zahl der Kombattanten des Varianischen Heeres mochte, da ein Theil im Cheruskenlande zurückgeblieben war, nur noch 18 bis 19000 betragen; diese würden mit den Unbewaffneten, den vielen Wagen u. s. w. auf gebahntem Wege eine Strecke von etwa zwei Meilen bedeckt haben; bei den Schwierigkeiten, womit zu kämpfen war, mußten sie aber noch weiter auseinandergerathen, so daß Vor= und Nachhut bis 3 Meilen von einander entfernt blieben. Von der Verwirrung und der Noth — wegen eingetretenen Mangels an Lebens= mitteln⁸) — die in dem langgestreckten Zuge herrschte, kann man sich leicht eine Vorstellung machen.

Die Widerwärtigkeiten, so groß sie auch waren, würden in= zwischen zu überstehen gewesen sein, hätten die Deutschen sich ruhig verhalten. Diese traten aber plötzlich als Feinde auf. Vorhin ist des Planes gedacht, den Hermann entworfen hatte. Die Römer sollten in die eben beschriebene Gegend gelockt, darin zum Kampfe gezwungen werden. Sobald Hermann Ge= wißheit darüber erlangt hatte, daß und wann Varus mit seinem Heere in der Gegend eintreffen werde, gab er den Verbündeten, die in ihren Stammländern kampfbereit standen, das Zeichen zum Aufbruch. Die Marsen und Sigambern vereinigt mit den Chatten rückten von Süden und Südwesten, die Brukterer von Westen und Norden heran; Hermann kam mit den Cherusken, den Römern folgend, von der Ostseite. So wurde das Heer des Varus gleichzeitig eingeschlossen und angegriffen. Auf diese

Weise erklärt es sich auch, wie die Streitkräfte der verschiedenen
Stämme gesammelt, geordnet und gegen die Römer geführt werden konnten, ohne daß diese, bis der Angriff erfolgte, etwas
merkten. Varus nahm vielleicht, als die Deutschen den Kampf
begannen, die Sache nicht so gar ernst; er erfuhr ja nur, was
dem Heerestheil, wobei er sich gerade befand, begegnete. Bald
überzeugten ihn aber die Meldungen der Unterbefehlshaber, daß
die Feindseligkeiten gegen alle Abtheilungen des Heeres eröffnet
worden. Er erkannte nun die Gefahr, — aber was beginnen?
An Zurückgehen, Ausbiegen nach einer Seite war nicht zu
denken; dadurch würde das Heer nur in noch größere Noth
gebracht sein; es konnte nur ein Entschluß gefaßt werden, nämlich der, den Marsch nach dem 2 bis 3 Meilen entfernten Kastell
Aliso auf nächstem Wege fortzusetzen und alle Kräfte auf Durchbrechung der nach dieser Seite hin aufgestellten feindlichen
Schaaren zu verwenden. Das ließ sich aber nicht sobald ausführen; die Truppen waren zu sehr zerstreut. Varus nächste
Aufgabe war daher, das Heer zusammen zu ziehen. Er ließ
auch, als auf einer bewaldeten Anhöhe ein einigermaßen taug-
licher Platz für ein Lager gefunden war, die Spitze Halt machen
und gleich mit dem Errichten des Lagers beginnen. Das irgend
entbehrliche Fuhrwerk, dessen Fortschaffung durch den weichen
Klei sich wohl ohnehin schon als unmöglich ergeben hatte, wurde
verbrannt oder in Stich gelassen. Drei bis vier Stunden
mochten, wenn der Marsch auch möglichst beeilt wurde, darüber
hingehen, bis die letzten Mannschaften an der Stelle anlangten,
wo das Lager aufgeschlagen wurde. Als sie eintrafen konnten
die Wälle schon zum Theil aufgeworfen sein. Alle, sowohl die
Bewaffneten, als die Unbewaffneten, mußten einsehen, daß das
Lager nicht zum ruhigen Aufenthalt dienen, nicht die Rast ge-

währen werde, deren sie so sehr bedurften, von der Behauptung
desselben aber ihre Rettung abhänge. Gewiß nahmen sie daher
sämmtlich, je mehr die Gefahr drohte, je thätiger, nicht bloß den
Tag über sondern auch die Nacht darauf an den Schanzarbeiten
Theil. Während der Nacht ·hielten sich die Römer im Lager,
das, wie weiterhin gezeigt werden wird, wahrscheinlich noch erhalten ist. Daß am folgenden Tage das Heer oder vielmehr
der größere Theil desselben das Lager verließ und den Weg
fortzusetzen suchte, dabei aber nicht bloß eine vollständige Niederlage erlitt, sondern vernichtet wurde, ist aus der vorhin mitgetheilten Stelle im Dio bekannt. So großen Erfolg hatte
Hermann wohl nicht erwartet; er rechnete auf einen Sieg über
das Römerheer; die Vernichtung desselben wurde nur durch das
Eintreten des Sturm- und Regenwetters möglich. Aber dies
konnte kaum anders als in einer Gegend von der Beschaffenheit
wie die im Kreise Beckum so gewaltig einwirken.

Bei Ermittelung der Lage des Schlachtfeldes muß überhaupt die Terrainbeschaffenheit besonders ins Auge gefaßt werden. Die vorhin mitgetheilten Auszüge aus den Schriften der
Alten geben darüber wenn auch keine genügende Auskunft doch
einigen Anhalt. Dio sagt, daß das Varianische Heer vor und
im Beginn der Schlacht Berge oder Anhöhen (ὄρη), Schluchten
und Klüfte angetroffen habe; später spricht er nur von schlüpfe-
rigem Boden und Wäldern. Vellejus, Florus und Andere melden, daß die Niederlage in Wäldern und Sümpfen erfolgt sei;
Tacitus nennt die Gegend, in welcher Germanicus das Schlachtfeld antraf, saltus Teutoburgensis. Es ist bekannt genug und
braucht daher hier nicht auseinandergesetzt zu werden, daß die
im Dio und Tacitus vorkommenden Ausdrücke sich auf Anhöhen
aller Art, sowohl niedrige als hohe anwenden lassen. Kaum

eine Gegend in Westfalen ist so reich an Anhöhen wie der Kreis Beckum; einige erreichen die Höhe von etwa 550 Fuß; andere erheben sich weniger über die Ebene. Genug, daß die Höhen, deren die Alten erwähnen, durchaus nicht fehlen; Schluchten und Klüfte sind, wie bereits erwähnt, ebenfalls vorhanden. Die Schlüpfrigkeit des Bodens kennt Jeder, der Kleigegenden bei Regenwetter durchwandert hat. Daß der Kreis Beckum noch heutiges Tages stark bewaldet ist, zeigt jede Specialkarte. Wenn Vellejus und Florus von Sümpfen reden, so verstehen sie offenbar darunter nicht eigentliche Sümpfe oder Moräste; Dio hebt ja ausdrücklich hervor, daß die Deutschen auf Fußpfaden gegen die Römer vorgedrungen seien, Fußpfade gibt es aber nicht in Sümpfen. In solchen hätte auch kein Lager aufgeschlagen werden können. Was den Römern als Sumpf erschien, war der aufgeweichte Klei, der bei Regenwetter sumpfähnlich wird.

Die Annahme des Schlachtfeldes im südlichen Theile des Kreises Beckum entspricht sonach den schon angeführten Nachrichten in jeder Hinsicht; durch jetzt noch mitzutheilende Nachrichten wird ihre Richtigkeit aber außer Zweifel gestellt.

Tacitus erzählt im ersten Buche der Annalen Kap. 3 daß von den Römern in den Jahren 14 bis 16 n. Chr. Kriegszüge gegen Völker im nordwestlichen Deutschland unternommen worden, nicht um Eroberungen zu machen, sondern um wegen der Vernichtung des Varianischen Heeres Rache zu nehmen. Der erste Zug im Jahre 14 galt den Marsen, der zweite den Chatten, der dritte im Herbst 15 den Brukterern. Ueber den letzteren sagt Tacitus K. 60 f. wörtlich Folgendes:

„Germanicus, der Sohn des Drusus sandte (seinen Unterfeldherrn) Cäcina (vom Niederrhein aus) mit 40 römischen Kohorten durch das Bruktererland an den Emsfluß; die Reiterei

führte Pedo, ihr Präfekt, durch das Gebiet der Friesen (also
durch den nordöstlichen Theil der Niederlande). Er selbst fuhr
mit vier Legionen zu Schiffe über die Seen (welche jetzt die
Südersee bilden), und zugleich trafen das Fußvolk (unter Cäcina),
die Reiterei, die Flotte, an dem genannten Flusse zusammen.
Die Brukterer, welche ihr eigenes Land mit Sengen und Bren=
nen verheerten, schlug der von Germanicus mit leichten Truppen
gegen sie gesandte Lucius Stertinius; zwischen Trümmern und
Beute fand dieser den unter Varus verlorenen Adler der 19.
Legion. Sodann wurde das Heer bis an die äußersten Grenzen
des Bruktererlandes (ad ultimos Bructerorum) geführt, und
alles Land zwischen der Ems und Lippe verwüstet, gar nicht
weit vom Teutoburger Walde (haud procul Teutoburgensi
saltu), in welchem, wie es hieß, Varus und der Legionen Ueber=
reste (deren Gebeine) noch unbestattet lagen. — Deshalb ergriff
den Cäsar (Germanicus) das Verlangen, den Kriegern und dem
Feldherrn (Varus) die letzte Pflicht zu erweisen (nämlich ihre
Gebeine zu bestatten). Nachdem Cäcina (mit seiner Heeres=
Abtheilung) vorausgesandt war, um die Heimlichkeiten des Wal=
des (occulta saltuum) auszuspähen und Brücken und Dämme
über feuchte Sümpfe und trügerische Felder anzulegen, betraten
sie (Germanicus und sein Heer) die Trauerstätte, schrecklich für
den Anblick und die Erinnerung. — Zuerst zeigte das (oder
ein) Lager des Varus an seinem bedeutenden Umfange und an
der Absteckung des Hauptplatzes die Arbeit dreier Legionen; —
weiterhin sah man an einem halbzerstörten Walle und einem
seichten Graben, daß hier die schwachen Ueberreste (des Variani=
schen Heeres) sich gesetzt hatten. Mitten auf dem Felde lagen
ihre gebleichten Gebeine, — wie sie geflohen waren, oder Wider=
stand geleistet hatten, zerstreut oder in Haufen. Daneben lagen

Bruchſtücke von Waffen, Theile von Pferdegerippen; an Baumſtämmen ſah man Schädel befeſtigt. In den nahen Hainen
fanden ſich barbariſche Altäre, an welchen ſie (die Deutſchen)
die Tribunen und Centurionen erſter Ordnung hingeſchlachtet
hatten. Die aus jener Schlacht übrig Gebliebenen, welche dem
Kampf und den Feſſeln entronnen (dem Heere des Germanicus
eingereiht) waren, ſagten aus, hier ſeien die Legaten gefallen,
dort die Adler verloren, — dann, wo Varus die erſte Wunde
erhalten, wo er ſich ſelbſt den Todesſtoß gegeben, — von welcher Höhe Hermann geſprochen (ſeine Befehle ertheilt) habe, —
wie viele Galgen für Gefangene errichtet, wie viele Gruben bereitet worden, — wie er (Hermann) Feldzeichen und Adler hoch-
müthig verſpottet. So beſtattete denn das anweſende römiſche
Heer, ſechs Jahre nach der Niederlage, die Gebeine der drei
Legionen.“

Dieſe Mittheilungen ſind in geographiſcher Hinſicht wichtig, da
ſie den Ort der Niederlage genauer beſtimmen. Denſelben zufolge
ſammelte Germanicus ein Heer, deſſen Abtheilungen auf verſchiedenen Wegen herangezogen waren und mit den Hülfstruppen
gegen 80,000 Mann ſtark ſein mochte, an der Unterems. Er
zog damit und zwar am linken Ufer des Fluſſes, — er kam ja
ohne denſelben zu überſchreiten in die Gegend an ſeiner Südſeite,
— gegen die Brukterer. Der mit leichten Truppen vorausge-
ſchickte Unterfeldherr Stertinius ſchlug ſolche und entriß ihnen
den Adler der 19. Legion, den ſie bei der Niederlage des Varus
erbeutet hatten. Germanicus folgte ihm mit den übrigen Truppen
und ließ das Land zwiſchen den Flüſſen Ems und Lippe bis zur
äußerſten öſtlichen Grenze des Bruktererlandes verheeren. 9) Unter
dem Lande zwiſchen Ems und Lippe iſt hauptſächlich der jetzige
Kreis Beckum zu verſtehen, der, wie ein Blick auf die Karte

sowie auf jede Specialkarte der Provinz Westfalen zeigt, von
beiden Flüssen nach Norden und Süden eingeschlossen wird. Das
Heer wurde bis an die äußerste östliche Grenze des Bruktererlandes geführt, — so weit erfolgte also auch nur die Verheerung.
Offenbar ist die Grenze gemeint, welche das Brukterer- vom
Cheruskenlande schied; sie stimmt glaubwürdigen Ermittelungen
zufolge mit der zwischen den ehemaligen Bisthümern Paderborn
und Münster überein, welche sich kaum eine Meile östlich über
Lippstadt hinaus vom linken Ufer der Ems bis zum rechten
Ufer der Lippe hinzieht. Die Ortschaften Westerholz, Mettinghausen und Dedinghausen, nicht über eine Meile von Lippstadt
entfernt, gehören nämlich schon zur Diöcese Paderborn. Germanicus hielt sich wahrscheinlich beim Vordringen in die Gegend
in der Nähe des Emsflusses, wo er ebenen sandigen und weg-
samen Boden antraf. Befand er sich, als ihm die Nachricht
zuging, der Teutoburger Wald sei nahe, wie die römischen Feldherrn gewöhnlich, in der Mitte seines Heeres, das eine Kolonne
von mehreren Meilen Länge bildete, so war er von der angegebenen Grenze sicher noch mindestens 1¼ Meilen, von der
Senne und Dörenschlucht reichlich 6, von der Gegend im südlichen Theile des Kreises Beckum nur höchstens 2 bis 3 Meilen
entfernt. Daß ihm letztere eher wie jene als nahe bezeichnet werden konnte, liegt auf der Hand. Auch wenn er sich, als ihm
die Meldung zuging, zur Spitze des Heeres, unmittelbar an die
Grenze, begeben hatte, war er der Beckumer Gegend weit näher,
wie der Senne und dem dahinter sich erhebenden Osninggebirge.
Abgesehen davon, daß Tacitus ausdrücklich sagt, das römische
Heer sei bis an die Grenze des Bruktererlandes geführt und
eine Ueberschreitung derselben mit keiner Sylbe erwähnt, konnte
Germanicus keinen Grund haben, Cäcina zum Wegebahnen ꝛc.

in der Richtung nach dem Osning vorzuschicken, da er in dieser
Richtung, namentlich in der Senne, nur einzelne unbedeutende
Gehölze und fast überall ebenen sandigen Boden fand, der nicht
gebahnt zu werden brauchte. Dagegen war die Erforschung der
weitausgedehnten dichten Wälder in der gebirgigen Gegend südlich von Beckum, dort eben so das Wegebahnen, allerdings geboten. — Germanicus folgte dem Cäcina, zog also auch in diese
Gegend. Darin werden noch Werke und Stellen angetroffen,
welche als diejenigen angesehen werden können, wovon Tacitus
spricht. In dem Walde Havixbrock, ⅓ Meile südlich der Stadt
Beckum, findet sich auf einer bewaldeten Anhöhe ein Lager, das
nach drei Seiten umwallt, nach einer Seite, wo die Anhöhe
steil abfällt, offen ist und in der Mitte einen nach allen Seiten
mit starken Wällen umgebenen Raum enthält.[10])

Beachtung verdient, daß an der Ostseite des äußeren Walles
ein kleiner Theil des Bodens nur etwa 120 ☐ Fuß groß einge-
dämmt ist, der sich bei Regenwetter mit Wasser füllt, offenbar
zu einer Tränke für Vieh gedient hat, also zu der Vermuthung
berechtigt, daß im Lager auch Berittene standen, und daß es zu
militairischen Zwecken während einer Zeit benutzt wurde, wo
Regen fiel. — Westlich vom Lager in einer Entfernung von
⅛ bis ¼ Meile, waren bis zu Anfang dieses Jahrhunderts drei,
1837 noch 2 große Steindenkmäler, mit vielen Leichen in vier
Schichten übereinander angefüllt, vorhanden; sie können aus
Gründen, die mehrfach angeführt sind, hier aber übergangen
werden müssen, als die barbarischen Altäre angesehen werden,
welche Germanicus gezeigt wurden. — Eine Höhe, von welcher
man die waldfreie Gegend von etwa 1 Quadratmeile Ausdehnung an der Westseite des Lagers übersieht, heißt noch jetzt der
Hermannsberg; zu der Annahme, daß Hermann von derselben

aus seine Befehle ertheilt habe, ist wohl Grund vorhanden. Etwa ¼ Meile weiter südwestlich zeigt sich eine Erhöhung, die den auffallenden Namen „Römerliek" (Römerleichen) führt; es kann der Ort sein, auf welchem Germanicus die Gebeine der Gefallenen zusammentragen ließ; ein anderes Grundstück nahe dabei hat den ebenfalls auffallenden Namen „Römerhof"; vielleicht hatte Germanicus darauf die Tage über, welche er zur Besichtigung des Schlachtfeldes verwendete, seinen Aufenthalt. Ueberdem ist auf die Ueberreste eines schmalen Dammweges aufmerksam zu machen, der den schwierigsten Theil der Kleizegend in der Richtung von Südost nach Nordwest durchzieht, Laufgraben genannt wird und von der vorausgeschickten Heeresabtheilung des Cäcina herrühren kann. — Freilich läßt sich nicht geradezu beweisen, daß diese Werke u. s. w. zu den angegebenen Zwecken gedient haben, — aber die Wahrscheinlichkeit spricht dafür, und gewiß ist es bedeutsam, daß sie in einem Umkreise von etwa 1¼ Quadratmeilen zusammen angetroffen werden. In keiner anderen Gegend Westfalens wird Aehnliches nachzuweisen sein. — Der Umstand, daß Germanicus Unternehmungen im Herbst 15 sich hauptsächlich; man kann fast sagen ausschließlich, auf den Zug in den für ihn entlegensten Theil des Bruktererlandes zwischen den Flüssen Ems und Lippe und Verheerung desselben beschränkte, ist schon an und für sich beachtenswerth. Was bewog ihn dazu? Es läßt sich kaum ein anderer Grund denken, als der, daß ihm im Allgemeinen bekannt war, die Vernichtung des Varianischen Heeres sei in dieser Gegend erfolgt.

In der ersten Zeit nach Auffinden der Annalen des Tacitus ist man offenbar darüber einig gewesen, daß das Varianische Schlachtfeld, oder, was dasselbe ist, der Teutoburger Wald, nur in der eben bezeichneten Gegend zwischen den Flüssen Ems und

Lippe angetroffen werden könne. Cuspinian (Spießhammer) Rath des Kaisers Maximilian I., sagt in einer 1540 erschienenen Schrift: [11]

„Es ist mir unbegreiflich, woher jene thörichte Fabel von der Niederlage des Varus (vordem hatte man das Schlachtfeld außerhalb Westfalen gesucht) sich eingeschlichen hat, da diese doch im Bruktererlande, zwischen den Flüssen Ems und Lippe im Teutoburger Wald vorgefallen ist."

Georg Spalatin spricht sich in der Schrift „Von dem theweren Fürsten Arminius, Wittenberg 1539, dahin aus:

„Diese Schlacht ist geschehen an und im Dusberger Wald, zwischen der Emsen und Lippe, soviel man aus dem Corn. Tacito merkt."

Der in den Jahren 1629 f. erschienene Atlas von Janson enthält in einer Karte des Bisthums Münster bei Stromberg, Diestedde u. s. w. die Bemerkung:

„Circa hos saltus periisse videtur Q. Varus cum tribus legionibus."

B. Mollerus, ein geborener Münsteraner, kommt in dem 1571 erschienenen Gedicht „Descriptio Rheni etc." ebenfalls auf diese Gegend. Zwar spricht er von einem Teutehof, er verlegt aber das Schlachtfeld nach Delbrück, westwärts der Senne und bemerkt, daß dort viele Berge und Thäler angetroffen würden, was nicht auf die flache Gegend von Delbrück, ganz aber auf die einige Meilen weiter westlich von Stromberg bis etwa Dolberg zutrifft.

Noch Andere bekannten sich zu derselben Ansicht.

Der Paderborner Bischof Ferdinand von Fürstenberg und verschiedene zur Zeit desselben lebende Gelehrte bezeichneten inzwischen das Dorf Elsen bei Paderborn als den Ort wo das

Kaſtell Aliſo geſtanden, und die eine oder andere Gegend im Fürſtenthum Lippe als den Ort der Niederlage des Varus. Dagegen trat der Konſiſtorialrath Grupen in einer 1764 er-ſchienenen Schrift „Origines Germaniae" entſchieden auf. Er be-bemerkt u. a. Kap. II § 8:

„Wie nun in dem Befang, da die Römiſche Armee zwiſchen der Ems und Lippe im Obermünſterlande (ſo nennt Grupen ben jetzigen Kreis Beckum) die große Verheerung (unter Germa-nicus) vorgenommen, ohnweit des Teutoburger Waldes, — die große Niederlage vorgegangen ſo ſind in dieſem Befang und nicht bei Horn und Detmold alle die Abzeichen, welche die Römiſchen Autores von der Gegend des Wahlplatzes geben, ... zu ſuchen."

Die Profeſſoren Heinrich und Manert ſtimmten im Allge-meinen bei.

Cloſtermeyer ſuchte bekanntlich dieſe Männer zu widerlegen und das Schlachtfeld in einem Theile des Osning, gegen eine Meile ſüdweſtlich von Detmold nachzuweiſen. Er will die Benennung „Teutoburger Wald" auf den Theil des Osning-gebirges angewendet wiſſen, welcher zwiſchen den beiden an der Lippe bei Lippſpringe, durch die Dören und unter dem Falken-berge her durch das Gebirge führenden Päſſen liegt. [1] [2]) — Uebrigens nimmt er an, daß Germanicus auf dem Zuge gegen die Bruk-teter im Herbſt 15 in der Gegend zwiſchen Wiedenbrück und Lippſtadt geſtanden habe, als ihm gemeldet worden, das Varia-niſche Schlachtfeld ſei gar nicht weit entfernt. (S. 40 der Schrift „Wo Hermann den Varus ſchlug".)

In neueren Schriften iſt nun ausführlicher dargethan worden, daß das Schlachtfeld durchaus nicht im Osning, nur in der Gegend zwischen Ems und Lippe und zwar im südlichen Theile des Kreises Beckum angenommen werden könne. Die erheblicheren Gründe dafür sind im Vorhergehenden angegeben. Wie bekannt haben Einige dagegen wieder Einwendungen erhoben. Diese bleiben jetzt noch zu besprechen.

Es kommt, was den Zug des Germanicus gegen die Brukterer im Herbste 15 betrifft, viel darauf an, wo die Grenze zwischen dem Brukterer- und Cheruskerlande lag. Freiherr von Ledebur[13] hat sich bei Nachweisung dieser Grenze darauf gestützt, daß nach Einführung des Christenthums bei Errichtung der Bisthümer auf die alten deutschen Stammbezirke Rücksicht genommen und deren Grenzen die der bischöflichen Sprengel geblieben seien.[14] Die Grenzen der Diöcese Münster reichen, wie schon bemerkt, nur etwa eine Meile östlich über Lippstadt hinaus, soweit auch nur die Grenzen des Bruktererlandes. Weil, wenn diese Grenzbestimmung richtig, die Annahme des Schlachtfeldes im Osning schwer aufrecht zu erhalten ist, wird sie von den Vertheidigern derselben verworfen. Wohl vergeblich, da Dokumente aufgefunden sind, welche ergeben, daß die Berücksichtigung der alten Stammgrenzen bei Eintheilung der bischöflichen Sprengel förmlich vorgeschrieben war. — Vorausgesetzt selbst, die Grenze des Bruktererlandes hätten sich weiter nach Osten erstreckt, so reichte sie doch jedenfalls höchstens bis etwa in die Nähe der Senne. Das römische Heer überschritt aber nicht die Grenze des Bruktererlandes, kann also nicht in die Senne, oder gar weiter östlich vorgedrungen sein.

Für die Annahme des Schlachtfeldes im Osning wird ferner angeführt, Tacitus sagt ausdrücklich, alles Land zwischen den Flüssen sei verwüstet worden, die Verwüstung müsse also auch bis zu den Quellen fortgesetzt sein, in deren Nähe das Schlacht-

feld liege. Gewiß eine sehr gesuchte Deutung. Wenn aus den
Worten „eine Verheerung bis zu den Quellen", könnte auch eine
solche bis zu den Mündungen der Flüsse gefolgert werden.
Tacitus sagt, das Heer sei bis zur äußersten Grenze des Bruktererlandes geführt; weiter kam es nicht; also konnte es auch
nur soweit das Land verwüsten. Das Unhaltbare der Deutung
zeigt sich auch auf andere Weise. Nach Tacitus Worten ent-
schloß sich Germanicus nicht gleich beim Vorrücken bis an die
Grenze, sondern erst nachher zu dem Zuge nach dem Schlachtfelde (Teutoburger Walde), und nun schickte er den Cäcina zum
Wegebahnen dahin voraus. Wenn Germanicus gleich anfangs
über die brukterische Grenze hinaus bis zu den Quellen vordrang, weshalb ertheilte er dann dem Cäcina bald nachher den
Auftrag, nach derselben Gegend vorauszugehen, um ihm den
Marsch dahin möglich zu machen? Noch mehr: Cäcina konnte
den Vormarsch nach dem Teutoburger Walde und die Arbeiten
darin ausführen, ohne von den Deutschen im Geringsten gestört
zu werden. Sollte Hermann, der kurz darauf in einer
Schlacht mit dem gesammten römischen Heere unter Germanicus
Befehl das Feld behauptete, den Cäcina, wäre er mit seiner
Heeresabtheilung allein in die Senne und das Cheruskerland
eingedrungen, unangefochten gelassen haben? Der Marsch des
Germanicus, die Besichtigung des Schlachtfeldes, das Sammeln
der Gebeine, wobei das römische Heer größtentheils aufgelöst
gewesen sein muß, erfolgte ebenfalls ohne alle Störung von
Seiten der Deutschen. Würde Hermann, der, um es zu wiederholen, wenige Tage darauf den Römern eine Hauptschlacht
lieferte, die Römer unbeunruhigt gelassen haben, hätte das
Sammeln der Gebeine u. s. w. in oder bei der Senne,
überhaupt im Cheruskenlande stattgefunden? Daß in dem ab-

gelegenen nicht zu Hermanns Stammlande gehörenden südlichen Theile des Kreises Beckum Cäcina seinen Auftrag in
aller Ruhe ausrichten, Germanicus den Zug nach dem Schlachtfelde ungestört unternehmen konnte, ist dagegen sehr wohl
begreiflich.

Vorher wurde gesagt, durch die Nachrichten in Tacitus Annalen über den Zug des Germanicus im Herbst 15 werde die
Lage des Varianischen Schlachtfeldes, mithin auch des Teutoburger Waldes, außer Zweifel gestellt. Daß dabei beharrt werden kann, wird Unbefangenen einleuchten. Auf diejenigen, welche
noch immer Einwendungen dagegen erheben, ist der Goethesche
Ausspruch anzuwenden: „Nichts ist der Wahrheit nachtheiliger,
als ein alter Irrthum." Diese sollten auch bedenken, daß die
vielen Schriftstellen, welche für die Annahme des Schlachtfeldes
im Osning, oder überhaupt in einer Gegend an der Ostseite der
Senne stritten, nie unter sich einig werden konnten, weil sie
immer mit den vorliegenden Nachrichten auf die eine oder andere Weise in Widerspruch geriethen, — und daß diese Schriftsteller stets zu sonderbaren Ausführungen ihre Zuflucht nahmen,
z. B. der, aus Tacitus Worten, „alles Land zwischen den
Flüssen Ems und Lippe wurde verheert," folge, daß die Verheerung über die Grenze des Bruktererlandes hinaus, bis zu den
Quellen der Flüsse in der dürren Sennenheide fortgesetzt sei.
Grupen wies schon vor reichlich 100 Jahren die Unhaltbarkeit
dieser Ausführung gründlich nach; dennoch kam man, weil sonst
die Annahme des Schlachtfeldes an der Ostseite der Senne
nicht aufrecht zu erhalten war, immer wieder darauf
zurück. Wäre berücksichtigt worden, daß Tacitus ausdrücklich
sagt, Germanicus habe sein Heer bis zur Grenze des Bruktererlandes vorrücken lassen, dasselbe also nicht weiter kam, — dann

auch, daß die Gegend im südlichen Theile des Kreises Beckum ganz so beschaffen ist, wie die, welche Dio schildert und nur darin nicht bloß die Niederlage sondern die Vernichtung eines mächtigen Heeres stattfinden konnte, so würde wohl bei den Aussprüchen der älteren Autoren, daß die Schlacht in der eben bezeichneten Gegend geschlagen worden, stehen geblieben und nicht die Unzahl von Schriften über den Gegenstand geschrieben sein.

Zum Schluß noch einige Worte über das Hermanns-Denkmal. Daß dasselbe im ehemaligen Cheruskerlande, auf einer der höchsten Kuppen des Osning errichtet wird, ist ganz in der Ordnung. Denkmäler für Heerführer, welche große Siege erkämpften, finden wir überall nur in deren Vaterlande, nie auf Schlachtfeldern. Auf diese gehören Monumente zu Ehren der gefallenen Krieger, zur Erinnerung an die Schlacht selbst. Aber wäre es nicht Zeit, an die Errichtung eines solchen auf dem Siegesfelde Hermanns zu denken? Ein ganz passender Platz würde der Hermannsberg sein, eine Anhöhe an der Nordseite des Schlachtfeldes, auf welchem man dieses und die Gegend umher weithin übersieht.

Anmerkungen.

[1]) Dies geschah von den Römern in der Regel. Vegetius sagt in der Schrift „Anleitung zur Kriegswissenschaft", B. III. K. 7: „Hat man auf dem Marsche einen Fluß überbrückt, so ist es nöthig, auf beiden Seiten des Ufers Posten auszustellen. — Zur größeren Sicherheit lasse man sich die Posten an beiden Ufern verschanzen. — Ist die Brücke nicht bloß zum Uebergange (beim Vordringen), sondern auch zum Rückmarsche nöthig, so werfe man an beiden Enden tiefe Gräben auf, errichte Wälle, und besetze sie so lange mit Mannschaften zur Vertheidigung, als es die Umstände erfordern."

[2]) M. s. Anhang zur Schrift „Geschichte der Sigambern", S. 13, 34 und 37 f., auch die in der philologischen Zeitschrift Germania Jahrg. 1871 S. 293 f. sich findende Abhandlung des Hrn. Prof. Dr. Lutterbeck in Gießen.

[3]) Zu vergleichen S. 117 der Schrift „Geschichte der Sigambern u. s. w."

[4]) v. Ledebur, das Land und Volk der Brukterer, Geschichte der Sigambern 2c. S. 116.

[5]) Tacit. Ann. I, 3.

[6]) Landes- und Rechtsgeschichte des Herzogthums Westfalen (Arnsberg 1860) Th. I S. 187.

[7]) Wie gewöhnlich die römischen Heere. Zu vergleichen Nast, römische Kriegsalterthümer S. 208 f., Vegetius de re militari III. 6, — auch Tacit. Ann. I, 51, Flav. Jos. de bello jud. B. 3, K. 6.

[8]) Strabo sagt in seiner Erdbeschreibung B. I. K. 1. „Daß geographische Kenntnisse erforderlich seien, zeigen ... der Krieg gegen die Germanen und Kelten, wo die Barbaren ... die Wege verdeckten und die Zufuhr nebst den übrigen Bedürfnissen abschnitten." Diese Worte beziehen sich offenbar auf den Unfall des Varianischen Heeres.

[9]) Ein Kärtchen, das diesen Landestheil bloß in Umrissen darstellt, wird beigefügt.

[10]) Beschreibung in der Schrift: „Geschichte der Sigambern u. s. w." S. 170 f.

[11]) Im Original: „Miror unde irrepserit inanis haec fabula de Variana, clade — cum apud Bructeros, — inter Amisiam et Luppiam amnes in Teutoburgiensi saltu clades haec evenerit etc."

[12]) Näheres hierüber in der Schrift: „Geschichte der Sigamberer u. s. w." S. 196 f. und Anhang dazu S. 6 f. Selbst diejenigen Schriftsteller, welche den Ort der Varianischen Niederlage im Fürstenthum Lippe annehmen nennen den Gebirgszug an der Ostseite der Senne „Osning"; nur ein kleiner Theil desselben soll der Teutoburger Wald sein. Und dennoch wird die letztere Benennung noch von Manchen dem Gebirgszug in seiner ganzen Ausdehnung beigelegt!

[13]) In dem Werke „Das Land und Volk der Brukterer" S. 127 f. und der ersten Karte dazu, auch Wiegand's Archiv, Heft 1 S. 46 f.

[14]) Möser sagt, Osnabrückische Geschichte, Th. I. Abschn. V, § 6 darüber: „Es ist wahrscheinlich, daß Karl (der Große) so viel immer möglich, die sächsischen Nationen in der Verbindung, worin er sie fand, gelassen und ihrer soviele zu einem Sprengel gezogen habe, als zu einem gemeinsamen Heerbann gehörten." — Aehnlich Erhard in der Geschichte Münster S. 35: „Da in der Regel die Diöcesen-Eintheilung der Bisthümer ... nicht willkührlich vorgenommen wurde, sondern der alten Landes- und Volksgrenzen folgte, so können wir mit Sicherheit annehmen, daß das ganze ehemalige Land der großen Brukterer zu dieser Diöcese (Münster) gehörte."

Druck von Gebr. Unger (Th. Grimm) in Berlin, Schönebergerstraße 17 a.

Die Piccolomini.

Von

Prof. Dr. H. M. Richter.

Berlin, 1874.

C. G. Lüderitz'sche Verlagsbuchhandlung.

Carl Habel.

Auf einem Felsenhügel, inmitten von frischem Grün, hoch über
der gleichnamigen Stadt ragend, in einer anmuthigen, malerischen Gegend des östlichen Böhmens, ausblickend auf den
nahen Zug des Riesengebirges, — erhebt sich Schloß Nachod,
ein weitläufiger und massiver Bau im italienischen Geschmack des
17. Jahrhunderts. Das Mauerwerk des Thurmes zeugt dafür,
daß an dieser Stelle schon im 13. Jahrhundert eine Veste gestanden, zu Schutz und Trutz. Das Sehenswürdigste im Innern
des Schlosses ist eine Gallerie von vierzehn Ahnenbildern der
Fürsten Piccolomini, von deren Einem eine große Inschrift-
tafel aus dem Jahre 1654 über dem Hauptthore erzählt, daß er
durch italienische Werkleute dem Schlosse die heutige Gestalt geben
ließ.[1] Es ist der Feldherr Octavio Piccolomini, bekannt
durch Geschichte und Dichtung, von dem hier die Rede ist. Im
spanischen Saale des Schlosses wird neben dem Portrait Octavios
das Bild des Max Piccolomini gezeigt, mit welchem Namen
wir die Erinnerung an eine der schönsten Lichtgestalten, welche die
classische Literatur Deutschlands hervorgebracht hat, verbinden.

Nachod, welches oft seinen Besitzer gewechselt, war im Laufe
seiner vielhundertjährigen Geschichte Zeuge mancher bewegten
Kämpfe. Zu seinen Füßen tobten die Hussitenstürme, stritten
Prätendenten um die böhmische Krone; in den schlesischen Kriegen,

im 7jährigen Kriege standen Oesterreicher und Preußen kämpfend hier einander gegenüber und in den heißen Junitagen von 1866 fiel hier die blutige Entscheidung, mit welcher Steinmetz, „der Löwe von Nachod" die weltgeschichtliche Schlacht vom 3. Juli vorbereitete.

König Georg von Podiebrad hatte einst Nachod in Besitz und vererbte es auf seine Söhne, die es jedoch bald verloren. Seine Blüthe erlebte es·unter dem Hause Smiricky. Nach der Schlacht auf dem weißen Berge bei Prag, floh der Winterkönig über Nachod gegen Breslau. Er hielt Nachtruhe im Schlosse Nachod, welches damals der Margarethe Salome, Wittwe Slavatas, der letzten Smiricky, einer eifrigen Anhängerin der protestantischen Union, gehörte. Sie folgte dem Winterkönige, dessen Parteigängerin sie war, und ihr Schloß, in welchem die Kaiserlichen hausten, wurde confiscirt. Die königliche Kammer verkaufte alsbald dasselbe an die Familie Trzka: Magdalene Trzka, eine geborene Lobkowitz, vererbte Nachod 1626 ihrem Sohne, Adam Grafen von Trzka, der durch seine Gemalin Maximiliane, die wie Wallensteins Frau, eine geborene Gräfin Harrach war, mit dem Friedländer verschwägert, in dessen Fall gezogen und in derselben Nacht, wo Deverour's Hellebarde die Brust des großen Feldherrn durchbohrte, an seines anderen Schwagers, Kinsky's Seite auf dem Schlosse zu Eger ermordet wurde. Die Schlösser Trzka's wurden confiscirt; Nachod erhielt Octavio Piccolomini.²)

In Nachod geht heute noch die Sage, Schiller habe im Ahnensaale der Piccolomini, in der Betrachtung zweier Bilder die Conception der Piccolomini-Gestalten, wie sie in den beiden Theilen der Trilogie auftreten, gefaßt. Nicht der geringste Umstand spricht für diese Annahme. Weder ist der Besuch Schillers auf Nachob conſtatirt, noch enthält der Briefwechſel des Dichters mit Körner und mit Goethe irgend eine bezügliche Andeutung.

Wohl aber iſt Schiller von Anbeginn des Planes zur Wallen= ſtein=Trilogie entſchloſſen, den Verrath des Octavio zum Ausgangs= Punkte der Verwickelung zu machen. Das unglückſelige blinde Zutrauen, das Wallenſtein dem Piccolomini ſchenkt, ſo daß „der Undankbare endlich unter den Streichen des Undankes erliegt", findet ſich ſeltſam genug ſchon in Schiller's hiſtoriſchem Werke, der Geſchichte des dreißigjährigen Krieges, wo Octavio, der Wallen= ſtein den Untergang geſchworen, gegen ihn heranmarſchirt. So finden ſich ſchon faſt zehn Jahre vor der Wallenſtein=Dichtung Anklänge an die dramatiſche Auffaſſung des Charakters Octavios.[3] Noch viel mehr als Octavio Piccolomini feſſelte den Dichter die Figur des Max.

Sie iſt gleich urſprünglich im Plan zum Wallenſtein im Vordergrunde, als Schiller noch ſchwankt, ob er die „Malteſer" oder den „Wallenſtein" dramatiſch bearbeiten ſoll. Als er im März 1796, nach dem intimen Verkehr mit Goethe in Jena, ſich ernſtlich entſchieden hat, an den Wallenſtein zu gehen und dann „an dem Knochengebäude arbeitet",[4] beſchäftigen ihn die Piccolomini unausgeſetzt. Drei Jahre lang blieb der Wallenſtein das Ziel der poetiſchen Arbeit, mit welcher er hoffte ſich Goethe „coordiniren" zu können. Der Stoff ſchien ihm oft „widerſpenſtig", er ging oft „darum herum" und wartete auf „eine mächtige Hand, die ihn ganz hinein werfe". Dieſe Hand war die des Freundes Goethe. Nun ging die Arbeit von Statten; aber ohne daß ihn die Hauptperſon anzieht. Mit der „reinen Liebe des Künſtlers" arbeitet er nur die Geſtalten der Piccolomini aus,[5] „für den jungen Piccolomini durch eigene Zuneigung intereſſirt". Unter den ernſte= ſten Unterſuchungen und Verhandlungen Schillers mit Goethe über Epos und Drama, unter dem Einfluſſe der Lecture des Ariſtoteles,

Homers, der griechischen Tragiker und Shakespeare's schritt die dramatische Arbeit 1797—98 fort. Am 30. Januar 1799 wurden die Piccolomini zu Weimar zum ersten Male gespielt und schon am 20. April 1799 konnte Wallensteins Tod aufgeführt werden, der Theil, welchen der Dichter als „der Liebe gewidmet" bezeichnet, worin er — merkwürdig genug — der Episode Max und Thekla die „Herrschaft" zuerkennt.

Groß und gewaltig ist die Bedeutung dieser Trilogie. Sie weihte nicht bloß die neue classische Bühne Deutschlands,[6]) sondern auch eine neue Aera des Drama's ein. Bis dahin hatte das bürgerliche Schauspiel mit seiner mattherzigen Moral und weinerlichen Sentimentalität die Bühne beherrscht. Jetzt war endlich eine Tragödie im höchsten Style gegeben, mit großartigen historischen Vorgängen. Aber auch für die Entwickelung des Dichters und der Dichtkunst war das Gelingen dieses Werkes, von welchem Goethe behauptete, daß „in seiner Art zum zweiten Male nichts Aehnliches vorhanden", von Bedeutung; denn nach mehr als zehnjähriger Pause kehrte der Dichter zum Drama, speciell zum historischen Drama zurück und schuf nach einander Maria Stuart, die Jungfrau von Orleans, Demetrius, Tell. Die Schauspielkunst hatte neue große Aufgaben von dem dichterischen Genius empfangen, die dramatische Poesie eine ausgebildete Kunstform. So bewunderte die Welt den herrlichen Stoff, die edle Form, und ward außerdem mächtig ergriffen durch die unverkennbare Beziehung auf die Zeitumstände, welche Napoleon Bonaparte auf die Bühne der Welt treten ließen, mit Aspirationen, wie sie Wallenstein einst gehegt, das Haupt einer Schule von Generalen, die seinem Sterne folgten, nach der Herrschaft strebend ein glücklicher General wie Wallenstein, wie Dieser der Abgott der Soldaten, worauf der Prolog Schillers deutlich hinweist.[7]) Wie der Schiller'sche Wallenstein mitten in die Bürgerkomödien und Fa-

milienstücke, tritt Bonaparte selbst, ein anderer Wallenstein, in die
gährende Epoche[8]).

Bei solcher Bedeutung des reifsten Werkes des Schiller'schen
Genius, wird es wohl nicht müßig sein, diejenigen zwei Gestalten
näher zu betrachten, welche der Dichter neben dem Haupthelden
zu Trägern des Dramas gemacht und dessen einen Theil er sogar
nach ihnen zubenannt hat — die Piccolomini. Während des
Dichters Auffassung von Wallenstein fast durchwegs derjenigen
entspricht, welche die Geschichtschreiber zur Zeit Schiller's dar-
legten, die wiederum Alle aus derselben trüben Quelle schöpften und Wallenstein einfach als Verräther behandeln[9]), geht
Schiller in Bezug auf die Piccolomini seinen eigenen Weg.

Die Quellen ließen ihm das Materiale spröde erscheinen. Er
beklagt das auch seinem Freunde Körner gegenüber: „Die Handlung ist eine Staatsaction und hat alle Unarten an sich, die eine
politische Handlung nur haben kann: ein unsichtbares, abstractes
Object, kleine und viele Mittel, zerstreute Handlungen, einen
furchtsamen Schritt, eine viel zu kalte, trockene Zweckmäßigkeit".
Und doch ermattete er nicht, der Gegenstand reizte ihn. Durch
die Piccolomini konnte er das Werk zu einer Leistung der höheren
tragischen Kunst machen, mit den beiden Piccolomini gestaltete er
sich den Gegenstand in wesentlichen Punkten um. Er ließ ferner
eine große Zahl von Thatsachen, die er als Geschichtschreiber des
dreißigjährigen Krieges sehr wohl kannte, absichtlich bei Seite,
fügte andere hinzu.

Wie er die Gefangennahme des Sesin und das Gespräch
mit Wrangel mit freier Phantasie erfindet, an die Stelle zweier
zeitlich mehr als einen Monat von einander entfernter Pilsener
Reverse einen Revers der Oberste treten läßt, anderseits aus zwei
Versammlungen in Pilsen eine macht, die ganze Handlung, welche
sich in Monaten vollzieht, binnen wenigen Tagen bis zu Ende

führt: so verfährt er auch mit den Personen. Die Gräfin Terzky, die dämonische Schwester des Schiller'schen Wallenstein, ist historisch Wallensteins Schwägerin, wie des Herzogs zweite Frau eine geborene Gräfin Harrach. Sie ist in Wirklichkeit der Politik ganz fremd geblieben, hatte mit Wallensteins Plänen nichts zu thun; dagegen war Kinsky's Frau, die Schwester des Grafen Trzka in Wallensteins Entwürfe eingeweiht. Diese vergiftet sich aber nicht, wie bei Schiller, sondern wir finden sie bald nach der Egerer Katastrophe als die Gemalin des Freiherrn Joh. Wilh. v. Scherffenberg, dem sie noch 6 Kinder gebar. Frei erfunden ist Alles, was sich auf Max und Thekla bezieht. Wallenstein besaß von seiner zweiten Frau eine Tochter, allein sie war im Jahre von ihres Vaters Sturze nicht heiratsfähig, sondern zählte kaum zehn Jahre. Sie hieß, nebenbei gesagt, Marie Elisabeth und heiratete später den Grafen Rudolf Kaunitz. Weder sie, noch ihre Mutter waren mit Wallenstein in Eger, vielmehr war die Familie des Herzogs von Friedland zur Zeit der Ermordung Wallensteins in Bruck.

Nicht anders geht der Dichter mit den Piccolomini um. Wallenstein soll ebenso durch Verrath, an ihm begangen, zu Grunde gehen, wie er selbst den Kaiser verräth. Deßhalb wird Octavio zum alleinigen Träger der gegen den Friedländer gerichteten Aktion gemacht. O. Piccolomini erhält die Rolle, welche die Geschichte dem Gallas zutheilt. Dem Piccolomini überbringt Questenberg die Aechtung Wallensteins, dem Piccolomini wird der Oberbefehl übergeben. Was das Werk aller kaiserlichen Generale und Oberste war, wird hier in die Hand des einzigen Octavio gelegt. „Octavio hat's erreicht", — Wallenstein ist ermordet — er bekömmt den Fürstentitel: — Geschichtlich erhielt Octavio Piccolomini den Fürstenrang 16 Jahre nach dem Tode Wallensteins. — Er tritt in Eger ein, um zu hören, was Schreckliches geschehen — Geschichtlich war Octavio nicht unmittelbar nach der Katastrophe in Eger. — Doch er ist hart geprüft durch den Tod des Sohnes, Max ist gefallen, die Blüthe der Offiziere der Armee, sein Erbe in Besitz und Rang. — Geschichtlich ist Octavio kinderlos, sein Erbe wurde sein Großneffe. — Octavio, der „Alte" wird er in der Dichtung genannt, ist gebrochen. — Geschichtlich ist er bei der Ermordung Wallensteins 35 Jahre alt, ist noch lange nicht am Ende der Laufbahn, am allerwenigsten Vater eines Obersten. Man sieht daraus, was der Dichter aus dem sprödesten und unbedeutendsten Stoffe geschaffen. Versuchen wir den dichterischen Schöpfungen der Piccolomini gegenüber den wirklichen, historischen kaiserlichen Generallieutenant Octavio Piccolomini zu construiren, der seinen Namen in die Blätter der Geschichte eingetragen und mindestens in einzelnen Zügen seinem poetischen Namensbruder gleicht, und untersuchen wir, ob sich zu der poetischen Heldenfigur des Schiller'schen Max wirklich, wie in neuester Zeit behauptet wurde, gleichfalls ein historisches Originalbild finden läßt.

II.

Octavio Piccolomini stammte aus einem uralten Geschlechte, aus welchem die heilige Katharina von Siena und zwei Päpste, Pius II. (Enea Silvio Piccolomini, Katharina's Bruder) und Pius III. († 1503) sehr bekannt sind. Die Piccolomini's schenkten der Welt viele tapfere Kriegsleute und auch gelehrte Männer. Antonio Piccolomini erhielt gar die Tochter des Königs Ferdinand von Neapel zur Frau. Octavio's Vater, Sylvius, war Geheimer Rath und Kämmerer Rudolfs II., machte unter Alexander Farnese von Parma den Feldzug in den Niederlanden mit Auszeichnung mit und erstürmte als General-Feldzeugmeister Bona. Dessen Sohn, der älteste Bruder Octavio's, Aeneas, fiel in Böhmen in Diensten des Kaisers, ein zweiter Sohn des Syl-

vius, Ascanius wurde Erzbischof von Siena; der dritte aber,
Octavio, der Held von Schiller's Piccolomini stieg in kaiserlichen
Diensten zu hohen Ehren, wurde im Laufe der Zeit Generallieutenant, Geh. Rath, Kämmerer, Hauptmann der Hartschiere, Duca
d'Amalfi und deutscher Reichsfürst. Im 17. Jahre seines Lebens
trat Octavio in spanisch-habsburgische Dienste, 2 Jahre später,
1618, zeichnete er sich vor Neuhäusel in Ungarn als Rittmeister
aus, schlug mit seiner Compagnie 900 Ungarn in die Flucht und
commandirte auf dem Rückzuge ein Regiment. In der Folge
führte er Freicompagnien, that sich besonders bei Göttingen hervor, avancirte zur Zeit der Belagerung von Breda zum Obrist-
Wachtmeister und nachfolgend zum Obristlieutenant über das nach
dem Tode des Grafen von Pappenheim ledige Regiment und bald
darauf in Italien zum Obersten. Er führte dann sein bewun-
dertes Cürassierregiment nach Deutschland und folgte nun der
Fahne des Friedländers, der ihn zum Hauptmann seiner Leibgarde
machte und ihm ein Commando in Pommern übertrug. Er
führte später zwei kaiserliche Regimenter in Italien, besiegte den
Herzog von Mantua, rückte in's Mantuanische ein und unterstützte, als Commandant der gesammten deutschen Reiterei, die
Spanier in ihrem Angriffe auf die französischen Truppen. Als
Gustav Adolf von Schweden in Deutschland siegreich vordrang,
folgte Octavio abermals den Fahnen des Friedländers und betheiligte sich in hervorragender Weise an der Schlacht bei Lützen
(1632), wo er mit seinem Regimente eilfmal stürmte, ungeachtet
er drei Pferde unter dem Leibe verlor und aus vier Wunden blu-
tete. Er war mit seinem Regimente der Letzte auf dem Wahl-
platze und deckte den Rückzug der Kaiserlichen. Wallenstein rühmte
seine Haltung in außerordentlicher Weise und ernannte ihn zum
Obrist-Feldwachtmeister zu Roß und zu Fuß. Er organisirte die
Cavallerie und commandirte sie derart rühmlich, daß ihn Wallen-

ftein zum General über die gesammte Cavallerie setzte. Im Jahre
1633 schlug er den schwedischen General Tubabel und nahm ihn
mit der Mehrzahl der Reiterei gefangen. Kaiser Ferdinand III.
rühmt noch nachträglich, wie Piccolomini „anno 1634 als Friedland vom Kaiser abgefallen und die Generale der Armee an sich
gezogen auch Piccolomini auf seine Seite zu bringen sich viel-
fältig bemühet, mehrbesagter Generallieutenant nit allein sich dar-
zue nit verstehen wollen, sondern einer unter den allererſten
und getreueſten gewesen, die sich dieser abscheulichen und in
Hiſtorien kaum erhörten Rebellion mit Rath und That widersetzt
und die hin und her zerstreuten kaiserlichen Regimenter mit eifrig-
ster Bemühung wiederum zum schuldigen Gehorsam gebracht, dero-
wegen ihm Ferdinand II. die Herrschaft Nachod verehrte“.

Nach Wallenstein's Ermordung zeichnete sich Piccolomini bei
der Belagerung von Regensburg, dann noch mehr bei Nördlingen
aus, wo er lange Zeit der schwedischen Uebermacht Stand hielt
und wesentlich zur siegreichen Entscheidung der Schlacht beitrug.
Hierauf zog er nach Franken, eroberte Dinkelsbühl, Rottenburg,
Windsheim, Wertheim, Schweinfurt und Coburg, schlug die hef-
ſiſche Cavallerie unter dem General Dalwig und nahm diesen gefangen. Wir finden ihn gleich darauf in den Niederlanden, wohin er den Spaniern zu Hilfe gekommen war. Dort entsetzte er
Löwen und St. Omer, unterstützte den Cardinalinfanten und erfocht endlich den glänzenden Sieg bei Diedenhoven (Thionville). —
Darob wurde er von König Philipp IV. von Spanien zum Herzog
von Amalfi erhoben. — 1639 aus den Niederlanden abberufen,
zieht er nach Böhmen, an die Seite des Erzherzogs Leopold Wilhelm, steht 1641 dem schwedischen General Banèr bei Regensburg gegenüber und nimmt das Schlang'sche Corps gefangen.
1643 bringt er Freiberg i. S. Entsatz. Mit des Kaisers Geneh-
migung trat er in spanische Dienste und wurde zum Obergeneral

der spanischen Truppen in den Niederlanden bestellt und zum
Ritter des goldenen Vließes erhoben. Wir sehen ihn gegen Ende
des 30jährigen Krieges wieder in Deutschland, wo er im Jahre
1648, nachdem die Kaiserlichen am Lech geschlagen waren, ihr
Führer Feldmarschall Graf Holzapfel gefallen und die Armee der
völligen Auflösung nahe war, das Obercommando übernahm. Er
setzte über den Inn, trieb den Feind über den Lech und die Isar
vor sich her, erstürmte Memmingen, erfocht Vortheile bei München und bewerkstelligte den Rückzug aus Baiern auf das Beste.
Im folgenden Jahre (1649) fungirt er als kaiserlicher General-
Bevollmächtigter bei den Verhandlungen des Nürnberger Congresses.
Im nächsten Jahre 1650 wurde er in den deutschen Reichsfürstenstand erhoben und wenige Monate später vermälte sich Octavio
in seinem 52. Lebensjahre mit der schönen, jungen, noch nicht
sechzehnjährigen Prinzessin Maria Benigna Franziska von Sach-
sen-Lauenburg, Tochter des regierenden Herzogs Julius Heinrich.
Die Vermälung fand im April 1651 in Prag statt. Das fürst-
liche Paar lebte hierauf abwechselnd in Nachod, Prag und Wien.
Die Ehe, welche kinderlos blieb, dauerte nur fünf Jahre. Octavio
starb am 10. August 1656 in Wien und wurde in der Kirche
der P. P. Serviten in der Rossau begraben. Er hatte testamen-
tarisch seinen Großneffen zum Erben im Fideicommisse Nachod
eingesetzt, zu dessen Vormund den Grafen Joh. Sebast. Pötting
bestellt, der jungen Wittwe nur eine Rente hinterlassend. Sie
überlebte den Fürsten noch 50 Jahre und blieb Wittwe. Im
Laufe der Zeit gerieth sie in drückende Schulden und war genöthigt ein kaiserliches Gnadengeld zu erbitten. Zu diesem Zwecke
kam sie nach Wien und starb daselbst im 67. Lebensjahre, im
Hause des Hofkammerraths v. Pertholoti bei Maria am Gestade
Anfangs December 1701 und wurde am 4. December 1701 bei
Nacht im Dome zu St. Stephan beigesetzt[11]). Mit Absicht

haben wir das Lebensbild Octavio's vollendet gegeben, Alles erzählt,
was geschichtliche Nachrichten uns über ihn berichten. Schon aus
dieser Darstellung ergiebt sich klar, in welchen Punkten die geschichtliche Wahrheit die Dichtung corrigirt. Man sieht, die
Mitwirkung an Wallensteins Sturz ist nur ein Akt aus seinem
sonst so bewegten, thatenreichen Soldatenleben; immerhin ein denk-
würdiger. Andererseits bezeichnen Kaiser Ferdinands oben citirte
Worte am Deutlichsten, welch' großen Antheil Octavio Piccolomini
an des Friedländers Sturz gehabt. Für unseren Zweck ist es eben
wichtig, diesen Antheil Octavio's näher zu untersuchen [12]).

Als im Jahre 1633 Wallensteins Kriegführung in Wien
Verdacht erweckte und der Friedländer dem Hilfsbegehren des Kurfürsten von Bayern gegenüber, der sehr bedrängt war, sich nur
ablehnend verhielt, erging ein kaiserlicher Auftrag an Schlick, in
tiefstem Geheim mit Gallas, Piccolomini und anderen Generalen
zu verhandeln und Diese so zu stimmen, daß kaiserliche Majestät,
für den Fall, daß sie mit dem Herzog von Friedland seiner Krankheit halber — Wallenstein war damals sehr podagrisch — oder
sonst eine Veränderung vornehmen wollten, ihrer standhaften
Treue versichert sein dürfte. Schlick erscheint im Lager, um zu
erfahren, daß Wallenstein einen Tag vorher mit dem Feinde einen
Waffenstillstand abgeschlossen hatte, darin er sich verpflichtete,
keine Truppen an die Donau abgehen zu lassen. Später zog der
Cardinal-Infant über die Alpen und der Kaiser richtete an Wallenstein das Verlangen dem heranziehenden kaiserlichen Neffen
Truppen-Verstärkungen zuzusenden. Auch dieses Hilfsbegehren
wies Wallenstein ab. Von jetzt an arbeiteten die Einflüsse
des bairischen und des spanischen Gesandten, der Bischof Anton
von Wien, der Beichtvater Lamormain, der Hofkriegsraths-Präsi-
dent Schlick und Trautmannsdorf am Hofe auf die abermalige
Entfernung Wallensteins vom Obercommando. Diese Höflinge

setzten sich mit Gallas, Piccolomini und Albringen in Verbindung. Gallas und Albringen waren Schwäger, Albringens Bruder Bischof. Als der Kaiser entschlossen war, Wallenstein das Commando zu nehmen, suchte er sich zuvor der Ergebenheit der Generale zu versichern und namentlich Piccolomini's.

Dasselbe versuchte aber auch Wallenstein. Piccolomini's glaubte er sicher zu sein. Er hatte ihn mit Gunst und Ehren überhäuft, kaum daß er Herzog von Mecklenburg geworden war, Piccolomini zum Obersten seiner Leibwache bestellt. Auf ihn setzte er sein Vertrauen. Noch vor der ersten Versammlung zu Pilsen (12. Jan.) erging sich Wallenstein im Gespräche mit Piccolomini über den Undank und die schlechte Gesinnung des Hofes gegen ihn und die Armee und wie er in Sorgen sei, mit Unehre entlassen zu werden[13]) und sich gezwungen sehe, mit den Auserlesensten seines Heeres sich den Unkatholischen anzuschließen. Dabei rechne er auf Piccolomini's Beistand. Wallenstein verheißt endlich dem Piccolomini große Besitzthümer. Dieser setzt wohl dem Herzog die Schwierigkeiten auseinander; allein Wallenstein entgegnet, nur der Anfang sei schwer, wagen müsse man; und er sei so weit das Glück herausfordern zu müssen. Piccolomini's Einwürfe durfte Wallenstein für Bedenklichkeiten eines Freundes halten, den er für gewonnen und durch die Verheißung großer Güter vollends an sein Interesse gefesselt erachtete. Da am meisten auf Gallas ankam, sollte Piccolomini Diesen gewinnen und Friedland sandte deshalb den Octavio an Gallas, der in Schlesien stand. Bei einer Zusammenkunft mit diesem, welcher auch Colloredo beiwohnte, verabredeten sich alle drei Generale treu zum Kaiser zu stehen und Colloredo soll sogar den Ruf ausgestoßen haben: „Diesen Schelm sollte man rasch erwürgen". Von dieser Zeit angefangen, stand Piccolomini mit Gallas und Albringen und durch den Letzteren auch mit der Hofpartei im intimsten Verkehr. An-

derseits correspondirte er eifrig mit Illow. Es kam die erste Pilsener Versammlung, Gallas, Albringen, Colloredo fehlten. Aber
Piccolomini war anwesend, natürlich nur um über Alles unterrichtet zu sein.

Nun erschien das kaiserliche Patent vom 24. Januar, welches
Generale, Offiziere und Soldaten des Gehorsams gegen den Feldherrn entband und sie an den Generallieutenant Gallas wies.
Den zu Pilsen Unterschriebenen sicherte der Kaiser Verzeihung und
hohe Gnaden zu. Vorläufig wurden nur einzelne Exemplare des
kaiserlichen Patentes ausgefertigt und versandt. Einer der Ersten,
dem ein solches zuging, war Piccolomini. Am 26. Januar verlangte der Kaiser von Wallenstein Vorkehrungen sowohl in Böhmen als auch in Oberösterreich gegen feindliche Einfälle und
nöthigenfalls dem Kurfürsten v. Bayern beizustehen. Wallenstein
entschuldigte sich mit strategischen Bedenken und mit der Jahreszeit. Der Kaiser wiederholte sein Begehren in einem Schreiben
vom 1. Februar — bekanntlich correspondirte der Kaiser mit
Wallenstein bis zum 14. Februar —; und Wallenstein antwortete: er habe dem Piccolomini, wegen der „Insolentien" in Oberösterreich Untersuchung aufgetragen. In Wahrheit hatte aber
Wallenstein gleichzeitig Piccolomini gemessenen Befehl ertheilt, ohne
Auftrag keine Hilfe nach Bayern abgehen zu lassen. Er gab
ferner Piccolomini die Weisung zur Besetzung aller Pässe gegen
Salzburg, damit kein Volk aus Italien herüber komme, und er-
mächtigte ihn, jeden Obersten, der ihm verdächtig vorkomme, zu
beseitigen, die Regimenter Anderen zu übergeben, die Orte an der
Donau wohl zu besetzen.[14] Was konnte Piccolomini erwünschter
sein, als solche Vollmachten zu besitzen, mit welchen er Alles nach
seinem Sinne richten, alle Unzuverlässigen beseitigen konnte?
Wallensteins Zutrauen bleibt unerschüttert; noch am 6. Februar
beauftragt er Piccolomini mit der Untersuchung der oberösterreichi-

schen Beschwerden gegen das Kriegsvolk. Trzka versichert Piccolomini — drei Tage später — der Herzog sei mit seinen Anordnungen vollkommen einverstanden und gebe ihm Vollmacht zu
Allem, was er zum Besten des Herzogs anordnen werde. Piccolomini erscheint in Pilsen zu längerem Aufenthalte beim Herzog
und verläßt diese Stadt erst kurz vor der zweiten Pilsener Versammlung unter allerlei Vorwänden. Er sandte sofort Nachrichten
an Albringen von dem, was er in Pilsen gesehen und gehört, und
Dieser schickte sogleich einen Courier nach Wien, „es sei schnelle
und ernstliche Hilfe unerläßlich, wenn nicht des Herzogs verkehrtes
Gemüth losbrechen sollte". Piccolomini aber giebt bereits seine
Meinung dahin ab, „man müsse sich des Herzogs und seiner An-
hänger versichern". Schon früher äußerte er gegen Albringen „die
Armee erwarte Befriedigung nur von der Vollstreckung gegen
Wallenstein".[15]) Albringen und Piccolomini drängen Gallas zum
Handeln; sie stellen ihm vor „die kaiserliche Ordonnanz laute hell
und klar, es gebe nichts zu überlegen, man müsse zugreifen."
Nur widerwillig fügte sich Piccolomini dem abwartenden, zögernden
Gallas. Um die Mitte Februars eröffnete Piccolomini Albringen
seine Ansicht über die Weise, wie man der Plätze und Regimenter sich versichern, dann nach Pilsen ziehen und die Vollstreckung
vornehmen könnte. Nun folgte die Veröffentlichung des kaiserlichen Patentes und rasch wurden alle militärischen Vorkehrungen
getroffen. Colloredo erhielt den Befehl die Armeecorps zusammen
zu führen, Albringen sicherte den Paß von Krems, Marada
sollte sich Budweis versichern, Suys die Plätze in Oberösterreich
festhalten. Dort war, in Linz, auch Piccolomini, aus Pilsen
von Wallenstein zurückgekehrt. Am 17. Februar empfängt er daselbst den Besuch von Gallas. Es mußte jetzt Alles mündlich abgemacht werden. Briefe zu senden war nicht mehr möglich,
Gallas und Albringen hatten sich bereits geraume Zeit nur mehr

durch Boten verständigen können, da Trzka die Verfügung über die Post hatte. Aldringen war nach Wien geeilt, unterhandelte dort, drängte zur That und am 18. Februar erschien das zweite kaiserliche Patent, welches ausdrücklich verbot, Befehle von Illow und Trzka anzunehmen und offen von der „Conspiration gegen den Kaiser" sprach. Piccolomini sollte den zu Pilsen zum zweiten Reverse Versammelten das neue kaiserliche Patent einhändigen. Das konnte er jetzt doch nicht mehr wagen und er versendete es deshalb an die Regimenter. Denn nun war er entlarvt und Trzka klagt (20. Febr.) seinem Vater: Piccolomini ist abtrünnig geworden! Es drängte nun Alles zu rascher That. Piccolomini ist unermüdlich: „Keine Stunde", schrieb er[16]) an Gallas, „ist zu versäumen, um Wallenstein aus Böhmen zu verjagen, diewohl ihm der Feind noch keine Hilfe geschickt, er nur wenige Leute hat. Sieht er unsere Macht gegen sich, so wird er nicht das Gewisse gegen das Ungewisse hingeben wollen. Suys hat von mir die Weisung erhalten, sich Arnim, wenn er gegen Böhmen ziehen wollte, entgegen zu stellen, Colloredo, dessen ich jetzt nicht bedarf, soll ebenfalls den Feind beobachten, beschäftigen; Diodati hat den Baron Suys von dem Stande der Sachen zu unterrichten, damit dieser, nach Sicherstellung der Grenze, das Kriegsvolk dahin gehen lasse. Den la Fosse lasse ich in Verhaft nehmen, den Uhlefeld bis zur Ankunft Ew. Excellenz aufhalten. Ich harre deren mit größtem Vertrauen, damit wir zur Verfolgung der Aufrührer die nöthigen Beschlüsse fassen, bevor sie zum Athem kommen."

Es ist eine Streitfrage, ob der kaiserliche Gesandte Walmerode, der an Gallas und Piccolomini gesandt war und mit ihnen verhandelte, den Befehl überbracht habe, den Generalissimus Wallenstein „tobt oder lebendig einzuliefern". Wir haben die Streitfrage über den Antheil des Kaisers an der Katastrophe von

Eger hier nicht zu entscheiden. Soviel ist gewiß, daß sich die verhängnißvollen Worte in Piccolomini's Briefen finden, woraus gerade die Vertheidiger des Kaisers und die sonst Piccolomini so günstigen Beurtheiler den Anlaß nahmen die Urheberschaft jenes Befehles, der dann von untergeordneten, dienstbeflissenen Offizieren ausgeführt wurde, dem Octavio Piccolomini zuzuschreiben. Piccolomini gebrauchte diese Worte in seinem Schreiben an Albringen und an anderem Orte.

Wallenstein zieht nach Eger, mit ihm sein Verhängniß Buttler. Gleich nach dem Eintreffen in Eger schickte Buttler seinen Feldcaplan Patrick Taaffe an Piccolomini mit der Anfrage, wie er gegen Wallenstein vorgehen solle? Piccolomini antwortete dem fragenden: der Oberst möge sich des Herzogs „todt oder lebendig bemächtigen", übereinstimmend mit seinem schon früher an Albringen gerichteten Rathschlage. Buttler hat bekanntlich diese Antwort nicht abgewartet, übernahm die Schicksalsrolle der rächenden Vorsehung auf eigene Faust. Trotzdem kann man mit dem Dichter rufen: „Du hast's erreicht Octavio!"

Piccolomini dirigirte in der Zwischenzeit den Diodati nach Pilsen, wo Dieser nach dem Abzuge Wallensteins nach Eger, eintraf. Er selbst war in der Nacht der Ermordung Wallensteins in Horazdiowitz und richtete zur selben Stunde, wo die Greuelthat in Eger geschah, von Horazdiowitz einen Brief an den König Ferdinand, worin er zum eiligen Aufbruche zur Armee ermahnt. Erst auf die ihm von Buttler zugegangenen Nachrichten begab sich Piccolomini von Pilsen nach Eger. In Mies, nicht in Eger, wie der Dichter es geschehen läßt, sieht Octavio Piccolomini die Leiche des gemordeten Feldherrn. Dorthin ließ Buttler, nach der Blutthat zu Eger, die Leichen von Wallenstein, Trzka, Illow und Kinsky zu Wagen auf Illow's Schloß bringen. Die Leidenschaft Piccolomini's war noch nicht gesättigt. Er schlug vor, man möge die Leichen sofort nach Prag senden, um sie dort auf dem Schindanger[17]) (in loco abominabile) aussetzen zu lassen. Bekanntlich trat der Kaiser mit seinem Verbote dazwischen. Im Jahre 1636 wurde Wallensteins Leiche in der Walditzer Karthause bei Gitschin beigesetzt, auf Bitten der Wittwe. Nach Aufhebung der Karthause durch Joseph II. 1785 wurde vom Grafen Waldstein die Leiche des großen Ahnherrn in das Erbbegräbniß nach Münchengrätz gebracht. Die That der Offiziere wurde von Piccolomini gepriesen.[18]) Daß nicht blos Kaisertreue Piccolomini geleitet, geht aus dem tiefen Hasse hervor, den er gegen Wallenstein hegte. Er gehörte zu jenen malcontenten Italienern, welche fortwährend gegen Wallenstein erbittert waren und über Zurücksetzung klagten, wie ja auch die spanischen Generale und Oberste. Dabei ist nicht zu übersehen, daß sein Eifer auch bezahlt sein wollte. Er glaubte später für seine Dienste sich nicht genug entlohnt und klagt dem Könige von Ungarn: „Er habe große Güter, die Wallenstein ihm versprochen, im Stiche gelassen, weil er eingesehen, daß alle Bestrebungen desselben auf Zernichtung des großmächtigen Hauses S. M. gerichtet gewesen seien."[19])

III.

Hat der Dichter, wie wir gesehen haben, der Geschichte die meisten Züge zu seinem Octavio entlehnen können, der auch historisch Wallensteins Vertrauter und dennoch der Thätigste im Interesse des Kaisers gewesen, der auch nach den Berichten der Geschichte Wallenstein mit Horchern umstellt, durch List und Verstellung tiefen Einblick in Wallensteins Plane erhält, dem Wallenstein blind vertraut, trotzdem Trzka, wie beim Dichter, wo er vor dem „Fuchs Octavio" warnt, Wallenstein gemahnt vor dem „wälschen Verräther" auf der Huth zu sein: so ist Max des Dichters eigenstes Product. Max, von romantischem Zauberlichte umflossen, eine Schöpfung von hoher dichterischer Schönheit, der Lieblingsheld der deutschen Jugend, ein idealer Charakter, ist ganz und gar vom Dichter erfunden, ganz Schillers Eigenthum. Schon im „Lager" wird unser Antheil für ihn geweckt, wo der erste Dragoner ihn preist, als einen Helden, der niemals den Frieden gesehen, der Alles beim Friedländer gilt und den sich deshalb die Soldaten zum Sprecher auserwählen. In den „Piccolomini" preist ihn Isolani und schildert seinen Heroismus in der Schlacht an der Dessauer Brücke. Ihm vertraut der Herzog Frau und Tochter an, sie aus Kärnten nach Pilsen zu bringen. Dem Questenberg gegenüber tritt Max als der berufene Anwalt Wallensteins auf und schildert uns enthusiastisch die Herrscherseele des Feldherrn, den er verehrt, der ihn wie seinen Sohn liebt. Und ebenso dem Vater gegenüber, dem er zu beweisen sucht, daß Friedland, ohne Verrath zu sinnen, nur deshalb mit den Sachsen unterhandelt, um den Frieden wirksam vorzubereiten. In „Wallensteins Tod" steht Max im Vordergrunde. Ergreifend sind die Scenen zwischen Max und dem Vater, zwischen Max und Wallenstein, ergreifend ist wie er seine Liebe zu Thekla vor Wallenstein erklärt; und unser Mitleid wird im tiefsten Innern erregt, wenn wir sehen, wie der Väter Doppelschuld die Lebenden wie ein gräßlich Schlangenpaar umwindet. Wallenstein will Max nicht ziehen lassen, der Gewaltige wird zum Bittenden. Doch Max ist durch seinen Fahneneid gebunden, er geht treu seiner Pflicht; allein indem er hinwegzieht und die Regimenter dem Kaiser zuführt, rettet er noch Wallenstein vor den Wüthenden, die sein Haus bedrängen. Er sucht, um nicht wider den Verehrten streiten zu müssen, den Tod im Kampfe mit den Schweden und stirbt wie ein Held. Das ganze Feindesheer folgt seiner Bahre. Der schwedische Hauptmann erzählt uns dies sein Ende derart, daß wir auch seinen Tod mit unserem Beifall begleiten müssen.

Die Sympathien des Lesers und Zuhörers gehören seinem Leben und seinem Ende.

Fragen wir nun, ob auch hier dem Dichter ein historisches Original vorgeschwebt hat? Bis in die jüngste Zeit ist dies verneint worden. Erst kürzlich glaubte Herr Baron von Weyhe-Eimke, der oft Gelegenheit hatte, im Ahnensaale der Piccolomini zu Nachod das Bild eines jungen Piccolomini mit großen schwärmerischen Augen zu betrachten, ein dem Schiller'schen verwandtes geschichtliches Original gefunden zu haben[20]) Seiner Forschung nach wäre Max identisch mit einem Josef Silvio Piccolomini, der in späteren Urkunden häufig „Max" zubenannt wird. Folgen wir dieser Spur. Dieser Josef Silvio verlor früh seinen Vater, der als kaiserlicher Obrist in einem Treffen des dreißigjährigen Krieges fiel, worauf ihn sein Oheim Octavio adoptirte und zu seinem Erben bestimmte. Josef Silvio, angeblich Max zubenannt, fiel in der Schlacht bei Jankau 1645, wo er unter Feldmarschall Götz kämpfte. Eine feindliche Kugel traf sein Roß, er stürzte und ward von den Schweden gefangen, die ihn auf einen Wagen luden und zur Bagage sandten. Allein bei einer erneuerten Attaque der Kaiserlichen auf den rechten schwedischen Flügel, fiel er bei der Plünderung der schwedischen Bagage wieder in die Hände der Freunde und trat neuerlich in die Reihe der Kämpfer. Jetzt schwer verwundet, zum zweiten Male gefangen, wurde er von den Schweden niedergemacht; Oberstlieutenant Fritema holte seine Leiche aus Feindes Lager und sie wurde in der Stadtkirche zu Nachod beigesetzt. Man sieht, selbst wenn diese Erzählung richtig ist, hat dieser Josef Silvio nichts mit dem Schiller'schen Max gemein. Er ist nicht der Sohn Octavio's und damit schwinden alle Conflicte, auf welche der Dichter Alles aufgebaut hat; er ist nicht der Freund Wallensteins, nicht der Geliebte von Wallensteins Tochter, er stirbt

nicht vor der Katastrophe in Eger; er stirbt nicht jenen heroischen Tod des Max; er wird nicht so begraben. Vielmehr ist
dieser Josef Silvio, angeblich Max, ein braver Offizier, der 11
Jahre nach Wallenstein sein Leben in der Schlacht beschließt.

So wenig der so construirte historische Max (eigentlich Josef
Silvio) mit dem Schiller'schen Helden zu thun hat, so ist auch
diese Composition unbarmherzig zerstört worden durch einen italienischen Gelehrten Ernesto Piccolomini, einen gründlichen
Forscher, der viele Documente edirt und die Schrift des Baron Weyhe-Eimke zum Gegenstand einer Gegenschrift gemacht
hat.²¹) In dieser wird der Beweis geführt, daß der Forscher in
Nachod zwei oder gar drei Neffen des Octavio zu einem
Neffen verschmolzen, daß ferner der Name Max sich gar nicht in
den Taufbüchern, noch in irgend welchen Documenten findet.
Ein Silvio und ein Josef Piccolomini sind als Oberste bekannt; sie sind also nicht eine Person. Silvio fiel nicht bei
Jankau, sondern bei Nördlingen, also nicht 1645, sondern 1634,
nicht bei einer Niederlage, sondern bei einem Siege der Kaiser-
lichen. Der stünde also der Wallenstein'schen Epoche ganz nahe.
Von ihm sprechen viele Quellen. Ein anderer Neffe Octavio's,
Evander starb als Hauptmann, nachdem er vier Jahre bei Oc-
tavio gedient, 1638 vor St. Omer. Ein dritter Neffe, gleichfalls
Silvio, Schwestersohn Octavio's starb 1642, achtzehnjährig an
den Folgen der bei Leipzig erhaltenen Wunden. Endlich Josef
Piccolomini: Der war aus einer anderen Linie, nämlich der Di
Valle. Der fiel allerdings bei Jankau 1645, war aber nicht
Neffe Octavio's, keinesfalls hatte er den Zunamen Max. Sollten
die Nachoder Akten von einem Max sprechen, dann müßten wir
erst nicht, welchem der drei Neffen diesen Namen zu geben. Der
Irrthum Weyhe's erscheint übrigens entschuldbar durch die Aehn-
lichkeit der Schicksale der Neffen Octavio's, die alle drei im Ge-

fechte fielen, zwei davon gar mit demselben militärischen Range. Ob nun Schiller die drei Neffen bekannt waren? Oder ob er, wenn sie ihm bekannt waren, die Drei zu einem Sohne Octavio's verschmolzen hat, das sind müßige Fragen. Nichts spricht dafür, daß der Dichter von diesen braven, aber gleichgiltigen Offizieren etwas gewußt. Schiller waltet vollkommen frei mit dem Stoffe und aus seinen Briefen geht hervor, daß die.Gestalt „Max" ganz und gar die Erfindung seiner schöpferischen Phantasie ist.

Sie ist erfunden, weil der Dichter das Bedürfniß fühlte, seinen Helden Wallenstein auch von der Seite des Gemüthes zu zeigen. Wir werden für Wallenstein eingenommen, indem wir sehen, wie er Max liebt, wie Max ihn verehrt, für seine Größe schwärmt. In Max schuf er eine Persönlichkeit, die inmitten der Selbstsüchtigen selbstlos, inmitten der ihren Vortheil Berechnenden, nur die Sprache des Herzens spricht, der sich rein erhält inmitten der Schuldigen; und die Schuld des Haupthelden und die Schuld Octavio's konnte nicht drastischer dargethan werden, als daß durch sie die Schuldlosen Max und Thekla mitgerissen werden, was das eigentlich Tragische repräsentirt. In Max kehrt ferner Schiller gleichsam zu der Auffassung seiner Jugendstücke zurück, indem er, wie im Posa und Carlos, die fehlende historische Wahrheit durch schöne Idealität zu ersetzen sucht[22]). Einzelne Züge hat Schiller von dem einzigen Max, der in der Geschichte zu finden ist, von Wallensteins Vetter und Schwager, Graf Max Waldstein auf die Figur des Max Piccolomini übertragen. Dem überließ Wallenstein das Geleite seiner Frau und Tochter; Der hatte jene einflußreiche Stellung am Hofe von welcher in der Dichtung die Rede ist; Der bemühte sich wirklich Wallenstein mit dem Hofe auszusöhnen[23]). Er führte das Musterregiment, welches das stärkste und schönste der Armee war[24]). Im Uebrigen hat Schillers dramatische Figur des Max Piccolomini keinen Anspruch auf hi=

ſtoriſche Wahrheit. Die Geſchichte weiß nichts von jenen idealen
Zügen, die Schiller dieſer Geſtalt verliehen; und kein Verſuch einen
hiſtoriſchen Max Piccolomini zu finden, der neben dem poetiſchen Schillers auch nur einen beſcheidenen Platz einnehmen könnte,
iſt geglückt. Und wenn es auch dem prüfenden Auge der Forſchung gelingen könnte, eine edle hiſtoriſche Figur ähnlicher Art
zu conſtruiren; wir werden Max Piccolomini niemals anders als
in der Verklärung denken können, in welche Schiller ihn für alle
Zeit geſetzt hat.

Man denke nun zurück an die Geſtalten, die hier vorgeführt
wurden, man betrachte dieſen ſpröden Marmor, aus welchem der
Dichter ſeine edlen Bilder geſtaltet hat; ſo wird man finden, wie
wahr es iſt, daß er an dem Stoffe die Freiheit übt, mit welcher
ſich der Künſtler, wie er ſelbſt ſagt, mit ſchöner Leichtigkeit und
Grazie bewegt, mit jener Freiheit, die dem Hiſtoriker fehlt [2 5]).
Mit Vorliebe bedient er ſich hiſtoriſcher Stoffe; mit poetiſchem
Sinne tritt er an die Geſchichte heran, ſo im Fiesco, in Kabale
und Liebe, Carlos, Maria Stuart, Jungfrau von Orleans, Tell,
ſo auch im Wallenſtein. Dieſes Werk iſt das reiffte ſeiner Muſe,
ein wahres Kleinod der Kunſt. Wie Goethe erklärte, dies Drama
ſei ſo groß, daß in ſeiner Art zum zweiten Male nicht etwas Aehnliches entſtanden ſei, ſo ſagt Wilhelm von Humboldt: „Wer dieſes
Gedicht richtig zu würdigen verſteht, wird erkennen, daß es eine
wahre poetiſche Rieſenarbeit iſt. Selten hat ein Dichter größere Forderungen an ſich und ſeinen Stoff gemacht, wenn man Shakeſpeare
ausnimmt; nicht leicht ein zweiter eine ſolche Welt von Gegen-
ſtänden, Bewegung und Gefühlen in Einer Tragoedie umfaßt.“
Um dieſe „poetiſche Rieſenarbeit“ zu würdigen, um die ungeheuren
ren „Forderungen“ des Dichters an ſeinen Stoff beurtheilen zu
können — dazu dient ein Nachforſchen nach den hiſtoriſchen Spuren
der „Piccolomini“. Man kömmt von ſolcher Nachforſchung

mit um so größerer Bewunderung für den dichterischen Genius
zurück, der mit Rücksicht auf die Souverainetät, mit welcher er
den historischen Stoff behandelte, ein wahres und berechtigtes Wort
niederschrieb: „Die Geschichte ist nur ein Magazin für
meine Phantasie, und die Gegenstände müssen sich gefallen
lassen, was sie unter meinen Händen werden."²⁶).

Anmerkungen.

---

¹) Malerisch-historische Skizzen aus Böhmen von Ferd. B. Mikovec. Wien und Olmütz. Eduard Hölzels Verlag.

²) Das Fürstenhaus Piccolomini blühte eine geraume Zeit nach des kinderlosen Octavio's Tode in den kaiserlichen Landen und auf Schloß Nachod fort. Zunächst folgte der Großneffe Octavio's Enea Silvio im Fideicommisse Nachod als Besitzer. Der junge Fürst starb 1673 nach einer Version an den Folgen eines Duells, das er in Ungarn bestanden; nach einem anderen Berichte fiel er, unter Montecuculi kämpfend (als Oberst) am Rhein. Ihm folgte sein Bruder Lorenzo († zu Ratiborschitz am 22. Sept. 1712); diesem sein ältester Sohn Johann Wenzel, der im Wahnsinn starb, 1742. Ihm succedirte der jüngere Bruder Octavio II., bekannt als General in den Türkenkriegen und in den Feldzügen gegen Preußen, wie als Commandirender in Mähren und Schlesien. Er starb im 7jährigen Kriege am 25 Januar 1757 in Königgrätz. Mit ihm erlosch der Mannsstamm der böhmischen Linie des Hauses Piccolomini. Es folgte eine italienische Seitenlinie, welche bereits 1783 erlosch. Nach einem langwierigen Prozesse kam Nachod — die anderen Güter kamen an die weiblichen Verwandten — an den Grafen Jos. Ad. Desfours, den Sohn einer Piccolomini, 1792 an Peter Herzog v. Curland, 1800 an die Herzogin von Sagan, seine Tochter; nach ihrem Tode (1839) an ihre Schwester Pauline von Hohenzollern-Hechingen, welche (1840) Nachod an den Reichsgrafen Karl Octavio von Lippe-Biesterfeld verkaufte, von welchem es durch Kauf 1842 an den regierenden Fürsten Georg Wilhelm von Lippe-Schaumburg überging, welcher ein Fideicommiß für seinen zweiten Sohn, Wilhelm Karl August gründete. Dieser, Major in

der österreichischen Armee und erbliches Mitglied des Herrenhauses, ist der jetzige Besitzer (seit 1860) von Nachod. (Vergl. A. Frhr. v. Weyhe-Eimke „Die Familie Trzka v. Lipa auf Schloß Nachod. Geschichtl. Quellenstudie.' Königgrätz 1872.)

³) Vgl. Schiller, dreißigjähriger Krieg, am Ende des 4. Buches. Der dreißigjährige Krieg erschien in Goethe's Damenkalender; und zwar der 1. Theil 1791; der Rest im Jahre 1793.

⁴) Vgl. Briefwechsel mit Goethe 2, 34 ff.

⁵) In Berlin wurden die Piccolomini am 18. Februar gegeben. Vier Stunden dauerte die erste Vorstellung. Iffland war ein trefflicher Octavio, Mattausch spielte den Max mit zu wenig Ruhe; Fleck meisterhaft den Wallenstein, Mad. Fleck die Thekla. Noch besser waren die Leistungen in Wallensteins Tod, als dieses Drama am 17. Mai 1799 in Berlin aufgeführt wurde. Iffland zahlte für die Stücke — das „Lager" führte er erst 1803 auf — 60 Friedrichsd'or. Als das Werk bei Cotta 1800 erschien, wurden in kürzester Zeit 3500 Exemplare abgesetzt. Nach 3 Monaten wurde eine 2. Auflage veranstaltet, 1801, trotz mehrerer Nachdrucke eine dritte, 1803, 1804, 1805 je eine folgende Auflage. Eben so erschienen Uebersetzungen in französischer und englischer Sprache.

⁶) Mit „Wallensteins Lager" und dem von Schiller gedichteten Prologe, den der Schauspieler Vohs, im Costume des Max, vortrug, wurde am 12. October 1798 die Weimar'sche Schaubühne wieder eröffnet.

⁷) Aus dem Prolog:

„Die neue Aera, die der Kunst Thaliens
Auf dieser Bühne heut' beginnt, macht auch
Den Dichter kühn, die alte Bahn verlassend
Euch aus des Bürgerlebens engem Kreis
Auf einen höhern Schauplatz zu versetzen,
Nicht unwerth des erhabenen Moments
Der Zeit, in dem wir strebend uns bewegen.

Und jetzt an des Jahrhunderts ernstem Ende,
Wo selbst die Wirklichkeit zur Dichtung wird,
Wo wir den Kampf gewaltiger Naturen
Um ein bedeutend Ziel vor Augen seh'n
Und um der Menschheit große Gegenstände
Um Herrschaft und um Freiheit wird gerungen,
Jetzt darf die Kunst auf ihrer Schattenbühne
Auch höheren Flug versuchen, ja sie muß
Soll nicht des Lebens Bühne sie beschämen.

Zerfallen sehen wir in diesen Tagen
Die alte feste Form, die einst vor hundert
Und 50 Jahren ein willkommner Friede
Europens Reichen gab, die theure Frucht
Von dreißig jammervollen Kriegesjahren.

Noch einmal laßt des Dichters Phantasie
Die düstre Zeit an Euch vorüberführen
Und blicket froher in die Gegenwart
Und in der Zukunft hoffnungsreiche Ferne."

*) Napoleons Lager gab gewissermassen das Schema zu Wallensteins Lager, um ihn gruppirten sich die Generale, wie einst um den Friedländer. Rahel sah sich 1809 zu dem Ausrufe veranlaßt: „Wie paßt jedes Wort der Schiller'schen Tragödie, wie verstehe ich jetzt Welthändel und Dichter erst!" Der Vergleich zwischen Wallenstein und Napoleon, der schon den Dichter beschäftigte, drängt sich auch dem neueren Geschichtschreiber auf. (Vgl. Ranke: Gesch. Wallensteins. Leipzig 1869. S. 455 u. ff.)

*) Das Buch, welches Schiller bei seinem Wallenstein wohl am meisten benutzt haben wird, ist Herchenhahn: „Geschichte Albrecht v. Wallenstein's des Friedländers." 3 Theile 1790—91 in Altenburg gedruckt und im Vertrieb der Akademischen Buchhandlung in Jena (!). Das Werk erschien in derselben Zeit, als Schiller an der Geschichte des dreißigjährigen Krieges arbeitete. (Vgl. Robert Boxberger: „Zur Quellenforschung über Schiller's Wallenstein" im Archiv für Literaturgeschichte, herausgegeben von Richard Gosche B. II., 1. u. 2. Heft. S. 161). Eine Hauptquelle für Schiller sind Khevenhiller's Annales Ferdinandei. Der Dichter nennt das Werk „eine der wichtigsten Quellen zu Wallensteins Geschichte" (Schiller an Murr, Brief vom 6. Nov. 1791 im Dresdener Schiller-Album S. 25). Daraus allein ginge schon hervor, wie so Schiller Wallenstein einfach als „Verräther" darstellt, was die neuere Forschung unserer Zeit entsprechend berichtigt. Allerdings benützte Schiller auch das bekannte Werk von Chemnitz („Königl. Schwedischen in Teutschland geführten Krieg 2c. Stockholm 1653) und hatte es am 2. Juli 1797, also speciell zu Zwecken des Wallenstein aus der Weimarischen Bibliothek entlehnt, ebenso wie Merians Topographie von Böhmen und Pelzel's böhmische Geschichte, die er auch 1797 las. Endlich hat er Murr's „Beiträge" (Vgl. Boxberger a. a. O.) benützt, die in Nürnberg 1790, also recht zur Zeit der Abfassung der Geschichte des dreißigjährigen Krieges erschienen, was um so mehr anzunehmen ist, als Schiller mit Murr im Briefwechsel stand und dieser 1794 an Schiller wiederholt Bücher sandte, darunter Eines mit der Widmung „celeberrimo vati Schillero." Wenn Janssen („Schiller als Historiker" Freiburg 1863. S. 82.) behauptet, Schiller las vornehmlich

ein Buch, so ist das nicht richtig in Bezug auf die Geschichte des dreißigjährigen Krieges; hingegen hat es eine Berechtigung in Bezug auf Wallenstein, wo Schiller dem Herchenhahn'schen Werke streng folgt (Vgl. die Pa-
rallelstellen bei Borberger a. a. O.). Hierher gehört auch die Bemerkung,
daß Schiller in Carlsbad das österreichische Militär genau beobachtete, in
Eger das Rathhaus, das Bild Wallensteins, das Haus, in welchem er,
Wallenstein, ermordet wurde, besichtigte.

¹⁰) Die ganze Lebensgeschichte Octavio's ist in einer vom 8. October 1650 datirten Urkunde Kaiser Ferdinands III., mit welcher
Octavio Piccolomini in den deutschen Reichsfürstenstand erhoben wird, enthalten. (Vgl. Urkunde aus dem Schloß-Archiv zu Nachod bei Arnold Frhr.
v. Weyhe-Eimke: „Octavio Piccolomini ꝛc." Pilsen, Verlag von Steinhauser und Korb 1871).

¹¹) Ueber die Schicksale des Hauses Piccolomini, die Fortpflanzung desselben. Vgl. oben Anmerk. 2.

¹²) Die reiche Wallenstein-Literatur giebt darüber genügende Aufklärung.
Vgl. Förster: „Wallensteins Briefe" (1829); Förster, „Biographie Wallensteins" und Förster, „Wallensteins Prozeß" (1844) und Hurter, „Wallensteins
vier letzte Lebensjahre" (1862); daneben Ranke, Barthold, Menzel (K. A.).
Von älteren Arbeiten Khevenhiller's Annalen B. XII. u. ff., Herchenhahn
3. Bd. u. A.

¹³) Vgl. Khevenhiller XII., 1130. Dies giebt Schiller auch Richtung
und Auffassung, da er ja Khevenhiller folgt.

¹⁴) Vgl. Khevenhiller XII., 1143.

¹⁵) Schreiben an Aldringen vom 29. Jan. (Vergl. Hurter S. 282
u. ff. Wenn trotz allem von ihm selbst beigebrachten Materiale Hurter
sagt: „Piccolomini war nicht Gegner Wallensteins" — so klingt das — naiv).

¹⁶) Schreiben v. 20. Febr. 1634 bei Hurter S. 417.

¹⁷) Schreiben an Gallas v. 28. Febr. bei Hurter S. 443. Anmerk. 77.

¹⁸) Schreiben an Gallas v. 28. Febr. bei Hurter S. 448. Anmerk. 21.

¹⁹) Schreiben Piccolomini's vom 17. Mai 1634 an den König von Ungarn bei Hurter S. 384, Anmerk. 153.

²⁰) Vgl.: Die historische Persönlichkeit des Max Piccolomini im Schiller'-
schen Wallenstein. Eine geschichtliche Quellenstudie ꝛc. von Arnold Freih.
von Weyhe-Eimke. Pilsen. Verlag von Steinhauser u. Korb 1870.

[31]) E. Piccolomini. Sopra le ricerche ei giudizi del Barone Arnoldo di Weyhe-Eimke intorno alla personalità storica del Max Piccolomini nel Wallenstein di Schiller. Firenze. Coi Typi di. Cellini. 1871. Vgl. auch Archivio storico italiano. Serie terza T. 14.

[32]) Schiller an Wilh. von Humboldt (Vgl. Briefw. S. 430).

[33]) Vgl. Khevenhiller XI., 1949.

[34]) Vgl. Harter a. a. O. S. 49.

[35]) Schiller an Karoline von Beulwitz (Schiller u. Lotte S. 160 u. ff.) und Schillers Leben von Karoline v. Wolzogen S. 159 u. ff.

[36]) Schiller an Karoline v. Beulwitz am 10. Dec. 1788. a. a. O.

Druck von Gebr. Unger (Th. Grimm) in Berlin, Schönebergerstr. 17a.

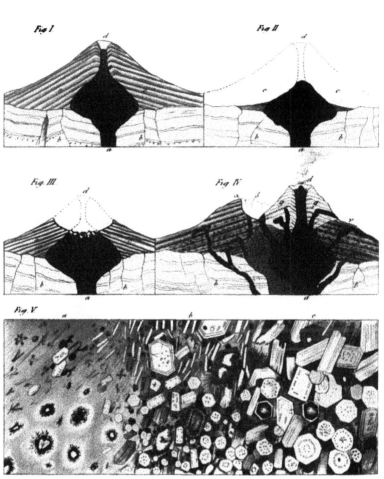

Fig I.   Fig II.

Fig. III.   Fig. IV.

Fig. V.

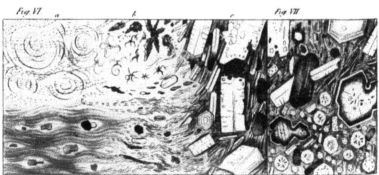

Fig. VI.   Fig VII.

Erdbeben und Vulkane.

~~~~~~

Oeffentlicher Vortrag, gehalten in dem, vom Lehrercollegium der
Kgl. höheren Gewerbeschule zu Kassel im Winter 1873/74
veranstalteten Vorlesungscyclus

von

Heinrich Möhl.

Hierzu eine Kupfer-Tafel.

Berlin, 1874.
C. G. Lüderitz'sche Verlagsbuchhandlung.
Carl Habel.

Wir sind gewöhnt, außer den concentrirten Sonnenstrahlen, dem electrischen Strome und manchem Anderen, die Holzsubstanz und deren Produkte nämlich: Kohle, flüchtige Oele, Gase ꝛc. als die wichtigsten Substanzen zur Erzeugung großer und intensiver Wärme zu betrachten.

Wir bemessen den Wärmeeffect nach der Menge in Dampf verwandelten Wassers und wissen die Expansion des Dampfes sowohl zu fürchten, als mehr noch zu schätzen und zwar als eine der eminentesten Kräfte, deren wir uns zu mannichfachen Arbeitsleistungen mit Vortheil bedienen.

Aber es giebt noch eine andere Kraft, die Wärme erzeugt, die gleichsam selbst das Wasser in Feuer verwandelt und es befähigt Alles in feurigen Fluß zu bringen, was wir nur kennen, eine Kraft die mit der, durch sie hervorgerufenen Gegenkraft, der Dampfexpansion, von Ewigkeit her gewirkt hat, bis in Ewigkeit hin wirken wird und Wirkungen hervorrufen kann, so schrecklicher, schauerlicher und doch wieder so großartiger und erhabener Art, daß sie jeder Beschreibung spotten, diese Kraft heißt — Druck —.

Werfen wir nur einen flüchtigen Blick in die Geschichte der Erde. Milliarden von Jahren hatte die Erde bereits ihren Kreislauf um die Sonne vollzogen, bevor sie befähigt wurde

Pflanzen zu tragen, sie war vorher — wüste und leer! — Jahrtausende brauchte die Pflanzenwelt zur Entwickelung und mehr
noch zum zeitweiligen Untergang, bezw. zur Aufspeicherung in
Kohlenlagern; unermeßliche Zeiträume vergingen, ehe der Mensch
auf Erden erschien, Jahrtausende brauchte er zu seiner Heranbildung um die Kohlenschätze würdigen zu lernen, erst vor einer
Spanne Zeit entdeckte er die in der Dampfexpansion schlummernde Kraft; während jeder Berg und Thal, das Verhältniß
von Land und Meer uns die Wirkungen des Drucks aus früherer
Zeit zeigen, Hebung und Senkung des Bodens, Erdbeben und
Vulkane uns noch tagtäglich die Wechselwirkung von Druck und
Expansion vor Augen führen. Wie wir es in der Gewalt haben mit einem durch Dampf bewegten Werkzeug — dem Dampfhammer — in Gemüthlichkeit Nüsse zu knacken, andererseits aber
Schläge auszuüben, daß weithin die Erde erdröhnt, so können
Erdbeben und Vulkane auch oft nur kaum beachtenswerthe Erscheinungen bieten oder aber Ereignisse, denen Nichts auf Erden
verglichen werden kann, Ereignisse, denen die Erdoberfläche selbst
großentheils ihr Gepräge verdankt, Ereignisse, welche die Configuration der Erdoberfläche stellenweise wesentlich verändern,
Ereignisse, welche den Meeresboden über den Meeresspiegel befördern, umgekehrt Festland unter denselben versenken können,
Ereignisse, deren ursprünglicher Sitz im Schoße der Erde sich
befindet und von da aus zur Oberfläche wirkt[1]).

Diesen Ereignissen gegenüber ist die Erdkruste nichts weniger als die vermeintliche starre, unbewegliche Erdveste. Wenn
sie nur durch von unten herauf erlittene Stöße zittert, schwankt
oder wie eine elastische Decke in fortlaufenden Wellen sich hebt
und senkt, haben wir die Erscheinung — der Erdbeben, —
wenn sie berstet und aus dem in die Tiefe hinabreichenden Kanale Stoffe der verschiedensten Art ausgeschleudert werden, — die

vulkanischen Erscheinungen, — wenn sie Widerstand genug leistet, daß keines der beiden Ereignisse eintreten kann, aber doch nicht Widerstand genug gegen continuirlich wirkende Ursachen, die allmähligen Hebungen und Senkungen.

I. Erdbeben.

Was zunächst die Erdbeben betrifft, so ist, abgesehen von einem leichten Erzittern, die Bodenbewegung entweder — suc-cussorisch —, wobei der Boden plötzlich in die Höhe springt und Theile desselben, Häuser, Menschen ꝛc. hoch empor geschnellt werden; oder von dem direkt getroffenen Punkte pflanzt sich die Bewegung in Wellen fort — undulatorisch —, so daß Mauern in der Richtung der Wellen bersten, in der Querrichtung stehende umgeworfen werden; oder zwei solcher, von verschiedenen Stoß-punkten ausgehende, Wellenbewegungen kreuzen sich — rota-torisch —, so daß Hausgeräthe eines Hauses unter den Trüm-mern des Nachbarhauses begraben gefunden, Säulen- und Obeliskenstücke gegen einander verdreht wurden. Nach dem furchtbaren Erdbeben von Calabrien im Februar und März 1783, war die Stadt Oppido so durcheinander geschüttelt, daß man den Stadtplan nicht mehr erkannte.

Die Geschwindigkeit mit der sich eine Bodenerschütterung fortpflanzt, hängt von der Zusammensetzung des Bodens ab (in festem Fels schneller aber weniger gefährlich als in losem Boden) und beträgt im Mittel 3 bis 5 Meilen per Minute. Die Fort-pflanzung findet entweder in einer (oder in parallelen) Linien statt — lineare Erschütterungen —, dem Laufe großer Gebirgs-ketten folgend, so das Erdbeben, welches am $\frac{7}{4}$ 1822 die Küste von Chili auf mehr als 1000 Meilen Länge traf; oder concen-trisch um den Stoßpunkt — centrale Erschütterungen —. Un-ter Letzteren wurde das Erdbeben von Neuseeland am $\frac{4}{1}$ 1855 über einen Flächenraum von 360,000 □.-M., das von Lissabon am $\frac{1}{11}$ 1755 sogar über einen Raum von 700,000 □.-M. d. h. $\frac{1}{12}$ der Erdoberfläche gespürt.

Wie das Land, so wird oft auch das Meer von der Erderschütterung betroffen und zwar beginnt die Bewegung gewöhnlich mit einem Rückzuge des Meeres, dem bald ein Vorschreiten mit hochgebäumter Welle folgt, welche am $\frac{1}{11}$ 1755 bei Lissabon 20, am $\frac{1}{10}$ 1737 an der Küste von Lupatka gar 60 m. hoch über das Land stürzte und die schrecklichsten Verheerungen anrichtete. Auch Landseen, wie z. B. am Salzunger, Wenern ꝛc. See beobachtet, steigen und fallen plötzlich, Flüsse und Quellen stocken oder fließen reichlicher. Bei s. g. Seebeben fühlt bei ruhig bleibendem Meeresspiegel z. B. ein Schiff einen Stoß von unten, daß die Masten krachen und erst die Küste erhält den Wellenschlag nach entsprechender Zeit.

Mitunter geht dem eigentlichen Erdbeben ein unterirdisches Getöse oder Erzittern voraus, doch kann dies nicht immer als Vorbote gelten; wir sehen im Gegentheile, daß die verheerendsten Erdbeben plötzlich auftraten und nur von kurzer Dauer waren. Das Erdbeben von Lissabon bestand aus drei innerhalb 5 Minuten erfolgenden Stößen, die Stadt war ein Trümmerhaufen, ein Theil derselben versank in das Meer; am $\frac{2}{6}$ 1812 wurde durch den ersten Stoß in 5 Secunden Caracas vernichte. Als Nachwirkung kommt dagegen oft noch monatelanges Erzittern vor, ja jahrelang kam schon eine Gegend nicht wieder in Ruhe (Cumana 1766 auf 14 Monate, Calabrien 1783—88 sogar auf 5 Jahre).

Die Erdbeben sind eine so allgemeine Erscheinung, daß man deren im Mittel 2 auf jeden Tag rechnen kann, dabei ist die Vertheilung eine sehr ungleiche. Auf der nördlichen Erdhälfte liegt die größte Verbreitung in einem Erdgürtel zwischen 36 und

48° N. Br., auf der südlichen ist besonders Südamerika durch die erstaunliche Menge und Heftigkeit der Erdbeben erschrecken-erregend berühmt. Die Stadt Lima allein ward seit ihrer Gründung 1586, 1687, 1697, 1699, 1716, 1725, 1732, 1734, 1745, 1746 bis zur gänzlichen Zerstörung heimgesucht.

Es giebt eine Menge von Naturerscheinungen, welche mit Erdbeben in direktem Zusammenhange stehen, andere, welche gleichzeitig beobachtet, aber noch genauerer Erforschung über den muthmaßlichen Zusammenhang bedürfen. Zu den ersteren gehören die unterirdischen Getöse, die bald enormen Explosionen, bald rollendem Donner, bald rasselnden Ketten u. dgl. verglichen werden, das Ausströmen von Gasen aus Erdspalten unter Verbreitung von Schwefelgeruch, das plötzliche Hervorbrechen von Quellen oft von hoher Temperatur oder gar mit Dampfentwicklung, das Ausschleudern von Gesteinstrümmern; zu den Letzteren das Aufblitzen von Feuererscheinungen, die Erscheinung von Nordlichtern, Verbreitung starker Nebel, plötzlich hereinbrechende Gewitter mit heftigen Regengüssen oder trockne Dürre und dergl.

Ob die Häufigkeit der Erdbeben mit Jahres= und Tages-zeiten, mit der Menge der Sonnenflecken, der gegenseitigen Stellung der Erde gegen Sonne und Mond in Zusammenhang steht, bedarf noch weiterer Ermittelungen.

Abgesehen davon, daß Erdbeben zu den zerstörendsten Ereig-nissen gehören, denen der Mensch rath= und hülflos gegenüber-steht, daß im Augenblick Städte in Schutthaufen verwandelt, Tausende von Menschen getödtet werden, sehen wir als bleibende Wirkungen von welttragender geologischer Bedeutung, das Zer-reißen der Erde, die Bildung meilenlanger klaffender Spalten, lokale bald abwechselnde[2]), bald dauernd bleibende Hebungen und Senkungen des Bodens, Einstürze von Bergen, Abdämmen von Flüssen und Bildung von Seen, vor allem aber die, wenn auch nur sehr allmähligen, dafür aber continuirlich erfolgenden continentalen Hebungen oder Senkungen.

Um, wenn auch annähernd den Punkt in der Erde zu ergründen, von wo aus ein Erdbeben seinen Ursprung nahm, ist man erst in der neueren Zeit mit allen zu Gebote stehenden Hülfsmitteln vorgegangen. Mit Hülfe verschieden construirter Instrumente — der Seismographen — läßt sich die Richtung der Erschütterung bestimmen, durch Vergleichung der Zeit der zuerst betroffene Punkt an der Erdoberfläche, durch Rechnung endlich der Centralpunkt in der Tiefe, die Intensität und die Fortpflanzungsgeschwindigkeit.

So hatte das letzte mitteldeutsche Erdbeben, welches auch unsere Gegend traf und wohl noch in Aller Gedächtniß schwebt, vom 6. März 1872 sich über einen Raum von 3100 Q.-M. verbreitet, mit dem Oberflächenmittelpunkt (Epicentrum) bei Amt Gehren in Thüringen, mit dem ersten Stoß um 3 U. 56′ 9″ p. M. Berliner Zeit, eine Fortpflanzungsgeschwindigkeit von 6 Meilen p. M. oder 742 m. pro Secunde und das Centrum in 2,42 Meilen = 19850 Meter Tiefe[3]). Für andere Erdbeben ergeben sich auch andere Zahlen und wir dürfen vermuthen, daß für die so weit verbreiteten Erdbeben auch der Herd des Anstoßes in sehr großer Tiefe zu suchen ist, während die Zerstörungen an der Erdoberfläche hiermit in keinem Verhältnisse stehen. Diese sind vielmehr bei Erdbeben oft am bedeutendsten, die in unmittelbarem Zusammenhange mit vulkanischen Erscheinungen stehen und auf kleinen Flächenraum beschränkt sind, also geradezu geeignet den Glauben zu vernichten, die Vulkane als Sicherheitsventile ansehen zu wollen.

Wir haben in den Erdbeben und ihren Wirkungen eine der Kraftäußerungen kennen gelernt, welche von unten herauf einen fortdauernden Einfluß auf die Gestalt der Erdoberfläche ausübt.

Unſere Literatur weiſt bereits von Tauſenden die detaillirteſten
Einzelheiten, die ſchauerlichſten und ſchreckhafteſten Vernichtungs-
ſcenen nach, allein wenn wir die Hauptergebniſſe, die geologiſchen
Wirkungen, ins Auge faſſen, müſſen wir bekennen, daß ſeit
hiſtoriſcher Zeit die Erdbeben nur lokale Erſcheinungen und ihre
Wirkungen nur winzige ſind. Wenn jetzt wirklich einige hundert Quadratmeilen Feſtland um einige Meter gehoben, andere
geſenkt werden, welch winziger Bruchtheil iſt dieſes gegen die
Hebungen aus früherer Zeit?

Das Studium von der Zuſammenſetzung der Erdrinde führt
uns dahin als letzten Ausgangspunkt, die Erde als Kugel von
ſteifbreiartiger Maſſe zu denken. Die Beweglichkeit der Theilchen
dieſer Maſſe geſtattete, den Rotationsgeſetzen folgend, die Geſtal-
tung zu dem bekannten Sphäroid mit $\frac{1}{315}$ Polabplattung. Auf
die erſte Geſteinsſchale lagerte gleichmäßig die ungleich weit
ſchwerere Atmoſphäre als heutigen Tages das ſeither in Dampf-
geſtalt vorhandene, an Kohlenſäure und einer Menge anderer
Subſtanzen überreiche, Waſſer ab, doch nicht als ruhiges Meer,
ſondern als ziſchendes, brodelndes, gewuchtig zerſtörendes Element.
Der von Ewigkeit her gegen den Erdmittelpunkt gleich wirkende
Druck brachte Zuſammenziehungen, Faltungen in der Erdrinde,
allmählige Verſtärkungen von innen, die kryſtalliniſche Umbildung Aufquellungen, kurz Unebenheiten hervor. Die Vertiefungen füllte das Waſſer, die Erhöhungen barſten und das gepreßte
gluthflüſſige Innere brach empor, neues Material zur Zerſtörung
für das Waſſer bietend. Was das Waſſer einmal abgerungen
und mehr oder weniger zermalmt hatte, wurde von demſelben
wieder in Schichten abgelagert. Der urſprüngliche Meeresboden
mußte ſich immer tiefer ſenken, denn wir finden Tauſende von
Metern ſtark Schichtſyſteme von Trümmermaterial aufge-
ſpeichert.

Nachdem die Temperatur es zuließ, entstanden Pflanzen auf dem Festlande und im Waffer und nachdem diese üppig wuchernd der Atmosphäre die Kohlensäure bis auf ein Minimum entzogen, erst Thiere. Aber der Meeresgrund blieb nicht Meeresgrund, das Festland nicht Festland, Ersterer wurde zu Festland, die abgelagerten Gesteinsschichten hoch aufgebäumt, gefaltet wie Papierlagen, zerborsten und zerriffen mit klaffenden Spalten, Höhlen und dergl.; letzteres zu Meeresgrund. Dieser Wechsel wiederholte sich vielfach, während immer wieder aufs Neue, neue Gesteinsmaffen durch die Spalten emporbrangen, die trocken gelegten Schichtmaffen vom Waffer zerstört und zu Ablagerungen im Meeresgrunde vereinigt wurden. Jede solcher Aenderungen änderte den Gleichgewichtszustand im Meere, veränderte die Meeresströmungen, beeinflußte die Wechselwirkung zwischen Erde und Atmosphäre, die klimatischen Verhältnisse, die Lebensbedingungen der organischen Schöpfung. Die Pflanzen find uns in den Kohlenlagern, die Reste von Thieren, theils selbst, theils in Gesteinsabbrücken in den Gesteinschichten erhalten und wir können aus ihnen, wie aus den Blättern eines Buches die Geschichte der Erde, die succeffive fortschreitende höhere Organisation der Geschöpfe herauslesen.

Derartige Wechsel, anfangs über die ganze Erde verbreitet, wurden mehr und mehr lokal; die klimatischen Verhältniffe änderten fich dabei so unmerklich, daß zur Zeit unserer, relativ sehr jungen Braunkohlenbildung noch tropisches Klima in unseren Gegenden herrschte, wie z. B. die Pflanzen und die maffenhaft eingelagerten Insecten mit unvollkommener Verwandlung bei Sieblos in der heutigen, so rauhen, Rhön und an anderen Orten beweisen.

Wie die Erde heute aussieht, so finden wir Gesteine, die einstmals Taufende von Quadratmeilen Meeresgrund bildeten, jetzt viele Tausend Meter über der Meeresfläche zu Gebirgen aufgebaut, und wenn wir von den Spitzen der Berge bis zum tiefsten Grunde des Meeres rechnen Differenzen von 2 Meilen. Diese enorme Ungleichheit ist vorwiegend die Wirkung des Drucks; allein wir haben durchaus keinen Grund anzunehmen, daß diese Kraft ehedem, wenn man sagen darf, im Jugendzustand der Erde, energischer gewirkt habe; die Länge der Zeit, das continuirliche Andauern einer Einwirkung brachte diese enormen Resultate zu Stande. Ob die eigentlichen Erdbebenphänomene ehedem ebenso lokaler Natur waren, wie in historischer Zeit, bleibt dahin gestellt; um so sicherer wissen wir, daß Hebungen und Senkungen über die ganze Erde von jeher verbreitet waren und noch verbreitet sind. So sicher wie wir aus der Artengleichheit und dem gleichen Artenreichthum von Pflanzen und Thieren, die nur ein zusammenhängendes Festland bevölkern können, schließen, daß jetzt abgetrennte Inseln ehedem mit dem nahen Festlande verbunden waren, so sicher langsam vorschreitende Hebungen oder Senkungen vorliegen, so dürfen wir auch schließen, daß der Erdoberfläche in unmeßbaren Zeiträumen noch manche Umgestaltung bevorsteht.

II. Die Vulkane.

Aehnliche Kraftäußerungen aus der Tiefe gegen die Erdoberfläche erblicken wir nun auch in einer anderen Erscheinung, welche an Großartigkeit ihrer Wirkungen den Erdbeben nicht nachsteht, an Glanz und Pracht dieselben aber weit überbietet. Diese Erscheinungen sind — die Vulkane.

In den verschiedensten Theilen der Erdoberfläche, auf dem Grunde des Meeres, auf Inseln in der Nähe der Küsten, selbst im ewigen Eise das den Südpol umgiebt, ausnahmsweise auch weit im Innern der Continente (Boschan im Thianschangebirge Centralafiens) giebt es offene Verbindungswege zwischen dem Erdschoße und der Oberfläche, durch welche von Zeit zu Zeit glühende und geschmolzene Gesteinsmassen, Schlacken und zu Staub zermalmte Glasmassen — Asche —, Dampf, Gase, kochendes Wasser oder Schlammströme hervorbrechen. Da es meistens Berge sind an deren Gipfeln oder an deren Seiten- wänden sich die Kanäle — die Krater — befinden, in deren Inneres die phantasiereichen Griechen die unterirdische Werkstatt ihres Schmiedegottes verlegten, — so hat man sie Vulkane ge- nannt.

Die meisten Vulkane zeichnen sich vor allen übrigen Bergen durch ihre regelmäßig kegelförmige oder domartige Gestalt aus, an deren Spiße ursprünglich stets sich der Krater befindet. Diese Form ist ein Resultat der vulkanischen Thätigkeit selbst, weshalb wir dieser vorerst in ihrem normalen Verlaufe folgen wollen.

Ein eigenthümliches unterirdisches Getöse, erdbebenartiges, oft wochen- und monatelang andauerndes Erzittern des Bodens verkünden die Katastrophe. Das Getöse kommt unzweifelhaft aus beträchtlicher Tiefe, da es in weitem Umkreise ganz so ge- hört wird, als fände es in größter Nähe statt. Anfangs dem Brausen eines fernen Wasserfalls gleichend, dem man näher und näher rückt, scheint es in heftiges Musketen- und Artilleriefeuer überzugehen, abwechselnd mit lange nachhallenden Donnerschlägen oder einem dumpfen Rollen gleich dem Gerassel schwer beladener Wagen oder dem hellen sinnverwirrenden Klirren, wie wenn große Massen von Glas zerschlagen würden. Da! plötzlich ein Ruck, die Erde berstet und mit Blitzesschnelle schießt ein Dampf- strahl zu unglaublicher Höhe empor. Der Dampf bringt fort und fort zu Staub zersprengtes, vorher glasig glühend gewesenes Gesteinsmaterial, sogenannte — Asche — Glastropfen — Rapilli — mit, schießt raketenartig glühende Steine, größere

teigartige Glasfetzen, die sich in der Luft ballen — Bomben
— oder noch weich niederfallen und sich abplatten, hervor. Dieses
Material fällt theils in den Schlund zurück, theils häuft es sich
in dessen Nähe an und baut in Schichten mit abfallender Neigung, den Kegel auf. (Fig. I.) Je mehr der Berg wächst, um
so höher steigt in dessen Krater der hellglänzende Gesteinsschmelz-
fluß — die Lava — durch die Kraft der elastischen Dämpfe
gehoben wie ein wild wogendes Meer auf und ab. Erreicht diese
den Kraterrand, so überfluthet sie denselben und ergießt sich zuweilen pfeilschnell, meistens aber nur langsam als majestätischer
Feuerstrom über den Abhang, immer an Breite wachsend, zufällige Abstürze in feurigen Cascaden überspringend, an flacheren
Abhängen aufgestaut, rasch erkaltend, in Schollen zerberstend,
die oft zu Thürmen aufeinander geschoben, nur langsam sich
weiter wälzen, während der frische Nachwuchs, die noch gluthflüssige Unterlage zu ununterbrochenem Weiterbewegen antreibt.

Sehr oft ereignet es sich aber, daß die Dämpfe, die mit
ungeheurem Gewichte ihnen entgegenwirkende Lava nicht über
den Kraterrand zu heben vermögen, wogegen die Lava sich theils
im Grundgebirge, theils im Aufschüttungskegel durch Einschmel-
zen zwiebelartig ausgebreitet hat und durch ihren Druck die Umhüllung sprengt; dann entstürzt den entstandenen Spalten der
zischende und dampfende Lavastrom, mitunter wenn die Oeffnung
klein und weit unter dem Spiegel der Lavasäule, einem feurigen Springquell gleich.

Mag der Vulkan Lava ergossen haben oder nicht, die Lava
kann bis hoch in den Krater gehoben, erstarren, erkalten, die
Dämpfe hören auf, der Vulkan ist vorerst erloschen. In vielen
Fällen aber sinkt noch lange vor dem völligen Erstarren die
Lava zurück, der Aschenkegel stürzt zum Theil nach und der da-
durch erweiterte Krater zeigt das Bild eines bald flacheren, bald

tiefern Kesselthals — Einsturzkrater, (Fig. III.) Die Lavakruste im Grunde des Kraters heißt Kraterboden, auf dem sich nicht selten Wasser zu einem oder mehreren Seen sammelt. Dieses Bild zeigte der unter allen am bekannteste Vulkan, der Vesuv bis zum Jahre 79 v. Chr. Niemand vorher erzählt von einer vulkanischen Thätigkeit, mehrfach diente der Kraterboden als Heerlagerstätte. Doch der Vulkan hatte nur geruht. Mit einem Male erschütterten Erdbeben die Gegend, so häufig aber auch so schwach, daß man sich bald daran gewöhnte, sie hörten sogar ganz auf, da plötzlich im Jahre 63 zerstörte ein furchtbares Erdbeben die blühende Stadt Pompeji in wenig Augenblicken. Nach dieser heftigen Katastrophe schien die Kraft erschöpft zu sein, Pompeji war aus den Trümmern wieder herrlich erstanden, da begannen um die Mitte des Jahres 79 schwache Erdbeben, bald zu-, bald abnehmend, bis am 24. August unter unaufhörlichem betäubenden Getöse, markerschütternden unterirdischen Detonationen, heftigen Erdstößen und Bodenrüttelungen der Kraterboden gesprengt wurde. Eine ungeheure an 500 m. dicke schwarze Rauchsäule schoß über 2000 m. hoch empor, breitete sich oben zur ungeheuren Piniengestalt aus, verfinsterte die ganze Umgegend, eine ungeheure Aschenmasse fiel nieder, die Städte Herculanum, Pompeji und Stabiae waren 4 m. bis über die höchsten Häuser zugeschüttet, Blitz auf Blitz durchzuckte grellleuchtend das rabenschwarze Dunkel, prasselnd folgte Schlag auf Schlag der Donner, wolkenbruchartig stürzte der Regen nieder, der die Asche in einen verheerenden Schlammstrom verwandelte und Herculanum wie mit Gyps ausgoß, das noch von einem späteren Lavastrom überfluthet wurde. Als der Vesuv wieder sichtbar wurde, hatte er eine andere Gestalt! (Fig. IV.) Der nördliche Theil des vorhistorischen Kraterrandes stand noch als wildzackige bogenförmige Felsmauer — die Somma —, der südliche war fortgesprengt und an seiner Stelle erhob sich, die Somma weit überragend, der neue regelmäßige Schuttkegel mit dem Krater, beide durch ein Ringthal — das Atrio del Cavallo — getrennt, während nach Süd eine ebene Terrasse le Piane den neuen Eruptionskegel mit dem alten Bergabhang gegen das Meer hin verbindet.

Von dieser Zeit ab blieb der Vulkan zwar Jahrhunderte lang in Ruhe, ja so, daß man ihn als erloschen betrachtete; im XVI. Jahrhundert war er sogar mit üppigem Walde bedeckt und nur einige warme Wasserseen im Atrio erinnerten an seinen Charakter. Doch je länger die Ruhe um so furchtbarer die Wirkung erneuter Thätigkeit, das zeigt die Eruption vom 16. Dec. 1631 nach 500jähriger Ruhe, wo alle Erscheinungen in der großartigsten Weise auftraten, die ausgeschossenen glühenden, meterdicken Bomben die umliegenden Orte in Brand steckten, Aschenfälle die Häuser erdrückten, Lavaströme sich aus dem Krater und aus Seitenspalten wälzten, die jedes Hinderniß überwindend in mehrere, jeder noch über Kilometer breite, Arme getheilt, in weniger als einer Stunde das ungestüm tobende Meer erreichten, sich noch an 200 m. über den Meeresgrund schoben und die schönen Uferstädte Torre del Annuciato, Torre del Greco, Resina und Portici verwüsteten. Was der Wuth des Vulkans entgangen war, zerstörten die Schlag auf Schlag zur Erde niederfahrenden Kugelblitze, die neben Zickzackblitzen bei vulkanischen Gewittern ungleich häufiger sind als die, die atmosphärischen Gewitter charakterisirenden Flammenblitze.

Unter den neueren Eruptionen sind die vom Mai 1855, wo aus 7 Eruptionskegeln — Bocchen — 27 Tage lang Lava floß, und vom 16. April bis 3. Mai 1872 die bedeutendsten.

Verschwindend klein und niedrig sah am 26. April der dröhnende 1297 m. direct vom Meere aufsteigende Berg unter seiner

enormen an 5000 m. hohen Rauchwolke aus. Sie gestaltete sich
zur wunderbar schönen Doppelpinie: die weißen Dämpfe, die den
Laven, besonders an ihren vorschreitenden Rändern, wo sie die
Vegetation versengten, entstiegen, breiteten sich hoch über dem
Vesuvgipfel in eine weiße Schichtwolke aus. In der Mitte
wurde diese von dem dunklen, senkrecht steigenden Rauch und
Dampfstrom der Gipfelkrater durchbrochen, welcher sich erst viel
höher, besonders gegen Süden, in schöner Ballenwolke ausbrei-
tete. Die Sonne sank, der Schatten stieg höher an der Dampfsäule empor. Hoch oben strahlte des Berges Wolkenkrone ruhig
im vollsten Alpenglühn — erst rothgelb vor dem purpurblauen
Himmel, dann in immer tieferem Roth. In Purpurfarbe ver-
glommen die letzten Sonnenstrahlen am Gipfel der immer langsam bewegten, quellenden Dampfsäule. Drunten aber, wie das
hellere Sonnenlicht wich, glänzte im kaltbläulichen Schatten um
so mehr die Gluth, die dem Erdinnern entstammte. Zuerst war
sie an den vorschreitenden Rändern der Lava sichtbar geworden,
und über dem Gipfelkrater zeigten die Dämpfe von der inneren
Gluth ausgehende helle, strahlenförmige Beleuchtung, die sich
mehr und mehr zur starken geraden Feuersäule entwickelte. Man
sah, wie die Lava, alles versengend, vorschritt, die Bäume in
Flammen aufschlugen, die Gebäude ausbrannten, man fand nicht
festen Fuß vor dem unaufhörlichen Zittern des Bodens, abwechselnd mit einzelnen heftigen Stößen und Schlägen, secundirt
von dem betäubenden Donnergebrüll des Berges, während die
Lavaströme in heller Rothgluth vom Gipfel bis an den Fuß
glänzten.⁴) Doch! die Feder ist zu schwach, die Worte sind zu
matt um nur einigermaßen ein Bild dieses erhaben majestätischen,
entsetzlich schauerlichen, gräßlich zerstörenden Schauspiels zu entwerfen und wer wollte es gar wagen das gewaltige Bild der
Phantasie vorzuzaubern, das den Seefahrer ergreift, der Monate

lang auf der großen Wasserwüste des stillen Oceans umherge-
trieben wurde, des Nachts der Insel Luzon, der schönsten einer,
die keiner anderen an Reichthum und Pracht nachsteht, sich
nähert und plötzlich der stets thätige Vulkan Ambil, der, ein
Leuchtthurm in riesigsten Dimensionen, in der Bai von Manila
sich erhebt, ihm den Eingang zur Bucht, die Stadt, die sich
amphitheatralisch im Hintergrunde ausbreitet, und die ganze
Pracht dieser Inselwelt beleuchtet?³)

Es sind nur wenig Vulkane bekannt, die sich in fortwährender Thätigkeit befinden, dahin gehört der nur 900 m. hohe,
aber mit 650 m. weitem Krater versehene Stromboli auf einer
kleinen Insel zwischen Aetna und Besuv, der 5215 m. hohe San-
gay in Quito 2c. Viele haben eine lange Zeit der Ruhe, oft
völliger jahrelanger Ruhe, ja sogar Jahrzehnte und Jahrhunderte.
Der Epomeo auf Ischia ruhte 1400 Jahre vom Jahre 36 und
45 v. Chr. bis 1302. Bei vielen besteht zwischen Ruhe und
Eruption ein Zwischenzustand — der Solfatarenzustand —,
bei welchem fortwährend aus Spalten und Rissen ebensolche wie
die, die Eruption begleitenden heiße Dämpfe ausgestoßen werden,
die theils mitgebrachte Substanzen als Sublimationen ablagern,
theils das durchquellende Gestein metamorphosiren, dahin gehören die berühmte Solfatara bei Puzzuoli in den phlegräischen
Feldern, die der Insel Vulcano, ganze Distrikte in Java, auf
Neuseeland und viele andere.

Die Dimensionen der Krater sind oft ganz enorme, so hat
der vom nur 2270 m. hohen Gunung Tengger auf Java eine
Weite von einer Meile und der am Abhang des 4840 m. hohen
mit 3000 m. weitem Gipfelkrater versehene Mauna Loa auf
Hawaii, die Kirauea eine Weite von 4500 m. Dieser Krater
fällt in 2 senkrechten Terrassen von 50m. und innen mit 300 m.

ab, gegen einen ewig fluthenden, in thurmhohen feurigen Wellen aufschlagenden ununterbrochen mächtig qualmenden Lavasee, von dem ein Gebrülle, ein Zischen, Klirren und Knallen ausgeht, das eine erschreckende Höhe erreicht, das schon in Entfernungen gehört wurde, die der vom Aetna bis Hamburg gleich kommen, gegen welches das Getöse aller Dampfmaschinen der Welt, wenn sie vereinigt concertirten nur ein Gelispel sein würde.

So wenig die Weite der Krater im Verhältniß zur Berghöhe steht, so gilt dieses noch viel weniger von der Kratertiefe im Zustande der Ruhe. Oft verwischt sich der Krater so gänzlich, daß der Berg das Aussehen eines Vulkans verliert, wie dieses vom glockenförmigen 5275 m. hohen großen Ararat gilt, während man andererseits an dem prächtig kegelförmigen, schneebedeckten 5425 m. hohen Popocatepetl in Mexiko im 1625 m. weiten Kraterschlund erst in 2600 m. Tiefe den Boden mit den zahllosen, erstickende Schwefeldämpfe ausstoßenden Spalten erblickt.

Die Zahl der Vulkane, welche bis jetzt entdeckt und in historischer Zeit sich thätig zeigten, beträgt nahe 700. Diese Zahl müßte mehrmals vervielfacht werden, wenn man alle die Kegel, welche oft nur eine Eruption gehabt, mitunter aber recht ansehnliche Berge bilden, wie die 260 m. relativ hohen Monte Rossi zwischen Catania und dem Hauptkegel des Aetna, die einen großen Vulkan umlagern, mitzählen wollte, da allein der Aetna von mehr als 100, der Xorullo in Mexiko auf seinem Fuße, dem Lava- und Aschenwulst der Malpais, der G. Gelungung auf Java von mehr als 1000 solcher zum Theil an 40 m. hohen Kegel umgeben wird. Sie würde noch viel größer sein, könnte man die untermeerischen Ausbrüche zählen, die nur selten zur Beobachtung gelangen und in anderer Art durch Emporheben

einer ungeheuren Wasserfontaine ein prächtiges Schauspiel bieten.
Gewöhnlich bedecken bei solchem Ausbruch die aufgeblähten Laven
als leichte Bimssteine weithin das Meer. Die ausgespienen
Massen glühender Asche und Lava fallen als unheimlicher Schauer-
regen prasselnd hernieder und bauen allmählig einen Aschenkegel
im unruhigen Meere auf. Inmitten dieses Kegels tobt dann die
vulkanische Kraft, siedende Wasserstrahlen, von Blitzen durchzuckt,
springen fontainenartig gen Himmel. So entstand in 1811 bei
der Azoreninsel St. Michel die Insel Sabrina, im Juli 1831
nahe der Ostküste Siciliens die Insel Ferdinandea. Doch, wie
hier, so wohl in den meisten Fällen, wenn überhaupt jemals die
Aufschüttung den Meeresspiegel erreichte, zerstört das Meer den
lockeren Aufbau wieder, dessen compacter Lavakern im günstigsten
Falle vielleicht bei späteren Ereignissen wie ein Pfropf emporge-
schoben wird. So tauchten im submarinen Krater der Santorin-
inselgruppe die Kaimeniinseln, bedeckt mit fest gewachsenen Austern
und anderen Schalthieren auf und die erneute vulkanische Thätigkeit fand nur durch Klüfte und Spalten des gesprengten Gesteins
statt. Solche Lavakerne, deren Aschenkegel längs zerstört, die
selbst aus dem durchbrochenen Grundgebirge herausgespült als
steile Felsmassen sich präsentiren, die sogar als sehr zähflüssige
Masse in, dem Erstarren nahen, unförmlichen Schollenhaufen
bei spärlicher Gasentwickelung direkt aufgebaut wurden, führen
den Namen Domvulkane (Fig. II.) und wenn für den letzteren
Fall die Lava noch fließen konnte, Lavadecken.

Uebersieht man die Vertheilung der Vulkane, so lassen sich
die meisten ohne Zwang als in gerad- oder krummlinige Reihen
gestellt ansehen, was unzweideutig dafür spricht, daß sie Erhebungen auf Spalten, theils auf dem Kamm der Gebirge, theils
demselben oder bei Inseln der Küstencontour des nahen Fest-

landes conform sind. Südamerika hat nicht nur die schönsten
Vulkanreihen, sondern zählt auch unter seinen vielen Vulkanen
den höchsten auf Erden, nämlich den 7286 m. hohen Aconcagua
in der Chilenischen Reihe, sowie den vollkommensten Kegel im
5750 m. hohen Cotopaxi in Quito.

Diese höchsten Vulkane der Erde sind selbst unter dem
Aequator mit ewigem Schnee bedeckt, ihre Eruptionen finden
fast nur aus tieferen Spalten statt, aber unheilverkündend wird
der Vulkan, wenn sein Haupt sich schwärzt, wenn die Schnee-
decke in wenig Stunden schmilzt und eine aus Schneewasser und
vulkanischer Asche gebildete Schlammlawine die fruchtbaren Gefilde des Fußes überfluthet. Von Isländischen Vulkanen sind
solche Schlammströme bekannt (wie vom Katlögja 1755), die
Eisschollen mit hausdicken Felsblöcken beladen, fortwälzten und
20 Q.-Meilen überflutheten.

Eine Wassereruption kann sogar vom Vulkan selbst ausgehen, wenn entweder nach langer Ruhe der Krater sich mit
Wasser gefüllt hat oder in Höhlen große Wasseransammlungen
angehäuft sind, die ausgestoßen, als siedend heiße Schlammströme
furchtbar verheerend wirken, da sie mit unglaublicher Schnelle
herabbrausen und jedes Hinderniß bewältigen. Die meisten Vulkane Java's und viele amerikanische wirken auf diese Weise und
bringen zahllose todte Fische mit, welche die ganze Gegend ver-
pesten. Eine solche Wassereruption hatte auch der große Ararat
am 20. Juni 1840. Die in gewaltigen unterirdischen Höhlen auf-
gespeicherten, hauptsächlich von den Schneemassen des Berges ge-
speisten Wasser hatten einen Weg zum Vulkanheerd gefunden
und wurden von den entwickelten Dämpfen aus Sprengspalten
nebst 500 Ctr. schweren, weithin sausenden Felsblöcken unter
furchtbarem Getöse und Erdbeben ausgeworfen.

Die Schlammströme, welche von den wolkenbruchartigen Regen erzeugt werden, bewirken am Vulkankegel oft eine sehr interessante Formbildung, indem sie durch Auswaschung Furchen hinterlassen, die in der regelmäßigsten Weise direct vom Gipfel zum Fuße verlaufen, hier an Breite und Tiefe immer zunehmen, daß sie zu wahrhaft schauerlichen Schluchten werden, getrennt durch gratförmige Rippen — die Barancos.

Besonders ausgezeichnet sind auch hierfür wieder die hohen Vulkane Java's, unter denen der 3360 m. hohe Gunung Sumbing einem halbgeöffneten Regenschirm gleicht.

Diese Furchen sind besonders lehrreich für das Studium des Kegelaufbau's, weit mehr noch aber sind dieses die Explosions- und Einsturzthäler wie z. B. das großartige Val del Bove mit 1000 m. hohen Felswänden am Aetna, wo Hunderte von Schichten theils geflossenen, theils aufgeschütteten gröberen und feineren Materials wechseln, nach allen Richtungen durchsetzt von einer ungeheuren Menge mauerartig hervorragender, weil compacterer, Gesteinsgänge, die Lavaausfüllungen von meist radial-diagonalen Sprengspalten repräsentiren.

Auch am Vesuv wurde am 26. April 1872 früh Morgens in der Richtung nach NNW. ein bedeutendes Stück herausgesprengt, dessen Fetzen zu 50—100 m. hohen Felshaufen aufgebaut im Atrio liegen. Der Krater erscheint jetzt zweigipflig und die Spalte zeigt den bereits geschilderten Mantelbau in schönster Weise.

Die vulkanischen Produkte.

Wenden wir uns nun zu einer genaueren Betrachtung der Produkte der vulkanischen Thätigkeit. Diese sind von viererlei Art, nämlich: gas- und dampfförmige, breiartig schlammige, gluthflüssige und feste in verschiedener Form und Größe.

Bereits bei den Erdbeben wurde darauf hingedeutet, daß aus Erdspalten Gase ausströmen. Oft sind die Spalten so fein, daß man sie kaum sieht, allein sie können, wenn das Ausströmen mit größerer Gewalt geschieht, allmählig einen trichterförmigen Krater erzeugen, werfen zerriebene Gesteinspartikel, selbst größere Steine aus und bauen förmliche Eruptionskegel auf. Solche Gasexhalationen treten oft weit entfernt von vulkanischen Eruptionsstellen auf und werden besonders werthvoll, wenn sie eine höhere Temperatur haben, in dem ihre Kanäle erreicht haben-den Gebirgswasser suspendirt sind und mit diesem zu Tage kommen — Thermen. Eine besondere Art der Thermen, meistens von intermittirendem Charakter, sind die Geysir, so genannt nach einer der bedeutendsten derselben, welche umgeben von 40—50 kleineren in einer 2 Meilen breiten Ebene südwestlich vom Hekla-vulkan, am Rande einer großen Gletscherwüste auf Island auf-tritt.

Aus kieseligen Mineralabsätzen hat der große Geysir einen Kegel von 10 m. Höhe aufgebaut, auf dessen Spitze der 20 m. weite Krater trichterförmig hinabreicht, ein Rohr mit glatten, wie polirten Wänden darstellend. Das Rohr ist für gewöhnlich mit völlig klarem, blaugrünem warmen, ruhigen Wasser gefüllt,

durch welches man bis 25 m. tief hinabsehen kann. Nach mehr-
reren kleineren Eruptionen erfolgt alle 24—30 Stunden eine
große. Donnergetöse, Bodenerschütterungen, heftiges Aufwallen
und Ueberfließen des jetzt kochend heißen Wassers gehen voraus; da schießt plötzlich eine Dampfsäule und ein an 3 m.
starker Wasserstrahl blitzschnell zu 20, 30, ja 60 m. Höhe empor,
dessen niederfallende, blendend weiße Perlen, von neuen zischenden Strahlen getroffen, zu Staub zerstieben; kleinere Strahlen
schleudern die Wasserperlen fächerförmig seitwärts in weiten Bogen
umher; nach wenig Minuten verhüllen ungeheure Dampfwolken
die Wassergarbe; nur noch ein Stoß, ein dumpfer Schlag aus
der Tiefe, dem ein spitzer, alle andern an Höhe übertreffender
Strahl, oft von Steinen begleitet, nachfolgt, — die ganze Erscheinung ist wie ein phantastisches Traumbild verschwunden, der
Kanal völlig leer.

Im benachbarten Stockr ist das Wasser im Trichter in
beständigem Wallen, die großen Eruptionen finden nur alle
2—3 Tage statt. Er entstand 1784 durch ein Erdbeben,
während durch ein späteres Erdbeben, 1789, der ehedem durch
seinen ungeheuren Lärm berühmte „brüllende Geysir" auf
einen alle 5 Minuten springenden mächtigen Dampfstrahl reducirt wurde.

Noch großartiger wie auf Island, ja so, daß sie die kühnsten
Bilder der Phantasie übertreffen, sind diese Erscheinungen auf
Neuseeland. Hier zählt man über 500 Bezirke erfüllt mit wahren
Kochbrunnen. In großen Seen — unter denen der 12 Ml.
lange, 10 Ml. breite Taupasee, 400 Meter über dem Meere,
innerhalb eines überaus wilden und schauerlich schönen Labyrinths
vulkanischer Kegel und Felszacken am berühmtesten — kocht und
brodelt es ununterbrochen. Zischend und qualmend schießen an

zahlreichen Stellen mächtige heiße-Wasserfontainen hervor, in zahllosen Terrassen ist der Chalcedonartige Mineralabsatz aufgebaut, an denen die jüngeren Absätze wie mächtige Eiszapfen herabhängen, die abgesprungenen Fetzen wie ungeheure Eisschollen zerstreut sind, über die der Abfluß des Sees, der mächtige Waikato in dampfenden Cascaden stürzt. Die ungeheure Dampfquelle Karapiti, die zeitweise Kochsprudel war, wird auf 8 Meilen Entfernung gesehen, der Te tarata endlich, — zwar einer der kleinsten Seen, ein wahrer Krater von fast 30 m. Weite, 25 m. über dem NO.ende des überall zischenden und kochenden Rotomahamajee's — mit Kieselsinterterrassen wie von Krystallglas und blendend weißem Marmor, ergießt seine ganze, ewig kochende, prächtig blau erscheinende Wassermasse oft plötzlich über die Terrassen und dergl. Wunder mehr.

Eine Zwischenstufe zu den Vulkanen im engeren Sinne stellen nun noch die Schlammvulkane dar. Diese, am meisten in Verbindung mit Gasquellen von brennbaren Gasen, haben die verschiedenste Temperatur, stimmen aber alle darin überein, daß Gaie und Wasserdämpfe einen bituminösen Brei wallend und brodelnd emportreiben, der sich zu oft 200 m. hohen Kegeln aufbaut mit Krateröffnung, Ausstoßen von Rauch, Auflodern von an 100 m. hohen Flammen, Ausschießen von Steinen oft bis zu 1000 m. Höhe und Ergießen von Schlammströmen, die oft erstaunliche Bedeckungen bilden und Verheerungen anrichten. Die Eruptionen nach längeren Ruhezeiten, in denen der Krater sich oft mit Naphta füllt, sind mit Donnergetöse, Erdbeben, meilenlangen Spaltenbildungen nicht selten begleitet und nicht weniger furchtbar als die Erscheinungen an so genannten Feuervulkanen. Die meisten Schlammvulkane sind um den Kaukasus, sie bauen selbst Inseln und Landzungen im kaspischen Meere auf; doch auch

Island, Sicilien, Java 2c. find reich daran und selbst Deutschland hat einen solchen bei Reichenau in Mähren.

Die Dämpfe, welche den Vulkanen, oft mit so ungeheurer
Gewalt und in so kolossaler Menge entströmen, sind überwiegend
hochgespannter Wasserdampf, nächstdem gasförmige Salzsäure,
Schwefeldampf, Schwefelwasserstoff, Schweflige Säure, Wasserstoff der mitunter als bläuliche, jedoch nur im Krater selbst sichtbare Flamme brennt, Stickstoff und dgl.

Wenn Schwefelwasserstoff und Schweflige Säure im Verhältniß 2 : 1 entstehen, bemerkt man keinen der beiden Stoffe,
da sie sich völlig zerlegen und an kälteren Stellen filzige Schwefel-
überzüge bilden, während der Schwefeldampf in demantglänzen-
den Krystallen sich als Schwefelkrusten absetzt. Außer diesen
Stoffen, die entweder direkt oder durch chemische Zerlegung aus
der Gasform in feste Gestalt übergehen, bringt der Wasserdampf
selbst, im Verein mit der Salzsäure, noch eine Menge Stoffe in
Gasform mit, Stoffe die wir zum Theil rückwärts mit allen
Mitteln der Chemie nicht wieder in Gasgestalt verwandeln können,
da uns das Hauptagens — der Druck — nicht zu Gebote steht,
und lagert sie in Spalten und Höhlungen als brillante Krystalle
oder Ueberzüge ab — Sublimationen —.

Zu den ersteren gehören die aus den Eisenamidverbindungen
hervorgehenden metallisch bunt schillernden Farbenspiegel, prächtig
grüne Ueberzüge von Chlorkupfer, Absätze von Chloreisen, woraus
durch spätere Wechselzersetzung mit Wasserdampf die weltberühm-
ten Eisenglanztafeln entstehen, ferner Augit, Leucit, Sanidin und
viele andere, ja selbst Kieselsäure in reinster Form als Tridymit;
zu den letzteren die oft enormen, einem Schmelz gleichen, Krusten
von Kochsalz, mit allen Nebenbestandtheilen, wie es nur das
Seesalz liefert, seltener Salmiak. Meistens wird das Kochsalz

durch die, die Eruption begleitenden Regengüsse sehr rasch wieder abgespült, doch giebt es auch Fälle genug, wo die den Vulkan umwohnenden Bewohner dasselbe reichlich einsammeln.

Die wichtigsten Eruptionsprodukte sind unstreitig die Laven. Die Lava ist es, welche als eine feurige Breimasse in verschiedener Consistenz, bald dünnflüssig, bald zähflüssig, durch die Kraft der Dämpfe im Krater bis über dessen Rand gehoben, sich als wahrer Feuerstrom über den Abhang wälzt oder sich seitwärts durchschmilzt oder, zu schwer für die hebende Kraft, in Sprengspalten des Berges ein= und durchbringt. Lava ist durch hochgespannten Dampf unter ungeheurem Drucke und bei unbekannter Temperatur geschmolzenes Gestein, so genanntes Silicatgestein, da die Kieselsäure eine wesentliche Rolle darin spielt. Ausgeflossen erkaltet sie sehr rasch und zeigt, zwar glühend und fließend, nur noch eine Temperatur von 8—900° R., doch ist die Wärmeleitung so gering, daß man über die erstarrte Kruste gehen kann, während aus allen Ritzen die Gluth noch hervorleuchtet, ja mitunter nach Jahren ein Lavastrom nicht erkaltet ist.

Wenn die Lava gleichzeitig mit den Dämpfen austritt, schließt sie von letzteren noch eine enorme Menge ein, die bald energisch, bald ruhig entweichend, eine rasche Erkaltung, dabei aber auch ein Zerbersten und Sprengen bewirken, so daß die Massen fast direkt aus dem flüssigen in den spröden Zustand übergegangen, Schlacken von rauher, zerfetzter, wildzackiger Oberfläche bilden, welche als unförmliche, oft zu scharfkantigem Grus zerberstende Schollen sich mit klirrendem Geräusch übereinanderschieben — Schollenlava —. Anfangs in dichten Qualm eingehüllt, der allmählig nachläßt, oft scheinbar ganz verschwindet, entwickeln sich plötzlich wieder die letzten Reste der noch einge-

schlossenen Dämpfe aus den gänzlich erkalteten Schollen, Trümmerhaufen und Schollenkegeln — Fumarolen —.

Wenn dagegen die Dämpfe sich schon im Krater gesondert
haben oder aus dem Krater austreten, die Lava aber aus Seitenspalten quillt, ist sie zähe, fließt langsam, bildet zusammenge-
schobene, gerunzelte, strickförmig gedrehte Massen mit glasiger
Erstarrungskruste, aus deren Rissen sich immer neue rothglühende
wurst- und seilförmig windende Massen durcharbeiten. Mit
metallischem Klange schieben sich die erstarrten, oft breitgedrück-
ten, oft hochgebäumten Wülste wie ein Eisgang über einander
— Gekröslava. — Mineralogisch betrachtet stellt die erstarrte
Lava ein Gestein dar aus verschiedenen meistens sehr gut ausgebildeten Mineralien gebildet, die entweder durch den gegenseitigen
Druck zusammengehalten oder durch eine mehr oder weniger gla-
sige Masse verkittet werden. Oft erscheint die Lava dem bloßen
Auge gänzlich homogen, erst die mikroskopische Untersuchung von
— zur Durchsichtigkeit geschliffenen, weit unter Papierdünne
messenden — Blättchen lehrt die angedeutete Zusammensetzung
kennen. (Fig. V.—VII.) Doch sind diese Laven nicht selten ge-
spickt mit größeren leicht sichtbaren, oft sogar sehr großen Krystallen und auch hier giebt das Mikroskop wichtige Aufschlüsse.
Als die Lava ausfloß, enthielt sie diese Mineralien bereits fertig
gebildet und zwar gebildet in großer Kratertiefe, als der Druck
noch eine enorme Zusammenpressung bewirkte wie z. B. die in
solchen Krystallen oft massenhaft eingeschlossenen Partikel liquider
Kohlensäure beweisen, die unzweideutig redenden Zeugen von einem
über 80 Atmosphären betragenden Drucke.

Die Aschenauswürfe sind nichts anderes als Auswürfe in
Staub zermalmter ganz- oder halbglasiger, wegen der feinen Zer-
theilung sehr rasch erstarrter Lava; Rapillis: größere Lava-

tropfen, Bomben: Lavafetzen, die theils in der Luft sich krümmen, wenden und ballen, theils noch teigartig aufschlagen und sich platt drücken. Sie erreichen oft enorme Dimensionen, fliegen so hoch und weit, daß man die Kraft, mit der sie ausgeschleudert wurden, mindestens als die einer 24pfündigen Kanonenkugel berechnen konnte. So hat der gigantische Cotopaxi im Jahre 1533 Felsstücke von 3 m. Dicke bis 900 m. hoch und über 3 Meilen weit geworfen.

Selbst die feine Asche fliegt oft enorm hoch und weit, so z. B. fiel die vom Coseguina in Nicaragua 1835 erst in 1100 Meilen Entfernung nieder. Für die Präexistenz fertiger Krystalle im Krater spricht außer dem Angeführten auch noch, daß oft ganze Aschenregen nur Regen zierlicher Krystalle sind und zwar eine gewisse Gattung so vorherrschend, daß man von Augit-, Leucitregen und dgl. sprechen kann; dabei ist besonders interessant, daß der Vulkan mitunter die großen Krystalle alle lose ausschießt und die nachfließende Lava nur kleinere derselben Gattung enthält.

Das mikroskopische Studium der Lavengesteine hat uns noch mehr gelehrt als bereits angegeben. Wir wissen nicht nur, welche Mineralien bereits fertig gebildet waren, wir sehen auch, in welcher Folge sie entstanden sind, eine Folge die oft gerade die umgekehrte ist, als man vermuthen sollte, wenn man den Hitzegrad beachtet, bei dem wir ein Mineral für sich zu schmelzen vermögen. Noch mehr! wir sehen die später gebildeten Mineralien so vertheilt wie die Fische in einem Bache vor jedem größeren (träger beweglichen) Krystall aufgestaut, denselben in Schaaren und Flammen umfließend, wir erkennen die letzten Mineralbildungen im Schmelzfluß, wir erkennen, wenn eine Masse, die ein bestimmt charakteristisches Mineral hätte bilden können, vor dem krystallrechten Zusammenbringen seiner Atome, erstarrte, gleichsam im halbfertigen Zustande verharren mußte, wir sehen ein glasiges Residum, welches der Mutterlauge gleich als Kitt die fertigen Mineralien verbindet, mit einem Worte: wir lesen die ganze Bildungsgeschichte aus dem starren Gesteine.

Je nach dem Flüssigkeitsgrade, den die Lava an und für sich hatte und je nach den Abkühlungsverhältnissen finden wir Laven theils als ganz oder nahezu vollkomme Gläser (Obsidian, Tachylyt), theils nur mit einem Anfang der Kryftallbildung (Pechsteine, Perlite 2c.), theils steinig dicht (Aphanite) dabei oft porphyrisch, theils deutlich kryftallinisch (Anamesite), theils endlich bei recht langsamer Erstarrung aus großen Kryftallen gleichberechtigt zusammengesetzt (Dolerite). Die von Dämpfen aufgeblähten Laven sind oft äußerst schwammartig, drusig und leicht (Bimssteine), oft nur großzellig und befähigen das Gestein, daß in späterer Zeit die Auslaugungs- und Neubildungsprodukte in den Cavernen sich anhegern — Mandelsteine —

Nach der Mineralzusammensetzung und dem chemischen Elementarcharacter zerfallen die Laven in Kieselsäurearme oder augitische, sogenannte basische — die Basalte 2c. —, oder kieselsäurereiche oder saure — die Trachyte 2c. — und Zwischenglieder — die Phonolithe 2c. —.

Das mikroskopische Studium der Gesteine verbunden mit mikrochemischen Untersuchungen 2c. hat uns noch mehr gelehrt. Dasselbe, erst seit kaum einem Decennium gepflegt, hat uns bereits eine Menge von Umwandlungsvorgängen im Mineralreich gelehrt. Wir kennen bereits eine Menge von Mineralien in den verschiedensten Zersetzungsphasen, wir kennen von vielen bereits die Art und Weise, den Verlauf der Umwandlung, wir wissen, daß eine Menge von besonders benannten Mineralien und

Gesteinen nur gewisse Umwandlungen aus anderen sind, die lediglich auf Rechnung der Zeit kommen, wir wissen jetzt mit Bestimmtheit und damit ist ein fast ein Jahrhundert alter Streit zu Grabe getragen, daß Vulkane und deren Produkte kein Vorzug der Neuzeit, sondern daß sie so alt wie die Erde selbst sind. Höchstwahrscheinlich existirten schon Menschen auf der Erde, als der Kammerbühl bei Eger aus einem Landsee auftauchte, die zahlreichen Vulkane der Eifel tobten, Explosions- und Einsturzkessel sich bildeten, die jetzt mit Sümpfen und Maaren gefüllt, oder Seen wie den idyllischen Laacher See aufnahmen, die noch zahlreicheren stolzen Vulkane der Auvergne, der Euganeen ꝛc. thätig waren, von deren Thätigkeit nur das letzte Stadium, die Kohlensäureexhalationen „die Mofetten" resultirten.

Wir dürfen getrost weiter zurückgehen. Die Basalte, Phonolithe und Trachyte der Tertiärzeit, in der Europa so wesentlich andere Vertheilung von Land und Meer hatte als jetzt, sind Lavenstöcke, nicht nur durch Abwaschung ihrer Schuttkegelkronen entkleidet, sondern oft noch weit aus dem Grundgebirge — weil widerstandsfähiger — herausgewaschen, weßhalb sie auch so kühn emporragen und einen so stolzen Schmuck unserer Gegend verleihen. Sogenannte Domvulkane, Lavadecken und Gänge sind uns in ihnen bloß gelegt. Wir haben in vielen Basaltterritorien noch Ueberreste des Vulcanismus genug: Krater — (Eube in der Rhön; der jetzt mit Hochmoor gefüllte des Oberwald im Vogelsberg ꝛc.) — Schlacken, blasig schaumige Massen, Schuttkegel, wie der Aspenkippel bei Climbach im nördlichen Vogelsberg, die im Kraterschlunde langsam erstarrt gewesenen, auf der Lava emporschwimmenden grobkrystallischem Blöcke von Dolerit wie auf dem Plateau des Meißner, dem Habichtswald, der Breitfirst ꝛc., die so prächtige Gliederung in Säulen und Pfeiler

nach den Abkühlungsgesetzen radial gestellt gegen die Oberfläche
des Zwiebelstocks, hohle Kegelachsen in denen heute noch Kohlensäure ausströmt, wie am Scharfenstein bei Gudensberg, oder mit
Wasser gefüllte schlotförmige sehr tiefe Kraterschlünde wie an
der Haukuppe bei Hersfeld 2c. Gewisse, zufällig in das Laven-
magma gerathene fremde Gesteinsstücke zeigen alle Merkmale einer
Durchdringung hochgespannter Dämpfe, nachheriger Schmelzung,
Neubildung von Mineralien 2c. gerade wie die von jetzigen Vulkanen ausgeworfenen. Wir gehen noch weiter: Die Diorite, Diabase, Melaphyre 2c. sind vortertiäre Basalte, die Porphyre alte
Trachyte; ein Gestein, welches großentheils im Schooße der Erde
stecken blieb, das als Olivinbomben vom Basalte oft massenhaft
mitgebracht wurde, war auch seiner Zeit eruptiv, wurde aber
seiner äußeren Aehnlichkeit wegen mit Melaphyr 2c. verwechselt.
Wir finden es aus tertiärer Zeit frisch bei Johnsdorf in Sachsen,
aus der Kreidezeit als Pikrit in Ungarn, dann aus älterer Zeit
in Nassau und den Nahegegenden, als Lherzolith in den Pyrenäen, als Dunit auf Neuseeland, kurz als mehr oder weniger
veränderter Olivinfels und im letzten Stadium der Metamorphose: als Serpentin.

Das mikroskopische Gesteinsstudium lehrt uns nun aber
nicht allein das Entstehen und Vergehen der Mineralien in den
Gesteinen kennen und danach deren verschiedenen Charakter richtig
beurtheilen, es zeigt uns auch, was bei Auslaugungen aus den
Auslaugungsprodukten wird und wo sie hinkommen. Die so
äußerst technisch werthvollen Osteolith- und Phosphoritlager können
direkt aus dem Apatitgehalt der Basalte und Diabase, die Nickel-
erzgänge der Dillenburger Gegend aus dem Olivinfels, die Eisen-
steingänge Nassau's und Westfalens aus dem Magnetitgehalt der
Diabase, die Kaolinlager aus Porphyren und Trachyten, die

lokalen Thonlager und dergl. als Zersetzungen von Basalten ꝛc. abgeleitet und Schritt vor Schritt nachgewiesen werden. —

Wenn auch die Aschenaufschüttungen der vorhistorischen Vulkane größtentheils längst verschwunden sind, die unterseeischen dagegen haben wir noch vielorts in den mächtigen wohlgeschichteten Tuff- und Conglomeratablagerungen, und der Vergleich ihrer Mächtigkeit zu den compacten Lavastöcken zeigt uns dort wie noch heute aus der weit überwiegenden Masse der ersteren, daß die schleudernde Kraft ungleich mehr zertrümmertes Material zu Tage förderte als im Lavenzustand erstarrte.

Was die Menge der ausgeflossenen Lava betrifft, so wissen wir zwar, daß 1669 der Aetna eine Lavafluth ergoß, die die Mauern von Catania überstieg und sich weit in das zischend aufbrausende Meer schob, dort jetzt ein felsiges Vorgebirge bildend, daß der Vulkan von Bourbon 1787 eine Lavamasse von 900 Mill. Kubikmeter lieferte, daß das größte neuere Lavafeld auf Island 20 m. mächtig 110 Q.-M. bedeckt, allein die vorhistorischen Basalte haben noch weit mehr geleistet, das Basaltplateau von Decan ist eine zusammenhängende in Terrassen aufgebaute Decke von 2000 Q.-M. Die letzte Vesuv-Eruption lieferte circa 20 Mill. Kubikm. in 4 Meter durchschnittlicher Dicke. Die Menge der Basaltdurchbrüche im Westerwald, in Böhmen, der Lausitz ist eine enorm große. Welch lange Zeiträume müssen noch vergehen, bevor vielleicht Tausende von Lavastöcken, die in der Tiefe der Erde stecken geblieben sind, von denen wir jetzt höchstens Gasexhalationen kennen, nach allmähliger Hebung und Abspülung des Landes als Domvulkane freigelegt, der Gegend das Gepräge unserer kuppenreichen Basaltterritorien verleihen?

Endlich lehrt uns die mikroskopische Untersuchung noch eins.

Das allgemeine Gepräge der Laven, Basalte ꝛc. wurde oben angegeben. An einem Eruptionspunkt zeigen sich, selbst von Laven
verschiedener Zeit, geringe Unterschiede, allein die Laven sehr
naher Vulkane sind oft sehr verschieden. Von Tausenden kann
man das mikroskopische Bild, die Anordnung der Gesteinsbilden-
den Mineralien vergleichen und — man findet keine Ueber-
einstimmung⁶) — man kann mit Bestimmtheit schließen: die
Vulkane sind jetzt und waren auch früher allgemeine und über
die ganze Erde verbreitete Erscheinungen, allein fast jeder Vulkan
ist unabhängig vom anderen, es existirt kein allen gemeinsamer
Eruptionsheerd; wogegen Heerde ähnlichen Charakters gleichsam
als Rudimente ehemaliger Kugelschalen neben einander, Heerde
verschiedenen Charakters übereinander existiren mögen.

Was, wird man fragen, sind nun aber die Vulkane, welche
Erklärung tritt an die Stelle der so poetisch großartig klingenden
die Humboldt gab „Die vulkanischen Erscheinungen sind die
Reaktionen des gluthflüssigen Erdkerns gegen die Oberfläche"?

Ehe wir die Antwort geben, müssen wir noch einiger
Zweifel gedenken, die sich schon leicht gegen Humboldt's Ausspruch aufdrängen, auch ohne die Resultate unserer neuesten
Forschung zu kennen, ohne die sorgfältigsten am Kraterrande gemachten Beobachtungen zu berücksichtigen.

Wenn die Erde einen gluthflüßigen Kern hat, der innerhalb der Erdkruste in Ebbe und Fluth, wie das oberflächliche
Meer wallt, weßhalb steigt die Lava im 3300 m. hohen Aetna,
im 1300 m. hohen Vesuv auf, wo sie in Letzterem bis zum
Meeresspiegel der hebenden Kraft allein einen zu überwindenden
Druck von über 300 Atmosphären bietet und fließt nicht auf beque-
merem Wege im Stromboli stets über? geschweige einen Vergleich

zwischen unseren Vulkanriesen und dem fast 2 Meilen tiefer liegenden Meeresgrund anzustellen!

Warum sucht die Lava unter den schrecklichsten Erdkrämpfen
emporzukommen, während bequeme, ewig offene Kanäle oft in
der Nähe sind?

Oder ist vom tiefsten Grunde des Meeres bis zum flüssigen
Erdkern genau so weit, wie von der Spitze des höchsten Vulkans
bis dahin? Für Letzteres haben wir gerade so viel und so wenig
Beweis wie für Humboldt's Hypothese.

Wollen wir nun eine Erklärung der vulkanischen Erscheinungen geben, so muß besonders betont werden, daß dieselbe nur
als ein Versuch aufzufassen ist.

Ewig unnahbar und verschlossen bleibt uns zwar der Erde
Schooß, doch haben wir zwei Thatsachen, die uns Kunde bringen
aus der Tiefe, nämlich das hohe specifische Gewicht (5,6) und die
hohe Temperatur. Wir können für die mittlere Dichtigkeit der
Erdkruste die Zahl 2,5 setzen und müssen nach dem hohen specifischen Gewicht, welches die gesammte Erde hat, schließen, daß im
Erdkern schwere Massen mehr zusammengedrängt sind, daß der
Erdkern vielleicht im Wesentlichen aus Magnesia-Silicaten und
gediegenem Eisen besteht, was eine Analogie mit den Meteoriten
gäbe, die sonst zwischen der Erdrinde und diesen himmlischen
Körpern fast ganz fehlt.

Die Temperatur anlangend, wissen wir, daß die Wärme
mit der Tiefe wächst und zwar im Mittel auf je 30 m. um
1 Grad. Hiernach würde in einer Tiefe von 9 Meilen eine Temperatur von 2000° herrschen.

Allein zum Geschmolzensein der Lava bedarf es weder dieser
hohen Temperatur, noch läßt das Spiel einer arbeitenden Bocca
den Vulkanheerd in so große Tiefen hinabgerückt vermuthen,

dann endlich liegen gründliche Forschungen vor, auf Grund deren in einer Tiefe von 9 Meilen noch lange nicht die starre Erdkruste durchsunken, beziehungsweise der vermeintliche feuerflüssige Erdkern erreicht ist.

Wir haben im Druck eine jedem irdischen Moleküle innewohnende Kraft, durch deren Summirung unzweifelhaft das Ungeahnteste geleistet wird, wir haben bei allen vulkanischen Erscheinungen als hebende und schleubernde·Kraft die Expansion des Wasserdampfs, wir geben mithin die Erklärung „die Vulkane sind eine Art intermittirender Quellen, sie sind Dampfquellen."

Das Wasser ist in ewigem Kreislaufe auf der Erde. Es steigt dampfförmig empor, verdichtet sich und fällt als Regen nieder, durchdringt selbst das dichteste Gestein und sinkt in unmeßbare Tiefen hinab, es füllt Spalten, bildet Spalten durch Auslaugung und füllt Spalten durch Absatz der Auslaugungsproducte. An Höhlen über und neben einander ist nirgends Mangel; durch die enormen Aufrichtungen der Sedimentschichten zu vielen Tausend Meter hohen Gebirgen mußten sie entstehen; an Einstürzen und Abbrüchen, Bildung neuer Höhlen, Bildung neuer Communicationen, Verstopfung oder Verlegung alter kann es nicht fehlen und alles dieses ist lediglich Wirkung des Drucks und der auflösenden Kraft des alles durchdringenden Wassers.

·Wie viel mehr muß sich die auflösende Kraft im Bunde mit der höheren Temperatur unter der Last des Drucks steigern, wie viel anders muß die chemische Thätigkeit in der Tiefe wirken als in unseren Laboratorien? Wir sind gezwungen es zu glauben, die vulkanischen Erscheinungen, die Sublimationen, die Bildungsgeschichte der Mineralien in den Laven macht es zur Gewißheit.

Sehen wir uns weiter um!

Die Vulkane nehmen ihr Wasser durch Spalten direkt aus dem Meere, die Sublimationen der oft enormen Salzkrusten, — und dies ist doch das wenigste, was uns sichtbar wird, wie ungleich viel mehr reißt der Dampf mit fort! — das Auftreten der Salzsäure als Zerlegungsprodukt sprechen dafür. — Die heißen Quellen sind Heronsbrunnen im großartigsten Maßstabe. Ihre Kanäle stehen jedenfalls, vielleicht oft in großer Entfernung und Tiefe in Verbindung mit gewölbartigen Höhlen. Das Wasser sammelt sich in den Höhlen, verschließt den Schlot, während die sich entwickelnden Dämpfe in der Gewölbkuppe so lange zusammengedrückt werden, bis sie die ganze, unterdeß selbst siedend gewordene Wassermasse emportreiben und das Becken leeren.

Die Schlammvulkane sind Vulkane, bei denen die flüssigen und gasförmigen Kohlenwasserstoffverbindungen eine wesentliche Rolle spielen, die einer ganz besonderen Beschaffenheit des Bodens und einer besonderen chemischen Thätigkeit ihre Entwickelung verdanken, bei denen die Wärme wohl eine nur untergeordnete Rolle spielt. Daß übrigens auch sie ihren Heerd in großer Tiefe haben, beweisen die die Eruptionen begleitenden Phänomene, die Wechselwirkungen von Druck und Expansion.

Die atmosphärischen Wasser, welche in den Boden dringen, nehmen Gase mit und finden Gase vor, die aus chemischen Zersetzungen hervorgehen, mag die chemische Action nun in der mineralogisch-chemischen Natur der vom Wasser erreichten, von vulkanischen Produkten gänzlich unabhängigen Gesteine begründet sein oder mögen die Gase, wie namentlich die Kohlensäure, als letztes Stadium vulkanischer Thätigkeit auftreten. Das Wasser steigt als Thermen durch die Expansion der Gase empor, und auch hier wird die höhere Lösungskraft des Wassers unter Druck und Wärme vielfach bekundet.

(383)

Die gewöhnlichen Quellen endlich folgen einfach den hydrostatischen Gesetzen in einfachster Form. Doch können auch für sie
neue unterirdische Wege durch Erdbeben oder vulkanische Erscheinungen gebahnt werden, durch welche sie vorübergehend oder
dauernd in Thermen verwandelt werden. So sehen wir von
den Feuervulkanen bis zu den gewöhnlichen Quellen herab eine
fast continuirliche Reihe.

Wenn wir nun zum Schlusse nochmals zu den Erdbeben
zurückkehren, so haben wir bei ihnen durchaus, abgesehen von
denjenigen Bodenerschütterungen die von plötzlichen Einstürzen,
durch Unterwaschung und dergl. aus dem Gleichgewicht gekommener Gesteinsmassen herrühren, gleichsam den Versuch zu der
im Vulkan beschriebenen Dampfquellbildung zu erblicken. Die
in unterirdischen Höhlen angesammelten Dämpfe detoniren, es
erfolgt ein Stoß, mehrere Stöße, es wird jahrelang gerüttelt,
bald hier, bald dort, die Dämpfe finden einen Ausweg und die
Ruhe ist wieder hergestellt, oder aber, die Dämpfe können nicht
detoniren, sie drücken aber continuirlich, sie bewirken die langsamen Hebungen, denen andernorts Senkungen die Hand bieten.

Nach dieser Auffassung dürfte auch — wenn wir uns Erdbebenheerde und Vulkanheerde neben und übereinander denken und
für beide vorerst Nebenumstände voraussetzen, deren Charakter
sich jeder muthmaßlichen Annahme entzieht — das offenbare
Räthsel nicht mehr so befremdend erscheinen, daß in vulkanischen Gegenden Erdbeben gänzlich unabhängig von den Vulkanen auftreten.
Nur ein Zusammenhang bleibt und das ist der, daß die gemeinsame Ursache zu Grunde liegt, nämlich — Druck und Expansion.

Trotzdem wir unser Resultat den gefahrdrohendsten Beobachtungen, den mühsamsten Untersuchungen, den Erfahrungen und
vorurtheilsfreien Folgerungen abgewonnen haben, ist es immer

nur noch eine Hypothese. Sehr vieles ist uns noch ein Räthsel, Vieles wird uns ewig verschlossen bleiben.

Wir haben nur noch eine Zuflucht, die uns manches klar stellen dürfte, diese liegt im Experiment. Bis jetzt ist es gelungen, durch Erstarrenlassen von mit Wasser unter einem Druck von 2—3 Atmosphären bei der, dieser Dampffspannung entsprechenden Temperatur von 128° C., geschmolzenem Schwefel alle äußeren Erscheinungen der Vulkane auf das Täuschendste (außer der Feuererscheinung) nachzuahmen; es wird auch gelingen aus der Mengung der einfachsten Mineralverbindungen mit den die Vulkane begleitenden flüchtigen Stoffen und Wasser unter hohem Druck und Temperatur Lava zu erzeugen. Eine trockne Schmelzung, wie der Hohofen die Schlacken liefert, wird das nie leisten.

Hiermit hoffe ich in gedrängten Zügen das Wesentlichste mitgetheilt zu haben, was die großartigen Erscheinungen der Erdbeben und Vulkane charakterisirt, ihren hervorragenden Antheil an der Bilduug und Umbildung der Erdoberfläche betrifft.

Um den Ursprung dieser Erscheinungen zu deuten, mußten wir die Erklärung eines der größten und begabtesten Naturforscher durchaus fallen lassen, wir setzten eine andere an ihre Stelle. Ob sie erschöpfend ist, wer wollte das glauben? Wir dürfen es nicht, wir machen damit nur einen Abschluß in unserer seitherigen Erkenntniß, wir glauben aber um so stärker an einen Fortschritt in der Erkenntniß der Wahrheit. Und damit gewinnen wir ein Zeichen, an dem man den wahren Naturforscher erkennen kann und soll: daß er nie müde werde in dem Streben nach Wahrheit und nie feige in dem Bekennen der Wahrheit. Halten wir immer daran fest; dann werden wir den Namen verdienen, den der alte Linné dem Menschen gegeben hat: Homo sapiens. Sonst müßten wir von ihm sagen: Homo credulus.')

Anmerkungen.

[1] Dem vorliegenden Vortrage gieng der vom Docenten der Chemie über Kohle und der vom Docenten des Maschinenwesens über Verwendung der Dampfkraft voraus, daher die Einflechtung in der Einleitung.

[2] Die Säulen des Tempels von Syrakus, in einer gewissen Höhe von Muscheln angebohrt, dienen als Beweis einer Senkung unter den Meeresspiegel, längeren Verharrens unter demselben und späterer Hebung.

[3] Aus K. v. Seebach's gründlicher Bearbeitung des Erdbebens vom 6. März 1872.

[4] Auszug aus A. Heim's vortrefflicher, auf Autopsie beruhender Schilderung. Abgedruckt in der Zeitschrift der deutschen geologischen Gesellschaft Band XXV.

[5] Diese Stelle, wie viele andere Daten aus dem hervorragenden Werke „Die vulkanischen Erscheinungen ꝛc." von C. W. C. Fuchs.

[6] Ich darf mir wohl erlauben bescheiden mitzutheilen, daß ich diesen Ausspruch durch meine Sammlung selbst hergestellter und untersuchter Dünnschliffe, der ich den Namen Leptotribodiarium (Sammlung vermittelst Dünnschleifens hergestellter durchsichtiger Steine) beilegen möchte, rechtfertigen kann, da meine Sammlung über 4000 Basalte, 700 Phonolithe, 400 Trachyte, 300 neuere Laven und nahe 2000 ältere Eruptiv-, Einschlußgesteine, Umwandlungsstadien, Hohofenschlacken ꝛc. enthält.

[7] Schlußworte der geistvollen Rede R. Virchow's auf der Naturforscherversammlung zu Wiesbaden den 22. Sept. 1873.

Der Vortrag wurde illustrirt durch eine große Anzahl in sehr großem Maßstabe ausgeführter colorirter Zeichnungen, sehr vieler mikroskopischer Dünnschliffzeichnungen, mehrer mit Durchschnittsebenen getheilter Modelle und charakteristischer Belegstücke der vulkanischen Produkte.

Erklärung der Figurentafel.

Fig. I—IV. Schematische Darstellung (in Durchschnitten) von Vulkan-
bergen.

Fig. I. Erloschener einfacher Vulkan. a, Eruptionskanal im Grundgebirge b; c, Aufschüttungskegel aus Asche, Lapilli, Schlacken ꝛc.; d, Krater; e, erstarrte Lava.

Fig. II. Domvulkan (durch punktirte Linien ist die ehemalige, jetzt
entführte lose Aufschüttungsmasse angedeutet).

Fig. III. Einsturzkrater. Der Vesuv vor dem Jahr 79. (Somma-,
Maar- zum Theil, Ringwallbildung.)

Fig. IV. Thätiger Vulkan. Der Vesuv in seiner jetzigen Gestalt.
c, e, Reste von früher; g, jetziger Eruptionskegel mit dem
Lavenkern f; α, Somma; β, Atrio del Cavallo; γ, le Piane.

Fig. V u. VI. Dünnschliffzeichnungen in mikroskopischer Vergrößerung.

Fig. V. Schematische Darstellung der Basaltreihe. a, Tachylyt,
oben Säsebühl, unten Bobenhausen. b, Basalt, oben Feld-
spath-, in der Mitte Nephelin-, unten Leucitbasalt. c, Dolerit, den vorigen entsprechend.

Fig. VI. Schematische Darstellung der Trachytreihe. a, oben Perlit
von Telkibanya, unten Pechstein v. Zwickau. b, oben Obsidian von Mexiko und Aran, unten Pechstein von Catajo.
c, Trachyt.

Fig. VII. Noseanphonolith, oben mit Sanidin-Nephelin-, unten mit
Leucit-Nephelingrundmasse.

Druck von Gebr. Unger (Th. Grimm) in Berlin, Schönebergerstr. 17a.

Ueber

ornamentale Kunst

auf der

Wiener Weltausstellung.

Von

Bruno Bucher,
Custos am Oesterr. Museum.

Berlin, 1874.
C. G. Lüderitz'sche Verlagsbuchhandlung.
Carl Habel.

Die folgenden Blätter enthalten im weſentlichen zwei Vorträge im Oeſter-
reichiſchen Muſeum zu Wien (14. u. 21. Decbr. 1873).

Jene ornamentalen und Kleinkünste, welche dem Nothwendigen, den Gegenständen des Gebrauches, den Reiz schöner Form und harmonischer Färbung mittheilen, erfreuen sich nach langer Vernachlässigung, ja wirklicher Vergessenheit gegenwärtig unverkennbar der allgemeinen Gunst. Die Welt begreift wieder, daß es für die Gesittung nicht gleichgültig ist, ob schon das Haus, das Heim, das ja der Sitz, die Pflegestätte der Sitte sein soll, auch äußerlich von dem Hauch der Schönheit berührt wird, oder ob wir mit der Kunst so zu sagen nur auf Besuchsfuß stehen, sie nur an Feiertagen sehen und in den ihrem Dienste gewidmeten Tempeln, den Museen und Galerien. Goethe legt einem Erzieher die Worte in den Mund, es wolle ihm nicht gefallen, daß man sich gewisse besondere Räume widmet, weihet und aufschmückt, um erst dabei ein Gefühl der Frömmigkeit zu hegen und zu unterhalten. Keine Umgebung, selbst die gemeinste nicht, solle in uns das Gefühl des Göttlichen stören, das uns überallhin begleiten und jede Stätte zu einem Tempel einweihen kann. Wenn wir nun auch, wo es sich um die ästhetische Erzieherin des Menschengeschlechts, die Kunst handelt, den ersten dieser Aussprüche nicht mit voller ausschließender Strenge gelten lassen, wenn wir der Kunst die Stätten gönnen, wo ihr wie

etwas Göttlichem, nur in gehobener, weihevoller Stimmung ge-
nahet werden soll, so nehmen wir um so lieber für die ornamentalen Künste die Vermittlerrolle in Anspruch, die Aufgabe,
die Gemüther für den Dienst des Schönen empfänglich zu
machen und zu erhalten, und so das Alltagsleben der Kunst
näher zu bringen. Den ornamentalen Künsten fällt ja recht eigentlich die Sorge zu, daß „keine Umgebung in uns das Gefühl
des Schönen störe“. In diesem Sinne lassen sie sich mit jenen
Zierpflanzen vergleichen, welche auch im Zimmer gedeihen, die
mit ihrem Grün und ihren Blüthen den Frühling in die be-
scheidene Wohnung dessen tragen, dem die Mühsal des Erwer-
bens nicht vergönnt, ihn draußen vor den Thoren aufzusuchen,
und die den Frühling auch dann noch bewahren, wenn er in
Wald und Garten erstorben ist.

Schon oft, und besser als ich es könnte, ist ausgeführt
worden, wie die Freude am Dasein durch eine Umgebung gehoben wird, welche mit künstlerischem Sinn geordnet und geschmückt ist. Niemand wird es für unwesentlich erklären, ob das
Auge von der Arbeit aufblickend eine kahle Wand trifft oder
eine harmonisch gefärbte. Der Trinker mag sagen, ihm sei das
Gefäß einerlei, wenn es nur guten Stoff berge: unwillkürlich
wird er doch das zierliche Stengelglas gegen das Licht halten
und die Figuren und Arabesken an dem Kruge betrachten. Ist
doch ein Jeder wählerisch in seinem Anzuge und prüft, welcher
Schnitt und welche Farbe ihm wohl am besten stehe, ohne daß
er dabei grade an den Eindruck zu denken braucht, welchen er
in der Kleidung auf Andere machen werde. Und die Liebhaberei
mit allerhand Nippessachen, Porzellanfigürchen, Wachsblumen,
Muscheln, unbrauchbarem Tand, mit denen man früher die Möbel
zu bestellen pflegte, auch diese Liebhaberei war ja nur der irre-
geleitete Drang, in das Einerlei der täglichen Umgebung, in die

Nüchternheit der damaligen Zimmerausstattung ein wenig Abwechselung und Leben, etwas von künstlerischem Schmuck zu
bringen.

Doch vergegenwärtigen wir uns vor allem, welch' ein Stück
Poesie dem Leben des Kindes eingefügt oder genommen werden
kann durch die äußere Beschaffenheit der Dinge, die es fortwährend um sich sieht. Wer noch aufgewachsen ist zwischen den
grablinigen Schränken und Commoden, welche sich von der
ersten besten Holzkiste durch nichts als die eintönige Politur
unterschieden, den Sitzmöbeln, welche dem Form- und Farbensinn
ebenso Hohn sprachen, wie der Bequemlichkeit, zwischen den Geräthen aus Silber, aus Porzellan, aus Glas, aus Holz oder
Eisen, bei deren Anfertigung das erste Gesetz gewesen zu sein
schien, daß sie der Phantasie auch nicht die mindeste Beschäftigung geben dürften, — der weiß auch noch, welche Genüsse
ihm jeder Schritt aus jener entsetzlich prosaischen Welt heraus
bereitete. Da entdeckte man auf dem Boden oder in einer entlegenen Kammer allerlei altfränkisches Mobiliar, das fern von
der eleganten guten Gesellschaft das Gnadenbrod genoß; da fand
man bei alten Leuten, welche der Aufklärung trotzten, noch Cabinete mit mehrfarbigem Holz und Stein eingelegt, Sessel mit
hohen geschnitzten Lehnen, Tische mit Platten aus delfter Faience,
Uhrkästen mit allerlei verschnörkeltem Ornament, geblümte Vor-
hänge u. dgl. m., da staunte man Geschirr an, das entweder
aus alter Zeit vererbt oder etwa von Schiffern aus fernen Ländern mitgebracht worden war, zinnerne Schüsseln mit Gravirungen,
buntes chinesisches Porzellan, englisches Steingut. Freilich wurde
man bald belehrt, daß an solchen Dingen ein gebildeter Geschmack sich nicht erfreuen dürfe, daß alles das veraltet oder
bäurisch sei. Aber man erfreute sich dessenungeachtet daran, nur
insgeheim, so zu sagen insgeheim vor sich selber, wie man

Märchen lauscht, auch wenn man weiß, daß es Märchen sind, aber mit ganz echtem Schauer, als ob man an die Hexen und Zauberer und Riesen glaube. Es war doch etwas zu schauen an den Dingen, sie beschäftigten doch die Sinne und die Einbildungskraft, sie regten zur Nachahmung an, was den tugendhaft langweiligen, vom damaligen Geschmack privilegirten Dingen gewiß Niemand nachsagen konnte.

Und wenn ein Kind scharf beobachtete, konnte es wohl die Bemerkung machen, daß es den Erwachsenen in gewisser Beziehung nicht viel anders erging. Wenigstens war das ganz unerlaubt bunt gekleidete Militär immer gern gesehen, und wollte man sich z. B. auf einem Maskenball recht schön machen, so wurden sicher altfränkische oder bäuerische Costüme gewählt.

Heutzutage sieht man wie gesagt wieder ein, daß das Leben des Schmuckes bedarf, und daß die bildende Kunst eben so viel Anrecht hat, unsere Hausgenossin zu sein, wie etwa die Musik und die Poesie. Aber man erkennt auch, daß die kräftige und fröhliche Entwickelung der gewerblichen Kunst nicht allein für Diejenigen ein Segen ist, welche an deren Schöpfungen sich als Besitzer erfreuen, sondern daß die Schaffenden, daß der Gewerbstand und der Arbeiter selbst gehoben werden, wenn sie sich wieder des Zusammenhanges zwischen Handwerk und Kunst bewußt werden. Und endlich kann ja kein Staatsmann und kein Nationalökonom sich der Einsicht mehr verschließen, von welcher hohen Bedeutung für das wirthschaftliche Leben, für die Steuerkraft einer jeden Nation die Existenz einer von der Kunst beeinflußten, von der Kunst geleiteten Industrie ist.

In welchem Grade die ornamentalen Künste die allgemeine Beachtung finden, das haben wir auf der wiener Weltausstellung genugsam beobachten können. Und auch wie anregend sie wirken. Ob der bildende Einfluß der großen Ausstellungen im

Allgemeinen wirklich so hoch anzuschlagen sei, wie das in der Regel geschieht, das ist die Frage. Je größere Ausdehnung diese Ausstellungen erhalten, je massenhafter die Gegenstände aufgehäuft werden, je verschiedenere Gebiete menschlicher Thätigkeit da mit einemmal vorgeführt werden, um so leichter gewöhnt man sich, den Blick gedankenlos, eindrucklos über die Wände und Tische gleiten zu lassen. Je größer und mannichfaltiger die Ausstellungen werden, desto mehr werden sie zu Vergnügungsorten. Man geht spazieren in den verschiedenen Hallen und Galerien, und betrachtet die tausenderlei Gegenstände wie bei einem Spaziergange im Freien die Bäume und Kräuter. Man blättert in den Ausstellungen wie in Bilderbüchern, und da der Bilder gar so viele sind und der Text zu häufig eine uns völlig unverständliche Sprache gebraucht, so verwischt ein Eindruck den andern und bleibt der Gewinn von solchen peripathetischen Studien leicht ein sehr problematischer.

Zwei Kategorien von Ausstellungsobjekten sind es vorzüglich, welche auch von Nichtfachleuten mit anderen Empfindungen angesehen zu werden pflegen als denen der Neugier oder des Staunens über etwas Unbegreifliches: die Haushaltsgegenstände und die Erzeugnisse der Kunstindustrie. Was den Comfort zu vermehren und was die Häuslichkeit zu schmücken bestimmt ist. Für die Haushaltsgegenstände ist eine große Industrieausstellung keineswegs ein günstiger Markt. Meist unscheinbar in ihrem Aeußern, oft winzig in ihrem Umfange, verschwinden sie in der Menge von Dingen, die alle zu prüfen ja Niemand Zeit genug hat. Nur so erklärt es sich, daß trotz der vielen großen Ausstellungen viele nützliche Erfindungen und Verbesserungen so lange Jahre brauchen, bis sie Gemeingut werden. Fort und fort sind die Naturwissenschaften und die Mechanik thätig um Vorrichtungen zu schaffen, mittelst deren das für das tägliche Leben Unentbehrliche mit geringerem Aufwande an Zeit, Arbeitskraft und Geld hergestellt werden kann als bisher, oder die eine vollständigere Ausnützung eines Materials, z. B. eines Nahrungsstoffes ermöglichen; und dessenungeachtet sehen wir selbst in großen Städten, an Mittelpunkten des Verkehrs alte umständlichere und kostspieligere Einrichtungen ein so zähes Leben behaupten.

Besser sind die kunstgewerblichen Arbeiten daran. Sie wissen sich eben durch ihre Erscheinung, durch Form und Farbe bemerklich zu machen; ihnen schadet nicht die Nachbarschaft anderer Erzeugnisse, eher die Ansammlung einer zu großen Menge des Gleichartigen oder Verwandten. Daß diese Dinge die größte Anziehungskraft ausüben, hat wie gesagt auch die Ausstellung von 1873 bewiesen. Unwillkürlich wurde jeder Beschauer darauf hingeführt, zwischen den Leistungen verschiedener Völker auf diesem Gebiete Vergleiche anzustellen, das Charakteristische der einzelnen Länder sich zum Bewußtsein zu bringen und nach Fortschritten oder Rückschritten zu fragen. Künstler und Kunstfreunde zu dergleichen Studien anzuregen, sie ihnen möglich zu machen, das gehört zu den Hauptaufgaben der gewerblichen Museen wie sie jetzt überall ins Leben gerufen werden. Sie sollen zeigen, wie zu den verschiedensten Zeiten und bei allen uns bekannten Völkern der Kunsttrieb in der Verschönerung der gewöhnlichen Dinge sich geäußert hat. An der Arbeit von Jahrtausenden, an künstlerischen Leistungen, welche nach Zeit und Ort ihres Entstehens oft unendlich weit von einander getrennt sind, findet man das Gemeinsame heraus und forscht den Ursachen solcher Gemeinsamkeit nach und den Einflüssen, auf welche die eigenthümlichen Bildungen und Entwicklungen der Kunstformen sich etwa zurückführen lassen: den Einflüssen besonderer Menschenart, nationaler Anlagen und

Neigungen, religiöser Vorstellungen, Sitten, klimatischer Verhältnisse u. s. w.

Eine Ausstellung moderner Industrieerzeugnisse ist allerdings für diese Studien ein weniger ergiebiges Feld als die Museen, in welchen Werke früherer Zeiten gesammelt sind. Was uns die meisten europäischen Länder einsenden, kommt hierbei im Großen und Ganzen kaum in Betracht, weil es nicht mehr urwüchsig, sondern Produkt einer allgemeinen Cultur ist, welche bei allen Zeiten und Völkern in die Schule gegangen ist und von ihnen angenommen hat, was sie glaubte brauchen zu können. Daraus erklärt sich auch die Thatsache, welche allerdings für Alle, die sich schon seit längerem mit solchen Studien beschäftigen, nichts Auffallendes mehr hat, daß wir nämlich in der ornamentalen Kunst der Gegenwart am meisten von denjenigen Nationen zu lernen haben, welche bei den großen Fragen, die sonst die Welt bewegen, kaum. in Rechnung gezogen werden. Wir brauchen dabei keineswegs bloß an Ostasien zu denken, welches in Wien in so imponirender, epochemachender Weise aufgetreten ist. Zu dem Aufsehn, welches die Industrie von China und Japan erregt hat, trug, unbeschadet der Vortrefflichkeit der Arbeiten, wesentlich auch die Neuheit und Fremdartigkeit so vieler Dinge bei. Denn wenn auch China schon zweimal einen bestimmenden Einfluß auf gewisse Zweige der ornamentalen Kunst in Europa gewonnen hat, so war doch nur die erste von diesen chinesischen Invasionen — wenn ich mich so ausdrücken darf — von einem dauernden Erfolge begleitet. Im 16. Jahrhundert lernte man in Europa das chinesische Porzellan kennen, und seitdem wurde die Faience- und Majolicafabrikation vernachlässigt; in allen Ländern strengte man sich an, dem Material, aus welchem die bewunderten chinesischen Thonwaaren bestanden, auf die Spur zu kommen, und zugleich bürgerte sich der Stil der Bemalung des Porzellans, bürgerten sich insbesondere die blauen arabeskenartigen Ornamente auf weißem Grunde, bürgerte sich überhaupt das weiße Geschirr bei uns ein. Von viel äußerlicherer und deßhalb vorübergehender Wirkung war die im vorigen Jahrhundert auftauchende und bald überhandnehmende Liebhaberei für Tapeten in chinesischem Stil, Papierlaternen, Pagoden, Nippesfiguren u. dgl. m. Die Meisten sahen nicht das wirklich Gute und Nachahmenswerthe in den chinesischen Malereien und Webereien, hatten kein Auge für die Aeußerungen eines glücklichen, unverfälschten Farbensinnes, sondern nur für das Phantastische, Barocke, Fratzenhafte in den Zeichnungen. Der Mode des Zeitalters Ludwigs XV. entsprach dies Schnörkelwesen, die Bizarrerie, und als diese Mode einer andern weichen mußte, gerieth mit derselben die ganze chinesische Kunst so sehr in Mißcredit, daß Niemand mehr gewagt hätte, Interesse an Chinoiserien zu zeigen, und daß bis in die neueste Zeit Leute von sogenanntem gutem Geschmack meinten, nur mit mitleidigem Achselzucken auf die bunten chinesischen Seidenstoffe, Papiertapeten u. s. w. blicken zu dürfen, an denen gegenwärtig Künstler und Fabrikanten sehr ernstliche Studien machen.

Japan vollends ist für uns ein ganz neu entdecktes Wunderland. Bekanntlich hat dasselbe noch entschiedener und erfolgreicher alle Ausländer fernzuhalten gewußt als China. Wenn auch im 16. Jahrhundert die Portugiesen, später die Holländer und andere Nationen gewisse, sehr geringe Zugeständnisse behufs des Handelsverkehrs erhielten, so gab der Bekehrungseifer der im Gefolge der Kaufleute nach Japan gekommenen Missionäre der dortigen Regierung immer wieder Anlaß, die Grenzen des Landes vollständig abzusperren. Heute, nachdem wir sechs Monate lang mit einer Anzahl von Japanern persönlich verkehrt haben, welche sich europäisch kleiden und in der Regel auch eine, wenn

nicht mehrere europäische Sprachen geläufig sprechen, nachdem
wir einen Einblick in ihr häusliches Leben, ihre Staatseinrich-
tungen und vor allem in ihre Kunst= und Gewerbsthätigkeit gewonnen haben — heute können wir uns kaum noch vorstellen,
wie vollständig außerhalb unseres Gesichtskreises noch vor
zwanzig Jahren Japan lag. Um uns das zu vergegenwärtigen,
schlagen wir einen Bericht über die erste Industrie=Ausstellung
aller Völker auf. Da lesen wir: „Unter der Rubrik China
finden sich im Katalog, ganz am Ende, vier Zeilen mit der
Ueberschrift Japan: rothes Kupfer, vegetabilisches Wachs,
Firniß — ohne Zweifel war das der zum Lackiren gebrauchte
Saft des Firnißsumach, Rhus vernicifera — und ein Faserstoff,
aus dem man nichts zu machen weiß. „Ein dürftiger Beitrag
von einem Lande, das etwas mehr Fläche und viel mehr Einwohner hat als England", fährt der Berichterstatter fort, und
schließt nach einigen Bemerkungen über die Ursachen der Ab-
geschlossenheit des Landes mit den Worten: „Man sagt, die
Yankees hätten große Lust, mit ein paar Dreideckern der Rhede
von Nangasaki einen Besuch zu machen". Bekanntlich ging
diese Vermuthung sehr bald in Erfüllung. 1851 war die erste
Ausstellung in London und schon 1852 erzwangen die Vereinigten
Staaten einen Handelsvertrag mit Japan; Rußland und England folgten diesem Beispiele, die von Preußen (1859) und von
Oesterreich (1868) ausgehenden Expeditionen fanden bereits eine
viel freundlichere und dem internationalen Verkehr geneigtere
Stimmung vor, und in neuester Zeit hat, wie Sie wissen,
Japan mit dem alten Systeme gänzlich gebrochen; es holt sich
Lehrer aus Europa, schickt seine Söhne zur Ausbildung herüber,
und treibt auch seinerseits keine Geheimnißkrämerei mehr mit
seinen Erzeugnissen, seinen Künsten und Fertigkeiten. Gleichen
Schritt mit dieser Annäherung an die übrige Welt hielt auch die

Betheiligung Japans an den großen Ausstellungen. 1855 in Paris finden wir Japan noch gar nicht vertreten, 1862 in London dagegen schon mit 620 Nummern, ungerechnet drei besondere Sammlungen von Papier, Medicamenten und chirurgischen Instrumenten. Da waren bereits Proben von Lackarbeiten, Holz- und Beinschnitzereien, Krystallschleifereien, Flechtwerk, Thonwaaren, Bronzen und anderen Metallarbeiten, Seide, Malereien, Druckwerken u. s. w. ausgestellt; und der Katalog der nach Wien geschickten Landesprodukte und Industriegegenstände zählte 6668 Nummern.

Wir sagten aber, daß man keineswegs allein Ostasien im Auge zu haben brauche bei der Behauptung, daß innerhalb der ornamentalen Kunst der Gegenwart am meisten von denjenigen Völkern zu lernen sei, welche in der hohen Politik gar keine oder doch keine maßgebende Rolle spielen und die auch bei den großen Culturfragen kaum in Rechnung gezogen zu werden pflegen. Namentlich die Thongefäße und die Gewebe aus den verschiedensten Gegenden, in welchen die Hausindustrie noch nicht durch die Fabrikation in großem Maßstabe und das Maschinenwesen verdrängt oder erstickt worden ist, zeigen, die einen so schöne Formen, die andern so harmonische Farbenzusammenstellungen, und beide eine so richtige Anwendung des Ornaments, daß daneben die große Kunstindustrie der meisten Staaten einen schweren Stand hat. Man konnte diese Beobachtung in den Ausstellungen der Türkei, Aegyptens, Japans, China's, von Marokko und Tunis und den brittisch-indischen Colonien, aber auch in Rußland, Slavonien, Siebenbürgen, in Schweden und an den in der Agriculturhalle ausgestellten italienischen Thonwaaren machen. Aehnlich verhielt es sich mit den aus Silberdraht gefertigten Schmucksachen, dem sogenannten Filigran, an welchem die meisten

Juweliere und Goldschmiede unserer Weltstädte gar viel lernen könnten.

Die Thatsache, daß gerade diejenigen stilgemäß arbeiten, zu denen das Wort Stil noch nie gedrungen ist, die keine Museen, Akademien und Gewerbeschulen haben, ist allerdings unschwer zu erklären. Die Stilgesetze sind ja nicht willkürlich ausgesonnen, keine Erfindungen der Kunstwissenschaft, sondern nur das in bestimmte Formeln und Sätze gefaßte common law, das natürliche Recht in Sachen der Kunst. Nur weil dieses natürliche Recht im Laufe der Zeit bei den unter der Herrschaft der Mode stehenden Völkern in Vergessenheit gerathen ist, nur darum tritt die Kunstwissenschaft so oft in Widerspruch mit dem Tagesgeschmack und den uns anerzogenen Vorstellungen von schön und nichtschön. Der stets wechselnde Tagesgeschmack und diejenigen Fabrikanten, welche sich dessen Geboten unbedingt fügen, sehen wohl in den gegen sie geltend gemachten Stilprinzipien nichts als Launen und Liebhabereien einer Secte von Alterthümlern, welche der Entwickelung der Kunstgewerbe, der Freiheit künstlerischen Schaffens ganz unberechtigt Schranken setzen möchten. Ihnen gegenüber muß eben auf den natürlichen und geschichtlichen Ursprung der Stilgesetze hingewiesen werden.

Das Bedürfniß schafft die Kunst so gut, wie es nach Plato den Staat, wie es die Sprache schafft. Die Frage, ob der noch auf einer niederen Stufe stehende Mensch früher von seinem religiösen Bedürfnisse angetrieben worden sei, Steine aufzuschichten oder einem Baumstamm eine sehr entfernte Aehnlichkeit mit einer menschlichen Figur zu geben und sich so ein Bild der Gottheit zu schaffen, oder ob der Schönheitssinn ihn früher darauf gebracht habe, seinem Geräth, seiner Kleidung u. s. w. ein gefälliges Ansehen zu geben — diese Frage dürfen wir füglich bei Seite lassen, da die Erörterung derselben kaum ein besseres

Resultat ergeben würde, als der alte Streit, ob die Henne eher
gewesen oder das Ei. Aber wie der Kunsttrieb an den einfachsten, unentbehrlichsten Dingen Gelegenheit gefunden habe sich
zu äußern und zu bilden, das läßt sich mit ziemlicher Sicherheit
von den Gegenständen ablesen, welche ihre Verfertiger um Jahrtausende überlebt haben. Stellen wir uns vor, wie der Naturmensch
zu seinem ersten Trinkgeschirr kommt: in diesem Falle sagt uns
das sogar unsere Sprache noch. Wie wir heutzutage ein rund-
liches Gefäß mit demselben Worte bezeichnen, wie die äußere
Umgebung einer Frucht oder eines Muschelthiers, nämlich mit
dem Worte Schale, so gehen die Ausdrücke scala und skal
für beide Begriffe bis in die althochdeutsche, altnordische und
gothische Zeit zurück. Die harte Fruchtschale und die Muschel
boten sich dem Menschen als Gefäße zum Auffangen des Wassers
und zum Trinken dar, und sie wurden die natürlichen Vorbilder
für die Gefäßbildnerei, als der Mensch auf die Eigenschaft der
Thonerde aufmerksam geworden war, in feuchtem Zustande jede
beliebige Form anzunehmen und getrocknet, gehärtet, diese Form
beizubehalten. Ist die halbrunde Schale aus Thon da, so regt
sich auch bald die Neigung, dieselbe zu verzieren, da der bildsame
Stoff eben so bequem ist für Einzeichnen, Ritzen und Schneiden,
wie für das Bemalen. Und diese Verzierung wird ganz gewiß
längs des Randes an der Außenseite ausgeführt. Das Innere
des Gefäßes zu verzieren fällt dem Bildner nicht ein, weil ja
das Innere bestimmt ist, von Trank oder Speise ausgefüllt zu
werden, und das Gefäß für den wirklichen Gebrauch gemacht
wird. Und die Verzierung, mag sie in einer einfachen graden
Linie oder einer Wellenlinie oder einem Zickzack oder einer Aneinanderreihung von Punkten bestehen, sie folgt so zu sagen
instinktiv dem Laufe des Randes, als der Grenze, dem Abschluß
des Körpers. Es äußert sich da das nämliche natürliche Gefühl,

welches bei jeder gewebten oder geflochtenen Fläche, bei Decken, Matten, Zelt- oder Kleiderstoffen, den Rand, den Saum durch eine andere Farbe auszeichnen läßt. Aber die geflochtenen und gewebten Stoffe hatten ja noch andere Vorgänger. Zu Kleidern und Zeltstoffen dienten vor allem die Thierfelle, und was an diesen ornamentirt wurde, war die Naht, welche mehrere Felle zu einem Ganzen vereinigte. Das Flechtwerk aus Halmen von Binsen, Stroh u. s. w. brachte auf die ganze Reihe von Ornamentformen, welche durch den schachbrettartigen Wechsel zwischen verschieden gefärbten Halmen entstehen und in der Weiterentwickelung auf die mancherlei Liniencombinationen des Mäander führen. Lag ein gewebter Stoff vor, und ging man darüber hinaus, ihn einfach mit einer andersfarbigen Linie einzufassen, zu umsäumen, so gaben die sich kreuzenden Fäden den Anlaß zur Erfindung der Stickerei mittelst des Kreuzstichs, welcher von Haus aus auf geometrische Formen angewiesen ist, aber bald auch dazu benutzt wird, Thier- und Pflanzenformen nachzuahmen. Die Blätter und Ranken, die Vögel und Pferde u. s. w., welche der Sticker mit Nadel und Faden auf den einfachen, leinwandartig gewebten Stoff zeichnet, können nicht anders als eckig und zackig werden, weil sie aus lauter liegenden Kreuzen zusammengesetzt sind; und darum sehen sie einander so ähnlich, ob sie vor tausend Jahren oder gestern, ob sie im Süden oder Norden, bei diesem oder jenem Volke gemacht worden sind. So ähnlich sehen einander die entsprechenden Arbeiten der orientalischen, der russischen, der skandinavischen Landleute, und sie alle wieder den Stickmustern und Stickproben, welche uns aus der Zeit des Mittelalters und der Renaissance erhalten sind, daß man geneigt ist, einen Zusammenhang zu vermuthen, anzunehmen, daß jene Muster in vergangenen Zeiten dahin und dorthin getragen worden sein müssen.

Nun unterliegt es ja keinem Zweifel, daß die Ausdrucksformen der Kunst von Volk zu Volk gewandert sind wie die Wortformen der Sprache, oder wie Nutz- und Zierpflanzen sich über den Erdboden verbreitet haben. Und es gewährt kein geringeres Vergnügen, solchen Wanderungen auf dem Gebiete der Kunst, wie auf dem der Sprache oder der Pflanzengeographie nachzuspüren. Nicht in jedem Falle liegt uns der Weg klar vor Augen, welchen ein Stil oder eine Kunsttechnik genommen hat. Mitunter scheint der zusammenhängende Zug unterbrochen zu sein, glauben wir vor einem weiten Sprunge über Länder, Meere und Zeiten zu stehen. Aber es ist ja bei der Pflanzengeographie nicht anders, die nicht immer nachweisen kann, durch welches Mittel der Same eines Gewächses plötzlich in eine ganz andere Gegend, viele Grade weit, gebracht worden sei, ob mit Waarenballen, ob durch ein verschlagenes Schiff, ob der Wind den geflügelten Keim so weit weggetragen habe. Aber die Thatsache ist da, die Pflanze kommt weit von ihrer Heimath wieder zum Vorschein, sie hat sich vielleicht auf dem fremden Boden, in dem anderen Klima verändert, ist degenerirt, allein sie kann ihre Herkunft nicht verleugnen. So müssen wir uns in der Kunst häufig begnügen anzunehmen, daß ein Volk dem andern, unmittelbar oder durch Vermittelung von Zwischengliedern, gewisse Stilformen, gewisse Arten der Technik überliefert habe, da die Uebereinstimmung zu groß ist, um die Vermuthung zuzulassen, daß beide Völker von einander unabhängig auf das nämliche verfallen seien. Indessen darf man hierin wohl auch nicht zu weit gehen, und die vergleichende Sprachforschung mag uns da mit ihrem Beispiele an die Hand gehen. Sie verfolgt scharfsinnig die Wortstämme Tausende von Meilen weit, durch die Sprachen der mannichfaltigsten Völker und durch Veränderungen, welche das Auge und Ohr des Ungeübten gar keine Aehnlich-

keit mehr erkennen laſſen. Aber nicht daraus, daß im Weſentlichen alle Sprachen dieſelben Vocale und Conſonanten enthalten
und daß durch deren Verbindung Sylben entſtehen, welchen wir
wieder überall begegnen, daraus wird noch nicht geſchloſſen, daß
alle Sprachen eine gemeinſame Wurzel haben müſſen. Derartige
Schlußfolgerungen treten erſt ein, wenn gewiſſe Wortſtämme ſich
in Wörtern wiedererkennen laſſen, welche in verſchiedenen Sprachen
das Nämliche oder doch Verwandtes bedeuten, und wenn in den
Veränderungen, welche jene Wortſtämme hier und dort erlitten
haben, Geſetze nachzuweiſen ſind.

Nun verfügt auch die Sprache der ornamentalen Künſte
über einen verhältnißmäßig ſehr geringen Vorrath von Zeichen;
die einfachſten Combinationen von geraden oder geſchwungenen
Linien, die Aneinanderreihung von Kreiſen oder Ovalen, die Anordnung von Punkten, daß ſie Blumen oder Sterne bilden, das
ſind die Naturlaute eines jeden Volkes, wenn es anfängt ſich
künſtleriſch auszuſprechen. Erſt wenn eine beſtimmte Methode in
dieſen Combinationen zur Erſcheinung kommt, wenn wir in dem
Ornament dieſelben allgemeinen Charakterzüge ausgeprägt finden,
durch welche überhaupt der Kunſtſtil eines Volkes ſich von den
anderen auszeichnet, erſt dann haben wir das Recht, ſolche Ornamentformen als das beſondere Eigenthum des einen beſtimmten
Volkes zu betrachten. Kommen ſie auch bei anderen vor, ſo
gelten ſie uns dort als Einwanderer, auch wenn wir noch nicht
im Stande ſind, den Weg, den ſie genommen haben, zu verfolgen. Gewiſſe Reihen ſozuſagen wildgewachſener Ornamentformen werden wir einem jeden Volke zugeſtehen müſſen, vornehmlich diejenigen, welche, wie ſchon früher angedeutet wurde,
ſchon durch die Beſchaffenheit des zu Grunde liegenden Stoffes
vorgeſchrieben ſind. Aber kein kunſtbegabtes Volk bleibt auf jener
erſten Stufe ſtehen, bei jedem entwickelt ſich eine höhere Ord-

nung von Ornamentformen, welche den nationalen Stil kennzeichnen.

Je abgeschlossener gegen die übrige Welt ein Volk sich hält,
desto reiner wird sich auch dessen nationaler Stil erhalten. Es
führt nicht oder wenig fremde Produkte ein, welche andere
Richtungen aufbringen könnten, und es hat keine Veranlassung,
für fremden Geschmack zu arbeiten. In diesem letztern Umstande
ist auch der Hauptgrund für die Erscheinung enthalten, daß die
von der modernen Cultur mehr oder minder abseits gelegenen
Nationen oder Stämme in der Regel mit ihren Erzeugnissen
vor dem ästhetisch-gebildeten Auge mehr Gnade finden, als die
höchstcivilisirten. Die Stilgesetze, wir wiederholen das, sind
keine willkürlich erfundenen, sondern sind in der natürlichen
Empfindung begründet. So lange der Arbeiter für den wirklichen Gebrauch und zwar für den eigenen Gebrauch arbeitet,
hat er keine Veranlassung diesem natürlichen Gefühle Zwang
anzuthun. Und gleichbedeutend in dieser Beziehung mit dem
eigenen Gebrauch ist die Lieferung für Abnehmer, welche die
nämlichen Bedürfnisse haben. Der Arbeiter macht seine Sachen
so schön er kann. Wie die Technik, so erbt sich der Stil von
Generation zu Generation fort, und innerhalb der Grenzen
desselben hält sich auch das hervorragende Talent und die ungewöhnliche Fertigkeit. Es ist keine Ursache da, auf Neuerungen
und Ueberraschungen zu sinnen, an dem Hergebrachten zu
künsteln und zu modeln. Wenn der Arbeiter Fleiß und Zeit
aufwendet um etwas ganz besonders Schönes herzustellen, etwas,
was eben deßwegen für seinen eigenen Gebrauch zu kostspielig
sein würde, so braucht er doch nur sein eigenes Ideal vor
Augen zu haben. Er macht etwas, das er selbst gern benutzen
würde, wenn er reich genug dazu wäre, und braucht sich nicht
vorzustellen, daß der Reiche, der es etwa erwerben wird, einen

andern Geschmack haben, oder eine Abwechselung verlangen
könne. Und so verfällt er eben nie darauf, an dem als schön
und gut und zweckmäßig Erkannten zu ändern, um nur etwas
Neues zu schaffen.

Das Verhältniß wird sofort anders, wenn für den großen
Markt gearbeitet wird. Da soll auf den verschiedenartigsten
Geschmack Rücksicht genommen, soll für einen Geschmack gesorgt
werden, der nicht der Geschmack des Arbeiters ist, für Bedürfnisse, welche nicht die seinen sind. Da muß auf Concurrenz
gerechnet werden, welche vielleicht durch etwas noch nie Dage-
wesenes blenden und verblüffen wird, und solcher Concurrenz
heißt es die Spitze bieten, auch wieder durch Neues, Niedage-
wesenes. Und ist die Industrie auf diesem Standpunkt angelangt, so haben die natürlichen Stilgesetze aufgehört. Innerhalb
derselben ist etwas absolut Neues schwer zu schaffen. Man verwirrt, man verkehrt sie, und da ist das Neue. Lassen wir die
einzelnen Glieder eines künstlerischen Körpers ihre Stellen
tauschen, versetzen wir das Ornament, welches seiner Natur nach
die Function des Tragens und Stützens versinnlicht und betont,
dahin, wo ein lastendes oder verbindendes Glied ist, und umgekehrt, stellen wir die Farben zusammen, daß sie zwar nicht harmonisch zusammenklingen, aber dafür eine grelle frappirende
Wirkung machen, und wir haben etwas, das durch das Unge-
wohnte auffällt und besticht.

Wir können auch hier wieder verwandte Vorgänge auf dem
Sprachgebiete zum Vergleiche heranziehen. Die Schriftsprache
eines Volkes, die Sprache, deren sich seine Dichter und Denker
bedienen, ist eine andere als die Volkssprache, sie ist Kunst.
Aber der Sprachkünstler grade wird sich immer des Zusammenhanges zwischen seiner Sprache und der Volkssprache, dem Mund-
artlichen bewußt bleiben, er wird zum Studium der letzteren

immer wieder zurückkehren, wie der bildende Künstler zum
Studium der Natur, und er wird gleich diesem die Bedingungen
achten, welche im Stoffe selbst liegen, also in seinem Falle die
Gesetze der Sprache. Allein auch das Instrument der Sprache
wird nur zu häufig von Leuten gespielt, welche Mode machen
oder der Mode huldigen. Für diese gibt es keine Natur und
kein historisches Recht, sie glauben der Sprache alles zumuthen
und anthun zu dürfen; um eine durch Neuheit überraschende
Wendung machen zu können, werden der Grammatik tödtliche
Wunden beigebracht, nicht bloß Ausdrücke, sondern ganze Con-
structionen werden fremden Sprachen entlehnt, und endlich ist
solchen Schriftstellern, wie Schwind von einem Architekten gesagt hat, Griechisch, Gothisch, Renaissance alles aans. Und wie
jede Mode stumpft auch die Sprachmode endlich das richtige
Gefühl ab, und wer hundertmal in der Zeitung „diesbezüglich“
und „ein selten schöner Anblick“ gelesen hat, glaubt zuletzt wirklich, das sei deutsch.

Den entsprechenden Gang der Kunstindustrie zu verfolgen,
ist diesmal nicht unsere Aufgabe. Doch wollen wir auf eine
hierher gehörende bezeichnende Wechselwirkung zwischen Orient
und Occident, zwischen den Cultur= und Naturvölkern hin-
deuten. Wir verstehen darunter zuvörderst, daß die europäische
Industrie unverkennbar die Neigung, die Absicht zu erkennen gibt,
von den Naturvölkern, namentlich von den Orientalen zu lernen,
aber dabei so häufig doch nur in ihrer alten Gewohnheit bleibt,
indem sie nur das aufnimmt, was nach ihrer Ueberzeugung
durch Neuheit frappiren wird, und daß sie nur zu oft die
Kunstsprache der orientalischen Völker in ihren Jargon überträgt
und verdirbt. Die Art z. B. wie englische Thonwaarenfabri-
kanten den Farbenreichthum der asiatischen Völker sich anzueignen
suchten, wie sie Citrongelb und Blau, Kornblumenblau und

Braun u. s. w. hart an einander stellten, liefert dafür ab=
schreckende Belege. Aber wir nehmen nicht bloß von jenen, wir
geben ihnen auch, leider wenig gutes. Vor allem haben wir
ihnen die leidigen Theerfarben gebracht, diese unselige Erfindung,
auf welche die Chemie so stolz ist, und über welche die Kunst
die Hände ringt. Anilinfarben, mit ihren brutalen, schreienden
Tönen, fügen sich in keine Zusammenstimmung, sie sind unbe=
ständig von einem Tage auf den andern, sie sind charakterlos,
denn so darf man es wohl bezeichnen, wenn dieselbe Färbung
bei Sonnenlicht blau, bei trübem Himmel grau, bei Lampenlicht
roth erscheint. Wo diese Farben sich einnisten, ist es mit der
Farbenharmonie, mit dem natürlichen Farbengefühl zu Ende.
Dieses Geschenk haben wir den Naturvölkern gebracht, ein für
ihre Kunst eben so verderbliches, wie das Feuerwasser der
europäischen Eroberer für den sittlichen Zustand der Indianer
Amerikas.

Legen wir uns nach diesen allgemeinen Betrachtungen die
Frage vor, was denn die wiener Ausstellung im Vergleich mit
ihren Vorgängerinnen wirklich Neues auf dem Gebiete der or=
namentalen Künste zur Anschauung gebracht habe, so kann die
Antwort nicht sonderlich befriedigend ausfallen. Das liegt an der
zu raschen Folge der großen Ausstellungen. Prüfungen, welche
so häufig vorgenommen werden, können sich in ihren Ergebnissen
nicht wesentlich von einander unterscheiden. Immerhin werden
wir, die Industriehalle im Geiste noch einmal durchwandernd, uns
auf mancher Stelle veranlaßt finden Halt zu machen, und zu
constatiren, daß eine geschickte Hand irgend eine alte Kunstweise
wieder aufgegriffen, daß irgend eine Technik eine neue Anwen=
dung gefunden hat, ihr eine neue Seite abgewonnen worden,
oder daß ein Land eine Geschicklichkeit bekundet, von welcher
wir bisher nichts wußten.

Es bedarf übrigens wohl kaum der Erwähnung, daß hier nicht ein erschöpfender Bericht über die Kunstindustrie auf der Weltausstellung, auch nicht in der soeben angedeuteten Beschränkung, zu geben versucht werden soll. Aus dem großen bunten Gemälde können eben nur einzelne Momente herausgegriffen werden, und vorzüglich solche, die uns zu vergleichenden Bemerkungen und Nutzanwendungen anregen.

Beginnen wir im Westen, so zwingt uns gleich die brasilianische Abtheilung zum Verweilen. Zwar die wundervollen Holzarten mit ihrer dichten Textur, ihrer Härte und Glätte, ihrem Reichthum an Farben können wir nur mit Neid ansehen; denn die Bevölkerung, welcher ein so ausgezeichnetes, zu künstlerischer Verwendung einladendes Material in üppigster Fülle zuwächst, weiß mit demselben nicht das geringste anzufangen. Auch ob wir den heutigen Brasilianern wegen ihrer ledernen Möbelüberzüge ein Compliment machen dürfen oder nicht, wissen wir nicht recht. Die ausgestellten Exemplare, Eigenthum eines Reisenden, sind uns seit Jahren bekannt, und da von dem Lande selbst nichts derart ausgestellt war, ist es zweifelhaft, ob die Kunst überhaupt noch betrieben wird. Denn daß dieselbe als unwürdig angesehen worden sein sollte, in der vornehmen Gesellschaft einer Weltausstellung zu erscheinen, läßt sich nach der übrigen Umgebung nicht wohl annehmen. Auf jeden Fall wäre jener Kunst damit ein schweres Unrecht zugefügt worden. Denn sie stammt, mag sie auch augenblicklich nicht in den glänzendsten Verhältnissen sein, von sehr respectabeln Voreltern ab, von jenen hochlehnigen Sesseln, welche einst in Spanien und Portugal gemacht wurden, uns nicht selten auf alten Gemälden begegnen, und gegenwärtig von Sammlern und Kunstfreunden gesucht und theuer bezahlt werden. Das reiche Ornament auf solchen Ledersesseln ist nicht, wie der gewöhnliche Sprachgebrauch lautet, ge=

preßt, sondern die Umrisse sind, wie an alten Cassetten, Koffern u. dgl. geritzt, eingeschnitten, die breiteren Vertiefungen, die vertieften Flächen durch Wegnehmen eines Theils der obersten Lederschicht hervorgebracht. Wären die Verzierungen eingepreßt, so würden sie, besonders bei Sitzmöbeln, durch längeren Gebrauch immer flacher werden und endlich verschwinden, während sie hier durch Jahrhunderte sich in voller Schärfe erhalten und die Oberfläche nur einen schönen tiefbraunen Ton bekommt. So schön in der Zeichnung wie jene alten spanischen sind die neuern brasilianischen Lederarbeiten freilich nicht, doch hätten auch die letzteren als Proben einer übrigens ganz verschollenen Technik mehr Beachtung verdient, als sie im allgemeinen gefunden haben. Und wo man auf stilvolles, solides Mobiliar etwas hält, sollten sich Versuche in dieser Richtung wohl verlohnen.

Reiche aber auch verdiente Bewunderung ist den Arbeiten aus Vogelfedern und Käfern zu Theil geworden, welche in der brasilianischen Galerie ausgestellt waren. Die mit feinem Sinn verwendete Farbenpracht in den Fächern hat vielleicht Manchen die weniger scheinenden Federstickereien übersehen lassen, welche gleichwohl für die Geschichte des Ornaments von größerer Wichtigkeit sind. Denn in diesen Bordüren an Hangematten trat uns abermals jener ungeschulte aber auch unverdorbene Kunstsinn der Naturvölker entgegen, dessen oben Erwähnung geschah. Der heutige Bewohner Südamerikas trägt nicht mehr die Federkrone, welche einst das Staunen der spanischen Abenteurer erregte, aber er hat noch nicht verlernt, das wundervolle Material mit Gefühl für Rhythmus und Harmonie zum Schmucke zu verwenden. Das Muster war einfach genug, die Bordüren bildeten Gewinde von ganz ornamental gehaltenen Blumen, welche mit ihren leuchtenden Farben sich vortrefflich von dem Gelbgrau, Blau und Braun der Hanfmatten abhoben und durch das Landeswappen zusammengehalten wurden. Gewiß ist auch der Gebrauch, Federn zu Fächern zu verbinden ein einheimischer. Aber beides, Blumen und Fächer, haben sich unter den geschickten Händen zweier in Rio de Janeiro etablirten Französinnen, der Schwestern Natté, zu ganz modernen Toilettestücken entwickelt. Die Federfächer zählen wir unbedenklich zu dem Schönsten, was diese Ausstellung überhaupt auf dem Gebiete der Damentoilette aufzuweisen hatte, und auch den Blumen müssen zwei Vorzüge nachgerühmt werden, eine Glut und ein Schmelz der Farben, die von keinem sonst bei der Blumenmacherei benutzten Stoffe erreicht werden, und der wieder im Material selbst liegende Verzicht darauf, für lebendige Blumen gehalten werden zu wollen. Gegen den Schmuck aus Käferflügeldecken kann nur dessen Gebrechlichkeit eingewendet werden. Im übrigen dürfen sich diese Halsbänder, Ohrgehänge und Knöpfe aus rothen oder grünen metallisch schillernden und vorzüglich die aus blauen Käfern, welche etwas von dem milden Opalglanz an sich haben, kühn neben die prächtigsten Juwelen stellen. Auch sie entbehren des Farbenspiels nicht, allein es hat nichts anspruchsvolles, herausforderndes, es ist von der wohlthätigen Wirkung wie das durchsichtige Email an den reizenden indischen Schmucksachen.

In der Abtheilung, an deren südlichen Eingang das überlebensgroße Standbild einer kohlensauren Hebe postirt war, der nordamerikanischen Galerie, fand sich für unsere Studien wenig Ausbeute. Damit sollen die Dienste, welche die daselbst dominirende Nähmaschine der Kunstindustrie leistet und gewiß noch mehr leisten wird, nicht geschmäht sein. Diese Maschine ist freilich kein Werkzeug der Kunst, so wenig wie die Camera obscura des Photographen, aber die stetige Vervollkommnung beider Apparate hat längst die Nichtachtung überwunden, mit welcher beide anfangs von der Künstlerwelt angesehen wurden. Aehnliches werden wir möglicherweise auch an der ebenfalls amerikanischen neuen Erfindung erleben, welche in der Maschinenhalle von aller Welt angestaunt wurde, einer von den wenigen wirklichen Neuigkeiten dieser Ausstellung. Ich meine natürlich die Erfindung durch Sandgebläse in die Oberfläche von Glas oder Stein zu graviren oder zu bohren. Die Sache ist noch zu neu, als daß sich heute schon ihre praktische Bedeutung voll erwägen ließe, doch glaube ich, daß sie von großer Wichtigkeit werden kann als Ersatzmittel für manches umständliche und kostspieligere Verfahren.

Die englische Abtheilung imponirte durch ihre Großartigkeit, trotzdem die Kunstindustrie des Landes nur sehr lückenhaft vertreten war, oder vielmehr eben weil man wußte, daß England noch ganz anders hätte ausstellen können. Die Großartigkeit, unter welcher wir hier verstehen, daß ein jeder Fabrikationszweig mit bedeutender Kraft, in großen Verhältnissen betrieben wird, diese Großartigkeit ist uns an der englischen Industrie nichts neues; lange genug war es ja bei uns Glaubenssatz, daß jeder Versuch einer so entwickelten gewerblichen Produktion auf irgend einem Punkte die Spitze zu bieten ein thörichtes Beginnen sei, und daß es gegen die Uebermacht nur ein einziges Mittel gebe, den Schutzzoll. Aber auf der ersten internationalen Industrieausstellung fanden Beobachter, auch englische, der Hauptunterschied zwischen der französischen und der englischen Industrie lasse sich kurz in den Worten „useful" und „ornamental" ausdrücken. Bei den Engländern sei alles auf die Zweckmäßigkeit abgesehen, bei den Franzosen auf die gefällige Außenseite. Die verschiedenen Naturanlagen waren nicht zu verkennen und wurden nur noch auffallender, wo die Engländer mit Hintansetzung der Zweckmäßigkeit etwas nur Schönes schaffen wollten. Nicht nur so viele öffentliche Bauten, die meisten neuen Kirchen u. s. w., wahre architektonische Carricaturen, und die Sculpturwerke in Kirchen und auf öffentlichen Plätzen Londons, auch die Gegenstände, welche bestimmt waren, das Haus, das Zimmer zu zieren, die Kamine, die Lampen, die Porzellanvasen u. dgl. m. reizten den Spott der Ausländer. Die meisten Leute waren der Ansicht, daß die Engländer dies Geschick mit Ergebung tragen und von den Franzosen den Geschmack fertig kaufen müßten. Die Engländer selbst aber theilten diese Meinung bekanntlich nicht, sie sind in den zwanzig Jahren sehr „ornamental" geworden, und die Ausstellung zeugte neuerdings von der Energie, mit welcher sie in der neuen Richtung vorwärts gehen, bewies auch nebenher, daß sie dabei keine schlechteren Geschäfte machen müssen. Wir brauchen uns freilich nicht blenden zu lassen. In das so überaus stattliche Contingent Aussteller von Thonwaaren hatte sich auch mancher Händler eingeschmuggelt. Nichtsdestoweniger mußte sowohl dieser Industriezweig als die Teppichfabrikation und andere Respect einflößen. An dem Importiren des fertigen Geschmacks ist aber doch etwas. Daß französische Zeichner und Modelleure in der englischen Kunstindustrie eine große Rolle spielen, ist zugestanden, wie viele deutsche Arbeiter dort beschäftigt sind, wissen wir ebenfalls. Im Uebrigen eignet z. B. die englische Faienceindustrie sich jeden, buchstäblich jeden fremden Stil an, und wo sie nicht die Arbeiten vergangener Zeiten oder Muster aus China und Japan nachahmt, da kommt denn häufig echt altenglisches zum Vorschein. Jedermann sind die Hühner u. dgl. aufgefallen, deren Schwänze Henkel bilden, während man den Rücken als Deckel abheben kann, die menschlichen Figuren von dunkelbraunem Thon mit Gewändern vom härtesten Emailblau und ähnliche grelle Farbenzusammenstellungen, die silbernen Tafelaufsätze mit Figuren von Soldaten u. s. w.,

welche ihre Verwandtschaft mit den vorhin erwähnten Monumenten in keiner Weise verleugnen konnten; ganz besonders aber
viele von den höchst kostbaren eingelegten Möbeln, die bewun-
dernswürdig gearbeitet aber höchst schwächlich in der Zeichnung
und ganz unbegreiflich in der Farbenzusammenstellung waren.
Auf dem Gebiet der Farbe überraschten im allgemeinen die
stärksten Contraste. In der Potterie auf der einen Seite das
Bestreben, die kräftige Farbengebung der orientalischen Völker
sich anzueignen, aber häufig ohne deren Gefühl für Harmonie,
gleich daneben aber ein wahres Schwelgen in zarten verblaßten
Tönen, Lila, Grau u. s. w. Eins der zierlichen Cabinete, die
eine förmliche Scheu vor ausgesprochener Profilirung zeigen, in
lichtgelbem Holze ausgeführt, mit Elfenbein eingelegt, mit weißen
und rosenrothen Ornamenten bemalt sind, und auf dasselbe
Vasen gestellt die ausschauen, als ob sie mit Milchchocolade gefärbt wären, und Teller von gebrochenem Himmelblau mit
Figuren pâte-sur-pâte darauf: da haben wir den deutlichen Beweis, wie Farbe angewandt werden kann, die schließlich doch keine
Farbe ist. Ueberhaupt konnte die englische Ausstellung ungeachtet des vielen Vortrefflichen, insbesondere des Technisch-Vollen-
deten, das sie umfaßte, uns sagen, daß durch die großartigsten
Vorbildersammlungen und die fleißigste Benutzung derselben
allein die Kunstindustrie noch nicht gegen das Abirren vom
rechten Wege und gegen Rückfälle in alte Untugenden gefeit ist,
und daß Diejenigen leicht in einen verhängnißvollen Irrthum
verfallen könnten, welche meinen, es sei eben nichts nöthig, als
kunstgewerbliche Museen nach dem Muster von South Kensington
zu gründen. Derartige Institute sind eben auch Instrumente, sie
müssen gut gespielt und es muß auch gut gehört werden. Mit andern
Worten: die Industrie mag den besten Willen haben, die für sie gegründeten Anstalten zu benützen, wird nicht zugleich das Publikum

mit in die Bewegung hineingezogen oder läßt es sich nicht hineinziehen, so wird der Erfolg aller Anstrengungen ein unsicherer,
nicht dauernder sein.

Ihren eigenthümlichen Weg geht nach wie vor die englische
Glasfabrikation mit dem Brillantschliff, für den ihr bleihaltiges
Material sich so vorzüglich eignet. Das förmliche Uebersäen der
Gefäße und Geräthe mit Prismen wird ihr mit Recht zum
Vorwurf gemacht, weil das Geflimmer die Form nicht zur
Wirkung gelangen läßt. Umgekehrt aber bieten einzelne Streifen
von Prismen ebenso wie die geometrischen Ornamente, mit
welchen namentlich die untere Seite von flachen Schalen u. dgl.
in Schliff oder Pressung bedeckt wird, bei geschickter Anwendung
ein Mittel, um den Glasgefäßen einen sich schärfer abzeichnenden
Contour zu geben. Hierbei mag die Bemerkung erlaubt sein,
daß für Glasausstellungen es sich empfehlen würde, die Gläser,
Flaschen, Kannen u. s. w. mit farbiger Flüssigkeit zu füllen.
Natürlich verlangen wir nicht, daß der Aussteller seine Auslagen
noch durch Lieferung seiner Weine, wenn auch nur zur Augen-
weide des Publikums, vermehren solle. Jede beliebige werth-
lose Flüssigkeit von rother, hellgelber Färbung thäte den Dienst,
der mir ein ganz wesentlicher zu sein scheint. Erst wenn das
Glas gefüllt ist, läßt sich mit Sicherheit sagen, ob es seiner
Bestimmung entsprechend geformt und ornamentirt ist, und ich
glaube, daß solche Proben öffentlich angestellt, unser Urtheil in
manchem Stücke modificiren würden. Das durchsichtige Glas erhält
durch das Getränk erst einen Körper, das Ornament eine Folie.
Ist das Getränk farbig, so kann möglicherweise das Verhältniß
der einzelnen Theile zu einander sich ganz anders darstellen, als
so lange das Gefäß leer war; ist es farblos, wie das Gefäß
selbst, also z. B. Wasser, so fragt sich, ob es richtig ist, das
Glas so dünnwandig zu gestalten, daß das Ganze wie ein Phan-

tom, wie ein Schatten erscheint. Die außerordentliche Dünne des
Glases zwingt überdies, auf die Ornamentation fast gänzlich zu
verzichten, wenigstens auf die würdigste, die echt künstlerische
Art der eingeschliffenen und zu voller Klarheit auspolirten Verzierungen.

Semper spricht in seinem berühmten Werke über den Stil
die Vermuthung aus, die Thatsache, daß das Absolut-Durchsichtige
eigentlich formlos erscheint, möge die Alten dahingebracht haben,
jene Eigenschaft des Glases absichtlich zu dämpfen oder aufzuheben.
Er erinnert daran, daß die zahlreich gefundenen Scherben von
Prachtgefäßen aus schönstem weißem durchsichtigem Glase fast
alle innerlich mit dem Rade mattgeschliffen, wo nicht gar mit
einem Anfluge undurchsichtigen Milchglases befangen sind. Für
gewöhnlich nimmt man freilich an, daß die Bevorzugung des
gefärbten Glases einen Hauptgrund in der Schwierigkeit gehabt
habe, völlig farbloses herzustellen, und auch eine von Semper
ebendaselbst angezogene viel citirte Stelle im Plinius spricht für
diese Auffassung, da dieser Schriftsteller eben als die höchste
Leistung in der Glastechnik das durchsichtige, dem Krystall sehr
nahe kommende bezeichnet. Dem sei nun übrigens wie es wolle,
sicher ist wohl, daß ebenso wie der Schnitt eines Kleidungs-
stückes erst wenn es am Körper ist, wie eine Tapete nicht nach
einem kleinen Abschnitt, sondern erst in voller Ausspannung an
der Wand sich beurtheilen läßt, so die Form eines Glasgefäßes
erst, wenn dies seinen Inhalt hat. Und auch das können wir
als zweifellos erachten, daß unzählige Widersinnigkeiten im Färben
des Glases unterbleiben würden, wenn die Fabrikate solcher
Prüfung unterzogen wären. Allerdings gehört von vornherein
eine arge Gedankenlosigkeit dazu, ein Bierglas türkisenblau zu
färben u. dgl. mehr, aber der Anblick der appetitlichen Farben-

mischung, wenn das Blau eine braune Folie erhielte, müßte auch den stumpfsten Sinn entsetzen.

Etwas anderes ist es freilich, wenn Gläser überhaupt gar nicht für den Gebrauch berechnet sind, was z. B. bei gewissen venezianischen Fabrikaten von vornherein angenommen werden muß. Aber das wirklich Gute hält auch dann die Probe aus. So sind die herrlichen opalisirenden Kelchgläser von Salviati in Venedig erst recht schön, wenn man sie mit goldfarbigem Weine gefüllt hat. Da wir uns einmal so weit vom englischen Glase entfernt haben, mögen auch gleich noch die Versuche erwähnt werden, dem Glase Körper zu geben, indem man dessen Transparenz theilweis aufhebt und eben dadurch den Effekt der durchsichtig gebliebenen Theile um so mehr erhöht. Das ist in verschiedener Weise geschehen. Einmal durch netzartige Bemalung mit Emailfarben, die als Fäden in den mannichfaltigsten, zierlichsten Verschlingungen das Krystallglas überspinnen und in den Maschen es in voller Klarheit bestehen lassen — dergleichen Arbeiten hatten Brocard in Paris und Lobmeyr in Wien ausgestellt. Die andere Art beruht auf einer Erfindung der wiener Firma Conräß & Reuter, Silber durch Niederschlag auf Glas zu befestigen. Die Erfindung ist ganz neu, nur zwei Proben ihrer Anwendung waren ausgestellt, und da dies in der Rotunde geschehen war, so dürften auch diese Objecte wie so viele ihrer Schicksalsgenossen sehr wenig gesehen worden sein, gewiß weniger als sie verdienten. Es waren Gefäße von blauem durchsichtigem Glase, und netzartig wie jene mit Email, so mit Silber übersponnen. Die Farbenwirkung war eine eigenthümlich schöne, die Gefäße hatten einen Lustre sehr reizender Art, und es läßt sich denken, daß diese Procedur, wenn sie einmal mehr ausgebildet und wenn auf die Ornamentation große Sorgfalt verwendet wird, zu sehr erfreulichen Resultaten gelangen kann.

Es läßt sich denken, daß damit etwas annähernd Aehnliches zu-
wegegebracht werden kann, wie die berühmten Gefäße von
Email à jour, d. h. Zellenschmelz ohne Recipienten, ohne Kupfer-
platte oder sonstige Unterlage. Benv. Cellini beschreibt eine
derartige Trinkschale aus Filigran gearbeitet mit dem schönsten
Laubwerk, dem andere Zierrathen aufs beste angepaßt waren, und
die Zwischenräume des Filigrans mit dem schönsten Email in
den buntesten Farben ausgefüllt. Dergleichen Arbeiten kommen
äußerst selten vor, manches Stück sogen. Email à jour soll sich
auch bei genauerer Untersuchung als äußerst künstliche Glasmosaik
entpuppt haben. Ich kann nun nicht direct sagen, wie das
früher erwähnte Verfahren, das Glas mit Maschen- oder Gitter-
werk von Silber zu überziehen, behufs einer Nachahmung des
Email à jour anzuwenden sei, aber etwas Aehnliches sollte
doch wohl zu erreichen sein, z. B. mit Zuhülfenahme des Ueber-
fangglases, dessen obere Schicht sich stellenweis wegschleifen läßt.

Die ostindische Galerie — um endlich nun wieder unsern
Rundgang aufzunehmen — hat wohl Niemand betreten ohne
sich märchenhaft angeweht zu fühlen. Einer neuen Welt standen wir da nicht gegenüber. Seitdem die Engländer dort Fuß
gefaßt haben, sind ja indische Shawls und Teppiche, indische
Waffen und Schmucksachen in Originalen und Nachahmungen
über die ganze Welt verbreitet. Aber so viel man auch gesehen
hat, niemals sieht man sich satt an dieser gediegenen Pracht,
und kein besseres Mittel gibt es, sich das Auge dafür zu öffnen,
als der Vergleich mit den pseudoindischen Geweben aus der
Schweiz, den indischen Teppichen aus England, unsern indischen
Shawls. Die europäischen Fabrikanten machen die Dinge so
genau als irgend möglich nach, am Material liegt es auch nicht,
beziehen doch indische Weber und Sticker die Seidenfäden und
das Gold zum großen Theil aus europäischen Fabriken, die bei-

des billiger herstellen können; und doch nimmt sich das bei uns gemachte bestenfalls aus wie die Uebersetzung eines Dialectdichters, eines Hebel, Groth, Reuter, in das Hochdeutsche — wobei wir die schweizerischen mit Goldfäden durchwirkten Stoffe noch als recht stümperhafte Uebersetzungen bezeichnen müssen. Ein solches Stück Zeug glänzt wie ein Panzerhemd, in dem indischen Original erhält die Grundfarbe des Gewebes nur goldige Lichter und Reflexe und eben dadurch wirkt das Ganze so überaus reizend. Wenn ja noch Jemand glauben sollte, die jetzt erwachte Vorliebe für die Kunst des Orients sei lediglich Modesache wie andere mehr, hierhin, nach Indien mußte man ihn führen, in keinem anderen Lande des Ostens sprach uns der Geist angeborener Schönheit so rein und so vernehmlich an.

Zu einem rechten Wallfahrtsorte für Freunde des Schönen wurde auch, ganz gegen Erwarten, die spanische Abtheilung. Sie zeigte uns so recht überzeugend, wie wenig wir von dem Lande wissen. Aus allen möglichen Geographien und Werken über Handel und Industrie hatten wir gelernt, daß Pfaffenwirthschaft, innere Kämpfe und Monopolsystem die Gewerbthätigkeit Spaniens zu Grunde gerichtet haben; in einem ziemlich neuen Buche habe ich gelesen, daß von der einst so berühmten Industrie Toledo's nichts übrig geblieben sei, als die Marzipanbäckerei. Und nun sendet die ehedem königliche, von Alvarez geleitete Waffenfabrik von Toledo uns Rüstungsstücke und Waffen, welche sich ohne Scheu neben den berühmten Arbeiten aus den Zeiten des Don Juan de Austria sehen lassen können, von denen Prachtstücke in dem spanischen Annexe aufgestellt waren; nun lernen wir die Stadt Eibar im Baskischen als den Sitz einer bewundernswürdigen und dem Anschein nach auch schwungvoll betriebenen Eisenindustrie kennen. Die Kunst des Tauschirens mit Gold und Silber auf Eisen, die bei uns nur höchst selten Je-

mand versteht, und noch viel seltener anwenden kann, und· die
wir in Japan in ganz spezieller Beschränkung wiederfinden, führt
in Spanien ein selbständiges Leben. Ist das etwa erst seit
Kurzem wieder der Fall, oder hat sie sich unter all' den Stürmen gefristet — wir wissen das nicht, die Vollendung in der
Technik einerseits und der deutliche Hinweis im Stil auf die
altmaurische Tradition anderseits lassen uns aber das letztere
glauben. Denn die Ausführung der goldenen und silbernen
Ornamente, welche mit dem Hammer auf dem mit der Feile
aufgerauhten Eisen befestigt werden, war an den Waffen, Schalen
und Vasen, Schmuckkästchen, Knöpfen, Uhrketten u. s. w. von
einer Vorzüglichkeit daß Fachleute sich nur schwer zu dem
Glauben an diese Technik entschließen konnten. Sie waren
vielmehr anfangs sehr geneigt zu der Annahme, daß diese reizenden Sachen nicht Handarbeit sondern Produkt irgend eines
chemischen Verfahrens seien. Eine solche Vollkommenheit in der
Technik berechtigt uns gewiß zu der Voraussetzung, daß dieselbe
nie ganz ausgestorben sein könne, wenn ihre Ausübung auch
der übrigen Welt unbekannt geblieben war.

Die Schönheit der Gegenstände ist allgemein anerkannt
worden, die Museen der ganzen Welt beeilten sich, auf die vor-
züglichsten Stücke die Hand zu legen. Für uns wird hoffentlich
dieses Beispiel nicht unfruchtbar bleiben und zwar in mehr als
einer Richtung. Zunächst sollte darin die Aufforderung liegen,
der Kunst der Tauschirung oder Damaskinirung größere Beachtung zu widmen. Was versteht man eigentlich darunter? Eingelegte Arbeit — aber damit ist noch nicht viel gesagt.
Der französische Ausdruck Damasquinure trägt viel dazu bei,
die Vorstellungen zu verwirren, denn die Verwechslung mit
Damascirung oder Damassirung liegt gar zu nahe. Unter Damascirung, Herstellung von Damast in Metall, ist aber das

lagenweise Zusammenschweißen verschiedener Metalle zu verstehen,
welche ihre Anwesenheit durch Unterschiede in der Farbe oder
wenigstens in der Schattirung der polirten Oberfläche zu erkennen geben. Dahin gehören die geflammten oder bandartig
gezeichneten Degenklingen, die aus Drähten zusammengeschweißten
Gewehrläufe u. s. w. Die Tauschirung aber ist ein wirkliches
Einlegen von Gold- oder Silberfäden und Plättchen in die
Oberfläche des Eisens oder Stahls. Es kann geschehen, indem
die Zeichnung vertieft eingegraben und mit dem Gold oder
Silber die Vertiefung ausgefüllt, oder indem die Oberfläche mit
der Feile rauh gemacht und die Verzierung mit Hammerschlägen
auf dieser aufgerauhten Fläche befestigt wird. Die Kunst ist
uns ohne Zweifel, wie so viele andere, von dem Oriente her
übermittelt worden, und zwar nimmt man an, daß die Araber
sie im XV. Jahrh. nach Venedig gebracht haben, von wo sie
sich im nächstfolgenden Jahrh. über Oberitalien, insbesondere
nach Mailand verbreitete. Zuloaga, der seine Fabrik in dem
früher erwähnten Eibar hat, aber selbst in Madrid zu wohnen
scheint, trat schon 1862 in London mit vielbewunderten Arbeiten
auf. Er wendet die beiden Arten des Tauschirens an, entweder
für sich oder in Verbindung mit dem Treiben, dem Formen des
Metalls mittelst des Hammers, sowie mit der Vergoldung im
gewöhnlichen Sinne. Er läßt den Metallgrund entweder rauh
oder, wie an den Stahlcassetten und Vasen, oxydirt ihn. Andere,
wie Ibarzabal in Eibar, verfertigen namentlich auch kleinere
Gegenstände; eine besonders nachahmenswerthe Anwendung findet bei ihm die Tauschirung z. B. in den Eckbeschlägen und
Kreuzen für Gebetbücher oder überhaupt für Prunkeinbände,
Albumdeckel u. dgl.

Kommt aber in diesen Dingen das lange Zeit seitens des
Kunsthandwerks schmählich vernachlässigte Eisen wieder zu seinem

Rechte, so dürfen wir weiter hoffen, daß namentlich ein Zweig der Metallarbeit, die Kunstschlosserei, wieder dahin kommen werde, den Nachdruck auf Kunst, anstatt ausschließlich auf Schlosserei zu legen. Es ist doch ein wahrhaft beschämender Vergleich, wenn wir in unseren Museen die Menge der kunstreichst gearbeiteten Schlüssel, Schloßschilder, Griffe, Beschläge betrachten, welche nicht bloß aus dem 16. und 17. sondern auch noch aus dem 18. Jahrh. stammen, und daneben halten, was uns von der Gegenwart für den Gebrauch geliefert wird. Die Menge solcher uns erhaltenen Kunstwerke, wie wir sie füglich nennen dürfen, beweist schon, daß das keineswegs besondere Kunststücke, Paradestücke gewesen sind. Wie heutzutage selbst elegante, kostbare Möbel in dieser Beziehung ausgestattet werden, braucht nicht geschildert zu werden; die Kunsttischler, welche Mobiliar in altem Stil verfertigen, wissen in der Regel gar nicht, woher sie die dazu passenden Eisen- und Messingtheile nehmen sollen, es sei denn von wirklich alten Gegenständen. Die fabrikmäßige Herstellung, der Eisenguß haben allmählich das Publikum und die betreffenden Handwerker selbst ganz von der Vorstellung entwöhnt, daß auch an dergleichen die Kunst ein Anrecht habe. Selbst wenn der Metallguß vermöchte die Handarbeit mit Hammer und Feile ganz entbehrlich zu machen, was bekanntlich nicht der Fall ist, so würde er doch dem Schönheitsgefühl nicht genügen können. Das ist keineswegs eine Grille der Alterthümler und Aesthetiker. Oder wäre es vielleicht eine Einbildung, daß uns eine Zeichnung von der eigenen Hand eines Meisters so viel mehr interessirt, als etwa eine Lithographie nach derselben? Das gewählte Beispiel ist freilich kein ganz adäquates, aber es weist doch auf den Punkt hin, welcher den Ausschlag gibt. Wie in der Zeichnung des Malers, so erkennen wir auch in der Arbeit des Kunstschlossers die Hand selbst, welche frei schafft, eine Hand-

schrift, deren charakteristische Züge durch jede Uebertragung abgeschwächt werden müssen.

Jedermann wird bei diesem Thema sofort an einen Industriezweig denken, einen durchaus modernen, welcher so recht den
Beruf hätte, die Kunstschlosserei wieder in ihr Recht einzusetzen
und auch den verwandten Kunstübungen Pflege angedeihen zu
lassen, wie dem Aetzen, Graviren, Nielliren, endlich dem Tau-
schiren, das uns ja zu dieser Abschweifung veranlaßt hat. Ich
meine die Fabrikation eiserner Kassen. Wenn man aus Spar-
samkeit bei gewöhnlichen Kästen, Thürschlössern u. s. w. sich mit der
Fabrikwaare begnügt, so kann die Frage um einige Gulden mehr
oder weniger doch nicht von Bedeutung werden bei einem Möbel,
das unter keinerlei Umständen wohlfeil hergestellt werden kann
und durch seine Bestimmung selbst Anspruch auf etwas aus-
zeichnende äußere Behandlung hat. Allein mit höchst seltenen
Ausnahmen steht diese ganze Industrie auf dem Standpunkte
des „useful". Die äußeren Eisenwände werden so lackirt, daß
ein Kurzsichtiger aus weiter Entfernung sie wirklich für Holz
ansehen kann, höchstens werden an der Bekrönung einige plastische Schnörkel und Vergoldungen angebracht von einer Ordinär-
heit, um nicht zu sagen Gemeinheit, daß man auch sie noch
ganz hinwegwünschen müßte; Schlösser, Schlüssel, Bänder, die
doch an einem solchen Schranke eine höchst bedeutsame Funktion
erfüllen, sind in der Regel so roh als möglich. Es ist wahr,
vor allem sollen die Schloßvorrichtungen solid und präcis gearbeitet sein, eben so willig Dem gehorchen, der im Besitz des
sinnreich construirten Schlüssels ist, wie unüberwindlichen Widerstand jedem anderen Ansinnen entgegensetzen. Aber der Solidi-
tät und Genauigkeit thut ja ein angemessener Schmuck keinen
Abbruch. Aus der Ausstellung entsinne ich mich nur eines einzigen Versuchs in der Kunstschlosserei nach alter Weise: leider

war es ein richtiges Ausstellungsstück, ein colossales Prunkschloß, welches Nicol. Zamburlini in Ferrara noch unvollendet eingeschickt hatte, und für das er einen ungeheuren Preis verlangt.

Um nicht mißverstanden zu werden will ich noch ausdrücklich daran erinnern, daß hier nur von der Schlosserarbeit im eigentlichen Verstande des Wortes die Rede gewesen ist. Größere Arbeiten für Kirchen= und Palastbauten, wie Gitter, Stiegengeländer u. dgl. werden ja, z. B. in Wien, häufig und vorzüglich in Schmiedeeisen ausgeführt.

Stellten die tauschirten Eisenarbeiten alles, was Spanien sonst noch eingesandt hatte, in Schatten, so konnte doch noch manches andere unser Wohlgefallen erregen, und zwar recht eigentlich nationale Erzeugnisse. So die Mantas, wollene Bett=, Reise= und Pferde=Decken mit reichen farbigen Borduren in Applicationsstickerei; so die in der Ausstellung als Portieren benutzten Decken, die der Spanier wie ein Plaid oder einen Radmantel um die Schultern wirft, sogen. Gobelinstoff in entschiedenen Farben gestreift und mit Posamentierarbeit besetzt; so die aus Faiencestücken zusammengefügten Mosaiktafeln zum Bekleiden der Wände oder der Fußböden, so die Kühlgefäße aus ungebranntem Thon. Es ist interessant, wie diese Flaschen und Krüge aus porösem, das Verdunsten des Wassers begünstigenden Thon aus allen heißen Ländern einander so ähnlich sehen und auf die gemeinsame Heimath, den Orient, zurückweisen. Daß sie gebrechlicher Natur sind, schadet nicht viel, da weder Material noch Herstellung kostspielig ist; man kann sie dortzulande sozusagen für nichts haben und hat sie deßwegen immer frisch zur Verfügung. Und das ist ein Umstand, auf welchen bei den europäischen Fabrikaten zu demselben Zwecke gewöhnlich nicht Rücksicht genommen wird. Bei längerem Gebrauch scheint der Thon die Eigenschaft des Durchlassens zu verlieren und deßhalb erfüllen nur ganz wohlfeile Kühlflaschen ihren Zweck vollständig. Alle Orientalen hatten dergleichen ausgestellt, ferner die Spanier, die Portugiesen, die Brasilianer, nur die Farbe bildete einen wesentlichen Unterschied. Die spanischen Wasserkühler sind wie die türkischen und marokkanischen gelblich, die portugiesischen von einem sehr schönen warmen Roth und in eigenthümlicher Weise mit eingelegten Quarzstückchen ornamentirt, in Brasilien sahen wir silbergraue und gelblichgraue, die sehr einfach aber gefällig mit glasirten Streifen verziert waren.

Uebrigens ist auch Spanien von der Cultur nicht unbeleckt geblieben. Die verschiedenen Prachtmöbel, die über und über mit Festons- aus glänzenden Muscheln behängt waren, hätten wohl als Muster aufgestellt werden können, wie man es nicht machen soll, und die Proben von Stickereien aus spanischen Mädchenschulen hatten glücklicherweise in der Ausstellung öster-reichischer Frauenarbeiten Ihresgleichen nicht.

Der Schritt über die Pyrenäen war auch in der Ausstellung kein großer. Französische Berichterstatter haben bekanntlich die Entdeckung gemacht, daß ihr Vaterland von der Ausstellungs-Commission stiefmütterlich behandelt worden sei. Daß eine der-artige Absicht nicht vorgelegen habe, ist wohl über jeden Zweifel erhaben. Aber auch thatsächlich war ja der französischen Kunst-industrie die Möglichkeit gegeben, sich hinlänglich auszubreiten. Am gewichtigsten und glanzvollsten trat die Bronzeindustrie auf, glanzvoll nicht bloß im figürlichen Sinne. Und eben der monotone Goldglanz, welcher über zahllose Objecte ausgegossen war, hätte uns bald diese ganze Industrie verleiden können. Die mattirte Vergoldung, welche jetzt in Paris besonders beliebt zu sein scheint und in gefährlicher Weise an Eierspeise erinnert, wurde indessen ausgestochen von den blaugrün oder gelbgrün oxydirten Sachen. Ein wahres Monstrum, ein schnäbelndes Möwenpaar, das sich

auf dem Kamme einer Meereswelle wiegt, das Ganze, von einem
impertinenten Blau übergossen, wahrscheinlich als Kaminschmuck
gedacht, ist, wenn ich nicht irre, 30 oder 40 mal verkauft worden, und man möchte wünschen, daß .es in Tausenden von
Exemplaren verbreitet würde, denn je mehr man das Stück
sieht, desto gründlicher muß man desselben überdrüssig werden.
Die Absurdität der Composition würden die Leute ertragen, aber
eine solche Farbe kann niemand für die Länge aushalten. Die
in jeder Beziehung ausgezeichneten Arbeiten von Barbedienne
und Anderen, Musterleistungen des Gusses und der Ciselirung,
haben sich natürlich keines entsprechenden Absatzes zu erfreuen
gehabt; eben diese Partien der französischen Ausstellung waren
aber für unser Kunstgewerbe von hervorragender Bedeutung.
Unsere Bronzeindustrie gehört zu denjenigen Kunstgewerbs-
zweigen, welche rüstig emporstreben; was die künstlerische Richtung anbelangt, braucht sie den Vergleich mit Frankreich nicht
zu scheuen, und wenn sie dem Umfange nach gar so bescheiden
sich darstellte neben den langen, stolzen Colonnen der Franzosen,
so liegt das an allgemeinen Verhältnissen des Marktes. Allein
das kann sie sich nicht verhehlen, daß in der Vollendung, der
Durchführung des kleinsten Details die Franzosen ihr noch weit
voraus sind. Unsern Bronzen fehlt zu oft noch die letzte Feile
im wahren Sinne des Wortes, die musterhafte Ciselirung.

Wie viel an ihren Erfolgen die französische Kunstindustrie
überhaupt dieser Sorgfalt verdankt, ihre Arbeiten nicht aus dem
Hause zu lassen, bevor sie vollkommen adjustirt sind, bevor ihnen
sozusagen das letzte Stäubchen vom Rocke geblasen ist, das läßt
sich gar nicht ermessen. Der alte Aberglaube an den alleinselig-
machenden Geschmack der Franzosen ist eben so überwunden wie
die ehemalige Verehrung jeder von ihnen aufgebrachten politischen
Mode. Aber ihr einziges Talent im Zu- und Herrichten, im

Aufpuzen und Zuftuzen, im Richten und Stellen und Beleuchten um eine gefällige Wirkung hervorzubringen, dieses Geschick kann ihnen auch heute noch Niemand abfprechen. Es ift wahr, die vielbewunderte Zimmerecke mit einer Treppe und Vorhängen und allerlei Möbeln war, genau betrachtet, nur eine Theater-decoration oder allenfalls ein Winkel in dem Atelier eines Malers, der Stoffe und Möbel als Modelle braucht und fie malerifch gruppirt hat; diefe eine Ecke zu einem ganzen Zimmer zu erweitern und zwar zu einem Zimmer, welches auch bewohnt werden könnte, diefer Forderung würde auch der Aussteller felbft, Henri Benon in Paris, wahrfcheinlich ausweichen. Aber mit malerifchem Schick, mit decorativem Talent war die Sache ge-macht. Uebrigens fahen wir die meiften Tapeziere und Decora-teure auch außerhalb Frankreichs, welche ganze Zimmereinrich-tungen zufammengeftellt hatten, in ähnliche Fehler verfallen. Entweder blieb, was fie zeigten, doch nur ein Stück Möbel-magazin, oder, und das trifft namentlich einige in der öfter-reichifchen Abtheilung, es fah aus, als feien die Seffel und Stoffe und Stickereien in der That nur zum Anfehen, beileibe nicht zur Benuzung da. Einer oder der andere Decorateur fchien fich die Aufgabe geftellt zu haben, das Ideal einer Zim-mereinrichtung für Damen zu fchaffen, welche fich ihre Ein-richtung fchenken laffen, mit jeder Saifon eine neue. Darum alles gebrechlich, über und über vergoldet, mit Stoffen in den heiklichften Farben, mit buntefter Stickerei: nach einem halben Jahre wandert das gefammte Mobiliar ja doch auf den Tröbel um einem andern ähnlichen Plaz zu machen. Auf jeden Fall war das rationellere Verfahren das von Haas & Söhne in Wien, welche in den ihren Ausstellungsraum umgebenden Ca-binen nur Wandbekleidung, Portieren und Seffel als Proben einer zufammenftimmenden Einrichtung zeigten, aber, wie nach

dem obigen betont werden muß, einer Einrichtung, welche auf
Benutzung berechnet ist.

Als Curiosa auf dem Gebiete der französischen Möbelfabri-
kation verdienen dem Gedächtniß erhalten zu werden: eine Gar-
nitur aus Canapee und sechs Sesseln bestehend im Stil des
Roccoco — auf jedem Sitz eine Landschaft und in jeder Landschaft ein breiter Wasserspiegel; ferner jene andere, welche auf
Sitz und Rückenlehne solche Bündel todter Vögel zeigten, wie
sie unsere Holzbildhauer gern zur Verzierung der Credenzthüren
benutzen. Es darf dem Geschmacke jedes Einzelnen die Entscheidung überlassen werden, welche Vorstellung die einladendere
sei, sich ins Nasse zu setzen oder auf todte Schnepfen und Hühner.

Komische Einzelheiten solcher Natur würden sich noch ziemlich viele in Erinnerung bringen lassen, allein es wäre unbillig,
da uns keine Zeit bleibt, der Verdienste der französischen Kunstindustrie anders als im Vorübergehen zu gedenken, der Wieder-
aufnahme der Gefäß- und Geräthbildnerei aus Messing, welches
auch für lange Zeit in unverdienten Mißcredit gerathen war, —
der zum großen Theil wenigstens gediegenen Pracht im Lyoner
Seidenhofe, der schönen Schmuckarbeiten und vor allem der
ganz herrlichen Leistungen in der Malerei mit Schmelzfarben
auf Thon, der Arbeiten von Colinot, Parvillée, dem Elsässer
Deck und verschiedenen Anderen. Ebenso beiläufig muß auch die
heute schon banal gewordene Wahrheit wenigstens ausgesprochen
werden, daß das französische Kunstgewerbe durchweg eine Individualität repräsentirt, einen Charakter, der uns vielleicht nicht
in jedem Zuge liebenswerth oder nachahmenswürdig erscheint,
aber immerhin einen ganz bestimmten Charakter, und das ist
bei dem internationalen Wesen, welches im großen und ganzen
die nationalen, besonderen Typen verwischt, immerhin beachtenswerth.

Mit gebührendem Respect an der Demimondeplastik, dem in Marmor übersetzten Journal amüsant vorüberschreitend gelangen wir zu einer Nation, deren ornamentale Kunst fast ausschließlich bei der eigenen Vergangenheit in die Schule geht, die italienische Wer möchte ihr das verdenken, da ja wir andern alle ebenfalls zu jenen Vorbildern emporschauen. Aber es ist doch merkwürdig, daß das Bestreben, den Formen früherer Zeiten ein neues selbständiges Leben einzuflößen, kaum irgendwo uns entgegentritt. In Majolica, in venezianischem Glase, in geschnitztem und eingelegtem Holz, in Gold und Silber und Bronze wird fast ausschließlich copirt, allerdings ganz vortrefflich copirt. Einer von den Gründen dafür mag wohl der sein, daß die Antiquitätenliebhaber aus allen Ländern die italienischen Kunsthandwerker förmlich verleitet haben, Dinge zu machen, die für alt ausgegeben werden können. Jene Art von Kunstfreunden, welchen es thatsächlich nicht um die Schönheit, sondern einzig und allein um das Alter zu thun ist, die das schönste Stück nicht schätzen, wenn sie wissen, daß es gestern gemacht worden ist, sich aber darein verlieben, wenn ihnen der Glaube beigebracht wird, es zähle schon ein paar Jahrhunderte — sie haben die geschicktesten Arbeiter zu Fälschern gemacht, weil sie nur auf diese Weise ihre Arbeit gut bezahlt bekamen. Italien sollte immer und immer wieder alte Gemälde, mit Elfenbein eingelegte Möbel, Majolicaschüsseln aus Florenz, Gubbio, Urbino und den andern altberühmten Fabrikationsstätten liefern, woher endlich nehmen und nicht — selbst machen? Solche geheime oder richtiger anonyme Industrie ist aber zur guten Schule geworden, und wie es scheint emancipiren sich allmählich die tüchtigeren Leute von dem Gebrauch unter fremder Flagge zu segeln in demselben Maße wie im Publikum die Einsicht Boden gewinnt, daß es richtiger sei die Waare verhältnißmäßig wohlfeil vom Fabrikanten zu kaufen, als theuer von

dem Händler, der sie künstlich alt gemacht hat. Zur Ausbreitung dieser Einsicht müssen allerdings die Ausstellungen jener
Unternehmer oder Künstler beitragen, welche von jeher die
Maske verschmäht haben, wie der Marquis Ginori in Doccia
bei Florenz, welcher alle Arten von Majolica fabricirt, Salviati
in Venedig, welcher die venezianischen Gläser und die Glas-
mosaiktechnik wiederbelebt hat, die Goldschmiede Castellani in
Rom, welche antiken Schmuck in so bewundernswürdiger Weise
reproduciren, der treffliche Holzbildhauer Frullini in Florenz
u. a. m. Etwas Neues, das man wenn auch in anderem
Material wohl nachahmen sollte, war die Anwendung von Berg-
krystallblättchen mit Metallfolie als Zierrath an Spiegelrahmen,
Kronleuchtern, Candelabern und dgl. von Feliz Eugeni in Rom
(wenn ich nicht irre). Der metallische Glanz der grünen, rothen
oder violetten Unterlage, gemildert durch die klare Masse des
Krystalls, gibt einen Effect, welcher sich von dem des farbigen
Glases wie des transluciden Schmelzglases ganz wesentlich unterscheidet, und er würde ein noch viel schönerer gewesen sein, wenn
diese Spiegel u. s. w. nicht das unglückliche Rehbraun der
Industriehalle als Hintergrund gehabt hätten. Allerdings ist
Krystall ein so theures Material, daß eine allgemeinere Anwendung dieser Ornamentationsweise dadurch von vornherein ausgeschlossen ist, und ganz ebenso würde Krystallglas schwerlich
wirken, aber immer doch in ähnlich reizender Art. Daß dieses
decorative Element nicht in jedes Zimmer, nicht in jede Umgebung passen würde, versteht sich von selbst.

In den Ländern, welche zunächst folgen, brauchen wir uns
nicht lange aufzuhalten. Weder die Schweiz, noch Belgien noch
Holland boten hervorragendes Interesse. Zur Ehrenrettung des
letztgenannten Landes möge nur erwähnt werden, was ein hol-
ländischer Ausstellungsbericht geltend gemacht hat, daß nämlich

nicht durch die Schuld der dortigen Commiſſion die Pyramide
von Branntweinflaſchen den Ehrenplatz erhalten hatte; ſie war
für die Agriculturhalle beſtimmt und wurde durch die Confuſion
in der Raumvertheilung von dort verdrängt.

Dänemark hat großes Glück gemacht mit ſeinem feinen in dis-
creter Weiſe blau gemalten Porzellangeſchirr und ſeinen Nachahmungen antiker Terracottagefäße. Beide Induſtrien leiſten in der
That vortreffliches, die Terracotten bleiben aber doch eine exotiſche
Erſcheinung am Sunde, wie überhaupt der ganze auf Thorwaldſen
ſich ſtützende Claſſicismus in Kopenhagen. Wäre die Sache den
Leuten wirklich ins Blut gegangen, ſo würden Ungeheuerlich-
keiten unmöglich ſein, wie die Verquickung naturaliſcher Blumen-
malerei mit griechiſchem Ornament. Das beſte was Dänemark
ausgeſtellt hatte, Chriſteſens Goldſchmuck mit Benutzung theils
antiker, theils nordiſcher Motive, war leider auch in den Rotun-
denſchlund geworfen und deßhalb lange nicht nach Gebühr gewürdigt worden. Beſſer erging es den intereſſanten nationalen
Arbeiten aus Schweden; da die Gewebe, Stickereien, der Filigran-
ſchmuck zu den ausgezeichneten Koſtümfiguren verwendet worden
waren, welche jeden Blick auf ſich zogen, haben auch ſie hinlänglich Beachtung gefunden.

Deutſchland ſtellte ſich in der Hauptſache auf dem Standpunkte Belgiens dar, die wohlfeile Maſſenproduktion herrſcht
entſchieden vor, die Mitwirkung der Kunſt wird verhältnißmäßig
ſelten in Anſpruch genommen und mitunter mußte man wünſchen,
dies wäre lieber ganz unterblieben. Es ſei fern ignoriren zu
wollen, daß in verſchiedenen Zweigen des Kunſtgewerbes rüſtig
und verſtändig vorwärts gegangen wird; für unſern Zweck, für
die Frage, was wir etwa von dem Nachbar anzunehmen hätten,
kommen hauptſächlich der Ilſenburger Eiſenguß in Betracht als
ein Mittel ſchöne Geräthformen ſo billig zu reproduciren,

daß auch der weniger Bemittelte sich den Luxus solches Schmuckes
für Schreibtisch, Kamin, Thürsims 2c. gestatten kann; dann die
Grenzhausener grauen Steinkrüge mit blauem Ornament, für welche
die trefflichsten Muster aus früheren Jahrhunderten in Menge vorhanden sind, und die nicht bloß als Luxusgeräth sondern für den
Hausgebrauch sich aufs beste empfehlen; die Arbeiten der ungemein
rührigen Fabrik von Thonfliesen in Mettlach und die Terracotten von
M a r c h in Charlottenburg; die aller Aufmunterung würdigen Versuche von R a v e n é und S u ß m a n n, die Kunst des Email auch in
Deutschland wiederzubeleben, endlich die gelungenen Versuche, den
Serpentinstein, welcher früher fast nur für ordinäre gedrehte Arbeiten
benutzt wurde, für höhere Aufgaben zu verwenden. Den Stein-
und Krystallschleifern im Birkenfeldischen mangelt sichtlich eins:
die Gelegenheit, sich an guten Vorbildern zu schulen.

Wird Rußland in Verbindung mit Kunsthandwerk genannt,
so denkt man an Malachit und Tulaarbeiten. Was den ersteren
anbetrifft, so dürfen wir uns wohl dazu gratuliren, daß dieses
Material, dessen hartes, vorlautes Grün das strengste Maß in
der Anwendung bedingt, uns nicht zur Verfügung steht, daß wir
also vor der Gefahr bewahrt sind, es so zu verschwenden wie die
Russen thun. Daß wir den Proceduren, welche durch die sogenannten Tulawaaren in Uebung erhalten wurden, als fast die
ganze übrige Welt sie vergessen hatte, daß wir dem Niello u. s. w.
reichlichere Pflege bei uns wünschen, kam schon früher zur Sprache.
Nur mögen wir vor einer russischen Mode behütet bleiben, vor
den silbernen Servietten in goldenen Körben. Zum Glück
existiren bei uns die rituellen Gebräuche, welche zu solcher Stil-
widrigkeit den Anlaß gegeben haben, nicht in einem Maße, daß
die Industrie es verlohnend finden könnte, auf sie besonders
Rücksicht zu nehmen. Auch die russischen Thonwaaren, die
Krüge und Schüsseln, welche in Form und Bemalung sich so

streng an hölzerne Vorbilder anschließen, daß sie oft genug für Holz angesehen worden sind, werden unsere Keramik wohl nicht von ihrem Wege ablenken. Die interessanteste Partie der russischen Ausstellung in der Industriehalle war diejenige, welche eigentlich nicht dahin gehörte, nämlich die Proben altrussischer Gewebe und Stickereien und Thonfliesen, Schätze nationaler Kunst, welche nach und nach als Muster für die heutige Industrie wieder lebendig gemacht werden. Auf diesem Gebiete war auch in der rumänischen Abtheilung viel Schönes zu finden.

So ständen wir denn, da Griechenland unsern Schritt nicht zu hemmen vermag, an der Schwelle des Orients. Sollte hier noch einmal Revue passiren, was Tunis und Marocco, Persien und Aegypten, die Türkei, China und Japan, was in der Abtheilung der französischen Colonien Algier und Cochinchina an Wunderwerken hergesandt hatten, sollten charakterisirende Parallelen gezogen oder gar die technische Seite erörtert werden, so würden wir das Doppelte unseres Raumes in Anspruch nehmen müssen. Auch haben wir schon wiederholt Veranlassung gehabt einen Blick vorauszuwerfen nach dem Osten. Ein Unterschied zwischen dem eigentlichen Orient und den ostasiatischen Ländern war wohl sehr auffällig. Das beste, was jener uns gesandt hatte, waren keine Werke der Gegenwart. Die wundervollen persischen Metallarbeiten, getrieben und niellirt, die Miniaturen und Emailmalereien ebendaher, werden heutzutage nicht mehr gemacht; ebenso muß man in Afrika u. s. w. schon nach dem Alten suchen, nicht weil es alt, sondern weil die Neueren im Stilgefühle und in der Fertigkeit Rückschritte machen. Die Anilinansteckung wurde schon erwähnt. Allerdings werden auch chinesische und japanische Arbeiten älteren Datums höher geschätzt als die heutigen. Aber von einem Absterben oder Zurückbleiben ist da im großen und ganzen nicht die Rede. Ja, wenn

der plötzlich erwachte Reformeifer der Japaner Manchem Besorgniß einflößte, daß sie nun auch in ihrer Kunst geringschätzen
würden was sie besitzen und können, auch ihre Kunst in ein
ihr schlecht passendes europäisches Gewand stecken möchten, so
scheint eben die Wiener Ausstellung diese Gefahr beseitigt zu
haben. Die Künstler und Techniker, welche den Sommer in
Wien verlebt haben, sind zu der Ueberzeugung gekommen, daß
sie im wesentlichen bei ihrer Weise bleiben müssen; sie wollen
unsere Stile studiren ihrer künstlerischen Ausbildung halber, aber
nicht behufs der Verdrängung ihres heimischen; sie werden bei
ihrer ganz außerordentlichen Gelehrigkeit und Aneignungsgabe
gewiß mancherlei von dem Gesehenen benutzen, und vielleicht
nicht immer glücklich. In der Hauptsache aber scheinen sie ganz
rationell vorzugehen. Für ernster halte ich die Gefahr, daß die
Umwandlung der Lebensverhältnisse, die Einführung des Fabrik-
wesens es nach und nach unmöglich machen wird, gewisse
Kunstweisen wie bisher zu pflegen, da dieselben von der äußersten
Wohlfeilheit des Lebens und der Bedürfnißlosigkeit der Arbeiter
bedingt sind. Das ist uns eben auf dieser Ausstellung klar geworden, daß in China bereits eine Arbeiterklasse existirt, die ihr
Tagewerk verrichtet um zu leben, während der Japaner ein
Künstler ist, der Freude an seinem Werk hat, unfähig ist, nach
der Schablone zu arbeiten. Ueberhaupt haben wir gelernt, daß
Chinesisch und Japanisch, das man früher in einen Topf zu
werfen pflegte, sehr wesentlich von einander verschieden ist, und
daß die japanischen Arbeiten fast durchweg auf einer höheren
Stufe stehen.

Auf einen Punkt hinzuweisen, kann ich mir allerdings nicht
versagen: der allgemeine Glaube, daß die Japaner keinen Begriff von Perspective haben, ist uns jetzt als Aberglaube gezeigt
worden, hervorgerufen durch die wohlfeile Marktwaare an ge-

malten Fächern u. dgl., welche in so großen Massen herüberge-
bracht worden sind, und anderntheils dadurch, daß die Japaner
bei dem Decoriren ihrer Porzellane u. s. w. in ganz richtigem
Gefühl die Perspective nicht anwenden wollen. Aber eine
Sammlung Aquarelle, von Künstlern in Jeddo auf Seide gemalt, beweisen, daß diese die Linear- und die Luftperspective ganz
eben so gut kennen, wie die europäischen Collegen. Diese
Aquarelle erregten überhaupt die volle Bewunderung Aller, denen
sie zu Gesicht kamen, wegen der feinen Naturbeobachtung, der
Sicherheit in der Zeichnung und der Delicatesse in der Farbengebung. Das Studium der menschlichen Figur ist nicht die
starke Seite der japanischen Maler. Dafür sind ! Pflanzen,
Vögel, Fische mit einer gradezu stupenden Virtuosität behandelt,
und aus den landschaftlichen Stücken spricht die feinste poetische
Empfindung und künstlerische Auffassung. Diese Leute dürften
uns noch viel zu rathen aufgeben! —

Wenn in dieser flüchtigen Ueberschau nicht ausdrücklich des
österreichischen Staates gedacht wurde, so erklärt sich das aus
dem Orte, wo die Vorträge stattfanden und aus dem Antheil
eben des Oesterreichischen Museums an allen fortschrittlichen Bestrebungen der österreichischen Kunstindustrie. An anerkennenden
Beurtheilungen durch Unbetheiligte hat es dieser nicht gefehlt.
War doch die Ausstellung nur dadurch möglich geworden, daß
die heimische Industrie um der Sache willen ohne Besinnen
Opfer brachte, von deren Größe nicht allein das Publikum,
sondern häufig wohl auch Diejenigen, welche solche Opfer als
etwas selbstverständliches forderten, keine deutliche Vorstellung
haben.

Druck von Gebr. Unger (Th. Grimm) in Berlin, Schönebergerstraße 17 a.

Das

Sinnen- und Seelenleben

des Menschen

unter den Tropen.

~~~~~~

Vortrag, gehalten in der Aula des Gymnasiums zu Schwerin
vor dem wissenschaftlichen Vereine

von

Dr. Franz Engel.

Berlin, 1874.

C. G. Lüderitz'sche Verlagsbuchhandlung.

Carl Habel.

„Und als das Wasser geschieden war von dem Lande, und die Erde aufgehen ließ Gras und Kraut und fruchtbare Bäume, die da Früchte trugen und sich besameten, ein Jegliches nach seiner Art; als es Licht geworden, und die Feste, genannt der Himmel, geschieden war von Land und Meer; als die Erde hervorgebracht lebendiges Gethier: Vieh, gefiedertes Gevögel, Gewürm, ein Jegliches nach seiner Art, — — da schuf Gott den Menschen, ihm zum Bilde." —

Zuletzt, als das Werk der Schöpfung — bis auf ihn — vollendet war, da ward der Mensch, und ob er auch ward ihm zum Bilde, konnte er doch nur nach festen Voraussetzungen und Naturgesetzen in die Welt der Erscheinungen eintreten und in ihr erhalten werden; denn, hervorgegangen aus den Elementen der Natur, ist auch er unablöslich eingefügt in die Natur, in unablöslichem Zusammenhange eingereiht in die ganze Kette ihrer Kräfte und Erscheinungen, von den Sonnen und Planeten am Firmamente an bis zu den geringsten und niedrigsten Organismen auf der Erde herab.

Selbst an das geringste grüne Zellgewebe zu seinen Füßen ist sein Dasein in unverrückbarer Abhängigkeit geknüpft, denn

alles organische Leben auf der Erde würde eine Unmöglichkeit
sein ohne die Präexistenz auch nur des kleinsten Pflanzenhalmes,
den das leiseste Lüftchen bewegt, — der Mensch eine Unmöglichkeit ohne den, an die grüne Pflanzendecke der Erde geknüpften
festen, fertigen Bestand aller ihrer physischen Kräfte und Erscheinungen.

Und nicht allein der physische Mensch, auch seine geistige
Eigenart entwächst den kosmischen Kräften und Erscheinungen
unseres Planeten; die Schwingen, welche die Psyche emportragen
über die organische Welt, haften doch in der Raum- und
Wirkungssphäre eben dieser organischen Welt, und nehmen die
Kraft und die Richtung ihres Fluges aus dem Bannkreise der
Sinnesempfindungen. — In dem sinnlichen Auge liegt die innere
Welt der Vorstellungen; wie die Wahrnehmungen, Empfindungen
und Erfahrungen, die Erreger und Erwecker des Geisteslebens
durch die Thore der Sinne eingehen zu dem Bewußtsein, so
geht auch das bewußte Ich wieder in die Welt der Erscheinungen
zurück; und wie die Aufnahme und Aneignung der materiellen
Substanz, webt sich auch die materielle Faser; je nach dem
geographischen und dem zonalen Naturgepräge sind die Menschen
in Völker gegliedert, geographisch und ethnographisch von einander getrennt, ist der Mensch bedingt und bestimmt in seinem
Sinnen- und Seelenleben.

Freilich bilden und formen nicht allein und ausschließlich die
physischen Kräfte, sondern ebenfalls ursprüngliche Raçenanlage
und viele andere, unbekannte innere Motive den Menschen zu
Dem, was er ist hier und da; und ob er auch kraft seiner
geistigen Durchfüllung sich über den Stoff, an den er gebunden,
emporhebt, und nicht in die Natur, in welche er eingefügt, hinab-
steigt, sondern dieselbe zu sich, zu dem Geiste emporzieht, so

hangen doch Charakter, Temperament, Gemüthsstimmung, die
geistige Eigenart größtentheils von der Naturumgebung ab;
wandelt er, als selbstbewußte und willensfreie Macht in der
Natur, auch gewissermaßen das äußere Gewand der Natur um nach
seinem Willen und seinen Existenzansprüchen, überträgt er seine
Eigenart bis zu einem gewissen Grade auf die Natur, so vermag
doch auch er sich nicht der Verähnlichung durch sie zu entziehen,
und gleichwie er sie zu sich, zu dem Geiste emporzieht, so formt
doch auch sie ihn wieder nach ihrem Bilde.

Nur unter dem freundlichen Himmel des Mittelmeerbeckens
konnte der heitre Olymp Wohnung, und nur Raum finden in
der sinnlich gefärbten Lebensheiterkeit der Bewohner jener anmuthigen Gestade und paradiesischen Inseln; — nur mit den
ernsten und großartigen Gestalten ihrer Nordlandsgötter, mit den
Walkyren und weisen Frauen konnten die gemüthsinnerlichen und
gedankenschweren Germanenvölker ihre dunkeln Tannen-, und
tiefschattigen Eichen- und Buchenwälder bevölkern; — nur die
Gärten der Hesperiden lauschen dem Murmeln blanduftischer
Silberquellen, und nur die nebelrauchenden, nordischen Moore
und Erlenbrüche sehen Erlkönig schweifen durch Nacht und
Wind. — Und wiederum an der grauen Schlammfluth des Nil
und dem blendenden, nackten Flugsande der Wüste betet der
Aegypter zu seinen Mumien und dem ungeheuerlichen Typhon; —
an den öden Landseegestaden und auf den dürren Stein- und
Schädelstätten von Tabor und Zion betet das Volk Israel zu
dem strengen und zürnenden Jahve des Sinai; — in der Wüste
Syriens wandelt sich der anfänglich gütige und gnadenspendende
Palmengott bald in den theokratischen Pontifex mit königlichen
Attributen um; — und so trocken, stumm und starr, wie die
Mumien und das Antlitz der Natur: so trocken, steif und er-

drückend auch die Pyramiden, die Obelisken, die Tempel, die
Labyrinthe und Mausoleen; so erstarrt auch der Gedanke, so ver-
düstert die Religion, so versteinert alle Lebensformen, so passiv
und leidend endlich der Mensch. — Durch die Harfen Ossians
und Anakreons, durch die Psalmen David's und die Lyra des
Osiris rauscht der schwere und der leichte, der heiße und der
gedämpfte Odem der umgebenden Natur, und ihre Klänge und
Gesänge leben in den Pflanzen und den Thieren, den Bergen
und Thälern, dem Lichte, der Luft und dem Dufte, der auf der
Ferne ruht, in dem Farbendunkel und der Farbenpracht, dem
Himmelssaphir und dem Flursmaragd, in der Lüfte Hauch und
dem Wiesenrauch, in allen den Elementen, welche die Landschaft: —
das Antlitz der Natur gestalten. —

Nie und nirgends aber macht sich der Einfluß der physischen
Kräfte und Erscheinungen auf das Sinnen= und Seelenleben so
geltend, wie unter dem glühenden Strahle der Tropensonne, wo
Licht und Luft und Farbenduft, der Ausdruck ewiger Ruhe und
Heiterkeit einen Schimmer der Verklärung breiten über Himmel,
Land und Meer, der sich den innersten Schwingungen des
Gemüthslebens unmittelbar mittheilt, wie ein psychisches Agens.
Da, unter der Sonnenwende, geht über die Menschenstirne auf
und nieder Tag und Nacht immer gleich heiter das eine, wie
das andre Mal. An jedem Morgen, wenn es erwacht, wird das
Auge überschüttet von magischen Anblicken und entzückenden
Sinnesempfindungen; auf Flügeln flammender Morgenröthe
schwingt sich am — selten einmal bewölkten — Himmel das
immer gleiche goldene Licht empor; vor seiner hellen Leuchte
zerrinnen die Sterne, wie der Schnee von den Bergen schmilzt,
und immer glänzender fluthet das Licht über die tiefe reine
Himmelsbläue. Alle Farbenpracht, die je ein Mährchen träumen

mag, prangt an dem Morgenfirmamente, und von jedem Blatte, aus jeder Blume funkelt und strahlt sein Glanz zurück. Allgewaltig zieht die Majeſtät des Schönen den Menſchengeiſt in ihre Sphäre hinein; hier, unter ſolchem Himmel, iſt Leben, was im blaſſen Norden Traum; hier Glanz, was dort Schimmer; hier Schauen und Empfangen, was dort Ahnen und Vorempfinden iſt. Der Menſch wohnt nicht nur auf der Erde, er lebt, er haftet mit allen Sinnen, mit ſeinem ganzen Weſen in ihr, wie das Kind am Mutterherzen; ſein Begehren, Verlangen, Sehnen nach Ausfüllung des Lebens findet keine ſpröde Abwehr; ihm iſt die Erde keine Fremde, er keine Waiſe auf ihr; ſie iſt ihm Heimath, voller Beſitz, ihm hingegeben und vermählt.

Und ſtill wieder ſinkt die eine, wie die andere Nacht herab. Vom dunkeln Tropenhimmel leuchten die Sterne in einer Fülle des Lichts und einer Ruhe des Glanzes nieder, welche das Gemüth tief ergreifen; und das Auge ſieht in den dunſtfreien, klaren Weltenraum, wie in einen durchſichtigen Kryſtall, hinein; kein Hauch, kein Nebelflöckchen legt ſich zwiſchen Stern und Stern und ſcheidet die eine Welt aus dem Raume der andern Welt. Tiefer Friede, lauſchende, gedehnte Stille, idylliſche Ruhe und Freundlichkeit athmen aus der Tropennacht, und das Gemiſche von Majeſtät und Anmuth, welches ſich um ihre Erſcheinung breitet, ergreift alles bewußte und empfängliche Weſen wie ein ideales Walten und Weben und Aufwärtsheben. Jedes kleinſte Geräuſch durchdringt das Schweigen der weiten Ferne, und ſelbſt die raſtlos arbeitende, urkräftige, gefühlloſe Natur ſcheint ihren Odem anzuhalten. Vielleicht, daß der Gießbach melodiſch durch Palmen und ſchwebende Baumgraswieſen rauſcht, und ein fernes von den Sinnen kaum aufnehmbares Tönen geht, wie ein geiſterhaftes Wehen, durch den Wald; oder der weiche, feuchte Nachthauch streicht über das freie, pflanzenleere Land, das in dem Dunste der nächtlichen Erdstrahlungen und dem weißen, leuchtenden Lichte der Sterne unter der tiefen Bläue des Himmels daliegt, wie ein wallend Silbermeer.

Das ist das Antlitz der Natur, in welches der Tropenmensch hineinsieht; das sind die Färbungen und Stimmungen, die sich ausspiegeln in seiner Seele.

Aber doch sind diese Spiegelungen verschieden je nach dem Gewande, das die Erde trägt: — ob diese kahl oder pflanzen-arm unter dem glühenden Sonnenstrahle liegt, oder ob ein dichter Pflanzenteppich um ihre nackten Glieder gewoben ist. Da, wo die Fülle das Auge überschüttet, die Sinne gefangen nimmt, geht der Mensch aus sich heraus; da, wo der Blick in die Leere schweift, kehrt er aus der Leere zurück in das eigene Selbst; dort schwimmt die Seele auf den Sinnen, hier spinnt sie sich in ihre Betrachtungen, in ihre Visionen und Träume ein. Daher ist die Wüste das Land der Visionen Muhamed's, der Huriparadiese, des Fanatismus und der Geißelung, der Ritterlichkeit und der Knechtung; ist das Treibbeet der 1001 Nacht-Wunder, der rauschenden, in Pracht- und Prunkgewänder gekleideten Phantasie, der Parabeln und Mährchen, der Wort- und Redegeflechte aus Sonnen- und Sternen-, aus Gold- und Edelsteingefunkel, — und der Bannkreis der Erstarrung, Selbst-knechtung und Abtödtung in aszetischer Beschaulichkeit; ist der Gluthheerd der träumenden Seele; die Wiege der Kultur und Religionen; der erwachende Morgen des Menschengeistes. — Daher ist der Urwald das Land der Geschichtslosigkeit, der bettelnden Muse, der haftlosen Sage und Dichtung; ist die Wiege des Eintaglebens und Augenblicksgedächtnisses, des rohesten, form-losen Aberglaubens und unbeweglichen Unglaubens, der Wort-

und Phantasiearmuth, ist die Heimath der Wildheit und Verwilderung, des Giftpfeiles und Tomahawks; das Asyl des rohen
Naturrechts und religiösen Stumpffinnes; das schwüle Brutlager
des Sinnenrausches, der Sinnenseele; die Wüste und die Nacht
des Menschengeistes.

Wenn der Beduine neben seinen gazellenschmeidigen Stuten
an der rieselnden Quelle unter dem Dattelbaume lagert, über sich
in der dunstlosen dunkeln Bläue die leuchtenden Sterne oder die
nie umwölkte, glühende Sonne und unter sich den unbegränzten,
heißen, blendenden Wüstensand, um sich her seine Weiber und
Kinder und Stammesverwandte, sein wanderndes Haus und
wanderndes Dorf, wo er aufwuchs, alterte, ergraute und sich
niederlegen wird zur letzten Ruhe, — dann erhebt sich vor ihm
aus dem Licht und Glanz, aus Glast und Gluth in dem stummen, leblosen unbegränzten Raume die greise, silbergelockte Sage
im farben- und faltenreichen Gewande und blitzenden Geschmeide
und beugt sich mit tönenden Harfen über ihn, wie sie — endlos
vor ihm — die Schläfen der Väter und Urväter mit Traumbil-
dern umwoben hat; und in dem weiten leeren Raume, wo er
außer sich selbst nur den Menschenlaut und das Menschenangesicht
wahrnimmt, stört keine überschüttende Fülle von Erscheinungen,
keine tausendfältig belebte Außenwelt sein Versunken- und Ver-
gessensein in das All, seine Visionen und Contemplationen; Gegenwart, Vergangenheit und Zukunft öffnen ihre redenden
Lippen.

Jedoch da, wo die buntgefleckte Katze durch nie entlaubte
Wälder schleicht; wo der Himmel seine geliebkoste Erde mit pran-
genden Reizen, ewiger Jugendschöne, vielgestaltigen Lebensorga-
nismen ohne Ende überschüttet; wo Fülle und Masse und Leben
auf Leben gehäuft, das Auge verwirren, die Sinne zerstreuen

und die Seele hineinziehen in die hin- und hertreibenden Sinnesempfindungen; wo der Gedanke an den ewigen Augenblicksgestalten haftet: — da findet die Betrachtung und Beschaulichkeit,
die spähende Sage und spürende Geschichte, die sinnende Muse
keine Stätte.

Um diese Ranken und Blüthen der dichtenden Phantasie,
der philosophirenden Beschaulichkeit, der religiösen Erweckungen
in eine feste, durchgeistigte Form, in Cultus und Symbole zu
fassen, dazu war kein Boden von der Natur so günstig vorbereitet und angelegt, als das Land der glühendsten Himmelsfarben
und — des öden, endlosen Sandwüstenmeeres; und nothwendig
mußten dort diese Ranken emporwachsen und haften an der ein-
zigsten Lebenserscheinung, welche in das stumme, leere Nichts
hineintritt: — an der Palme, die noch da, wo der glühende
Sand allen Saft verzehrt, in der flimmernden Sonnenluft ihre
saftvolle Krone wiegt und Frucht und Fülle ohne Ende treibt.
Unter den Palmen Asiens und in den Ländern, welche die Heimath der Palmen umgränzen, stand die Wiege der ältesten Men-
schenbildung. So weit die geschichtlichen Spuren hinabreichen,
hat in Arabien, diesem Lande des Himmelbrillants und der Erden-
wüsten, der Palmenkultus das religiöse Bedürfniß des Menschen
genährt; und noch heute finden sich dort Fragmente dieses Kultus.
Der ursprünglich in dem warmen und für das warme Klima
geschaffene Mensch ward gleichsam an den Brüsten der Palme
groß gesäugt; alle Bedürfnisse der ersten, einfachsten, unbeschützten
Existenz finden in der Verwendbarkeit aller ihrer Organe ausreichende Befriedigung; sie reicht dem nackten Dasein die erste
Nahrung, hüllt es in Gewandung ein, überdacht seine Schlaf-
stätte; Alles an ihr ist verwendbar. Da nun, wo die Dattelpalme in der todesstummen leeren Schöpfungswüste den Menschen

allein an Leben und Gestalt außer seinem Dasein erinnert; wo
sie die Quelle hütet, die ihn vor dem Tode der Verschmachtung
bewahrt; den Schatten spendet, der den Sonnenbrand von seiner
Stirne zurückwirft; das Brod in ihrer Frucht bereitet, das ihn
ernährt, und so allein sein Dasein möglich macht in der Wüste:
— da wird sie Gnadenspenderin, Vorsehung und gütige Gottheit selber, die aus den Lichtstrahlen des Himmels herabgestiegen
und sich der Erde angetraut hat zum Schirme und Schutze des
schutzlosen Wüstensohnes. Und außer diesen segensreichen Eigenschaften der Existenzvermittelung begeisterte sie als die Verkörperung und das Symbol vollendeter Schönheit und Schöpfungs-
kraft, — gleichsam als eine plastisch gebundene Musik, — den
ethischen Menschen zu jener kindlich frommen, beseelenden Verehrung, zu welcher der Genius des Schönen und Guten die
Empfindungen des Menschen hinanträgt. Und wenn die Luft,
der Hauch Gottes, sich regt, leise durch die Blätter rauscht, sie
auf und ab und hin und wieder neigt: — dann verkündet der
Palmengeist seine Gegenwart, und der Priester senkt sein Angesicht zum Staube und lauscht der Stimme Gottes und verkündigt
den Andächtigen seine Offenbarungen.

Da aber, wo die Sinne von Gegenstand zu Gegenstand
schweifen, von Eindruck auf Eindruck zerstreut und in Anspruch genommen werden, da sammeln sich Licht und Glanz und
Glast und Gluth der Tropenlüfte nicht in einem einzigen Brenn-
punkte, sondern prismatisch zerlegt und streut sie der Mensch in
alle ihre Strahlen aus; da absorbirt die Natur den Menschen
und macht ihn sich zum Abbilde; der Geist zieht sie nicht zu sich
empor, er wird zu ihr hinabgezogen. Statt Verinnerlichung:
— Versinnlichung; statt Contemplation, Hymnus, Religion:
— Verflüchtigung und Verflachung, Augenblicksleben und Sinnen-

genuß; statt Schöpfung aus der eigenen Tiefe des Wesens: — Uebertragung, Aneignung, Anlernung von außen. Künstliche Lehre, künstliche Zucht und Sitte, fremdartige Anschauungen und Vorstellungen sind auf den Wildling gepfropft, aber nicht mischt sich der eine mit dem andern Saft, sondern mit dem eingeflößten fließt der natürliche Strom, neben der fremden Zucht treibt der Naturalismus seine üppigen Ranken. In dem Sinnenmenschen lebt die vielgestaltige Gottheit, — der Sinnengott, — und jedem ihrer Attribute, deren so viele sind, als Reize auf die Sinne wirken, erbaut er besondre Altäre. Und ist das Volk, das in diese Kräfte und Einflüsse hineingestellt wurde, überdieß noch, wie unter den Tropen Amerika's, mit dem wir uns nun weiterhin ausschließlich beschäftigen werden, ein Gemenge der verschiedensten Racen des Menschengeschlechts; sind durch Kreuzungen der physischen und psychischen Sonderheiten und Gegensätze fast ebenso viele Abarten, wie Individuen, hervorgegangen; erscheint das Individuum wiederum durch Individualismen in sich zersetzt: — welch' eine Mannigfaltigkeit und Verschiedenartigkeit, Beweglichkeit und Wandelbarkeit von Lebensäußerungen reihen sich da aneinander! Seinem Verständnisse unerklärbar, starrt der denkende Mensch in dieses Wirrsal von fast beunruhigenden Erscheinungen und Wahrnehmungen, auf diesen dem bildenden Drucke der Hand ewig weichenden Stoff, auf das anfang- und endlose Bewegliche hin, und der Wahnwitz, das Räthsel der Räthsel, das Wunder der Wunder, — den Menschen, — einzuzwängen in System, Schablone, Schema, feste Begriffsform, wird ihm immer klarer zum Bewußtsein.

Wie der Beduine in der Wüste sein Zelt, so schlägt dieses Volks- und Racenkonglomerat in den üppigen Fruchtgärten der immergrünen Sommererde seinen kleinen Haushalt auf. Das Haus

hat keine Bedeutung für das persönliche Leben und das Familienleben, hat nur den einen, ganz äußerlichen Zweck, gegen Sonne
und Regen als Schirm, gegen die feuchte Nachtluft als Zelt und
zur Aufnahme der geringen Vorräthe und Werthgegenstände als
Behälter zu dienen. Rings um die Hängematte, welche zwischen
den offenwandigen oder leicht vergitterten Stützpfählen des Daches
schaukelt, reift in der entwaldeten Erde das einheimische Korn,
der Mais, mehrere Erndten im Laufe eines Jahres, reift unaus-
gesetzt das tägliche Brod in der Banane, in der Kakaobohne, der
mehlreichen Yuccawurzel, dem zuckerhaltigen Rohre und andern
Nahrungspflanzen mehr. Und so heiter, wie Tag und Nacht
auf- und untergehen über den Bananen- und Brodfruchtbaum,
so leicht und würzig, wie die Lüfte um die Palmen wehen, so
unbeweglich und eindrucksvoll der Himmel auf die Erde nieder-
leuchtet: — so leicht und beweglich flattern die Sinne über dem
unbewegten Grund der Seele, so frei und heiter schweift der
haftlose Gedanke über der ruhigen Oberfläche des Gemüths, so
lust- und genußvoll athmet die Brust das volle, warme, sinnlich
genährte Leben ein.

Zwischen Arbeit, — zeitweise hastiger und ungestümer Arbeit und langdauernder träger Ruhe; zwischen mager Traum- und
aufregender Genußschwelgerei; zwischen Ueberfluß und Mangel;
rastlosem Jagen und Streifen durch Berg und Strom und Feld
und Wald und gedanken- und thatlosem Rasten und Säumen
am rauchenden Heerd bewegt sich das Leben des Mannes im
gleichmäßigen Kreislaufe der Tage, Wochen und Jahre, unter
wechselloser Gleichmäßigkeit der Tag- und Nacht- und Jahres-
erscheinungen, im unausgesetzten und ungebundensten Umgange
mit der Natur und unter ihre beständige unmittelbare Einwirkung gestellt. Nur der Arbeit unterwirft er sich, welche zu sei-

nem Lebensunterhalte unbedingt nothwendig ist; dem Begriffe des „Nothwendigen" aber giebt er eine sehr unklare und dehnbare Fassung; Dinge, die der anspruchslosesten Mittellosigkeit unter uns eines Menschen nicht mehr würdig erscheinen, betrachtet er als Ueberfluß, und wiederum hegt und befriedigt er Gelüfte, welche einem guten Haushalter verschwenderisch erscheinen. Wenn aber die buchstäbliche Befolgung des Evangelium, nicht für den morgenden Tag um essen, trinken und kleiden zu sorgen, gut und löblich ist, so erwirbt sich unser Mitbruder unter den Tropen die Krone des Verdienstes, denn er fragt und sorgt kaum für den heutigen, geschweige denn für den morgenden Tag.

. An der Feuerstelle, welche nie erkaltet, schaltet und waltet das Weib; da stampft sie den Mais und den Reiß, röstet sie die Arepa und das Bananenbrod, nährt sie und wiegt sie die Kinder in Schlaf; da schafft und sorgt sie für den Gebieter, den sie als Magd fürchtet und doch liebt als Weib, der volle Gewalt über sie hat und diese ausübt mit herrischem Eigenwillen und der Launenhaftigkeit des Halbwilden, und zu welchem sie doch aufblickt mit heißen Sinnen und weiter nichts weiß und begehrt, als seine Gunst und Zärtlichkeit.

Sie folgt ihm, wie ein Hündlein nach, sie läßt sich stoßen, treten, mißhandeln; sie krümmt sich winselnd zu seinen Füßen; schweigt, wenn sie nicht reden soll, redet, wenn er ihre Stimme verlangt; kommt zu ihm, wenn er sie lockt, tritt zurück, wenn er sie abweist, und harrt, bis er sie wieder verlangt. Und wenn er sie zu sich emporzieht und mit sich nimmt zu Spiel und Tanz, dann schnellt sie elastisch auf aus Ruß und Asche, und durch jede Fiber und Faser zuckt — nach schwüler, träumerischer Ruhe — ungestüm die Genuß- und Lebenslust. Hinunter eilt sie zu der rauschenden Wasserschlucht, und wie ein eingesponnener Schmetter-

ling, der die Schuppen abgestoßen und seine Fittige ausbreitet
am Sonnenstrahl, entsteigt sie dem lauen Wellenbade unter
duftigen Myrten= und Lorbeerlauben, geschmückt und gesalbt,
eingehüllt in luftig=flatternde oder rauschend= aufgebauschte Ge=
wänder, umhangen von blitzendem und klirrendem Flitter, vom
Scheitel bis zur Zehe Begierde, Freude, Lust und Genuß.

Die Magd, die Frau, die Mutter, — Alles ist vergessen,
und nur das Weib lebt, wenn die Lust durch alle Wipfel und
Gipfel rauscht. Wie das begehrliche, im heitern Sinnenrausch
athmende und schlürfende Geschöpf als aufknospendes Mädchen
im blinkenden Putz und Flitter die Funken der Freude gehascht,
— dann die welken Blumen aus dem Haar geworfen, das zer=
knitterte Flügelkleid an die Dornen gehängt, das Magdgewand
aufgenommen, so flattert und schwirrt es nun wieder, wie ein
aufgewirbelt Blatt, an die sprühenden Funken zurück, macht be=
rauscht und schlürft den Rausch, nimmt und giebt, sinnt und
fühlt mit den unvergänglichen Empfindungen der Jugend, ob auch
der Lenz längst von den Zügen gestreift und die Mittagssonne
über den Scheitel gegangen.

In dem Festgedränge nun mischen sich die hellen und dun=
keln Tinten des Menschenangesichts durcheinander, wie Tag und
Dämmerung. Da zeigt sich in der Ferne, aus vornehmer Zurück=
gezogenheit das lichtfarbene Enkelkind aus Castilien's Burgen
und Sevilla's Gärten, über dessen schneeweiße Büste der heiße
Athem der Tropensonne einen durchsichtig=blaßgelben Alabaster=
schimmer gehaucht; — da bläht und spreizt sich der schmächtige
Mestize, wie ein Pfau, mit seiner angemaßten Abstammung
aus dem Conquistadoren=Geblüt und seiner eingebildeten weißen
Hautfarbe: — denn weiß sein, heißt schön sein, ausgezeichnet
und gefürstet sein durch die Geburt, ein Günstling des Himmels

und Gebieter auf Erden. Der farbige Paria nimmt dieses Bekenntniß und diese Erkenntniß schweigend auf, aber grollt der
Natur, die ihn niedriger geschaffen und aus dem mütterlichen
Herzen gestoßen hat. Da sinnt der trotzige, brutale, in Laune
und Leidenschaft unbändige Zambo, diese verwahrloste, ver-
kommene, von Vater und Mutter verwünschte und verstoßene
Menschsprossung aus Neger= und Indianerblut auf eine finstre
That; — da höhnt und verachtet ihn der gluthäugige, höher
beanlagte und elastisch gegliederte Mulatte, denn er ist geadelt
durch das Blut des weißen Mannes, das zur Hälfte mit dem
afrikanischen Blute in seinen Adern rollt; doch aber ist er zu
seinem Verdrusse mit dem wollig gekräuselten Haar seiner Mutter
gezeichnet; — da verharrt in ruhiger, mißtrauischer und beobach=
tender Zurückhaltung der kupferfarbene Sohn der Wälder und
Berge, der Indianer, und läßt seinen melancholisch=umschleierten
Blick apathisch über seine Umgebung fallen; — aber, wie der
Staub von der Straße aufwirbelt und sich über alle Gegenstände
ablagert, so tritt der, vom Feuer der Sinnlichkeit durchwühlte
Sproß Aethiopien's zudringlich, frech, albern, verschlagen und
immer karrikirt in den Vordergrund und legt sich, wie eine
Wucherpflanze, über jeden Boden, auf den sein heißer Odem
fällt. — Sie Alle aber sind von den flatternden Schwingen der
Sinne bewegt und getragen, wie das Flämmchen im leichten Spiele
der Lüfte flackert, wie das seichte Gewässer in beständiger Be=
weglichkeit über den unbewegten Grund hinfließt.

Und immer stürmischer rauschen die Guitarren und Marac=
ca's und zieht der Fandango seine verschlungenen Kreise; immer
ungestümer kreist die Trinkschale mit der berauschenden Chicha
und dem unheilvollen Feuerwasser von Mund zu Mund und
treibt das natürlich heiße Blut nun siedend durch die pochenden

Schläfen. Aus den dunkeln Augen sprüht unheimliche Gluth;
die zuckenden Nüstern, die feucht glänzenden Lippen athmen wilde,
trunkene Gier; jede Schlingung und Windung der Glieder ist zur
lebendigen Plastik der Empfindungen, die Seele zu Fleisch und
Bein geworden. Feuriger Farbenduft schwimmt in der Atmosphäre; aus weißen Myrten- und Orangenblumen quellen wür-
zige Düfte; wehende Gewänder streifen den betäubenden Jasmin,
und aus hoch in den Lüften schwankenden Palmen stäubt goldener
Blüthenstaub in die schwere, gelockerte Haarfülle der sinnes-
trunkenen Bachantinnen. Das Getöse murrt und braust, wie der
Wind, der durch brennende Savanen fährt, hier die Flammen
niederdrückt, dort wieder — hell auflodernd — prasselnd in die
trocknen Gräser wirft. — Und dann wieder zerplatzt der summende
Knäuel, wie eine schwirrende Rakete, und die aufgestachelte rohe
Schau- und Spottlust weidet sich unter dem Aufschrei wollüstigen
Kitzels hier an der ohnmächtig-schäumenden Wuth, dort an den
Martern und Todeszuckungen blutiger Hetzen und Kampfspiele,
und so an anderen raffinirt ersonnenen, grausamen Schauspielen
mehr, welche die schlecht bemäntelte Wildheit der rohen Natur
— (und nicht nur unter den Wilden!) — aufdecken und der
Menschenwürde in's Angesicht schlagen. — Und wieder wälzt sich
unter wildem Geheule ein Ball wüthender Kämpfer mit blitzenden Messern und sausenden Knitteln, mit Blut und Schaum und
Staub bedeckt über den Platz, und unter seiner anprallenden
Wucht brechen die duftenden Myrten- und Lorbeerhecken
zusammen.

Und, wie gekommen, ist der Sturm verweht. Wieder rauschen Spiel und Tanz, und die Mulattendirne, die noch eben
die Kriegsfackel in den Sturm geschleudert und dem Wuthgebrülle

und den Todeszuckungen gehetzter Bestien zugejauchzt, lagert, wie vorhin, unter den duftenden Lauben und Hecken und dehnt die üppigen Glieder in Lust- und Genußbegierde; über blühende Kräuter fällt das zerknitterte Gewand, und suchend durchschweift das müde, umschleierte Auge die Runde. Winkend weht sie mit dem Tuche; und zu ihr nieder gleitet schmeichelnd der blaß-gelbe, schmächtige Mestize, drückt den Kopf in den Kleiderwulst ihres Schoßes, und die Hand, die nichts mehr weiß von der geballten Faust, wühlt liebkosend in den schwarzen, von duftigen Oelen triefenden Locken des gelbblassen, schmächtigen Knaben. Allgemach webt die Dämmerung ihre mystischen Schatten; durch die weiche, dunkelnde Luft spinnen die Leuchtkäfer feurige Fäden, die Cykaden schrillen, die Wälder tönen, der Thauduft wallt silbern über die schweigenden Gründe auf, die Nachtschwalbe stößt ihr schauriges Gelächter, der kreisende Räuber der Lüfte seine ächzenden, seufzend-ersterbenden Klagerufe aus. Stern auf Stern quillt aus der dunkeln Bläue, und wie durch Gras und Laub das feurige Spiel der leuchtenden Käfer, so leuchtet durch den dunkeln Weltenraum das feurige Spiel der Meteore. — Und unter der Tropennacht feiert der Bachuskultus seine Feste, und das Schlürfen aus seinen Opferschalen ist dem Augenblicksmenschen Lebenszweck und Lebensziel.

Die Spannkraft und Dehnbarkeit des Temperamentes, nur von dem Einen Hebel: Genuß getragen, ist unbegränzt; übergangslos gleitet der Mensch aus Lust und Freude zum Blutdurst und zur Grausamkeit; von den zärtlichsten Regungen zu unbändigem Hasse; aus heiterer Ruhe zu wilder Erregung; von der Opferung der Sinnenreize zur Anbetung des Heiligen; von den Bachanalien zu den Bußpsalmen; vom Götzen- zum Gottesdienste und von Gottesverehrung zur Götzendienerei; aus Zügellosigkeit in das Joch der Ceremonie, der Schablone, der knechtischen, abergläubischen Furcht, zu dem Tanze um das goldene Kalb; aus dem tiefen, einsamen, träumerischen Wald= und Nachtdunkel zu dem Fackelglanze des Freudengelages.

Kein Druck, keine feindliche Macht der Verhältnisse übt einen lähmenden und schwächenden Einfluß auf die Dehnbarkeit des Temperamentes aus; nichts hindert den Menschen, in vollen Zügen zu schlürfen, was ihm Genuß ist; keine persönliche Ab= hängigkeit bindet ihn; Niemand schreibt ihm Regeln und Bedin= gungen vor; keine Ungunst des Klima's treibt ihn hinter Schloß und Riegel und legt ihm die Sorge um die zukünftige Stunde auf; einen Imbiß und Trunk findet er überall; jeder Ecken und Winkel gewährt ihm Schutz und Bequemlichkeit genug zum Aus= strecken der Glieder; einige Tage Arbeit helfen wochenlangen Be= dürfnissen ab; über Ruhe und Arbeit entscheidet allein der eigne Wille; weder klimatische, noch gesellschaftliche Anforderungen legen seiner ungebändigten Selbstständigkeit und Unabhängigkeit Zwang und Fesseln an. Das religiöse Gewissen setzt den Aus= lassungen des natürlichen Temperamentes keine wesentlichen Schranken. In dem Schmelztiegel der Ohrenbeichte wirft es die lästigen Schlacken der Vorwürfe ab und macht als geläutertes Gold immer wieder denselben Kreislauf durch Schlacke und Läute= rung; zu den Füßen des Heiligen brennen die geweihten Kerzen und schlürft die Genußbegierde zu gleicher Zeit in vollen Zügen; wenn nur der Weihrauch die süße Frucht der Sünde umwallt, dann sind Menschen und Götter zugleich versöhnt. — Natur, Kirche und Gesellschaft, sie Alle wirken zusammen, um eine Kette sorgloser Lebenstage vom ersten bis zum letzten Athemzuge um den Sterblichen aneinanderzureihen.

Nie wird die Seele dieses Augenblicksmenschen von Zwiespalt hin- und hergeworfen und in feindlichen Gegensatz getrieben zu Gesetz, Glaube, Gewissen, Sitte, Würde und Schicklichkeit; nach echt orientalischer Anschauung glaubt auch der aus dem Orient nach dem Occident verpflanzte Mensch, mit dem äußern Werke, der äußern Gesetzeserfüllung allem Gebote genug gethan und dem Zuchtmeister Jehovah den auferlegten Frohndienst abgetragen zu haben. Nach Ablösung dieser Pflichten aber folgt die Einlösung der Rechte, die Lohnerhebung für Dienst und Arbeit. Und der freie Genuß dieser Rechte wird nicht der feinen. Sonde der Moral unterworfen, noch das Maß der Ergötzungen auf der empfindlichen Wage des Gewissens und sittlicher Mäßigung abgewogen.

Keine Auffassung der Dinge und keine Auslassung des Wesens verletzt; der Naturalismus herrscht absolut unter der Form, unter der Hülle angeborenen und erzogenen gefälligen Benehmens; unter den hesperischen Lüften wachsen die liebenswürdigen Hundsfötter und anmuthigen Megären wie die Blumen auf dem Felde, in jedem Gewande, in Hütte und in Pallast auf; Grazie und cynische Gemeinheit gehen, wie zwei Strömungen nebeneinander her, und decken einander, wie die Doppelprägung e i n e r Münze, und je nach dem Wehen des Windes wendet sich ruckweise dieses und jenes Gepräge, die eine und die andere Strömung, nach oben oder unten. Keine moralisirende Empfindsamkeit, noch heuchlerische Prüderie oder ethische Gewissenszucht beschneiden die üppigen Ranken und Auswüchse; Rang und Bildung ziehen Form und Etiquette etwas straffer an, in dem großen Gährteige des Volksgemisches aber platzen alle Blasen der Zurückhaltung und des Vorurtheils, und, wenn die Genußsucht Gebieterin, lüftet der Naturalismus auf den obern und niedern Stufen der Gesellschaft mehr und minder alle Hüllen und Schranken.

Trotz mannigfachen Mißklanges, den jene wildwuchernde, ungebändigte Lebensfülle in dem zarter besaiteten und tiefer angelegten Gefühle anschlägt, hält dieselbe doch das Auge unwiderstehlich gefesselt. Natürliche Grazie deckt die Wildheit und umgürtet gefällig die Blößen; das ungeformte und doch nicht mißgestaltete Wesen offenbart sich in seiner reichen natürlichen Ausstattung und zugleich in dem Mangel an wohlthuender Schaustellung der natürlichen Gaben; es liegt etwas Mystisches in solcher Mischung von Bildsamkeit und Wildheit. Der durchgeistigte Mensch wird betroffen durch die zuchtlose Natur in seinem Ebenbilde, und wird doch wieder überrascht durch ihre Biegsamkeit und Schmiegsamkeit, die gerade ihm unter der Zucht des Geistes mehr abhanden gekommen, ungelenk und spröde geworden. Schmerzlich berührt ihn die Erkenntniß von seinen Vorzügen und seiner Einbuße zugleich, — ein Widerspruch, der nicht in's Leben gerufen sein sollte und könnte, wenn die Urfülle der Bildsamkeit diejenige vollendete Form durch den Geist gefunden hätte, die sie in ihren Anlagen vorgezeichnet hat. —

Es liegt auf der Hand, daß in solcher schwülen Sinnenatmosphäre die Energie des Denkens und Handelns, des Beginnens und Vollbringens zur Hebung des sittlichen und materiellen Wohlstandes keinen kräftigen Aufschwung nimmt; daß die Tugend keine aszetischen Geißelungen vorschreibt, sondern freigebig und gefällig, nachsichtig und geduldig die rauhen und dornenvollen Pfade der Geist- und Sittenstrenge ebnet und weitet.

Das geflügelte Wort der Alten: „Niemand wandelt ungestraft unter Palmen", hat eine inhaltschwere Bedeutung; weise nahm die Natur Bedacht darauf, daß sie jeder Erdenregion ihre besonderen Vorzüge und ihre besonderen Nachtheile verlieh, denn nimmermehr hätte eine freiwillige Vertheilung der Bewohner über den ganzen Erdtheil stattgefunden, wenn es nicht von jeher überall Vorzüge und Nachtheile auszugleichen gegeben hätte. Wo das hellste Licht, da auch der tiefste Schatten; das Wandeln unter Palmen schließt eine zwiefache Gefahr in sich: Gefahr für die leibliche und Gefahr für die sittliche Gesundheit. Ging auch von der Palmenheimath die erste Menschengesittung, der erste Morgenstrahl der geistigen Freiheit aus, so gab sie doch immer nur den ersten Anstoß zur Bewegung der intellectuellen Kräfte; ward dieser Anstoß nicht fortgetragen von anderen kräftigen Bildungselementen, so würde die treibende Kraft sich verloren, die Bewegung still gestanden, der Grundstein keinen Aufbau, der Bau kein Dach und Fach gefunden haben. Die Heimath der Palmen bettet den physischen Menschen in Ueberfluß; Ueberfluß aber ist kein Hebel der Menschengesittung; nur der Stachel der Sorge, der Arbeit, der Spekulation treibt die Bildung weiter von Stufe zu Stufe, weil er die Menschengemeinde rastlos und unerbittlich zwingt zur Zusammenraffung aller ihrer Kräfte. Und gleißnerisch ist der goldne Schmelz der Lüfte, der auf dem grünen Firniß der Palmen schwimmt; unter dem Entzücken der Sinne und der Seele bleicht die Wange und erschlaffen die Glieder Derer, welche die Natur nicht zu Erben jener Reize eingesetzt hat. Aber auch der Mensch, dessen Wiege unter Palmen steht, entgeht nicht der Sühne überschwenglichen Genusses; Gift und Tod birgt sich unter dem glänzenden Farbenkleide der Thier- und

Pflanzenwelt; Marter und Siechthum stäubt in winzigen Organismen und unsichtbaren Gasen durch den Farbenduft der Atmosphäre, und so groß die Natur ihre Werke gestaltet, so elend
und klein gestaltet sich und seine Werke der Mensch unter den
Palmen.

Treten die Lebensäußerungen des versammelten Volkes auch
unter stürmischen und leidenschaftlichen Erscheinungen auf, so
sind diese doch nicht immer ein Zeichen von innerer Durchwüh-
lung; alle Empfindungen sind oberflächlicher Art, es geht ihnen
der Ernst, die Wucht, die Tiefe ab, welche das schwerfälligere
Wesen nordischer Völker durchrütteln und durchschütteln, nach-
haltig ergreifen; der leichte Lebenssinn fürchtet und meidet jede
Erschütterung des Gemüths. Daher die Dehnbarkeit des Temperamentes im Haschen und Jagen von Extrem zu Extrem, im
Umspringen, wie die Aprillüfte, nach allen Windrosen: — von
der Lust zum Blutdurst, von dem Hasse zur Liebe, vom Engel
zum Thiere.

Nur außerordentliche Schicksalsschläge, nur ein jäher, rauher
Wechsel in der äußern Gestalt und der gleichmäßigen Oberfläche
des täglichen Lebens, nur die gewaltsame Erinnerung an den
Wechsel der Dinge und den Wandel der Zeit erschüttert das
innere Gleichgewicht, reißt den Augenblicksmenschen aus seinem
Eintagsgedächtnisse, wirft seine Stimmungswelt über den Haufen.
Uns, innerhalb der gemäßigten Zone, ist der Wechsel der Dinge,
Entstehen und Vergehen in unserer Naturumgebung, der ewige
Wandel der Zeit eine alltägliche Erscheinung, so alltäglich und
gewöhnlich, daß uns der Wechsel: Regel und Gesetz geworden
ist für alle unsere Vorstellungen, Einrichtungen und unsere innere
Stimmungswelt. Unter unserer Sonne ist kaum ein Tag dem

andern gleich; eine Jahreszeit verdrängt die andere; jede Periode
durchläuft wieder ihre eigenen Phasen; die Natur ändert ihr Gesicht jeden Tag; selbst das königliche Gestirn über unserem Haupte
sinkt von seiner Höhe herab und streift kalt und glanzlos die
abgestorbenen Fluren. Wir sind also wohl angelegt, die verschiedenartigsten, wechselndsten Eindrücke zu uns eingehen zu
lassen, ob sie auch unsere Sinne einschläfern und die Psyche
frostig anhauchen mögen, oder ob aus den gedämpften Klang-
farben sich auch Melodien ablösen, die wir lieben und nach welchen das Gemüth seine Tonskala stimmt. Der Wechsel der Dinge
ist unsere schwere, dicke, aber eigenthümliche Lebensluft.

Wie anders der Mensch unter der Tropensonne! Jeder
Wechsel überrascht ihn, reißt ihn aus Regel und Gewohnheit
seiner Vorstellungen, setzt das innere Gleichgewicht in Schwankungen. Denn über seinem Scheitel leuchtet das Himmelsgestirn
in unvergänglicher Kraft und Klarheit, die großartige Gleichförmigkeit der umgebenden Naturerscheinungen kennt kein Schwanken, keinen Unbestand; die Jahresperioden, erhöhter und vermin-
derter Saft- und Kraftzufluß gehen und folgen einander ohne
wesentliche Abweichungen, übergangslos; kaum längt und kürzt
die Sonne Tag und Nacht; nie rauscht dem Wanderer das rothe
Laub zu Füßen; täglich ruht das Auge auf Blumen und Früchten;
und der immergrüne Teppich seiner Erde wiegt den Menschen in
sorglose Sicherheit, in fröhliche Zuversicht, in weichliches Versinken und Vergessen ein.

Man fragt mit Recht, ob denn jenes Leben in aller seiner
Fülle, seiner Wandel- und Wechsellosigkeit: ewige Dauer habe?
Ob die Natur, oder — um auch mit anderen Zungen zu reden
— die Sünde dort nicht die Geißel des Todes schuf? —

Eitle Frage! Tod überall, und in jener anscheinend unvergänglichen Kraft und Fülle des Lebens haust er in stürmischer, unersättlicher Hast und Gewalt! Mit Riesenschritten schreitet die Vergänglichkeit aus; ewiges Verschlingen und Wiedergebären ist die Titanenarbeit der Tropennatur. Aber die Vernichtung arbeitet unter dem beständigen Verlaufe der Neubildung; um die Vergänglichkeit hüllt der dauernde Bestand, das im ewigen Werden wechsellos Bestehende den Mantel der Unvergänglichkeit; der überfließende Ersatz des abgängigen Stoffes macht Hinfall und Tod den Sinnen gar nicht wahrnehmbar. Unter ihrer wandellosen Jugend versteckt die ewig schaffende Natur das Altern und Absterben ihrer Schöpfungen. —

Wir sehen den neuerwachten Tag aufleuchten über Berg und Thal und alles Leben dem rosigen Lichte entgegenjubeln, entgegenschwellen; den durchsichtigen Krystall der Lüfte streift das atlasschillernde Gefieder der Vögel, und aus den flammendrothen Korallenblumen des Heiligen-Marien-Baumes nascht die süße Ambrosia der funkelnde Kolibri und der cyanenblau schillernde Schmetterling. Ringsum lacht die Erde fröhlich hinein in das Menschenauge und das Menschenauge zurück in die lachende Erde. — — — Da klimmt ein schwarzer Reiter den gewundenen Pfad zur Alpenhütte hinan, — und unten in den Straßen der Stadt weicht die Menge scheu vor dem Schellen eines Glöckleins zurück. Hier unten liegt das Volk auf den Knieen vor den Sterbesakramenten des Priesters, und dort oben harrt die todesblasse Lippe der letzten Beichte. Oben, auf der immergrünen Sommeralp und unten, unter den Flammenblumen des Santa-Maria-Baumes, traf der Todespfeil jähe das Menschenherz.

Der Wechsel der Dinge warf plötzlich die Maske der Unvergänglichkeit, des ewigen Bestandes ab.

Roma's Krieger und Germania's freie Mannen bargen
entsetzt das Angesicht unter den Schild, wenn die Sonne am
hellen Tage zu schwinden drohte; — Kinder und Weiber aber
einer anderen Zeit betrachten jene Erscheinung, die Sonnenfin-
sterniß, mit neugierigen Augen, und Zwerge und Schwächlinge
gar lächeln ob der Furcht der alten Helden und Hünen. So ruhig
und gleichgültig wohl betrachtet ein Volk den Wechsel der Dinge,
das täglich an diesen Anblick gewöhnt worden, wie auch der
Mensch, dessen durchgeistigte Seele über das Sinnen- und
Augenblicksleben emporgehoben ist. Aber unter jener wechsellos-
gleichförmigen Erscheinungswelt und unter der Alleinherrschaft
des Naturalismus ist auch eine stärker angelegte Kraft nicht ge-
wappnet gegen das plötzliche Verschwinden der Sonne am hellen
Tag, gegen die plötzliche Entlarvung der Vergänglichkeit aus
dem ewigen Bestande der Dinge. Plötzlich Stillstand und Verwesung, plötzlich das ewige Heute in das ewige Gestern ge-
wandelt! Das Gemüth, das immer vor allen Schwankungen
gehütet war, wird aus allen Fugen gehoben, und weder nach
außen noch nach innen findet es Zuflucht, da es niemals seine
Kraft geübt und gestählt, nie eine Schwankung oder gar Erschütterung erduldet hat. Irrend und heimathlos flattert der Gedanke umher in der fremden Sphäre zertrümmerter Vorstellungen,
wie ein aus dem Licht in das Dunkel verirrter Sonnenstrahl
keine Ruhe gewinnt. Die Seele erstickt in ihrer eigenen Atmosphäre; der Geist schlug keine Brücken über ihr dunkles Chaos.
Der Schmerz wird von dem Abgrund der Verzweiflung ver-
schlungen; er reißt jede Hülle in Fetzen von sich und zeigt sich

in jener scheu- und schamlosen Blöße, welche dem durchgeistigten Menschen Abscheu einflößt. Die Brandfackel fiel in den Palmenhain, sie traf, zündete, und — — —

Flamme, Gluth, Asche; — darauf der Thau einer Nacht, und die Gräser keimen wieder, und die Aschendecke von gestern schmückt sich heute mit neuen Blumen. Und der treibende und getriebene Augenblicksmensch denkt unter dem Blumenschoße nicht mehr des Schoßes, der ewig verschlingt; die wechsellose Außenwelt wirft ihre heitern Farben und Stimmungsbilder wieder in den geglätteten Spiegel der Seele, und leicht und fröhlich flattert der eingelullte Gedanke auf den gaukelnden Schwingen der Sinne umher. — Und die Kirche tritt die Spuren weiter aus, welche die Natur vorgetreten; die Natur ist eine Schranke gegen den Geist, — Rom will diese Schranke, will dem Geist die Seele abgewinnen. Wie die Natur ihre heitern Bilder durch die Sinne in die Seele wirft, so hält auch die Kirche ihren Einzug in die Seele mit sinnlichem Gepränge und sinnlichen Vorstellungen und Verheißungen. Der Tod, der Wechsel der Dinge bricht herein mit seinem Zusammensturze: — und der Seeleubrand des Fegefeuers, die Sühnopfer heben an; die Gluth verraucht: — und die Sonne der Glorification geht auf; in Blumen kleidet sich die Asche: — und alle Himmel sind aufgethan.

Und wenn die Mutter ihren Liebling todt in den Armen hält, dann dringen alle Jubelchöre auf sie ein, und ziehen Fiebel und Clarinette, Cimbeln und Pauken in das gesegnete Haus, — denn im Himmel ist Freude über den eingegangenen Engel, also soll auch Freude auf Erden sein. Lustige Weisen schallen durch die Straßen, Flinten krachen, Raketen steigen auf in den hellen Sonnenschein, Bursche jagen auf und ab, Mädchen schmücken sich, wie zum Tanze, — — wohl ein Hochzeitszug? O, nein, ein Engel, ein Engel! antwortet die lärmende Schaar. — Mutter, Perlen her und blinkenden Flitter, geschwind, du Beglückte, kleide Deinen Engel, Deinen blassen kalten Liebling in schimmernd Festgewand! Und die steifen Glieder werden in eine gefällige Form gerenkt, der starre Leib in ein rosig, luftig Kleidchen, in Bänder und Schleifen gezwängt, die Schläfen mit lachenden Rosen umkränzt und ein Paar Flügel um die Schultern geschnürt: — so, du beglückte Mutter, sieh' dein Kind jauchzend eingehen in die Herrlichkeit, — jauchzend in die Erde verschüttet! —

So Leben, Tod und Grab unter der Tropensonne. Wie aus ewiger Verwesung die Schöpfung ewigen Lenzessaft treibt, unter ewiger drangvoller, ungestümer Neugeburt das ewige Schwinden und Vergehen verbirgt, so deckt auch die periodenlose Zeit, der wandellose Augenblicksgenuß Tod und Grab, Vergangenes und Vergessenes sichtlos, spurlos, lückenlos. Beide, das Leben und das Grab, neben einander hergehend, haben nicht Raum in dem einen Auge, in der einen Gedankenwelt; beide, nicht lösbar von einander, scheiden sich ewig feindlich von einander ab.

Hinweg denn so weit, wie möglich, mit dem schneidenden Gegensatze, mit dem Denkmale der Vergänglichkeit und der Gegenwartsbeständigkeit! Ungehegt und ungepflegt, wild wie der wilde Boden rings umher, ohne äußere Wahrzeichen sei die Wohnung der Todten; und wo die beunruhigte Ehrerbietung und die Entlastung der Verpflichtung auch ein Gedächtnißzeichen aufrichten mag, — es hält doch die Gegenwart nicht fest an dem Vergangenen und bald ist die zu dem Vergangenen leitende Spur wieder verwischt aus der Gegenwart.

Campo santo, heiliger Acker, ist die Heimath der Gräber genannt; aber sie ist ein heiliger Acker, wie das Allerheiligste Jehovah's, für immer durch einen Vorhang den Blicken der Sterblichen entzogen; ist, wie Jehovah's Angesicht, das nur dräuet und schrecket, nicht liebreich und freundlich zu sich winkt. Heilig ist der Acker, aber nur Denen, die ihre sterbliche Hülle in ihm abgeworfen, und der Gottheit, die das unsterbliche Theil zu sich genommen. Denen aber, die noch vor seiner Pforte stehen, liegt er verschlossen, wie der große, allgemeine Campo santo verborgen liegt unter der ewigen grünen Lebensdecke der Natur.

Was soll auch die Seele, welche die Mahnung der Vergänglichkeit nicht vernimmt, den Schnee auf Rosen nicht kennt, die kein rothes Laub, das über die Erde rauscht, an den Wechsel der Dinge, kein Frühlingskeim, der aus nackter Erde dringt, an neue Zeit und neues Leben erinnert, auf den Hügeln weilen, die in einer fremden Sprache zu ihr reden, zu denen sie in keiner wechselseitigen Beziehung und Mittheilung, keinem Verständnisse steht? Die Kränze, die sie um das Leben schlingt, das Gold, das sie aus der Sonne trinkt, die Düfte, die ihr aus dem Aether zuströmen: — hat der Campo santo nicht. Nur durch die Gegenwart, um die greifbaren Augenblicksgestalten kreist ihr Flug; der Campo santo aber ist das Symbol der Vergangenheit, der beständigen Wandlung des Augenblicks, und er führt den Flug der Gedanken mit heftigen Schwankungen aus der Sinnenwelt zu Ruinen hinunter und hinauf zu übersinnlichen, unfaßbaren Gestalten.

Wohl aber ziemt es dem höher gesittigten Menschen, in alles beseelte und geistig durchfüllte Wesen mit sinnendem, prüfendem, wägendem Geiste und offnem Gemüthe einzudringen, gleichwie er sich der eignen Beachtung und Betrachtung werth erachtet; denn was ist groß, was ist klein, was mehr, was minder in der Hand der Einen ewigen, unergründlichen Kraft, die das All bewegt? —

Endlos fluthend gießt der Strom der Seelen,
Wie der bunte Wirbeltanz der Wellen,
In das Meer sich der Unendlichkeit,
Alle sind sie Tropfen Einer Quelle,
Stäubchen Eines Lichts, — wie in die Welle
Ihre Strahlen all' die Sonne streu't.

Und nicht schöner an des Tages Helle
Tritt die eine, als die andre Welle,
Und gleich leicht verrinnt ihr flüchtig Spiel;
So auch alle Seelenstäubchen gleiten
Durch das Meer der Zeit und Ewigkeiten:
Gleich gewogen, gleich im Lauf und Ziel.

Mag ihr Strom im engen Thal auch gähren,
Doch harmonisch füllen sie die Sphären,
Licht im Lichte, dem entflossen sie;
Wie der Himmel in dem Lichtglanzmeere
Aller Sonnen-, Mond- und Sternenheere
Spiegelt seine Farbenharmonie.

Nur ein Chorus schallt aus allen Stimmen,
Nur in Einer Sonne Strahlen glimmen
Alle Welten in dem Morgenroth;
Nur aus Einer Urflamme fließet
Alles Licht und Leben, das sich gießet
Zahllos, endlos über Nacht und Tod.

Ringend sieht der Mensch nur die Atome,
Welche in dem großen Weltendome
Sich verschmelzen fest zu Einer Kraft;
Kaum ein Stäubchen hascht er von den Wellen,
Welche endlos in einander quellen
In dem Geist, der Meer und Tropfen schafft.

Wirr und rauh die Töne ihn umfließen,
Die zusammen in Ein Tonwerk fließen,
Das harmonisch durch die Schöpfung klingt; —
Doch als Mensch er wahrhaft fühlt und denket,
Wenn er sich in jeden Ton versenket,
Dessen Saiten Gottes Odem schwingt.

Druck von Gebr. Unger (Th. Grimm) in Berlin, Schönebergerstr. 17a.

Entstehung und Entwickelung

der religiösen Kunst

bei den Griechen.

Von

Dr. Doehler
in Brandenburg a. H.

Berlin, 1874.
C. G. Lüderitz'sche Verlagsbuchhandlung.
Carl Habel.

Jede Religion besteht aus zwei Elementen, aus dem Dogma, das heißt, der Gesamtvorstellung des Volkes über die Welt und den Menschen, und dem Kultus, der äußern Manifestation des Volksglaubens. Wie die Poesie die spontane Form des hellenischen Dogma gewesen ist, so hat der Kultus bei den Griechen seinen natürlichen Ausdruck in den andern Zweigen der Kunst und besonders in der Plastik gefunden. In den auf einander folgenden Phasen der griechischen Zivilisation läßt sich die parallele Entwickelung des Kultus und der Kunst, wie die der Poesie und des Dogma, verfolgen. So ist die Geschichte dieser Zivilisation untrennbar von der des Polytheismus, woraus allein das intellektuelle Leben Griechenlands, ebenso wie seine politische Moral erklärt werden kann; denn die Moral ist nur die Anwendung des religiösen Ideals auf das soziale Leben und schließt sich dem Dogma an, wie eine Folge ihrem Grunde.

Nach den Gesetzen der Logik geht das Dogma dem Kultus voran; das Wort ist die erste Schöpfung des Menschen, und die Poesie ist die erste Form der Kunst. Die Geschichte läßt diese Aufeinanderfolge nicht unbedingt zu, denn das intellektuelle und moralische Leben ist wie das physische ein zusammengesetztes, und die Elemente, aus denen es besteht, erscheinen nie isoliert. Kein Glaube kann existieren, ohne daß er sich sofort durch äußere

Zeichen manifeſtiert; das Wort iſt untrennbar von der Mimik, und das rhythmiſierte Wort, die Poeſie, das im Urſprunge ſich mit der Muſik verſchmilzt, iſt unzertrennbar von der rhythmiſierten Mimik, die der Tanz iſt. Die plaſtiſchen Künſte, die einen äußeren Stoff gebrauchen, können erſt ſpäter erſcheinen, wenn der Menſch, frei von der Herrſchaft der äußeren Kräfte, die Natur nicht allein der Befriedigung ſeiner Bedürfniſſe, ſondern dem Ausdrucke ſeiner Gedanken dienſtbar macht. Dieſes ſpätere Erſcheinen der plaſtiſchen Künſte geſtattet, ihren Urſprung zu erforſchen, ohne weit über die hiſtoriſche Periode hinauszugehen. Wollen wir uns aber eine Vorſtellung von dem urſprünglichen Kultus in Griechenland machen, ſo werden wir, da die litterariſchen Denkmäler vor den homeriſchen Geſängen fehlen, zu bloßen Konjekturen geführt. Allerdings können dieſe Konjekturen ſich auf Vergleichungen der Griechen und anderer Völker derſelben Familie mit den Veda's ſtützen, die dazu beitragen, die älteſten Mythen der Griechen zu begreifen, können zuweilen die älteſten Formen des helleniſchen Kultus errathen laſſen. Ja es gibt ſogar allgemeine Charaktere, die allen primitiven Religionen gemeinſam ſind. Und dieſe müſſen wir kurz angeben, ehe wir beginnen, die beſonderen Eigenthümlichkeiten des Kultus bei den Griechen zu erforſchen.

Die Religion nimmt einen ſo großen Raum in den beginnenden Zivilisationen ein, daß man auf demſelben kaum den Kultus der gewöhnlichſten Akte des Lebens unterſcheiden kann. Die Exiſtenz des Menſchen hat ſich noch nicht von der Natur getrennt; die äußeren Mächte umhüllen und durchdringen ſie; er fühlt dieſelben in ſich und außer ſich; er ſieht ſie, hört ſie, athmet ſie ein, jede Bewegung, jede Regung erfüllt ihn mit einem göttlichen Leben. Dieſer tief religiöſe Charakter der Jugendzeit der Völker iſt bei einer vorgeſchrittenen Zivilisation ſehr ſchwer zu begreifen; man geht oft zu weit, wenn man dies innere Gefühl des universellen Lebens als groben Materialismus und die gerade durch ihre Einfachheit ehrwürdigen Zeugnisse dieser beständigen Verehrung der unbekannten Ursachen, die lebendigen und klaren Ausdrücke der unverfälschten Religion aus der ersten Zeit als absurden Fetischismus behandelt.

Die vor der Natur von selbst sich erschließende religiöse Idee zeigt sich in dem Wechsel von Freude und Furcht, der das große Staunen der Kindheit charakterisirt; es ist zugleich eine unbegrenzte Dankbarkeit für die unermeßliche Wolthat des Lebens und die unbestimmte Unruhe, die dem Menschen einer solchen Größe gegenüber das Bewußtsein von seiner Schwäche einflößt. Aber in dem Vorherrschen dieser beiden Gefühle treten schon die ursprünglichen Eigenschaften der Rassen hervor; eine jede bewahrt die unauslöschliche Spur ihrer ersten Eindrücke. Man erkennt den demüthigenden Schrecken des Menschen in den Sandwüsten, wo eine einzige lebendige Kraft, der Samum, mit ihrer vernichtenden Gewalt die stummen Einöden erfüllt; aber nicht die Furcht hat die Götter Griechenlands geschaffen; denn für dieses glückliche, unter einem gütigen Himmel geborene Volk, eingewiegt von der Stimme lispelnder Quellen, angefächelt von der erquickenden Seeluft auf dem schwellenden Moose der Wälder, war das erste Erwachen ein Entzücken, war das erste Wort eine Lobpreisung. Die Arier Indiens, diese älteren Brüder Griechenlands, haben in ihren Hymnen ein Echo dieser freudevollen Bewunderung von dem wunderbaren Schauspiele der ersten Morgenröthe aufbewahrt. Es waren die endlosen Ergüsse des Herzens, immer neue Verzückungen, die strahlende Freude des Kindes, das in der Sonne spielt, glücklich, daß es lebt, die Hand ausstreckend nach allen den Schätzen, die es umgeben, mit seiner Stimme begrüßend alle die Herrlichkeiten des Himmels und der Erde.

Nach diesem ersten Ueberströmen der Bewunderung, das wie ein Siegesgesang[1]) ertönt, ergießen sich die Herzen dieses neu geborenen Volkes in unerschöpflichen Dankgebeten an die blühende Erde, die seine Wiege ist, an die belebende Luft, die es nährt, an die frischen Bäche, die es tränken, an das laue Licht, das es umgibt; und da es nichts weiter wiederzugeben vermag, als das, was es empfangen hat, will es seinen Wolthätern wenigstens einen Theil ihrer Wolthaten zurückerstatten. Diese primitive Eucharistie, diese Gaben von Früchten und Milch, oder von einer heiligen Flüssigkeit, die die Arier Indiens Soma nannten, waren die älteste Form des Kultus. Die Geschichte von Kain und Abel scheint zu beweisen, daß bei den Semiten die blutigen Opfer ursprünglich der Darbringung der Früchte des Feldes vorgezogen wurden; anders aber scheint es bei der indo-europäischen Rasse und insbesondere bei den Griechen gewesen zu sein, wo der Gebrauch der unblutigen Opfer, der durch die ältesten Traditionen geheiligt war, sich in einigen alten Heiligthümern bis an das Ende des Polytheismus erhielt. Pausanias (VIII, 42) zufolge brachte man zu Phigalia in Arkadien der Demeter melaina, deren Kultus sich bis in die pelasgische Zeit erstreckte, nur Früchte, Honigscheiben und Wolle dar, die nicht bearbeitet und noch voll ihres natürlichen Schweißes war. Auch sagt Pausanias (I, 26), daß vor dem Erechtheion zu Athen ein dem Zeus hypatos (Höchsten) geweihter Altar stand, auf dem man nichts Lebendiges opferte, sondern worauf man nur Opferkuchen legte; und an einer andern Stelle (VIII, 2) schreibt er diesen Gebrauch dem Kekrops, dem mythischen Ahnherrn der Athener, zu. Dem Porphyrion zufolge bewahrte man zu Eleusis drei Gesetze, die bis auf die Demeter selbst zurückgiengen: „Ehre deine Eltern. Bringe den Göttern Früchte dar. Tödte keine Thiere."

Diesen positiven Zeugnissen von der Reinheit des primitiven

Kultus hat man einige Legenden von Menschenopfern gegenüber-
gestellt. Aber wenn die Bibel Traditionen derselben Art enthält,
ohne daß man die Religion der Juden eines Gebrauches beschul-
digen kann, der die Religion der Phoiniker und anderer barbarischen Nationen enteyrt hat, so spricht Alles, was wir über die
milden griechischen Sitten wissen, noch mehr gegen eine solche
Abirrung des religiösen Gefühls. Keine Spur davon findet sich
bei Homeros; denn wenn Achilleus trojanische Gefangene auf des
Patroklos Grabhügel opfert, nachdem er alle anderen Führer entfernt hat, so ist das ein Akt frevelhaftes Zornes, den der Dichter
offenbar verdammt. In der Legende von der Iphigeneia, die
von den späteren Dichtern erdacht ist, wird von der Artemis dem
jungen Mädchen eine Hirschkuh untergeschoben, wie dem Isaak
ein Widder bei dem Opfer Abraham's. Die Strafe des Lykaon
und Tantalos beweist ebenfalls, daß die Götter Griechenlands
diese bei den Barbaren üblichen gottlosen Opfer mißbilligten. Selbst
das Opfern der Thiere hatte ursprünglich einen heftigen Widerwillen erregt, wie eine von Pausanias (I, 24 u. 28) angeführte
seltsame Zeremonie bezeugt. In dem Tempel des Zeus Polieus
zu Athen stellte man Gerste und Weizen auf den Altar und führte
einen Stier heran; das Thier verzehrte die Opfergaben, und der
Priester, gleichsam um diesen Diebstahl zu bestrafen, warf ein
Beil nach dem Stiere und lief alsobald davon. Diejenigen, die
herumstanden, führten, als wüßten sie nicht, wer den Mord begangen, das Beil vor Gericht und sprachen es frei, da es ohne
Zurechnungsfähigkeit gehandelt habe.

Es ist wahrscheinlich, daß man, als Früchte und Milch den
Menschen zur Nahrung nicht mehr genügten, den Göttern die
Schlachtopfer darbrachte, um die Skrupel, die man in Bezug
auf das Schlachten derselben hatte, zu beschwichtigen. Man ersieht aus Homeros, daß man kein Thier schlachtete, ohne es den

Göttern geweiht zu haben; aber die Götter begnügten sich mit den Primitien, diejenigen, die zugegen waren, theilten sich in das Uebrige. Trotz der Spöttereien der Philosophie gibt es nichts Achtungswertheres, als diese fromme Gewohnheit, den Göttern einen Theil von der Nahrung des Menschen darzubringen; es ist die naive Dankbarkeit des Kindes, das denjenigen, der ihm Früchte und Kuchen gibt, gern davon kosten lassen will. Die immer durch das Opfer eingeweihten Malzeiten werden von Hesiodos Göttermale genannt; die Bibel sagt ebenso lechem elohim (3. Mos. 21, 8. 17. Jer. 11, 19). Wie die Könige ihre Untergebenen dadurch ehren, daß sie sich mit an den Tisch derselben setzen, so heiligten die Götter durch ihre unsichtbare Gegenwart das Mal des Menschen; man trug der Flamme auf, ihnen einen Theil davon zu bringen, und der Rauch des Opfers stieg zum Himmel empor. Viele Ausbrücke, die in den modernen Religionen geblieben sind, erinnern an diesen Gebrauch, wie unsere Toaste an die Libationen erinnern; aber man muß einen Augenblick das Vulgäre und Grobe, das unsere Male haben, vergessen, um die religiösen Gefühle, die den Menschen bei dem Gedanken an die tägliche Erneuerung des Lebens durch die Nahrung erfüllten, zu begreifen.

Die poetischen Traditionen haben das Andenken an das goldene Zeitalter erhalten, wo der Mensch sich an den Tisch der Götter setzte, wie ein Kind an den gesegneten Tisch seiner Familie. „Alkinoos sagt (Od. VII, 201):

Denn uns sichtbar erscheinen ja sonst auch immer die Götter,
Wenn wir mit Opfern sie ehren und heiligen Festhekatomben,
Sitzen mit uns, Theil nehmend an unserm Male, zusammen.

In der Schilderung des Festmales der Phaiaken ist ein Reflex von der religiösen Freude enthalten, die die Agapen der primitiven Kommunion belebte. Nichts ist einfacher und mäßiger,

als jenes gastfreundliche Mal, aber es wird von Musik und Hymnen begleitet und schließt mit Ausübungen von Kraft und Geschicklichkeit, vor Allem mit Tanz; „denn, sagt der Dichter, es gibt
nichts Edleres für den Menschen, als die Uebung der Füße und
Hände." Die Griechen glaubten, den Göttern kein angenehmeres
Schauspiel darbringen zu können, als die Freude des Menschen
und die freie Entwickelung der edeln Fähigkeiten, die er von ihnen
empfangen hat.

Denselben Charakter findet man in dem Todtenkultus, der
einen so wichtigen Theil des Polytheismus bildet. Um die Helden
zu ehren, führte man um ihren Scheiterhaufen Spiele auf, an
denen sie während ihres Lebens sich erfreuten. Der vorletzte Gesang der Ilias enthält eine Beschreibung von den Leichenspielen,
die bei der Bestattung des Patroklos angestellt wurden. Patroklos scheint sogar die Personifikation der den Ahnen erwiesenen
Ehrenbezeugungen; das bedeutet der Name desselben, und es ist
ja bekannt, daß die Tendenz, alle Ideen zu verkörpern, ein Zug
des poetischen Geistes der Griechen ist; so ist der Todtengesang
in Linos, die Industrie und Kunst in Daidalos personifiziert.
Eben so ist jener treue Freund, der unzertrennliche Gefährte im
Unglücke, wie im Kampfe der Ruhm unserer Väter, patròn
kleos; der Gedanke, ihren Tod zu rächen, ein wolthuender und
stärkender Gedanke, der die Helden ihren unseligen Zwist vergessen
läßt, reißt sie aus der schlaffen Ruhe, treibt sie aus dem Zelte
und führt sie mutig und unwiderstehlich in das blutige Gewühl
des menschlichen Treibens. Und nach dem Siege sollen die großen
Begräbnisfeierlichkeiten und um den ungeheuern Scheiterhaufen
das Ringen und das Wagenrennen und die glänzenden Kampf-
preise das Andenken an die Freunde, die man beweint, und mit
denen man bald wieder vereint sein wird, verewigen; denn die
Urne bleibt offen, unsere Asche wird sich mit ihrer Asche vermischen,

und ihre Seele erwartet uns in der Wohnung des Unsichtbaren.
Bei der Beschreibung der Leichenspiele zu Ehren des Patroklos
erinnert der Dichter beiläufig an einige berühmte Leichenspiele
der alten Helden, des Oidipus, Amarynkeus. Die O d y s s e e
gibt uns ein lebendiges und herrliches Gemälde von den Leichenspielen am Grabe des Achilleus.

Die Gesänge der Musen zu Ehren des Achilleus erinnern
an den Wettkampf im Gesange, der bei des Amphidamas Lei-
chenbegängnis eröffnet wurde, und auf den Hesiodos in den Werken und Tagen (v. 651) anspielt. Musik und Poesie wirkten
ebenso wie das Ringen und die Uebungen des Körpers bei diesen
religiösen Zeremonien mit. Hesiodos spricht von dem Dreifuße,
der der Preis seines Sieges war, und den er den Musen des
Helikon weihte. Eine weit spätere Sage nennt den Homeros als
Rivalen des Hesiodos bei diesem poetischen Wettstreite; aber Hesiodos nennt seinen Rivalen nicht. In einem ihm zugeschriebenen
Fragmente sagt er, daß Homeros und er an den Festen auf Delos Hymnen zu Ehren des Apollon sangen. Der homeridische
Hymnos auf Apollon spricht (v. 147) von diesen Festen, die von
den Joniern gefeiert wurden, und von den Wettkämpfen mit der
Faust, im Tanze und Gesange, die sie begleiteten. Hierin liegt
im Keime Alles, was die religiösen Feste in der Folgezeit ausmacht: die ersten Formen der Kunst, die Musik und die Poesie,
die Gymnastik und der Tanz charakterisieren vom Ursprung an bei
den Griechen den Kultus der Götter und den Kultus der Todten.
Selbst die Leichenrede, die später eine Zierde der griechischen Beredsamkeit ist, hat ihr Vorbild in den Reden, die in der Ilias
am Leichname des Hektor in des Priamos Hause gehalten werden.

Nach dem Gesange und dem Tanze entstand die Architektur.
So lange die Griechen ein nomadisches Leben führten, konnte es
bei ihnen keine Tempel geben, und es war auch kein Bedürfnis

dazu vorhanden; die Götter manifestierten sich überall in der Natur, und der Mensch fühlte überall ihre Gegenwart. Sie wohnten mit ihm auf den Feldern, wo er seine Herden weidete, in
den Wäldern, die ihn mit ihrem Schatten schützten, in den Grotten,
wo er gegen die Widerwärtigkeiten der Luft seinen Schutz suchte;
und diese ersten Wohnungen der Menschen blieben für die folgenden
Generationen gleichsam wie die ältesten Wohnungen der Götter
geheiligt. Die Gipfel der Berge, die dem Himmel benachbarten
Höhen waren im Allgemeinen den Göttern des Himmels und besonders dem Zeus geheiligt; die Grotten, aus denen Quellen hervor-
rieselten, waren den Nymphen, Quellgottheiten geweiht. So die
in der Odyssee geschilderte Grotte der Nymphen. Die frühesten
Sagen, die die Geburt der Götter in die Höhlen verlegen, finden
ihre Erklärung in der Vergleichung der Nacht mit einer tiefen
Höhle, aus der am Morgen die ganze Pracht des Tages hervor-
kommt. Die heiligen Haine, also, mit ihren mysteriösen Schauern,
scheinen ganz besonders von den Göttern bewohnt; hier entstanden
die ersten Heiligthümer, namentlich das von Dodona, der ehr-
würdigste Sitz der Religion der Pelasger. Die ersten Altäre
waren Steinhaufen oder Rasenstücke. Als die Menschen anfiengen,
die Grenzen der Felder zu bezeichnen, da entstanden Einfriedigungen
für die Götter, temenē (von temnō, schneiden, abtheilen); als
sie anfiengen, sich feste Wohnungen zu bauen, gab es auch Wohnungen für die Götter, naoi (von naiō, wohnen). Mit Recht
läßt Vitruvius den griechischen Tempel aus einer Hütte entstehen;
diese ursprüngliche, durch die Tradition geheiligte Form erhielt sich
bis zu Ende des Polytheismus. Einige von den Gesetzen der religiösen Architektur erinnern an die Zeit, wo die Götter noch keine
Bildnisse hatten und ihre Gegenwart nur durch ihre natürlichen Ma-
nifestationen zu erkennen gaben. Dazu gehört der Gebrauch, den
Eingang zu den Tempeln nach der Ostseite zu legen, und der,

einen Theil des Daches (hypaithros) zu öffnen, um den Himmel sehen zu lassen, ut videatur coelum, sagt Varro.

Nach und nach jedoch führte die Gewohnheit, die Tempel als die Wohnungen der Götter, theôn makarôn hieroi domoi, zu betrachten durch eine sehr natürliche Konsequenz das Bedürfnis herbei, darin permanente Zeichen von ihrer Gegenwart aufzustellen. Diese materiellen Zeichen wurden nicht als Abbilder der Götter angesehen; sie dienten einfach dazu, fortwährend an dieselben zu erinnern, sie nahmen in den Tempeln die Stelle der unsichtbaren Herren dieser heiligen Wohnungen ein. So war das Zepter des Agamemnon von Hephaistos für Zeus angefertigt, das noch zu Pausanias Zeit (IX, 40) der Gegenstand eines Kultus zu Chaironeia war. Der Fetischismus entspricht trotz der großen Geringschätzung der irreligiösen Zeiten einem der natürlichsten Bedürfnisse des menschlichen Herzens. Jede Idee bedarf eines Ausdrucks, und dieser Ausdruck ist, wenn auch willkürlich, darum nicht weniger legitim; auch eine Idee stellen wir durch eine willkürliche Uebereinkunft, durch ein Wort dar; es ist nicht schwerer, sie durch eine Gestalt darzustellen; es ist eine stumme Sprache, die zu den Augen, anstatt zu den Ohren spricht. Aber ob ein Gedanke durch einen Ton der menschlichen Stimme oder durch eine Hieroglyphe übertragen wird, es bleibt stets derselbe Abstand zwischen dem Zeichen und dem bezeichneten Gegenstande. Nichts schien den Griechen einfacher, als die Vorstellung von einem Gotte durch ein charakteristisches Attribut hervorzurufen, den Hermes zum Beispiele durch einen Schlangenstab, den Poseidon durch einen Dreizack, Ares oder Athene durch eine Lanze darzustellen. Die symbolischen Thiere von Aegypten, die Bethylen der semitischen Völker, die hölzernen Pfeiler oder die steinernen Säulen, die die ursprünglichen Griechen in ihren Tempeln weihten, haben ebenso wenig etwas Lächerliches, als die Wörter einer fremden Sprache. Das roheste Bild kann durch die Weihe das Symbol der erhabenften Idee werden. So waren in dem Tempel der Dioskuren zu Sparta zwei vertikale Balken durch zwei Querbalken verbunden; man konnte hierin mit Hilfe der Phantafie ein Emblem der Einigkeit, zwei Brüder, die sich verbunden halten, erblicken.

Der Urfprung der Hermesfäulen, die die erften Götterbilder der Griechen waren, knüpft sich an einen Gebrauch, der die naive Menfchenliebe der erften Zeitalter vortrefflich charakterifiert. Man entfernte die Steine aus den Wegen, und man errichtete daraus Haufen, dem Hermes, dem Gotte der Straßen und der Reifenden, dem univerfellen Vermittler, geweiht. Auf diefen Steinhaufen, hermaia, ließ man eine Gabe, was man wollte oder konnte, zurück, und wenn an denfelben ein hungriger Reifender vorüberkam, rief er: koinos Hermês, Hermes ift für Jedermann, und er verzehrte die Gabe, dem wolthuenden Gotte für den Fund dankend, und wenn er feinerfeits nichts darzubringen hatte, fo trug er wenigftens einen Stein zu dem Altare, wo er fich geruht hatte; dies fäuberte die Straße (Suidas, unter dem Worte hermaion, und Kornutos). Auf allen Scheidewegen, überall, wo der Weg eine Biegung machte, ftanden Grenzfteine, an deren Fuße fich nach und nach die Feldfteine des Hermaion anhäuften; jeder ftellte eine folche Säule am Eingange feines Obftgartens oder feines Feldes auf, um dadurch die Grenze zu bezeichnen. Wenn man am Abend nach Haufe kam, fah man feinen Hermes, der am Rande der Straße ftand, und man begrüßte ihn wie einen Freund, der Einen auf der Schwelle erwartet, wie einen guten Wächterhund[2]), der über die Güter während der Abwefenheit feines Herrn gewacht hat. Fand man Alles in guter Ordnung wieder, fo war es ficherlich eine Folge der Wachfamkeit diefes treuen Hüters der Pforten (pylêdokos). Wenn die Früchte im Garten reichlich zuwuchfen, wenn die Herden im Stalle fich mehrten, fo verdankte man dies

dem gewinnbringenden Gotte (erinnios), dem Gotte der Frucht-
barkeit, der das Männliche mit dem Weiblichen vereint, und diese
für Landbebauer und Schäfer so kostbare Eigenschaft versinnbildete
man sich dadurch, daß man in plumper Weise auf die Hermes-
säulen ein Symbol setzte, dessen Krudität Niemanden in diesen
religiösen Zeiten verletzte und an nichts weiter erinnerte, als an
das heilige Mysterium der Entstehung der Wesen. Man brachte
auch einen Kopf daran an und Vorsprünge statt der Arme, um
Kränze daran aufzuhängen. Diese primitiven Hermen in der Form
von vierkantigen Pfeilern blieben bei den feldbebauenden und pelasgischen Völkern immer in großen Ehren, namentlich in Arkadien,
wo Pausanias eine große Anzahl derselben sah, und in Attika,
wo die Peisistratiden dergleichen auf allen Straßen errichten ließen,
und daran den Weg bezeichneten und moralische Sentenzen darauf setzten. Die Verstümmelung solcher Hermen wurde zur Zeit
des peloponnesischen Krieges für einen Religionsfrevel angesehen
und zog dem Alkibiades seine Verbannung zu.

Alle alten Götterbilder, agalmata, hatten ähnliche Gestalten,
und das Wort Herme ist ein generischer Ausdruck für diese ursprünglichen Bilder geworden. Zu Pharai in Achaia hat Pausanias, wie er sagt, gegen dreißig steinerne Säulen, die wie Statuen der Götter verehrt wurden, gesehen, und er setzt hinzu (VII,
22), daß ursprünglich alle Griechen die Götter auf solche Weise
darstellten. So verehrte man zu Thespiai unter Emblemen dieser
Art den Eros, die Charitinnen zu Orchomenos, Zeus und Artemis
zu Sikyon (Paus. IX, 27, 38; II, 9). Die ältesten Darstellungen
des Dionysos waren den Hermen sehr ähnlich; an einem Basrelief
des Museums Worsley erblickt man Landleute, die damit beschäftigt sind, eine Herme des Dionysos zu waschen. Die naive Pietät
der Alten glaubte die Götter dadurch zu ehren, daß sie für ihre
Bildnisse Sorge trug; man bekleidete sie, stattete sie zierlich aus,

wie es noch heutzutage in katholischen Ländern der Fall ist. In dem Maße wie die Industrie sich entwickelte, brachte man den Göttern das Erste und Beste von den neuerworbenen Schätzen dar, Waffen, Gewänder, Gefäße, wie man ihnen ursprünglich die Erstlinge des Feldbaues und der Herden dargebracht hatte. Um die Götterbilder mit den unterscheidenden Attributen der Gottheiten, die sie vorstellen sollten, zu bekleiden, mußte man denselben eine Art menschlicher Gestalt geben; aus den viereckigen Pfeilern wurden Gestalten mit Gliedern und bald wirkliche Statuen. So gieng der primitive Fetischismus nach und nach in das über, was man Idolatrie oder Bilderkultus genannt hat. Dieser besondere Ausdruck des religiösen Gefühls wurde, nachdem er eine Kunst hervorgerufen hatte, in der man Griechenland nie gleichgekommen ist, nämlich die Skulptur, später der Gegenstand der leidenschaftsvollen Angriffe einer neuen Religion; aber die Tendenz, religiöse Ideen durch plastische Formen darzustellen, liegt so tief in dem Geiste unserer Rasse, daß man dieselbe gleich nach dem Sturze des Polytheismus wieder hervortreten sah, trotz der semitischen Traditionen, die die nationale Religion gestürzt hatte; und die religiöse Kunst hat erst sehr spät und nur bei den Völkern der germanischen Familie verschwinden können, wo der Geschmack an abstrakten Spekulationen über den Sinn für Form und Schönheit siegt.

Das stufenweise Fortschreiten von den symbolischen Formen zu den imitativen mußte durch die Anwendung des Holzes für die meisten Götterbilder in den Tempeln erleichtert werden. Es bedurfte keiner großen Geistesanstrengung, um einen Kopf oder unförmlich gebildete Arme diesen Holzsäulen anzufügen, die man nachher wie Puppen ankleidete, und die Griechen bedurften nicht der Unterweisung Aegyptens, um das zu thun, was noch heut bei allen wilden Völkern geschieht. Ueberdies ist der historische Charakter der alten ägyptischen Kolonien noch gar nicht erwiesen, und die erfolgten Verbindungen Aegyptens mit Griechenland gehen nicht über die Herrschaft der Psammetichos hinaus. Der Einfluß der Phoiniker und der Völker Kleinasiens scheint weniger bestreitbar, wenigstens hinsichtlich der industriellen Künste. Homeros spricht von Stoffen und Gefäßen, die aus Sidon kamen; indessen muß man bemerken, daß er auch Arbeiten derselben Art beschreibt, die von Griechen angefertigt wurden, z. B. die Stickerei der Helena, der Penelope, das Gewand des Odysseus, die schöne Rüstung des Agamemnon. Die Beschreibung von dem Schilde des Achilleus kann nur als ein Werk der Phantasie angesehen werden, ebenso wie die von dem Schilde des Herakles im Hesiodos; aber wahrscheinlich ist, daß die Grundzüge dazu wirklichen Werken entlehnt wurden, die die Rhapsoden und ihre Zuhörer oft vor Augen hatten. Die Arbeit in Metall und besonders die Fabrikation der schönen Waffen mußte sich in einem kriegerischen und mit dem angebornen Sinne für die Kunst begabten Volke schnell entwickeln.

In der Ilias und in den Werken und Tagen finden sich Andeutungen von der Töpferei, und der Töpferofen wird in einem kleinen, dem Homeros zugeschriebenen Gedichte angeführt. Die Ausbildung der Töpferkunst mußte sehr bald die Entstehung der Vasenmalerei herbeiführen; jedoch wird in dem Homeros die eigentliche Malerei nicht erwähnt, während bei ihm zuweilen von Statuen die Rede ist. Das in der Odyssee erwähnte berühmte Pferd gehört in das Gebiet der Poesie, ebenso die goldnen Mägde des Hephaistos, die mit Bewegung und Sprache begabt sind. Die Statuen, die des Alkinoos Wohnung zieren, scheinen auch nicht reeller, und die Statue der Athene in Troia hat keinen hervortretenden Charakter. Es ist ein Idol, ein bretas (hölzernes Götterbild), wie der Dichter und seine Zeitgenossen dergleichen in den Tempeln sehen konnten. Der über die Kniee der Göttin gelegte Schleier zeigt an, daß sie in sitzender Stellung war, und diese Stellung mußte eine gewöhnliche sein, benn sie erklärt die Worte des Homeros: „tanta theôn en gunaisi keitai, dies liegt im Schoße der Götter“. Was die Tempel der heroischen Zeit betrifft, so ist es, wiewol Homeros oft davon spricht, schwer, sich nach seinen Gedichten eine Vorstellung davon zu machen; man kann nur vermuten, daß die Wohnungen der Götter sich nicht sehr von denen der Führer unterschieden, da dieselben Ausdrücke zur Bezeichnung der einen wie der andern gebraucht werden (domoi, naos, megaron). Der Unterschied zwischen der religiösen und der profanen Architektur tritt um so weniger scharf hervor, da die Götter außer ihren speziellen Wohnungen immer die Wohnungen der Menschen inne haben, wo ihnen Altäre und wahrscheinlich Bildnisse errichtet sind. So begibt sich Athene, wenn sie die Insel der Phaiaken verläßt, in das Haus des Erechtheus. Die Könige, die nur die ersten Bürger dieser primitiven Staaten sind, brachten in ihrer Behausung Opfer dar, die mit öffentlichen Malzeiten endeten. In dem Vorhofe jedes Hauses stand ein Altar des Zeus Herkeios; die Thür war dem Hermes, der Herd der Hestia geweiht.

Die noch von der alten Architektur der Griechen vorhandenen Spuren können die unzulänglichen Beschreibungen des Homeros nicht ergänzen. Unter den kyklopischen und pelasgischen Denkmälern befinden sich keine Tempelruinen; es sind Mauern von Bollwerken, Festungswerke von einer Konstruktion, deren Originalität jede Vorstellung von einem fremden Einflusse entfernt, und deren unerschütterliche Festigkeit dem Zahne der Zeit trotzt. Nichts hindert uns zu glauben, daß in jener Zeit, wo man diese unzerstörbaren Steinfesten errichtete, um die Schätze der Gemeinde, oder im Falle der Noth die Bevölkerung selbst vor einem Ueberfalle der Seeräuber oder vor dem Eindringen eines feindlichen Volksstammes zu schützen, die Häuser der Bürger, der Fürsten des Volkes, und selbst die der Götter aus Holz gezimmert wurden, was den Um=

stand erklären möchte, warum man keine Spur mehr davon findet. Ueberdies waren diese Wohnungen mehr oder weniger, je nach ihrer Erheblichkeit, verziert und sehr oft im Innern mit Metallplatten bekleidet, wie man aus der Beschreibung der Räume des Alkinoos, des Menelaos und des Odysseus schließen kann. Nur ein einziges Werk der Skulptur kennt man, das aus der Zeit der pelasgischen Monumente zu sein scheint, nemlich die beiden Löwen aus Stein über dem Thore von Mykenai. Die Holz- oder Metallstatuen, die wahrscheinlich weit zahlreicher waren, haben der Zerstörung nicht entgehen können.

Eine andere Klasse von Baudenkmälern aus der heroischen Zeit, von denen wir Ueberreste haben, sind die Schatzhäuser, die, wie man glaubt, dazu bestimmt waren, Waffen oder werthvolle Gegenstände darin aufzubewahren. Der am besten erhaltene Typus dieser Art von Denkmälern ist das Schatzhaus des Atreus zu Mykenai. Es ist ein unterirdischer Bau, bestehend aus einem parabolischen Gewölbe, dessen kreisförmige Schichten so aufeinander gelegt sind, daß sie sich allmählich durch Ueberragung verengen und mit einem einzigen Steine, der den Schlußstein bildet, abschließen. Ein in den Felsen gehauener Raum steht mit dem Hauptgewölbe in Verbindung; der Zugang zu dem Gewölbe ist unbedeckt, und die Thür, die zu demselben führt, ist mit zwei ungeheuern Steinplatten überdeckt. Das Schatzhaus des Minyas von Orchomenos, eines der merkwürdigsten Denkmäler in Griechenland, war nach Pausanias (IX, 38) wegen seiner Dimensionen weit bedeutender, als das zu Mykenai. Das kreisförmige Hauptgemach ist zerstört, aber die Eingangsthür ist noch vorhanden; der Architrav aus einem einzigen Blocke ist ungefähr fünf Meter lang und ein Meter dick. Wenn man annimmt, daß diese unterirdischen Bauwerke Grabmäler gewesen sind, so kann man sie als die ältesten Monumente der religiösen Architektur in Griechenland

.anfehen. Der Todtenkultus geht bis auf den Ursprung des Polytheismus zurück, und die heröa oder Heiligthümer der Heroen,
wurden wie Tempel verehrt. Die Tempel selbst enthielten überdies Schatzkammern von einer wahrscheinlich ähnlichen Konstruktion,
in denen die Dreifüße, die Vasen und andere Weihgeschenke aufbewahrt wurden. Homeros deutet in der Ilias (IX, 404) auf
die Schätze hin, die die steinerne Schwelle (laïnos udos) des
Phoibos Apollon in der felsigen Pythe verschließt. Derselbe Ausdruck findet sich in dem homeridischen Hymnos auf den pythischen
Apollon, worin es heißt, daß der Gott selbst den Grund zu seinem
Tempel legte, und daß Trophonios und Agamedes, Söhne des Erginos,
die Lieblinge der unsterblichen Götter waren, die steinerne Schwelle
legten, um die sich die zahllosen Familien der Menschen einen für
ewige Zeiten ehrwürdigen Tempel aus behauenen Steinen errichteten.

Diese beiden Architekten des Tempels zu Delphoi, denen die
Tradition sehr viel andere Denkmäler des heroischen Griechenlands
zuschrieb, haben einen eben solchen mythologischen Charakter, wie
die Kyklopen, die später für die Erbauer der Mauern von Tiryns
galten. Nicht anders verhält es sich mit den Telchinen von Rhodos,
den Daktylen des Ida, zufolge der Phoronis, den Erfindern der
Metallurgie des Daibalos, auf den die Sagen die meisten Denkmäler der primitiven Skulptur bezogen. Andere, noch ältere Sagen
führten den Ursprung der plastischen Künste bis auf Prometheus,
Hephaistos, Athene zurück. Was aus diesen Legenden klar hervorgeht, ist die religiöse Weihe der Kunst bei den Griechen. Wie
die Götter die lebendigen Gesetze der Welt sind, so stellen sie alle
menschlichen Kräfte vor; alle Zweige der Industrie und der Arbeit stehen
unter ihrem Schutze und Schirm. Demeter steht dem Ackerbau vor,
Poseidon der Schiffahrt, Hermes dem Handel; die Arbeiten des
Herakles resümieren die Kämpfe einer sich bildenden Gesellschaft;
die verschiedenen Formen der Wissenschaft und Kunst werden von

Apollon und den Musen, von Athene und Hephaistos gelehrt. Aus dieser Verrherrlichung der Arbeit durch die Religion mußte eine lebendige und praktische, zivilisierende und fruchtbare Moral und die bewundrungswürdigste künstlerische Entwickelung, deren Zeuge die Welt jemals gewesen ist, hervorgehen.

Der Einfall der Dorer in den Peloponnes und die verschiedenen Umwälzungen in Folge derselben hemmten den regelmäßigen Gang der heroischen Zivilisation und mobifizierten bis zu einem gewissen Punkte den Charakter der griechischen Gesellschaft. Man hat jedoch die Wichtigkeit dieser Transformation viel zu hoch angeschlagen, wenn man die Zeit von dem troianischen Kriege bis zu den Mederkriegen mit der langen Nacht des Mittelalters verglich. Zwar rechtfertigte die Einführung der Sklaverei in einem Theile Griechenlands solche Vergleichung: Servitium invenere Lacedaemonii, sagt Plinius; aber das war die einzige wahrhaft unglückliche Konsequenz der dorischen Eroberung; die Zivilisation trat zwar zurück, jedoch verschwand sie nicht. Die Verbreitung des griechischen Volkes über alle Küsten des Mittelmeeres erleichterte die freie Entwickelung seines Geistes. Aber diese Kolonien, die ihre Metropolen in der artistischen und industriellen Kultur überholten, vermochten den Gefahren einer zu frühzeitigen Zivilisation nicht zu widerstehen. Die Tyrannis wurde fast ein Normalzustand in den Republiken von Großgriechenland und Sicilien; die von Kleinasien geriethen unter die Herrschaft der Barbaren. Wenn das eigentliche Griechenland sich von einer dieser beiden Geißeln befreien und der anderen entgehen konnte, so verdankt es das vielleicht der Rauheit des dorischen Stammes und dem Einflusse, den er selbst auf seine Gegner ausübte; die Jonier Attika's hätten vielleicht ohne die Energie und die umsichtige Thätigkeit, die ihnen die besorgniserregende Nähe der Dorer gebot, das Los ihrer Brüder von Asien getheilt.

Während der ionische Stamm durch die epische Poesie die
Hauptzüge des religiösen Dogmas von Griechenland firierte, be-
reiteten die Dorer durch die Entwickelung der Hauptzweige der
Kunst die definitive Form des Kultus vor. Diese beiden Regungen sind parallel: Zufolge der Theologie der Dichter ist die Welt
ein Staat, in dem die Götter zugleich die Gesetze und die Obrigkeit sind; der einzige Kultus, der für diese Götter, die unter den
charakteristischen Attributen des Menschen, Vernunft und Freiheit,
aufgefaßt werden, geeignet sein ¡konnte, war die regelrechte und
harmonische Entwickelung aller Fähigkeiten des Menschen, die gleichzeitige Erziehung des Körpers und Geistes durch die Gymnastik und
Musik. Die Musik regelt und leitet die Regungen der Seele, die
Gymnastik verleiht dem Körper Kraft und Schönheit. Durch diese
doppelte Erziehung ehrt der Mensch die Götter, indem er gemein-
schaftlich mit ihnen arbeitet; er begründet die Ordnung in sich selbst,
wie sie die Ordnung in der Welt begründet haben; er erfüllt seine
Aufgabe in der universellen Republik der Wesen; er vollführt seine
Rolle in dem vielgestaltigen Drama des Lebens; er wirkt mit bei
dem großen und prächtigen Konzerte. Auch haben alle Geistes-
und Leibesübungen Götter oder Heroen zu Erfindern und zu Vorbildern. Apollon und Artemis leiten die Tänze der Musen, Athene
erfindet die Flöte, Hermes die Lyra; Kastor zeichnet sich aus im
Laufe, Polydeukas im Faustkampfe, Herakles im Pankration, The-
leus in der Enoplie. Die heiligen Spiele, die nur seit undenk-
licher Zeit bei den Griechen vorhandene Gebräuche in periodische
Feste und regelmäßige Institutionen umschaffen, sind nach dem
allgemeinen Glauben von den Göttern eingesetzt, die olympischen
Spiele von Herakles, die pythischen Spiele von Apollon, die isthmischen und nemeischen Spiele von Poseidon. Die olympischen
Spiele, die gefeiertsten unter allen, bestanden in Ringkämpfen und
in ritterlichen Wettkämpfen; die pythischen dagegen waren anfäng-

lich nur Wettkämpfe in der Musik und im Gesange, aber bald kamen die gymnischen hinzu. Die isthmischen Spiele, ionisches Ursprungs, waren bei den Bewohnern Attika's die berühmtesten; die olympischen Spiele, wiewol sie wahrscheinlich achaiisches Ursprungs waren, wurden erst unter dem dorischen Einflusse zu Lykurgos' Zeit religiöse Feste; die ersten Sieger waren sämtlich Dorer.

Der dorische Stamm, der in den Bergen Thessaliens die ganze Rauheit der ursprünglichen Griechen bewahrt hatte, trug unzweifelhaft dazu bei, den Charakter und den Geist Griechenlands gegen die gefährlichen Einflüsse von Asien her zu schützen. Sein Name ist an den zwei strengsten Formen der Kunst, der dorischen Weise in der Musik und der dorischen Ordnung in der Architektur haften geblieben. Die Gymnastik und Orchestik gelangten bei ihm zu ihrer höchsten Vollendung; fast alle Bezeichnungen in der Gymnastik waren dem dorischen Dialekte entlehnt, und in diesem Dialekte verherrlichte auch später noch Pindaros die Sieger in den heiligen Spielen. Einfache Kränze traten an die Stelle der für die Athleten ehemals aufgestellten Preise, und der Sieg erschien darum nur um so ruhmvoller. Bald füllte sich ganz Griechenland mit Gymnasien an; jede Stadt wollte für diese religiösen Feste, an denen alle hellenischen Völker zusammenkamen, Athleten bilden. Die Frauen waren davon ausgeschlossen, ohne Zweifel wegen der von den Dorern eingeführten Sitte, daß die Kämpfenden vollständig nackt auftraten. Die nun mehr fortschreitende Ausbildung der gymnastischen Uebungen führte allmählich zu einer vollständigen Trennung der beiden Geschlechter. Der Frauen Keuschheit gewann dabei, aber nicht so wie die der jungen Männer, und ein Ausdruck des Ennius bezeugt in dieser Hinsicht die verderblichen Folgen des dorischen Einflusses. Anderseits konnte das griechische Volk dadurch, daß es bei der Erziehung einen so großen Werth auf die Kämpfe in der Palästra legte, die Kraft und Energie sich erwerben und bewahren, die es ihm möglich machten, trotz seiner numerischen Schwäche den Einfall der Perser zurückzuschlagen. Unstreitig entwickelte auch der beständige Anblick schöner Frauen und schöner Bewegungen den plastischen Sinn, dem wir die griechische Bildhauerkunst verdanken.

Nichts trug zu den schnellen Fortschritten der Kunst mehr bei, als die allgemein werdende Sitte, den siegreichen Athleten Statuen zu Olympia zu errichten. Das Studium der Natur wurde die erste und unumgänglich nothwendige Arbeit der Bildhauer. Die Nothwendigkeit, die Formen des Körpers, die Stellungen, die Bewegungen, die die verschiedenen gymnastischen Uebungen charakterisieren, darzustellen, eröffnete der griechischen Kunst eine Reihe von Untersuchungen und Versuchen, die der hieratischen Kunst von Aegypten und Asien unbekannt waren. Anstatt fortwährend feststehende Typen zu reproduzieren, suchten die Bildhauer mannigfaltige Charaktere der menschlichen Schönheit darzustellen. Das Leben, dies wechselreiche, materielle, unfaßbare Wunder, das nur den göttlichen Schöpfungen angehört, mußte man in Erz und Stein fixieren, das immer wieder erneute Ringen, das unablässige Streben nach einem schwankenden Ziele, das weiter zurücktritt, wenn man es zu erreichen wähnt, eröffnete der Thätigkeit des individuellen Genies ein schrankenloses Feld. Ohne Zweifel war dies wieder nur ein vorbereitendes Studium, und die griechische Kunst konnte hier nicht stehen bleiben; sie bildete Athleten, um sich würdig zu machen, Götter zu schaffen; es blühten die dorischen Schulen von Aigina, Argos, Sikyon, die sich von den bisherigen Fesseln frei gemacht hatten, als die attische Schule auftrat und Pheidias erschien. Keine Tradition hemmte die Kunst, keine Theokratie hinderte ihren Aufschwung. Sie hatte ihren Antheil an den Wolthaten, die die Religion eines freien Volkes Allen zusicherte, sie entwickelte sich nach ihren eigenen Gesetzen. Die Religion in Griechenland ist weder eine Autorität, noch eine

Fessel, sie ist der ideale Ausdruck des Volksgedankens und des
politischen Lebens; auch ist die religiöse Kunst nicht die erste Form
der Kunst, sondern im Gegentheile der erhabenste Zweck ihrer
Entwickelung. Der dorische Tempel ist nur eine göttliche Zelle;
die Götter aus Marmor, die ihn später bewohnen, sind göttliche
Athleten. Wann die Skulptur durch ein gewissenhaftes Studium
der lebendigen Realitäten die Wissenschaft der Bewegung und der
Formen errungen hat, dann unterwirft sie ihre schöpferische Macht
dem Dienste eines göttlichen Ideals. Bis dahin errichtet sie in den
Städten menschliche Gestalten, Kleobis und Biton zu Argos, Har-
medios und Aristogeiton zu Athen, und läßt in den Tempeln die
alten starren, unbeweglichen, durch die Verehrung der Völker ge-
heiligten Idole herrschen.

Die Nothwendigkeit, diese alten Götterbilder zu verbessern,
ohne sie zu vernichten, sie nachzubilden, wenn es nothwendig wäre,
sie zu erneuern, brachte auf die Idee, den Körpern von Holz,
die mit reichen Stoffen bekleidet waren, Köpfe, Füße und Hände
von Marmor oder von Elfenbein (Akrolithen) anzufügen, nachher
die Stoffe selbst durch kostbare Metalle zu ersetzen. So bildete
sich nach dieser Seite der Skulptur hin ein wichtiger Theil der
Toreutik, die chryselephantinische Bildhauerkunst aus, die bald
zu einem hohen Grade von Vollkommenheit gelangte, aber von
der man nur nach den Zeugnissen der Alten sprechen kann, da leider
keine Spur davon vorhanden ist. Diese besondere Form der Plastik, die sich mit der polychromen Architektur der Tempel ganz ver-
verschwisterte, scheint nur für die Gottheiten, denen diese Tempel
geweiht waren, vorbehalten zu sein; aber es gab andere Statuen
aus Erz, Marmor oder selbst aus gebranntem Thone, die als Weihgeschenke mit den Dreifüßen, Rüstungen, Gefäßen, Kisten und anderen kostbaren Gaben im Innern der Tempel aufgestellt waren.
Reliefs aus gebrannter Erde oder aus Stein verzierten ebenfalls

die Frontons und Metopen. Was die Gemälde betrifft, die zum
Schmucke der Tempel dienten, so ist es schwer, sich eine Idee davon zu machen; denn nur eine Seite der Malerei bei den Griechen
ist uns bekannt, die Malerei auf Vasen. Die zahlreichen griechischen Vasen, die man besitzt, sind im Allgemeinen von höchst
zierlicher Form, aber die Gemälde auf den ältesten sind sehr plump.
Es sind Thierkämpfe, Jagden oder Gegenstände, die die spezielle
Bestimmung der Vasen bezeichnen.

Die weite Ausbreitung der griechischen Kunst in Italien war
lange ein Hinderniß; sie von der etruskischen Kunst genau zu unterscheiden. Ein tieferes Studium hat der griechischen Kunst das,
was ihr angehört, zurückerstattet, namentlich den größten Theil der
Vasengemälde. Aber man hat auch erkannt, daß die Etrusker
trotz ihres zum Theile pelasgischen Ursprungs, trotz dem, daß sie
Vieles der primitiven Zivilisation der Hellenen entlehnten, stets
einen eigenthümlichen und echt nationalen Charakter bewahrten.
Man kann zu dem Glauben geführt werden, daß ein indigenes
Element und ein orientalischer oder ägyptischer Einfluß sich verbanden, um die vollständige Absorption des etruskischen Geistes
von dem griechischen zu verhindern. Das etruskische Volk assimi-
lierte sich frühzeitig die ersten Regungen der griechischen Kunst,
aber folgte nicht ihrer weiteren Entwickelung, es blieb wie alle theokratischen Völker in den Banden archaistischer Formen.

Ganz anders verhält es sich mit den Monumenten des südlichen Italiens und Siciliens; diese gehören ganz der griechischen
Kunst an. Die Menge von Kolonien, die einem Theile von Italien den Namen Großgriechenland verliehen, gelangten schon frühzeitig zu einem hohen Grade von Zivilisation und Reichthum.
Die prächtigen Ruinen von Pästum, dem antiken Poseidonia,
zeugen noch von der Macht seiner Metropole Sybaris, die selbst
eine Kolonie der Achaier und Troizenier war. Der größte unter

Päſtum's Tempeln, der Tempel des Poſeidon, iſt das vollſtän-
digſte Monument, das von der alten doriſchen Architektur vorhanden
iſt. Die griechiſchen Kolonien auf Sicilien haben noch zahlreichere
Spuren ihrer Macht und ihres Reichthums hinterlaſſen, als die
von Italien. Wie im Vorgefühle ihrer kurzen Beſtimmung errichteten alle dieſe frühzeitigen Blüten griechiſcher Ziviliſation, Agrigentum, Selinus, Segeſta, Metapontum wetteifernd prächtige
Tempel, deren Ruinen den Glanz ihres ſchnellen Aufblühens in
der Geſchichte bezeugen; dann verſchwanden ſie, wie Meteore,
ſie ſtarben dahin ohne ein hohes Alter im vollen Glanze ihrer
Schönheit nach wenigen Jahren eines überreichen Lebens, erfüllt
von ſtetigem Wechſel der Tyrannis und fieberhafter Demagogie.

Als die aſiatiſchen Griechen unterlegen waren, wurden die
europäiſchen Griechen das Ziel von Perſiens Angriffen; glücklicher
Weiſe waren ſie beſſer vorbereitet, den Kampf aufzunehmen. Das
bewegte aber geſunde politiſche Leben hatte die männliche Energie
der freien Städte erhöht. Die republikaniſche Moral des Polytheismus hatte ihre ſoziale Anwendung in den großartigen Ver-
faſſungen gefunden, die alle Geiſteskräfte ſo harmoniſch entwickelt
und dem Rechte die Pflicht zur Beſchützerin verliehen, der Freiheit
und Gleichheit den Mut und die Gerechtigkeit. Die letzten Ge-
waltherrſchaften fielen eine nach der anderen, als die Völker mündig
geworden waren. Ehe ſie verſchwanden, verſuchten ſie, bei der
Geſchichte dadurch Verzeihung zu erhalten, daß ſie Denkmäler und
Tempel errichteten und ſich bemühten, die Volksthätigkeit von
der Politik zur Kunſt und Poeſie hinzulenken; aber die Poeſie
und die Kunſt waren damit nicht einverſtanden. Theognis, A-
laios, Kalliſtratos verfaßten Gedichte gegen die Tyrannis. Die
Alkmaioniden erbauten auf ihre Koſten den Tempel zu Delphoi,
und der Gott verſchaffte ihnen zum Lohne dafür den Beiſtand der
Lakedaimonier, um die Tyrannen aus Athen zu verjagen. Entzückt

von seiner wiedererlangten Freiheit entfaltete Athen eine Thätigkeit und eine Energie, die ihm in den medischen Kriegen die politische Leitung Griechenlands und bald darauf eine noch bedeutendere Suprematie auf dem Gebiete der Kunst und der Wissenschaft geben sollte.

In die Zeit des zweiten medischen Krieges setzt man das bedeutendste Monument, das von dieser dorischen Plastik, die bald die attische Schule verdunkeln sollte, auf uns gekommen ist[2]). Die berühmten aiginetischen Statuen der Glyptothek in München, die die beiden Frontons an dem Tempel des hellenischen Zeus oder der Athene zierten, stellen die Thaten der aiakidischen Heroen, der Vorfahren und Beschirmer der Aigineten, dar. An dem Westgiebel erkennt man den Kampf der Griechen und Trojaner um den Leichnam des Patroklos oder Achilleus in Gegenwart der Athene; an dem östlichen Giebel, der von gleicher Disposition ist, aber von dem nur vier Figuren vorhanden sind, hat man besonders in der Aehnlichkeit des mit einer Löwenhaut bekleideten Schützen mit dem auf den Münzen von Thasos befindlichen Herakles einen Kampf um den Leichnam des Oikles, der in dem Kampfe des Herakles und Telamon gegen den Laomedon von den Trojanern getödtet wurde, erblicken wollen. So würden zwei parallele Legenden, die auf den Giebeln dargestellt sind, einen und denselben Gedanken darstellen, nemlich den Kampf der Heroen von Aigina, auf der einen Seite Telamon, auf der anderen seine Söhne Aias und Teukros, gegen die Trojaner, und unter einer mythischen Form an den ruhmreichen Antheil erinnern, den die Aigineten an dem Kriege gegen die Barbaren nahmen, eine Zusammenstellung, die besonders durch das der unter dem Namen Paris bezeichneten Figur gegebene Kostüm eines persischen Bogenschützen angedeutet wird. Zwei weibliche Statuetten, mit langen in symmetrische Falten gelegten Gewändern bekleidet, sind an derselben Stelle gefunden worden, und zierten wahrscheinlich den Aëtos oder die Akroterien des Tempels. Einige haben in diesen Figuren die Damia oder Auresia, die Demeter und Kore von Aigina, Andere mit größerer Wahrscheinlichkeit zwei Keren oder zwei Siegesgöttinnen erblickt.

Der allgemeine Charakter aller dieser Statuen entspricht durchaus den Angaben, die man in den Schriftstellern über den Stil der aiginetischen Schule findet. Harte Linien, eckige Stellungen, rokierte Bewegungen, ein sehr gewissenhaftes Studium der Formen des Körpers und ein gänzlicher Mangel des Ausdrucks in den Köpfen; man erkennt die Weise, wie man Athleten darzustellen pflegte. Die Haare. sind regelmäßig lockig, die Bärte laufen spitz aus. Auf den Lippen, dem oberen Theile der Backen, den Kleidern und Waffen zeigen sich Spuren von Farbe; eine ziemlich große Anzahl von Löchern weist darauf hin, daß Metallverzierungen daran waren. Die Statue der Pallas in der Mitte des Giebels ist mit einem Gewande voll zahlreicher und symmetrischer Falten bekleidet, ein allen drapierten Statuen aus jener Zeit gemeinsamer Charakter; man findet dieselbe archaistische Eleganz an der Athene des Dresdener Museums, die wahrscheinlich die Nachbildung einer hölzernen mit dem Peplos bekleideten Statue ist, auf welchen Peplos die athenischen Jungfrauen die Kämpfe der Giganten stickten, und den man der Göttin am Feste der Panathenaien darbrachte. Die Pallas der Villa Albani, die Penelope des Museums Pio Clementino, die Pallas und Artemis von Herculanum zeigen dieselben Charaktere. Eines der kostbarsten Monumente dieses hieratischen Stiles ist der borghesische Altar im Museum des Louvre. Die drei Basreliefs, die seine drei Seiten zieren, stellen die zwölf oberen Götter des hellenischen Pantheons vor und darunter die Moiren, die Horen und Charitinnen. Leider ist der obere Theil auf eine sehr plumpe Weise restauriert worden. Apollon war mit einem langen Gewande bekleidet, ebenso Hephaistos; man hielt sie für Frauengestalten und

machte daraus zwei Göttinnen ohne charakteristische Attribute, so
daß man anstatt eines Altars der zwölf Götter ein Denkmal ohne
irgend eine bestimmte Bedeutung hat. Es ist eines von den unzähligen Beispielen unverständiger Restaurationsmanier, die jetzt
noch in Frankreich herrscht, und die den Kunstwerken stets so un-
heilvoll sein wird.

Die Religion, die erste Form des Gedankens der Völker, hat
einen ebenso entscheidenden Einfluß auf die weitere Entwickelung
derselben, wie die erste Erziehung der Jugend auf den ganzen
übrigen Theil des Lebens des Menschen; die Entstehung der Symbole entschwindet den Untersuchungen der Geschichte, wie die Bildung unserer Vorstellungen sich unsern Erinnerungen entzieht; und
ebenso wie unsere Fähigkeiten nicht alle zugleich zu ihrer vollen
Entwickelung gelangen, so kann man in dem Leben der Völker
weder einen bestimmten Zeitpunkt für den Gipfel, noch für den
Verfall feststellen. In dem heroischen Zeitalter keimte die reiche
Saat religiöser Sagen, die die Epopöe erntete; da ist der Ursprung
zugleich der politischen Moral der Griechen, sowie der verschiedenen
Formen der Litteratur und Kunst. Diese Entwickelung ist eine
successive, sie offenbart sich in der Moral durch die Einrichtung
der Staaten und den Kampf gegen die Perser; nach dem Siege
manifestiert sie sich in der Litteratur durch die lyrische Poesie das
Drama und die Geschichte, in der Kunst durch die Architektur und
Bildhauerkunst; alsdann erreichen die Beredsamkeit, die Malerei
und die Philosophie ihre höchste Stufe der Vollkommenheit, als
schon Symptome des Verfalles in der Religion und Moral hervor-
traten. Es müßte also die kurze und ruhmvolle Zeit, die sich von
dem ersten medischen Kriege bis zur makedonischen Herrschaft erstreckt, und in der die Namen eines Sophokles, Pheidias und Perikles erglänzen, in ihren einzelnen Theilen betrachtet werden; aber
da es meine Aufgabe ist, weniger ein chronologisches Gemälde von

der griechischen Zivilisation zu entwerfen, als den Ausdruck des religiösen Gedankens in der Kunst zu erforschen, so werde ich diese Periode nur in ihrer Totalität betrachten.

Was sofort in die Augen springt, ist, daß diese Zeit eine der bewegtesten in der Geschichte ist. Bei andern Völkern sind die Künste und Wissenschaften Treibhauspflanzen, die nur in einer stillen und ruhigen Atmosphäre gedeihen können, oder vielmehr Schmarotzerpflanzen, die sich um einen schützenden Stamm ranken; in Griechenland aber wachsen sie auf ihrem heimatlichen Felsen mitten unter den Stürmen, unter den männlichen Kämpfen und den kräftigen Regungen der Freiheit. Auf dem Höhenpunkte der menschlichen Zivilisation strahlt die ruhmreiche Republik Athen, die mehr wie irgend eine andere griechische Stadt die beiden Fundamentalprinzipien der sozialen Moral des Hellenismus, die Freiheit und Gleichheit zu begreifen und auszuüben verstand. Diese Prinzipien, die auf jeder Seite der Gesetzgebung Solon's standen, die durch des Kleisthenes und Aristeides Reformen sich entwickelten, sie gelangten unter des Perikles Demagogie zu einer Höhe, die die Hoffnungen der kühnsten Neuerer nie erreichen werden. Die vermeintlichen Exzesse der athenischen Demokratie sind in allen monarchischen Staaten ein banales Thema gefahrloser Deklamationen geworden, aber die Werke Athens bürgen für sie; die großen Monarchien des modernen Europa verdanken die Zivilisation, worauf sie so stolz sind, dieser kleinen Republik, die auf der Karte der Welt so unscheinbar ist. Die berühmtesten Nationen rechnen es sich zur Ehre an, wenn sie mit Athen verglichen werden. Wenn sie, was nicht zu leugnen ist, Fehler genug gehabt hat, um nicht zu sehr die Nacheiferung der anderen Völker zu entmutigen, und um sie daran zu mahnen, daß auch sie ein menschliches Institut war, so verschwinden diese dunkeln im Lichte schwimmenden Flecke bei den heroischen Erinnerungen an Marathon und Salamis, den Dramen des Aischylos und Sophokles, den Marmorwerken des Parthenon.

Die entscheidende Rolle, die die Athener in den beiden medischen Kriegen gespielt hatten, sicherte ihnen die Hegemonie über Griechenland zu. Die Beiträge der verbündeten Griechen wurden anfänglich zur Fortsetzung des Krieges, der ihnen ihre Unabhängigkeit sicherte, verwendet, alsdann zur Befestigung Athens und zur Wiederherstellung der alten von den Barbaren zerstörten Heiligthümer. Erfüllt von Dankbarkeit gegen die Götter, die es aus einer so großen Gefahr gerettet hatten, errichtete ihnen Griechenland überall Tempel und vervielfältigte die Nationalfeste, wohin alle Künste berufen wurden, um die zugleich politischen und religiösen Symbole des sittlichen Lebens des Volkes zu erklären. Es füllte sich besonders Athen mit Gebäuden, deren Pracht mit der Einfachheit der Privatwohnungen kontrastierte. Als Kimon des Theseus Asche zurückgeführt hatte, errichtete man im Mittelpunkte der Stadt dem Heros, dem die Tradition des Volkes die Einsetzung der Demokratie zuschrieb, einen Tempel. Später erbauten Iktinos und Kallikrates an der Stelle eines von den Persern zerstörten Tempels den großen Tempel der Jungfrau, den Parthenon, auf dem Gipfel jenes heiligen Felsens der Akropolis, an dessen Eingange Mnesikles die Propyläen, gleichsam eine prachtvolle Vorhalle, errichteten. In diesen Monumenten erreicht die dorische Architektur ihre höchste Vollkommenheit; ohne etwas an der würdevollen Majestät, die ihr vorherrschender Charakter ist, einzubüßen, gewinnt sie an Eleganz durch die Proportionen der Säulen, die schlanker und lecker sind, als in der primitiven dorischen Ordnung, wovon man zu Korinthos, Sikyon und auf Sicilien Beispiele findet.

Der Tempel des Theseus, eines der best erhaltenen Denkmäler Griechenlands, nähert sich sehr dem Tempel von Aigina, der zu

derselben Zeit erbaut sein soll; er ist sechssäulig, wie die meisten
griechischen Tempel, während der Parthenon acht Säulen en face
hat. Die ionische Ordnung, auf eine höchst harmonische Weise
mit der dorischen Ordnung in den Propylaien kombiniert, findet
sich in dem kleinen Tempel der Nike apteros und im Erechtheion,
einem auf dem Platze des alten Heiligthumes des Erechtheus
(Erechtêos pykinon domon, Od. VII, 81) errichteten und der
Athene Polias, dem Poseidon und der Pandrosos geweihten Denkmale. Das Bedürfnis, Denkmäler und Andenken zu ehren, die
sich an die Anfänge der athenischen Religion knüpften, wie der
heilige Olivenbaum, die Salzquelle, der Felsen mit dem Zeichen
des Dreizackes des Poseidon, erklärt die irreguläre und ganz spezielle
Disposition des Erechtheion, die Unebenheit des Bodens, worauf
es erbaut ist, die Säulenhallen auf der Seite, angelehnt an das
Hauptgebäude, und in deren einer Statuen junger Mädchen anstatt der Säulen den Sims tragen.

Zu den Tempeln, die um diese Zeit in Attika und in dem
übrigen Griechenlande errichtet wurden, kann man die dorischen
Tempel der Nemesis zu Rhamnus, der Athene auf dem Vor-
gebirge Sunion, die Tempel und Propylaien von Eleusis rechnen.
Der Haupttempel zu Eleusis bestand aus einem großen heiligen
Raume (megaron), für die Feier der Mysterien bestimmt und
von Xenokles, der dies Gebäude mit Koroibos und Metagenes unter
Leitung des Iktinos, des Baumeisters vom Parthenon, erbaute,
gewölbt war. Es war derselbe Iktinos, der den Tempel des
Apollon Epikurios bei Phigalia erbaute, von dem noch schöne
Ruinen vorhanden sind, und von dem der Fries, wie die meisten
Ueberreste der Skulptur aus dieser Zeit, zu London sich befindet.
Andere berühmte Tempel wurden um dieselbe Zeit in dem Pelo-
ponnes erbaut, die Tempel der Athene Alea zu Tegea, der Here
zu Argos, des Zeus zu Nemea; aber leider sind von den einen

nur spärliche Ueberreste, von den andern gar keine Spur vorhanden.

In dem von Skopas erbauten Tempel zu Tegea war die korinthische Ordnung mit der dorischen und ionischen verschmolzen. Nach Vitruvius wäre das korinthische Kapitäl von Kallimachos erfunden, als er einen mitten in Akanthusgebüsch gestellten Korb erblickte. Ehe die korinthische Ordnung als Hauptordnung bei der Konstruktion von Tempeln angewendet wurde, zeigte sie sich in den untergeordneten Partien, und als man anfieng, sie allein anzuwenden, geschah es anfänglich bei kleinen bürgerlichen Gebäuden, wie bei dem choragischen Monumente des Lysikratos zu Athen. Uebrigens war der Unterschied zwischen der bürgerlichen und religiösen Architektur in Griechenland, wo sich die Religion mit dem politischen Leben vermischte, nie ein festbestimmter. Die Theater, das Odeion des Perikles, die Hippodromen, die um diese Zeit erbaut wurden, schließen sich an die religiöse Kunst, wie die dramatischen Feste, die musischen Wettkämpfe, das Ringen und die Wagenkämpfe, an. Das schönste Problem politischer Architektur, die Erbauung ganzer Städte, wurde von Hippodamos aus Miletos und Meton, einem Astronomen und Physiker, der zugleich Baumeister war, gelöst; die Stadt des Peiraieus, die Stadt der Thurier, Rhodos, Halikarnassos, Kos, Megalopolis, Mantineia, Messene erstanden nach einander nach regelmäßigen und symmetrischen Plänen. Was den Luxus der Privatgebäude betrifft, so entfaltete sich dieser erst später und war ein Symptom von dem sittlichen Verfalle.

Gleichzeitig mit der Errichtung der Baudenkmäler in ganz Griechenland ist die Ausschmückung derselben im Innern und von Außen. Auch die andern Künste verbinden sich mit der Architektur, um den religiösen und politischen Gedanken des Volkes auszudrücken. In Athen bereitet ein ganzes Heer von Handwerkern und Künstlern den Marmor, das Elfenbein, die Metalle zu, führt

die Stulpturen, Malereien, die zur Ausschmückung des Parthenon
bestimmten Tapisserien unter Leitung des Pheidias aus, der, wie
die meisten Küstler jener Zeit, zugleich Maler, Gießer, Toreutiker
und Bildhauer war. Außer dieser allgemeinen Leitung, die er ebenso
sehr seinem großen Rufe, wie der Freundschaft des Perikles verdankt, vollendet Pheidias selbst das bedeutendste Werk, die aus
Gold und Elfenbein bestehende Statue der Göttin. Die andern
Bildhauer und namentlich Alkamenes, sein Nebenbuhler, Agorakritos,
sein Schüler, theilen sich in die übrigen Arbeiten. Alkamenes und
Paionios von Mende fertigen die beiden Giebel des Zeustempels
zu Olympia an, von denen der eine den Kampf der Kentauren,
der andere den Kampf zu Wagen des Pelops und Oinomaos in
Gegenwart des Zeus darstellen. Pheidias verfertigt für das Innere
des Tempels die kolossale Statue von Gold und Elfenbein, die
bei ihrem Erscheinen mit einstimmiger Bewunderung der Griechen
als das Meisterstück der Bildhauerei und als eines von den Wundern der Welt begrüßt wurde. Ungeachtet der Zeit, die seine
großen Werke der Toreutik erforderten, und der Sorgfalt, die er
auf die wenn auch der Harmonie des Ganzen untergeordneten
Einzelheiten verwendete, fertigte Pheidias eine große Anzahl von
Statuen an, unter denen ein Akrolith der kriegerischen Athene für
die Plataier, eine andere Athene, die man die Schöne nannte,
für die Insel Lemnos und der große Koloß von Bronze der Athene
Promachos, oder der Schützenden, den die Schiffer von Weitem
zwischen den Propylaien und dem Parthenon erblikten, und der alle
Monumente der Akropolis überragte, aufgeführt werden. Außer
der genauen Kenntnis von der Perspektive, die besonders bei den
kolossalen Statuen nothwendig ist, war es vorzüglich die Erhebung
des religiösen Gefühles, was nach dem einstimmigen Zeugnisse des
Alterthums die Werke des Pheidias charakterisierte. Sein olym-
pischer Zeus erhöhte den religiösen Sinn der Völker, sagt Quin-

tilianus (XII, 10, 9). Dies Lob genügt, um den immensen Ruhm zu rechtfertigen, der, selbst nach der Zerstörung seiner Werke, seinen Namen zur Bezeichnung der größten Kunstepoche gemacht hat.

Die Schule von Sikyon und Argos, die der attischen Schule vorangegangen war, erreichte zu derselben Zeit wie diese ihren Höhepunkt; aber während Pheidias vornemlich Götter bildete, zeichnete sich Polykletos, obwol er der Verfertiger einer berühmten kolossalen Statue der Here war, besonders durch Athletenstatuen in Erz aus. Sein Doryphoros oder Lanzenträger wurde der Kanon, das heißt die Regel und der Typus der schönsten Proportionen des menschlichen Körpers. Er ist, wie Plinius sagt, der Begründer des Prinzips, das den griechischen Statuen so viel Leben gibt, den Körper hauptsächlich auf einem Beine ruhen zu lassen. Myron von Eleutherai auf der Grenze von Boiotia, stellte sich noch mehr die Aufgabe, durch die Formen Leben zu verleihen. Wenngleich man die Statuen des Herakles, des Zeus und der Athene anführt, so verdankte er doch vorzugsweise seinen Ruhm Thierstatuen und Athletengestalten aus Erz, wie sein laufender Ladas und sein Diskoswerfer.

Pheidias und Polykletos repräsentieren in der Bildhauerkunst, wie Sophokles im Drama, den Kulminationspunkt, über den hinaus kein weiterer Fortschritt möglich ist; denn das Gebiet der Kunst ist nicht unbegrenzt, wie das der Wissenschaft. Und doch kann die Kunst wie alles Lebendige nicht stehen bleiben. Da geschieht es denn zuweilen, daß die Künstler, stets unzufrieden mit ihren Werken, wie Kallimachos, dadurch daß sie an denselben immer bessern, sie verschlechtern, oder, wie Demokritos, sich in Einzelheiten verlieren, indem sie die Wirklichkeit zu erstreben suchen. Andere, die erkennen, daß das Vollendete nicht übertroffen werden kann, die sich aber zu stark fühlen, als daß sie sich mit der bloßen Nachahmung ihrer Vorgänger begnügen sollten, wollen der Kunst neue Bahnen eröffnen. Skopas und Praxiteles scheinen ebenso wie Euripides, mit dem man sie vergleichen kann, vorzugsweise den Ausdruck der Empfindungen der Seele erstrebt zu haben⁴). Die Gruppe der Niobe und ihre Kinder, die man unentschieden diesen beiden Bildhauern zuschreibt, ist ein Beispiel von dieser Tendenz der Kunst, heftige Gemüthserregungen hervorzurufen. So steigt sie von der ruhigen Höhe des Olympos in die bewegte Sphäre des Lebens herab. In den Darstellungen der Aphrodite, des Eros, des Dionysos, der Lieblingsgegenstände dieser neuen Schule, macht die strenge Würde des religiösen Gefühls einem sinnlicheren Schönheitscharakter Platz. Eine analoge Bewegung zeigt sich in der Schule des Polykleitos. Lysippos sucht den Formen dadurch mehr Eleganz zu geben, daß er die einzelnen Glieder verlängert und die Proportionen des Kopfes verkleinert; zugleich sucht er durch eine genauere Behandlung der Einzelheiten die allgemeinen Typen der athenischen Schönheit durch individuelle Darstellungen zu ersetzen. Das von Lysistratos aus Sikyon, einem Bruder des Lysippos, erfundene Modellieren in Gyps trägt dazu bei, die Bildhauerei immer mehr in die Bahn der Porträtbildnerei hinzuleiten.

Die Malerei scheint bei den Griechen nicht dieselbe Wichtigkeit gehabt zu haben, wie die Bildhauerkunst, wenigstens nicht als religiöse Kunst. Die Haupttypen der Götter scheinen von den Bildhauern festgestellt und von den Malern adoptiert zu sein. Es ist schwer, von der Entwickelung einer Kunst, von der kein Denkmal vorhanden ist, sich eine genaue Idee zu machen. Von den vielen Schriften der Alten über die Kunst ist keine auf uns gekommen; deshalb hat man nur durch Vergleichung und Gegenüberstellung einiger in verschiedenen Schriftstellen zerstreuten Bemerkungen den Versuch machen können, den allgemeinen Charakter der Hauptschule und der berühmtesten Meister zu errathen. Unter diesen gefeierten Namen tritt der des Polygnotos von Thasos als der erſte hervor. Pauſanias (X, 25, 1) beſchreibt die Gemälde, die er in der Lesche von Delphoi angefertigt hatte, und die einerſeits die Einnahme von Troia, anderſeits den Todtenaufenthalt dar- ſtellten. Wiewol keine Beſchreibung eine Idee von einem Kunſt- werke geben kann, ſo läßt ſich doch aus dieſer Stelle bei Pauſanias folgern, daß dieſe Kompoſition aus einer Reihe von Figuren beſtand, die auf einer einzigen Fläche und auf einem uniformen Grunde nach Art eines Frieſes und nach architektoniſchen Verhältniſſen ſich entfalteten. Was ihren Charakter betrifft, ſo kann man denſelben ſich nur durch Vergleichung mit den Monumenten der andern Künſte aus derſelben Zeit vorſtellen, wie der Blinde, der nach einer Beſchreibung der Farben das Scharlach mit dem Tone der Trompete vergleicht. Man kann ſich etwas Großes und Einfaches wie einen doriſchen Tempel oder wie eine Tragödie des Aiſchylos vorſtellen. Einige Szenen aus der Einnahme von Troia auf einer ſchönen Vaſe von Nola, die ſich im Muſeum von Neapel befindet, ſind vielleicht eine Imitation der Kompoſition des Polygnotos. Die Gemälde des Atheners Mikon und des Panaios, eines Bruders des Pheidias, in der Poikile von Athen, die des Dionyſos von Kolophon, des Onatas von Aigina und einiger andern Maler aus derſelben Zeit mußten einen analogen Charakter haben und den gemalten Basreliefs ſehr ähnlich ſein. Die Verkürzungen waren vermieden, wie bei den Vaſengemälden, und das Licht war gleich- förmig vertheilt.

Obgleich die Zeichnung in der antiken Malerei immer mehr gegolten zu haben ſcheint, als die Farbe, ſo machte dieſe doch, wie die Perſpektive, unter den Händen eines Agatharchos und Apollodoros große Fortſchritte. Erſterer ſchuf die dekorative Malerei für die Aufführung der Tragödien, der Andere entdeckte die Abſtufung der Töne und die Abſchwächung der Schatten (phthoran kai apo- chrusin skiâs. Plut., de glor. Athen., 2). Zeuris bildete die

Wissenschaft von den Lichteffekten noch weiter aus (Quintil., XII,
10). Ohne auf die Anekdote von den Weintrauben des Zeuxis
und dem Vorhange des Parrhasios mehr Gewicht zu legen, als sie
verdient, so kann man doch daraus folgern, daß die griechischen
Maler die Wahrheit des Tones suchten, denn die Illusion ist nur
durch die Farbe möglich. Die Geschichte von dem Gemälde des
Timanthes, das das Opfer der Iphigeneia darstellt, beweist anderseits, daß die Maler aus dieser Zeit sich vorzugsweise mit dem
Ausdrucke der Empfindungen durch die Physiognomie beschäftigten
und lebhafte Gemüthsbewegungen hervorzubringen suchten. Plinius
zufolge wäre Aristeides aus Thebai der erste gewesen, der den
Ausdruck gesucht hätte. Uebrigens ist es sehr schwer, die Künstler
zu klassifizieren und die Schulen nach einigen Bemerkungen der
Schriftsteller zu charakterisieren; sie rühmen Zeuxis wegen der Frische
der Töne, die mit einer Reinheit der Formen verbunden ist, die
an seinen Zeitgenossen Praxiteles erinnerte; sie rühmen die Götter-
und Heroengestalten des Parrahasios und Euphranor, die Strenge
in der Zeichnung des Pamphilos und der sikyonischen Schule, die
historischen Kompositionen des Nikias, die Blumen- und Thier-
stücke des Pausias. Aber diese Reihe von Namen, verherrlicht
durch die noch berühmteren des Apelles und Protogenes, lehrt
uns sehr wenig. Man glaubt, die Süjets von zwei oder drei berühmten Gemälden auf geschnittenen Steinen oder in den Gemälden
von Pompeji wiederzufinden; aber die Maler wissen, wie unmöglich
es ist, sich ein Gemälde vorzustellen und den Werth desselben nur
nach der Disposition der Figuren zu würdigen. Was die puerilen
Geschichtchen, die von den griechischen Malern erzählt werden,
betrifft, so sind sie ebenso viel werth, wie die Biographien von
den modernen Malern und beweisen nur, daß der Kunstgeschmack
der Litteraten im Alterthume nicht feiner war, als heut zu Tage.

Wenn wir von der griechischen Malerei nichts weiter kennen,

als einige Eigennamen und einige Titel von Gemälden, so verhält es sich ganz anders mit einem Nebenzweige dieser Kunst,
mit der Kunst der Vasenmalerei. Die Schriftsteller sprechen davon
niemals, und dies Schweigen zeugt von der geringen Wichtigkeit,
die die Griechen auf diese Arbeit legten; die Namen der ruhmlosen
Künstler, die sich damit beschäftigen, würden wir nicht einmal
kennen, wenn wir sie nicht zuweilen auf den Vasen selbst fänden.
Aber bei den Griechen waren Gegenstände für den häuslichen
Gebrauch oft Meisterwerke von Eleganz und Geschmack. Da
die sekundären Formen der Kunst auf natürliche Weise dem durch
die bedeutsamsten Werke gegebenen Impulse folgen, so hat man auf
den bemalten Vasen die Spur von dem Einflusse der verschiedenen
Malerschulen, die in Griechenland auf einander gefolgt sind,
finden können; die Zeichnung ist bald hart und systematisch, bald
einfach und kühn, zuweilen auch in den Einzelheiten zu sehr ausgearbeitet, öfter graziös, elegant und leicht. Auf einigen wenigen
sind Figuren von verschiedenen Farben, aber auf den meisten
heben sich die Figuren hell auf einem dunkeln Grunde ab, während
auf den Vasen der frühesten Zeit die Figuren schwarz auf einem
hellen Grunde sich abheben. Die meisten von den, auf den Vasen
dargestellten Gegenständen beziehen sich auf den Mythos vom
Dionysos, weil er der Gott der Libationen und zugleich ein Symbol der Auferstehung und der Unsterblichkeit ist; bekanntlich finden
sich die Vasen im Allgemeinen in Gräbern vor. Der Ueberfluß
an diesen Vasen und der geringe Werth des Materials, das zu
ihrer Fabrikation verwendet wurde, beweisen, daß die Kunst bei
den Griechen allgemein verbreitet war, aber nicht so der Luxus;
ein alter Grieche würde gestaunt haben, wenn er die opulentesten
Wohnungen bei uns so ohne Kunstwerke gesehen hätte, während
ein geschmackloser Luxus bis in die Hütten eindringt.

Dieselbe Bemerkung kann man bei den geschnittenen Steinen

machen, auf denen man eine große Mannigfaltigkeit von kleinen
sinnreichen und mit großer Feinheit ausgeführten Kompositionen
findet. Im Allgemeinen läßt der Charakter dieser Kompositionen
den Einfluß des Praxiteles und der neuen attischen Schule erkennen.
Wenn man die Denkmäler der Glyptik, deren Zeit leicht zu be=
stimmen ist, das heißt die Münzen genau prüft, so erkennt man,
daß der Aufschwung der Hauptzweige der Kunst nach und nach
den Nebenzweigen sich mitgetheilt hat, und daß diese oft sich
über andere Punkte, als die ersten ausbreiten. Die Härte der
Zeichnung auf den Münzen zur Zeit des Pheidias und Polygnotos
war in Athen noch vorhanden, als schon die Münzen von Groß=
griechenland und Sicilien zu einiger Vollkommenheit gelangt
waren, wie sie nie wieder erreicht worden ist. In Betreff des in=
dustriellen Verfahrens der Fabrikation bleiben sie immer weit
hinter den modernen zurück.

Abgesehen von ihrer Schönheit sind die Typen auf den Münzen
der griechischen Städte wegen ihrer Mannigfaltigkeit, wegen der
historischen Erinnerungen, die sie aufbewahren, und wegen der
Beziehungen auf Lokaltraditionen, die sie enthalten, von großem
wissenschaftlichen Interesse. Es ist wieder ein Beispiel von der
innigen Verbindung der Kunst mit der Religion und Politik bei
den Griechen; die unbedeutendste Münze erinnerte jeden Griechen
an sein Vaterland, an seine nationalen Traditionen und seine
schützenden Götter. Diese Erinnerungen zeigten sich unter einer
künstlerischen Form; denn die Kunst hängt mit dem Leben der
Griechen innig zusammen. In der prächtigen Einfachheit ihres
Kostüms, in ihren Waffen, ihren Geräthschaften jeglicher Art tritt
dies Gefühl der Schönheit hervor, was bei ihnen durch die Gym=
nastik unterhalten, durch die Feste und Zeremonien entfaltet, durch
den beständigen Anblick der Meisterwerke gehoben und unzertrenn=
lich war von einer Religion, deren Ausdruck die Ordnung und

Harmonie ist, wie die Gerechtigkeit und Freiheit ihr sittlicher
Ausdruck sind.

Wiewol Nichts den Verlust der Meisterwerke aus dieser Zeit,
der größten in der Weltgeschichte, aufwiegen kann, so können wir
doch einen Reflex davon in einigen verstümmelten Trümmern der
architektonischen Skulptur und in einigen Nachahmungen aus den
späteren Jahrhunderten suchen. Unter diesen kostbaren Reliquien
muß man vor Allem die Fragmente des Parthenon, die sich fast
alle im brittischen Museum befinden, aufführen. Von dem Ostgiebel, der die Geburt der Athene oder vielmehr den Moment
nach der Geburt (Overb. I., S. 245) zeigte, sind nur neun Figuren vorhanden; die Hauptfiguren, die in der Mitte, waren von
den Christen vernichtet worden, um ein Fenster in diesem Giebel
durchzubrechen, als man den Tempel in eine Kirche verwandelte.
Wenn einige von den äußeren Skulpturen von der Hand des
Pheidias selbst waren, so waren es wahrscheinlich diese⁵). Der
Westgiebel stellt den Moment nach dem Streite Athene's mit
Poseidon über den göttlichen Besitz des attischen Landes (Overb.
I., S. 244) dar, und zwar den Moment des entschiedenen Sieges
der Athene, der nur allein dargestellt werden durfte und konnte.
Der Giebel war fast vollständig, als ihn Carrey, ein Schüler
Lebrun's zeichnete; aber er hat bei dem Bombardement des Par-
thenon durch die Venetianer mehr gelitten, als der andere Giebel.
Den Hauptschlag gegen denselben führte der deutsche Graf O.
v. Königsmark in Verbindung mit dem Generalkapitän Morosini,
späterem Dogen, aus (Overb. I., S. 240). Es sind nur noch
eine Figur und fünf Stücke vorhanden, die sich in London befinden,
sowie funfzehn Metopen und drei und funfzig Stücke von dem
Friese der Cella. Der Louvre besitzt eine Metope und eine Tafel
von dem Friese; einige andere in neuerer Zeit aufgefundene Fragmente sind in Athen geblieben. Der Charakter der Metope ist

archaiſtiſcher als der des Frieſes; man möchte glauben, daß dieſer von den Schülern des Pheidias ausgeführt iſt, und die Metopen durch Künſtler, die in den Schulen der früheren Meiſter, Kalamis, Pythagoras, Agelabas gebildet ſind.

Was von den Metopen des Theſeustempels vorhanden iſt, gehört derſelben Uebergangsperiode an. Die Basreliefs des kleinen Tempels der Nike Apteros ſind dagegen ein wenig ſpäter, als die Zeit des Pheidias. Dieſe Skulpturen befinden ſich ebenfalls im brittiſchen Muſeum, ſowie der Fries von dem Tempel in Phigalia, deſſen Stil, verſchieden von dem der Marmorarbeiten in Athen, den Einfluß der attiſchen Schule auf die doriſchen Schulen zu verrathen ſcheint. Von dem Tempel zu Olympia ſind nur wenige Fragmente erhalten, die ſich im Louvre befinden. Die Giganten des großen Tempels des Zeus zu Agrigentum gehören noch dem älteren Stile an, der ſowol in der Skulptur, als auch in der Architektur länger in Sicilien als in Griechenland beſtand. Die Karyatiden des Erechtheions zeigen in analogen architektoniſchen Verhältniſſen die freie und kühne Weiſe der Schule des Pheidias. Eine von dieſen Karyatiden befindet ſich im brittiſchen Muſeum, das auch die Basreliefs von dem Monumente des Lyſikrates beſitzt, ein Werk aus der Schule des Praxiteles. So vereinigt dies Muſeum, das vor Kurzem die Ruinen des Grabdenkmals des Mauſolos erworben hat, die glänzendſte Reihenfolge von den Originalmonumenten der größten Kunſtepoche.

An dieſe authentiſchen Monumente der Hauptſchulen Griechenlands ſind noch verſchiedene Statuen anzureihen, die als Kopien oder Nachahmungen von einigen berühmten Werken angeſehen wurden. So glaubt man in den Amazonen des Vatican die Reproduktion einer Statue zu erkennen, die zu einem Weltkampfe zwiſchen mehreren Künſtlern, und worin Polykleitos den Sieg davon trug, von Pheidias aufgeſtellt wurde. Die verwundete

Amazone wäre eine Nachbildung von derjenigen, die Kresilas bei demselben Wettkampfe aufstellte. In dem Athleten der Villa Farnese, der seinen Kopf mit einem Diadem schmückt, hat man eine Kopie von dem Diadumenos des Polykleitos zu finden geglaubt, und in dem Diskobolos der Villa Massimi eine Kopie von dem Myronischen. Es ist die allgemeine Ansicht, daß der Apollon Musagetes des Vatican die Imitation einer Statue des Skopas sei, der Apollon Sauroktonos des Louvre eine Nachbildung von einer Statue des Praxiteles. Die Gruppe der Niobe und ihrer Kinder, ein Werk von einem dieser beiden Künstler, dem Plinius zufolge von Letzterem nach einem Epigramme der Anthologie, muß im Alterthume oft reproduzirt worden sein. Außer den Niobiden von Florenz findet man in verschiedenen Galerien Statuen, die man dieser Gruppe vergleichen kann; die merkwürdigste ist der Torso in München, bekannt unter dem Namen des Ilioneus, die aber Overbeck nicht dazu rechnet[6]). Als Imitationen führt man noch den jungen Satyr des Vatican an, einen jugendlichen Eros mit melancholischem Ausdrucke, und einen jüngeren Eros, der sich anschickt, einen Pfeil abzuschießen. Unter den zahlreichen Kopien oder Imitationen der Aphrodite von demselben Künstler scheint die in den Gärten des Vatican am meisten sich der berühmten Statue von Knidos anzunähern. Zu dieser Nomenklatur kann man die Kopien des Ganymedes von Leochares im Vatican, der Ringer des Kephisodotos in Florenz und des Herakles in den Farnesischen Gärten beigesellen, der den Namen des Atheners Glykon trägt. Jedoch sieht man letztere als eine Imitation des Lysippos an. Noch manche andere Vergleichungen zwischen den in unseren Museen vorhandenen Statuen und den verloren gegangen Originalen sind aufgestellt worden; diejenigen, die ich hier aufgeführt, haben die Autorität O. Müller's[7]) und Overbeck's für sich. Aber so viel Wahrheit auch die Folgerungen der Antiquare haben mögen,

man darf nicht vergessen, daß eine Kopie niemals eine exakte Vorstellung von dem Originale gibt. Von selbst, oder ohne daß er
es weiß, verräth ein Kopist stets sein Modell; das erkennt man
an den zahlreichen Varianten, die oft von einer und derselben
Statue vorhanden sind.

Die Litteratur hat trotz ihrer großen Verluste doch immer
noch weniger von der Ruchlosigkeit der zerstörenden Jahrhunderte
gelitten, als die andern Künste. Wir besitzen wenigstens noch die
Gedichte des Homeros, einige Proben von dem Theater der Griechen, und die Hauptmonumente ihrer Prosa; aber von der Musik,
der Toreutik, der Malerei ist keine Spur mehr vorhanden. Und
doch tritt der religiöse Gedanke Griechenlands ebenso deutlich an
den verstümmelten Resten seiner Marmorwerke hervor, wie an den
Gesängen seiner Dichter. Dieser begeisternde Gedanke, der zweimal
die Welt zivilisiert hat, man findet ihn immer wieder sich gleich
bleibend in seinen verschiedenen Ausdrücken, in der Plastik, wie
im Drama, und dies verleiht den Produktionen dieser so kurzen
und so fruchtbaren Periode einen wunderbaren Charakter von Harmonie. Man lese eine Tragödie des Sophokles, oder man betrachte ein Basrelief des Parthenon, der Eindruck ist derselbe.
Ohne große Mühe konzipiert, ohne große Anstrengung ausgeführt
scheinen diese Meisterwerke einer einzigen Quelle zu entspringen.
Jeder einzelne Theil daran, vollendet an sich selbst, nimmt in der
Vollendung des Ganzen seinen rechten Platz ein, wie der freie
Wille in der Demokratie, wie die ewigen Gesetze, die die Götter
sind, in der Harmonie des Universums. Die Idee, die die ganze
Moral des Polytheismus, die Ordnung in der Freiheit darstellt,
eine Idee, die die ganze politische Geschichte von Griechenland
erklärt, prägt sich in der Kunst aus durch jene einfache Erhaben-
heit, jene ruhige Größe, jene wundervolle Grazie, die der höchste
Charakter der Schönheit ist. Da erglänzt die hohe Sittlichkeit

der Kunst; sie eröffnet dem Menschen den Weg zu der idealen
Welt, zu den lichten Räumen der Sterne. Nie war der Mensch
größer, als in Griechenland, nie hatte er ein so tiefes Gefühl von
der Menschenwürde, weil unablässig vor seinen Augen die göttliche
Fata Morgana der Schönheit erglänzte, die die Kunst zur Apo-
theose machte, und die den Geist in die lichten und heitern Regionen erhob, zu dem stillen Olympos der Götter.

Anmerkungen.

---

[1] „Ich will singen den Sieg Indra's, dem, den gestern der Bogenschütz davongetragen. Er hat Ahi besiegt, er hat die Wogen getheilt, er hat den Erstgebornen der Wolken erlegt". Rog - Veda.

[2] Saxameya, der vedische Prototyp des Hermes, ist die Hündin der Aurora. Cf. latrator Anubis.

[3] Overbeck, Geschichte der griechischen Plastik, I., 117.

[4] Cf. Overbeck, Geschichte der griechischen Plastik, II., S. 42. — cf. Stark, Niobe und die Niobiden. Leipzig. 1863.

[5] Beulé in seiner Acropole d'Athènes (S. 257) neigt sich zu der Ansicht, daß der Westgiebel von Alkamenes und der Ostgiebel von Phidias war.

[6] Overbeck, II., S. 43.

[7] Handbuch der Archäologie.

Druck von Gebr. Unger (Th. Grimm) in Berlin, Schönebergerstr. 17a.

Ueber das Salz

in

seiner culturgeschichtlichen und naturwissenschaftlichen Bedeutung.

Ein Vortrag, gehalten zum Besten des Vereins für Erziehung
Taubstummer in Königsberg

von

Dr. J. Möller.

Berlin, 1874.
C. G. Lüderitz'sche Verlagsbuchhandlung.
Carl Habel.

Unser Vaterland ist nicht reich an kostbaren Metallen und Edelsteinen. Aber es kann solche Schätze getrost überseeischen Ländern
gönnen, einmal im Hinblick auf die moralische Verwilderung,
welche mit deren Ausbeutung fast unzertrennlich verbunden zu sein
scheint; dann aber in dem Bewußtsein, daß es einen viel solideren,
gesunderen, wenn auch weniger glänzenden Reichthum in andern
Mineralien besitzt: in Eisen, Kohle und Salz. Ueber den Werth
der beiden ersteren zu sprechen, wäre nach gerade Thorheit. Weiß
doch heut' zu Tage jeder Gebildete, daß man das e i s e r n e Zeitalter nicht mehr, wie einst die griechische Mythe, als das aus dem
glücklichen goldenen durch Verfall und Entartung hervorgegan-
gene betrachtet, sondern daß das Eisen gegenüber der rohen Stein-
und Broncezeit überall den größten Kulturfortschritt der Menschen
bezeichnet! Und die Steinkohlen? Nennt sie nicht das reichste
Land der Erde, England, seine „schwarzen Diamanten" und stellt
trotz der anscheinend unermeßlichen Vorräthe, die sein Schooß
birgt, jetzt schon sorgenvolle Rechnungen und Betrachtungen an,
wie lange sie wohl ausreichen werden und was aus England werden solle, wenn sie sich einstmals doch erschöpfen sollten?

Die Bedeutung des Salzes springt viel weniger in die Augen
und dennoch ist sie vielleicht nicht geringer. Nur wenige rohe,

meist in großer Abgeschiedenheit lebende Völkerschaften kennen den ausdrücklichen Gebrauch des Salzes nicht: aus dem Alterthume berichtet Sallust dies von den Numidiern, aus der Gegenwart Wrede von einigen im Innern Arabiens hausenden Beduinenstämmen, andere Reisende von einzelnen Stämmen in Südamerika, Innerafrika und den oceanischen Inseln. Bei allen Culturvölkern dagegen schreibt sich der Gebrauch des Salzes schon aus grauer Vorzeit her und hat gewiß seiner Zeit ebenso gut einen mächtigen Fortschritt in Wohlfahrt und Sitte begründet, wie die Einführung metallener Werkzeuge. Freilich reichen geschichtliche Urkunden in diese dunklen Zeiten nicht hinauf. Doch hat sich ja neuerdings die wissenschaftliche Forschung sogar mit Vorliebe den ersten Anfängen menschlicher Cultur zugewandt und wir besitzen bereits eine Reihe interessanter Arbeiten, in denen Alterthumskunde, Sprachforschung, Naturwissenschaft und kritische Betrachtung der Sitten, also, wenn man will, Völkerpsychologie sich die Hände reichen zur Begründung mehr oder weniger scharfsinniger Schlüsse, mehr oder minder wahrscheinlicher Ansichten. Zu den besten Schriften dieser Art gehören die von Victor Hehn und seinem kleinen, aber mit ungemeiner Gelehrsamkeit abgefaßten Werkchen über das Salz verdanke ich wenigstens zum Theil die Anregung zu diesem Vortrage.

Wahrscheinlich lernten die ältesten Nomadenvölker Asiens das Salz an den Meeresküsten und großen Binnenseen kennen, wo es in Folge reichlicher Verdunstung des salzigen Wassers in der trockenen, heißen Luft den Boden bedeckt. Aber eben dort ist der Boden unfruchtbar. Zogen dann die Hirten und Jäger mit ihren Heerden nach gras- und waldreichen Gegenden, so fehlte ihnen wieder das liebgewordene Gewürz zu ihrem Fleisch und Käse; ja frühzeitig hatten sie wohl auch die conservirende, fäulnißwidrige

Eigenschaft des Salzes durch Erfahrung kennen und in jenem warmen Klima doppelt schätzen gelernt. So wurde das Salz zu einem begehrten Handelsartikel und, da der Einzelne doch nur verhältnißmäßig geringe Mengen davon bei sich tragen kann, zu einem der ältesten Gegenstände größerer und weiterer Handelstransporte, zu einem wichtigen Anreger internationalen Verkehrs. Als dann in vorhistorischen Zeiten Europa von Asien aus bevölkert wurde; als die iberischen, italischen und hellenischen Stämme den Süden, die Kelten, Germanen und Slaven den Norden unsers Erdtheils besetzten, scheinen alle diese Völker bereits das Salz gekannt zu haben. Dafür spricht die unverkennbare Verwandtschaft seiner Benennungen in fast allen europäischen Sprachen: griechisch άλς, lateinisch sal, gothisch sult, slavisch soli, irisch salan, kambrisch halen. inige hiermit verwandte Wörter, die in verschiedenen Sprachen die Bedeutung „Salzsumpf" oder „salziges Gewässer überhaupt" haben, scheinen eben darauf hinzudeuten, daß jenen Völkerschaften das Salz gleich beim Beginne ihrer Wanderungen in den großen Salzseen Innerasiens, dem kaspischen, dem Aralsee und andern, zuerst entgegen trat. In engster Verbindung hiermit stehen natürlich die verschiedenen deutschen Ortsnamen mit Hall und die Flußnamen Saale, welche letzteren sämmtlich Zuflüsse von Salzquellen empfangen. Nur in zwei der europäischen Sprachen finden wir abweichende, eigenthümliche Namen für das Salz, im Littauischen druska und im Albanesischen Kryp, und in beiden hängen sie zusammen mit Verben, welche „streuen" bedeuten.

Wie sich die Bewohner Mitteleuropas, wo die freiwillige Verdunstung des Meerwassers an der Sonne kein Salz mehr lieferte, dasselbe zu verschaffen wußten, darüber geben uns Plinius,

Tacitus und andere alte Schriftsteller Aufschluß. Sie berichten von Jberern und Germanen, daß sie neben Salzquellen große Holzstöße anzündeten, das Wasser darauf gossen und sich dann der salzigen Kohlen und Asche in aller Unreinheit bedienten. Dabei standen solche Salzquellen bei ihnen in so hohem Werthe, daß einst die Stämme der Chatten und Hermunduren um den Besitz des heutigen Salzungen einen förmlichen Vernichtungskrieg gegen einander führten und noch Jahrhunderte später Burgunden und Alemannen sich gleichfalls um streitige Salzquellen blutig bekämpften.

Einen Fortschritt in der Kultur lernten die Germanen von den Kelten, welche ihnen überhaupt im Bergbau und auch in der Benutzung der Metalle um Jahrhunderte voraus waren. So beuteten sie z. B. schon zur Zeit des Cato den berühmten Steinsalzberg zu Cardona in Catalonien aus. Als mehrere hundert Jahre vor unserer Zeitrechnung die Kelten ihre großen Eroberungszüge gegen Osten machten und sich unter andern auch im jetzigen Süddeutschland festsetzten, legten sie bereits, wie die bei Hallstadt entdeckten Grabfelder beweisen, die Salzwerke im heutigen Salzkammergut an. Später kamen diese Gegenden unter die Herrschaft der Römer und gewiß werden diese die Hülfsmittel ihrer überlegenen Bildung zur Verbesserung der Salzgewinnung angewandt haben. So weit die geschichtliche Kunde hinaufreicht, finden wir dort schon Schöpfbrunnen, in welchen man die Soole sich ansammeln ließ, und Siedepfannen im Gebrauche. Frühzeitig entwickelte sich auch ein lebhafter Handel mit Salz, namentlich nach Ungarn, Böhmen und Mähren, von wo die Slaven im Tauschverkehr Sklaven, Vieh, Pferde und Wachs brachten. Am Anfange des 10ten Jahrhunderts finden wir diesen Verkehr schon gesetzlich geregelt, von Beamten beaufsichtigt und mit Zöllen belegt

und es wird berichtet, daß auch Juden und andere Handelsleute
die so eröffneten Handelswege zum Vertriebe ihrer Waaren benutzten. Auch die Kirche war nicht müßig: den Kaufleuten folgten
die Glaubensboten und auch an Ort und Stelle wurde zur Belehrung der Fremden, wie zur Lehre der Einwohner manche Kirche,
manches Kloster gegründet und mit Einkünften aus dem Ertrage
des Salzes ausgestattet. Was für Süddeutschland Reichenhall
und Hallein, das war etwas später Halle an der Saale für
Mittel- und Norddeutschland: ein großer Völkermarkt, der Mittelpunkt des Verkehrs mit den noch heidnischen Bewohnern der
Mark und Pommerns, der Ausgangspunkt für Unternehmungen
zu deren Belehrung.

Noch ein Umstand ist recht geeignet, die frühzeitige Wichtigkeit der Salzstätten für den Verkehr zu zeigen. Eine der ältesten
deutschen Münzen, der Heller (eigentlich Häller) verdankt bekanntlich seinen Namen der alten Reichs- und Salzstadt Schwä-
bisch Hall, wo er zuerst geprägt wurde, um den Bedürfnissen des
Handels bequemer genügen zu können, als durch Tausch. Von
einer Provinz Chinas berichtet sogar der alte Venetianer Marco
Polo, dessen früher so oft ungläubig bespöttelte Angaben sich mehr
und mehr Glauben erworben haben, daß daselbst Stücke Salz
geradezu als kleine Münze im Gebrauche gewesen seien.

Seit dem Beginne des Ackerbaus und milderer Sitte galt
bei den alten Völkern Brod und Salz als die einfachste, unent-
behrlichste Nahrung. Sie bot man daher dem Gaste dar als
Zeichen der Gewährung des Gastrechts, das in jenen Zeiten, wo
jeder Fremde ohne dasselbe schutz- und hülflos dastand, von so ungleich größerer Bedeutung war. Bei den Russen und manchen
Völkern des Orients hat sich bekanntlich dieser uralte Brauch bis

auf den heutigen Tag erhalten. Aber auch der Sprachgebrauch
anderer Völker lehrt, wie der gemeinsame Genuß des Salzes als
Symbol und Besiegelung des Freundschaftsbundes galt. Unsere
Redensart, man müsse erst einen Scheffel Salz mit einander ge=
essen haben, ehe man als Freund bewährt sei, war genau ebenso
schon bei den alten Griechen und Römern sprichwörtlich. Im
alten Testament ist die Rede von dem unauflöslichen Salzbunde
zwischen Gott und den Menschen und ganz ähnlich haben die
Salzburger Bauern vor ihrer Vertreibung aus der Heimath zur
Bekräftigung treuen Festhaltens an ihrem Glauben im Wirths=
hause zu Schwarzach mit einander Salz geleckt. Auch das Fa=
milienmahl, der Tisch des Hauses erhielt bei den Alten seine
eigentliche Weihe durch das Salzfaß, das gewöhnlich ein Familien=
erbstück war. Die Römer hielten selbst in den Zeiten größter Ein=
fachheit und Sittenstrenge darauf, daß es von Silber und, eben=
so wie das Salz selbst, glänzend rein sei.

> „Mit Wen'gem lebet gut, wem auf bescheid'nem Tische
> Das väterliche Salzfaß glänzt",

singt Horaz in einer seiner Oden.

So war es denn dem kindlich frommen Sinne der Alten
natürlich, das Salz heilig zu halten. Homer nennt es „göttlich"
und bei den Opfern wurde den Göttern ein Tribut davon darge=
bracht. Bei den Aegyptern, welche schon frühzeitig theils vom
Meere her, theils aus der westlichen Salzwüste mit Salz versorgt
wurden, war den Priestern der Genuß desselben verboten, entweder
weil dasselbe den Göttern geopfert wurde oder vielleicht auch, weil
man die Leichen vor ihrer Einbalsamirung in Salzlake zu legen
pflegte.

In späteren Zeiten, wo die religiösen Beziehungen nicht mehr

so ausschließlich die Gemüther beherrschten, daß man jedes werthvolle Naturproduct als ein unmittelbares Geschenk der Götter verehrte, bemächtigte sich der Sprachgebrauch besonders der Eigenschaft des Salzes als allgemeinsten, volksthümlichsten Gewürzes.
„Ungesalzen" wurde gleichbedeutend mit „ungenießbar, geschmacklos" und den Witz, die Würze der Unterhaltung, nannte man
„attisches Salz".[1])

Hat aber in der That das Salz nur die Bedeutung eines
allgemein eingebürgerten, durch lange Gewohnheit unentbehrlich
gewordenen Gewürzes? Ist es ein Genußmittel, etwa wie der
Taback und die verschiedenen anregenden Getränke? — Gewürze und
andere sogenannte Genußmittel sind eine Sache des Luxus, sie
werden nur unbeständig und in sehr ungleichen Mengen vom
Menschen genossen; der Instinct der Thiere ist meistens gegen dieselben und nur einzelne der in die menschliche Gesellschaft aufgenommenen Hausthiere gewöhnen sich an sie. Eine beständige
Zufuhr von Kochsalz ist dagegen eine Nothwendigkeit für den
Menschen, wie für die höheren Thiere und die Natur hat dafür
gesorgt, daß es auch dem Säuglinge, dem rohen Urmenschen und
dem Thiere nicht daran fehle. Denn es ist unter andern auch in
der Milch, im Eiweiß, im Fleische und in fast allen zur Nahrung
dienenden Pflanzentheilen in kleiner Menge enthalten. Ueberhaupt
aber ist es einer der am allgemeinsten über unsere Erde verbreiteten Stoffe: zahlreiche Gesteinarten enthalten es, aus dem Wasser-
staube der Meereswellen wird es durch die Winde und bei lebhafter
Verdunstung auch durch die aufsteigenden Wasserdämpfe weit in
die Atmosphäre fortgeführt.

Welche Rolle spielt es nun im thierischen Körper? Schon
die alte Erfahrung der Landwirthe und Viehzüchter, daß das

Vieh sich bei einem Zusatze von Salz besser füttert d. h. schneller
an Körpergewicht zunimmt, zugleich kräftiger wird und manchen
krankmachenden Einflüssen besser widersteht[2]) — schon diese Erfahrung sprach dafür, daß Salzgenuß wenigstens bei Pflanzenfressern die Ernährung unterstütze. Wir sehen auch diese Thiere
das gesalzene Futter mit Vorliebe fressen; das Wild sucht eine
Salzquelle oder vom Jäger angelegte Salzlecke mit Begier auf
und selbst die scheuen Gemsen soll einst der berühmte Gemsen-
jäger Colani in ihren heimischen Felsenrevieren am Bernina durch
dieses Mittel halb gezähmt haben.

Aber erst der neueren Wissenschaft, insbesondere den Untersuchungen von Voit in München ist es gelungen, Klarheit über
die Art des Einflusses zu verbreiten, welchen das Kochsalz bei der
Ernährung ausübt. Zunächst ist hervorzuheben, daß das Kochsalz ein sehr leicht diffusibler Stoff ist d. h. es durchdringt
thierische Membranen mit großer Leichtigkeit. Bindet man über
eine mit Salzlösung gefüllte Röhre eine Thierblase und legt sie
in reines Wasser, so saugt das Salz mit großer Kraft Wasser
von außerhalb in die Röhre, während gleichzeitig ein Theil des
Salzes durch die Blase hindurch in das reine Wasser tritt.[3]) Ganz
ebenso wirkt es nun im lebenden Körper: indem es die Wandungen der Gefäße und Zellen schnell durchdringt, befördert es zugleich die Bewegung der Flüssigkeiten von Zelle zu Zelle, von
einem Organe zum andern, aus dem Blute in die Gewebe und
wieder zurück und belebt so den Stoffwechsel. Hierzu kommt noch,
daß das Kochsalz die Löslichkeit der eiweißartigen Körper, dieser
wichtigsten Grundstoffe des Thierkörpers, und ihre Diffusionsfähig-
keit erhöht. Legt man eine Eiweißlösung, fest in eine Thierblase
eingeschlossen, in reines Wasser, so durchdringt sie die Poren der-

selben nur sehr langsam; legt man sie dagegen in Salzwasser, so findet man schon nach kurzer Zeit Eiweiß in diesem vor. So wird es erklärlich, daß bei einem mäßigen Zusatze von Salz zur Nahrung mit dem regeren Stoffwechsel eine raschere Anbildung neuer Körpersubstanz stattfindet. Als aber Prof. Voit einem Hunde zu seiner reinen Fleischkost eine Reihe von Tagen hindurch 5, 10 bis 20 Grm. Salz hinzusetzte, nahm das Thier an Körpergewicht mehr und mehr ab, während es bei gleichbleibender Nahrung wieder langsam zunahm, als man das Salz fortließ. Hier konnte die Anbildung nicht mehr gleichen Schritt mit der Zersetzung halten, das Thier setzte von seiner Körpersubstanz zu.

Bei einer solchen über den Bedarf hinausgehenden Zufuhr von Salz sehen wir also ein ganz gleiches Resultat eintreten, wie wir es durch den Gebrauch der Carlsbader oder Marienbader Quellen oftmals zu erreichen beabsichtigen, wenn wir überreichlich genährte Personen nach diesen Kurorten schicken. Diese Quellen enthalten aber nur wenig Kochsalz, dagegen als hervorragenden Bestandtheil Glaubersalz (schwefelsaures Natron). In der That ist auch nachgewiesen, daß das Glaubersalz eine ganz ähnliche Wirkung auf den Stoffwechsel ausübt, wie das Kochsalz; nur erfolgt seine Diffusion langsamer, es wird weniger rasch in den Organismus aufgenommen, aber auch weniger rasch ausgeschieden, es verweilt länger im Körper, seine Einwirkung ist daher — einfach ausgedrückt — eine weniger flüchtige. Für Kurzwecke ist dies nicht selten wünschenswerth und begründet einen Vorzug der oben genannten Heilquellen, gegenüber den kochsalzhaltigen von Kissingen und Homburg: jene wirken nachhaltiger und eindringender, während diese freilich leichter vertragen werden und weniger angreifen. [4])

Allein mit dem geschilderten Einflusse des Kochsalzes auf den gesammten Stoffwechsel ist die Bedeutung desselben für den thierischen Körper noch nicht erschöpft. Es scheint noch eine ganz besondere Rolle bei dem ersten Acte der Ernährung, der Magen-Verdauung zu spielen. Wenn auch ein organischer Stoff, das Pepsin, der eigentliche Träger der auflösenden Kraft des Magensafts ist, so wird diese doch wesentlich unterstützt durch die gleichzeitige Anwesenheit freier Salzsäure und ihrer alkalischen Verbindungen, unter denen eben das Kochsalz die erste Stelle einnimmt. Die freie Säure kommt aber weder in Speisen, noch in Getränken vor, sie kann mithin im Magen nur entstehen durch Zersetzung von Kochsalz oder einem andern Chloralkali. Beide, das Salz und die Säure, scheinen sich in gewissem Grade ergänzen oder vertreten zu können.[5] Wenigstens fand C. Schmidt im reinen Magensafte des Hundes durchschnittlich $3 \frac{0}{00}$ freie Salzsäure und etwa $4,5 \frac{0}{00}$ Chlorverbindungen, im Magensafte des Schafs dagegen nur $1 \frac{0}{00}$ freie Säure, aber $7,5 \frac{0}{00}$ Chlorsalze. So wie der Magensaft enthalten auch der Speichel und alle übrigen Verdauungsflüssigkeiten etwas Kochsalz.

Gerade die Leichtigkeit aber, mit welcher dieser Stoff den ganzen Körper durchdringt, bedingt auch, daß beständig ein Theil davon in die verschiedenen Ausleerungen übergeht und mit diesen entfernt wird. Der Körper erleidet also unaufhörlich einen Verlust an Kochsalz und zwar geht nur ein kleiner Theil des letzteren mit den Darmentleerungen, ein noch geringerer durch den Schweiß fort; bei weitem das meiste scheiden die Nieren mit dem Harne aus. Unter normalen Verhältnissen entspricht die Gesammtsumme dieser Ausscheidung der Höhe der Zufuhr, so daß beide sich im Durchschnitte mehrtägiger Zeitabschnitte die Wage halten und der

Kochsalzgehalt des Organismus ein nahezu constanter bleibt. Reichliches Wassertrinken steigert die Ausscheidung von Salz durch die Nieren, laugt also gewissermaßen den Körper aus. Nimmt man tagelang eine Nahrung zu sich, welche gar keine Chloralkalien enthält, so sinkt die Salzausfuhr durch die Nieren rasch auf ein sehr geringes Maaß herab, dauerte aber bei Versuchen, die Professor Wundt an sich selber machte, in so geringem Maaße fünf Tage lang fort, während bereits vom dritten Tage ab Zeichen einer krankhaften Störung der Nierenthätigkeit (Eiweißgehalt des Harns) eingetreten waren. Ist der Chlorgehalt des Organismus durch Steigerung der Ausfuhr oder durch Verhinderung der Zufuhr herabgesetzt worden und giebt man nun kochsalzreiche Nahrung, so stellt der Körper die normale Mischung dadurch her, daß er das Salz um so fester hält: seine Menge in den Ausleerungen nimmt erst wieder zu, wenn eine Sättigung des Körpers eingetreten ist. [6])

Diese Thatsachen beweisen, daß das Kochsalz ein nothwendiger Bestandtheil des menschlichen und thierischen Organismus ist und daß es, wie Finanzmänner sagen würden, in seinem Etat einen durchlaufenden Posten bildet[7]), folglich der steten Erneuerung ganz besonders bedarf. Das Maaß des der Nahrung hinzuzufügenden Salzes ist natürlich von deren Qualität abhängig: Fleischfresser bedürfen weniger, als Pflanzenfresser. Denn die pflanzlichen Nahrungsmittel enthalten nicht nur an sich weniger Salz, sondern sie werden auch in viel größeren Massen genossen und sind viel schwerer auflöslich. Die wenigen Volksstämme, von denen wir wissen, daß sie ohne besonderen Zusatz von Salz auskommen, sind durchweg Hirten-, Jäger- oder Fischervölker, mithin auf eine an sich salzreichere Kost angewiesen. Dagegen sind Brod unb Salz, Kartoffeln unb Salz, Kartoffeln unb Häring rationelle Zusammenstellungen, wie deren der Instinct so manche herausgefunden und die Erfahrung bestätigt hat. Deshalb aber braucht auch der Proletarier bei seiner vorwaltenden Pflanzenkost verhältnißmäßig mehr Salz, als der Wohlhabende bei reichlicher Fleischdiät und dies ist ein Hauptvorwurf für die Salzsteuer. Hat man schon gegen die Matricularbeiträge im deutschen Reiche mit Recht geltend gemacht, daß sie nur nach der Kopfzahl erhoben werden, also die Einwohner einer armen Provinz gerade so stark belasten, wie die einer reichen Hansestadt, so ist die Salzsteuer noch schlimmer, denn zu ihren 11—12 Millionen muß der arme Tagelöhner sogar mehr beitragen, als der reiche Mann. Seit alten Zeiten ist daher eine Besteuerung des Salzes ganz besonders unpopulär gewesen und der Unwille des Volkes dagegen spricht sich in Sagen und Legenden aus. Als einst König Lysimachus das am Meeresstrande von Troas gewonnene und seit unvordenklicher Zeit von Jedermann frei bezogene Salz mit einer Abgabe belegte — da ließen die erzürnten Götter ihr wohlthätiges Geschenk plötzlich verschwinden und es erschien erst wieder, als der König seinen Befehl widerrief. Und als im Mittelalter der russische Großfürst Swiatopolk von Kiew die auswärtige Salzeinfuhr verbot und dadurch eine künstliche Theuerung des Salzes herbeiführte, verwandelte ein frommer Klosterbruder Asche in Salz und theilte es dem bedürftigen Volke aus. Der Großfürst ließ es confisciren — aber sogleich ward es wieder zu Asche, bis er sie unwillig wegzuschütten befahl; und als das Volk sich abermals davon holte, war sie aufs Neue zu Salz geworden! In unseren Zeiten scheint freilich der Deus ex machina nicht mehr aufzutreten und die Völker müssen selber zusehen, wie sie eine drückende Abgabe los werden! [8])

Wenn einer der alten Götter übrigens der Menschheit das Salz geschenkt oder hinterlassen hat, so kann es nur Poseidon der Meeres- gott gewesen sein. Denn überall, wo es in größeren Massen vor- kommt, verdankt es sein Dasein dem Meere, dem gegenwärtigen oder dem Urmeere, wie es in vermuthlich viel größerer Ausdeh- nung, jedenfalls in ganz anderer Gestalt, einst die Erdoberfläche bedeckte. Der durchschnittliche Salzgehalt unserer großen Oceane beträgt etwa 3½ Procent und welche kolossalen Salzmassen das Weltmeer dabei enthält, mag ein Exempel anschaulich machen: wenn man von seiner ganzen Fläche nur eine 1 Zoll hohe Wasser- schicht abdampfte, würde man daraus mehr als 10 Billionen Cubik- fuß Salz erhalten, eine Menge, die den Bedarf des ganzen Menschengeschlechts für Jahrtausende überstiege! Der Salzgehalt der einzelnen Meere ist bekanntlich äußerst verschieden: in Binnen- meeren, welche viel Flußwasser empfangen und wegen geringer Einwirkung der Sonne und trockener Winde wenig verdunsten lassen, wie in unserer Ostsee und im schwarzen Meere, sinkt das Verhältniß auf 1 Procent und darunter, andererseits erhebt es sich an flußarmen Küsten, über welche heiße und trockene Winde hin- streichen, wie z. B. im Mittelmeere bei Sicilien und Unteritalien und im rothen Meere auf 4½ und selbst 5 Procent. Der Kara- Bogas, eine große Bucht am östlichen Rande des kaspischen Meeres, welche von diesem durch zunehmende Dünenbildung und Sand- bänke immer mehr abgeschlossen wird, hat nach K. E. v. Baer schon jetzt ein so stechend salziges Wasser, daß kein Fisch darin leben kann. Nach Jahrtausenden wird sie in Folge der über- wiegenden Verdunstung ein Binnensee mit tief gesenktem Wasser- spiegel werden, wie das todte Meer, das schon gegenwärtig einer gewaltigen Siedepfanne gleicht, in der nur noch ein Rest concen-

trirter Salzlake von 22procentigem Gehalte übrig geblieben ist.
Solche Beispiele legen die Annahme nahe, daß alle jene ausgedehnten Salzablagerungen, welche wir Steinsalzlager nennen, durch
Verdunstung und Austrocknung von Meeren entstanden seien,
nachdem dieselben durch Hebung des Bodens in geschlossene Becken
verwandelt worden. Andere Thatsachen dienen dieser Annahme
noch zur Stütze. Erstens findet sich Steinsalz immer in sogenannten Mulden oder Becken, d. h. über dem tiefsten Theile ge-
neigter Erdschichten, wo bei Hebung des Umkreises das Meerwasser anfänglich eine Bucht, endlich einen Binnensee bilden mußte.
Zweitens findet man das Steinsalz stets in Gesellschaft solcher
Schichten, welche ganz unzweifelhaft vom Meere abgelagert worden sind. Der sogenannte Karpathensandstein z. B., auf welchem
das Salzlager von Wieliczka ruht, enthält zahlreiche Versteinerungen von Tangarten und Fischen. Oft ist auch die Reihenfolge der Schichtungen ganz offenbar bedingt durch die größere oder
geringere Löslichkeit der Substanzen im Wasser. Am deutlichsten
fällt dies in die Augen an dem auch in anderer Hinsicht so merkwürdigen Lager von Staßfurt. Den steten Begleiter und die
nächste Unterlage des Salzes bildet der Gyps oder wasserfreie
Gyps (Anhydrit). Auch unser jetziges Meerwasser enthält Gyps,
aber nur sehr wenig, weil sich nicht mehr als 2 in 1000 Theilen
Wasser auflösen und selbst dies Löslichkeitsverhältniß in größerer
Wärme noch geringer wird. Wenn also Meerwasser verdunstet,
so muß sich zuerst dieser am schwersten lösliche Stoff niederschlagen,
d. h. Gyps wird die unterste Schicht bilden, ganz wie er bei der
Salzsiederei in unseren Salinen sich zuerst als sogenannter Pfannen-
stein absetzt. Das Kochsalz ist bei weitem löslicher: 100 Theile
Wasser können etwa 36 flüssig erhalten; es wird sich also erst ab-

scheiden, wenn durch die Verdunstung dieser Grad von Concentration erreicht ist. Noch viel leichter bleiben die übrigen Salze des Meerwassers, die Magnesia= und Kalisalze in Auflösung,, sie werden sich also zuletzt absetzen oder die obersten Schichten bilden. Das Staßfurter Salzlager zeigt nun diese Reihenfolge in besonderer Regelmäßigkeit, so daß also hier der Verdunstungsprozeß des einstigen Meeres in voller Ruhe ohne alle Störung vor sich gegangen sein muß. Nachdem der größte Theil des Kochsalzes bereits krystallisirt war, blieb der Rest des Wassers mit den übrigen Salzen als sogenannte Mutterlauge zurück (gerade wie sie jetzt das Wasser des todten Meeres darstellt) und bildete bei seiner Austrocknung die Schicht der sogenannten Abraum=Salze, welche je weiter nach oben um so mehr Magnesia= und Kaliverbindungen enthält. Diese haben für die Landwirthschaft, Seifen=, Glas=, Pulverfabrication und zahlreiche andere chemische Industriezweige einen sehr hohen und eigentlich von Jahr zu Jahr steigenden Werth, da die frühere Hauptquelle von Kali, die gewöhnliche Pottaschebereitung aus Holzasche mit der sparsameren Bewirthschaftung der Wälder immer mehr versiegt. Die Abraumsalze bilden also den Hauptreichthum von Staßfurt; durch ihre Verwerthung werden die gesammten Betriebskosten des Werks gedeckt, so daß der Staat das Steinsalz so gut wie umsonst gewinnt.

Indessen muß doch bemerkt werden, daß die Verhältnisse in Staßfurt nicht ganz so einfach liegen, wie sie so eben dargestellt wurden. Die bisher ergründete Mächtigkeit des dortigen Salzlagers beträgt 1035 Fuß. Man hat aber vorsichtigerweise mitten im Steinsalze zu bohren aufgehört, um nicht etwa plötzlich auf sehr stark wasserführende Schichten zu stoßen und dadurch den Betrieb des Werks zu erschweren. Die wirkliche Dicke ist also

viel größer, ja man hat sie nach freilich ziemlich unsichern Com=
binationen sogar auf 5000 Fuß geschätzt. Bleiben wir indessen bei
jener sicher ermittelten Mächtigkeit stehen und nehmen für das
Urmeer den gleichen Salzgehalt an, wie ihn gegenwärtig der
Ozean hat, so läßt sich leicht berechnen, daß jenes Urmeer 62000
Fuß Wassertiefe gehabt haben müßte, um so viel Salz durch ein=
fache Verdunstung zu liefern, oder mit andern Worten: die Rän=
der des Beckens müßten ungefähr 3 Meilen senkrechte Höhe über
dem Grunde desselben gehabt haben. Davon kann natürlich nicht
die Rede sein. Hierzu kommt zweitens, daß der Gyps nicht eine ein=
fache Unterlage unter dem ganzen Salzlager bildet — dessen
Unterlage kennt man ja noch gar nicht! — sondern daß in regel=
mäßiger Aufeinanderfolge immer eine dünne, etwa ¼ Zoll starke
Gypslage mit einer dickeren, mehrere Zoll starken Steinsalzschicht
wechselt. Jahresringe nennt der Bergmann diese abwechseln=
den Schichten und in der That läßt sich ihre Entstehung auch
kaum anders erklären, als aus einer alljährlichen, während der
trockenen Jahreszeit vor sich gehenden Abdünstung salzigen Was=
sers, welches sich während der nassen frisch angesammelt hatte,
entweder indem das Wasserbecken durch einen Kanal mit dem
Meere in Verbindung blieb und das Wasser des letzteren durch
herrschende Winde periodisch in jenes hineingetrieben wurde; oder
indem Flüsse und Bäche sich in jenes Becken ergossen, welche
einen salzhaltigen Boden in weiter Strecke durchflossen und aus=
gelangt hatten.

Für beiderlei Möglichkeiten finden wir wiederum Beispiele
in der Gegenwart. Auf einem Vorgange der ersteren Art beruht
die Salzgewinnung in den Meersalinen Westafrikas, Portugals
und der mittelländischen Küsten. Wer auf der Wiener Weltaus=

stellung den höchst lehrreichen Pavillon der österreichischen Handels-
marine besucht hat, wird sich der Modelle solcher Salinen erinnern.
Das bei der Fluth steigende Meerwasser tritt durch einen mit
einer Schleuse versehenen Kanal zunächst in einen Sammel- und
Klärungsteich, in dem sich der mitgeführte Sand und Schlamm
absetzt. Rings um denselben liegen die sogenannten Anreicher-
ungsbassins. Steigt bei der Fluth der Wasserspiegel im Klärungs-
teiche so ergießt sich sein Wasser durch seichte Einschnitte der
Dämme in die Bassins; während der Ebbe aber hört diese Verbindung auf und es verdunstet das Wasser in den letzteren so,
daß es mit der Zeit zu 27 — 28 prozentiger Soole concentrirt
(angereichert) wird, wobei sich immer zunächst Gyps niederschlägt.
Nun wird es durch Pumpen oder Schöpfwerke in die sogenannten
„Salzgärten" gehoben, flache, durch Mauern gartenbeetartig ab-
getheilte Becken, in denen die heiße Sonne und trockene Luft jener
Gegenden täglich eine 5 — 6 " hohe Wasserschicht verdampfen
läßt. Das herauskrystallisirende Salz füllt die Becken allmählig
ganz an, bei Barletta am adriatischen Meere einmal, bei Trapani
auf Sicilien zweimal jeden Sommer, in der Gegend des grünen
Vorgebirgs in Afrika sogar noch etwas schneller. Von dieser
letzteren Gegend wird durch zahlreiche Schiffe namentlich Brasilien
mit Salz versorgt, da dessen durchweg felsige Küste ähnliche Anlagen nicht gestattet — ein Beispiel, wie auch noch heut' zu Tage
das Salz zwei Continente mit einander in Verbindung bringt,
die bei ihrer beiderseits tropischen Lage sonst wohl kaum eine
Veranlassung zum unmittelbaren Verkehr haben würden.

Doch zurück zu Staßfurt! Die Analogie für eine andere
Entstehungsweise seiner Salzlager finden wir in den kaspischen
Steppen. Der ganze weit ausgedehnte flache Landstrich vom

kaspischen Meere bis zum Altai war ohne Zweifel einstmals Meeresboden und enthält noch jetzt in seinen tiefen Einsenkungen Binnenseen, deren Wasser theils nur schwach salzig ist, wie das des
kaspischen Meeres selbst, theils eine starke Soole darstellt, wie
das des Elton-Sees und mehrerer andern. Dieser scheinbar auffallende Unterschied rührt daher, daß der mächtigste Strom, welcher das kaspische Meer speist, die Wolga, süßes Wasser führt,
weil er durch salzlose Länderstrecken fließt. Dagegen ergießen sich
in jene Salzseen nur einige kleinere Flüßchen, welche über salzhaltigen Boden fließen und diesen auslaugen. Sie concentriren
so allmählig den an sich nicht starken Salzgehalt einer viele
hundert Quadratmeilen großen Bodenfläche auf einen verhältnißmäßig kleinen Raum. Auf dem Grunde des Elton-Sees hat
sich durch Verdunstung allmählig in dünnen Schichten ein Salzlager von mehreren 100′ Mächtigkeit abgesetzt, so daß er bei
besseren Verbindungswegen ganz Rußland würde versorgen können.⁹)

Wir wissen nun, daß in der Tertiärzeit auch die ganze nord-
deutsche Ebene bis zum Harz und Riesengebirge hin vom Meere
bedeckt war. Wir wissen ferner, daß außer bei Staßfurt auch
bei Rehme in Westphalen, bei Segeberg in Holstein, bei Lüne-
burg, bei Colberg, bei Sperenberg in der Mark, bei Inowcralaw
in Posen und bei Ciechocinek in Polen Salz liegt, dessen Lage-
rungsverhältnisse, so wie Ausdehnung und Mächtigkeit zwar
meistentheils noch nicht näher erforscht, zum Theil aber als
mindestens ebenso bedeutend, wie bei Staßfurt, nachgewiesen worden sind. Dies gilt namentlich von Sperenberg, wo sich seit 1871
das tiefste Bohrloch der Welt befindet: es hat 4052 Fuß Tiefe,
wovon 3769′ auf reines Steinsalz kommen. Diese gewaltige
Dicke ließ anfänglich an die Möglichkeit denken, daß das Salz-

lager durch spätere ungleichmäßige Hebung des Bodens auf die
Kante gestellt sein könnte, obgleich sonst keine Spuren eines derartigen Vorgangs in der Gegend sichtbar waren. Allein ein
zweites in beträchtlicher Entfernung niedergetriebenes Bohrloch
zeigte die gleiche Lagerung des Salzes. Hier, wie bei Staßfurt
ergiebt sich also aus der kolossalen Mächtigkeit der Steinsalzschicht
die Unmöglichkeit, sie von einfacher Austrocknung eines abgeschlos-
senen Meeresbeckens herzuleiten. Da nun, wie wir gesehen haben,
die Ablagerungsstätten des Salzes fast über das ganze ehemalige
Gebiet des Tertiärmeeres zerstreut sind, so gewinnt wohl die Vorstellung hohe Wahrscheinlichkeit, daß bei der allmähligen Erhebung des Bodens jene Stellen als die tiefsten, mithin als Bin-
uenseen zurückblieben, in die sich dann Jahrtausende lang das
Wasser der damaligen salzhaltigen Flüsse und Bäche ergoß. Nur
durch diese Hypothese scheint mir auch die geologische Thatsache
erklärbar, daß in Sperenberg, wie an anderen Orten der Gyps
auch die Decke des Steinsalzes bildet: als die atmosphärischen
Niederschläge schon alles Salz aus dem alten Meeresboden ausgewaschen hatten, blieb dieser noch gypshaltig und fuhren daher
die fließenden Gewässer noch fort, gewisse Mengen dieses schwer
löslichen Stoffes nach jenen Stätten hinzutragen.

Sind diese Betrachtungen nicht unrichtig, so würden uns also die kaspischen Steppen mit ihren salzigen Sümpfen und Seen
ein Abbild der Bodenbeschaffenheit unserer Heimath zu Ende der
tertiären Periode geben.

Staßfurt giebt uns aber noch weitere Aufschlüsse. Die
Anzahl seiner sogenannten Jahresringe hat man auf 15000 geschätzt; so viel Jahre würden demnach zur Bildung jenes Salzlagers erforderlich gewesen sein. Zweitens lehrt die durchschnittliche

Dicke einer zusammengehörigen Anhydrit- und Kochsalzschicht, daß
jahrüber eine Wasserhöhe von 87 Zoll mehr verdunsten mußte,
als durch Zuflüsse und Regen sich ergänzte d. h. es muß während
jener Zeiten ein so vollkommen tropisches Klima geherrscht haben,
wie es jetzt kaum noch unter der Linie existirt.

Uebrigens zeichnet sich das im Handel vorkommende Staßfurter Salz durch seine große Reinheit aus, indem es 99 pCt.
reines Chornatrium und nur 1 pCt. Anhydrit enthält, während
z. B. die Siedesalze der sächsischen Salinen 4½ — 5 pCt.
frembartige Bestandtheile aufweisen, das gewöhnliche englische
Salz fast ebenso viel. Diese Reinheit, welche für technische
Zwecke unzweifelhaft einen großen Vorzug ausmacht, scheint jedoch
seiner Anwendung als gewöhnliches Speisesalz eher hinderlich zu
sein. Thatsache ist, daß wenigstens in unsern Gegenden Staßfurter
Salz beim großen Publicum keinen rechten Eingang hat finden
können, weil man ihm vorwarf „es salze nicht recht". Dies kann
nur darauf beruhen, daß eben die andern gangbaren Sorten mehr
mit Kaliverbindungen verunreinigt sind, welche sich meistens durch
einen schärferen Geschmack auszeichnen, und daß das Publicum
an diesen gewöhnt ist.

Die vorhin gelegentlich erwähnten unregelmäßigen Hebungen
durch vulkanische Kräfte haben nun übrigens auf andere Steinsalzlager nachweisbar eingewirkt. Am bekanntesten ist dies von
Wieliczka, wo das Salz aus seiner regelmäßigen Schichtung zu
mehreren, von einander getrennten, unregelmäßigen Massen verschoben worden ist, in denen dann die kühne, aber sehr unvor-
sichtige Betriebsweise früherer Jahrhunderte jene gewaltigen Höhlen
und Säle ausgearbeitet hat, die jeden Besucher zur Bewunderung
hinreißen. Auch die Lager von Bex in Wallis und von Cardona

in Catalonien zeigen deutliche Spuren vulkanischer Hebungen. Letzteres ist überhaupt eins der merkwürdigsten auf der Welt, weil es das einzige ist, welches frei zu Tage liegt. Ganz einem kolossalen Gletscher ähnlich, erfüllt es in zwei, mehrere hundert Fuß mächtigen, am Fuße steil abstürzenden Massen ein Thal. Die Oberfläche ist, ebenfalls wie bei Gletschern, durch die Einwirkung des Regenwassers mit zahlreichen spitzen Kegeln und Pyramiden bedeckt und diese steilen Flächen, an denen das Wasser schnell abläuft, in Verbindung mit der großen Härte des Salzes bedingen es, daß die Auflösung derselben viel langsamer vor sich geht, als man erwarten sollte. Vergleichende Beobachtungen haben ergeben, daß die Dicke der Salzschicht im Laufe eines Jahrhunderts nur um etwa 4 Zoll abnimmt. So wird es nicht Wunder nehmen, daß der Salzberg von Cardona noch für viele Jahrhunderte ausreichen wird, obgleich er, wie früher erwähnt wurde, schon zu Zeiten Catos ausgebeutet worden ist.

Nur beiläufig erwähne ich eine andere Art der Einwirkung vulkanischer Kräfte auf das Salz. Bekanntlich findet man nicht selten Salzkrystalle an den Kraterrändern und Spalten thätiger Vulkane. Sie rühren offenbar von Meerwasser her, welches in die unterirdischen Feuerschlünde eindringt und durch seine Zersetzung die massenhaften Chlordämpfe liefert, welche aus Vulkanen zeitweise aufsteigen. Ein Theil des Salzes wird unzersetzt mit den Wasserdämpfen mitgerissen und schlägt sich dann krystallinisch nieder.[10]

Lassen Sie uns noch für einen Augenblick auf das Beispiel des Elton-Sees zurück kommen, welches uns lehrt, wie Salztheilchen durch das Wasser weit von ihrer ursprünglichen Ablagerungsstätte hinweggetragen und anderswo aufgehäuft und gewonnen

werden können. Ganz auf demselben Vorgange beruht die Salzgewinnung in den Bergwerken des Salzkammerguts und die Bildung der natürlichen Salzquellen. In den Salzbergen von Hallstadt, Hallein, Berchtesgaden findet sich bekanntlich nur sehr
wenig reines Steinsalz; die größte Masse desselben ist vermischt
mit einem grünlichgrauen Thon, dem sogenannten Salzthon.
Das Urmeer jener Gegenden muß also einen thonigen Boden
gehabt haben und die Flüsse und Bäche, welche später jene Massen aufhäuften, setzten aus ihren trüben, lehmigen Gewässern
gleichzeitig mit dem Salze den thonigen Schlamm ab. Diesen
von der Natur gewissermaßen roh und unvollendet gelassenen
Prozeß ergänzt nun der Mensch durch einen zweiten Act. Ganz
wie unsere Chemiker einen unreinen Niederschlag auf ihrem Fil-
trum mit destillirtem Wasser auswaschen, hat man dort wahrscheinlich schon seit den Zeiten der keltischen Vorgänger unserer
germanischen Stammverwandten Schachte und Kammern in den
Salzthon gearbeitet und das süße Wasser benachbarter Quellen
hineingeleitet so daß es sich durch Auflösung des Salzes aus
den umgebenden Schichten in Soole verwandelt, während sich der
ausgelaugte Thon auf dem Boden der Kammer absetzt. Ist die
Soole stark genug geworden, so wird sie abgelassen und durch die
berühmten meilenlagen Röhren-Leitungen nach einer holzreichen
und für den Transport des Salzes bequemen Gegend geführt,
um daselbst versotten zu werden.

Die natürlichen Salzquellen trifft man gleich den Steinsalzlagern im Grunde muldenartig vertiefter Bodenschichten an. Sie
steigen entweder aus einem solchen Salzlager auf, weshalb man
sie auch oft als Fingerzeige und Leiter bei der bergmännischen
Aufsuchung von Steinsalz benutzt hat; oder wenn in den Wänden

der Mulde salzhaltige Gesteinschichten vorkommen, so laugt das zwischen ihnen hinabsickernde Meteorwasser sie aus. Daher findet man höher hinauf nach den Rändern der Mulde Quellen mit süßem Wasser, je tiefer sie entspringen, um so salzhaltiger pflegen sie zu sein. Je nach dem Wasserdrucke, den die Erhebung der Bodenschichten ergiebt, springen die Salzquellen bald als prachtvolle Fontainen empor, wie die künstlich erbohrten Soolsprudel zu Nauheim und Soden, oder sie erreichen kaum oder gar nicht die Oberfläche, sondern müssen durch Pumpwerke aus einer gewissen Tiefe gehoben werden, wie in Halle, Dürrenberg und Reichenhall. Man darf nun übrigens nicht glauben, daß die Salzquellen an unerschöpflichen Vorräthen zehren; im Gegentheil hat man schon bei mehr als einer eine allmählige Abnahme des Salzgehalts bemerkt, wie dies unter andern schon vor mehreren Jahren mit der durch ihre Heilkraft berühmten Quelle zu Oeynhausen bei Rehme der Fall war.

Es ist klar, daß im Vergleiche mit den Steinsalzlagern die Soolquellen für die Salzgewinnung uur einen sehr untergeordneten Werth haben. Ganz abgesehen von der geringeren Quantität, die sie liefern können, stellen sich durch die Pump- und Gradirwerke und besonders durch den enormen Aufwand an Brennmaterial beim Versieden die Betriebskosten bei den Salinen viel höher, als bei Steinsalzwerken, ja bei manchen Salinen sind sie unter den heutigen Verhältnissen bedeutend größer, als der reelle Werth des Salzes, so daß sie eigentlich mit Schaden arbeiten und längst hätten eingehen müssen, wenn nicht das frühere Monopol und die noch fortbestehende Steuer ganz unnatürliche Preisverhältnisse für diesen Artikel aufrecht erhielten.

Anmerkungen.

¹) Wie allgemein ursprünglich das Salz die Bedeutung der würzenden Zuthat hatte, erhellt unter anderem daraus, daß die „Sauce", deren unendliche Variationen bei unsern heutigen Kochkünstlern und Gutschmeckern eine so wichtige Rolle spielen, eigentlich nichts weiter bedeutet, als „Gesalzenes, gesalzene Brühe". In der italienischen Sprache, welche die alten Erinnerungen deutlicher erkennbar aufbewahrt hat, als die abgeschliffene französische, heißt Sauce „Salsa".

²) Boussingault zog aus seinen berühmten Versuchen über den Einfluß von Salzzusatz zum Futter bei Rindern den Schluß, daß der Fleisch-, Fett- oder Milchertrag dadurch zwar nicht gesteigert werde; wohl aber waren das Aussehen, die Lebhaftigkeit und Energie der mit Salz gefütterten Thiere ungleich günstiger, als die der Thiere, welche längere Zeit kein Salz erhalten hatten; ja die letzteren boten mancherlei Zeichen gestörter Gesundheit dar: sie zeigten sich träge und phlegmatisch, ihr Haar war rauh und glanzlos, an manchen Stellen ausgefallen. Unter den regelwidrigen Lebensbedingungen der Mästung war allmählig ihr Blut, ihre ganze Säftemasse überladen mit Stoffen, die eigentlich zur Ausscheidung reif waren, denen aber bei der geringen Zufuhr von Salz „das Transportmittel" in die Secretionsorgane fehlte. So standen diese Thiere also hart an der Grenze der Krankheit und es hätte nur eines geringen Anstoßes bedurft, um sie wirklich erkranken zu lassen. So wird die Wichtigkeit der Salzfütterung für die Erhaltung der Gesundheit des Viehs begreiflich.

³) Dies Verhältniß führt zur Betrachtung zweier sehr bekannten Erscheinungen, nämlich erstens des Durstes nach dem Genusse von Salz. Wenn Salz in Körnern oder eine concentrirtere Auflösung desselben d. h. eine

solche, welche mehr Prozente Salz enthält, als das Blut, mit blutführenden Theilen des Körpers in Berührung kommt, so entzieht sie obigem Gesetze entsprechend den Gefäßen Wasser, macht die lebenden Körpertheile wasserärmer. Dies findet nach dem Genusse stark gesalzener Dinge zunächst bei der Schleimhaut des Schlundes und Magens statt und die Empfindung der so entstandenen wirklichen Trockenheit ist der Durst. Ganz ähnlich, wie das Kochsalz, wirken übrigens andere Salze und namentlich auch der Zucker. Aber auch wenn man die unmittelbare Berührung des Salzes mit dem Schlunde beim Schlucken ganz verhindert, wird eine größere Menge davon Durst erregen. Ein Theil des Salzes wird in die Blutmasse übergehen. Aber der Organismus vermag, wie weiter unten ausgeführt werden wird, einen erheblichen Ueberschuß desselben nicht lange zu beherbergen: die normale Blutmischung stellt sich durch vermehrte Ausscheidung von Salz durch die Nieren wieder her. Damit eine solche möglich ist, muß auch eine größere Menge Wasser mit dem Urin entleert werden und dieser Wasserbedarf wird zwar zum Theil dadurch gedeckt, daß weniger Wasserdampf durch die Lungen ausgeathmet wird, zum Theil aber müssen die Organe des Körpers von dem sie tränkenden Wasser an die Blutgefäße abgeben. Endlich aber hat ja auch die Aufnahme von Salz ins Blut ihre Gränze; wird mehr Salz innerhalb kurzer Zeit einverleibt, als aufgenommen werden kann, so passirt es den Magen und Darm, indem es seinen Gefäßen fortwährend Wasser entzieht, bis es eine ebenso verdünnte Lösung darstellt, wie das Blutserum. Der so gebildete flüssige Darminhalt geht als wässeriger Stuhlgang ab, das Salz hat laxirend gewirkt, wie dies z. B. beim Gebrauche des Kissinger Ragozi vorkommt. In jedem Falle kommt das Gefühl des Wasserverlustes der Organe wieder als Durst zum Bewußtsein.

Auf demselben Verhältnisse beruht zweitens das Einpökeln des Fleisches. Bestreut man frisches Fleisch mit Salz, so schwimmt jenes bekanntlich nach einiger Zeit in einer Salzlake, ist selbst trockener, fester, grobfaserig geworden und hat an Gewicht verloren. Dies kommt daher, daß das Salz (und ebenso eine concentrirte Salzlake) dem Fleische den größeren Theil des Wassers entzieht, womit dasselbe durchtränkt ist und welches über drei Viertel seines Gewichts ausmacht. Aber es ist nicht blos reines Wasser, was aus dem Fleische austritt: es ist Fleischsaft mit allen darin gelösten organischen und unorganischen Bestandtheilen; man kann geradezu sagen: es ist kalte Fleischbrühe. Daher verhält sich gepökeltes Fleisch ganz ähnlich dem gekochten, hat auch gleich diesem bedeutend (bis zu einem Drittel) an Ernährungswerth verloren. Man kann diesen Verlust wieder ausgleichen, wenn man die Salzlake bis zum Herauskrystallisiren des Kochsalzes abdampft und die gewonnene syrupdicke Mutterlauge, welche eine Auflösung von Fleischextract ist, dem gekochten Pökelfleische in der Sauce zusetzt. Beim heutigen Stande der Industrie wird man es freilich bequemer finden, geradezu das käufliche Fleischextract auf gleiche Weise zu verwenden.

Bekanntlich schrieb man früher dem fast ausschließlichen Genusse des Pökelfleisches die Entstehung des Scorbuts bei Seeleuten zu. Davon ist man zwar längst zurückgekommen und am wenigsten kann die Rede davon sein, daß der übermäßige Genuß von Kochsalz eine so eigenthümliche Krankheit erzeugen könnte. Allein so viel ist richtig, daß Pökelfleisch, gleichwie ausgekochtes Fleisch, nur ein unvollkommenes Nahrungsmittel ist. Bei den bekannten Fütterungsversuchen, welche die französischen Akademiker einst unter Magendies Leitung anstellten, wurden Hunde, denen man nur gekochtes Fleisch gab, allmählig immer magerer und kraftloser, ohne anderweitige Krankheitserscheinungen zu zeigen. Ganz dasselbe müßte auch eintreten bei einseitiger Ernährung durch Salzfleisch. Muskelschwäche und gestörte Ernährung der Muskeln bilden mit die frühesten und auffallendsten Symptome des Scorbuts. Diese würden sich aus einer derartigen Diät sehr wohl erklären lassen. Zur normalen Mischung der Muskelsubstanz gehört eine beträchtliche Menge Kalium (an Chlor gebunden) und es ist nicht zu bezweifeln, daß dieser Stoff für die Lebensthätigkeit der Muskeln von wesentlicher Bedeutung ist. Beim Einsalzen, wie beim Kochen des frischen Fleisches tritt nun aber das Chlorkalium mit dem Safte aus, so daß das Salzfleisch einen für die Regeneration der Muskelsubstanz wesentlichen Stoff nicht enthält. Nicht also der Ueberfluß an Kochsalz, sondern der Mangel an Kalisalz würde der Hauptnachtheil einer einseitigen Pökelfleischdiät sein. Selbstverständlich soll hiedurch dem Pökelfleische sein Werth nicht abgesprochen werden, der hauptsächlich in seiner Haltbarkeit besteht; es soll nur in der richtigen Vereinigung mit den ihm abgehenden Stoffen genossen werden.

*) Wenn ein Kranker — wie dies Hypochonder besonders lieben — verschiedene Aerzte nach einander um Rath fragt, so geschieht es nicht selten, daß der eine ihn nach Carlsbad oder Marienbad schickt, während der andere ihm Kissingen oder Homburg empfiehlt. Dann ist die Verwirrung und Bestürzung groß: „die Aerzte müssen doch über die Krankheit nicht im Klaren sein, wie könnten sie sonst so widersprechende Verordnungen treffen." Nun geht aus der obigen einfachen Darlegung hervor, daß es noch keineswegs eine abweichende Ansicht über die Natur der Krankheit oder über den zu ihrer Beseitigung einzuschlagenden Weg anzeigt, wenn der eine Arzt eine glaubersalzhaltige, der andere eine kochsalzhaltige Heilquelle verordnet. Denn die Wirkung beider Arten von Mineralwässern ist eine sehr ähnliche und die Wahl des einzelnen Kurorts wird, außer durch persönliche Vorliebe des Arztes, theils durch Rücksicht auf den Kräftezustand, die Reizbarkeit und an-

dere individuelle Verhältnisse des Patienten, theils durch äußere Gründe — Klima, Comfort, Theuerung oder Wohlfeilheit — bestimmt. Immerhin sollte das kranke Publicum bedenken, daß mehr als ein Weg nach Rom führt und daß andererseits Zopfthum und Vorurtheil gerade in der Heilquellenlehre noch ein sehr weites Feld haben.

⁵) Freie Salzsäure und Kochsalzlösung verhalten sich nämlich zu den wichtigsten stickstoffhaltigen Bestandtheilen unserer Hauptnahrungsmittel, zum Kleber der Getreidearten und zum Fleischfibrin, ganz übereinstimmend. Ganz schwach mit (0,1 Proc.) Salzsäure angesäuertes Wasser löst jene Stoffe in der Temperatur des menschlichen Körpers mit Leichtigkeit auf; ebenso eine schwache (weniger als 3 procentige) Kochsalzlösung. Setzt man den so erhaltenen Fibrin- und Kleberlösungen mehr Salz oder Säure zu, so erfolgt ein Niederschlag: das Lösungsvermögen beider nimmt eben mit ihrer Concentration nicht zu, sondern ab.

⁶) Fütterungsversuche und vergleichende Analysen der Aschenbestandtheile der Nahrung, des Blutes und des Harns von Thieren haben bewiesen, daß der Kochsalzgehalt ihres Körpers unter normalen Lebensbedingungen von der Qualität der Nahrung unabhängig war, daß der Organismus auch aus sehr kochsalzarmer Nahrung die ihm nothwendige Menge dieses Stoffes zu gewinnen und festzuhalten wußte. Das Blut eines Hundes enthielt nach zwanzigtägiger Fütterung mit Brod ebensoviel Kochsalz, wie nach achtzehntägiger Fleischfütterung. Bei Pflanzenfressern, der Kuh, dem Pferde, enthält die Blutasche bis zehnmal so viel Kochsalz, als die Futterasche. Dagegen ist die Asche des Harns viel ärmer an Kochsalz, als die des Bluts. und entspricht der Zufuhr durch die Nahrung.

⁷) Hiemit soll nun keineswegs gesagt sein, daß das Kochsalz völlig unzersetzt durch den Körper hindurchgehe. Im Gegentheile scheint es sicher, daß es wenigstens theilweise einer Zerlegung in seine Bestandtheile unterliegt. Liebig hat darauf aufmerksam gemacht, daß man im thierischen Körper die Elemente des Kochsalzes an verschiedenen Orten getrennt vorfindet: in der das ganze Muskelsystem tränkenden Fleischflüssigkeit ist reichlich Chlor vorhanden, aber nicht an Natrium, sondern an Kalium gebunden; andererseits enthält die Galle eine bedeutende Menge Natriumoxyd, dessen Natrium, ebenso wie jenes Chlor nur vom Kochsalz stammen kann. Denn Landthiere nehmen in ihrer Nahrung außer diesem letzteren keine Chlor- und keine Natriumverbindung zu sich. Es ist sehr wahrscheinlich, daß diese Zersetzung erfolgt durch Austausch der Bestandtheile mit dem phosphorsauren Kalk, welches ja bekanntlich einen regelmäßigen Bestandtheil der zur Nahrung dienenden Körner bildet und aus denselben ins Blut aufgenommen wird.

Löst man beide Salze zusammen auf, so setzen sie sich alsbald gegenseitig um in Chlorkalium und phosphorsaures Natron.

*) Liebig hat in seinen „chemischen Briefen" bereits vor 20 Jahren folgendermaßen von der Salzsteuer gesprochen: „Sie ist die häßlichste, den Verstand des Menschen entehrende und unnatürlichste aller Steuern auf dem Continente; man sieht, daß in dem Instincte eines Schafes oder Ochsen mehr Weisheit sich kund giebt, als in den Anordnungen des Geschöpfes, welches seltsamer Weise häufig genug sich als das Ebenbild des Inbegriffs aller Güte und Vernunft betrachtet." In keiner parlamentarischen Versammlung Deutschlands ist wohl je ein schärferer Ausspruch über diese Steuer gefallen und doch war Liebig sicherlich kein Mann der äußersten Linken. Aber freilich werden die praktischen Staatsmänner sagen: Er war ein Doctrinär; was geht uns sein verdammendes Urtheil an, so lange er uns keine bequemere und sicherere Millionen-Quelle nachweist! Uebrigens sei hier noch daran erinnert, daß das Kochsalz ja nicht nur für den unmittelbaren Consum des Menschen und der Hausthiere von solcher Wichtigkeit ist, sondern daß es auch den unentbehrlichen Grundstoff für eine Menge von Industriezweigen bildet. Liebig hat bekanntlich den Verbrauch von Seife für einen Maßstab der Cultur und des Wohlstandes eines Volkes erklärt. Mit demselben Rechte ließe sich behaupten, der Verbrauch von Kochsalz sei ein Maßstab für den Stand der Industrie, wenigstens der chemischen. Aus Kochsalz wird die Soda dargestellt, auf der Anwendung dieser aber beruht die ganze Seifen- und Glasfabrikation, neuerdings auch die Darstellung von Papier aus Holzstoff. Ferner hängt auf das innigste damit zusammen die Fabrikation von Salzsäure und Chlorkalk, die chemische Bleicherei. Wer also das Salz vertheuert, legt einer Menge wichtiger Gewerbe Fesseln an, welche ihnen die Concurrenz mit andern Ländern erschweren.

*) Ohne Zweifel wird die projectirte centralasiatische Eisenbahn, deren Ausführung eine Hauptaufgabe der gegenwärtigen russischen Regierung bildet, auch jenen bisher fast ganz unbenutzten Naturschatz ausbeuten lassen. Wie ungemein bedeutsam gerade für das südöstliche Rußland die billige Heranführung größerer Salzvorräthe sein müßte, erhellt unter anderm daraus, daß allein in der Umgegend von Astrachan im laufenden Frühjahr 5 Millionen Pud (à 40 Pfd.) Fische eingesalzen worden sind. Die strengen russischen Fasten machen gesalzene Fische zu einem höchst gesuchten Artikel und jene Gegenden können wegen der weiten Entfernung von den nördlichen und westlichen Meeren kaum mehr damit versorgt werden. Man beklagt sich aber dort sehr über den hohen Preis des Salzes, der natürlich auch die Fische vertheuert. Einstweilen freilich kommt der Mangel an Communicationsmitteln in den kaspischen Gegenden unserm Handel zu Statten, denn

seit Anschluß des russischen Bahnnetzes an das preußische gehen Tausende von Tonnen nordischer Häringe über Königsberg bis nach Landstrichen, welche früher nie diese Fischart gekannt haben.

[10]) Aeltere Geologen haben wohl geradezu die Entstehung des Salzes auf vulkanische Kräfte zurückgeführt; selbst noch Lyell (Lehrb. d. Geologie Bd. I Cap. 12) äußert sich in diesem Sinne. Es ist aber unbegreiflich, wie ein Salz, dessen einer Bestandtheil so flüchtig, während der andere fix ist, durch vulkanische Ausbrüche sollte gebildet werden können. Unzweifelhaft giebt es vulkanische Gebirgsarten, welche Kochsalz enthalten; aber sie gehören ausnahmslos zu den Tuffen, vulkanischen Schlammschichten, welche allmählig erhärtet sind, und ihr Kochsalzgehalt erklärt sich daraus, daß sie als Gemisch von eingedrungenem Meerwasser und Asche, als sogenannte wässerige Laven bei einer vulkanischen Eruption ausgeflossen sind.

———•♦•———

Druck von Gebr. Unger (Th. Grimm) in Berlin, Schönebergerstraße 17a.

Despotismus und Volkskraft.

Eine Goethe'sche Confession.

~~~~~~

Vortrag, gehalten zu Cöln

von

Dr. Franz Cramer.

Mit einem Nachwort.

Berlin, 1874.

C. G. Lüderitz'sche Verlagsbuchhandlung.

Carl Habel.

Wenn heute Jemand das bekannte geflügelte Wort, welches Graf Schulenburg nach der Schlacht bei Jena an die Straßenecken Berlins heften ließ: Ruhe ist die erste Bürgerpflicht, als Schiboleth der Zeit hinstellen wollte, so würde man ihn verwundert ansehn, wie jenen Heisterbacher Mönch, der nach seinem jahrhundertelangen Spaziergange durch den Irrgarten und das Waldesdunkel der Spekulation die alten Insassen seines Klosters noch wiederzufinden hoffte; der Thor würde achselzuckend heimgesandt werden und zwar gerade auch von der Partei, welche jene Erinnerung an die trübsten Tage unseres preußischen Vaterlandes als Devise auf ihre Schilde schrieb, als Gedenktafel und Wegweiser aufpflanzte und zum Thema tausendfacher Variationen machte. Denn heute ist nirgendwo Ruhe und unsere Privilegirten gehören zu den Rührigsten. Es gab eine Zeit, da man Völker wie unmündige Kinder behandelte, glücklich am Gängelbande führte; eine andere Zeit, da man sie wie störrige Sklaven mit der Skorpionenpeitsche trieb: die neuere Zeit erschuf andere Ueberzeugungen. Seitdem die französische Revolution die Menschenrechte verkündet und mit Blut die Krone der Volkssouveränetät zu leimen sich stark gemacht hat, seit jener Zeit sind die Völker des Continents in Gährung. Aber die Weltgeschichte macht zwei Schritte vorwärts, einen zurück und so ist, nachdem das Unerhörte geschehen, daß dem ganzen l'état c'est moi-System in den nacktesten Worten durch Mirabeau, dann durch die blitzartig hervorbrechende, vom Sturm getragene Flamme der französischen Bewegung der Krieg auf Blut und Eisen angesagt wurde, ein Stillstand, ein Rückschritt durch den Geist und Willen jenes Schülers von Brienne eingetreten, der das Herz und die Kraft hatte, seiner Mutter, der Revolution den Kopf zu zertreten. Im Namen der Freiheit vernichtete er die Freiheit, ganz wie sein Nachfolger, der gern der Augustus dieses Caesar sein mochte, im Namen der Republik einer Republik den Todesstoß gab. Auch in unserm Staatsleben trat Stillstand und Rückschritt ein. Als der Deutsche Bund gestiftet wurde, den in unseren Tagen endlich der Zeitgeist zertrümmert, jene Versammlung am grünen Tische in der Eschenheimer Gasse, deren Thätigkeit das Gebäude der Freiheit welche angesichts der äußersten Gefahr für die Throne verheißen war, krönen sollte, jener Bund der Fürsten ohne Berücksichtigung der Völker, der es fast noch für überflüssig hielt, das vergossene Blut von der Erde zu wischen, jener Bund, dessen wichtigste Aufgabe es war, Untersuchungskommissionen niederzusetzen, geheime Angebereien hervorzurufen, die Quellen, durch welche der Unmuth sich Luft zu machen suchte, zu verstopfen, die Freiheit der Presse bis zur vollen Vernichtung einzuschränken und die achtungswerthesten Männer zu verfolgen, — da zog eine verdrossene Ergebung und stumpfe Gleichgültigkeit in die starken deutschen Herzen ein ob der argen Täuschungen. Hoffnungslos schaute das Volk in die Zukunft, es verfiel in „todtenähnliche Starrheit", und nur die Jugend bewahrte noch die Keime, aus denen sich später ein neues Leben zu entwickeln begann. (Vgl. Kurz, Litteraturgesch. III in.)

Damals blühte die Lehre vom beschränkten Unterthanen-verstande. „Es ziemt dem Unterthanen", schrieb Minister von Rochow a. 1838 in Sachen der vom verfassungsbrüchigen König von Hannover gemaßregelten Göttinger Professoren an Jacob Riesen in Elbing, „— — — sich bei Befolgung der an ihn ergehenden Befehle mit der Verantwortlichkeit zu beruhigen, welche die von Gott eingesetzte Obrigkeit dafür übernimmt: aber es ziemt ihm nicht, die Handlungen des Staatsoberhauptes an den Maßstab seiner beschränkten Einsicht anzulegen." Und die Erklärung des Professors Albrecht, worin dieser seine Gründe gegen die verlangte Eidesleistung aussprach, nannte er „eine ebenso unbesonnene als tadelnswerthe, strafbare Anmaßung". Deutschland hatte die Nachtmütze über die Ohren gezogen, lag im Winterschlaf wie ein Bär, der an seinen Tatzen saugt — — — „Und als ich auf den Sanct Gotthard kam", ließ Heine seinen Tannhäuser sagen,

> „Und als ich auf den Sanct Gotthard kam
> Da hörte ich Deutschland schnarchen,
> Es schlief da unten in sanfter Hut
> Von sechs und dreißig Monarchen."

„O Geduld!" seufzte knirschend der Patriot Börne, „Geduld! sanfte Tochter des grausamsten Vaters, schmerzerzeugte, milch-herzige, weichlispelnde Göttin! Beherrscherin der Deutschen und der Schildkröten, Pflegerin meines armen kranken Vaterlandes, die du wartest und lehrest warten.

„Die du hörst mit hundert Ohren und siehst mit hundert Augen und blutest an hundert Wunden und nicht — klagest.

„Die du Felsen kochst und Wasser in Steine verwandelst. Schmach belastete, segenspendende Geduld — — höre mich! — — Lösche mein brennendes Auge mit den Wasserstrahlen deines

Blickes, berühre mit kühlen Fingern meine heiße Brust. Hänge
Blei an meine Hoffnungen, tauche meine Wünsche in den tiefsten
Sumpf, daß sie auszischen und dann schweigen. Deutsche mich,
gute Göttin, von der Ferse bis zur Spitze meiner Haare und
laffe mich dann friedlich ruhn in einem Naturalienkabinet unter
den seltensten Versteinerungen.

„Ich will dir auch von jetzt an ein getreuer Diener und
gehorsamer sein in Allem: Ich will dir tägliche Opfer bringen,
welchen du am freundlichsten lächelst. Die Didaskalia will ich
lesen und das Dresdener Abendblatt und alle Theaterkritiken und
den Hegel, bis ich ihn verstehe. Ich will bei jedem Regenwetter
ohne Schirm vor dem Palaste der deutschen Bundesversammlung
stehen und da warten, bis sie herauskommen und die Preß-
freiheit verkünden. Ich will in den Ländern das Treiben des
Adels beobachten und nicht des Teufels werden, und nicht eher
komme Wein über meine Lippen, bis dich die guten Deutschen
aus dem Tempel jagen und dein Reich endigt!"

„Börne starb gebrochenen Herzens; alle Hoffnungen auf
beffere Zeiten schienen vernichtet" sagt Kurz. Aber die Hoffnung
lebte und führte eine neue Zeit herauf. Unerwartet und mächtig,
wie einst die Buchdruckerkunst den Führern des Fortschritts, erschien den Kämpfern gegen den Lehnsstaat ein Bundesgenoffe:
der Dampf. Und seit der Recke unter die Menschheit eingezogen ist, gibts keine Ruhe mehr. Die alte Behaglichkeit des
denkfaulen Pfahlbürgerthums ist verschwunden. Wahr' dich und
wehr' dich! Die Straßen fortschreitender Civilisation, auf denen
zum Theil Gras wachsen zu sollen schien, erleben heute ein Gedränge, desgleichen die Welt nicht gesehn; ein Thor, der glaubt,
einen so sichern Platz zu haben, daß er nicht davon zu drängen
sei; kämpfen ist die Losung, kämpfen! Wer ist unter uns, der

nicht schon um sein Liebstes und Bestes, ja um seine Da-
seinsberechtigung die ganze Spannkraft hat geltend machen
müssen? „Wie von unsichtbaren Geistern gepeitscht", sagt Egmont,
„gehn die Sonnenpferde der Zeit mit unseres Schicksals leichtem
Wagen durch, und uns bleibt nichts, als muthig gefaßt die
Zügel fest zu halten und bald rechts, bald links vom Steine
hier, vom Sturze da, die Räder abzulenken." — — — Wann
hatten diese Worte allgemeinere Gültigkeit, als heute?! Schauen
wir um uns und in uns! Bewegung und Kampf im Staate, in
der Kirche, in der Gesellschaft, in der Kunst, in der Wissenschaft:
auf welchem Gebiete wir uns auch umsehen mögen, überall heißt
es: Ruhe ist Fäulniß, Ruhe ist der Tod! Ja mancher von uns,
der auf den Leuchter gestellt ist, mag mit Recht jenen Rittern
gewisser Zeiten sich vergleichen, denen der Kampf zur Gewohnheit und damit zur andern Natur wurde.

Unsere Zeit setzt Massen in Bewegung; die Ideen treten
auf wie Wahlcandidaten an der Spitze ganzer Schaaren von
Anhängern — die Persönlichkeiten sind in den Hintergrund ge-
rückt. Lassalle erkannte seine Zeit, wenn er durch die Hinweisung auf den Sturmschritt der Arbeiter-Bataillone die Welt in
Schrecken setzte. Jede Zeit hat ihre großen leitenden Ideen, gegen
die Einzelne oder Cöterien vergebens ankämpfen. „Von vielen
Höhen und vielen Thälern", schreibt Goethe einmal an Schiller
mit Rücksicht auf die Zeit Ludwigs des XIV., „stürzen nach
Naturnothwendigkeit Bäche und Ströme gegeneinander und veranlassen endlich das Uebersteigen eines großen Flusses und eine
Ueberschwemmung." Vergebens stemmt man sich gegen die
Wahrheit, daß die echte Volksstimme zugleich die Volkskraft ist,
daß man sie nicht ungestraft geringschätze. Ich spreche nicht von
flüchtigen Aufregungen, die Ergebnisse heftiger, manchmal durch

Zufall hervorgerufener Aufwiegelungen sind und mit den Ur-
hebern dahinsinken: ich spreche von jenen ruhig entwickelten, in
Noth und Gefahr erkämpften und mit dem Herzblut der Völker
unterschriebenen Grundsätzen und Grundbestrebungen, welche in
jedes denkenden und strebenden Bürgers Herzen gleich einem heiligen Vestafeuer bewahrt sind, um neue Gedanken daran zu
entzünden.

Eine solche grundlegende Forderung unserer Tage, eine
vox populi, die nicht eben von allen Tischen herunter geprediget
wird und doch wie jener zauberhafte Diamant alle unsere übrigen
Bestrebungen erhellt, das ist das Bedürfniß der Gewissens-Frei-
heit, das Bedürfniß der freien Wissenschaft. — — Sie soll um-
lehren! rief in vollem Verständniß des Zeitgeistes der größte
Sophist der Reaktion, sie soll sich beugen, riefen und rufen
tausende seiner Gesinnungsgenossen: Sie aber, die majestätische,
zieht gemessenen Schrittes fürbaß und berührt unseres größten
Volksdichters Lippen, daß er Antwort gebe:

> Ihr kerkert den Geist in ein tönend Wort,
> Doch der freie wandelt im Sturme fort!

In einer Zeit, wie die unsrige, sieht man sich nach Rüst-
zeug um; man fragt die Vergangenheit nach der Zukunft.

Und die Vergangenheit hat uns tausendfach gezeigt, daß die
einmal vom Volke erkannten und anerkannten Grundsätze immer
siegreich sind, ja, daß selbst die Gegner wider Willen von
ihnen erfaßt worden, und die geistig bedeutendsten am sichersten.

Ich will versuchen, das an einem Beispiele zu zeigen und
rechnen mit drei mächtigen Faktoren: einer großer Zeit, einem
seine Epoche weit überragenden Menschengeiste und einer hoch-
poetischen Schöpfung.

Nach der Doppelschlacht bei Jena und Auerstädt am 14. Ok-

tober 1806 lag Preußen und mit ihm Deutschland in der
Knechtschaft des französischen Kaisers, wurde ausgesogen und ge-
demüthigt in jeder Beziehung, wurde gepeinigt und erdrückt, so
daß alle Patrioten in einen Abgrund von Hoffnungslosigkeit
hineinblickten. Wer kennt nicht die Gewaltthaten des „großen
Ueberlisters und Drängers der Könige und Völker"? Ein zweiter
Attila, ließ er sich, nach den Worten Arndts, des antinapoleo-
nischen Federhelden, die dick zusammengerollten Haufen be-
zwungener Völker und auch die Schaaren deutscher Könige und
Fürsten über Oder, Weichsel und Dnjester mit sich und hinter
sich hertreiben. Mächtiger und schöner war nie eine Armee ausgezogen, als die gegen Rußland ins Feld geführte. Preußen
hatte dazu unter General York 20,000 Mann gestellt: kräftige,
treue Söhne, die jetzt ihr Blut für fremde Herrschsucht hingeben
mußten. Aber nach dieser Nacht der tiefsten Demüthigung folgte
eine blutige Morgenröthe der Freiheit.

Am 3. Februar 1813 erließ Kanzler Hardenberg den Aufruf an die Freiwilligen; am 17. März erschien Friedr. Wilhelms
des III. Aufruf „An mein Volk". Das Volk erwachte und griff
zu den Waffen: Auf Männer, sangen die Dichter,

> — Auf und schlaget drein!
> Laßt Hörner und Trompeten klingen,
> Laßt Sturm von allen Thürmen ringen,
> Die Freiheit soll die Losung sein!

Wem die Kraft dazu fehlte, gab hin, was er hatte, und
es galt für eine Ehre, den goldenen Trauring mit einem eisernen
zu vertauschen. Jungfrauen legten Männerkleider an und ließen
sich einstellen in die Regimenter. Im Lützowschen Corps stand
Eleonora Prohaska und fiel in dem Treffen an der Görde als
Trommelschläger im tödtlichen Sturm.

Pfui über dich Buben hinter dem Ofen
Unter den Schranzen, unter den Zofen!

Bei Großbeeren, so erzählt ein alter Kämpfer (Prillwitz), war die Wahlstatt mit Todten und Verwundeten besäet; aber man hörte keinen Klageton von den Verstümmelten; die Begeisterung besiegte den Schmerz.*)

Am 26. August, demselben Tage, da Theodor Körner den Sänger- und Heldentod starb bei Gadebusch, wurde das Wuthgefecht an der Katzbach ausgemacht. Die Begeisterung und die Kraft der Unabhängigkeitskämpfer wuchs von Tag zu Tag. Kaum traf die Nachricht des Blücher'schen Sieges an der Katzbach beim Bülow'schen Corps ein, als auch bei Dennewitz am 6. September der Kampf begann. Schon wichen die Preußen nicht mehr: bei Göhlsdorf standen 14 Bataillone gegen 47 und wichen nicht!

Am 16. Oktober Morgens 8 Uhr begann die Völkerschlacht bei Leipzig, in der eine halbe Million Menschen kämpfte und 1500 Feuerschlünde krachten. Arndt sang:

Wo kommst du her in dem rothen Kleid?
Und färbst das Gras auf dem grünen Plan?
Ich komme aus blutigem Männerstreit,
Ich komme roth von der Ehrenbahn;
Wir haben die blutige Schlacht geschlagen,
Drob müssen Männer und Bräute klagen.
Da ward ich so roth.

Wem ward der Sieg in dem harten Streit,
Wem ward der Preis mit der Eisenhand?

---

*) Ein Aehnliches: Als General von François am 6. August 1870 bei Erstürmung des Rothen Berges (Spicheren) von 5 Kugeln durchbohrt fiel, verschied er mit den Worten: Es ist doch ein schöner Tod auf dem Schlachtfelde!

Die Wälschen hat Gott wie die Spreu zerstreut,
Die Wälschen hat Gott verweht wie den Sand,
Viel Tausende decken den grünen Rasen,
Die Uebriggebliebnen entflohen wie Hasen;
Napoleon mit.

Bei Leipzig siegte die Volkskraft über den Despotismus, da vollzog sich ein Gottesgericht wider die Tyrannei. Der ganze Freiheitskampf wäre ganz und gar unmöglich gewesen ohne den deutschen Zeitgeist, ohne die dem Herzen entquellende, alle andere Gefühle überfluthende und in sich aufnehmende Liebe zur Heimath, ohne den grimmigen Haß gegen den Despotismus, ohne die Ueberzeugung, daß die Volkskraft unüberwindlich. Dagegen brauste beim Feinde nur darum unaufhörlicher Kriegssturm, weil eines Menschen ruheloser Drang willkührlich Staaten und Völker durcheinanderwarf und Befriedigung in immer neuen Wagnissen, in einem Wirbel von Zerstören und Schaffen suchte. Kein großes Motiv, wie Nationalität, Freiheit, Religion gab dem Kampfe pour la gloire die Folie.

Jetzt ging es an ein Festefeiern: eine Siegesnachricht drängte ja die andere. In der Neujahrsnacht 1814 ging Blücher bei Caub über den Rhein, am 31. März: Einzug in Paris, am 11. April: Fontainebleau, am 4. Mai: Elba.

Auf der Bühne der Residenz sollte durch ein glänzendes Festspiel die neue Zeit inaugurirt werden. Und an wen hätte Intendant Iffland sich, der Großartigkeit des Zweckes entsprechend, besser wenden können als an den Olympier in Weimar, an Goethe, der gerade in Berlin eine solche Verehrung genoß, daß dieselbe zum übertriebenen Cultus wurde. Goethe stand damals im 65. Jahre. Zwar nahm er den Antrag gern an, doch empfand er die Aufgabe als eine Last — offenbar nur darum, weil er, wenn ich mich so ausdrücken darf, auf

Bestellung arbeitete: im Grunde genommen fand er eine willkommene Veranlassung, ein Erlebtes durch Guß in poetisch ab-
gerundete Form zum Abschluß zu bringen. Denn Goethe's ganze
Eigenthümlichkeit als Dichter beruht darin, daß er alle patholo-
gischen Zustände der menschlichen Seele, „wie Kinder-Krank-
heiten" nach seinem eigenen Ausdrucke, durchmachen mußte, um
nachher, glücklich herauskommend, sowohl seine eigene Bildung
dadurch gefördert zu sehen, als auch im Stande zu sein, sie zur
Kenntniß und Belehrung für andere wahr und aus eigener Erfahrung schildern zu können. Er nennt seine Gedichte Beichten,
Confessionen, Exuvien, Häutungen seiner sittlichen und intellectuellen Natur. „Ich habe in meiner Poesie nie affectirt," sagte
er zu Eckermann, „was ich nicht lebte und was mir nicht auf
die Nägel brannte und zu schaffen machte, habe ich auch nicht
gedichtet und ausgesprochen." Und dieses mal dachte er alles
zur Sprache zu bringen, was seit so vielen Jahren vorgegangen
und sich so glücklich entfaltet hatte. Also zog er sich aus aller
Zerstreuung zurück und verlebte den Frühling 1814 zu Berka
in der Einsamkeit leidenschaftlich geliebter Naturschönheiten, in
denen ihn die Muse am liebsten besuchte. Hier schrieb er sein
Festspiel: des Epimenides Erwachen, ein Werk, reich an dichterischen Schönheiten, bedeutend an ideellem Gehalt, aber wegen
seiner „silberstiftartigen" Zeichnung vom großen Publicum wenig
gewürdigt.

Der musikalische Zimmermeister Zelter, Goethes genauer
Freund in Berlin, drückte sich in seiner prägnanten Weise aus:
„die Zuhörer verstehen den Generalbaß davon nicht". Die Dichtung ist in mancher Beziehung wohl genauer Kenntniß werth:
als ein Ausdruck des Geistes der Epoche, als Spiegel des mächtigsten Dichtergenius für die Bewegungen seiner Zeit, als Be-

kenntniß Goethes des Nichtpolitikers, als Zugeständniß eines
aristokratischen Geistes an die öffentliche Meinung, an die Volkskraft. Der Streit über Goethe's politische Gesinnung ist schon
bei seinen Lebzeiten heftig wie der Kampf um des Patroclus
Leiche entbrannt: während man Goethe's Säcularfeier im
Jahre 1849 kaum beachtete, ja widerrieth, wurde zehn Jahre
später Schiller in einer Weise gepriesen und zum Himmel erhoben, daß selbst dem minder Weichen im Sterbezimmer des
Dichters, der Dachkammer an der Esplanade zu Weimar, die
Thräne in den Bart rinnt.

> „Was räucherst du nur deinem Todten?
> Hätt'st du's ihm so im Leben geboten!"

Börne rühmte sich seines Hasses gegen Goethe, Rückert
schalt ihn wegen seiner „vornehmen Manier, patriotisch zu sein",
und die Gegenpartei hat sich das nicht zweimal sagen lassen: sie
freut sich und verwendet es dankbar für sich, daß man unseren
größten Dichter, der von sich sagen durfte

> Ihr könnt mir immer ungescheut
> Wie Blüchern Denkmal setzen,
> Von Franzen hat er Euch befreit,
> Ich von Philisternetzen,

daß man Goethe einen Aristokraten, der um Fürstengunst gebuhlt,
daß man ihn einen Hofdichter genannt hat — wäre er den Herrn
Privilegirten nur nicht gar so unbequem wegen seines Faust,
dieser unwiderleglichen Schutzschrift strebender Menschlichkeit und
der Freiheit des Gedankens!

In dem Festspiel, das nun uns kurze Zeit beschäftigen soll,
bringt der Dichter die nach manchen Richtungen sein auslaufenden politischen Verhältnisse in Symbolik, er setzt Sinnbilder an

die Stelle der Gedanken, wie er denn selbst jagt, das Stück verlange, daß man jeden Augenblick „schaue, merke, deute".

Epimenides, ein uralter Weiser in Creta, so erzählt die
Sage der Griechen, hütete, [wie es in jener Zeit die Söhne
der Könige und Fürsten zu thun pflegten, in seiner Jugend die Heerden des Vaters. Als ihm eines Tages ein Schaf
von der Heerde verloren gegangen, und er, um es aufzusuchen, in eine Höhle gekommen war, bemächtigte sich seiner
ein tiefer Schlaf, in welchem er ohne Unterbrechung 57 Jahre
lag. Als er wieder erwachte, ahnte er nicht, wie lange er ge-
schlafen. Aber wie groß war sein Erstaunen, als er die Veränderung sah, welche sich seit der Zeit um ihn her zugetragen
hatte! Bei seiner Rückkehr ins väterliche Haus war er selbst
seinem Bruder so unkenntlich geworden, daß dieser befremdet ihn
fragte: Wer bist du? Endlich erkannten sich beide, und der lange,
wundervolle Schlaf machte den Epimenides durch ganz Griechenland berühmt. Man fing an, ihn für einen Liebling und Vertrauten der Götter zu halten: man fragte ihn um Rath, und
seine Aussprüche galten für Aussprüche der Götter.

Goethe, der überhaupt gern griechische Mythologie in sich aufnahm und symbolisch auf menschliche Geistesrichtungen im Allgemeinen und seine eignen Zustände im Besonderen anwandte, und,
wie namentlich die großartige Prometheus-Sage, zu vertiefen
liebte, fand in dieser einfachen Erzählung das Grundmotiv für seine
Dichtung. Er selbst durfte sich wohl mit dem griechischen Weisen vergleichen, da auch er im ernstesten Streben beharrlich

> Als Mann der Weisheit unversiegter Quelle
> Und ihrem Schaun sich treulich zugekehrt

wußte. Auch Goethe, der aller gewaltsamen Entwickelung bis
zum Ekel abhold war, hatte gleichsam einen langen Schlaf ge-

than, bis der brausende Sturm der Freiheitsbegeisterung auch
ihn erfaßte, wach rüttelte und plötzlich mitten in die Errungenschaften seiner Zeit hineinstellte. Er fand durch seine Identificirung mit Epimenides in geistreichster und ungezwungenster
Weise Gelegenheit, seine Unthätigkeit in den großen politischen
Umgestaltungen zu erklären, indem er dieselbe als eine nothwendige Bedingung geistigen Schaffens, als eine von den Göttern
ihm aufgenöthigte Gabe hinstellte; gleichzeitig aber wurde es ihm
möglich, in die ohne sein Zuthun entstandenen Verhältnisse deu-
tend einzutreten. Eben diese Deutung aber ist ein schlagender
Beleg für die Behauptung, daß selbst ein Goethe dem großen
Gedanken seiner Zeit sich nicht entziehen konnte.

Vergegenwärtigen wir uns den Inhalt.

In einem prächtigen Säulenhofe vor einem tempelähnlichen
Wohngebäude mit Hallen zu beiden Seiten erscheint in majestätischer Schönheit die Muse, heilverkündend, hocherfreut über den
neuen Zustand der Dinge:

> In tiefe Sklaverei lag ich gebunden
> Und mir gefiel der Starrheit Eigensinn;
> Ein jedes Licht der Freiheit war verschwunden,
> Die Fesseln selbst, sie schienen mir Gewinn;
> Da nahte sich in holden Frühlingsstunden
> Ein Glanzbild — gleich entzückt so wie ich bin —
> Sah ich es weit und breiter sich entfalten,
> Und rings umher ist keine Spur des Alten.

Sie weist, ähnlich den Vorspielen zum Faust, darauf hin,
daß wir kein Drama der gewöhnlichen Art vor uns haben.
Die Weltbegebenheiten, die ja an und für sich mit den
Gesetzen der Schönheit Nichts zu thun haben, sollen alle-
gorisch gefaßt werden, damit die Dichtung sie gestalten
könne, und es ist hochpoetisch und voll verborgenen Sinnes,

wenn hier die Muse der deutenden Weisheit Platz macht: die
Dichtung der Wahrheit. — Wenn jene abgeht, erscheint
Epimenides - Goethe. Er führt sich ein als ein Priester
der Erhabenheit der Natur in der volltönenden, gedankenreichen
Sprache von Jphigenie und Tasso — auch hier beweisend,
wie er die sonst, nach Carl Augusts Ausdruck, gleich dem an's
Fenster schlagenden Hagel rauschende deutsche Sprache gebän-
digt. Die ganze classische Ruhe und Insichgeschlossenheit
Goethe's liegt in den Worten des Weisen. Die Natur ist ihm
Aeußerung und Sinnbild des Göttlichen, wo Alles in Einklang
ist; sie ist ihm Vorbild für der Menschenhände Werk, in denen
eines Meisters Hochgedanken sich verkörpert, ist ihm Vorbild für
die Harmonie von Herrscher und Volk. Hier klingt der Goethe'sche Gedanke an, daß das Volk in der Hand des Fürsten
ein zu formender, zu bildender Stoff ist. Aber in dem ruhig gemessenen Gange, der dem Gemüthe des ächten Weisen entspricht,
droht gewaltsame Störung einzutreten. Die Götter, welche das
Zukünftige schauen, wissen es und senden ihrem Liebling Genien,
die ihn zum zweiten Schlafe einladen. Man sieht ihn sich niederlegen. Die Genien verschließen die Thür —.

Während so der Dichter auf der einen Seite sein Fern-
bleiben rechtfertigt vom Lärm des Schicksals,

> Das wogenhaft und schrecklich ungestaltet
> Nicht Maaß noch Ziel noch Richte weiß zu finden
> Und brausend webt, zerstört und knirschend waltet —

läßt er andrerseits im Folgenden seinen Genius der Masse Wust
entfalten, läßt ihn gleichsam den von Ungeheuern trächtigen, mit
„der Geburten zahlenloser Plage" drohenden Erdkreis entbin-
den, das Verworrene lösen, das sinnlos- Rohe in sinnigem
Bewegen der Kunst durch Gesang und Rede zum Verständniß

bringen. Unter Donner und kriegerischer Musik zieht ein
Heereszug heran, ein wildes Lied singend, im Costüm der sämmtlichen Völker, welche von den Römern zuerst bezwungen und dann
als Bundesgenossen gegen die übrige Welt gebraucht wurden. Ohne
Zweifel ein vortrefflicher Griff! denn kein Volk der Geschichte
hat das kriegerische Leben und die kriegerische Kunst in dem
Grade der Ausdehnung und mit längerem und größerem Glück
getrieben, als die welterobernden und unterjochenden Römer.
Auf der Bühne erscheinen Numider, Mohren, Egypter, Kre-
tenser, Griechen, Macedonier, Thracier, Illyrier, Lusitaner,
Spanier, Gallier, Germanen u. a. Plötzlich tritt ihr Gebieter
auf, der Dämon des Krieges. Ein Brandschein verbreitet sich
über das Theater:

> Es werde Finsterniß — ruft er aus — Ein brennend Meer
> Soll allen Horizont umrauchen
> Und sich der Sterne zitternd Heer
> Im Blute meiner Flammen tauchen — — —
> Vom Berg ins Land, flußab ans Meer
> Verbreite dich, unüberwindlich Heer!
> Und wenn der Erdkreis überzogen
> Kaum noch den Athem heben mag,
> Demüthig seine Herrn bewirthet —
> Am Ufer schließet mir des Zwanges eh'rnen Bogen,
> Denn wie euch sonst das Meer umgürtet,
> Umgürtet ihr die kühnen Wogen! —
> So Nacht für Nacht, so Tag für Tag;
> Nur keine Worte! — Schlag auf Schlag!

Indem der Heereszug abzieht, treten neue Gestalten auf,
die sich schlangenartig durch die Heerescolonnen winden und sie
im raschen Schritt hindern. Es ist der Dämon der List mit
Gefolge: Gestalten in der Tracht des 16. und 17. Jahrhunderts,
in welchen Zeiten durch Staats- und Hofleute, Geistliche,

Gelehrte und — Frauen, oft als Mitgehülfen, nicht selten als Hauptwerkzeuge der Diplomaten in den Weltbegebenheiten, die Listen und Ränke des Betrugs, der Bestechung, Verrätherei, Täuschung, Bevortheilung und heimlichen Unterdrückung zu jenem Höllensystem an- und ausgebildet wurden, welches in seiner ganzen gräßlichen Wirksamkeit den Umsturz Europas wesentlich herbeiführte.

Einen Augenblick läßt der Kriegsdämon sich aufhalten, dann mit den Worten

> Ich kann nur mit dem Schwerdte schreiben
> Mit blut'gen Zügen meine Schrift

geht er rasch ab.

Der Dämon der List, mit den Seinigen allein, unterhält sich mit ihnen selbstgefällig über ihre heimliche Macht. Sie wissen, daß sie den Kriegsgott doch zuletzt umgarnen werden:

> Doch alles, was wir je ersonnen,
> Und alles, was wir je begonnen,
> Gelinge nur durch Unterschleif.

sagt der Hofmann und der „Pfaffe" fährt fort:

> Den Völkern wollen wir versprechen,
> Sie reizen zu der kühnsten That;
> Wenn Worte fallen, Worte brechen,
> Nennt man uns weise, klug im Rath.

„Aufgeführt Berlin 30. März 1815. — Und Goethe wurde nicht in die Hausvogtei eingesperrt!" ruft Carl Grün aus.

Sodann gibt der Dämon seinem Gefolge den Auftrag, das herrliche tempelähnliche Wohngebäude des Hintergrundes sammt Säulenhof zu untergraben und zu zerstören. Die Helfershelfer verbreiten sich einzeln über die ganze Bühne und verschwinden auf einmal, um die Fundamente zu unterwühlen. Der Boden erzittert: das Ganze stürzt zusammen und zeigt eine majestä- tische Ruine.

So ist die Wüste des Despotismus vollendet; es treten nun jene Zeichen der Zeit ein:

Aus dem Gespräche verschwindet die Wahrheit, Glaube und Treue
Aus dem Leben, es lügt selbst auf der Lippe der Schwur.
In der Herzen vertraulichsten Bund, in der Liebe Geheimniß
Drängt sich der Sykophant, reißt von dem Freunde den Freund.

Und so läßt der Dichter jetzt den Tyrannen auftreten; er kommt als Dämon der Unterdrückung im Costüm eines orientalischen Despoten. Was Krieg und List erreicht, nennt er sein eigen: er spricht die Sprache Napoleons: „da, wo ich bin, da soll kein andrer sein!" doch weiß er sehr wohl, daß er der List nicht entrathen kann:

Denn, was die Freiheit langsam schuf
Es kann nicht schnell zusammenstürzen,
Nicht auf der Kriegsposaune Ruf. —
Doch hast du klug den Boden untergraben,
So stürzt das Alles Blitz vor Blitz,
Da kann ich meinen stummen Sitz
In sel'gen Wüsteneien haben.

Er verliert sich in freudiger Betrachtung zwischen den Ruinen. Um sie schauriger, düstrer, hoffnungsloser erscheinen zu machen, muß über Verwitterung, Staub und Regenschlick eine Vegetation sich verbreiten.

In diesem furchtbaren Elysium wird die Einbildungskraft des Tyrannen auf schöne Frauen geleitet, in deren eingebildeten Liebkosungen er schwelgt.

Da, horch! in der Ferne heiterer Gesang einer Mädchenstimme: es ist die Liebe in Gestalt einer zierlichen Nymphe. Zu ihr gesellt sich der Glaube als würdige Vestalin: die Schwestern, kaum einander genah't, entzweien sich, und der Dämon sucht diesen Umstand zu seinem Vortheil zu benutzen. Unter dem Schein, beide zu vereinigen, schmeichelt er beiden.

Er liebkost die Liebe und legt ihr zum Andenken Armbänder an, dem Glauben einen köstlichen Brustschmuck. Kleine Dämonen bringen schwere Ketten und hängen sie heimlich in das Geschmeide fest. Gemartert werfen Glaube und Liebe sich nieder; der Dämon triumphirt:

> So hab ich Euch dahin gebracht
> Beim hellsten Tag in tiefste Nacht — —.
> Allein die Hoffnung schweift noch immer frei
> Mein Zauber winke sie herbei — —.
> Denn hab' ich diese nicht betrogen,
> Was hilft das andre alles mir?

Die Hoffnung — sie allein hat noch segenspendend, verzweiflungwehrend unter dem despotisch geknechteten Volke geweilt, sie hat, eine zweite Amalthea, den Juppiter der Volkskraft genährt, sie ist einzig wehrhaft geblieben.

Bewaffnet mit Helm, Schild und Speer erscheint sie auf der Ruine. Der Despot winkt sie herbei, um auch sie zu kirren, zu verwirren, in Fesseln zu schlagen. Aber sie hebt gegen ihn die Waffe und unbeweglich fest steht sie vor ihm.

Da zeigt sich eine furchtbare Vision vor der Phantasie des überreizten und überraschten Tyrannen: es ist die Volkskraft, die in tausend drohenden Gestalten gegen ihn emporsteigt:

> Verdichtet schwankt der Nebelrauch und wächst —
> Und webt; er webt unendliche Gestalten,
> Die deutlich, doch undeutlich, immerfort
> Das Ungeheure mir entfalten — — —
> Wo bin ich? Bin ich mir bewußt?
> Sie sinds, sie sinds auch nicht, und aus dem Grauen
> Muß ich voran Lebendig-Kräft'ge schauen;
> Fürwahr, es drängt sich Brust an Brust
> Voll Lebensmacht und Kampfeslust. — — —
> Die breite Wolke senkt sich, eine Wolke

Lebendig, tausendfach, vom ganzen Volke,
Von allen Edlen schwer; sie sinkt, sie drückt,
Sie beugt mich nieder, sie erstickt!

Er entflieht mit Grauen.

Halten wir hier einen Augenblick inne. Wir stehen vor
einem der ergreifendsten Bilder, voll innerer Wahrheit, voll des
hehrsten Trostes: wir erblicken das Schiff der Tyrannei zer-
schellend an dem Felsen der Volkskraft.

Wir haben mehr als das; wir haben einen Goethe im
Zwing und Bann der Volksstimme, einen Agamemnon,
den das Volk beugt seiner Gottheit zu opfern.

Denn Goethe hatte an die Volkskraft keinen Glauben.

Goethe mochte überhaupt die Politik nicht. Im Sommer
1815 war Stein einmal in Cöln. Arndt suchte ihn auf im
Dom. „Er begrüßte uns auf das allerfreundlichste", erzählt
er — „und wen erblickten wir nicht weit von ihm? da stand
der neben ihm größte Deutsche des 19. Jahrhunderts, Wolfgang
Goethe, sich das Dombild betrachtend. Und Stein zu uns:
Lieben Kinder, still, still! nur nichts Politisches! das mag er
nicht, wir können ihn da freilich nicht loben, aber er ist doch
zu groß — — —"

So kannte jeder seine Abneigung gegen Alles, was nur
auf Entwicklung durch Gewalt hinwies. „Ich bin ein Kind des
Friedens", sagte er, „und will Frieden halten mit der Welt,
da ich ihn einmal mit mir geschlossen habe." Polemik war ihm
ein Gräuel. Das wahre Glück ist nach seiner Ansicht begründet
in wahrhaft menschlicher Freiheit, nicht in jener politischen,
welche nur auf Wahrung ihres Antheils an der Staatsregierung
eifersüchtig ist. Der Dichter müsse sich frei erhalten, um dem
Guten, Wahren und Schönen an und für sich den Dienst zu

weihen. Er sei darin dem Adler vergleichbar, dem es in seiner erhabenen Region auch gleichgültig sei, ob der Hase, auf den er herabstoße, in Sachsen oder in Preußen laufe. Wenn ein Dichter Zeit seines Lebens schädliche Vorurtheile bekämpft, die Geschichte seiner Nation veredelt, ihren Geschmack verbessert, ihre Gesinnung gereinigt habe, ob er da nicht auf Würdigung als Patriot Anspruch machen dürfe?

Sein Standpunkt ist mit Recht von bedeutenden Männern vertheidigt worden; auch von solchen, die der Linken angehören: so von Prutz, Gutzkow, Carl Grün.

Doch sei dem, wie ihm wolle: Goethe ließ das Volk nur als rohe und ungeordnete Masse gelten:

Was ich mir gefallen lasse,
Zuschlagen muß die Masse,
Dann ist sie respectabel,
Urtheilen gelingt ihr miserabel!

Die französische Revolution betrachtete er als eine Naturgewalt und in Napoleon erschien ihm ein dämonischer Mann, der vom Schicksale berufen sei, die stürmende Fluth endlich zu beruhigen.

„O ihr Guten", rief er einmal aus, „schüttelt immer an Euren Ketten; ihr werdet sie nicht zerbrechen, der Mann ist euch zu groß!"

Und in den Xenien erzählt er:

Am jüngsten Tag vor Gottes Thron
Stand endlich Held Napoleon.
Der Teufel hielt ein großes Register
Gegen denselben und seine Geschwister,
War ein wundersam verruchtes Wesen;
Satan fing an, es abzulesen.
Gott Vater oder Gottes Sohn,
Einer von Beiden sprach vom Thron — —

Wiederholt's nicht vor göttlichen Ohren,
Du sprichst wie die deutschen Professoren!
Getraust du dich ihn anzugreifen,
So magst du ihn nach der Hölle schleifen.

Wenn Goethe auch den Despotismus haßte, weil er im Streben nach Allgewalt der Herrschaft und Unbeschränktheit des Gewissens alle Bande des sittlichen und bürgerlichen Lebens lockert, so war ihm doch auch das Volk in der Politik ein fremder Faktor. Er glaubte die Stärke der Regierung bestehe in der Einheit, welche ihm durch die Mitbetheiligung des Volkes verletzt schien, wie er denn mit seiner innersten Bildung im dritten Viertel des vorigen Jahrhunderts ruht, welchem jeder Gedanke an Volkssouveränetät fern blieb. „Alles Große und Gescheidte", sagte er, „ist nur in der Minorität. Es gab Minister, die Könige und Volk gleichmäßig gegen sich hatten und dennoch ihre großen Pläne einsam durchführten. Vernunft wird immer nur im Besitze einzelner Vorzüglicher sein. Nie wird sie populär werden."

Was konnte einem so denkenden Manne Volkskraft sein? Wie konnte er zugeben, daß Volkswille zugleich Volkskraft sei?

Und doch mußte er sich dem großen Gedanken seiner Zeit beugen: Volkswille, Gotteswille! Sein ganzes Festspiel ruht auf dem Gedanken, daß Volkskraft und Volkswille erst im Stande sind, die dämonische Gewalt des Despotismus zu brechen.

Es erschallt nun Gottes Stimme,
Denn des Volkes Stimme sie erschallt — — —

Epimenides erwacht. Ein schreckliches Erwachen! Kein Stern am Himmel, nur ein ungeheurer Komet
Erschreckt den Blick mit Ruthenfeuerschein.

Die Aufregung des Weisen wächst mit jedem Schritt in die Wüstenei.

> Hier, ruft er schmerzvoll aus,
> Hier keine Spur von jenem alten Glanz,
> Nicht Spur von Kunst, von Ordnung keine Spur!
> Es ist der Schöpfung wildes Chaos hier,
> Der letzte Grauen endlicher Zerstörung.

Er erkennt unter den Trümmern noch eine halb erhabene Arbeit, das häusliche Glück darstellend: Alles vernichtet!

> So ist es hin, was Alles ich gebaut,
> Und was mit mir von Jugend auf emporstieg.
> O wär' es herzustellen! Nein, ach nein!

Am Rande der Verzweiflung hält sein Gedächtniß ein altes Lied noch fest, das einst als Weihespruch die Grundlage der ganzen harmonisch unter dem Schutze eines friedvollen Heimwesens gedeihenden Entwickelung bezeichnend über dem Gebäude auf einer nun auch zerschlagenen Tafel prangte:

> Hast Du ein gegründet Haus,
> Fleh' die Götter alle,
> Daß es, bis man Dich trägt hinaus
> Nicht zu Schutt zerfalle.

Er wünscht sich den Tod, denn er verzweifelt an dem Walten, ja an dem Dasein der Gottheit, an die zu glauben sein Leben einzig gründet. Da erklingt, wie der Ostergesang im Faust, das rettende, mächtig ergreifende Lied der Genien:

> Komm! wir wollen dir versprechen
> Rettung aus dem tiefen Schmerz;
> Pfeiler, Säulen kann man brechen,
> Aber nicht ein freies Herz:
> Denn es lebt ein ewig Leben,
> Es ist selbst der ganze Mann,
> In ihm wirken Lust und Streben,
> Die man nicht zermalmen kann.

Ist jemals der Kraft des freien Mannes, der Unüberwindlichkeit des wollenden Volkes ein schöneres Loblied gesungen, als durch diese Zeilen in Lapidarschrift?

Kriegerische Musik. Es wird Tag. Die Hoffnung, den Jugendfürsten an der Seite, führt ein Heer herein: das deutsche Volksheer mit seinen Verbündeten.

> Brüder auf! die Welt zu befreien,
> Kometen winken, die Stund' ist groß;
> Alle Gewebe der Tyranneien
> Haut entzwei und reißt euch los!
> Hinan, vorwärts, hinan!
> So erschallt nun Gottes Stimme,
> Denn des Volkes Stimme sie erschallt,
> Und entflammt von heil'gem Grimme
> Folgt des Blitzes Allgewalt.
> Und so schreiten wir, die Kühnen
> Eine halbe Welt entlang;
> Die Verwüstung, die Ruinen,
> Nichts verhindre deinen Gang!

Der Palast steigt verherrlicht in die Höhe; ein Theil der Vegetation bleibt und ziert. Jubelnd vereinigen sich die Sieger mit den sie empfangenden Landesbewohnern:

> So rissen wir uns rings herum
> Von fremden Banden los;
> Nun sind wir Deutsche wiederum,
> Nun sind wir wieder groß.
> So waren wir und sind es auch
> Das' edelste Geschlecht,
> Von biederm Sinn und reinem Hauch
> Und in der Thaten Recht!

Und Epimenides = Goethe muß bekennen:

> Wie selig Euer Freund gewesen,
> Der diese Nacht des Jammers überschlief,
> Ich konnt's an den Ruinen lesen;
> Ihr Götter, ich empfind' es tief,

Doch schäm' ich mich der Ruhestunden!
Mit Euch zu leiden, war Gewinn,
Denn für den Schmerz, den ihr empfunden
Seid ihr auch größer als ich bin.

Es mag etwas von Goethe'scher Ironie in diesen Worten liegen, aber die Wahrheit fühlte er tief: er empfand es, daß er zurücktreten mußte vor denen, die der Volkskraft vertraut, die mit ihr gelitten, gekämpft, gesiegt hatten. Er beugte sich vor dem Geiste der Zeit, der da sagte:

Des Volkes Stimme Gottes Stimme! — — — —

„Schauens", sagte Kaiser Franz, „die Völker sind jetzt halt auch was!"

Auch heute wird der Kampf gegen die leitenden Ideen ein ohnmächtiger sein. Wir dürfen uns ganz gewiß mehr als je den liebsten Hoffnungen hingeben.

Kühn und muthig und frei tragen wir die Stirne, wir kennen ja das Walten des Zeitgeistes seit Jahrtausenden.

Die Volkskraft ist groß und — der eiserne Kanzler ist ihr Prophet.

Nachwort.

Zur Stunde, da diese Zeilen in die Druckerei wandern, durchfliegt das Reich die erschütternde Kunde von dem Mordversuche gegen den Fürsten Bismarck. Was man dem zum Galgen verurtheilten Verbrecher vergönnt, daß er seiner Gesundheit pflege, kann dem Apostel der größten Sache Deutschlands in gleichem Maaße nicht zugesichert werden.

Es ist Thorheit und vermessene Lieblosigkeit, vor Austrag des für alle Zeiten denkwürdigen Prozesses Personen und Parteien so entschieden und direct der Mitschuld zu bezüchtigen, wie es in der Hitze der ersten Aufregung geschieht, aber es ist gewiß richtig, nicht sowohl den einzelnen Fanatiker zum Gegenstande der Betrachtung zu machen, als vielmehr der Krankheit nachzuforschen, welcher der Unglückliche zum Opfer fällt. Und diese Krankheit erkennt man in dem vaterlandslosen Ultramontanismus und geht ihr zu Leibe mit allen Mitteln der Presse und des Gesetzes, unbekümmert um das Geschrei der Gegner über Mangel an Duldung. Mit Recht! Denn Toleranz gegen die zum Prinzip erhobene, canonisirte Intoleranz ist Selbstmord.

Wie es Menschen gibt, deren despotische Willkühr Zeiten und Geschlechter mißhandelt und mißleitet, so gibt es nicht minder Geistesrichtungen, welche von bewußtem oder unbewußtem Unverstand oder auch von baarer Herrschsucht ausgehend, die Volkskraft, wenn auch vorübergehend und theilweise, unterjochen. Eine solche Richtung ist aber jener Ultramontanismus, der allen Grundsätzen der modernen staatlichen Fortentwicklung widerspricht und als Krankheit des Volkskörpers in so schreckenerregenden Symptomen sich zeigt, wie bei dem vorliegenden Verbrechen. Man darf es als eine für die Ehrenhaftigkeit des deutschen Characters sprechende Eigenthümlichkeit bezeichnen, daß unser Volk sich angesichts einer solchen That zum höchsten Ernste aufrafft und eine Gewissenserforschung anstellt, wie vor einer Generalbeichte, um durch volle Selbsterkenntniß Mittel zu gründlicher Besserung zu gewinnen. Zur Vermeidung von Einseitigkeit bei dieser Einkehr in das eigene Innere möge es aus Anlaß des Hinweises auf die culturhistorische Bedeutung der Volkskraft gestattet sein, neben dem Ultramontanismus noch auf eine andere schlimme Zeitrichtung hinzuweisen, welche Deutschland nicht minder ein Pfahl im Fleische ist, nicht minder die Volkskraft zu schwächen und in fortschreitender Entwickelung der krebsartig fressenden Krankheit nicht minder in der socialen Welt zu erschrecken geeignet ist, wie der Ultramontanismus in der politischen.

Ich meine unsere fortwährende Abhängigkeit von fränkischem Unwesen. Ich will nicht davon reden, daß wir lange Zeit in unserer blöden Michelei ruhig die Schelte hingenommen haben, welche man über unsere Philosophenduselei ausgoß, noch auch davon, daß wir heute noch jeden, selbst den armseligsten Flitterkand, den der pariser Schneider um das Ebenbild Gottes hängt, bewundern und nachäffen; auch davon nicht, daß wir unsere edele Sprache, das reine Vollblutkind des asiatischen Uridioms mit dem Jargon französischer Brocken durchsetzen: Ich will nur auf unser Theater hinweisen. Wahrlich, es thäte Noth, daß ein Hercules käme und diesen Augiasstall ausfegte. Wir wissen nicht Worte genug zu finden, um das Lächerliche und Widersinnige der Wallfahrten nach Lourdes, Paray= le= Monial, St. Michel u. s. w. zu kennzeichnen, worüber der ruhige Verstand des Norddeutschen so weit erhaben sich dünkt, während wir unsere Bühne fortwährend bejubeln mit den Obscönitäten des gesunkenen Paris. Es ist merkwürdig! Würde man heutzutage unseren Damen den Aristophanes vorlegen, jenen „ungezogenen Liebling der Grazien", sie würden, wie es ihnen in unseren Pensionaten so sittsam beigebracht wird, schaudernd sich abwenden ob der vollen Natürlichkeit seiner Sprache, ob der Nacktheit, in der das Laster und die Gemeinheit vorgeführt wird, sie würden einen Schrei der Entrüstung ausstoßen und Zeter rufen über das sittenlose Griechenland. Und wenn ein Dichter, wie Goethe, der in seinem geistigen Ringen der Welt ein Vorbild ist, seiner menschlichen Schwächen kein Hehl hat und erzählt, daß er in Rom auf dem Nacken der Geliebten die Verse abge- zählt habe, da ergreift uns erhabene sittliche Entrüstung, und wenn in der bildenden Kunst eine Nudität sich zeigt, wie auf der Berliner Schloßbrücke, dann werfen wir wie Tartüffe mit abgewandten, verdrehten Augen den Schleier darüber. Rüh- rend! Ist es mir doch selbst begegnet, daß, als ich in einer öf- fentlichen Vorlesung jene dem moralischen Gefühl aufs höchste huldigende Apostrophe des sterbenden Valentins an das unglück- liche Gretchen las:

> Mein Gretchen, sieh! Du bist noch jung,
> Bist gar noch nicht gescheidt genung,
> Machst Deine Sachen schlecht.
> Ich sag Dir's im Vertrauen nur:
> Du bist doch nun einmal eine — schlechte Creatur,
> So sei's auch eben recht! —

daß nach Anhörung dieser Stelle Mütter mit sittsamen Töchtern kaum die Pause abwarten konnten, um den Saal zu verlassen. Aber, frage ich, warum denn so zimperlich? Scheuen wir uns doch nicht, unsere Frauen, unsere Kinder, selbst in dem Alter der aufgeregtesten Pubertät, in die Offenbachschen Buffonerien zu führen, in diese nackte grinsende Verhöhnung aller Sitt- lichkeit und alles Idealen in der Kunst! Jene mächtigen, unerschöpflich reichen Sagen eines durch seine Bildung weltbe- herrschenden Volkes, aus welchem immer und immer wieder die furchtbare Mahnung uns entgegen dröhnt:

> Böses muß mit Bösem enden.
> Rache folgt der Frevelthat!

und immer und immer wieder:

> Es fürchte die Götter das Menschengeschlecht!

wie hat man sie in den Schmutz gezogen! Wie wenn man die

schönste Marmorstatue mit Gassenkoth beschmiert. Homer's göttergleiche Helena wird zur Metze, der edle Held Menelaus zum stupiden Bierphilister und verhöhnten Hanrei, Paris zum Roué der Demimonde, Kalchas, der von der höchsten priester- lichen Würde getragene Mahner zum Schlemmer und Spieler, Ehrlichkeit wird verlacht, der allergemeinste Ehebruch wird be- sungen und — o! diese schönen Bilder an der Wand! Und dann diese Kostüme, berechnet auf die lorgnettirende Jeunesse dorée, auf jenes lüsterne, Ekel erregende Alter, das uns die Maler so oft neben der badenden Susanne dargestellt haben, diese schamlosen Vorgänge bei offener Scene, die den fünfzigjäh- rigen Mann zum Erröthen bringen, dieser Tanz aus dem Jar- din Mabille, und endlich diese armselige und doch so gemeine Musik; ein Fliegenduett, ein Miaulied, ein Hühnergackern: Die Thiere läßt Herr Offenbach wie Menschen, die Menschen als Thiere erscheinen: difficile est satiram non scribere. Die ganze Musik eines solchen Opus sagt Schlüter (Gsch. d. Mus.) geht ohne erheblichen Rest in einer Quadrille auf, und wohin sie nach ihrem ganzen Character gehört, das mag ich nicht aussprechen. Behüte mich Gott, daß ich des Mannes moralischen Character antaste, aber seine Musik würden die Hellenen als unsittlich verboten haben. Wer mir sagt, dieser Componist ist ein Deutscher, dem antworte ich: es ist nicht wahr, er ist durch und durch Pariser; wer mir ihn einen Juden nennt, dem sage ich: es ist nicht wahr, er gehört nicht zu den Gesinnungsgenossen von Moses Mendelssohn! Und wozu all' der Apparat, wozu all' die Entwürdigung von Erhabenem, wo- zu all' die Geheimnisse der Pariser Suburra, wozu all die Trivialitäten und Geschmacklosigkeiten? Soll etwa, wie bei Juvenal und Aristophanes das Laster gegeißelt, die Dummheit verspottet, oder auch nur eine Idee wachgerufen werden? Gewiß nicht, es ist nur der ganz ordinäre Spaß, den man erzeugen, es ist der gemeinste Kitzel den man hervorrufen will, sogar mit dem Opfer des heiligsten Bindemittels der Familie, des sittlichen Gefühls; es ist nur das Reizmittel für die Lüsternheit unserer entnervten halben Welt beiderlei Geschlechts; es sind die Circenses für das zweite Kaiserreich, das mit der Demimonde vermählt war wie Claudius mit der Messalina. Wahrlich es ziemte sich, dünkt mich, unseren Predigern besser, die Sonde in diese Wunden zu senken, denn Politik und Dogmen zu machen. Schmach über die Zustände in unserer Gesellschaft, die solche Verkommenheit der Bühne möglich macht! Und solche musikalisch arme, moralisch verwerfliche Ausgeburten blasirter Lüderlichkeit hat man sich nicht entblödet, zur Feier der Anwesenheit von Fürsten und Herren aufzuführen. Man bändigte freier Männer Rede in diesem Lande der gloire und ergötzte sich an den Gassenhauern der Cora Péarl, die eine Fürstin nachzuahmen bemüht war. Man lachte sich krank über die Liaison der Herzogin von Gerolstein mit einem Rüpel, während da draußen, wo der Kaiserin die Rose von Puebla erblühte, ein wohlmeinender verführter Fürst von Kugeln durchbohrt rücklings in das vorher bereitete Grab fiel, und ein liebendes Weib, eine Fürstin, vom Wahnsinn umkrallt wurde.

Können wir Deutsche, können wir frei nach Freiheit, Gesetz und Ehrenhaftigkeit ringende Männer, können wir überlegter Maaßen solche Dinge begünstigen? Können wir, nach dem Gericht, das über das zweite Empire ergangen ist, noch seine Fäulniß uns Impfstoff sein lassen? Stände ein Lessing unter uns auf, er würde sich mit Abscheu von uns wenden, und unser edler Schiller, in dem sich das ganze deutsche Volk in seinem Denken und Leiden wiederspiegelt, er würde das Haupt senken, daß er gepredigt, die Bühne sei eine moralische Anstalt! — —

Ich habe in dem, was ich sage, viele Gegner, ich weiß es, aber ich stehe keineswegs allein da als ein Rufer in der Wüste. Mit Vielen, Richard Wagner voran, lebe ich der Hoffnung, daß unsere Zeit, wie mit einer Wurfschaufel, auch diese Tenne fegen wird und daß, wie einstens, da unser Vaterland aus seiner uranfänglichen Zersplitterung gerettet und geeinigt wurde, unter den Hohenstaufen ein neues goldenes Zeitalter deutschen Dichtens und Denkens heraufgeführt wurde, so auch in unserm Jahrhundert Deutschland eine Leier erklingen lasse würdig seines Schwertes!

> Nicht allein mit Schwert und Lanze
> Müssen wir im Waffentanze
> Unsern alten Feind bekriegen.
> Wollen wir ihn ganz bezwingen,
> Ihn für immer niederringen
> Kann der Geist ihn nur besiegen.   (M. Ring).

Das walte die deutsche Volkskraft!

Druck von Gebr. Unger (Th. Grimm) in Berlin, Schönebergerstraße 17a.

Die Sternschnuppen

und

ihre Beziehungen zu den Kometen.

Von

Dr. G. v. Boguslawski.

Berlin, 1874.

C. G. Lüderitz'sche Verlagsbuchhandlung.

Carl Habel.

Die Sternschnuppenkunde hat seit den Jahren 1866 und 1867, in welchen die schon von Olbers vermuthete Wiederkehr des groß- artigen Novemberschauers — nach 33jähriger Pause — in Europa und Amerika stattfand und die Aufmerksamkeit nicht nur der weitesten Kreise der Bevölkerung der verschiedenen Länder, son- dern auch der gesammten wissenschaftlichen Welt, vor Allem aber der Astronomen auf diese Himmelsinfusorien lenkte, einen neuen bisher nicht erreichten, und auch nicht geahnten Aufschwung erhalten. Aus einem bis noch vor Kurzem wenig beachteten, oft sogar für eine strengere Forschung nicht als be- rechtigt anerkannten Stiefkinde der Astronomie ist die Wissen- schaft der Sternschnuppen und die Forschung über ihren wahren kosmischen Ursprung und ihre Beziehungen zu anderen Welt- körpern plötzlich zu einem Lieblingsgegenstande der Beschäftigung und der sorgfältigsten Untersuchungen von Seiten vieler der aus- gezeichnetsten Astronomen emporgediehen und hat als ein eben- bürtiges und gleichberechtigtes Glied der astronomischen und kos- mologischen Forschung aus dem dürftigen, den Kern verhüllenden Gewande der trocknen statistischen Anhäufung und Sammlung von beobachteten Thatsachen und der auf sie ohne inneren Halt und Werth gebauten Hypothesen zu einer wirklichen, auf feste Grundlagen sich stützenden Theorie sich zu entfalten begonnen.

Allerdings haben sich schon vor der glänzenden Erscheinung

vom November 1866 viele astronomische Forscher — trotz der Mißachtung der meisten Stimmführer und Koryphäen der beobachtenden und berechnenden Astronomie — mit der Beobachtung der Sternschnuppen erfolgreich beschäftigt und die Stützen zu den freilich erst später begründeten Aufbau der wissenschaftlichen Theorie der Sternschnuppen geliefert — ich erinnere hier nur u. A. an Brandes, v. Boguslawski, Erman, Heis, J. J. Schmidt in Deutschland, Quetelet in Belgien, Al. Herschel in England, Olmsted, Twinning, Walker, Kirkwood, Newton in Amerika — aber vor allen diesen und noch vielen Anderen ist der Mailänder Astronom, Prof. G. V. Schiaparelli als der Haupturheber und Begründer dieser neuen Aera in der Sternschnuppenkunde zu betrachten.

In seinen sehr rasch bekannt und berühmt gewordenen Briefen (1866) an den P. Secchi in Rom und später (1867) in seiner ersten größeren Denkschrift „Note e Riflessioni sulla teoria astronomica delle stelle cadenti“ entwickelte Schiaparelli seine neuen Ansichten und seine eigenen Forschungen über den kosmischen Ursprung der Sternschnuppen und ihren Zusammenhang mit den Kometen. Aber nicht nur sind Schiaparelli's Ansichten hierüber in zahlreichen Zeitschriften und astronomischen Werken — selbst bis in die neueste Zeit ohne Kenntnißnahme und Beachtung der späteren epochemachenden Schrift von Schiaparelli — in nicht immer glücklicher Darstellung wiedergegeben worden, sondern es wurden ihm sogar auch zuweilen ganz falsche und unwahrscheinliche Ansichten und Hypothesen zugeschrieben, wie z. B. über die Identificirung der von Schiaparelli sogenannten kosmischen Wolken der Meteore mit den Nebelflecken des Himmels und über die Entstehung der Sternschnuppenströme aus den Schweifen der Kometen. Dies und ein tieferes Eingehen in die neueren Forschungen über die Sternschnuppen, na-

mentlich der deutschen Fachgelehrten, sowie die Benutzung des
reichen bisher noch gar nicht bekannten Beobachtungsmateriales
von Zezioli in Bergamo, veranlaßte Schiaparelli sein erstes Werk
über die Sternschnuppen völlig umzuarbeiten, einige seiner früheren
Ansichten theils zu ergänzen und fester zu begründen, theils sie
zu modificiren und den beobachteten Thatsachen anzupassen. Eine
der wesentlichsten Abänderungen betraf die Natur des Zusammenhanges der Sternschnuppen mit den Kometen, welche von einem
deutsch=österreichischen Astronomen zuerst richtig erkannt worden
ist. Prof. Edm. Weiß in Wien hat nämlich zuerst die Ansicht
ausgesprochen und auch begründet, daß die Meteorströme aus der
Auflösung von Kometen entstehen, daß diese also die Erzeuger
und nicht bloße begleitende Bestandtheile der ersteren seien, wie
Schiaparelli in seinen früheren Schriften angenommen und aus=
geführt hatte. In seinem letzten diesem Vortrage zu Grunde
liegenden Werke: „Entwurf einer astronomischen Theorie der
Sternschnuppen" (Stettin 1871), hat Schiaparelli diese Ansicht
von Weiß vollständig zu der seinigen gemacht und in allen ihren
Consequenzen weiter durchgeführt.

Die Hauptpunkte und Grundzüge dieser den heutigen Stand=
punkt der Sternschnuppenkunde repräsentirenden Schiaparelli'schen
Theorie der Sternschnuppen sind folgende:

1) Die Sternschnuppen sind Producte der Auflösung
von Kometen, insofern man mit dem Namen Komet jeden be=
liebigen Himmelskörper bezeichnen kann, welcher der Sonne in
einem sehr in die Länge gezogenen Kegelschnitt sich nähert.

2) Die Sternschnuppen sind an sich dunkle feste Kör=
perchen, welche im Himmelsraume umherschweifen und uns erst
im Bereiche unserer Atmosphäre sichtbar werden.

3) Bei den Bahnen der Sternschnuppen sind zu unter=
scheiden: 1) die Bahnen innerhalb unserer Atmosphäre; diese

sind allein für uns sichtbar und von uns zu beobachten; —
2) die kosmischen Bahnen, welche man aus der Richtung
und Geschwindigkeit der ersteren abzuleiten, aber selbst nicht
zu beobachten vermag; diese kosmischen Bahnen sind parabolisch
d. h. kometarisch.

4) Die Gesetze der täglichen, jährlichen und azimu-
talen Veränderung der Häufigkeit der Sternschnuppen, sowie die
Vertheilung der Sternschnuppenbahnen im Raume lassen sich aus
der Verbindung der parabolischen Bewegung der Meteore und
der täglichen und jährlichen Bewegung der Erde um ihre Axe
und in ihrer Bahn erklären.

5) Die Anziehung der Erde und der anderen Planeten bewirkt verschiedene Störungen in der Häufigkeit und Bewegungsrichtung der Meteore irgend eines Stromes.

6) Die Kometen sind nicht, wie man seit Laplace angenommen hat, von Sternsystemen zu Sternsystemen umherirrende
Nebelmassen, sondern sie haben mit der Sonne und mit anderen
bestimmten Fixsternen einen gemeinsamen Ursprung aus einer im
Weltenraume sich allmälig verdichtenden Nebelmasse; sie haben
ferner mit der Sonne und diesen Sternen eine gemeinsame Bewegungsrichtung und bilden mit ihnen eine eigene Gruppe
von Weltkörpern.

7) Die Meteoriten dagegen und die eigentlichen Feuerkugeln oder Bolide kommen aus allen Gegenden des Weltenraumes zu unserer Erde in hyperbolischen Bahnen; die auf
die Erde herabfallenden meteorischen Eisen- oder Steinmassen sind
die eigentlichen Boten des Weltalls. Die gleichförmige Beschaffenheit und Zusammensetzung derselben, sowohl in chemischer,
als mineralogischer Beziehung deutet auf die Gleichförmigkeit
des Stoffes im Weltenraume hin.

(84)

1.

Die Fundamentalhypothese, welche die natürlichste Erklärung der jetzt unleugbaren Beziehung zwischen den Kometen und den Sternschnuppen zu geben scheint, besteht in der Annahme, daß die Meteorströme, welche sich unsern Blicken als mehr oder weniger reiche und glänzende Sternschnuppenschauer zeigen, aus der Auflösung hervorgehen, welche bei den Kometen erfolgt, wenn die gegenseitige Anziehung ihrer Theile nicht mehr hinreicht, um die auflösende Kraft der Sonne oder irgend eines andern Gliedes des Sonnensystemes zu überwinden. Unter dem Begriff Komet ist in weiterem Sinne jedes Körpersystem zu verstehen, welches von einer lockeren Anhäufung sehr vieler kleiner, wenig dichter Körperchen gebildet ist, und welches der Sonne in einem sehr langgestreckten Kegelschnitte sich nähert.

Die Auflösung eines solchen Körpersystemes oder Kometen erfolgt jedesmal nur dann, wenn die anziehende Kraft der Sonne oder eines Planeten auf die einzelnen, gesammten Theile des Kometen größer ist als die Anziehung dieser Theile unter sich; sie kann also nur in einem Körpersysteme von sehr kleiner Dichtigkeit sich ereignen. In diesem Sinne ist die auflösende Kraft eine repulsive, aber keineswegs eine solche, welche die Schweife und Ausstrahlungen der Kometen hervorbringt, sondern eine derartige, welche die Zerstreuung der Theile einer Anhäufung von Materie unter dem alleinigen Einflusse der Anziehung der Sonne, oder eines Planeten längs der Bahnlinie des sich auflösenden Körpersystemes verursacht.

Stellt man sich der Einfachheit halber ein solches aus kleinen, von einander getrennten Körperchen zusammengesetztes Körpersystem von kugelförmiger Gestalt vor, welche gerade diejenige der Kometen zu sein pflegt, sobald sie ihren Schweif noch nicht ent-

entwickelt haben, so wird jedes einzelne Theilchen dieses Systemes nach dem Mittelpunkte hin mit einer ganz bestimmten Kraft angezogen, welche nach dem Newton'schen Gravitationsgesetze von dem Abstande des betreffenden Theilchens von dem Anziehungsmittelpunkte abhängig ist. Da nun aber das ganze System seinerseits auch von der Sonne oder von einem Planeten angezogen wird, so muß die Anziehung dieser letzteren Körper auf die ihr zugewendeten nächsten Theilchen des kugelförmigen kosmischen Haufens am stärksten, auf die von ihr abgewendeten, entferntesten, am geringsten sein. Der Unterschied zwischen diesen Anziehungen der Körpertheilchen unter sich und der Anziehung derselben durch die Sonne oder einen Planeten ergiebt die störende oder auflösende Kraft, welche die eben erwähnten Körpertheilchen von dem Mittelpunkte des ganzen Systemes zu entfernen strebt. Diese auflösende Kraft, zunächst der Sonne, wirkt also vorzugsweise auf diejenigen Theile des kugelförmigen Haufens, welche sich längs des Radiusvectors befinden; wenn in diesen Theilen die auflösende Kraft größer ist, als die innere centrale Kraft, so wird eine Auflösung, wenigstens eine theilweise, sicherlich stattfinden. Die Größe dieser auflösenden Kraft ist der Masse des auflösenden Körpers direct und dem Kubus der Entfernung desselben von dem Kometen umgekehrt proportional, d. h. bei einer 10mal größeren Masse des auflösenden Körpers ist sie 10mal größer und bei einer 10mal größeren Entfernung 1000mal kleiner.

Die Stabilitätsgrenze oder die mittlere Entfernung der einzelnen Theile eines Kometen hängt nicht ab von dem Volumen desselben, sondern nur von der Menge der in ihm enthaltenen Meteore und von seiner Entfernung von der Sonne.

Ist diese Grenze einmal überschritten, so wird die Arbeit der Auflösung in dem einen Theile des Kometen nicht eher stattfinden als in einem anderen, sondern wird gleichzeitig in allen

Schichten der kugelförmigen Masse beginnen. Stellt man sich ein solches lockeres System von Körperchen vor, welche je ein Gewicht von 1 Gramm haben, so würde es bei der mittleren Entfernung der Erde von der Sonne aufgelöst werden, wenn die mittlere Entfernung jedes Theilchens vom anderen größer als 1,86 Meter (oder ca. 6 Fuß) wäre, alsdann würde die auflösende Kraft der Sonne dies Körpersystem zerstören und jedes Theilchen desselben von 1 Gramm Gewicht in eine unabhängige Bahn ablenken.

Wenn das kugelförmige System nicht aus getrennten Theilen, sondern aus zusammenhängender Materie besteht, so kann man mittelst Rechnung leicht die Beziehungen zwischen der Dichtigkeit des Systemes und derjenigen Entfernung von der Sonne bestimmen, welche den Beginn der Auflösung desselben bezeichnet. So findet man, daß bei der mittleren Entfernung der Erde von der Sonne die Dichtigkeit eines homogenen Körpers mindestens 3¼ Million mal kleiner als die des Wassers und 4305 mal kleiner als die der Luft bei 18 Meilen Höhe sein müßte, um nicht von der Sonne aufgelöst zu werden. Dies giebt für je 10 Kubikmeter 3 Gramme Materie und entspricht der Dichtigkeit der Atmosphäre bei der Temperatur von 0° und unter dem Druck von 0,177 Millimeter. Ein homogener Haufe von Materie von diesem Grade der Dichtigkeit, welche, obschon sehr gering, doch noch viel größer, als die den Kometen gewöhnlich zugeschriebene, ist, wird also unter dem Einflusse der Sonne sich schon aufzulösen beginnen, sobald seine Entfernung von der Sonne kleiner wird, als die mittlere Entfernung der Erde von der Sonne beträgt.

Betrachtet man anstatt eines Haufens von gleichförmiger Dichtigkeit (mag er continuirlich sein, oder aus getrennten Körperchen bestehen) ein kugelförmiges System mit von außen nach)

dem Mittelpunkte hin zunehmender Dichtigkeit, so wird die Auflösung nicht gleichmäßig in allen Theilen des Systemes beginnen,
sondern von außen nach innen fortschreiten. Je mehr sich der
Komet der Sonne nähert, desto mehr wird die auflösende Kraft
derselben zunehmen und sich auf immer tiefere und dichtere
Schichten erstrecken; schließlich kann sich der Komet ganz und gar
auflösen, wenn der innerste Kern nicht so dicht ist, um der am
stärksten gewordenen auflösenden Kraft zu widerstehen.

Diese Folgerungen stimmen sehr gut mit den Erscheinungen
der schichtenweisen Ausscheidung von Nebelhüllen überein, welche
man u. A. bei dem Donati'schen Kometen in dem Maße, als
er sich der Sonne näherte, beobachtet und aufgezeichnet hat.

Aber nicht nur die Sonne, sondern auch die Planeten können eine auflösende Wirkung auf kosmische lockere Anhäufungen
von Materie ausüben. Wird nämlich die Masse des anziehenden
Körpers nach einem gewissen Verhältnisse kleiner, so darf man
nach dem oben ausgesprochenen Gesetze der auflösenden Kraft
nur die Entfernung nach der Kubikwurzel dieses Verhältnisses
vermindert sich vorstellen, damit die Wirkung dieselbe bleibe, wie
bei der Sonne. So kann man leicht finden, daß die auflösende
Kraft des Jupiter ebenso groß ist als die der Sonne, wenn die
Entfernung 10,2 mal kleiner wird; bei dem Saturn muß diese
Entfernung 15,2 mal, bei der Erde 70 mal kleiner werden, als
die mittlere Entfernung der Erde von der Sonne beträgt, wenn
die auflösende Kraft des betreffenden Planeten die der Sonne
erreichen soll.

Es giebt nun dreierlei Processe der Auflösung, durch welche
ein Komet ganz oder zum Theil in einen Meteorstrom verwandelt werden kann. Die erste Art der Auflösung erfolgt unmittelbar durch die Sonne nach dem oben erwähnten Gesetze. Die losgetrennten Theile der Kometen werden Bahnen

beschreiben, welche sich von der des ursprünglichen Kometen nur wenig unterscheiden; die Kometenmaterie wird sich daher längs der Bahn des Kometen vertheilen, indem sie einen mehr oder weniger großen Bogen derselben einnimmt; bei einer elliptischen Bahn des Mutterkometen wird der Meteorstrom sich allmälig verlängern und schließlich die ganze Bahn einnehmen und einen Sternschnuppenring bilden; ist die Kometenbahn dagegen parabolisch oder hyperbolisch, so wird die Zerstreuung der losgelösten Kometenmaterie fortwährend zunehmen, aber nie einen wirklichen continuirlichen Strom oder Ring bilden.

Die zweite Art der Auflösung findet durch den unmittelbaren Einfluß eines Planeten statt, bei welchem der Komet sehr nahe vorbeigeht. In diesem nicht seltenen Falle kann die auflösende Kraft des Planeten so groß werden, daß sie den Kometen ganz oder theilweise zerstört, und daß die einzelnen Theile desselben um die Sonne wenig von einander verschiedene Bahnen beschreiben. Auch hier wird der Meteorstrom nur dann geschlossen und stabil sein, wenn die durchlaufene Bahn nach der Begegnung mit dem Planeten elliptisch ist.

Endlich kann ein Komet durch die Sonne mit Hülfe der mittelbaren Einwirkung eines Planeten aufgelöst werden, bei welchem er aber alsdann so nahe vorbeigehen muß, daß er in Folge der Störung durch denselben eine merkliche Aenderung in seiner Bahn erleidet und sein Periheldurchgang so weit verringert wird, daß der Komet bei seinem Durchgang durch das neue Perihel sich ganz oder zum Theil auflöst; bei einer elliptischen Bahn würde alsdann ebenfalls ein Meteorstrom entstehen. Diese letzte Art der Auflösung eines Kometen wird aber seltener als die beiden anderen Arten stattfinden, weil die Aenderung der Bahn nur bei einer sehr bedeutenden Annäherung an den Pla-

neten eintreten kann, bei welcher die auflösende Kraft des Planeten stärker sein würde, als die der Sonne.

Nimmt man statt eines Kometen ein System von mehreren
Kometen an, wie solche u. A. Hoek nachgewiesen hat, so wird
durch die oben auseinandergesetzten Auflösungsprocesse auch die
Theilung der Kometen erklärt, wie z. B. des Biela'schen und des
Liais'schen Doppelkometen, den Kometen von 1618 und 1652.
Von diesem letzteren haben Cysatus und Hevel so treffliche
Schilderungen und Abbildungen gegeben, daß man in denselben
die Schiaparelli'sche Theorie in nuce erblicken kann.

II.

Können nun auch, nach obiger Annahme, die Sternschnupen-
ströme, welche mehr oder weniger glänzend und reich an einzelnen
Meteoren vor unsern Blicken sich entfalten können, durch Auflösung von Kometen entstehen, so drängt sich wol jedem Beschauer
der Sternschnuppen unwillkürlich die Frage auf: wie tritt ein
jedes einzelne Körperchen dieses Stromes, die einzelne Sternschnuppe, in den Bereich unserer sinnlichen Wahrnehmung,
vorzugsweise in den der Sichtbarkeit für uns und welche Folgerungen kann man aus der bloßen Betrachtung ihrer kurzen leuchtenden Bahn am Himmel in Bezug auf die physische Beschaffenheit der Sternschnuppen und auf ihre wahre für uns unsichtbare
Bahn im Raume ziehen?

Außer der Plötzlichkeit des Erscheinens und Verschwindens einer Sternschnuppe mitten unter den Sternen des Firma-
ments, welche den Laien so oft in Verwunderung versetzt und
selbst den Fachmann und kundigen Forscher und Beobachter oft
überrascht, zeigen die Sternschnuppen einige sie kennzeichnende

Eigenschaften, durch welche sie selbst für den einfachen Beschauer
sich als verschieden von den andern Gestirnen darstellen. Ihre
scheinbare Größe und Helligkeit schwankt zwischen denen der
Sterne 6. bis 1. Größe; die noch größeren und helleren, die den
Glanz des Jupiter oder der Venus erreichen oder übertreffen und
öfters selbst bei hellem Tageslichte sichtbar sind, nennt man gewöhnlich Feuerkugeln oder Bolide; diese letzteren scheinen aber
nicht immer zu der Klasse der Sternschnuppen zu gehören, sondern meistentheils mit den Meteoriten, welche als Steine oder
Eisenmassen häufig auf unsere Erde niederfallen, zusammen eine
eigene Klasse von Weltkörpern zu bilden. Sie haben in der Regel
eine kugel- oder birnförmige Gestalt, zerplatzen nach einer Sichtbarkeit von mehreren Secunden, ja öfters auch Minuten, zuweilen
unter lebhaftem Funkensprühen und mit weithin hörbarem Getöse (als detonirende Meteore) und hinterlassen einen mehr oder
weniger gekrümmten oder geschlängelten Schweif, dessen Sichtbarkeit zuweilen bis über eine halbe Stunde, ja noch länger,
währen kann.

Die Dauer der Sichtbarkeit der gewöhnlichen Sternschnuppen beträgt selten über 3 bis 4 Secunden und in den meisten
Fällen kaum eine Secunde; während dieser Dauer erscheint das
von uns gesehene Bahnstück der Sternschnuppe in der Regel nur
wenig abweichend von einer geraden Linie und stellt sich am
Himmelsgewölbe als das Stück eines größten Kreises dar. Viele
Sternschnuppen hinterlassen auf der von ihnen durchlaufenen
Bahnstrecke einen Schweif von mannigfacher Gestaltung und
verschiedener Dauer der Sichtbarkeit, welche, durch ein Fernrohr
verfolgt, zuweilen die Zeit einer Stunde erreichen kann.

Die Farbe der Sternschnuppen ist ebenfalls sehr verschieden: die meisten erscheinen weiß, einige haben eine gelbe oder
gelbrothe Farbe, nur wenige sind grün. Die Schätzung der Far-

ben ist oft sehr subjectiv und nur spektroskopische Beobachtungen werden uns sichere Aufschlüsse über die Farben und über den Procentsatz derselben für eine größere Anzahl von Beobachtungen geben können.

Helligkeit und Farbe der Sternschnuppen bleiben sich während der Dauer der Sichtbarkeit derselben in den meisten Fällen gleich, doch wechseln sie auch zuweilen Glanz und Farbe und bieten mitunter den Anblick von intermittirenden farbenwechselnden irdischen Leuchtkörpern dar. Auch sie zeigen in manchen Fällen ähnliche Explosions- und Detonations-Erscheinungen, wie die Feuerkugeln, so daß sich für das Auge eines bloßen Beschauers, ohne Berücksichtigung ihrer wirklichen, kosmischen Bahnverhältnisse nur schwer eine Grenze zwischen den Sternschnuppen und Feuerkugeln ziehen läßt. Im Allgemeinen kann man sagen, daß die eigentlichen Feuerkugeln oder Bolide, welche am Ende ihrer Bahn zerplatzen, in geringeren wirklichen Höhen über der Erde erscheinen, als die Sternschnuppen, ja man hat zuweilen Feuerkugeln unter der Wolkendecke als sicher beobachtet verzeichnen können, während die wenigen Fälle, wo man Sternschnuppen unterhalb der Wolken hat wahrnehmen wollen, noch bestritten werden können.

Ueber die wirklichen Höhen der Sternschnuppen sind erst in neuester Zeit auf zuverlässige Methoden gegründete Beobachtungen und Messungen u. A. von Weiß in Wien, Newton in Amerika und Al. Herschel in England, angestellt worden. Diese Höhenbestimmungen haben ergeben, daß man als die obere Grenze der Sichtbarkeit der Sternschnuppen die Höhe von 35 d. Meilen annehmen kann, und daß die früheren Angaben von 100 und mehr deutschen Meilen auf falschen Identificirungen der von zwei Stationen aus beobachteten Sternschnuppenbahnen beruhen. Die durchschnittliche Höhe des Aufleuchtens der Sternschnuppen beträgt zwischen 10 und 25 Meilen und die des Verschwindens

5—15 Meilen über der Erdoberfläche. Aus den sehr zahlreichen Beobachtungen der Auguststernschnuppen oder Perseiden hat Prof. Edm. Weiß für die mittlere Höhe des Aufleuchtens 15,8 d. M. und für die des Verschwindens 11,8 d. M. gefunden; die englischen Angaben zeigen eine etwas größere Höhe des Aufleuchtens, nämlich 16 Meilen für das Jahr 1870 und 18,7 d. M. für 1871. Nach Newton (in Amerika) ist die mittlere Höhe des Aufleuchtens der Novembersternschnuppen, oder der Leoniden 21 d. M. und die des Verschwindens 13 d. M.

Sind nun auch diese Höhen an und für sich noch sehr gering im Vergleich zu denen anderer Himmelskörper, so daß die Untersuchung ihrer kosmischen Bewegung wesentlich erschwert wird, so haben sie doch andererseits unwiderleglich dargethan, daß die Höhe unserer Atmosphäre beträchtlich größer sein muß, als wie man nach den Dämmerungsbeobachtungen und einigen über die Beschaffen- der Atmosphäre bisher aufgestellten Theorieen hatte finden wollen, wonach sie nicht höher als 10 deutsche Meilen sei. Das Auf- leuchten der Sternschnuppen in größeren Höhen, als 10 Meilen zeigt aber weniger, daß die Atmosphäre nicht jenseits der Gren- zen aufhört, welche ihr von dem Dämmerungsbogen zugewiesen ist, sondern nur, daß sie über diese Grenze hinaus nicht mehr fähig ist, wahrnehmbar erleuchtet zu werden. Nach Tyndall's Versuchen kann ja ein Raum voll von Materie und dennoch op- tisch leer erscheinen, d. h. kein wahrnehmbares Licht reflectiren.

Der jetzt von den Astronomen und Meteorforschern allgemein angenommene Satz: „Die Sternschnuppen sind an sich dunkle feste Körper, welche im Himmelsraume umherschweifen und uns erst dann sichtbar werden, nachdem sie in die Atmosphäre der Erde eingedrungen sind", bildet die Grundlage der kosmischen Theorie, welche den Ursprung derselben für immer außerhalb unserer Erde in die fernen Himmelsräume verlegt hat.

Die Thatsache einerseits, daß die Sternschnuppen bei ihrem Erscheinen nicht allmälig an Lichtstärke zunehmen, sondern plötzlich in ihrem vollen Glanze erscheinen, zeigt, daß die Ursache ihres Erscheinens von einer bestimmten Höhengrenze ihrer Sichtbarkeit für uns abhängt, und die Anwendung des wichtigen Satzes der neueren Wärmelehre, welchem zufolge Bewegung bei einem Hindernisse derselben in Wärme umgesetzt werden kann, auf die Erscheinungs- und Sichtbarkeitsverhältnisse der Sternschnuppen lehrt uns andererseits erkennen, daß diese Ursache in dem Eindringen der aus dem Himmelsraume zu uns gelangenden Sternschnuppen in die Atmosphäre der Erde und zwar in die höchsten und obersten Schichten derselben zu suchen sei. Mag nun auch die Beschaffenheit und Zusammensetzung der Atmosphäre in diesen ihren obersten Schichten, welche kein Mensch je erreichen wird, sein, welche sie wolle, so ist sie doch sicherlich als ein widerstehendes Mittel zu betrachten, in welchem der leuchtende, also für uns allein sichtbare Theil der von den kosmischen Meteoren beschriebenen Bahn sich befindet. Die Einwirkung dieses widerstehenden Mittels auf die Bewegung der kosmischen Meteore besteht in einer Veränderung ihrer ursprünglichen Richtung und ihrer kosmischen Geschwindigkeit. Die erstere Veränderung verursacht ihre für uns sichtbaren Bahnformen, die letztere ihre Sichtbarkeit und ihr Erscheinen für uns überhaupt. Wegen der jetzt nachgewiesenen so großen kosmischen Geschwindigkeit der Sternschnuppen, mit welcher sie in unsere Atmosphäre eintreten, kann die Rotation der letzteren ebenso wenig, wie die in jenen oberen Regionen wehenden, noch so heftigen, Winde einen merklichen Einfluß auf die Bewegungsrichtung der Meteore ausüben; ja auch die so leicht beweglichen und leuchtenden Dunststreifen, welche die Sternschnuppen bisweilen hinter sich lassen und die oft längere Zeit hindurch gleichsam unbeweglich bleiben, zeigen den geringen Einfluß der Winde auf die Bewegung der kosmischen Meteore.

Die für uns sichtbaren Bahnstücke der Sternschnuppen sind allerdings in den überwiegend meisten Fällen, oder in der Regel, von uns aus gesehen, nur wenig abweichend von einer geraden Linie und stellen sich am Himmel als Stücke größter Kreise dar. Indessen kommen doch häufig genug unregelmäßige Bahnformen vor; krumme und gebogene, wellenförmige und geschlängelte, hin und her schwankende und zickzackförmige, schraubenförmig gewundene, ja selbst, wenn auch nur sehr selten, wirklich aufsteigende. Alle diese unregelmäßigen Bahnformen weisen offenbar auf eine Richtungsänderung der Bewegung der kosmischen Meteore in einem widerstehenden Mittel hin, wodurch sie in eine rotirende Bewegung versetzt werden, und lassen sich auf ähnliche Weise erklären, wie die Bewegung der Kugeln von gezogenen Geschützen oder des Bumerang des, eigenthümlichen Wurfgeschosses der Eingeborenen Australiens. Sie machen es aber ferner auch zur Gewißheit, daß die Körper, aus deren Entzündung in unserer Atmosphäre die Sternschnuppen entstehen, feste Körper sind. Wären sie keine festen Körper, sondern flüssige oder gasförmige, so würden sie bei dem Zusammentreffen mit der Atmosphäre entweder unmittelbar zerstreut werden, oder nur in genau geradlinigen Bahnen in sie eindringen können; auch haben die allerdings bis jetzt noch wenig zahlreichen spektroskopischen Beobachtungen gezeigt, daß der leuchtende Kern derselben ein continuirliches Spektrum giebt.

Noch beträchtlicher als die Richtung wird die Geschwindigkeit der Meteore durch das widerstehende Mittel der oberen dünnen Luftschichten während der Zeit ihrer Sichtbarkeit für uns verändert. Diese Wirkung ist verschieden, je nach der verschiede-

nen Art dieser Meteore und je nach der größeren oder geringeren Tiefe der atmosphärischen Schichten, in welche sie ·hinab-
steigen. Die eigentlichen Sternschnuppen, deren Bahnen in den
höheren, wenig dichten Theilen der Atmosphäre sich befinden, bewahren ihre ursprüngliche kosmische Geschwindigkeit noch zum
großen Theile; die tiefer in die Atmosphäre eindringenden und
zuweilen in ihr mit Detonation zerplatzenden Feuerkugeln oder
Bolide büßen schon mehr von ihrer ursprünglichen, kosmischen Geschwindigkeit ein, und noch mehr die auf die Erde herabfallenden
Meteoriten, welche im Allgemeinen in den Erdboden keinen größeren
Eindruck machen als eine Kanonenkugel von gleichem Gewichte.

Nach den von Schiaparelli ausgeführten mathematischen
Entwickelungen kann man über den die Bewegung hemmenden
Einfluß des atmosphärischen Widerstandes auf die Geschwindig-
keit der Meteore folgende wichtige und allgemein verständliche
Sätze aufstellen;

1) Der Geschwindigkeitsverlust, welchen ein Meteor nach
Zurücklegung einer gewissen Strecke vom Zeitpunkte seines Ein-
dringens in die Atmosphäre an gerechnet, erleidet, hängt von der
Luftmenge ab, mit welcher das Meteor längs seines Laufes zusammentrifft, aber nicht von dem Gesetze, nach welchem diese
Luft bezüglich ihrer Dichtigkeit vertheilt ist, und ebensowenig von
der Länge des durchlaufenen Raumes.

2) Der Geschwindigkeitsverlust richtet sich bei den verschiedenen Meteoren nach ihrer Größe, ihrem specifischen Gewichte
und der Richtung ihrer Falllinie gegen den Horizont, und zwar
so, daß die Meteorkörper von größerem Durchmesser, die dichteren
und diejenigen Meteore, welche in nahezu verticaler Richtung
herniederfallen, mit größerer Gewalt bis zu einer bestimmten
Höhe über der Erde herabsteigen.

3) Die Bewegung der Meteore in den tieferen Schichten der Atmosphäre, wo sie schon den größten Theil ihrer kosmischen Geschwindigkeit verloren haben, ist fast ganz unabhängig von ihrer Anfangsgeschwindigkeit, mit welcher sie in die Atmosphäre eintreten, d. h., wenn man mehrere Meteore betrachtet, welche mit sehr großer, aber beträchtlich verschiedener Geschwindigkeit in die Atmosphäre eintreten, so wird die Geschwindigkeit unter übrigens gleichen Umständen in derselben Höhe nur wenig verschieden sein, sobald ihre Bewegung sich sehr verlangsamt hat.

Von zwei Meteoren z. B., von denen bei ihrem Eintreten in die Atmosphäre das erstere eine Anfangsgeschwindigkeit von 72,000 Meter in der Secunde, das andere eine solche von 16,000 Meter besitzt, wird die Geschwindigkeit des ersteren auf 500 Meter reducirt sein in einer Höhe der Atmosphäre, wo der Luftdruck 20,301 mm. beträgt, diejenige des letzteren ebenfalls in einer Höhe, welche dem Luftdruck von 19,633 mm. entspricht. Beide Meteore werden also in den tieferen, mithin dichteren Schichten der Atmosphäre in wenigen Meilen Höhe über der Erde fast dasselbe Gesetz der Bewegung befolgen. Aus diesem Satze kann man auch einige Schlußfolgerungen ableiten, welche leicht begreifen lassen, wie gerade in den äußerst dünnen Schichten der Atmosphäre, in denen die Sternschnuppen sich entzünden, ein so großer Widerstand sich entwickeln könne, und daß die Fallgeschwindigkeit der Meteoriten (der auf die Erde fallenden Meteormassen) gewöhnlich eine so mäßige sei, indem sie bei ihrem Durchgange durch die Atmosphäre bis zur Erde fast ihre ganze kosmische Geschwindigkeit verloren haben.

Der größte Geschwindigkeitsverlust und deshalb auch der größte Verlust an lebendiger Kraft findet nämlich nach obigem Satze gleich in den ersten Augenblicken nach dem Eindringen des

2*

Meteors in die Atmosphäre und in Luftschichten von außerordentlicher Dünne statt, und zwar in um so höherem Grade und in um so größeren Höhen über der Erde, je größer die Anfangsgeschwindigkeit des Meteores war. Die Berechnung zeigt nämlich, daß ein Meteor mit einer Anfangsgeschwindigkeit von 16,000 Meter in der Secunde ⅓ von seiner Geschwindigkeit und ⅝ von seiner lebendigen Kraft verloren hat, sobald es in eine Schicht der Atmosphäre gelangt, wo der Luftdruck 2,463 mm. beträgt, daß aber ein anderes Meteor mit 72,000 Meter Anfangsgeschwindigkeit schon in einer Höhe, wo der Luftdruck nur 1,508 mm. beträgt, ⅔ von seiner Geschwindigkeit und ⅞ von seiner lebendigen Kraft eingebüßt hat. Obgleich also dieses letztere Meteor nicht so tief herabsteigt, als das erstere, so hat es dennoch Gelegenheit gefunden, ungefähr 21 mal mehr an lebendiger Kraft zu verlieren und deshalb wahrscheinlich auch eine um so größere Menge von Wärme zu entwickeln. Indem man nämlich zugiebt, daß das Glühendwerden, also auch das Leuchten der Meteore von der Umwandlung eines Theiles der ihnen innewohnenden lebendigen Kraft herrührt — und das ist in der That höchst wahrscheinlich der Fall — so muß das Glühen bereits in den höchsten Schichten der Atmosphäre, wo der größte Verlust an lebendiger Kraft stattfindet, eintreten, und zwar um so stärker und energischer, je größer die anfängliche Geschwindigkeit war. Hieraus folgt auch das scheinbare Paradoxon, daß die stärker leuchtenden Sternschnuppen auch die höheren sind, und daß die in die Atmosphäre mit größerer Geschwindigkeit eintretenden Sternschnuppen sich schneller und in größeren Höhen verzehren und mit geringerer Leichtigkeit zur Erde gelangen können.

Das Leuchten und Glühen der Meteore in den höheren Schichten unserer Atmosphäre, wodurch sie allein für uns sichtbar

werden können, ist aber eng verbunden mit der Wärmeentwickelung, welche man bei der heftigen Gewalt, mit der die Meteore
durch unsere Atmosphäre hindurchdringen, wohl vermuthen darf.
Die Größe dieser Wärmeentwickelung ist aber oft überschätzt worden, indem man irriger Weise annahm, daß die ganze aufgewen-
dete lebendige Kraft sich in Wärme umwandelt, und daß die
ganze so entwickelte Wärme zur Erhitzung des meteorischen Körpers verwendet wird.

Nach. Schiaparelli kann man sich den Vorgang ungefähr
als folgende Reihe von Erscheinungen vorstellen. Zunächst wird
der Meteorkörper bei seinem weiteren Vordringen die vor ihm
befindliche Luft zusammendrücken; weil aber seine Geschwindigkeit
viel größer ist als diejenige, mit welcher sich die Verdichtungs-
wellen der Luft fortpflanzen, hat diese Zusammendrückung keine
Zeit, sich der umgebenden Luft mitzutheilen, wie es die Schall-
wellen thun, sondern zu jeder vorhergehenden Zusammendrückung
fügt sich die folgende hinzu. Hierdurch bildet sich an der vorderen Seite des Meteors eine Schicht von comprimirter Luft,
welche hundert- und vielleicht tausendmal dichter ist, als die gewöhnliche Luft, und in welcher sich also eine sehr hohe Temperatur entwickeln wird. Diese so zusammengedrückte und glühend
heiße Schicht wird an den Seiten des meteorischen Geschosses
entweichen und mit sich eine Menge von Wärme fortführen,
welche in Folge der Ausdehnung der Luft sich wieder verliert.
Dieses seitliche Entweichen verursacht einerseits die mehr oder
weniger starken Detonationen, welche wir bei dem Herabfallen der
Meteoriten wahrnehmen, erfordert aber andererseits eine gewisse
Zeit. Deshalb trägt der vorwärts dringende Körper die an seiner
vorderen Seite anhaftenden Luftmassen eine gewisse Strecke mit
sich fort und diese werden ihrerseits einen Theil ihrer hohen Tem-

peratur der vorderen Fläche des Meteorkörpers mittheilen; endlich
wird dieser ebenfalls zusammengedrückt, indem er die Luft mit
großer Gewalt comprimirt, und erleidet demnach eine starke Erhitzung seiner ganzen inneren Masse.

Von allen diesen Wirkungen kann die schnelle Erwärmung
der Luft, welche auf die vordere Seite des Meteors drückt, am
leichtesten und zwar nach der bekannten Poisson'schen Formel
berechnet werden; man gelangt hiebei zu einer Temperatur von
einigen tausend Graden Celsius, welche zu einer Schmelzung
der Oberfläche völlig hinreicht; sie ist in den ersten Augenblicken,
wenn das Meteor in die Atmosphäre eindringt, am höchsten und
nimmt alsdann allmälig ab, bei den kleineren Meteoren schneller,
als bei den größeren; sie kann aber auch während der kurzen
Zeit des Fallens nicht viel tiefer, als die Rinde dick ist, eindringen. Hieraus erklärt sich auch die mäßige Temperatur der auf
die Erde gelangenden Meteoriten.

Die meisten der die Atmosphäre unserer Erde durchstreifenden leuchtenden Meteore, oder die eigentlichen Sternschnuppen,
lösen sich in derselben auf und verschwinden als kosmische Körper oder Theile eines Körpersystemes.

Man hat diese Auflösung auf verschiedene Weise zu erklären
versucht; durch elektrische, chemische Processe, oder durch Verflüchtigung der ganzen meteorischen Masse in Folge successiver Zer-
nagung der Oberfläche. Einfacher und höchst wahrscheinlich richtiger hat sie Schiaparelli als einen rein mechanischen Vorgang
geschildert. Man kann nämlich die schnelle Bewegung der Meteore durch die Atmosphäre mit einer Reihe von Stößen vergleichen, analog den Schlägen des Hammers auf den Ambos
oder der mit Eisen beschlagenen Pferdehufe auf das Steinpflaster,
welche zeigen, daß die Wärme sich bis zum Glühen steigern kann.

Die in diesen Fällen erzeugte Wärme erstreckt sich nicht blos auf die Oberfläche, sondern auf die ganze Masse, auf welche sich die Wirkungen des Stoßes ausdehnen. Noch viel mächtigere Wirkungen müssen sich bei den meteorischen Körpern zeigen, welche in einem sehr kleinen Bruchtheile einer Secunde 1½—7 Meilen an Geschwindigkeit verlieren können. Ist die von dem Stoße erzeugte Temperatur höher, als die Schmelztemperatur, so wird die ganze Masse, mag sie groß oder klein sein, gleichartig sich auflösen.

Nur diejenigen Meteormassen werden die Erde, ohne sich vorher aufgelöst zu haben, erreichen, bei welchen die Geschindigkeit nur sehr langsam sich vermindert; dies sind die größeren Massen, ferner die kleineren, dieselben begleitenden Körper und endlich die in fast horizontaler Richtung in die Atmosphäre eindringenden, sehr lange Bahnstrecken durchstreifenden Feuerkugeln oder Bolide.

III.

Die erst durch Schiaparelli's geistvolle Untersuchungen bestimmt nachgewiesene Art und Weise der Bewegung der Sternschnuppen im Weltenraum hat den kosmischen Charakter derselben außer allen Zweifel gestellt. Allerdings bot die schon erwähnte große Schnelligkeit der scheinbaren Bewegung der Sternschnuppen in dem für uns allein sichtbaren Theile ihrer Bahn große, ja fast unüberwindliche Schwierigkeiten für die größere Genauigkeit ihrer wirklichen Bahnbestimmung im Raume dar, so daß selbst die früher so häufig angewendeten sogenannten correspondirenden Beobachtungen, um die Lage der Sternschnuppenbahnen im Raume festzustellen, der astronomischen Theorie der Sternschnuppen keinen

entscheidenden Nutzen gewähren konnten. Vielmehr verdanken
wir alle über die Natur der Bahn der Meteore im Raume, über
die von ihnen gebildeten Systeme und über ihren möglichen
Ursprung bis jetzt erlangten Kentnisse lediglich einer, große Beob-
achtungsmengen zusammenfassenden Untersuchung, welche nur die
Häufigkeit der Erscheinungen der Sternschnuppen und die
Vertheilung ihrer scheinbaren Bahnen berücksichtiget, wie
solche sich einem einzelnen Beobachter darstellen.

Der erste Umstand, die außergewöhnliche Häufigkeit machte
schon seit den ältesten Zeiten die sogen. Sternschnuppenregen oder
-schauer zum Gegenstande der Bewunderung und des Erstaunens
für das Volk und die gleichzeitig lebenden Gelehrten und Schriftsteller, wurde aber erst von Bedeutung für die astronomische
Theorie der Sternschnuppen, als man bei Gelegenheit des großen
Novemberschauers von 1832, 1833 2c. die Periodicität der jährlichen Wiederkehr erkannte, nicht nur für das Novemberphänomen,
sondern auch später für die August-, October-, December-, April-
und anderen Perioden, — und von entscheidender Wichtigkeit
durch die Bestätigung der schon von Olbers vermutheten und
durch Newton in Amerika erwiesenen Periodicität der Intensität
der einzelnen Sternschnuppenschauer nach einer gewissen Reihe
von Jahren (so i. J. 1866 durch die 33jährige Periode des
Novemberphänomenes).

Der zweite Umstand, der für die astronomische Theorie der
Sternschnuppen von Wichtgkeit ist, die Vertheilung der Bahnen
im Raume, ist angebahnt worden durch die i. J. 1833 bei Gelegenheit der Novembersternschnuppen in Amerika entdeckte Thatsache der Radiation.

Diese Radiation besteht darin, daß bei den großen Meteorschauern der größte Theil der scheinbaren Bahnen von einem

einzigen Punkte aus zu divergiren scheinen, oder noch richtiger von einem eng begrenzten Raume der Himmelskugel aus, von dem sie nach allen Richtungen hin ausstrahlen, so daß die scheinbaren Bahnen, rückwärts verlängert, in diesem Raume sich vereinigen. Dieser Raum heißt Radiant und zeigt solche Eigenthümlichkeiten, welche nur durch einen kosmischen Ursprung der Sternschnuppen zu erklären sind; er folgt der Himmelskugel in ihrer täglichen Bewegung, hat keine Parallaxe und behält bei allen Wiederkünften des Meteorschauers dieselbe (oder in manchen Fällen wenigstens nahezu dieselbe) Position unter den Sternen. Aus diesem letzten Grunde hat man die Sternschnuppen vom 13/14 November auch Leoniden genannt, die Auguststernschnuppen Perseiden, die des April Lyraiden, die vom 27. November Andromiden ꝛc. Heis in Münster, Greg und Herschel in England, Schmidt in Athen, Zezioli in Bergamo und Neumayer in Melbourne haben sich vorzugsweise um die genaue Bestimmung dieser Radiationspunkte verdient gemacht.

Die genaue Untersuchung einiger Radiationspunkte hat die merkwürdige Thatsache aufgedeckt, daß die Radianten nicht planlos über die verschiedenen Gegenden des Himmels vertheilt sind. Man bemerkt nämlich bei ihnen ein Bestreben, sich gruppenweise in gewissen Gegenden des Himmels anzusammeln, so daß die Epochen der derselben Gruppe angehörenden Sternschnuppenschauer nicht viel von einander abweichen, und sich meist über einige Wochen hin ausdehnen; solche unter sich Systeme von Sternschnuppenschwärmen bildende Gruppen nennt man vielfache Radiationen. Zu ihnen gehören u. A. die Sternschnuppenschauer des August, des 20. October, Anfang December und Ende Januar; diese Gleichzeitigkeit der in Wirksamkeit tretenden Radianten scheint keine Wirkung des Zufalles zu sein, vielmehr darauf hinzudeuten, daß diese in Ort und Zeit eng verbundenen Radianten einem gemeinsamen Systeme angehören. Es giebt indessen andere Sternschnuppenschauer, welche bisher als isolirten Radianten angehörig betrachtet wurden, wie z. B. die Leoniden. Neuere Untersuchungen haben indessen gezeigt, daß auch sie entweder (nach Kirkwood) als getrennte Massen in das Sonnensystem eingetreten sind, oder (nach Leverrier) sich im Laufe der Zeiten bei der Vertheilung der Bahnen immer mehr in besondere Gruppen theilen, von denen jede durch einen besonderen Strahlungspunkt oder Radiant charakterisirt ist.

Die Hauptschwierigkeit für die Feststellung der astronomischen Theorie der Sternschnuppen bestand bisher darin, daß man kein Mittel besaß, die relativen Geschwindigkeiten der Sternschnuppen hinreichend genau zu bestimmen, um daraus die absolute oder kosmische Geschwindigkeit herleiten zu können. Vor diesem anscheinend unüberwindlichen Hindernisse blieb die Wissenschaft der alljährlich periodisch wiederkehrenden Sternschnuppen Jahrzehnte lang auf dem Standpunkte der Hypothese der planetarischen Sternschnuppenringe stehen, wie sie u. A. Walker in Amerika und Erman in Deutschland aufgestellt hatten, und welche von den Forschern der letzten 30—40 Jahrzehnte in diesem Gebiete u. A. von Boguslawski (Vater), von Heis weiter entwickelt und auch von Humboldt in seinem Kosmos angenommen worden ist.

Zu diesen Annahmen von planetarischen Ringen der Sternschnuppen gelangte man durch die seit 1832 resp. 1836 constatirte Periodicität der Leoniden und Perseiden und durch die gleichzeitig von Olmsted zuerst bei den Leoniden 1832 nachgewiesene scheinbare Radiation oder Ausstrahlung derselben aus einem bestimmten Punkte des Himmels. Diese bei den Meteorschauern so deutlich wahrnehmbare Erscheinung der Radiation ist aber in der That nur eine scheinbare, eine Wirkung der Perspective und ist durch eine Gesichtslinie bestimmt, welche von dem Auge des Beobachters aus parallel mit der gemeinsamen Richtung geht, nach welcher die Sternschnuppen in ihrer relativen Bahn niederfallen. In Wirklichkeit nämlich weichen die von den verschiedenen einzelnen Theilen eines Meteorschauers beschriebenen Bahnen nur wenig von einander ab, und die Bewegung aller Theilchen ist in einem und demselben Theile ihrer Bahn nahezu parallel. Man nahm nun an, daß diese ganze von den Meteoren durchlaufene Bahn von meteorischer Materie angefüllt sei, so daß sie einen continuirlichen Meteorring bildet. Begegnet nun die Erde einem solchen Meteorringe, so wird sie einmal in jedem Jahre an demselben Tage einen Schauer von Sternschnuppen empfangen, welche in fast paralleler Richtung und mit sehr wenig verschiedener Geschwindigkeit auf sie herabfallen werden. Hierdurch erklärte man allerdings die jährliche Periodicität, ohne dabei zu irgend einer unwahrscheinlichen Annahme über die Dauer der Umlaufszeit genöthigt zu sein, aber über die wirkliche Beschaffenheit dieser Bahnen im Raume, sowie über den Ursprung der Sternschnuppen und ihre Beziehungen zu anderen Weltkörpern vermochte diese sogen. planetarische Theorie der Sternschnuppen keinen Aufschluß zu geben und die Sternschnuppenkunde blieb auf diesem Standpunkte stehen, bis es Schiaparelli's Scharffinn gelang, sie weiter fort zu entwickeln, bisher noch ungelöste Probleme zum Abschlusse zu bringen, und höhere, neuere Gesichtspunkte zu eröffnen. Er wandte allerdings bei seinen epochemachenden Untersuchungen statt der in den Naturwissenschaften gewöhnlich gebrauchten Methode der Induction, die der Deduction an. Anstatt, wie man es bisher zu thun pflegte, von den Beobachtungen auszugehen, um darauf die

Theorie zu gründen, nahm er seine Zuflucht zu der Hypothese
des Zusammenhanges der Sternschnuppen mit den Kometen; aus
den hieraus auf dem Wege der Deduction gezogenen Consequenzen suchte er die Uebereinstimmung mit den vorhandenen Beobachtungen herzuleiten. Es gelang ihm auch wirklich, durch diese Methode zu finden, daß die von den Sternschnuppen im Raume beschriebenen Bahnen, ihrer Beschaffenheit und Anordnung nach,
den Kometenbahnen analog seien, — daß ihre absolute Geschwindigkeit, wenn sie die Atmosphäre der Erde erreichen, gleich ist der,
der parabolischen Bewegung entsprechenden Geschwindigkeit, —
daß gewisse Kometen gewissen Meteorschauern beigesellt sind, insofern, als beide identische Bahnen beschreiben, — endlich daß
die Sternschnuppen sehr wahrscheinlich das Product der Auflösung
von Kometen sind.

Aber nicht ursprünglich, wie Minerva aus dem Haupte des
Jupiter, ist dem Geiste Schiaparelli's die Idee der Entstehung
der Meteorströme durch Auflösung der Kometen und die der Beziehungen der Sternschnuppen zu den Kometen entsprossen. Auch
hier bewährt sich der alte Erfahrungssatz, daß jeder große Fortschritt in der Wissenschaft mehr oder weniger ein Product seiner
Zeit und aller bisher über irgend einen Zweig der Wissenschaft
gemachten Forschungen ist, und nicht ganz allein einem Einzelnen zugeschrieben werden kann, welcher allerdings den in ihm zur
Reife gelangten Anschauungen erst den richtigen Ausdruck giebt. So
ist auch die Idee, daß zwischen den Kometen und den Sternschnuppen irgend welche innere Beziehungen stattfinden, nicht
neu. Schon Keppler, Halley, Maskelyne und Chladni sprachen
hierauf sich beziehende Vermuthungen aus, später haben
von Boguslawski (Vater) und von Reichenbach diese Ansicht
mit stärkeren oder schwächeren Wahrscheinlichkeitsgründen zu unter-

ſtützen geſucht. Erſterer gelangte ſogar zur annähernden Dar-
ſtellung einiger Meteorbahnen des Auguſt 1837 durch die Parabel alſo ähnlich den Kometenbahnen, verfolgte aber dieſe Sache
nicht weiter, indem er (wie faſt alle damaligen Meteorforſcher)
Erman's Anſicht über die Meteorringe theilte, wonach die para-
boliſche Bahn der Meteore die Grenze ſei, welche die periodiſchen
Sternſchnuppen nicht erreichen können. Am nächſten der von
Schiaparelli aufgefundenen Wahrheit kam wenige Jahre vor
dieſem der Amerikaner Daniel Kirkwood, welcher ſchon i. J.
1861 die Anſicht ausſprach, daß die kosmiſche Materie, aus
welcher die Meteorringe gebildet ſind, ſich viel eher in kometa-
riſchen, als in planetariſchen Bahnen bewegt, und daß unſere
periodiſchen Meteore die Bruchſtücke alter zerſtörter Kometen ſein
können, deren Materie ſich längs ihrer Bahn vertheilt hat. Aber
er vermochte nicht dieſen Zuſammenhang wirklich nachzuweiſen,
oder theoretiſch zu begründen.

Das Erſtere wurde einige Jahre ſpäter durch einen glücklichen Zufall begünſtigt, das Letztere aber war das große Ver-
dienſt Schiaparelli's, der die reife und gezeitigte Frucht zu
pflücken verſtand, indem er das bisher ungelöſte Problem von
einem höheren allgemeineren Standpunkte aus auffaßte und alle
durch die Beobachtung bekannten Thatſachen mit großem Scharf-
ſinn zuſammenfaßte und bis in ihre äußerſten Conſequenzen zu
verfolgen mußte.

Einige eifrige Beobachter der Sternſchnuppen wie Herrick in
New-Haven (Amerika) Coulvier-Gravier in Paris und ſpäter
Schmidt in Athen und Wolff in der Schweiz, richteten ihre
jahrelange mühevolle Thätigkeit auf die Beſtimmung, die Anzahl
und die Richtungen der Sternſchnuppen zu verſchiedenen Zeiten
des Tages und des Jahres und gelangten ſo zu der Auffindung

einer täglichen und jährlichen Variation der Häufigkeit der Stern=
schnuppen. Die sehr verdienstvollen Beobachtungen von Coulvier=
Gravier fanden aber in Europa zunächst nicht die gebührende An=
erkennung der durch sie und gleichzeitig durch Herrick aufge=
schlossenen Thatsache, des sogen. Gesetzes der täglichen Varia=
tion der Sternschnuppen, wonach die Sternschnuppen in den
Morgenstunden häufiger für uns zur Erscheinung kommen als in
den Abend= und frühen Nachtstunden; der Grund hiervon lag
wohl darin, daß man den Beobachtungen von Coulvier=Gravier
mißtraute, weil er die Resultate derselben einem vermeintlichen
Zusammenhang mit der Windrichtung, sowohl der zur Beobach=
tungszeit herrschenden als der darauf folgenden, bringen wollte,
und weil er die Sternschnuppen zwar auch als Entzündungs=
producte in den höchsten Schichten unserer Atmosphäre aber auch
zugleich als Vorherverkünder des Wetters betrachtete.

Aber dennoch führten diese Beobachtungen von Coulvier=
Gravier so wie die von Herrick und später von Schmidt zu der
Erklärung der täglichen Variation der Häufigkeit der Stern=
schnuppen durch die Combination der eigenen Bewegung der
Meteore mit der wirklichen Bewegung der Erde in ihrer Bahn.
Newton fand i. J. 1865, daß das Gesetz dieser täglichen Varia=
tion irgend welche Aufklärung über die absolute Geschwindig=
keit der Sternschnuppen im Raum geben könne, daß die mittlere
Geschwindigkeit der Sternschnuppen größer sein müsse, als die
der Erde und daß ihre Bahnen im Allgemeinen sehr excentrisch,
ähnlich also denen der Kometen seien.

Schiaparelli schlug i. J. 1866 in seinen schnell berühmt
gewordenen Briefen an den P. Secchi denselben Weg, wie
Newton ein, und gelangte somit zu der Entwickelung der Ko=
mententheorie der Sternschnuppen.

Die bis zum Jahre 1866 fast allein leidlich genau berechneten Bahnverhältnisse der August- und der Novemberstern-
schnuppenschauer (der Perseiden und der Leoniden) machten es
zunächst unwahrscheinlich, daß diese Sternschnuppen der Klasse
der planetarischen Körper angehören; sie ließen vielmehr vermuthen, daß die Analogie zwischen den Bahnen der Sternschnuppen und Kometen nicht nur in ihrer Form, sondern auch
in der Lage in Bezug auf die Ebene der Ekliptik bestehen. Andererseits führten die bisherigen Schätzungen der relativen Geschwindigkeiten der Sternschnuppen zu der Annahme, daß diese
Meteore in Richtungen, welche mit der Erdbahn Winkel von
beliebiger Größe bilden, sich bewegen, daß sie also ohne Unterschied von allen Richtungen des Raumes auf die Erde gelangen.

Schiaparelli entwickelte nun, indem er von dem obenerwähn-
ten Gesetze der täglichen Variation der Sternschnuppen und
von der gewiß richtigen Voraussetzung ausging, daß alle Sternschnuppen eine gewisse mittlere absolute Geschwindigkeit besitzen,
sobald sie in das Attractionsgebiet der Erde gelangen, mit Eleganz
und Leichtigkeit i. J. 1866 die theoretische Beziehung zwischen
der mittleren absoluten Geschwindigkeit der Sternschnuppen und
dem Gesetze ihrer täglichen Variation und fand so auf dem
Wege der Deduction, daß die Beobachtungen durch die Theorie
mit großer Annäherung dargestellt werden können, sobald man
die mittlere absolute Geschwindigkeit der Meteore gleich setzt
1,45 mal der mittleren Geschwindigkeit der Erde in ihrer Bahn
d. h. fast gleich der der parabolischen Bewegung, welche zur Geschwindigkeit einer Kreisbewegung sich verhält wie $\sqrt{2}$ oder 1,41 : 1.

Nach diesen Ideen berechnete Schiaparelli die von den Sternschnuppen des 10. August 1866 durchlaufene Bahn, als die einer
Parabel; er bestimmte ferner nach dem von A. S. Herschel für

1863 gefundenen Radiationspunkt der Perseiden und mit dem
Maximum derselben August 10,75 und unter der theoretischen
Annahme der relativen Geschwindigkeit der Sternschnuppen von
8 Meilen, welche auch mit der von A. S. Herschel durch directe
Beobachtung gewonnenen Angabe übereinstimmt, die elliptische
Bahn dieses Meteorstromes und fand dabei eine sehr nahe
Uebereinstimmung mit der von Oppolzer berechneten Bahn des
großen Kometen von 1862 III. Dies veröffentlichte Schiaparelli
zuerst im Dezember 1866 in seinem vierten Briefe an P. Secchi.
Inzwischen hatte sich die große 33jährige periodische Wiederkehr der
Leoniden, welche von Olbers i. J. 1837 schon vermuthungs-
weise und von Newton 1864, sicherer auf besseren Grundlagen
historischer Angaben gestützt, angekündigt war, in glänzender
Weise in der Nacht vom 13. zum 14. November 1866 bestätigt.
Der immer noch stattfindenden Unsicherheit über die wirkliche
Bahn dieser Leoniden im Raume, welchen, freilich aus theoretischen Gründen, Schiaparelli und Leverrier unabhängig von einander eine Umlaufszeit von 33⅓ Jahren zugeschrieben hatten,
machte aber alsbald ein glücklicher Zufall ein Ende.

Der einzige Komet des Jahres 1866, welchen Tempel in
Marseille am 19. Octbr. 1865 entdeckt hatte, zeigte die merkwür-
dige Eigenthümlichkeit, daß er auch der einzige Komet von kürzerer
Umlaufszeit mit rückläufiger Bewegung ist. Aus den von Prof.
Oppolzer in Wien berechneten definitiven Elementen folgte
eine Umlaufszeit von 33,1758 Jahren. Diese fast vollständige
Uebereinstimmung mit der von Leverrier und Schiaparelli für
die Novembersternschnuppen angenommenen Periode spornte viele
Astronomen zur Vergleichung der anderen Elemente der beiden
Bahnen an; Peters (Sohn) in Altona machte zuerst auf die
auffallende Aehnlichkeit dieser beiden Bahnen aufmerksam, aber

erſt die von Adams in Cambridge, welcher 1845 gleichzeitig mit Leverrier den Planeten Neptun aus den Störungen des Uranus vorher berechnet hatte, am genaueſten beſtimmten Elemente des Novemberſchauers ſtellten die Identität der beiden Bahnen außer allen Zweifel.

Von nun an nahm das Intereſſe für die Unterſuchung der thatſächlichen Beziehungen zwiſchen den Sternſchnuppen und Kometen fortwährend zu; namentlich war es Prof. Weiß in Wien, welcher ſich mit dieſen Beziehungen eingehend und erfolgreich beſchäftigte; er fand, daß einige Epochen im Jahre, die als beſonders reich an Sternſchnuppenerſcheinungen bezeichnet ſeien, ſolchen Punkten entſprächen, in denen die Erdbahn durch die Bahnen gewiſſer Kometen, beſonders periodiſcher, geſchnitten wird. Aber bis jetzt kennen wir freilich erſt zu einer geringen Anzahl von Meteorſtrömen die ſie erzeugenden Kometen: dies hat ſeinen Grund in der Unvollſtändigkeit unſerer heutigen Kometenaſtronomie, aber auch darin, daß es ſehr viele Meteorſtröme geben kann ohne eine kometenartige Verdichtung in denſelben, da, wie Weiß richtig bemerkt, im Laufe der Zeiten der urſprüngliche Komet ſich ſchon vollſtändig zerſtreut oder durch wiederholte Planetenſtörungen eine andere Bahn erhalten haben kann, nachdem er bereits einen Meteorring gebildet hatte.

Außer den beiden Kometen 1862 III und 1866 I, welche als die Mutterkometen der Auguſt= und Novemberſternſchnuppen ſich erwieſen hatten, waren es der Komet 1861 I und der in der Kometen= wie Meteor=Aſtromie gleich berühmt gewordene Biela'ſche Komet, deren nahe und innere Beziehungen zu den Meteorſtrömen des 20. April und des 28. November aufgeſchloſſen worden ſind.

Für den Kometen 1861 I hatte die Unterſuchung von

Prof. Galle in Breslau gezeigt, daß seine Bahnelemente mit denen der nach ihrem Radiationspunkte in der Leyer so genannten Lyraiden fast genau übereinstimmten, oder mit dem Meteorstrome, welcher am 20. April die Erde trifft, an welchem Tage zugleich die Bahn des Kometen die Erdbahn durchschneidet.

Noch entschiedener und überzeugender aber hat die Richtigkeit der neueren Anschauungen über den inneren Zusammenhang der Sternschnuppen mit den Kometen der große Sternschnuppenfall des 27. November 1872 dargethan, welcher durch die Plötzlichkeit und den großen, selbst den des 13. und 14. November 1866 und 1867 überstrahlenden Glanz seiner Erscheinung in den frühen Abendstunden sich auszeichnete und noch in unserer aller Erinnerung ist.

Der Biela'sche Komet von etwa 6¾ Jahren Umlaufszeit war nach seiner im Januar 1846 von Maury in Washington und von Wichmann in Königsberg fast gleichzeitig beobachteten Theilung nur noch einmal im J. 1852 wieder erschienen und als ein aus zwei getrennten Köpfen bestehender Komet beobachtet worden. Seit dieser Zeit hat man in den Jahren 1859 und 1866, wo er wieder in die Sonnen- und Erdnähe gelangen mußte, vergebens nach ihm gesucht, obwohl man (namentlich Santini, Hubbard, Michez und Hind seine Bahn bis zum Jahre 1866 mit Berücksichtigung aller Störungen genau berechnet hat: er war und blieb verschwunden, bis es, Dank dem genialen Erfassen einer richtigen Idee durch Prof. Klinkerfues in Göttingen, gelang, wenn auch nur flüchtig den Biela'schen Kometen selbst, oder doch wenigstens einen der nahezu dieselben Bahnen beschreibenden Theilkometen der Biela-Gruppe am 2. Dezember 1872 in Madras aufzufinden und zugleich seine Identität mit dem großen Schwarm des 27. November, den man

nach seinem Hauptradiationspunkte auch Andromediden nennen
könnte, festzustellen, als deren kometenartige Verdichtung er zu
betrachten ist. —

Die glanzvolle Erscheinung des Sternschnuppenschauers vom
27. November 1872 ist den Astronomen nicht so ganz uner-
erwartet gekommen, wie man bei dem größeren Publikum anzunehmen geneigt war. Wie oben erwähnt, hatte man schon früher
den Zusammenhang des Biela'schen Kometen mit den Sternschnuppen des 27. November und Anfang Dezember erkannt;
Galle, d'Arrest und Weiß suchten ihn genauer darzulegen, aber
erst der aus 9 Beobachtungen von Zezioli durch Schiaparelli abgeleitete Radiationspunkt für den 30. November 1867 und ein
Vergleich der daraus erlangten parabolischen Elemente dieses
Stromes mit den Elementen des Biela'schen Kometen führte
Schiaparelli zu einer Bestimmung der elliptischen Elemente dieses
Meteorstromes, und siehe da, er fand eine fast vollständige Ueber-
einstimmung mit den von Hubbard gefundenen Elementen des
Biela'schen Kometen.

So war man in der astronomischen Welt vorbereitet, in den letzten Tagen des November und namentlich am 27. Nov. 1872 einen
reicheren Sternschnuppenfall erwarten zu können, aber keineswegs
konnte man eine sichere Vorhersagung über den Glanz und die
Größe sowie über den genauen Zeitpunkt der Entfaltung dieses
Meteorschauers wagen, weil diese von noch zu vielen und zum
Theil uns noch unbekannten Einflüssen und Zufälligkeiten abhängen. —

Die Großartigkeit der Erscheinung dieses Meteorschwarmes
vom 27. Novbr. 1872 übertraf aber jede Erwartung; er wurde
nicht nur auf der ganzen nördlichen Halbkugel, sondern auch auf
der südlichen auf Mauritius in seltener Pracht beobachtet und die

Radiationspunkte desselben sind an den verschiedensten Orten genau bestimmt. Für die kurze Zeit des Durchganges des Schwarmes durch die Atmosphäre der Erde kann man die Bahn desselben als eine gerade Linie betrachten; die Verlängerung derselben vom Radiationspunkte aus bis zur Erde über diese hinaus
muß uns die Richtung angeben, wo der Schwarm am Himmel,
für kurze Zeit nach seiner Erscheinung als Sternschnuppenfall,
in seiner Gesammtheit als kometarische Erscheinung und vermuthlich mit reflectivem Lichte zu erblicken ist. Dieser Punkt
wird dem Radiationspunkte nahezu entgegengesetzt sein; bei dem
Schwarm vom 27. Novbr. 1872 lag dieser Punkt am südlichen
Sternenhimmel im Sternbilde des Centauren. Dieser Anschauung
folgend, schritt Prof. Klinkerfues rasch zur That und telegra-
phirte sofort am 30. November an Dir. Pogson in Madras
mit der Aufforderung, an der bezeichneten Stelle den Kometen
aufzusuchen. Der Erfolg krönte diesen zum erstenmale ausgeführten Versuch, vermittelst eines beobachteten Sternschnuppen-
schwarmes einen Kometen aufzufinden. Pogson fand in der
Nacht vom 2. zum 3. December in der That den angekündigten
Kometen im Centauren auf und konnte in der folgenden Nacht
noch eine Beobachtung desselben erhalten. Diese beiden Beobachtungen blieben aber die einzigen; weder in Madras noch
anderswo wurde der Komet weiter beobachtet, und es wäre daher
bei der bisher üblichen Methode, die Bahn eines Kometen zu
berechnen, vielleicht für immer unentschieden geblieben, ob der
von Pogson aufgefundene Komet wirklich der Biela'sche Komet
und der Sternschnuppenschwarm vom 27. November, von der Ferne
gesehen, sei, oder ob er ein nur durch die zufällige Anregung
in Folge des Telegramms aufgefundener neuer Komet war, wäre
es nicht Oppolzer in Wien, dem wir schon so viele schöne theore-

tische Untersuchungen über Bahnberechnungen der Himmelskörper verdanken, gelungen, mittelst eines scharffinnig erdachten Kunstgriffes nur aus diesen zwei vorhandenen Beobachtungen des Klinkerfues-Pogson'schen Kometen seine Bahn zu bestimmen. Hiernach ist die enge Beziehung dieses Kometen zu dem Meteorschwarm vom 27. November außer allen Zweifel gestellt, und damit auch eine neue glänzende Bestätigung der Weiß-Schiaparelli'schen Theorie des Zusammenhanges zwischen Sternschnuppen und Kometen gewonnen, andererseits aber auch die Möglichkeit vorhanden, daß dieser Meteorschwarm der eine Kopf des Biela'schen Kometen gewesen sei, oder vielmehr wie Kirkwood neuerdings nachzuweisen versucht hat, der Begleiter von Biela, welcher im Jahre 1846 und 1852 beobachtet worden, und höchst wahrscheinlich mit dem Kometen von 1772 identisch ist.

Daß in der Folge die Auffindung von Kometen, welche bestimmten, die Erde zu gewissen Zeiten treffenden, Meteorströmen angehören, eine leichtere und ergiebigere sein wird, ist das große Verdienst von Schiaparelli, welcher nach seiner oben angedeuteten parabolischen Theorie, und nachdem er aus dem reichhaltigen Beobachtungsmaterial von Zezioli (aus den Jahren 1867, 68 und 69) die Positionen von 189 Radiationspunkten (für einen das ganze Jahr umfassenden Zeitraum) genau bestimmt hatte, die angenäherten parabolischen Elemente der von den entsprechenden Meteorströmen um die Sonne beschriebenen Bahnen berechnet hat. Er ist ferner bei seinen Untersuchungen über die Vertheilung der Sternschnuppenbahnen im Raume, wobei er vor Allem den Einfluß ermittelt hat, welchen die Verbindung der Erdbewegung mit der Bewegung der Meteore auf die scheinbare Vertheilung ihrer Bahnen ausübt, zu dem wichtigen Resultate gelangt, daß die Radianten und mit ihnen die Meteorströme gleichmäßig im Raume vertheilt find. Aus den über die Vertheilung der Radianten und deren Dichtigkeit von Schiaparelli angestellten Untersuchungen ergiebt sich ferner, daß die Zahl aller auf der ganzen Himmels=kugel vorhandenen Radiationen weit über 1000 betragen dürfte; ein einzelner Beobachter kann in jeder Nacht 10 bis 12 Radia=tionen bestimmen; je systematischer die Beobachtungen angestellt werden, desto mehr wird möglicherweise der bisher gemachte Unterschied zwischen sporadischen Sternschnuppen und Meteor=strömen aufhören. Aus der wirklichen großen Anzahl der vor=handenen Radianten folgt, daß die Erde zu jeder Zeit von einem Meteorstrom getroffen wird, und zwar in den verschiedensten Rich=tungen; sie wird aber vor diesem Bombardement durch ihre At=mosphäre geschützt, in deren obersten Schichten die Meteore sich bereits auflösen.

Daß für uns eine größere Anzahl von rückläufigen Meteor=strömen sichtbar sind, als von rechtläufigen — was gegen die Annahme der gleichmäßigen Vertheilung derselben im Raume sprechen würde — rührt davon her, daß die Sonne für uns die rechtläufigen Ströme mehr verdeckt, als die rückläufigen. Die scheinbare Vertheilung der Radianten im Raume, ihre scheinbare Anhäufung um einen Punkt, gegen welchen hin die Bewegung der Erde gerichtet ist, um den sog. Apex, — die größere Meteor=fülle der Ströme, die aus dessen Nähe ausstrahlen, so daß man diesen Punkt als einen wahren Verdichtungsmittelpunkt der Me=teorschauer, als eine meteorische Sonne wie ihn Schiaparelli poetisch nennt, betrachten kann, und mit dessen größerer Höhe über dem Horizonte, die in den Morgenstunden und (für die nördliche Halbkugel) in dem zweiten Semester des Jahres am größten ist, die größte tägliche und jährliche Häufigkeit der Sternschnup=pen zusammenhängt, — ferner die Erörterung der Einwirkung der

Anziehung der Erde auf das Herabfallen der Sternschnuppen und
der Ursachen, welche die Sichtbarkeit und die Reichhaltigkeit der
Sternschnuppenschauer beeinflussen, — endlich die von der Erde
oder von anderen Planeten auf die Bahnen der Sternschnuppen
ausgeübten Störungen, welche den Charakter der Bahn vollständig umgestalten, den Meteorschwarm vollständig zerstören und
auseinander reißen (wodurch die sporadischen Sternschnuppen
entstehen können), oder doch wenigstens die Ausdehnung der Ra-
diationsgegend und die eigenthümliche Erscheinung der vielfachen
Radiationen veranlassen können, — alle diese hier erwähnten
schwierigen und bisher noch nicht genügend gelösten Probleme der
Sternschnuppen-Astronomie hat Schiaparelli scharfsinnig und
überzeugend zu lösen gewußt; doch müssen wir es uns hier in
dem engen Rahmen dieses Vortrages versagen, näher darauf einzugehen und uns damit begnügen, auf sie hingewiesen zu haben.

Doch bleiben immerhin hier, wie in jedem Zweige der
menschlichen Forschung noch Fragen genug übrig, deren Lösung
erst der Zukunft vorbehalten sein wird; man darf sich diese noch
vorhandenen Lücken unseres Wissens keineswegs verhehlen und
willig zugestehen, daß die von Schiaparelli aufgestellte und als
für jetzt richtig erkannte Theorie noch sehr des weiteren Ausbaues
und der inneren Vervollkommnung bedarf; aber man kann wohl
mit Recht erwarten, daß die für jetzt noch dunkel gebliebenen
Punkte im Gebiete der Sternschnuppenkunde' künftige Forscher
um so mehr anregen werden, sie in helles Licht zu setzen und auf-
zuklären. —

IV.

Die Art und Weise, wie die Meteorströme selbst durch Auflösung von Kometen, welche der Sonne oder den größeren Planeten sehr nahe kommen, entstehen können, ist in dem ersten Abschnitte entwickelt und dabei auch angedeutet worden, daß die Bildung der Schweife und das Phänomen der Lichtausstrahlungen der Kometenköpfe keineswegs hiermit zusammenhängen können, da bei der Bildung der Meteorströme die Kometenmaterie unter dem alleinigen Einflusse der verschiedenen Anziehung auf die einzelnen Theile längs der Bahn zerstreut werde; bei den Schweifen und Kernausstrahlungen der Kometen treten dagegen noch andere, von der allgemeinen Anziehung wesentlich verschiedene Kräfte in Wirksamkeit, welche aber bis jetzt noch nicht vollständig erkannt worden sind. Damit war und ist aber noch Nichts gesagt oder gewonnen über die Stellung der Kometen und mit ihnen der Sternschnuppen im Sonnensysteme und im Universum überhaupt: auch in dieses bisher so dunkle, kosmogonische Problem Licht zu bringen, ist dem scharfsinnigen Geiste Schiaparelli's gelungen.

In der Kant-Laplace'schen Nebelhypothese über die Entstehung unseres Sonnensystemes ist bekanntlich auf die Kometen keine Rücksicht genommen worden; man betrachtete seitdem, der Autorität von Laplace folgend, die Kometen ziemlich allgemein als kleine Nebelmassen, die in ungezählten Jahrtausenden von einem Firsternsysteme zum andern wanderten. Man hielt diese Annahme für um so richtiger, als die Beobachtungen fast allen Kometen nahezu parabolische Bahnen zuwiesen und als man es durch Laplace unumstößlich festgestellt glaubte, daß es mehrere Millionenmal wahrscheinlicher sei, daß die Bahn einer in die

Wirkungssphäre der Sonne, also in die inneren Räume unseres Sonnensystemes eindringenden kosmischen Nebelmasse einer Parabel sehr nahe komme, als daß sie einen ausgesprochen hyperbolischen Charakter trage. Dem ist in der That aber nicht so. Alle Körper, welche bei ihrem Ursprunge dem Sternenraume angehörten und mit der ihnen eigenen Bewegungsrichtung und Geschwindigkeit irgendwann in das Innere unseres Sonnensystemes eindrangen, müssen alsdann in Folge der größeren Einwirkung der Sonne auf sie (im Vergleich zu der der benachbarten Sterne) Bahnen, und zwar Kegelschnitte von verhältnißmäßig kleinen Parametern, um die Sonne beschreiben. Die Gestalt und Lage dieser Bahn wird von der ursprünglichen Richtung und Geschwindigkeit der Bewegung des fremden Eindringlings abhängen, aber unter allen möglichen Combinationen der Geschwindigkeiten und Richtungen giebt es nur zwei, welche den in das Sonnensystem eindringenden Körper in den Bereich unserer Sichtbarkeit bringen. In dem einen Falle kann die Bewegungsrichtung dieses Körpers fast genau nach der Sonne hinzielen und nur zwischen gewissen engen Grenzen schwanken; alsdann wird — falls die Anfangsgeschwindigkeit in Bezug auf die Sonne nicht gar zu klein ist — der Körper eine Hyperbel um die Sonne beschreiben. In dem anderen Falle kann die relative Bewegung des Körpers und der Sonne fast null sein, d. h. beide Körper durchlaufen alsdann in dem Himmelsraume zwei nahezu parallele Linien mit einer fast gleichen Geschwindigkeit; in diesem Falle wird die Bahn des Körpers von der einer Parabel wenig abweichen, und der Körper selbst kann so weit zur Sonne hinabsteigen, daß er für uns irgendwie sichtbar wird. Während also für die Hervorbringung einer hyperbolischen Bahn schon die eine Bedingung genügt, daß die Bewegung des Körpers fast genau nach der Sonne hinzielt, sind für die parabolischen Bahnen zwei Bedingungen zu erfüllen nöthig: nahezu gleiche Richtung und Geschwindigkeit der Bewegung der Sonne und des kosmischen Körpers. Man wird hiernach also schließen dürfen, daß die aus den Firsternräumen zu uns gelangenden Körper sich der Sonne weit häufiger in hyperbolischen Bahnen nähern müßten, als in parabolischen, welche nach Laplace doch die häufigeren sein müßten.

Dieser Widerspruch zwischen der Wirklichkeit und der von Laplace gefundenen größeren Wahrscheinlichkeit der parabolischen Bahnen dieser Körper ist von Schiaparelli glücklich gelöst, indem er nachgewiesen hat, daß Laplace bei der Entwickelung seiner Formel einige Glieder übersehen hat, welche gerade in den fernen Weltenräumen von der größten Bedeutung sind, und daß, wenn man diese Verbesserungen an die an sich richtige Laplace'sche Formel anbringt, sich nun auch der Theorie nach für die hyperbolischen Bahnen eine ebenso große Wahrscheinlichkeit ergiebt, als früher nach Laplace für die parabolischen. Diese letzteren Bahnen sind also die selteneren für die zu unserer Sichtbarkeit gelangenden kosmischen Körper, welche in den Bereich der Wirkungssphäre der Sonne eintreten. Wegen der Beschränkungen in Richtung und Geschwindigkeit — diese müssen, wie erwähnt, nahezu gleich sein denen der Eigenbewegung der Sonne — können diese Körper daher nicht von allen Richtungen her aus dem Weltenraume in unser Sonnensystem kommen, sondern nur von einer ganz bestimmten Gegend desselben.

Die Kometen, welche fast sämmtlich in parabolischen Bahnen die Sonne umkreisen, und ihre Auflösungsproducte, die Sternschnuppen bildeten also von ihrem Ursprunge an eine eigene Klasse von Weltkörpern, welche sich unter der unendlich großen Anzahl der die Himmelsräume bevölkernden Körper durch einen ganz besonderen Charakter auszeichnen; dieser zeigt sie uns in derjenigen Bahngestalt, die nach der Theorie für die anderen Körper die wenigst wahrscheinliche ist. Da nun die Sonne eine nahezu gleiche Bewegungsrichtung und Geschwindigkeit besitzt, wie die in ihr Attractionsgebiet eintretenden Kometen, so werden diese, nach der Hypothese von W. Herschel über die Bildung der Sternenwelt vermittelst der verdichteten Nebelmaterie, mit der Sonne aus einem und demselben Theile der ursprünglichen Nebelmasse entstanden sein und sie als eines der Centra von größerer Masse und Anziehung, bei ihrer Eigenbewegung durch die Himmelsräume in ihrer unbekannten kosmischen Bahn begleiten. Die Kometen sind also seit ihrem Ursprunge weder der Sonne ganz fremde Körper, noch haben sie, wie Andere geglaubt haben, vom Uranfang an dem Sonnensystem angehört, sondern stehen zu der Sonne in einer Beziehung der nahen Verwandtschaft und des gemeinsamen Ursprunges.

Bei einer völlig gleichen und parallelen Eigenbewegung der Sonne und der Kometen hätten nun allerdings die sich der Sonne nähernden Kometen nothwendig in gerader Linie nach der Sonne hinfallen müssen; da dies bis jetzt noch nicht beobachtet worden ist, so kann diese Gleichheit und dieser Parallelismus der Einzelbewegungen in der That nur annähernd stattgefunden haben, oder in Folge vielfacher Störungen der Kometen in ihren langen einsamen Bahnen geändert worden sein.

Ordnet man die Kometen nach ihren kleinsten Entfernungen von der Sonne, so findet man, daß die großen Axen derjenigen Kometen, welche die kleinsten Entfernungen von der Sonne haben, sich ziemlich übereinstimmend um einen Punkt von 72° R. A. und 48° nördl. Decl. in der Nähe des hellen Sternes Capella im Fuhrmann gruppiren. In der Richtung nach diesem

Sterne zu scheint sich also ein System von Massen zu befinden, die sich mit einer fast genau gleichen Richtung und Geschwindigkeit wie unsere Sonne bewegen. Ein solches System von Körpern, welches sich in dem allgemeinen großen Sternensystem nach einem eigenen Gesetze im Raume fortbewegt, ist nicht ohne Analogie. Die Untersuchung der scheinbaren Eigenbewegungen der Firsterne hat erkennen lassen, daß mehr oder weniger zahlreiche Gruppen von Sternen existiren, deren Glieder, selbst bei ziemlich beträchtlichen scheinbaren Entfernung von einander, sich mit fast gleicher Eigenbewegung in derselben Richtung fortbewegen: man hat diese Art von Stern-Strömen nicht unpassend „star-drift" genannt.

Wenn also somit der uranfängliche Ursprung der Kometen und mit ihnen der ihrer Auflösungsproducte, der Sternschnuppenströme, erklärt sein dürfte, so fragt es sich, welche Körper sind es, die aus den verschiedensten Gegenden des Sternenraumes in den Bereich unserer Sichtbarkeit gelangen und nach dem Eindringen in unser Sonnensystem sich in hyperbolischen Bahnen um die Sonne bewegen?

Für die Beantwortung dieser Frage ist es zunächst von großer, wenn nicht entscheidender Wichtigkeit, daß man bei den genauen Berechnungen der Bahnen der größeren detonirenden Feuerkugeln und der Meteoriten, zu welchen in dem letzten Decennium genügendes Beobachtungsmaterial vorlag, dieselben im Allgemeinen in der That als hyperbolisch gefunden hat, daß sie also eine größere absolute Geschwindigkeit besitzen, als die Kometen und parabolischen Meteorströme, und daß ihnen daher ein anderer kosmischer Ursprung als diesen zuzuschreiben sei. Andererseits zeigen uns die Untersuchungen über die physikalische, chemische und mineralogische Natur der Meteoriten, welche

u. A. Prof. Rammelsberg[1]) in hervorragender Weise bearbeitet hat, daß sie in den meisten Fällen deutlich das Ansehen
von Gesteinsbruchstücken haben, nicht etwa in Folge einer Explosion in Himmelsräumen (Haidinger) oder im Augenblick der
Detonation (Daubrée), sondern vielleicht eher in Folge einer
Art von „Verwitterung" einer leicht zerstörbaren Gesteins-
masse, umgeben von einer im Verhältniß zur Kleinheit dieses
festen Kernes mächtigen Atmosphäre, — daß ferner in allen bis-
jetzt gefundenen wirklichen Meteormassen Eisen, aber nicht
chemisch rein, sondern in verschiedenen Legirungen mit Nickel
und Kobalt, vorkommt, und daß der steinige Bestandtheil der
Meteoriten gewissen, aus erloschenen oder thätigen Vulkanen
ausgeworfenen, Felsarten außerordentlich ähnlich ist, — daß man
endlich von dem reinen Meteoreisen bis zu den fast gar kein Eisen
enthaltenden Meteorsteinen in einer fast continuirlichen Abstufung
gelangen kann und daß die Aehnlichkeit der Zusammensetzung bei
den Meteoriten unter sich eben so groß ist, als man sie bei den
von einem und demselben Berge herstammenden Mineralien
nur erwarten könnte. Alles dies macht es mehr als wahrscheinlich, daß die zu uns gelangenden Meteoriten Bruchstücke eines
und desselben Himmelskörpers oder mehrerer Himmelskörper sind.
Wollte man das Erstere annehmen, daß sie Bruchstücke eines
und desselben Urkörpers seien, dessen Dimensionen alsdann natürlich ungeheuer groß sein müßten, so wäre unter allen Hypothesen
über ihren Ursprung nämlich den des lunarischen, planetarischen
und kometarischen Ursprunges, die des kometarischen die wahr-

---

[1]) Wir verweisen unsere Leser hierbei u. A. auf den Vortrag von Prof.
Rammelsberg über die Meteoriten in dieser Sammlung Nr. 151 und auf
dessen Abhandlungen in den Berichten der Königl. Akademie der Wissenschaften zu Berlin.

ſcheinlichſte und ſomit müßte man die Meteoriten mit den
Sternſchnuppen identificiren, oder richtiger geſagt, in eine Klaſſe
bringen.

Wenn nun auch in der That die äußeren Erſcheinungen
der Sternſchnuppen und die der Meteoriten nur die äußerſten
Endpunkte einer Skala von Phänomenen bilden, welche von einem
Punkte zum anderen eine continuirliche Reihe von Abſtufungen
darbietet, und bei welchen ſchwer die Grenze einer Trennung
in zwei deutlich beſtimmte Klaſſen zu unterſcheiden iſt, ſo kann
man doch gegenwärtig faſt ebenſo viele Gründe gegen, als für
die Identität der Sternſchnuppen, Feuerkugeln und Meteoriten
anführen; die Frage ſcheint in der That noch eine offene zu ſein.

Der Nachweis über die hyperboliſchen Bahnen der Meteoriten
macht allerdings ihren ſtellaren Urſprung und damit ihre Verſchiedenheit von den Kometen und Sternſchnuppen wahrſchein-
licher; alsdann würden ſie im wahren Sinne des Wortes als
„Boten des Weltalls“ aus den verſchiedenſten Gegenden
des Sternenraumes und zwar als Bruchſtücke verſchiedener Himmelskörper, die aber wegen der Gleichheit ihrer Zuſammenſetzung derſelben Klaſſe von Körpern angehören dürften, zu
uns gelangen. Allerdings fehlt uns bis jetzt noch eine größere
Anzahl von thatſächlichen Beweiſen für die Verſchiedenheit
der Gegend des Weltenraumes, von wo die Meteoriten zu
uns gelangen: nur von zwei neueren Meteoritenfällen, denen
von Knyahinya und von Pultusk iſt es Schiaparelli gelungen, nachzuweiſen, daß dieſe beiden Meteoriten keineswegs aus
derſelben Gegend des Sternenraumes haben herkommen können;
aber immerhin wird die obige Annahme dadurch immer wahr-
ſcheinlicher. Würde ſie der Wirklichkeit entſprechen, ſo würde die
andere gefundene Thatſache der Gleichmäßigkeit und Einheit der

chemischen und mineralogischen Zusammensetzung darauf hinweisen, daß in der geballten Weltmaterie eine noch bedeutendere stoffliche Uebereinstimmung obwalte, als diejenige ist, welche die spektralanalytischen Untersuchungen bei den leuchtenden Himmelskörpern zu unserem großen Erstaunen uns haben vermuthen lassen.

Druck von Gebr. Unger (Th. Grimm) in Berlin Schönebergerstraße 17a.

Die Gifte

als bezaubernde Macht in der Hand des Laien.

———

Akademischer Vortrag gehalten in Bern am 24. Februar 1874

von

Dr. C. Ed. Pfotenhauer,
Ord. Professor in Bern.

———

Berlin, 1874.

C. G. Lüderitz'sche Verlagsbuchhandlung.

Carl Habel.

Wenn ich von dem Zauber des Giftes in der Hand der Laien — also nicht in der Hand der Aerzte und der Chemiker — sprechen zu wollen angekündigt habe, so ist es mir dabei weit weniger um das allbekannte Gift, als um den eigenthümlichen, von Vielen kaum beachteten, und von der Wissenschaft entweder verkannten oder doch nicht nach Verdienst gewürdigten Zauber zu thun, welchen das Gift auf das menschliche Gemüth auszuüben im Stande ist.

In Betreff des Giftes selbst wird es genügen, daran zu erinnern, daß man darunter gemeinhin einen animalischen, vegetabilischen oder mineralischen Stoff versteht, welcher, wenn er auch in ganz kleiner Quantität einem lebenden Wesen beigebracht wird, dessen Gesundheit und Leben zu zerstören geeignet ist, und zwar vermöge seiner nicht mechanisch (sichtbar), sondern chemisch (unsichtbar) wirkenden Eigenschaft, indem er sich dem Blute mittheilt. Wie früh übrigens die Menschen das Gift kennen gelernt, und sich desselben zu erlaubten und unerlaubten Zwecken bedient haben mögen, ist nicht zu sagen. Das älteste mag vielleicht das den Menschen heimsuchende Schlangengift sein, dessen schon im alten Testament gedacht wird, sowie denn auch im Zeitalter der griechischen Heroen Herkules seine Pfeile mit dem Gift der lernäischen Schlange netzte, die schreckliche Medea ihren verderblichen Trank unter Zauberformeln kochte, und die arglose Deïanira

ihrem Geliebten das vergiftete Nessusgewand sendete, welches vor
Untreue bewahren sollte, und seinem Empfänger den Tod brachte.
Ebenso holte sich Ulysses ein Pfeilgift aus Ephyra, und bedienten
sich die alten Kelten schon vergifteter Waffen. — In Rom aber
wurde, wenn nicht der erste, so doch der großartigste Giftmord-
prozeß im Jahre 331 v. Chr. verhandelt gegen eine Menge vornehmer Frauen, welche im Verein mit ihren vertrautesten Scla-
vinnen Giftmischerei getrieben hatten. Es starben nämlich plötzlich und kurz nacheinander eine ganze Reihe der angesehensten
Männer in Rom an der gleichen räthselhaften Krankheit, welche
man für eine Pest zu halten geneigt war — nur daß sie seltsamer Weise blos Männer befiel und hinwegraffte; bis eine Sklavin
die Frauenverschwörung und ihre Giftküche verrieth, was dann
zur Folge hatte, daß nicht weniger als 170 Schuldige verurtheilt
wurden.

Man fragte schon damals: Wie war es nur möglich und
wie ist es zu erklären, daß so viele Frauen, und zum Theil aus
den edelsten Geschlechtern, sich zur Verübung so zahlreicher Mordthaten entschließen konnten? Und weil Niemand dieses Räthsel
zu lösen vermochte; so nahm man seine Zuflucht zu der alten,
auch bei anderen großen Kalamitäten üblichen Ceremonie, einen
ehernen Nagel in den Tempel des kapitolinischen Jupiter durch
einen besonders dazu erwählten Diktator einschlagen zu lassen, zum
Zeichen, daß das geschehene Unheil für die Vergangenheit getilgt
und abgethan, für die Zukunft aber verhindert, unmöglich gemacht
und gleichsam vernagelt sein solle.

Allein der Schlüssel zu jenem damals ungelöst gebliebenen
Räthsel liegt eben verborgen in dem Zauber, welcher im Gifte
wohnt und sich großentheils erklärt aus der Kleinheit der
Quantität, deren es bedarf, aus der dadurch ermöglichten Leichtig-

keit seiner heimlichen Anwendung, und aus der an das Wunderbare grenzenden vernichtenden Wirkung, welche dieses Minimum gleichwohl hervorbringt: noch dazu ohne daß auch nur ein Tropfen Blutes dabei vergossen wird. Blos eine Messerspitze von diesem weißen Pulver — einige Tropfen nur von jener Tinktur, unter Speise oder Trank gemischt — und es ist um ein Menschenleben geschehen. — Wie viel schon des Verlockenden für ein böses verbrecherisches Gemüth, sich gerade dieses Mittels zu bedienen! Und doch sind es nicht blos diese aus der natürlichen Beschaffenheit des Mittels sich ergebende und auf jedes verdorbene Gemüth gleichmäßig wirkende Eigenschaften des Giftes, von welchen ich sprechen will; sondern mein Hauptaugenmerk ist gerichtet auf jenen seltsamen und fast wunderbar zu nennenden Reiz oder Zauber des Giftes, für welchen bisher nicht jeder Mörder, sondern immer blos der eine Theil der Verbrecherwelt eine ausschließliche Empfänglichkeit an den Tag gelegt hat. Nur vermag ich den genaueren Nachweis hiervon anders nicht wohl zu führen, als an der Hand einer zweihundertjährigen Erfahrung, welche jenen alten Römern vor mehr als 2000 Jahren noch nicht unterstützend zur Seite stand.

Es sei mir daher gestattet, eine Anzahl meist bekannter, aber doch von dieser Seite noch nicht genügend beleuchteter, Fälle anzuführen. Vielleicht, daß es gelingt, den Leser davon zu überzeugen, daß wir es hierbei mit etwas Realem und nicht mit einem bloßen Hirngespinnst der Stubengelehrsamkeit zu thun haben.

Beginnen wir mit einer Französin, um zu schließen mit einer Schweizerin, oder wenn es die Zeit gestatten sollte, wiederum mit einer Französin.

I. Marquise v. Brinvillier.

Mar. Margar. v. Aubray war seit 1651 verheirathet an den Marquis v. Brinvillier, Obristen des Regiments Normandie, einen verschwenderischen Lebemann und Wüstling, der mehr Interesse für die reiche Mitgift, als für die liebenswürdige Persönlichkeit seiner jungen Frau empfand. Sehr bald eignete er sich auch die sogen. Ehemannsphilosophie an, ohne welche an dem sittenlosen Hofe Ludwigs XIV. Niemand auf guten Ton Anspruch machen konnte, und demgemäß war er so billig, seiner Frau Alles das im Hause zu gestatten, was er sich selbst außer dem Hause erlaubte. Um indessen seine häufigen Abwesenheiten weniger empfinden zu lassen, führte er einen jüngeren Freund, den galanten Kavalleriekapitain Ste Croix als Gesellschafter bei sich ein, der sich dann bald zum Hausfreund, zum Vertraueten und zum Anbeter der von ihrem Gemahl vernachlässigten Marquise zu erheben wußte, und mit einer solchen Leidenschaft und Rücksichtslosigkeit wieder geliebt wurde, daß das unsittliche Verhältniß zwischen beiden zu einem öffentlichen Geheimniß wurde. Wenn der Gemahl zu Allem schwieg, nichts zu wissen oder wissen zu wollen schien, weil er desto ungenirter seinen Vergnügungen nachgehen konnte: so war dies keineswegs auch der Fall bei dem Herrn v. Aubray, dem Vater der Marquise. Er war noch ein Edelmann im wahren Sinne des Wortes, und wollte nicht dulden, daß seine verführte Tochter durch ihren nur zu dreist gewordenen Umgang mit Ste Croix den guten Ruf der ehrenwerthen Familie, welcher sie durch Geburt angehörte, noch länger beflecken solle. Er bekleidete eine höhere Richterstelle, und griff zu dem äußersten damals zu Gebote stehenden Mittel, indem er bei dem Justizminister einen Verhaftsbefehl auswirkte, auf Grund dessen der freche Kapitain auf offener

Straße, von der Seite seiner Geliebten hinweg, arretirt und in die Bastille gesperrt wurde — ein Verfahren, welches freilich nicht verfehlen konnte, das öffentliche Aergerniß nur zu vermehren, und zugleich in dem tief gekränkten Ste Croix das Gefühl einer unauslöschlichen Rache hervorrief. Kaum angelangt in dem finsteren Kerker brach er daher in eine an Raserei grenzende Wuth aus gegen die Menschen, die ihn um seine Freiheit und somit um Alles gebracht, und selbst gegen Gott, der dieß zugelassen habe — bis ihn eine lange, hagere, im Halbdunkel kaum wahrnehmbare Gestalt wieder zu einiger Besinnung brachte durch die nüchterne Vorstellung, wie thörigt und nutzlos sein jetziges Gebahren und überhaupt die Sitte der stets zu hitzigen Franzosen sei, ihre Feinde offen anzugreifen und niederzustoßen und sich dadurch den Händen der Justiz gleichsam selbst auszuliefern, während man in Italien es verstehe, mit feinen, versteckten Mitteln seinem Gegner beizukommen, mit Giften, welche sich dem Auge und der Kunst des geschicktesten Arztes entzögen.

Der so Redende war nämlich der berüchtigte Italienische Alchymist Exili, ein Schüler der Neapolitanischen Giftmischerin Trufania, deren geheimen Greuelthaten man endlich auf die Spur gekommen war, was dann ihren Jünger bewog, das Weite zu suchen und nach Paris zu gehen, wo er jedoch schon wieder mit der Justiz in Konflikt gerathen sein mußte, wie aus seinem dermaligen Aufenthaltsorte zu schließen war.

Ein ganzes Jahr lang nun hatte Ste Croix den Unterricht des Italieners begierig in sich aufgenommen; da öffnete sich für ihn der Kerker wieder, um der Welt einen vollendeten Giftmischer zurückzugeben, der an nichts, als an seine Liebe und an seine Rache dachte. Auch fand er die ob des Wiedersehens entzückte Brinvillier so ganz sein eigen geblieben, ja so zur Sklavin all seines Begehrens herabgesunken, daß sie sich bereit erklärte, das erste und nothwendigste Opfer, welches er verlangte, selbst zu bringen, indem sie ihrem arglosen Vater, mit heuchlerischer Kindesliebe in Wort und Blick, die vergifteten Tassen Bouillon eigenhändig darreichte, deren Genuß in wenigen Tagen sein schmerzvolles Ende herbeiführte.

Somit war das eine und das Hauptmotiv Ste Croix's zu dieser ersten Missethat, sich zu rächen nämlich an dem Räuber seiner Freiheit, allerdings befriedigt, nicht aber das zweite, das bei allen seinen übrigen Vergiftungen die Hauptrolle spielte, nämlich sein Verlangen nach Reichthum — denn man führte ein verschwenderisches üppiges Leben, und brauchte des Geldes viel, sehr viel, und weit mehr, als sich auf ehrlichem Wege erwerben ließ. — Noch lebten aber zwei Brüder und eine Schwester der Brinvillier, mit welchen diese den väterlichen Nachlaß theilen mußte, und so kam es, daß ihr eigener Erbtheil — zumal der ältere Bruder sehr bevorzugt war — weit hinter den Erwartungen Ste Croix's zurückblieb.

Wer indessen einmal das heiligste Sittengesetz mit Füßen getreten, wer es über sich vermocht hat, den eigenen Vater seinen Lüsten zu opfern, und wem es dabei gelingt, so ganz schuldlos zu scheinen und verdachtlos fortzuleben: dem kostet ein zweiter und weiterer Mord nicht nur keine Ueberwindung mehr — denn Gift macht mit Gift, wie Blut mit Blut vertrauet — im Gegentheil: die Unscheinbarkeit des Mittels, die Heimlichkeit und Leichtigkeit seiner Anwendung, und die Schwierigkeit seiner Entdeckung: sie üben einen förmlichen Zauber auch auf den bereits Eingeweihten aus und reizen zur Wiederholung der unblutigen That — zumal eine weibliche Hand, die ja zu schwach ist für den Aufwand physischer Kräfte, für den Gebrauch von Waffengewalt, und deßhalb, wenn sie einmal zu tödten entschlossen ist, sich gleichsam von der Natur auf die Anwendung nicht gewaltsamer, heimlicher Mittel angewiesen sieht.

Die beiden Herrn v. Aubray, der Parlamentsrath und der Civilrichter, hatten nämlich durch ihre unverheirathete Schwester Therese der Brinvillier eine schonende Warnung zukommen lassen vor dem ferneren Umgang mit dem durch allerhand unsaubere Händel verdächtig gewordenen Ste Croix; aber schon dieser entfernte Versuch, ihren lasterhaften Lebenswandel zu beeinflussen, war für beide Schuldige Grund genug, um auch den Tod jener unwillkommenen Mahner zu beschließen: für die Marquise, weil ihr der Gedanke, von ihrem Buhlen lassen zu sollen, ganz unerträglich war: für Ste Croix aber, weil sich ihm dadurch eine neue Aussicht auf reiche Erbschaften eröffnete. Doch betheiligte man sich diesmal nicht unmittelbar an der That, sondern La Chaussée, ein früherer Bedienter und Helfershelfer Ste Croix's, den die Brinvillier selbst ihren Brüdern als sehr brauchbar empfohlen hatte, wurde mit der Ausführung beauftragt, und wußte, um den Lohn von 300 Pistolen, das von der Marquise ihm eingehändigte Gift Ste Croix's so geschickt unter die beiden Brüder zu vertheilen, daß der eine 3, der andere 4 Monate nach dem erstmaligen Genuß desselben den Geist aufgaben. Zwar schöpfte man diesmal Verdacht wegen der auffallender Weise ganz gleichen Krankheitserscheinungen, unter welchen sie gestorben waren. Beide Leichen wurden geöffnet, und zeigten auch deutliche Spuren einer Vergiftung; allein es fehlte durchaus an einem Thäter, den man hätte zur Rechenschaft ziehen können; denn der nichtswürdige La Chaussée hatte sich so theilnehmend und liebreich während der Krankheit seines Herrn bewiesen, daß der ältere Bruder ihn in seinem Testamente sogar mit einem Legat bedacht hatte.

Noch war die Schwester, Therese v. Aubray, übrig, und auch ihrem Leben wurde mit Gift nachgestellt; allein sie war mißtrauisch und vorsichtig geworden seit dem räthselhaften Tode ihrer Brüder, und schwebte fortwährend in einer solchen Angst vor einem gleichen Schicksale, daß sie, um allen Gefahren zu entgehen, sich in ein Kloster zurückzog.

Es liegt außerhalb des Zweckes, den ich vor Augen habe, die weiteren Giftmorde und das endliche Schicksal des verbrecherischen Kleeblattes genauer zu verfolgen. Die rächende Nemesis erreichte alle Drei: zuerst den Anstifter und Rädelsführer Ste Croix, den ein unverdient plötzlicher, aber immerhin unfreiwilliger Tod ereilte beim Giftkochen in seinem geheimen Laboratorium, indem ihm die gläserne Maske, die er zum Schutz gegen das Einathmen von Giftdämpfen zu tragen pflegte, unerwartet vom Gesicht fiel und zerbrach. So fand man ihn entseelt am Boden liegen, umgeben von unzähligen Tiegeln, Töpfen, Violen und Büchsen, angefüllt mit Giftstoffen aller Art, aber auch eine verschlossene an die Marquise adressirte Kassette, in welcher die unzweideutigsten Beweise der Mitschuld sowohl der Brinvillier als La Chaussée's enthalten waren. Demgemäß wurde der letztere, nachdem ihm der Prozeß gemacht, auf dem Grèveplatze zu Tode gerädert, die Marquise aber, die nach Belgien entwichen war, erst drei Jahre später einfach enthauptet, nachdem sie freilich vorher im Hemd, barfuß, einen Strick um den Hals und eine 2 Pfund schwere Kerze in der Hand, vor dem Hauptportal der Notre-Dame-Kirche auf den Knieen liegend, feierlich Buße gethan und Abbitte geleistet hatte. Auch wurde ihr Leichnam nicht beerdigt, sondern verbrannt, und die Asche den Winden preisgegeben, so daß — wie Frau v. Sevigné in ihren Briefen erzählt — ganz

Paris Gefahr lief, Atome der kleinen Frau einzuathmen, und dadurch von einem gleichen Vergiftungstrieb infizirt zu werden.

An diesem Scherz ist so viel wahr, daß die Brinvillier, seitdem sie Ste Croix mit einer Auswahl seiner Gifte ausgestattet
hatte, in der That eine Begierde, eine förmliche Lust empfand,
die Kraft jener Mittel nicht blos an Thieren und an ihren Verwandten zu erproben, sondern auch an anderen ganz unschuldigen
Personen, aus deren Tod ihr kein Vortheil erwachsen konnte, so
namentlich an ihrer eigenen Kammerfrau, und sogar an armen
Leuten im Hôtel Dieu, an welche sie, unter dem Schein der
Wohlthätigkeit, vergifteten Zwieback austheilte, den sie selbst zubereitet hatte — nicht ohne sich einige Tage später nach dem Befinden ihrer erkrankten Schützlinge zu erkundigen.

Dieses Spielen eines von der Sinnenlust beherrschten, ge-
müth- und gewissenlosen Weibes mit giftigen Stoffen, dieses fast
launenhaft zu nennende Experimentiren mit dem Bewußtsein der
Lebensgefährlichkeit des angewendeten Mittels, zu keinem anderen
Zwecke, als um dessen verderbliche Wirkung immer aufs Neue zu
erproben, und Befriedigung zu schöpfen aus dem Gelingen der
Versuche und aus dem Anblick der Leiden ihrer Opfer — es hat
etwas so Unmenschliches, ja Teuflisches, daß man sich versucht
fühlen könnte, bei der Urheberin eine Manie, eine krankhafte die
Zurechnung in Frage stellende Vergiftungssucht anzunehmen.
Und doch lag in Betrachtung des ganzen übrigen Thuns und
Lassens der Brinvillier so wenig Grund zu einer solchen Annah-
me vor, daß Niemand, weder sie selbst, noch der Gerichtshof, ja
nicht einmal die Vertheidigung die doch sonst ihren Zuhörern
viel Unglaubliches zuzumuthen pflegt, es gewagt hat, eine solche
Vermuthung auszusprechen. Hierzu kommt nun aber, daß die
Brinvillier in dieser Beziehung durchaus nicht einzig dasteht, son-

dern in vielen späteren Fällen die ganz gleichen Erscheinungen sich wiederholen.

Stellen wir jetzt zur Bestätigung des soeben Gesagten der Pariserin eine Berlinerin gegenüber:

II. Die Geheimräthin Charlotte Urfinus,

geboren 1760, Wittwe seit 1800, verhaftet 1803, und gestorben erst 1836, nicht auf dem Richtplatze, sondern auf der Schlesischen Festung Glatz.

Sie war eine Frau von Geist und Bildung, mit einer imposanten Gestalt und sehr einnehmenden Gesichtszügen. Im Besitz eines ansehnlichen Vermögens verstand sie es, ihr Haus zu einem Glanzpunkt der damaligen vornehmen Gesellschaft zu machen. Als 19jähriges blühendes Mädchen hatte sie einen ehrenwerthen, herzensguten, aber für ihr Alter zu bejahrten, und noch dazu kränklichen und etwas tauben Mann geheirathet, mit welchem sie in einer friedlichen und gegen ihre Neigung kinderlosen Ehe lebte. Auch sie trat in ein intimes, von ihrem Mann gebilligtes Freundschaftsverhältniß zu einem Mitbewohner ihres Hauses, einem holländischen Kapitain Rogay, der zeitweilig krank war, und dann von ihr mit fast mehr als mütterlicher Sorgfalt gepflegt wurde; allein dennoch nach Jahr und Tag, gegen den Wunsch und Willen der dadurch tief gekränkten Urfinus, den Umgang vollständig abbrach, und durch keine Bitten und Briefe zur Aenderung seines Entschlusses zu bewegen war. Vielleicht hatte er die Ueberzeugung gewonnen, daß er in dieser Atmosphäre nicht genesen könne, vielleicht auch trug er den Todeskeim schon in sich; denn er starb bald nachher, wie die Aerzte meinten, an der Lungenschwindsucht. Drei Jahre später, im September des Jahres 1800, schied auch ihr Mann aus dem Leben, der heute noch wohl und vergnügt seinen Geburtstag gefeiert hatte,

über Nacht aber von einer heftigen Kolik befallen wurde, welche
die am Bett sitzende Gattin durch Hausmittel zu stillen bemüht
war. Der Angriff auf seinen schwächlichen Körper mußte jedoch
zu heftig gewesen sein; die am anderen Tage herbeigerufenen
Aerzte erklärten seinen Zustand für rettungslos und stellten einen
Nervenschlag in Aussicht, welcher denn auch nach einigen Stunden
den Leidenden erlöste. — Auf diese Weise verlassen, zuerst von
ihrem Hausfreund und nun auch von ihrem Gatten, erinnerte
sich die Ursinus der liebsten unter ihren wenigen mütterlichen
Verwandten, einer alten Tante in Charlottenburg, und machte
ihr im Januar 1801 einen Besuch, welcher wegen Unwohlseins
der Tante verlängert wurde, und bei dem immer zunehmenden
Uebelbefinden die Nichte nöthigte, ihre meiste Zeit am Kranken-
bette zuzubringen, bis in der Nacht vom 23. auf den 24. Januar
auch diese, an heftigen Krämpfen leidende Patientin ihren Geist
aufgab. — Zwar erklärte die Ursinus, dieser so unerwartete Todes-
fall habe sie dergestalt entmuthigt und trübsinnig gemacht, daß
der Gedanke an einen Selbstmord sich ihrer bemächtigt habe. Indessen die Sorgen um die Beerdigung der guten Tante und um
die Theilung ihres bedeutenden Nachlasses verscheuchten jenen
schwarzen Gedanken ganz. Im Gegentheil überließ sie sich, nach
Berlin zurückgekehrt, sehr bald wieder ihren gewohnten Vergnügen
und Zerstreuungen, und so finden wir sie am Abend des 5. März
1803 in einer Gesellschaft bei einer Partie Whist. Da nähert
sich ihr bestürzt und verlegen ein Bediente mit der halblauten
Meldung, im Vorzimmer befinde sich Polizeimannschaft, deren
Chef die Frau Geheimräthin dringend zu sprechen verlange. Ohne
eine Miene zu verziehen, legt sie die Karten auf den Tisch, ent-
schuldigt sich wegen der momentanen Unterbrechung: es sei nur
ein Mißverständniß; sie werde alsbald wieder dasein. Allein es

verstrichen mehrere Minuten banger Erwartung: sie kehrte nicht
zurück; wohl aber verbreitete sich im Saal die Kunde, sie sei,
einer Vergiftung verdächtig, in das Kriminalgefängniß abgeführt
worden! — Und wer hatte ihr diesen unerhörten Affront bereitet?
Niemand, als sie selbst; ihre sorglose Dreistigkeit, um nicht zu
sagen die Frechheit, zu welcher der Mensch, dem viel schon geglückt,
sich verleiten läßt. Ihr eigener Bediente nämlich war in der
vorigen Woche krank geworden, und erhielt von seiner theilnehmen=
den Gebieterin das eine Mal Fleischbrühe, das andere Mal Ro=
sinen, nach deren Genuß er beide Male von Uebelkeit und heftigem
Erbrechen befallen wurde; am dritten Tage bot sie ihm Milchreis
an, goß aber denselben, als er ihn zu essen verweigerte, in den
Schüttstein. Diese auffallende Verwendung einer doch für ihn
bestimmten Speise machte ihn stutzig und mißtrauisch; er durch=
suchte heimlich die Wandschränke des Wohnzimmers, und fand in
der That ein weißes Papiersäckchen mit der Aufschrift „Arsenik“.
— Am andern Morgen erschien die um seine Gesundheit besorgte
Hausfrau wiederum mit gebackenen Pflaumen, die er zwar mit
Dank annahm, allein unberührt ließ, und nach ihrer Entfernung
heimlich durch die Kammerjungfer zum Apotheker schickte, dessen
erbetene Prüfung sehr bald ergab, daß die Pflaumen Arsenik ent=
hielten. — So hatte also die Ursinus blos durch das unbesonnene
Wegschütten des Milchreises die ganze darauf folgende Katastrophe
selbst herbeigeführt. Ganz Berlin war in Aufregung. Ueberall
hörte man: „die stolze Geheimräthin hat ihren Bedienten ver=
giftet! Und wenn sie dessen fähig war, so ist sie auch schuld an
dem Tode ihrer Tante — und ihres Mannes, der heute gesund
und morgen eine Leiche war — ja am Ende auch ihres schon
vor 6 Jahren verstorbenen Liebhabers“, flüsterte man sich in ver=
trauteren Kreisen zu.

Und in der That lag einige Berechtigung in diesen Rück-
schlüssen von der Gegenwart auf die Vergangenheit. Denn im
Besitz von Arsenik war die Ursinus gefunden worden; plötzlich u.
unter sehr auffallenden Umständen war wenigstens ihr Mann,
zum Theil aber auch die Tante gestorben, und zwar beide im
Beisein Niemandes, als der so Beschuldigten selbst. Nimmt man
nun hierzu ihre Charaktereigenschaften, wie sie freilich erst die
Untersuchung entschleiert hat: einerseits ihre Eitelkeit, Gefallsucht
und Sinnlichkeit, andrerseits die sentimentale Heuchelei mit nicht
empfundenen Gefühlen, bei gänzlicher Herz- und Gewissenlosigkeit;
so ist es nur zu wahrscheinlich, daß sich das Publikum nicht irrte.
Ihr Liebhaber mußte geopfert werden, weil er sie verlassen hatte;
ihr Mann, weil er für sie zu alt und kränklich war; die Erb-
tante, weil sie auch schon lange genug gelebt hatte, und sehr
vermögend war; der Bediente endlich? — darüber schwebt ein
Dunkel — nach dessen eigener Vermuthung freilich nur — weil
er in Folge eines mit ihr gehabten Streites den Dienst quittiren
wollte, und Mancherlei über ihre bisher vergeblichen Versuche,
sich wieder zu verheirathen, durch sie selbst erfahren hatte, was er
dann bei einer neuen Herrschaft ausplaudern konnte. Was galt
ihrem Stolze und ihrer Selbstsucht ein Menschenleben, wenn es
darauf ankam, sich selbst eine Beschämung, eine Demüthigung zu
ersparen!

So viel ist nach den gegen sie vorliegenden Beweisen unzweifelhaft: hätte sie sich vor einem heutigen Schwurgericht zu
verantworten gehabt, so wäre sie dem Schicksal der Brinvillier
nimmermehr entgangen; ihre damaligen Richter aber, noch gebunden durch ein strenges Schuldbeweisgesetz, sprachen sie von der
Anklage in Beziehung auf ihren Geliebten nicht blos, sondern
selbst in Beziehung auf ihren Gatten völlig frei, verurtheilten sie

dagegen wegen dringenden Verdachtes der Vergiftung ihrer Tante, und wegen wiederholten Versuchs einer Vergiftung ihres Bedienten zu lebenslänglichem Festungsarrest. Auch wurde dem Letzteren wegen seiner geschädigten Gesundheit eine anständige Rente zugesprochen, die er noch 20 und einige Jahre lang bezog, und deßhalb hieß er der Mann, der vom Gifte lebe. Der Ursinus war ein höheres Alter beschieden, und noch in ihrem 70. Jahre wurde ihr sogar die Gnade zu Theil, die Festungsgebäude zu verlassen und in der Stadt Glatz selbst wohnen zu dürfen — ein Ereigniß, welches die Ueberglückliche in ihrem neuen elegant eingerichteten Logis durch einen splendiden Damenkaffee feierte. Obwohl sie nun in der Stadt allgemein nur unter dem Namen der Giftmischerin bekannt war, so erschien dennoch die Mehrzahl der geladenen Gäste, sollte aber für diese Unschicklichkeit auf das Empfindlichste beschämt werden. Irgend Jemandem, den die Dreistigkeit der Sträflingin nicht minder, als die Würdelosigkeit der Erschienenen empört haben mochte, war es nämlich gelungen, den Zuckerguß der dabei servirten Torten mit einem die Verdauung störenden und zu sehr beschleunigenden Medikament zu vermischen — und man kann sich das Entsetzen Aller denken, als Eine nach der Anderen unter dem Einfluß von Uebelkeit und Leibschmerzen nach Hause eilt und nach ärztlicher Hülfe verlangt, weil Alle sich für vergiftet halten.

Die Brinvillier, als sie sich überführt sah, bekannte ihre Schuld; ein solches Opfer der Wahrheit zu bringen, hat die verstockte Berliner Sünderin nie über sich vermocht. Noch in ihrem 76. Jahre, als der Tod ihr nahte, behauptete sie, als eine verkannte Unschuldige zu sterben! —

III. Margaretha Zwanziger.

Bisher haben wir uns in der vornehmen, der sogenannten gebildeten Welt bewegt — zahlreichere und schlagendere Belege dafür, daß Gift mit Gift vertraut macht, und zur Wiederholung der einmal gelungenen That verlockt, ohne daß es dazu eines gewichtigen, für Alle hinreichenden Beweggrundes bedürfte, indem vielmehr die Bosheit eines selbstsüchtigen Gemüthes mit seinem Haß, oder doch mit seiner Geringschätzung und Gleichgültigkeit gegen das Leben Anderer vollkommen genügen zur Verübung der schwärzesten Missethaten — schlagendere Belege hierzu, sagte ich, liefern die niedrigeren Schichten der bürgerlichen Gesellschaft.

Die Brinvillier und die Ursinus waren diabolische Naturen, gleichsam Aristokratinnen in ihrem Metier — anders dagegen Marg. Zwanziger, die demokratischer mit Gift wirthschaftete, indem sie, erbittert ob ihrem vielfach selbstverschuldeten Schicksal, einen Haß auf alle Menschen werfen konnte, welchen ein besseres Loos beschieden war, als ihr selbst.

Geboren in Nürnberg 1760 (also Altersgenossin der Ursinus), und zwar ominöser Weise im Gasthof zum schwarzen Kreuz, welcher ihren sehr früh verstorbenen Eltern gehörte, wuchs sie unter fremder, mehrmals wechselnder, Aufsicht heran, erhielt eine oberflächliche, durch empfindelnde Romanleserei verschrobene Bildung, und heirathete, 19 Jahre alt, als charakterloses und in hohem Grade gefallsüchtiges Mädchen, den Notar Zwanziger, einen schon älteren Junggesellen, der die Abende lieber in der bisher gewohnten Weinstube, als in der neuen Häuslichkeit zubrachte, während sein Gretchen ihr affectirtes Verlangen nach dem Umgang mit vornehmen edeldenkenden Männern und empfindsamen Herzen durch die Lectüre von Werther's Leiden, Pamela und ähnlichen Romanen

2

zu stillen suchte. — Nachdem sie majorenn geworden, erhielt sie
ihr elterliches Vermögen ausgezahlt, und dieser momentane Ueberfluß, der leider nicht unerschöpflich war, verleitete beide Ehegatten
zu einer unsinnigen Verschwendung, zu einem Leben in Saus und
Braus. Bälle, Reduten, Theater und Landpartieen wurden besucht und mitgemacht, nicht ohne die bedenklichsten Ausschreitungen,
zu welchen er durch seine Liebe zum Wein, und sie durch ihre Eitelkeit und ihren Hang zur Romantik verleitet wurden, so daß Ma-
dame, auf einem Balle, sich sogar von einem Offizier entführen
und von ihrem weinseligen Mann scheiden ließ jedoch nur, um
wenige Tage nach eröffnetem Scheidungsurtheil sich zum zweiten Mal
mit dem gutmüthigen Notar trauen zu lassen. — Plötzlich starb
ihr Mann (1795), wahrscheinlich nicht an Gift, sondern in Folge
des unmäßigen Weintrinkens, und nun begann für die mittellose
bereits zur gemeinen Dirne herabgesunkene Wittwe ein Leben
voller Entbehrungen und Enttäuschungen. — Sie, die früher gewohnt war, zu befehlen, sich bedienen und von vielerlei Herrn
den Hof machen zu lassen — sie wurde jetzt durch die Noth gezwungen, selbst in fremde Dienste zu gehen: natürlich nur bei
vornehmen „also edeldenkenden“ Herrschaften; allein ihre verschro-
benen Ansprüche auf eine zarte, delikate Behandlung, womöglich
auf Gleichstellung mit der Herrschaft, fanden trotz ihrem unter-
thänigen falschfreundlichen Benehmen nirgends Erhörung, so oft
sie auch den Dienst wechselte; im Gegentheil erfuhr ihre sogenannte Delikatesse, d. h. ihr überall durchblickendes Auchvornehm-
seinwollen so viele Zurechtweisungen, Demüthigungen und Krän-
kungen, daß sich am Ende in ihrem selbstgerechten Innern nichts
als Gift und Galle, Neid und Mißgunst, Menschenhaß und
Menschenverachtung aufgespeichert hatten — ein psychischer Gäh-
rungsstoff, der sich nothwendig Luft schaffen mußte. Im Jahre

1805 diente sie in Weimar bei einer Kammerherrnfamilie, aber schon nach 6 Wochen waren ihr Dienst und Herrschaft so verleidet, daß sie sich heimlich auf und davon machte, diesmal nicht ohne einen kostbaren Juwel mit sich zu nehmen. Die Folge hiervon war, daß M. Zw. aus Nürnberg alsbald in den Zeitungen als Diebin öffentlich ausgeschrieben wurde, und dieß nöthigte sie, ihren nun ehrlos gewordenen Namen mit dem ihrer Eltern „Schön= leben" zu vertauschen. Auch mied sie von jetzt an die hohen Herrschaften und die größeren Städte. Und so finden wir die nunmehrige Wittwe Schönleben im März 1808 als Haushälterin bei einem Justizamtmann Glaser im Baireuthischen, der von seiner Frau getrennt lebte, und bei welchem sie sich so einzuschmei= cheln wußte, daß sie trotz ihrer Häßlichkeit und ihrer 48 Jahre sich der Hoffnung hingab, Frau Justizamtmännin werden zu können. Das einzige Hinderniß schien ihr die noch lebende recht= mäßige Ehefrau zu sein. Also kam es darauf an, diese zu besei= tigen. Zu diesem Behufe unterstand sich die freche Haushälterin ganz von sich aus, mit allen nur erdenklichen Mitteln eine Ver= söhnung zwischen den beiden Gatten zu Stande zu bringen, und triumphirte auch wirklich als Friedensstifterin. Die auswärts wohnende Frau ließ sich überreden zu ihrem Mann zurückzukehren, wurde mit phantastischem Pomp empfangen, und in die mit Guir= landen und Inschriften geschmückte Wohnung eingeführt, nur — um vier Wochen später als Leiche wieder hinausgetragen zu werden.

Gestorben war sie (im Juli 1808) an dem Arsenik, welchen ihr die Zwanziger im Thee, und ein zweites Mal im Kaffee bei= gebracht hatte. Und doch stellte sich dieser abscheuliche Mord als eine ganz fruchtlose That heraus. Der Wittwer zeigte so gar keine Neigung, sich wieder zu verheirathen, daß die enttäuschte Wittwe

für gerathen fand, ihr Glück anderswo zu versuchen. Sie wurde
Haushälterin bei dem noch ledigen Amtmann Grohmann, einem
robusten, nur oft an der Gicht leidenden Dreißiger. Dieser Dienst
paßte ganz zu ihren Plänen: ein unverheiratheter, nicht zu junger,
und doch zeitweilig fremder Pflege bedürftiger Mann. Wie viel
Gelegenheit für eine zudringliche und dienstfertige Person, ihren
Patienten sich zu Dank zu verpflichten! Auch war ihr dieß bereits
in einem hohen Grade gelungen, als sie eines Tages durch heim-
liches Lesen in den Briefen ihres treulosen Herrn die Gewißheit
erlangte, daß sie von ihm auf das Nichtswürdigste hintergangen
worden sei, indem er sein tiefstes Geheimniß, seine Liebe zu einem
jungen Mädchen, ihr bisher vorenthalten habe, und sie dadurch
zum zweiten Male um die Möglichkeit, Frau Amtmännin zu
werden, gebracht worden sei. Diese vermeintliche Treulosigkeit
mußte er mit seinem Leben büßen. Kurz vor der Bekanntmachung
seiner Verlobung, Anfangs Mai 1809, erlag er den fürchterlichen
Vergiftungskrämpfen, während man allgemein als Todesursache
die Gicht ansah, die sich auf innere Organe geworfen haben
möge. — Ueber die Schönleben, die natürlich in Thränen zerfloß,
hörte man nichts als Lob und Bewunderung ob der Treue und
Ausdauer, mit welcher sie Tag und Nacht ihren kranken Herrn
gepflegt hatte, und dieser Ruf verschaffte ihr schon nach 8 Tagen
eine neue Anstellung in der Umgegend bei dem Justizamtmann
Gebhard, der täglich einer Vermehrung seiner Familie entgegensah,
und deßhalb fremder Aushilfe bedurfte. — Also der dritte Amtmann, bei dem sie ihr Glück versuchte, und die dritte Aussicht, ihren
immer morscher werdenden Wittwenstuhl doch noch zu verrücken.
Auch beeilte sie sich dießmal mehr als bisher. Am 13. Mai hatte
sie den Dienst angetreten, und schon am 17. vergiftete sie zwei,
mit Bier angefüllte Steinkrüge, den einen schwächer, den andern

stärker, und brachte der Wöchnerin sofort aus dem ersteren einen
Labetrunk, der aber nur große Hitze und Trockenheit erzeugte in
Verbindung mit einem brennenden Durst, welcher dann am 19.
Mai durch ein Glas aus dem zweiten Kruge für immer gestillt wurde.
Am 20. starb die Leidende mit dem Ausrufe: „Um Gotteswillen,
Ihr habt mir Gift gegeben!" — Und dennoch schöpfte Niemand
Verdacht! — Im Gegentheil, die Schönleben blieb noch Monate
lang im Hause als Pflegerin des mutterlosen Kindes, und ihre
3 Mordthaten wären unvergolten geblieben, wenn sie nicht nebenbei das Vergiften gleichsam zu Scherz und Spott betrieben, und
eine Menge ihr aus irgend einem Grunde mißfälliger Personen
blos angegiftet hätte, um sich dann an den Ausbrüchen ihres
Schmerzgefühls zu weiden, und sie ihre Macht fühlen zu lassen.
Am frechsten geschah dieß am 1. September 1809, wo der Amtmann mit 5 Freunden Kegel schob und Bier aus seinem Keller
holen ließ. Alle 5 Mitspieler wurden nach dem Genuß des Bieres
von heftigen Kolikschmerzen und Erbrechen befallen, und drangen
nun mit Entrüstung in ihren Wirth, eine so unheilbringende
Person sofort zu entlassen. Dies geschah denn auch. Bevor sie
aber am anderen Morgen abreiste, machte sie sich noch allerhand
im Hause zu schaffen: sie füllte eigenhändig die Salzbüchse, weil
das von guter Vorbedeutung für die Zurückbleibenden sei; sie kochte
den Kaffee für die beiden Dienstmägde und that selbst den Zucker
in die Tassen, und ihren kleinen Pflegling fütterte sie zum Abschied, unter Herzen und Küssen, mit Bisquit und Milch.

Kaum eine halbe Stunde nach ihrer Abreise aber wurden
zuerst das Kind und etwas später auch die beiden Mägde von
heftigen Schmerzen und Erbrechen befallen, und nun erst, in frischer
Erinnerung an die gestrige Kegelpartie, schöpfte auch der Amtmann ernstlichen Verdacht, und machte eine gerichtliche Anzeige

gegen die Schönleben, nachdem sich zuvor noch ergeben hatte, daß
nicht blos jene von ihr gefüllte Salzbüchse, sondern die ganze
Salztonne im Hause stark mit Arsenik vermischt war. — Um die
Mitte des Oktober 1809 wurde das boshafte Weib in Nürnberg
von der Polizei aufgegriffen, und zum Beweis, daß man sich in
der Person und ihrem Metier nicht geirrt hatte, fanden sich in
ihren Kleidern drei mit Arsenik und Fliegenstein gefüllte Papiersäckchen vor. Ihr freches Leugnen der Hauptschuld zog die Untersuchung sehr in die Länge, und so geschah es, daß sie erst 1811
im September ihr Leben auf dem Schaffot endete, nicht ohne unmittelbar vorher von dem Personal des unter freiem Himmel gehegten hochnothpeinlichen Halsgerichts mit einer zierlichen Vernei-
gung Abschied genommen zu haben.

Wir verlassen auch dieses Verbrecherleben voller Lüge und
Bosheit, können aber nicht umhin, ihm wenigstens ein Verdienst
um die Wissenschaft nachzurühmen. Am Tage vor ihrem Ende
nämlich erbat sie sich noch eine Unterredung mit ihrem humanen
und deßhalb von ihr liebgewonnenen Untersuchungsrichter, und
legte ihm unter Anderem auch das Bekenntniß ab, daß ihr Tod
für die Menschen ein Glück zu nennen sei; denn lebend
würde es ihr nicht möglich gewesen sein, ihre Gift-
mischereien zu unterlassen.

Einen schlagenderen Beleg für unsere Ansicht von der ver-
führerischen, zauberartig verlockenden Wirkung des Giftes auf das
Gemüth Derjenigen, welche einmal in verbrecherischer Absicht sich
damit befaßt und es erfolgreich angewendet haben — einen
besseren Beleg dafür könnte es kaum geben, wenn nicht eine
vierte Genossin:

IV. Die Wittwe Marg. Gottfried in Bremen

durch ihre Thaten und Geständniffe den vollen Beweis geliefert
hätte, daß es, zum Hohn aller Religion und Sittlichkeit, Menschen
giebt, welchen es zur Gewohnheit, ja zum Lebensbedürfniß werden
kann, mit der freundlichsten Miene Jahre lang Tod und Verderben um sich her zu verbreiten, ohne die geringste Anwandlung
von Mitleid oder Reue, und ohne daß sie irgend einen oder doch
einen solchen äußeren Zweck dabei verfolgten, welcher in einigem
Verhältniß stände zu der Schwere ihrer Missethaten, so daß in
vielen Fällen als erklärendes Motiv nichts übrig bleibt, als die
leidenschaftliche Liebe zu ihrem so unscheinbaren und doch so ver-
nichtend wirkenden Geheimmittel, in Verbindung mit der teuflischen
Luft zur Anwendung desselben. — Die Wittwe Gottfried, die
Tochter rechtschaffener Eltern, des Schneidermeisters Timm in
Bremen und seiner vielleicht zu nachsichtigen Ehefrau, wurde geboren 1788 und hingerichtet in ihrer Vaterstadt 1831. In der
Verbrecherstatistik steht sie als Riesin da, neben welcher die drei
vorher besprochenen sich wie Pygmäen ausnehmen. Die Br., die
Urs. und die Zwanz. haben Jede 3 oder 4 Menschenleben auf
ihrem Gewissen, welche sie in 1, 2 Jahren hinopferten. Die
Gottfried durfte 15 Jahre lang (v. 1813—28) ihrer Vergiftungs-
luft fröhnen, und binnen dieser Frist wenigstens 15 Menschen dem
schmerzvollsten Tode überliefern, während eine noch größere Zahl
von Personen von ihr blos angegiftet wurde. Unter den Getödteten aber befanden sich: ihre bejahrten Eltern, ihr Zwillings-
bruder, wenigstens 3 von ihren 6 Kindern (wenn nicht alle, denn
keines hat das 12te Jahr erreicht): ferner ihre beiden Ehegatten,
ihr zweiter und ihr vierter Verlobter, eine treue edele Seele,
bei dessen Beerdigung ihr die unüberlegte Aeußerung entfuhr: „Das

ist nun schon die 21ste oder 22ste Leiche, die ich beerdigen lasse; es kommt mir gerade vor, wie eine Hochzeit"! — Diese, während der Grabrede, mit der kältesten Gleichgültigkeit, zu einer neben ihr stehenden Frau gesprochenen Worte
genügen allein schon, um einen Blick in den bodenlosen Abgrund
ihres herzlosen Inneren zu thun. Liebe war ihr gleichbedeutend
mit Sinnlichkeit. Die reine, uneigennützige Liebe hat sie nie gekannt — sie hat überhaupt keinen Menschen auf Erden wahrhaft
geliebt, einen einzigen ausgenommen: ihr eigenes Selbst. Diesem
egoistischen Götzen aber, dem Eitelkeit und Gefallsucht zur Folie
dienten, und die erheuchelte Empfindsamkeit einer schönen Seele
verschleiern mußte — diesem Götzen hat sie Hekatomben dargebracht, und ist darüber zu jenem menschlichen Scheusal geworden,
dessen abgeschlagenes Haupt in einem Alkoholglas, und dessen
kopfloses Skelet in einem besonderen Glasschrank, noch heute im
Museum zu Bremen aufbewahrt werden, zum ewigen Gedächtniß
an dieses gottvergessene Weib ohne Gleichen.

Für unseren Zweck heben wir zwei psychologisch interessante
Eigenheiten dieser Verbrecherin hervor. Einmal daß sie das
Wort Gift oder vergiften auszusprechen möglichst vermied, und
sodann, daß sie in sichtbare Verlegenheit gerieth, wenn sie über
die Beweggründe zu ihren vielen Unthaten Rechenschaft geben
sollte.

Sie hat nämlich ihre Opfer nicht vergiftet, sondern sie
hat ihnen blos etwas gegeben, was die Betreffenden freilich entweder aus der Welt schaffen oder doch krank machen mußte; worin
aber dieses Etwas bestand, dessen Wirkung sie so gut kannte und
zu berechnen gelernt hatte, welches ihr so lieb und unentbehrlich
geworden war, daß sie eine Büchse davon sogar in ihrem Bett-
überzug versteckt mit in's Gefängniß zu praktiziren gewußt hatte

— das Wort Gift — sie bringt es kaum über die Lippen: es klingt gar zu fürchterlich und ist zu nahe verwandt mit Mord. — Sodann aber will sie das Gift nicht, oder wenigstens nicht jedesmal, aus eigenem freien Willen gegeben haben, sondern sie hat einen inneren Drang dazu verspürt, ein Trieb hat sie dazu bewogen, wenn nicht gar genöthigt. Und in der That hat der Vertheidiger, gestützt hierauf, einen Entschuldigungsbeweis versucht, wobei er die angebliche Entdeckung Esquirol's, eines französischen Seelenarztes, zu Hülfe nimmt von der Möglichkeit einer einseitigen Störung blos der Willenskraft bei übrigens ungetrübter Intelligenz (die sogenannte manie sans délire, mania sine delirio). „Der gewöhnliche Verbrecher", raisonnirt ungefähr Esquirol, „handelt zwar niemals vernünftig d. h. der Idee der Sittlichkeit gemäß, aber er handelt doch wenigstens verständig bei seinem strafbaren Vorhaben, d. h. er hat es auf irgend einen reellen Zweck, auf Erreichung eines sinnlichen Gutes abgesehen, und richtet seine ganze Handlungsweise danach ein. Sehen wir nun einen Menschen ohne einen solchen erkennbaren Zweck handeln, so muß der Grund nothwendig in einer Seelenstörung liegen, und insofern dieses Menschen ganze übrige Handlungsweise keine Spur von Verstandesschwäche oder Verrücktheit darbietet, so wird man genöthigt, eine isolirte Hemmung seiner Willenskraft anzunehmen, ein willenloses Sichhingeben an einen blinden Trieb, welcher den Menschen, seiner besseren Einsicht entgegen, tyrannisch beherrscht."

Allein abgesehen davon, daß es um eine gerechte Würdigung gerade der schwersten Verbrechen sehr schlimm stehen würde, wenn man von dem Mißverhältniß zwischen Mittel und Zweck auf ihr Nichtdasein schließen dürfte; so giebt man der ganzen Untersuchung eine falsche Richtung, sobald man die möglichen Motive zu

strafbaren Handlungen durchaus nur in einer von den gewöhnlichen, scharf ausgeprägten und Jedermann einleuchtenden Leidenschaften wie Rachsucht, Geldgier, Eifersucht und dergl. finden zu
können glaubt, und dabei nicht genug beachtet, daß es auch ent-
ferntere, tiefer liegende, aber (zumal bei dem weiblichen Geschlecht)
nicht minder ergiebige Quellen von Verbrechen giebt — wie ein
hoher Grad von Eitelkeit und Gefallsucht, von Stolz und Eigen-
liebe, von Neid und Mißgunst und dergl., welche im Menschen
alle edeleren Gefühle zu ertödten vermögen, und dann ebenfalls
kein Opfer scheuen, wenn es ihre Befriedigung gilt: ohne daß
man deßhalb zu der höchstbedenklichen Annahme eines sogenannten
unwiderstehlichen Triebes greifen dürfte. Denn das heißt
im Grunde doch nur, den Menschen zum Thier herabwürdigen.
Einen Trieb zur bösen That hat freilich jeder Verbrecher gehabt, denn
sonst würde er nicht zum Verbrecher geworden sein; allein ist er
deßhalb dazu getrieben worden, oder hat er sich nicht vielmehr mit seinem Wissen und Willen dazu treiben lassen? — Das
Thier nur wird getrieben durch seinen Instinkt; der Mensch
aber besitzt in der Vernunft das Vermögen, seine Triebe zu be-
herrschen. Macht er davon keinen Gebrauch: überhört oder unterdrückt er die warnende Stimme des Gewissens, der Religion und
Sittlichkeit — nun so wird er nicht getrieben, sondern er treibt
sich selbst zu der bösen That, die er vorher bedacht und durch den
Willen zu der seinigen gemacht hatte.

Am wenigsten aber kann von einem unwiderstehlichen Triebe
bei der Gottfried die Rede sein, denn sie gesteht selbst, blos ihre
allererste Vergiftung, nämlich die ihres ersten allerdings liederlichen
Mannes, habe ihr Mühe gemacht, sie habe sich mehrere Tage mit
dem Gedanken gequält, ob sie es thun solle oder nicht, bis der
Entschluß zur That die Oberhand behalten habe. Nur sei sie be-

forgt gewesen, welchen Ausgang die Sache nehmen werde, und habe befürchtet, er könne zu schnell sterben, und dadurch ein Verdacht auf sie selbst fallen. Also Furcht, nicht vor der Schuld und der nachfolgenden Reue, sondern vor der möglichen Entdeckung ließ sie einige Tage schwanken. Als dann aber dieser erste Mord so glücklich ablief, gewöhnte sie sich, auch alle folgenden, die ihr immer weniger und am Ende gar keine Ueberwindung mehr kosteten, blos aus dem Gesichtspunkt der eigenen Sicherheit aufzufassen und auszuführen. „Ich hatte gewissermaßen Wohlgefallen am Giftgeben; ich schlief ruhig, und alle diese unrechten Handlungen drückten mich nicht. Man schaudert doch sonst vor dem Bösen; allein dies war bei mir nicht der Fall. Ich konnte mit Lust Böses thun"!

Erst nachdem sie alle ihre Angehörigen, 8 oder 9 an der Zahl, unter die Erde gebracht hatte, vergriff sie sich auch an Leben und Gesundheit von Freunden und Bekannten, und nun erst empfand sie auch zeitweilig einen Trieb oder Drang, sagen wir richtiger einen frivolen Reiz oder Kitzel, Arsenik auch in geringeren blos krank machenden Gaben an beliebige Personen auszutheilen, verfuhr aber gerade dabei mit einer so beispiellosen Frechheit, daß sie endlich ertappt und, zufällig an ihrem 40sten Geburtstage (6. März 1828) gefänglich eingezogen wurde.

Bis hierher hatte ihre Lüge, Heuchelei und Scheinheiligkeit über allen Verdacht hinweggeholfen; daß sie aber auch mit ihrer äußeren Erscheinung alle Welt belogen hatte, sollte erst jetzt an den Tag kommen. Als ihr nämlich in der Gefangenschaft die Züchtlingskleidung angelegt wurde, ergab sich, daß sie nicht blos gewohnt war, sich zu schminken, sondern sie mußte auch aus 13 Corsetts herausgewickelt werden, welche sie übereinander zu tragen pflegte, um ihre Magerkeit zu verhüllen.

V. Marie Jeanneret.

Wir haben die bisher vorgeführten Persönlichkeiten aus verschiedenen Zeiten und Gegenden herbeigeholt, aus Paris, Berlin,
Nürnberg und Bremen, ohne damit die Zahl der gewohnheitsmäßigen Giftmischerinnen erschöpft zu haben — denn sie sterben
nicht aus, sondern kehren von Zeit zu Zeit immer wieder. Allein
ich übergehe geflissentlich die 1836 in Mainz hingerichtete Marg.
Jäger, die innerhalb 8 Jahren ihre hochbetagten Eltern, ihren
Oheim und ihre 3 Kinder verdachtlos umbringen konnte, und erst
bei ihrer 7ten, einen fremden Ehemann treffenden Vergiftung entlarvt wurde; ebenso die im März des vorigen Jahres (1873) in
Durham aufgeknüpfte Mary Ann Cotton, welche erst 30
Jahre alt, bereits in der 4ten Ehe lebte, und wegen welcher 9
Leichen ausgegraben werden mußten, ohne daß damit die Zahl der
Opfer ihres Vergiftungsbedürfnisses für geschlossen gegolten hätte
— ich übergehe diese und noch Andere ihres Gleichen, um nur
kurze Zeit noch bei einer ebenbürtigen Landsmännin zu verweilen,
bei Marie Jeanneret aus Locle. Sie wurde im November
1868 vor dem Schwurgericht zu Genf angeklagt, innerhalb 3¼
Monaten 6 Menschen durch Gift getödtet und einige weitere blos
angegiftet zu haben. Zwar stand auch bei ihr fest, daß noch
mehrere Personen ihren Giftkuren erlegen waren, allein die Anklage
bekümmerte sich nicht weiter um diese, weil sie an jenen 6 Opfern
genug zu haben glaubte. Auch wurde die Giftmörderin verurtheilt; weil aber die Jury sich veranlaßt gefühlt hatte, ihrem
„Schuldig" mildernde Umstände beizufügen — das bekannte aus
der neueren Französischen Gesetzgebung stammende Mysterium, bei
welchem Niemand nach dem „Warum" fragen darf, und hinter
welches sich daher alles Mögliche verbergen kann — so lautete die
Strafe gleichwohl nur auf 20 Jahre Zuchthaus.

Laſſen wir die vielen tadelnden Kritiken, welche dieſes Urtheil
als ein zu mildes, Sicherheit und Leben der rechtſchaffenen Bürger
nicht genügend ſchützendes, von der Bevölkerung und von der
Preſſe in Genf ſelbſt erfahren hat, auf ſich beruhen, und ſchenken
wir dafür der Perſönlichkeit der Verurtheilten noch einige Aufmerk-
ſamkeit.

Das Schickſal der 1836 geborenen Jeanneret hat inſofern
einige Aehnlichkeit mit dem der M. Zwanziger, als auch jene
ſchon in früher Jugend Vater und Mutter verlor, und deßhalb
im Hauſe eines Onkels heranwuchs, der freilich wenig Dank davon
geerntet hat. Auch der Jeanneret alſo fehlte die elterliche und insbeſondere die faſt nie zu erſetzende mütterliche Erziehung. Ob ſie
aber unter der mütterlichen Leitung eine andere, beſſere geworden
wäre, iſt ſehr die Frage. Denn ſchon frühzeitig entwickelte ſich
bei ihr ein auffallender Hang zur Unbeſtändigkeit, zum Eigenſinn
und verſchloſſenen Trotz, und was das Schlimmſte war, zum
Lügen und Intriguiren, ſo daß der eigene Oheim erklärte, das
Kind ſcheine ihm mit moraliſchen Gebrechen zur Welt gekommen
zu ſein. Auch nahmen jene Eigenſchaften mit den Jahren nur zu,
und machten aus ihr ein mißtrauiſches, häſſiges und unheimliches
Weſen, zu welchem ſich Niemand hingezogen fühlen konnte, zumal
auch ihr Aeußeres des Einnehmenden wenig hatte: eine kleine
magere Geſtalt mit einem Kopf, deſſen Stirn, Naſe und eulen-
artige Augen mit einem lauernden Blick, in einem auffallenden
Mißverhältniß ſtanden zu der unteren Partie des Geſichts und
namentlich zu dem ganz zurücktretenden Kinn. Gleichwohl bot
ſich ihr eine Gelegenheit zum Heirathen dar, zerſchlug ſich indeſſen
wieder, weil die Verwandten der nicht unvermögenden Jeanneret
die Ueberzeugung hegten und geltend machten, der junge Bewerber
habe dabei weit weniger die Perſon, als ihr Heirathsgut im

Auge. Diese fehlgeschlagene Partie, in Verbindung mit ihrem ohnehin so ruhelosen, unstäten und nervös aufgeregten Wesen wurde die willkommene Veranlassung, daß sie Locle je eher je lieber verließ, und ihren eigenen Weg zu gehen versuchte, der sie freilich am Ende im 32ſten Jahre in das Zuchthaus führte, und anderwärts wohl gar auf das Schaffot gebracht hätte.

Aber wie in aller Welt iſt ſie zur Giftmiſcherin geworden? — Allerdings auf eine ungewöhnliche, bei ihren Schickſalsgenoſſinnen nicht vorkommende Veranlaſſung hin. Schon ſeit ihrer Mündigkeit nämlich hatte die kleine nervöſe und auch malitiöſe Perſon über allerhand wirkliche, eingebildete und zum Theil geradezu erdichtete Uebel zu klagen, und ruhte nicht eher, als bis ſie ſich in den Händen des Arztes, oder richtiger der Aerzte befand; denn ſie hat eine ziemliche Menge Doctoren konſultirt, und liebte überhaupt ärztliche Belehrung, Unterſuchung und Behandlung ſo leidenſchaftlich, daß ſie ſelbſt an ſchmerzhaften Operationen, namentlich an der Anwendung des glühenden Eiſens, und am Gebrauch giftiger Medikamente ein ganz ſeltſames Wohlgefallen zu haben ſchien. Ihre Wißbegierde, oder vielmehr eine eher häßlich zu nennende Neugierde nach allem Geheimnißvollen in der menſchlichen Natur, ließ ſie nicht allein mediziniſche Schriften leſen, ſondern auch von den ihr vorgeſchriebenen Recepten und mehr oder weniger giftigen Medikamenten ein kleines Arſenal zur eigenen Dispoſition anlegen, nicht ohne die Wirkung der letzteren von Zeit zu Zeit — natürlich mit gehöriger Vorſicht — an ſich ſelbſt zu erproben, und auf dieſe Weiſe wechſelnde Zuſtände der Aufregung und der Abſpannung hervorzurufen.

Wie lange ſie nun bei dieſen einſeitigen Verſuchen ſtehen blieb, und wann ſie überhaupt zuerſt auch andere Perſonen zum Gegenſtand ihrer gefährlichen Experimente gemacht hat, das iſt nicht mit Gewißheit zu sagen. Denn in ihren zwanziger Jahren fiel es ihr plötzlich ein, die Schweiz mit Baden zu vertauschen, um sich dort auf mehrere Jahre in einer Herrenhuter Kolonie gleichsam zu vergraben. Und leider haben die Genfer Gerichte auch gar nichts gethan, um einigen Aufschluß über ihr dortiges Thun und Treiben zu erhalten. Vielleicht hatte sie schon dort eine Art Vorschule für ihr späteres Métier durchgemacht. Denn als sie nach Locle heimkehrte, erklärte sie, prahlend mit ihren medizinischen Kenntnissen, Krankenwärterin werden zu wollen, besuchte noch schnell eine dafür in Lausanne bestehende Vorbildungsanstalt, und verließ dieselbe bereits nach einigen Monaten wieder, mit einem guten Zeugniß zwar, aber auch mit dem Nachruf einer schwatzhaften, ruhmredigen Person, die noch dazu ein gewisses unheimliches, unbeschreibbares Etwas an sich habe.

Und worin lag nun wohl der Grund des unheimlichen Eindrucks, den Jedermann empfing, der mit ihr in nähere Berührung kam? — Theilweise schon im Ausdruck ihres Gesichtes, welches ja bei leidenschaftlichen Menschen stets mehr oder weniger der Spiegel des Innern ist: hauptsächlich aber in den Geheimnissen, die sie bei sich zu bewahren bemüht war und vor der Welt zu verbergen alle Ursache hatte, um ein anderes, besseres Wesen zu scheinen, als die herz- und lieblose Lügnerin, die boshafte ja grausame, mitleiblose Egoistin, die sie in Wirklichkeit war und als welche sie im Verlauf ihres Dienstes sich erwiesen hat — am Krankenbett eine dreiste und zudringliche, mitunter auch rauhe und grobe Person, welche schlau genug alle Aerzte für Dummköpfe erklärte und sonst noch schamlos betitelte, sich selbst aber als eine ausgelernte, erfahrungsreiche Schülerin des Aeskulap anpries, und demgemäß ihren bedauernswerthen Opfern die vom Arzt verordne-

ten Mittel entweder verleidete, oder doch nicht ohne Beimischung eines
von den in ihrer Hausapotheke stets vorräthigen Giften verabreichte.
Lange genug hatte sie diese Mittel in ganz minimen Gaben an
sich selbst probirt; jetzt endlich war die erwünschte Zeit gekommen,
wo sie ihr liebes Atropin, Morphin, Chloroform u. s. w. auf die
bequemste und sicherste Weise auch anderen Personen beibringen,
und die Wirkungen stärkerer Gaben — denn es galt ja nur
ein fremdes Leben — mit gierigen Augen beobachten konnte,
vom Anbeginn des Paroxysmus bis zu seinem Ende d. h. bis zum
Tode ihres jeweiligen Opfers. Und selbst dann hatte sie noch
keine Ruhe; sie mußte dem Gestorbenen wenigstens noch in die
Augen leuchten, um sich von dem erloschenen Glanz derselben, oder
bei einer Atropin-Vergiftung von der außerordentlichen Erweiterung der Pupille zu überzeugen. — Uebrigens tödtete auch
die Jeanneret keineswegs immer durch ihre Mittel, sondern ganz
gleich wie ihre Vorgängerinnen, amüsirte sie sich zuweilen mit
bloßen Angiftungen: sie theilte vergiftete Bonbons aus, oder that
ein Minimum in ein Glas Zuckerwasser, in eine Tasse Thee, worauf dann die Genießenden mit Uebelkeit und Erbrechen davon-
kamen. Diejenigen aber, bei welchen sie es ernster meinte, ent-
gingen selten ihrem Schicksal, und bei diesen war sie sogar so
frech, deren unvermeidliches Lebensende schon einige Tage vorher
zu weissagen, theils um sich als Prophetin als medizinische Hell-
seherin bei der Umgebung rühmen zu können, theils um auf den
Eintritt des baldigen Todes als eines natürlichen Ereignisses vorzubereiten, sich selbst aber, die eigentlich wirkende Ursache, dahinter
zu verbergen.

Endlich, nachdem sie wenigstens 8 Personen — in Genf
sprach man sogar von 16 — unter die Erde gebracht hatte, sollte
es nicht einem Arzte, auch nicht einem Angehörigen der Ge-

tödteten, sondern einem Maler, dessen Schwiegermutter mit Atropin angegiftet worden war, gelingen, den geheimen, aller ärztlichen Hülfe spottenden Künsten der Jeanneret auf die Spur zu kommen, und durch eine gerichtliche Anzeige ihren weiteren Giftkuren ein Ziel zu setzen.

Natürlich hatte man auch bei der Jeanneret die Zurechnungs= fähigkeit in Frage gestellt, und namentlich hat die Vertheidigung hierin, wie gewohnt, Großes geleistet; allein die vom Gericht zur Prüfung des Geistes= und Gemüthszustandes der Angeklagten ver= ordneten 3 Aerzte haben alle drei erklärt, sie hätten keinen Grund zu der Annahme finden können, daß die Jeanneret nicht im vollen Besitz ihrer geistigen Fähigkeiten gewesen sei: ein vierter uns Allen wohlbekannter Arzt aber, der sie schon früher wieder= holt behandelt und der reinen Erdichtung eines Uebels, an welchem sie zu leiden vorgab, glänzend überführt hatte, nennt sie selbst ein **hysterisch affizirtes, lügenhaftes, bösartiges** und zum Krankenwärterdienst ganz ungeeignetes Wesen, bei welchem nur der Umstand einiges Bedenken errege, daß sie durch den öfteren Gebrauch des Atropin in einem nervös aufgeregten, rauschartigen Zustande sich befunden haben möge. Allein wir erlauben uns das Gegenbedenken zu erheben, daß dieser aufgeregte Zustand weder ein hochgradiger, noch ein dauernder, sondern ein nur vorüber= gehender gewesen sein dürfte, und mehr noch; daß überhaupt die Jeanneret, von der Zeit an, wo es ihr als Krankenwärterin ver= gönnt war, den **Patienten** ihr Atropin zu appliziren, gegen sich selbst gewiß um so zurückhaltender damit verfuhr, theils weil ihre Vergiftungssucht, am Krankenbett vollauf befriedigt wurde, theils weil sie alle Ursache hatte, sich selbst dabei die nöthige Ruhe und Nüchternheit zu bewahren.

Auf Grund solcher Vorlagen nun kann der Richter an der

Zurechnungsfähigkeit auch der Jeanneret nicht zweifeln; vielmehr wird er sie ohne Bedenken jenen herz- und gewissenlosen Uebel- thäterinnen beigesellen, welche, einmal verfallen dem Zauber ihres ge- heimnißvollen Mittels, sich um so weniger scheuen, Mord auf Mord zu häufen, als sie in ihrem selbstsüchtigen für Religion und Moral, für jedes edelere Gefühl abgestorbenen Inneren durchaus keinen Abhaltungsgrund mehr zu finden im Stande sind.

Auch sind wir überzeugt, daß die Genfer Geschworenen, wenn ihnen die hier zusammengestellten Fälle bekannt gewesen, oder von dem Staatsanwalt zur Unterstützung seiner Anklage wären benutzt worden, sich kaum zu der Annahme von mildernden Umständen verstanden, und auf diese Weise eine so unangemessene Verurthei- lung zu blos 20 Jahren Zuchthaus würden veranlaßt haben. Denn damit war weder der vergeltenden Gerechtigkeit, noch dem in Kraft bestehenden Genfer Gesetz, welches den Mörder am Leben gestraft wissen will, noch auch der allgemeinen Sicherheit ein Genüge geschehen. War man aber schon damals (1868) in Genf — wie die prophetischen Eingangsworte der Vertheidigung vermuthen lassen — so sehr gegen jede Todesstrafe eingenommen, daß man damit selbst einer achtfachen Giftmörderin Unrecht zu thun wähnte, so konnte man die letzte Entscheidung um so unbedenklicher dem Begnadiger anheimgeben, welcher dann die Todesstrafe doch we- nigstens auf lebenslange Einsperrung herabgesetzt und so der fatalen Möglichkeit vorgebeugt haben würde, daß die in ihrem zweiund- fünfzigsten Lebensjahre aus der Anstalt zu entlassende Jeanneret nicht wieder in die frühere Leidenschaft zurückfällt und aufs Neue arglose Menschen mit ihren Giftkuren beschleicht.

So weit der am 24. Februar gehaltene Vortrag, bei welchem Mehreres theils aus zeitlichen, theils aus persönlichen Rücksichten

übergangen und beziehungsweise verschwiegen wurde, was gleichwohl zur Sache gehört und deßhalb hier nachgetragen werden soll.

Uebergangen nämlich haben wir das größte und zugleich
gemeinste Giftmord-Ungeheuer nicht blos des neunzehnten Jahrhunderts, sondern vielleicht von allen, welche je existirt haben, die
französische Köchin Hélène Jegado aus der Bretagne, enthauptet
zu Rennes im Jahre 1852; denn sie läßt, sowohl was die Jahre
ihrer verbrecherischen Thätigkeit, als die Anzahl ihrer Opfer betrifft, selbst die Wittwe Gottfried weit hinter sich. Man rechnet ihr nämlich nicht weniger als vierzig und einige Vergiftungen
nach, wovon jedoch viele nicht mehr genauer untersucht wurden,
weil sie, vom Tage der Verhaftung der Verbrecherin (1. Juni
1851) an gerechnet, bereits vor zehn und mehr Jahren verübt
waren und somit nach Französischem Recht durch den Ablauf der
Verjährungsfrist als getilgt galten.

Wir haben die Jegado die gemeinste Verbrecherin dieser Art
deßhalb genannt, weil sie nicht blos in Ansehung ihrer Bildung
weit unter den bisher erwähnten stand — sie konnte nicht einmal
lesen —, sondern weil ihr neben dem Vergiften auch das Stehlen,
das Wein- und Schnapstrinken und das Tabakschnupfen zum
Lebensbedürfniß geworden war, indem namentlich die letztgenannten
Reizmittel dazu gedient haben mögen ihrem durch geschlechtliche
Liederlichkeit angegriffenen Körper von Zeit zu Zeit frische Lebens-
geister zuzuführen. Ueber ihre Herkunft schweigt die Untersuchung
auffallender Weise gänzlich, von ihren Eltern ist nirgends die
Rede, und auch auf ihr eigenes Alter läßt sie selbst nur insoweit
schließen, als sie im Jahre 1833 noch nicht vierzig Jahre alt gewesen sein, und eben wegen dieses kanonischen Mangels, auf Anordnung des Bischofs,[1] den Dienst bei dem Vikar Lorho in
Bubry verlassen haben will, während doch der zwingende Grund

ihrer Entfernung vielmehr darin lag, daß kurz vorher in der geistlichen Wohnung drei Personen, und darunter ihre eigene Tante
an Gift gestorben waren, und auf ihr der dringendste Verdacht
der Urheberschaft lastete. Im Uebrigen erfährt man auch über
ihre Jugendzeit nur soviel, daß sie von ihrem siebenten bis zum
fünfundzwanzigsten Lebensjahr mit ihren beiden Tanten (von
welchen die eine vielleicht ihre Mutter war) bei dem Pfarrer
Riallant in Bubry[2]), und sodann weitere eilf Jahre bei dem
Pfarrer in Seglien gedient, diesen Dienst aber 1833 mit demjenigen bei dem Priester Lebrogo in Guern vertauscht habe. Aus
diesen Zahlenangaben erhellt, daß sie 1833 allerdings erst 36 Jahre
alt war, und daß ferner ihre Geburt in das Jahr 1797 zu
setzen ist.

Selten erfährt man von den gewohnheitsmäßigen Giftmischerinnen, wann sie zum ersten Mal von ihrem Mittel Gebrauch
gemacht haben. So auch bei der Jegado. Der Pfarrer von
Seglien, ein schwacher schüchterner Mann, mit welchem seine
herrschsüchtige Köchin in beständigem Streit lebte, hatte zur Vertilgung der vielen Ratten im Hause eine ganze Quantität Arsenik
kommen lassen müssen,[3]) aber auch fortwährend gewarnt, ja vorsichtig damit umzugehen. Hier war es also gefährlich, gegen
Menschen davon Gebrauch zu machen. Und doch kam schon zu
jener Zeit die Angiftung eines Schäfermädchens vor: vielleicht
die erste Probe, die aber gleich Verdacht erregt, und die Jegado
veranlaßt haben mag, den bisherigen zu sehr überwachten Dienst
aufzugeben und nach Guern zu dem Priester Lebrogo zu ziehen,
wo denn auch sehr bald, innerhalb dreier Monate (vom 28. Juni
bis 3. October 1833) sieben Personen nacheinander unter den
gleichen Vergiftungserscheinungen den Geist aufgaben. Darunter
befanden sich eine Schwester der Jegado und auch der geistliche

Herr selbst, das letzte unter den sieben Opfern, dessen wie es scheint allein geöffneter Leichnam einen sehr entzündeten Magen aufwies. Allein bei der unbegreiflichen Unentschiedenheit des Arztes kam es zu einer weiteren chemischen Prüfung nicht, und so begnügte man sich mit bloßen Vermuthungen, zumal die allein am Leben gebliebene Köchin nichts als christlich fromme Redensarten im Munde führte und die Leidenden mit so großer Theilnahme gepflegt hatte — was freilich alle habituelle Giftmörderinnen zu thun pflegen, theils um den Verdacht der Thäterschaft von sich abzulenken, theils um die verrätherischen Entleerungen aller Art rechtzeitig beseitigen zu können.[4]) Immerhin war das ganze Pfarrhaus ausgestorben, und der Dienst einer Köchin somit überflüssig geworden; allein durch die Mitvergiftung ihrer Schwester hatte sie zugleich für ihr weiteres Unterkommen gesorgt, denn sie gieng nun, an der Vergifteten Stelle, als Köchin zu dem Vikar Lorho in Bubry, und erst nachdem sie auch hier drei Menschenleben durch Arsenik unter die Erde gebracht und als der That höchst verdächtig fortgeschickt worden war, mied sie für die Zukunft die Pfarrhäuser gänzlich und diente blos noch bei weltlichen Herrschaften.

Man sollte es allerdings für kaum glaublich halten, daß in dem einen Hause drei, in einem anderen sogar sieben bisher ganz gesunde Menschen so rasch nacheinander, nach so kurzem Unwohlsein und unter den ganz gleichen so verdachtvollen Krankheitserscheinungen sterben konnten, ohne daß das Gericht von irgend einer Seite her zum Einschreiten veranlaßt wurde. Allein solche Beispiele von Muth, Energie und Charakterfestigkeit, wie der Pariser Professor Tardieu bei Vergiftungsfällen wiederholt an den Tag gelegt, und wir selbst vor zehn Jahren in Bern an einem Kollegen zu bewundern Gelegenheit hatten, gehören immerhin zu den seltenen Erscheinungen. In der Regel sind nicht blos die Angehörigen der Vergifteten, ja die letzteren selbst[5]), wie mit Blindheit geschlagen, sondern auch die Aerzte denken in solchen Fällen nur zu häufig an alles Andere eher, als an Vergiftung, und selbst wenn sie Verdacht schöpfen, wagen sie gar nicht immer, ihn laut werden zu lassen wegen der für Viele unangenehmen und für den noch unbekannten Thäter verhängnißvollen Folgen, welche sich daran knüpfen, ohne auf der anderen Seite zu bedenken, wie schwer sie sich durch ein so verzagtes Schweigen an der Gerechtigkeit und an Leben und Gesundheit anderer Menschen versündigen können. Denn hätte z. B. der unglückliche Priester Ledrogo, nachdem bereits sechs Personen seines Hauses in so kurzer Zeit und unter so verdachtvollen Erscheinungen den Tod gefunden, den Muth gehabt, auf eine Untersuchung anzutragen; so würde er nicht blos sein eigenes, sondern auch das Leben der vielen späteren Opfer der Jegado vor dem qualvollen Vergiftungstode bewahrt haben. Der gleiche Vorwurf trifft dann weiterhin nicht blos den sezirenden Arzt, welcher die im Magen jenes Priesters wahrgenommenen Vergiftungsspuren einfach auf sich ·beruhen ließ, sondern auch den Vikar Lorho, weil er seine durch die schon erwähnten drei Todesfälle ihm so verdächtig gewordene Köchin kurzweg aus dem Dienst jagte, anstatt eine Anzeige zu machen.

Zehn gelungene Giftmorde hatte die Jegado sonach hinter sich und trat nun—die kurze Lehrzeit bei der Weißnäherin (1834) u. im Kloster zu Auray (1835) abgerechnet — an gar manchen Orten und bei sehr verschiedenen Herrschaften in Dienst, ohne irgendwo eine bleibende Stätte zu finden. Denn überall wo sie hinkam, erweckte sie theils Mißfallen durch ihr rohes, herrisches und boshaftes Betragen zumal gegen Kinder und Nebendienstboten, theils und mehr noch Mißtrauen und Verdacht wegen der plötzlichen

Erkrankungen und schmerzhaften Todesfälle, welche sich alsbald im Bereich ihrer Wirksamkeit ereigneten, und gegen deren Wiederholung man sich besser nicht schützen zu können glaubte, als durch schleunige Verabschiedung der unheimlichen Person. Also auch hier, wie früher in den geistlichen Häusern, die gleiche Blindheit, Muthlosigkeit und unverantwortliche Nachsicht gegenüber dem gefürchteten Ungeheuer, welches natürlich in Folge dieser Schonung nur immer dreister in der Ausübung ihres Lieblingsgeschäftes wurde, so daß innerhalb 8 Jahren (vom Juni 1833 bis Mai 1841) die Zahl der von ihr durch Arsenik Getödteten auf 23 angewachsen war, während eine Menge ungezählter Angiftungen und Diebereien zwischen hineinfallen.

Wo sie blos stahl, wußte sie die Betheiligten durch grobe unverschämte Reden einzuschüchtern, wo sie aber vergiftete, da trug sie eine Viele bestechende Frömmigkeit zur Schau, heuchelte innige Liebe und Theilnahme für ihre armen Patienten, und beklagte sich über ihr eigenes Mißgeschick, indem schon in so vielen Familien, wo sie gedient habe, schwere Erkrankungen und Todesfälle vorgekommen seien. (!)

Niemals gab sie Gift blos um krank zu machen, sondern stets in der Absicht, den einmal. Angegifteten durch wiederholte Gaben zu tödten; ihre bloßen Angiftungen waren also nur mißlungene Giftmorde, indem die Bedrohten sich noch rechtzeitig ihrer weiteren Einwirkung zu entziehen gewußt hatten. Und wenn sie in diesem Punkte nur in der Ursinus eine Vorgängerin hatte, die gewiß auch ihren Diener tödten und nicht blos krank machen wollte, so bediente sie sich andererseits zweier Mittel, den Verdacht der Thäterschaft von sich abzuwenden, welche auch der Jeanneret bei ihren Kuren ganz geläufig waren. Einmal nämlich pflegte sie den Tod der von ihr nur erst angegifteten Personen als höchstwahrscheinlich oder als gewiß vorherzusagen, [6]) denn sie habe schon viele Menschen und namentlich ihre eigene arme Mutter, [7]) an der gleichen Krankheit leiden und sterben sehen. Sodann aber pflegte sie, wenn sie die heilsame Wirkung eines vom Arzt verordneten Mittels durch eine Dosis von ihrem Arkanum wieder vernichtet hatte, auf die Doktoren zu schimpfen, „die verdammten Schafsköpfe", die nichts von der Krankheit verständen, und eher alles Andere, nur nicht die Wahrheit zu treffen wüßten.— Gleichwohl war sie überall in den Geruch einer unheimlichen, unheilbringenden Person gekommen — das abergläubische Volk wollte sogar wissen, sie habe eine weiße Leber und einen vergiftenden Hauch — und dieser schlimme Ruf in Verbindung mit ihren sich immer wiederholenden Diebereien und Angiftungen trieb sie nicht blos von Haus zu Haus, sondern auch von Ort zu Ort. Zuletzt (1848) versuchte sie ihr Heil in der ehemaligen Hauptstadt Rennes, und fand auch, nachdem sie innerhalb zweier Jahre bereits zum siebenten Male wegen grober Sitten, Diebstahl und Giftmischerei die Herrschaft hatte wechseln müssen, dennoch auf Grund günstiger Zeugnisse [8]) eine Anstellung als Köchin bei dem Professor der juristischen Fakultät, Herrn Bidard. Diesem arglosen nüchternen Manne, welchem die durstige Jegado unter der Hand den ganzen Flaschenwein im Keller weggetrunken hatte, war es vorbehalten, die langjährige Missethäterin zu entlarven — freilich erst nach der dritten Vergiftung auch seines dritten Kammermädchens, und nachdem er selbst nur durch einen glücklichen Zufall dem gleichen Schicksal entgangen war. [9])

Das Hauptbestreben der Jegado gieng nämlich überall dahin, nicht blos in der Küche, sondern im ganzen Haushalt das Regiment zu führen u. zu befehlen, denn nur dann konnte sie ihren Lastern und namentlich ihrer Trink- und Stehlsucht ungehinderter fröhnen.

Nebendienstboten, welche sich ihr nicht unbedingt unterordneten, wurden entweder vertrieben, oder wenn dieß nicht gelang, für immer unschädlich gemacht. So hatte sie im Sommer 1850 in einem Gasthofe gedient neben Perotte Macé, einer Art Haushälterin, welche ihr auf die Finger sah und sich erlaubte, ihre Unreinlichkeit zu tabeln. Dieß genügte für die Getabelte, um sich eine so unbequeme Aufpasserin durch wiederholte Arsenikgaben vom Halse zu schaffen, ohne daß die beiden Aerzte aus der eigenthümlichen Krankheit mit ihren wiederholten Rückfällen klug geworden wären.[10] Einen Monat später (den 5. Oktober) wurde sie aber dennoch wegen Zanksucht und unerlaubten Weintrinkens aus dem Gasthof fortgejagt, und trat nun am 19. Oktober ihren allerletzten Dienst an bei dem Professor Bidard. Allein auch hier traf sie mit Rosa Tessier, einem treuen, ihrer Herrschaft ganz ergebenen Kammermädchen zusammen, welchem die Aufsicht über Küche und Keller übertragen war, und deren Anordnungen die neue Köchin unbedingt folgen sollte, aber begreiflich durchaus nicht wollte, und es deßhalb vorzog schon am 3. November dem armen Mädchen eine Suppe zu kochen, deren Genuß, mit einiger späteren Nachhülfe, schon am vierten Tage ihrem Leben ein Ende machte, ohne daß man eine Ahnung von der wahren Todesursache hatte.[11] — Einige Wochen führte jetzt die Jegado das alleinige Regiment im Hause und versicherte ihrem Herrn, es gehe ganz vortrefflich, sie könne Alles allein besorgen und bedürfe weiterer Hülfe gar nicht. Allein Herr Bidard war in seinem und seiner Tochter Interesse anderer Meinung, und so trat am 1. Dezember 1850 Tranç Fluriaux in Dienst, eine unansehnliche schüchterne Person, welcher die Köchin allmälig das Leben immer saurer zu machen wußte. Weil aber ihre Geduld unerschöpflich schien und sie nicht weichen wollte, so wurde sie wiederholt aber nur gelinde angegiftet,[12]

und bat dann krankheitshalber selbst um Entlassung aus dem
ungesunden Dienst. Auf diese Weise rettete sie ihr Leben und
konnte späterhin als Zeugin abgehört werden. Ersetzt aber wurde
diese Lücke sofort (d. 17. Mai 1851) durch Rosalie Sarrazin,
ein junges, ebenso selbständiges wie pflichttreues Mädchen, welches
gleich in den ersten vierzehn Tagen den Haß der bisher unbeauf=
sichtigten Köchin auf sich lud, weil sie derselben, befohlenermaßen,
Rechnung abforderte über das seit Monaten verbrauchte Wirth=
schaftsgeld. Dabei gab es Streit und so leidenschaftliche Ausfälle
der Segado, daß ihr bedeutet wurde, wenn sie sich mit der Kam=
merjungfer nicht vertragen könne, so möge sie sich nach einem an=
deren Dienst umsehen. Diese Drohung erbitterte das boshafte
Geschöpf nur noch mehr; die Streitigkeiten erneuerten sich, und
deßhalb erfolgte am 10. Juni die vorläufige Dienstaufkündigung,
aber zugleich auch als Rückschlag die erste Angiftung der ge=
haßten Kammerzofe, welche am 15., 22., 27. und 29. Juni wie=
derholt wurde, und am 1. Juli den martervollen Tod dieses
Mädchens von seltener Treue und Frömmigkeit herbeiführte.[13]

In dem Verdacht einer Vergiftung durch die Köchin kamen
freilich zuletzt der Dienstherr und die Aerzte einander entgegen,
aber leider erst zu einer Zeit, wo an Rettung der Leidenden nicht
mehr zu denken war und blos noch die langjährige Missethäterin
endlich festgenommen und der Justiz überliefert werden konnte,
um sie für immer unschädlich zu machen.

Die Anklage beschränkte sich, ähnlich wie im Prozeß Jean=
neret, auf eine Auswahl unter der Masse von Verbrechen,
nämlich auf eine Anzahl von Diebstählen aus den Jahren 1843
bis 1850, und auf sieben Vergiftungen aus den letzten anderthalb
Jahren (1850/51), worunter drei mit tödtlichem Ausgang. Die
vielen gleichartigen Verbrechen aus der früheren Zeit wurden nur

zur Information der Geschworenen mit aufgenommen, damit sie erführen, mit welchem Ungeheuer sie es zu thun hatten und was ihm zuzutrauen sei. Denn gestanden hat die Jegado blos einige von den Diebstählen, wo man die entwendeten Sachen in ihrem Besitz gefunden hatte; dagegen hat sie den dringendsten Schuld= anzeigen gegenüber mit frecher Stirn fort und fort geleugnet, je einem Menschen Gift (Arsenik) gegeben zu haben. „Man hat gut reden von Arsenik" — fuhr sie am Schluß der Aussage des Professor Bidard auf — mich wird man nicht erröthen machen. Es soll mir einmal Jemand beweisen, daß ich Arsenik gebraucht habe!"

Freilich einen Zuschauer hatte sie bei ihren zahllosen Vergif= tungen niemals gehabt, und ebensowenig einen Mitwisser; auch hatte man wohl Job und Schwefelsäure, aber keinen Arsenik unter ihren Sachen gefunden, weil man ihr Zeit gelassen, ihn noch schnell zu beseitigen. Allein überall, wo sie längere Zeit ge= wesen, hatte sie den Ruf einer Giftmischerin zurückgelassen: von überall her strömten daher jetzt Nachrichten herbei von früheren gleichverdächtigen Erkrankungen und Todesfällen, wie die neuesten in Rennes vorgefallenen. Und ihre drei letzten Opfer, Perotte Macé, Rosa Tessier und Rosalie Sarrazin, neben welchen sie als Köchin gedient und welche zu hassen sie, die Diebin und Säuferin, hinreichenden Grund hatte — sie alle drei waren in Folge des Genusses von Speisen aus der Küche und den Händen der Jegado plötzlich und unter den bekannten Erscheinungen einer Arsenikver= giftung erkrankt: Niemand als die Köchin hatte sie von da an bis zum Tode gepflegt und überwacht: aus allen drei Leichen end= lich war es der Wissenschaft gelungen, den darin enthaltenen Arsenik zu isoliren und dem Gericht vorzuweisen.

Allein auf die Vorhaltung all dieser erdrückenden Schuld=

beweise hatte die Angeklagte keine andere Antwort, als: „Frei und offen gestanden (ben franchement), ich habe mir nichts vorzuwerfen! Alles was ich den Leidenden gab, kam aus der Apotheke und hatten die Aerzte verordnet."

Einer so schamlosen Lügnerin gegenüber, welche bei dem Betreten und Verlassen des Gerichtssaales wiederholt gegen die Wuthausbrüche des Volkes durch die bewaffnete Macht geschützt werden mußte, hatte die Vertheidigung eine schwierige Aufgabe, und nahm deßhalb ihre Zuflucht zu zwei Aerzten als Defensionalzeugen, von welchen der eine noch schnell aus Nantes herbeitelegraphirt worden war. Allein obschon beide in ihrer Verlegenheit eine Exkursion in das Gebiet der Gall'schen Schädellehre wagten, so wollte doch keiner von beiden von einer Monomanie, einer **krankhaften Vergiftungssucht** etwas wissen, zumal bei einem so schlauen und rachsüchtigen Geschöpf, wie die Angeklagte, welche zwanzig Jahre lang die raffinirteste Bosheit und Grausamkeit hinter dem erheuchelten Schleier von Liebe, Mitleid und Frömmigkeit zu verbergen gewußt hatte. Personen ihres Schlages gehen stets direkt auf ihr Ziel los — so ungefähr schloß Dr. Guépin aus Nantes seinen Vortrag —; Hindernisse kennen sie nicht, denn Religion und Moral existiren für sie blos dem Namen nach; folgeweise sind sie für Gewissensbisse und Reue ganz unempfänglich; mit derselben Gleichgiltigkeit, mit welcher sie einen Wurm zertreten, vernichten sie auch ein menschliches Dasein, und nur das Eine mögen sie aufrichtig bereuen, sich nicht auch derjenigen Personen zeitig genug entledigt zu haben, durch welche sie am Ende entlarvt und vor Gericht gestellt wurden.

In dem Prozeß Jeanneret hatten die Geschworenen mildernde Umstände angenommen, doch wohl in Folge der vom Vertheidiger sehr drastisch geschilderten Abneigung gegen die Todesstrafe sowie seiner weiteren Behauptung, es fehle bei der Angeklagten an der verbrecherischen Abjicht, weil — an einem Motiv zum Vergiften. Die Geschworenen in Rennes ließen sich nicht irre machen: sie sprachen das einfache Schuldig aus, obschon ein Sach- verständiger erklärt hatte, die Jegado möge wohl nicht grundlos vergiftet haben, allein ihre Motive ständen gleichwohl in gar keinem Verhältniß zu der Schwere ihrer Verbrechen. Als ob sich die Schwere und Tragweite eines Motivs objectiv abschätzen, gleich- sam nach einem für Jedermann passenden Normalgewicht bestim- men ließe, und nicht vielmehr Alles von der Individualität der Person und des Falles abhinge! Doch wie es sich hiermit ver- hält, darüber haben wir uns schon früher bei Beurtheilung der Wittwe Gottfried ausgesprochen, und jedenfalls ist es ein voreiliger Schluß, daß, weil ein Vertheidiger oder Sachverständiger kein oder doch kein ihm genügendes Motiv gefunden zu haben glaubt, deßhalb auch auf Seite des Verbrechers keines vorhanden gewesen, sein könne, mithin eine Geistes- oder Gemüthskrankheit angenom- men werden müsse. [14]) In der That, sie sind gar zu mannigfaltig diese Beweggründe: ja sie sind nicht selten unergründlich und un- berechenbar zu nennen, wenigstens bei Personen weiblichen Geschlechts, sobald sie in verbrecherischer Absicht zum Gift greifen, indem sie dann nach der ersten glücklich ausgeführten That nur zu leicht der zauberartigen Wirkung dieses Mittels auf ihr Inneres erliegen und zu immer wiederholter Anwendung desselben verlockt werden, ohne daß ein töbtlicher Haß, eine feindselige Gesinnung oder auch nur ein besonderer Widerwille gegen das jeweilige Opfer ihrer wollustartigen Vergiftungssucht sich nachweisen ließe.

Und hiermit sind wir am Ende unseres Thema's und zugleich bei demjenigen Punkte angelangt, dem eigentlich eine Stelle schon im Vorwort gebührt hätte, welche aber der Redner dort verschweigen und schicklicher am Schluß dem Schriftsteller über lassen zu dürfen glaubte — bei der Frage nämlich, warum zur Bewahrheitung des dem Gifte inwohnenden Zaubers einzig Personen weiblichen Geschlechts vorgeführt worden sind. Die Antwort lautet sehr einfach dahin, weil eben nur Giftmörderinnen für jenen Zauber empfänglich sind. Männer, wenn sie Gift in verbrecherischer Absicht anwenden, handeln stets aus greifbaren Motiven und verfolgen reelle Zwecke. Der Kapitain Ste Croix z. B. gleichwie die Doctoren Palmer und La Pommerais, sie brauchten Geld in Masse zu ihrem verschwenderischen Leben, und deßhalb vergifteten sie eben solche Personen, deren Tod ihnen dazu verhelfen konnte. Vergebens aber würde man sich in den Annalen der Kriminalrechtspflege nach einem Giftmörder umsehen, welcher mit seinem Mittel so frivol und verschwenderisch gewirthschaftet, dasselbe so plan- und ziellos an beliebige Personen jeden Alters und Geschlechts ausgetheilt hätte, wie jene Frauen, welche ihre größte Lust und Befriedigung nicht sowohl aus dem Tode, sondern aus dem Giftgeben, Krankmachen und aus dem Anblick der Leiden ihrer Opfer schöpften.

Anmerkungen.

———

¹) Sie kannte also die Standespflicht der katholischen Geistlichen, sich des Verkehrs mit dem weiblichen Geschlecht zu enthalten und insbesondere nur solche Frauen in ihre Behausung aufzunehmen, deren Alter oder nahe Verwandtschaft den Verdacht jedes unerlaubten Umganges ausschließt.

²) Dieser alte Herr nahm sich ihrer auch später noch eine Zeit lang an: er gab sie 1834 in die Lehre zu einer Nätherin; allein sie vergiftete diese ihre Lehrerin sammt deren Tochter. Hierauf kam sie 1835 in das Kloster von Auray, wurde aber wegen boshafter Streiche und unsittlichen Lebens fortgeschickt. Sie hatte den Schwestern heimlich die Kleider zerschnitten, und die Kaserne mehr als die Kirche geliebt.

³) Gewiß auf Andringen der Köchin, welche nun die bequemste Gelegenheit hatte, sich zum künftigen eigenen Gebrauch mit einem gehörigen Vorrath zu versehen.

⁴) Gerade dieses letztere Geschäft besorgte die im Uebrigen sehr unsaubere Zegado stets mit einer verschwindenden Schnelligkeit, was sie bei Einzelnen in den Ruf großer Reinlichkeit brachte.

⁵) Wir erinneren an John Cook, Freund und letztes Opfer des berüchtigten Dr. Palmer; er glaubte sich von diesem bereits angegiftet, und hatte dennoch nicht den Muth, ihm die Freundschaft oder wenigstens jede fernere ärztliche Behandlung aufzukündigen. — Ebenso starb Rosalie Sarrazin, das letzte Opfer der Zegado, mit der mehrmals angedeuteten, aber nicht beachteten, und erst als es zu spät war, richtig aufgefaßten Hinweisung auf die Köchin, als die Urheberin ihrer Leiden.

⁶) Selten vermaß sie sich soweit, den baldigen Tod auch einer noch ganz gesunden Person zu prophezeien, sobald sie dieselbe nämlich als ihr nächstes Opfer bereits in's Auge gefaßt hatte. So bei dem Professor Bidard.

⁷) Hier spricht sie zum ersten und einzigen Mal von ihrer Mutter — welche sie demnach auch getödtet hätte — während sonst immer nur von Tanten die Rede ist, deren eine sie bei dem Vikar Lorho mitvergiftet hatte.

⁸) Diese Zeugnisse mußten entweder gefälscht oder von gewissenlosen Dienstherrschaften ausgestellt sein.

⁹) Er hatte nämlich gerade das vergiftete Gericht aus Mangel an Appetit unberührt gelaffen.

¹⁰) Sie wünschten, deßhalb eine Section zu machen, wurden aber von den Eltern der Verstorbenen daran verhindert.

¹¹) Einer von den beiden Doktoren hielt nach dem Tode eine Vergiftung für möglich, und wollte seziren; sein Kollege aber erwiderte: wozu? Es giebt nur Gerede, Skandal! Und wenn wir nun nichts finden? —

¹²) Vielleicht das einzige Mal, wo auf Seite der Geberin nicht eine entschieden tödtliche, sondern blos die Absicht obgewaltet zu haben scheint, das geduldige Lamm blos anzukränkeln und so dienstunbrauchbar zu machen.

¹³) Vor Empfang der letzten Oelung verlangte sie noch nach ihrer Mörderin, um sie zu umarmen und ihr — zu vergeben; denn sie starb, in der sicheren Ueberzeugung von deren alleiniger Schuld an ihrem Tode, mit den Worten: „Ach, man hat mich verrathen!" — eine ergreifende Scene, bei welcher der functionirende Priester dem Professor Bidard zurief: „O, mein Herr, Sie bergen in ihrem Hause die höchste Tugend, aber daneben auch das verworfenste Laster".

¹⁴) Welchen Grund hatte wohl die eitele, lüsterne Gottfried, als sie den eilfjährigen bildschönen Pflegesohn ihrer Freundin Marie (den sie selbst einen wahren Johanneskopf nannte) nach der Frage „was meinst Du wohl, Marie, wenn Du den verlieren müßtest?" — sofort mit vergiftetem Butterbrob beschenkte und dadurch tödtlich krank machte? — Mißgönnte sie dem unschuldigen Knaben seine seltene Schönheit — oder beneidete sie ihre Freundin um den Besitz des kleinen Johannes — oder geschah es nur zur Befriedigung ihres zeitweiligen Bedürfnisses, der teuflischen Lust zum An- und Vergiften? — Sie konnte ja „mit Lust Böses thun". —

Druck von Gebr. Unger (Th. Grimm) in Berlin, Schönebergerstraße 17a.

Ueber

Elektrische Fische.

Von

Dr. Franz Boll,
Professor an der Universität Roma.

Berlin, 1874.
C. G. Lüderitz'sche Verlagsbuchhandlung.
Carl Habel.

Die Lehre von der Elektricität und vom Magnetismus ist bekanntlich eine Errungenschaft der neueren Zeit, ja man kann sagen erst des letzten Jahrhunderts. Den Alten war diese ganze Welt wissenschaftlicher Thatsachen unbekannt bis auf wenige vereinzelte Facta, welche ihnen als ebensoviele Räthsel erscheinen mußten, da die damalige Philosophie und Physik ihnen völlig macht- und rathlos gegenüberstand.

Sehen wir ab von den elektrischen Erscheinungen unserer Atmosphäre: Donner und Blitz, so beschränken sich die den Alten bekannten elektrischen Thatschen auf die Fähigkeit des Magnetsteines, Eisen anzuziehen, auf das Attractionsvermögen des geriebenen Bernsteines und auf die Wirkungen der elektrischen Fische.

Einer der verbreitetsten und häufigsten Fische des Mittelländischen Meeres ist der (auch in anderen Meeren durch zahlreiche Arten und Unterarten vertretene) elektrische oder Zitter-Roche (Torpedo), welcher elektrische Schläge auszutheilen vermag von solcher Stärke, daß sie den Arm eines Mannes eine Zeitlang zu lähmen im Stande sind. Die Kenntniß dieser seiner Wirkung verliert sich in die älteste Vorzeit. Es findet sich dieser Fisch an den Küsten Griechenlands und Italiens so häufig, daß die von ihm ausgehende Wirkung zu den ersten Erfahrungen gerechnet werden muß, welche die auf das Meer und den Fischfang angewiesene Urbevölkerung dieser Küsten überhaupt machen konnte; jedenfalls ist sie erheblich viel älter als die Kenntniß der Wirkungen des Magnets und des geriebenen Bernsteins, deren Kunde gleichfalls bis in die vorhistorische Zeit zurückreicht.

Den Beweis hierfür liefert die Sprache: Die griechischen Bezeichnungen für: Magnet und Bernstein enthalten keinerlei etymologische Beziehungen zu den diesen Körpern eigenthümlichen Kräften, die den Alten so geheimnißvoll erscheinen mußten. Die griechischen Namen für den Magnet „Heraklea“ und „Magnetis“ bedeuten einen bei der Stadt Heraklea oder Magnesia vorkommenden Stein. Das griechische Wort für Bernstein „Elektron“ bezieht sich nach der bei weitem wahrscheinlichsten Etymologie auf die Farbe und ließe sich passend durch „Sonnengold“ übersetzen. Hierdurch wird es nicht unwahrscheinlich, daß der Magnet und der Bernstein als solche den Griechen schon längere Zeit bekannt und von ihnen benannt waren, ehe die ihnen eigenthümlichen physikalischen Eigenschaften wahrgenommen wurden.

Anders liegt die Sache mit dem Zitterrochen. Die alten Griechen nannten ihn „Narke“ und das von diesem Substantiv abgeleitete Verbum, welches auch in unserer Sprache sich wiederfindet („narkotisiren“), heißt betäuben. Ebenso bezeichnet der lateinische Name „Torpedo“ einen Fisch, welcher erstarren macht und lähmt. In die französische Tochtersprache ist dasselbe Wort mit einer leichten Veränderung übergegangen. Auf den Fischmärkten von Marseille und Toulon heißt der Zitterroche „Torpille“, und daneben hat sich das Wort torpeur, das lateinische torpor für Erstarrung und Betäubung in der französischen Sprache erhalten. Die italienischen Fischer nennen ihn „Tremola“[1]) d. h. Zitterling von dem eigenthümlich zitternden Gefühl, welches sein Schlag, wie jede starke elektrische Entladung in

dem getroffenen Gliede verursacht. Auch in dem arabischen
Patois der Maltesischen Bevölkerung bedeutet „Haddaila“ einen
betäubenden Fisch.[2]) So findet sich allenthalben der Name
unseres Fisches an seine elektrische Thätigkeit unlösbar etymo-
logisch gebunden, und es ist daher anzunehmen, daß ihre Kenntniß bis in die ältesten Zeiten der Sprachbildung zurückreicht.

Vielleicht nicht viel jüngeren Datums ist eine hoch interessante praktische Anwendung, welche die Anwohner des
Mittelmeers von den elektrischen Schlägen des Zitterrochen
machten und die unleugbar die ersten Anfänge der Elektro-
therapie darstellt: Gegen migraineartigen Kopfschmerz wird als
sicheres Mittel empfohlen, einen oder mehrere lebende Zitterrochen auf den leidenden Theil zu appliciren. — ganz wie
heutzutage gegen dieselbe Krankheit der constante und inducirte
Strom als zuverlässigste Mittel empfohlen werden. Wenn
auch keiner der zahlreichen griechischen und römischen Aerzte[3])
welche uns von diesem Hausmittel berichten, bis über die christliche Zeitrechnung zurückreicht, so ist an dem hohen Alter eines
so primitiven Heilgebrauchs doch nicht gut zu zweifeln, zumal
da die Berichterstatter davon wie von einer altbekannten
Sache sprechen.

Abgesehen von dieser Nachricht bieten die zahlreichen vom
Zitterrochen und seiner Wirkung handelnden Stellen der Griechischen und Römischen Schriftsteller[4]) meist nur ein untergeord-
netes thatsächliches Interesse. Ebenso wie die unsere, ringt
auch ihre Sprache, jene confuse, betäubte und zitterige Empfindung auszudrücken, welche durch den Schlag des Fisches in dem
getroffenen Theile verursacht wird, und welche auch wir nicht
zu beschreiben, sondern nur als die „Empfindung eines elektrischen
Schlages“ zu bezeichnen verstehen. Es wird uns erzählt, daß
der Fisch sich dieser seiner Kraft als Vertheidigungswaffe gegen

seine Feinde, als Angriffswaffe gegen seine Beute bediene. Ja, diese Waffe wirkt nicht bloß bei unmittelbarer Berührung, sondern geheimnißvoll auch in die Ferne. Es wird uns berichtet, wie auch bei mittelbarer Berührung des Fisches (durch Harpunen u. s. w.) der Schlag empfunden wurde, wie die Wirkung gespürt wurde von Fischern, welche ein Netz, in dem sich ein lebender Zitterroche befand, ans Land zogen, wie vom Schlage getroffen wurden die Hände, welche aus einem Gefäß einen Wasserstrahl auf einen Zitterrochen herabgossen, ja wie einem arglosen Angler durch die Angelschnur die furchtbare, lähmende Gewalt zugeleitet wurde. Noch heute kann man dieselben und ähnliche Geschichten von den Fischern des Mittelmeers erzählen hören: sie alle haben die Grundbedingung gemeinsam, daß in ihnen zwischen dem Zitterrochen und dem Empfänger des Schlages im Momente der Entladung eine gut leitende Verbindung (durch die Harpune, durch die naßen Stricke des Netzes, durch den Wasserstrahl, durch die feuchte Angelschnur) hergestellt war.

Sehr zu bedauern ist, daß der größte Naturforscher des Alterthums der Wirkung des Zitterrochen seine Aufmerksamkeit nicht zugewandt hat. Wenigstens geschieht ihrer in den Schriften, welche unter dem Namen des Aristoteles auf uns gekommen sind, nur einmal und zwar nur ganz beiläufig Erwähnung. Es ist dies um so mehr zu verwundern, als Aristoteles sonst und in anderen Beziehungen der Narke nicht selten gedenkt und eine recht genaue Kenntniß ihrer Anatomie bekundet. So wußte er z. B. schon ganz richtig, daß der Zitterroche zu den lebendig gebärenden Fischen gehört, eine Thatsache, die noch in unserem Jahrhundert von Cuvier bestritten worden ist.

Wenn ein Geist, wie der des Aristoteles vom Schlage des Zitterrochen eine Erklärung geben nicht konnte oder nicht wollte, so darf es nicht befremden, daß auch das übrige Alterthum diese Frage nicht erörterte. In der That findet sich in all den Stellen der Alten, die vom Zitterrochen handeln, auch nicht einmal der geringste Versuch, die wunderbare Erscheinung auf natürliche Ursachen zurückzuführen und zu erklären. Das Beste und Geistreichste, was im Alterthum über diesen Gegenstand noch geschrieben worden ist, gehört dem 200 n. Chr. in Rom lebenden griechischen Arzte Galenus an, welcher die Wirkung des Zitterrochen auf Grund ihrer so räthselhaften Fortpflanzungsweise vergleicht und zusammenstellt mit der Wirkung des Magneten, — eine berühmte Stelle, die immer als eine der denkwürdigsten Vorahnungen unserer Elektricitätslehre gelten wird. ⁵)

Außer dem Zitterrochen gehörte jedoch noch ein anderer elektrischer Fisch dem Culturgebiete des Alterthums an und zwar im Gegensatze zu ersterem ein Süßwasserfisch. In fast allen Flüssen Afrika's, speciell im Nil und seinen Nebenflüssen vom Ursprunge bis zur Mündung ist einer der häufigsten Fische der Malopterurus electricus, der elektrische Wels, an Körpergröße und Kraft der elektrischen Entladung dem Zitterrochen ungefähr gleichkommend, sonst der abgeplatteten, wundersamen Gestalt des elektrischen Meerfisches so unähnlich als möglich. Es ist interessant zu verfolgen, wie sich an diesen Fisch die gleichen etymologischen Beziehungen und die gleichen Vorstellungen über eine Heilkraft in Nervenkrankheiten knüpfen, wie an den Zitterrochen. Leider kennen wir nicht den Namen, welchen die alten Egypter ihm beilegten; wohl aber wissen wir, daß er seit der Invasion des Jahres 638, welche arabische Sprache und Cultur in das Nilthal verpflanzte, bis auf den heutigen Tag den Namen raâdah, Zitterfisch führt. ⁶) Ebenso wird uns durch den Jesuiten Godigno, der im 16ten Jahrhundert eine Reise nach Abyssinien unternahm, berichtet, daß sich die Aethiopier des Fisches be-

dienen, „um die Dämonen auszutreiben", d. h. aus dem Theolo-
gischen übersetzt: um Nervenkrankheiten zu heilen.

Daß den Griechen die Existenz eines im Nil lebenden
elektrischen Fisches bekannt war, beweist eine Stelle des Athenaeus, in welcher die Narke unter den Nilfischen aufgeführt
wird. Doch scheint von ihnen der elektrische Nilfisch ganz unbedenklich mit dem Zitterrochen des Mittelmeeres identificirt worden zu sein, wie derartige Verwechselungen noch bis tief in das
vorige Jahrhundert vorkommen. [7]) Die ersten auf den Zitterwels
bezüglichen Specialnachrichten sind nicht im classischen Alterthum,
sondern erst bei den arabischen Schriftstellern zu suchen.

Die vollständigsten Nachrichten über ihn giebt uns Abd-
Allatif, ein Arzt aus Bagdad, der im 12. Jahrhundert lebte
und eine Beschreibung Egyptens verfaßt hat. Er schreibt folgendermaßen:

„Unter den Egypten eigenthümlichen Thieren dürfen wir
den Fisch nicht vergessen, welcher raâdah genannt ist, weil man
ihn, so lange er lebt, nicht berühren kann, ohne ein unwider-
stehliches Zittern zu empfinden. Dieses Zittern wird begleitet
von Kälte, Erstarrung, einem kribbelnden Gefühl und einer
Schwere in den Gliedern derart, daß es unmöglich ist, sich aufrecht oder irgend ein Ding festzuhalten. Die Betäubung theilt
sich alsbald dem Arm, der Schulter und der ganzen Seite mit,
so oberflächlich und so vorübergehend die Berührung des Fisches
auch nur sein mochte. Ein Fischer hat mich versichert, daß,
wenn ein solcher Fisch im Netz gefangen ist, er seine Wirkung
dem Fischer wohl fühlbar macht, ohne daß er seine Hand berührt und selbst in mehr als spannenweiter Entfernung. Im
Tode verliert der raâdah diese Eigenschaft. — Leute, die in
Wassern, in denen dieser Fisch sich aufhält, zu schwimmen pflegen,
erzählen, daß schon der bloße Athem (!) des raâdah den Körper

des Schwimmers derart zu betäuben vermag, daß er nur mit Mühe dem Versinken entgehen kann."[8])

Man sieht, es läuft die Kenntniß der arabischen Aerzte vom Malopterurus ungefähr auf das Gleiche hinaus, was die Griechischen und Römischen Schriftsteller vom Zitterrochen berichten, und ebenso wenig wie bei den letzteren findet sich bei den ersteren auch nur die Spur einer Neigung, die räthselhafte Wirkung dieses Fisches naturwissenschaftlich zu analysiren.

Vierhundert Jahre später als der gelehrte arabische Arzt bereiste der schon erwähnte Jesuit Godigno[9]) den Nil. Er berichtet vom Zitterwels im Ganzen dieselben Geschichten wie sein Vorgänger und er wäre nicht werth, hier besonders genannt zu werden, wenn nicht in seiner Reisebeschreibung zum ersten Mal eine Thatsache erwähnt wäre, die als ein unbewußtes Vorspiel der Lehre von den thierisch-elektrischen Reizversuchen einen Platz in der Geschichte der Wissenschaft verdient. Godigno erzählt: „Die Aethiopier berichten (ich selber habe die Sache niemals gesehen), daß wenn ein lebender Zitterfisch auf einen Haufen todter Fische gelegt wird und zwischen diesen sich bewegt, die von ihm getroffenen Fische von einer inneren und geheimnißvollen Bewegung ergriffen werden, derart, daß sie zu leben scheinen."[10]) „Die Ursache," fügt Godigno hinzu, „mögen jene nachweisen, welche die Natur der Dinge untersuchen, und sie mögen feststellen, welches die bewegende Kraft sei, die der Zitterfisch den todten Fischen mittheilt."

Diesem Aufruf hat die junge Naturforschung des 17. Jahrhunderts zu entsprechen nicht verfehlt. Mit Godigno's Reisebeschreibung findet der erste Abschnitt der Geschichte der elektrischen Fische, die Periode der unsystematischen Kenntnisse, ihren Abschluß und schon der nächste dieses Thema behandelnde Schriftsteller, der große Toscaner Francesco Redi, gleich hervorragend als Arzt, Naturforscher und Dichter, eröffnet glorreich den Pfad ernsthafter und systematischer Forschung. [11])

Der Anfang dieser neuen Aera in der Geschichte der elektrischen Fische läßt sich sogar auf Tag und Stunde fixiren. Am 14. März 1666 wurde Redi ein lebender frisch gefangener Zitterroche überbracht, und der einmaligen Beobachtung und späteren Zergliederung dieses einzigen Exemplars verdanken wir Redi's meisterhafte, kurz zusammengedrängte physiologische und anatomische Beschreibung des Zitterrochen, die kein Anatom ohne die höchste Bewunderung lesen kann und welche die gesammte Weisheit des classischen Alterthums über diesen Punkt in tiefen Schatten stellt.

Der wichtigste Fortschritt Redi's ist die Entdeckung der dem Zitterrochen eigenthümlichen, symmetrisch zu beiden Seiten des Kopfes gelegenen Organe, die heute „elektrische Organe" heißen, denen ihr Entdecker aber den Namen der „sichelförmigen Körper — oder was sie vielleicht sein mögen — Muskeln" beilegte, — ein Name, unter dem sie über ein Jahrhundert in der Anatomie bekannt gewesen sind. „Mir schien es damals," sagt Redi bei Erzählung seiner Versuche, „als ob die schmerzerregende Wirkung des Zitterrochen mehr als in irgend einem andern Theile in diesen beiden sichelförmigen Körpern oder Muskeln ihren Sitz haben." — So war der erste Fingerzeig für das richtige Verständniß des Zitterrochenwirkung gegeben und der räthselhaften Kraft ihr Sitz und ein ihr eigenthümliches Organ angewiesen.

Die Vermuthung Redi's wurde bald durch Lorenzini, einen seiner Schüler, der 1678 eine Anatomie des Zitterrochen herausgab, zur Gewißheit erhoben, und von dieser Zeit ab bis auf den heutigen Tag hat die Lehre von den elektrischen Fischen einzig und allein die Anatomie, Physiologie und Physik der „sichel-

förmigen Körper" Redi's, oder der elektrischen Organe zum
Gegenstand gehabt und hat in der so begränzten Frage bald
zur tieferen Erkenntniß fortschreiten können. Von nun an ist
nicht mehr der Fisch selbst Gegenstand des Räthsels, wie im
Alterthum, sondern die Frage heißt jetzt: Wie ist das wunderbare, diesem Fische eigenthümliche Organ beschaffen und wie
vermag er damit so außerordentliche Wirkungen hervorzubringen?

Die ersten von der fortschreitenden Naturforschung gegebenen Erklärungsversuche betreten nun zunächst einen eigenthümlichen Irrweg. Es ist erwähnt worden, daß Redi die elektrischen Organe als „sichelförmige Körper oder — was sie vielleicht sein
mögen — Muskeln" bezeichnete. Dieser von Redi so leicht und
gleichsam unabsichtlich hingeworfene Vergleich der elektrischen
Organe mit den Muskeln hat in der Geschichte der Zitterfische
eine bedeutungsvolle und keineswegs heilsame Rolle gespielt.
Mit jenem breitspurigen Verständniß, jener massiven Reproduc-
tion, welche untergeordnete Geister nur zu oft den Ideen des
Meisters angedeihen lassen, bezeichnete schon Redi's unmittelbarer Nachfolger und Schüler Lorenzini die elektrischen Organe
schlechtweg als „sichelförmige Muskeln" und setzt so die weise
und wohl angebrachte Vorsicht seines Lehrers in diesem Punkte völlig
außer Acht. Und von Lorenzini ab bezeichnen die Anatomen des
nächsten Jahrhunderts diese Organe schlechtweg und unabänder-
lich als Muskeln, obwohl diese Benennung eine rein willkürliche
ist und im äußern Ansehen wie im inneren Bau die elektrischen
Organe von den Muskeln total verschieden sind.

Sollten diese Organe aber nun einmal durchaus Muskeln
sein, so war es nur natürlich, daß man ihnen auch den Muskeln
analoge Wirkungen zuschrieb. So entstand zunächst eine rein
mechanische Theorie der Wirkung dieser Organe, welche sich am
klarsten zuerst bei Borelli (1685) ausgesprochen findet. Er nahm

an, jene Organe zögen sich mehrere Male schnell hinter einander zusammen und gäben so dem berührenden Gliede eine Reihe von
heftigen Stößen, die einen Krampf zur Folge hätten, gleich dem,
der von einem Stoß an dem Ellbogen herrührte. Diese Theorie
fand allgemeinen Beifall, die hervorragendsten Naturforscher,
Réaumur (welcher an der Küste von Poitou mit dem Zitterrochen experimentirte), Linné und Haller schlossen sich ihr an
und man kann sagen, daß sie um das Jahr 1750 zur alleinigen Herrschaft gelangt war und als die einzig mögliche und
auch vollständig ausreichende Erklärung allgemein angesehen wurde.

Die ganze umfangreiche Literatur von Redi bis auf Réaumur beschäftigt sich einzig und allein mit dem für die damaligen
Forscher zugänglichsten elektrischen Fische, dem Zitterrochen. Der
Zitterwels der afrikanischen Flüsse wird kaum erwähnt. und
wenn er erwähnt wird, geschieht es meist nur, um ihn mit dem
Zitterrochen zu verwechseln oder zu identificiren. Dafür tritt
in dieser Periode der dritte und zuletzt bekannt gewordene der
elektrischen Fische in die Geschichte ein, der in den südameri-
nischen Flüssen lebende elektrische Aal (Gymnotus electricus),
zugleich derjenige der Zitterfische, welcher der gewaltigsten elektrischen Wirkungen fähig, auch die größten Körperdimensionen besitzt.

Die ersten Nachrichten über den Gymnotus gelangten im
Jahre 1672 nach Europa. Berühmt sind später die Details
geworden, welche Alexander von Humboldt in seiner Reisebeschreibung über die elektrischen Aale und ihren Kampf mit
den Pferden berichtet. Auch für ihn treffen die für den Zitterrochen und den Zitterwels nachgewiesenen Beziehungen zu: der
Name „Arimna", den ihn die südamerikanischen Indianer beilegen, bedeutet: Der die Bewegung raubt. Auch berichtet
Humboldt, daß in Surinam früher die Zitteraale als ein
Heilmittel gegen Lähmungen galten. Von der furchtbaren Ge-

walt ihrer elektrischen Entladungen mag eine von Humboldt erzählte Thatsache eine Vorstellung erwecken: „Bei Uritucu mußte
man einer Straße eine andere Richtung geben, weil die Zitteraale
sich in einem Flusse so vermehrt hatten, daß sie alle Jahre eine
Menge Maulthiere, die belastet durch den Fluß wateten, um-
brachten."

Doch ehe noch genauere Nachrichten über den Gymnotus
nach Europa gelangten, hatte sich in der noch jungen Elektricitätslehre eine wichtige Wendung vollzogen, die auf die Lehre
von den Zitterfischen den unmittelbarsten Einfluß haben mußte.
Die Entdeckung der Leydener Flasche (1745) durcheilte die
Welt und erregte allenthalben ein unerhörtes Aufsehen. Ueberall wurden die Versuche damit wiederholt, und Jedermann war
begierig, die Wirkungen der neuen Naturkraft durch eigene Erfahrung und Empfindung kennen zu lernen.

Unter diesen Umständen darf es nicht befremden, daß
Adanson, der in Paris die Wirkungen der Leydener Flasche
kennen gelernt hatte, als er (1751) am Senegal die Bekanntschaft des Zitterwelses machte, dessen Schlag sofort mit dem
der Leydener Flasche vergleicht und bemerkt, daß er sich wie die
Elektricität durch einen langen Eisendraht fortpflanze. Aehnliches
berichteten alsbald Holländische Naturforscher aus Surinam vom
Gymnotus; sein Schlag wurde durch eine Kette mehrerer Personen geleitet und es wurde festgestellt, daß nur die Conductoren
der Elektricität den Schlag durchlassen, während man mit
Isolatoren ungestraft den Fisch berühren konnte. Immer aber
bestanden noch Zweifel an der Richtigkeit der neuen Lehre,
welche die Identität der elektrischen und der Zitterfisch-Wirkung
behauptete, bis im Jahre 1772 der Engländer John Walsh in
einer längeren zu La Rochelle, der alten Hugenottenstadt, im
Hause des Maire Seignette, des Entdeckers des Seignette-Salzes,

angestellten Versuchsreihe die elektrische Natur des Zitterrochen-
schlages auf unwiderlegliche Weise darthat. [12]) Er zeigte gleichzeitig, daß im Momente des Schlages Rücken und Bauch des
Zitterrochen sich elektrisch different verhalten. Die „sichelförmigen
Muskeln" betrachtet Walsh als elektrische Maschinen, die nach
dem Willen des Thieres in Thätigkeit gesetzt werden. Bald
darauf verschwindet auch ihr alter Name aus der Wissenschaft
und sie nehmen den ihnen besser gebührenden Namen der elektrischen Organe an. Wenige Jahre später stellte derselbe Walsh
eine gleiche Untersuchungsreihe am Zitteraal an, von dem er
mehrere Exemplare lebend nach London bringen ließ. Auch für
diesen Fisch wurde die Identität seines Schlages mit einer
elektrischen Entladung thatsächlich nachgewiesen; ja, es gelang
vom Gymnotus bereits deutliche elektrische Funken zu erhalten.
Gleichzeitig mit diesen Versuchen von Walsh wurde die Richtigkeit seiner Theorie noch auf einem anderen interessanten Wege
dargethan: Der berühmte Physiker Cavendish versenkte ein
Zitterrochenmodell, d. h. eine hölzerne, jederseits mit Stanniol
bekleidete Scheibe unter Wasser, und es gelang ihm, die vom
Zitterrochen durch Walsh bekannt gewordenen elektrischen Erscheinungen künstlich dadurch nachzuahmen, daß er die beiden
Stanniolscheiben mit den beiden Belegungen einer Leydener
Batterie in Verbindung setzte. So erzeugte er durch sein Modell innerhalb des Wassers Strömungscurven, die den durch
den Zitterrochenschlag erzeugten völlig entsprachen, und wies
nach, wie die in das Wasser getauchte Hand, auch ohne den
Fisch zu berühren, von dem elektrischen Schlage getroffen werden
mußte und zwar um so fühlbarer, je näher dem Fisch.

Einen neuen Impuls erhielten die Untersuchungen der
elektrischen Fische durch die Entdeckung der Galvani'schen
Elektricität und des Elektromagnetismus. Es handelte sich

darum nachzuweisen, daß die von den Fischen erzeugte Elektricität in der That auch alle Kennzeichen der Galvani'schen Eletricität besitze. Schon Alexander Volta hatte darauf hinzielende Versuche geplant, welche jedoch nicht zur Ausführung gelangten. Auf Anregung des berühmten Chemiker's Sir Humphry Davy, stellte sein Bruder John Davy in Malta am Zitterrochen ausgedehnte Untersuchungen an, welche den Nachweis in ganzer Vollständigkeit ergaben. Er beobachtete die Ablenkung des Multiplicators, die Magnetisirung eines Stahlstabes in einer Drahtspirale, deutliche Funken, die Zersetzung des Wassers und salpetersauren Silbers, die Reduction von Jod aus Jodkaliumkleister und die Wärmeentwickelung in einer Thermokette, kurz das vollständige Register der durch einen galvanischen Strom zu erzeugenden physikalischen Wirkungen. Auch stellte er die Stromesrichtung der vom Zitterrochen erzeugten Electricität dahin fest, daß im Momente des Schlages sich der Rücken zum Bauche des Thieres positiv verhält. Den Bemühungen der ersten Physiker, Faraday, Schoenbein, Colladon, E. du Bois-Reymond u. a. verdankt die Wissenschaft die gleichen Aufklärungen für die beiden anderen elektrischen Fische, den Zitteraal und den Zitterwels. Die Stromesrichtung für die beiden Fische ist dahin ermittelt worden, daß beim Zitteraal der Strom im Wasser vom Kopf zum Schwanz, beim Zitterwels aber vom Schwanz zum Kopf geht.

Nicht weniger thätig als die Physiker die Physik, waren die Anatomen, den Bau der elektrischen Organe zu erforschen. Die hervorragendsten Namen der anatomischen Wissenschaft haben sich diesem Thema gewidmet. Es existiren vergleichende anatomische Untersuchungen der drei elektrischen Fische und ihrer Organe von John Hunter, Etienne Geoffroy St. Hilaire, Pacini und Max Schultze. Die Monographien von Paolo Savi

und Th. Bilharz über den Zitterrochen und den Zitterwels sind
Meisterstücke anatomischer Forschung. Leider fehlt bis jetzt noch
eine diesen ebenbürtige und nach neueren Methoden ange-
stellte Untersuchung des Gymnotus.

Doch es mußte, um zu einem tieferen Verständniß der
elektrischen Organe und ihrer Wirkung zu gelangen, noch eine
dritte Wissenschaft, die Experimentalphysiologie, die Anatomie
mit der Physik verbinden und die Resultate der einen für die
andere nutzbar machen. Wesentlich durch sie, durch die Bemühungen von Galvani, Joh. Wilh. Ritter, E. du Bois-
Reymond u. a. ist jener Complex von Thatsachen und Ideen
festgestellt worden, den wir heute als die „Lehre von den elektrischen Fischen" bezeichnen.

Wer sich eine klare Vorstellung von den drei Zitterfischen
und ihren elektrischen Organen verschaffen will, hat zunächst
den folgenden Gesichtspunkt stets im Auge zu behalten:

Die drei bisher genannten Zitterfische, die soviel bekannt
die einzigen ihrer Art sind, sind keineswegs, wie man wohl
annehmen könnte, absonderliche Fische, sondern sie sind in ihrem
ganzen Bau ihren nächsten Verwandten: der Zitteraal dem gewöhnlichen Aal, der Zitterwels dem in unseren Seeen und
Flüssen lebenden Wels, der Zitterroche den übrigen Rochenarten
außerordentlich ähnlich, so daß die ältere Zoologie die elektrischen
Fische mit ihren nicht elektrischen Verwandten in dieselben Gattungen vereinigte. Sie unterscheiden sich von ihren nicht elektrischen
Verwandten eben nur durch den Besitz der ihnen eigenthümlichen elektrischen Organe, welche bei jedem von ihnen so zu
sagen als besondern Zugaben zu der übrigen Organisation zu
betrachten und in diese Organisation gleichsam eingelassen sind.

Nach dieser Bestimmung ist der Zitterroche ein ganz gewöhn-
licher Roche, nur daß er zu seiner übrigen Rochenorganisation
noch ein elektrisches Organ besitzt, der Zitterwels ein Fisch ganz
ähnlich wie unser Wels, nur mit einem elektrischen Organ u.
s. w. Für jeden einzelnen dieser drei Fische ist nun das elektrische Organ in einer abweichenden und für jeden besonders zu
betrachtenden Weise in seiner Organisation untergebracht worden.

Am einfachsten sind die Verhältnisse beim Zitterrochen,
welcher zwei elektrische Organe oder ein zu beiden Seiten
symmetrisch gelegenes Organ besitzt. Wie alle Rochen ist auch
der Zitterroche durch einen sehr stark abgeflachten, aber sehr
breiten Körper ausgezeichnet. Während jedoch den anderen
Rochen ein mehr oder minder spitzes Kopfende zukommt, ist
dieses beim Zitterrochen sehr stark verbreitet. Dies rührt daher,
weil hier, an den Seiten des Kopfendes außer den bei den übrigen Rochen allein vorhandenen Kiemen, auch noch die von Redi
entdeckten sichelförmigen elektrischen Organe ihren Platz gefunden
haben. Dieselben durchsetzen die ganze Dicke des flachen Rochen-
körpers und liegen mit ihrer einen Fläche unmittelbar unter
der Rücken= mit der andern unter der Bauchhaut des Thieres.
Die Dimensionen des Organs sind ziemlich beträchtliche: bei
einem Zitterrochen von mittlerer Größe (35 Cm. Länge) beträgt
die Länge des Organs = 11 Cm., die größte Breite = 5 Cm. und
die mittlere Höhe (Entfernung der Rückenhaut von der Bauchhaut) = 2 Cm. Frisch präparirt hat das Organ das Aussehen
und die Consistenz einer grauen halbdurchscheinenden Gallerte.

Ebenso wie beim Zitterrochen ist beim Zitterwels ein zu
beiden Seiten symmetrisch gelegenes Organ vorhanden. Dieses
Organpaar liegt in der Haut des Fisches, welche dadurch die
Dicke einer mächtigen Schwarte annimmt. Mit Ausnahme des
Kopf= und Schwanzendes ist in die ganze Hautbedeckung des

Fisches die Substanz der Organe eingelagert. In der Mittellinie des Rückens und des Bauches stoßen die beiden Organe unmittelbar zusammen, so daß man sagen kann, der Körper des Fisches stecke in einer Röhre, gebildet von den beiden elektrischen Organen, welche in den Mittellinien des Rückens und Bauches nach Art zweier symmetrisch zu einer Röhre zusammengelegten Hohlziegel zusammenstoßen. Aus dieser Röhre sehen an beiden Enden nur Kopf und Schwanz des Fisches hervor, da die sie bedeckende Haut keine elektrische Organ-Substanz mehr einschließt. Im frischen Zustande bietet die Substanz des Organs einen ähnlichen Anblick wie das elektrische Organ des Zitterrochen. Seine Größe ist im Verhältniß zum Fischkörper eine sehr beträchtliche, da sein Gewicht über ¼ des gesammten Körpergewichtes beträgt.

Den bei weitem größten Raum nehmen jedoch die elektrischen Organe in der Organisation des Gymnotus ein, von dem man in der That sagen kann, daß er ganz überwiegend aus elektrischer Organsubstanz bestehe. Dieser Aal, welcher in seinen größeren Exemplaren die Länge eines Mannes und die Dicke eines Schenkels erreichen kann, besitzt nicht jene stark entwickelte Leibesmuskulatur, die unseren einheimischen Aal auszeichnet. Bei ihm besteht fast sein ganzer Körper, vom Hinterende des Kopfes bis zur Schwanzspitze aus den elektrischen Organen, welche in zwei Paaren, einem größeren oberen und einem kleineren unteren längs der Wirbelsäule angeordnet sind. Oberhalb der Organe und seitlich von der Wirbelsäule liegt die auf sehr unbedeutende Dimensionen reducirte Muskulatur, welche den mächtigen Leib des elektrischen Aales zu bewegen hat.

So sind in der Organisation der drei Zitterfische die elektrischen Organe vertheilt und der gewöhnlichen Fischorganisation gleichsam hinzugesetzt, ohne daß im Uebrigen die Bildung der elektrischen Fische sich von der ihrer nicht elektrischen Verwandten irgendwie unterscheidet.

Doch es ist nöthig, einen diese Behauptung einschränkenden Zusatz zu machen.

Die elektrischen Organe sind alle durch einen außerordentlichen Nervenreichthum ausgezeichnet: sie gehören zu den nervenreichsten Organen, die wir überhaupt kennen. Zu jedem einzelnen Organ tritt eine große Anzahl von Nervenfasern, welche in ihm in einer noch zu besprechenden Weise endigt und als ein integrirender Bestandtheil des elektrischen Organs angesehen werden muß.

Es ist selbstverständlich, daß dieje zu den elektrischen Organen gehörigen und in ihnen endigenden Nervenfasern, (welche die elektrischen Nerven heißen), den nicht elektrischen Verwandten der Zitterfische ebenso wie die Organe selbst völlig abgehen und in ihrer Organisation kein Analogon werden finden können. Es ist also, genauer ausgedrückt, der Besitz der elektrischen Organe und der zu ihnen tretenden Nerven, welcher den elektrischen Fisch von seinen nicht elektrischen Verwandten unterscheidet.

Aber wir müssen noch einen Schritt weiter gehen: Es ist ein Gesetz der gesammten Wirbelthierorganisation, daß jeder Nerv aus einer ganz bestimmten Stelle, aus einer ganz bestimmten Zellengruppe der nervösen Centralorgane (Gehirn und Rückenmark) entspringt. Diese Stelle oder Zellengruppe heißt der „centrale Ursprung" oder auch das Innervationscentrum des betreffenden Nerven. In vielen Fällen ist es sogar gelungen, die einzelnen Nervenfasern eines Nerven bis in die einzelnen Ganglienzellen (Nervenzellen) einer solchen Zellengruppe oder eines solchen Innervationscentrums zu verfolgen. Man hat an diesen Zellen einzelne Fortsätze nachgewiesen, die sog. Arencylinderfortsätze, und hat sich überzeugt, daß dieselben in ihrem weiteren Verlauf zu Nervenfasern werden, oder (was daffelbe ſagen will) man hat die Nervenfaſern in der Richtung gegen ihren centralen Urſprung verfolgt und ſich überzeugt, daß ſie in die einzelnen Axencylinderfortſätze der einzelnen Ganglienzellen übergehen.

Dieſes, wie es ſcheint, allgemein giltige anatomiſche Geſetz findet im vollſten Maaße auf die „elektriſchen Nerven“ ſeine Anwendung. Bei jedem der drei Zitterfiſche beſitzen die das elektriſche Organ verſorgenden elektriſchen Nerven ihr beſonderes Urſprungs= und Innervationscentrum. Und da die elektriſchen Nerven ebenſo wie die elektriſchen Organe den nicht elektriſchen Fiſchen völlig abgehen oder kein Analogon in ihrer Organiſation finden, ſo folgt daraus, daß auch ihre Innervationscentra, die „elektriſchen Centra“, ganz ebenſo einziger Art ſein müſſen, wie die elektriſchen Organe und die elektriſchen Nerven. Es muß alſo jeder elektriſche Fiſch in ſeinem Centralorgan noch eine be= ſondere Stelle für den Urſprung ſeines elektriſchen Nerven haben, einen ihm ganz ſpecifiſch eigenthümlichen Theil des Central= organs, den alle übrigen Fiſche nicht beſitzen.

Am längſten bekannt iſt das elektriſche Centralorgan vom Zitterrochen. Die ſehr ſtarken elektriſchen Nerven treten (5 an jeder Seite) zwiſchen Gehirn und Rückenmark in das Central= organ ein und haben ihr Urſprungscentrum jederſeits in einem mächtigen Lappen, der zuerſt von Alexander von Humboldt ausführlicher beſchrieben und nach ſeiner eigenthümlichen Farbe der citronengelbe Lappen genannt wurde, jetzt aber allgemein der elektriſche Lappen heißt. Die genauere mikroſkopiſche Unterſuchung hat nun ergeben, daß derſelbe einzig und allein aus Ganglien= zellen beſteht und daß aus jeder einzelnen dieſer Ganglienzellen je eine Faſer des elektriſchen Nerven entſpringt. Dieſe Faſern des elektriſchen Nerven und die Ganglienzellen, aus denen ſie entſpringen, haben ſchon ſeit lange das ganz beſondere Intereſſe der Anatomen erregt, da es sich fand, daß ihre Dimensionen die aller anderen bekannten Nervenfasern und aller anderen bekannten Ganglienzellen erheblich übertrafen: so haben sie lange als die größten Nervenfasern und Ganglienzellen, die in der Natur vorkommen, gegolten, bis sie durch eine andere Entdeckung von diesem Ehrenplatz verdrängt wurden.

Bilharz entdeckte nämlich, daß beim Zitterwels alle die zahllosen Nerven, welche das elektrische Organ versorgen, hervorgehen aus der Veräſtelung einer einzigen koloſſalen Nervenfaser, die bei diesem Fisch allein den elektrischen Nerven darstellt, und daß diese koloſſale einfache Nervenfaser entspringt aus einer ebenſo koloſſalen, mit bloßem Auge sichtbaren einfachen Ganglienzelle, die nicht weit vom oberen Ende des Rückenmarks in seiner Subſtanz eingebettet liegt und für ·sich das elektrische Centralorgan dieses Zitterfisches bildet. Diese beiden, Nervenfaser und Ganglienzelle, sind die beiden größten Structurelemente des Nervensystems, welche in der Natur vorkommen; und wenn noch einmal eine tiefere Einsicht in die Structur des Nervensystems wird gewonnen werden, so ist zu erwarten, daß diese zunächst von diesen und in zweiter Linie von den entsprechenden elektrischen Ganglienzellen und Nervenfasern des Zitterrochen ausgehen wird.

Die Nerven, welche das elektrische Organ des Gymnotus versorgen, sind außerordentlich zahlreich (220—230 an jeder Seite). Sie entspringen in der ganzen Länge des Rückenmarks und es tritt je ein Nerv durch je einen Zwiſchenraum zwiſchen zwei Rückenwirbeln aus dem Rückenmark hervor. Ihr Ursprung im Rückenmark iſt bisher noch nicht in wünſchenswerther Weise aufgeklärt; das Wahrſcheinlichſte iſt, daß sie aus besonderen großen Ganglienzellen entspringen, welche längs des ganzen Rückenmarks gelagert sind.

Die vorstehende Auseinandersetzung hat gezeigt, daß allen drei elektrischen Fischen in völlig übereinstimmender Weise der Besitz der so ganz specifischen elektrischen Organe nebst elektrischen Nerven und Centralorganen zukommt; andrerseits hat sie aber auch ergeben, daß dem Bau und der Lage nach ihre elektrischen Centralorgane, ihre elektrischen Nerven und ihre elektrischen Organe außerordentlich verschieden sind. Geht man jedoch genauer auf den Bau der drei elektrischen Organe ein, so gelangt man zu dem Resultat, daß sie in dem Wesentlichen ihrer Structur wieder sehr übereinstimmen, und daß unverkennbar ein gemeinsames anatomisches Princip das in der Haut gelegene Organ des Malopterurus mit dem zweifachen Organenpaar des Gymnotus und beide wieder mit dem am Vorderende des Leibes gelegenen Organ des Zitterrochen verbindet.

Dieses gemeinsame anatomische Princip ist der Aufbau der elektrischen Organe aus vielen Tausenden vollkommen gleichartiger und regelmäßig übereinander geschichteter Platten, den sog. elektrischen Platten, in denen die Nerven endigen. Außer diesen elektrischen Platten, welche ganz überwiegend die Hauptmasse der Organe darstellen, ist in den elektrischen Organen kein anderes Formelement (außer Blutgefäßen und Bindegewebe) nachzuweisen. Diese Zusammensetzung der elektrischen Organe aus Platten ist eine für diese so charakteristische, daß Alexander Volta in dem elektrischen Organ des Zitterrochen ein natürliches Modell seiner Säule zu erkennen und die Wirkung des Zitterrochen mit der einer Voltaischen Säule einfach parallelisiren zu können glaubte.

In dem Organ des Zitterrochen, welches zwischen den (nahezu) parallelen Flächen des Bauches und des Rückens liegt, sind die elektrischen Platten gleichfalls diesen Flächen parallel orientirt. Man unterscheidet an ihnen eine „rauhe" und eine

„glatte" Seite. Die glatte Seite ist stets dem Rücken, die rauhe stets dem Bauche des Thieres zugekehrt. Die rauhe Seite hat ihren Namen von den zahllosen feinen Nervenverästelungen, welche sich auf ihr ausbreiten und zuletzt so fein werden, daß sie mit der aus einer kernhaltigen körnigen Eiweißsubstanz bestehenden elektrischen Platte zu verschmelzen scheinen. Mit Recht deutete man diese identische Anordnung so vieler Tausende von elektrischer Platten, welche alle ihre glatte Seite dem Rücken, ihre rauhe Nervenseite dem Bauche des Thieres zukehren, als eine Summation elektromotorischer Einheiten und suchte in der Constitution der einzelnen elektrischen Platte die Lösung für das Räthsel der elektrischen Wirkung zu finden. Die Thatsache, daß die Nervenseiten der Platten im Momente des Schlages der negativen Fläche des Thieres zugekehrt sind, schien einen nicht unwichtigen Fingerzeig zu geben und eine zwischen der Richtung der Nerven und der Richtung des Schlages bestehende Beziehung anzudeuten.

In der That wurden die Verhältnisse beim Zitteraal ganz übereinstimmend befunden. Bei ihm sind die elektrischen Platten senkrecht zur Längsaxe des Leibes orientirt. Auch an ihnen wird eine glatte und eine rauhe Seite unterschieden, in welche letztere zahlreiche Nerven sich einsenken, ohne daß es bisher gelungen wäre, die Art ihrer Endigung in der Platte festzustellen. Die rauhe Seite entspricht dem Schwanz-, die glatte dem Kopfende des Thieres; es findet sich mithin auch beim Zitteraal die gleiche Beziehung wie beim Zitterrochen: bei erſterem geht der Strom vom Kopfe zum Schwanz, es sind also im Momente des Schlages die Nervenseiten aller elektrischen Platten dem negativen Pol des Fisches zugekehrt.

Diese bei zwei Zitterfischen nachgewiesene Uebereinstimmung zwischen Nervenvertheilung und Richtung des Schlages mußte zu dem Glauben veranlassen, daß hier ein durchgreifendes und allgemeingiltiges Gesetz vorliege. Jedoch ergab, als alle Welt die gleiche Uebereinstimmung bei Malopterurus erwartete, die anatomische und physikalische Erforschung seines Organs einen wesentlichen Unterschied zwischen diesem und den beiden erstbeschriebenen Organen. Zwar sind auch hier elektrische Platten vorhanden, und zwar ebenso wie beim Zitteraal senkrecht zur Längsaxe des Thieres orientirt. Auch treten die Nerven stets in gleichem Sinne und von derselben Seite her an die elektrischen Platten heran. Doch kann man hier nicht eigentlich wie beim Zitterrochen und beim Zitteraal eine „rauhe" und eine „glatte" Seite der Platten unterscheiden, da beim Zitteraal die Platten niemals von einer großen Mehrzahl von Nervenfasern versorgt werden, wie bei den beiden erstgenannten Zitterfischen, sondern stets nur eine einzige, einfache Nervenfaser sich in das Centrum der Platte einpflanzt. Diese Nervenseite der Zitterwels-Platten entspricht wie beim Zitteraal dem Schwanzende des Thieres. Dieses ist im Momente des Schlages jedoch der positive und nicht — wie man nach der Analogie des Zitterrochen und des Zitteraales zu erwarten bereit war — der negative Pol.

Es ist bisher nicht gelungen, diesen Widerspruch hinwegzuräumen und es ist mithin wohl mehr als fraglich, ob die zuerst von Pacini formulirte Uebereinstimmung zwischen dem anatomischen und physikalischen Verhalten der elektrischen Platten wirklich den Werth eines natürlichen Gesetzes hat. Ein solches ist vielmehr noch zu finden. Bei seiner Aufstellung ist vor allem wohl eine wichtige anatomische Thatsache zu berücksichtigen, die (Dank der in den letzten Jahren so sehr vervollkommneten Mikroskope) der allerneuesten Zeit festzustellen gelungen ist. Es ist nachgewiesen worden, daß die elektrischen Platten eine identische mikroskopische Structur besitzen, eine äußerst regelmäßige Punktirung, welche in der mikroskopischen Anatomie ebenso ohne Analogie dasteht, wie die elektrischen Organe in der Natur überhaupt. Bisher kannte man diese Structur nur vom Zitterrochen und vom Zitterwels. Der Zitteraal hat leider bisher noch nicht auf dieselbe untersucht werden können und es ist daher die Frage nach ihrer Bedeutung für die physikalische Erklärung des Schlages noch keineswegs spruchreif.

Dieses sind die Thatsachen, welche die Anatomie über den Bau der elektrischen Organe, speciell über ihre Beziehungen zum Nervensystem beizubringen vermag. Nicht weniger groß ist der Reichthum der durch die experimentelle Physiologie ermittelten Thatsachen, welche allein erst ein richtiges Verständniß der elektrischen Organe und ihrer Bedeutung ermöglicht haben.

Bevor jedoch diese Thatsachen einzeln erörtert werden, ist es nöthig, eine allgemeine Bemerkung über die Physiologie des Nervensystems vorauszuschicken.

Alle Organe des thierischen Körpers, mit welchen überhaupt die aus den Centralorganen des Nervensystems entspringenden Nerven in Verbindung treten, lassen sich nach diesen ihren Beziehungen zum Nervensystem in zwei große Klassen theilen.

Erste Klasse: Organe mit centripetalen Nerven (gemeiniglich Empfindungsorgane genannt). Sie sind sämmtlich durch die Eigenschaft characterisirt, daß ein auf sie wirkender Reiz durch die Nerven zum nervösen Centralorgan in die Ursprungsstätte des Nerven fortgeleitet wird und dort unter irgend einer Form zur Empfindung gelangt. Diese Form der Empfindung richtet sich nach der besonderen Natur des gereizten Organs. War die Netzhaut des Auges von einem Reize getroffen, so tritt Lichtempfindung ein, wirkte ein Reiz auf die Endapparate der Hautnerven, so wird Schmerz empfunden, die Reizung des Gehörorgans erregt an der centralen Ursprungsstelle des Hörnerven

nichts anderes als eine Schallempfindung. Ja, es ist hierbei
nicht einmal nöthig, daß das entsprechende Organ selbst von
dem Reize getroffen werde, sondern dieselbe Wirkung tritt ein,
wenn man den das Empfindungsorgan versehenden Nerven
durchschneidet und an seinem mit dem Centralorgan in Verbindung stehenden Ende irgend einen Reiz wirken läßt. Auch dann
wird der Reiz nach dem Centralorgan fortgeleitet und erregt
dort die dem Endorgan des Nerven entsprechende Empfindung, z. B.
Licht, Schall, Schmerz, ganz als ob dieses selbst gereizt wäre.
Läßt man den Reiz hingegen auf das periphere mit dem Empfindungsorgan in Verbindung stehende Ende des durchschnittenen Nerven einwirken, so pflanzt sich der Reiz zwar bis zum
Sinnesorgan fort: hier aber geschieht nichts; wenigstens ist bei
solchen Versuchen bisher noch nicht eine materielle Wirkung
irgend einer Art beobachtet worden. — Völlig umgekehrt verhält sich die:

Zweite Klasse: Endorgane mit centrifugalen Nerven. Dieselben lassen sich nicht wie die erste Klasse: Empfindungsorgane
unter einer gemeinsamen sprachlichen Bezeichnung zusammen-
fassen. Hierher gehören die Muskeln, die Leuchtorgane und
(mit großer Wahrscheinlichkeit) auch die Drüsen. Alle diese
sonst so verschiedenen Organe haben in Bezug auf ihr Verhältniß zum Nervensystem das Gemeinsame, daß ihre Nerven die
Erregung in centrifugaler Richtung, d. h. vom centralen Ursprunge des Nerven, dem sog. Innervationscentrum nach der
Peripherie, nach den Organen zu fortleiten. Jeder Reiz, welcher das Innervationscentrum trifft, vor allem aber die durch
den Willen des Thieres verursachte natürliche Innervation wird
durch die Nerven dem Endorgan zugeleitet und löst je nach der
Natur des letzteren in ihm Muskelcontraction (Arbeit) Licht,
oder chemische Thätigkeit aus. Auch hier ist es nicht einmal

nöthig, daß die Erregung wirklich vom Innervationscentrum ausgehe. Die gleichen Wirkungen treten auch dann ein, wenn man den das Endorgan versorgenden Nerven durchschneidet, und an seinem mit dem Endorgan in Verbindung stehenden Ende irgend einen Reiz wirken läßt. Auch dann wird der Reiz nach dem Endorgan fortgeleitet und löst dort die dem Organ entsprechende Thätigkeit (Muskelcontraction, Lichtwirkung u. s. w.) aus, ganz als ob die Innervation durch den Willen des Thieres erfolge oder als ob der Reiz auf das Innervationscentrum direkt angebracht wäre. Läßt man den Reiz hingegen auf das centrale mit dem Innervationscentrum in Verbindung stehende Ende des durchschnittenen Nerven einwirken, so geschieht nichts, — ganz wie in dem umgekehrten Falle der zuerst betrachteten Klasse der Empfindungsorgane.

Dieser letzten Klasse gehören wie die Muskeln, die Leucht= organe und die Drüsen auch die elektrischen Organe an, welche in völlig gleicher Weise wie diese unter dem Einflusse des Ner= vensystems stehen. Sie unterscheiden sich von ihnen nur durch die Art nicht durch die Gattung. Die elektrischen Organe sind Organe, welche unter dem Einfluß des Nervensystems Elektri= cität entwickeln, so wie die Muskeln unter dem Einfluß des Nervensystems sich contrahiren und Arbeit leisten, so wie die Leuchtorgane leuchten u. s. w.

Der Beweis für diese Analogie ist von der Physiologie in großer Vollständigkeit erbracht worden, und soll hier in seinen Hauptpunkten wiedergegeben werden.

1) Reizt man bei einem unverletzten Thier mechanisch das Innervationscentrum eines Muskels oder einer Muskelgruppe, so treten Contractionen auf. Ebenso sicher veranlaßt z. B. ein Nadelstich in den elektrischen Lappen eines lebenden Zitterrochen eine Entladung des elektrischen Organs.

2) Die gleichen Resultate erhält man, wenn man nicht auf das Innervationscentrum selbst, sondern auf das mit dem Muskel oder dem elektrischen Organ in Verbindung stehende Ende des durchschnittenen Muskelnerven, oder des elektrischen Nerven den Reiz wirken läßt.

3) Bedient man sich bei diesen Versuchen des (in der Physiologie jetzt fast ganz ausschließlich angewandten) elektrischen Reizes, so läßt sich leicht feststellen, daß jede einzelne auch noch so schnell vorübergehende Reizung des Nerven von Seiten des Muskels durch eine einmalige Zuckung, von Seiten des elektrischen Organs durch einen einmaligen elektrischen Schlag beantwortet wird.

4) Folgen die einzelnen elektrischen Reizungen des Nerven sehr schnell auf einander, so verschmelzen die sehr schnell auf einanderfolgenden Zuckungen zu einem (scheinbar) unveränderlichen Zustand des Zusammengezogenseins, den die Physiologie als Tetanus oder tetanischen Zustand des Muskels bezeichnet. Dieselben sehr schnell auf einander folgenden Reize bringen, wenn sie auf den elektrischen Nerven wirken, in dem elektrischen Organ einen ganz ähnlichen Vorgang hervor, den man den elektrischen Tetanus genannt hat.

5) Es ist nachgewiesen worden, daß zwischen dem Anlangen der Nervenreizung im Muskel und zwischen dem Beginn der Zuckung eine kleine Zeit ($\frac{1}{100}$") verfließt, während welcher der Muskel noch völlig in Ruhe bleibt. Das Analogon dieser Zeit (welche man das „Stadium der latenten Reizung" genannt hat) zeigt auch das elektrische Organ bei der Reizung seines Nerven.

6) Sehr interessante Analogien bietet ferner das Verhalten der Muskeln und der elektrischen Organe bei Thieren, die durch Strychnin vergiftet wurden. Das Wesen der Strychninvergiftung besteht, wie die Physiologie sich ausdrückt, in einem Zustande

erhöhter Reflexerregbarkeit, d. h. in einem Zustande, in welchem ein jeder lebhafte Reiz, welcher die (centripetalen) Empfindungs= nerven, das Gehör, das Auge, das Gesicht trifft, durch eine Innervation der centrifugalen Nerven beantwortet wird. Ein mit Strychnin vergiftetes Kaninchen, ein Frosch, welche irgend= wie kräftig berührt oder laut angeschrieen werden, beantworten jede einzelne dieser Reizungen mit krampfartigen Muskelzusammen= ziehungen. Vergiftet man einen elektrischen Fisch mit Strychnin, so zeigt derselbe ganz die gewöhnlichen Erscheinungen (Muskel= krämpfe) der anderen Thiere. Außerdem aber, daß auf jeden äußeren Reiz ein Krampfanfall folgt, erfolgt ebenso regelmäßig daneben eine Entladung im elektrischen Organ.

7) Endlich ist noch zu erwähnen, daß ebenso wie die Mus= keln die elektrischen Organe der Ermüdung unterworfen sind und daß wie ein Muskel nach anhaltender Arbeit die Fähigkeit sich weiter zusammenzuziehen verliert und der Ruhe bedarf, so das elektrische Organ nach wiederholten starken Entladungen zu weiterem kräftigen Schlagen unfähig wird und sich erst wieder erholen muß.

Diese große Anzahl von Thatsachen, die in übereinstimmen= der Weise an den Muskeln und an den elektrischen Organen nachgewiesen werden konnten, hat einige Physiologen veranlaßt, eine besonders innige anatomisch=physiologische Beziehung zwischen diesen beiden Apparaten anzunehmen und man hat die elektrischen Organe als in ganz specifischer Weise umgeformte Muskeln an= sehen wollen, in denen die Entwickelung von Electricität an Stelle der Entwickelung von Kraft, der elektrische Schlag an Stelle der Contraction getreten sei. Dieser Annahme stehen jedoch physiologisch=chemische und anatomische Thatsachen ent= gegen, welche vielmehr einen sehr großen und durchgreifenden Unterschied zwischen beiden Arten von Organen erkennen lassen.

Den Vorzug verdient diejenige Betrachtungsweise, welche auf den künstlichen und unfruchtbaren Nachweis näherer Beziehungen zwischen Muskeln und elektrischen Organen verzichtet und unter Anerkennung ihrer identischen Beziehungen zum Nervensystem sie als unabhängige und gleichberechtigte Glieder in der Klasse der von centrifugalen Nerven innervirten Endorgane zusammenstellt. In der That sind die Gründe derer, welche eine besondere Verwandtschaft beider Organe annehmen, nur allein von der Identität dieser Beziehungen zum Nervensystem, nicht aber von einer Identität der wirklichen diesen Organen eigenthümlichen Eigenschaften hergenommen. Derartige Gründe können aber in dieser Frage kein Gewicht haben, und können die elektrischen Organe den Muskeln nicht näher bringen wie z. B. den Leuchtorganen oder jedem andern Organ mit centrifugalen Nerven. Es ist vielmehr eine wohlbegründete physiologische Erwartung, daß wenn dereinst die Physiologie z. B. der Leuchtorgane ebenso genau durchforscht sein wird, wie jetzt die der Muskeln, daß dann die Anzahl der Vergleichspunkte zwischen beiden letzteren Gliedern der Klasse nicht geringer ausfallen wird als jetzt zwischen elektrischen Organen und Muskeln.

Aber stehen denn die drei elektrischen Organe wirklich so völlig unabhängig und isolirt in der thierischen Organisation da? Und welche Laune der Natur war es, aus der Klasse der Fische nur diese drei Wesen, einen Rochen, einen Wels und einen Aal mit der mächtigen Waffe der elektrischen Organe auszurüsten? — Die neuerdings in den organischen Naturwissenschaften zur Herrschaft gelangte Descendenz-Theorie hat für diese und ähnliche Fragen ein stets probates Hausmittel bei der Hand: sie sieht in derartigen Bildungen wie die elektrischen Organe, welche als unvermittelbare Ausnahmen aus der Gleichförmigkeit thierischer Organisation herausragen, die vereinzelten, spärlichen

Reste einer in früheren geologischen Epochen viel mächtiger entwickelten und zahlreicheren Schaar, die letzten einsamen Nach-
kömmlinge eines ehemals gewaltigen Stammes. In diesem
Sinne mag auch uns das nur auf drei — und zwar drei ihrer
Organisation nach so verschiedene — Fische beschränkte Vorkommen der elektrischen Organe weniger räthselhaft vorkommen
und die großen anatomischen Verschiedenheiten, welche die drei
elektrischen Organe unter sich zeigen, lassen sich vielleicht noch
am Besten durch die Annahme erklären, daß wir in den drei Organen die drei letzten schon seit vielen Generationen von einander getrennten und verwandtschaftlich ziemlich unabhängigen
Ausläufer eines großen Stammbaues elektrischer Fische, die
letzten Reste einer großen untergegangenen Fauna vor uns haben.
Daß eine solche Fauna in der That existirte, beweist die Auffindung einer versteinerten großen Zitterrochenart in den Tertiär-
schichten des Monte Bolca bei Verona.

Aber auch in der mitlebenden Schöpfung stehen die elektrischen Organe doch vielleicht nicht so ganz unvermittelt da,
wie eine oberflächliche Betrachtung glauben sollte. Man hat bei
einigen nicht elektrischen Rochen der Gattung Raja, ferner bei
der in afrikanischen Flüssen lebenden Gattung Mormyrus eigenthümlich gebaute Organe entdeckt, von denen eine elektrische
Wirkung zwar bisher nicht nachgewiesen werden konnte, welche
aber ähnlich den elektrischen Organen aus Platten zusammengesetzt sind, in denen Nerven endigen. Diese Organe, welche
unter dem Namen der pseudo-elektrischen Organe zusammenge-
faßt werden, dürfen vielleicht mit Recht als eine Art von elektrischen Organen, vielleicht als zurückgebildete oder nicht zur
vollständigen Entwickelung gelangte elektrische Organe angesehen
werden. Eine bestimmte Entscheidung erlaubt das bisher von
den Anatomen und Physiologen in dieser Frage gesammelte

Material zur Zeit noch nicht. Ebenso bedarf eine in neuerer Zeit aufgetretene geistreiche Hypothese jedenfalls noch erneuter Untersuchungen: es ist versucht worden, das Endorgan, durch welches die motorische Nervenfaser mit der Muskelfaser in Verbindung tritt und sie innervirt, die sog. motorische Endplatte als ein kleines elektrisches Organ oder als eine einfache elektrische Platte aufzufassen, wie solche übereinander geschichtet das elektrische Organ zusammensetzen. Nach dieser Vorstellung würde die motorische Endplatte durch einen kleinen elektrischen Schlag die Muskelsubstanz zur Contraction anregen. In der That zeigt der Bau der motorischen Endplatten manche Uebereinstimmung mit dem der elektrischen Platten. Doch sind auch hier erst weitere Untersuchungen nöthig.

Auch in einer anderen interessanten Frage vermag die Physiologie keine bestimmtere Erklärung zu geben. Es ist zuerst von E. du Bois-Reymond das Problem aufgestellt worden, wie es doch zugehen möge, daß die Zitterfische nicht selbst die ersten Opfer ihrer elektrischen Schläge werden, wie es zu erklären sei, daß die mächtigen elektrischen Entladungen, welche andere Fische schon aus der Ferne durch Tetanisirung des Gehirns und Rückenmarkes, der Nerven und der Muskeln tödten, an den Zitterfischen selbst, die doch von den dichtesten Stromescurven durchflossen werden, spurlos vorübergehen. Andrerseits weiß man, daß die Centralorgane, die Nerven und Muskeln der Zitterfische an sich keineswegs unerregbar sind durch den elektrischen Strom, wenn man auch, um sie zu erregen, erheblich größere Stromstärken anwenden muß als bei anderen Thieren. Die Entladungen der Fische sind aber meist von derartiger Stärke, daß dieses geringere Maaß der elektrischen Erregbarkeit nicht als ausreichend betrachtet werden kann, die Widerstandsfähigkeit des Fisches oder wie man sagt die „Immunität" des Fisches gegen seinen eigenen Schlag zu erklären. Ebensowenig wie durch den eigenen Schlag werden übrigens die Zitterfische durch künstliche ihnen zugeleitete elektrische Entladungen oder durch den Schlag anderer Zitterfische genirt. Hier sind offenbar Einflüsse vorhanden, die wir zunächst noch nicht kennen. Es liegt nahe zu denken, daß die bei den elektrischen Fischen beobachteten großen Dimensionen der Nervenfasern und Ganglienzellen und die darin sich ausprägende Robusticität des Nervensystems für die Frage der Immunität nicht ohne Bedeutung seien.

Es bleibt zum Schlusse noch übrig, die höchste und letzte Frage in Betreff der Zitterfische zu erörtern, nämlich nach der Quelle jener mächtigen elektrischen Kraft, die vorübergehend durch den Willen des Thieres entsteht und ebenso schnell vergeht, nach dem Mechanismus, wodurch die elektrischen Organe plötzlich in Spannung gerathen.

Es ist gezeigt worden, wie in der Geschichte der Wissenschaft das Problem der elektrischen Fische immer schärfer und einfacher gefaßt wurde. Das Alterthum kannte nur elektrische Fische, einen Begriff, den es nicht weiter zu analysiren wußte. Redi lehrte die elektrischen Organe als die Werkstätte der wunderbaren Kraft kennen. E. du Bois-Reymond setzte an Stelle der elektrischen Organe die elektrischen Platten, indem er nachwies, daß die Wirkungen der elektrischen Organe sich vollständig auf die combinirte Action zahlreicher einzelner gleichartiger elektromotorischer Einheiten zurückführen und durch die Annahme erklären lasse, daß im Augenblick des Schlages die eine Fläche der elektrischen Platten positiv, die andere negativ werde. Dadurch wird unsere Frage näher dahin bestimmt, durch welchen Mechanismus diese elektromotorischen Einheiten vorübergehend in Spannung gerathen. Die Frage lautet: Was geschieht in dem Moment, in welchem die Innervation in denselben anlangt?

Ein Gegenstück dieser Frage nach dem Mechanismus des Zitterfischschlages ist die Frage nach dem Mechanismus der Muskelverkürzung, welche auf eine ganz analoge Form zurückführbar ist: Was geschieht in einem Muskelprimitivbündel in dem Moment, in welchem die Innervation in ihm anlangt?

In beiden Fällen handelt es sich darum, staunenswerthe Erfolge zu erklären, welche die organische Natur mit den denkbar kleinsten Mitteln hervorbringt.

Um die Wirkungen des Malopterurusschlages in gleicher Stärke nachzuahmen, bedarf der Physiker der stärksten ihm zu Gebote stehenden Elektromotoren. Er muß die gewaltigsten elektrischen Apparate seiner Laboratorien in Thätigkeit setzen, um nur den Wirkungen gleichzukommen, welche 2½ Pfund Wasser, Salze und Eiweißsubstanzen (Bestandtheile des Malopterurus-Organs) unter dem Einflusse der Innervation gleichsam spielend hervorbringen. So gewaltige elektrische Maschinen sind die Organe der Zitterfische.

Nicht weniger gewaltige Kraftmaschinen sind die Muskeln: der Wadenmuskel des Frosches besteht aus wenigen Gramm Wasser, Salzen und Eiweiß und vermag doch ein Kilo zu heben. Es handelt sich in beiden Fällen um eine gleich staunenswerthe Entwickelung hier mechanischer, dort elektrischer Kraft.

Es ist bisher in keinem dieser Fälle gelungen, den dabei stattfindenden Mechanismus thatsächlich festzustellen. Doch ist für den Schlag der Zitterfische wenigstens eine Annahme vorhanden, welche alle denselben begleitende Erscheinungen zunächst in völlig befriedigender Weise zu erklären vermag.

Diese von Colladon und E. du Bois-Reymond herrührende Annahme setzt voraus, daß in der Substanz der elektrischen Platte zweipolige (sog. dipolare) elektromotorische Molekel vorhanden seien.

Im Zustande der Ruhe kehren dieselben ihre Pole entweder nach allen möglichen oder zu zweien nach entgegengesetzten Richtungen, so daß ihre elektrischen Wirkungen sich gegenseitig völlig aufheben und nach außen völlig verschwinden.

Beim Schlagen wenden sie sämmtlich ihre positiven Pole schnell der Fläche des Organs zu, von der der positive Strom ausgeht.

Anmerkungen.

[1]) Die Namen, welche die italienischen Fischer den Seethieren beilegen, sind in den verschiedenen Küstengegenden mitunter sehr verschieden, so daß ein und derselbe Fisch im Bereiche der italienischen Meere oft fünf bis sechs und noch mehr verschiedene Provinzialnamen trägt, — ein Umstand, welcher dem an der See arbeitenden Anatomen die Beschaffung des Materials oft nicht unerheblich erschwert. Der Name des Zitterrochen: Tremola scheint einer der constantesten zu sein, denn man nennt ihn so auf den Fischmärkten von Rom, Ancona und Messina. Die Fischer von Viareggio, einem bei Pisa gelegenen Seebadeorte, der durch einen großen Reichthum an Zitterrochen ausgezeichnet ist, nennen ihn: pipistrello d. h. Fledermaus.

[2]) John Davy (Researches anatomical and physiological. London 1839. Vol. I.), welcher in Malta vielfach am Zitterrochen experimentirte, berichtet, daß die Malteser Fischer denselben Haddayla nennen und fügt hinzu, daß dieses Wort einen betäubenden Fisch bedeute. Herr Michele Amari in Rom hatte die Freundlichkeit mir die arabische Etymologie dieser Bezeichnung folgendermaaßen nachzuweisen: „Aus der Wurzel hkadara leitet sich das frequentative Adjectiv hkaddâr, fem. hkaddârah ab, welches ein Ding bezeichnet, das Betäubung (torpor) verursacht. Es findet sich dieses frequentative Adjectiv allerdings nicht in den arabischen Lexicis, was aber seinen Gebrauch durchaus nicht ausschließt. Die in allen Sprachen so gewöhnliche Verwandlung das r in l kann nicht befremden, und die Substitution des Diphongen ai für à ist im Maltesischen Dialekt besonders häufig; das kh (welches ich nach der Schreibweise der französischen, englischen, holländischen und italienischen Orientalisten wiedergegeben habe) lautet endlich in der Aussprache wie ein rauhes h, das deutsche ch."

[4]) Die Stellen der Griechischen und Römischen Aerzte, welche von dieser Anwendung des Zitterrochen handelten, finden sich gesammelt bei: Aldrovandus, De piscibus III, 45. De torpedine; Usus in medicina, und bei: G. Wilson, On the electric fishes as the earliest electric machines employed by mankind. Edinburgh new philosophical journal. October 1857. —

Erst der späteren Arzneikunde (Paulus Aegineta 600 n. Chr.) gehört die Vorschrift an, einen lebenden Zitterrochen in Oel zu sieden und dasselbe dann gegen Gliederschmerzen anzuwenden.

⁴) Diese Stellen sind gesammelt von E. du Bois-Reymond, Quae apud veteres de piscibus electricis exstant argumenta. Diss. med. Berlin 1843.

⁵) Galeni Opera ed Kuehn. Vol. VIII., p. 421. f. (ed Chartier VII, 520, ed. Basileae III, 315).

⁶) Fast gleichlautend mit dem Worte raâdah ist die egyptische Bezeichnung für Donner, — eine Uebereinstimmung, welche zu der Ansicht Veranlassung gegeben hat, als ob die Egypter bereits die Uebereinstimmung der Wirkungen der atmosphärischen Electricität und des Malopterurus dunkel geahnt und dieser Ahnung in der Sprache Ausdruck gegeben hätten. Doch ist es richtiger, anzunehmen, daß beide Bezeichnungen, die für den Donner und die für den Fisch unabhängig von einander von ein und derselben Wurzel abgeleitet sind, welche „zittern" bedeutet.

⁷) Ebenso wie die Griechen den Zitterwels einfach als Narke bezeichnen, übersetzen die arabischen Ausschreiber der griechischen Aerzte (z. B. Avicenna) die Narke einfach durch raâdah. Bei den Schriftstellern des 16. und 17. Jahrhunderts ist die Identificirung des Nilfisches mit dem Zitterrochen (unter demselben Namen Torpedo) noch ganz an der Tagesordnung, und sogar noch in der nach dem Tode Forskâl's von Niebuhr herausgegeben: Descriptio animalium, quae in itinere orientali observavit. Kopenhagen 1775, wird der Nilfisch: Raja torpedo genannt. — Interessant ist übrigens die Bemerkung von Etienne Geoffroy St. Hilaire (welcher die französische Expedition nach Egypten begleitete), daß auf dem Fischmarkt von Alexandrien, wo der im dortigen Hafen nicht seltene Zitterroche zusammen mit dem Zitterwels des Nils vorkommt, beide Fische den gleichen Namen raâdah führen.

⁸) Rélation d'Egypte, par Abd-Allatif, médécin Arabe de Bagdad. Traduction de M. Silvestre de Sacy. Paris 1810. 4⁰ S. 145.

⁹) Siehe über Godigno und seine Reisebeschreibung: F. Boll, Ein historischer Beitrag zur Kenntniß von Torpedo. Reichert's und du Bois-Reymond's Archiv 1874.

¹⁰) Es mag als ein nicht uninteressanter Beitrag zur „Völkerpsychologie" gelten, daß diese Thatsache (die seit am Mittelmeere Fischfang getrieben wird, gewiß unzählige Male hätte beobachtet werden können und von der man auf jedem Fischmarkt des Mittelmeeres sich leicht die Anschauung verschaffen kann) der Aufmerksamkeit der begabtesten Völker, den Griechen, Römern und Arabern so völlig entgehen konnte, und daß ihre Kenntniß erst den wilden oder halbwilden „Aethiopiern" (Negern oder Abyssiniern) vorbehalten war.

¹¹) Siehe über Redi, Lorenzini und die nun folgende Literaturepoche den oben citirten Aufsatz des Verfassers, sowie W. Keferstein, Beitrag zur

Geschichte der Physik der elektrischen Fische. Moleschott's Untersuchungen VI. 158.

[12]) Als erste Vorahnung der wahren, elektrischen Theorie des Zitter-rochen mag eine Bemerkung des Reisenden Kämpfer hier citirt werden, welcher in den 1680er Jahren den Zitterrochen des Persischen Meerbusens kennen lernte und seine Wirkung der eines kalten Blitzschlages vergleicht. (Amoenitates exoticae. Lemgo 1772, 4°. 1. S. 514).

Druck von Gebr. Unger (Th. Grimm) in Berlin, Schönebergerstraße 17a.

Das Heirathen

in alten und neuen Gesetzen.

~~~~~~~~

Von

Prof. Dr. J. Baron

in Berlin.

Berlin, 1874.

C. G. Lüderitz'sche Verlagsbuchhandlung.

Carl Habel.

Heirathen oder Nichtheirathen: das ist eine Frage, welche an jeden Einzelnen herantritt und ihre Entscheidung von ihm in mehr oder weniger dringender Weise fordert. Eben deshalb ist es erklärlich, daß die Gesetzgeber sich mit derselben Frage beschäftigt haben, um zu bestimmen, welche Stellung sie dazu einnehmen sollten; um zu bestimmen, ob es gut sei, die Neigungen und Interessen der Menschen sich selbst zu überlassen, oder ob der Staat sich der Ehe günstig erweisen soll, oder endlich ob er nicht vielmehr mahnend und beschränkend eingreifen müsse, damit nicht in Leidenschaft und Unüberlegtheit Ehen geschlossen werden, deren Sorgen die Gatten nicht gewachsen sind.

Wer vorurtheilsfrei die Frage überdenkt, wird sich für das Nichteinmischungsprincip des Staates erklären. Es sei die Eheschließung die freie Handlung eines Jeden; mit sich selbst erwäge er, welche Befriedigung und welche Kümmernisse für ihn daraus hervorgehen werden; er brauche den Rath von Verwandten und Freunden; aber kein Dritter, der nicht durch Blutbande oder durch geistige Beziehungen Jenem nahe steht, suche ihn durch einen Köder zur Eingehung der Ehe zu bewegen, oder umgekehrt durch Vorhaltungen davon abzulenken; um wie viel weniger ziemt es sich dem Staat, durch allgemeine Gesetze die Eheschließung zu fördern oder zu hemmen, da er die besonderen Umstände, von denen doch das Urtheil über eine Eheschließung abhängt, weder vorhersehen noch prüfen kann.

Aber diesen Standpunkt nimmt erst die neueste Gesetzgebung ein; denn in keiner Zeit ist das Recht des Menschen auf freie Bethätigung seiner Individualität in so hohem Maße anerkannt worden als in unsrem Jahrhundert; ja, man darf behaupten: die sog. individuelle Freiheit ist überhaupt erst ein Product der jüngsten Geschichtsperiode; man ist ihrer in früherer Zeit sich nie recht bewußt geworden; denn theils hing der Einzelne mit dem Gemeinwesen, dem er angehörte, viel enger als heut zusammen, und manches, was wir jetzt als schwere Beschränkung der individuellen Freiheit ansehen würden, galt früher als selbstverständlich oder ward doch leicht hingenommen; theils war die Aufgabe der Obrigkeit keine so weit gezogene als heute, daher wurden an den Bürger nicht so hohe Anforderungen gestellt und seine individuellen Rechte kamen ihm nicht zu rechter Erkenntniß.

Eben daraus ist es zu erklären, daß die Gesetzgebungen vor unsrer Zeit sämmtlich bezüglich der Heirathsfrage einen andren Standpunkt einnehmen als die unsrige. Die Eine begünstigt die Verehelichung, die Andere das ehelose Leben. Historisch treten sie in nachstehender Reihenfolge auf: die Gesetzgebung der antiken Völker, namentlich die Römische und Jüdische, dann die Gesetzgebung der christlichen Kirche, endlich die des modernen büreaucratisch eingerichteten Staats.

Die Gesetzgebung der Römischen Republik förderte das Heirathen auf mehrfache Weise; die fortwährenden Kriege zwangen sie dazu, denn glücklich oder unglücklich geführt: immer rafften sie eine bedeutende Anzahl der im Mannesalter stehenden Bürger hin, und sollte die Eroberungspolitik durchgeführt werden, so mußte man an einen reichlichen Ersatz denken. Wohl hat man die Beobachtung gemacht, daß nach Beendigung eines Krieges die Ehen zahlreicher als sonst geschlossen werden, aber die Römische Republik kennt den Friedenszustand fast garnicht, nur nach dem ersten Punischen Kriege und nach der Schlacht bei Actium ward der Janustempel geschlossen. Wohl weiß man, daß nach einer reichen Ernte die Zahl der Ehebündnisse wächst, aber das war ja die ewige Klage des Plebejers, daß die Kriege es zu keiner reichen Ernte kommen ließen; denn der gemeine Mann, der mit eigner Hand und ohne die Mithülfe des Sclaven sein eng bemessnes Grundstück bebauen sollte, war daran durch den übermäßigen Dienst im Heere verhindert. Auch erinnre man sich, wieviel Kriege die Römische Republik unglücklich geführt hat; zuerst bei ihrem Kampfe mit den Freunden des vertriebnen Königsgeschlechts um die Aufrechterhaltung ihrer Staatsform, dann bei ihrem Streit mit den Nachbarn um die Herrschaft in Italien, endlich bei ihrem Ringen mit Carthago um die Weltherrschaft.[1] Wie viel blühende Ortschaften wurden in all diesen Kämpfen vernichtet, wie viel mit voller Frucht gesegnete Felder zerstört! Es ist eine unbestrittne Thatsache, daß im Fortgange der Republik der Italische Ackerbau verfiel, und daß alle Versuche, dem mittleren Bauernstand neue Kräfte zuzuführen vergeblich blieben. Nimmt man hinzu, daß, während ein einmaliger kurzer Krieg die edelsten Gefühle zur Bethätigung aufruft, das fortgesetzte Kämpfen den Soldaten verwildert und demoralisirt: so begreift man, daß die Familie, die Stätte der Zucht und Sitte, unter der Eroberungspolitik der Republik wenig gefördert wurde, und daß die Anzahl der Bürger mit dem Wachsthum des Staates wenig Stand hielt.

Nun gab es eine Einrichtung, welche diese Erscheinung aller Welt kund that: das ist der Römische Census. Alle fünf Jahre nämlich fand eine Zählung, Schätzung und neue Ordnung der Bürgerschaft statt. Da wurde verzeichnet, wieviel immittels in das

Mannbarkeits- resp. in das Greisenalter eingetreten waren, wer wehr-
pflichtig geworden resp. geblieben war; und die wenigen statistischen Angaben, die uns aus jener Zeit erhalten sind, machen es
uns leicht begreiflich, daß man von Staatswegen an eine Förderung der Ehe denken mußte. Man höre, daß selbst zwischen
dem ersten und zweiten Punischen Kriege die Anzahl der Bürger
um ein Zehntel zurückging!

Die Maßregeln nun, welche zu dem gedachten Zwecke getroffen wurden, waren von verschiedener Art.

Die älteste ist eine Hagestolzensteuer, eingeführt unter Camillus; wie hoch sie sich belief, wie lange sie dauerte ist uns
nicht überliefert; nur das wissen wir, daß sie mit großer Strenge
eingetrieben wurde; denn als sich einige Hagestolzen über die
neue Last beschwerten, so wurden sie hart angefahren: „ihr verletzt (hieß es) ein Naturgesetz, ihr habt eure Jahre dahingehen
lassen, ohne euch den Namen eines Gatten und Vaters zu erwerben; mag auch die Steuer euch belästigen, um so nützlicher
wird sie den kommenden Geschlechtern sein."

Die zweite Maßregel ward die Aufstellung der Rechtsregel,
daß in Processen, bei denen es sich um die Mitgift einer Frau
handelt, in zweifelhaften Fällen zu Gunsten der Frau gesprochen
werden solle. Zum Verständniß dieser Rechtsregel muß hinzugefügt werden, daß nach einem uralten Römischen Brauch die
Frau dem Manne regelmäßig eine Mitgift einbrachte, daher
denn ein Mädchen ohne Mitgift schwerer als mit einer solchen
verheirathet wurde. Jene Rechtsregel war dazu angethan, dem
Mädchen die Mitgift möglichst zu erhalten.

Von ähnlichem Character ist ein andrer Rechtssatz. Es ward
ein Gesetz gegeben, durch welches Schenkungen abgesehen von
nahverwandten Personen sehr beschränkt wurden; Verwandte bis
zum fünften Grade durften sich wie bisher beschenken, andre nur

mit sehr geringen Summen; allein, wenn man beabsichtigte, ein Mädchen auszustatten, so durfte man einer noch so entfernt verwandten Person unbeschränkt schenken.

Die dritte Maßregel hängt mit einer der Römischen Republik eigenthümlichen Behörde zusammen: mit der Censur. Der Censor, dessen Amt ursprünglich bloß einen finanziellen Character hatte, welcher anfänglich bloß die einzelnen Bürger, ihren Hausstand und ihr Vermögen verzeichnete, und das Einnahme- resp. Ausgabebudget des Staats aufstellte: dieser, wie schon sein Name besagt, oberste Finanzbeamte hatte im Laufe der Zeiten ein Sittenrichteramt überkommen. Wir Modernen haben für eine solche staatliche Einrichtung gar kein Verständniß. Besteht doch die Sitte gerade in dem, wozu die freie Erkenntniß das Volk im Ganzen oder in einzelnen gesellschaftlichen Kreisen treibt! Ist doch ein Bürger bloß dazu gehalten, die Gesetze des Staates zu achten! Verliert doch eine sittliche Handlung ihren tieferen Gehalt, und also ihren Character dadurch, daß sie nicht um ihrer selbst willen geübt wird, sondern um einer Rüge zu entgehen! Man kann nicht behaupten, daß Alles dies von den Römern völlig übersehen ward; es fiel ihnen nicht ein, die Unsittlichkeit der Rechtsverletzung gleichzustellen; aber wer wider die nationale Moral handelte, der sollte gekennzeichnet werden, ihm sollte ein Makel angeheftet werden, der ihn aus der Gesellschaft der Standesgenossen ausschloß; das nationale Sittlichkeitsbewußtsein war derzeit so stark, daß es seine Empfindungen und Beurtheilungen nicht dem zufälligen schwankenden Ausspruch der Einzelnen überließ; es hing sich an eine oberste Behörde, erfüllte diese mit seinen Anschauungen und drängte sie zur Verkündigung vor dem Volke. Der Censor war es, der über die Innehaltung der nationalen Moral wachte, und der zu diesem Zweck die Befugniß hatte, den Senator aus dem Senat, den

Reiter aus dem Reiterstande auszustoßen, dem stimmberechtigten
Bürger das Stimmrecht in der Volksversammlung zu entziehen.
Deshalb war die Censur das am meisten geachtete und zugleich ge-
fürchtete Amt; die alten Schriftsteller nennen sie die Lehrerin
der Zucht, die Beschützerin der Ordnung, ein Amt, dem allgemeine Ehrfurcht entgegengebracht wurde. Wie das nun auch heut
bei demjenigen vorkommt, der ein Recht zu rügen hat, so entwickelte sich daneben die Sitte der Ermahnung, der Aufforderung,
an den nationalen Tugenden festzuhalten. Der Censor benutzte
dazu den Schlußact der Schätzung; da brachte er den Göttern
ein aus einem Stier, einem Schwein und einem Schaf bestehendes
Opfer, da erflehte er von ihnen die Wohlfahrt des Staates, da
endlich hielt er dem Volk seine Vergehungen gegen die altväter-
liche Sitte vor, und forderte von ihm ihre Einhaltung. Daß
nun diese censorische Rede das Heirathen berührte, ist uns zwei
Mal überliefert. Camillus, derselbe, welcher die Hagestolzensteuer
einführte, sprach in freundlichen Worten zu den unverheiratheten
Männern, er suchte sie dadurch zu rühren, daß er sie an die zahlreichen Wittwen erinnerte, deren Gatten in den letzten Kriegen
geblieben waren, und viele von diesen wurden bald heimgeholt.
Bedeutender ist die Rede, welche der Censor Q. Metellus [2]) im
zweiten Jahrhundert v. Chr. hielt; auch sie war freundlich, ja
scherzend gehalten. „Ja, Mitbürger," sprach der Censor, der
selbst in glücklichster Ehe lebte, vier Söhne, zwei Töchter und
elf Enkel hatte, „wenn wir ohne die Frauen leben könnten, so
würden wir gewiß Alle uns diese Beschwerde fernhalten;
aber da wir doch nach dem Naturgesetz nur die Wahl haben, ob
wir mit den Frauen unbequem oder ohne sie garnicht leben
wollen, so dächte ich, wir sorgten für die Zukunft und nicht für
die Annehmlichkeit unseres kurzen irdischen Daseins." [3]) Leider
ist uns nur dieses kleine Stück der Rede erhalten; sie muß einen

großen Eindruck gemacht haben; denn noch nach mehr als einem Jahrhundert war sie vorhanden, und Kaiser Augustus verlas sie, um der von ihm proponirten Reform der Ehegesetze Nachdruck zu verleihen, sogar im Senat. Demnach ist es den Römischen Staatsmännern wie den Kennern des Römischen Verfassungs= rechts ein feststehender Satz: Censoren müssen gegen die Hage= stolzen einschreiten; denn diese vergehen sich gegen die nationale Sitte; in der gens Fabia, die durch Bürgertugend Allen vor= anleuchten wollte, war es ein altes Familiengesetz, daß jeder her= angewachsne Mann heirathen müsse. — —

Wenn die mittlere Republik durch die Kriege eine Abnahme oder doch eine nicht genügende Zunahme der Bürger erfuhr, so ward diese gegen Ende der Republik durch die einreißende Sitten= losigkeit gefördert. Denn das darf mit Bestimmtheit behauptet werden, daß Sittenlosigkeit zum Theil mit Familienlosigkeit Hand in Hand geht; zwischen der Familie und der Sittlichkeit besteht ein Wechselverhältniß; das eheliche Leben macht sittlich, der sittliche Mann bleibt nur selten und nur aus schweren Gründen der Ehe fern. Es hieße Eulen nach Athen tragen, wollte ich von der Sittenverderbniß der Römer zu jener Zeit ein Bild geben. Allein Einen Umstand muß ich hervorheben, theils weil er von unsren Schriftstellern nicht genug betont wird, theils weil er gar zu eng mit dem Gegenstand zusammenhängt, welchen ich hier entwickle. Das ist (modern gesprochen) die Emancipation der Römischen Frauen. Unter allen Völkern des Alterthums ist das Römische das einzige, welches den Frauen eine würdige Stellung gegeben hat, eine Stellung, welche hinter der Achtung der Frau bei der Germanischen Völkerfamilie um Nichts zurückbleibt. Die Römische Frau wird von ihrem Gatten zum Mahl sei es bei Freunden sei es bei öffentlicher Feier ge= leitet; die Römerin ist Herrin im Hause, sie empfängt darin

den Besuch von Freunden wie von Fremden; mit besonderer
Rücksicht wird die Römerin behandelt: etwas Unanständiges in
Gegenwart einer Frau gesagt oder gethan ward strenger bestraft
als sonst; ja, die Römische Sage und Geschichte setzt die wich=
tigsten Ereignisse in eine Verbindung mit Frauen (wie Lucretia,
Virginia, Coriolans Mutter), und immer weist sie ihnen einen glück=
lichen Einfluß auf die Fortentwicklung des Römischen Staates
zu.

Aber sicher ist, daß diese gesellschaftliche Stellung der Frauen
gegen Ende der Republik den Römern theuer zu stehen kam.
Denn als durch die asiatischen Kriege ein seltner Luxus plötzlich
nach Italien verpflanzt wurde, als Genuß= und Putzsucht und
neben ihnen die gemeinste Liederlichkeit in Rom überraschen
Eingang fanden: da waren es die Frauen, die es den Männern
vorausthaten. Ihre herkömmliche Stellung in der Gesellschaft
behaupteten sie, von der alten Zucht und Scheu machten sie sich
frei; die Schwelgerei ergriff das ganze Haus; Frauen und Kinder
sind bei den Gelagen gegenwärtig, sie hören, worüber sie erröthen
sollten; die Frauen namentlich zechen mit den Männern um die
Wette, sie durchwachen die Nächte und trinken den Männern
mit unvermischtem Weine zu. Spricht doch Lucian (der freilich
erst im zweiten Jahrhundert der Kaiserzeit lebt) von einem Mahl,
an welchem Frauen theil nahmen, und welches in eine große
Schlägerei mit Abbeißen von Fingern und Nasen endete!

Das ist es, was ich oben als die Emancipation der Frauen
bezeichnete: die Vernachlässigung des Hauses und der Wirthschaft,
die Durchbrechung der Grenzen, die dem Weibe von der Natur
gezogen sind, die Unbescheidenheit im Genuß, die Sucht zu glänzen
und sich vorzudrängen, kurz die Aufhebung aller Scham und
Scheu, in deren Beobachtung gerade die Ehre der Frauen liegt.

Bei solchen Zuständen verging selbst den besten Männern

die Luſt am Heirathen; meine Frau (ſagt Terenz) iſt begehrlich, muthwillig, prachtliebend, dem Aufwand ergeben, und ſie ſpielt die Vornehme. Brachte die Frau dem Manne eine bedeutende Mitgift zu, ſo hatte der Mann vollauf von ihren Launen zu leiden, und deshalb klagt Demänetus bei Plautus, daß er für die Mitgift das Regiment im Hauſe verloren habe; Martial warnt davor, eine reiche Frau zu heirathen, weil dann der Mann im Hauſe die Rolle der Frau erhalte, und Juvenal erklärt: nichts iſt unerträglicher als eine reiche Frau. Damit aber kein Zug in dem Bilde der Verirrung der Frauen damaliger Zeit fehle, ſo berichten die Schriftſteller von gelehrten Blauſtrümpfen, die in fein geglätteter Rede philoſophiſch zu disputiren liebten, und die Satyriker warnen vor der Heirath mit einer ſolchen; „es iſt gut (heißt es) wenn die Gattin nicht allzugelehrt iſt, wenn ſie nicht alle Geſchichten kennt, wenn ſie einiges, was in den Büchern ſteht, nicht begreift.“

Man nehme endlich das freie Römiſche Scheidungsrecht hinzu, welches auf dem Grundſatz beruht, daß jeder Theil ſich von dem andern, ſowohl der Mann von der Frau, als umgekehrt die Frau vom Manne ſcheiden könne, daß ſie ſich ſcheiden können ohne irgend einen andren Grund als ihr ſubjectives Belieben. In der guten alten Zeit freilich machte Niemand von dieſem ſubjectiven Belieben Gebrauch, in der Periode aber, von welcher ich ſpreche, ward es unzählige Mal angewendet. Und ich wiederhole: nicht bloß Männer ſtützten ſich darauf, nicht bloß Sulla, Cicero, Pompejus, Caeſar, Auguſtus haben ihre Frauen grundlos verſtoßen, ſondern Seneca ſpricht von Frauen, die ihre Lebensjahre nicht nach den Conſuln ſondern nach ihren Ehemännern rechnen; beim Heirathen (meint er) tragen ſie ſich mit Scheidungsgedanken, beim Scheiden mit Heirathsgedanken; ſchon bevor die grünen Zweige abgewelkt ſind, welche beim Einzug der Neuvermählten die Hausthür schmückten, lassen sich (nach Juvenal) manche Frauen scheiden und bringen es zu acht Männern in fünf Jahren. In dreißig Tagen, erzählt Martial, heirathet Teresilla den zehnten Mann. Sind dies auch scherzhafte Uebertreibungen, so muß es doch um die Wirklichkeit schlimm bestellt sein, die zu solcher Uebertreibung Anlaß giebt. Das Unglaubliche wird berichtet, daß eine Sclavin, in welche sich ihr Herr verliebt, und die er deshalb freigelassen und zur Gattin genommen hat, nach einiger Zeit ihrem Eheherrn die Ehe kündigt. Und das geschah so oft, daß Augustus dagegen einschritt, indem er verordnete, eine solche Frau dürfe sich nicht wiederverheirathen. — Ist es auffallend, daß bei solchen Vorgängen dem weltklugen Mann alle Vorsicht vergeblich erscheint? daß er in Scherz und Spott anräth, das Heirathen ganz sein zu lassen? „Du warst doch sonst (schreibt Juvenal einem Freunde) ein vernünftiger Mensch; hat dich plötzlich der Wahnsinn gepackt, daß du eine Frau nehmen willst?“

Für die niedren Volksclassen treten die schweren Sorgen hinzu, welche die Erhaltung einer Familie in damaliger Zeit mit sich brachte. Man muß zweierlei Umstände mit einander combiniren, um den ganzen Umfang dieser Sorgen zu ermessen. Einmal das altrömische Vorurtheil gegen alle Gewerbe: der Freigeborne hielt diese für niedrig, nur die Beschäftigung mit dem Landbau war eines freien Mannes würdig. Nun war aber der Grundbesitz im Laufe der Jahrhunderte in die Hände einer verhältnißmäßig kleinen Anzahl von überreichen Leuten gelangt, der mittlere Bauerstand war gegen Ende der Republik fast verschwunden. — Sodann das Institut der Sclaverei, welche zur Folge hatte, daß regelmäßig alle Arbeit von Sclaven oder von Freigelassenen besorgt wurde; auch die großen Güter der Reichen wurden mit Sclaven bewirthschaftet, also war der Freie von der einzigen Arbeit, welche ihm das nationale Vorurtheil gestattete, ausgeschlossen. Die Folge hievon war allgemeiner Pauperismus, und daß unter diesem das Heirathen zur Selten= heit wurde, ist erklärlich.

Ich kehre zur Gesetzgebung zurück.

Die „Staatsraison" war es, welche die Römische Gesetz= gebung in der Heirathsfrage beherrschte. Daß sie berechtigt ist, ein bedeutsames Wort mitzusprechen: wer möchte es leugnen? Aber ebensosehr ist klar, daß sie für die Frage nicht das allein maßgebende Moment sein darf; nur ein unvollkommnes oder ein tyrannisches Staatswesen wird es sich anmaßen, vom Menschen das Aufgehen in den Staat zu verlangen, den Menschen mit dem Bürger zusammenzuwerfen.

Suchen wir andre Gesetzgebungen auf, Gesetzgebungen, welche (wenn der Ausdruck gestattet ist) von einem volleren Gesichtspunkte ausgehen, so tritt im Alterthume die Jüdische entgegen. Sie ist in einem theocratischen Staat erwachsen, und so primitiv auch die Stufe sein mag, welche diese Formation eines Volkswesens einnimmt, so bietet sie doch gewisse Vortheile, welche nicht gering anzuschlagen sind, vor Allem die Verbindung des religiösen, sittlichen und rechtlichen Gebiets.

Jene Trauer, in welche heut die sittliche Persönlichkeit oft genug deshalb versetzt wird, weil eine bedeutende Pietätspflicht durch das Recht nicht unterstützt wird, ist in einem theocratischen Staate ebenso undenkbar wie die hämische Freude desjenigen, welcher sich heut auf den Buchstaben des Gesetzes beruft, um das Sittengesetz unerfüllt zu lassen. Religiöse, sittliche, juristische Begriffe existiren in dem theocratischen Staat noch nicht selbst= ständig und von einander geschieden; an Stelle dieser Trias be= steht eine einzige Substanz, zu welcher die Pflichten des Menschen vereinigt sind, und welche sich erst in andren Staatsformen in

drei Theile zerlegt. Der theocratiſche Staat legt dem Menſchen
nur wenig Pflichten auf, aber er wacht über ihre Einhaltung
mit energiſchen Mitteln. Er kennt nur ſolche Pflichten, die von
drei Geſichtspunkten aus ſich rechtfertigen laſſen: vom religiöſen,
ſittlichen und rechtlichen; aber wer ihnen nicht nachlebt, der hat
ein dreifaches Vergehen auf ſich geladen.

Leſen wir nun in der Bibel die Worte „darum ſoll der
Mann Vater und Mutter verlaſſen und an ſeinem Weibe hangen",
ſo haben wir darin ein dreifaches Geſetz zu erkennen. Ein
religiöſes: denn es iſt Gottes Wille, daß die Menſchheit ſich
entfalte und daß ſie die Erde und was ſie bietet genieße, damit
ſie die Allmacht und die Güte des Schöpfers erkenne, — ein
Gedanke, der an einer andren Stelle mit den freundlichen Worten
ausgedrückt wird: „ſeid fruchtbar und mehret euch und füllet die
Erde, machet ſie euch unterthan und herrſchet über Fiſche, Vögel
und alles Thier."⁴) Ein ſittliches Geſetz: denn an ſich ſelber
ſoll der Menſch erfahren alle jene Empfindungen, die mitten
in zwiſchen Jubel und Schmerz liegen, und zu denen die Begründung eines Hauſes den reichſten Anlaß bietet; im Innerſten
ergriffen ſoll er von den Ereigniſſen werden, welche ihn und die
ihm am Nächſten ſtehen, angehen; es iſt ein halber Menſch,
eine unvollkomne Perſönlichkeit, die ſolches an Fremden erlebt
und die mit froſtigem Mitgefühl den Zuſchauer abgiebt; deshalb
reden unſere Philoſophen von der wechſelſeitigen Ergänzung,
welche die Ehegatten ſich einander gewähren, und deshalb heißt
es in der Bibel: es iſt nicht gut, daß der Menſch allein ſei.
Endlich iſt jene Vorſchrift ein Staatsgeſetz: ſie legt den
Grund zu der Familie, die in ihrer weiteren Entwicklung zum
Staate führt, und ſie bildet eine Hauptſtütze des begründeten
Staates, da ſie ihm einen Beſtand von ſittlichen Bürgern ſichert.

Es iſt höchſt bezeichnend, daß die bibliſche Vorſchrift lediglich an den Mann gerichtet ist; das Weib bedurfte nicht erst der Mahnung, in die Ehe zu treten; sie, welche der Stütze eines Mannes bedarf, besitzt diese in ihrem Vater nach dem natürlichen Laufe der Dinge nur für eine gewisse Zeit, und das Bewußtsein, daß ihr der Tod ihren Beschützer früher oder später nehmen werde, treibt sie — von hundert andren Gründen abgesehen — der Heirath entgegen. Viel leichter wird es dem Manne, der Ehe zu entsagen; ihm als dem Haupte der Familie liegt die Pflicht ob, die Mittel zur Führung des Hausstandes zu beschaffen, und Manch einer ist hiezu trotz alles Mühens außer Stande. Und erleben wir es nicht alle Tage, daß ein Mann von seinem Berufe so erfüllt, seinem Wirkungskreise so hingegeben ist, daß sein Herz keine oder doch nur eine geringe Sehnsucht nach dem Weibe empfindet? So ist denn die Ehe für den Mann oft genug der Anlaß einerseits zu schwerer Arbeit andrerseits zu Entsagungen, und es bedurfte des göttlichen Wortes, um ihn daran zu erinnern, daß keine Sorge zu drückend, keine Entbehrung zu hart sei, um sie nicht im Interesse der Ehe zu ertragen. Das Jüdische Schriftgelehrtenthum[5]) aber hat aus diesem Bibelworte den Grundsatz abgeleitet: es ist Pflicht des Mannes, der zu achtzehn Jahren gekommen ist, zu heirathen; und es führt zur Unterstützung eine Vorschrift des Jüdischen Militärdienstgesetzes an.[6]) Es war nämlich bei den Juden die allgemeine Wehrpflicht eingeführt, und es gab nur drei Entschuldigungsgründe, um daheim bleiben zu dürfen: wer ein Haus gebaut, aber es noch nicht eingeweiht hat, wer einen Weinberg eingerichtet, aber noch nicht geerntet hat, wer ein Weib sich anvertraut (verlobt), aber er noch nicht heimgeholt hat; denn es wäre ein allzu bitteres Geschick, daß Jene im Kriege stürben und daß ein Andrer das Haus einweihte, von dem Weinberg die Ernte zöge, und das Weib heimholte. Und weiter heißt es:

„auch wer ein Weib neulich genommen hat, braucht nicht iu die
Heerfahrt zu ziehen, er soll ein Jahr lang frei in seinem Hause
sein, auf daß er fröhlich sei mit seinem Weibe." Diese
Bibelworte sind in ihrer Einfachheit wahrhaft rührend, und sie
bezeugen das Bestreben der mosaischen Gesetzgebung, das Heirathen von Seiten der Männer zu befördern. —

Auffallend bleibt, daß die Jüdischen Schriftgelehrten dennoch
einen Excusationsgrund für Ehelosigkeit aufstellten: wer sich
ganz und gar dem Studium des göttlichen Gesetzes widmet, darf
unverheirathet bleiben. War es Begeisterung für ihren Beruf,
war es Ueberhebung und Dünkel: wer möchte dies entscheiden?
Noch auffallender ist, daß sich eine asketische Secte[7]) bei den
Juden bildete, die Essener, von denen ein Theil an der Ehelosigkeit festhielt; Jüdische, Griechische und Römische Schriftsteller,
Josephus, Philo, Plinius, Porphyrius sind voll des Lobes dieser
Secte, und in der That: ihre Grundsätze wie ihre Jahrhunderte
lange unverändert feste Dauer verdienen unsre ungetheilte Bewunderung. In ihrer Moral war die Hauptlehre in dem Worte
Liebe enthalten: Liebe zu Gott, zur Tugend, zum Nächsten; kein
einziger Sclave war bei ihnen, sie verdammten die Besitzer der
Sclaven als ungerecht, weil sie das Gesetz der Natur verletzen,
welche wie eine Mutter Alle auf gleiche Weise geboren und er-
zogen und zu leiblichen Brüdern nicht dem Worte sondern der
That nach gemacht habe; ihre Speise war Brod und Wasser
mit etwas Salz und Isop gemischt; sie erneuerten sich durch
eine Menge Ankömmlinge, die des Lebens müde und von des
Schicksals Wogen verschlagen sich zahlreich einstellten, und dies
mag der Grund gewesen sein, weshalb sie in der Regel der Ehe ent-
sagten; daß die Ehelosigkeit aber nicht streng zu ihrem System gehörte,
ergiebt die Nachricht des Josephus, wonach ein Zweig der Essener
(wahrscheinlich die in Aegypten, die sog. Therapeuten) in der

Meinung über die Heirath abwichen, denn sie hielten dafür, daß die Ehelosen den größten Theil ihres Lebens verkümmerten, und um dies zu vermeiden, heiratheten sie. —

Schwierig ist es, die Ideen des Christenthums in unsrer Frage darzustellen; ja, ich meine behaupten zu müssen, daß die Träger des Christenthums nicht unter sich übereinstimmen. Von Christus weicht Paulus, von diesem wieder die katholisch-päpstliche Gesetzgebung des Mittelalters in hohem Maße ab.

Denn was Christus betrifft, so gestattet er die Ehelosigkeit bloß „um des Himmelreiches willen."[8] Verstehe ich seinen Ausspruch recht, so bedeutet er, daß für das Walten in der Familie die Kräfte des Einen zu schwach, die eines Andren allzureich sind.

Denn wie, wenn Jemand mit einer Vergangenheit voller Unsittlichkeit und schuldbeladnen Gewissens endlich die Pflichten des Menschen erkennt und sich zur Tugend wendet: werden wir es nicht begreifen, wenn er in Buße und Reue lediglich seiner Umwandlung und Besserung lebt? Die Familie ist das Heiligthum der Liebe, die sich bei unzähligen Anlässen äußern muß; jener aber hat sein ganzes Denken auf sich selbst gerichtet, damit er sich den inneren Frieden erwerbe. Legen wir doch selbst den schweren Verbrechern die Einzelhaft auf, und zwar zu keinem anderen Zwecke, als daß der Verbrecher in sich gehe und seine eigne Persönlichkeit zum ausschließlichen Gegenstand seiner Betrachtung mache. Soll derjenige, welcher das Gefängniß zwar nicht verdient, aber doch nahe daran gestreift hat, nicht aus eignem Willen eine gleiche Prüfung sich auferlegen dürfen? Um des Himmelreiches halber, aus den edelsten Motiven vermeidet er die Ehe.

Aber auch entgegengesetzte Erscheinungen bietet das Leben. Sehen wir nicht zuweilen Männer oder Frauen, welche ihr Leben

den Waisen widmen? Und jene Missionare des Glaubens,
welche durch das Mittel der Religion echte Bildung und tiefere
Sittlichkeit den uncivilisirten Völkern überbrachten und noch
überbringen, jene Paulus, Bonifacius, Franz Xaver: dürfen wir
von ihnen behaupten, daß sie Gott und den Menschen weniger
dienen als Eheleute? Endlich aber jene Krankenpflegerinnen,
welche mit gleicher Theilnahme und Dienstfertigkeit Mann und
Weib, den Freund wie den Feind, den Anhänger dieser oder
jener Religion warten: sind wir nicht Alle darin einig, daß sie
in werkthätiger Liebe die Eheleute übertreffen? Ihr Blick ist auf
die ganze Menschheit gerichtet, der Kreis der Familie ist für sie
zu eng, ihr Auge streift darüber hinaus, ihre Kräfte würden in
der Familie lahm gelegt sein, ihre Individualität eine unent-
wickelte bleiben. Auch von ihnen darf man sagen, daß sie um
des Himmelreichs halber sich der Ehe entziehen.

Ich bitte, meine Deutung des Ausspruches Christi nicht dahin
aufzufassen, als ob ich Coelibat der Priester, Klosterwesen und
Ordensverbindungen durch Christi Wort zu rechtfertigen strebte.
Dagegen habe ich mich oben gewahrt, wo ich die päpstliche Gesetzgebung als eine eigenartige bezeichnete, und in der That hat
die Lust an einem beschaulichen Leben und der Eifer im Interesse der Kirche wenig gemeinsam mit der Schuldbeladenheit und
der Liebe zum Menschen als solchem, wie ich sie so eben dargestellt habe. So wenig Gemeinsames besteht zwischen diesen Begriffen, daß man von Christus behaupten muß, er nehme im
Wesentlichen den Standpunkt des alten Testamentes ein; nur
fügt er in dem Sinne, in welchem er erklärt das Gesetz nicht
auflösen sondern erfüllen zu wollen, Ausnahmen zu dem alttestamentlichen Grundsatze hinzu.

Einen neuen Grundsatz aber stellte der Apostel Paulus auf,
und er fand dafür die schärffste Form, die sich denken läßt; all-

bekannt sind seine Worte im ersten Corintherbrief (Cap. 7 V.
38): welcher verheirathet, der thut wohl, welcher aber nicht verheirathet, der thut besser. Und es thut einem wehe, daß der
größte Apostel, der (wenn der Ausdruck gestattet ist) zweite Begründer des Christenthums, in einer Frage, welche Menschheit,
Staat und Einzelnen gleich nahe angehen, einer neuen Meinung
anhängt, welche dem Natur- und Sittengesetz widerspricht, welche
überdies sowohl der Religion entgegen ist, welche er von den
Seinen überkommen, als derjenigen, welcher er sich selbst zugewandt.

Das Naturgesetz freilich (und dies dürfte uns über den
Irrthum des Apostels aufklären) existirte für Paulus in dieser
Frage nicht. Er war erfüllt von dem Glauben an die baldige
Wiederkehr Christi, und seine Meinung war offenbar: wozu ein
Verhältniß anknüpfen, von dem man sich bald wieder losreißen
muß? Und (meint er weiter) die Ehe verwickelt in eine Menge
irdischer Angelegenheiten, die Sorge um sie zieht von der Beschäftigung mit den religiösen Dingen ab; der verheirathete
Mann (so schreibt er in einfacher Weise) sorgt dafür, daß er
dem Weibe gefalle, der Ehelose allein hat die volle Freiheit, sich
der Sache Christi mit Leib und Seele zu ergeben. [9])

Das schöpfte er aus seinem eignen Leben, er, der ledig war,
und überall umherzog, um die christliche Sache zu fördern.

Der Gedanke an die baldige Wiederkunft Christi war es,
auf welchem die Umschauungen des Paulus über die Ehe ruhen;
man mag von hier aus ihn zu begreifen suchen, zu rechtfertigen
ist er nimmermehr; grundlos ist die Meinung, daß die Ehe von
den göttlichen Dingen abziehe; haben doch alle Völker, sofern sie
nur überhaupt religiös gestimmt waren, Juden, Römer, Germanen gleich die Eingehung der Ehe mit religiösen Gebräuchen
verknüpft; haben sie doch allen wichtigeren Familienereignissen

(Geburt, Eintritt in das reifere Alter, Tod) eine religiöse Weihe
gegeben. Diese bei den verschiedensten Völkern wahrnehmbaren
gleichartigen Erscheinungen weisen auf einen Zug des menschlichen Herzens hin. Ist nämlich (wie Schleiermacher unter vie-
lem Beifall lehrte) die Religion das Abhängigkeitsgefühl des
Menschen von einem höheren Wesen, so wird dieses ganz besonders bei den Familienereignissen rege, denn ihre Tragweite
erstreckt sich bis in ferne Zukunft, über welche dem Menschen
die Herrschaft fehlt, die er aber, sofern er religiösen Sinnes ist,
der Kenntniß und der Leitung eines höheren Wesens unterstellt.

Auf dem Paulinischen Grunde erwuchs die Lehre und die
Gesetzgebung der Kirche im Mittelalter. Die Lehre bezieht sich
auf die Laien, die Gesetzgebung auf die Priester.¹⁰)

Unter den Laien herrschte Jahrhunderte lang eine asketische
Richtung, welche hervorgerufen durch das Bestreben, eine sittenlose Vergangenheit zu sühnen, übertrieben durch den glühenden
Eifer der Neubekehrten, auf einer falschen Lebensanschauung
beruhend, in der Casteiung des Leibes wie des Geistes eine gott-
gefällige, sühnende und heiligende Handlung erblickte. Auf dem
Gipfelpunkt zeigt sich das Asketenthum darin, daß der Mensch
allen Verkehr mit der Welt abbricht, sich innerlich von den
weltlichen Geschäften loslöst und sich einer entweder völlig einsamen oder einer am Zusammenleben mit andren Asketen ein-
geschränkten Lebensweise ergiebt. Einsamkeit, sagte der heilige
Antonius, der Erzvater des christlichen Mönchthums, ist eine
engelhafte Lebensweise, ist die wahre Philosophie; wie der Fisch
nicht außerhalb des Wassers, so könne auch der Mönch nur in
der Einsamkeit gedeihn. Und als sich hiezu noch die Armuth,
die Nacktheit von den irdischen Gütern gesellte, „diese höchste
Wohlthat und Zierde des Mönchthums", „die große Schutz-
mauer der Klöster", „die Magna charta des Ordenswesens", und

als man damit noch den Gehorsam vereinigte, nicht etwa den Gehorsam gegen Gottes Gebote, sondern jene Menschenknechtschaft, jene mit wahrer Freiheit unverträgliche blinde Unterordnung unter Menschengebote, die selbst einen Savonarola behaupten läßt, daß seine Mönche gehorchen mußten wie der Esel, der sich führen läßt zur Rechten und zur Linken, der Scheltworte und Schläge empfängt, ohne sich zu beklagen: so führte man freilich Bravourstücke im Gebiete der Askese auf; aber es war zugleich unbestreitbar der Menschennatur nicht blos ein Schlag gegeben, sie ward vielmehr mit Füßen getreten.

Das war freilich himmelweit von den Anschauungen des Apostels Paulus verschieden; nicht ein Heraustreten aus der Welt sondern ein von den menschlichen Leidenschaften unbeflecktes, thätiges Verweilen in der Welt hatte er als das allein richtige Verhalten des Christen erklärt, und wenn irgend Einer durch seine energische Wirksamkeit, durch sein schlichtes Arbeiten als Zeltenmacher wie durch sein bereites Zeugniß für den neuen Glauben erhärtet. Wenn er trotzdem die Ehelosigkeit als einen gottgefälligen Stand bezeichnet, so war es die Hoffnung auf die unmittelbare Wiederkunft Christi, die seinen Blick trübte. Was aber vermögen die Säulen= und Baumheiligen, was die Stifter der Klöster anzuführen, um es zu rechtfertigen, daß Menschen in der Höhe ihres Lebens der Welt entsagen und den ihr schuldigen Tribut verweigern, daß sie einer reichen Thätigkeit ein beschauliches Dasein vorziehn, statt eines bescheidnen Genusses der Lebensgüter sich mit dem Nothdürftigen begnügen?

Es ist hier nicht der Ort, einen Abriß der Geschichte der Klöster zu geben; ihr Blühen und ihr Niedergang ist allgemein bekannt; bekannt namentlich, daß sie offen dem Gelübde der Armuth wie des Gehorsams zuwiderhandelten, so daß ein frommer Eiferer einst von den Mönchen sagte: „Eines fehlt noch, daß sie nämlich keine Weiber haben, den Gehorsam haben sie aufgekündigt, die Armuth haben sie fortgejagt, bald werden sie der Ehelosigkeit entsagen." Was aber hervorgehoben werden muß, ist, daß gerade der Verzicht auf die Ehe in den edelsten Gemüthern der Christenheit zu schweren inneren Kämpfen führte, die freilich nach der Sitte der Zeit in den traurigsten Handlungen einer rohen Askese ihren Abschluß fanden. Der heilige Bernhard von Clairvaux empfand, als er einst eine schöne Frau zu lange angesehen, eine solche innere Gluth, daß er bis an den Hals in eiskaltes Wasser ging; dasselbe wird von Nicolaus Fattor berichtet und hinzugefügt, daß das Wasser hell aufzischte, als er es betrat. Die berühmte schottische Klosterheilige Brigide verbrannte, um ihre Liebe zu einem Jüngling zu dämpfen, ihre Füße an einem heimlich in ihrer Zelle angezündeten Feuer, der heilige Martinian versengte sogar seinen ganzen Leib an einem hell auflodernden Reiserfeuer, um die Kraft zur Bekämpfung einer Liebe zu gewinnen, die zur Leidenschaft zu werden drohte. Der heilige Benedict wälzte sich in einem Dickicht von Dornen, bis er über und über wund war, um das ihm vom Teufel vorgespiegelte Bild einer schönen Frau aus seiner Einbildungskraft zu entfernen. Ja, es wird uns erzählt, daß Einzelne, um allen Versuchungen ein Ende zu machen, den Tod in den Wellen, in tiefen Abgründen oder durch das Schwert suchten; darf man es verargen, wenn ein hochberühmter Französischer Schriftsteller und Staatsmann, der frühere Präsident der französischen Republik, Thiers, das Mönchthum le suicide chrétien, den christlichen Selbstmord nennt? Auch jene Lächerlichkeiten dürfen nicht verschwiegen werden des Paulus von Theben, der beim Anblick eines Weibes die Fluchtergriff wie vor einem Löwen, des Abtes Thomas, der selbst im Grabe keine weibliche Leiche neben sich duldete, endlich des Bischofs auf dem Concil zu Macon v. 585, der den Frauen die

Seele und die Menschenqualität absprach. Von solchen Thor=
heiten flüchtet man gern zu den rührenden Beispielen solcher
Frauen, welche sich Wangen und Gesicht zerfetzten, ihre Augen
ausstachen, sei es um die Liebe, die ihnen ein Mann entgegen=
trug, zu ertödten, sei es um dem Heirathen zu entgehen. Solche
Handlungen erschienen freilich selbst in jenen Zeiten als ans
Wunderbare grenzend, und Mancheiner ward deshalb selig oder
heilig gesprochen.

Von den Laien wende ich mich zu den Priestern. Selbst=
verständlich kehren die Anschauungen des christlichen Mittelalters
in der Gesetzgebung wieder. Zwar hätte man allen Grund ge=
habt, Mönchwesen und Priesterthum nicht denselben Regeln zu
unterwerfen; denn der Priester verzichtet nicht auf die Welt, er
steht mitten in ihr, und soll rathen, helfen, trösten, erziehen und
ermahnen. Zu Zeiten überwog denn auch die Einsicht in die
Heiligkeit des Ehestandes in so hohem Maße, daß die Freiheit
der Geistlichen selbst auf Synoden ihre Bestätigung erhielt. Das
ist aber eine vorübergehende Erscheinung; meinte doch Cardinal
Damiani, ein Zeitgenosse des Papstes Gregor VII.: der
Apostel Petrus habe durch sein früheres Leben im Ehestande
einen düsteren Flecken auf seinen Character geladen, der nur
durch seinen Märtyrertod auszutilgen gewesen sei. Darf es da
Wunder nehmen, daß schon seit dem 4. Jahrhundert die Coe=
libatsgesetze auftauchen? Wie schwer es wurde, diese durchzu=
führen, wie sie erst dann zur Geltung kamen, als es unter
Gregor VII. galt, der Kirche Unabhängigkeit und Prävalenz zu
verschaffen durch Diener, welche der Freude und Sorge des Fa=
milienlebens entrissen, sich ganz den Bestrebungen der kirchlichen
Führer hinzugeben vermögen: das ist allgemein bekannt.
Damit hat aber die Geschichte über den Coelibat der Cleriker
ihr Verdict gesprochen; denn nicht als assetische Handlung, nicht

als Tugendübung, nicht als Mittel zur Heiligung der Personen, sondern als eine politische Maßregel, als ein Mittel für die Zwecke der ganzen Kirche, als ein Stück der kirchlichen Dienstpragmatik ist die Ehelosigkeit den katholischen Clerikern auferlegt worden.

Ueber solchen Mißbrauch haben uns die Reformation und die Reformatoren hinweggehoben; es ist bei den Evangelischen zur herrschenden Vorstellung geworden, daß der evangelische Pfarrer verheirathet sein müsse. Zwar reden auch manche evangelische Schriftsteller von einer „Gabe der Ehelosigkeit" und sie preisen sie als ein Gottesgeschenk, welches, wenn auch nicht höheres Verdienst involvire, so doch zur Fürsorge für das Himmlische geschickter mache. Ihnen ist vor Allen Schleiermacher[11]) mit den Worten entgegengetreten: „es ist kein Verhältniß denkbar, welches sittlicher Weise den bestimmten Beschluß motiviren könnte, für immer ehelos zu bleiben; die Ehe als im Willen Gottes gegründet, muß nicht nur geehrt, sondern auch gewollt werden; wer die Ehe der Ehelosigkeit nachsetzt, hat ein verschrobnes Gefühl, eine unchristliche Ansicht von der Ehe; das eheliche Leben trägt den höchsten Grad der Heiligkeit in sich; der bestimmte Entschluß, unter keiner Bedingung das eheliche Band zu knüpfen, ist allemal unsittlich". Und so darf man behaupten, daß in der evangelischen Kirche die Rückkehr zu dem alttestamentlichen Satze vollzogen worden ist: es soll der Mann Vater und Mutter verlassen und an seinem Weibe hangen. —

Wie stellt sich der moderne Staat zu unsrer Frage?[12])

.Mehr als jemals in der Geschichte hat sich in den letzten Jahrhunderten der Staat zur Aufgabe gesetzt, den Wohlstand der Unterthanen zu heben; dieses Ziel war denn auch in der vorliegenden Frage das Bestimmende; denn daß zwischen der Menschenzahl und dem Wohlstande ein Wechselverhältniß stattfinde, war leicht bemerkbar; es konnte nicht übersehen werden, daß einerseits große Bevölkerung andrerseits Reichthum und Macht in ganzen Ländern und in bestimmten Zeitabschnitten neben einander vorkommen, daß die Bevölkerung um so zahlreicher ist und um so schneller wächst, je größer der Reichthum ist und je schneller derselbe zunimmt. Nun sind aber zwei Möglichkeiten denkbar: entweder erzeugt der vorhandne Reichthum eine große Bevölkerung oder die Bevölkerung ruft den Reichthum hervor.

Bis zum Ende des vorigen Jahrhunderts hielten die Staatsmänner an der Ansicht fest, daß die Bevölkerung den Reichthum erzeuge. Wichtige Gründe stützten diese Ansicht; Menschen sind Arbeitskräfte, also Reichthumsursachen, und eine dichtgedrängte Bevölkerung gewährt dem Gewerbe große Erleichterung. Dazu trat der Umstand, daß eine große Bevölkerung eine große Kriegsmacht gestattet, und eine Menge Steuerpflichtige liefert. Und so begünstigte die Gesetzgebung die Heirathen auf mannigfache Weise; das Hagestolzenthum ward nicht nur zu einer Lebensstellung sondern auch zu einem juristischen Begriff, welchen die lateinisch schreibende Gelehrtenwelt hagestolziatus benannte.[13] Wir begreifen die Vorschrift, die sich in Spanien[14] vorfindet, daß ein Ritter vom Kriegsdienst befreit ist, falls seine Gattin an Krankheit darniederliegt; auch die andre wird berichtet, daß ein Ritter ein Jahr lang von seiner Heirath an keine Kriegssteuer zu zahlen brauchte. Schwerer verständlich ist die gleichfalls in Spanien geltende Verordnung, daß Beleidigungen und Verwundungen eines verheiratheten Mannes schärfer als die eines Hagestolzen bestraft werden; es spricht sich daran offenbar die Empfindung aus, daß der Verheirathete von der Ehe eine gewisse Weihe und deshalb eine höhere Ehre empfange. Einschneidender ist ein Gesetz der Stadt Halle, wonach kein Bürger an einer Pfännerschaft der Salzbeerbten theilnehmen darf, er sei denn verehelicht oder im ehelichen Stande gewesen; ja, in Hannover, in der Pfalz, in Braunschweig fiel bei dem Tode eines Hagestolzen dessen Nachlaß nicht an die Verwandten sondern an den Fiscus; sogar bei dem Tode von katholischen Geistlichen machte der Fiscus hierauf Anspruch, bis die Juristenfacultät in Halle erklärte, daß es nur diejenigen Hagestolzen betreffe, die „aus Frevel und Ueppigkeit den Ehestand verachten". In den Brandenburgischen Landen ging man direct auf das Ziel los; eine Märkische Bauernordnung von 1683 weist die Obrigkeiten an, darauf zu sehen, daß sich keine ledigen Leute auf den Dörfern aufhalten, im zwanzigsten Lebensjahre sollten die Knechte heirathen; im Jahre 1722 wird diese Vorschrift wiederholt, aber das heirathspflichtige Alter wird auf 25 Jahre festgesetzt. In Frankreich ward unter Colbert Jedem, der sich vor dem zwanzigsten Jahre verheirathete, bis zum fünfundzwanzigsten Jahre völlige Steuerfreiheit gewährt; ähnlich in Spanien und in Savoyen. In Rußland sollte der Leibherr nach einem Gesetz v. 1607 seine männlichen hörigen bis zum zwanzigsten, die weiblichen bis zum achtzehnten verheirathen; versäumte er dies, so konnten sie die Freilassung verlangen oder ungestraft entfliehen. — Zwei Erscheinungen im Deutschen Leben dürfen nicht übergangen werden. Einmal das sog. Hochzeits- oder Brautholz, welches in vielen Gemeinden Sitte war und in dem Geschenk eines Fuders Holz Seitens der Gemeinde zum Beginn des jungen Haushalts bestand. Sodann der merkwürdige Rechtssatz, daß einem zum Tode Verurtheilten das Leben geschenkt oder überhaupt jede Strafe erlassen wurde, wenn Jemand sich erbot, ihn zu heirathen; noch im Jahre 1725 ereignete es sich in der Schweiz,[15]) daß als ein Frauenzimmer wegen Landstreicherei und wiederholten Diebstahls zum Tode verurtheilt werden sollte, ein Gerbergesell

aus Schwaben sich erbot, sie zu ehelichen, falls sie von Henkers-
hand verschont würde, er habe sie zwar nie gesehen noch gesprochen, sein Entschluß rühre aber aus christlichem Mitleiden
her, sein Großvater habe eine solche Weibsperson durch Heirath
am Leben erhalten, und Glück und Segen habe auf ihrer Verbindung geruht. Und das Schwyzer Malefizgericht stimmte zu,
und die Hochzeit ging vor sich: die Ehe reinigte selbst das
Verbrechen.

Alle diese Vorschriften, so verschiedenartig sie in ihrem Inhalt sind, tragen doch dasselbe Gepräge: die Gesetzgebung will
unmittelbar oder mittelbar zum heirathen bewegen.

Da trat gegen Ende des vorigen Jahrhunderts Malthus
auf: „die Menschen (so lehrte er) vermehren sich in geometrischer
Progression, die Lebensmittel in arithmetischer"; wenn nicht im
Heirathen ein Maß beobachtet wird, so entsteht Armuth und
Elend aller Art, zuletzt schafft die Natur durch Hunger und
Seuchen wieder Raum, „ein Mensch, der in einer bereits occu-
pirten Welt geboren wird, hat, wenn seine Familie ihn nicht
ernähren noch die Gesellschaft seine Arbeit gebrauchen kann, kein
Anrecht auf Nahrungsmittel und ist überflüssig auf der Erde;
an dem großen Gastmahl der Natur ist für ihn kein Couvert
aufgelegt, die Natur gebietet ihm, sich zu entfernen und säumt
nicht, das Gebot selbst in Ausführung zu bringen." Diese neue
Lehre, durch zahlreiche geschichtliche Belege unterstützt, machte
das größte Aufsehen; an die Stelle des lebhaften Wunsches nach
Bevölkerungsvermehrung trat die Besorgniß vor Uebervölke-
rung; bald zeigten sich die Spuren der Malthus'schen Lehre in
der Gesetzgebung; die Pflicht, für das Auskommen der zu grün-
denden Familie zu sorgen, ward nicht nur als ein sittliches Gebot sondern als eine Zwangsforderung des Staates anerkannt;
und nun folgt ein Gesetz auf das andere, worin nur derjenige

zur Heirath verstattet wird, der von der Gemeinde oder von der Guts-
herrschaft die Erlaubniß dazu erhalten hat, oder der einen „genügenden
Nahrungsstand" hat. Mit welcher Engherzigkeit diese Gesetze ausgeführt wurden, mit welcher Strenge die Gemeinden, weil sie die Zunahme der verarmten Familien fürchteten, den Consens zur Heirath verwei-
gerten: davon weiß der Pastor der deutsch evangelischen Gemeinde
in Paris, davon die Zehntausende von Darmstädtern, die bis
zum Jahre 1870 sich in der Französischen Hauptstadt als Gassen-
kehrer ernährten, zu erzählen, dafür legt die Populationsstatistik
Meklenburgs, nach welcher die Bevölkerung in einer steten Min-
derung begriffen war, ebenso auch der Lohn des ländlichen Arbeiters in Meklenburg, welcher in ganz Deutschland der höchste
ist, ein untrügliches Zeugniß ab. Darf man den Ausspruch von
Jakob Grimm verwerfen: die heutige Erschwerung der Ehe für
den Armen grenzt an Leibeigenschaft?

Einzig die Preußische Gesetzgebung hat sich (abgesehen von
Officieren und dgl.) von solchen Heirathsbeschränkungen fernge-
halten; ihr folgte die Gesetzgebung des Norddeutschen Bundes,
später die des gesammten Deutschlands. Und diese Gesetzgebung allein
entspricht dem Character unsrer Zeit; denn diese Zeit hat erst das
Menschenthum zur Wahrheit gemacht, und uns die Freiheit des Handelns gesichert; sie hat uns nicht bloß die politische sondern, was vielleicht mehr ist, die sociale Freiheit gebracht: jedes Gewerbe ist freigege-
ben, der Grundbesitz und die Aemter sind Jedem erschlossen, die Freizügigkeit ist aufgerichtet worden, consequenter Weise wurden die
Heirathsbeschränkungen beseitigt. Freilich ist damit die höchste
denkbare Aufgabe unsrer Zeit und unsrem Volke gestellt worden;
denn vergessen wir nicht, wie leicht die Freiheit in Willkür aus-
artet, und bleiben wir dessen eingedenk, daß nur eine sittliche
Persönlichkeit, eine Persönlichkeit, welche das Maßhalten versteht
und von Selbstsucht frei ist, in Freiheit zu leben vermag. Wie

schwer es unsrer Zeit fällt, sich in die neuen, auf der Grundlage
der Freiheit aufgerichteten Verhältnisse zu schicken: das bedarf
keiner tieferen Unterfuchung; wohin wir blicken, überall hat die
neue Freiheit schwer drückende Mißstände in ihrem Gefolge gehabt: die Coalitionsfreiheit vermehrt die Strikes bis zur Unzahl, die Gewerbefreiheit droht den kleinen Mann, jedenfalls den
Handwerker zu erdrücken, die Freizügigkeit bringt die Ueber-
füllung der großen Städte, die Theaterfreiheit ermöglicht es dem
Publikum, mit dem Genusse des Dichtwerks leibliche Erfrischungen
zu vereinigen. Wer möchte es sich verhehlen, daß auch die Aufhebung der Heirathsbeschränkungen vielfaches Unglück angerichtet
hat? Nichtsdestoweniger bedeutet der eingeschlagne Weg einen
ungeheuren Fortschritt auf dem Gebiete der Gesetzgebung: er
macht uns zu Herrn unsres Geschicks, soweit dies überhaupt
menschenmöglich ist, er steigert die Verantwortlichkeit eines Jeden
für seine Handlungen, er verschafft Manchem das erhebende Bewußtsein, daß er sich selbst seine glücklichen Verhältnisse verdanke:
die self made men sind in unsrer Zeit ungleich häufiger als
früher, und die der neuen Freiheit ungewöhnte Gesellschaft rächt
sich an ihnen, indem sie sie als Parvenus bezeichnet. —

Indem ich mich nunmehr, nachdem ich die verschiednen
Standpunkte der einzelnen Gesetzgebungen skizzirt, zu der Römischen Republik und namentlich zu Augustus zurückwende, so
brauche ich nicht auszuführen, daß diese Freiheit, die eben erst
ein Erwerb unsrer Zeit genannt werden darf, dem Römischen
Alterthum fremd ist. Dieses stellt im Gegentheil den Grundsatz
auf, daß der Bürger nicht für sich sondern für den Staat lebe,
und daß demgemäß der Gesetzgebung nicht das Wohl der Einzelnen sondern die Macht und der Glanz des ganzen Staats-
wesens zum Ziel gesteckt sei. So durfte denn der Gründer des
kaiserlichen Thrones, welcher dem Reich den inneren Frieden ge-

geben hatte, die traurige Verminderung der Bürger nicht unthätig ansehn, und ihren Grund, die weitverbreitete Ehelosigkeit, nicht ohne Correctiv lassen. Im Jahre 17 vor Chr. brachte er einen Gesetzesvorschlag an den Senat, worin einerseits Nachtheile für die Ehelosigkeit und für kinderlose Ehen, andrerseits Belohnungen für die mit Kindern gesegneten Ehen festgesetzt wurden. Beides, Nachtheile wie Belohnungen, hingen hauptsächlich mit dem Erbrecht zusammen; es sollte verordnet werden, daß Unverheirathete sowie Verheirathete aber kinderlose Personen das, was ihnen Jemand im Testamente zugedacht hatte, garnicht oder bloß zum Theil erwerben durften, es sei denn daß sie mit dem Testator nahe verwandt waren; was aber den Ehe- und Kinderlosen entzogen wurde, das sollte an diejenigen fallen, welche gleichfalls im Testament bedacht worden, aber verheirathet waren und Kinder hatten; fehlte es an diesen, so sollte der Staat eintreten, und das den Ehe- und Kinderlosen Vorenthaltne in den öffentlichen Schatz fließen. Um diese Bestimmungen zu verstehen, muß man erwägen, daß das Recht ein Testament zu errichten bei den Römern in ganz andrer Weise als bei uns gebraucht wurde. Bei uns pflegen Ehegatten im Testament sich mehr zuzuwenden als das Gesetz verlangt; unter die Kinder vertheilen Eltern den Nachlaß; hingegen dritten Personen, selbst Verwandten, wird selten etwas zugewendet. Ganz anders bei den Römern; sie übten das Testirungsrecht mit solcher Freiheit, daß die Gesetzgebung mehrfach dagegen einschreiten mußte; da war kein Bekannter, dem man nicht ein Andenken hinterließ; besonders wenn es ein hochstehender Mann war, dem man selbst nach dem Tode schmeichelte, um den Eindruck einer intimen Verbindung in den Ueberlebenden hervorzurufen. Daher warf Antonius dem Cicero vor, er sei nicht beliebt, denn ihm werde nichts vermacht, und Cicero entgegnet darauf:

„ich wünschte, dein Vorwurf wäre richtig, dann hätte ich mehr
Freunde noch am Leben, aber ich verdiene deinen Vorwurf nicht,
denn ich habe mehr als eine Million Thaler durch Vermächt=
nisse empfangen; freilich so glücklich wie Du bin ich nicht; der
Himmel weiß, wie das zugeht, daß Du Vermächtnisse von Leuten
bekommst, die Du garnicht kennst, von denen Du nicht einmal
weißt, ob sie weiß oder schwarz sind." Cornelius Nepos sagt
von Atticus, er sei, trotzdem er nie ein Amt bekleidete, immer
angesehener und beliebter geworden, und als Beweis setzt er
hinzu, er habe viele Erbschaften bloß wegen seiner Herzens=
güte erhalten. Auch dem Kaiser Augustus flossen in den
letzten zwanzig Jahren seiner Herrschaft durch die Testamente
seiner „Freunde" siebzig Millionen Thaler zu,[16]) und es ist an
sich klar, welch einschneidende Maßregel er mit seinem Gesetze
beabsichtigte, als er den Ehe= und Kinderlosen das Beerben von
nicht nahen Verwandten ganz oder zum Theil abschnitt. Noch
mehr erhellt dies, wenn man hinzunimmt, was uns über die
Erbschleicherei jener Zeit berichtet wird;[17]) es hatte sich dieselbe
zur Kunst ausgebildet, in welcher man Anfänger und Virtuosen
unterschied; den Satyrikern waren die Verhältnisse zwischen den
Erbschleichern und den kinderlosen Reichen ein willkommener
Gegenstand der poetischen Behandlung. In einem der witzigsten
horazischen Gedichte fragt Ulysses den Schatten des Tiresias,
wie er seine durch die Freier zerrütteten Vermögensumstände
verbessern könne, und er erhält den Rath, sich auf Erbschleicherei
zu legen. Am bezeichnendsten ist, daß die List die Gegenlist erzeugte,
daß die Erbschleicher oftmals die Opfer derjenigen wurden, welche
sie zu beerben hofften; sie wurden von den letztren oft genug
ausgebeutet, und zu Gefälligkeiten und Geschenken aller Art be=
wogen; man testirte wohl dreißig Mal im Jahre, um sie zu den
äußersten Anstrengungen zu treiben, man stellte sich krank und

schwach, man hüstelte, um die Hoffnung eines baldigen Todes im Erbschaftsjäger zu erwecken, ja es wird berichtet, daß in dieser Absicht sich Jemand durch eine Arznei eine künstliche Gesichtsblässe verschaffte; kurz, aus dem Betrüger ward ein Betrogner.

Bei solchen Zuständen mußte Jeder sich zehnfach von dem beabsichtigten Gesetze getroffen fühlen, und der Widerstand, welchen Augustus fand, war ein immenser. Im Senate zwar, wo er seinen Gesetzesvorschlag zuerst einbrachte, stimmte man ihm bei, man klagte nur zugleich viel über die Untugenden der Frauen, man verlangte, er solle dagegen einschreiten, und als er erwiederte, es soll jeder seine Frau hübsch zur Zucht und Ordnung ermahnen, wie er es mit der seinigen mache, so baten ihn einige Spötter, er möge ihnen doch einmal sagen, wie er zu seiner Livia spreche. In der Volksversammlung scheiterte der Gesetzesvorschlag vollends, er erregte hier einen solchen Sturm, daß Augustus einundzwanzig Jahre lang die Sache ruhen ließ. Im Jahre 4 nach Chr. nahm er sie wieder auf[18]), milderte die Strafen, erhöhte die Belohnungen, und um Jedem Zeit zu lassen, den Vorschriften des Gesetzes zu genügen, schob er die Wirksamkeit des Gesetzes auf drei Jahre hinaus. In dieser Gestalt ward das Gesetz angenommen; aber im Jahre 7 nach Chr., in welchem die dreijährige Frist ablief, ward Augustus gezwungen, diese noch um zwei Jahre zu verlängern, und nach deren Ablauf verlangte der Ritterstand mit Ungestüm die Aufhebung des ganzen Gesetzes.

Der Ritterstand war zu jener Zeit der zweite Stand im Reiche; den ersten bildeten die senatorischen Familien, aus welchen die hohen Beamten hervorzugehen pflegten; den zweiten bildeten diejenigen, die ein gewisses ansehnliches Vermögen besaßen; sie leisteten (daher ihr Name) im Heere den angeseheneren Dienst zu Pferde, sie hatten eine Anwartschaft, wenn Vacanzen im

Senate eintraten; kurz, sie waren ein bedeutsames Element im Staate, dessen Forderungen nicht leicht übersehen werden durften. Daß aber gerade sie an dem Gesetz besondren Anstoß nahmen, das ist leicht erklärlich; denn das nehmen auch wir wahr, daß in den höheren Ständen die Ehelosigkeit bei weitem am häufigsten ist. Zwei Gründe wirken hiezu mit: einmal die Besorgniß, die Familie nicht standesgemäß ernähren zu können, welche auch heut[19]) die nachgebornen Söhne des hohen Adels so oft zur Ehelosigkeit verurtheilt[20]), sodann die größre und höhere Berufsthätigkeit, welche den Ehrgeiz befriedigt und deshalb vielfach ein ganzes Leben auszufüllen vermag. Beide Gründe gelten in gleichem Maße für die senatorischen Familien; wenn diese an der Opposition sich nicht betheiligten, so hatte dies lediglich darin seinen Grund, daß der Kaiser auf sie einen unwiderstehlichen Einfluß übte. Deshalb citirte Augustus die Ritter auf das Forum, theilte die Verheiratheten von den Ehelosen, und als sich hiebei zeigte, daß die Ersteren bei weitem die Minderzahl bildeten, so hielt er gesondert an jeden Theil eine lange Rede[21]).

Die Verheiratheten lobte er, daß sie treu an der Vätersitte festhielten und die sterbliche Menschennatur unvergänglich machten; sie ahmten das Beispiel der Götter nach, welche gleichfalls in Ehe und Familie mit einander lebten; „was giebt es schöneres als eine züchtige Frau, die Wächterin und Verwalterin des Hauses, die Ernährerin der Kinder, die den gesunden Mann heiter stimmt, den kranken pflegt, die Freud und Leid mit ihm theilt? Was giebt es mehr Erfreuendes, als der Anblick eines Kindes, das Abbild der Eltern, in welchem sie wiederaufleben? Was giebt es Tröstenderes als das Bewußtsein, mit seinem Tode nicht völlig abzusterben sondern einen Erben zu hinterlassen, einen Erben, der alles was er hat, Leben und Güter, uns ver-

dankt? Ihr allein erfüllet die Pflichten gegen den Staat, Ihr
sorgt für die Zunahme der Bevölkerung, welche im Frieden Land=
bau, Schifffahrt, Kunst und Handwerk treibt, welche im Kriege mit
umso größrer Tapferkeit kämpft, als sie sich bewußt ist, daß sie ihre
Familie vor dem Feinde zu schützen hat. Euch allein werde ich
mit Ehren und Aemtern versehen, Euch Belohnungen geben.“
Das that denn Augustus auch sofort, und wandte sich hierauf
an die Ehelosen mit seiner Rede.

„Ihr — —, nun wie soll ich euch nennen, Männer? aber
ihr habt nichts Männliches aufzuweisen, Bürger? aber ihr thut
nichts für den Bestand des Staates, Römer? aber auch diesen
Namen verdient ihr nicht. Ich wünschte, daß ihr an Zahl so
gering wäret wie die verheiratheten Ritter, oder daß ihr garnicht
existirtet. Ihr bildet die Spitzen der bürgerlichen Gesellschaft
und welches verderbliche Beispiel gebt ihr der Masse? Ihr
handelt irreligiös, denn ihr macht die Tempel öde, ihr handelt
ehrlos, denn den Namen und Glanz eurer Vorfahren bringt ihr
zur Vergessenheit, ihr handelt unpatriotisch, denn ein Staat be=
steht nicht aus leeren Palästen, Säulenhallen und Märkten son=
dern aus Männern. Denkt an Romulus, welcher mit seinen
Gefährten fremde Töchter raubte, während ihr nicht einmal die
heimischen Jungfrauen heimführen wollt; denkt an seine Gemah=
lin Herfilia, die uns alle ehelichen Gebräuche lehrte. Wollt ihr
wie die Vestalischen Jungfrauen ehelos bleiben, so müßt ihr
keusch leben, sonst erduldet ihr wie diese die Todesstrafe. Scheint
euch meine Rede scharf und bitter? Aber ich stehe hier wie ein
Arzt, der muß, wenn es nicht anders geht, schneiden und bren=
nen. Ihr zwingt mich zu solchen Worten, eure Handlungen be=
trüben mich noch mehr als euch meine Worte verletzen; ihr achtet
kein Gesetz, ich habe euch drei Jahre und nochmals zwei Jahre
Wartezeit gegeben, ich habe euch ermahnt, belehrt, gedroht, aber

Alles ist bei euch vergeblich, denn ihr wollt euer freies unge-
bundnes, leichtes und lockeres Leben fortsetzen; wie soll dabei
der Staat bestehen? Oder wollt ihr, daß das Geschlecht Römischer Bürger aussterbe, und daß Griechen und Barbaren unsre
Stadt bewohnen? Wollt ihr das Geschlecht Römischer Bürger
bloß dadurch erhalten, daß ihr die Sclaven freilasset? Euer
Leben ist eine wahre Schande, und eine Schande ist es, daß ich
es euch sagen muß. Ihr beruft euch auf die vielen Beschwerden
des Ehestandes, die kenne ich sehr wohl, aber es giebt auf der
Welt kein Gut ohne irgendwelchen Beigeschmack; als Ersatz jener
Beschwerden dienen die Belohnungen, welche das von euch an-
gefochtne Gesetz einführt. Uebrigens da die Verheiratheten für
Weib und Kind selbst ihr Leben einsetzen, so finde ich es un-
moralisch, daß ihr die bloßen Sorgen für den Hausstand für
unerträglich haltet. Nun, ich hoffe, ihr wollt Bürger bleiben
und Männer werden; ich wünsche, daß ihr mit Weib und
reicher Nachkommenschaft euch bald mit mir vereinet, um den
Göttern zu danken; ich bitte euch bei eurer Liebe zu mir, so
zu handeln, daß ich den Namen „Vater des Volkes" mit Recht
verdiene."

So sprach Augustus; keineswegs aber stimmte er die ungestüm Widerstrebenden zum Nachgeben; vielmehr mußte er die
Wirksamkeit des Gesetzes (lex Julia) nochmals um ein Jahr
hinausschieben, und außerdem mußte er von den damaligen Con-
suln M. Papius Mutilus und D. Poppaeus Sabinus, welche
beide unverheirathet und kinderlos waren, ein zweites Gesetz (lex
Papia Poppaea) ausarbeiten lassen, durch welches die Bestimmungen des Augusteischen Gesetzes vielfach gemildert wurden.
In dieser veränderten Gestalt kam das Gesetz im folgenden
Jahre wirklich zur Geltung. Sein Inhalt war im Wesentlichen
folgender:

Männer von 25 bis 60, Frauen von 20 bis 50 Jahren
sollen verheirathet sein; wer durch Tod oder Scheidung den
Gatten oder die Gattin verliert, soll wieder heirathen, Wittwen
dürfen aber zwei, Geschiedene anderthalb Jahre lang unvermählt
bleiben; Unverheirathete können das, was ihnen Jemand im
Testament durch Erbeinsetzung oder Legat zugedacht hat, garnicht
erwerben, Verheirathete aber Kinderlose können es bloß zur
Hälfte; Ehegatten, die keine Kinder mit einander haben, können
einer vom anderen bloß ein Zehntel ihres Vermögens empfangen;
nahe Verwandte sind von diesen Vorschriften eximirt. Was den
Ehe- und Kinderlosen auf diese Weise entzogen wird, soll an
diejenigen fallen, die der Erblasser in seinem Testament bedacht,
vorausgesetzt jedoch daß sie verheirathet sind und Kinder haben,
zunächst an die eingesetzten Erben, in deren Ermangelung an
die bedachten Legatare. Fehlt es an solchen Personen, so tritt
der Staat ein, und das den Ehe- und Kinderlosen Vorenthaltne
fließt in den öffentlichen Schatz. Den gleichen Schicksalen unterliegt diejenige letztwillige Zuwendung, die aus irgend welchen
Gründen ungiltig wird z. B. wenn der Bedachte stirbt oder
die Zuwendung ausschlägt. Sodann wird den Vätern zur Pflicht
gemacht, ihre Kinder zu verheirathen, und ihren Töchtern eine
Mitgift zu gewähren; verhindern sie die Kinder oder versagen
sie die Mitgift, so schreitet die Obrigkeit ein. Welcher
Bürger in Rom drei, in Italien vier, in den Provinzen
fünf lebende Kinder hat, ist von den persönlichen öffentlichen
Lasten frei. Welcher Freigelassne zwei Kinder in seiner Gewalt
hat, der braucht seinem Patron die Arbeiten und Geschenke,
welche er ihm bei der Freilassung versprochen hatte, nicht zu
leisten; eine Freigelassne kommt schon dann in die gleiche Lage,
wenn sie sich mit Bewilligung ihres Patrons verheirathet.
Welcher Freigelassne drei Kinder hat, wird lediglich von

diesen beerbt; hat er eins oder zwei, so erbt der Patron zugleich mit ihnen; eine Patronin genießt dieses Erbrecht nur dann, wenn sie selbst drei Kinder hat. Wenn eine Freigeborne drei, eine Freigelaſſne vier Kinder hat, so wird sie von der Vormundſchaft befreit — kein geringer Vortheil, da eine erwachſne Frau nicht leicht einen Vormund erträgt. Unter den beiden Conſuln hat derjenige den Vorrang, welcher verheirathet iſt oder mehr Kinder als der andre beſitzt. Das zur Erlangung der höheren Aemter (des Conſulats, der Prätur, Aedilität, Quäſtur) nöthige Alter vermindert ſich um ſo viele Jahre als der Bewerber Kinder hat. Wenn ſich zwei Männer um ein höheres Amt bewerben, ſo ſoll derjenige, welcher Kinder hat, dem andren vorgehen.

Das ungefähr war der Inhalt der lex Julia et Papia Poppaea. Frägt man aber, ob es dieſem ſo mühſam gebornen Geſetze gelungen iſt, eine Verbeſſerung der Sitten, eine Hebung des Familienlebens, eine Mehrung der Bürgerzahl herbeizuführen, ſo antworten die alten Schriftſteller übereinſtimmend mit Nein. „In dieſer Stadt", ſchreibt Petronius von Rom[22]) zur Zeit des Nero, „werden weder wiſſenſchaftliche Studien getrieben, noch findet Beredſamkeit ihren Platz, weder Bravheit noch Sittenreinheit kommen auf einen grünen Zweig, ſondern alle Menſchen, ſie mögen ſein, welche ſie wollen, ſind in zwei Parteien getheilt: entweder ſie angeln oder ſie laſſen nach ſich angeln. In dieſer Stadt erkennt Niemand Kinder an, denn wer Leibeserben hat, wird weder zu Gaſtmählern geladen noch zu Luſtbarkeiten zugelaſſen ſondern von allen Vortheilen ausgeſchloſſen, und führt unter den mit Schande Bedeckten ein unbekanntes Leben. Die aber nie geheirathet und keine nahen Verwandten haben, gelangen zu den höchſten Ehren und werden für die einzigen vortrefflicher Menſchen, ſogar für ſündenlos gehalten. Dieſe Stadt gleicht einem Gefilde nach einer Peſt: es giebt hier nichts als

Leichen und Raben, die sie zerfleischen." Daß diese Schilderung
kein Phantasiebild war, zeigen die gleichzeitig im Senat vorge-
brachten Klagen, daß viele Männer, bevor sie sich um ein höheres Amt bewarben, rasch Kinder adoptirten, und sie nach erlang-
tem Amte sofort von sich thaten; man rügte nicht bloß ein
solches Verfahren als gesetzwidrig sondern man erklärte es als
ausnehmend habgierig, indem man hinzufügte: „Vortheile genießen die Kinderlosen genug, denn ihnen, die in größter Sorg-
losigkeit und ohne Lasten leben, werden alle Gunst- und Ehren-
bezeigungen entgegengebracht." Noch mehr: Seneca, der oft mit
großer Bitterkeit von der Erbschleicherei spricht, deren er freilich
von seinen Gegnern selbst bezichtigt wurde, — Seneca richtete an
eine Mutter, die ihren einzigen hoffnungsvollen Sohn verloren
hatte, folgende Worte: „Um einen sehr unwahrscheinlich klingenden aber doch wahren Trost anzuwenden, so giebt in unsrer
Stadt Verwaisung mehr Einfluß als sie entreißt, und Einsamkeit führt das Alter, das sie seiner Stützen zu berauben scheint,
vielmehr so sicher zur Macht, daß viele Eltern Feindschaft gegen
ihre Söhne heucheln, daß sie ihre Kinder abschwören und sich
eine künstliche Verwaisung schaffen." Auch der ältere Plinius
nennt Erbschleicherei den einträglichsten Erwerb; die Kinderlosigkeit, sagt er, steht in höchstem Ansehn und Ehre. Tacitus
hinwiederum führt es als Beweis für die unverdorbnen Zustände
Germaniens an, daß hier die Kinderlosigkeit keine Vorzüge gewährt; bei uns, meint er, hat sie in guten und schlimmen Zeiten
gleiche Macht. Der jüngere Plinius berichtet von einem seiner
Freunde als Beweis echten Bürgersinns, daß seine Ehe reich
mit Kindern gesegnet sei, daß er Großvater geworden sei in
einer Zeit, wo den Meisten schon ein Sohn durch die Vortheile
der Kinderlosigkeit zur Last wird. Den Unverheiratheten und
Kinderlosen luden die Reichen zu Gast, die Vornehmen schmei-

chelten ihm, die Advocaten ertheilten ihm ihren Beistand unentgeltlich; ward ihm ein Kind geboren, so ward er plötzlich freund- und machtlos.

Die einzige Wirkung des Gesetzes war, daß Spionage und Angeberwesen fortlaufend reiche Nahrung erhielten. Es galt nämlich der Grundsatz, daß, wer dem Staat die Anzeige von einer Erbschaft macht, die einem Ehe- oder Kinderlosen heimgefallen war, einen Theil als Denunciantenlohn empfange; so hatten denn viele ihre Lust und ihren Gewinn, überall nach verfallnem Gute zu spüren, und das Endresultat war, um mit Tacitus zu reden, daß der Staat als der rechte und größte Vater der allgemeine Erbe wurde. Man kennt jenes berüchtigte Römische Delatorenthum, das an Habgier Seinesgleichen in der Geschichte sucht, das in gemeiner Heuchelei selbst den besten Freund nicht schonte, das an Lüge und Frechheit sich so sehr gewöhnte, daß endlich auf falsche Delationen die härtesten Strafen gesetzt werden mußten. Dieses Delatorenthum also ward durch die Ehegesetzgebung des Augustus sehr gefördert, mit ihm nach allen Seiten hin der Same neuer Unsittlichkeit ausgestreut. Aber auch abgesehen hievon: welchen Eindruck mußte es auf die Späterlebenden machen, daß der Staat eine Menge von überreichen Erbschaften an sich nahm? Ihnen waren die Reden, welche Augustus im Senat, vor dem Volke, an die Ritter zur Vertheidigung des Gesetzes gehalten hatte, nicht gegenwärtig; sie hatten die sittlichen, politischen, religiösen Motive, von welchen Augustus geleitet wurde, nicht gehört; sie sahen in dem Gesetze nicht ein Mittel zur Hebung der Sittlichkeit, zur Förderung des Familienschatzes, sondern zur Ausbeutung des Volks und zur Füllung des Staatsschatzes. Das ist der Punkt, von welchem aus die Gesetzgebung des Augustus schweren Tadel verdient. Seine Absichten waren rein, seine Ziele zeugten von gesunder politischer Einsicht; aber er ging schmutzige Wege, und ihm war jedes Mittel recht. Es ist ein offner Nonsens, daß, um die Sittlichkeit zu heben, man an die gemeinste menschliche Leidenschaft, an die Habgier, appelliren dürfe. Wer eine ideale Welt will (und es giebt kein reicheres. Ideal als das einer von Sittlichkeit getragnen Gesellschaft), der muß von ihr bis zur vollen Ueberzeugung erfüllt sein, der muß zunächst fest daran glauben, daß sie existenzfähig ist, der muß seinen Bau von den unlauteren Elementen, welche die mensch= liche Gesellschaft in sich aufhäuft, frei erhalten. Mit diesen Ele= menten läßt sich wahrlich nichts Neues noch Gutes erreichen. Der Appell an die Gewinnsucht wird nie in einem sittlichen Gemüth sondern nur in der engen Brust eines Geizhalses oder in dem lüderlichen Sinn eines Verschwenders Anklang und Wiederhall finden. Wundern wir uns also nicht, daß auf dem Grunde des Gesetzes kein reiches Familienleben sondern das ver= werfliche Delatorenthum erwuchs. Augustus selbst war nicht frei von den Lastern seiner Zeit; nicht als ob ich ihn für den Schau= spieler halte, für welchen ihn viele Schriftsteller erklären; denn eine 44 Jahre lang in Wort und That nach allen Seiten hin mild und wohlwollend geführte Regierung läßt sich nicht auf eine bewußte Heuchelei zurückführen; auch war er wirklich mäßig, liebte die Einfachheit und hielt auf Ordnung im Hause. Er trug keine andren Kleider, als wozu seine Enkelinnen ihm den Stoff gewebt, er gab Gesetze gegen die Völlerei bei Mahlzeiten, er erklärte die Toga als Ehrenkleid und verbot andre Kleider bei feierlichen Gelegenheiten; auch gegen den Luxus bei öffentlichen Spielen schritt er ein. Aber er war keine ideale Natur, er glaubte mit den Mitteln operiren zu können, welche sich anderweitig als so mächtig und erfolgreich erwiesen. Dieser Glaube war bei ihm so ge= waltig, daß er — es ist fast unglaublich — in seinem eignen Gesetze einen Angriff auf alte Römische Sitte machte; denn von Alters her galt es als Vorschrift der guten Sitte, daß eine Frau bloß einmal heirathete; das verzeichnete man ihr noch auf dem Grab-steine, und das galt gerade so viel, als wenn man ihr höchste Keuschheit zugeschrieben hätte. Was aber that das Gesetz des Augustus? Es befahl, daß Wittwen und Geschiedne wieder heirathen sollen, und es ließ ihnen eine Wartezeit von so kurzer Dauer, daß gar Manche bei der Wahl des neuen Gatten nicht viel überlegen konnte. Wahrlich, mit solchen äußerlichen, ja das sittliche Gefühl verletzenden Mitteln ließ sich häusliches Leben und Sittlichkeit nicht befördern. Viele Römer heirathen (sagt Plutarch), nicht um Erben zu haben sondern um Erben zu werden und noch aus dem 4. Jahrhundert berichtet uns Ammian, daß zu Rom die Ehe- und Kinderlosen mit heuchlerischer Freundlichkeit behandelt werden. Als nun das Christenthum zur Staatsreligion er-hoben, und die von der Kirche gehegten Ideen von der Gottseligkeit des ehelosen Standes verbreitet wurden²³), so war selbstverständlich für die Augusteische Gesetzgebung kein Platz mehr, Stück für Stück ward sie von den Kaisern Constantin, Theodosius II., Honorius aufgehoben, — bis auf einzelne Rechtssätze, die kaum der Rede werth sind z. B. daß wer eine gewisse Anzahl von Kindern hat, keine Vormundschaft über fremde Kinder zu führen braucht, daß ein Vater der heirathenden Tochter eine Mitgift geben muß.

Wir aber sollen aus dem Schicksal der Augusteischen Ehe-gesetzgebung eine Lehre ziehen. In der Geschichte großer Völker sind zuweilen Epochen wahrnehmbar, in denen sie von der alt-väterlichen Sitte, der Verkörperung ihrer Ideale, dem Grunde ihrer Größe zurücktreten, um der Ungebundenheit zu fröhnen, um dem materiellen Genuß anzuhängen, um statt der Arbeit dem Erwerbe nachzugehen. Wohl einem Volke, wenn es in solcher Zeit einen Fürsten besitzt, welcher den Blick für das Ide-ale nicht verloren und über die Erhaltung der guten Sitte wacht; die Gesetzgebung oder die Verwaltung kann er zu diesem Zwecke in Bewegung setzen; mag er aber das eine. oder das andre thun, immer möge er eingedenk bleiben, daß Ziel und Weg von gleicher Art sein müssen, daß der Mensch dem Idealen nur dann zusteuert und nachlebt, wenn man an die edelsten Gefühle appellirt, deren er fähig ist.

Anmerkungen.

[1]) Am trasimenischen See blieben 15000 Mann, in der Schlacht bei Cannae 40000 Fußsoldaten und 2700 Reiter.

[2]) Es ist ungewiß, ob Metellus Macedonicus (so nach Livius) oder Numidicus (so nach Gellius).

[3]) Ein andres Stück, das Gellius anführt, enthält eine allgemeine Ermahnung zur Tugend.

[4]) So auch Pythagoras, als dessen Ausspruch Jamblichus erzählt: δεῖ τεκνογονεῖσθαι· δεῖ γὰρ ἀντικαταλιπεῖν τοὺς θεραπεύοντας τὸν θεόν· d. h. Kinderzeugen ist eine Pflicht, denn man muß Menschen hinterlassen, welche den Göttern dienen.

[5]) Dieses Schriftgelehrtenthum ist ein Erzeugniß des theocratischen Staates; so wenig als die Religion von der Moral resp. die Moral vom Recht geschieden ist, sowenig zerfällt die Jüdische Wissenschaft in mehrere Fachwissenschaften, und ebensowenig ist das Wissen des Jüdischen Gelehrten ein einseitiges (im heutigen Sinne).

[6]) 5. Buch Mosis Cap. 20, 5 ff. Cap. 24, 5.

[7]) Bellermann, Essener und Therapeuten.

[8]) Math. Cap. 19, 12.

[9]) 1. Cor. Cap. 7 V. 32 — 34. 28.

[10]) Zöckler, Gesch. der Askese. Buch 2. 4. 8.

[11]) Christliche Sitte S. 346 — 348. 354.

[12]) Roscher, Nationalöconomie § 253 ff. Mohl, Gesch. und Literatur der Staatswissenschaften 3, 411 — 514 (Gesch. und Literatur der Bevölkerungslehre).

[13]) Ludewig de hagestolziatu. Halae 1727.

[14]) Gans, Erbrecht 3, 401 f.

[15]) Osenbrüggen, Neue culturhist. Bilder aus der Schweiz. S. 51.

[16]) Er nahm übrigens kein Vermächtniß von Unbekannten an, und selbst nicht von Bekannten, wenn Kinder da waren. Aber er legte doch darauf Werth, er verhehlte seinen Verdruß nicht, wenn die Vermächtnisse karg wa-

ren und ebensowenig seine Freude, wenn ihm Jemand dadurch Dankbarkeit und Anhänglichkeit bewies.

[17]) Friedländer, Sittengesch. Roms 1, 326 f.

[18]) Inzwischen rief der ehelose Horaz die Götter an, um die Absichten des guten Kaisers zu segnen; aber Properz sprach unverholen seine Freude gegen seine Geliebte Cynthia aus, und er versichert sie, er wolle lieber das Leben verlieren, als daß er ehelicher Treue zu Gefallen seiner Liebe entsagen sollte.

[19]) In Deutschen Fürsten- und Grafenhäusern ward es oft zum Hausgesetz erhoben, daß nur einer oder zwei heirathen, die übrigen unverheirathet bleiben sollten, außer wenn sie sich auf ein andres Land „beweiben“ d. h. durch Heirath Land und Leute erwerben können. Schulze, das Recht der Erstgeburt in d. Deutschen Fürstenhäusern S. 326 ff.

[20]) Hingegen von den niederen Ständen sagt ein Deutsches Sprichwort: des armen Mannes Nahrung ist Kinderzeugen.

[21]) Dio Cassius Buch 56 § 2 — § 9.

[22]) Er braucht dafür den Pseudonym Kroton.

[23]) Sozomenus hist. eccles. 1, 9.

Druck von Gebr. Unger (Th. Grimm) in Berlin, Schönebergerstr. 17a.

Die

erſten Sätze der Erkenntniß,

insbeſondere

das Geſetz der Urſächlichkeit

und

die Wirklichkeit der Außenwelt.

Von

Dr. Chriſtian Wiener,
Prof. am Polytechnikum in Carlsruhe.

Berlin, 1874.

C. G. Lüderitz'ſche Verlagsbuchhandlung.

Carl Habel.

So unzweifelhaft sicher dem unbefangenen und noch nicht auf wissenschaftliche Forschung gerichteten Sinne die Erfahrungserkenntniß der Außenwelt oder gar deren Wirklichkeit erscheinen, so mußten doch bei dem Aufblühen der Wissenschaft, insbesondere der auf die tiefste Begründung der Erkenntniß gerichteten Philosophie, Zweifel daran auftreten. Während aber die Skeptiker der Alten nur die Gewißheit der sinnlichen Erkenntniß leugneten und ihre Zweifel nur auf die Frage richteten, ob die Dinge in Wahrheit so beschaffen seien, wie sie sich unseren Sinnen darstellen, gingen in neuerer Zeit die Idealisten noch um einen Schritt weiter. Berkeley zuerst (1684—1753) behauptete, das Wirkliche sei nur der Geist, die Körperwelt nur ein Schein, der aus unseren Vorstellungen entspringe; das Unwillkürliche dieses Scheins habe seinen Grund in ursprünglichen Vorstellungen, welche von Gott bewirkt seien. Der neueste entschiedenste Vertreter des Idealismus ist Fichte (1772—1814), für welchen das, was man gewöhnlich Welt nennt, nur ein Product des Ich ist; sie existirt nach ihm nur durch das Ich, für das Ich und in dem Ich.

Mit der Frage nach der Wirklichkeit der Außenwelt hängt die nach dem Gesetze der Ursächlichkeit oder der Causalität aufs Engste zusammen, und es wird sich herausstellen, daß beide nicht getrennt nach einander, sondern gleichzeitig durch dieselbe Untersuchung zu beantworten sind.[1])

Die Forschung nach der Erkenntniß muß voraussetzungslos beginnen, wenn sie unangreifbare Ergebnisse liefern will. Wir machen jedoch sogleich Gebrauch von einer ausgebildeten Sprache, welche uns nicht nur die Benennung der einzelnen Dinge, sondern auch eine Classificirung derselben in den Begriffsnamen bietet. Daher stehen wir nicht auf dem voraussetzungslosen Standpunkte des Neugeborenen, bei dem aber auch der Fortschritt nicht auf wissenschaftlich sicherem Wege gemacht wird, Schritt für Schritt, von einer Wahrheit zur andern, bei dem vielmehr auf breiter Angriffslinie Erkenntniß und Irrthum wechseln, dessen Voraussetzungslosigkeit jedoch bald und zu seinem Heile durch die Belehrung Aelterer aufgehoben wird; wir stehen noch viel weniger auf dem in höherem Grade voraussetzungslosen Standpunkte unserer Urahnen, die ungemessene Zeiten brauchten, um mit ihrer Erkenntniß zugleich die Sprache auszubilden; wir stellen uns vielmehr auf den voraussetzungslosen Standpunkt der Wissenschaft, welcher als nothwendiges Hilfsmittel eine ausgebildete Sprache zu Gebote stehen muß, die durch ihre Begriffswörter die Logik in sich enthält.

Die erste Erkenntniß, welche sich nun dem Forschen bietet, ist die, daß das Forschen oder allgemeiner das Denken, unter dem alles Fühlen und Empfinden eingeschlossen sein soll, vorhanden ist. Der erste Erkenntnißsatz sagt daher: Das Denken oder das Fühlen ist, es besteht. Wer diesen Satz leugnen wollte, würde ihn durch die Thätigkeit des Leugnens bestätigen. Er ist auch noch von Niemandem geleugnet worden, und Descartes hat ihn in der Form „cogito, ergo sum" an die Spitze seines

Syſtemes geſtellt, im Anſchluß an Auguſtinus, Anſelmus und die Scholaſtiker, welche ebenfalls von dem Bewußtſein ausgingen. Jene Erkenntniß iſt nun nicht etwa ein Satz, wie die Axiome der Mathematik, aus welchem alle anderen Sätze durch Deduction abgeleitet werden könnten, in der Weiſe wie z. B. die Scholaſtiker auf die Wirklichkeit des Bewußtſeins den ontologiſchen Beweis des Daſeins Gottes ſtützen wollten, ſondern er weiſt uns nur den ſichern Gegenſtand unſerer Forſchung an und ſtellt uns die Auf= gabe: aus der Flucht und dem Gewirre der Gedanken die Erkenntniſſe zu gewinnen.

Was wir nun hierin zunächſt bemerken, iſt ein beſtändiger Wechſel; dabei wollen wir die Geſammtheit alles im Fühlen und Denken gleichzeitig Vorhandenen einen Gedanken im weiteſten Sinne oder einen vollen Gedanken [nennen. Es zeigt ſich dann, daß jeder Gedanke aus ſehr verſchiedenen und verſchieden= artigen Beſtandtheilen zuſammengeſetzt iſt. Wir unterſcheiden als Arten der Beſtandtheile: 1) die ſog. Sinneseindrücke, 2) die ſinn= lichen Vorſtellungen und 3) die Gefühle im engeren Sinne, mit= unter Erkenntniſſe genannt. Eine vierte Art, die Willensempfin= dung, kommt bei unſerer gegenwärtigen Unterſuchung nicht in Frage. Wir wollen jene drei kurz bezeichnen und dabei die ſich zunächſt ergebenden Beobachtungen und Begriffe anführen.[2]

Am lebhafteſten treten die Sinneseindrücke oder Sinnes= empfindungen hervor; ſie ſind von außerordentlicher Klarheit und Beſtimmtheit und haben die Eigenthümlichkeit, daß jeder Theil derſelben in ſicherer, nicht ſchwankender Weiſe ausgefüllt iſt. Eine Bewegung können jedoch die Theile gegen einander haben; dieſe iſt aber immer eine ſtetige, nicht ſpringende. Sodann beſitzen die Sinneseindrücke noch die Eigenthümlichkeit, daß mit ihnen der andere Sinneseindruck eines offenen zugehörigen Sinneswerkzeuges verbunden sein kann, wie z. B. mit einem Gesichtseindrucke diejenige Empfindung, welche wir die Muskelempfindung des offenen Auges nennen; daß aber nie mit ihnen der andere Sinneseindruck des geschlossenen zugehörigen Sinneswerkzeuges verbunden ist, also hier der des geschlossenen Auges.

Nun trete zu einem Sinneseindrucke, z. B. zu dem Gesichtseindrucke eines Hauses, der Sinneseindruck des geschlossenen zugehörigen Sinneswerkzeuges, also hier des Auges, hinzu, so verschwindet das lebhafte und bestimmte Bild, und es kann, welchen Fall wir annehmen wollen, ein blasseres und schwankendes Bild desselben Inhaltes, hier des Hauses, an die Stelle treten. Dieses neue Fühlen nennt man eine sinnliche Vorstellung. Bei ihr können die Theile eine unstete Bewegung gegen einander besitzen; ein Theil kann unvermittelt und plötzlich seine Stelle wechseln. Da trete wieder die Empfindung des offenen Auges ein; es entsteht wieder der Sinneseindruck des Hauses, in welchem alle Theile wieder eine bestimmte nicht schwankende Stellung gegen einander einnehmen. Ein solcher Wechsel kann sich häufig wiederholen und wird als solcher empfunden, indem jedes der Bilder Spuren hinterläßt, die noch neben dem folgenden bestehen. So besteht noch die Empfindung der Bestimmtheit und Lebhaftigkeit des Bildes, während doch die sinnliche Vorstellung vorhanden ist, welcher jene Eigenschaften nicht zukommen. Der Sinneseindruck, der diese Bestimmtheit besaß, wird dabei als vergangen empfunden. Eine sinnliche Vorstellung, welche derart, d. h. nach dem Inhalte, nicht aber nach der Bestimmtheit mit dem vorhergehenden Sinneseindrucke übereinstimmt, gleichsam sein Nachklang ist, nennt man eine Erinnerung an den letzteren.

Weiter beobachtet man, daß die Sinneseindrücke einem häufigen aber fast immer stetigen Wechsel unterworfen sind, stetig in dem Sinne, daß von zwei auf einander folgenden der zweite noch einen Theil des ersteren enthält. Es kann z. B. bei dem Sinneseindrucke der eigenen Bewegung und dem von Häusern derjenige einiger Häuser in die sinnliche Vorstellung derselben herunterfinken oder ganz verschwinden, dafür aber der Eindruck von Gärten, dann von Feldern, von Wiesen, von einem Bache an die Stelle treten. So bilden alle jene Sinneseindrücke eine Kette, deren Glieder durch theilweise Gleichheit mit einander verbunden sind.

Neben einem Sinneseindrucke kann gleichzeitig noch eine sinnliche Vorstellung bestehen, die Nichts mit jenem Eindrucke gemein hat. Während der Sinneseindruck eines Waldes stattfindet, kann gleichzeitig die sinnliche Vorstellung einer Rose bestehen. Diese Vorstellungen sind wie die Sinneseindrücke, ja noch in höherem Grade, einem Wechsel unterworfen, aber auch bei ihnen sind auf einander folgende, wie man hier sagt, durch das Gesetz der Association oder der Gedankenfolge, d. h. durch theilweise Gleichheit mit einander verknüpft. Es folgt z. B. auf die Vorstellung der Rose die des eigenen Gartens, der Rosen enthält, des im Garten neu gesäeten Samens, des Bruders, der uns den Samen brachte u. s. w. So bilden auch die auf einander folgenden sinnlichen Vorstellungen eine Kette.

Als dritte Art des Fühlens im Allgemeinen bezeichneten wir das Fühl;en im engeren Sinne, wie das Gefühl der Freude oder des Zornes beim Sinneseindrucke des einen oder des andern Menschen. Man nennt dieses Fühlen in manchen Fällen ein Erkennen, wie z. B. das Erkennen der Uebereinstimmungen oder Ab-

weichungen zweier unterschiedener aber gleichzeitiger sinnlicher Vorstellungen. Diese dritte Art des Empfindens findet man nie allein
auftretend, d. h. es gibt keine Gedanken, die nur solches Fühlen
im engeren Sinne enthielten und frei von Sinneseindrücken oder
von sinnlichen Vorstellungen wären. Ohne letztere können selbst
die abstractesten Begriffe, wie Freiheit, Wahrheit, nicht bestehen,
indem sie auch in ihrer blassesten Form noch eine sinnliche Vorstellung, nämlich den Wortklang ihres Namens enthalten, dem
sich in unserem Beispiele das Gefühl einer gewissen Verehrung
oder vielleicht eines gewissen Hohnes zugesellt.

Betrachten wir nun die Folge der vollen Gedanken,
wobei wir, wie schon bemerkt, unter einem vollen Gedanken die
Gesammtheit des gleichzeitigen Denkens und Fühlens verstehen.
Wir bemerken, daß darin eine Kette von Sinneseindrücken
und eine von sinnlichen Vorstellungen neben einander
herlaufen, wovon bald die eine bald die andere lebendiger ist,
und daß dazu wechselnde Gefühle im engeren Sinne hinzutreten.
Findet, wie man sagt, ein Versenken in Gedanken statt, so wird
die Kette der Sinneseindrücke schwach, bleibt aber doch noch stark
genug, um gewisse Folgen, wie das Ausweichen eines Begegnenden,
herbeizuführen. Wird aber ein Sinneseindruck stark, so kann er
die Kette der sinnlichen Vorstellungen abbrechen und als Ausgangsglied einer neuen Kette dienen. So kann der plötzliche
Sinneseindruck eines dahersprengenden Reiters eine Gedankenkette
abbrechen und eine kürzere oder längere über den Reiter an die
Stelle setzen. Jedoch auch in diesem Falle findet ein Zusammenhang statt, nämlich ein gleichzeitiges Bestehen des letzten Gedankens jener Kette und des neuen Sinneseindrucks, wie das Gefühl
der Ueberraschung zeigt, d. i. der Gedanke der unvermittelten

Verschiedenheit beider Vorstellungen, welcher Gedanke Theile beider Vorstellungen als eigene Bestandtheile enthält. So tritt durch das theilweise gleichzeitige Bestehen eine Verbindung selbst dann ein, wenn ein Sinneseindruck durch einen durchweg verschiedenen ersetzt wird.

Es zeigt sich also, daß in dem Denken eine Kette stetig in einander übergehender Sinneseindrücke, und eine andre Kette von Gedanken mit sinnlichen Vorstellungen neben einander herlaufen. Von beiden ist bald die eine bald die andere lebendiger und vorherrschend. Die Kette der Sinneseindrücke kann in hohem Grade verblassen, vielleicht ganz auslöschen; die Kette der sinnlichen Vorstellungen kann durch Sinneseindrücke ganz abgebrochen und durch eine neue ersetzt werden. Das gesammte Denken bildet aber stets eine Kette von Gedanken, von deren Gliedern jedes in das vorhergehende und in das folgende eingreift.

Einen durch die ganze Kette hindurchgeschlungenen Faden, der ihren Zusammenhalt verstärkt, bemerken wir noch, es ist der Sinneseindruck des sog. eigenen Körpers. Mag es nun ein Gesichts oder ein Tasteindruck sein, in größerer oder kleinerer Lebhaftigkeit ist er stets vorhanden; und sollte er einmal zum Unmerkbaren herabsinken, so kann er durch die sinnliche Vorstellung des eigenen Körpers doch in jedem Augenblicke zur größten Lebhaftigkeit erweckt werden, was sonst von keinem Sinneseindrucke gilt. Der Sinneseindruck des eigenen Körpers unterscheidet sich auch noch dadurch vom Sinneseindrucke eines ähnlichen fremden Körpers, daß beim Auftreten des Sinneseindrucks einer Berührung im ersten Falle stets eine eigenthümliche Empfindung stattfindet, die im letzteren Falle stets fehlt. Wir fügen noch zu, daß der Sinneseindruck des eigenen Körpers einer allmählichen Aenderung unterliegt.

Weiter bemerken wir die Möglichkeit in dem Denken, die abgerollte Gedankenkette rückwärts und vorwärts wieder zu durchlaufen. Um an das vorhin gebrachte Beispiel anzuknüpfen, so kann sich an den Sinneseindruck des Baches in stetigem Uebergange der Gedanke an die Wiesen, der zu einer sinnlichen Vorstellung herabgesunken ist, dann der an die Felder, die Gärten und die Häuser anknüpfen, und umgekehrt kann das Denken wieder von da in stetigem Uebergange bis zur Vorstellung des Baches schreiten, die dem Inhalte nach mit dem vorhandenen Sinneseindrucke des Baches übereinstimmt.

Ein eben solches Vorwärts- oder Rückwärtsdurchlaufen der Gedankenkette ist möglich, wenn man nicht von dem vorhandenen Sinneseindrucke, sondern von einer mit ihm zusammen gedachten sinnlichen Vorstellung ausgeht. Herrscht neben dem Sinneseindrucke des Baches noch die erwähnte sinnliche Vorstellung des Bruders, so kann das Denken von da zur Vorstellung des von ihm gebrachten Blumensamens, des Gartens, der Rosen und wieder umgekehrt bis zu der des Bruders schreiten, welche mit der des Baches verbunden sein kann, die dann wieder mit dessen Sinneseindrucke dem Inhalte nach übereinstimmt.

So kann das Denken in der Kette der vollen Gedanken die eine oder die andere jener Nebenketten wieder durchlaufen, die welche vorher durch Sinneseindrücke, oder die welche durch sinnliche Vorstellungen gebildet war, stets ist das erste Ausgangsglied beim Rückwärtschreiten oder das letzte Endglied beim Vorwärtsschreiten der Gedanke mit dem einzigen in der ganzen Kette noch vorkommenden Sinneseindrucke; und einen mehr oder weniger aufleuchtenden Bestandtheil derselben bildet die sinnliche Vorstellung des eigenen Körpers.

Die volle Gedankenkette ist nun das einzige unmittelbar Vorhandene; sie bestimmt das Ich, dessen Begriff wir nun zu geben haben. Man nennt nicht jene Kette selbst das Ich; vielmehr nennt man das Abrollenlassen der Gedankenkette, d. i. das Denken, eine Thätigkeit des Ich, das Ich also das bei dem Denken Thätige, das Subject, während das Denken das Prädicat ist. Oder, was dasselbe sagt, das Ich oder das eigene Ich ist das in der vorhandenen Gedankenkette Unveränderliche, oder genauer, das sich nur langsam oder stetig Aendernde. Es ist dies vornehmlich die Fähigkeit oder die Eigenschaft, stets dieselbe oder die sich nur langsam ändernde, an den gerade vorhandenen Sinneseindruck angefügte Gedankenkette durchlaufen zu können. Diese Eigenschaft sowie alles andre Dauernde in der vollen Gedankenkette mit allen ihren Vorstellungen, Gefühlen, Erkenntnissen und Willensempfindungen, machen zusammen das Ich aus, das ganz allein durch diese Kette bestimmt ist.

Man bemerkt nun, daß die Glieder der Gedankenkette im Allgemeinen um so blasser sind, je weiter sie von einem Sinneseindrucke entfernt liegen; sie verschwinden allmählich im Nebelhaften und gewähren der Kette nach dieser rückwärts gehenden Richtung kein bestimmtes Ende. Am andern Ende verlängert sich die Kette stets durch neue Gedanken; der das Ende bezeichnende Sinneseindruck wechselt dabei beständig, die Gedankenkette des Ich oder sein Gedankenvorrath wächst nach dieser Seite hin. Der Zusammenhang der Kette oder, was dasselbe ist, die Einheit des Ich, wird selbst über den Schlaf hinaus durch die Wiederkehr des Sinneseindrucks der Umgebung und besonders des eigenen Körpers gewahrt.

Wir haben früher eine sinnliche Vorstellung, welche gleichsam

der Nachklang eines unmittelbar vorhergehenden Sinneseindrucks
war, eine Erinnerung an diesen genannt. Herrscht diese Beziehung zwischen einer sinnlichen Vorstellung und einem nicht unmittelbar vorhergehenden Sinneseindrucke oder auch einer solchen
sinnlichen Vorstellung, so nennt man ebenfalls die erstere eine Erinnerung an eines der letzteren, das Erinnerte. Es muß also dann
die Erinnerung nur Bestandtheile des Erinnerten enthalten, während ihm andre Bestandtheile, sowie die Bestimmtheit und Klarheit des Erinnerten fehlen, ferner muß das Erinnerte ein Glied
in der Kette des Ich sein, d. h. man muß von ihm aus die Kette
bis zum Endgliede, das den einzigen noch vorhandenen Sinneseindruck enthält, verfolgen können. Jedoch ist dies ganze Verfolgen nicht immer nöthig; es genügt, jene Vorstellung, von der
man eine Erinnerung zu haben glaubt, durch eine kürzere Kette
an ein sicher dem Ich zugezähltes Kettenglied anzuhängen. Andere
sinnliche Vorstellungen, wie z. B. ein erdachtes Bauwerk, sind
keine Erinnerungen; man bemerkt jedoch, daß man sie stets in
kleinere Bestandtheile zerlegen kann, von denen jeder einzelne eine
Erinnerung ist.

Nachdem wir die Hauptarten des Fühlens von einander geschieden und den Begriff des Ich bestimmt haben, müssen wir, um
Sätze oder Wahrheiten zu gewinnen, den Begriff der Wahrheit an die Spitze stellen. Unter Wahrheit versteht man das,
was zu keiner Täuschung führt — und deswegen ist sie so schätzens-
werth —, was also mit allem Vergleichbaren, außer mit der Un-
wahrheit, in keinem Widerspruche steht. Wahrheit oder Unwahr-
heit schreibt man nicht jedem Gedanken zu, sondern nur einem
solchen, der den Anspruch erhebt, mit einem andern übereinzustimmen, also hauptsächlich einem Urtheile, einer Behauptung, einem

Satze, d. i. einem Gedanken, welcher einem Dinge ein Merkmal
zuschreibt, also in unserm Falle, in dem die Dinge nur Gedanken
sind, welcher einem Gedanken ein Merkmal zuschreibt. Sodann
aber auch einer Darstellung oder Nachbildung, welche Vorgänge
oder Zustände wiederzugeben beansprucht. Man kann daher sagen:
die Wahrheit eines Gedankens, der mit einem oder
mehreren anderen Gedanken übereinzustimmen beansprucht, ist die Wirklichkeit dieser Uebereinstimmung.

Die Uebereinstimmung kann eine unmittelbare sein; und
derart wurde die Vermuthung Newtons, daß der Diamant ver-
brennbar, oder um in unserer hier noch nothwendigen Weise zu
sprechen, daß der Sinneseindruck des brennenden Diamanten möglich sei, durch den wirklichen Sinneseindruck bestätigt; oder eine
mittelbare, durch Folgerungen hergestellte; und auf diesem
Wege allein kann die Richtigkeit mancher Vorstellungen, wie z. B.
die der Atome, erprobt werden.

Am einfachsten ist ein Satz auf seine Wahrheit zu prüfen,
wenn er mit nur einem andern Gedanken übereinzustimmen
beansprucht, wie z. B. das Urtheil: Die gegenwärtige Farbenempfindung ist dieselbe wie diejenige, welche man vorher als von
einem Stücke Schwefel herrührend bezeichnete. Etwas schwieriger
wird es schon, wenn der zweite Gedanke ein abgezogener,
d. h. auch, wenn das beigeschriebene Merkmal ein Begriff ist.
Hierher gehören die Urtheile: Diese Farbenempfindung ist die der
gelben Farbe; dieses Gefühl ist schmerzlich. Als wichtigstes Beispiel tritt der an die Spitze gestellte Satz „das Denken ist" hervor, welcher dem Denken das Merkmal des Seins zuschreibt. Dieses
Merkmal ist ein von dem Wechsel in den Gedanken, ihrem Auftauchen und Verschwinden, ihrem Sein und Nichtsein abgezogener

Begriff. Ohne diesen Wechsel hätten wir nicht den Begriff des
Seins und könnten dies Merkmal nicht einmal einem nie verschwindenden Dinge zuschreiben; freilich gäbe es ohne den Wechsel
gar kein Denken. Mit dem aus jenem Gegensatze gebildeten Begriffe des Seins stimmt nun die Behauptung „das Denken ist“
überein. Der andre Satz „Ich denke“ schreibt das Denken als
Thätigkeit einem Thätigen, dem Ich, zu, eine besondere Art von
Prädicat einem Subjecte. Die Thätigkeit ist das Wechselnde, das
Thätige ist das sich dabei verhältnißmäßig wenig und stetig Aendernde, aber stets untrennbar mit jenem Verbundene. Mit diesem
Begriffe der Thätigkeit stimmt der Satz „Ich denke“ überein. Sobald die angewendeten Begriffe sich zu festen Gedanken gestaltet
haben, mögen sie nun von wenigen oder von vielen Gedanken ab-
gezogen sein, können die erwähnten Sätze bestimmt geprüft werden.
In diese Klasse von Sätzen, in welcher also einem Gedanken das
Merkmal eines festen Begriffes zugeschrieben wird, gehören die
unmittelbar sichren Wahrheiten, wovon wir einige Beispiele anführten.

Am schwierigsten auf ihre Wahrheit können diejenigen Sätze geprüft werden, welche Uebereinstimmung
mit einer ganzen Klasse von Gedanken beanspruchen.
Doch bleibt die Vergleichung noch möglich, wenn die Zahl dieser
Gedanken begrenzt und alle zugänglich sind. So kann die — für
uns abgekürzt ausgedrückte — Behauptung „Alle im Saale an-
wesende Menschen haben blonde Haare“ erschöpfend geprüft werden. In anderen Sätzen, besonders in solchen, welche Gesetze aussprechen, wächst aber die Zahl der zu vergleichenden Dinge außerordentlich an und nicht alle können erreicht werden, wie in dem
Satze „Alle Säugethiere haben rothes Blut“. In anderen Fällen

endlich ist diese Anzahl geradezu unendlich, z. B. in dem Aus-
spruche des Gesetzes der Ursächlichkeit.

In allen diesen Fällen wird nun der Prüfung einer Behauptung auf ihre Wahrheit durch den Begriff der letzteren eine un-
erfüllbare Forderung gestellt, indem man die Behauptung
mit allen Gedanken, auf welche sie sich bezieht, häufig mit nicht
nur gegenwärtigen, sondern auch mit vergangenen und zukünftigen,
vergleichen soll. So lange wir aber nicht schon andre gewonnene
Wahrheiten besitzen, welche jene Behauptung oder ihr Gegentheil
als Bestandtheil oder Folgerung in sich schließen, bleibt uns kein
anderes Mittel, als die Forderung jenes Begriffes, wenn auch
nicht vollkommen, so doch möglichst vollkommen zu erfüllen, d. h.
die fragliche Behauptung mit möglichst vielen vorhandenen und
herbeizuführenden sich auf sie beziehenden Gedanken zu vergleichen.
Dadurch erhält man für die Ermittlung von Beobachtungswahr-
heiten die Regel der Induction oder der Verallgemei-
nerung, welche sagt: Ein Satz ist um so sicherer wahr,
mit je mehr zu vergleichenden Gedanken er übereinstimmt, während er mit keinem einzigen in Widerspruch steht. Der Sicherheitsgrad der Wahrheit wird
auch Wahrscheinlichkeit genannt, wenn schon das letztere Wort
auch in dem durchaus verschiedenen Falle gebraucht wird, daß an
die Stelle der Behauptung eine Vermuthung tritt, und daß manche
zu vergleichenden Erscheinungen, ja sogar die meisten der Vermuthung widersprechen dürfen. Den höchsten Sicherheitsgrad der
Wahrheit oder der Wahrscheinlichkeit bildet die Gewißheit, welche
zunächst nur durch Vergleichung mit allen bezüglichen Gedanken
erhalten werden kann. Man bemerkt aber, daß die Schwierigkeit
der Induction bei Sätzen vom allgemeinsten Inhalte, welche sich

fast mit jedem Gedanken vergleichen laſſen, wieder abnimmt, wie
z. B. bei dem Satze der Urſächlichkeit. Dadurch nämlich ſind wir
an das Zutreffen ſo ſehr gewöhnt, daß uns eine Abweichung ſogleich auffallen würde oder zum Bewußtſein käme.

Der Sicherheitsgrad iſt bei außerordentlich häufigem und aus-
nahmsloſem Beſtätigen ein ſehr großer, wenn er auch vorerſt nicht
genau beſtimmt werden kann. Dies wird erſt möglich, wenn auf
Grundlage der Mathematik die Wahrſcheinlichkeitsrechnung entwickelt iſt, welche dann zeigt, daß der Sicherheitsgrad mit der
Menge der beſtätigenden Fälle ſich raſch der Gewißheit nähert [3])
und, wenn jene Menge unzählig wird, keinen Abſtand von an-
gebbarer Größe mehr von ihr beſitzt. Außer den angeführten unmittelbar ſicheren Wahrheiten beruhen alle andren auf einer Induction, ſelbſt die mathematiſchen, wie wir nachher ſehen werden.
Und weil ihr Grad der Sicherheit von der Gewißheit
wie erwähnt, um keine angebbare Größe verſchieden
iſt, gilt auch für ſie die Bezeichnung der Wahrheit.

Der erſte Satz, den wir nun nach der Regel der Verall-
gemeinerung erhalten, iſt der der Feſtigkeit der Erinnerung.
Derſelbe ſagt, daß ein Gedanke mit dem früheren, deſſen Erinnerung er iſt, mit einem gewiſſen aber wechſelnden Grade der Leben-
digkeit und Vollſtändigkeit übereinſtimmt, und daß es Mittel gibt,
den Grad der Sicherheit zu prüfen und beliebig zu erhöhen. Geprüft wird dieſer Satz, wenn wir im Stande ſind, Gedanken,
deren Erinnerung wir haben, zu erneuern. Es geſchieht dies
häufig bei Sinneseindrücken, und wir finden dabei, daß die Erinnerung an einen vor kurzer Zeit ſtattgehabten Sinneseindruck
eine in hohem Grade ſichre iſt, aber um ſo unſichrer und unvoll-
ſtändiger wird, je längere Zeit dazwiſchen liegt. Nun beſitzen wir

in den Schriftzeichen — deren Wesen dabei ganz gleichgiltig ist — ein Mittel, frühere Gedanken in uns wieder hervorzurufen und durch sie unsichere und unvollständige Erinnerungen zu verbessern. Sichern wir nicht auf diese Weise bei der Erforschung einer Wahrheit die Richtigkeit jeder benutzten Erinnerung, so bleibt das Ergebniß unsicher. Erst durch die Schriftzeichen ist die Erinnerung eine feste und erst dadurch die Grundlage für die systematische Erkenntniß oder für die Wissenschaft hergestellt.

An diesen Satz schließt sich die Zahlenlehre oder Arithmetik an, welche sich als erster besonderer Wissenszweig von der Erkenntnißlehre loslöst. Professor Dr. E. Schröder in Baden-Baden hat ihr zuerst, und wie ich nach Obigem überzeugt sein muß, in ganz richtiger Weise das „einzige Axiom von der Inhärenz der Zeichen" an die Spitze gesetzt.[4]) Die Zahlenlehre ist nach ihrer Stellung in der Erkenntnißlehre die abstracteste Wissenschaft; sie setzt Dinge von ganz unbestimmter Beschaffenheit voraus, die nur unterschieden zu sein brauchen, um die Einheiten zu bilden.

Der folgende Begriff, der in der Gedankenkette auftritt, ist der der Zeit. Der einzige in der Gedankenkette vorhandene Sinneseindruck bezeichnet die Gegenwart; und zwischen sie und den Augenblick, in welchem der Gedanke stattfand, an den wir uns jetzt erinnern, setzen wir eine Zeit, welche durch die Anzahl der Glieder des Kettenstückes, das beide Gedanken verbindet, gemessen wird. Die Fähigkeit, die Zeit zu empfinden, wurzelt in der einfacheren Fähigkeit, einen Sinneseindruck, von dem wir noch den Nachklang besitzen, als vergangen zu empfinden. Die zuerst auftretende, freilich nicht unveränderliche Einheit bei der Zeitmessung, die geistige Einheit, ist die Zeit zwischen zwei aufeinander folgenden Gedanken.

Schreiten wir nun zu unserer hauptsächlichsten Aufgabe, zur Ableitung des Gesetzes der Ursächlichkeit und des Satzes über das Bestehen der Außenwelt. Das Gesetz der Ursächlichkeit wird oft kurz so ausgesprochen: „Jede Veränderung hat ihre Ursache", oder schon vollständiger: „Gleiche Ursachen, gleiche Wirkungen"; es dürfte vollständig so lauten: [5]) „Wenn in zwei unterschiedenen Fällen alle Umstände in je einem Augenblicke gleich sind, so sind auch die Vorgänge im jedesmal folgenden Augenblicke gleich." Der Satz über die Außenwelt kann so ausgesprochen werden: [6]) „Die Sinneseindrücke hängen nicht nur von innerhalb des Jch befindlichen, sondern wesentlich auch von außerhalb des Jch gelegenen Umständen oder Ursachen ab. Diese letzteren bilden einen Theil der Außenwelt."

Zunächst wollen wir das Gesetz der Ursächlichkeit in der Welt der Sinneseindrücke untersuchen. Wir finden darin unzählige Beobachtungen, die ihm entsprechen. Auf den Sinneseindruck eines Körpers, dem die Stütze entzogen wird, folgt in der Regel der Sinneseindruck des fallenden Körpers; auf den Sinneseindruck, daß das in leicht bewegtes Wasser eingetauchte Thermometer unter Null sinkt, der Sinneseindruck der Eisbildung; auf den Sinneseindruck eines gestrichenen Zündhölzchens der des Feuers u. s. w.

Unzählige Beobachtungen aber scheinen gegen das Gesetz zu sprechen; und diese gerade sind es, welche zur Annahme der Außenwelt zwingen. Doch ehe wir dieselben näher betrachten, ist es nothwendig, eine Eigenthümlichkeit, welche sich bei den Sinneseindrücken zeigt, hervorzuheben. Ein Sinneseindruck findet, wie wir schon anführten, nur dann statt, wenn der andre Sinneseindruck des geöffneten betreffenden Sinneswerkzeuges vorhanden

ift; z. B. ein Gefichtseindruck nur bei der Empfindung eines oder
der beiden geöffneten Augen durch den Muskelfinn, welcher Eindruck von unferem Willen abhängt. Daher kann ein beftimmter
Sinneseindruck abwechfelnd eintreten oder verfchwinden, je nachdem
man die Empfindung der offenen oder die der gefchloffenen Augen
herbeiführt. Es findet dann die Möglichkeit jenes Sinneseindrucks ftatt, die zur Wirklichkeit wird, wenn wir nach unferm
Willen die Empfindung der offenen Augen herbeiführen. Plötzlich
aber kann es eintreten, daß mit der Empfindung der wieder geöffneten Augen jener Sinneseindruck nicht wieder entfteht, obgleich
alle Umftände im Ich diefelben waren, wie früher, obgleich z. B.
diefelbe Erwartung herrfchte. Jene Möglichkeit ift alfo verfchwun-
den. Entweder gilt nun das Gefetz der Urfächlichkeit nicht, und
dann tritt regellos unter wiederkehrenden Umftänden bald derfelbe
Vorgang, bald ein anderer ein. Oder es gilt das Gefetz der Urfächlichkeit, und dann muß die Möglichkeit eines Sinneseindrucks
außerhalb des Ich liegen; denn im Ich waren in zwei Fällen die
Umftände alle diefelben, und dennoch ift im einen Falle jener
Sinneseindruck eingetreten, im ändern nicht. Es muß alfo noch
andre Umftände, noch folche außerhalb des Ich geben, welche in
beiden Fällen verfchieden waren; und diefe vom Ich unabhängigen
Umftände haben wir die Möglichkeit des Sinneseindrucks genannt.
Man findet ferner, daß mehrere Möglichkeiten von Sinneseindrücken
meiftens verknüpft find; z. B. mit der Möglichkeit des Gefichts-
eindrucks einer Speife ift verknüpft die Möglichkeit eines gewiffen
Gefchmackseindrucks, die durch gewiffe vom Ich abhängige Umftände zur Wirklichkeit wird, ferner die Möglichkeit eines gewiffen
Geruchs-, eines Taft-, manchmal auch eines Gehörseindrucks. Diefe
Möglichkeiten find zufammen vorhanden oder nicht vorhanden, fie

sind untrennbar verknüpft; so lange wir z. B. den Tasteindruck der Speise haben, können wir auch stets jene Gesichts- und die andern Eindrücke herbeiführen. Unsere Anschauung, die sich auf das Gesetz der Ursächlichkeit stützt — wovon die Berechtigung bis jetzt noch unerörtert blieb —, schreibt daher allen diesen Möglichkeiten eine einzige außerhalb des Ich liegende Ursache zu, die sie einen Körper nennt. Einen Körper oder allgemeiner ein stoffliches oder materielles Wesen nennt man die außerhalb des Ich liegende Ursache oder besser die Möglichkeit einer Gruppe zusammengehöriger Sinneseindrücke.

Wir haben hieraus erkannt, daß wenn das Gesetz der Ursächlichkeit wahr ist, es die Wirklichkeit der Außenwelt zur nothwendigen Folge hat. Fassen wir jetzt zur weiteren Begründung des ersteren diejenigen Vorgänge näher ins Auge, von denen wir vorhin sagten, daß sie ihm scheinbar widersprächen. Wir können diese scheinbaren Ausnahmen in zwei Klassen theilen; die erste umfaßt diejenigen Vorgänge, bei denen abweichende Umstände erst nachträglich gefunden werden, die zweite diejenigen, welche zeigen, daß gewisse Vorgänge, die man dann der Außenwelt zuzählt, nach festen vom Ich ganz unabhängigen Gesetzen ablaufen.

In den der ersten Klasse zugehörigen Fällen treten Sinneseindrücke ein, welche sonst unter gleichen Umständen nicht eintreten und daher dem Gesetze der Ursächlichkeit zu widersprechen scheinen. Dann zeigen sich aber nachträglich abweichende Umstände, die nach anderen in Bezug auf die Zeit gemachten Erfahrungen schon in dem Augenblicke des fraglichen Vorgangs bestanden haben, aber nur als Möglichkeiten von Sinneseindrücken, die keine wirklichen wurden, weil die vom Ich sonst erfüllten Bedingungen während des fraglichen Vorganges nicht erfüllt waren. Es mögen diese Beziehungen durch ein Beispiel anschaulicher werden.

Nehmen wir an, wir haben den Sinneseindruck einer Reihe gleicher Gewichtsteine, die an einer Wand auf einer Leiste stehen; die Leiste erscheint mit einer Schnur angehängt, welcher Schnur sich eine offene Scheere nähert. Wir haben schon zum Voraus die sinnliche Vorstellung, daß die Scheere zuklappt, die Leiste und die Steine fallen. Und wirklich, es kommt der entsprechende Sinneseindruck; nur einer der Steine erscheint darin an seiner Stelle geblieben. Es folge nun der Sinneseindruck des eigenen sich seitwärts stellenden Körpers und darauf der andre einer in jenen Stein und die Wand eingeschraubten Verbindungsstange. Es ergibt sich also, daß mit dem Sinneseindrucke des Steines mit abweichendem Vorgange auch ein abweichender Umstand verbunden ist. Tritt wieder der Sinneseindruck des Vornaufstellens oder auch der der geschlossenen Augen ein, so verschwindet zugleich der der Verbindungsstange, im letzteren Falle sammt dem der Kugel. Aber stets bei dem Eindrucke der seitlichen Stellung und der offenen Augen tritt auch der der Verbindungsstange ein. Der eigenthümliche Umstand bei dem Sinneseindrucke des an der Stelle gebliebenen Steines ist also die Möglichkeit des Sinneseindrucks einer Verbindungsstange. Diese Möglichkeit ist erst nach dem Sinneseindrucke des Fallens zur Wirklichkeit geworden; es ist aber wahrscheinlich, daß sie schon gleichzeitig mit dem Vorgange geherrscht hat. Denn so oft man auch beobachtet, daß die Nichtmöglichkeit des Sinneseindrucks einer eingeschraubten Verbindungsstange an einer bestimmten Wandstelle in die Möglichkeit dieses Eindrucks verwandelt wird, so oft man z. B. den Sinneseindruck einer Menschengestalt hat, welche Löcher einbohrt und eine Stange einſchraubt, ſtets findet man dazu eine größere Zeit erforderlich, als diejenige war, welche zwiſchen dem Sinneseindrucke des Fallens und dem der Verbindungsſtange verlief. — Daraus ergibt ſich nun, daß wahrſcheinlich zur Zeit des Vorganges für die verſchiebenen Steine verſchiedene Umſtände herrſchten; beſtimmt fand aber im Ich mit ſeiner ganzen Kette von Gedanken damals keine ſolche Verſchiedenheit ſtatt.

Im Gegenſatz zu dieſer Erfahrung ſtände eine ſolche, und ſpräche gegen das Geſetz der Urſächlichkeit, in welcher bei dem ſcheinbar abweichenden Vorgange auch nicht nachträglich ein abweichender Umſtand im Ich einträte, ſelbſt wenn die ändern zur Herbeiführung eines ſolchen Umſtandes im Ich hinreichenden Bedingungen in ſo kurzer Zeit erfüllt worden wären, daß nach den ſonſtigen Erfahrungen ein etwa dageweſener abweichender Umſtand nicht unterdeſſen hätte verſchwinden können. Ein ſolcher Fall tritt aber nie ein. Vielmehr weiſen alle Vorgänge beſondere Umſtände auf, beſtätigen ſomit das Geſetz der Urſächlichkeit und zeigen zugleich, daß, wenn es gilt, es zugleich Umſtände gibt, welche mittelbar unſere Sinneseindrücke ändern, von denen ſich aber zur Zeit jener mittelbaren Wirkung im Ich keine Spur befindet, d. h. daß es außerhalb des Ich liegende Umſtände gibt.

Als zweite Klaſſe von ſcheinbaren Abweichungen vom Geſetze der Urſächlichkeit haben wir diejenigen Vorgänge im Ich bezeichnet, welche unabhängig im Ich verlaufen und ſchließlich zur Erkenntniß führen, daß ſie durch die von ihren eigenen feſten Geſetzen abhängige Außenwelt verurſacht ſind. Stellen wir auch hier ein Beiſpiel voran.

Folgender Vorgang finde im Ich ſtatt. Es beſteht der Sinneseindruck, daß man auf einer Wieſe wandelt und ſechs Uhr schlagen hört; da tritt unerwartet der Sinneseindruck eines Sonnen-strahls und der aufgehenden Sonne hinzu. Nachdem im Ich ein Tag hingegangen, hat man wiederholt dieselben Sinneseindrücke der Wiese und des Sechsuhrschlagens, worauf die sinnliche Vor-stellung der aufgehenden Sonne hinzukommt, aber der entsprechende Sinneseindruck bleibt aus. Nun folgt der Eindruck des Fort-schreitens, der eines Gartens und Freude über schöne Blumen; da plötzlich und unerwartet springt der Sinneseindruck der aufgehenden Sonne hervor. Ein Blick auf die Thurmuhr zeigt zwei Minuten über sechs. Diese beiden Beobachtungen widersprechen dem Satze „gleiche Umstände, gleiche Vorgänge" durchaus. Nachdem darauf dem Ich wieder ein Tag hingegangen, d. i. am dritten Tage, hat man die Empfindung des Erwachens und den Sinneseindruck des Thurms durch das Fenster. Sogleich kommt der Sinneseindruck hinzu, daß die Sonne hinter der Thurmkante, gerade am Gesimse, hervortritt; die Thurmuhr zeigt 7 Uhr 4 Minuten, und wenn noch frühere oder spätere Beobachtungen ergeben, daß unter gleichen Umständen diese Erscheinung stets eine Stunde nach dem Sinnes-eindrucke des Sonnenaufgangs stattfindet, so ist es wahrscheinlich, daß an jenem dritten Tage die Möglichkeit des Sinneseindrucks des Sonnenaufgangs vorhanden war, als die Uhr 6 Uhr 4 Mi-nuten zeigte. Indem uns nun bei Vergleichung der Zeiten auf-fällt; daß jedesmal zwischen zwei aufeinander folgenden Möglich-keiten des Sinneseindrucks des Sonnenaufgangs 24 Stunden 2 Mi-nuten der Uhrangaben liegen, vermuthet man am folgenden Tage jenen Sinneseindruck bei 6 Uhr 6 Minuten haben zu können, und wirklich, er tritt dann ein, und entsprechend an dem folgenden Tage.

Aus diesen Beobachtungen ergibt sich als der einzige wieder-kehrende oder wesentliche Umstand für die Möglichkeit des Sinneseinbrucks des Sonnenaufgangs, der Ablauf auf der Uhr von 24 Stunden 2 Minuten seit der vorhergehenden Möglichkeit. Durchaus unwesentliche Umstände sind aber alle Vorgänge im Ich, der geschehene Zuwachs seiner Kette und die gerade stattfindenden Gedanken; ja die Kette des Ich kann sogar durch Schlaf unterbrochen sein, es ändert an jener Möglichkeit Nichts.

Das Uebereinstimmende bei beiden Arten scheinbarer Abweichung vom Gesetze der Ursächlichkeit ist nun das, daß wir in jedem Falle nachträglich einen abweichenden Umstand fanden, von dem aber zur Zeit des Vorgangs keine Spur im Ich vorhanden war. Bei der ersten Art machte es eine beliebig große Anzahl von Beobachtungen wahrscheinlich, daß während des Vorgangs die Möglichkeit des Sinneseindrucks jenes besondern Umstandes bestand, die nur nicht zur Wirklichkeit wurde, weil die dazu nothwendigen Bedingungen im Ich nicht erfüllt waren. Bei der zweiten Art konnten bei dem gleichen Vorgange alle Umstände im Ich verschieden sein; von dem Umstande, der sich nachher als der wesentliche ergab, nämlich von einem gewissen Abstande der Uhrangaben lag zur Zeit des Vorgangs keine Spur im Ich, er war ihm unbekannt; oder noch mehr, es wurde durch eine Reihe von Beobachtungen wahrscheinlich, daß die Möglichkeit des fraglichen Sinneseindrucks und einer bestimmten zugehörigen Uhrangabe gleichzeitig stattfand, daß aber beide nicht zur Wirklichkeit wurden, weil die Gedankenkette des Ich durch Schlaf unterbrochen war.

Indem man nun jede dieser Wahrscheinlichkeiten durch gehäufte Beobachtungen beliebig steigern kann, kann man alle unzähligen Fälle gleicher Art, von denen jeder für sich das Gesetz der Ursächlichkeit und mit diesem die Wirklichkeit der Außenwelt wahrscheinlich macht, bei dem Mangel jeder Ausnahme nach dem

Satze der Induction verbinden, so daß jene Sätze zur Wahrheit werden.

Wir haben nun das Gesetz der Ursächlichkeit für die Möglichkeiten der Sinneseindrücke, welche die Außenwelt bilden, giltig gefunden; es zeigen sich aber im Ich neben den Sinneseindrücken noch andere Empfindungen und es fragt sich, ob auch für sie jenes Gesetz gilt. Wir nannten früher das gesammte gleichzeitige Fühlen einen vollen Gedanken; wir wollen den Rest, der bleibt, wenn man die vorhandenen Sinneseindrücke wegnimmt, den inneren Gedanken nennen. Die Folgen derselben bilden längere oder kürzere Ketten, deren Anfangsglied stets ein Sinneseindruck ist, und deren Glieder durch die in ihnen enthaltenen sinnlichen Vorstellungen in einander greifen, wie dies schon früher angeführt wurde. Verfolgt man solche Ketten öfter, so findet man, daß sie nach dem schon Aristoteles bekannten Gesetze der Association oder der Gedankenfolge gebildet sind, das wir so aussprechen wollen:

1. Ein Gedanke und ein darauf folgender innerer Gedanke enthalten gleiche Theile der in ihnen enthaltenen sinnlichen Vorstellungen.

So folgte in dem vorhin angeführten Beispiele auf den Gedanken an die Rosen der an den Garten mit Rosen u. s. w. Dabei ist unter einer einzelnen sinnlichen Vorstellung alles gleichzeitig Vorgestellte zu betrachten. Daher sind die sinnliche Vorstellung eines brennenden Hauses und die des Schreies eines dabei gefährdeten Menschen Theile einer und derselben sinnlichen Vorstellung und es kann durch den Gedanken an irgend einen Brand nach dem angeführten Gesetze der an jenen schreienden Menschen hervorgerufen werden, so verschieden an sich diese Theilvorstellungen auch sind. Blos durch gleiche Gefühle in engerem Sinne, wie der

Freude, des Haſſes, ſind zwei innere Gedanken nie verbunden, ob=
gleich dieſe Gefühle nicht unweſentliche Umſtände bei der Gedanken=
folge bilden, wie ſich ſogleich zeigen wird.

Indem man nun weiter ſein Augenmerk darauf richtet, daß
es unzählige ſinnliche Vorſtellungen gibt, die mit der gerade vor=
handenen gleiche Theile beſitzen, findet man durch die Beobachtung
weiter:

2. Ein Gedanke ruft einen anderen inneren um ſo leichter
hervor:

   a) je größer die Spannkraft iſt, mit welcher der zweite, im
      Gedächtniß aufbewahrte, gleichſam ſchlummernde Gedanke
      zum Bewußtſein zu kommen ſtrebt;

   b) je ausgedehnter die gleichen Theile der ſinnlichen Vor=
      ſtellungen in beiden Gedanken ſind.

Ein einziges Beiſpiel wird dieſe beiden Umſtände klar machen.
Damit der Gedanke an ein Kind hervorgerufen wird, reicht für
die liebende Mutter deſſelben der Anblick eines Bändchens hin,
mit dem ein gleiches ſich an einem Kleidchen des Kindes befindet;
für eine ältere Schweſter des Kindes iſt hierzu ſchon der Anblick
eines anderen Kindes, vielleicht noch von ähnlicher Kleidung nöthig;
für einen älteren Bruder gar iſt es leicht nöthig, daß das geſehene
Kind mit ſeinem Geſchwiſterchen ähnliche Geſichtszüge beſitze.

So findet man, daß auch für die Vorgänge in der Welt
der inneren Gedanken das Geſetz der Urſächlichkeit ſo oft beſtätigt
wird, als man danach forſcht. Da aber dieſe Geſetzmäßigkeit viel
weniger in die Augen ſpringt, als bei den Sinneseindrücken, die
durch die Außenwelt bedingt ſind, ſo wurde lange das Geſetz der
Urſächlichkeit für die Außenwelt allgemein anerkannt, während die
Vorgänge der Innenwelt Vielen regellos erſchienen und vielleicht

Manchem jetzt noch so erscheinen, der sie noch nicht näher verfolgt hat. So klar freilich werden die Vorgänge des inneren Geistes- lebens dem Menschen bei der Begrenztheit seiner Fähigkeiten und der unendlichen Verwicklung der Aufgabe nie vor Augen liegen, daß er sie wie die Bahnen der Sterne voraus berechnen könnte, so wie er auch den verschlungenen Weg einer Flaumfeder in freier Luft wohl nie berechnen wird; aber Jemand, der ernst diesen Vor- gängen nachgeforscht hat, wird schwerlich behaupten, je einen Fall gefunden zu haben, der dem Gesetze der Ursächlichkeit wider- spräche.

Und wenn man dann mittelst des Satzes der Verallgemei- nerung das Gesetz der Ursächlichkeit auch auf die inneren Gedanken ausdehnt, so herrscht es allgemein, wie wir es zu Beginn aus- sprachen. Ist aber dieses Gesetz festgestellt, so kann man in vielen Fällen die mühsame Induction entbehren, und eine einzige Be- obachtung kann hinreichen, um eine allgemeine Beobachtungswahr- heit festzustellen. Hat Jemand einmal mit einem Glasprisma das Sonnenspectrum mit seinen Fraunhofer'schen schwarzen Linien beobachtet, so ist er gewiß, daß unter gleichen Umständen stets die- selbe Erscheinung wiederkehrt. Das Gesetz der Ursächlichkeit prägt jedem Falle der Anwendung seine Sicherheit auf.

Die Sätze, welche ich abzuleiten versucht habe, und deren Wahrheit mit Recht den Meisten zweifellos feststeht, haben gewiß das hohe Interesse für sich, daß sie uns in den tiefschattigen Hain leiten, in welchem die Quelle unsrer Erkenntniß sprudelt. Möge die wohlthätige Kühle des Ortes die Mangelhaftigkeit der Führung etwas weniger empfindlich gemacht haben.

Anmerkungen.

[1]) Beweise für diese beiden Sätze, die mit den folgenden in vielen Punkten übereinstimmen, habe ich in meinen „Grundzügen der Weltordnung, Leipzig 1863", S. 626—653 versucht. Doch ist dort der Beweis des Gesetzes der Ursächlichkeit unabhängig von dem für die Wirklichkeit der Außenwelt gehalten, worin ich jetzt einen Mangel erblicke.

[2]) Sie sind eingehender hergeleitet in den angeführten Grundzügen der Weltordnung, S. 327—375.

[3]) Nach n solchen Fällen ist die Wahrscheinlichkeit $\frac{n+1}{n+2}$.

[4]) Lehrbuch der Arithmetik und Algebra, Leipzig 1873, I Bd. S. 16.

[5]) Grundzüge der Weltordnung, S. 634.

[6]) Ebendas. S. 642.

Druck von Gebr. Unger (Th. Grimm) in Berlin, Schönebergerstr. 17a.

Die

Armen- und Krankenpflege

der geistlichen Ritterorden

in früherer Zeit.

Von

Dr. A. Wernher.
(Gießen.)

Berlin, 1874.
C. G. Lüderitz'sche Verlagsbuchhandlung.
Carl Habel.

Der Johanniter-Orden hat, wenige Jahre nach seiner Wiederherstellung, von König Friedrich Wilhelm IV, einen dominirenden Einfluß auf die Leitung der freiwilligen Krankenpflege im Kriege
erhalten. In einer Zeit, in welcher alle Schichten der Nation,
mit einem patriotischen Aufschwunge, wie ihn die Geschichte
nicht von gleicher Großartigkeit und Opferfreudigkeit kennt,
sich der freiwilligen Krankenpflege gewidmet haben, mag es für
Viele nicht ohne Interesse sein, die geschichtlichen Daten näher
kennen zu lernen, in Rückblick auf welche den Gliedern eines
privilegirten Standes, deren Lebensverhältnisse sie sonst nicht
der Armen- und Krankenpflege nahe zu führen pflegen, noch ihnen
Gelegenheit geben, Erfahrungen und Einsichten über dieselben zu
gewinnen, dem neugegründeten adelichen Orden, ein so vorwiegender Einfluß eingeräumt worden ist, und in die Lage versetzt
zu sein, Vergleiche zwischen früherer und jetziger Zeit anstellen
zu können.

Die Geschichte der geistlichen Ritter-Orden hat zahlreiche Bearbeitungen gefunden; man hat jedoch vorwiegend nur die politische,
kriegerische und religiöse Thätigkeit derselben ins Auge gefaßt und

die Dienste, welche sie der Entwicklung der Humanität, der Armen-
und Krankenpflege geleistet haben, nur ganz nebenbei berührt.
Diese Lücke, nach einem sorgfältigen Quellenstudium auszufüllen,
ist der Zweck dieser Arbeit.

Die Kreuzzüge und die Errichtung geistlicher Ritter-Orden
während derselben, der Kreuz-Orden, von welchem die meisten,
wenigstens zur Zeit ihrer Gründung, die Armen- und Krankenpflege ebensowohl als den Ritterdienst zu ihrer Aufgabe gemacht
hatten, mußte für die Entwicklung des Sanitätsdienstes und die
Einrichtung von Hospitälern, auch im Abendlande, von der
größten Bedeutung werden.

Kriegszüge nach einem weit entlegenen Lande, über See
oder auf wenig bekannten, ungebahnten Landwegen mit zahlreichen, ungeordneten Heeren, denen jede einheitliche Leitung und
eine nur einigermaßen genügende Vorsorge für Verpflegung fast
gänzlich mangelten, denen sich ein ungeheurer Troß von Unbewaffneten, Pilgern, Frauen, anschloß, deren geringe Kriegskunst
und mangelhafte Mittel ihnen nicht erlaubte, die befestigten
Städte rasch einzunehmen und die Anhäufung vieler Menschen
an einem Orte zu vermeiden, mußte nothwendiger Weise von
verheerenden Krankheiten gefolgt sein, auch wenn zu jenen Einflüssen nicht noch die Einwirkung eines ungewohnten, heißen,
ungesunden Clima's, und der Widerstand einer in allen Schichten
feindlichen Bevölkerung hinzugekommen wäre, welche durch Re-
ligions- und Racenhaß aufgestachelt war, ihr Land, ihren
Glauben und ihr Eigenthum gegen die Eindringlinge zu verthei-
digen. Auch wenn die Kreuzfahrer mit den Kenntnissen und
den Hülfsmitteln der neueren Zeit versehen gewesen wären,
würden ihre Heere nicht dem Schicksal entgangen sein, durch

Hunger, Mühsal und Krankheiten mehr decimirt zu werden, als durch das Schwert der Feinde. Die Geschichte der Kreuzzüge lehrt uns auch, daß, besonders die zahlreichen ungeordneten Kreuzheere, welche dem Landweg folgten, schon auf dem Wege nach dem gelobten Lande, aber auch die mehr geordneten, welche unter der Leitung mächtiger Fürsten zogen, durch Hunger, Elend und Krankheit rasch hinschmolzen.

Die Kreuzheere kamen in dem gelobten Lande mit ansteckenden Krankheiten in Berührung, welche ihnen, wenn auch nicht gänzlich neu, doch nur wenig bekannt und im Abendlande bisher noch nicht in Epidemien mit einer solchen überwältigenden Bösartigkeit, wie von jetzt an, aufgetreten waren. Die Lepra war zwar schon lange vor den ersten Kreuzzügen im Abendlande erschienen, da schon das Edictum Rotharis des Longobarden und Carl der Große Gesetze in Bezug auf dieselbe erlassen hatten, ihre große Verbreitung aber hat sie erst mit den Kreuzzügen erhalten, und die Nothwendigkeit die Leprosen, wegen der eminenten Ansteckungsfähigkeit der Krankheit, von der übrigen Bevölkerung zu trennen, hat wesentlich zur raschen Verbreitung von Hospitälern, Leproserien, Siechenhäusern, Maladerien, Gutleuthöfen, so wie zur Errichtung eines Ordens, der sich die Behandlung und Pflege der Leprosen zur Aufgabe machte, der Lazaristen, geführt.

Solche Nothzustände mußten aber schon in Palästina, wo sie in der höchsten Potenz auftraten, die Nothwendigkeit Abhülfe zu suchen, aufdrängen. Die geistlichen Ritter-Orden bildeten, nebst dem Heerbanne der großen republikanischen Städte, nach der römischen Zeit, die ersten Truppenkörper wieder, welche unseren stehenden Heeren verglichen werden können. Zum Heerdienste verpflichtet und in beständigem Kampfe liegend, mußten die Ordens-Ritter das Bedürfniß, für ihre Kranken und Verwundeten zu sorgen, sehr dringend empfinden, und hatten in ihrer streng gegliederten, festen Organisation und in ihrem Reichthume die Mittel dieselbe zu befriedigen, so weit es die Zeitumstände erlaubten. Sie sind damit, so wie in vielen anderen Punkten der militärischen Organisation, Vorbilder für die spätere Zeit geworden, welche sie vielfach übertroffen haben.

Man fand die Muster für die Krankenpflege an Ort und Stelle gegeben. In Syrien sind die ersten großen christlichen Xenodochien errichtet worden. In Antiochien, Cäsarea, Constantinopel u. s. w. bestanden seit dem Anfange des 4. Jahrhunderts, d. h. seit dem das Christenthum herrschende Religion geworden war, Xenodochien, Armenherbergen und Special-Hospitäler der mannigfaltigsten Art, von großer Ausdehnung und reicher Ausstattung. Wenn diesen alten Anstalten, von welchen die ersten ebenfalls zur Bekämpfung von Epidemien errichtet worden waren, in dem Strome der Zeit auch gelitten haben mochten, so konnte doch die Erinnerung an dieselben nicht gänzlich erloschen sein und viele derselben, so die in Constantinopel, bestanden ungestört fort. Der Einrichtung des ältesten Mutterhauses der Johanniter zu Jerusalem gleicht aber so sehr den Xenodochien, welche von dem heiligen Basilius und Zoticus in Antiochien und Cäsarea errichtet worden waren, daß wenig daran zu zweifeln ist, daß jene alten Spitäler dem Hospitaliter-Orden zum Vorbilde gedient haben, weil sonst nicht leicht zu begreifen wäre, wie Rittersleute, welche mit den Bedürfnissen eines Spitals wenig bekannt sein konnten, gleich von Anfang an, zu einer so vollendeten Einrichtung gekommen sind, als wir in ihren ältesten Spitälern finden.

In Jerusalem fand der Mönch Bernhard, welcher 870 am heiligen Grabe betete, im Thale Josaphat, nicht weit von der Kirche der heiligen Jungfrau, ein Xenodochium aus 12 Häusern bestehend, nach dem Muster der Xenodochien in Caesarea, zur Aufnahme der abendländischen Pilger. In dem Spitale war eine treffliche, von Carl dem Großen gestiftete Bibliothek und vor demselben eine Markthalle, in welchem die Kaufleute gegen ein Standgeld von 2 Goldstücken feil halten konnten. Das Spital besaß Grundstücke, Weinberge, Gärten (Mabillon Annal. ordinis Benedictor). Später wurde dasselbe in ein Mönchs-kloster verwandelt und kann, als kurz vor den ersten Kreuzzügen der Zug der Pilger nach Jerusalem größer wurde, als Hospital und Xenodochium nicht mehr existirt haben, weil dasselbe nicht mehr erwähnt wird, als die Amalfitaner nöthig fanden, zum Besten der Pilger eine Armenherberge zu errichten, aus welcher der Orden der Johanniter hervorging.

Die Kreuzzüge gaben die Anregung zu einer allgemeineren Bekanntschaft mit der griechischen und arabischen Sprache, mit den arabischen Aerzten und da diese sich hauptsächlich auf die Griechen stützen, auch mit diesen und zum näheren Studium derselben. Mit dieser Zeit, dem Ende des 12. und dem Anfange des 13. Jahrhunderts, beginnt das Aufblühen der ärztlichen Wissenschaften, besonders in den Theilen des Abendlandes, welche von den Zügen nach dem gelobten Lande und den Saracenen am meisten berührt worden waren, in Sicilien und Unteritalien. Die süditaliänischen Küstenstädte waren ebensowohl Emporien eines blühenden Handels und Reiseverkehrs, als auch Pflanzstätten der Wissenschaft und Erholungs-Stationen für diejenigen, welche mit zerrütteter Gesundheit aus Syrien zurückzukehren genöthigt waren.

Mit Ausnahme der Templer, welche einen rein militärischen Orden bildeten, waren die übrigen geistlichen Ritter-Orden, nach ihren Statuten zum Armen- und Krankendienste verpflichtet. Die Ritterdienste, welche schließlich bei allen überwogen, kamen erst in 2. Linie hinzu. Wo die Orden sich niederließen, errichteten sie ein befestigtes Conventshaus, eine Kirche und ein Hospital. So übertrugen sie die in Palästina angenommenen Einrichtungen auch auf ihre Besitzungen. im Abendlande.

Die Zahl der Ritter-Orden, welche, wenigstens theilweise, die Uebung der Wohlthätigkeit zu ihrer Aufgabe gemacht hatten, ist außerordentlich groß und dem entsprechend die der von denselben gegründeten Wohlthätigkeits - Anstalten. Sie alle in den Kreis der vorliegenden Darstellung hinein zu ziehen, würde weit über die mir gesteckte Aufgabe hinausgehen. Die meisten dieser kleineren Orden sind auch nur lokale Nachahmungen der Johanniter, deren Statuten sie fast unverändert angenommen hatten. So die Ritter von Calatrava, Alcantara, St. Mauritius u. s. w. Ich begnüge mich hier diejenigen Orden zu berühren, welche für die Entwicklung des Sanitätsdienstes am wichtigsten geworden sind und auch in Bezug auf diese werde ich mich wesentlich auf die Darstellung der Dienste beschränken, welche sie der Kranken- und Armenpflege geleistet haben, ohne die politische Geschichte der Orden, ihre religiösen Satzungen und Gebräuche, mehr als absolut nothwendig ist, zu berühren.

Diese Orden aber sind: der Orden der Hospitalbrüder unserer lieben Frauen zu Jerusalem, die Johanniter; der ritterliche Orden des Tempel Salomons zu Jerusalem, die Templer; der marianische Orden der Teutschen zu Jerusalem, die Deutsch Ordens-Ritter, und die Lazaristen.

Von diesen Orden, die ziemlich zu gleicher Zeit entstanden sind, ist der der Johanniter der älteste, welcher den übrigen zum Vorbilde gedient hat, und ist deßhalb für uns von besonderer Wichtigkeit, weil er, nach seiner Wiedererweckung, in der neuesten Zeit, für den Sanitätsdienst im Kriege eine sehr bedeutende Stellung eingenommen hat.

Neben dem Johanniter-Orden hat für uns und unsere Zwecke der Orden der Deutschen Herren die größte Bedeutung, denn er hat den größten, zusammenhängenden Landbesitz erworben, die geordnetste Staatsverfassung eingeführt, zahlreiche Städte und Burgen gegründet, die deutschen Gränzen gegen die heidnischen, sclavischen Völker geschützt und deutsche Cultur, deutsches Recht und deutschen Bürgersinn nach dem Norden unseres Vaterlandes gebracht.

Das Verdienst der Lazaristen besteht vorzugsweise in der Gründung und Verwaltung zahlreicher Leproserien, sowohl in Palästina, als auch im Abendlande, besonders in Frankreich.

Die ersten Anfänge der geistlichen Ritter-Orden gleichen sich, da sie aus demselben Bedürfnisse und denselben Anschauungen hervorgegangen sind und dieselben Zwecke verfolgten, vollkommen. Ebenso sind dieselben, wie sie nach und nach zu Reichthum und Macht gelangten, mehr und mehr von ihrer ursprünglichen Bestimmung, Wohlthätigkeit gegen Arme und Kranke zu üben, abgewichen und zu militärischen Orden und politischen Corporationen oder blosen Dekorations-Orden geworden.

Die ersten Anfänge des Johanniter-Ordens waren sehr bescheiden. Nachdem das gelobte Land schon 4 Jahrhunderte lang unter der Herrschaft der Ungläubigen gestanden, erlangten Kaufleute aus Amalfi, das damals noch unter der Herrschaft von Constantinopel stand, gegen einen Tribut, von den ägyptischen Sultanen die Erlaubniß, einen Steinwurf von dem heiligen Grabe entfernt, ein Kloster und ein Hospital für arme Pilger zu errichten. Das Kloster wurde den Benediktinern übergeben und der Mutter Gottes geweiht. Zum Unterschiede von anderen Marien-Klöstern wurde es Sta. Maria la Latina genannt; das Hospital wurde St. Johann, dem mildthätigen, Eleymon, geweiht. Die Klosterherren ließen die Pilger, um sie gegen räu-

berische Angriffe sicher zu stellen, von ihren Laienbrüdern, Ob-
laten, begleiten. Als nach dem ersten Kreuzzuge viele junge
Edelleute sich denselben angeschlossen hatten, vereinigten sich dieselben unter ihrem ersten Rector Gerhard aus der Provence zu
einer besonderen Genossenschaft, welche Johannes den Täufer zu
ihrem Schutzpatron annahm. Sie nahmen die Regeln und das
Kleid der Augustiner Chorherren an und nannten sich Hospitalbrüder Johannes des Täufers zu Jerusalem. Ihr Hospitium,
anfangs nur durch Almosen und Schenkungen unterhalten, gewann sehr bald an Ausdehnung, so daß sie schon Gottfried von
Bouillon wesentliche Dienste leisten konnten, der ihnen, zum
Danke für die Pflege von Kranken und verwundeten Kreuz-
fahrern, ihren ersten Landbesitz im Abendlande, die Herrschaft
Montboire in den kalten Bergen in Brabant schenkte. [1]) Von
da ab wurden sie, zunächst durch König Balduin I und Andere,
durch Schenkungen in Syrien und im Abendlande, so wie durch
Eroberungen mehr und mehr bereichert. Durch Pabst Paschalis
wurde 1113 der Orden bestätigt und mit Privilegien versehen,
von dem Zehnten, den er an den Patriarchen von Jerusalem zu
zahlen gehabt hatte, befreit und mit dem Rechte begabt, nach
Gerhards Tode seine Rectoren selbst zu wählen.

Man sieht aus der Bestätigungs-Bulle des Pabst Paschalis,
daß der Orden unter dem ersten Meister Gerhard auch schon im
Abendlande sich auszubreiten anfing. Der Pabst bestätigt 1113
dem Orden, daß er in seinem occidentalischen Besitz; in den
Xenodochien oder Ptochien penes Burgam, Sti Aegidii, Asten
Pisani, Barum, Ydrontum, Tarentum, Messanam, ... in sub-
jectione ac dispositione, sicut hodie, sunt in perpetuum manere
und nicht gestört werden sollen.

Der Orden bestand aus Rittern, Priestern, Halbbrüdern,
Halbschwestern und Dienern. Er hatte zahlreiche Truppen unter

seinem Befehl, welche theils gegen Sold, theils ex caritate dienten. Die Brüder verpflichteten sich zu einem ritterlichen Leben
und zu den drei Gelübden der Armuth, der Keuschheit und
des Gehorsams. Der zweite Ordensmeister, Raymund Dupuy
(del Podio), aus Südfrankreich, verwandelte den Orden in
einen reinen Ritter-Orden. Er nannte sich zuerst Hospital-
meister, magister hospitalis und Knecht der Armen Jesu Christi. [2])
Die Statuten sind in provencalischer Sprache geschrieben, später in andere Sprachen übersetzt und vielfach vermehrt und erweitert worden, namentlich in Bezug auf das Hospitalwesen durch die
Meister de Lastico, 1437, welcher schon auf Rhodus residirte,
Claudius de Sengle und Jocobus de Milly 1553 und 1554,
die schon auf Malta residirten. Diese Statuten sind noch vorhanden und nach einem Manuscript der vatikanischen Bibliothek
mehrfach abgedruckt: Paoli del origine ed instituto del sacro
militar ordine di San Giovanbatista Girosolimitano. Romae
1789. Lessing, Ges. d. Med., Häser, Gesch. der christlichen
Krankenpflege, Beckmann, Beschreibung des ritterlichen St. Johanniter-Ordens.

Die Wohlthätigkeits-Anstalten, die Xenodochien, welche die
Johanniter errichteten, müssen unsere Bewunderung erregen durch
den Reichthum und die Zweckmäßigkeit, welche dieselben schon in
der ersten Zeit der Entstehung dieses Ordens besaßen, durch deren
wohlgeordnete Verwaltung und den Sinn des Wohlwollens gegen
die Armen, der sich in allen Punkten ausspricht, besonders wenn
wir sie mit den Zuständen vergleichen, welche die Hospitäler des
Abendlandes selbst in den großen Städten und bis zu Ende des
vorigen Jahrhunderts, annahmen. Wir besitzen eine Beschreibung
des alten Johanniter-Hospitals zu Jerusalem von einem Theil-
nehmer des zweiten Kreuzzuges Johannes Vizburgensis [3]). Pres-
byteri descriptio terrae sanctae, ex., cod. man. monasterii Tegern-

seensis C. XI. Pez Thesaur. anectod. Sie lautet in Uebersetzung:
Neben der Kirche des heiligen Grabes gegen Süden steht die schöne
Kirche Johannes des Täufers. Bei derselben ist ein Hospital erbaut, in welchem, in verschiedenen größeren Gebäuden, eine ungemeine Menge von Kranken, Weibern und Männern vereinigt sind,
verpflegt und täglich mit großen Kosten erfrischt wird. Zur Zeit,
als der Berichterstatter in Jerusalem war, war der tägliche Bestand auf mehr als 2000 gestiegen, und nicht selten wurden,
innerhalb 24 Stunden, mehr als 50 Leichen aus dem Hause getragen, die Leichen aber immer wieder durch neue Ankömmlinge
ersetzt. Außerdem wurden täglich an den Thüren des Hauses,
an die Armen, welche Speise forderten, reichliche Almosen vertheilt, so daß die Summe kaum erfaßt werden kann, und die
zahlreichen Besatzungen in den Castellen des Ordens aus den
Einkünften desselben unterhalten. Auf demselben Platze, nahe bei
dem Thurme Davids, war das Kloster der armenischen Mönche,
welches zu Ehren des heil Abtes Sabba gegründet wurde. Nicht
weit davon die große Kirche des heil. Jacob des älteren, wo armenische Mönche wohnten, welche gleichfalls ein großes Hospital,
nur für die Armen ihrer Sprache bestimmt, besaßen.

Der Bericht des Johann von Vizburg ist vor der Einnahme
Jerusalems durch Saladin geschrieben, da er die Kirchen und
Klöster noch unverlehrt, mit Geistlichen besetzt und das Hospital
des deutschen Ordens, welches vor der Einnahme von Jerusalem
1163 vollendet wurde, noch im Bau begriffen fand. — Eine
bildliche Darstellung eines Johanniter-Hospitals findet sich,
freilich aus einer ziemlich späten Zeit, in den Statutis ordinis
Hierosolimitani. Der Krankensaal wird als ein hoher, stattlicher,
gewölbter, auf Säulen ruhender Raum dargestellt, an dessen
Schmalseite ein geschmückter Altar steht. Die Kranken liegen
einzeln in hohen Gardinenbetten, welche, wie in unseren heutigen

Spitälern, mit dem Kopfende gegen die Wand stehen. Es darf
nicht auffallen, daß sie völlig nackt und nur mit einem Tuche
bedeckt sind, denn unbekleidet im Bette zu liegen war allgemeine
Sitte im Süden und hat sich auch in unseren Gegenden, unter
dem ärmeren Theile der Bevölkerung, erst vor Kurzem verloren.
In dem Saale bewegen sich Aerzte in langen Talaren; sie untersuchen den Urin und den Puls; Diener und junge Ritter in der
Ordenstracht mit zurückgeknöpftem Mantel, welche den Kranken
Erfrischungen zutragen; Frauen sind nicht bemerklich.

Die ältesten Statuten der Johanniter von Raymund Dupuys
aus dem Jahre 1181 beginnen mit folgendem Satze, den ich
in der Originalsprache hersetze.

Que les Iglises de hospital seent ordenees a la conoissance
du Prior. Au nom dou Pere et dou fils et dou Saint esperit,
amen. L'an de lincarnation noutre Seigneur M. C. LXXXI
le mois de mars par dimenche quant lent chante Letare Jerusalem. Rogier serf des pauvres de Crist avant seant en
general chapistre clers et lais et freres connus autour estant
a lonor de Deux et de la ornement de religion et lacreissement
et lutilite des poures malades.

Der erste Satz bestimmt, daß die Kranken und Armen, ohne
Gegenleistung, ganz auf Kosten des Ordens, unterhalten werden
sollen; sodann, daß für das Hospital zu Jerusalem 4 unterrichtete Aerzte, mieges (medici) sages angenommen, louez werden
sollen, welche die Beschaffenheit des Urins und die Verschiedenheiten der Krankheiten kennen sollen. In den späteren, unter
dem Meister de Lastico gegebenen Bestimmungen, wird hinzugefügt, daß nur erfahrene und gelehrte Aerzte auszuwählen seien,
welche vor 8 Brüdern, der 8 Zungen, zu schwören haben, daß
sie die Kranken mit großer Sorgfalt, nach den Regeln der Kunst
und den bewährtesten Autoritäten behandeln wollen. Sie haben,

schon nach den alten Statuten, die Kranken wenigstens zweimal
im Tage zu besuchen und das Nöthige ohne Aufenthalt an-
zuordnen. Sie sind bei ihren Besuchen von dem Infirmarius
und dem Scriba begleitet, welcher alle Ordonanzen aufzuzeichnen
hat. Die Aerzte erhalten ihr Stipendium aus dem Aerar und
dürfen für ihre Bemühungen nichts von den Kranken annehmen.

Nach den späteren Bestimmungen von de Lastico sollen auch
2 wohl erfahrene Chirurgen angenommen. werden, welche vor
ihrer Zulassung von den Aerzten zu prüfen sind.

Der Infirmarius, ein Ordensbruder, hat die Krankensäle
jede Nacht zweimal, zur Stunde des Abendgebetes, hora comple-
toria, und am frühen Morgen, hora aurorae, von einem treuen
Diener begleitet, zu visitiren und die Kranken mit Vorsicht aus-
zufragen, zu trösten und zu ermahnen. Er hat darauf zu sehen,
daß nur Nahrungsmittel erster Qualität gereicht werden, Hühner,
guter Wein und Anderes.

Während die Conventsbrüder nur schwarzes Kleienbrod erhielten, sollten die Armen, nach einer Schenkung Josberti, cu-
stodis hospitalis 1176 nur weißes Brod erhalten, le prevelige
des malades por le pain blanc. — Er schenkt für alle Zeit
a nostre seignors benehurez, ce est a savoir as pours dou
Xenodoche de hopital de Jerusalem ... por pain blanc qui
lor soit done tous tens au tous les posessions et les apparai
tanens dedenz et defors, mehre Güter, und bestimmt, daß,
wenn zufällig auf diesen Gütern das Getreide fehle, oder von
schlechter Beschaffenheit sei, man auswärts kaufe, selbst wenn
man das Capital angreifen müsse.

Der vierte Satz der Statuten de Molinis verbreitet sich
über die Beschaffenheit der Betten. Sie sollen für die Bequemlichkeit der Kranken hinreichend lang und breit und die Decken
und Tücher von untadelhafter Reinheit sein.

Jeder Kranke soll einen Schafpelz, eine wollene Mütze und Stiefeln erhalten, um nach seinen Bedürfnissen gehen zu können.

Für die Kinder der Pilgerinnen, welche im Hause niederkommen, sollen kleine Wiegen, berces, eingerichtet werden, damit sie nicht, wenn sie mit ihren Müttern in demselben Bette liegen, ayent aucun ennuy par la mesaise de leur mere.

Die Todten sollen in Särgen, die denen der Brüder gleich sind und mit einer Decke, die mit dem rothen Kreuze geschmückt ist, begraben werden.

Die Comandatoren und Brüder werden ermahnt, den Kranken ohne Furcht, de bon courage, zum Ruhme des Himmels zu dienen.

In den nächsten Sätzen werden die Zuschüsse bestimmt, welche die Tochterhäuser an das Mutterhaus zu Jerusalem zu liefern haben. Die Priorey de France und von St. Giles in Spanien giebt 100 Tücher, de coton taiz, um die Decken der Armen erneuern zu können. Die Prioreyen von Italien, Pisa und Venedig, haben jede 2000 Ellen Barchent, futaine, für die Herren Armen, seignors pauvres, einzuschicken; der Baillie von Antiochien stellt 2000 Ellen Baumwollentuch zu Decken für die Kranken; die Prioren von Montpellier (montpelerin) und von Tabaria in Syrien liefern je 2 Centner Zucker für die Bereitung von Syrupen und Lactuarien. Der Prior von Constantinopel endlich stellt jährlich 200 Filzdecken. Die Brüder haben bei Tag und Nacht eifrig Wache bei den Kranken zu halten, de ardant et de devot corage comme a seignors.

In die Gänge und Orte des Hospitals, wo die Kranken liegen, sollen 11 Diener, sergeans, zu ihren Diensten angestellt werden, welche ihnen die Füße waschen, die Tücher wechseln, das Bett bereiten, die Nahrung zutragen und in allen Dingen ihnen gehorsam sind.

Durch Roger du Puy wird diesem Reglement zugefügt oder
bestätigt, daß die Verpflegung der Kranken und die Besoldung
der Aerzte ganz auf Kosten des Hospitals gehen; daß die Kranken in der Woche dreimal frisches Schaf- oder Schweinefleisch
erhalten sollen, und diejenigen, welche diese Sorten nicht vertragen, Hühnerfleisch (geline). Je 2 Kranken sollen einen Schafpelz und Stiefeln haben, um im Zimmer umhergehen zu können.
Das Hospital vertheilt jedes Jahr 1000 Pelze an die Armen,
und ernährt die von ihren Eltern ausgesetzten Kinder les enfants
jetez des peres et des meres. Es giebt denjenigen, welche in
eine Ehe treten wollen, 2 Schemel, escueles, als Haussteuer.
Es besoldet einen Schuhmacher, corroisier, mit 4 Gehülfen, um
die alten Schuhe um Gottes willen zu flicken, qui apareillaient
les vielles soliers a doner par Deu, und eben so 2 Sergeans
als Schneider, um die von den verstorbenen Brüdern hinter-
lassenen Kleider für die Armen auszubessern. Kein Bruder durfte
seine Kleider verschenken, oder nur, wenn sie schon ein Jahr gedient hatten. — Strafgefangene, welche zum erstenmale aus dem
Gefängnisse entlassen werden, können von dem aumonier 12 Deniers erhalten. Täglich werden 30 Arme einmal um Gottes
willen gespeist. Jeden dritten Tag erhalten alle, die es verlangen, ein Almosen, Wein, Brod und warme Speise (Cuisinat).
In den Fasten werden am Sonnabende 12 Armen die Füße gewaschen, und jeder derselben erhält ein neues Hemd, eine neue
Hose (braces) und neue Stiefeln, 3 derselben außerdem 3, die
übrigen 2 Deniers.

Hiermit sind die eigentlichen Almosen aufgezählt, welche das
Hospital verabfolgt. Nicht eingeschlossen ist, was die Waffen-
brüder erhalten, die man ehrenvoll behandeln soll, und andere
Wohlthäter, über welche der Meister und die Biedermänner zu
bestimmen haben.

Zu diesen, aus den ersten Zeiten des Ordens stammenden Statuten, ist später durch den Meister de Lastico, auf Rhodus, Manches hinzugefügt worden, was sich hauptsächlich auf die genauere Ordnung der Verwaltung und die Controle bezieht. Das für die Kranken= und Armenpflege Wichtigste davon ist:

Jedes Jahr sollen durch den Meister und den Rath aus jeder Zunge 2 Biedermänner, probi homines, gewählt werden, welche die Controle der Verwaltung zu führen haben. Von denselben sollen täglich 2 mit dem Infirmarius die Krankenvisite mitmachen und zusehen, daß Alles zu Rechten geschehe. Jeden Monat sind ihnen von dem Infirmarius die geschriebenen Rechnungen über alle Ausgaben des Hospitals vorzulegen. Die täglichen Ausgaben haben sie zu siguiren, was nicht mit ihrer Unterschrift versehen ist, ist ungültig. In jedem Jahre haben sie den Stand des Vermögens aufzunehmen, die Legate und Geschenke zu verzinsen, das Inventar des Palastes, der Capelle, des Hospitals aufzunehmen, nach dem Werthe abzuschätzen und zu verwahren. So oft es dem Hospitalarius nothwendig erscheint, visitiren sie, unter Zuziehung der Aerzte, die Apotheke, damit nicht durch Schuld des Aromatarius und schlechte Arzneyen den Kranken ein Nachtheil zugefügt werde. — Andere Bestimmungen der Meister de Milly, Sangle und de Portugallo beziehen sich auf den Gottesdienst, die Begräbnisse und Testamente.

Nach der voranstehenden Darstellung waren die ältesten Johanniter=Spitäler nicht blos Krankenhäuser, sondern Xenodochien, Zufluchtshäuser für Hülfsbedürftige aller Art, wie man sie in der ältesten christlichen Zeit zu bilden pflegte. Sie boten den Armen Kleidung, Nahrung und Geldspenden, den schwangeren Frauen in Kindesnöthen ein Obdach, sie unterhielten die Kinder, welche im Hause geboren oder von ihren Eltern ausgesetzt worden waren. Selbst für mittellose Brautleute hatten

sie einige Unterstützung. Als Krankenhäuser dienten sie zunächst
dem Orden selbst. Der Ordens-Ritter hatte das Recht sich 3 Tage
lang auf Kosten des Spitals in seinem Zimmer behandeln zu
lassen; dauerte seine Krankheit aber länger, so mußte er in das
Spital eintreten.

Bezeichnend für den humanen Sinn, der das ganze Institut
regierte, ist die oft wiederholte Empfehlung den Armen und
Kranken die zartesten Rücksichten zu tragen und die Höflichkeit
des Ausdrucks, welche überall gegen denselben gebraucht wird.
Die Pfleglinge werden die Herren Armen, seignors povres, do-
minus pauper genannt, man soll ihnen aufwarten, com as
seignors. Wenn die Infirmarii und die homines probi die Säle
bei Nacht visitiren, so haben sie jede Frage, welche verletzen
könnte, zu vermeiden.

Oftmals ist behauptet worden, daß die Praxis in den Jo-
hanniter-Hospitälern nur eine sehr rohe und empirische gewesen
sein möchte, indem man voraussetzt, daß die Kriegsleute selbst
die Behandlung der Kranken geführt hätten. Man beruft sich
dabei (Möhsen, Geschichte der Wissenschaften in der Mark Brandenburg, Sprengel, Geschichte der Arzneiwissenschaft B. 2.) auf
die bekannte Stelle in der Vorrede von Guy von Chauliac
cirurgia magna, wo von der vierten Sekte der Aerzte, welche er
aufstellt, gesagt wird, daß sie gebildet werde aus fere omnium
teutonicorum militum et sequentium bella, und welche die Wunden
behandeln mit Besprechungen, Kohlblättern, Wolle ꝛc. Offenbar
ist diese Stelle unrichtig angewendet, denn auch die Deutsch-
Ordens-Herren, welche nie in den Bereich von Guy von Chauliac kamen, haben in ihren Spitälern die eigentlich ärztliche Behandlung nur durch gemiethete Aerzte, die dem Orden nicht angehörten, ausüben lassen. Die Ritter stellten nur das Verwal-
tungs- und Aufsichtspersonal und die Hülfe leistenden Wärter.

Die Behandlung der Kranken stand bei Aerzten, von welchen man, nach dem Standpunkte der Zeit, die bestunterrichteten wählen sollte, bei geprüften Chirurgen, und die Arzneien wurden aus einer wohlversehenen Apotheke genommen, welche nur die besten Aromata führen durfte, und welcher ein besonderer Aromatarius vorstand. Da der Orden der deutschen Herren sich sehr bald von den Johannitern abzweigte, so kamen Ritter der deutschen Nation unter den Johannitern nur in sehr geringer Zahl vor. Unter allen Hospitalmeistern gehört nur einer, der letzte, v. Hompesch, dieser Nation an. — Guy hatte sicherlich nur die wirklichen deutschen Kriegsleute, welche den deutschen Kaisern auf ihren Römerzügen folgten, bei der oben citirten Stelle im Sinne und nicht die Ordensherren. —

Am 3. October 1187 war Jerusalem in die Hände von Saladin gefallen, nachdem er die Christen unter König Guido von Lusignan bei Hittin auf's Haupt geschlagen hatte. Die meisten Ordensritter waren gefallen oder gefangen und mit den Ordens-Meistern hingerichtet worden. Die Christen wurden aber nicht unbedingt aus Jerusalem ausgetrieben, nur die Templer, gegen welche der Sultan einen nicht unverdienten Haß hegte. — „Welche Chrysten zou Jerusalem bleyben wolten unter dem Trybut, mochten bleyben, die zweenn Hospital auch zu nutzungen der armen Pilgerleythe." Ordens-Chron. S. 7. Die Ordens-Ritter zogen ab, aber sie hinterließen in ihren Hospitälern dienende Brüder zur Pflege der Kranken, denen von Saladin der Aufenthalt vorerst für 1 Jahr verstattet wurde. Später wurde das prächtige Johanniter-Hospital zu einem Collegium umgeschaffen, in welchem das Schaffeitische Lehrsystem vorgetragen wurde. Diese Milde Saladins tritt um so glänzender hervor, als er den Krieg nicht ohne schwer gereizt zu sein wieder begonnen hatte. Die Templer hatten den Waffenstillstand gebrochen und Rainold von Chatillon

2*

des Sultans Mutter auf dem Wege nach Damascus aus-
geraubt. —

Gänzlich aus Jerusalem vertrieben wurden die Ordensbrüder
erst 1220 durch Moattam, welchen die Christen Corradin nennen,
also erst 33 Jahre nach der Eroberung Jerusalems durch Saladin. Sein Bruder Malec el Kamel, der Sohn Malec el Adel,
war bei Damiette, gegen das christliche Heer, das unter Wilhelm
von Holland und anderen Herren aus den Rheinlanden diese
Stadt belagerte, in's Gedränge gekommen, und rief seinen Bruder
Moattam zur Hülfe. Dieser zog ein großes Heer zusammen,
zerstörte auf seinem Wege Jerusalem und erschlug oder vertrieb, was sich noch von Christen in der Stadt befand. „Do
czog Corodin gen Jherusalem, mytt groser Macht und erschlug
yn Jherusalem alle Chrysten, erstlichen die drey Brüder von den
dreyen Ritterorden, alle geistliche Personen, alle yhr Hausgesinde
und dyner und all by Chrysten, die er fynden kundt. zerbrach
und verbrennet alle Kyrchen, Kapellen, Gottheyser, Stadtmauern,
pforten, Thürm und die hewser, do wurden die Templirer, Sanct
Johannes-Hospital und das Tevtsch Hauß unser liben frauen.
Ir Hospital, gotshauß, und all die Gottshevßer In Jerusalem
verbrandt und zerbrochen, one den Tempel, der bleybt gancz und
der Thurm Davids, der auf dem Berg Sion stundt bey dem
Teutschen Havse". Ordens-Chron.

Nachdem die Johanniter aus Jerusalem vertrieben wären,
scheinen sie in Syrien ihre Thätigkeit als Hospitaliter eingestellt
und sich gänzlich nur der ritterlichen Dienste bei der Bekämpfung
der Ungläubigen zugewendet zu haben, wenigstens hört man
nichts mehr von der Errichtung neuer Hospitäler in jenem Lande.
Daß sie aber ihrer ursprünglichen Aufgabe, der Pflege der Hülfs-
bedürftigen, in ihren neuen Niederlassungen auf Cypern und
Rhodus nicht völlig untreu geworden sind, beweisen schon die

Zusätze zu den alten Statuten von den Rhodiser Ordensmeistern de Lastico, Sangle, Milly, aus dem 14. Jahrhundert.

Wichtiger und folgenreicher wurde ihre Hospitalthätigkeit in dem Abendlande, besonders nachdem sie durch Markgraf Albrecht I. den Bären, nach Brandenburg übergeführt worden waren, und hier die Balley Sonnenburg, oder das Heermeisterthum Brandenburg, gegründet hatten.

Markgraf Albrecht I. hatte auf seiner mit dem Bischof Ulrich von Halberstadt 1158 unternommenen Pilgerfahrt den Werth der geistlichen Ritter-Orden zum Schutze des Landes und zur Unterstützung der Unglücklichen kennen gelernt. Mehre seiner ritterlichen Begleiter waren in den Johanniter-Orden eingetreten. Bei seiner 1159 erfolgten Rückkunft führte er eine kleine Zahl Ritter mit sich, welche er zu Werben, an der mecklenburgischen Gränze, niedersetzte, weil diese Gegend am meisten den Anfällen der heidnischen Wenden und Obotriten ausgesetzt war. In einer Urkunde von 1160 (Beckmann, historische Beschreibung der Chur und Mark Brandenburg B. 2, Cap. 7, S. 6. — Lenz, diplomatische Staatshistorie von Havelberg S. 104, Gerken, cod. dipl. Brandenb. t. V., p. 72) stiftet er aus seiner Erbschaft, Gott und dem heiligen Johannes dem Täufer als Schutzheiligen des Hospitals zu Jerusalem, eine Kirche zu Werben mit 6 Hufen Land in der sogenannten Wische zum Unterhalte der Armen. Im Jahre 1287 wird in einer Urkunde von Albrecht II. zuerst ein Comthur zu Werben genannt. Mehrfache Schenkungen an diese älteste Johanniter-Comthurey in Preußen und sonstige Erwerbungen werden bei Beckmann l. c. aufgeführt. — Nach der Aufhebung des Tempelordens 1308 ging ein großer Theil der Güter desselben nach päbstlicher Verfügung vom Pabst Clemens auf dem Concil von Wien 1319 an die Johanniter über. Die wenigen noch in Deutschland vorhandenen

Templer, welche wegen ihrer ganz unzweifelhaften Schuldlosig-
keit von ihren Fürsten geschützt worden waren, wurden mit großen
Ehren in den Johanniter-Orden aufgenommen. Beckman 149,
darunter ein Herr v. Alvensleben.

Nach der Reformation waren viele Ordensbrüder der augs-
burgischen Confession beigetreten. Es war die Frage entstanden,
ob dieselben in dem Orden verbleiben könnten und ob ein Ordens-Ritter, unbeschadet des Gelübdes der Keuschheit, in der Ehe
leben dürfe. Schon in den ältesten Zeiten waren verehelichte
Ritter in dem Orden aufgenommen worden und ihre Frauen,
als Halbschwestern, Johanniterinnen, demselben beigetreten. Eine
große Zahl der den Johannitern verwandten Orden, z. B. die
von Calatrava und Alcantara, verstanden das Votum Castitatis
nicht unbedingt als Ehelosigkeit, sondern nur von der Castitas
conjugalis. Nach dem Schlusse des westphälischen Friedens
wurde die Berechtigung der Evangelischen für den Beitritt zu
dem Johanniter-Orden als eine rechtliche Consequenz desselben
verlangt. Das Recht für die Ritter in der Ehe zu leben, wurde
für die Katholiken durch päbstlichen Dispens, für die Evangelischen als ein natürliches Recht der christlichen Freiheit gefordert.
Daß die Superioren der Balley Sonnenburg der evangelischen
Religion angehörten, war unbeanstandet hingegangen. So wurden u. A. die Markgrafen von Brandenburg Hochmeister des
Johanniter-Ordens. Der 30. und letzte war Prinz August Ferdinand von Preußen.

Durch Edicte von 30. October 1810 und von 23. Januar
1811 wurde der Johanniter-Orden aufgehoben und seine Güter
vom Staate eingezogen, bald aber durch Königliche Cabinets-
Ordre vom 23. Mai 1812, freilich ohne Rückgabe der Güter,
wieder ins Leben gerufen „zu einem ehrenvollen Andenken der
nunmehr aufgelösten und erloschenen Balley des St. Johanniter-

Ordens." Durch Cabinets=Ordre Friedrich Wilhelm IV. vom
15. October 1852, in welchem die Balley Brandenburg wieder=
hergestellt wurde, sollte der Orden seiner ursprünglichen Bestim=
mung der Krankenpflege wiedergegeben werden. Die von den
Mitgliedern zu erhebenden Eintritts= und Beitragsgelder sollten
dazu dienen, Krankenanstalten zu gründen und zu unterhalten.
— Prinz Karl von Preußen ward von seiner Majestät zum
Herrenmeister der Balley Brandenbnrg des ritterlichen Johan=
niter=Ordens von St. Johann zu Jerusalem ernannt. Hiermit
beginnt von neuem die Thätigkeit des Ordens besonders im
Militair=Sanitätsdienste.

Dieselbe Idee, welche Friedrich Wilhelm IV. in Bezug auf
die Hinweisung der Ritter=Orden zu Zwecken der Wohlthätigkeit
ausführte, war einige Zeit vorher von einem ihm in vielen Be=
ziehungen geistesverwandten Fürsten erfaßt worden, durch den
frühzeitigen gewaltsamen Tod desselben und die Zeitumstände
gehindert, aber wohl nie zur wirklichen Ausführung gekommen.

Gustav III. von Schweden, getrieben von dem Drange
alles von Oben herab zu regeln, die Menschen auch gegen
ihren Willen nach Allerhöchster Ordre glücklich zu machen, ein
Ideal der bürgerlichen Gesellschaft nicht naturgemäß sich ent=
wickeln zu lassen, sondern nach fürstlicher Willkür zu schaffen,
der, als ein Ausfluß der Rousseau'schen Ideen, wohlwollende
Fürsten in der 2. Hälfte des vorigen Jahrhunderts, der Jo=
sephini'schen Zeit, zu häufig mehr wohlgemeinten, als durchführ=
baren Maaßregeln trieb, übergab 19. März 1773 die Aufsicht
über die Waisenhäuser und Spitäler zwei Rittern des Seraphinen=
Ordens, welche, nach dem Urtheil Posselt's, wohl mehr dazu ge=
eignet waren, die Aufsicht über Musik und Theater, oder über die
Küche und den Keller ihres Monarchen, als die zwar menschen=
freundliche, aber unlustige Sorge für Kinder und Krüppel zu

übernehmen. Im Jahre 1776 wurden die Militär-Lazarethe überall mit den Spitälern vereinigt. Die Aufsicht über dieselben war, neben den Landeshauptleuten, ebenfalls dem Seraphinen-Rittern übergeben, weil auch die Lazarethe ihre erste Einrichtung den Ritter-Orden zu verdanken gehabt hätten, was natürlich unrichtig ist.

Der Orden der Deutschen Herren, Ordo equestris Alemannorum, war ursprünglich nur eine Abzweigung des Johanniter-Ordens, dessen Großmeister er untergeordnet war. Er ist mit diesem zu gleicher Zeit entstanden, wird aber, in der ersten Periode seines Bestandes, in der Kriegsgeschichte nicht besonders genannt. Da der Johanniter-Orden fast nur aus Romanen, Italiänern und Südfranzosen bestand, so zeigte sich für die Ritter und die zahlreichen Pilger deutscher Zunge, welche der fremden Sprache nicht kundig waren, das Bedürfniß, in eine eigne Congregation zusammenzutreten, um für ihre Landsleute sorgen zu können. In ähnlicher Weise hatten sich die Armenier ihr eigenes Hospital gegründet. Die Mittel aber, mit welchen die Deutschen begannen, waren noch dürftiger als die anfänglichen der Italiäner und Provenzalen. Nach der Erzählung von Jacob v. Vitry stiftete ein ungenannter Deutscher, der mit seinem Weibe zu Jerusalem lebte, 1128 ein kleines Hospital zur Aufnahme seiner Landsleute. Das Hospital, durch den Beitritt anderer Deutscher unterstützt, wurde, sammt dem Bethause, welches bei demselben errichtet wurde, unter den Schutz der Jungfrau Maria gestellt. Die Pfleger dieses Hauses nahmen die Regel des heil. Augustin an und nannten sich die Brüder des Hospitals St. Mariae Alemannorum zu Jerusalem. Ihr Ordenskleid war ein weißer Mantel mit schwarzem Kreuze und in diesem das goldene Kreuz von Jerusalem. Durch Pabst Coelestin wurden sie unter den Großmeister des Johanniter-Ordens gestellt und die Bestimmung gegeben, daß sie nur Deutsche in ihren Orden aufnehmen sollten. Zu größerem Reichthume gelangt, fingen sie an ihr ursprünglich kleines Hospital durch ein größeres zu ersetzen. Johann v. Vizburg sah dasselbe und die prächtige Kirche der Deutschen kurz vor der Eroberung Jerusalem's durch Saladin, der Vollendung nahe.

Als Jerusalem in die Hände Saladin's gefallen war, wurden die Deutschen Ordensbrüder, gleich den übrigen Ordens-Rittern, bis auf wenige, welchen man in dem Hospitale zur Pflege der noch vorhandenen Kranken zu bleiben gestattete, ausgetrieben. Sie wendeten sich nach Accon und betheiligten sich an der Belagerung dieser Stadt. Die Belagerung dauerte aber zwei Jahre und während dieser langen Zeit erzeugten die Zusammenhäufung vieler Menschen, die große Hitze des Sommers, der Mangel an Verpflegung und Hunger, furchtbare Seuchen, durch welche das Belagerungsheer, trotzdem, daß ihm wiederholt Verstärkungen zugeführt wurden, in die größte Noth kam. Eine große Zahl der Pilger starb, ohne Obdach und Hülfe und unter den Wunden der Feinde, durch Hunger und Krankheiten, unter denen Ruhren ganz besonders genannt werden, auf dem nackten Sande des Meeres-Ufer.

Da errichteten Bürger aus Bremen und Lübeck, um der Noth nach Kräften abzuhelfen, aus den Segeln ihrer Schiffe ein Zeltlager auf der Südseite der Stadt und die noch übrigen Brüder des Deutschen Ordens verbanden sich zur Pflege der Kranken, welche man hier unterbrachte. Davon spricht ein Gedicht, welches sich (früher) an der Rathhausmauer von Bremen befand, das wahrscheinlich aus dem Jahre 1532 stammt und 1736 erneut worden ist.

Da man schraeff elffenhundert negen in achentig Jahr
Schach upt neyn eene grote Heerfahrt förwahr

(611)

Durch Keyser Friederich den erſten Barbaroſſa genannt
De ſtadt v. Bremen makte ook rede thor handt
Ihre Schepe u. Orloge dem Keyſer to ehren
Vor welkem ſe drey Jahr to vorn begnadet weren
Mit einem privilegio thom beſten der Stadt ....
... Vele chriſten von groter Hitte ſind krank geworden
Dat gav eenen oraſche den Ritterlichen deutſchen Orden
De von Bremen u. Lübſchen dar erſt betengit
Dernach hofft ſich der Adel dar ook mede emgihengit.
Denſelben gemehrt u. gebracht in eenen wohlſtand
. . . . .

    Aber niemand mag geſtadtet werden in den Orden
behalven den von Adel gebaren he ſy groot ette kleen
Sunder bergere von Bremen unde von Lübeck alleen
Darum dat ſe des Ordens ſin antevor geweeſt
So man in de hiſtorien van des Ordens ahrſpronk leeſt.

Erſt von dieſer Zeit tritt der Orden der Deutſchen Herren
unabhängig von den Johannitern auf und die Ordensbücher rechnen von da an den Anfang des Ordens, ſo das auf dem großen Convente zu Marienburg, unter dem Großmeiſter Conrad
v. Erlinghauſen, revidirte Ordensbuch, die Entſtehung des Ordens von dem Herbſte 1190 und unter der Protection des
Friederich von Schwaben und des deutſchen Königs Heinrich
feſtſtellt. Sie nannten ſich ſelbſt Ritter oder Brüder der Kirche
der heil. Maria zu Jeruſalem, oder den marianiſchen Orden
der deutſchen Ritter zu Jeruſalem.

Als nach einer mehr als zweijährigen Belagerung Accon
endlich, mit Unterſtützung König Philipp Auguſt von Frankreich,
Leopolds von Oeſterreich und beſonders Richards von England,
gefallen war, erbauten ſich die Ritter des Deutſchen Ordens
zwiſchen den Doppelmauern der Stadt, an dem Nicolausthurm,
der auch der deutſche Thurm genannt wurde, ein befeſtigtes Or-
denshaus mit Kirche und Hoſpital.

Zu einer viel größeren Bedeutung als im Oriente gelangte

der Orden nach seiner Ueberführung in das Abendland, nach Ungarn und besonders nach Preußen, weil er hier erst dauernden Bestand erhielt, zu einem großen, zusammenhängenden Landbesitz, zu großem Reichthume und politischer Macht gelangte, zahlreiche Burgen und Städte errichtete und deutsche Cultur, deutsche Sitte und deutsches Recht unter den slavischen Völkerstämmen verbreitete, gegen welche er die Gränzen schützte. Unter dem dritten Großmeister, Hermann v. Salza (Langensalza), begann der Orden auch im Abenblande sich festzusetzen, Güter zu erwerben und Hospitäler zu gründen.

Die ältesten dieser Niederlassungen waren zu Hegelshagen in Oesterreich, das ihnen von dem Ritter v. Galprun geschenkt und der Anfang der Balley Oesterreich geworden war; Halle a. d. S., wo ihnen der Erzbischof einen Platz in dem westlichen Theile der Stadt zur Erbauung eines Hospitals geschenkt hatte, zu Coblenz, wo ihnen der Bischof von Trier das alte Spital von St. Florin sammt Gütern und Einkünften überlassen hatte. Aehnlich war ihnen von dem Bischof von Salzburg Schloß und Spital von Freisach sammt dem Zehnten von allen Lebensmitteln geschenkt. In Hessen wurde dem Orden 1207 von dem Grafen Ludwig von Ziegenhain und Burkhard von Falkenstein das Dorf Reichenbach sammt der dazu gehörigen Kirche geschenkt. Auch sonst wurde der Orden von Kaisern und Päbsten mit Privilegien und Schenkungen reichlich bedacht.

Seine große Bedeutung aber erhielt der Orden erst durch seine Verwendung gegen die heidnischen Völker im Osten und Norden.

Schon 1211 war er von dem Könige Andreas von Ungarn zum Schutze gegen die heidnischen Cumanen in dem von diesen verwüsteten und entvölkerten Burzer Lande, an der Gränze der Walachei, angesiedelt worden. Die Brüder erfüllten diese Aufgabe, sicherten das Land und besiedelten es von neuem. Ihre

Stiftungen aber waren hier nicht von Bestand, da sie sehr bald schon von Andreas wieder ausgetrieben wurden.

Sehr wahrscheinlich aber gab der Schutz, den sie gegen die Cumanen geleistet hatten, den Gedanken ein, sie in gleicher Weise gegen die heidnischen Preußen zu verwenden. Zu diesem Zwecke wurden sie von dem Bischof Christian von Preußen und dem Herzoge Conrad von Massovien, welche mit ihrer eigenen Macht und der schwachen Hülfe der Ritter Christi von Dobrin, nicht gegen die Einfälle der heidnischen Preußen bestehen konnten, in das Kulmer Land gerufen. Der Orden erhielt von dem Kaiser die Vollmacht nicht blos das Land, welches ihnen von dem Herzoge von Massovien überlassen worden war, sondern auch alle weiteren Besitzungen, welche er in Preußen erobern würde, ohne Dienstlast und Steuerpflicht, und ohne eine Verpflichtung gegen irgend eine Macht, einzunehmen und alle Rechte des Landesherrn auszuüben. Der Pabst Honorius bestätigte diese Rechte, und gewährte dem Orden die Unterstützung seines geistlichen Einflusses.

Im Jahre 1125 kamen die ersten Ordens-Ritter in das Land, zunächst nur um dessen Beschaffenheit zu erforschen; 18 reisige Knechte unter Conrad von Landsberg und Otto von Saleiden. Der erste Comthur des Ordens in Preußen war Conrad von Tutelen, aus Thüringen, ehemals Kämmerer der heiligen Elisabeth, der erste Spittler Heinrich von Zeitz, v. Wittchendorf in Sachsen. Die erste Burg, welche der Orden sich errichtete, lag auf dem linken Weichselufer, Thorn gegenüber. Sie war nur von Holz erbaut, und der erste feste Wohnort des Ordens, der aus so kümmerlichen Anfängen in kurzer Zeit, durch Tapferkeit, kluge politische Verwaltung und namentlich auch durch ein sehr wohlgeordnetes Finanzsystem, zu großer Macht gelangen sollte. Man nannte diese Burg, mit einem Anfluge von Ironie Vogelsang:

Er nannte fie Vogelfang
Darauf fie nahmen des Orlog's Anfang
Mit wenig Wapnerr Krant,
Und fungen da viel Noten mang,
Nicht der Nachtigalen flang
Sondern mancher Jammerfang
Als der Schwan finget,
So ihn fein Sterben twinget. —

Der Orden der Deutfchen Herren hat fich urfprünglich feine eigenen Statuten gegeben, fondern für das Kriegswefen die der Templer, für die Werfe der Mildthätigfeit und der Verwaltung die der Johanniter angenommen. Die Deutfch=Ordensherren haben ihren Charafter, als Pfleger der Armen und Kranfen länger beibehalten, als die beiden anderen Orden. Auch nachdem fie längft zu Landeshoheit über großen Landbefitz und einer mächtigen politifchen Bedeutung gefommen waren, erinnern die Conventsbefchlüffe fie fortwährend daran, daß die urfprüng= liche Beftimmung des Ordens die Armen= und Kranfen= pflege gewefen fei. Di qmendur un ouch al anderen brudere fullen merten das bo fi czum erftin difen heiligen orden empfin= gin das fi alfo veftliche czou binen globitin den fiechen alfo czou halbene den Orden czou ritterfchafte. Die veränderte Lage des Ordens hat jedoch manche Erweiterung des urfprünglichen Statuts herbeigeführt. Jedes Conventshaus follte ein Exemplar der Statuten befitzen. Da jedoch die fpäteren Zufügungen nicht überall gleichmäßig eingetragen wurden, fo entftand nach und nach eine große Ungleichmäßigfeit, welche den Großmeifter Con= rad v. Erlingshaufen veranlaßten, auf dem Convente in dem Haupthaufe des Ordens zu Marienburg 1442 eine neue Redac= tion der Statuten, in deutfcher Sprache, zu veranlaffen. Diefe Statuten (Hennig, Die Statuten des deutfchen Ordens nach dem Original=Exemplar. Königsberg 1806) find hier zu Grunde

gelegt und nur einige spätere Zusätze zugefügt. Die Statuten
zerfallen in die Regele, die Gewohnheiten und die Benie (venia),
Kniebeugung; die letzteren enthalten nur religiöse Vorschriften.
Die Bestimmung, welche den Hospitaldienst betreffen, sind in
den beiden ersten Theilen des Statutenbuches, ohne bestimmte
Ordnung durch einander und mit anderen Vorschriften gemischt
enthalten.

Der § 7 der Regele bestimmt, daß zu allen Zeiten bei dem
obersten Ordenshause und da wo der Meister mit den Ordens-
rittern zu Rath sitzt, in den Conventshäusern, ein Spital auf
Kosten des Ordens unterhalten werden soll. Die Hospitäler
wurden, durch eine Corruption des Wortes Firmarien und
der Vorsteher derselben Firmarius, der Spitäler oder Spittler,
Firmarien-Meister, genannt. Er war in der Rangfolge der
Beamten des Ordens, der Gebietiger, der 3. und rangirte
nach dem Land-Comthur und dem Marschall. An manchen
Orten, so in Marienburg, bestanden zwei Firmarien, eine
für die Ritter und Cleriker, die scheren (geschörene) Brüder
und eins für die Knechte und Dienstleute. Aus noch vorhandenen Rechnungen ersieht man, daß es große Anstalten,
mit eigener Wirthschaft, Verwaltung, Badezimmern, Küchen,
waren.

Wo dem Orden ein bestehendes Spital, „ein gemacht
Spital," angeboten wurde, hing es von dem Entschlusse des
Land-Comthurs, nach dem Rathe der weisen Brüder ab, ob
dasselbe angenommen werden sollte oder nicht.

In Ordenshäusern, in welchen noch kein Spital bestand,
mußte zur Errichtung eines solchen die Einwilligung des
Ordens-Meisters, nach dem Rathe des Convents, eingeholt
werden.

Das Hauptspital, wo der Großspittler seinen Sitz hatte,

von dem die Central-Verwaltung der Spitäler abhing, war zu
Elbing. Der Spiteler war zugleich Compthur der Balley. Nach-
dem Elbing an Polen gefallen war, kam die Verwaltung nach
Brandenburg.

Die Spitäler des Ordens waren theils allgemeine Krankenhäuser, theils für den Orden, die Brüder und Halbbrüder
und Knechte desselben allein bestimmt.

Die Behandlung in denselben wurde von gemietheten Aerzten
besorgt, die unter Umständen hoch salarirt wurden. Als 1417
der Leibarzt des Königs von Ungarn zur Behandlung des kranken
Hochmeisters berufen wurde, erhielt er 200 Gulden, eine Hof-
kleidung, guten Tisch und Fourage für 4 Pferde. Doch genügte
die Zahl der Aerzte nicht immer um alle Spitäler mit solchen
zu versehen. Der Compthur hatte dafür zu sorgen, daß die
Hauptspitäler jedenfalls mit Aerzten versehen waren, in den übrigen, kleineren, wurden solche nur dann angestellt, wenn sie mit
„Fuge" zu haben waren. Insbesondere waren die Spitäler,
welche für die Ordensbrüder selbst bestimmt waren, mit Aerzten
zu versehen, wenn solche irgend zu haben waren. Der Arzt hat
alle Brüder mit gleicher Sorgfalt zu behandeln, und diese sind
verpflichtet seinen Vorschriften zu folgen.

Auch für die Beschaffung von Dienern oder gemietheten
Wärtern, hat der Bruder Spitäler zu sorgen, welche den Kranken „lieblichin und getreulich aufwarten" und er soll dieselben
strafen, wenn sie ihre Pflicht nicht erfüllen. Frauen im Dienste
der für die Ordensbrüder bestimmten Spitäler, werden nicht erwähnt. Die Ordensbrüder aber werden ermahnt, sich zu erinnern, daß der Orden ursprünglich zur Armen- und Krankenpflege errichtet worden sei.

Mehrfach werden Vorschriften wiederholt, welche den Kranken in den Ordensspitälern eine liebevolle und sehr genügende

Behandlung sichern sollen. Die Kranken in den Ordensspitälern sollen besser versorgt werden, als die gesunden Ordensbrüder, so daß, wenn auf dem Conventstische nur eine
Speise aufgestellt wird, auf der Firmarientafel deren zwei erscheinen und drei wenn dort zwei gegeben werden. Die
Brüder speisen erst, wenn die Kranken abgespeiset haben und
genießen das, was jene übrig ließen. Durch eine besondere
Stiftung des Meister C. v. Feuchtwangen erhielten die Kranken in den Ordensspitälern schönes Weißbrod, während die
Brüder an den Conventstischen schwarzes Kleienbrod genossen.
Wenn das Getreide in den Ordensspeichern von schlechter un-
reiner Beschaffenheit war, oder mangelte, so mußte besseres ge-
kauft werden, selbst wenn dazu die Capitalien hätten angegriffen werden müssen. Was von Brod in den Spitälern übrig
blieb, wurde den Armen gegeben.

Auch sonst war dafür gesorgt, daß nicht etwa durch momen-
tanen Geldmangel die Verpflegung der Kranken Noth leide. Der
Groß-Comthur hat dem Firmarien-Meister zu liefern, was die
Kranken bedürfen und dieser hat es unter denselben in gleichem
Maaße zu vertheilen. Sollte einem kranken Bruder etwas
Besseres zugesendet worden sein, so hat er es dem Firmarien-
Meister zu überliefern, der es unter alle Kranken gleich ver-
theilen wird.

Der Orden hatte eine sehr geregelte Finanz-Verwaltung,
für welche eine sehr strenge Controle eingeführt war, von welcher
von allen Ordensbeamten allein nur der Spittler ausgenommen
war. Während der Treßler und die übrigen Ordensbeamten,
welche Geld in Händen hatten, jeden Monat Rechnung vor dem
Meister, oder dem Land-Compthur ablegen mußten, war der
Spittler, damit er besser für die Kranken sorgen könne, von
dieser Strenge befreit. Die Spitäler hatten meist eigene Ein-

künfte und Gefälle und bezogen das Vermögen derer, welche in dem Hause starben. Diese Einkünfte hatte der Spittler mit dem Compthur zu verrechnen. Im Jahre 1448 wurde festgesetzt: „Sunder von den Spitteln daß die Spitaler alle ires spitales czinsen sollen beschreiben irem Comthur abir obirsten ober antworten die uns semliche beschriebene czinsen vordan obersenden sollin." — Mangelten dem Spittler die Mittel, so mußte sie der Comthur beschaffen, was nicht schwer war, da der Orden jährlich bedeutende Ueberschüsse hatte. Hatte der Spitaler Ueberschuß in seiner Kasse, so lieferte er ihn an den Treßler ab.

Ueber die Behandlung der Kranken in dem Ordensspitale waren folgende Bestimmungen gegeben.

Wenn ein Kranker, der nicht dem Orden angehört, in das Spital tritt, so soll man denselben, ehe er zur Ruhe gebracht wird, beichten und das Abendmahl nehmen lassen, wenn seine Kräfte es zulassen und ihm unter Umständen auch die letzte Oelung geben. Besitzt der Kranke irgend etwas von Werth, so soll es der Bruder Spittler gegen Quittung in Empfang nehmen. Derselbe soll auch die Kranken ermahnen an das Heil ihrer Seelen zu denken und was sie deßhalb dem Orden vermachten und festgesetzt haben, das soll man für denselben behalten.

In den Hauptspitälern soll man an den Sonntagen zu den Kranken in Procession gehen, ihnen die Episteln und das Evangelium vorlesen und sie mit Weihwasser besprengen. In den kleinen Spitälern fällt die Procession weg.

In keinem Falle sollen die Kranken des Nachts ohne Licht sein. Auch den gesunden Ordensbrüdern war es geboten, allerwärts, wo sie hinkamen, des Nachts Licht zu brennen, damit der böse Feind nicht Macht über sie gewinne und nicht ohne Hosen und Gürtel im Bett zu liegen, was geistlichen Leuten nicht gezieme.

Die Pfleger sollen mit gleichem Fleiße das Wohl der Seelen, wie die Körper der Kranken berücksichtigen. Die Compthuren sollen sorgfältig darauf sehen, daß den Siechen nichts an Kost und sonstiger Nothdurft gebreche. — Wenn der Bruder Spittler bemerkt, daß bei der Verköstigung oder sonstigen Verpflegung der Kranken ein Versäumniß stattgefunden, so soll er es dem Meister melden, der diejenigen, welche die Schuld trifft, nach der Größe derselben strafen wird. —

Zur Aufsicht in den Firmarien mußten diese von den Ordens beamten in bestimmten Terminen visitirt werden. „Di Firmarie wart so gehalten das der Kompthur czou den kranken herien ging je in 3 Wochen eynes und frogete sie um ire gebrechen; der huscompthur alle Woche eyns, der firmarienmeister alle Tage und freybete ir Kost abe. In Gewohnheiten 39.".

Wenn schon für die dem Orden fremden Siechen die lieb reichste und sorgfältigste Behandlung anempfohlen war, so wurde diese Vorschrift noch dringender in Bezug auf die Ordensbrüder wiederholt. Regele 26. Man soll ihnen alles nach den Kräften des Hauses geben, was zu ihrer Bequemlichkeit und Nothdurft gehört, und was die Aerzte, wenn solche zu haben sind, ver schreiben. Auch die alten und schwachen Brüder soll man milde behandeln, sie ehren und in keiner Weise mit Strenge gegen sie verfahren, wenn sie sich geistlich und ehrsam halten. Regele 27.

Wenn ein Bruder krank wurde, so konnte er noch dreimal in seinem Bette speisen; doch durfte er kein Fleisch, Fische, Käse, Eyer und keinen Wein genießen. Dauerte seine Krankheit länger, so mußte er in die Firmarie. Die oberen Beamten des Ordens waren von dieser Vorschrift nicht ausgenommen. Auch der Groß-Compthur, der Marschall mußten, wenn sie erkrankten, mit den übrigen Brüdern in der Firmarie liegen Nur der Meister oder sein Stellvertreter war von dieser Strenge ausgenommen.

Der Meister durfte sich den Luxus erlauben, statt an dem
Convent-Tische, an der besser besetzten Firmarien-Tafel zu speisen
und es wurde für billig erachtet, wenn er seine Absicht dazu
kundgab, daß man eine bessere Speise aufstellte, an welcher
alle Insassen der Firmarie Theil nahmen. Damit jedoch der
Aufwand nicht zu groß werde, soll auch der Meister höchstens
dreimal wochentlig an der Firmarien-Tafel speisen, sonst, wenn er der
besseren Kost bedarf, allein auf einem besonderen Zimmer.

Kein Bruder darf Arzney (ein Abführmittel) nehmen, oder
zur Ader lassen, ohne des Firmarien-Meisters Ermächtigung,
dieser mag aber dieselbe auch solchen geben, welche nicht
krank sind.

Kein Bruder durfte sich erlauben, ohne Urlaub des Oberen,
außerhalb der Firmarie zu baden.

Die Brüder, welche an Wunden (häßlichen Geschwüren),
an der Ruhr, oder an anderen Krankheiten leiden, welche die
übrigen kranken Brüder belästigen müssen, sollen allein gelegt
werden.

Die Brüder, welche das viertägige Fieber haben, dürfen,
mit Erlaubniß des Meisters, auch in der Fastenzeit, von
Weihnachten bis Advent, dreimal in der Woche Fleisch essen,
und selbst bis über Advent hinaus, wenn ihre Krankheit sehr
bedeutend ist. Man soll sie auch nicht zwingen, daß sie mit
den anderen Brüdern zum Gottesdienste gehen.

Wenn ein Bruder Reconvalescent ist und die Firmarie
verlassen will, so soll er noch 3 Tage in derselben speisen, um
zu versuchen, ob er auch völlig hergestellt sei.

Die Leichen wurden früh beerdigt. Diejenigen, welche vor
der Vesper starben, konnten noch an demselben Tage, diejenigen,
welche später gestorben waren, erst nach der Prime des folgenden Tages beerdigt werden. Frühzeitige Beerdigungen waren

im Mittelalter überhaupt üblich und waren wohl durch die Wärme des Clima's in Palästina nothwendig. Der Orden behielt seine alten Gewohnheiten aber auch bei, nachdem er aus Palästina vertrieben war.

Wenn ein Bruder oder eine Schwester gestorben war, so fiel ihr Gut an den Orden (Visitat.-Ord.). Der Compthur nahm es in Verwahrung.

Man hat it alsus longe bei unserem Orden gehalten, als man noch dort, wo ein broeder oder suster unseres Ordens stirbt und Geld adir silber hinter sich lasset, das Geld keret man zu des Huses Nutz, da der broeder oder suster stirbet und der Compthur nympt das silber zo sich und wanne der Compthur stirbet, so vellet und sterbet syn silber in des Meisters Kammer der mag is venden und keren wie yr willt.

Ein Ordensbruder konnte, wenn er im Sterben lag, vor dem Empfang der letzten Delung etwas von seinem Gute seinen Freunden schenken, doch kein Silber oder Gold. Nach dem Empfang der letzten Delung durften keine Vermächtnisse mehr gemacht werden. (V. v. Werner v. Kniprode.)

Das beste Kleid, welches der Todte hinterließ, wurde den Armen gegeben, das Uebrige unter die Brüder nach Bedürfniß vertheilt.

Die Nachricht des Todes eines Bruders oder einer Schwester lief durch einen s. g. Todtenbrief von Convent zu Convent bis zu dem Hochmeister. Ein solcher Todtenbrief ist folgender:

Wisset ir hus kompthur etc. das Bruder Jorge Eglinger in der Firmarien zu Königsberg is verstorben von Bevelung unseres Homeisters bestellet das derselbe Jorge nach unseres ordens gebaruug mit messen vigilien und gebeten der Bruder begangen werde.

Jeder Layenbruder sollte bei solcher Gelegenheit 100 Pater

noster sprechen. Nach dem Tode eines Bruders erhielten die Armen 40 Tage lang die Speise-Ration, welche dem Verstorbenen zugefallen wäre; nach dem Tode eines Halbbruders, 7 Tage lang, damit sie für die Seele des Verstorbenen beten möchten. —

So eingehend und genau die Reglements für die stehenden Ordens-Spitäler nach dem Vorstehenden sich erweisen, so findet sich doch nirgends eine Spur, daß auch die Ordensheere von Aerzten begleitet gewesen seien, so sehr dieselben auch in den ununterbrochenen wilden Kämpfen des Ordens in einem unwirthlichen Lande nothwendig sein mußten. Augenscheinlich war der Mangel an Aerzten die Schuld dieser ungenügenden militärischen Vorsorge. Ergeben doch die Statuten an vielen Stellen, daß nur die Haupt-Ordens-Spitäler sicher mit Aerzten versehen werden konnten. Die kleineren mußten sich oft ohne solche behelfen. Auch im Felde haben also die verwundeten Ritter und Wappner des Ordens sich selber genügen müssen.

Der deutsche Orden nahm auch Pfründner in seine Spitäler gegen eine Einkaufssumme auf. Es war das lediglich eine Finanzspeculation, deren wir bei diesem sehr haushälterischen Orden mehrfach, so bei der Aufnahme der Ordensschwestern, begegnen. Eine Verordnung aus 1448 sagt: „Ouch das die Spittler vorbaß mehr keinen pravener (praebenda, praebendarius) yu die spittel nehmen sollen, dann mit unseres und ires Kompthur wissen und willen und mit was gelde dieselben pravener sich in den spittel kowffen werden, das sollen die Spittler irem Kompthur abir obirsten antvorten — derselbe sal semliche Gelt und Czynser des spittels mit unserem wissen und willen legen in gleicher Weise sallen sie es ouch halten mit den Gütern und Gelde das von den gedachten pravenern anirstorbet und sollen semliche anirstorbene Gutter mit villen ires Kompthurs verkouffen und das Gelt davon an czynsen des spittels wenden.“

Wenn es in den Zwecken dieser Arbeit läge, eine strenge chronologische Ordnung einzuhalten, so hätte die Darstellung der Sanitäts- und Hospital-Einrichtungen bei den Templern denen des deutschen Ritter-Ordens vorausgestellt werden müssen, denn sie sind denselben vorausgegangen und haben ihnen als Muster gedient. Der deutsche Orden aber hat seine Statuten, so weit sie auf die Krankenpflege gerichtet sind, viel weiter ausgebildet, und ist in dieser Beziehung viel thätiger gewesen, als alle übrigen Ritter-Orden. Es ist daher auch billig, ihn voranzustellen. Da die Statuten der beiden Orden in Bezug auf die Sanitäts-Pflege in den meisten Punkten fast völlig übereinstimmen, so werde ich aus denen des Tempels nur das hervorheben, was diesem eigenthümlich ist.

Der Orden der Tempelherren ist zu derselben Zeit und aus derselben Veranlassung, wie der Johanniter-Orden dem Bedürfnisse, die Pilger auf ihrem Wege gegen die Angriffe der Ungläubigen zu schützen, entstanden. Zu diesem Zwecke traten 1118 zuerst 9 französische Ritter, unter der Führung von Hugo v. Payens, welcher der erste Meister wurde, und Gottfried von St. Omer zusammen, und fügten den 3 Gelübden der übrigen Ritter-Orden, den Gelübden der Keuschheit, der Armuth und des Gehorsams, noch das vierte, den Pilgern auf ihren Wallfahrten Schutz und Schirm zu gewähren, das heilige Grab zu schützen, und die Ungläubigen zu bekämpfen, hinzu. Balduin II. räumte ihnen einen Theil seines Palastes neben dem Tempel Salomo's ein, daher ihr Namen, der Templer. Honorius bestätigte auf der Kirchenversammlung von Troyes den Orden.

Die Ritter des Tempels hatten bei ihrem ersten Zusammentreten keine eigene Regel, sie folgten denen des heiligen Augustin. Die ersten eigenen Statuten sind ohne Zweifel unter der Mitwirkung von Bernhards v. Clairvaux entstanden, der überhaupt

den größten Einfluß auf die Bildung und die päbstliche Bestätigung dieses Ordens gehabt hat.

So weit die Templer-Statuten nicht militärische Dinge berühren, stimmen dieselben daher auch mit denen der Cisterzienser
sehr nahe überein.

Die Thätigkeit des Ordens der Templer ist niemals auf die
Betheiligung der Werke der Mildthätigkeit und Barmherzigkeit
gerichtet gewesen. Der Zweck ihres Ordens war lediglich die
rücksichtsloseste und unbarmherzige Bekämpfung der Ungläubigen,
die sie mit eben dem Haß verfolgten, wie er ihnen von diesen
zurückgegeben wurde.

Die Templer hatten doppelte Statuten, kleine, welche allen
Rittern in die Hände gegeben wurden, und große, welche sehr
geheim gehalten wurden. Von diesen letzteren, von welchen nur
noch wenige Exemplare erhalten sind, glaubte man, daß sie Bestimmungen enthalten könnten, welche die spätere Verfolgung des
Ordens rechtfertigen könnten. Ein Original-Exemplar ist von
dem Professor der Theologie Munter in Kopenhagen in der
Bibliotheca Corsini in Rom aufgefunden worden (Ci commen-
cent les retrais (geheimen Bestimmungen) et les etablissement,
de la maison dou temple). Diese in deutscher Uebersetzung mit
zahlreichen Anmerkungen edirten Statuten enthalten zwar Nichts,
was die spätere Verfolgung des Ordens hätte rechtfertigen können,
athmen aber einen finsteren mönchischen Geist, weit entfernt von
dem der Milde, der Wohlthätigkeit und des Wohlwollens, wie
er sich überall in den Statuten des Johanniter-Ordens ausspricht.

Auch die Templer haben sowohl im Oriente, als hie und
da im Abendlande Hospitäler errichtet und Statuten für dieselben ausgegeben. Diese Spitäler waren jedoch nur für die
Brüder und Dienstleute des Ordens bestimmt.

Da man wohl fühlte, daß ein Kriegsmann, welcher zu ununterbrochenem und hartem Feldbienste tauglich sein sollte, nicht
leben könne wie ein Mönch, so sprechen sich auch die Statuten
wiederholt dahin aus, daß die Verpflegung eine sehr reichliche
sein solle, und daß übertriebener Eifer in der Selbstcasteiung
vermieden werden müsse. — Man soll die Kranken bedienen,
sagt das Templer-Statutenbuch, wie Jesum Christum, nach den
Worten des Evangeliums infirmus fui et visitatis me. Sie
sollen friedlich und sorgfältig gewartet werden, denn dieser Dienst
erwirbt den Himmel. Man soll ihnen geben was sie bedürfen,
Fleisch, von Vögeln und mannigfache Speise. Auch bei den
Templern war der Infirmarien-Tisch besser und reichlicher als
der des Convents besetzt. Es waren 2 Tische eingerichtet, welche
sich jedoch nur in der Zeit der Speisestunde unterschieden. War
von einer Speise für den zweiten Tisch nichts übrig geblieben,
so mußte für Anderes gesorgt werden. Es galt jedoch als Ge-
fräßigkeit und wurde mit harter Buße gestraft, wenn ein Bruder
etwas von dieser Extra-Speise annahm. — Der Bruder Kran-
kenwärter, stets ein Ordens-Ritter (Hal. c. 23. tit. 10. de bal-
licis), soll den Brüdern im Krankenzimmer, so viel Speise, als
Jeder verlangt, zubereiten, wenn er sie anders im Hause findet,
oder in der Stadt kaufen kann. Auch soll er ihnen Syrup zum
Getränk geben, wenn sie ihn verlangen. Die Nichtkranken erhielten ihn nicht.

Nach der alten Regel aßen stets 2 Brüder aus einer gemeinschaftlichen Schüssel, außer wenn es Brei gab. Diese Vorschrift
war bestimmt, zu verhindern, daß kein Bruder aus Uebereifer
sich unnöthige Entbehrungen auferlege. Jeder Bruder mußte
daher auf seinen Speisegenossen acht geben. Doch war es erlaubt, die Speise von dem Tische der Knechte zu nehmen, die
stets nur eine Schüssel erhielten, wofür sie Gott danken sollten.

Alle hatten gleiche Becher und keiner durfte dem Anderen von seinem Weine anbieten, noch außer der Speisezeit Wein genießen. Speiste der Meister am Infirmarientische, so wurde etwas besser gegessen und feiner servirt. Es kam ein leinen Tuch auf den Tisch und gläserne Becher und Flaschen wurden aufgesetzt; sonst nur irden Geschirr.

Die Vorschriften über die Erlaubniß zum Aderlassen und Arzneigebrauch sind dieselben wie bei den Deutsch-Ordensherren. Die Erlaubniß, eine Operation auszuführen, in eine tödtliche Wunde zu schneiden, mußte vom Meister eingeholt werden. Die Erlaubniß, das Haupthaar zu scheeren, durfte der Infirmarius geben, aber den Bart zu stutzen, dazu mußte die Ermächtigung des Meisters eingeholt werden.

Gewisse Speisen durften nicht auf den Tisch der Infermaria kommen, so Linsen, Bohnen in der Schale, Kohl in der Blüthe. Das Fleisch von Ochsen, Schweinen, Ziegenbock und Hämmeln, außer wenn auch der Convent davon isset, oder wenn ein Bruder, der das Recht dazu hat, eingeladen wird. Käse auf keinen Fall.

Sollte ein Bruder nach Gottes Willen erwiesenermaßen vom Außsatze befallen sein, so sollen die ältesten Brüder ihn ermahnen und bitten, daß er seinen Abschied nehme und in den Orden des heil. Lazarus eintrete. Wenn der Bruder ein ehrenvoller Mann ist, so gehorcht er; schöner aber ist es, wenn er geht, ehe er ermahnt wird. Wenn er seinen Abschied verlangt, so soll er ihm von dem Meister nach dem Spruche der Brüder ertheilt werden, und Meister und Brüder sollen ihm behülflich sein in den Lazarus-Orden einzutreten und dafür sorgen, daß er, so lange er noch lebt, keinen Mangel leide, und Alles erhalte, was zu seinem armen Unterhalte erforderlich ist. Wenn aber ein Bruder so hartnäckig wäre, nicht austreten und seinen Abschied nicht nehmen zu wollen, so kann man ihm das Kleid nicht nehmen, und ihn aus dem

Orden stoßen, man muß ihm aber, wie den Brüdern, welche an einer häßlichen Krankheit leiden, einen abgesonderten Aufenthaltsort außerhalb der Gesellschaft des Ordens anweisen und ihm hier seinen Unterhalt reichen.

Mit sämmtlichen geistlichen Ritter-Orden finden wir, von den frühesten Zeiten der Errichtung derselben an, Frauen als Schwestern, Halbschwestern und Laienbrüder, welche in der Ehe leben konnten, als Halbbrüder, consorores, conversae, confratres, familiares, verbunden. Selbst bei dem Tempel-Orden, dessen Bestimmung doch eine ausschließlich rauhe, männliche, kriegerische war, kommen diese weibliche Afiliirte des Ordens vor. Eine große Bedeutung haben sie bei keinem Orden gehabt, am Meisten noch bei den Deutschen Herren. Doch hat ihre Stellung an und für sich und ihr Verhältniß zu den Orden, im Verlauf der Zeit, sich mehrfach geändert.

Der nächste und hauptsächliche Zweck, Frauen zu diesen Orden, mit vorwiegend dem männlichen Geschlechte zukommenden Bestimmungen zuzulassen, war zunächst unzweifelhaft ein finanzieller. Es sollte der Eintritt verheiratheter Männer ermöglicht werden, und die Ehegatten wurden verpflichtet, ihr Gut, je eine Hälfte nach dem Tode des einen und des anderen derselben, dem Orden zu hinterlassen. Die Halbschwestern waren daher in den älteren Zeiten die von ihren Männern, welche dem Orden beigetreten waren, getrennten Frauen und bei den Templern wohl nur diese allein. Bei den beiden anderen Orden kommen jedoch auch Jungfrauen als Halbschwestern vor, und endlich wurden bei diesen Klöster gegründet, welche nur adeliche Jungfrauen als Profeß-Schwestern aufnehmen durften.

Ein anderer Zweck für die Zulassung von Schwestern bestand, wie die Statuten direkt aussprechen, darin, sie Beschäftigungen vollführen zu lassen, welche von Frauen besser besorgt werden, als von Männern, in der Oekonomie, der Wartung des Viehs, oder im Hospitaldienste. Da die Johanniter und Deutsch-Ordensherren in ihren Xenodochien auch Frauen, Gebärende und Kinder aufnahmen, so mag die Verpflegung derselben den Halb-schwestern zugefallen sein, da die Ordensbrüder selbst sich wohl nicht mit diesem Theile des Hospitaldienstes befassen konnten.

Bei den Templern bekam der Natur der Sache nach das Institut der Halbschwestern die geringste Ausdehnung. Sie fanden bei diesem durchaus kriegerischen rauhen Orden kein ge-nügendes Feld für eine angemessene Thätigkeit. Doch liegen Be-weise vor, daß sie auch bei den Templern bis zu dem Untergange des Ordens bestanden haben. Die Tempel-Schwestern mußten Gelübde ablegen und erhielten dafür das Versprechen des Schutzes und der Brudertreue. Nach dem Untergange des Tempel-Ordens gingen sie in den Johanniter-Orden über. Davon spricht eine Bulle Pabst Johann IV. von 1324. Archiepiscopo Mogun-tino. Mandatur sibi, quod compellat sorores de Molin dictae, quondan templi Vormaecensis dioceseos ad profitendum regu-lam hospitalis Sti Johannis, sicut professae sunt regulam templi. (Bei Dudik. aus dem Vatican. Archiv.) Also auch die Templer haben hiernach eigentliche Profeß-Schwestern gehabt. Doch ist mir nichts von Schwesterhäusern des Tempels bekannt.

Die großen Statuten des Tempels bestimmen über die Auf-nahme von Frauen zu dem Orden. **Regulae latin 55.**

Wenn verheirathete Männer die Wohlthaten des Ordens verlangen, so sollen die Ehegatten ihr ganzes Vermögen und was sie noch erwerben werden, nach ihrem Tode dem Orden hinterlassen. Sie sollen sich aber bestreben, ein ordentliches Leben zu führen und dem Orden Gutes zu thun. Das weiße Ordens-kleid und die Chlamis dürfen sie nicht tragen. Stirbt der Mann vor der Frau, so fällt seine Vermögenshälfte an den Orden,

die andere dient zum anſtändigen Unterhalte der Frau. Die
verheiratheten Brüder dürfen, des Anſtandes halber, nicht mit
denen in einem Hauſe zuſammen wohnen, welche Gott die
Keuſchheit gelobt haben. Denn eine ſehr gefährliche Sache iſt
die Geſellſchaft der Weiber, und der alte böſe Feind hat viele
durch die Geſellſchaft derſelben vom Wege zum Paradieſe abgeführt. Daher iſt es gefährlich, Weiber fernerhin (amplius
coadunare) noch im Hauſe des Tempels zu dulden. Daher,
theuerſter Bruder, damit die Blume der Keuſchheit (integritatis
flos) immer unter euch erſcheine, ſei es nicht erlaubt, von der
Geſellſchaft der Frauen Gebrauch zu machen. Die Brüder mußten alſo in den ſpäteren Zeiten das Gelübde der Keuſchheit unbedingt ablegen. Doch ſind Diſpenſationen möglich geweſen.
Der Ritter Raynald de Bergeron war von Hugo de Chalons
überredet worden, mit ſeiner Frau in den Orden zu treten. Da
er ſich jedoch entſchieden weigerte, ſich von derſelben zu trennen,
ſo wurde ihm, trotzdem daß er als Ordensbruder recipirt und
ihm geſtattet war, die arme Kleidung des Ordens zu tragen, die
Ermächtigung zur Fortſetzung der ehelichen Gemeinſchaft gegeben.

Die Verbindung des Ordens mit Frauen iſt demſelben bei
ſeinem gewaltſamen Untergange zum Vorwurfe gemacht worden.
Die Meiſter hätten die Frauen zu ihren Lüſten gebraucht, und
die mit denſelben erzeugten Kinder in dem Orden unterzubringen
geſucht. Bei der großen geſchlechtlichen Unſittlichkeit aller Stände,
geiſtlicher und weltlicher, während des früheren Mittelalters, ſind
Mißbräuche in dem gegenſeitigen Verhalten der Ordens-Oberen
und Schweſtern wohl möglich, durch die Einrichtungen des Ordens aber waren ſie nicht begünſtigt. Zunächſt weiſt keine Stelle
darauf hin, daß unverheirathete Frauen dem Orden afiliirt wurden. Nur verheirathete Frauen traten mit ihren Gatten in den

Orden und lebten, wie aus den Statuten hervorgeht, anfangs mit denselben in ehelicher Gemeinschaft fort. Vielleicht anfangs in dem Ordenshause selbst, da die Statuten bestimmen, daß diese Gemeinschaft de ci en avant nicht mehr statthaben solle. Später mußte der verheirathete Templer dem Umgange mit seiner Frau entsagen. Uebrigens hätte derselbe Vorwurf allen geistlichen Ritter-Orden gemacht werden können.

Die Bestimmung des Johanniter-Ordens, welche zunächst den Werken der Mildthätigkeit, der Armen- und Krankenpflege zugewendet war, macht es begreiflich, daß der Zutritt von Frauen bei ihm viel häufiger stattfand, als bei den Templern. Da die Johanniter große Xenodochien für die Unterbringung von Kranken beider Geschlechter unterhielten, so fanden Frauen bei ihnen ein angemessenes Feld für ihre Thätigkeit. Schon bei der Gründung ihres ersten Hospitals in Jerusalem neben der Kirche Sta Maria la latina, fanden die Brüder des Hospital-Ordens des heil. Johannes es für nothwendig, da sie zahlreiche Pilgerinnen aufnehmen mußten, ein Hospital für Frauen zu errichten. Sie erbauten dasselbe außerhalb der Ringmauern ihres Conventshauses und weihten es der Büßerin, der heil. Maria Magdalena. Die erste Vorsteherin desselben war 1099 die Römerin Agnes, welche vorher Priorin von Maria la latina gewesen war. — Die Schwestern verpflichteten sich zu den Regeln des Johanniter-Ordens, zum Hospitaldienste und zum Gebet zum Besten des Ordens.

Daß diese Frauen-Convente auch später anerkannt und mit dem Johanniter-Orden verbunden waren, ergeben die Statuten derselben aus früheren und späteren Jahren. Im Jahre 1260 wurde unter dem Meister Hugo Revello eine Bestimmung über die Aufnahme der Schwestern den Statuten zugefügt.

Es wird den Prioren und Castellanen erlaubt, zu dem Gelübbe des Ordens Frauen zuzulassen, wenn sie von ehrbarem Lebenswandel, ehelicher Geburt und adelicher Abkunft sind. Von dem Großmeister Claudius della Sengle wird hinzugefügt, daß sie in Klöstern zusammenwohnen sollten 1553.

Diese adeliche Schwestern, die in besonderen Häusern vereinigt wurden, sind offenbar keine dienenden Halbschwestern gewesen, sondern Profeß-Nonnen, welchen selbst Dienerinnen beigegeben waren, und welche das Kloster, in welches sie eingetreten waren, nicht mehr verlassen konnten.

Es ist jedoch Nichts darüber bekannt, daß, nachdem Jerusalem an die Saracenen gefallen war, die Johanniterinnen ihre Hospitalthätigkeit in Palästina fortgesetzt und daselbst neue Hospitäler errichtet hätten. Sie werden nicht unter denen genannt, welchen Saladin erlaubte, zur Pflege der Kranken in Jerusalem zurückzubleiben. Es scheint, daß sie, von den Kriegsereignissen verscheucht, sich aus Palästina nach dem Abendlande zurückgezogen haben, wo sie, in Italien, Spanien, Frankreich und England, eine Anzahl Klöster ihres Ordens errichteten, welche anfangs unter dem Großmeister standen, sich später von demselben emancipirten, sich direkt unter den Pabst stellten, und schließlich sich dem ersteren wieder unterwarfen.

Nach ihrer Uebersiedlung in das Abendland gaben die Johanniterinnen ihre ursprüngliche Bestimmung, die Armen- und Krankenpflege, völlig auf, und eben so das eine ihrer Gelübde, das der Armuth, wenn man darunter nicht blos die persönliche Besitzlosigkeit verstehen will. Ihre Klöster wurden hochadelische luxuriöse Nonnenklöster, ohne anderen Zweck als den der religiösen Uebungen, der ewigen Anbetung und des von der Welt zurückgezogenen Lebens. Sie sind daher für uns von nun an von sehr geringer Bedeutung (Helyot. 13, 3).

Das älteste dieser Johanniterinnen-Kloster wurde 1 Jahr

nach dem Verlufte Jerufalems, 1188, durch Sancha, der Frau von König Alfons II. von Caftilien, erbaut. Sie ließ fehr prächtige weitläuftige Gebäude zu Sixena, nahe bei Lerida errichten. Sie felbft und ihre Tochter Duza und andere Prinzeffinnen nahmen in diefem Klofter das Kleid des Ordens. Die Klofterfrauen mußten von fo hoher anerkannter adelicher Abkunft fein, daß die Ahnenprobe unnöthig erfchien. Der hohen Abkunft der Nonnen entfprechend war die Einrichtung des Haufes ein luxuriöfe, zahlreiche Dienerinnen, 8 auf jede Nonne, prächtige Gemächer ꝛc.

Nach dem Beifpiele des Klofters zu Sixena wurden noch mehrere in Spanien, Portugal und Italien errichtet, welche fich bei Helyot. B. 3, K 14 verzeichnet finden. Andere Dienfte, als vornehme Nonnenklöfter, haben fie nicht geleiftet.

In Italien fanden fich Johanniterinnen-Klöfter zu St. Johann von Carrarca in Pifa, zu Venedig, Florenz, Genua.

In Portugal in Evora und Civita de Pena.

Eine gewiffe Berühmtheit hat das Johanniterinnen-Hospital zu Beaulieu (Belver) in Querey, in dem Sprengel von Cahors in Frankreich erlangt. Es wurde von dem Ritter Guibert de Themines im Jahre 1235 geftiftet, um arme Pilger, welche nach dem gelobten Lande reiften, aufzunehmen. Der Sohn deffelben, ebenfalls Guibert genannt, und deffen Gattin, Anglina v. Baras, vermehrten die Einkünfte und ließen fich felbft aufnehmen. Die letztere wurde die erfte Priorin des Haufes, in welches Johanniterinnen eingefetzt worden waren. Ein zweites Johanniterinnen-Hospital war von den Themines zu Fieur gegründet, aber fpäter mit dem zu Beaulieu vereinigt worden, eben fo die Häufer St. Martel in Fontenes und Barbaroux. Das Hospital von Beaulieu wurde jedoch ebenfalls fehr bald ein gewöhnliches adeliches Nonnenklofter ohne weitere Beftimmung, und ein Gefuch der

Nonnen, etwa aus 1636, ein Krankenhaus errichten zu dürfen, um es den ehemaligen Rittern des Ordens in Jerusalem in der Gastfreundschaft gleich thun zu können, wurde von dem Ordens-Rathe abgeschlagen. Es wäre genug, wenn sie es in der christlichen Liebe den Rittern in Malta mit Beten und Almosengeben gleich thäten, das heißt sich begnügten.

In England hatte der Orden der Johanniter sowohl Manns- als Frauen-Klöster. Die ersteren wurden von Garnerius von Neapel in Bukland vereinigt; die letzteren in Clerkenwell angesiedelt. Sie bestanden bis zur Regierung der Königin Elisabeth. Ein Dokument aus Joh. Weever London 1635: ancient funeral monuments in great Britain, abgedruckt bei Paoli l. c., zählt 24 Priorissinnen auf, von denen die letzte Johanna v. Laakville war.

Da der Deutsche Orden ursprünglich mit dem der Johanniter verbunden war, und seine Statuten diesem nachgebildet hat, so sind auch seine Bestimmungen über die Zulassung der Ordensschwestern mit denen des Johanniter-Ordens übereinstimmend. Die Regele 23 sagt: Wi man zou des huses dinste Wibesnamen emphahe: Abir das setzen wir das kein Wibesnamen zou dises ordens vollir geselschaft empfahe. Wenne das ofte geschieht das mennlich mut von weiplicher heiligkeit schedeliche wirt erweichet 2c. Da jedoch manche Dienste in den Spitälern und bei der Wartung des Viehs besser von Weibern als von Männern besorgt werden, so kann man, mit Zustimmung des Provincial-Compthurs Weiber zu Halbschwestern aufnehmen. Doch soll man ihnen Wohnungen außerhalb des Bruderhauses einrichten. Wenne di keuschheit des begebenen Mannes der mit den weibisnamen wonet ap si leichte behalten wirt doch is si nicht sicher unde mag ouch di lenge nicht ani di ergerunge bleeben. Die Halbschwestern und Halbbrüder mußten geloben, daß sie keusch, gehorsam und ohne Eigenthum sein wollten. Ihr Gut verfiel nach ihrem Tode dem Orden. Dubik. p. 311. Auch verehlichte Männer konnten als Halbbrüder sich den Schutz des Ordens verschaffen, wenn sie ehrbar leben, das geistliche Kleid mit dem halben Kreuz tragen und ihr Leib und Gut dem Orden vermachen wollten. Und ap sie sitzen mit der Ehe welche e stirbet, das halbe theil des gutes das dem toben was das vellet an den orden. Die Schwestern gehörten anerkannt dem Orden selbst an; ihre Aufnahme ist in den Statuten geregelt, ihre Namen werden in dem Necrologe des Ordens aufgeführt und ihr Tod den Brüdern mitgetheilt, wie umgekehrt.

Nachdem der Deutsche Orden aus Palästina vertrieben war, gründete er einige Schwesterhäuser, mit Profeß-Schwestern, welche den Brüdern gleich standen und zur ewigen Clausur, gleich den Clarissinnen, verpflichtet waren. Es war ihnen ebenso untersagt, ohne ausdrückliche Erlaubniß der Oberen das Haus zu verlassen, als männlichen Besuch anzunehmen. Als Druda Knobelauchin und die Meisterin Lysa genannt zum Wydel das St. Katharinen - Hospital zu Frankfurt a. M. in einem bringenden Falle verlassen hatten, verfielen sie der Excommunication, von welcher sie erst wieder durch den Pabst gelöst wurden (Senkenberg, anechod. jur. et hist. 1.). Mit dieser strengen Clausur mußte ihre ursprüngliche Bestimmung zu niederen Diensten in den Spitälern und bei der Wartung des Viehs von selbst aufhören, wenn auch die abliche Geburt, welche man zu ihrer Aufnahme forderte, nicht entgegengestanden hätte. So bildeten sich zwei Klassen von Halbschwestern, abliche Profeß-Schwestern, nur zum beschaulichen Gottesdienste bestimmt, und nicht abliche Halbschwestern, sogenannte Ausgehschwestern, zum Dienste in den Hospitälern und der Oeconomie. Von den ersteren wird die Bezeichnung Halbschwestern später nicht mehr ge-

gebraucht. Der Deutsche Orden hat jedoch nur wenige Schwe=
sterhäuser errichtet und vielleicht keine in den von ihm unter=
worfenen Ostseeprovinzen.

Das älteste Deutsche Ordens = Schwesterhaus war das zu
Bern. Dort bestand zu Kuniz, in dem Walde, bei Bern, ein
Convent, von Barthold von Zähringen errichtet, seit 1299. Es
waren zwei Häuser mit einer gemeinschaftlichen Capelle. Im Jahre
1342 ertheilte der Deutsch=Ordens=Meister Wolfram v. Nellen=
burg und der Land=Compthur v. Elsaß und Lothringen, Man=
gold v. Brandis, dem Deutschen Ordenspriester Diepold Basel=
wind, die Ermächtigung, die Meisterin und die Schwestern
des Convent bei der Leutkirchen zu Bern, zu Schwestern des
Deutschen Ordens aufzunehmen, und ihnen des Ordens mittle=
res Kreuz zu geben. Sie sollten auf ihre Kosten ein neues
Kloster bauen, da das alte der Stadt=Erweiterung wegen ab=
gerissen werden mußte, und ewige Clausur einhalten. Ihre Mei=
sterin, Katharina v. Halwil, erbaute 1352 das neue Kloster im
Ruwenthal, bei der Leutkirchen, zu Bern. Und ein ander new
hus in dem Ruwenthale in der stadt erlich und löblich uff der
hoffstadt da di geistlichen frowen im Rowenthale daselbe in Bern
wohnhaft sint gebawen, gesetzet und gemachet worden. Vertrag
zur Erbauung der Leutkirch von 1427. Ruwenthal, das Manche
auch Dudik, Rüventhal schreiben, heißt Thal der Ruhe, ein
häufig vorkommender Klosternamen. Die Schwestern mußten
ablicher Abkunft sein; unter ihnen finden sich die Namen Halwil,
Sedorf und andere Berner Geschlechter.

Andere Ordenshäuser, von welchen weniger bekannt wurde,
bestanden in Wippthale bei Sterzing; zu Bun, in der Provinz
Drenthe, 1271 gestiftet, zu Altenschott oder Schotten, in Fries=
land, von friesischen Edeln gegründet und den Deutsch=Ordensschwe=
stern übergeben. Zu Frankfurt a. M. wurde 1344 das St. Ka=

tharinen-Hospital der Deutsch-Ordens-Schwestern von Wicker
Frosch, Sänger bei St. Bartholomäus in Frankfurt und Scholasticus bei dem St. Stephans-Stifte zu Mainz, gestiftet. In
diesem Jahre ertheilte Heinrich, Bischof von Mainz, dem Genannten die Ermächtigung, in dem neuen Stadttheile von
Frankfurt in novo civitate Frankenford, ante portam, dictam
Bockenheimer Dor, zwei Capellen zu erbauen, die eine der
heil. Katharina und Barbara geweiht, die andere zum heil.
Kreuz. Beide lagen dicht bei einander und waren von verschiedenen anderen Gebäuden umgeben. Sie waren: die erstere zur
Aufnahme von 30 adelichen Jungfrauen bestimmt, welche in
ewiger Clausur, gleich den Clarissinnen, leben sollten, die andere
zum heiligen Kreuz, zur Verpflegung von 20 oder mehr Armen
und Kranken. Die erste Bestätigung von weltlicher Seite erhielt
das St. Katharinen-Stift 1346 von Kaiser Ludwig, der ihm
das Privileg ertheilte, daß sie alle Tage ewiglichen ein Vart mit
eynem Pferd uzz unserem und des Riches Forst zu Frankfort
liegens Holz oder Stecken zu brennen in das Hospital holen
dürfen. Dieses Privileg wurde später von verschiedenen Kaisern,
Carl IV., Wenzel, Siegismund, Maximilian I. und II., Friedrich V.
bestätigt und mit anderen Freiheiten von Lasten und Abgaben erweitert. Ebenso haben die Bischöfe von Mainz, Gerlach, Adolf, sowie die Päbste Innocenz VI. von Avignon 1353, Gregor, Bonifacius u. s. w. die Stiftung bestätigt. Wicker Frosch hatte dem
St. Katharinen-Kloster und Hospiz sein ganzes sehr ansehnliches
Vermögen, sein Haus, zum Rebstock in Frankfurt und zahlreiche
Häuser und Höfe, Wälder, Wiesen, Fischereien, Gefälle, in der
Wetterau vermacht. Die Stiftung hatte zwei vom Rathe zu er-
nennende Pfleger für weltliche Dinge und Caplane zur Besor-
gung der geistlichen Bedürfnisse, mit welchen Meisterin und
Schwestern in häufige Conflicte geriethen, zu deren Schlichtung

die Bischöfe von Mainz und selbst die päbstliche Autorität auftreten mußten.

Unter den Meisterinnen und Priorinnen werden die Namen
jetzt noch blühender Frankfurter und Wetterauer Geschlechter genannt: Lysa dicta zum Wydil, Druda Knobelauch, Kuntze
Schwarzenbergeren, Anna Humbrecht, Agnes Ziegler u. A.

Im Jahre 1524 trat Frankfurt offen zur Augsburger Con-
fession· über und das Katharinenhospiz wurde in ein Pfründ-
nerinnen-Stift für Frauen und Jungfrauen, welche sich einiges
Verdienst um die Stadt erworben hatten, verwandelt. In dem
neuen genealogischen Reichs- und Staatshandbuche auf das Jahr
1797 bei Varrentrap und Wenner wird S. 9 das St. Katharinen-Kloster erwähnt mit 13 Conventualinnen, evangelisch-
lutherischer Religion, 2 Frauen, 2 Fräulein und 9 Jungfern.
Jede Woche wurde Brod und Geld an die Armen vertheilt als
Ersatz der ehemaligen Hospitalthätigkeit.

Als die von Wiker Frosch erbaute Kirche baufällig geworden
war, errichtete man 1678 eine neue an derselben Stelle. In der
Mauer war aus der alten Capelle ein Stein eingefügt, mit dem
Bilde des Gründers in Lebensgröße, eine Kirche mit 2 Thürmen
in den Händen haltend und der Umschrift: Anno Domini 1360
Wikar Froys de Frankenford, Scholasticus St. Stephani mo-
gunt. fundator harum basilicarum.

Es scheint, daß die Ordensfrauen von St. Katharinen sich
nicht selbst mit der Krankenpflege beschäftigt haben. In den
aiserlichen Briefen, durch welche ihre Privilegien bestätigt werden, ist immer nur von dem löblichen Gottesdienste der Jungfrauen, nie von dem Krankendienste die Rede.

Diese Hospitaldienste sind von Frauen besorgt worden, welche
nicht eigentlich Profeß gethan, aber doch zu gewissen Verpflich-
tungen sich verstanden hatten. Ein Beispiel giebt Else v. Hei-

delsheim (Mergentheimer Archiv bei De Wal), welche als „Magt der Ordensschwestern" ihre Pflichten nicht erfüllt hatte und deß- halb vom Compthur Ulrich von Frankfurt weggeschickt worden war. Einige Jahre später bat sie um Wiederannahme, versprach treu zu dienen, den Befehlen des Compthurs zu gehorchen, mit den Schwestern in den nächtlichen Gottesdienst zu gehen und all ihr gegenwärtig und noch zu erhoffend Gut dem Orden zu ver- machen. Dafür erhielt sie das Versprechen einer Prebende, wenn sie arbeitsunfähig werden sollte. Sollte sie aber, nach ihrem eigenen Willen, aus dem Verbande treten, so stand ihr das frei, ihr Gut aber blieb dem Orden, und der Meister sollte ihr nur jedes Jahr, am Martinstage, einen Gulden reichen.

In ähnlicher Verbindung kommen Deutsch-Ordens-Schwe- stern an anderen Orten vor, wo keine Schwesterhäuser bestanden, zu Hitzkirch, Mastrich, Lüttig, zu Wetzlar, wo der Orden ein Haus hatte. Sie waren wohl meistens nur von niederer, zu- weilen aber auch von sehr hoher Abkunft, wie Mechtilde, Mark- gräfin v. Vohburg, Mechtilde v. Sempach u. A.

Anmerkungen.

---

[1]) Bei Paoli l. c. p. **XXXVII** ex bibl. Vaticana.

Ce est le privilegi que le Duc Godefroy debuilon fist al hospital en Jerusalem por lequel sont te moyns etc.

.... et don devot entendement de penitence a la dite mayson de lhopital et a tout les freres une mayson fondee sur monalem abryele mon boure en la froyde montagne de tout ce qui apent deli et de ces rentes et avoir et poceor a tout Jorns mais franchement....

en lande la prise de Jerusalem 1185.

[2]) Er gab dem Orden die erften vollſtändigen Statuten. Regula a Fr. Raymundo de Podio Hierosol. hospital custode ordinata et ab Innocenteo II. confirmata, dein novis acussionibus aucta, prium ab Eugenio III. et anno 1185 a Lucio III. confirmata.

Ceste est la regle de lHospital de Saint Johan de Jerusalem que Lucie Pape conferma au frere Rogier, maistre et autres religioux savoir.

Bei Paoli l. c. XX.

Zuerſt vermehrt wurden die Statuten durch den 8. Meiſter, De Molinis, du Moulins.

. [3]) Joh. v. Bizburg (Weißenburg, im Nordgau nicht Wirceburgensis!).

Druck von Gebr. Unger (Th. Grimm) in Berlin, Schönebergerſtraße 17a.

Purpur und Perlen.

~~~~~~

Von

Prof. Dr. E. v. Martens.

Berlin, 1874.
C. G. Lüderitz'sche Verlagsbuchhandlung.
Carl Habel.

Unter den zahlreichen und manchfaltigen Erfindungen, durch welche das Menschengeschlecht im Laufe der Jahrtausende sich aus einem mehr thierischen Leben zu dem, was wir Kultur und Civilisation nennen, heraufgearbeitet hat, sind die frühesten keineswegs nur direkt nützliche, die Befriedigung eines wirklichen Bedürfnisses erleichternde, Zeit und Kraft sparende, sondern aus grauer Vorzeit, für welche nicht einmal die Zahlenangabe nach Jahrhunderten möglich ist, stammen manche, welche nur einem eingebildeten Bedürfnisse, dem Streben nach dem was „dem Auge gefällt", entsprechen. Wie die Raben und Dohlen glänzende Ringe und Münzen mit sich nehmen, ohne sie irgendwie zu gebrauchen, wie ein neuholländischer ihnen verwandter Vogel seine Spielplätze mit glänzenden Conchylien und Steinchen ausschmückt, so sind auch bei den Völkern der niedersten Kulturstufe neben den nützlichen Eisenwerkzeugen und dem sorgenbrechenden Feuerwasser doch auch immer noch Schmuckgegenstände, wie Glasperlen und bunte Tücher, die gangbarsten Tauschartikel, die besten Empfehlungsmittel für die freilich auch oft recht barbarischen Pioniere der Civilisation gewesen. Unsere eigenen Urväter waren nicht anders: der hohe Werth des Goldes, der uns in nordischen wie griechischen Sagen entgegentritt, um dessen willen der Sohn den Vater erschlägt, die Gattin den Gatten verräth, so daß es ein jedem Besitzer Verderben bringender Fluch wird (Nibelungenhort, Halsband des Altmaeon) [1]), dieser hohe Werth des Goldes, der so sehr von manchen naiven Ansichten über vorzeitliche Genügsamkeit und Sittenreinheit absticht, liegt in letzter Instanz wahrscheinlich doch darin, daß das Gold ein Schmuck ist, der sich nicht abnützt, der weder vom Rost noch von den Motten gefressen wird, dem aber freilich deßhalb um so eifriger die Diebe nachgraben, und erst aus dem Werth als Schmuck dürfte seine Rolle als absoluter Werthrepräsentant als „Schatz" und „Geld" entstanden sein, ähnlich wie bei den Kauri= schnecken in Afrika. Diese uralte Neigung des Menschen zum Schmucke kann einerseits als höhere, poetische, ideale Richtung, als Bethätigung des Schönheitsgefühls im Gegensatz zu dem bloß Praktisch=Nützlichen angesprochen werden, andererseits hängt sie in Eitelkeit, Schein und Ceremonienwesen eng mit den schwächeren Seiten des menschlichen Charakters zusammen und entartet zur Lächerlichkeit. Ihr entspringen auch der Gebrauch des Purpurs und der Perlen, die beide bis in die graue Vorzeit zurückgehen.

Was zunächst den Purpur betrifft, d. h. die Anwendung eines aus lebenden Schnecken gewonnenen röthlichen Saftes zur Färbung von Gewändern, so wird dessen Erfindung von den alten Schriftstellern ziemlich einstimmig den Phöniziern zugeschrieben, und diese An= gabe wird mächtig dadurch unterstützt, daß im Griechischen die rothe Farbe mit demselben Wort bezeichnet wird, wie die Phönizier und die ebenfalls orientalische Dattelpalme, möge nun dieses Wort sich aus dem Griechischen erklären lassen oder selbst aus dem Orient stammen. Auch ist es nur eine poetische Wendung derselben An= nahme, wenn die Mythologen diese Erfindung dem Herkules zu= schreiben, der durch die rothgefärbte Schnauze seines Hundes ,als dieser eine Purpurschnecke am Meeresstrand zerbissen, aufmerksam geworden sei; denn mit Herakles (Herkules) übersetzen die Griechen unter Anderm auch den phönizischen Nationalgott Melkarth und die Scene jener Sage wird ausdrücklich nach Tyrus versetzt. Auch

König Salomo verschrieb sich aus Tyrus einen geschickten Arbeiter in Purpur (Chronica 2, 7 und 14, hebr. argavan, in Luthers Uebersetzung ungenau mit Scharlach übersetzt)²), und in der Schilderung des Handels von Tyrus, welche uns der Prophet Ezechiel (Kap. 27) hinterlassen hat, spielt der Purpur eine Rolle. Noch zu den Zeiten der römischen Kaiser blühte nach Strabo und Plinius in Tyrus die Purpurfärberei³) und ebenso auf der Insel Meninx, heut zu Tage Djerbi im Gebiete von Tunis, ohne Zweifel auch einer alten phönizischen Kolonie. Es ist übrigens kein Zweifel, daß nicht nur der Gebrauch, sondern auch die Fabrikation von den Phöniziern auf die Griechen und Römer übergegangen ist. Wir finden in der späteren klassischen Literatur, namentlich auch lacedämonischen und tarentinischen Purpur genannt, also auffälliger-weise von Gebieten dorischer Kolonisation, denen man weniger einen solchen Luxusartikel aus älterer Zeit zuschreiben möchte; vielleicht sind es — wenigstens in Lacedämonien, wie E. Curtius annimmt⁴), alte phönizische Niederlassungen, welche hier schon Purpurfärberei trieben und später mit diesem Industriezweig in griechische Hände übergingen. Reste jener Purpurfabriken sind in unserer Zeit wieder aufgefunden worden, so hügelartige An-häufungen von Schneckenschalen in der unmittelbaren Nähe von Tarent von den Reisenden Riedesel 1771 und von Salis Marsch-lins 1793, dann ähnliche in Morea durch Boblaye bei Gelegenheit der französischen Expedition 1833, endlich bei dem alten Tyrus selbst, dem heutigen Sur an der syrischen Küste durch den eng-lischen Lord Valentia (vor 1811) und den deutschen Reisenden Wilde 1839; es sind hier dicht am Meeresrand kreisrunde Räume von 2—8 Fuß Durchmesser und 4—5 Fuß Tiefe, in anstehenden Sandstein eingehauen, einige durch Rinnen verbunden, theils leer, theils zu einer Art Breccie zusammengekittete, scharfkantige, also nicht angeschwemmte Schnecken-Fragmente enthaltend.⁵)

Diese Reste sind auch dadurch wichtig, daß sie uns zu bestimmen ermöglichen, welche Schneckenarten denn eigentlich den Purpur lieferten, worüber früher viele unsichere Vermuthungen gemacht wurden. Es giebt nämlich sehr verschiedene Gattungen von Schnecken, die einen rothen Saft von sich geben. In den Seen und Teichen eines großen Theils von Europa, namentlich auch in vielen Gegenden Deutschlands häufig ist das „große Posthorn", Planorbis corneus, nach seiner Form so genannt; diese Süßwasserschnecke gibt bei raschem Zurückziehen in ihre Schale einige Tropfen einer dunkelrothen Flüssigkeit — ihres Blutes — von sich und hat daher auch die Benennungen: Cochenilleschnecke, Purpurschnecke der Flüsse u. dgl. erhalten. Die rothe Farbe erbleicht aber bald an der atmosphärischen Luft zu blaßbraun und wird daher nirgends technisch verwendet. Es ist wohl denkbar, daß sie durch chemische Mittel haltbar gemacht werden könnte; schon der schneckenkundige Leibarzt der englischen Königin Anna, Martin Lister,[6]) experimentirte damit, doch ohne Erfolg.

Die Purpurschnecke der Alten war aber eine Meerschnecke und wir kennen auch unter diesen eine ganze Reihe von Gattungen, welche, irgendwie gereizt, eine rothe oder violette Flüssigkeit von sich geben; wir nennen darunter die frei schwimmenden Veilchenschnecken (Janthina), die Wendeltreppen (Scalaria), die Helmschnecke (Cassidaria) und unter denen ohne äußere Schale die Seehasen (Aplysia), welche wegen dieses Saftes auf den französischen Antillen Weinfäßer (barils de vin) genannt werden. All' diese wurden von einzelnen Beobachtern für die Purpurschnecke der Alten erklärt.[7]) Die Farbe ihres Saftes erbleicht aber nach einiger Zeit am Tageslichte. Der rothe Saft ist bei all' diesen übrigens nicht das Blut selbst, wie bei jener Süßwasserschnecke, sondern wird bei dem Seehasen im ganzen Umfang des Mantellappens, bei den erwähnten Schalenschnecken von einer bestimmten Drüse in der Wand der Athemhöhle abgesondert, die auch bei anderen Schnecken vorhanden ist, aber einen farblosen Schleim liefert.[8])

Fig. 1. Purpura haemastoma.

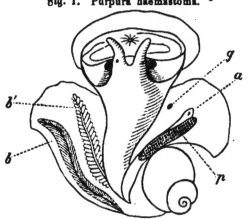

Fig. 2. Murex brandaris.

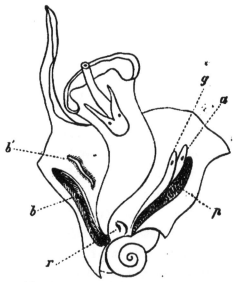

Thier der Purpurschnecke aus der Schale genommen und der Mantel von oben gespalten, nach Lacaze Duthiers p Purpurdrüse. a Analöffnung. g Genitalöffnung. r Niere. b b' Kiemen.

Die oben genannten Reste der Purpurfabriken bieten aber keine Schale der genannten Gattungen dar, sondern ausschließlich nur diejenigen zweier an allen Mittelmeerküsten nicht seltenen Arten von Stachelschnecken, **Murex brandaris** und **Murex trunculus**, deren Abbildungen wir hier beifügen. Sie sind leicht zu

Fig. 3 und 4.

Murex brandaris.   Murex trunculus.

erkennen an den vorstehenden Leisten und Stacheln, welche sich von Strecke zu Strecke an der Außenseite der Schale wiederholen und welche die stehen gebliebenen Mündungsränder aus verschiedenen Altersstufen der Schnecke sind, sowie an der rinnenförmigen Verlängerung der Mündung, welche die Athemröhre des lebenden Thieres aufnimmt. Der Anblick dieser Schale läßt uns sofort die Beschreibung des Plinius verstehen: Purpura ... cuniculatim procurrente rostro et cuniculi latere introrsus tubulato, qua proferatur lingua (die Alten verwechselten oft die Athemröhre mit dem Rüssel der Schnecke); praeterea clavatum est ad tur-

binem usque aculeis in orbem septenis fere.⁹) Schon beim
Wiedererwachen der Naturwissenschaften erkannte Wilh. Rondelet,
Professor in Montpellier († 1566) die erstgenannte Art als die
Purpurschnecke der Alten an, und der römische Naturforscher Fabius

Fig. 5.

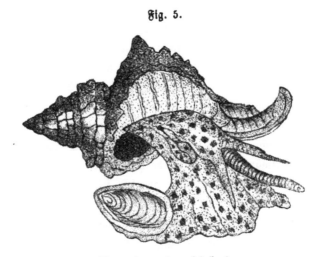

Murex trunculus, kriechend.

Columna (Colonna) beschrieb 1616 die zweite als solche in einer
eigenen Schrift über den Purpur. In Neapel werden beide
Sconciglio real, königliche Conchylien genannt, wobei daran zu
erinnern ist, daß auch Plinius den Ausdruck Conchylium speziell
für den Purpur verwendet; ja selbst der alte Name Purpura
scheint sich an der Nordostseite des adriatischen Meeres im Munde
des Volkes für diese Schneckengattung als Porpora erhalten zu
haben, wie auch ebendaselbst einige andere klassische Schnecken-
namen, z. B. Nerita und Strombus als Neridola und Strom-
bolo, fortleben.¹⁰) Anatomisch mit Murex nahe verwandt ist
die gegenwärtig von den Conchyliologen Purpura genannte Gattung, deren eine im Mittelmeer lebende Art, Purpura hae-

mastoma, zwar nicht durch Schalenreste aus dem Alterthum als Purpurschnecke nachgewiesen ist, aber doch, wie Lacaze Duthiers gezeigt, noch jetzt an einzelnen Stellen des Mittelmeeres ähnlich benutzt wird und auch auf die von Plinius gegebene Beschreibung einer zweiten Art von Purpurschnecken gut paßt,[11] also wohl auch im Alterthum angewendet wurde.

Der Saft, den diese Murexarten, sowie Purpura haemastoma in ihrer Schleimdrüse enthalten, ist übrigens nicht unmittelbar roth, sondern weißlich, wird aber unter Einwirkung des Sonnenlichts erst gelblich, dann grünlich und endlich mehr oder weniger intensiv violett, während er zugleich einen unangenehmen, an Knoblauch erinnernden Geruch von sich gibt. Daß es das Sonnenlicht ist, welches diese Umänderung der Farbe hervorruft, muß im Allgemeinen schon den Alten bekannt gewesen sein, wurde aber in neuerer Zeit zuerst von Du Hamel 1736[12] durch Experimente nachgewiesen; es ist das im Grunde eine ähnliche chemische Wirkung des Lichtes, wie diejenige, auf welcher die Photographie beruht, so daß man sagen kann, daß schon das Alterthum einen Fingerzeig dazu hatte, dem es nur nicht folgte und Du Hamel nahe an der Entdeckung der Photographie war. Nach den Berichten der Alten wurden die lebenden Schnecken mittelst Anföderung durch andere Muscheln in in's Meer gesenkten Körben gefangen, ganz wie noch heutzutage die verwandten fleischfressenden Buccinum- und Fususarten an der englischen Küste.[13] Theils wurden sie lebend zerquetscht, theils (bei den größeren die Purpurdrüse) etwas sorgfältiger herausgenommen, dann nach Plinius mit Salz drei Tage lang macerirt, die Masse hierauf längere Zeit erhitzt und endlich die zu färbende Wolle darein getaucht. Die Farbe hat den Vorzug, nicht durch das Licht zu erbleichen. Bizio und Lacaze Duthiers stimmen darin überein, daß M. brandaris (nach letzterem auch Purpura haemastoma) eine mehr röthliche, bei Verdünnung rosenrothe, Murex trunculus aber eine mehr violette, bei Verdünnung Lilafarbe gebe. Die dunkleren Töne, durch reichlicheres Material oder längere Einwirkung intensiven Lichts hervorgebracht, ergeben ein sehr trübes Amarant oder Röthlich=Violett. Plato definirt die Farbe des Schneckenpurpurs als Roth mit Schwarz und Weiß vermischt und Aristoteles sagt ausdrücklich, daß diese Farbe viele Nüancen habe. Die alten Purpurfärber verstanden nämlich auch schon eine größere Mannichfaltigkeit der Farbe, vielleicht auch ein entschiedeneres Roth, hervorzubringen, denn die Bezeichnung „purpurn" wird seit den ältesten Zeiten auf Gegenstände sehr verschiedener Farbe angewandt, theils dunkelviolette oder selbst blaue, theils lebhaft rothe; so nennt Homer öfters das Meer purpurn, ebenso aber auch eine Wolke und frisches Blut, Euripides die Flamme, Ovid die Morgenröthe, aber auch Wangen und Lippen eines Mädchens. Betreffs des Meeres ist zu beachten, daß auch Plinius, nicht ein Dichter, die Farbe des Purpurs mit der des Meeres beim Anzug eines Sturmes (irascenti similis mari) verglich; wir haben hier an die dunkelblaue Farbe des Mittelmeeres, getrübt durch dunkeln Himmel und das Erheben der Wogen zu denken. Auch die „purpurnen" Wangen der Mädchen werden schon im Alterthum als unpassender Vergleich verspottet.[4] Es ist überhaupt dabei stets zu bedenken, daß das Urtheil über Farbe stets ein etwas subjektives ist und die Alten bei einer geringeren Auswahl von Vergleichsgegenständen sich auch mit entfernteren Aehnlichkeiten begnügen mochten. Von Blumen finden wir namentlich die Levkoje (viola), die Rose und den Schwertel (hyacinthus) als purpurn bezeichnet. Nach Plinius glich die Farbe des besten tyrischen Purpurs dem des geronnenen Blutes, schwärzlich bei direkter Betrachtung, aber schimmernd, wenn schief von der Seite darauf gesehen wird (nigricans adspectu idemque suspectu refulgens). An einer andern Stelle (21, 22) vergleicht er die natürlichen Farben der Blumen mit den künstlichen der Kleider und nennt hier Violen (wahrscheinlich Levkojen) Heliotrop und Malve (Lavatera) als den Purpurkleidern ähnlich, fügt aber hinzu, daß der tyrische und lakonische Purpur, von der Seite angesehen, den Rosen und dem Scharlach ähnlich sei und daß die natürliche Farbe des Amarants (unseres Hahnenkammes, Celosia cristata) von der Kunst noch nicht erreicht sei.

Es geht übrigens aus seinem Berichte hervor, daß die Werthschätzung der einzelnen Nüancen mit den Zeiten wechselte. Gegen das Ende der römischen Republik war einmal der violette, dann der rothe aus Tarent bezogene[15]) Purpur am meisten gebräuchlich, zu Plinius Zeit stand der amethystfarbige, durch Mischung des rothen und schwärzlichen hergestellt, in hohem Ansehen und kam, wahrscheinlich nur als eine Neuigkeit, auch eine blasse Nüance, auf absichtlicher Verdünnung beruhend, in Gebrauch. Doppelt gefärbter Purpur wurde noch im Jahre der catilinarischen Verschwörung am Saume der Amtskleidung eines kurulischen Aedilen als neuer Luxus mißbilligt, ward aber bald ziemlich allgemein, so daß schon unter Augustus selbst die Ueberzüge der Bänke des Speisezimmers aus solchem Purpur gemacht zu werden pflegten und einfach gefärbter kaum noch für anständig galt. Auch kam man darauf, Scharlachtücher nochmals mit tyrischem Purpur zu färben und so eine Mittelfarbe zwischen beiden (hysginum) herzustellen.

Plinius gibt uns auch einige Preisangaben; wenn wir ihn recht verstehen, so kostete das Material zur Herstellung des Farbstoffes (medicamentum) je nach der Qualität der Schnecken 50 bis 100 Sesterzen pro Centner ($2\frac{2}{3}$ bis $5\frac{1}{4}$ Thaler), man brauchte über 3 Centner zur Färbung von 50 Pfund Wolle und das Pfund violetten Purpurs wurde in den letzten Zeiten der Republik für 100 Denare (29 Thaler), der doppelt gefärbte tyrische

10 Mal so theuer verkauft; Martial gibt als wohlfeilen Preis eines Mantels vom besten tyrischen Purpur 10,000 Sesterzen (725 Thaler) an. [16])

Der Purpur galt im Alterthum allgemein als Auszeichnung des Herrschers; wir finden Purpurkleider schon für die Könige der Midianiter im Buch der Richter (8, 26), für den König von Ninive bei Jonas (3, 6), für Agamemnon, Odysseus und Telemach als gewöhnliche Kleidung bei Homer [17]) erwähnt. Curtius hat den Auszug des letzten Perserkönigs, des unglücklichen Darius Codomannus, aus Babylon in all' seiner königlichen Pracht beschrieben; er erscheint darin in einem purpurnen Leibrock und ihm voran gehen 360 Jünglinge in rothen Gewändern. [18]) Und als Alexander nach dessen Besiegung seine gewöhnliche Residenz Susa einnahm, fand er daselbst nach Plutarch 5000 Talente griechischen Purpurs, welcher 190 Jahre aufbewahrt gewesen sein soll und noch so glänzend wie neu ausgesehen habe. Wir begegnen im alten Testament mehrmals dem Fall, daß ein König einem seiner Unterthanen als ganz besondere Auszeichnung ein Purpurkleid verleiht, meist mit der bestimmten Hindeutung, daß er dadurch als der Nächste nach ihm, als sein Stellvertreter bezeichnet werden soll. So verspricht der babylonische König Belsazar in seiner Erregung, wer die räthselhafte Schrift an der Wand ihm deute, „der soll mit Purpur gekleidet werden und goldene Ketten am Halse tragen, und der dritte Herr seyn in meinem Königreich (Daniel 5, 7 und 16, ausgeführt 29). In der Erzählung des Buches Esther wird schließlich Mardachai mit dem Ringe des Königs beschenkt; mit einem Purpurmantel angethan und der Zweite nach dem Könige genannt. Im ersten Buche der Makkabäer (8, 10) wird erzählt, daß ein syrischer König oder Kronprätendent dem jüdischen Anführer Jonathas einen Purpur und eine goldene Kette schickt, indem er ihn zum Hohenpriester über die Juden ernennt und ihm

den Ehrennamen „des Königs Freund" ertheilt. Später verlor
freilich diese Auszeichnung, wie es gewöhnlich geht, durch häufige
Anwendung an ihrem Werth, so daß purpurati, die Bepurpurten,
bei den römischen Schriftstellern eben den Hofstaat der orientalischen Könige bezeichnet. Umgekehrt legt der König den Purpurmantel ab, um sich vor Gott zu demüthigen und Buße zu thun
(Jonas 3, 6). Wenn die Stiftshütte der Juden und das hohe-
priesterliche Kleid Aarons ebenfalls mit Purpur geschmückt war
(2 Mos. 26, 28, 36 u. 39, überall in der lutherischen Uebersetzung Scharlach), so drückt sich darin eben die theokratische Richtung der mosaischen Verfassung aus, die Stiftshütte ist die Wohnung des Herrschers, der Hohepriester sein erster Minister.

Die Römer haben schon in früher Zeit wie so viel Dinge, so
auch Namen und Bedeutung des Purpurs vermittelst der Griechen
aus dem Orient überkommen, purpura aus dem griechischen por-
phyra, wie Poenus und punicus aus Phoinix, phoinikeos.
Zu den Insignien der alten römischen Könige gehörte ein purpurnes
Amtskleid und ein elfenbeinerner Scepter. [19]) Nach der Beseitigung des Königthums blieb der purpurne Streifen an der
Toga der höheren (kurulischen) Beamten als eine Erinnerung an
die Zeit, in der sie als königliche Diener die königliche Farbe getragen. Und wenn der gleiche Purpurstreifen auch von den Kindern
des römischen Adels an ihrer Toga getragen wurde, so liegt eben
wohl darin die Hoffnung ausgedrückt, daß diese Kinder auch einst
Konsuln und Prätoren werden sollten, ungefähr wie man in Berlin
kleine Knaben mit Soldatenmützen oder in Ulanenuniform einhergehen sieht.

Die königliche Bedeutung des Purpurkleides war in den
späteren luxuriösen Zeiten der Römer ganz verwischt — es war
so allgemein geworden, daß Cäsar und Augustus seinen Gebrauch
wie den anderer Luxusgegenstände gesetzlich beschränkte und Nero,

um Geld zu erpreſſen, ihn einmal gänzlich verbot [20]) — jene Be-
deutung kam am byzantiniſchen Hofe von Neuem zur Geltung ge-
mäß ſeiner Annäherung an orientaliſche Sitte und dem völligen
Verzichten auf den republikaniſchen Schein, welchen die früheren
Cäſaren noch gewahrt hatten. Der Purpur wurde wieder ein
Abzeichen der Majeſtät und ſeiner näheren Umgebung, die den
Glanz von ihm geliehen erhielt, „wie der Mond von der Sonne.“ [21])
Wichtige kaiſerliche Schreiben wurden mit Purpurtinte geſchrieben
und „in Purpur geboren“ Porphyrogenitus hieß derjenige Prinz,
bei deſſen Geburt der Vater ſchon Kaiſer war. Noch 1440, in
den letzten Jahren des byzantiniſchen Reichs, werden Purpurhüte
und Purpurſchleppen an den Würdenträgern des dortigen Hofes
erwähnt, [22]) und 1467, 14 Jahre, nachdem dieſer ſchwache Reſt
des römiſchen Weltreichs gefallen, führte in Rom Papſt Paul II.
zwar nicht Purpur, aber doch Scharlachgewänder als Amtstracht
für ſeine Kardinäle ein, die ja auch im officiellen Latein als
purpurati bezeichnet werden, als ob er damit die Erbſchaft der
byzantiniſchen Anſprüche auf Weltherrſchaft antreten und ſeine
erſten Diener als den Königen der Erde gleich im Range dar-
ſtellen wollte.

Der Scharlach, wird von kleinen Inſekten (Coccus) gewonnen, welche theils an den Blättern einer eigenen Eichenart
(Quercus coccifera) auf allen drei Halbinſeln Südeuropas und
in Kleinaſien, theils an den Wurzeln niedriger Pflanzen (Scle-
ranthus, Poa) im ſüdöſtlichen Europa und in Armenien (Coccus
Polonicus, Porphyrophora Hamelii) leben. In der Bibel erſcheint er öfters als rothe Farbe, auch wo es ſich nicht um beſondere Pracht, ſondern nur um eine auffällige Markirung handelt, ſo zuerſt 1 Buch Moſ. 38, 28 und Joſua 2, 18, aber
dann auch als Zeichen von Reichthum, ſo im Trauerlied über
Saul 2 Samuel. 1, 14: „Ihr Töchter Iſraels, weinet über Saul,

der euch kleidete mit Rosinfarbe säuberlich und schmückte euch mit
goldenen Kleinobien an euern Kleidern." Plinius sagt, daß die
Gabe dieser Eiche allein allem, was andere Eichen für den Menschen liefern, an Werth gleich komme und daß der Scharlach
namentlich für das Kriegskleid der Feldherrn bestimmt sei[23]),
auch der rothe Mantel, womit die Kriegsknechte Jesum als den
angeblichen König der Juden verhöhnten, war nach Matthäus
(27, 28) von Scharlach. Er scheint aber erst im Mittelalter
mehr und mehr den Purpur verdrängt zu haben. Sei es weil
er leichter herzustellen war oder eine schönere Fabe lieferte, oder
auch weil bei der Unsicherheit der Meere die Industrie sich überhaupt von der Küste zurückzog. Die erste Spur, daß Scharlach
dem Purpur vorgezogen wurde, finden wir in der Erzählung des
Geschichtschreibers Vopiscus, wonach der persische König Hormisdas
dem Kaiser Aurelian (270—275 n. Chr.) als Produkt seines
Landes einen Purpurmantel gegeben habe, wie keiner mehr im
römischen Reiche gesehen worden sei; im Vergleich mit diesem
seien die Purpurgewänder des Kaisers selbst und seines Hof-
staates grau wie Asche erschienen.[24]) Zum persischen Königreiche
gehörte damals auch Armenien, aber kein Stück der Mittelmeerküste, die noch ringsum römisch war; Hormisdas konnte daher
kein von den Purpurschnecken des Mittelmeeres gewonnenes Fa-
brikat dem römischen Kaiser als seinem Lande eigenthümlich anbieten und daß je am persischen Meer aus Schnecken Purpur gewonnen worden wäre, davon haben wir gar keine Nachricht.
Wahrscheinlich ist es daher armenischer Scharlach (wenn nicht
vielleicht indischer Lack) gewesen, von dessen Roth freilich das
Violett des römischen Purpurs mag „todtgeschlagen" worden sein,
wie wir auch heutzutage Aehnliches in Gemäldeausstellungen oder
durch Anilinkleider an Vereinigungspunkten geschmückter Menschen
oft sehen. Namentlich durch die Araber scheint der Scharlach im

Mittelalter verbreitet worden zu sein, wie der arabische Name Kermes, Alchermes bezeugt, der in alle europäischen Sprachen übergegangen ist und woher auch die Ausdrücke carmoisin und Karmin stammen. Es liegt in diesem Worte auch ein Fortschritt in der Kenntniß des Materials, denn es hängt mit einem im Orient weit verbreiteten Wort für Wurm, sanskrit krmi, zend kerema und littauisch kirmis zusammen [25]), erkennt also die thierische Natur desselben an, während das griechisch-lateinische coccus und die in Italien jetzt noch übliche Benennung grana die erbsengroßen, weißlich bestäubten Thierchen als Kerne oder Körner, als unmittelbares Produkt des Baumes selbst auffassen.[26]) Venedig, das erst mit den Byzantinern und dann mit der mohamedanischen Bevölkerung der Osthälfte des Mittelmeeres in lebhaftem Verkehr blieb, nahm auch den Handel mit Scharlach von dort auf, führte große Quantitäten für seine Tuch- und Seidenfabriken ein und während seine Nobili aus republikanischen Gründen das für alle gleiche Schwarz trugen, versorgten sie den prachtliebenderen Theil der übrigen Christenheit mit Scharlachgewändern. Vasco de Gama erscheint bei Camoens in carmoisinrothe venetianische Seide gekleidet und unter den Geschenken, die er dem Samorin von Kalekut anbot, werden auch von den historischen Berichterstattern in erster Linie vier Stücke Scharlach genannt[27]). So spielte der Scharlach im spätern Mittelalter eine ähnliche Rolle, wie im Alterthum der Purpur, in Abnahme kam er wieder in der neueren Zeit theils überhaupt dadurch, daß mit dem Emporkommen des Bürgerstandes, der nordischen Nationen und ernsterer religiöser Richtungen die dunkleren Farben, namentlich Schwarz, die lebhaften mehr und mehr verdrängten, so daß eine schreiend rothe Amtstracht zuletzt nur noch als geschichtlich zu erklärendes Ueberbleibsel den Pedellen der Universitäten und den Lakaien einiger Höfe blieb, andererseits speziell dadurch, daß Amerika der alten Welt die wohlfeilere, schönere und sehr haltbare Cochenille lieferte. Diese ist das Product eines ähnlichen Insekts, das auf einer Cactusart (Opantia) in Mexiko und Central-Amerika lebt und nach Humboldt von den Eingebornen schon lange vor der Entdeckung Amerikas durch die Europäer deßhalb gezüchtet wurde. 1526, sieben Jahre nach der Landung von Cortez in Mexiko, zuerst nach Spanien gebracht, ist sie seitdem ein mächtiger Handelsartikel geworden; man hat im vorigen Jahrhundert die jährliche Einfuhr nach Europa auf 880,000 Pfund zu etwa 10 fl. und in der Mitte dieses Jahr= hunderts auf 10,160 allein für England berechnet.[28] Die Coche= nille ist für ihr Vaterland von höherem Werth geworden, als all sein Gold und Silber, sie ist noch heutzutage das Haupt= material für seine rothe Farben, in der Malerei (Carmin), Fär= berei (in verschiedenen Nüancen von Scharlach bis Ponceau) und als Schminke, während zum massenhafteren Gebrauche der billigere Krapp dient, z. B. für die rothen Hosen der französischen Armee.

Die Benützung des Schneckenpurpurs aber ist zwar nicht ganz spurlos untergegangen, aber doch auf eine höchst primitive Stufe gesunken, indem er nur hie und da noch von Küstenbewohnern, denen die Schnecken ohnedies in die Hände kommen, für ihre nächsten Bedürfnisse angewendet wird, so sah z. B. Lacaze=Duthiers einen Fischer in Mahon auf Minorka seine Wäsche mit dem Safte von Purpura haemastoma zeichnen und wurde dadurch zur nähern Untersuchung des Purpursafts dieser Schnecke ver= anlaßt. Und ebenso berichtet von der Küste Norwegens und Irlands H. Ström im vorigen Jahrhundert[29], W. Cole im siebenzehnten Jahrhundert[30], daß einzelne Bauern in Norwegen und Frauen in Irland ihr Leinenzeug mit der Flüssigkeit der Drüse einer ähnlichen Schnecke (Purpura lapillus) zeichnen, die anfangs grün sei, dann eine schwärzliche und endlich eine bleibend

purpurrothe Farbe annehme.³¹) Es ist das dieselbe Schneckenart,
mit welcher 1711³²) der bekannte Reaumur an der Westküste
Frankreichs Versuche über den Purpur anstellte; sie lebt aber nicht
im Mittelmeer und kann daher nicht die Purpurschnecke der Alten
sein. Hier in Norwegen dürfen wir wohl nicht an Tradition
aus dem klassischen Alterthum, sondern an selbständige Erfindung
denken, und ebenso wenn wir denselben Gebrauch an einer weit
entlegenen Stelle der Erde, der Westküste Central=Amerikas wieder=
finden. Der spanische Naturforscher Ulloa, welcher 1736 mit
Condamine die bekannte Gradmessung bei Quito ausführte, sah
sowohl zu S. Elena bei Guayaquil an der Westküste von Ecua=
dor, als zu Nicoya an der Westküste von Costarica, beides ein
Jahrhundert später durch die von Cuming daselbst gesammelten
Conchylien vielgenannte Orte, daß die Indianer den Saft einer
Schnecke zum Färben von Baumwollenfäden gebrauchen; auch
hier war die Farbe nicht von Anfang an roth, sondern erst milch=
weiß, dann grün, schließlich purpurroth. „An beiden Orten
braucht man die so gefärbten Baumwollenfäden zu Bändern,
Spitzen und anderm Putze, worauf allerhand künstlich genäht und
gestickt wird. Alle solche Sachen werden wegen der schönen und
seltenen Farbe sehr hoch geachtet³³)." Ein Jahrhundert früher,
aus dem Jahre 1625, berichtet der Reisende Thomas Gage, daß
ebenfalls zu Nicoya gewisse einheimische Tücher mit Purpur ge=
färbt wurden und deßhalb eine Anzahl Indianer angestellt sei,
die dazu angewandte besondere Art von Schnecken am Ufer des
Meeres aufzusuchen; er fügt hinzu, daß auf diese Weise gefärbtes
Tuch wegen der hohen Farbe die Elle bis auf 20 Kronen
(50 Thaler wenn die englische Krone gemeint) verkauft und nur
allein von den allerhöchsten Herrn in Spanien getragen werde³⁴).
Wir wissen nicht bestimmt, ob diese Färberei schon vor der An=
kunft der Europäer von den Eingebornen geübt wurde, aber dieses

scheint doch wahrscheinlich, da wenigstens vielerlei baumwollene Tücher in Mexiko von den Europäern schon angetroffen wurden und das Ganze nicht als neue Erfindnng berichtet wird, sondern als landesüblich, so daß es eine alte Sitte scheint, die unter der spanischen Herrschaft sich erhalten hat und gelegentlich zu Geschenken für hohe Gönner in Europa benützt wurde. Ueber die betreffende Schneckengattung haben wir eine Andeutung bei dem französischen Conchyliologen d'Argenville, der schon 1742, drei Jahre vor Ulloa's Rückkehr, von einer Purpurschnecke von Panama spricht, die in Guatemala (Costarica stand damals unter Guatemala) zum Färben von Baumwollenstoffen diene ³³). Hiernach ist es dieselbe Gattung, welche von den Conchyliologen heute noch nach dem Vorgang von Lamarck und Bruguière Purpura genannt wird, so daß dieser Name in unserm gegenwärtigen zoologischen System zwar nicht mehr die Purpurschnecken der Alten (die jetzige Gattung Murex), aber doch eine in gleicher Weise von andern Völkern benützte bezeichnet.

Lacaze-Duthiers glaubte, daß der Purpur-Industrie noch in beschränktem Maßstabe eine Zukunft werden könne, nicht als Färberei — diese ist durch die weit schöneren Farben der Neuzeit definitiv überwunden — aber indem mittelst Zurückwerfung des Sonnenlichtes durch eine beliebige Bildfläche photographisch getreue Nachbildungen derselben in Purpurfarbe (freilich zunächst negative) auf Linnen- und Wollenstoffen hervorgebracht werden könnten.

Der Purpur ist, wie wir eben gesehen, nur zu bestimmten Zeiten und in beschränkter räumlicher Ausdehnung ein hervorragender Gegenstand menschlicher Prachtliebe gewesen; dagegen sind die Perlen, obwohl aus einem äußerlich ebenso unscheinbaren Meerthiere gewonnen, doch beinahe von jeher und überall als Werthgegenstand vom Menschen betrachtet worden. Sie verdienen das auch durch ihren schönen Glanz, welcher unter gewöhnlichen Umständen von bleibender Dauer ist, weniger freilich, wenn wir nach ihrem Ursprung fragen. Es gibt bekanntlich alte poetische Sagen über die Entstehung der Perle, aus einem Thautropfen der ins Meer fällt, nach Andern einer Thräne oder auch einem Blitzstrahl, aber der nüchterne Forscher kann nicht umhin die Perle als ein krankhaftes Erzeugniß zu bezeichnen oder genauer als das Produkt des organischen Widerstandes gegen einen fremden Eindringling; dagegen ist die sogenannte Perlmutter eine natürliche Eigenschaft einer Anzahl von Conchylien. Bei ziemlich vielen Muscheln nämlich und bei einer bestimmten Abtheilung von Schnecken haben die innern Schichten der Schalen einen feinblättrigen, unter dem Mikroskop und zuweilen auch schon ohne solches erkennbaren Bau; diese Blätter liegen aber nicht ganz parallel der Oberfläche und sind auch nicht über die ganze Muschel in Einem Stück ausgedehnt, sondern bilden kleinere unregelmäßig begränzte Fetzen, sodaß überall Ränder derselben an der Fläche der Perlmutterschicht auslaufen, während doch immer wieder ein Blatt über dem andern liegt. Darauf, daß ein Theil des Lichtes gleich von den obersten Blättern, ein anderer etwas eindringend, erst von den tiefern zurückgeworfen wird, beruht der eigenthümliche Glanz, denn „es ist äußerlich gespiegeltes Licht in Verbindung mit innerlich gespiegeltem oder zerstreutem, aus deren Zusammenwirkung die Vorstellung des Glanzes entsteht." (Dove). Das bekannte Farbenspiel aber entsteht durch die Interferenz zwischen den Lichtstrahlen, welche von den auslaufenden Rändern, und denen, welche von deren etwas vertieften Zwischenräumen zurückgeworfen werden, wie Brewster 1814 näher nachgewiesen hat. Bei größeren Einfallswinkeln wird dadurch besonders rothes Licht zurückgeworfen, bei kleineren grünes, gelbliches und bei den kleinsten weißes. Da der Winkel, unter dem das Licht zurückgeworfen

wird, dem gleich ist, unter welchem es einfällt, so treffen bei ver=
änderter Neigung der Permutterfläche zum Auge auch Strahlen
von anderm Einfallswinkel dasselbe und so erscheinen auf einer
ebenen Perlmutterfläche nacheinander, auf einer gewölbten auch
nebeneinader die Regenbogenfarben, daher die Erscheinung auch
Irisiren genannt wird. Dasselbe sehen wir bei alten Fenster=
scheiben, bei denen die durch beginnende Verwitterung entstan=
denen mikroskopisch feinen Spalten und Risse die Rolle der blättri=
gen Struktur mit auslaufenden Rändern spielen. Das Wesentliche
der Perlmutter ist also ihr feinblättriger Bau; Glanz und Farben=
spiel sind die Folgen davon. Ihre Substanz ist dieselbe, wie
die der übrigen Schale, kohlensaurer Kalk mit etwas organischer
Materie.

Die Perlmutter findet sich immer nur an der Innenfläche
der Schale, oft in beträchtlicher Dicke; an der Außenseite erscheint
sie nur dann, wenn die ursprünglich dagewesenen andern äußern
Schichten mechanisch oder chemisch zerstört worden sind. Es
hängt das damit zusammen, daß alle Schnecken= und Muschel=
Schalen in doppelter Weise wachsen, erstlich durch immer neue
Ansätze am freien Schalenrande in der Ausdehnung, oft mit
Veränderung der Umrisse, und zweitens durch schichtenweise An=
lagerung an die Innenseite der Schale in die Dicke ohne Aen=
derung der Form. Beide Arten des Wachsthums gehen mit
Zwischenpausen regelmäßig fort und beide beruhen auf Absonde=
rung durch den die Schale von innen auskleidenden Theil des
lebenden Thieres, welcher der Mantel genannt wird, in der Art,
daß das erstere vom Rande, das zweite von der ganzen Fläche
des Mantels ausgeht. Der Mantel wächst aber selbst wie die
übrigen Weichtheile durch Ausdehnung, und zwar in dem Maße,
daß sein Rand stets mit den neuen Randansätzen der Schale
gleichen Schritt hält, seine Fläche sich also an der Innenfläche

der Schale langsam vorschiebt. Die Perlmutter wird nun, wo sie überhaupt vorkommt, nur von der Fläche, nie vom Rande abgesondert, sie bildet daher immer nur die innere Auskleidung der Schale, wächst aber durch fortwährende neue Ablagerung in die Dicke nach innen.

Die Perle selbst ist nun nichts Anderes als eine übermäßige Absonderung von Perlmutter an einer bestimmten Stelle, sie wird hervorgerufen durch einen ungewöhnlichen Reiz daselbst, einen für den Organismus fremden Gegenstand. Es können lebende Feinde sein, die sich durch die Schale Bahn brechen, wie die Bohrschwämme, oder leblose Gegenstände, welche beim Offenstehen der Schale mehr oder weniger zufällig hineingerathen sind, es können endlich innere Parasiten (Eingeweidewürmer, auch kleine Wassermilben und Fadenalgen) sein, die sich in der Substanz des Mantels festgesetzt haben. Dieses ist ein sehr häufiger Fall und einer, der die schönsten runden, ringsum freien Perlen veranlaßt, er wurde für die Süßwasserperlen zuerst von dem Turiner Naturforscher Filippi 1852[36]), für die orientalischen Perlen von Prof. Möbius in Kiel 1858 nachgewiesen[37]). Wo dagegen der Feind durch die Schale dringt oder der Reiz überhaupt an der Innenfläche der Schale anliegt, verschmilzt die abnorme Absonderung mit den neuen normalen Schichten der letzteren und es bildet sich nur eine örtliche Anschwellung der Perlmutterfläche nach innen, die, wenn sie stark hervorragt, als angewachsene oder festsitzende Perle bezeichnet wird, aber immer noch künstlicher Nachhülfe bedarf. Sie verhalten sich zur Innenfläche der Schale wie Vorgebirge zu einer Küstenstrecke, die freien Perlen wie Inseln. Zwischen beiden gibt es Uebergänge durch solche,. die nur mit schmaler Basis aufsitzen und leicht abzulösen sind. In beiden Fällen dient die übermäßige Absonderung als Schutz für das lebende Thier gegen den Feind: bei den freien Perlen wird er ringsum eingeschlossen, wie wenn der Staat einen gefährlichen Menschen durch lebenslängliche Kerkerhaft innerhalb seines Gebietes unschädlich macht, während die perlenartigen Verdichtungen bei die Schale durchbrechenden Schädlichkeiten den neuen Bollwerken zu vergleichen sind, welche die Belagerten hinter einer drohenden oder vollendeten Bresche errichten.

Es geht aus dem Angegebenen hervor, daß richtige Perlen nur in Schnecken oder Muscheln vorkommen können, die eine Perlmutterschichte besitzen, aber hier vorkommen müssen, wenn ein lokaler Reiz eintritt, daß die Perlen entweder an der Innenfläche der Schale haften oder frei im Mantel liegen, daß sie entsprechend der durch Pausen unterbrochnen Ablagerung concentrisch geschichtet sind und diese Schichten denen der Schale entsprechen, so daß die äußerste der Perlen der oberflächlichsten der Innenseite der Schale entspricht und wie diese die jüngste ist, endlich daß im Innern der Perle gewöhnlich noch der fremde Gegenstand sitzt, wenn auch oft ziemlich unkenntlich. Es gibt allerdings einzelne Ausnahmen von diesen Regeln: in sehr seltenen Fällen findet man glänzende Perlen in Muscheln ohne Perlmutter, z. B. in Austern, hier müssen besondere uns noch unbekannte Ursachen der abnormen Absonderung den normal der Muschel nicht zukommenden feinblättrigen Bau gegeben haben, oder man findet, ebenfalls selten, Perlen in andern Organen des Thieres. Hier bleibt die Frage offen, ob sie durch ganz ungewöhnliche Absonderung entstanden, wie z. B. Haare in Balggeschwülsten oder ob sie zwar im Mantel gebildet, aber durch eine unbekannte Ursache, etwa in den Wegen der Blutcirculation, weiter geführt sind. Endlich findet man auch zuweilen Perlen ohne deutlichen Kern und mit unregelmäßiger Schichtung; es scheint möglich, daß so lange die Umschließung noch dünn, der Gefangene sich noch befreit und einen leeren nach einer Seite offnen Raum hinterlassen hat, in welchen dann die neu abgesonderte Perlmuttermasse auch eingedrungen ist und so die Schichtung gestört hat.

Die ächten Perlen haben ein spezifisches Gewicht von etwa 2,65 bis 2,68 (Wasser = 1), sie sind etwas härter als Kalkspath, wahrscheinlich wegen der beigemengten organischen Substanz, wie der kohlenstoffhaltige Stahl härter ist als das reine Eisen (Möbius), aber doch lange nicht so hart, wie die eigentlichen Edelsteine, indem sie noch von Flußspath oder doch von Apatit geritzt werden. Ihre Dauerhaftigkeit geht daher auch nicht so weit, als die der Edelsteine; ihr Glanz verliert etwas durch die Länge der Zeit, namentlich wenn sie viel getragen werden; es scheint, daß Temperaturwechsel und Schweiß Verwitterung und Abblätterung herbeiführen. Aber auch Aufbewahren an feuchten Orten schadet ihnen; nach einer von Möbius mitgetheilten Nachricht fand man in dem Grabe der Tochter des Stilicho, das 1544, also etwas über 1100 Jahre nach deren Bestattung, eröffnet wurde, zahlreiche „ziemlich große Perlen, aber so angegriffen und zerstört, daß sie unter den Fingern in Staub zerfielen." [38])

Die Farbe der Perlen ist ziemlich verschieden, zunächst nach der normalen Färbung des Perlmutters der betreffenden Muschel, so sind die Perlen der ächten orientalischen Perlmuschel bald mehr bläulich, bald mehr gelblich je nach der Gesammtfärbung der Muschel, oder selbst schwärzlich, wenn sie am schwärzlichen Rande derselben entstanden sind; die Perlen der Flußperlenmuschel sind mehr bleifarbig, die aus der Steckmuschel (Pinna) bräunlich, entsprechend der Färbung von deren Innenseite, hellblau diejenigen der blauen Miesmuschel (Mytilus edulis). Aber es finden auch noch so zu sagen individuelle Unterschiede zwischen Perlen gleicher Herkunft statt: je feiner und gleichmäßiger die kleinen Unebenheiten ihrer Oberfläche sind, desto allseitiger wird das auf sie fallende Licht zerstreut und desto mehr weiß erscheinen sie dadurch: „wenn die stille Fläche eines Sees durch einen leichten Wind in unendlich viele kleine zitternde Wellen verwandelt wird, so verschwinden die Spiegelbilder der Uferlandschaft und zerstreutes weißes Licht strahlt von der tausendfältig gebogenen und bewegten Wasserfläche zurück. Ein Wassertropfen würde weiß wie eine Perle sein, wenn seine Oberfläche in mikroskopisch kleine Wellenbewegungen versetzt werden könnte." (Möbius.[39])

Ebenso wechselt die Größe der Perlen ungemein, von der eines feinen Sandkorns an; das größte genauere Maß, das sich in der Literatur angegeben findet, ist 35 Millimeter in die Länge und 27 in die Breite für eine birnförmige Perle, welche der Schatz von Persien besitzen soll; für eine im 16. Jahrhundert aus Panama an den spanischen Hof gekommene wird die Größe eines Taubeneies angegeben.[40]) Das sind freilich große Seltenheiten. Der Handelswerth steigt mit der Größe, aber er hängt zugleich auch von der größeren oder geringeren Regelmäßigkeit der Rundung ab. So wird z. B. das Loth runder Perlen von der Größe, daß 200—300 Stück auf ein Loth gehen, zu etwa 100 Thalern gerechnet, wenn sie erträglich kugelförmig, aber nur zu 50 Thaler, wenn sie unregelmäßig und höckerig, sogenannte Barockperlen sind; sind sie so klein, daß erst 600—700 ein Loth ausmachen, so gilt das Loth bei den runden 50, bei den unregelmäßigen nur 15—20 Thaler. Das übliche Perlengewicht ist das Karat = 0,205 Gramm; es soll ursprünglich das Gewicht eines Kerns des Johannisbrods (Ceratonia siliqua) gewesen sein und daher seinen Namen haben. Bei größeren runden oder rundlichen Perlen steigt der Werth rasch, man nimmt im Allgemeinen an nach dem achtfachen Quadrate des Gewichts, so daß, wenn die einkaratige Perle z. B. 1 Thaler kostet, eine fünfkaratige derselben Güte 5mal 5mal 8 = 200 Thaler kosten würde. Selbstverständlich kommt es dabei auf Glanz und Rundung, wie auch auf äußere

Konjunkturen an: eine Anzahl gleicher schöner Perlen wird z. B. besser bezahlt, als ebensoviel unter sich ungleiche oder einzeln zusammengekaufte, da sie sich gleich zu einem Schmuck verwenden lassen. [41])

So wechselnd wie die Größe ist auch die Zahl der Perlen in Einer Muschel und zwar selbstverständlich in umgekehrtem Verhältniß, größere findet man einzeln, kleine eher in Mehrzahl. Die größte angegebene Zahl, in einer ceylonesischen Perlmuschel gefunden, ist 87. [42])

Obwohl in sehr verschiedenen Gattungen von Schalthieren Perlen vorkommen können, so sind es doch nur zwei Muschelgattungen, in denen sie nicht so ganz selten sind und die daher allein für menschlichen Gewerbsfleiß und Handel in Betracht kommen, und auch diese lohnen das Aufsuchen nicht an allen Orten, wo sie vorkommen. Es ist das die nord= und mittel= europäische Flußperlenmuschel (Margaritana margaritifera, auch Alasmodonta, Unio und bei Linné Mya margaritifera genannt) und die in den meisten tropischen Meeren vorkommende eigentliche Perlenmuschel (Meleagrina oder Avicula margaritifera, bei Linné Mytilus margaritifer).

Die Kenntniß der letzteren läßt sich weiter ins Alterthum zurückverfolgen, von ihr stammen die schönsten und die meisten Perlen, und ebenso auch die meiste in den Handel kommende Perlmutter. Die Alten erhielten sie von der arabischen Seite des persischen Meerbusens und dem indischen Meere zwischen Ceylon und der Koromandelküste [43]); in all diesen Gegenden wird auch jetzt noch Perlenfischerei getrieben. Bekannt sind die Stellen im Buche Hiob (28, 18) und in den Sprüchen Salomon's (3, 15. 8, 11 und 31, 10), in denen Weisheit und ein tugendhaftes Weib für werthvoller als Perlen erklärt werden; allerdings ist diese Uebersetzung des hebräischen Wortes Peninim nicht ganz sicher,

da es noch an einer andern Stelle (Klaglieder Jerem. 4, 7) als
Beispiel einer rothen Farbe vorkommt und daher hier wohl rich-

Fig. 6.

Meerperlenmuschel von außen, linke Schale.

Fig. 7.

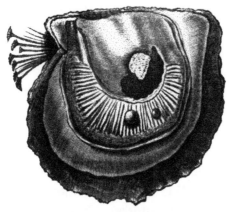

Meerperlenmuschel, von innen, mit feinen Perlen im Mantel, nach Möbius.

tiger von Luther mit Koralle übersetzt wurde. Perlen und Korallen werden übrigens zuweilen als aus fernen Meeren stammende
Kostbarkeiten von binnenländischen Völkern zusammengeworfen,

wie denn auch die arabische Benennung der Koralle, mardjan oder margjan, aus derjenigen der Perle hervorgegangen sein soll. In Indien geht die Erwähnung der Perlen bis in die älteren Sagen zurück, im Epos Ramayana geben die Könige ihren Töchtern Gold, Korallen und Perlen als Mitgift, die Elephanten werden mit Perlen geschmückt, und neben Elfenbein- und Goldarbeitern begleiten auch Perlenbohrer das Heer. In den ägyptischen Alterthümern soll die Perle nach der Vertreibung der Hyksos häufig werden, also ungefähr so lange vor Christus, als wir nach Christus schreiben.[44]) Viel später treten sie, da· sie im Mittelmeer nicht vorkommen, in die europäische Kulturwelt ein; Homer und überhaupt die älteren griechischen Schriftsteller kennen sie noch nicht; zuerst finden wir sie hier von Theophrast, einem Schüler des Aristoteles, erwähnt; der griechische Namen margaros, margarites, ist offenbar aus dem sanskritischen mangara abzuleiten[45]). Wir dürfen also wohl die Einführung der orientalischen Perlen in Europa im Allgemeinen auf die Periode zurückführen, als erst durch friedlicheren Verkehr in den letzten Zeiten des Perserreichs und dann durch die Heereszüge Alexander's die Griechen näher mit den östlicheren Gegenden Vorderasiens bekannt wurden. Von den Griechen überkamen die Römer Namen und Gebrauch der Perlen, wie in früheren Zeiten die des Purpurs, und durch sie kam der Name margarita in die romanischen Sprachen der Gegenwart, wo er auch durch die heilige Margaretha, Schutzpatronin der Dienstmägde, ein häufiger Taufname wurde und abgekürzt als Margot und Gretchen in unserer Poesie eine Rolle spielt. Auch die romanische Bezeichnung für Perlmutter, französisch nacre, italienisch naccaro, ist orientalischen Ursprungs, vom turbischen nakara[46]). Auf europäischem Boden dagegen erwachsen ist das Wort Perle, das vielleicht aus dem deutschen Beere, Beerlein zu erklären ist, da man im dreizehnten und vier-

zehnten Jahrhundert auch Berlin, Berle und die Zusammensetzung
Schein-beere für Perle findet; Andere deuten es als Verkleinerung
von pirum, Birne, oder leiten es von dem Edelsteinnamen Beryll
ab⁴⁷). In ähnlicher Weise wurden bei den Römern größere
Perlen als Beeren, bacca, und noch größere als Zwiebeln, unio⁴⁸),
bezeichnet, wie auch bei uns scherzweise die Taschenuhr Zwiebel
genannt wird.

In Rom kam nach Plinius der Luxus mit Perlen, wie der
mit Edelsteinen, seit den Feldzügen des Pompejus gegen Mithri-
dates auf, der ja überhaupt die Römer unmittelbar mit den
Binnenländern Asiens in Berührung brachte, wie einst die Feldzüge Alexanders die Griechen, noch mehr aber durch die Unter-
werfung Alexandria's, das ja der Hauptstapelplatz für die aus
Indien kommenden Waaren war. Bekannt ist die vielfach wiederholte Erzählung, daß Cleopatra den Wettstreit mit Antonius,
wer von beiden eine kostbarere Mahlzeit aufzutischen verstehe, durch
Trinken einer in Essig aufgelösten Perle gewonnen habe; wörtlich
kann es nicht wahr sein, da die Perlen weder so rasch, noch vollständig durch Essig aufgelöst werden⁴⁹). Bei dieser Gelegenheit
wird der Werth eines Paares solcher Perlen auf 10 Millionen
Sesterzen (725,000 Thaler) angegeben, ähnlich der Werth der
Perle, welche Cäsar der Mutter des Brutus, Servilia, schenkte,
auf 6 Millionen Sesterzen (435,000 Thaler). Die vornehmen
Frauen trugen besonders größere Perlen in den Ohren, übrigens
auch mit Perlen besetzte Schuhe. Lollia Paulina, Caligula's Gemahlin, trug bei einem nicht besonders großartigen Familienfeste
an Kopf, Hals und Händen einen Schmuck von Perlen und
Smaragden im Werth von 40 Millionen Sesterzen (2,900000
Thaler). Friedländer bemerkt hierzu, daß diese einzelnen Beispiele, die schon zu ihrer Zeit als Extravaganzen aufgefallen,
keinen Maßstab für die durchschnittliche Höhe der Ausgaben für

solchen Schmuck gestatten, und er stellt dem enormen Juwelenreichthum in den Familien der römischen Großen, deren Willkür
die Schatzkammern orientalischer Fürsten offen gestanden hatten,
aus neueren Zeiten den Juwelenreichthum der spanischen Conqui-
staboren des sechzehnten und der englischen Nabobs des achtzehnten
Jahrhunderts zur Vergleichung gegenüber; Cortez habe nach der
Eroberung von Mexiko seiner Braut einen Schmuck gegeben von
fünf künstlich geschnittenen, mit Perlen und Gold verzierten Juwelen, für deren einen 40,000 Dukaten (etwa 62,000 Thaler, für
alle fünf also über 300,000 Thaler) geboten wurden, und Lady
Clive habe ein Schmuckkästchen besessen, dessen Werth auf 200,000
Pfund Sterling geschätzt worden [50]).

Wie im Alterthum auf dem Höhepunkt der macedonischen
und des römischen Reiches, so blühte im Beginn der neueren
Zeit der Luxus mit Perlen und Edelsteinen nach der Entdeckung
von Amerika, das eine neue Quelle für die ersteren wurde. Schon
Columbus traf auf seiner dritten Reise 1498, als er zuerst das
Festland von Amerika in der Nähe der Orinoko-Mündung erreichte, Indianerinnen, welche Perlschnüre an den Armen trugen,
„worüber die Spanier große Augen machten," und bei Fortsetzung
seiner Fahrt nach Westen kam er an eine Insel, an deren Küste
die Indianer schöne Perlen fischten, daher er diese Insel Margarita nannte. Er wurde dadurch in der Meinung bestärkt, daß
hier Indien und das Paradis nahe sei. Sein Sohn Diego legte
1509 auf der benachbarten kleinen Insel Cubagua eine spanische
Kolonie an; dieselbe behandelte aber sowohl die zum Dienst ge-
preßten Eingebornen als die Perlmuscheln so schonungslos, daß
die kleine Insel bald erschöpft war und die Kolonie auf die größere
Insel Margarita verlegt wurde, wo sie längere Zeit hindurch guten
Erfolg hatte, bis in den Anfang des 17. Jahrhunderts; damals
galten noch die Perlen aus dieser Gegend als die schönsten und

größten unter den amerikanischen. Später ist die Perlenfischerei
dort ganz eingegangen, aber weiter westlich, an der Halbinsel
Goajiro, wird sie jetzt noch getrieben. Seit lange berühmt sind die
Perlen von Rio Hacha an der Westseite dieser Halbinsel und
S. Marta noch westlicher, nahe der Mündung des Magdalenen-
stroms. Doch sind diese „occidentalischen" Perlen nie so hoch
geschätzt worden, als die orientalischen; sie sollen durchschnittlich
groß, aber weniger rund und mehr bleifarbig sein.

Als 1513 Nunnez de Balboa zuerst die Anden überstiegen
und die Südsee am Golf von Darien erreicht hatte, erhielt er von
einem Häuptling der Küste 240 Perlen von bedeutender Größe,
die nur den Fehler hatten, daß sie etwas matt waren, da die
Indianer die Muscheln ans Feuer zu legen pflegten, damit dieselben sich öffnen. Die Perlen dienten demnach unbestritten den
Eingebornen schon vor der Ankunft der Europäer als Schmuck.
Auch sollen schon die alten aztekischen Könige an der ganzen
unter ihrer Herrschaft stehenden Strecke der Westküste Mexikos von
Colima bis Soconusco haben Perlen sammeln lassen, und später
wurde von Europäern die Perlenfischerei auch im Golfe von Ka-
lifornien betrieben, wo La Paz, etwas nördlich vom Wendekreis
gelegen, der Hauptplatz dafür wurde [51]).

Die Spanier hofften damals, in der Südsee, als einem Theil
des indischen Oceans, an Gold, Edelsteinen, Gewürzen und Perlen
reiche Inseln zu entdecken. Zwar der erste Durchsegler der Südsee,
Magellan 1520, sah durch ein sonderbares Geschick, ehe er die
Marianen (Ladronen) erreichte, kein anderes Land als zwei kleine
unbewohnte Inseln, aber spätere Reisende waren glücklicher, schon
Quiros 1606 fand die von ihm entdeckten neuen Hebriden reich
an Perlen, und gegenwärtig werden auf den Marquesas-, Paumotu-,
Gesellschafts-, Salomons-, Marschalls- und Sandwich-Inseln Perl-

mutterschalen und Perlen gesammelt, ebenso auf den Marianen, Sulu- und Aru-Inseln. ⁵²).

Im Bisherigen sind schon die hauptsächlichsten Gegenden genannt, in welchen auch noch jetzt Perlenfischerei von einiger Bedeutung getrieben wird, und von wo Perlen und Perlmutter nach Europa eingeführt werden, gegenwärtig auf Schiffen der verschiedensten Nationen, englischen, französischen, deutschen und nordamerikanischen, während früher die Perlenausfuhr aus Ceylon ausschließlich der Reihe nach in den Händen der Portugiesen, Holländer (seit 1658) und Engländer (seit 1796), die persische in denen der Portugiesen und später der Engländer, die amerikanische bis zur Befreiung der dortigen Kolonien in den Händen der Spanier war. Nach England kommen in unserer Zeit nach Einfuhrlisten und mündlichen Angaben aus den 50er Jahren Perlen und Perlmutter von den Sulu-Inseln über Manila, von den Südsee-Inseln über Neuholland und über Chile, von Ostindien, dem persischen und rothen Meer über Bombay und Alexandrien und von der Westküste Centralamerikas über Panama; nach Hamburg hauptsächlich aus der Südsee über Chile und Mexiko, wo die hamburgische Flagge seit 1822 und 1825 bekannt ist.

Es ist in all diesen Gebieten wesentlich dieselbe Muschelart, mit geringfügigen Abänderungen in der Rauhigkeit der Außenseite und in der Färbung der Innenseite ⁵²) — die Perlmutter ist in der Nähe des Randes und in den tieferen Schichten mehr schwärzlich bei den Muscheln aus der Südsee, gelblich bei den persischen, reiner weiß bei denen von den Sulu-Inseln. Die aus Manila eingeführte Perlmutter gilt daher für das beste, während bei Ceylon zwar schöne Perlen vorkommen, aber die Perlmutter durchschnittlich gering ist und wenig in Handel kommt, wie überhaupt das Vorkommen guter Perlmutterschalen und schöner Perlen nicht immer zusammentrifft, eben weil die Perlenbildung auf einer Störung des normalen Wachsthums beruht.

Die Muscheln leben in größerer Anzahl zusammen in mäßiger Tiefe, 3—15 Faden (18—90 Fuß), am häufigsten in 4—8 Faden (24—48 Fuß), auf Bänken, meist von Korallengrund, mittelst horniger Fäden angeheftet; sie werden daher durch Taucher geholt, Eingeborne oder in Amerika oft Neger, die mit einem Korb oder Sack und einem Messer zum Losmachen derselben bewaffnet sind; sie bleiben meist nicht ganz eine volle Minute, selten länger unter Wasser, beschweren sich, um rascher hinabzukommen und unten mehr Halt zu haben, mit Steinen und werden mittelst eines Taues wieder emporgezogen. Ein Taucher kann 40—50mal im Tage tauchen und 1000—2000 Muscheln heraufbringen. Gefährlich können für die Taucher werden Haifische, welche an einigen Orten sehr, an anderen, wie z. B. im rothen Meer, gar nicht gefürchtet werden, größere Tintenfische (Cephalopoden, Polypus der Alten), welche mit den zahlreichen Saugnäpfen ihrer Arme den Taucher festhalten und behindern können, große Riesenmuscheln, in welche, wenn sie klaffen, er Arm oder Bein einklemmen kann, und endlich wird an der Westküste Amerikas auch ein Riesenrochen, manta, gefürchtet, der den Menschen wie ein Mantel überdecken und ersticken soll.

Die Muscheln werden selten sogleich geöffnet, meist erst der Fäulniß überlassen und dann ausgewaschen, oft sogar tonnenweise verkauft. ehe sie offen sind, so daß der Käufer auf gut Glück kauft. Hierdurch wird selbstverständlich eine große Anzahl Muscheln nutzlos geopfert, wenn nicht die Schale etwa als Perlmutter benützt wird. Der Fang ist in der Regel auf einige Monate der günstigsten Jahreszeit beschränkt, in Ceylon auf März und April, im persischen Golf auf eben diese Monate und wiederum August—September. Die Taucher stehen im Dienste größerer Unternehmer, die der Landesregierung entweder eine Pachtsumme oder einen bestimmten Bruchtheil des Ertrages zahlen, in den früheren spanischen Kolonien Amerikas war diese Abgabe auf ⅓ des Ertrages bestimmt, es mag aber manches bestraubt worden sein. Der Ertrag ist ein sehr verschiedener in den verschiedenen Jahren; oft wird mit den einzelnen Bänken regelmäßig abgewechselt, um sie nicht zu sehr zu erschöpfen; man rechnet, daß nach einer Pause von 5—7 Jahren die Perlmuscheln sich wieder ersetzt haben. An der Küste von Koromandel und im persischen Meer werden öfters vor Beginn der eigentlichen Fischerei Proben genommen, und wo eine Anzahl von eintausend Muscheln nicht Perlen im Werth von etwa ⅓—1 Thaler ergiebt, die Fischerei ganz unterlassen; ein anderthalbfach größerer Ertrag gilt schon für einen guten Fang. Der Gewinn der Unternehmer ist mehr oder weniger ein Hazardspiel, der der Taucher selbst ein geringfügiger; die sicherste Einnahme haben die Marketender, Trödler, Haifischbeschwörer u. dgl., die nicht ermangeln, sich zur Zeit der Fischerei einzustellen [54]).

Die europäische Flußperlenmuschel (s. die Abbildung S. 36) gleicht im Allgemeinen unseren gewöhnlichen Flußmuscheln (Unio), wird aber etwas größer, ist am untern Rande etwas eingebogen und ermangelt im Innern der langen, messerklingenartigen Seitenzähne, womit die zwei Schalenhälften jener in einander greifen; in der Regel ist sie außen um den Wirbel, den ältesten Theil derselben, in größerer Ausdehnung wie ausgenagt, was von der zerstörenden Wirkung der im fließenden Wasser enthaltenen Kohlensäure auf den Kalk der Schale herrührt, welche sofort beginnt, wo die schützende oberflächliche Schalenhaut mechanisch zerstört ist, z. B. durch Abreiben; es kommen dann die tieferen Schichten zu Tage, bis zur Perlmutterschicht, die in dünnen Lagen oft ein ölfleckenartiges Ansehen hat. Daher sind die Ränder dieser Ausnagung unregelmäßig zackig gebogen und meist hoch, während bloß mechanische Abreibung, wie sie in der Regel bei unsren gewöhnlichen Flußmuscheln vorherrscht, nur Abschleifung in der Fläche ohne bestimmte Ränder hervorbringt. Die starke Ausnagung rührt davon her, daß die Flußperlenmuschel in Gewässern von stärkerem Kohlensäuregehalt lebt, nämlich vorzugsweise in kleinen klaren kalkarmen Gebirgsbächen, namentlich da, wo

Fig. 8.

Flußperlenmuschel linke Schale von außen.

Fig. 9.

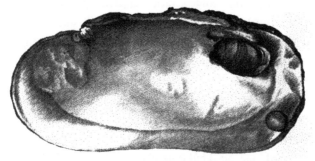

Rechte Schale von innen, mit einer festsitzenden Perle.

das Gefälle zuerst abzunehmen anfängt, wo unter den Fischen die Forelle aufhört und die Aesche erscheint. Sie fehlt in Südeuropa und im Alpengebiet, war daher den Alten auch nicht eigentlich bekannt; sie findet sich innerhalb Deutschlands hauptsächlich in den Bächen und Flüßchen, die vom Böhmerwald, vom Fichtel-, Erz- und Riesengebirge herabkommen; berühmt als perlenführend sind namentlich die Ilz und der Regen in Niederbaiern, die Oelsnitz oberhalb Berneck und der danach benannte (Rohanische) Perlenbach im obern Maingebiet, die Elster im sächsischen Voigtland mit ihren Zuflüßchen, namentlich bei der Stadt Oelsnitz, der Queiß und die Juppel in Schlesien, die Molbau oberhalb Frauenberg und deren Zufluß Wottawa in Böhmen. Die Elsterperlen sollen zuerst von venetianischen Kaufleuten aufgefunden worden sein; Gesner bildet in seiner 1558 erschienenen Naturgeschichte der Wasserthiere die deutsche Flußperlenmuschel ab und sagt auch, man finde zuweilen kleine Perlen in ihr; er gibt hier keinen speziellen Fundort an, erwähnt aber an einer andern Stelle der Flußperlen aus Hussinetz in Böhmen. Die niederbairischen werden zuerst 1514 erwähnt, die vom obern Maingebiet erst 1716 (?), die voigt- ländischen 1589, die schlesischen 1600 [55]). In der Regel ist der Perlenfang in den genannten Gegenden Regal und verpachtet, „und weil gewisse Leute heimlich fischen, so sind Aufseher darüber bestellet und Galgen gebauet, die Perlendiebe daran zu hängen," wird noch 1725 aus Regensburg berichtet. Einzelne schöne Funde sind in jedem dieser Gebiete vorgekommen; im grünen Gewölbe zu Dresden befindet sich eine Schnur von Elsterperlen, die auf 3000 Thaler geschätzt wird und von orientalischen Perlen kaum zu unterscheiden sein soll, die Herzogin von Sachsen-Zeitz hatte ein Halsband aus voigtländischen·Perlen, wofür ein Juwelier 40,000 Thaler bot; zwei böhmische Perlen sollen ebenfalls von Sachver- ständigen auf 100 Gulden geschätzt worden sein. An einzelnen Stellen soll man zeitweise in der Mehrzahl der Muscheln Perlen gefunden haben, freilich meist geringe. Im Allgemeinen war aber der Ertrag nie ein sehr bedeutender und scheint im Laufe der

Zeiten abgenommen zu haben; die voigtländische Fischerei ergab in der Zeit von 1730 bis 1804 durchschnittlich für das Jahr Perlen im Werth von 135 Thalern, von 1805 bis 1825 von 102, in den Jahren 1826 bis 1836 von nur 81 Thalern; die Zahl der gefundenen Perlen hat dabei weniger abgenommen (beziehungsweise im jährlichen Durchschnitt 152, 122 und 142 Stück), so daß also die durchschnittliche Größe stärker abgenommen haben muß, wenn nicht etwa eine erhebliche Aenderung im Maßstabe der Schätzung eingetreten ist [56]). Uebrigens wird bei der ordentlichen Flußperlenfischerei die massenhafte Vertilgung der Muscheln vermieden, indem sie sogleich mittelst eines Messers mehr oder weniger vorsichtig geöffnet und die perlenlosen sofort ihrem Element wieder zurückgegeben werden; man sieht die Perlen durch die dünne Mantelhaut hindurchschimmern, nimmt sie mit einem Haken oder einer kleinen Zange heraus und wirft die Muschel wieder ins Wasser. So sollen dieselben am Leben bleiben; wie viele freilich durch Unvorsicht beim Oeffnen und beim Herausnehmen doch tödtlich verletzt werden, entzieht sich der Beobachtung. Die Fischer gehen zum Theil mit Wasserstiefeln, noch lieber aber ausgezogen ins Wasser, am liebsten bei hellem Sonnenschein und stromaufwärts gerichtet, um besser zu sehen, finden aber auch durch Tasten mit den Zehen die scharfen Ränder der Muscheln, welche sich normal etwa zur Hälfte in den Grund einbohren. Aus äußern Unebenheiten und unregelmäßigen Krümmungen der Schale vermögen sie öfters schon auf die Anwesenheit von Perlen zu schließen.

Aber nicht nur im Mittelgebirge, sondern auch am östlichen Rande der Lüneburger Haide finden sich Flußperlenmuscheln. Zwischen Celle und Uelzen in den Bächen und Flüßchen mit hartem sandigem oder etwas steinigem Boden, deren Strom nicht zu reißend ist, z. B. der Gerdau, Barnbeck u. a., lebt die richtige Flußperlenmuschel und liefert manche preiswürdige Perle, wie schon im vorigen Jahrhundert Hofmedikus Taube in Zelle berichtet und vor Kurzem Prof. Möbius bestätigt hat [57]). Dagegen stammen die Perlen, welche von bairischen und sächsischen Soldaten 1849 in der Tapps-Aa bei Christiansfeld an der Nordgrenze Schleswigs gesammelt wurden, nicht aus der ächten Flußperlenmuschel, sondern aus dem auch sonst in Norddeutschland verbreiteten Unio crassus, der auch z. B. in der Gegend von Reinsberg schon einzelne Perlen geliefert hat [58]). Die echte Flußperlenmuschel findet sich dagegen wiederum in Wales, Cumberland, Schottland und dem nördlichen Irland, in Schweden und Norwegen von Schonen und Christiansand bis Lappland und im nördlichen Rußland vom Quellengebiet des Don und der Wolga bis zum weißen Meer [59]). Auch in diesen Ländern werden sie an vielen Orten der Perlen wegen aufgesucht und zuweilen schöne Perlen gefunden; südnorwegische, schottische und irländische figurirten auf der großen Ausstellung im Kryftallpalaft zu London 1851; schottische Perlen waren schon im 12. Jahrhundert in Paris und Antwerpen ein Handelsartikel. Solche Flußperlen hatte auch schon Julius Cäsar in England erhalten, er ließ daraus eine Art Panzerhemd anfertigen, das er im Tempel der Venus Genitrix zu Rom aufstellte, und die hauptstädtische Medisance sagte ihm nach, er habe ihretwegen den Feldzug nach Britannien unternommen [60]). Der Fluß Conway im nördlichen Wales ist eine Hauptquelle für dieselben; Redding berichtet 1693 von dort: „Obgleich von 100 Muscheln kaum eine Perlen enthält und unter hundert Perlen kaum Eine ziemlich klare ist, so betreibt doch das arme Volk jener Landschaften jeden Sommer die Fischerei und bringt auch eine beträchtliche Menge zum Verkauf. Die Muscheln werden mittelst der Zehen, mittelst hölzerner Zangen oder eines spitzigen Stabes, den man zwischen die geöffneten Klappen steckt, aus dem Wasser geholt. Die besten Perlen sind nicht in den glatten, sondern in solchen Muscheln, die runzelig, gefaltet oder höckerig sind" (in Folge äußerer Verletzungen). [61])

Wo das Perlenfischen seit einiger Zeit aufgegeben war, haben die Muscheln Zeit, alt zu werden und etwaige Perlenansätze all= mählich zu vergrößern, und daher wird dann nachher oft eine unerwartet reiche Beute gemacht.

Wie manche andere nordische Thierarten, z. B. Elennthier und Vielfraß, wird auch die europäische Flußperlenmuschel im nördlicheren Theil von Nordamerika wieder angetroffen, ohne daß an eine Einschleppung durch die Menschen zu denken wäre; sie lebt dort in vielen Flüssen des Innern von Neuengland, man findet aber nur selten Perlen in ihr, nicht häufiger als in andern Süßwassermuscheln [62]). Dagegen lebt südlicher im weiten Strom= gebiet des Mississippi eine große Anzahl verschiedener Arten der nahe verwandten Muschelgattung Unio, welche auch zuweilen Perlen erzeugen, und diese haben schon vor der Ankunft der Europäer die Aufmerksamkeit der Eingebornen auf sich gezogen. Auf dem merk= würdigen Zuge des Spaniers Ferd. Soto durch einen Theil der jetzigen Südstaaten im Jahr 1539, bald nach der Eroberung Mexikos durch Cortez, ist viel von Perlen die Rede, bis zur Größe einer Nuß; die Fürstin von Cofaciqui (wahrscheinlich am Fluß Chattahooche an der Grenze der heutigen Staaten Alabama und Georgia) trug eine Schnur großer Perlen, die ihr dreimal um den Hals und bis zum Gürtel reichte, und übergab dieselbe eigenhändig dem spanischen Heerführer; ebendaselbst fand man in einem Tempel Körbe voll Perlen, „über tausend Maaß", und noch reicher an Perlen war der Tempel im nahen Talomeco, dessen Dach mit glänzenden Muschelschalen besetzt war, zwischen denen Schnüre von Perlen verschiedener Größe wie Guirlanden herunterhingen; außer= dem fand man in eigenen Kisten einen solchen Vorrath von Perlen, daß die Spanier, über neunhundert Mann mit dreihundert

Pferden, sie nicht alle auf einmal hätten wegzutragen vermocht. Diese Tempel dienten zugleich als Begräbnißstätte der Vornehmeren unter den Eingebornen. In der Landschaft Iciaha oder Ichi, noch weiter landeinwärts, wurden den Spaniern Perlenmuscheln gebracht, welche den Tag zuvor gefischt worden waren, und darin schöne Perlen gefunden. Es kann daher keinem Zweifel unterliegen, daß es Süßwassermuscheln waren, um so mehr, als Soto auf seinem ganzen Wege längs der Seeküste von der Tampa-Bai in Florida bis zur Apalache-Bai bei den Eingebornen keine Perlen zu sehen bekam [63]. Dagegen findet man in den zahlreichen Erdaufhäufungen (mounds), welche über die Südstaaten zerstreut sind und über welche sich keine historische Erinnerung erhalten hat, ebenfalls zahlreiche Muschelschalen und Muschelperlen (beads of shells) neben anderen Zierraten; es ist freilich aus den vorliegenden Berichten nicht ganz klar, ob auch eigentliche natürliche Perlen oder nur rundlich zugeschnittene Muschelstückchen gemeint sind, da ebenda auch Perlen (beads) aus Thierzähnen erwähnt sind; die Muschelschalen aber werden bestimmt der Gattung Unio zugeschrieben [64].

Endlich ist auch noch der ostasiatischen Flußperlen zu erwähnen. In der chinesischen Literatur finden sich sehr alte Berichte über Perlen, schon unter einem der frühesten Kaiser, die als historisch betrachtet werden können, Yü, etwa 22 Jahrhunderte vor Christi, werden Perlen aus zwei mit Namen genannten Flüssen als Tribut und bald darauf auch als Schmuck erwähnt, noch ehe das chinesische Reich die Meeresküste erreicht hatte, und in einem alten chinesischen Wörterbuche, das vor 1000 v. Chr. verfaßt sein soll, werden Perlen aus dem Westen des Reichs, also aus dem Binnenland, als Schmuck und als Amulet gegen Feuersgefahr genannt. Erst unter dem Kaiser Wuti, im zweiten Jahrhundert nach Christus, werden Perlen aus den südlichen Meeren, also indische, erwähnt [65]). Perlen spielen auch jetzt noch eine bedeutende Rolle im Schmucke der Chinesen, und es ist von verschiedenen Reisenden festgestellt, daß in mehreren Flüssen Ostsibiriens und der Mandschurei Muscheln leben, in denen Perlen gefunden werden [66]). Es ist aber noch nicht direkt nachgewiesen, welcher Gattung und Art diese Muscheln angehören, vermuthlich ist es die in diesen Gegenden wie im nördlichen und mittlern China verbreitete Barbala plicata (Dipsas plicata).

Die Chinesen sind es auch, welche zuerst und bis jetzt allein in praktischer Weise die Hervorbringung von perlenähnlichen Gebilden auf künstlichem Wege erreicht haben, und zwar an der eben genannten Muschel, so daß wir in dieser um so eher ihre ursprüngliche Perlenmuschel vermuthen dürfen. Man nimmt die Muscheln im April oder Mai lebend aus dem Wasser, öffnet sie behutsam und schiebt zwischen die Schale und die ihr von innen anliegende Mantelhaut feste Körper von bestimmter Form ein, runde aus Perlmutter geschnittene Kügelchen oder flache Buddhabildchen von Zinn. Dann setzt man die Muschel wieder ins Wasser, und nach zehn Monaten bis drei Jahren fischt man sie wieder auf. Da der Mantel, wie wir gesehen haben, fortwährend neue Schichten von Perlmutter absondert und diese Absonderung durch den Reiz eines fremden Körpers vermehrt wird, wurde der letztere an der dem Mantel zugewandten Seite von Perlensubstanz überzogen und damit vergrößert, aber auch an die Innenseite der Schale angelöthet. Dieses Verfahren soll im 13. Jahrhundert nach Christi erfunden worden sein und wird hauptsächlich in der Stadt Hu-tschëu-fu am großen Binnensee Thaihu nicht weit von den Mündungen des Yangtsekiang in größerem Maßstab betrieben. Die überperlten Buddhabildchen werden als Schmuck an der Kopfbedeckung getragen und sind sehr billig, ein Paar Schalen mit 12 Bildern sollen 1—8 Pence (etwa 1—7 Silbergroschen) koften[67]). Auf diese Weise erhält man allerdings keine ringsum frei ausgebildeten, natürlich runden Perlen, ebensowenig wie durch Anbohrung der Schale von außen am lebenden Thier, was auch schon, namentlich durch Linné, vorgeschlagen worden ist[68]. Prof. Möbius bemerkt mit Recht, daß vollkommene (schön runde) Perlen nur dadurch zu erzielen wären, daß runde fremde Körper in die Substanz des Mantels selbst gebracht werden, ohne zu große Verletzung desselben, so daß sie allseitig von Perlensubstanz umgeben werden können, daß wir aber hierzu noch kein geeignetes Verfahren kennen. „Am meisten", fügt er hinzu, „dürfte noch von Entozoen oder anderen leichten, durch den Wasser- und Blutstrom bewegbaren Körpern zu erwarten sein, welche auf dem natürlichen Wege der Wasserzufuhr in den Mantel gelangen und daselbst Perlenkeime bilden"[69]. Wir haben oben gesehen, daß der Kern der Perlen sehr oft von parasitischen Würmern gebildet wird, und wenn einzelne Bäche und Flüßchen oder einzelne Küstenstrecken und Bänke besonders ergiebig an Perlen sind, so dürfte die Ursache nicht allein darin liegen, daß die (Fluß- oder Meer=) Perlenmuscheln darin besonders häufig sind, sondern auch darin, daß an diesen Stellen die parasitischen kleinen Würmer, welche zur Perlenbildung Veranlassung geben, häufiger in den Muscheln sind als anderswo. Wir wissen im Allgemeinen, daß derartige Würmer oft einen sehr komplizirten Lebenslauf haben und in ihrer Jugend öfters ganz andere Thiere bewohnen, als erwachsen. Es ist wohl denkbar, daß wenn wir die Lebensgeschichte der in den Perlmuscheln wohnenden Arten näher kennen lernen werden, wir dadurch Anhaltspunkte finden könnten, um ihre Vermehrung und damit die Anlässe zur Perlenbildung zu befördern, freilich nicht zum Besten der Muschelthiere.

In neuester Zeit wurde in Niederländisch=Indien der Vorschlag gemacht, die Perlenmuschelbänke rationell zu bewirthschaften und neue anzulegen, wie man es mit den Austernbänken in Europa seit einiger Zeit macht. Dabei ist aber nicht außer Acht zu lassen, daß hier der Fall verwickelter ist als bei den Austern, indem eben nicht das Vorhandensein und das Gedeihen der Muscheln, sondern auch das Gedeihen derjenigen Feinde, welche zur Perlenbildung Veranlassung geben, zu befördern ist. Es gibt viele Stellen, an denen die Perlenmuschel häufig ist und doch die Perlen so selten, daß sie die industrielle Ausbeutung nicht lohnen.

Weiter fortgeschritten als in der künstlichen Hervorbringung ächter Perlen, ist man in der Fabrikation künstlicher nachge= ahmter Perlen. Es sind hohle Glaskügelchen, innen mit einer perlmutterglänzenden Masse gefüllt, welche zwar Essence d'Orient genannt, aber aus den Schuppen eines in Europa sehr häufigen Süßwasserfischchens, des Uekelei (Laube, Silberling, Alburnus lucidus oder Cyprinus alburnus) mit Fischleim bereitet wird. Solche Perlen sollen den natürlichen täuschend ähnlich sehen. Diese Erfindung wurde in Paris um 1656 gemacht und seitdem öfters große Mengen solcher Schuppen (ca. 18—20,000 Fische geben ein Pfund dieser Essenz) auch aus Deutschland dorthin eingeführt.[70])

Bei diesen künstlichen Perlen ist also nicht der Perlmutterglanz, sondern nur die Perlenform künstlich hervorgebracht. Es ist ohne Zweifel eine höhere Kulturstufe, wenn der Mensch diejenigen Eigenschaften, welche er schätzt und sucht, an den Stoffen durch zweckmäßige Benützung der Naturgesetze selbst erzeugt, als wenn er sie nur aufsucht, wo sie in der Natur sich finden; in ersterem Falle steht Maaß und Grad derselben weit mehr in seiner Hand. Von diesem Gesichtspunkte aus könnte der jetzt überwundene Luxus mit Purpur eine höhere Stufe beanspruchen als der noch fort= dauernde Perlenluxus, denn die Farbe, das Wesentliche des Purpurs, entstand erst unter der menschlichen Behandlung, der Perlenglanz wird gefunden, sei es in der Perlenmuschel oder an den Fisch-

schuppen. Allerdings ist die Entdeckung des Purpurs auch eine
zufällige gewesen und beruhte gewiß nicht auf Kenntniß der chemi=
schen Umänderungen, welche der Schneckensaft am Sonnenlicht
erfährt und welche ja auch heute noch in ihren Einzelheiten nicht
genügend bekannt sind. Da aber andrerseits einmal das Wesen
des Perlenglanzes in dem feinblättrigen Bau der Schalenmasse
erkannt ist, so erscheint es nicht unmöglich, daß auch noch eine
praktische Methode in der Zukunft ausfindig gemacht werden könnte,
einem gemeinen Stoff künstlich Perlenglanz zu geben und somit
in Wahrheit künstliche Perlen zu machen. Es wird das ein
Triumph der Theorie und ein schlagender Beweis für ihre Richtig=
keit sein; bis jetzt sind wir aber noch nicht so weit, und wir dürfen
noch in der Perle wie im Diamanten ein Werk bewundern, das
die Natur langsam und im Verborgenen aus gemeinstem Stoffe
(dort Kalk und Bindegewebe, hier Kohle) geschaffen und das der
Mensch ihr nicht nachzumachen vermag.

Anmerkungen und Literaturnachweise.

¹) Nach einer griechischen Sage, die schon in der Odyssee 11, 325, 326 als bekannt vorausgesetzt wird, verräth Eriphyle ihren Gatten Amphiaraos um ein goldenes Halsband und wird deßhalb von ihrem Sohn Alkmäon getödtet; das Halsband bringt nun jedem folgenden Besitzer Unheil, bis es schließlich in einem Tempel niedergelegt wird. In der altnordischen Fassung der Nibelungensage erschlägt Fafnir seinen Vater, um in den Besitz des Goldes zu kommen, das dieser von den Asen erhalten hat und bewacht dann dieses in Drachengestalt; sein Bruder Regin reizt Sigurd (Siegfried) an, ihn zu erschlagen und will sich darauf den Schatz selbst aneignen, wird aber deßhalb auch von Sigurd getödtet. Aber auch an diesem bewährt sich im weiteren Verlauf die verderbliche Wirkung des Schatzes. Diese Vorgeschichte ist in der mittelhochdeutschen Fassung, dem bekannten Nibelungenliede, ganz weggelassen, wie überhaupt das Mythische der Sage sehr zurückgedrängt ist; eine Erinnerung an den unheimlichen Fluch des Schatzes ist noch darin zu erkennen, daß Hagen denselben in den Rhein versenkt, doch ist auch das pragmatisch mit der Besorgniß motivirt, Chrimhilde möchte sich mittelst desselben Anhänger gewinnen. Je älter die Sage, desto unverhüllter tritt darin die Begierde nach dem Golde und die verderbliche Wirkung seines Besitzes auf. Aehnliche Züge lassen sich in manchen anderen alten Sagen finden.

²) In der Bibel finden wir zwei Ausdrücke für Purpur, thecheleth (chaldäisch thichla oder thachla) und argaman (argavan); die älteren Uebersetzer geben das erstere mit hyacinthus wieder, Luther sonderbarer Weise mit gelber Seide, das zweite bald mit Scharlach, bald mit Purpur. Vgl. hierüber Borchart, hierozoicon II 1675, S. 727—742 und Wiener biblisches Realwörterbuch II 1848, S. 290, 291 und 442.

³) Strabo lib. XVI, cap. 757. — Plinius historia naturalis lib. V, cap. 19, sect. 17, §. 76 von Tyrus: nunc omnis ejus nobilitas conchylio atque purpura constat. — Ritter, Erdkunde Theil XVII. Auch sonst wird

noch in der Kaiserzeit nicht nur von Dichtern, bei denen es poetische Licenz sein könnte, z. B. Virgil georg. III, 307. Tibull. II, 3, 58, und viele andere Stellen, sondern auch von Prosaikern und namentlich von Plinius selbst (vgl. unten) tyrischer Purpur genannt.

⁴) E. Curtius, griechische Geschichte. V, Bd. I, 1857. S. 34.

⁵) Tarent: Baron von Riedesel, Reise nach Sicilien 1771, S. 206 und von Salis Marschlins Reisen in verschiedene Provinzen des Königreichs Neapel. I, 1793, S. 368, auch schon eine kurze Erwähnung bei Columna de purpura, cap. I, §. 38. — Griechenland, Bory de St. Vincent, Expédition scientifique de Morée, vol. III, zoologie p. 190. (Der Ort leider nicht genannt und auch in den beiden ersten Bänden konnte ich nichts Näheres darüber finden.) — Tyrus: Dr. Wilde in einem Vortrag in der Kgl. Irischen Akademie, 28. Januar 1839, wovon ein Auszug in den Annals and Magazine of natural history III, 1839, p. 271—273, und in seinem Werke: Narrative of a voyage in the Mediteranean. Dublin 1840, vol. II, p. 148 und Appendix p. 468. Daraus Ritter, Erdkunde, Theil XVII. — Die bei Tarent und in Morea gefundenen Schneckenschalen gehören alle zu Murex brandaris, die in Tyrus zu Murex trunculus; schon Lord Valentia fand letztere bei Tyrus häufig und brachte Exemplare davon nach England, siehe Perry conchology 1811, Taf. 9, Fig. 1, unter dem Namen Polyplex purpurascens. — Lacaze-Duthiers sagt in seiner gleich zu erwähnenden Arbeit über den Purpur, S. 75, es seien auch zu Pompeji Haufen der Schale von Murex brandaris bei den Buden der Färber gefunden worden, doch nur aus der Erinnerung, ohne einen Beleg dafür angeben zu können. Schalen von Murex brandaris und trunculus habe ich allerdings auch im Museo Borbonico unter den in Pompeji gefundenen Gegenständen gesehen, aber ein Nachweis einer Beziehung zu Färbereilokalen ist mir nicht bekannt. Sie können auch als Eßwaare, wie noch heute in Neapel, oder als Brunnenverzierung gedient haben.

⁶) Mart. Lister, cochlearum Angliae terrestrium et fluviatilium liber. Londini 1678, S. 144.

⁷) Ueber Janthina siehe F. Columna de purpura. 1616, cap. 2. (ed. 2, Kiel 1674, p. 20), Olivier voyage dans l'empire othoman. p. 82. und Lesson in Duperey's voyage autour du monde sur la corvette Coquille, zoologie II, 1830, p. 362 und 367. Ueber Scalaria communis Plancus de conchis minus notis. Venetiae 1739, p. 28 und Montagu testacea Britannica, supplement 1808, p. 122. Ueber Cassidaria echinophora Olivi zoologia adriatica. Bassano 1792, p. 162 und 303. Ueber Aplysia Mariti, Reisen durch die Insel Cypern und Syrien in den Jahren 1760—68 (aus dem Italienischen). Altenburg 1777, S. 326, (er fand sie häufig bei Tyrus), Cuvier in den Annales du Muséum d'hist. nat. II, p. 293 und Rang, histoire naturelle des Aplysiens. 1828, p. 26, 55 und 64.

⁸) Siebold, Lehrbuch der vergleichenden Anatomie. I, 1848, S. 340, Lacaze-Duthiers in den Annales des sciences naturelles, quatrième série, tome XII, 1859, p. 34—37, pl. 1, fig. 3, 4, Keferstein in der Fortsetzung von Broun's Klassen und Ordnungen des Thierreichs. III, 2, S. 986.

⁹) Plinius, lib. IX, cap. 36, §. 130 (ed. Sillig. II, p. 170.). Dieses und die nächsten Kapitel bei Plinius enthalten überhaupt die Hauptstellen über den Purpur und sind oben vielfach benützt. Die angegebene Beschreibung paßt ausgezeichnet auf Murex brandaris, läßt sich aber auch noch auf M. trunculus anwenden, bei dem Röhre und Stacheln verhältnißmäßig kürzer sind.

¹⁰) Plucar, der Fischmarkt zu Triest. 1846, S. 75. — Martens, in den Jahresheften des Vereins für Naturkunde in Württemberg. XVI, 1860, S. 205, 219 und 224.

¹¹) Plinius sagt an der angeführten Stelle von derjenigen Art der Purpurschnecke, welche er buccinum nennt: rotunditate oris in margine incisa, was im Gegensatz zu jenem „cuniculatim procurrente rostro" sehr deutlich den Einschnitt am Rand der Schalenöffnung, welcher bei der (heutigen) Gattung Purpura an die Stelle der vorspringenden Halbröhre bei Murex tritt, bezeichnet; ferner gleich darauf, sein buccinum habe nicht die Stacheln von Murex. Es ist das von Lacaze-Duthiers ganz richtig gedeutet worden. Im folgenden Kapitel (37) erklärt Plinius ausdrücklich Pelagia als anderen Namen für seine Purpura (unsern Murex brandaris) und nennt noch mehrere Sorten (wahrscheinlich nur Varietäten) nach der Beschaffenheit des Grundes, auf dem sie leben. Man darf daher Pelagia nicht für die freischwimmende Janthina erklären, die auch im Mittelmeer zu selten für eine industrielle Verwendung ist. Im Verfolg des Textes werden wiederholt Pelagia und Buccinum als verschiedene Purpurschnecken einander entgegengestellt, z. B. §. 134 und 135. Conchylium ist dagegen für Plinius eine besondere Art Purpurfarbe, nicht eine besondere Gattung von Purpurschnecken: „concharum ad purpuras et conchylia — eadem enim est materia, sed distat temperamento — duo sunt genera (buccinum et purpura), §. 129, vgl. auch §. 138. Ostrum ist eine dichterische Bezeichnung der Purpurfarbe, z. B. Ovid. metamorph. X, 211. Murex wird sowohl für die Purpurschnecke, z. B. Martial XIII, 87, als für den Purpur selbst von einigen Dichtern, z. B. Horaz carm. II, 16, 36 gebraucht; letzteres ist die abgeleitete Bedeutung, denn in dem Worte selbst liegt der Begriff des Stacheligen, wie sich aus der Anwendung auf zackige Klippen, Virgil Aen. V, 205, auf Distelköpfe, Plin. XX, cap. 23, sect. 99, §. 262, und auf eiserne Fußangeln, Curtius de rebus gestis Alexandri Magni IV, 13 ergibt; Plinius braucht dasselbe sonderbarer Weise nie für die Purpurschnecke, sondern hauptsächlich nur, wo er aus dem Griechischen des Aristoteles übersetzt, für dessen κήρυξ, was vermuthlich die Trompetenschnecke, Tritonium nodiferum, ist.

[18]) Beobachtungen und Experimente über den färbenden Saft von Murex brandaris, trunculus oder Purpura haemastoma haben veröffentlicht:

Du Hamel in den Mémoires de l'academie des sciences de Paris. 1736, p. 49—63. Ein kritischer Auszug bei Lacaze-Duthiers (siehe unten). Die Schnecke ist zwar hier nicht beschrieben und eine Abbildung, obwohl angeführt, doch nicht vorhanden, aber nach der Bezeichnung als „Schnepfenkopf", der Berufung auf Rondelet und dem Vorkommen an der Küste der Provence ist unzweifelhaft Murex brandaris gemeint.

Rosa, delle porpore e delle materie vestiarie presso li antichi. Modena 1780. 8. Beide Arten von Murex.

Bizio, investigazioni chimiche sopra il Murex brandaris. Annali delle scienze del regno Lombardo-Veneto 1835. Ein Auszug davon in Guérin's Revue zoologique. 1842, p. 368 und im Journal de chimie medicale. Bd. X, p. 99; ferner bei Lacaze-Duthiers. Beide Arten.

Grimaud de Caux und Gruby in Comptes rendus de l'Institut. XV, 1842, p. 1007. M. brandaris.

Lacaze-Duthiers Mémoire sur la Pourpre in den Annales des sciences naturelles, quatrième série, zoologie. vol. XII, 1859, p. 1—84, mit 1 Tafel und 5 Farbeproben, die mit den 3 genannten Arten und bei verschiedener Behandlung hergestellt sind.

[19]) Der Fang in Körben mit andern Conchylien als Köder wird übereinstimmend von verschiedenen alten Schriftstellern erwähnt, z. B. Aristoteles de partibus animalium. II, cap. 17, sect. 51 (ed. Frantzius p. 111 unten) und hist. an, V, cap. 15, §. 65, 66, (ed. Aubert u. Wimmer. I, p. 488, 489); Plinius lib. IX, cap. 37, sect. 61, §. 132 und lib. XXXII, cap. 5, sect. 16, §. 50; Oppian halieutica. V, 600; Aelian. hist. an. VII, 34. Was die drei letztern als Hauptsache dabei betrachten, Einklemmung des Rüssels durch die sich schließenden Muscheln oder durch die engen Maschen des Korbes, ist sehr unwahrscheinlich, entweder reines Mährchen oder aus einem einmaligen Zufalle fälschlich zur Regel gemacht. Viel glaublicher lautet die Angabe eines ungenannten byzantinischen Schriftstellers: „Die Enden und Spitzen der Binsen lassen sie beim Eingange der Körbe hervorstehen, so daß sie dem Thiere leicht nachgeben und den Eingang verstatten, aber es alsdann nicht mehr zurückgehen lassen." Villoison Anecdota graeca I, p. 42, darnach Schneider in Dieze's Uebersetzung von Ulloa's Nachrichten von Amerika. II, 385. Es ist dieses dasselbe Princip, das oft bei Mausfallen angewandt ist. Nothwendig ist es aber auch nicht; die Schnecken bleiben bei ihrem Fraß und entfernen sich nicht so schnell aus dem Korb, daß sie nicht mit heraufgezogen werden könnten. Vgl. Lacaze-Duthiers, l. c. S. 78, 79.

¹⁴) Ilias XVI, 391; I, 482; ·XVII, 361. Ovid metamorph. III, 184; VI, 48; amor. I, 4, 22; III, 14, 23. Athenaeus deipnosophistae lib. XIII, cap. 81, §. 604a.

¹⁵) Plinius, loc. cit. §. 136, 137. Diese Angabe von rothem tarentinischem Purpur stimmt gut zu dem Umstand, daß bei Tarent nur Murex brandaris gefunden worden ist, welcher, wie oben angegeben, eine mehr rothe Farbe gibt, als M. trunculus, der in den Resten der Purpurfabriken von Tyrus sich befindet.

¹⁶) Plinius, am angeführten Ort §. 138 und §. 135. Martial epigr. VIII, 10.

¹⁷) Ilias. VIII, 221. Odyssee XIX, 225 und IV; 115.

¹⁸) Curtius de rebus gestis Alexandri. lib. III, cap. 3.

¹⁹) Mommsen, römische Geschichte. I (zweite Auflage) S. 56. Nach Plinius, loc. cit. §. 136, hätte schon Romulus ein purpurnes Amtskleid (trabea) getragen, Tullus Hostilius aber die Toga mit breitem Purpursaum (praetexta latiore clavo) eingeführt.

²⁰) Sueton Caes. c. 43, Nero c. 32.

²¹) Novell. 80.

²²) P. Amati in Bonanni Museum Kircherianum. ed. Batarra. vol. II, 1782, wo überhaupt ausführlich über die Anwendung des Purpurs seit den ältesten Zeiten berichtet wird.

²³) Plinius lib. XVI, cap. 8, sect 12, §. 32 (ed. Sillig III, p. 83) und lib. XXII, cap. 2, sect. 3, §. 3 (III, p. 447).

²⁴) Du Hamel in den Mémoires de l'academie de St. Petersburg, sixième série tome I, part. 2, 1835 (nicht der in der Anmerkung 9 genannte Gelehrte).

²⁵) Du Hamel ebenda, Pott, etymologische Forschungen. I, 84 und Fick, Wörterbuch der indogermanischen Grundsprache. 1868, S. 36. Vgl. Curtius, Grundzüge der griechischen Etymologie. 2. Aufl, 1866, S. 485, wo der Zusammenhang dieses Wortes mit dem griechischen ἕλμις und dem lateinischen vermis, deutsch Wurm, bezweifelt wird.

²⁶) Schon Plinius an der oben angeführten Stelle nennt die Scharlachinsekten grana. Von Coccus abzuleiten ist das Adjektiv coccineus, welches daher die Farbe des Scharlachs ausdrückt, und daraus wieder das neulateinische coccinella, spanisch cochinilla, französisch cochenille für das nahe verwandte amerikanische Insekt Coccus caceti L. Doch haben die Schriftsteller, namentlich die Dichter nicht immer diesen Unterschied zwischen coccineus und purpureus festgehalten. Das lateinische puniceus wird überhaupt für Roth gebraucht, wie das griechische φοινίκεος, ohne besondere Beziehung auf den Purpur (Herodot. I, 98; VII, 76), und ist entweder direkt von diesem abzuleiten, wie punicus von Poenus = Phoinix, oder zunächst von (malum) punicum, Granatapfel, wonach es die Farbe der Granatblüthe bezeichnen

könnte; in diesem Sinne wird es jetzt in der naturhistorischen Terminologie gebraucht.

[27]) Camoens Lusiade. II, 97. Allgemeine Historie der Reisen. Bd. I, S. 58.

[28]) Oken, Allgemeine Naturgeschichte. Bd. V, S. 1543—1547 nach den Angaben von Reaumur nnd Humboldt.

[29]) H. Ström, physisk og oeconomisk beskrivelse over fogderiet Söndmör Sorö. Bd. I, 1762, p. 183 und in Skrifter udi det Kgl. Danske, Vedenskabernes Selskab. Bd. XI, 1777. S. 1—46 mit einer Tafel; ein deutscher Auszug in Beschäftigungen der Berlinischen Gesellschaft naturforschender Freunde. Bd IV, 1779, S. 241, 8.

[30]) Philosophical transactions of the royal Society in London, vol. XV, N. 178, Dec. 1685, Taf, 3, Fig. 3—8.

[31]) Von Großbrittannien wird es auch aus dem Mittelalter durch Beda Venerabilis bezeugt, hist. eccles. I, 2; Ritter, Erdkunde. XVII.

[32]) Mémoires de l'Académie des sciences. Paris 1711, p. 168.

[33]) Ant. Ulloa, physikalische und historische Nachrichten vom südlichen und nordöstlichen Amerika. Aus dem Spanischen übersetzt von Dieze, Bd. II, S. 428. Siehe auch allgemeine Historie der Reisen. IX, S. 138, 139.

[34]) Ebenda S. 427.

[35]) A. Dezallier d'Argenville, conchyliologie. 1742, p. 181.

[36]) Filippi sull' origine delle perle. Turin 1852, 8, auch in der Zeitschrift „Cimento", übersetzt und mit Anmerkungen begleitet von Dr. Küchenmeister in Müller's Archiv für Physiologie. Jahrg. 1856, S. 251, 269 und 490. Ein Bericht von A. Villa darüber in der mailändischen Zeitschrift Politecnico vom Juni 1860, auch als eigene Brochüre „sull' origine delle perle" verbreitet. Theod. v. Heßling, die Perlmuscheln und ihre Perlen. Leipzig 1859, mit 8 Tafeln und 1 Karte. Notizen von ihm auch in Siebold u. Kölliker's Zeitschrift für wissenschaftliche Zoologie. Bd. IX, 1859 und Bd. X, 1860.

[37]) K. Möbius, Die echten Perlen Ein Beitrag zur Luxus-, Handelsund Naturgeschichte. Hamburg 1858, 4. (Abhandlungen aus dem Gebiete der Naturwissenschaften, herausgegeben von dem naturwissenschaftlichen Verein in Hamburg. IV. Band, erste Abtheilung) S. 63. Aus dieser inhaltreichen Abhandlung habe ich zahlreiche Angaben sowohl über die physikalischen Eigenschaften und die Naturgeschichte, als über Vorkommen, Fang und Werth der Perlen entnommen.

[38]) Möbius, S. 63.

[39]) Möbius, S. 68.

[40]) Möbius, S. 16, die angegebenen Maße nach der Abbildung bei Tavernier, voyages II, p. 338. Die Perle von der Größe eines Hühnereies, von dem Jesuiten Combes erwähnt, Allgemeine Historie der Reisen, XI, S. 415, scheint in das

Reich der Fabeln zu gehören, da sie Niemand gesehen haben soll; ebenso diejenige von der Größe eines Gänseeies, deren Gesner nach Maximilianus Transsylvanus erwähnt, aquatil. p. 627.

[41]) Möbius, S. 59, 60.

[42]) Möbius, S. 76.

[43]) Ueber die Perlenfischerei im rothen Meer, wo sie gegenwärtig namentlich auf den Dahalackinseln betrieben wird (Möbius, S. 30, vgl. auch Klunzinger in der Zeitschrift der Gesellschaft für Erdkunde in Berlin. VI, 1871, S. 70, 71), finden wir zwar bei den Alten keine ganz bestimmten Angaben, da der Ausdruck „rothes Meer", den Plinius und Aelian allerdings bei der Besprechung der Perlen mehrmals gebrauchen, bei den Alten einen weiteren Sinn hatte und das ganze nordwestliche Stück des indischen Oceans zwischen Vorderindien, Arabien und Ostafrika bezeichnete. Desto bestimmter erscheint der persische Meerbusen bei den Alten schon als Fundplatz für Perlen: praecipue laudantur circa Arabiam in Persico sinu maris rubri, Plinius, lib. IX, cap. 35, sect. 54, §. 106 (ed. Sillig. II, p. 163); ebenderselbe bezeichnet im geographischen Theil, lib. II, cap. 25, sect. 28, §. 110, die Insel „Stoidis", als perlenreich, vielleicht eine der Bahreininseln, die seit dem Mittelalter durch ihre Perlenfischerei berühmt sind (Möbius, S. 27). Ein dritter Hauptplatz der gegenwärtigen Perlenfischerei, das Meer zwischen Ceylon und der Südspitze Indiens, wird ebenfalls schon bei Plinius an der erst angeführten Stelle genannt (Taprobane = Ceylon). Ferner sprechen Plinius ebenda und Aelian, hist. an. XV, 8, auch noch von einer bedeutenden Perlenfischerei bei Perimuda oder Perimula in Indien; dieses scheint in der Gegend von Bombay gewesen zu sein, was auch heute noch ein Hauptplatz für den Perlenhandel ist, wenn auch nicht unmittelbar daselbst viele Perlen gefischt werden. Beide Schriftsteller verwirren übrigens die Perlenmuschel mit der Tschankoschnecke, Turbinella rapa, aus welcher in Indien Ringe geschnitten werden, denn Aelian vergleicht sie mit großen Schnecken, und beide schreiben ihr freie Ortsbewegung und einen König zu, wie noch heutzutage die selten linksgewundenen Exemplare der Tschankoschnecke von den Eingebornen als die Könige der gewöhnlichen (rechtsgewundenen) betrachtet werden. Wenn Plinius, Athenaeus und Aelian noch einige Stellen der Mittelmeerküste als Fundort von Perlen nennen, so meinen sie damit die geringeren Perlen, welche ausnahmsweise auch in anderen Muscheln vorkommen, z. B. in der gemeinen Miesmuschel, wie sich klar aus Plinius IX, cap. 35, sect. 56, §. 119 ergiebt.

[44]) Möbius, S. 1—4.

[45]) Lassen, indische Alterthumskunde. I, S. 244. Die Stelle des Theophrast, welcher die Perlen unter den Edelsteinen anführt, ist uns von Athenaeus deipnosoph. lib. III, cap. 45 (ed. Jacobs. I, p. 168) erhalten; eine andere von Megasthenes, dem Gesandten des Königs Seleukus am Hofe von Palibothra in Indien, bei Arrian Indica. VIII, 8.

⁴⁶) Dies, etymologisches Wörterbuch der romanischen Sprachen. 2. Aufl., 1861, I, S. 287.

⁴⁷) Möbius, S. 8. Diez, I, S. 313, 314. Das Wort findet sich zuerst in Schriften des neunten Jahrhunderts nach Christus und zwar in der Form perulus und perula.

⁴⁸) bacca, z. B. bei Horaz, sat. lib. II, sat. 3, v. 241, unio bei Plinius, loc. cit. §. 112. Letzterer leitet allerdings diesen Ausdruck von unus, eins, ab, weil nie zwei einander ganz gleich seien, und diese Ableitung ist ziemlich allgemein beibehalten worden. Es ist aber bekannt, wie viel verkehrte Etymologieen wir bei den altrömischen Schriftstellern finden. Unio war nach Columella, de re rustica. XII, 10, ein bei den römischen Landleuten bräuchlicher Ausdruck für Zwiebel und hat sich im französischen oignon bis auf unsere Zeit erhalten. Ich möchte daher der im Text angedeuteten Auffassung den Vorzug vor der Etymologie des Plinius geben.

⁴⁹) Die Geschichte von der in Essig aufgelösten und so getrunkenen Perle wird auch noch von anderen, mit ihrem Reichthum prahlenden Personen erzählt, so von einem Clodius, Sohn des Tragöden Aesopus, in der oben angeführten Stelle des Horaz und bei Plinius, loc. cit. sect. 59, §. 122. Möbius bemerkt dazu, daß selbst ganz kleine Perlen durch Essigsäure erst im Verlauf mehrerer Stunden sich theilweise lösen, so daß die organischen Bestandtheile als weiche häutige Masse, wie eine Pille, zurückbleiben; S. 4 und 5, Anmerkung; dagegen lösen sich nach den Versuchen vom Professor C. Gräbe kleine Perlen in stärkerem Essig (5% Essigsäure) beim Kochen schon in 8—15 Minuten vollständig; siehe Friedländer, Darstellungen aus der Sittengeschichte Roms. Band III, 1871, S. 101. So rasch und einfach, wie es in jener Erzählung dargestellt wird, geht also die Auflösung doch nicht. Die Ausdrücke bei Plinius, „in tabem resolvit" und „liquefactum absorbuit" lassen sich vielleicht auch auf bloße Erweichung deuten.

⁵⁰) Friedländer, a. a. O. S. 54—56.

⁵¹) Petrus Martyr, decas. I lib. 8 und decas. III, lib. 1. Allg. Historie der Reisen. Bd. XIII, S. 84—86, 162 und 188 nach den Berichten von Herrera u. A.; Humboldt, essai politique de la Nouv. Espagne. II, p. 465—467 und Kosmos II, S. 304; Möbius, S. 39—41.

⁵²) Humboldt, Kosmos. II, S. 310 und 308; allg. Historie der Reisen. Bd. XVIII, S. 529 und 531; Möbius, S. 37.

⁵³) Die meisten Conchyliologen nehmen nur Eine Art von Avicula oder Maleagrina, welche Perlen liefert, an; Reeve conchologia iconica unterscheidet von der margaritifera, als deren Typus er die schwarzrandige (aus der Südsee) abbildet, noch eine A. barbata von Panama und Möbius schreibt die Perlen der Küste von Venezuela und Neugranada der A. squamulosa Lam. zu. Prof. Dunker hat noch mehr Arten unterschieden; die Charaktere, auf welchen diese Unterscheidungen beruhen, sind aber sehr wenig bestimmt.

⁵⁴) Allg. Historie der Reisen. Bd. IX, S. 98—99. Perlenfischerei zu Panama nach Ulloa; Bd. XVIII, S. 347—350 zu Tutucoryn bei Cap Ko-

morin; Oken, allgemeine Naturgeschichte. Bd. V, S. 363, bei Manaar auf Ceylon nach Heerport; Möbius, S. 24—26, von ebenda nach Pridham und Cordiner.

[55]) Conr. Gesner, historiae animalium, lib. IV, de piscium et aquatilium animantium natura. Zürich 1558, fol., p. 314, 625 u. 626; Martens, zur Literatur der Mollusken Deutschlands, in dem Nachrichtsblatt der malakozoologischen Gesellschaft. Jahrg. 1869. S. 113 (Maingebiet), Jahrg. 1870, S. 49 (Voigtland), S. 52 (Böhmen) und S. 66 (Schlesien); Jahrg. 1871, S. 99 (Oberpfalz und Niederbayern).

[56]) Möbius, S. 44, 45.

[57]) Joh. Taube, Beiträge zur Naturgeschichte des Herzogthums Celle. Bd. I, 1766, S. 77—88; Schröter, Geschichte der Flußconchylien. 1779, S. 174. Möbius, S. 47.

[58]) Roßmäßler in der Zeitschrift für Malakozoologie. 1853, S. 92; Möbius, S. 48. Mörch Synopsis molluscorum terrestrium et fluviatilium. Daniae 1864, p. 80—82. Kobelt Malakozool. Blätter 1872. S. 142, Taf. 5. Ueber die Muschel von Reinsberg, Martini im Berlinischen Magazin. Bd. IV. 1767. S. 462. Nr. 112.

[59]) Lister, cochlearum Angliae terr. et fluv. lib. 1678, p. 146—148; Forbes and Hanley, history of british mollusca II, 1853, p. 146, pl. 38; Jeffrey's british conchology. I, 1862, p. 37. Abbildung auf dem Titelblatt.

Joh. Scheffer, Lappland. 1675, S. 416, 417; Pontoppidan, Versuch einer natürlichen Historie von Norwegen. 1753, Bd. II, S. 310 (dänisches Original S. 265) mit Abbildung; Nilsson, historia molluscorum Sueciae 1822, p. 103; Westerlund, fauna molluscorum terr. et fluv. Sueciae, Norvegiae et Daniae 1873, p. 577. Vgl. Möbius, S. 51.

Th. v. Middendorff, Reise in den äußersten Norden und Osten Sibiriens. Bd. II, Zoologie, Theil 1. Petersburg 1851, S. 389—391.

Aubel, ein Polarsommer. Leipzig 1874. (Perlenfischerei in den Nebenflüssen der Dwina).

[60]) Plinius, lib. IX, cap. 35, sect. 57, § 116. Sueton, Caesar. cap. 47. Auch Tacitus spricht bei der Beschreibung Britanniens von Perlen, nennt sie aber bräunlich und glanzlos und läßt sie im Ocean statt in den Flüssen wachsen. Ebenso Aelian, hist. an. XV, 8. Forbes vermuthet, es könnten auch die Perlen der Miesmuschel, Mytilus edulis, gemeint sein.

[61]) Sir Robert Redding in den Philosophical Transactions. XVII, 1693, nro. 198, p. 659. Möbius, S. 50.

[62]) Aug. Gould, report of the invertebrata of Massachusetts, second edition by Binney. Boston 1870. p. 173. Margaritana arcuata, mit Holzschnitt. Die hier angeführten Unterschiede von den europäischen Muscheln sind nicht konstant.

[63]) Allgemeine Historie der Reisen. Bd. XVI, S. 440, 442, 435 und 446 nach Garcilasso de la Vega. Möbius, S. 13, 14.

⁶⁴) Lubbock, North American Archeology in Annual Report of the board of regents of the Smithsonian Institution. Washington 1862, p. 322.

⁶⁵) Mac Gowan in der unter 67 citirten Arbeit von Hague und Pfiz‑maier, Beiträge zur Geschichte der Perlen, in den Sitzungsberichten der philologisch‑historischen Klasse der Akademie der Wissenschaften in Wien. Bd. LVII, 1868, S. 617 u. ff. Dr. Pfizmaier sagt: „Aus den gesammelten Nachrichten geht hervor, daß die in dem alten China verwendeten Perlen größtentheils Fluß‑ und Teichperlen gewesen sind, während der den Meeren Corea's und Cochinchina's entstammenden Seeperlen verhältnißmäßig selten gedacht wird. Außerdem erhellt, daß viele Kostbarkeiten, welche mit dem Namen Perlen bezeichnet werden, eigentlich keine Muschelperlen, sondern mehr oder minder werthvolle Edelsteine und Halbedelsteine gewesen sind. Einige derselben stammen auch von anderen Thieren, als von Muscheln. So spricht man von Perlen in der Kinnlade der Drachen, (Zähne des Haifisches, Ce‑stracion), in dem Munde der Schlangen, in den Füßen der Schildkröte, in dem Bauche der Spinnen" u. s. w.

⁶⁶) Allgemeine Historie der Reisen. Bd. VII, S. 18; Middendorff, a. a. O. S. 392, 393; Leop. v. Schrenck, Reisen und Forschungen im Amur‑land. 2. Bd., Mollusken, 1867, S. 710.

⁶⁷) Grill, in den Abhandlungen der Kgl. schwedischen Akademie der Wissenschaften. Bd. 34, 1772. Hague im Journal of the Royal Asiatic Society of Great Britain and Ireland. vol. XVI, London 1856, p. 280, über‑setzt von Th. v. Heßling in den „Gelehrten Anzeigen der Kgl. bayrischen Akademie", 1856, S. 116 bis 124 und von Th. v. Siebold in seiner Zeit‑schrift für wissenschaftliche Zoologie. Bd. VIII, 1857, S. 439; auch in der holländischen Zeitschrift Album der Natur. 1857, S. 244.

⁶⁸) Linné, systema naturae. ed. 6, 1748, p. 195. Beckmann, Beiträge zur Geschichte der Erfindungen. Bd. II, 1788, S. 318.

⁶⁹) Möbius S. 83.

⁷⁰) Reaumur in den Memoires de l'académie des sciences. Paris. Jahrg. 1716, S. 229. C. Th. v. Siebold, die Süßwasserfische von Mitteleuropa. 1863, S. 156—160.

Druck von Gebr. Unger (Th. Grimm) in Berlin, Schönebergerstraße 17a.

Ueber

die willkürlichen Verunstaltungen des menschlichen Körpers.

Populärer Vortrag, gehalten am 28. März 1874
im Liebig'schen Hörsaal im Auftrage des Volksbildungsvereins-
Ausschusses in München

von

Dr. Rüdinger,
Universitäts-Professor in München.

Mit 15 Holzschnitten.

Berlin, 1874.
C. G. Lüderitz'sche Verlagsbuchhandlung.
Carl Habel.

Der Mensch ist von der Natur mit einem sehr vollendeten Körperbau beschenkt; Ebenmaß in seinen äußeren Formen und harmonische Ausbildung aller inneren Organe finden sich bei ihm, wie bei keinem anderen Lebewesen. Ist der menschliche Körper normal organisirt und hat derselbe ohne bedeutende Störung seine volle Entwickelung erlangt, so schließt er eine solche Fülle von Kraft in sich ein, daß er vielen nachtheiligen Einwirkungen der Natur großen Widerstand leistet.

Aber ein eigenartiger Zug geht durch das ganze Menschengeschlecht, welcher darin besteht, daß die einzelnen Individuen mit den schönen Formen und Farben, welche die Mutter Natur verliehen hat, nicht zufrieden sind und daher absichtliche Correcturen der verschiedensten Art an denselben vornehmen. Manche dieser Formveränderungen der Körpertheile werden mit einer Nachhaltigkeit und in einem so hohen Grade ausgeführt, daß sie geeignet sind, das hochschätzbare Gut des Menschen, die Gesundheit, zeitlebens zu schwächen. An fast allen Körpertheilen hat der unzufriedene Mensch die Umformungen versucht; keine Region blieb von seinen Eingriffen verschont, denn an der Hautfarbe beginnt er seine Pfuschereien, an dem Kopfe und an der Brust setzt er sie fort und an den Händen und den Füßen hört er mit denselben auf.

Wenn wir zunächst die Haut der verschiedenen Menschen-

racen in's Auge faſſen, ſo könnte man wohl die Frage auf-
werfen: warum dieſelben mit einer ſo eintönigen weißlichen, grau-
gelben, braunen oder ſchwarzen Hautfarbe in die Natur geſtellt
ſind, während ringsumher die Pflanzen und Thiere ſich mit den
bunteſten und ſchönſten Farben ſchmücken. Kann der Menſch ohne
Anwandlung von Neid auf die ſchillernden Schuppen der Rep-
tilien, auf das bunte Gefieder der Vögel und auf die zierlichen
Zeichnungen mancher Säugethierfelle blicken? Um das ihm
Verſagte nun zu erſetzen, greift er zu Färbemitteln der verſchiedenſten Art und bemalt ſeine Haut mit grellen Strichen
und geſchmackloſen Figuren. So überzeichnen Indianer Nordamerikas, wenn ſie zum Tanze gehen, den größten Theil
des Leibes hellroth mit Ocker und das unter einem Zeitaufwand
von vier bis ſechs Stunden. In Afrika reiben Eingeborne
die Haut des ganzen Körpers mit Butter ein, um ſie ſtark
glänzend zu machen, und die Frauen und Mädchen ſchmücken
ſich außerdem die Wangen, Naſe und Haare mit rothen Farben,
denen zur größeren Haltbarkeit viel Fett beigemiſcht iſt. Die
tiefdunkeln Negerinnen an der Sierra-Leone-Küſte bringen blaue,
weiße und rothe Streifen im Geſichte und an allen nicht von
Kleidern bedeckten Körpertheilen an. Nach den Mittheilungen
von Spix und Martius bemalen die Eingebornen in den
Wäldern von Tabatinga deßhalb nur die Stirn mit rothen und
ſchwarzen Farben, weil die übrigen Geſichtstheile durchlöchert
und mit Stacheln und Federn beſetzt ſind.

Auch bei faſt allen aſiatiſchen Völkern iſt das Bemalen der
Körpertheile ſeit den älteſten Zeiten üblich, ebenſo in Neuſeeland,
auf den Salomons- und Freundſchafts-Inſeln. Während die
Völker dieſer Erdſtriche ſich ihre Haut meiſt mit bunten Farben
beſtreichen, wenden die Frauen der Hottentotten den goldgelben
Saft einer wohlriechenden Pflanze als Verſchönerungsmittel an.

Purpurrothe, grüne und blaue Farben bereiten die Japanerinnen und Ainos, um die Lippen und verschiedene andere Körpertheile mit Strichen und Figuren zu versehen. In Australien gebrauchen die Ureinwohner Ocker, Kalkerde und Kohle, um sich Gesicht und Haare und bei festlichen Gelegenheiten auch die übrigen Körpertheile zu färben.

Durch die Art der Bemalung des Körpers wird nach Tiedemann nicht nur der Unterschied der Stände bezeichnet, sondern sie variirt auch je nachdem man sich für einen Tanz, für den Kampf, für traurige oder freudige Ereignisse herausschmücken will.

Von den eitlen Frauen Egyptens lautet die Kunde schon aus den ältesten Zeiten dahin, daß sie die Gewohnheit hatten, die Augenbrauen und Wimpern mit einem schwarzen Pulver zu bestreichen, so daß die Augen ein größeres und schärfer markirtes Aussehen bekommen sollten, eine Sitte, die, wie es scheint, gegenwärtig nur noch bei unseren Mimen üblich ist.

Nicht minder war das Schminken früher bei Frauen der Griechen, der Römer und der Germanen in Uebung. — So läßt schon der griechische Dichter Aristophanes in seiner Lisistrata die Kalonike sagen:

> „— — wir, wir sitzen da mit Blumen hübsch
> Geputzt, in safrangelbem Kleid und wohlgeschminkt,
> In Schleppgewändern neuster Art und Modeschuh'n."

Aus diesen Worten geht klar hervor, daß neben den Schleppgewändern und den Modeschuh'n die Schminke den alten Griechinnen wohl bekannt war und man darf wohl annehmen, daß der zur Stunde noch übliche Gebrauch der drei genannten Artikel vorwiegend das Resultat vererbter Gewohnheiten ist.

Die Unhaltbarkeit der Farbstoffe, welche äußerlich auf die Haut aufgetragen werden, mag die Ursache gewesen sein, daß

man den Verſuch machte, rothe, blaue und andere Schönheits-
mittel dauernd in der Haut zu fixiren. Auch dieſe Operation
iſt gelungen. Die Hautſtellen werden entweder mit Metallnadeln,
oder, wo dieſe fehlen, mit Muſcheln, geſpitzten Vogelknochen,
Dornen oder Fiſchgräten eingeſtochen und dann die verwundeten
Stellen mit farbigen Flüſſigkeiten eingerieben; dieſe dringen in
die tieferen Hautlagen ein, und werden mit nur geringer Veränderung des Farbſtoffes das ganze Leben hindurch feſtgehalten.
Das ſchmerzhafte Verfahren iſt unter dem Namen „Tättowiren“
bekannt. Beſonders geübt in dieſer Kunſt ſind die Neuſeeländer.
Von jeher hat man an ihnen die Mannichfaltigkeit und den
Reichthum correkter Zeichnungen auf der Haut bewundert und
die Heldenthaten, ſowie die Standesunterſchiede werden durch
die Eigenthümlichkeiten der Figuren in ihre Haut eingeſchrieben.
In Hinter-Indien wird das Tättowiren im achten Lebensjahre
begonnen und bis zum vierzigſten fortgeſetzt. Die ſo fixirten
Figuren ſtellen nach Tiedemanns Angaben arabiſche Zeichen,
Löwen, Tiger, fabelhafte Vögel und Dämonen vor. Frauen
dürfen ſich nicht ſo ſtark, wie die Männer, und nur an beſtimmt
vorgeſchriebenen Körpertheilen tättowiren. Die Eingebornen
von Süd- und Nord-Amerika gebrauchen vier verſchiedene Farb-
ſtoffe, nämlich ſchwarz, blau, roth und gelb. Zu den Pflanzen-,
Schlangen- und Vogelfiguren kommen auch noch die bizarren
Geſtalten ihrer Schutzgeiſter; ſo iſt z. B. auf dem Körper eines
alten Kriegers die ganze Geſchichte ſeines Lebens ſymboliſch dar-
geſtellt. Bei den Eskimos ſchmücken die Mütter ihre Töchter
ſchon in früheſter Jugend mit tättowirten Zeichnungen an der
Stirn, am Kinn, an den Seiten des Mundes und an den
Händen. Im ſüdlichen Afrika iſt das Tättowiren bei den Eingebornen ſehr in Uebung. Faſt alle Körpertheile, von der Stirn

bis zu den Füßen, werden bei den Männern und Weibern mit verschiedenartigen Figuren versehen.

Auch bei uns ist diese Sitte nichts Ungewöhnliches; unsere Arbeiter und Soldaten bringen sich Figuren, Namen und Jahreszahlen durch Einstiche und Einreibung blauer und rother Farbe an der Brust und den Armen bei. Manche für das Tättowiren brauchbare Farbstoffe scheinen jedoch an der ganz dunkeln Hautfarbe ohne hervorstechende Wirkung zu bleiben, weshalb die Neuholländer, die Afrikaner und Südamerikaner schon in frühester Kindheit Narben in der Haut hervorrufen, mit der Absicht, an dem Körper auffallende Zeichnungen und Erkennungsmittel anzubringen. Die Neger von Mozambique zieren auf diese Art das Gesicht mit mehreren in bestimmter Form und Ausdehnung angebrachten Schnitten, welche bei verschiedenen Stämmen in ihrer Anordnung variiren. Während die Dunkas viele Körperstellen mit Narben durchfurchen, beschränken die Makuas die Einschnitte auf der Stirne, die Nase und das Kinn, und ziehen dieselben in querer Richtung durch das ganze Gesicht. Einige Stämme in Afrika und die Ureinwohner Australiens verstehen durch lang fortgesetzte Verwundungen mit Hilfe von Muscheln an der Brust- und Bauchhaut drei und mehr große Narben zu erzielen, welche, wenn die Heilung vollendet ist, reliefartig vorspringen und die Atimboka in Afrika treiben nach den Angaben Livingstone's durch Verwundungen in ihrem Gesicht kleine Knoten in die Höhe, so daß sie den Eindruck machen, als wären sie mit Warzen oder Finnen ganz bedeckt. Die Mädchen erhalten dadurch schon in frühester Jugend ein sehr häßliches und altes Aussehen. In den Wäldern von Tabatinga in Süd-Amerika erzeugen die Männer zur Beurkundung ihrer Stärke und Selbstüberwindung tiefe Schnitte an den Armen. (Spix und Martius.) So werden auch, um den Raub der Kinder zu erschweren, alle

Neugeborne in Mekka durch drei lange Einschnitte an Backen und Schläfen gekennzeichnet. —

Daß das von Kleidern unbedeckte Gesicht bei wilden und kultivirten Völkern einen der beliebtesten Körperabschnitte darstellt, um schmückende Gegenstände anzubringen, ist eine bekannte Thatsache.

Zunächst wird bei den wenig civilisirten Völkerstämmen der prominirende Theil in der Mitte des Gesichts, die Nase, als vorzüglich geeignet für Schmucksachen, durchbohrt. Afrikanische, asiatische und amerikanische Völkerschaften üben die Sitte, die Scheidewand der Nase zu durchstechen, um glänzendes Geschmeide tragen zu können. Die Frauen in Aegypten, Bagdad, Persien und Indien legen große Ringe in die ziemlich weiten Oeffnungen der Nase ein. Die Ringe in den Nasen der Araberinnen sind aus Gold gefertigt, federkieldick und innen hohl; bei festlichen Gelegenheiten wird der Ring schwer mit Edelsteinen behängt. Sehr häufig werden große goldene Knöpfe in den beiden Nasenflügeln angebracht.

Unser Landsmann Ulrich Schmidel aus Straubing, welcher in den Jahren 1553—1558 Brasilien und Paraguay bereist hat, theilt in seiner Reisebeschreibung mit, daß die Indianer am La Plata einen farbigen Stein in der Nasenscheidewand tragen, und bei einem andern großen Völkerstamm herrscht die Gewohnheit, die durchbohrte Nasenscheidewand mit einer großen Papageifeder zu zieren.

Von den Bewohnern der Ufer des Bergsees am nördlichen Polarmeer weiß man, daß sie hölzerne Nadeln in künstlichen Oeffnungen der Nase befestigen, um dieselben bei großen Festen mit zahlreichen Schmucksachen zu behängen.

Kein Volk zeichnet sich in dieser Hinsicht mehr aus, als die

Eskimos. Die Frauen tragen so schwere Muscheln und Knochen an der Nasenscheidewand, daß dieselbe im vorgerückten Alter mitunter bis über die Mundspalte herabhängt. Ein mehrere Fuß langes Stäbchen von Bambus legen die Arkana-Indianer in die Scheidewand und befestigen an dasselbe allerhand künstliches Schnitzwerk. Auch der mexikanische Adel sucht sich vom niederen Volke durch Anlegung goldener Ringe in der Nase zu unterscheiden.

Ein nicht minder beliebter Gesichtstheil zur Anbringung von Schmucksachen ist die Unterlippe. Wie die männlichen Indianer Südamerikas mittels glühenden Eisens in der Unterlippe eine breite Spalte anbringen, welche bis in die Mundhöhle an das Zahnfleisch dringt, so machen die Eingebornen in Brasilien bei Mädchen und Knaben drei Oeffnungen in die Unterlippe, in welche sie glänzende Steine einlegen. Die Frauen der Muras am Amazonenstrom befestigen in Spalten der Unterlippe Schweinszähne und die Eskimos Wallroßzähne und Wallroßknochen. In Paraguay wird die Durchschneidung der Unterlippe schon in der Kindheit vorgenommen und allmählich bis über zwei Zoll erweitert. Noch eigenthümlichere Einfälle haben die Einwohner am Prinz-William-Sund; sie dehnen die Spalten in der Unterlippe so sehr aus, daß große Holzstücke eingelegt werden können und das Ansehen der Frauen steigt dort im Verhältnisse zur Größe des Holzstückes, das sie in der künstlich gemachten Oeffnung tragen. Auch auf Vandiemensland wird die Oeffnung in der Unterlippe so groß gemacht, daß die Zunge durch dieselbe bewegt werden kann. Eine unverständliche Sitte herrscht an der Erdenge von Darien. Dort trägt ein Indianerstamm allzeit ein kleines Stück geschlagenes Blech vor dem Munde, welches an der Nasenscheidewand Befestigung findet. Nach den Angaben Livingstone's legen die Manganja in Afrika einen großen Ring, Pelele genannt, in Oeffnungen der Oberlippe ein. Bei Mädchen wird schon frühzeitig die Oberlippe dicht unter der Nasenscheidewand quer durchschnitten und die Wunde mit Hilfe eines kleinen Pflockes offen erhalten. Ihre allmähliche Erweiterung findet durch den Gebrauch immer größerer Pflöcke statt, so daß schließlich ein Ring von drei Zoll im Durchmesser

Fig. 1.

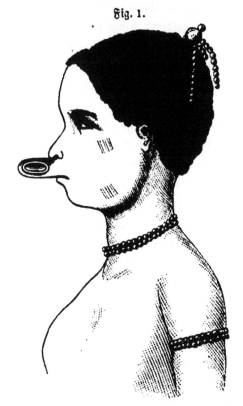

Afrikanisches Weib mit der Pelele in der Oberlippe.

in der Spalte Aufnahme findet. Die Pelele wird von allen Hochländerinnen am Ober- und Niedershire getragen. Während die Ringe der Reichen aus Elfenbein, Zinn oder einem blutroth aussehenden Thon gefertigt sind, bestehen die der Armen aus

Holz, gewöhnlich aus Bambus. Die Pelele aus Zinn hat die Form eines kleinen Tellers. Wenn die Frauen sich bei festlichen Gelegenheiten zeigen, sind sie stets mit der Pelele geschmückt. Der in der vernarbten Wunde angebrachte Ring nimmt eine horizontale Stellung ein, die Lippe ist gänzlich vom Zahnfleisch des Kieferrandes entfernt und die Schneidezähne häufig in Folge der Wirkung der Pelele nach einwärts gedrängt. Wird die Oberlippe im vorgerückten Alter schlaff, so muß der Ring entweder vergrößert werden oder er sinkt bis zum Kinn herab. An manchen Orten werden zwei Ringe, der eine in die Oberlippe, der andere in die Unterlippe, eingelegt. Am Boruma wird er von Männern und Frauen benützt. Trotzdem manche Eingeborne nach ihren eigenen Aussagen von der Häßlichkeit des Ringtragens überzeugt sind, wird die Unsitte doch aufrecht erhalten, weil sie, wie ein Eingeborner zu Livingstone sagte, Mode ist. Das häßliche Aussehen der Frauen, welche die eingelegten Ringe in den Lippen haben, wird noch dadurch gesteigert, daß die spitzgefeilten Zähne vollständig sichtbar werden. Auch ohne eingelegten Ring soll sich das Auge des Europäers mit Abscheu von der häßlichen Spalte in der Ober- oder Unterlippe abwenden.

Bei einem anderen Volksstamm in Süd-Amerika herrscht die Sitte, die Lippen und die Backen bis über die Wangen hinauf mit Löchern zu versehen, in denen sie Federn, dünne Pfeile und Stacheln anbringen, so daß das Antlitz thierisch entstellt erscheint; gleichzeitig wird, wie schon erwähnt, die Stirn mit rothen und schwarzen Farben bemalt. Die Wangen werden erst nach erreichter Mannbarkeit durchlöchert. Gegen das Zuheilen der Wunden dienen nach der Angabe von Spix kurze Pfeile, welche jeden Morgen hin und her bewegt werden.

Was die Durchbohrung der Ohren anbelangt, so sind in dieser Hinsicht die verschiedensten Völker eines Sinnes;

denn die wilden und die cultivirten Stämme unterscheiden sich hierin nur dem Grade nach von einander. Während die europäischen Frauen (vereinzelt auch Männer) nur kleine Oeffnungen in den Ohren anbringen, um Metalle, Edelsteine, Glas- und andere Schmucksachen anhängen zu können, erweitern die Bewohner Afrika's und Asien's die Ohrlöcher so bedeutend, daß die Läppchen bis zu den Schultern herabhängen. Die Oeffnungen dienen zur Aufnahme von Blumen, Ringen, Papierrollen, halbgerauchten Cigarren, Messern, Pfeilen, großen Metallplatten und dgl. Die Erweiterung des Loches in den Ohrläppchen wird bei den Bewohnern Sumatra's und Borneo's so weit getrieben, daß man eine Faust durch dasselbe hindurch stecken kann, ein Beweis, wie bedeutend ein Körpertheil verändert werden kann, ohne sonderlich Schaden zu leiden. Daß jedoch das Tragen der Ohrgehänge zuweilen Entzündungen, Eiterungen und Verunstaltungen zur Folge hat, ergibt die tägliche Erfahrung der praktischen Aerzte.

Besonders beliebte Gebilde für Vornahme von Veränderungen sind die Zähne bei wenig cultivirten Völkern.

Alle hinterindischen Stämme, dann die Siamesen, die Fellatahs in Afrika können die weiße Farbe der Zähne nicht leiden. Sie wollen die Zähne, wie sie das unvernünftige Thier auch hat, nicht dulden und fangen daher schon im zwölften Jahre an dieselben schwarz zu färben. Auf Amboina halten die Eingebornen nur die abgefeilten und schwarzgefärbten Zähne für schön. Besonders auffallend erscheinen die spitzgefeilten Zähne bei den afrikanischen Frauen, welche durch die Pelele die Lippe weit von dem Kieferrand entfernen.

Auch Beseitigung einzelner Zähne in Folge äußerlicher Vorgänge wurde beobachtet. Bei den Ureinwohnern der Sandwich-Inseln wird die Trauer über den Verlust eines Verwandten durch Ausreißen zweier Zähne dokumentirt, und in Neuseeland

findet die Mannbarkeits-Erklärung durch Entfernung eines Zahnes
bei großer Festlichkeit statt. In der Provinz Kordofan im östlichen Afrika herrscht die Sitte, im 10—12. Lebensjahr die vier
unteren Schneidezähne auszuziehen.

Daß die Unzufriedenheit mit der Form der Zähne schon
im grauen Alterthum vorhanden gewesen ist, geht aus einer Angabe des gelehrten Blumenbach hervor, welcher an ägyptischen Mumien die Beobachtung machte, daß die Zähne konisch
zugefeilt waren. Die Neger in Unter-Guinea feilen noch gegenwärtig ihre Zähne spitz, andere dreitheilig; an der Goldküste Afrikas
lebt ein Volksstamm vorwiegend von Wurzeln; die Zähne der
Männer und Weiber werden so spitz, wie Ahlen bearbeitet, und
die Nägel der Finger lassen sie gleich den Krallen eines Vogels
lang wachsen.

Die Veränderungen, welche in erster Reihe die Frauen mit
ihren Haaren vornehmen, interessiren mehr den Kulturhistoriker
als den Anatomen und Arzt, obschon man eine unverhältniß-
mäßige, künstliche Vermehrung des Kopfhaares ebenso zu den
Verunstaltungen des Körpers rechnen kann, wie das Tragen
eines Hundeschweifes (des Dingo) bei den Eingebornen Australiens
oder das Ausreißen der Augenbrauen und Wimpern bei den
Priestern in Siam, die demüthiger erscheinen wollen, als sie
sind. Gänzliche künstliche Vernichtung der Kopf- und Bart-
haare ist bei einigen asiatischen Stämmen und an der Goldküste Afrikas bei Männern üblich, wie denn auch in früheren
Zeiten die Juden, Griechen und Römer als Zeichen der Trauer
ihre Haare vollständig entfernten. In Tabatinga wohnte Spix
einem großen Feste der Tecunas an, wobei einem 2 Monate
alten Kinde die Haare vollständig ausgerissen wurden.

Alle bis jetzt angeführten Veränderungen des Körpers können theilweise als eigenthümliche Spielereien angesehen werden im Vergleich zu jenem barbarischen Gebrauch, den ganzen Kopf durch mechanische Hilfsmittel umzuformen. Man ist nicht zufrieden mit der von der Natur gegebenen runden Kopfform, welche nur niedrig Geborne haben, es werden gewaltsame Mittel angewendet, um den oberen Abschnitt des Kopfes, an jener Stelle, wo das edelste Organ, das Gehirn, Aufnahme findet, zu verändern. Diese Sitte wird zur Zeit noch bei einigen Nationen geübt, sie scheint aber so alt zu sein, als die Völker selbst, die sie in Gebrauch haben. Schon Hippokrates und Plinius haben der Völkerschaften gedacht, die sich durch besonders große Kopflänge auszeichneten. „Anfänglich,“ sagt Hippokrates, „habe man diese Großköpfe (Macrocephali), welche als Adelige, als besonders Bevorzugte angesehen wurden, künstlich erzeugt, aber mit der Zeit sei eine mechanische Umformung nicht mehr erforderlich gewesen, indem in Folge der Vererbung die Natur allein diese adeligen Köpfe besorgt habe.“ Plinius erwähnt gleichfalls des Volkes mit den großen Köpfen, welches um die alte Stadt Cerasus, das heutige Trebisonde, wohnte. Diese Großköpfe der Alten sind der Beschreibung nach jenen Schädeln ähnlich, welche man auf der taurischen Halbinsel bei Kertsch — dem Panticapäum des griechischen Geographen Strabo — zwischen zahlreichen, kegelförmigen Hügeln aufgefunden hat. Neben den Hügelgräbern hat man menschliche Schädel und Bruchstücke derselben ohne alle sargartige Umgebung ausgegraben, die eine so auffallende Gestalt erkennen ließen, daß sie schon den Laien betroffen machten. Von dem Anatomen Rathke sind dieselben auch wirklich als Macrocephali beschrieben worden und sie gleichen vollständig dem Kopfe, welchen Blumenbach in seinem berühmten Schädelwerke abgebildet hat. Da bei Kertsch mehrere solcher Schädel aufgefunden wurden, so ist nicht zu bezweifeln, daß dieselben nicht durch krankhafte, sondern durch künstliche Veränderung eine so eigenthümliche hohe Form erhalten haben. Interessant ist auch für die mechanische Formveränderung des Kopfes die Angabe des Leibarztes Karl V., des berühmten Anatomen des 16. Jahrhunderts, Vesalius, welcher behauptet, daß der platte Hinterkopf der Deutschen, und die dadurch hervorgerufene kurze (brachicephale) Kopfform durch mechanische Einwirkung entstanden sei. Die Mütter der Deutschen, meinte Vesalius, lagerten ihre Kinder in den ersten Lebensmonaten fast nur auf dem Rücken, während die Frauen in Belgien die ihrigen ausschließlich auf die Seite legten, und dadurch lange (dolichocephale) Köpfe erzeugten. Für die Geschichte der Anatomie ist es nur in sofern von Interesse, als schon Vesalius die Thatsache kannte, daß verschiedene Völker zwei abweichende Kopfformen haben; während ein Volk charakteristisch ist durch seine Kurzköpfe, zeichnet sich ein anderes aus durch seine Langköpfe, deren Entstehungsursache zur Zeit nicht hinlänglich aufgeklärt ist.

Diese Angaben der Alten über künstlich umgeformte Köpfe wurden erst ihrem wahren Werthe nach gewürdigt, als Reisende nach der Entdeckung Amerikas an den Ufern des Amazonenstroms, an der Ost- und Westküste Süd-Amerikas, in Peru, Mexiko und Nord-Amerika eingeborne Volksstämme kennen lernten, deren Köpfe sich als künstlich umgestaltete erwiesen. Aber nicht nur in Amerika, sondern auch in Europa: im südlichen Frankreich, in Constantinopel und bei den Grusiern am südlichen Abhange des Caucasus hat diese Sitte geherrscht, und sie ist zur Stunde in Frankreich noch in Uebung. Nachdem im Verlaufe der Zeit viele difforme Schädel der Art aus den amerikanischen Staaten nach Europa gewandert sind, und jetzt unsere naturhistorischen Sammlungen schmücken, und nachdem Reisende an Ort und Stelle

felbft die Umformung beobachten konnten, haben wir eine ziemlich klare Einsicht über diese Verirrung des Menschengeschlechtes
erlangt. Heute wiffen wir, daß die Annahme Dr. Lund's, welcher die eigenthümlichen Schädel, aus den zahlreichen Höhlen des
Uebergangs-Kalksteines in Minas Geraes stammend, als Ueber-
refte einer untergegangenen Race mit besonderer Kopfbildung
hat ansehen wollen, eine irrige war. Jetzt haben wir durch die
eingehenden Untersuchungen von Rathke, Birchow, Foville,
Morton und Gosse erfahren, daß die künstliche Umformung des
Kopfes eine Unfitte verschiedener Völker ist, die felbft bis in die neuefte
Zeit an ihren traurigen Folgen sich kennbar macht.

Die Verschiedenheit der Form, welche bei den Peruanern
durch künstliche Einwirkung zu Stande gebracht wird, ist nach
Morton vierfacher Art.

Fig. 2.

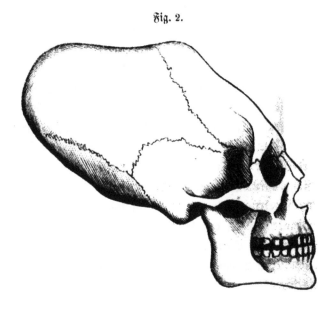

Schädel, angeblich aus Chili ſtammend.

Erstens findet man Köpfe, welche chlinderförmig schief nach hinten und oben so in die Länge gezogen sind, daß der Durchmesser von der Stirn zum Hinterhaupt ungewöhnlich verlängert ist, dagegen ist der Quer- und Höhendurchmesser gering; der Schädelraum, in welchem das Gehirn liegt, scheint etwas verkleinert zu sein. Alle einzelnen Knochen, welche sich an der Bildung des Schädels betheiligen, sind stark in ihrer Form verzerrt, aber die Nähte zeigen sich nicht verwachsen, sie verhalten sich wie an einem vollständig normalen Kopfe. Diese Form ist dadurch entstanden, daß man Brettchen und Compressen in Anwendung zog, die durch zirkelförmig angelegte Binden so befestigt wurden, daß der hintere obere Theil des Kopfes druckfrei blieb. (Siehe Fig. 2)

Fig. 3.

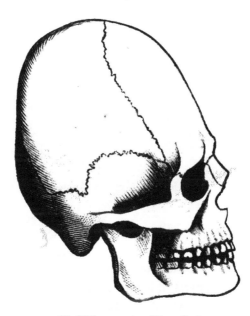

Künstlich erzeugter Thurmkopf.

Die zweite Art ift der zuckerhutförmige oder der Thurmkopf.
Hier ift die horizontale Ausdehnung der Knochen befchränkt
worden, indem das Wachsthum nur in fenkrechter Richtung
ftattfinden konnte. Der Höhendurchmeffer ift daher auf Koften
aller anderen fehr vergrößert. Die Näthe find nicht verwachfen
und die einzelnen Knochen nicht fo verändert, wie bei der erften
Form, das Stirnbein und das Hinterhauptsbein fteigen fenkrecht
in die Höhe. Die gebrauchten Zirkelbinden haben an diefen
Köpfen, entfprechend der horizontalen Ebene von allen Seiten
gleich ftark eingewirkt, während die Scheitelhöhe druckfrei blieb.
Nach aufwärts konnten fich der Schädel und das Gehirn ungehindert verfchieben. (Siehe Fig. 3.)

Fig. 4.

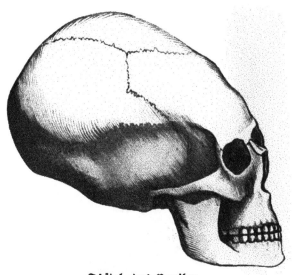

Schädel eines Caraiben.

Die dritte Kopfform ift durch einfache Abplattung der Stirn
und des Scheitels hervorgerufen. Diefe Köpfe zeigen eine ganz
eigenthümlich platte Form. Sie find fehr lang und breit, da-

gegen von sehr geringer Höhe; das Stirn- und Scheitelbein liegen fast in einer Ebene; an Länge geben sie der ersten Form nicht viel nach, an Breite sind sie weit voraus. Das Gehirn in einem solchen Schädel muß nothwendig ein vollständig platt gedrücktes Organ darstellen. Die Schädelhöhle scheint nicht besonders beeinträchtigt zu sein und die Schädelnähte zeigen selten Verwachsung. Die Umformung wird durch ein etwas größeres Brett, das auf Stirn und Scheitel zu liegen kömmt, und mit vielen Binden befestigt ist, ausgeführt. (Siehe Fig. 4.)

Fig 5.

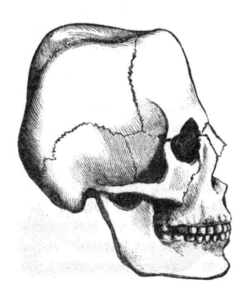

Schädel eines Flachkopf-Indianers.

Die vierte Art endlich ist jener eigenthümliche Kopf mit einer mehr oder weniger starken sattelförmigen breiten Rinne auf dem Scheitel und am Hinterhaupt. In der Mitte befindet sich vor oder hinter der Kranznaht ein querstehender, kantiger Vorsprung und zu beiden Seiten des Scheitels sind blasenartige Aus-

2*   (225)

buchtungen. Der Art verunstaltete Köpfe sind unter dem Namen Flachkopfindianer bekannt. Die Umformung wird in der Weise ausgeführt, daß ein kleines Brett auf der Stirn und ein größeres, welches bis zu den Schultern herabreicht, auf dem Hinterkopf mittels Binden Befestigung erhält. Die Brettchen scheinen so breit zu sein, daß der Druck nur von 2 Seiten, von vorn und rückwärts stattfinden kann. (Siehe Fig. 5 S. 19.)

. Dieser vier Kopfformen wurde auch in einem interessanten Dekrete des bischöflichen Hofes von Lima im Jahre 1585 gedacht. Dasselbe bezieht sich auf vier verschiedene Arten der künstlichen Mißbildung und es verbietet die Ausübung dieses Gebrauchs unter Androhung gewisser kirchlicher Strafen. Die Peruaner haben für die Formverschiedenheit der Köpfe bestimmte Namen, von denen Morton drei anführt, sie heißen in der Sprache der Eingebornen Caito, Oma und Opalla.

Aber nicht nur bei den wilden Völkerstämmen Süd-Amerikas, sondern auch in Ländern, deren Bewohner sehr stolz auf ihre hohe Kulturstufe sind, wird die künstliche Umformung der Köpfe bis in die Gegenwart hinein geübt; im Norden und Nordwesten Frankreichs nämlich ist nach verläßigen Mittheilungen von Foville und Gosse diese barbarische Unsitte vielfach in Gebrauch.

Foville führt in erster Reihe die Normandie, dann Toulouse, Limousin, Bretagne und Gascogne an, wo künstlich veränderte Köpfe nicht selten zur Beobachtung kommen. Auch in Paris, sagt dieser Schriftsteller, wo die Bewohner aus allen Theilen Frankreichs zusammenströmen, könne man sehr viele mißgestaltete Köpfe wahrnehmen. Die Formverschiedenheit der veränderten Köpfe ist so groß, daß Gosse den eben erwähnten vier Typen noch zwölf weitere anreihen zu müssen glaubte. Die Beurtheilung dieser zwölf neuen Typen, welche nur variable und zwar vorwiegend individuelle Formen zu sein scheinen, wollen wir einem anderen Forum überlassen. Hier genügen die von den genannten französischen Aerzten mitgetheilten Thatsachen, daß in vielen Provinzen Frankreichs die Kopfumgestaltung noch vielfach im Gebrauch ist, während die künstlich veränderten Schädel, welche man bei Kertsch und Wien aufgefunden hat, nachweisbar eingewanderten Volksstämmen angehören. —

Was die Methode der Kopfumformung anlangt, so besteht dieselbe, wie schon kurz erwähnt, darin, daß man Brettchen, Compressen, Binden, Häubchen und Tücher in eigenthümlicher Weise anlegt.

Bald nach der Geburt wird dem ohnmächtigen Kinde das Siegel der Vorurtheile seines Stammes aufgedrückt, denn auch das roheste Volk wußte aus Erfahrung, daß der menschliche Kopf in der zartesten Kindheit sehr gefügig ist, und daß er selbst starke mechanische Einwirkungen geduldig ertragen kann. Nicht nur der Schädel und das Gehirn, sondern auch andere edle Organe halten in der Jugend einen großen Grad von Druck aus, ohne daß die Leistungsfähigkeit derselben vollständig vernichtet wird. Am Köpfchen des Neugeborenen sind ja die Knochen sehr elastisch und noch nicht mit einander knöchern verwachsen; es bleiben schmale Streifen und größere Stellen zwischen den einzelnen Schädelknochen übrig, welche unter der Benennung Nähte und Fontanellen bekannt sind. Diese Beschaffenheit des kindlichen Kopfes ermöglicht sehr verschiedene Form-Veränderungen unter lang andauerndem Druck, wobei das Gehirn nothwendig sich der Form des knöchernen Schädels anpaßt.

Soll der Kopf des Neugeborenen in seiner Form eine Aenderung erfahren, so wird er mit den schon erwähnten Druckmaschinen zwei und mehrere Jahre hindurch behandelt. An der

Oſtküſte Süd=Amerikas werden die Kinderchen in eigens her=
gerichtete Lager, ſ. g. Wiegen, welche aus Baumſtämmen ge=
zimmert oder aus einfachen Brettern roh gearbeitet ſind, gelegt.
Die aufgebundenen Bretter erlangen an dem Holzlager eine
derartige Befeſtigung, daß der Druck bei einer feſten Unterlage
im Nacken nur in beſtimmter Richtung ſtattfinden kann. Die

Fig. 6.

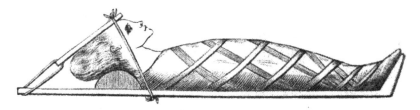

Lage des Kindes in der Druckmaſchine. (Südamerika.

Angaben der Reiſenden lauten dahin, daß die Kinder in einem
bedauernswerthen Zuſtande ſich während der Operation befinden.
Das Geſichtchen iſt bläulich gedunſen, die Augen ſind ſtark ge=
röthet und etwas aus den Höhlen hervorgetrieben, der Kopf ſoll
ſich heiß anfühlen und die Schmerzen ſcheinen nicht gering zu
ſein, denn die Kinder jammern viel und ſind ſehr unruhig, aber
troß dem läßt man ſie ihr Lager unbarmherzig inne behalten.
Befreit wird der Kopf nur dann, wenn das Kind gereinigt wird
und Nahrung erhält. Daß auch bei Erwachſenen drückende
Apparate in Anwendung gelangen, zeigt nachſtehende Figur: Kopf
eines Eingeborenen Perus darſtellend. (Siehe Fig. 7.)
    In den erwähnten franzöſiſchen Provinzen dienen zur Umfor=
mung des Kopfes Häubchen, Mützchen oder Tücher. An mehreren
Orten ſetzt man dem Kinde bald nach der Geburt Häubchen auf,
welche um die Rundung des Hauptes befeſtigt werden; oder
man umwickelt daſſelbe mittels Binden von der Scheitelhöhe bis

unter das Kinn, oder von der Stirnhöhe bis unter das Hinterhaupt. (Siehe Fig. 8 u. 9.)

Fig. 7.

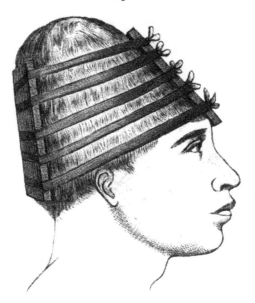

Eingeschnürter Kopf eines Peruaners.

Ueber der Kopfpresse gebraucht man außerdem noch runde Mützchen, welche am Rande mit Löchern und Zugbändchen so versehen sind, daß sie die Wirkung der Binden unterstützen. Diese Methode ist in der Normandie besonders beliebt. In Toulouse und einem Theile des angrenzenden Landes fängt man nicht mit der Binde, sondern mit einem runden Mützchen an, welches durch eine Bandage befestigt wird. Wie auch die einzelnen Verfahrungsweisen in der Umwickelung verschieden sein mögen, stets wird durch den anbauenden Druck die Form des Kopfes der Art künstlich verändert, daß er eine hohe oder lange cylinderförmige Gestalt erlangt.

Für die Beurtheilung der Folgen der Kopfumformung scheinen mir die Angaben der französischen Aerzte werthvoller

Fig. 8.

Eingeschnürter Kopf aus dem unteren Seine-Departement.

zu sein, als die sich widersprechenden Mittheilungen der Reisenden, welche keine medicinische Bildung haben, über den geistigen Zustand der nord- und südamerikanischen Volksstämme. Von der einen Seite wurde nämlich behauptet, daß die einzelnen Völkerschaften in Peru und Chili, bei denen die Kopfumformung geübt wird, an Intelligenz hervorragend seien, während von der andern Seite gesagt wurde, daß dieselben sich als harmlose, stumpfe Naturen zeigten. Im allgemeinen kann man annehmen, daß, wenn der Druck auf den Kopf nur an einzelnen Stellen stattfindet, für das Gehirn die Möglichkeit gegeben ist, nach

Fig. 9.

Kopfbinde, welche einen Eindruck an der Kranznaht erzeugt.

der druckfreien Seite hin auszuweichen, und dieses kann um so leichter ohne hochgradige Beeinträchtigung der Gehirnfunktion geschehen, wenn der Druck ein einseitiger, allmählicher und nicht allzustarker ist. Je allseitiger und je intensiver aber der Kopf gedrückt wird, um so mehr muß das Wachsthum des Schädels und das des Gehirnes leiden. Ohne Nachtheil für die Intelligenz kann die starke mehrere Jahre dauernde Compression schon deshalb nicht sein, weil die normale Füllung der Gefäße des

Gehirnes mit Blut und die hiervon abhängige Ernährung desselben nicht ungehindert vor sich gehen kann. Halten wir uns
an die Mittheilungen der französischen Aerzte, an deren nüchterner
Beobachtungsfähigkeit wir keine Gründe haben zu zweifeln, so
bekommen wir ein Bild über die Folge-Erscheinungen der Kopfumformung, das seines Gleichen sucht und das die Aerzte des
Landes herausfordert, mit allen ihnen zu Gebote stehenden Mitteln gegen die unheilvolle Sitte anzukämpfen.

Schon Foville hat uns berichtet, daß der bekannte französische Irrenarzt Esquirol sein Erstaunen ausgedrückt habe über
die große Anzahl von Irrsinnigen, welche in seinem Geburts-
lande sich fänden, und dieses Geburtsland ist jenes, wo die
Mißbildung des Kopfes in Frankreich am allgemeinsten sich vorfindet. Wenn auch die Mißbildung des Schädels nicht immer
ein Hinderniß für den vollkommenen Gebrauch der intellectuellen
Fähigkeiten ist, so kann nach Foville doch nicht geläugnet werden,
daß in jenen Gegenden, wo der genannte Mißbrauch herrscht, die
Gehirnfieber die Kinder mehr dezimiren und Geisteskrankheiten
in anderen Lebensperioden häufiger vorkommen, als an anderen
Orten, wo die Unsitte nicht besteht. So will auch Dr. Delaye,
ein Irrenarzt in Toulouse, die Wahrnehmung gemacht haben, daß
bei den Geisteskranken seiner Anstalt zahlreiche Beispiele künstlicher Schädelmißbildung sich vorfanden. Auffallend sei ferner
das Béarn, welches sich durch eine sehr geringe Zahl von Geisteskranken auszeichne; es herrsche dort eine andere Methode, die
Häubchen der Neugeborenen zu binden, als in den anderen
Provinzen. Man kann sich mit Foville einverstanden erklären,
wenn er hervorhebt, daß nicht alle Individuen mit umgeformten
Köpfen nothwendig Geisteskranke werden müßten, es seien sogar
auch Beweise des Gegentheils vorhanden, aber die Prädisposition
dazu könne nicht geleugnet werden und sie stehe in directem

Verhältniß zu dem Grade der Verbildung. Geringe Formen künst=
licher Umbildung hält Foville möglicherweise für ganz ohne
Nachtheil. Hat aber die Mißbildung einen hohen Grad erreicht,
so ist das Gehirn in seiner Ausbildung gehindert, nnd die so miß=
handelten Individuen, im Falle sie nicht ein acutes Gehirnleiden
wegrafft, verfallen häufig dem Stumpfsinn, Blödsinn oder der Fall=
sucht. Wenn es auch schwer sein mag, bei Geisteskranken mit
künstlich umgeformten Köpfen, die Krankheit auf ihre wahre Ur=
sache zurückzuführen, so ist es doch von hohem Interesse zu er=
fahren, was Gosse auf Grund eigener und anderer Beobach=
tungen in dieser Hinsicht vor einiger Zeit mitgetheilt hat. Auch
dieser Arzt giebt an, daß wenn die Mittel nur vorübergehend
und nicht zu intensiv eingewirkt haben, die nachtheiligen Folgen
geringgradig sein sollen; aber die große Sterblichkeit der Kinder
bei den amerikanischen Volksstämmen sei ebenso die Folge der
Kopfumformung, wie auch in Frankreich. Der Geisteszustand
der Völker, wo diese Unsitte geübt werde, sei ein be=
dauernswerther. Die Siamesen seien dumm und grausam, die
Bergbewohner in Peru hochgradig denkfaul und die Indianer
am Sacramento das geistesärmste Volk unter der Sonne. Der
Volksstamm am Oregon mit seinen kleinen Gehirnen sei das
dummste in Nord=Amerika und geradezu bildungsunfähig. Sehr
auffallend sei bei all' den Völkern mit künstlich veränderten
Köpfen die hochgradige Immoralität. Gosse bestätigt den Aus=
spruch Foville's, daß die Thurmköpfe in Coincidenz stehen mit
Zornmüthigkeit.

Nach den Angaben eines anderen französischen Arztes,
Dr. Lunier, waren von 38 Frauen, welche die Mißbildung des
Kopfes hatten, krank: 13 an Idiotismus, 5 an Geistesschwäche,
7 an Fallsucht, 2 an Lähmung, 6 an Tobsucht, 1 an Melan=
cholie, 1 an Hysterie mit Geistesschwäche und 3 an Liebeswuth.

Von 10 Männern [1]) mit veränderten Köpfen waren 5 tobsüchtig, 2 epileptisch, 2 geistesschwach und einer litt an Idiotismus.

Auch für Toulouse macht Gosse die Angabe, daß wenn man auch nicht nachweisen könne, wie weit die Wirkung der künstlichen Umformung auf die Intelligenz wirke, doch zahlreiche Thatsachen bekannt seien, welche dafür sprechen, daß Geistesschwäche und Langsamkeit des Urtheils dort häufiger vorkommen, als anderwärts. Unter den Conscribirten aus la montagne noire zeigten sich alle mit künstlich veränderten Köpfen oberflächlich, eitel, prahlerisch, leidenschaftlich und ohne Urtheilsfähigkeit.

Wenn angenommen werden kann, daß die Angaben von Gosse und Lunier das Resultat sorgfältiger Beobachtungen sind, so muß man staunen, daß eine Unsitte, deren Folgen höchst bedauernswerthe sind, sich so lange bei einem Kulturvolk hat erhalten können.

Aus allen den mitgetheilten Beobachtungen darf mit großer Wahrscheinlichkeit der Schluß gezogen werden, daß die künstliche Umformung des Kopfes

1) die Entwicklung des Gehirns bis zu einem gewissen Grade beeinträchtigt,

2) die intellectuellen Fähigkeiten in Folge mangelhafter Ausbildung und Ernährung des Gehirns abschwächt und

3) Prädisposition für Geisteskrankheiten erzeugt. —

Was die Ursachen dieses Gebrauchs anlangt, so lassen sich auch hierüber einige Angaben machen. Wie bei allen ähnlichen tief eingewurzelten Unsitten scheinen auch hier in erster Reihe die Ranges- und Standesunterschiede, welche ja im Völkerleben eine so bedeutende Rolle spielen, in Betracht zu kommen.

Der Spanier Torquemada theilt einige Thatsachen mit, welche für die Beurtheilung der Ursachen der Kopfumformung nicht werthlos zu sein scheinen. Die Peruaner machten ihm nemlich die Angabe, daß in jeder Provinz eine eigene Art, die Köpfe umzuformen, vorhanden sei. Die hohe pyramidenförmige Gestalt soll ein Vorrecht für einige Vornehme Perus gewesen sein. Die Begünstigung, Thurmköpfe erzeugen zu dürfen, habe ausdrücken sollen, daß bevorzugte Edelleute die Köpfe ihrer Söhne, wie die der Könige, formen dürfen. Einen bewundernswürdigen Fleiß verwenden deshalb die Großen oder Edelleute in Peru darauf, die Köpfe in bestimmter Art zu modeln, indem sie die Umwickelungen mit der größten Sorgfalt zwei oder mehr Jahre fortsetzen. Man begegnet auch der Angabe, daß praktische Gründe dabei wirksam sein sollen; es wurde von Reisenden behauptet, daß die Stirn platt gedrückt werde, um schwere Lasten leichter tragen zu können, eine Annahme, welche von der Mehrzahl der Aerzte keine Bestätigung fand.

Aber nicht nur die bevorzugte Klasse scheint in Mexiko die Köpfe umgeformt zu haben, sondern auch die dienende, denn die Ueberreste alter Denkmäler stellen den König und den Sclaven mit übereinstimmend umgeformten Köpfen dar. Unser Landsmann Spix macht die Mittheilung, er habe von einem Volke in Süd=Amerika vernommen, daß es seine Köpfe deshalb umforme, um sich von einem verwandten, nachbarlichen Stamme, den Cannibalen angehörig, zu unterscheiden.

Es scheint demnach, daß vorwiegend falsche Begriffe über Schönheit, ganz besonders aber die Kennzeichnung des Ranges und des Standes als die häufigsten Ursachen für die Umformung des Kopfes wirksam sind, Vorurtheile und Verirrungen, welche, wenn auch in verschiedenem Gewande, bei keinem Volke der Erde vermißt werden.

Daß selbst Völker, welche an der Spitze der Kultur stehen, bei Besprechung der willkürlichen Veränderungen menschlicher Körpertheile nicht ausgeschlossen werden können, zeigt ferner die eigenthümliche Form des Brustkorbes, welche durch hochgradige Einwirkung der Schnürbrust hervorgerufen wird. Dieser wichtige Körpertheil steht ebenso wie der Kopf, die Hände und die Füße unter dem mächtigen Einflusse der Mode, welcher sich an ihm, seiner großen Beweglichkeit und Elasticität wegen, in auffallenderer Weise äußerlich geltend machen kann, als an anderen mehr starren Körpertheilen.

Der Brustkorb ist nämlich zusammengesetzt aus dem Rückgrat oder der Wirbelsäule, welche das bewegliche und doch kräftige Stativ für den ganzen Korb darstellt. Zwölf ringförmig gestaltete Wirbel sind durch knorpelige, elastische Zwischenmittel fest mit einander vereinigt. Zu beiden Seiten dieser Säule legen sich die zwölf reifähnlich gestalteten Knochenspangen, die Rippen, beweglich an. Dieselben biegen sich in eigenthümlicher Weise nach unten und nach vorn, um durch elastische Knorpel verlängert zu werden. Ein unpaarer platter Knochen, das Brustbein, bildet vorn den Schluß. Da die sieben oberen Rippen sich mit dem Brustbein direct verbinden, so sprechen wir von wahren Rippen, welche in ihrer Bewegung etwas beschränkter sind, als die fünf unteren, die falschen Rippen, die das Brustbein nicht mehr direct erreichen, sondern sich aneinander und an die siebente Rippe anlegen. An der unteren Parthie des Brustkorbes ist das Zwerchfell, ein zusammenziehungsfähiger Muskel, so angebracht, daß es eine mit Löchern versehene Scheidewand zwischen der Brust- und Unterleibshöhle bildet. Die Wirkung verschiedener Muskeln an den beweglichen Rippen in Gemeinschaft mit der des Zwerchfells vollziehen jenen wichtigen Proceß, den wir als Ein- und Ausathmung kennen. Da aber im untern Abschnitt des Brustkorbes das Zwerchfell beim Erwachsenen durchschnittlich 16—18 mal in der Minute auf- und niedersteigt, und die unteren falschen Rippen viel beweglicher sind, als die oberen, so fällt der Athmungsproceß vorwiegend dem unteren Abschnitt des Brust-korbes zu.

In dem großen Binnenraume der Brust finden die beiden elastischen Lungen, welche sich der Ausdehnung und Zusammen-ziehung des knöchernen Gerüstes im Allgemeinen accommodiren, Aufnahme.

Zwischen den beiden Lungen ist das Centralorgan des Blut-kreislaufes, das Herz, mit seinen großen Blutgefäßen an-gebracht. Die Lungen und das Herz füllen aber nicht den ganzen Raum der Brusthöhle aus, sondern das Zwerchfell wölbt sich so stark aufwärts, daß unter ihm, und zwar noch inner-halb des Raumes, der von den Rippen umschlossen wird, rechterseits, die etwas über 4 Pfund schwere Leber und linkerseits die annähernd ein halbes Pfund wiegende Milz Aufnahme finden. Zwischen der Leber und der Milz sind der Magen, die Bauch-speicheldrüse und die Darmschlingen eingeschlossen.

Ist der knöcherne Brustkorb von normaler Beschaffenheit, so zeigt er entweder eine fast cylinderförmige oder eine kegelför-mige Gestalt; er ist oben und unten annähernd gleich weit, oder er spitzt sich aufwärts etwas kegelförmig zu. Frei und ungehin-dert können die Brust- und Unterleibsorgane von ihm umschlossen werden und sie führen ihre Verschiebung bei der Ein- und Aus-athmung ungestört aus.

In Figur 10 ist ein normaler Brustkorb in die Umrisse des Körpers der mediceischen Venus, welcher als antikes Ideal weib-licher Schönheit anerkannt ist, so eingezeichnet, wie es die na-türlich-reine Form vorschreibt.

In der Figur 11 ist ein Brustkorb dargestellt, wie ihn der

Fig. 10.

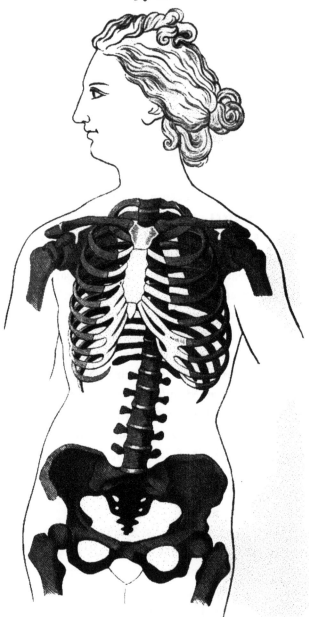

Mediceische Venus nach Sömmering.

Fig. 11

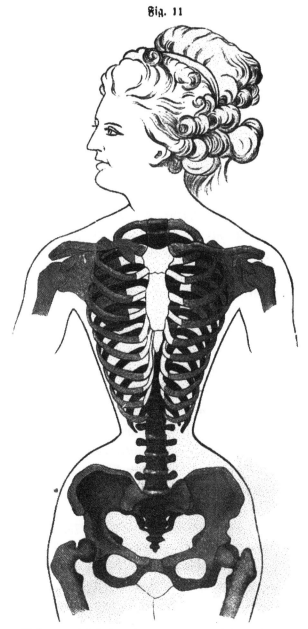

Wirkung der Schnürbruſt. (Ende des vorigen Jahrhunderts.)

berühmte Anatom Sömmering am Ende des vorigen Jahrhunderts mit Hilfe von Meß=Instrumenten bestimmt hat, und wie auch ich einen ähnlichen aus neuester Zeit, genau nach Maaßen aufgestellt, besitze. Man nimmt wahr, daß die Form die umgekehrte der normalen ist. Er ist oben sehr bedeutend weiter als abwärts, so daß in seinem unteren Abschnitt nothwendig eine Raumbeschränkung für alle Organe, welche er umschließt, vorhanden ist.

Wenn nämlich die Druckmaschine, das Corset, einwirkt, so drängt sie, bei Erzeugung einer schlanken Taille, die stark beweglichen unteren Rippen schief nach abwärts und gegen die Mittellinie. Die Rippen nähern sich unter dem Brustbein und sie können sich in der Art berühren, daß eine Verkrümmung der Knorpelstücke entsteht. In Folge der starken Compression müssen alle Durchmesser an der Basis des Brustkorbes verkleinert und die Beweglichkeit der unteren Rippen beschränkt oder ganz aufgehoben werden. Diese Raumbeschränkung an der Brust alterirt die Bewegung des ganzen Körpers nicht sonderlich, obschon die Muskeln am Rücken durch den Druck etwas verkümmern und daher kraftlos werden. Mehr aber müssen die für eine gesunde Existenz so wichtigen Brust= und Unterleibsorgane leiden.

Die Lungen, das Herz und die großen Blutgefäße können sich nicht vollständig ausdehnen, und müssen daher die Athmung und Circulation, wenn auch nur geringgradig, Schaden nehmen. Die rothen Gesichter junger Mädchen bei lebhaften körperlichen Bewegungen sind sicherlich häufig nur die Folge der Blutverdrängung in der Brust= und Bauchhöhle durch die zu eng anliegende Schnürbrust. Wo sollen denn aber die Leber, die Milz, der Magen und die Bauchspeicheldrüse Raum finden? Auch sie werden in ihrer Lage nach oben gegen den Brustraum und nach unten gegen das Becken verschoben, und so zusammengedrückt, daß ihre Funktion nicht ungestört bleiben kann. Nach meinem Dafürhalten werden durch starken Druck unzweifelhaft Störungen in der Thätigkeit der genannten Organe[2]) hervorgerufen, wenn dieselben auch nicht gerade alltäglich sich geltend machen. Der Anatom Sömmering ging sogar so weit, daß er auf Grund von Angaben vieler Aerzte eine Summe von 100 krankhaften Zuständen im Körper aufgezählt hat, welche als Folgeerscheinungen der Wirkung des Corsets beobachtet worden sein sollen.

Will man auch nicht so weit gehen, als Sömmering, so darf man doch, ohne sich der Uebertreibung schuldig zu machen, aussprechen, daß, wenn die Schnürbrust als schlankmachende Druckmaschine nur einigermaßen stark wirkt, sicherlich nicht zu unterschätzende nachtheilige Folgen verschiedener Art entstehen, von denen einige anatomisch nachgewiesen sind.

Werden jedoch die Mieder als Verschönerungsmittel des Körpers angesehen, so läßt sich wahrscheinlich dagegen ebenso wenig mit Erfolg ankämpfen, als es dem römischen Komödiendichter Terenz mit beißendem Spott und den Gelehrten Sömmering und Hyrtl mit wissenschaftlichen Gründen gelungen ist, sichtbare Resultate zu erzielen. Oder sollten am Ende doch die Bemühungen der genannten Männer dazu beigetragen haben, daß die engen Schnürleiber früherer Zeiten, welche man für die schlanke Frauengestalt mit Fischbein und Metall durchzog, allmählich verschwunden sind?

Langsam und schwach vollziehen sich die Wirkungen, wenn gegen tief eingewurzelte Vorurtheile angekämpft wird, aber erfreulicher Weise bleiben derartige Bestrebungen doch nicht ganz ohne Erfolg. Wenn man sich nicht täuscht, so hat auch bei uns schon die Anschauung Wurzel gefaßt, daß der unveränderte Körper der mediceischen Venus für ein höheres Ideal weiblicher Leibesform gehalten wird, als die Wespengestalt der französischen

Frauen des vorigen und jetzigen Jahrhunderts, eine Gestalt, welche nur allzulange den deutschen Frauen als mustergiltig schien. —

Indem ich die Besprechung des Metallschmuckes am Halse, den Armen und den Fingern, sowie die Beschneidung bei Knaben und Mädchen und die verschiedenen Opferarten, welche bei barbarischen Völkern vorkommen und die darin bestehen, daß mehrere Fingerglieder beim Tode eines Angehörigen abgeschnitten werden, übergehe, gelange ich zu meinem letzten Thema, einer Unsitte der schlimmsten Art, die bei dem originellen Volke, den Chinesen, schon seit Jahrhunderten in Uebung ist und die voraussichtlich auch noch lange sich erhalten wird; ich meine die Umformung der Füße bei chinesischen Frauen[3]).

Der menschliche Fuß ist bei normaler Ausbildung einer der wichtigsten lokomotorischen Apparate des Körpers. Sein anatomischer Bau ist bei dem aufrecht gehenden Menschen sehr eigenartig und derselbe zeigt nur in allgemeinen Beziehungen Verwandtschaft mit der hinteren Extremität der Thiere. Seinem Zwecke entsprechend stellt er ein elastisches Gewölbe von besonderer Construction dar. Neben freier Beweglichkeit ist ihm ein hoher Grad von Festigkeit verliehen. Nur die Eigenthümlichkeit seiner Gewölbeconstruction macht ihn für seine hohe Aufgabe geschickt.

Auf die, aus sieben Knochen bestehende feste und doch elastische Fußwurzel ist oben der Unterschenkel beweglich aufgepflanzt. Der Fußwurzel reiht sich vorn der Mittelfuß an, welcher aus fünf, ebenfalls ziemlich fest vereinigten Knochen zusammengesetzt ist; diese nehmen vorn die fünf federnden Endstücke, die Zehen, auf, welche sowohl am Mittelfuße, als auch in sich einen hohen Grad von Beweglichkeit zeigen.

Die gewölbte Form des Fußes ist erforderlich, damit das Spiel der zahlreichen Muskeln, die Circulation des Blutes in den Gefäßen und die Thätigkeit der Nerven bei voller Belastung ungehindert in der Fußsohle vor sich gehen kann. Wenn das Gewölbe, das hier auf dem Durchschnitt dargestellt ist, sich

Fig. 12. .

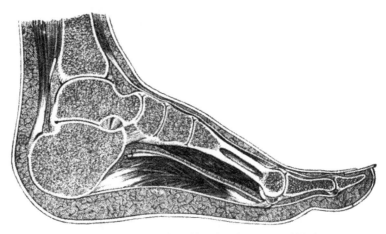

Normaler Fuß eines Erwachsenen auf dem Durchschnitt.

stark senkt, so daß der innere Fußrand fast eben so tief steht, als der äußere, dann haben wir den Plattfuß vor uns, welcher keiner andauernden Leistung fähig ist. Jede Hemmung der freien Bewegung der Füße setzt ihre Leistungsfähigkeit herab. Sowohl die schlecht construirte Fußbekleidung, welche die Zehen vorschiebt und den Mittelfuß vorn zusammendrückt, als auch die Anbringung einer zu schiefen Fläche durch allzuhohe Absätze, schadet der Bestimmung der Füße in nicht geringem Grade, ganz abgesehen noch von deren Verunstaltung in der Form; das Einwachsen der Nägel und andere bekannte krankhafte Erscheinungen sind die directen Folgen mangelhaft construirter Fußbekleidung.

Uebertroffen werden jedoch alle Arten willkürlicher körperlicher Veränderungen durch die Verunstaltungen, welche die chinesischen Frauen mit ihren Füßen vornehmen.

Ein Frauenzimmer in Kathai oder dem alten China ist
nicht schön, wenn der Fuß etwas mehr als 3 bis 4 Zoll Länge
besitzt. Die Unsitte der Umformung findet sich nach Tiedemann
weder bei den Mandschus, noch bei den Tataren hinter der
chinesischen Mauer, sondern nur im alten Kathai oder China,
und dort ist sie vorwiegend bei Frauen der höheren Stände in
Uebung. Wenn die Landbewohnerinnen die Füße verkleinern, so
treiben sie es nicht bis zu jenem Grade, wie es die gebildeten
Frauen thun.

Fig. 13.

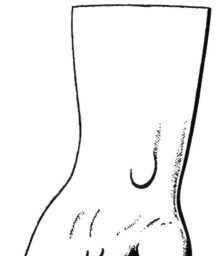

Fuß einer chinesischen Frau nach einem Gypsabguß.

Schon in der ersten Kindheit, zu einer Zeit, wo die einzelnen Stücke noch größtentheils knorpelig sind, beginnt die ge-

waltſame Zuſammenpreſſung von Seite der zärtlichen Mutter, welche ja keine Zeit verſäumen will, um die Füße des willen-loſen Mädchens ſchön zu formen. Die Hebamme macht den Anfang dazu ſchon in den erſten Lebenstagen; ſie legt Brettchen an, welche durch Bandagen und Binden gewaltſam zuſammen-geſchnürt werden. Dadurch wird nicht nur das Wachsthum der Knochen und Muskeln beeinträchtigt, ſondern der Fuß wird auch hochgradig verkrümmt; die Zehen werden von der zweiten bis zur fünften gewaltſam gegen die Fußſohle gedrängt, ſo daß die große Zehe allein ihre horizontale Richtung beibehält.

Während der normale Fuß ein Dreieck mit der Spitze ge-gen die Ferſe und der Baſis nach den Zehen gerichtet darſtellt, zeigt ſich der Chineſenfuß hinten breit und vorn ſpitz geformt. Die Umwickelung und Einſchnürung der Füße wird täglich wiederholt und ſtets in feſterer Weiſe ausgeführt. Die Bindemittel bleiben Tag und Nacht liegen, ſelbſt wenn die Füßchen heiß und ſchmerzhaft und die Kinder unruhig werden. Iſt doch die Schön-heit des Körpers höher anzuſchlagen, als das Wohlbefinden der lieben Kinder!

Fig. 14.

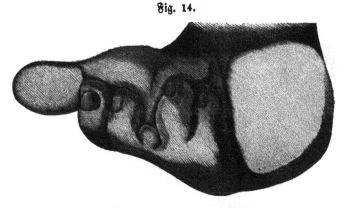

Fuß einer chineſiſchen Frau von der Fußſohle aus geſehen.

Hat die Operation Jahre lang gedauert, so wird schließlich ein Resultat erzielt, wie es in vorstehender Figur zu ersehen ist!

Der Fuß einer erwachsenen Chinesin ist nicht nur durch Beschränkung des Wachsthums viel zu klein, sondern auch hochgradig verkrüppelt. Die vier Zehen sind vollständig gegen die Fußsohle eingebogen, und der ganze Fuß ist in der Mitte zusammengekrümmt. Die einzelnen Knochen sind, wie Durchschnitte

Fig. 15.

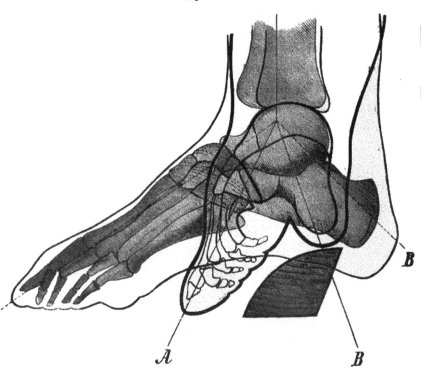

Die Knochen eines normalen und eines chinesischen Frauenfußes in einander gezeichnet nach Welcker in Halle.

durch derartig verkrüppelte Füße gelehrt haben, dauernd verbogen (Welcker).

Ein solcher Fuß ist nicht mehr geeignet die Last des Körpers mit Sicherheit zu tragen, daher der Gang sehr schwankend
wird. Wollen die chinesischen Frauen sehr schnell gehen, so gebrauchen sie, wie Tiedemann mittheilt, die Rohre ihrer Tabacks-
pfeifen als Stützen und suchen durch Bewegungen mit den Armen
das Gleichgewicht zu erhalten. Tiedemann vergleicht eine schnell
gehende Chinesin mit einer laufenden Henne, welche ihre Flügel
ausbereitet.

Die Frauen dieses Landes, welche sich keine Diener zum
Tragen halten können, bewohnen nur Erdgeschosse, und sind vorwiegend ans Haus gefesselt. Auf das Tanzen müssen sie ganz
Verzicht leisten; was sie Tanz nennen, sind nach Tiedemann
schwankende, trippelnde Bewegungen auf Teppichen in kleinen
Räumen unter Begleitung von Musik und ihrem eigenen Gesang.

Um eine gehfähige horizontale Fläche am Fuß zu gewinnen,
müssen sie an dem kleinen Schuh sehr hohe Absätze anbringen.
Die Sitte scheint noch nicht sehr alt zu sein, denn der Venetianer
Marco Polo, der im 13. Jahrhundert sich am glänzenden Hofe
des Kaisers aufhielt, und China in großer Ausdehnung bereiste,
hat bei Anpreisung der dortigen Frauen der kleinen Füße keine
Erwähnung gethan. Das Vorurtheil über die Schönheit solcher
Füße ist in China so tief eingewurzelt, daß die ländlichen Schönen,
wenn sie zur Hochzeit gehen, einen fußähnlichen Kork unter der
Fußsohle anbringen, um den kleinsten Schuh gebrauchen zu
können.

Nicht die sociale Rücksicht von Seite der eifersüchtigen
Männer, die Frauen ständig an's Haus zu fesseln, auch nicht
politische Motive, die Frauen von Einmischung in Staatsge-
schäfte fern zu halten, können, wie behauptet wurde, als Gründe
für die Umformung der Füße angesehen werden, sondern einzig

und allein die falschen Vorstellungen von Schönheit kleiner Füße wurden nach Tiedemann als die Hauptursachen dieser Sitte erkannt.

Der Kaiser Kan=si hat sich vergeblich bemüht, dem Gebrauch der Fußverunstaltung durch Verordnungen Einhalt zu thun; selbst sein Befehl, daß die Kaiserinnen künftig nur aus jenen chinesischen Volksstämmen gewählt werden dürften, bei denen die Fußverkleinerung nicht geübt wird, blieb wirkungslos.

So habe ich denn die Mehrzahl der eigenthümlichen Veränderungen, welche der hochstehende Mensch durch willkürliche Einwirkungen an seinem Körper hervorbringt, geschildert. Mögen die wilden Völker ihre harmlose Färbung der Haut üben, mögen die Chinesinnen so lange ihre Füße verunstalten, bis sie durch die Kultur geläuterte Begriffe von der wahren Schönheit menschlicher Körpertheile erlangt haben; was die Kopfumformung in Mexiko betrifft, so scheint dieselbe mit dem Eindringen der civilisirten Racen und der Missionäre in die fernen Länder schon bedeutend seltener geworden zu sein, und hoffentlich wird dieselbe in Amerika und Frankreich gänzlich unterdrückt werden.

Vor allem aber ist es an uns, dafür Sorge zu tragen, daß die Körper der Bewohner unseres Erdstriches keine gesundheitsschädlichen willkürlichen Einwirkungen erfahren; trachten wir dahin, daß die zarten Leiber unserer Kinder von nachtheiligem Druck verschont bleiben; suchen wir vielmehr alle Hilfsmittel auf, durch welche die Frauen und Männer unseres Stammes erstarken, damit sie sowohl den feindlichen Mächten der Natur, als auch übel gesinnten Nachbarvölkern allzeit siegreich Widerstand leisten.

Anmerkungen.

[1]) Bei den Franzosen kommt die Verbildung bei Frauen häufiger vor, als bei Männern. Unter 80 Frauen hatten 38, und unter 60 Männern nur 10 die künstlich veränderten Köpfe.

[2]) In einem populären Vortrag mußte bei Anwesenheit vieler Damen die Besprechung der nachtheiligen Wirkungen der Schnürbrust auf die Beckenorgane, und zwar vorwiegend auf die Gebärmutter vor und während der Schwangerschaft, ausgeschlossen bleiben, so sehr die diesbezügliche Belehrung der Frauen angezeigt wäre. Sömmering führt verschiedene Aerzte an, welche viele Krankheiten als Folgezustände des Corsetgebrauchs beobachtet haben wollen: Hysterie, Störung der Menstruation, Schiefstellung und Tiefstellung der Gebärmutter, Blutflüsse der schwangeren Gebärmutter, Unfruchtbarkeit, ungesunde, häßliche Kinder, Mißgeburten, Abortus, Frühgeburt, schwere Geburt und zu späte Geburt.

[3]) Wir besitzen in Deutschland zwei werthvolle Arbeiten über dieses Thema; die erste besteht in einem Vortrag, den der gelehrte Tiedemann im Jahre 1852 in der Senkenbergischen Gesellschaft in Frankfurt a. M. gehalten hat und welcher in seinen ungewöhnlich reichhaltigen Collectaneen auf der anatomischen Anstalt in München aufbewahrt wird. Die zweite enthält specielle anatomische Untersuchungen von Prof. Welcker in Halle; dieselbe ist abgedruckt in dem Archiv für Anthropologie, Jahrgang 1873.

Druck von Gebr. Unger (Th. Grimm) in Berlin, Schönebergerstraße 17a.

Ueber das Fleisch

als

Nahrungsmittel.

~~~~~~~

Von

Prof. E. Salkowski.

Berlin, 1874.

C. G. Lüderitz'sche Verlagsbuchhandlung.

Carl Habel.

Die Muskeln sind die Organe, welche die Bewegungen des Körpers ausführen, indem sie sich durch den Einfluß des Willens verkürzen. Sie bestehen nach der mikroskopischen Untersuchung aus feinen Fasern, an denen man noch eine Sonderung in eine Hülle und einen zähflüssigen Inhalt unterscheidet. Der Inhalt zeigt bei allen willkürlichen Muskeln und den Herzmuskeln eine Querstreifung: „quergestreifte Muskeln". Die quergestreiften Muskeln sind es ausschließlich, von denen im Folgenden die Rede ist. (Die Querstreifung fehlt bei einer andern Gattung von Muskeln, die nicht dem Willen unterworfen sind: „glatte Muskeln." Sie finden sich an keiner Körperstelle in solcher Menge, daß sie als Nahrungsmittel besonders in Betracht kämen.) Eine größere Zahl mikroskopisch feiner Muskelfasern ist durch sogenanntes Bindegewebe zu einem Bündel erster Ordnung vereinigt — die einzelnen Bündel selbst werden wiederum durch bindegewebige Hüllen umschlossen und zu größeren Bündeln vereinigt. Eine wechselnde Zahl derartiger Bündel konstituirt einen Muskel, beispielsweise den Beugemuskel des Arms, indem die Bündel durch Bindegewebe vereinigt und häufig noch durch eine sehnenartige Haut umschlossen werden. Zwischen die Muskelbündel eingebettet liegen die Blutgefäße und zwar sowohl arterielle, welche dem Muskel Blut zuführen und damit das Material zum Ersatz des durch die Thätigkeit und das Leben des Muskels Verbrauchten — als auch venöse, die das Blut abführen und mit ihm die, durch die Zersetzung der Muskelsubstanz entstandenen und für den Körper nicht weiter nutzbaren Substanzen. Weiterhin liegen zwischen den Muskelbündeln die Nerven, welche mit dem Centralorgan des Nervensystems, dem Gehirn, zusammenhängen, sich aufs Feinste im Muskel verzweigen und in den Muskelfasern endigen. Sie dienen dazu, die Impulse zu den Bewegungen zu leiten, die vom Gehirn ausgehen. Die Gesammtheit der Muskeln des Körpers bezeichnet man mit dem Ausdruck Musculatur oder Fleisch im engern Sinne.

Die Menge des Fleisches im Verhältniß zum Körpergewicht ist bei verschiedenen Thierklassen sehr wechselnd: beim Menschen beträgt die Musculatur bei kräftiger Entwicklung 58,5 pCt. des Körpergewichts — fast die höchste Zahl unter allen Säugethieren — beim Löwen 41,1; beim Schwein 42,8; beim Hund 37,9; beim Schaaf 46,5; beim Haasen sogar 69,6 pCt. ¹) Bei den andern Thierklassen ist das Verhältniß im Allgemeinen ein geringeres — bestimmte Gesetze und Beziehungen zur sonstigen Organisation lassen sich bis jetzt noch nicht aufstellen. In derselben Thierspecies unterliegt die Fleischmenge großen individuellen Schwankungen, wie die tägliche Erfahrung zeigt. Die Grundbedingungen für reichlichen Fleischansatz sind eine reichliche und zweckentsprechende Nahrung, andererseits aber auch eine angeborne, meistens ererbte Disposition; nur das Bestehen beider Bedingungen neben einander ermöglicht den Fleischansatz. Diese Disposition zum Fleischansatz ist sehr verbreitet bei manchen Thierklassen, wie beim Rind und auch beim Schwein, namentlich in bestimmten Racen, bei denen diese Fähigkeit durch Züchtung besonders ausgebildet ist — so daß hier Mißerfolge, falls das Thier überhaupt gesund ist, selten vorkommen. — Was den Menschen betrifft, so ist bei ihm der Einfluß der angeborenen Anlage am stärksten entwickelt, ebenso wie für den Fettansatz. Als drittes Moment kommt beim Menschen noch die Art seiner Beschäftigung hinzu. So lange der Körper auf der Höhe seiner Entwicklung steht, also bis zum beginnenden Greisenalter, wird bekanntlich die Ausbildung der Musculatur im Allgemeinen durch starke körperliche Anstrengung befördert, vorausgesetzt, daß durch die Nahrung hinreichendes Material zur Bildung von Muskelsubstanz zugeführt wird. — Die vorwiegende Ausbildung bestimmter Muskelgruppen, wenn sie durch einförmige Arbeit vorzugsweise in Anspruch genommen werden — man kann sie am schönsten bei manchen Fabrikarbeitern beobachten — zeigt, daß es in der That der starke Gebrauch der Muskeln selbst ist, der ihre Ausbildung befördert und nicht die begleitenden Momente, welche allerdings unter Umständen geeignet erscheinen, die Lebenskräftigkeit des Individuums im Allgemeinen zu befördern. In langen, erschöpfenden, namentlich fieberhaften Krankheiten nimmt die Masse und das Gewicht der Muskeln außerordentlich ab: man wird nicht fehl gehen, wenn man eine Abnahme auf die Hälfte des ursprünglichen Gewichts als möglich bezeichnet. Die Muskeln und das Fett sind es hauptsächlich, welche beim fiebernden Kranken, bei dem die Nahrungsaufnahme auf ein Minimum herabgesetzt ist, dem Verbrauch unterliegen. Diese Abnahme an Masse ist mit ein Grund für die enorme Muskelschwäche Genesender, die erst nach Wochen und Monaten verschwindet. — Mit dem Tode des Thieres oder mit der Abtrennung vom Körper desselben erleidet der Muskel eine Reihe von Veränderungen, die man unter der Bezeichnung „Todtenstarre" zusammenfaßt. Der früher weiche Muskel zieht sich zusammen, wird hart und starr, weniger dehnsam; parallel damit geht eine Aenderung der chemischen Reaction: während der Muskel vorher im lebenden Zustand rothes mit Lacmus gefärbtes Papier bläut, so röthet er jetzt umgekehrt blaues — es hat sich

also eine Säure gebildet. Verfolgt man die Veränderungen mit
dem Mikroskop, so sieht man, daß die durchscheinenden Muskelfasern sich mehr und mehr trüben und schließlich gänzlich unburch-
sichtig werden. Die Todtenstarre beruht auf dem allmäligen Ge-
rinnen und Festwerden der flüssigen Eiweißlösung, die den Inhalt
der Muskelfasern ausmacht, ähnlich wie das Hühnereiweiß gerinnt
beim Erwärmen. Es würde uns zu weit führen, wenn wir die
Ursachen erörtern wollten, warum der flüssige Inhalt gerinnt —
es möge hier die Andeutung genügen, daß die Ursache aller Wahrscheinlichkeit nach in dem Mangel der Blutcirkulation zu suchen
ist; auch während des Lebens würde die Gerinnung eintreten,
wenn der Blutstrom nicht fort und fort die gerinnungs-erregen-
den, durch den Stoffumsatz im Muskel entstandenen, Stoffe fort-
spülte. Das Fleisch, das wir genießen, befindet sich ausnahmslos, sofern es nicht noch weiter verändert ist, im Zustand der
Todtenstarre. Läßt man das Fleisch nämlich weiter an der Luft
liegen, so löst sich die Todtenstarre wieder, es wird wieder weicher
und entwickelt allmälig unter Auftreten zahlreicher mikroskopisch
kleiner Organismen auf der Oberfläche und im Innern den bekannten äußerst widerlichen und penetranten Geruch — das Fleisch
„fault", wie jedes andere thierische Gewebe. Die Anfangsstadien
dieses Processes finden sich nicht selten schon bei dem zum Genuß
bestimmten Fleisch.

In chemischem Sinne betrachtet, besteht das Fleisch zu fast ⅔
seines Gewichts aus Wasser, welches beim Trocknen bei 100 Grad
langsam entweicht — einen gleichen Wassergehalt mit geringen
Schwankungen zeigen fast alle thierischen Gewebe mit Ausnahme
der Knochen, bei denen er erheblich geringer ist. Dieser große
Gehalt an Wasser ist überraschend — man sollte glauben, daß
eine Substanz, die zu ⅔ aus Wasser besteht, flüssig sein müßte.
Das Wasser scheint in der That eine ganz eigenthümliche Rolle

in den thierischen Geweben zu spielen (und ähnlich in pflanzlichen).
Es wird von der organisirten Grundlage sehr hartnäckig festgehal=
ten, so daß ein irgend größeres Stück eines Organs beim Liegen
an der Luft niemals eine erhebliche Quantität seines Wassers
einbüßt. Man bezeichnet das Wasser wohl als Imbibitionswasser,
ohne daß damit indessen für die Erklärung der Rolle desselben
viel gewonnen wird. Die Unterschiede im Wassergehalt des Flei=
sches verschiedener Thierarten scheinen für diese charakteristisch zu
sein, so klein sie auch sind. Das Rindfleisch (vom nicht gemäste=
ten Thiere) enthält in 100 Th. constant 77 Th. Wasser — das
Kalbfleisch 78 Th., das Fleisch verschiedener Fische 79—80 Th.
— Zahlen, die sich aus den Beobachtungen verschiedener Forscher
ableiten. — Die Hauptmasse der festen Bestandtheile des Fleisches
bildet das Myosin (Muskelstoff), eine Substanz aus der Klasse der
Eiweißkörper. Auch die chemische Untersuchung bezieht sich stets,
sofern nicht besondere Vorsichtsmaßregeln getroffen werden, auf die
bereits todtenstarren Muskel. Während des Lebens existirt das
Myosin so, wie wir es aus dem Muskel durch chemische Hülfs=
mittel darstellen, nicht. Es entsteht vielmehr erst aus dem flüssi=
gen Inhalt der Muskelfasern durch eine Art von Gerinnung, wie
oben erörtert wurde; nun darf diese Gerinnung der des Eiweißes
beim Kochen nicht ganz gleichgestellt werden, das Myosin zeigt
nicht das Verhalten des geronnenen Eiweiß. Wir können das
Myosin aus dem Fleisch ausziehen, indem wir es, nachdem es
fein zerhackt, mit einer starken Lösung von Kochsalz zusammen=
reiben und die Masse auf ein Leinwandfilter bringen; es tropft
dann allmälig eine ganz klare, schwach gelbliche, zähe Flüssigkeit
ab, welche eine Lösung des Myosin darstellt. Gießt man diese
Lösung in Wasser, so scheidet sich das Myosin als eine weiße
flockige Masse aus, da es in Wasser unlöslich ist. Diese Masse
löst sich jedoch wieder, wenn man sie aufs Neue mit Kochsalz=

löſung übergießt. Dieſe Löſung zeigt die Grundeigenſchaft aller Eiweißkörper; ſie gerinnt beim Erhitzen, das Eiweiß wird unlöslich und unterſcheidet ſich dann nicht mehr von anderen geronnenen Eiweißkörpern, von geronnenem Hühnereiweiß oder Bluteiweiß. Das Fleiſch, ſo, wie wir es genießen, enthält ſtets mindeſtens einen großen Theil des Myoſin in d i e ſ e m Z u s t a n d e , da es ja ausnahmslos vor dem Genuß einer höheren Temperatur ausgeſetzt wird. Neben dem Myoſin enthält das Fleiſch noch geringe Mengen eines zweiten Eiweißkörpers in Löſung, der mit den Bluteiweiß übereinſtimmt. Im Ganzen machen die Eiweißſubſtanzen faſt 20 pCt. des Gewichtes des friſchen Muskels aus, alle übrigen Beſtandtheile zuſammen nicht mehr wie 2 pCt.; wohlverſtanden iſt hier immer von einem, von allen anhängenden Gebilden, wie Fett, Bindegewebe, Gefäßen und Nerven möglichſt gereinigten Stück Muskelfleiſch die Rede. Unter den übrigen Beſtandtheilen iſt zunächſt ein geringer Gehalt von Fett zu erwähnen, welcher keinem Fleiſch fehlt und auch durch die ſorgfältigſte Beſeitigung aller ſichtbaren Fetttheilchen nicht entfernt werden kann. Außerdem erhält man beim Ausziehen des Fleiſches mit Waſſer neben Eiweiß, das durch Erhitzen entfernt werden kann, noch eine Reihe von Subſtanzen in Löſung, deren Kenntniß wir zum größten Theil Liebig verdanken: das Kreatin, Hypoxanthin (reſp. Carnin), Xanthin, alle ſtickſtoffhaltig und kryſtalliſirbar — mehr von chemiſchen Intereſſe, da ſie den Thierkörper durchlaufen, ohne eine Veränderung zu erleiden und an der Wirkung der Fleiſchbrühe jedenfalls nicht betheiligt ſind. Wir erwähnen endlich noch den geringen, aber regelmäßigen Gehalt des Muskelſaftes an Milchſäure und Zucker. Die rothe Farbe des Fleiſches hängt nicht allein von ſeinem Gehalt an Blut ab — viele Muskeln behalten ſie, auch wenn man das Blut durch Ausſpritzen der Blutgefäße mit einer Löſung von Kochſalz ent fernt. Der Farbstoff der Muskeln ist indessen identisch mit dem Blutfarbstoff (Haemoglobin). Damit ist die Reihe der bekannten organischen, d. h. verbrennlichen Bestandtheile des Fleisches erschöpft — ohne Zweifel enthält der Auszug des Fleisches noch nicht näher gekannte Substanzen. Zieht man 1 Kilogr. Fleisch mit Wasser aus, entfernt das Eiweiß durch Aufkochen, und dampft den Auszug ein, so erhält man ungefähr 12 Grm. Rückstand, während die oben angeführten Substanzen nur 2 oder höchstens 3 Grm. ausmachen²). Zu diesen noch unbekannten Substanzen gehört auch der, namentlich beim Kochen und Braten hervortretende Riechstoff des Fleisches. — Außer den erwähnten Bestandtheilen, dem Myosin, dem Eiweißstoff des Blutes, den krystallisirbaren Verbindungen, dem Blutfarbstoff ꝛc. findet man im Fleisch noch eine kleine Menge unverbrennlicher Bestandtheile, sogenannte mineralische Substanz, welche zurückbleibt, wenn man das Fleisch trocknet, verkohlt und verbrennt. Der Aschengehalt wechselt nach der Thierart, von welcher das Fleisch abstammt, ist für diese jedoch unveränderlich bis auf kleine Schwankungen. Ebenso zeigt die Asche einer jeden Fleischart eine ganz bestimmte Zusammensetzung, immer aber überwiegt in ihr die Phosphorsäure über die anderen Säuren, das Kali über die anderen Basen. Auch hier gebührt wiederum Liebig das Verdienst, die Bedeutung des Aschengehaltes erkannt und die Aufmerksamkeit darauf gelenkt zu haben. Diese Aschenbestandtheile, die „unorganischen" Bestandtheile bilden nicht gewissermaßen eine Verunreinigung, eine Beimischung, die wegfallen kann, ohne daß das Fleisch aufhörte, Fleisch zu sein und als Muskel im Leben seine Funktionen zu erfüllen — sie gehören vielmehr nothwendig zur Zusammensetzung des Fleisches, wie ihr regelmäßiges Vorkommen und die große Constanz in der Zusammensetzung beweist und ein Muskel ohne Asche ist ebensowenig denkbar, wie ein Muskel ohne den ihm eigenthümlichen

Eiweißstoff. Die Salze des Muskels — wir nennen Salze die Verbindungen von Säuren mit Basen — wenn man sie durch Verbrennen des Fleisches dargestellt hat, sind zum größten Theil in Wasser löslich, trotzdem gelingt es nicht, sie aus dem Fleisch selbst durch Auskochen auszuziehen, auch wenn man das Fleisch noch so fein zerhackt und es noch so lange mit Wasser kocht. Ja es zeigt sich wiederum, daß ein ganz bestimmter Bruchtheil der Salze in den Auszug „die Fleischbrühe" übergeht, ein anderer nicht und daß sowohl der erstere Antheil, wie der zweite eine bestimmte Zusammensetzung zeigt. In welcher Art die Salze in dem ausgekochten Fleisch zurückbleiben, wodurch sie festgehalten werden, ist schwer zu sagen — es sind dies ganz ähnliche Verhält-nisse, wie beim Wassergehalt des Fleisches, Verhältnisse, die übrigens nicht für das Fleisch allein Geltung haben, sondern für alle thierischen und pflanzlichen Gewebe: in keinem Falle gelingt es, denselben durch Lösungsmittel allein ohne vollständige Zer-störung der Form ihre Salze zu entziehen. — Das Bild, das wir im Vorgehenden von der anatomischen und chemischen Be-schaffenheit des Fleisches zu geben versucht haben, bezieht sich wohlverstanden nur auf möglichst reines Muskelfleisch, möglichst frei von Fett, Gefäßen und Nerven und auch möglichst frei von Bindegewebe zwischen den Muskelbündeln — eine Anforderung, der ein bestimmter Muskel am Thiere, der Lendenmuskel (Iliopsoas), am meisten entspricht. Dieser Muskel wird nun auch in der That ganz besonders geschätzt und in der Regel mit dem Namen „Filet" bezeichnet. — Das, was man im Verkehr als „Fleisch" bezeichnet, besteht nur etwa zu ⅔ oder höchstens ⅘ aus Muskelfleisch und wechselt in seiner Beschaffenheit außeror-dentlich, nach der Individualität, dem Alter, Geschlecht der Thiere, der vorausgegangenen Ernährung derselben und der Körperstelle, der es entnommen ist. Was den letzteren Punkt betrifft, so ist

die Beschaffenheit des Fleisches im Allgemeinen um so besser, je
mehr es sich dem ideellen Begriff der Muskelsubstanz nähert und
namentlich je weniger es von den sehnenartigen Ausbreitungen
des Bindegewebes enthält. Außerdem scheint die Zartheit und
Weichheit des Fleisches auch in einem gewissen Zusammenhang
zu stehen mit dem mehr oder minder starken Gebrauch, dem dasselbe als „Muskel" während des Lebens unterworfen war: die
stark angestrengten Muskeln sind gröber und härter. Die Erfahrung hat für den Küchenwerth des Fleisches aus den verschiedensten Körpergegenden eine lange Skala festgestellt — vom
chemischen Gesichtspunkte aus läßt sich die Werthschätzung einzelner Fleischstücke nicht bis in diese Details hinein verfolgen und
ebenso wenig lassen sich bis jetzt die Unterschiede in dem Fleisch
verschiedener Thierarten chemisch begründen. — Es gehört kein
sehr ausgebildeter Geschmack dazu, um Rinderbraten vom Reh-
braten oder Hammelbraten zu unterscheiden; bei gekochtem Fleisch
ist die Unterscheidung schon schwieriger und wird in dem Maße
schwieriger, je länger das Fleisch gekocht ist. Diese Thatsache
deutet darauf hin, worin der Unterschied der verschiedenen Fleischarten zu suchen ist. Zunächst ist festzuhalten, daß das, was wir
im gewöhnlichen Leben „Schmecken" nennen, zum großen Theil
„Riechen" ist. Jeder, der einmal einen intensiven Schnupfen
durchgemacht hat, wird erstaunt gewesen sein, wie außerordentlich
dadurch die Geschmacksempfindung herabgesetzt wird; er wird bemerkt haben, daß Brod und Fleisch, Wein und Bier — Alles
„gleich schmeckt". Das, was wir im gewöhnlichen Leben Geschmack nennen, ist eine zusammengesetzte Empfindung, an der sich
der Geruch sowie Tastempfindungen von Seiten der zarten Schleimhaut der Mundhöhle und Zunge betheiligen. Man spricht nicht
selten von einem „metallischen", „zusammenziehenden", ja selbst
„mehligen" Geschmack — alles das sind die Tastempfindungen.

Dagegen gehören alle jene außerordentlich feinen Nüancirungen des Geschmacks verschiedener Gemüse, Gewürze, Früchte u. s. w. zum Theil in das Gebiet der Geruchsempfindungen. Wie weit der Geruch an dem Wohlgeschmack der Speisen betheiligt ist, läßt sich durch einen kleinen, im Erfolge sehr schlagenden, in der Erklärung schwierigen Versuch zeigen. Man hat nur nöthig, während man ein Bissen Brot oder Obst zerkaut, die Nase zuzudrücken und man wird erstaunt sein, bis zu welchem Grade der „Geschmack" verschwindet, um beim Nachlassen des Druckes wiederzukehren. Zum Theil sind auch die Empfindungen, die uns die Unterscheidung verschiedener Fleischarten ermöglichen, Tastempfindungen, zum Theil sind es Geruchsempfindungen. Die Unterschiede verschwinden umsomehr, je härter das Fleisch durch Kochen geworden ist und je mehr die riechenden Bestandtheile beim Kochen entweichen. Daß den letzteren ein sehr wesentlicher Antheil zukommt, geht daraus hervor, daß wir die Tastempfindung zur Unterscheidung des Fleisches verschiedener Arten nicht nothwendig bedürfen. Es wird vielleicht nicht Jeder, aber sicher Mancher im Stande sein, Brühe aus Rindfleisch von solcher aus Hammelfleisch, Kalbfleisch, Schweinefleisch ꝛc. zu unterscheiden. Diese Geruchsempfindungen sind es wohl auch hauptsächlich, die den Menschen in der Auswahl der Fleischarten zum Zweck des Genusses geleitet haben. Wenn wir die Thierarten durchgehen, deren Fleisch genossen wird, so erscheint die Auswahl ziemlich willkürlich und regellos, und doch läßt sich einige Gesetzmäßigkeit darin erkennen. Von Säugethieren werden so gut, wie ausschließlich Pflanzenfresser genossen, allenfalls noch das Fleisch des Bären, der ja aber auch vegetabilische Nahrung nicht verschmäht. Das Fleisch der meisten fleischfressenden Thiere zeichnet sich übrigens durch einen namentlich beim Kochen hervortretenden unangenehmen und widerlichen Geruch aus. Auf der andern Seite dienen aber auch nicht alle Pflanzenfresser zur Nahrung, selbst wenn sie in hinreichender Menge zu Gebot stehen. Es würde zu weit führen, hier näher darauf einzugehen und die Gründe für die Ablehnung dieser oder jener Fleischart aufzusuchen — in vielen Fällen scheint in der That nur ererbte Gewohnheit oder ererbtes Vorurtheil entscheidend zu sein. Die Belagerung von Paris hat übrigens ja in der neuesten Zeit gezeigt, daß man allerhand unappetitliche Thiere, bis auf Ratten herunter, ohne allen Schaden genießen kann. Indessen muß man sich doch hüten, alle derartigen Gewohnheiten mit der Bezeichnung Vorurtheile abzuthun. Im Ganzen würde es kaum als Gewinn zu bezeichnen sein, wenn man die Reihe der zum Genuß bestimmten Thiere noch um eine oder einige Arten vermehrte — für die Abwechslung ist ohnehin genügend gesorgt und ein genügender Vorrath von einer etwa neu in die Küchenliste aufgenommenen Thierart würde doch nur durch Züchtung herzustellen sein — dann aber liegt kein Grund vor, weshalb man eine neue Thierspecies einführen sollte. Die einzige Ausnahme möchten in dieser Beziehung die Kaninchen machen: die Kaninchen können ohne besondere große Veranstaltungen auch von ärmeren Leuten mit Leichtigkeit gezüchtet werden, ihre Unterhaltung kostet relativ wenig, sie vermehren sich stark und wachsen schnell heran, sie liefern gutes Fleisch und nebenher werthvolles Pelzwerk — es ist daher durchaus zu wünschen, daß ihre Zucht mehr und mehr in Aufnahme komme — wir müssen die Vermehrung des disponiblen Fleischvorraths unter allen Umständen als eine sehr wichtige Sache ansehen und es ist sehr wohl möglich, daß im Laufe der Jahre Kaninchenfleisch für die Ernährung der unteren Klasse eine wichtige Rolle spielte. Noch bei einem anderen Thiere würde die allgemeine Anerkennung der Zulässigkeit und Berechtigung des Genusses in der That von einer gewissen national=ökonomischen Bedeutung sein und den Fleischvorrath vermehren, ohne daß eine besondere Anstrengung dazu nöthig wäre

— nämlich beim Pferde. Es läßt sich zwar nicht behaupten, daß ein Stück Braten von einem alten Omnibus- oder Droschkenpferd ein besonderer Genuß ist, immerhin aber ist es Fleischnahrung und von etwas zähem Rindfleisch nicht viel verschieden. Freilich existiren in vielen größeren Städten Deutschlands Roßschlächtereien — Roßfleisch klingt jedenfalls schon besser als Pferdefleisch — und es wird außerdem viel Pferdefleisch als Rindfleisch gegessen, aber die öffentliche Meinung belegt das Pferdefleischessen noch immer mit einem gewissen Interdikt und spricht mit einer Art Abscheu von Wirthshäusern, in denen Pferdefleisch geboten wird oder werden soll. Bis vor wenigen Jahren enthielten die Tagesblätter noch ab und zu Berichte über „Roßfleischdiners" — wenn diese Berichte verschwunden sind, so darf man daraus wohl nicht schließen, daß die Verwendung von Pferdefleisch abgenommen hat, ebensowenig aber, daß es einer solchen Aufmunterung und Anregung, das Pferdfleisch in Gebrauch zu ziehen, nicht mehr bedarf. Der Grund ist wohl mehr darin zu suchen, daß sich das öffentliche Interesse augenblicklich fast ausschließlich der Tagespolitik zuwendet, derartige ökonomische Fragen in den Hintergrund getreten sind. Im Ganzen muß man sagen, daß der Genuß von Pferdefleisch nie recht in Aufnahme gekommen ist und sich allgemein ein gewisser Widerwille dagegen kundgiebt, der vielleicht ethischer Natur ist: in der That ist die Vorstellung ja etwas barbarisch, daß der Mensch den langjährigen treuen Genossen seiner Arbeit zum Lohn für seine Dienste schließlich noch aufessen soll, allein vielleicht wird einst die harte Nothwendigkeit dazu führen, sich über diese humanen Bedenken hinwegzusetzen. Es liegt außerhalb meiner Aufgabe, alle Thierarten aufzusuchen und namhaft zu machen, deren Fleisch zur Nahrung benutzt wird, umsomehr, als sie alle für die Ernährung der Volksmassen wenig in Betracht kommen und mehr Luxus-Artikel sind — nur die Fische sind hier auszunehmen, und vor Allem der Häring, der ein wahres Volksnahrungsmittel darstellt. Die Wichtigkeit einer rationellen „Bewirthschaftung" des Wassers ist schon oft und überzeugend hervorgehoben: hier liegt in der That noch ein Schatz und eine Quelle nationalen Wohlstandes verborgen.

Der Einfluß des Alters auf die Qualität des Fleisches ist so allgemein bekannt, daß ich nicht näher darauf einzugehen brauche. Jeder, der einmal den Kampf mit gekochtem altem Kuhfleisch bestanden hat, wird die Thatsache, daß das Fleisch alter Thiere zäh und hart ist, zu seinen wohl erworbenen Erfahrungen rechnen. Ebenso bekannt ist, daß das Fleisch ganz junger Thiere fast geschmacklos ist und auch das etwas älterer so verschieden von dem erwachsener, wie das Fleisch einer Thierart von dem einer andern: man denke an Kalbfleisch und Rindfleisch. Was das Geschlecht anbetrifft, so giebt man in der Regel an, daß das Fleisch weiblicher Thiere zarter und wohlschmeckender sein soll. Alle diese praktischen Erfahrungen lassen sich bis jetzt noch nicht wissenschaftlich begründen. Interessant und weniger bekannt ist der Einfluß der Mästung auf die chemische Zusammensetzung des Fleisches: im gemästeten Fleisch ist der Eiweißgehalt allerdings etwas geringer, aber doch nur unbedeutend, der Hauptsache nach tritt das Fett an die Stelle von Wasser, das Fleisch wird in dem Maße ärmer an Wasser, als es reicher wird an Fett. So zeigten 100 Th. des Lendenmuskels von magern Ochsen 77,4 Wasser, 1,0 Fett, 1,2 Asche und 20,3 Eiweißstoffe; beim gemästeten Ochsen dagegen nur 63,4 Wasser, 16,7 Fett, 1,2 Asche und 18,8 Eiweißstoffe. Der Consument hat also jedenfalls einen bedeutenden Vortheil, wenn er gemästetes Fleisch kauft, wenn er es auch etwas theurer bezahlt, denn statt des werthlosen Wassers enthält er werthvolles Fett.

Es mögen hier noch einige Bemerkungen Platz finden, über die Zeit, die man ohne Schaden von der Tödtung des Thieres

bis zum Genuß des Fleisches verstreichen lassen darf. Der Consument erhält das Fleisch kaum je anders, als höchstens in todten-
starrem Zustande, häufig schon über diesen hinaus. Man läßt
nun in der Regel noch einige Zeit vergehen, ehe man das Fleisch
benutzt, da es erfahrungsgemäß dadurch weicher und lockerer wird.
Diese Veränderung beruht auf der Zunahme der Säuerung und
kann vom chemischen Standpunkt wohl nicht anders aufgefaßt,
wie als Beginn der Fäulniß, so unangenehm das auch klingen
mag. Wir nennen diese Veränderung freilich in der Regel erst
dann Fäulniß, wenn sie uns durch Entwicklung eines widerlichen
und penetranten Geruchs auffällt. Das Fleisch der Zuchtthiere
wird in der Regel vor dem Auftreten dieses Geruchs in Gebrauch
gezogen, beim Wild strebt man dagegen häufig eine deutliche
Fäulniß an und schätzt es in diesem Zustand besonders. Geradezu die vorgeschrittenste Fäulniß unter Entwicklung eines für Jeden
durch die Cultur noch nicht Verdorbenen, wahrhaft unerträglichen
Geruchs und Geschmacks findet man nicht selten an Seefischen
und anderen Seethieren, die im Binnenlande verzehrt werden, ohne
daß die „gute Gesellschaft" daran Anstoß nimmt. Es steht nun
unzweifelhaft fest, daß der Genuß faulen Fleisches leichtere, aber auch
schwere Erkrankungen verursachen kann. Mag auch die Entstehung
von Typhus als Folge des Genusses faulen Fleisches nicht sicher-
gestellt sein, so können doch, bald mehr, bald minder heftige
Magendarmentzündungen danach auftreten. In gewissen allerdings
ziemlich seltenen Fällen scheint sich im faulenden Fleisch eine ganz
bestimmte, stark giftig wirkende Substanz zu bilden, welche die
schwersten Erkrankungen, nicht selten mit tödtlichem Ausgang hervorruft. Derartige direkt giftige Wirkungen des Fleisches sind
zuerst und am häufigsten an Würsten beobachtet — man bezeichnet die Erkrankung daher auch mit den Namen „Wurstver-
giftung". Das Auftreten des Wurstgiftes ist auf bestimmte Ge-

genden des füdlichen und weftlichen Deutschlands befchränkt und
betrifft ganz befonders Württemberg. Nach einer Schätzung von
Schloßberger follen bis 1853 nicht weniger als 400 Fälle von
Wurftvergiftung vorgefommen fein, davon 150 mit tödtlichem
Ausgang. Das in derartigen Würften enthaltene Gift hat noch
nicht ifolirt werden können, fo vielfach das auch verfucht ift —
fehr auffallend ift, daß nicht jede in unzweifelhafter Fäulniß be=
findliche Wurft direct giftige Wirkungen zeigt, und daß Hunde
und Katzen der Wurftvergiftung nicht unterliegen. Das fehr vor=
wiegende Vorkommen des Wurftgiftes in beftimmten Gegenden
fcheint darauf hinzuweifen, daß irgend welche locale Eigenthüm=
lichkeiten in der Behandlung der Wurft, die Art des Räucherns
oder was immer, die Entftehung des Wurftgiftes begünftigen.
Ziemlich allgemein wird angegeben, daß die betreffenden Würfte
fich von vornherein als verdorben charafterifirten: ihr Inneres
war weich, fchmierig, halbzerfloffen — in einzelnen Fällen ift das
reichliche Vorkommen von Fäulnißorganismen — Bacterien und
Vibrionen — conftatirt worden. Man wird fich alfo vor der=
artigen Vergiftungen mit Leichtigkeit fchützen können, wenn man
den Genuß irgendwie verdächtiger, mißfarbener oder faulig
riechender Fleifchwaaren vermeidet. Vor der Unfitte, das Fleifch
abfichtlich in halbfaulem Zuftande zu genießen, muß eindringlich
gewarnt werden. Die Zubereitung vermindert allerdings die Ge=
fahr, allein, da die Möglichkeit der Erkrankung nach dem Effen
folches Fleifches conftatirt ift, ift es Pflicht eines Jeden, eine
folche Schädlichkeit zu vermeiden. Leider ift es dem confumirenden
Publikum im hohen Sommer nicht immer möglich, diefer hygieni=
fchen Vorfchrift zu entfprechen, da die Fleifcher felbft das Fleifch
in nicht mehr ganz frifchem Zuftand verkaufen. Man denke nur
an das Fleifch, das auf den Wochenmärkten einen halben Tag
lang oder noch länger offen an der Luft liegt! Es ift bedauerlich,

daß das Publikum in diesem Punkt nicht anspruchsvoller ist. Die Conservirung von Fleisch auf kürzere Zeit ist eine auch im Sommer leicht zu lösende Aufgabe. Das Fleisch hält sich in gefrorenem Zustande monatelang, ja vielleicht ganz unbegrenzt lange unverändert — auch eine Temperatur von 0° oder etwas über 0°, wie sie jeder gute Eiskeller bietet, ist ausreichend, um Fleisch für einige Tage zu conserviren. Man hat auch die Frage aufgeworfen, ob nicht von Seiten der Gesundheitspolizei eine Controlle über die Frische des Fleisches ausgeübt werden könnte, indessen ist es klar, daß einer polizeilichen Beschlagnahme nur eclatant faules Fleisch unterliegen kann, da die Anschauungen über die geringeren Grade der Fäulniß sehr schwankend sind, der Eine das hochschätzt, was dem Andern Ekel erregt und eine Feststellung des Fäulnißgrades auf objectivem Wege bisher nicht möglich ist.

Welche Rolle spielt nun das Fleisch bei der Ernährung? Lassen sich seine Wirkungen aus den chemischen Bestandtheilen ableiten, welche wir oben kennen gelernt haben? Die hervorragendste Eigenschaft, um derentwillen das Fleisch genossen wird, ist sein Reichthum an eiweißartigen Substanzen. Wir brauchen das Eiweiß zum Ersatz des durch die Lebensvorgänge im Körper verbrauchten, und die Einführung von Eiweiß in den Körper ist eine nothwendige Bedingung für die Erhaltung des Lebens. Das Fleisch bietet nun das Eiweiß nicht allein sehr reichlich, sondern auch in einer sehr leicht zugänglichen Form — zugänglich auch für schwache Verdauungsapparate, was von den beiden anderen Hauptrepräsentanten eiweißhaltiger Nahrung — den Eiern und der Milch — nicht in dem Umfang behauptet werden kann, noch viel weniger von den eiweißhaltigen Früchten, den Cerealien und Hülsenfrüchten. Mageres Fleisch, gekocht oder gebraten, löst sich weit leichter in den Verdauungssäften, wie Eier oder Milch. Das Fleisch ist aber nicht allein Nahrungsmittel, sondern auch

Genußmittel: es enthält außer den eigentlichen ernährenden Bestandtheilen auch solche, welche weder zum Ersatz verbrauchter Gewebe beitragen, noch bei ihrem Zerfall gebundene Spannkraft abgeben, d. h. in Wärme oder Arbeit umsetzen — sondern auf das
Nervensystem wirken, ein Gefühl der Befriedigung und ein
erhöhtes Kraftgefühl hervorrufen. Kein anderes eiweißhaltiges
Nahrungsmittel hat diese Wirkung, sie kommt allein dem Fleische
zu. Läßt sich diese Wirkung auf bestimmte Bestandtheile des
Fleisches zurückführen? Ich will mir die Erörterung dieser Frage
für die Besprechung der Fleischbrühe aufsparen, welche die erwähnte Wirkung äußert. Nur so viel sei hier gesagt, daß der
Gehalt des Fleisches an Salzen, auf die man eine Zeitlang diese
Wirkung zurückzuführen suchte, dabei unbetheiligt ist. Für den
Werth des Fleisches als Nahrungsmittel ist dieser Salzgehalt
überhaupt ziemlich gleichgültig. Nicht, als ob die Salze an sich
entbehrlich wären. Da alle thierischen Gewebe ohne Ausnahme
einen gewissen und constanten Gehalt an Salzen zeigen, so folgt
daraus ohne Weiteres, daß eine Neubildung an Stelle des durch
das Leben Verbrauchten nicht stattfinden kann, wenn dem Körper
außer den nothwendigen eiweißartigen Substanzen, den Fetten
und Kohlehydraten, nicht gleichzeitig Salze geboten werden und
daß in diesem Sinne die Salze auch Nahrungsstoffe sind. Diese
Anschauung, bisher nur ein aus anerkannten Voraussetzungen ge-
zogener Schluß, ist in der neuesten Zeit auch durch directe Versuche bestätigt worden[1]). Versucht man, Thiere, z. B. Hunde,
mit einer sonst durchaus zweckmäßigen Nahrung zu füttern, welche
jedoch sorgfältig von allen Salzen befreit ist und giebt ihnen als
Getränk destillirtes Wasser (das frei ist von Salzen), so treten
bald Erscheinungen auf, die von einer tiefgreifenden Störung der
Ernährung zeugen: die Thiere magern ab, werden unlustig und
verweigern schließlich die Aufnahme der Nahrung — bringt man

fie ihnen dann gewaltfam bei, fo zeigt es fich, daß fie nicht mehr
verdaut, verarbeitet wird; das Thier geht zu Grunde, wenn man
ihm nicht ein anderes Futter vorfetzt. Unterfucht man an folchen
Thieren, die bei falzfreier Nahrung zu Grunde gegangen find, die
Muskeln und andern Organe auf ihren Afchengehalt, fo findet
man nur eine fehr geringe Abweichung von der normalen Zu-
fammenfetzung und doch haben diefe kleinen Abweichungen aus-
gereicht, um das Thier dem Tode entgegenzuführen. Diefe Salze
find alfo in der That unentbehrlich zur Erhaltung des Lebens.

Voit bezeichnet fie aus diefem Grunde als Nahrungsftoffe,
fo gut, wie Fett und Kohlehydrate — und bemerkt fehr richtig, die
Nothwendigkeit des Salzgehaltes der Nahrung würde weit mehr
und allgemeiner zum Bewußtfein gekommen fein, wenn man die
Salze gefondert kaufen müßte und nicht in den gewöhnlichen
Nahrungsmitteln ohne Wiffen und Willen mit erhielte. Diefe
weite Ausdehnung des Begriffs Nahrungsftoff ift berechtigt, wenn
man Nahrungsftoff jede Subftanz nennt, die entweder im Körper
zu organifirtem Gewebe wird oder gebundene Spannkraft in
Freiheit fetzt und wenn man fich weiter daran erinnert, daß gewiffe Salze zur Conftitution der Zellen gehören.

Das Fleifch wird nur felten roh genoffen, in der Regel gekocht oder gebraten. Der Genuß des rohen Fleifches ift bekanntlich nicht unbedenklich wegen der Möglichkeit der Uebertragung
von fogenannten Eingeweidewürmern, die allerdings vorwiegend
dem Schweinefleifch zukommen, aber fich mitunter doch auch beim
Rindfleifch finden. Beide Zubereitungsarten, fowohl das Kochen wie
das Braten, gehen daraufaus, das Bindegewebe zwifchen den Muskel-
fafern zu locken, zum Theil in Leim umzuwandeln. Das Kochen
des Fleifches ift infofern ein unzweckmäßiges Verfahren, als es
zwei Zwecke erreichen will, die fich nicht vereinigen laffen. Will
man das Fleifch möglichft erfchöpfen — und eine gute Brühe

soll möglichst alle löslichen Bestandtheile des Fleisches enthalten — so giebt es keinen anderen Weg, als dasselbe mit kaltem Wasser bis zum Sieden zu erhitzen und mehrere Stunden im Sieden zu erhalten. Das Fleisch wird dabei seiner ganzen Dicke nach auf 100° erhitzt, es erfolgt eine sehr dichte und feste Gerinnung des Eiweiß und das Fleisch wird außerdem so geschmacklos, daß man seinen Geschmack durch scharfe Gewürze, durch Saucen mit Senf, Meerrettig ꝛc. nachzuhelfen suchen muß. Derartig hart gekochtes Rindfleisch ist in der That eine der härtesten Proben für die Verdauungswerkzeuge. Man giebt wohl den Rath, das Fleisch in siedendes Wasser zu bringen, einige Minuten im Sieden zu erhalten, dann durch Zusatz von Wasser wieder abzukühlen und einige Stunden bei einer Temperatur von 75° zu erhalten. Es tritt dabei nur eine feste Gerinnung an der Oberfläche ein, während im Innern das Eiweiß nicht so hart wird und die schnelle Entstehung der Gerinnung an der Oberfläche verhindert die Auslaugung des Fleisches. Das Verfahren wird indessen wenig befolgt — es verfehlt seinen Zweck in Bezug auf die Gewinnung von Fleischbrühe. Principiell ist das Braten danach vorzuziehen; das Fleisch wird dabei nur an der Oberfläche über 100° heiß, im Innern kommt es, namentlich bei großen Fleischstücken kaum höher wie auf 60° — das Fleisch bleibt weicher und zarter und der Fleischsaft, der den Wohlgeschmack des Fleisches bedingt, bleibt dem Braten erhalten. Allein man muß der individuellen Geschmacksrichtung und der Verdauungsfähigkeit des Einzelnen Rechnung tragen. Es giebt sehr viele Menschen, die großen Werth auf eine gute Brühe legen und deren Magen das harte Rindfleisch nicht als Belästigung empfindet. Man hat nun wohl noch gesagt, das Kochen sei eine verschwenderische Methode, insofern ein Theil des löslichen Eiweiß verloren geht — das ist richtig, allein der Verlust ist dem Gewichte nach so unbedeutend, daß er kaum in Betracht kommt. Handelt es sich nur darum, eine möglichst gute Brühe herzustellen und soll das Fleisch weiter nicht verwerthet werden, so wird es am besten fein zerhackt. Auf einige andere Methoden der Zubereitung des Fleisches gehe ich nicht näher ein, da sie als Nahrung für Gesunde nicht in Betracht kommt; einerseits ist der Preis der Präparate zu hoch, andererseits die Form der Fleischspeise zu sehr von der hergebrachten Gewohnheit abweichend: hierher gehört unter Andern die in neuester Zeit versuchte Auflösung des Fleisches durch langes Erhitzen mit Wasser unter erhöhtem Druck Für gewisse Erkrankungen der Verdauungswerkzeuge sind dieselben indessen von großem Nutzen.

Der Werth und Nutzen der Fleischbrühe ist durch tausendfältige Erfahrung festgestellt und die tägliche Beobachtung an Gesunden und Kranken lehrt ihn immer wieder aufs Neue. Die Fleischbrühe warm genossen ruft ein erhöhtes Gefühl allgemeinen Wohlbefindens hervor, ein erhöhtes Gefühl der Leistungsfähigkeit und sie ermöglicht auch in der That vermehrte Leistungen. Diese Wirkung ist eine rein psychische und ähnlich dem angenehmen Gefühl der Befriedigung, welches andere wohlschmeckende Nahrungsmittel hervorrufen, ja selbst vergleichbar den angenehmen Eindrücken und Empfindungen, die uns durch andere Sinnesorgane übermittelt werden, wiewohl nicht alle derartige Empfindungen auch gleichzeitig die Leistungsfähigkeit steigern. In eine wissenschaftliche Sprache läßt sich diese Wirkung noch nicht übersetzen, d. h. wir wissen nicht, wie sie zu Stande kommt, obwohl wir uns verschiedene Möglichkeit denken können; wir können uns z. B. vorstellen, daß die nervösen Centralorgane der Bewegungen des Körpers vorübergehend in einen Zustand erhöhter Erregbarkeit gerathen. Es wäre wohl möglich, durch Versuche in dieser Frage etwas weiter zu kommen, derartige Versuche liegen aber noch nicht vor. Was uns durch Versuche über die Allgemeinwirkungen der

Fleischbrühe bekannt ist, reicht nicht aus, um das Zustandekommen
des erhöhten Kraftgefühls zu erklären; wir wissen nichts weiter
darüber, daß die Fleischbrühe die Zusammenziehung des Herzens,
den Puls um ein Weniges beschleunigt, gleichzeitig den Puls
voller und kräftiger macht; auch die Eigentemperatur des Körpers
soll unerheblich steigen und das nicht einmal constant. Wahrlich
dürftige Daten, und das bei einem Genußmittel, das von Millionen täglich genossen wird! Mit einiger Sicherheit kann man der
Fleischbrühe noch eine zweite locale Wirkung zuschreiben, nämlich
eine Vermehrung der Absonderung des Magensaftes: sie bereitet
den Magen zur Aufnahme von Fleisch und anderen Nahrungsmitteln vor. Nicht ohne Grund wird überall die Fleischbrühe
vor den festen Nahrungsmitteln genossen! Der Weg, auf dem
diese Vermehrung des Magensaftes zu Stande kommt, ist wahrscheinlich auch kein directer, sondern ein ziemlich complicirter. Ich
kann hier an bekannte Vorgänge anknüpfen. Jedermann
weiß, daß Vorstellungen des Geschmacks bestimmter Speisen,
namentlich saurer, eine Vermehrung der Speichelabsonderung hervorrufen. Die Physiologie kennt in diesem Falle auch die Ner-
venbahnen, durch deren Erregung die Vermehrung der Speichelabsonderung zu Stande kommt: man ist im Stande, durch gal-
vanische Reizung bestimmter Nervenstämme die Speichelabsonderung zu steigern. Man muß annehmen, daß die Ganglienzellen, von denen der Impuls zu einer Vermehrung der Secretion
ausgeht, in leitender Verbindung stehen mit den Zellen, in denen
die Geschmacksempfindung entsteht. Es ist nun für den Erfolg
gleichgültig, ob diese letzteren von der Peripherie aus in Erregung versetzt werden, und zwar dadurch, daß eine „schmeckende"
Substanz auf die Endausbreitung der Nerven einwirkt, die mit
den Geschmackszellen in Verbindung stehen, oder ob sie durch
Vorstellungen erregt werden; in jedem Falle wird sich die Er-

regung auf die „Abſonderungszellen" fortpflanzen und vermehrte
Abſonderung von Speichel zur Folge haben. Für den Magenſaft
ſind uns die Wege nicht bekannt, auf denen dieſe Erregung ver=
läuft, die Vermehrung der Magenſaftausſcheidung begreiflicher=
weiſe auch ſchwieriger und nur ausnahmsweiſe zu beobachten, ſo
viel aber wiſſen wir, daß bei Hunden mit Magenfiſteln die Ab=
ſonderung des Magenſaftes ſofort zunimmt, ſobald man ihnen
ein Stück Fleiſch vorhält. Hier iſt alſo die Vorſtellung der
Fleiſchnahrung hinreichend, um den Magen zur Aufnahme der=
ſelben geeignet zu machen. Die Wirkung der Fleiſchbrühe wird
keine andere ſein — vielleicht beſtehen auch directere Wirkungen
von der Mundſchleimhaut oder der Magenſchleimhaut aus, doch
iſt darüber nichts bekannt. Selbſtverſtändlich kommen dieſelben
Wirkungen auch dem Fleiſch zu, das mit Erhaltung des Fleiſch=
ſaftes zubereitet iſt, aber nicht mehr dem ausgekochten Fleiſch. Es
hat noch Nahrungswerth, inſofern es reichlich eiweißartige Sub=
ſtanz enthält, aber es hat ſeinen „Fleiſch=Charakter" verloren und
unterſcheidet ſich nicht oder zu ſeinem Nachtheil von anderen
eiweißhaltigen Nahrungsmitteln. — Sind wir nun im Stande,
wenigſtens mit einiger Wahrſcheinlichkeit, die Wirkungen der Fleiſch=
brühe auf beſtimmte Beſtandtheile derſelben zurückzuführen? Die
Antwort auf dieſe Frage lautet leider wiederum ſehr wenig be=
friedigend. Die Fleiſchbrühe enthält kleine Mengen Fett und
Leim — aus dem Bindegewebe des Fleiſches entſtanden — die
ſtickſtoffhaltigen Subſtanzen, deren wir oben gedachten, hauptſäch=
lich Kreatin, die Salze des Fleiſches, namentlich die Kaliſalze,
endlich noch eine Reihe unbekannter Dinge, die man unter dem
gemeinſchaftlichen Namen „Extraktivſtoffe" zuſammenfaßt, — das
heißt alſo eigentlich nichts Anderes, als ausziehbare Stoffe. Wel=
chem dieſer Körper iſt nun die Wirkung der Fleiſchbrühe zuzu=
ſchreiben? Wir haben darüber eigentlich nur negative Erfahrun=

gen. Der Leim und das Fett kommen, selbstverständlich von vornherein nicht in Betracht — ebensowenig die Salze, die man eine zeitlang geneigt war, als wirksam zu betrachten. Versuche an Menschen sind über diese Frage nur sehr vereinzelt angestellt und sie beziehen sich auch mehr auf die Steigerung der Pulsfrequenz, als auf die oben angegebenen Nervenwirkungen, die dem Experiment auch kaum zugänglich sind — es ist ja in der That mißlich für das betreffende Individuum, das sich dem Versuch unterzieht, anzugeben, ob sich das allgemeine Wohlbefinden gesteigert habe oder nicht. Mit einiger Reserve kann man sagen, daß die erregende Wirkung der Fleischbrühe wahrscheinlich und hauptsächlich den Extraktivstoffen zukommt. Das Eine ist jedenfalls festzuhalten: die Fleischbrühe enthält nichts, was verbrauchter Körpersubstanz zum Ersatz dienen oder in Wärme, resp. Arbeit übergehen kann, sie ist kein Nahrungsmittel, sondern ein Genußmittel und zwar eines der besten, das der Mensch besitzt. Man möge sich dabei nur von der Vorstellung losmachen, daß ein Genußmittel etwas Ueberflüssiges und Entbehrliches darstelle. Durchaus nicht — mindestens nichts Entbehrliches für den heutigen Culturmenschen Die Sorge um die Ernährung ist nicht damit abgethan, daß wir eine gewisse Quantität von Eiweiß und stickstofffreien Nahrungsmitteln in den Magen bringen — es handelt sich auch darum, daß diese Nahrungsmittel aufgelöst werden, ins Blut übergehen und dem Körper zu Gute kommen. Dazu sind die Verdauungssäfte nothwendig und Alles, was die Absonderung derselben befördert, ist für die Erhaltung des Lebens gerade so wichtig, wie die Nahrungsstoffe selbst. — Eine ähnliche Bedeutung für die Ernährung, wie die Fleischbrühe, hat auch das Liebig'sche Fleischextrakt und bei der großen Verbreitung desselben verlohnt es sich wohl, mit einigen Worten darauf einzugehen.

Der Wunsch, die unerschöpflichen Fleischvorräthe der Ebenen

von Südamerika, die dort nutzlos zu Grunde gingen, für Europa zu verwerthen, war schon vor Liebig rege geworden und ausgesprochen. Liebig's unausgesetzten Bemühungen in einer Sache, deren hoher Werth ihm vor allen Andern zum Bewußtsein gekommen war, gelang es, eine zweckmäßige Form für die Verwerthung des Fleisches zu finden und Fabrikanten für das Unternehmen zu gewinnen. Es entstanden so allmälig zuerst in Fray-Bentos in Uruguay, dann auch in anderen Punkten von Südamerika, sowie in Australien, großartige Fabrikanlagen, welche sich ausschließlich mit der Herstellung von Fleischextract beschäftigen. Das Fleisch wird zu diesem Zweck zuerst vom Fett und anderen Beimengungen befreit, zerhackt und mit kaltem Wasser ausgezogen. Die Extraction darf nicht mit heißem Wasser gemacht werden — der Auszug würde sonst Leim enthalten, der sich aus den Bindegeweben bildet und Fett. Beide Beimengungen würden die Haltbarkeit des Fleischextracts sehr beeinträchtigen, es würde leicht faulig und ranzig werden. Der Auszug wird alsdann zum Kochen erhitzt, wobei das in den Auszug übergegangene lösliche Eiweiß gerinnt. Die Flüssigkeit wird davon getrennt und bei möglichst niedriger Temperatur, zuletzt im luftleeren Raum bis zur Consistenz von Honig eingedampft. Das Extract kommt in glasirten Thontöpfen, die durch Stanniol und Kork geschlossen sind, als „Liebig'sches Fleischextrakt" in den Handel. 1 Pfund desselben enthält die löslichen Bestandtheile von 34 Pfund Muskelfleisch oder ungefähr 45 Pfund Fleisch, wie es dem Publikum vom Fleischer geliefert wird. In den südamerikanischen Fabriken scheint regelmäßig dem Rindfleisch ein bestimmter Antheil Hammelfleisch beigemischt zu werden: in den älteren Gebrauchsanweisungen (vor einigen Jahren), welche dem Fleischextrakt beigegeben wurden, war die Bereitung aus Rindfleisch und Hammelfleisch erwähnt, in den neueren ist nur von Rindfleisch die Rede,

doch enthält die Titelvignette immer noch ein Schaf neben dem
Rind. Das australische Fleischextract soll aus Rindfleisch allein
dargestellt sein. Man muß den Fabrikanten des Liebieg'schen
Fleischextracts das Lob ertheilen, daß sie es in stets gleichbleibender Güte und von in der That untadelhafter Beschaffenheit liefern; trotz der langen überseeischen Reise und trotz des gewiß
öfters langen Lagerns findet man es nie verdorben; nie enthält es
Fett in irgend merklicher Quantität. Eine so vorzügliche Beschaffenheit ist nur durch fortdauernde sorgfältige Ueberwachung
der ganzen Fabrikation zu erreichen. Die Quantität des in den
Handel und zum großen Theil nach Europa gelangenden Fleischextracts ist eine ganz enorme; in Fray-Bentos allein werden jährlich ca 15,000 Centner dargestellt, also täglich mehr als 40
Centner. — Ueber den Werth und die Bedeutung des Fleischextracts können wir uns kurz fassen, indem wir auf das bei der
Fleischbrühe Gesagte verweisen. Auch das Fleischextract ist kein
Nahrungsmittel, sondern ein Genußmittel, nicht anders wie die
Fleischbrühe. Es vermag anderer eiweißhaltiger Nahrung den
Charakter der Fleischnahrung zu geben, aber man darf nicht glauben, daß man darum weniger eiweißhaltige Nahrung zu genießen
brauche, wenn man derselben Fleischextract zusetzt, man darf nicht
hoffen, einem Reconvalescenten durch große Quantitäten Fleischextract
zu seiner früheren Kraftfülle verhelfen zu können, Anschauungen,
denen man noch so häufig im Publikum begegnet. Wer das
glaubt, täuscht sich selbst — es liegt auf der Hand, daß gegenüber diesen auf wissenschaftlicher Grundlage beruhenden Anschauungen das subjective Urtheil Einzelner über den Werth des Fleischextracts nicht in Betracht komme. Sie beruhen zum großen Theil
auf einer irrthümlichen Auffassung eines Satzes von Liebig, den
die Gebrauchsanweisungen früher enthielten: „Fleischextract auf
Brod gestrichen, verleiht demselben den Nahrungswerth des Flei-

sches." So wie der Satz da steht, kann er in der That sehr leicht mißverstanden werden — es ist dabei die Voraussetzung gemacht, daß das Brod dieselbe Menge Eiweiß enthalte, wie es dem verwendeten Quantum Fleischextrakt im Fleisch zukäme. Der Satz sollte also lauten: „Fleischextract giebt der eiweißhaltigen Nahrung den Charakter der Fleischnahrung." Thatsächlich ist er vom Publikum fast durchweg so aufgefaßt, als ob das Fleischextract die Eiweißnahrung entbehrlich mache. — Liebig hat außerdem vermuthet, daß dem Fleischextract noch eine andere Wirkung zukomme. Die Eiweißstoffe der Vegetabilien sind nämlich den menschlichen Verdauungswerkzeugen nicht so leicht zugänglich, wie die des Fleisches; Liebig vermuthete, daß die Assimilation derselben durch Zugabe von Fleischextract erleichtert werden würde. Directe Versuche, auf Liebig's Veranlassung selbst angestellt, haben indessen ergeben, daß dem nicht so ist. Liebig und Pettenkofer*) legen noch ein besonderes Gewicht auf den Gehalt des Fleischextracts an sogenannten Nährsalzen, also hauptsächlich an phosphorsaurem Kali. Ich habe mich über die Rolle und den Werth der Salze schon oben ausgesprochen: unsere Nahrung, die naturgemäß immer zum Theil aus Vegetabilien besteht, enthält stets, und ohne daß wir etwas dazu beitragen, mannigfache Salze und unter diesen stets Phosphorsäure und Kali in reichlicher Menge und unser Körper hat das Vermögen, sich das Geeignete daraus auszusuchen und den Ueberschuß und das Ungeeignete wieder auszuscheiden. Die Salze des Fleisches durch Verzehren von Fleischextract noch ganz besonders dem Körper zuzuführen, ist ein vergebliches Bemühen, da sie doch in dem allgemeinen Chaos der verschiedensten Salze wieder aufgehen. Am allerwenigsten aber können wir den Salzen einen „Handelswerth" beilegen — da wäre das phosphorsaure Kali doch etwas theuer bezahlt! Im gewöhnlichen Leben kommt der Fall, daß es der Nahrung an

„Nährsalzen" gebricht, kaum jemals oder doch äußerst selten bei einer ganz vernünftigen Ernährung vor. Wieviel Mühe macht es nicht, eine salzfreie Nahrung herzustellen, wenn man den Einfluß des Salzmangels studiren will und es gelingt doch nicht einmal vollständig!

Wir fragen nun weiter, ist es richtig, Fleischextract, in Wasser gelöst, und frische Fleischbrühe vollständig zu identificiren. Ich kann auch das nicht unbedingt zugeben. Daß eine Brühe aus frischem Fleisch anders schmeckt, wie eine aus Fleischextract, mag man nun beide ohne weitere Zuthaten von Gewürzen und Gemüsen genießen, oder mit denselben, dürfte kaum von Jemand bestritten werden. Das Fleisch enthält eigenthümliche aromatisch riechende Bestandtheile, welche namentlich beim Erhitzen, auch beim Kochen des Fleisches hervortreten und in einer guten Fleischbrühe noch enthalten sind — beim Eindicken der Fleischbrühe zum Extract gehen sie zum größten Theil verloren. Außerdem ist eine Suppe aus Fleischextract dunkler gefärbt, wie eine aus frischem Fleisch, wenn man auch beide so herstellt, daß sie der gleichen Menge Fleisch entsprechen. Ohne Zweifel treten beim Eindampfen der Fleischbrühe Veränderungen in ihren leicht zersetzlichen Bestandtheilen ein, welche — so geringfügig sie auch sind, doch hinreichen, um im Verein mit dem Verlust der riechenden Bestandtheile, einer Brühe aus Fleischextract einen wesentlich andern und für die Mehrzahl weniger angenehmen Geschmack zu ertheilen. Bei der Unkenntniß der in der Fleischbrühe wirksamen Stoffe ist auch die Vermuthung keine unmittelbar zurückweisende, daß den riechenden Bestandtheilen ein Antheil bei den Wirkungen des Fleischextracts zukommt. Allein wir dürfen nicht ungerecht sein. Sicher wird die überwiegende Mehrzahl, wenn die Wahl freisteht, einer Brühe aus frischem Fleisch vor Fleischextract den Vorzug geben — allein es handelt sich nicht darum, Leuten, die in der günstigen Lage sind,

täglich Brühe aus frischem Fleisch genießen zu können, Fleischextract dafür unterzuschieben — es handelt sich vielmehr darum,
Solchen, die nicht in dieser Lage, einen Ersatz dafür zu schaffen.
Und in dieser Beziehung leistet das Fleischextract, sowohl was
Billigkeit, als was die mögliche Annäherung an das Ideal betrifft,
ganz Außerordentliches. Im glänzendsten Lichte aber erscheint es
unter exceptionellen Verhältnissen, nämlich überall, wo die Beschaffung von frischem Fleisch unmöglich ist. Die größten Lob-
redner des Fleischextracts sind Afrika- und Nordpol-Reisende, die
wochen-, ja monatelang ohne frisches Fleisch, ja selbst ohne Fleisch
überhaupt waren. Uebereinstimmend äußern sich Alle dahin, daß
bei rein vegetabilischer Nahrung der Zusatz von Fleischextract dieselbe geistige und körperliche Energie hervorrufe, wie das Fleisch
selbst und durch kein anderes Genußmittel ersetzt werden kann.
Was geschieht nun mit den ungeheuren Mengen von ausgezoge-
nem Fleisch, die bei der Darstellung von Extract zurückbleiben?
Bei dem großen Werth, den Liebig auf die Salze des Fleisches
legte, ist es nicht überraschend, wenn er den Fleischrückständen jeden
Werth für die Ernährung absprach und zwar ausdrücklich deshalb,
weil es keine Salze mehr enthielte. Mit demselben Recht könnte
man die Stärke, den Zucker, das Fett als völlig werthlos für die
Ernährung bezeichnen, weil sie salzfrei sind. Nun wäre es allerdings ein großer Fehler, die Brauchbarkeit einer Substanz als
Nahrungsmittel allein vom chemischen Standpunkt aus entscheiden zu wollen. Es kommen dabei noch eine ganze Reihe von
andern Momenten in Betracht, vor Allem physikalische Eigenschaften. Niemand wäre im Stande, sich von einem geruchlosen
und geschmacklosen oder gar etwas ranzig riechenden Pulver zu
ernähren, weil diese Nahrung von vornherein Widerwillen, selbst
Ekel erregte. Das sind nun die Fleischrückstände allerdings, sie
sind geruchlos und geschmacklos und für sich nicht genießbar,

allein deswegen sind sie noch immer nicht werthlos — sie lassen sich sehr wohl mit anderen Nahrungsstoffen mischen, mit Mehl zu Brod verarbeiten 2c. Ebensowenig würde Niemand im Stande sein, größere Mengen von ungekochtem Stärkemehl zu genießen und das wäre auch gewiß sehr unzweckmäßig, und doch fällt es Niemand ein, das Stärkemehl als werthlos für die Ernährung zu bezeichnen! — Es ist Sache der Kochkunst, aus diesen Materialien eine unserem Geschmack zusagende Nahrung zu bereiten. Bei der Darstellung des Fleischertracts ist entsprechend den Anschauungen Liebigs auf die Erhaltung des kostbaren Eiweißmaterials nicht Bedacht genommen — im Gegentheil, es erschien als ein lästiger Abfall und wurde oder wird noch zu Dünger verarbeitet! Vom national-ökonomischen Standpunkt aus ist diese Verwendung aufs Tiefste zu beklagen. In Frey-Bentos allein kann man die Fleischrückstände — auf frisches Fleisch mit dessen Wassergehalt bezogen — auf mindestens 450,000 Centner jährlich veranschlagen. Welch' eine Fülle des werthvollsten Ernährungsmaterials wird damit zu Grunde gerichtet, das dem fleischarmen Europa zu Gute kommen könnte! Die Fleischrückstände sind für weiteren Transport, wenn man sich die Mühe nimmt, sie zu trocknen und zu mahlen, durchaus geeignet — sie halten sich Jahre lang unverändert. Es läßt sich kaum annehmen, daß man nicht den Versuch gemacht haben sollte, die Rückstände auf den Markt zu bringen — die öffentliche Meinung aber betrachtet jedes ihr neu angebotene Nahrungsmittel von vornherein mit Mißtrauen und das umsomehr, wenn dasselbe ausdrücklich als werthlos gebrandmarkt ist! Es ist sehr zweifelhaft, ob es unter diesen Umständen noch gelingen würde, den Fleischrückständen Eingang beim Publikum zu verschaffen, wenn die Fabrikanten den Versuch machen wollten. So lange das nicht der Fall ist, können wir die Frage nach der Verwerthung des Fleischüberflusses in Südamerika für

Europa nicht als gelöst ansehen. Man möge diese Ausstellungen an dem Liebig'schen Verfahren in keinem anderen Sinne auffassen, als in dem, daß das Bessere stets des Guten Feind ist [5]).

So hoch wir den Werth des Fleisches als Nahrungsmittel stellen, so fragt es sich doch, ob seine vorwiegende Benutzung als Quelle des Eiweiß gerechtfertigt ist. Es giebt bekanntlich große Völkerstämme, welche nie oder nur sehr ausnahmsweise Fleisch genießen, doch kann man sie nicht zu den Culturvölkern rechnen. Es giebt aber auch unter uns Leute, welche die Fleischnahrung aus sittlichen Motiven verschmähen, trotzdem sie sich ihrer gesellschaftlichen Stellung nach dieselbe gestatten könnten, welche die Abnahme der physischen Kraft und der Körpergröße von einem Decennium zum andern von der vorwiegenden Fleischkost ableiten und die Rückkehr zur ausschließlichen Pflanzennahrung verlangen. Sie berufen sich vor Allem auf die Organisation des Menschen, die ihm seine Stellung unter den Pflanzenfressern anweisen soll. Ich will auf diese Seite der Frage nicht eingehen, da sie in einer früheren Nummer dieser Vorträge von berufener Seite bereits erörtert ist, ich will nur als allgemeines Facit der Discussion anführen, daß der Mensch durch seine Organisation weder auf ausschließliche Pflanzennahrung, noch auf ausschließliche animalische Nahrung angewiesen ist, und daß positive Nachtheile von vorwiegender Ernährung mit Fleisch in keiner Weise nachgewiesen sind. Auch die Ableitung der physischen Degeneration des Menschen, abgesehen davon, daß sie zweifelhaft, von der Fleischnahrung, ist eine vage Hypothese. Dagegen läßt sich nicht leugnen, daß die massenhafte Consumtion von Fleisch mit Belästigung für eine Reihe unbetheiligter Personen, unter Umständen mit Gefahren für das consumirende Individuum, verbunden ist und daß die Ernährung mit Fleisch die theuerste von allen ist. Was zunächst den ersten Punkt betrifft, so hängt die Schädigung und Benachtheiligung des

Publikums mit der gewerblichen Herstellung des Fleisches zum Zweck des Verkaufs zusammen; es handelt sich da um die schleunige Beseitigung einer Menge von für die Ernährung nicht weiter verwerthbaren Abfalls, der im höchsten Grade zur Fäulniß geneigt ist. Es unterliegt keinem Zweifel, daß dieser Zweck am besten in großen, wohleingerichteten Schlachthäusern erreicht werden kann, in denen sich auch die sehr wünschenswerthe Untersuchung des Fleisches auf Zulässigkeit zum Verkauf am bequemsten vornehmen läßt. Das Schlachten in Privathäusern führt so große Nachtheile und Unannehmlichkeiten für die Mitbewohner der betreffenden Häuser mit sich, daß es am zweckmäßigsten überhaupt von Seite der Polizei inhibirt werden sollte. Zum mindesten sollte die Concession hiezu von dem Nachweis geeigneter Localitäten abhängig gemacht werden, eine Bedingung, die theoretisch zwar überall gestellt, in praxi aber oft sehr milde gehandhabt wird. Es kommt vor, daß das Schlachten und Zerlegen der Thiere auf einem allen Bewohnern des Hauses zugänglichen Hofraum vollzogen wird und vor den Augen eines Jeden, der Lust hat, diese Prozedur zuzuschauen! Es liegt indessen auf der Hand daß diese Uebelstände mit Leichtigkeit beseitigt werden können. Dagegen werden sich gewisse Beschädigungen des Fleischconsumenten nie ganz ausschließen lassen: es wird hier und da einmal eine Reihe von Infectionen mit Trichinen vorkommen, es wird immer ein schon größerer Bruchtheil der Bevölkerung durch eigene Nachlässigkeit, durch das leidige, allen Warnungen trotzende, Kosten rohen Fleisches, Bandwürmer erwerben, es wird auch hie und da einmal ein Fall von Milzbrand vorkommen. — Keine Controlle ist im Stande, die Möglichkeit dieser Erkrankungen ganz auszuschließen, keine Controlle kann für das Nichtvorhandensein von Trichinen absolute Garantie bieten — eher liegt es in der Macht des Einzelnen, sich vor diesen Erkran-

kungen zu schützen, indem er den Genuß von rohem Fleisch ganz
vermeidet und Schweinefleisch nur in gut durchgekochtem Zustand
genießt. Deswegen den Genuß des Fleisches beschränken wollen
oder gar als schädlich und gefährlich hinstellen, wäre ebenso, als
ob man von der Benutzung der Eisenbahn abrathen wollte, weil
der Zug entgleisen kann. Hier, wie dort läßt sich die Möglichkeit
einer Beschädigung nicht mit Sicherheit ausschließen, doch sind
derartige Fälle eben so selten, daß die Chance des Unglücks gegenüber den positiven Vortheilen nicht in Betracht kommt. Wer
sehr ängstlich um sein Leben besorgt ist, dem steht es ja frei, das
Eine wie das Andere zu meiden, die Gesundheitspflege hat keine
Veranlassung, deswegen von dem Fleischgenuß abzurathen; und der
Staat, wo er selbst für die Ernährung großer Massen zu sorgen
hat, wie beim Militär, Gefängnissen, Arbeitshäusern, Kranken-
häusern, ist zwar verpflichtet, das Mögliche zur Abwendung solcher Gefahren von seinen Pfleglingen zu thun, allein man kann
ihn und seine Organe nicht anklagen, wenn hie und da einmal
ein Fall von Trichinenerkrankung vorkommt. Der einzige Nachtheil,
der sich durch keine staatlichen Einrichtungen beseitigen läßt, ist, daß
das Fleisch bei weitem die theuerste Quelle des Eiweiß ist. Dazu
kommt, daß die Entwicklung der Culturzustände in Europa der
Viehzucht im Allgemeinen nicht günstig ist. Die Vermehrung
der landwirthschaftlichen Hausthiere hält mit der Zunahme der
Bevölkerung nicht gleichen Schritt. Diese Verhältnisse machen
eine weitere Steigerung der Fleischpreise wahrscheinlich. Die
Frage, ob der Arme Recht daran thut, Fleisch zur Nahrung zu
nehmen, oder ob man ihm nicht vielmehr rathen soll, billigere
Quellen des Eiweiß aufzusuchen, ist daher wohl der Erörterung
werth. Wohlverstanden — ich spreche hier nur von den minder
gut situirten Ständen. Den besser situirten Klassen der Gesellschaft vom Fleischgenuß abzurathen, liegt kein Grund vor; das

würde aber auch ein vergebliches Bemühen sein — er wird durch die eindringlichen Vorstellungen der Vegetarianer, ja er würde auch durch drakonische Gesetze nicht zu beseitigen sein; zur Aufgabe des Fleischgenusses kann den Einzelnen nur die Noth führen, nur das Unvermögen, das Fleisch zu bezahlen. Man darf eben nicht vergessen, daß das Fleisch zugleich Genußmittel ist — darum wird es ebenso wenig gelingen, das Fleisch in Verruf zu bringen, wie den Thee, den Kaffee, den Alkohol. — Abgesehen von andern Theilen des Thierkörpers, die im Allgemeinen dem Fleisch gleichzusetzen sind, haben wir als Quellen des Eiweiß aus dem Thierreich eigentlich nur Milch und Eier. Beide sind kaum geeignet, in größerem Maßstabe das Fleisch zu ersetzen, so vortrefflich sie in Abwechslung mit ihm sind, auch stellt sich der Preis des Eiweiß in ihnen nicht viel niedriger; — als billige Eiweißquelle kann man nur die pflanzliche Nahrung betrachten. — Der Eiweißgehalt der Cerealien kommt dem des Fleisches nahe — er schwankt von 7,5 pCt. im Reis bis 13,5 im Weizen. Der Eiweißgehalt der Hülsenfrüchte — Erbsen, Bohnen, Linsen — übertrifft sogar den des Fleisches: er beträgt im Durchschnitt 23 pCt. Die Hülsenfrüchte führen also dem Körper, wenn wir sie als Nahrung benützen, ebensoviel Eiweiß zu, wie ein gleiches Gewicht Fleisch und zwar reines Muskelfleisch, aus dem höchstens ⅘ dessen besteht, was man als Fleisch im Handel erhält. Der Preis beträgt kaum ein Drittheil von dem des Fleisches. Wie man sieht, setze ich die Eiweißkörper der Pflanzen denen des Fleisches durchaus gleich und es besteht auch in der That kein prinzipieller Unterschied zwischen ihnen. Aus dem einen, wie aus dem andern können Blut, Nerven, Muskeln gebildet werden; aus dem einen, wie aus dem andern kann unter Abspaltung einer sehr stickstoffreichen Gruppe Fett entstehen; beide können im Körper direct oxydirt werden. Wir fragen nun: ist das Eiweiß der pflanzlichen Nahrungsmittel in gleichem Grade dem Thierkörper zugänglich, wird es ebenso leicht assimilirt, wie das Fleisch? Und diese Frage muß ich mit einem entschiedenen „Nein" beantworten. Die Eiweißstoffe sind in der pflanzlichen Nahrung ohne Ausnahme von einer Substanz umschlossen, welche die Zellen im Pflanzenreich bildet und die man daher Cellulose nennt. Bei irgend älteren Pflanzen ist diese Zellenhaut noch durch Auflagerungen auf ihre Innenseite verdickt: man nennt diese aufgelagerten Substanzen „Holzstoff", Lignose oder Lignin und nennt die Zellen verholzte. Die Zellenhäute werden durch die Zubereitung durchaus nicht vollständig gesprengt, außer vereinzelten Fällen, wo dieses allerdings nahezu vollständig geschieht, wie beim Brode. Eine Einwirkung der Verdauungs=säfte auf das Eiweiß kann aber nur stattfinden, wenn diese direct mit dem Eiweiß in Berührung treten, d. h. im Körper des Menschen, während die eigentlichen Pflanzenfresser die Cellulose selbst mit verdauern. Nur in ganz jungem Zustand scheinen auch die Zellenhäute selbst im Körper des Menschen in merklicher Menge aufgelöst zu werden, wenn wir auch die Säfte, welche diese Auflösung bewirken, noch nicht kennen. Ein großer Theil des Eiweiß, der in der pflanzlichen Nahrung genossen wird, passirt somit den Körper, ohne aufgenommen zu werden. Doch ist die Umhüllung der Eiweißstoffe mit Cellulose nicht der einzige Grund für die geringe Aufnahme. Die Hülsenfrüchte enthalten durchschnittlich in 1 Kilogr. neben 230 Gr. Eiweiß noch 570 Grm. Kohlehydrate und zwar zum größten Theil Stärke. Wir sind also gezwungen, wenn wir das Eiweiß aus den Hülsen=früchten beziehen wollen, eine so große Menge Stärke mit in den Kauf zu nehmen. Das wäre nun a priori ein neuer Vortheil, denn wenn wir nur mit Rücksicht auf den Stickstoffgehalt die Erbsen schon 3mal so billig fänden wie das Fleisch, so haben wir das Stärkemehl noch obendrein umsonst. Allein das ist ein

Danaërgeschenk. — Untersuchungen aus der neuesten Zeit[6]) haben nämlich das merkwürdige Factum ergeben, daß bei Gegenwart so großer Mengen von Stärke das Eiweiß der Nahrung bei Weitem nicht vollständig vom Körper aufgenommen wird — diese Wirkung der Stärke zeigt sich selbst dann noch, wenn sie einfach dem Fleisch beigegeben wird. So gingen in einem Fall 47 Prozent des verzehrten Eiweiß unbenutzt verloren. Der Grund für diese Erscheinung liegt wahrscheinlich darin, daß sich regelmäßig aus einem Theil des Stärkemehls Säuren bilden, unter deren Einfluß die Nahrung den Körper zu schnell passirt, als daß sie vollständig ausgenutzt werden könnte. Bei der großen Preisdifferenz zwischen Fleisch und Hülsenfrüchten würde freilich der Vergleich, auch wenn ein erheblicher Theil des Eiweiß verloren geht, immer noch zu Gunsten der letzteren ausfallen, allein die Zuführung so großer Mengen von Stärke, die der Körper nicht braucht, hat schließlich schwerwiegende Nachtheile zur Folge — die Verdauungsorgane werden dadurch in ungebührlicher Weise belastet. Außerdem darf man nicht übersehen, daß die Verhältnisse bezüglich der Eiweißzufuhr bei den Hülsenfrüchten am allergünstigsten liegen, weit ungünstiger schon bei den Cerealien, noch ungünstiger endlich bei den Gemüsen, speciell den Kartoffeln. Nun ist aber kein Mensch im Stande, sich dauernd ausschließlich von Hülsenfrüchten zu ernähren — er muß von Zeit zu Zeit auch zu den ungünstigeren Nahrungsmitteln greifen. Eine Bevölkerung, die ausschließlich auf den Genuß von Kartoffeln angewiesen ist, ist nicht mehr im Stande, eine solche Menge davon zu genießen, wie sie das Bedürfniß an Eiweiß erforderte. Bestimmte Zahlen für das Bedürfniß des Menschen an Eiweiß lassen sich freilich nicht aufstellen. Die neueren Untersuchungen, welche direct aus der Beobachtung des Consums bei verschiedenen Ständen abgeleitet sind, ergeben für den erwachsenen Mann ein Bedürfniß von etwa 130 Grm. Eiweiß ·

den Tag. Wollte man diese Menge Eiweiß in Form von Kartoffeln verzehren, so würden dazu nicht weniger wie 50 Pfund erforderlich sein. Dtese Zahl wird nun wohl nie erreicht — es ist
auch zweifelhaft, ob das tägliche Bedürfniß an Eiweiß wirklich
so hoch ist. Wir wissen, daß beim Hunger die eiweißhaltigen
Gewebe des Körpers der Zersetzung anheimfallen und daß diese
Zersetzung geringer wird, wenn man dem Körper Kohlehydrate
zuführt. Hier treten also die Kohlehydrate an Stelle des Eiweiß
— bei einer eiweißarmen und stärkereichen Nahrung verhält es
sich vermuthlich ähnlich. Das Maximum an Aufnahme von
Kartoffeln wird wohl vom irischen Arbeiter erreicht, nämlich ca. 4
Kilo pro Tag. Darin sind etwa 70 bis 80 Grm. Eiweiß enthalten, von denen vielleicht nicht mehr wie 50 aufgenommen,
assimilirt werden. Das ist für einen arbeitenden Menschen entschieden zu wenig. Denn wenn wir jetzt auch annehmen, daß die
Arbeit nur auf Kosten von Kohlehydrate geleistet wird — was
übrigens nicht sicher feststeht — so nutzen sich die Muskeln natürlich doch ab. Nun können wir annehmen, daß ein hungernder,
sonst gesunder Mensch etwa 30, vielleicht auch 40 Grm. Eiweiß
von seinem Körper verbraucht — wir werden für den arbeitenden
mindestens das Doppelte als nothwendig betrachten müssen. Die
Folge einer zu geringen Eiweißzufuhr ist ohne Zweifel eine
mangelhafte Ernährung der Zellen und geringere Widerstandsfähigkeit gegen eine Menge krankmachender Einflüsse. Von zwei
Menschen, die sich gewissen ansteckenden Krankheiten gegenüber,
wie z. B. Flecktyphus, unter sonst gleichen Verhältnissen befinden,
erkrankt regelmäßig zuerst der schlechter Genährte. Wenn man
überhaupt von einem Ersatz der Fleischnahrung durch Vegetabilien
sprechen kann, so sind es ausschließlich die Hülsenfrüchte, welche
hier in Betracht kommen: mit thierischem Fett zusammen sind sie
in der That eine vollkommene Nahrung. Die günstigen Er-

fahrungen, die man im letzten Kriege mit der Erbswurst gemacht
hat, sprechen lauter für die Vortrefflichkeit der Hülsenfrüchte als
Nahrungsmittel, wie alle theoretischen Erwägungen. Allein auch
die Hülsenfrüchte haben, 1) den Nachtheil, daß sie gleichzeitig mit
dem Eiweiß zu viel Stärke einführen, die von manchem Menschen
vielleicht bewältigt werden, sicher nicht von allen, 2) den Nachtheil,
daß sie nicht Tag für Tag als Ersatz der Fleischnahrung genossen
werden können, ohne schließlich in hohem Grade widerlich zu
werden. Wo die öconomischen Verhältnisse, wie in der Regel
auf dem platten Lande, zu einer sehr vorwiegenden Ernährung
mit Pflanzen nöthigen, sehen wir doch immer das Bestreben,
wenigstens an einem Tage der Woche Fleischnahrung einzuschalten,
die dann neben der Bedeutung eines Nahrungsmittels ganz besonders die eines Genußmittels gewinnt. Richtig ist allerdings,
daß die pflanzlichen Nahrungsmittel im Ganzen zu wenig Beachtung finden und daher mag man die Bestrebungen der Vegetarianer ruhig gewähren lassen — sie werden ihr Gutes wirken
und doch nie dahin gelangen, das Fleisch vollständig vom Tisch zu
verbannen, weil es in der That vor der pflanzlichen Eiweißnahrung unläugbare Vortheile hat, vor Allem den der leichteren
Verdaulichkeit und des besseren Geschmacks. Für die Ernährung
der unteren Schichten der Bevölkerung werden mit Zunahme der
Population die Hülsenfrüchte mit der Zeit wahrscheinlich wieder
eine größere Bedeutung gewinnen — immerhin bleibt die Zufuhr
der Hauptmenge des Eiweiß in Form von Fleisch der bessere
und anzustrebende Zustand, geradeso wie der Einzelne mit zunehmenden Wohlstand die Pflanzennahrung mehr und mehr durch
Fleischnahrung ersetzt. Ich darf wohl nicht fürchten, mißverstanden
zu werden, wenn ich hier vorwiegend von Eiweiß spreche: die Fette
und Kohlehydrate sind für die Ernährung des Menschen von ganz
derselben Wichtigkeit; nur eine Nahrung, welche alle drei Gruppen

enthält, ist im Stande, das Leben auf die Dauer zu unterhalten. Wenn hier vorwiegend von Eiweiß die Rede war, so liegt der Grund darin, daß das Fleisch nur als Quelle des Eiweiß in Betracht kommt. Die beste Nahrung für den Menschen ist die, welche das Fett und den größten Theil des Eiweiß aus dem Thierreich entnimmt, die Kohlehydrate und zugleich damit einen kleinen Theil des Eiweiß aus dem Pflanzenreich. Ich brauche auf die Wichtigkeit der Fette und Kohlehydrate nicht einzugehen, da auch dieser Gegenstand in dem Vortage, dessen ich oben gedachte, ausführlich gewürdigt ist.

Seit der Einführung des Liebig'schen Fleischertracts liegt nun der Gedanke sehr nahe, den notorischen Fleischmangel in Europa durch Zufuhr von Fleisch aus Südamerika oder Australien abzuhelfen, wo dasselbe vorläufig wenigstens in unerschöpflicher Menge vorhanden ist. Das Beste wäre ohne Zweifel, die Schlachtthiere selbst, Schaafe und Rinder, nach Europa zu bringen und in vereinzelten Fällen ist das auch geschehen, allein der Verlust an Thieren ist bei der weiten Seereise so groß, daß dabei der eigentliche Gewinn, das Fleisch zu einem erheblich billigeren Preise in den Handel bringen zu können, verloren geht und so lange die Einführung lebenden Viehs in' so beschränktem Maßstabe erfolgt, ist an eine Herabsetzung des Preises durch das Mehrangebot nicht zu denken. Diese ist vielmehr nur von der Einfuhr ausgeschlachteten Fleisches zu erwarten. Es fragt sich nun, wie schützt man das Fleisch vor dem Verderben während der Seereise? Wir begegnen hier zahlreichen Vorschlägen und Methoden, welche alle von ihren Entdeckern gleich sehr gerühmt werden, von Andern meistens weniger. Ich will hier nicht auf die Einzelheiten der verschiedenen Methoden eingehen, sondern nur die leitenden Gesichtspunkte hervorheben. Die Fäulniß des Fleisches ist, wie die aller anderen eiweißhaltigen Körper an eine

Reihe von Bedingungen geknüpft, die alle zusammenwirken müssen, damit dieselbe eintritt. Es genügt also, eine Bedingung aufzuheben — aber diese vollständig — um einer Conservirung des Fleisches sicher zu sein. Wir werden vom theoretischen Standpunkt die Methode für die beste erklären müssen, welche das Fleisch am wenigsten in seinen physikalischen und chemischen Eigenschaften verändert, da sein Werth als Nahrungsmittel zum großen Theil von äußeren Eigenschaften abhängt. Wir müssen von einer guten Conservirungsmethode verlangen, daß Jeder das conservirte Fleisch unbedenklich für frisches Fleisch hält — es muß das äußere Ansehen, den Geruch, die Weichheit desselben haben ɛc. Dieser Anforderung entspricht wohl nur ein einziges Verfahren, wie wir sogleich sehen werden. — Die Bedingungen, unter denen eine Zersetzung, Fäulniß des Fleisches erfolgt, sind: 1) Die Gegenwart von Feuchtigkeit; 2) die Gegenwart und das Leben von kleinen Organismen — Bacterien; 3) eine Temperatur über 0°. Sobald man eine dieser Bedingungen ausschließt, tritt die Fäulniß nicht ein.

Das Trocknen des Fleisches ist eine in Südamerika seit den ältesten Zeiten geübte Methode. Das Fleisch wird dabei in Streifen geschnitten und an der Sonne getrocknet. Es kommt in diesem Zustand auch unter verschiedenen Namen (Pemmican Charki) in den Handel. Die Conservirungsmethode hat den Nachtheil, daß sie den Charakter des Fleisches zu sehr verändert und es schwer verdaulich macht. In Europa haben daher auch derartige Präparate nie in ausgedehnterem Umfang Eingang gefunden. Das Trocknen des Fleisches ist ebenso wie das Trocknen der Fische von mehr localer Bedeutung. Aehnlichen Vorwürfen unterliegt auch das Fleischpulver und der daraus hergestellte Fleischzwieback. Das Fleisch wird dabei auf Darren durch gelinde Erhitzung getrocknet und dann gepulvert. Das Trocknen bei erhöhter Temperatur führt nothwendig zu einer theilweisen Zersetzung des

Fettes und das Präparat erhält dadurch einen ranzigen Geschmack. Unter Ausnahms-Bedingungen, als Proviant auf Feldzügen, See-reisen, ist das Fleischpulver, der Fleischzwieback der compendiösen Form wegen sicher von großer Bedeutung, aber auch nur unter diesen. Will man dem Fleisch seine leichte Verdaulichkeit und seinen Wohlgeschmack erhalten, die beiden Hauptvorzüge vor der eiweißhaltigen Pflanzennahrung, so darf man ihm seinen Wasser-gehalt nicht rauben. Da es in diesem Zustand aber außerordent-lich zur Fäulniß neigt, muß man entweder das in ihm enthaltene Wasser zum Gefrieren bringen oder die Einwirkung der Bacterien ausschließen. Das letztere kann nur dadurch geschehen, daß man sie tödtet und den weiteren Zutritt der Bacterien verhindert. (Bei dem Ausschlachten des Fleisches läßt es sich nämlich nicht vermei-den, daß die Keime von Bacterien von der Luft, den benutzten Instrumenten 2c. auf das Fleisch gelangen.) Die gebräuchlichste Conservirungsmethode, welche auf dem angedeuteten Princip be-ruht, heißt nach ihrem Erfinder die „Appert'sche", unter welchem allgemeinen Namen auch einige der ursprünglichen Methode ähn-liche Modificationen verstanden werden. Das Fleisch wird dabei in eine Blechbüchse eingeschlossen, die im Deckel eine kleine Oeff-nung hat. Dieselbe wird alsdann auf mehrere Stunden in siedendes Wasser, oder noch besser in siedende Kochsalzlösung ge-bracht. Die Erhitzung tödtet die anhaftenden Keime, der Wasser-dampf, der sich entwickelt, verdrängt gleichzeitig die in der Büchse enthaltene Luft. Die Oeffnung wird alsdann, noch während der Dampf ausströmt, verlöthet. Nach einem etwas abweichenden Verfahren wird die Büchse von vorneherein fest verlöthet und dann längere Zeit auf 100° erhitzt. Das Verfahren ist einfach und ausreichend, da die Entfernung der Luft aus der Büchse nicht nothwendig ist, sofern nur die darin enthaltenen Keime zerstört werden. Beide Methoden trifft der Vorwurf, daß das Fleisch

gekocht werden muß und daß sie ziemlich complicirt sind, der
Preis sich also ziemlich hoch stellt. Als Conservirungsmethode für
größere Fleischmassen sind sie auch bis jetzt kaum in Anwendung
gekommen. Die Tödtung der Bacterien kann nun außer durch
erhöhte Temperatur auch durch Einwirkung gewisser chemischer
Agentien angestrebt werden. Obenan steht hier das vortreffliche
altehrwürdige Verfahren des Räucherns, das sich durch chemische
Agentien bisher nicht mit Erfolg hat ersetzen lassen. Das ge-
räucherte Fleisch ist etwas wasserärmer, wie das frische, indessen
sind diese Unterschiede nicht so groß, daß sie dem Fleisch irgend
eine seiner wesentlichen Eigenschaften raubten. In ähnlicher Weise
wirkt das Einlegen des Fleisches in eine concentrirte Kochsalzlösung, eine Flüssigkeit, in der sich Bacterien nicht entwickeln können. Es gehen indessen bei diesem Verfahren nicht nur die Salze
des Fleisches und das lösliche Eiweiß, sondern auch ein beträchtlicher Antheil des Muskelstoffes in die Salzlake über und somit
verloren. Das Fleisch ändert dabei außerdem seine physikalischen
Eigenschaften erheblich zu seinem Nachtheil: es wird hart und schwer
verdaulich. Einige Abänderungen des Pökelverfahrens aus neuerer
Zeit beschränkt diese Nachtheile, ohne sie ganz aufzuheben. Beide
Verfahren, das Räuchern sowohl wie das Pökeln, haben nur
eine beschränkte Anwendung — ersteres eignet sich nur für
Schweinefleisch, letzteres wenigstens vorwiegend für dieses — allenfalls noch für Rindfleisch — und sind auch weniger für die gewöhnliche Nahrung, als für Verpflegung auf Schiffen rc. bestimmt.[7])

Alle angeführten Methoden eignen sich nicht für das über-
seeische Fleisch, das dem Consumenten als frisches Fleisch erscheinen soll. Diesen Anforderungen entspricht allein die Conservirung des Fleisches durch Kälte. Daß die Einbettung in Eis
in der That die Fäulniß verhindert, zeigen, wie bekannt, die vor-

weltliche Mammuthe, die zu wiederholten Malen in Eis der
Ströme Sibiriens gefunden sind und sich durchaus wohlbehalten
zeigten — gewissermaßen ein von der Natur im Großen ange-
stelltes, überraschendes Experiment. Die Methoden zur künstlichen
Eisbereitung sind bereits so weit vervollkommnet, daß sie die Herstellung von Eis mit relativ geringen Kosten ermöglichen. In
der That sind seit einigen Jahren Versuche, Hammelfleisch in
gefrorenem Zustande von Australien nach England zu transpor-
tiren, in großem Maßstabe und mit durchaus gutem Erfolg ausgeführt — Bestrebungen, denen man im allgemein national-
ökonomischen Interesse den besten Fortgang wünschen muß.[8]

Anmerkungen.

[1] Custor, J.: Ueber die relative Größe des Darmkanals 2c. Arch.
von Reichert und du Bois-Reymond. 1873 p. 476.

[2] Kühne: Lehrbuch der physiologischen Chemie p 317.

[3] Forster: Ueber die Bedeutung der Aschenbestandtheile in der
Nahrung. Zeitschr. f. Biol. Bd. IX.

[4] Pettenkofer: Ueber Nahrungsmittel im Allgem. 2c. Annal. d.
Chem. und Pharm. Bd. 167 p. 171.

[5] In neuester Zeit kommen die Fleischrückstände als Schweinefutter in
den Handel.

[6] Vgl. hierüber den Vortrag von Voit: Ueber die Unterschiede der
animalischen und vegetabilischen Nahrung 2c Sitzung der bairischen Acad.
d. Wissensch. am 4. Dec. 1869, der neben den Originaluntersuchungen
desselben Verfassers vielfach benutzt ist.

[7] Vgl. Pappenheim: Handbuch der Sanitätspolizei. Eine gute
Zusammenstellung der Conservirungsmethoden findet sich bei Perl, Zeitschr.
f. ger. Med. N. F. Bd. XX.

[8] In der neuesten Zeit sind sehr viel versprechende Versuche von Kolbe
in Leipzig gemacht, Fleisch durch Einreiben kleiner Mengen der ganz un-
schädlichen Salicylsäure zu conserviren. K. fand so behandeltes Fleisch noch
nach Monaten ganz frisch und wohlschmeckend. Journ. f. pr. Chemie. N. F.
Bd. 10. Die Methode dürfte wohl erfolgreich mit der Eismethode concurri-
ren können.

(9·4)

Druck von Gebr. Unger (Th. Grimm) in Berlin, Schönebergerstr. 17a.